크라운

康熙玉篇

最新漢韓

삼성서관 辭書部篇

삼성서관

檢字

一畫

一 1 丨 1 丶 2 亅 3 丿 2 乙 2 乀 2 乚 3

二畫

二 3 亠 4 入 14 八 14 人 4 亻 4 儿 13 冂 15 冖 15 冫 15 匚 22 匸 22 十 22 卜 23 几 16 凵 16 刀 17 刂 17 力 19 勹 21 匕 21 卩 23 厂 24 厶 25 又 25 丁 1 七 1 乂 2 乃 2 乜 2 九 2 了 3 刁 17

三畫

宀 63 寸 69 小 66 口 26 囗 42 土 46 士 43 夕 43 大 44 女 52 子 62 尢 67 屮 69 山 69 夂 44 夊 44 彐 88 彡 88 彳 幺 89 广 76 廴 81 尸 67 巛 76 工 76 廾 85 弋 86 弓 86 己 77 巾 77 干 77 万 1 丈 1 三 1 上 1 下 1 个 1 丫 2 孑 62 孓 62 川 76 巳 77 已 77 亡 85 兀 13 凡 16 凢 16 刃 17 刄 17 勺 21 勺 21 丸 2 久 2 么 2 乞 2 也 2 于 3 千 22 廿 22 叉 25 彑 88 才 106 阝 400

四畫

欠 152 止 155 歹 155 片 189 牙 190 牛 190 水 162 火 181 爪 188 方 125 无 44 日 126 毛 159 氏 161 气 162 手 106 支 106 攴 120 父 188 爻 188 爿 189 殳 158 毋 159 比 159 曰 131 月 132 犬 194 王 199 玊 199 文 123 斗 124 斤 124 心 92 戈 104 戶 105 木 133 四 269 冈 269 艹 291 辶 374 不 1 丐 1 丏 1 与 1 丑 1 中 2 丰 2 云 3 互 3 五 3 井 3 丹 2 之 2 予 3 亢 4 允 13 元 13 內 14 公 14 六 14 兮 14 仂 4 仇 4 从 4 今 4 介 4 仄 4 匀 21 匃 21 勿 21 卬 23 厄 24 厹 25

五畫

六畫

七畫

八畫

十一畫

十三畫

十四畫

十七畫

十八畫

二十畫

二一畫

二二畫

二三畫

二四畫

凡例

◎本書에 收録된 文字는 〔康熙字典〕에 準據하여 文字의 形態를 排列 하였다。

◎本書는 現代에 널리 쓰이는 略字、俗字 等을 詳細히 網羅 하였다。

◎本書는 實用性과 學習을 兼用토록 正確한 語文만을 細密하게 編輯 收録 하였다。

◎本書는 한글 字音을 합하여 五萬餘字의 漢字를 体系的으로 嚴選하여 詳細히 訓釋한 最新形 現代版 玉篇이다。

◎本書는 字의 音이 數種으로 나가는 것은 □안에 音을 쓰고 訓釋을 加하였다。

◎本書는 國文訓釋을 한글 맞춤法 統一案에 依據 하였다。

◎本書는 卷首에 檢字를 두어 分別하기 어려운 漢字를 總畫數에 依하여 찾기에 便利하도록 하였다。

◎本書는 卷末에 한글字彙(音考)를 가、나、다 순으로 排列하여 字音만을 알고 訓義를 모를때 찾아 보기에 便利하도록 하였다。

◎本書의 卷末에는 學習에 도움이 되도록 數種의 附録을 收録하였다。

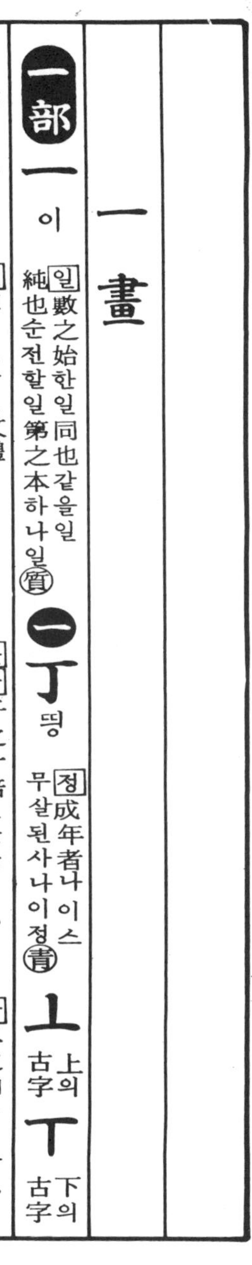

一畫

一部

一 이 [일] 數之始 한일 同也 같을일 純也 순전할일 第之本 하나일 ㊀質

(一) 丁 띵 [정] 成年者 나이스무살된사나이정 ㊀青

丄 上의 古字

丅 下의 古字

丂 巧의 古字

七 치 [칠] 數名 일곱칠 文體名 글체이름칠 ㊀質

(二) 万 완 [만][묵] 千之十倍 일만만 蕃姓 丨俟성묵 ㊀職 ㊀願

三 싸.싼 [삼] 二之加一 석삼 丨之 셋할삼 ㊀覃

丌 °지 [기] 姓也 성기 ㊀支

丈 쟝 [장] 長老尊稱 어른장 十尺也 길장 ㊀養

𠀃 具의 古字

[illegible] 五俗字

下 쌰 [하] 上之對 아래하 賤也 낮을하 ㊀馬

上 쌍 [상] 下之對 높을상 昇也 오를상 ㊀漾

(三) 不 부 °부 [부][불] 未定辭 뜻이정하지않을부 非也 아니불 ㊀月 ㊀尤 ㊀有

㞢 之의 古字

弌 一古字

丏 멘 [면] 不見 뵈지않을면 ㊀銑

丑 °척 [추] 牛也 소추 사람이름추 ㊀有

与 與同

丐 깨 [개][갈] 乞人 거지 갈 乞也 빌개 ㊀泰

(四) 丕 °비 [비] 大也 클비 ㊀支

丘 취 [구] 聚也 모을구 高也 높을구 ㊀尤

且 °쥐.쳐 [차][저] 又也 또차 多也 많을저 ㊀馬 ㊀魚

丙 빙 [병] 十干의 셋째천간 明也 밝을병 ㊀梗

世 씨 [세] 人間丨界 세상세 生也 날세 ㊀霽

(五) 丞 청 [승] 佐也 도울승 ㊀蒸

両 兩俗字

丟 뒤 [주] 一去不還 잃어버릴주 ㊀尤

(六) 丣 酉의 古字

兲 天의 古字

(七) 丣 所字

並 竝의 同字

(十) [illegible] 뚜 [두] 禮酒杯 연향술잔두 ㊀宥

丨部

丨 꾼.씬 [곤] 象之數之從 셈대세울곤 [신] 上下相通 위아래로통할신 ㊀阮

(一) 丩 °꾸 [구] 糾也 얽힐구 ㊀尤

(二) 个 꺼 [개] 枚也 물건을헤아리는수개

箇同(箇)

丫 야 [아]分形가닥날아(麻)

三 中 중 [중]四方之央 가운데중(東)

丮 커 [극]執也·捕罪人 잡을극(陌)

丰 봉 [봉]容貌美好 예쁠봉(冬)

四 丱 관 [관]束髮兩角貌 쌍상투관(諫)

六 串 찬 [관]狎習 습관 관(霰) [천]物相連貫 꿰미천

七 弗 찬 [찬]燔肉具 석쇠찬(潸)

八 [illegible] 中의 古字

九 丵 찬 [착]草盛 풀무성할착(覺)

十 [illegible] 龜의 古字

丶部

丶 주 [주]有所絶止丶而識之 (標點) 귀절찍을주(麌)

一 丷 疊의 符字

二 丅 쌰 下古字

丸 완 [환]轉也 구를환(寒)

々 疊의 符字

三 丹 단 [단]赤也 붉을단(寒)

四 丼 딴 [정]井也 우물정(梗)

主 쥬 [주]君也 임금주(麌)

[illegible] 丹의 古字

丿部

丿 베 [별]左引之 삐칠별(屑)

乀 부 [불]右引之 파임불(物)

一 乃 매.내 [내]僅也 겨우내(賄)

𠂇 左의 本字

乂 이 [예]治也 다스릴예(隊)

乄 五의 古字

二 久 쥬 [구]暫之反 오랠구(有)

乆 久의 俗字

幺 玄의 俗字

三 之 즈 [지]往也 갈지(支)

𠂹 垂古字

四 乍 자 [사]暫也 잠간사(禡)

乎 후 [호]于於 에 호(虞)

乏 빠 [핍]欠絶 다할핍(洽)

七 乖 꽤 [괴]異也 다를괴(佳)

九 乘 씽.청 [승]登也 오를승(蒸)

乙部

乙 이 [을]鳥也 새을 屈也 굽힐을(質)

一 乚 야 [을]玄鳥 제비을(質)

九 쥐 [구]老陽数 아홉구 [규]聚也丨合 모을규(有)

乜 메 [마]眼斜 눈흘길마(馬)

二 也 예 [야]亦也 또야(馬)

乞 치 [걸]求也 구걸할걸(物) [기]與也 줄기(未)

四 [illegible] 이 [이]人名猗 이름이(未)

五 乱 여지

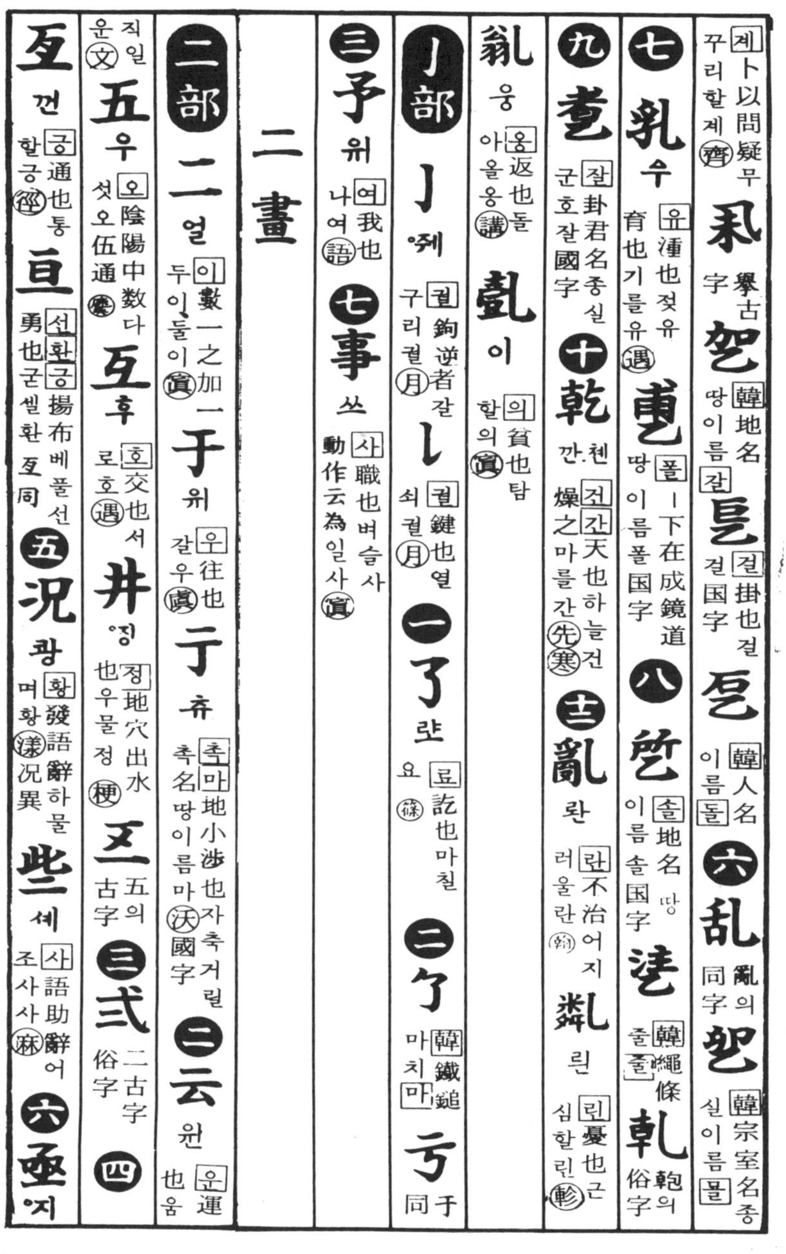

계 卜以問疑 무꾸리할계 齊

乯 擧古字

乫 韓 地名 땅이름 갈

乬 걸 掛也걸 걸国字

乭 韓 人名 이름 돌

(六) 乱 亂의 同字

乶 韓 宗室名종실이름 볼

(七) 乳 수 유 湩也 젖유 育也 기를유 遇

乮 폴 丨下在成鏡道 땅이름폴国字

(八) 乺 솔 地名 땅이름솔国字

乼 韓 繩條 줄 줄

乹 乾의 俗字

(九) 乽 잘 卦君名 종실군호잘 國字

(十) 乾 쳔 깐 전 간 天也 하늘건 燥之 마를간 先 寒

(十二) 亂 롼 란 不治 어지러울란 翰

亃 린 린 憂也 근심할린 軫

[翁乚] 웅 옹 返也 돌아올옹 講

亄 이 의 貧也 탐할의 寘

亅部

亅 쮀 궐 鉤逆者 갈구리궐 月

𠄌 궐 鍵也 열쇠궐 月

(一) 了 럎 료 訖也 마칠요 篠

(二) 亇 韓 鐵鎚 마치 마

亏 于同

(三) 予 위 여 我也 나여 語

(七) 事 쓰 사 職也 벼슬사 動作云為 일사 寘

二畫

二部

二 얼 이 數一之加一 두이 둘이 寘

于 위 우 往也 갈우 虞

亍 츅 촉 마 地小涉也 자축거릴 축 名 땅이름마 沃 國字

(二) 云 윈 운 運也 움직일운 文

五 우 오 陰陽中数 다섯오 伍通 麌

互 후 호 交也 서로호 遇

井 쪙 정 地穴出水也 우물정 梗

㐅 五의 古字

(三) 弎 二古字 俗字

(四)

亙 껀 긍 通也 통할긍 徑

亘 선 환 긍 揚布 베풀선 勇也 굳셀환 亙同

(五) 况 광 황 發語辭 하물며황 漾 況異

些 셰 사 語助辭 어조사사 麻

(六) 亟 지

극 疾也빠를극 職 귀 遽也창졸기 寘

亞 야 아 악 압 次也버금아 堊也칠하여장식할악 壓也눌를압 禡 麻 藥

亝 齊古字

亠部

亠 턱 두 義闕뜻없는토두 尤

一 **亡** 망 모 殺也죽일망 陽 虞 楚己ㅣ龍且失也없을무

二 **亢** 강.깡 항 高也높을항 陽

四 **亦** 이 역 又也또역 陌

交 쟈 교 相合也사귈교 肴

亥 해 해 豚也돼지해 賄

五 **亨** 형 형 通也형통할형 庚

[illegible] 랴 료 不靜분요할요 效

六 **京** ˚징 경 王居서울경 庚

享 쌍 향 獻也흠향할향 養

亯 享과同

七 **亮** 량 량 明也밝을량 漾

亰 京과同

亭 팅 정 直也곧을정 青

八 **亳** 빼 박 湯所都은나라서울박 藥

十 **[illegible]** 유 우 飛也날아갈우 有

[illegible] 乘의古字

十一 **亶** 딴 단 信也믿을단 旱

十九 **亹** 뮌.웨 미 문 勉也ㅣㅣ힘쓸미 懸名 浩 고을이름문 尾 元

人部

人 인 인 五行秀氣사람인 民也백성인 眞

二 **仁** 인 인 玆也인자할인 眞

介 ˚제 개 갈 大也클개 無偶獸홀짐승갈 卦

今 ˚진 금 是時이제금 侵

仂 러.릐 륵 餘也나머지륵 職

仏 佛의俗字

仍 엉 잉 因也잉할잉 蒸

仇 착.쥐 구 四也짝구 尤

仃 띵 정 獨也홀로행할정 青

仆 푸 야부 부 頓也엎드러질부

有 過

从 從의本字

仅 付同

什 시 습 十人열사람십

仉 ˚장 장 孟子母姓也성장 養

仄 쳐 측 不正기울측 職

三 **仙** 쎈 선 老不死神신선선 先

付 야부 부 與也줄부 遇

仛 쟈 튀 차 탁 少女젊은계집차 馬 寄也붙일탁 藥

仢 ˚쥐 작 橫木渡水외나무다리작 藥

仟 쳔 천 千人천사람천 千同 先

以 이 用也써이 紙

仕 쓰 사 察也살필사 紙

仚 쏀 헌 輕擧날듯할헌 先

[illegible] ˚반 범 輕之相ㅣ경히여길범 陷

令 링 령 使也하여금령 敬 青 庚

他 타 타 彼稱此別다를타 歌

仔 즈 [자] 任也 맡길 자 紙
仝 [동] 姓也 성 동 東의 古字
代 대 [대] 交替也 번갈을 대 대신할 대 隊
仏 同信
仞 인 [인] 八尺 여덟자 인 滿也 가득할 인 震
仗 장 [장] 兵衛儀ㅣ의 장 장 짊을 장 漾
仡 치 [흘] 壯勇貌也 끌밑할 흘 物

四

伃 [여] 女官名倢ㅣ궁녀 의벼슬 이름 여 魚
㐺 同衆
伋 지 [급] 思也 생각할 급 緝
伏 뷕·뷔 [복][부] 時令 三ㅣ복 복 屋
伍 우 [오] 五人 다섯 사람 오 麌
休 쓔 [휴] 息也 쉬일 휴 尤
仲 쓩 [중] 次也 버금 중 送
伐 바 [벌] 干也 방패 벌 月
仯 먚 [묘] 小貌 僬ㅣ난장이 묘 篠
伊 이 [이] 彼也 저 이 支
价 졔 [개] 善也 착할 개 卦
仰 양·앙 [앙] 慕也 사모할 앙 養
仟 젼 [전] 分次 조전 전 銑
仵 우 [오] 同也 같을 오 麌
仿 [방] 相似也 비슷할 방 陽 養
任 인 [임] 保也 맡을 임 侵 沁
仮 假의 略字
伈 씬 [침][심] 恐貌 두려워할 침、심 義同 寢 沁
伀 쯍 [종] 懼也 佂ㅣ두려워할 종 冬
伽 [가] 僧居ㅣ藍 절 가 歌
企 치 [기] 擧踵望也 바랄 기 寘
伉 [항] 剛正 강직할 항 漾
份 彬의 古字
伙 훠 [화] 什物家 세간 화 哿
伎 技 跂 見
佈 빼 [패] 偃仆顚 자빠질 패
仳 피 [비] 別也ㅣ離 이별할 비 紙

五

伺 쏘·ᄎᆞ [사] 偵察也 살필 사 寘
佋 쇼 [소] 蕭通 介소개할 소 篠
伱 늬 [니] 汝也 너 이 紙
似 쓰 [사] 肖也 같을 사 嗣也 이을 사 紙 佀同
伴 빤 [반] 依也 의지할 반 旱 翰
伻 뼝 [팽] 使人 사람 부릴 팽 庚
佁 이 [이] 癡貌 미련스러울 이 紙
低 듸 [저] 下也 낮을 저 齊
但 딴 [단] 徒也 다만 단 旱 翰
佉 취 [거] 國名、ㅣ沙 나라 이름 거 俗音 국 魚
住 쮸 [주] 止也 머무를 주 遇
佗 타 [타] 彼稱也 다를 타 歌
伾 쀠 [비] 有力 힘셀 비 支
佌 ᄎᆞ [차] 小也 작을 차 紙
佃 뎐 [전] 治田也 밭맬 전 先
佒 양 [앙] 體下伸偃ㅣ 몸 거북할 앙 陽
估 꾸 [고] 價高 값 고 麌
佊 삐 [피] 邪也 간사할 피 寘
佇 쮸 [저] 久立 오래 섰을 저 語
伯 빽 [백] 長也 맏 백 陌

作 작 [작][자][주] 造也 지을작 為也 할자 造也 만들주 (藥)(箇)

侂 탁 [탁] 人名 韓ㅣ胄 사람이름탁 (藥)

余 [사] 山名在江蘇省 산이름사 (麻)

伸 신 [신] 舒也 펼신 申同 (眞)

位 웨 [위] 坐也 자리위 (寘)

佂 정 [정] 懼也 ㅣ松 두려워할정 (庚)

佔 접 [접] 畢垂也 숙일접 (監)

佐 좌 [좌] 輔也 도울좌 俗音자 (箇)

佀 似同

佟 동 [동] 姓也 성동 (冬)

体 분 [분][체] 劣也 용렬할분 體

佖 삐 [필] 滿也 가득할필 (質)

佈 뿌 [포] 偏也 펼포 (遇)

何 허 [하] 曷也 어찌하 무엇하 (歌)

佞 녕 [녕] 才也 재주녕 (徑)

伷 주 [주] 胤也 맏아들주 (宥)

佚 이 [일][질] 過失 허물일 (質) 緩也 ㅣ湯 방탕질 (屑)

佝 후.쿠 [후] 抱也 거리낄후 (宥)

伶 령 [령] 樂工ㅣ人 악공영 (靑)

佑 우 [우] 助也 도울우 (宥)

佛 삐.뿔 [불][필] 覺悟君子生 부처불 大也 클필 (質)

⑥

來 래.릐 [래] 至也 올래 (灰)

佳 졔 [가][개] 美也 아름다울가 善也 착할개 (佳)

佰 빽빽 [백] 百也 백백 (陌)

侄 찌 [질] 堅也 굳을질 어리석을질 (質)

侅 해 [해] 奇也 이상할해 古音개 (灰)

㑋 궁 [궁] 陋ㅣ 작고궁할궁 (送)

佭 쌍 [강] 不服 뻣뻣할강 古音향 (江)

依 이 [의] 附也 붙일의 (微)

侀 型과同

侍 씌 [시] 侍人 모시는사람시 (寘)

佬 야 [료] 大貌 점잔을료 (蕭)

㑀 융 [융] 西戎人有三角 셋뿔난사람융 (東)

侞 수 [여] 順也 순전할여 (魚)

例 리 [례] 法式 법식례 (霽)

佾 이 [일] 舞行 춤추는 줄수효일 (質)

侗 통 [동][통] 無分別 분별모를동 眞也 참될통 (東)(送)

供 꿍 [공] 設也 베풀공 (冬)

佺 촨 [전] 仙人 신선이름전 (先)

併 [병] 竝也 나란할병 屛 (迥)(蒸)

侇 이 [이] 尸也 주검이 (支)

使 쓰 [사][시] 令也 하야금사 命也 심부름시킬시 (紙)(有)

侈 치 [치] 奢也 사치치 (紙)

佸 회 [괄][활] 會計 회계할괄 至也 이르를활 (曷)

佶 찌 [길] 正也 바를길 (質)

佯 양 [양] 詐也 거짓양 (陽)

侤 캎 [고] 誓必行 다짐둘고 (皓)

佹 꿰 [궤] 重累 포갤궤 (紙)

佽 츠 [차] 助也 도울차 (寘)

侘 차

[차]失意貌 심심할차 (禡)
佩 패 [패]大帶ㅣ玉 패옥패 (隊)
侑 유 [유]佐也도울유 권하여먹일유 (宥)
侊 광 [광]大也 클광 (陽)
佴 이 [이]副也弍也 버금이 (寘)
佼 교 [교]好也 좋을교 (巧)
侎 미 [미]愛也사랑할미 (紙)
侉 과 [과]矜也자랑과 (麻)
侖 륜 [륜]物之圓而未剖散者ㅣ渾 뭉치륜 (元)
佻 조 [조]佻同 独行ㅣㅣ 홀로행할조 (篠)(蕭)
侌 陰 과同
侃 간 [간]剛直강직할간 (旱)
㑊 이 [역]食而瘦食 감질날역 (陌)
侁 신 [신]衆行貌 예 지어갈신 (眞)
侚 순 [순]從也좇을순 (震)
侐 혁 [혁]静寂고요할혁 (職)
侏 쥬 [주]短人 난장이주 (虞)
很 헝 [항][한]懸名、ㅣ山고을이름항、戾也어그러질한
侂 託同
佪 徊同
侜 주 [주]誑也속일주 (尤)

七

保 보 [보]全之보전할보 (皓)
侸 두 [두]下垂貌구부정할두 (尤)
侔 무 [모]齊等같을모 (尤)
侵 침 [침]犯也범할침
侒 안 [안]安也편안할안 (寒)
俇 광 [광]惶遽貌허둥지둥할광 (漾)
俗 쇽 [속]習也풍속속 (沃)
俉 우 [오]迎也맞이할오 (遇)
俥 거 [거]人力車인력거거 日字
俍 량 [량]良也어질량 (漾)
便 편 변 [편][변]安也편안할편 明辨말잘할변 (先)(霰)
俄 아 [아]短速아까아 (歌)
侶 려 [려]明也밝을려 (語)
信 신 [신]不疑믿을신 (寢)
俞 兪의俗字
俎 조 [조]祭享器제기조 (語)
倸 채 [채]干涉아른체할채
㑲 男의俗字
侮 우 [모]慢易업신여길모 (麌)
俁 우 [우]容貌大얼굴클우 (麌)
係 계 [계]繼也이을계 (霽)
侲 진 [진]遂厲童아이초라니진 (眞)(震)
俟 쓰 [사][기]待也기다릴사 姓也성기 (紙)(支)
俐 리 [리]慧也영리할리 (寘)
俙 희 [희]不明희미할희 (微)
俌 보 [보]輔也도울보 (麌)
⿰亻尨 망 [방]不媚倩小아첨치않을방 古音망 (講)
俘 부 [부]取也가져올부 (虞)
俚 리 [리]俗也속될리 (紙)
俑 용 [용]木偶허수아비용 (腫)
俊 쥰 [준]大也클준 (震)
俛 면 [면]頫首俛굽힐면 (銑)
俔

쎈 [현][견] 譬喩비유할현 견義同 (銑)(霰)

俏 챠 [소][초] 反琴聲ㅣ然거문고뒤치는소리소、好貌ㅣ措아리따을초 (嘯)

俜 핑 [빙] 行不正비틀거릴빙 (青)

俈 嚳과同

侳 줘 [좌] 安也편안할좌 (箇)

(亻+身) 씬 [신] 妊身아이밴몸신 (眞)

(亻+牢) 랴 [로] [illegible]大貌、僇투박할로 (豪)

侹 팅 [정] 代也대신할정 (迥)

俓 잉 [경] 直也곧을경 (徑)

侯 후 [후] 君也임금후 (有)

促 츄 [촉] 急也촉박할촉 (沃)

侻 튀 [탈] 輕也가벼울탈 (曷)

俋 이 [읍] 勇壯貌날랠읍 (緝)

俅 치 [구] 恭順貌공손할구 (尤)

俤 듸 [제] 容貌용모제 日字

俠 쌰:쟈 [협][겹] 權力輔人의기협 (葉)(洽)

(亻+坒) 베 [폐] [illegible]開脚行貌어기작거릴폐 (齊)

俒 훈 [혼] 完也완전할혼 (願)

八

倍 베 [배][패] 加也갑절배、패

倎 뎬 [전] 善也착할전 (銑)

俯 으부 [부] 垂也숙일부 (麌)

倫 륜 [륜] 人道인륜륜 (眞)

借 쪄:지 [차][적] 貸又빌어올차、적義同 (禡)(陌)

倒 또 [도] 笑貌絶ㅣ요절할도 (號)(皓)

候 후 [후] 望也바랄후 (宥)

修 쓔 [수] 整理정리할수 (尤)

俱 쥬 [구] 具也갖출구 (虞)

倏 條의俗字 前條

倻 야 [아] 依也의지할아 (禡)

[illegible] 盜의古字

傂 채 [치] 輪也바퀴치 (支)

俵 뱌 [표] 散也흩어질표 (嘯)

倀 창 [창] 失道ㅣㅣ길잃을창 (陽)

倥 콩 [공] 無知분별모를공 (東)

俸 뵹 [봉] 秩祿녹봉 (宋)

倛 [기] 方相방상탈기 (支)

倰 夌同

倭 웨 [위][왜] 順貌순한모양위 日本國名나라이름왜 (支)(歌)

倕 췌 [수] 重也무거울수 (支)

倚 이 [의][기] 依也의지할의 立也설기 (紙)(支)

倦 쥰 [권] 懈也게으를권 (霰)

倳 事과同

俾 삐 [비] 使也하여금비 (紙)(寘)

値 찌 [치] 遇也만날치 (寘)

(亻+易) 이 [이] 慢也업신여길이 (寘)

倨 쥐 [거] 曲也굽을거 (御)

倪 이 [예] 端也끝예 (齊) 兒見

俳 패 [배] 戲也ㅣ優광대배 (佳)

俴 쳔 [천] 淺也얕을천 (銑)

倌 관 [관] 主駕者수레부리는사람관 (諫)

倈 徠과同

倅 췌 [쉬][졸] 副也버금쉬 百人組백사람졸 卒通 (隊)(月)

倧 쭝 [종]上古神人옛적신인종(冬)
們 먼 [문]等輩무리문(願)
倩 쳰 [천][청]男子美稱엄전할천、빌청(敬)
倮 궈 [과]狹隘貌좁을과(哿)
倏 쓔 [숙]ㅣ忽빠를숙(屋)

個 꺼 [개]枚也낱개(箇)
倢 졔 [첩]速也빠를첩(葉)
俷 뻬 [비]背也배척할비(尾)
倴 뻔 [분]ㅣ人둔한사람분(元)
俶 쓔 [숙]善也착할숙(屋)
倬 쭤 [탁]大也클탁(覺)

倔 쮀 [굴]強也굳셀굴(物)
倜 틔 [척]高擧貌번쩍들척(錫)
倈 예 [엽]卑也낮을엽(葉)
倱 훈 [혼]闇也어두울혼(願)
俒 씬 [혼]州名고을이름혼(文)
倉 창 [창]卒也갑자기창(陽)

俲 傚과同
倓 탄 [담]安也편안할담(感)
俺 안 [엄][암]我也나엄、大也클암(監)(感)
倡 챵 [창]俳優광대창、導也인도할창(陽)(漾)
倞 량 [량][경]遠也멀량、彊也굳셀경(漾)(敬)

倘 당 [당]忽也문득당
倯 쑹 [송]形小醜惡貌작고못생길송(冬)
㑦 리 [려]怒也성낼려(霽)
倣 빵 [방]效也본받을방(養)
健 쪤 [건]強也굳셀건(願)

倂 삥 [병]合也합할병(梗)
倖 씽 [행]寵也총애행、幸通(梗)
侀 씽 [형]成也이룰형(青)
㑣 란 [람]儖鈍貌儖투미할람(覃)
俣 [오]又也갈래질오、日字
侮 [붕]託也부탁할붕(蒸)

[독]動也움직일독(沃)
㑿 쭈 [구]毀也헐방할구(有)
㑨 타 [답]不任事儑ㅣ일감당못할답(合)
倆 량 [량]巧也伎ㅣ공교할량(養)
倝 간 [간]用也쓸간(翰)
倗 펑 [붕]託也부탁할붕(蒸)

九

偉 웨 [위]大也클위(尾)
偏 편 [편]邪也간사할편(先)
側 재 처 [측]傾也기울측(職)
偎 [외]愛也사랑할외(青)
偷 투 [투]盜也훔칠투(尤)
偬 傯과同

偒 탕 [탕]長貌헌걸찰탕(養)
停 팅 [정]行中止머무를정(青)
偵 청 [정]探伺엿볼정(庚)
假 쟈.꺼 [가][하]非眞거짓가、美也아름다울가(馬)(麻)
偈 예.치 [게][걸]梵語ㅣ句범어게、用力힘쓸걸(霽)(屑)

做 쭤.주 [자][주]造也지을자、주義同(箇)(遇)
偃 옌 [언]偃也자빠질언(阮)
偫 즤 [치]待也기다릴치(紙)
偯 이 [의]哭餘聲울음끝소리의(尾)
偲

쓰채 [시]多才 재주 많을시(灰)

偊 위 [우]遇也 만날우(有)

僝 잔 [잔]具也 갖출잔(刪)

偁 稱의 本字

偭 면 [면]向也 행할면(霰)

偘 侃과 同

偅 憧과 同

偕 예 [해][혜]俱也 함께할해 強也 굳셀혜(佳)

偠 요 [요]細腰 허리가늘요(篠)

偖 즈 [사]捨也 버릴사(馬)

⿰亻卸 쥐 [갹][극]受屈 徼ㅣ 질갹 倦也 게으를극(藥)(陌)

偌 이 [야]姓也 성야(禡)

偍 틔 [제]難進 머뭇거릴제(齊)

偐 앤 [안]僞物 위조물안(諫)

偦 쓔 [서]有才之者 재주있을서(語)

偪 삐 [핍]侵迫 핍박할핍(職)

偓 우 [악]拘也 거리낄악(覺)

傁 傁과 同

傡 빙 [병]皆也 다병(梗)

偟 [황]暇也 겨를황(陽)

偝 背과 同

偩 뿌 [부]依象 형상할부(有)

⿰亻更 便과 同

偶 어 [우]適然 우연우(有)

偰 [설]姓也 성설(屑)

偗 [성]長貌 길성(梗)

偽 僞의 略字

十

傑 예 [걸]俊也 준걸걸 智過千人 호걸걸(屑)

傚 쌰 [효]效則 본받을효(效)

⿰亻⿱共大 僎俗字

傂 치 [천]人形長貌 키멀쑥할천(銑)

備 빼 [비]具也 갖출비

傌 마 [마]傌辱 욕할마(禡)

傜 쟈 [요]星名 별이름요(蕭)

傖 창 [창]鄙賤稱 父놈창(庚)

傝 [탑]惡也 나쁠탑(合)

傉 누 [녹]二字姓、厙ㅣ宮 성녹(沃)

傛 융 [용]女官ㅣ華 계집의 벼슬이름용(冬)

㑳 쭤 [추]傭也 고용살이할추(有)

傏 搪과 同

倮 훙 [공]形小醜惡ㅣ 작고못생길공(冬)

⿰亻具 酪과 同

傢 쟈 [가]試也ㅣ器 시험가(禡)

傕 쥐 [각]人名李ㅣ 이름각(覺)

傔 [겸]使屬ㅣ從 겸종겸(監)

傞 쒀 [사]辭舞貌 춤출사(歌)

傃 쑤 [소]向也 향할소(遇)

傍 팡 뺑、[방][팽]近也 가까울방、側也 곁방、不得已ㅣㅣ 마지못할팽(漾)

傋 썅 [강][구]不媚㹅ㅣ 아첨않이할강、無知 지각없을구(講)(有)

傅 뿌 [부]師也 스승부 至也 이를부(遇)

傒 씨 [혜]人名、齊高ㅣ 이름혜 囚也 가둘혜

偎 웨 [외]愛也 사랑할외(灰)

傘 싼 [산]蔽日雨 양산산(旱)

傎 덴 [전]倒也 엎드러질전(先)

傀 퀘.궤 [괴]大貌 엄전할괴(尤)(賄)

⑪ **優** 만 [만]舒遲흘겨 늦을만(翰) **僡** 환 [환]囚拘貌 억맬환(諫) **催** 췌 [최]促也재촉최(尤) **僅** 진 [근]少也적을근(震) **傳** 좐 [전]轉也 전할전(先) **傷** 쌍 [상]創損상할상(陽) **傾** 칭 [경]仄也기우러질경(庚) **働** 뚱 [동]行動竭力굼닐할동 日字 **傱** 충 [종]走貌ㅣㅣ종종걸음칠종(冬) **傪** 찬 [참]好貌아리따울참(覃) **[illegible]** 얀 [참]侍立모시고설참(鹽) **傜** 요 [요]喜也기쁠요(蕭) **傿** 언 [언]引為買也외누리할언(願先) **僉** 첸 [첨]咸也다첨(鹽) **僁** 셰 [설]小言聲소근거릴설(屑) **傹** 과 競同 **傰** 평 [붕]姓也성붕(蒸) **僇** 륙 [륙]辱也욕할륙(屋) **僆** 련 [련]雙生者쌍둥이련(銑) **[illegible]** 쟈 [자]健而不德ㅣ儸건장하고덕없을자(麻) **偋** 삥 [병]除也제할병(敬梗) **債** 재 [채]通財빗채(卦) **傻** 싸 [사]不仁몹쓸사(馬) **傴** 위 [구]傴背곱추구(麌) **傺** 치 [제]失志貌물끄럼이할제(霽) **僄** 퍞 [표]身輕몸가벼울표(蕭嘯) **像** 쌍 [상]形象모양상(養) **傲** 오 [오]倨也거만할오 樂也즐길오(號) **僊** 선 [선]舞軒擧貌춤휠휠칠선(先) **傯** 쭝 [총]不暇倥ㅣ바쁠총(董送) **僂** 뤼 [루]短醜ㅣ佝난장이루(有) **僭** 쟨 [참]假也거짓참(豔) **傭** 융 [용][충]雇役人품팔이할용가지런할충(冬) **[illegible]** 위 [어]傷貌어릿어릿할어(語) **傮** 찬 [조]終也마칠조(豪) **僃** 同備 **僀** 틔 [적]ㅣ모 悪也질적(陌)

⑫ **僕** 푸 [복]給事者시중군복(沃) **僞** 웨 [위]詭也속일위(寘) **僑** 쟈 [교]高也높을교(蕭) **[illegible]** 산 [연]意急而懼황겁할연(銑) **僮** 퉁 [동]童也아이동(東) **僒** 군 [군]曲也子부릴군(軫) **僣** 僭俗字 **僧** 썽 [승]從浮屠教名ㅣ加沙門중승(蒸) **僬** [초]促也달음질칠초(嘯) **僚** 랴 [료]同官동관료(篠) **僖** 씨 [희]樂也즐거울희(支) **僓** 퉤 [퇴]順也ㅣ然순할퇴(灰) **僎** 쭌 [준][선]鄉飮助主人者향음주인돕는사람준具也갖출선(眞銑) **僛** 치 [기]醉舞貌취하여춤추는모양기(支) **僝** 짠:짠 [잔]惡罵ㅣ僽몹시꾸짖을잔(刪)

僤 딴 [탄]疾也빠를탄(翰)

僨 얀 [분]動也움직일분(問)

僩 쎈 [한]察也살필한(潸)

僔 [준]聚也모을준(阮)

僥 [요]僞也거짓요(篠)

傂 치 [제]開脚行步倢걸음걸이제(齊)

[illegible] 愆과同

僟 지 [기]精謹삼갈기(微)

僢 舛과同

僪 줴 [결]日傍気해무리결

儣 쾅 [광]武也위엄스러울광(陽)

僜 청.뗑 [등]行波貌고달플등 古音충(蒸)

[illegible] 益의古字

僦 쭈 [추]賃金임금추(宥)

僰 뻐 [북]西南夷서남방오랑캐북(職)

僗 勞과同

⓭

㒅 옹 [앙]不服倴ㅣ뻣뻣할앙(江)

價 야 [가]物直값가(禡)

[illegible] 얘 [해]豪強貌기운차고날쌜해(蟹)

儀 이 [의]容也거동의 形也꼴의(支)

億 이 [억]萬之萬倍억억(職)

僻 피.삐 [벽][피]偏也치우칠벽(陌) 避也피할피(寘)

儉 얜 [검]約也검소할검 小也적을검(琰)

僽 쯔 [추]惡言而罵몹시욕할추(宥)

僿 싸 [삽]不謹貌儳ㅣ경솔할삽(合)

儂 눙 [농]我也나농(冬)

[illegible] 쓰 [사]細碎가늘사(寘)

儋 담 [담]負荷짐담(覃)

儈 쾌 [괴]売買周旋業者거간군괴(泰)

儇 환 [현]疾也빠를현(先)

僾 애 [애]眼鏡ㅣ遠안경애(隊)

儕 채 [제]等輩무리제(佳)

僶 민 [민]強為ㅣ勉억지로할민(軫)

儃 탄 [천][탄]不進ㅣ廻머뭇거릴천 先舒閒貌한가할탄(先)(旱)

儆 찡 [경]戒也경계할경 警通(梗)

僵 쨩 [강]仆也쓰러질강(陽)

僸 찐 [금]夷樂오랑캐풍류금(沁)

儁 [준]絶異卓特영특할준(震)

⓮

儒 수 [유]学者선비유(虞)

儐 삔 [빈]導也인도할빈 進也나아갈빈(震)

儖 란 [람]形悪貌흉상스러울람(覃)

儜 닝 [녕]困也고달플녕 相呼聲떠들석할녕(庚)

㒆 씨 [압]不著事잔피압 劣也용렬할압(合)

儔 쳐 [주]等類짝주(尤)

[illegible] 탸 [조]独立홀로설조(篠)

儛 舞과同

儘 [진]盡也다할진 盡通(軫)

儗 이 [의]相疑서로의심할의(紙)

儓 태 [대]傭賤之稱、與ㅣ하인대(灰)

[illegible] 인 [은]依也남에게기댈은(問)

儚 멍 [맹]惽也ㅣ어두울맹(庚)

⓯

優 우 [우]勝也 이길우 無決心 결단성없을우 戲也 희롱할우 (尤)
儥 위 [육]売也 팔육 長 길육 (屋)
儠 례 [렵]長貌ㅏㅣ 긴모양렵 (葉)
儤 빠 [포]官吏連直 거푸번갈포 (效)

[illegible] 삔 [변]身不正 몸삐뚜리변 (先)
儢 [illegible]과同
[illegible] 몌 [멸]多詐ㅣ偺 간사할멸 (屑)
儦 뾰 [표]衆行貌 떼지어걷는모양표 衆多 많을표 (蕭)
[illegible] 뻬 [피]停也 머무를피 (紙)
[illegible]

쓰 [사]盡也 다할사 (眞)
償 쌍 [상]還也 갚을상 代価 값상 贖也 속죄할상 (陽)
儡 레 [뢰]木偶傀ㅣ 꼭두각시뢰 허수아비뢰 (賄)
(十六) 儱 룽 [롱]未成器侗 전목칠롱 (東)
儭 천

[츤]裏也 속옷츤 (震)
儲 츄 [저]貯也 저축할저 副也 버금저 (魚)
[illegible] 쎄 [해]狹也 좁을해 (卦)
[illegible] 냐 [뇨]美也 아름다울뇨 (篠)
(十七) 儳 찬 [참]疾也 빠를참 (咸)(陷)
儵

[숙]南海帝 남해임금숙 (屋)
(十八) 儤 빠 [포]連直ㅏ宿 숙직할포 (效)
[illegible] [섭]心服 심복할섭 (葉)
(十九) 儷 리 [려]偶也伉ㅣ 짝려 (霽)
儹 짠 [찬]計事 일공론할찬 (旱)
[illegible]

傎과同
儸 뤄 [라]健而不德、[illegible]ㅣ 심술스러울라 (哿)
儺 놔 [나]順猗ㅏ 유순할나 (歌)
(二十) 儼 옌 [엄]敬也 공경할엄 (琰)
儻 탕 [당]然辭 혹그러할당 (養)
(二十一)

[illegible] 뤄 [라]蚕也 누에라 (哿)
[illegible] 쌰 [효]傲也 거만할효 (蕭)
(十五) 儾 낭 [낭]緩也 늦어질낭 (漾)

儿部

儿 인 [인][궤]人也 사람인 仁人 어진사람인 어진사람궤 (眞)(卦)
(一) 兀 우 [올]高貌 우뚝할올 (月)
(二) 元 웬 [원]始也 으뜸원 道也 (元)
允 슈 [윤]信也 믿을윤

(翰)
(三) 兄 쓩 황. [형][황]長也 만형 況也 하물며황 (庚)(漾)
(四) 兊 充의 譌字
充 츙 [충]實之 찰충 (東)
兆 쟈 [조]億之億 억조조 징조조 卜筮 점칠조
光 꽝 [광]明 意빛

광景也 경치광 (陽)
先 쎈 [선]前也 먼저선 (先)
[illegible] 꾸 [고]壅蔽 가릴고 (麌)
兇 쓩 [흉]悪也 악할흉 (腫)
(五) 免 멘 [면][문]避也 피할면 脫也 벗을면 (銑)(問)
兎 兔의 俗字

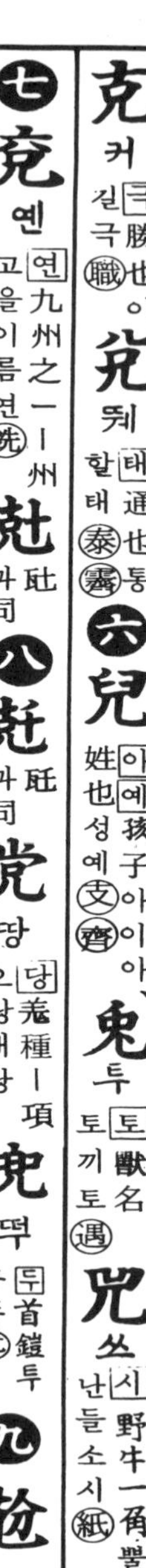

克 커 [극]勝也 이길 극 (職)
兊 퉤 [태]通也 통할 태 (泰)(霽)
(六) 兒 아 [아][예]孩子 아이 아、姓也 성 예 (支)(齊)
兎 투 [토]獸名 토끼 토 (遇)
兕 쓰 [시]野牛一角 뿔난 들소 시 (紙)

(七) 兗 옌 [연]九州之一 ㅣ州 고을 이름 연 (銑)
兙 瓧과 同
(八) 兛 瓩과 同
党 땅 [당]羌種 ㅣ項 오랑캐 당
兜 뚜 [두]首鎧 투구 두 (尤)
(九) 兝

瓰과 同
(十) 兟 씬 [신]進也 나아갈 신 (眞)
兣 瓸과 同
(十二) 兢 징 [긍]敬也 공경할 긍 (蒸)
⿺儿京 涼과 同
(十四) ⿺儿重 甅과 同
⿰魚兆 소 [요]遠也 멀 요 (篠)
(十九)

爌 황 [황]火明 불 밝을 황 (養)
(二十二) ⿱兔⿰兔兔 부 [부]疾也 빠를 부 (遇)

入部

入 수 [입]出之對 들 입 (緝)
(一) 兦 왕 [망][무]失也 없을 망、無同 없을 무 (陽)(虞)
(二) 內 네 [내][납][나]裏也 안 내、入也 들일 납、女官 여관 나 (合)(隊)
(三) 叺 [日]小俵 작은 섬 입 作字
尒 爾俗字
(四) 全 촨 [전]完也 온전 전 (先)
(六) 兩 량 [량]再也 둘 량 (養)(漾)
(七) 兪 위 [유]答也 대답할 유 (虞)
⿱人⿰个个 치 [기]参差 참치할 기 (支)
⿱亼兵 변 [편]小也 작을 편 (銑)
(十五) ⿱亼車 [승]車乘 수레에 탈 승 (庚)

八部

八 빠 [팔]数名 여덟 팔 (黠)
(二) 公 꿍 [공]官也 벼슬 공 (東)
六 루 [륙]数名 여섯 륙 (屋)
兮 씨 [혜]語助 어조사 혜 (齊)
(四) 关 笑古字
共 꿍 [공]同也 한가지 공 (宋)
(五) 兵 뼁 [병]從戎戰鬪者 군사 병、戰爭 전쟁 병 (庚)
(六) 具 쥐 [구]備也 갖출 구 (遇)
典 덴 [전]法也 법 전 (銑)
其 치 [기]語助辭 어조사 기 (支)
(八) 兼 쪤 [겸]総也 모을 겸 (鹽)
巺 巽의 俗字
(十) 兾 冀의 俗字
(十四) 冀 찌 [기]望也 바랄 기 (寘)
(十六) ⿱𦥑共 晨古字
(十八) 顚 [전]項也 이마 전 (先)

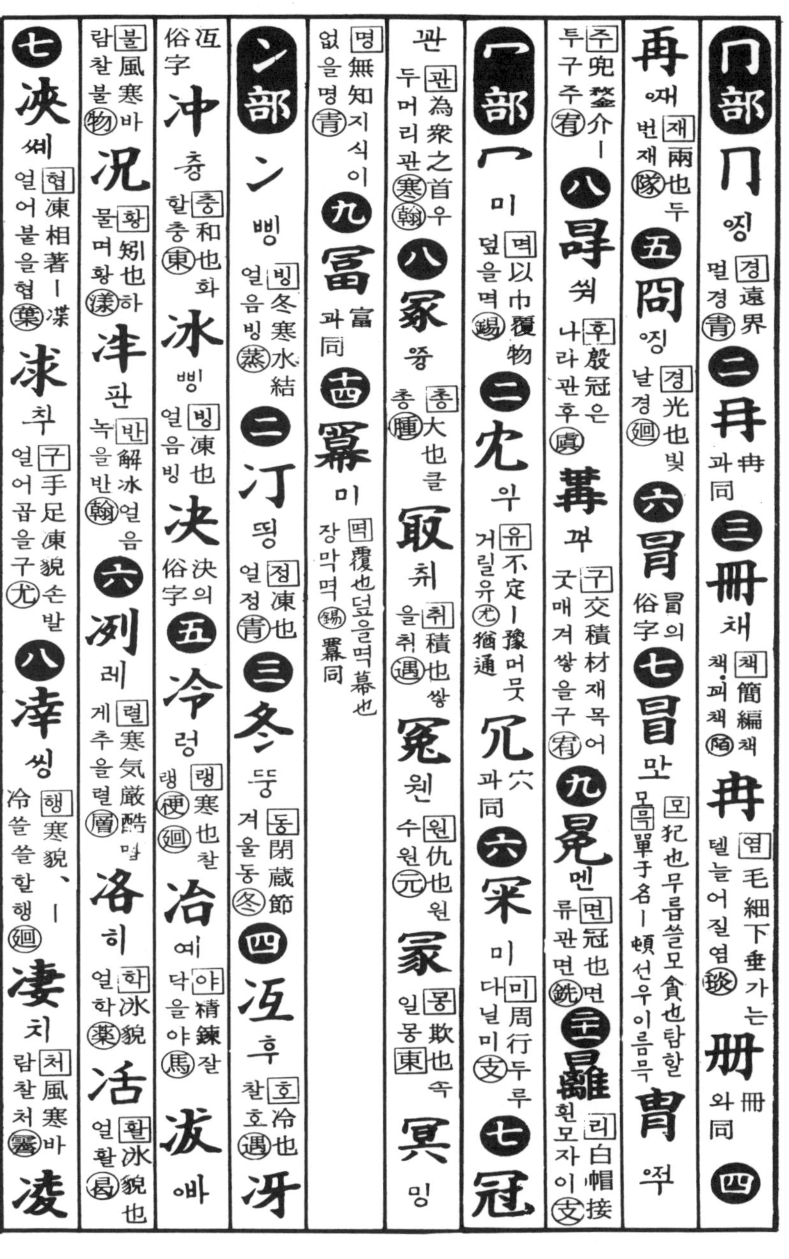

冂部

冂 잉 [경]遠界멀경(青)

② 冄 冉과同

③ 冊 채 [책]簡編책·피책(陌)

冉 [염]毛細下垂가는털늘어질염(琰)

册 冊와同

④ 再 재 [재]兩也두번재(隊)

⑤ 冋 잉 [경]光也빛날경(迥)

⑥ 冐 冒의俗字

⑦ 冒 모 [모]犯也무릅쓸모貪也탐할모 [묵]單于名ㅣ頓선우이름묵

冑 주 [주]兜鍪介ㅣ투구주(宥)

⑧ 冔 후 [후]殷冠은나라관후(麌)

冓 구 [구]交積材재목어긋매겨쌓을구(宥)

⑨ 冕 면 [면]冠也면류관면(銑)

⑪ 䍦 리 [리]白帽接䍦흰모자이(支)

冖部

冖 미 [멱]以巾覆物덮을멱(錫)

② 冘 유 [유]不定ㅣ豫머뭇거릴유(尤) 猶通

冗 宂과同

⑥ 罙 미 [미]周行두루다닐미(支)

⑦ 冠 관 [관]爲衆之首우두머리관(寒)(翰)

⑧ 冢 총 [총]大也클총(腫)

冣 취 [취]積也쌓을취(遇)

冤 원 [원]仇也원수원(元)

冡 몽 [몽]欺也속일몽(東)

冥 명 [명]無知지식이없을명(青)

⑨ 冨 富과同

⑭ 冪 미 [멱]覆也덮을멱幕也장막멱(錫) 羃同

冫部

冫 빙 [빙]冬寒水結얼음빙(蒸)

② 汀 띵 [정]凍也얼정(青)

③ 冬 동 [동]閉藏節겨울동(冬)

④ 冱 후 [호]冷也찰호(遇)

冴 冱俗字

冲 충 [충]和也화할충(東)

冰 빙 [빙]凍也얼음빙

决 決의俗字

⑤ 冷 랭 [랭]寒也찰랭(梗)(迥)

冶 예 [야]精鍊잘다듬을야(馬)

冹 발 [불]風寒바람찰불(物)

况 황 [황]矧也하물며황(漾)

冸 판 [반]解冰얼음녹을반(翰)

⑥ 冽 례 [렬]寒氣嚴酷매게추울렬(屑)

洛 히 [학]冰貌얼학(藥)

活 [활]冰貌也얼활(曷)

⑦ 浹 쎄 [협]凍相著ㅣ渫얼어붙을협(葉)

浗 추 [구]手足凍貌손발얼어곱을구(尤)

⑧ 涬 씽 [행]寒貌、ㅣ冷쓸쓸할행(迥)

凄 치 [처]風寒바람찰처(霽)

凌

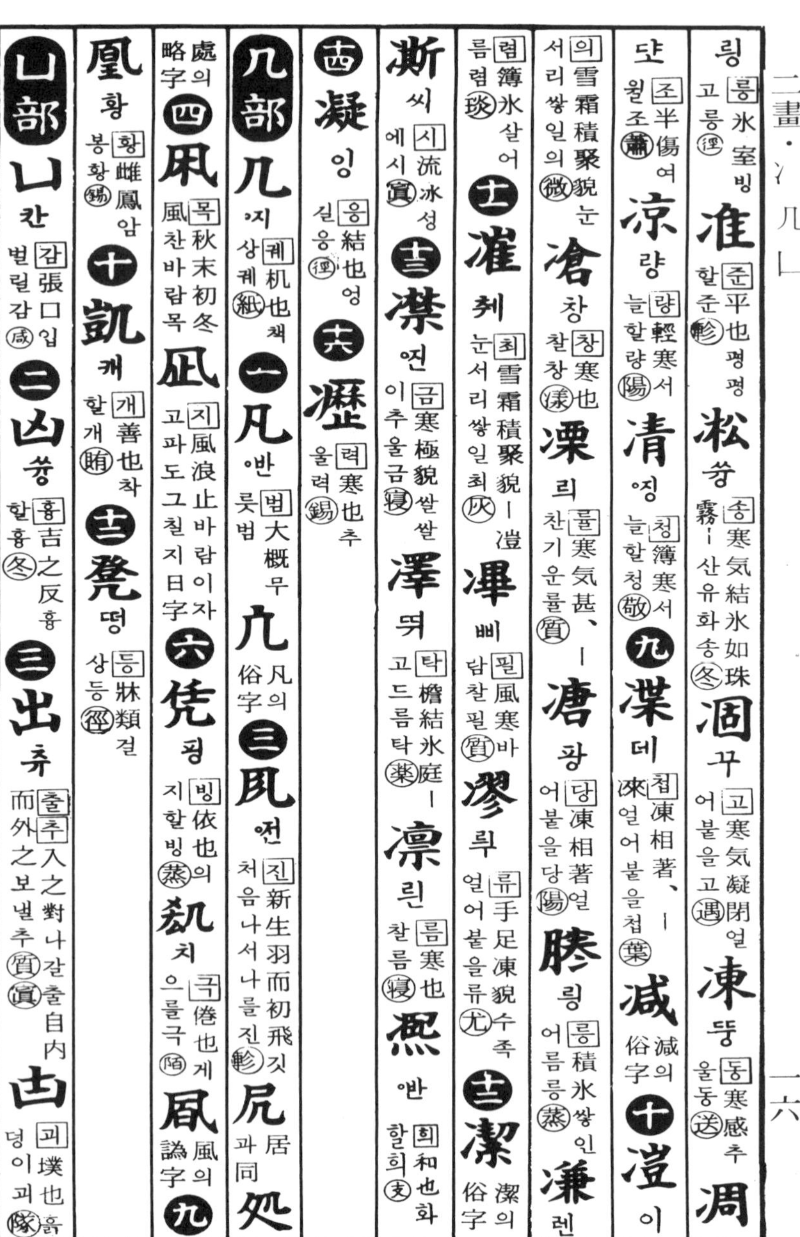

링 [릉]氷室빙 고릉(徑)

准 쥰 [준]平也평평 할준(軫)

凇 숭 [송]寒気結氷如珠 霧ㅣ 산유화송(冬)

凅 꾸 [고]寒気凝閉얼 어붙을고(遇)

凍 뚱 [동]寒感추 울동(送)

凋 댜 [조]半傷여 윌조(蕭)

涼 량 [량]輕寒서 늘할량(陽)

凊 졍 [청]簿寒서 늘할청(敬)

⑨ 凓 뎨 [첩]凍相著、ㅣ 凓열어붙을첩(葉)

減 減의 俗字

⑩ 凒 이 [의]雪霜積聚貌눈 서리쌓일의(微)

凔 창 [창]寒也 찰창(漾)

凓 리 [률]寒気甚、ㅣ 찬기운률(質)

溏 광 [당]凍相著얼 어붙을당(陽)

凌 링 [릉]積氷쌓인 어름릉(蒸)

溓 렴 [렴]簿氷살어 름렴(琰)

⑪ 凗 최 [최]雪霜積聚貌ㅣ凒 눈서리쌓일최(灰)

滭 삐 [필]風寒바 람찰필(質)

漻 류 [류]手足凍貌수족 열어붙을류(尤)

⑫ 㓗 潔의 俗字

凘 씨 [시]流氷성 에시(寘)

⑫ 凚 찐 [금]寒極貌쌀쌀 이추울금(寢)

凙 뚜 [탁]檐結氷庭ㅣ 고드름탁(藥)

⑬ 凜 린 [름]寒也 찰름(寢)

凞 희 [희]和也화 할희(支)

⑭ 凝 잉 [응]結也엉 길응(徑)

⑯ 瀝 [력]寒也추 울력(錫)

几部

几 지 [궤]机也책 상궤(紙)

① 凡 반 [범]大概무 릇범

凢 凡의 俗字

③ 凬 연 [진]新生羽而初飛짓 처음나서나를진(軫)

凥 居 과 同

処 處의 略字

④ 凩 [목]秋末初冬 風찬바람목

凪 [지]風浪止바람이자 고파도그칠지 日字

⑥ 凭 핑 [빙]依也의 지할빙(蒸)

𠘩 치 [극]倦也게 으를극(陌)

凮 風의 譌字

⑨ 凰 황 [황]雌鳳암 봉황(陽)

⑩ 凱 개 [개]善也착 할개(賄)

⑫ 凳 떵 [등]牀類걸 상등(徑)

凵部

凵 칸 [감]張口입 벌릴감(感)

② 凶 흉 [흉]吉之反흉 할흉(冬)

③ 出 츄 [출][추]入之對나갈 출自內而外之보낼추(質)(寘)

凷 [괴]墣也흙 덩이괴(隊)

凸 뎌 [철][돌] 突高貌 뾰족할 철 高貌 도도록할 철 돌 (屑)

凹 요 [요] 窊也 凸之對 오목할 요 (有)

六

函 한 [함] 包容 힙 쌀 함 (覃)

七

凾 函 俗字

凾 역

[잡] 春麥去度 보리대낄 잡 (洽)

十

𠙺 톼 [도] 古器 고기 도 (豪)

刀部

刀 됴 [도] 兵刃 칼 도 (豪)

刁 됴 [조] 風動 바람 불 조 (蕭)

一

刃 신 [인] 刀鋒 칼날 인 (震)

刄 刃의 俗字

刃 [韓] 錢數 稱 돈 돈

二

分 야 [분][푼] 割也 나눌 분 分也 푼 푼 (文)(問)

切 쳬 [절][체] 割也 끊을 절 急也 급할 체 (屑)(霽)

刈 이 [예] 殺也 죽일 예 (隊)

刅 創 同

三

刋 쳔 [천] 切也 끊을 천 (霰)

刌 긍 [공] 錢也 낫질할 공 (東)

切 功의 誤字

刌 츈 [촌] 切斷 끊을 촌 (阮)

刊 칸 [간] 刻也 찍을 간 (寒)

㓞 여 [절] 以血塗刀 칼에 피 묻칠 절 (屑)

刓 큰 [곤] 斫木枝 가지 칠 곤 (元)

四

𠛉 리 [리][례] 割也 벨 리 州의 俗用、割也 벨 례 (支)(齊)

列 려 [렬] 布也 펼 렬 (屑)

刑 씽 [형] 罰總名 형벌 형 (青) 鉶通

划 화 [화] 進船竿 삿대 화 (麻)

𠛊 치

[기] 刲也 찌를 기 (微)

刎 원 [문] 剄也 목 찌를 문 (吻)

刓 원 [완] 弊也 해질 완 (寒)

刪 싼 [삼] 刈也 벨 삼 (陷)

刖 웨 [월][왈] 斷足 발 벨 월、왈 (月)

五

刬 잔

[점] 刀缺 칼이 빠질 점 (豔)

刧 刦의 俗

利 리 [리] 吉也 이로울 리 (眞)

初 추 [초] 始也 처음 초 (魚)

判 판 [판] 斷也 판단할 판 (翰)

別 뼈 [별] 異也 다를 별 (屑)

労 劵略字

刦 [겁] 強取 겁탈할 겁 (葉)

刨 팦 [포] 削也 깎을 포 (肴)

刪 싼 [산] 削除 깎을 산 (刪)

刜 뿌 [불] 擊也 칠 불 (物)

六

刑 刑의 本字

制 지 [제] 禁也 금할 제 (霽)

刻 커 [각] 害也 해할 각 (職)

刹 차 [찰] 僧寺 절 찰 (黠)

刲 퀘 [규] 割刺 베일 규 (齊)

刧 져 [겁] 겁박할 겁 俗劫字 誤 (葉)

刵 얼 [이] 斷耳 귀 베일 이 (眞)

剆 쿠

[고]剖破쪼갤고(虞)

券 촨 [권]要約書문서권(願)

到 또 [도]至也이를도(號)

刱 창 [창]始也비롯할창(陽)

刴 뚸 [타]斫也찍을타(箇)

㓦 러 [락]剔也살깎을락(藥)

刺 츠 [자][척][라]直傷찌를자、針縫바느질할척、御食日水ㅣ수라라(眞)(陌)

刮 꽈 [괄]削也깎을괄(黠)

刷 쏴 [쇄]改也문지를쇄(黠)

㊆

前 쳔 [전]後之対앞전(先)

則 쪄 [즉][칙]助辭곧즉、常法법칙칙(職)

刾 刺의俗字

剃 티 [체]剪髮털깎을체(霽)

剄 찡 [경]刎也목찌를경(逈)

剌 라 [랄]弓聲활다리는소리랄(曷)

剉 취 [좌]折傷꺾어질좌(箇)

削 쌰 [삭]刮也깎을삭(藥)

剋 커 [극]勝也이길극(職)

㊇

剝 빠 [박]脫也벗길박(覺)

剡 얀 [염][섬]光貌번적할염、会稽縣名골이름섬(琰)

剏 刱의俗字

剖 퍼 [부]割也쪼갤부(有)

剒 취 [착]斬也베일착(藥)

剠 칭 [경][량][략]墨刑在面자자할경、奪取노략질할량、鬪也取획재갈략(庚)(漾)(藥)

㓹 腦과同

㓨 러 [렬]貫也꿸렬(屑)

剔 티 [척]拔也뺄척(錫)

剞 지 [기]曲刀小劂새김칼기(紙)

𠜾 피 [비]削也깎을비(齊)

剕 삐 [비]削也足발베일비(未)

剜 완 [완]刻削깎을완(寒)

剗 찬 [잔]削也깎을잔(潸)

剚 쯔 [사]揷刀칼꽂을사(眞)

剟 뚸 [철][탈]擊也칠철、刊也새길탈(屑)(曷)

剮 꽈 [과]割也베일과(哿)

剛 깡 [강]堅也굳을강(陽)

剮 劂과同

㊈

剬 딴 [단]整飾貌단정할단(寒)

剫 뚸 [탁]判也쪼갤탁(藥)

剾 鍬과同

剪 짼 [전]齊断싹벨전(先)

剐 꽈 [과]剐肉置骨살바를과、過同(馬)

副 뿌 [부][복][벽]次也버금부、稱也알맞을부、剖也쪼갤복、難産析小순산될벽(宥)(屋)(職)

㓶 쪄 [결]刻也새길결(屑)

剨 화 [획]破声깨지는소리획(陌)

剭 우 [옥][악]誅也죽일옥、刑也형벌할악(屋)(覺)

剩 씽 [잉]餘也남을잉(徑)

㊉

創 챵 [창]傷也상할창(陽)(漾)

割 꺼 [할]十分之一십분분지일할(曷)

剴 캐

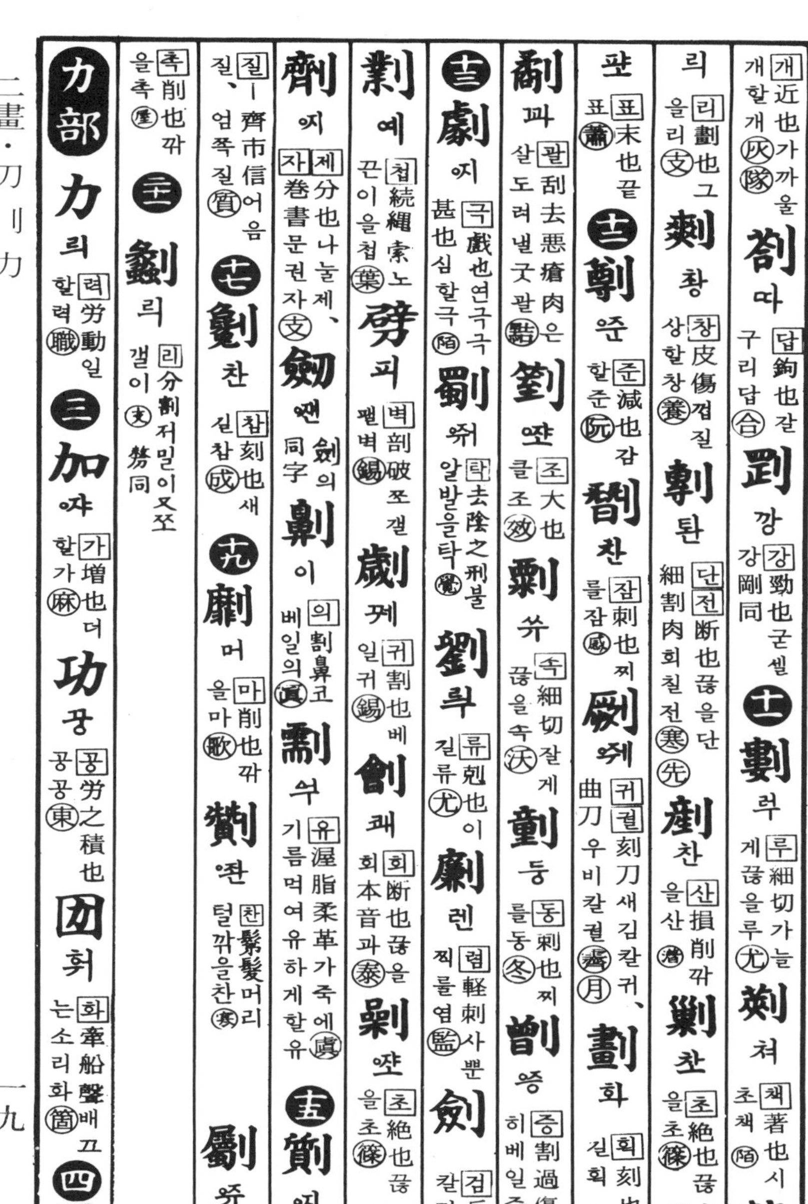

[개]近也가까울개할개(灰)(隊)

剳 따 [답]鉤也갈구리답(合)

[罡刂] 깡 [강]勁也굳셀강 剛同

⑪

[婁刂] 러 [루]細切가늘게끊을루(尤)

[莢刂] 쳐 [책]著也시초책(陌)

務 리 [리]劃也그을리(支)

[爽刂] 창 [창]皮傷껍질상할창(養)

剸 퇀 [단][전]断也끊을단 細割肉회칠전(寒)(先)

剷 찬 [산]損削깎을산(潸)

剿 챠 [초]絶也끊을초(篠)

剽 퍄 [표]末也끝표(蕭)

⑫

[尊刂] 쥰 [준]減也감할준(阮)

[朁刂] 찬 [잠]刺也찌를잠(感)

劂 쮀 [귀][궐]刻刀새김칼귀、曲刀우비칼궐(霽)(月)

劃 화 [획]刻也새길획(陌)

剮 꽈 [괄]刮去惡瘡肉은살도려낼긋괄(黠)

釗 쟈 [조]大也클조(效)

[粟刂] 쑤 [속]細切잘게끊을속(沃)

[童刂] 둥 [동]剌也찌를동(冬)

[曾刂] 쯩 [증]割過傷과히베일증(徑)

⑬

劇 찌 [극]戲也연극극 甚也심할극(陌)

劅 쮜 [탁]去陰之刑불알발을탁(覺)

劉 릒 [류]剋也이길류(尤)

劆 렌 [렴]輕刺사뿐찌를렴(監)

劍 [검]兵器칼검(豔)

[絜刂] 예 [첩]續纒索노끈이을첩(葉)

劈 피 [벽]剖破쪼갤벽(錫)

劌 꿰 [귀]割也베일귀(錫)

劊 쾌 [회]断也끊을회 本音과(泰)

劋 쟈 [초]絶也끊을초(篠)

⑭

劑 찌 [제][자]分也나눌제、卷書문권자(支)

劒 쨈 劍의同字

劓 이 [의]割鼻코베일의(寘)

[需刂] 숙 [유]渥脂柔革가죽에기름먹여유하게할유(虞)

⑮

劕 찌 [질]｜齊市信어음질、엄쪽질(質)

⑰

劖 찬 [참]刻也새길참(咸)

⑲

劘 머 [마]削也깎을마(歌)

劗 쫜 [찬]鬋髮머리털깎을찬(寒)

劚 쮸 [촉]削也깎을촉(屋)

㉑

劙 리 [리]分割저밀이又쪼갤이(支) 務同

力部

力 릐 [력]勞動일할력(職)

③

加 갸 [가]增也더할가(麻)

功 꿍 [공]勞之積也공공(東)

[囗力] 훠 [화]牽船聲배끄는소리화(箇)

④

劫

퀘 [귀]疲極、劳ㅣ피곤할귀 古音괴 (寘)

劣 례 [렬]弱少어릴렬 (屑)

劤 진 [근]強也강할근 (問)

五

劬 취 [구]疲劳고할구 (虞)

助 주 [조]佐也도울조 益也유익할조 (御)

劫 쪠 [겁]強取겁탈할겁 (葉)

劢 勵의 略字

劭 챠 [초][소]勸勉권면할초、美也아름다울소 (蕭)(嘯)

努 누 [노]勉也힘쓸노 (麌)

六

劵 [권]倦也게으를권 (霰)

効 效의 俗字

劻 광 [광]急遽貌급거할광 (陽)

劾 해 [해][핵]用力힘쓸해 功也공해 弾治핵실할핵 (職)(隊)

劼 可 [할]勤也부지런할할 (黠)

七

勇 융 [용]銳也날랠용 果敢용기용 (腫)

勁 잉 [경]強健굳셀경 (敬)

勉 멘 [면]勤也부지런할면 (銑)

勅 칙 [칙]天子制書칙령칙 (職)

勃 빨 [발]怒貌성날발 (月)

八

勍 잉 [경]強也강할경 (庚)

勌 [권]劳也수고로울권 (霰)

勑 勅과 同

九

動 뚱 [동]静之対움직일동 (董)

務 우 [무]專力힘쓸무 (遇)

勖 욱 [욱]勉也힘쓸욱 (沃)

勔 멘 [면]勤勉권면할면 (銑)

勓

캐 [개]勉也힘쓸개 (泰)

勘 칸 [감]定也정할감 (勘)

勂 허 [할]勤也힘들일할 (黠)

勒 레 [륵]刻也새길륵 (職)

十

劳 랴 [로]勤也부지런할로 (豪)(號)

勝 씽 [승]任也맡을승 (徑)(蒸)

勛 勳의 古字

十一

勢 씨 [세]權力권세세 (霽)

勤 勤의 俗字

勤 친 [근]劳力부지런할근 (文)

𠢕 호 [호]健也건장할호 (豪)

募 무 [모]雇也고용모 (遇)

勦 잔 [초]劳力수고로울초 (肴)

勡 퍄 [표]強取겁탈할표 (嘯)

勠 루 [륙][류]併力협력할륙 戮通、류 義同 (屋)(有)

勣 찌 [적]功也공적 (錫)

勩 敵과 同

十二

勩 이 [예][이]劳也수고로울예、이 義同 (霽)(寘)

勫 빤 [번]健也건장할번 (元)

十三

勱 매 [매]勉也힘쓸매 (卦)

勰 쎄 [협]思也생각할협 (葉)

勯 딴 [단]力竭힘다할단 (寒)

勮 쥐 [거]懼恐貌두려울거 (御)

十四

勳 쒼 [훈]功也공훈 (文)

十五

勵 리 [려]勉也힘쓸려 (霽)

勴 리 [려]心助마음으로도울려 (御)

勸

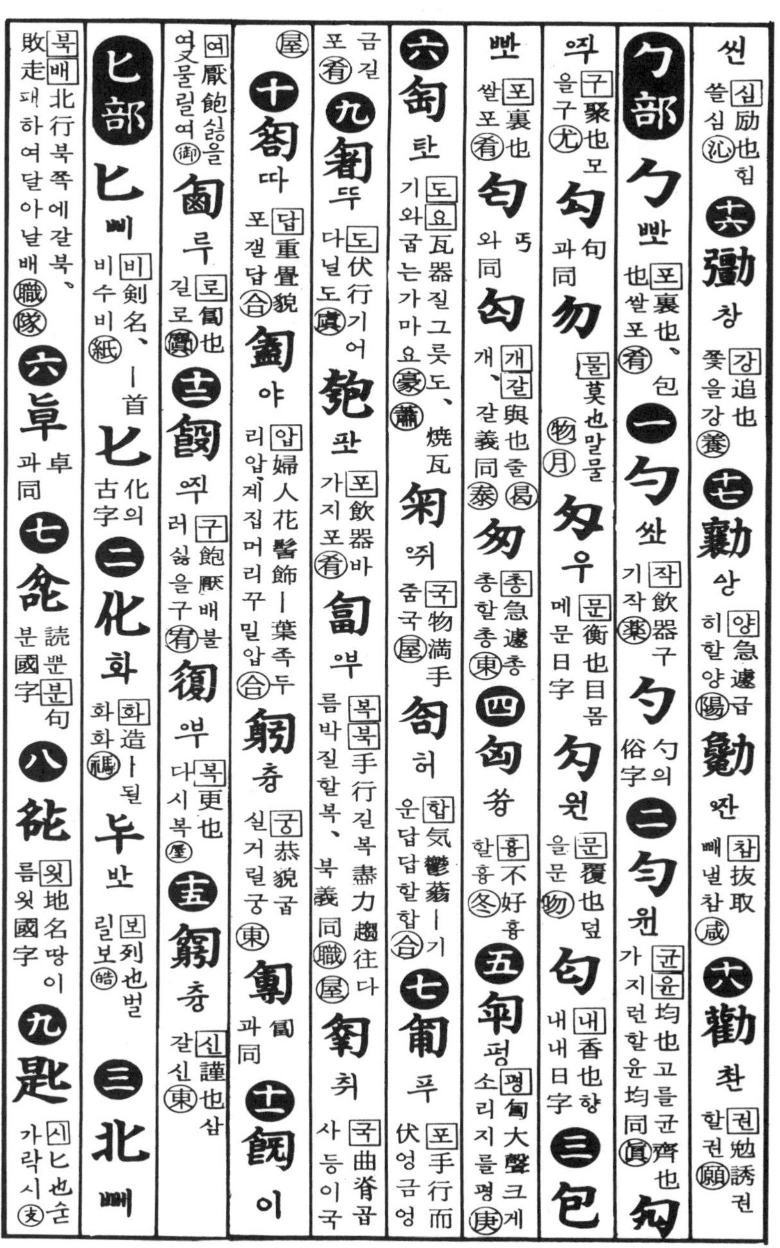

씬 심 励也 힘쓸 심 沁

十六 勶 창 강 追也 쫓을 강 養

十七 勷 상 양 急遽 급히할 양 陽

劖 짠 참 拔取 빼낼 참 咸

十八 勸 촨 권 勉誘 권할 권 願

勹部

勹 빠오 포 裹也、包也 쌀 포 肴

一 勺 쏘 작 飲器 구기 작 藥

勺 勺의 俗字

二 匀 윈 균 윤 均也 고를 균 齊也 가지런할 윤 均同 眞

[illegible] 쮜 구 聚也 모을 구 尤

勾 句과 同

勿 물 莫也 말 물 物 月

匁 우 문 衡也 目몸 메문 日字

[illegible] 윈 문 覆也 덮을 문 吻

匂 내 香也 향내 내 日字

三 包 빠오 포 裹也 쌀 포 肴

匃 丐와 同

匄 개 갈 與也 줄 갈 曷 개、갈 義同 泰

匆 총 急遽 총총할 총 東

四 匈 쓩 흉 不好 흉할 흉 冬

五 匉 펑 평 匉訇 大聲 크게 소리지를 평 庚

六 匋 탄 도 요 瓦器 질그릇 도、燒瓦 기와굽는가마 요 豪 蕭

匊 쮜 국 物滿手 줌 국 屋

匌 허 합 氣鬱蓊ㅣ 기운답답할 합 合

七 匍 푸 포 手行而伏 엉금엉금길 포 肴

九 [illegible] 뚜 도 伏行 기어다닐 도 虞

匏 퐈 포 飲器 바가지 포 肴

匐 부 복 북 手行 길 복、盡力趨往 다름박질할 복、북 義同 職 屋

[illegible] 취 국 曲脊 곱사등이 국 屋

十 匒 따 답 重疊貌 포갤 답 合

[illegible] 야 압 婦人花髻飾ㅣ葉 족두리 압 合

匑 츙 궁 恭貌 굽실거릴 궁 東

[illegible] 匐과 同

十一 [illegible] 이 여 厭飽 싫을 여、물릴 여 御

[illegible] 루 로 匵也 길로 [illegible]

十二 [illegible] 쮜 구 飽厭 배불러 싫을 구 有

[illegible] 뿌 복 更也 다시 복 屋

十三 匔 츙 신 謹也 삼갈 신 東

匕部

匕 삐 비 劍名、ㅣ首 비수 비 紙

[illegible] 化의 古字

二 化 화 화 造ㅣ 될 화 화 禡

[illegible] 봐 보 列也 벌릴 보 皓

三 北 뻬 북 배 北行 북쪽에 갈 북、敗走 패하여 달아날 배 職 隊

六 [illegible] 卓과 同

七 [illegible] 讀 뿐 분 句 분 國字

八 [illegible] 읫 地名 땅이름 읫 國字

九 匙 시 匕也 숟가락 시 支

⑬ 蘧 늦 [늦]晩也 늦을늦 ⑭ 廱 곳 [곳]處也 곳곳

匚部

匚 방 [방]器之方者 상자방(陽) ③ 匜 이 [이]酒器술잔이(支) 匞 匠의本字 匝 잡 [잡]周也두루잡(合) ④ 匡 광 [광]正也바를광(陽)

匠 장 [장]職工직공장장(漾) ⑤ 匥 변 [변]竹器대그릇변(霰) 匣 갑 [갑]箱子상자갑(洽) 𠤱 선 [선]竹器盤채반선(銑) ⑦ 匧 협 [협]藏衣笥옷상자협(葉)

⑧ 匪 비 [비][분]惡也악할비、分也나눌분(尾)(微) ⑨ 匭 궤 [궤]匣也갑궤(紙) 匬 유 [유]量也十六斗휘유(麌) ⑪ 匯 회 [회]水回合물돌아모일회(賄) ⑬

匱 궤 [궤]匣也궤궤(寘) 簣見 匰 단 [단]宗廟독집단(寒) 匲 匳과同 ⑬ 匳 렴 [렴]鏡匣경대염(鹽) 奩籨同 歐 어 [알]大呼用力크게힘써부를알(寘) ⑭

匴 산 [산]竹器冠箱대갓집산(旱) ⑮ 匵 독 [독]極也함독(屋) ⑰ 匶 柩의古字 ⑲ 匷 공 [공][감]小杯작은잔、箱類상자감(送)(感)

匸部

匸 씨 [혜]藏也감출혜(齊) ② 匹 피 [필][목]偶也짝필、家鴨집오리목(質)(屋) 区 區의略字 ⑤ 医 이 [예]矢器활집예(霽) ⑥ 匼

안 [암]謡諛阿아첨할암(感)(合) ⑦ 匽 연 [언]路廁한데뒷간언(阮) 區 区의略字 ⑨ 區 취 [구][우]藏也감출구、域也갈피우(虞)(尤) 匿 닉 [닉]隱也숨을닉(職)

匾 변 [변]薄器엷은그릇변(銑) ⑩ 匿 티 [제]匾ㅣ器之薄者엷은그릇제(齊) ⑪ 䗫 티 [제]虎臥息범누어숨쉴제(齊)

十部

十 시 [십]数名열십(緝) ① 千 천 [천]数名十百일천천(先) 卄 이 [입]二十스물입 甘同(緝) ② 卆 卒의諭字 升 셩 [승]十

合되승(蒸)

卅 싸 [삽] 三十서른삽 (合)

午 우 [오] 馬也말오 (麌)

廿 卄同

三

半 빤 [반] 物中分절반반 (翰)

卉 훼 [훼] 草也풀훼 (尾)

卋 世과同

四

卍 [만] 佛書萬字

卉 丹의本字

卌 시 [십] 四十마흔십 (緝)

𠦒 華과同

五

尗 叔의俗字

𠦬 삐 [필] 箕屬키필 (質)

六

𠕁 冊과同

卒 쭈 [졸][줄] 軍五항오졸 竟也마칠내줄 (月)(質)

卑 삐 [비] 下也낫을비 (支)

卓 쭤 [탁] 越等뛰어날탁 (覺)

協 쎠 [협] 和也화할협 (葉)

七

南 티 [남] 午方남녘남 (覃)

九

卙 지 [집] 集也모일집 (緝)

十

博 뽜 [박] 大也클박 (藥)

卜部

卜 뿌 [복] 問龜점복 (屋)

卞 뺸 [변] 法也법변 (霰)

二

卝 꽌 [관][횡] 束髮貌북상투관 金玉樸금옥덩어리횡 (諫)(梗)

三

占 쟌 [점] 視兆점점 (鹽)

卡 챠 [잡] 關隘說兵立塘守ㅣ지킬잡 (合)

卟 꼐 [계] 問卜점칠계 (齊)

四

𠧙 弄과同

五

卣 이 [유] 中樽중준유 (有)

𠧩 쟌 [소] 卜問무꾸리할소 (嘯)

六

卦 꽤 [괘] 筮兆점괘괘 (卦)

七

卤 댜 [초] 草木實垂ㅣㅣ열매주렁주렁달릴초 (嘯)

八

卥 유 [유] 気行모양유 (尤)

九

卨 쎼 [설] 殷國祖名은나라시조이름설 (屑)

𠧧 찌 [극] 勝也이길극 (職) 克同

十二

𠨸 탄 [탈] 跨也탈탈 (蒸) 乘同

卩部

卩 쪄 [절] 符ㅣ示信몸기절 (屑)

二

卬 앙 [앙] 我也나앙 (陽)

三

卯 먀 [묘] 茂也성할묘 (巧)

卮 찌 [치] 酒器술잔치 (支)

卭 卭의譌字

四

危 웨 [위] 不安위태할위 (支)

印 인 [인] 刻文인인 (震)

五

却 쿼 [각] 斥也물리칠각 (藥)

卲 쌰 [소] 高也높을소 (嘯)

卵 롼 生後孵化알란 (旱)

六 卷 좐 권 書可捲 책권 (銑)

卹 지 술 솔 憂愍 걱정할술、掃塵 멸이솔 (質)(月)

卺 연 근 婚禮瓢杯 혼례때의술바가지근 (吻)

卸 쎄 사 脫衣甲 벗을사 (禡)

七 卽 쑤 즉 今也 이제즉 (職)

𠨬 싸 회 骨節間 뼈마디사이회 (微)

卻 취 가 退也 물리칠각 (職)

卼 우 올 危也 위태할올 (月)

九 𠨷 韓 地名 땅이름

산

十 卿 칭 경 貴公 귀공경 (庚)

十一 𠨺 쥰 준 危也 위태할준 (震)

膝 膝의 本字

十六 𨘸 쳔 천 移也 옮길천 (先) 遷同

厂部

厂 엔 엄 山之厓巖人可居 굴바위엄 (鹽)

二 厄 어 액 災也 재앙액 (陌)

三 厈 켜 국 持也 잡을국 (沃)

四 厎 제 개 到也 이를개 (卦)

厇 치 척 遂也 쫓을척 (陌)

厔 지 지 均也 고를지 (齊)

厗 제 개 轉倒 엎드러질개 (齊)

厊 야 아 相違 어긋날아 (馬)

五 厎 즈 지 定也 정할지 (紙)

厒 커 갑 山左右有岸 낭떠러지갑 (合)

𠩂 지 곡 持也 가질곡 (沃)

六 厓 예 애 山邊水畔 언덕애 (佳)

厒 커 갑 山兩边有岸 산양편에낭떠러지있을갑 (合)

厔 지 질 山曲 산굽이질 (質)

七 厚 후 후 重也 무거울후 (有)

厘 리 리 전 貨幣之最小单位 一錢之十分一 이리 (支)

厙 써 사 姓也 성사 (禡)

厖 망 방 雜也 어지러울방 (江)

八 原 웬 원 地高平 언덕원 (元)

厞 비 陋也 더러울비 隱也 숨을비 (微)(未)

厜 췌 수 山顚 厜㕒 산이마수 (支)

厝 추 조 착 置也 둘조 礪也 숫돌착 (遇)(藥)

九 厠 厠 과同

十 厥 궤 궐 굴 其也、助也 그궐、蕃國、突厥 나라굴 (月)(物)

厤 曆의 古字

厨 廚 과同

厦 廈 과同

十二 厪 진 근 少也 적을근 (文)

十二 厭 엔 염 암 엽 惡也 미워할염 赤黑 검붉을암 鎭也 진압할엽 (豔)(葉)(琰)

厮 시 使也 부릴시 (支)

厬 쮀 궤 涸也 물마를궤 (紙)

厩 쥐 구 馬舍 마구구 (有)

十三 厱 이

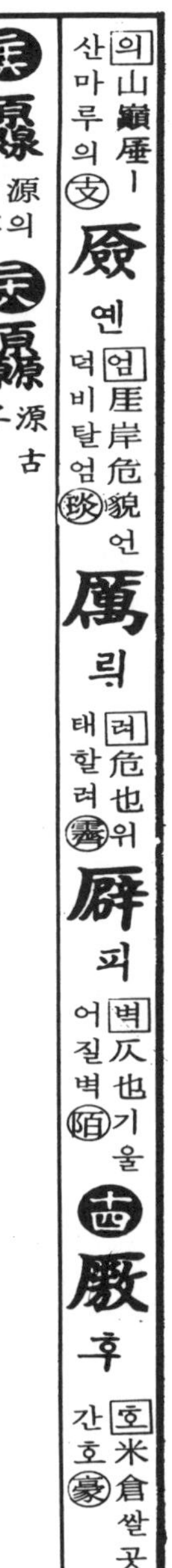

의 山巓厜ㅣ 산마루의 支

厫 엔 엄 厓岸危貌 언덕비탈엄 琰

厲 려 려 危也 위태할려 霽

厤 픠 벽 仄也 기울어질벽 陌

十二 廏 후 호 米倉 쌀곳간호 豪

十三 𠫐 源의 古字

十四 厵 原源字 古

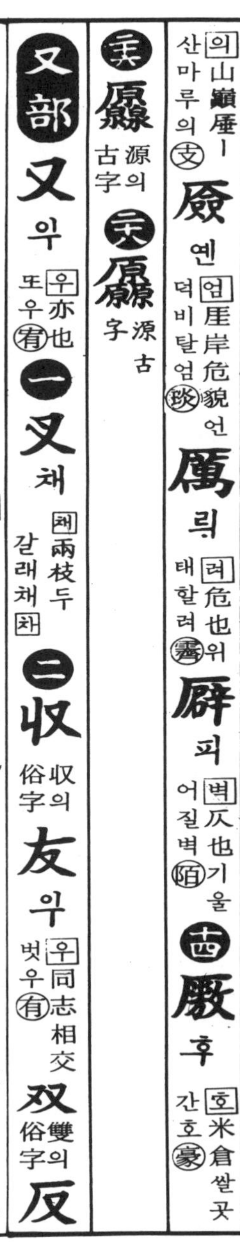

又部

又 우 우 亦也 또우 有

一 叉 채 채 兩枝 두갈래채 卦

二 収 収의 俗字

友 우 우 同志相交 벗우 有

双 雙의 俗字

反 반 반 번 正之対 돌이킬반 阮 願 平ㅣ 理枉 이치에뒤칠번

艮 복 복 治也 다스릴복 屋

及 급 급 至也 미칠급 緝

四 叏 吏의 古字

五 叓 事의 古字

六 叔 숙 숙 幼稱 어릴숙 屋

取 취 취 收也 거둘취 麌

受 수 수 繼承 이을수 有

七 叛 판 반 背也 배반할반 翰

叜 叟과 同

叚 가 가 瑕也 빌릴가 馬

敊 쾌 괴 息也 숨쉴괴 卦

叙 敍의 俗字

八 叟 쑤 수 老稱 어른수 有 尤

十四 叡 이 예 深明通達 聖성인예 霽

十六 叢 층 총 聚也 모을총 東

𠮨 쥐 철 鷄離出殼時鳴声 알깔때병아리소리철 屑

厶部

厶 쓰 사 自営사사사 我也나사 支

一 厷 투 돌 䐈産子轉身首向下 해산할때에아이돌아나올돌 月

乜 巨의 古字

二 厸 鄰의 古字

厹 씨 구 三隅矛 세모난창구 尤

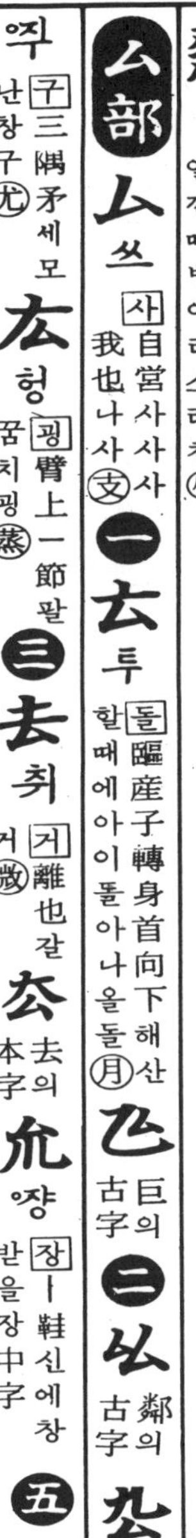

厷 헝 굉 臂上一節 팔꿈치굉 蒸

三 去 취 거 離也 갈거 御

厺 去의 本字

允 양 장 ㅣ鞋 신에창 받을장 中字

五 𠫭 帝의 古字

九 參 싼 삼 참 심 数名ㅣ三也 셋삼 謁也 보일참 、藥名 삼심 勘 侵

十 叅 찬 참 삼 度也 참작할참 不齊 ㅣ差 층날삼 参通 覃 侵

十二 㕘 去과 同

三 畫

口部

口 커 [구]人所以言 食입구(有)

㊀ 𠮚 야 [알]鳥聲새 소리알(曷) 𠮛 이 [을]聲也ㅣ 소리을(質) 𠙵 口의 古字 㫖 旨同

㊁ 古 꾸 [고]始也비 롯할고(麌) 召 쟌 [소][조]呼也부를소 棗也대추조(嘯) 可 커 [가][극]許也허락할가 妻曰ㅣ敦안해극(哿)(職) 叱 치 [즐]呵也ㅣ咤 꾸짖을즐(質) 叶 [협]和也화 할협(葉)

右 와 [우]左之對오 른쪽우(有) 叩 컥 [고]擊也두 드릴고(有)(宥) 史 쓰 [사]冊也역 사사(紙) 司 쓰 [사]主也맡 을사(支) 只 쯔 [지]語已辭말을 그릇치지(紙)

台 태 [태][이]三公曰三ㅣ三悅也 기쁠이 三ㅣ星별태(灰)(支) 句 쥐 [귀][구]章ㅣ文詞止處귀절귀、 國名高句麗나라이름구(遇)(尤) 叫 쟈 [규]呼也부 를규(嘯) 号 號의 略字 叮 띵 [정]親也친절 할정(青) 叨 탄 [도]貪也탐 할도(豪) 另 링 [령]割也나 눌령(徑) 叵 퍼 [파]不可못 할파(哿) 叴 챠 [구]氣高기승 할구(尤) 叭 빠 [팔]吹器喇ㅣ 나팔팔(黠)

㊂ 名 밍 [명]聲稱號也 이름명(庚) 夻 [韓]魚名大 口魚대구구 吀 哶과 同 各 꺼 [각]異也각각각。 제각기각(藥) 吐 투 [토]口歐토 할토(麌)

同 퉁 [동]共也한 가지동(東) 吚 씨 [히]呻也、唸ㅣ 신음할히(支) 吁 위 [우]嘆也탄 식할우(虞) 吏 리 [리]治政官人 관리리(寘) 吴 화 [화]魚之大 口큰입화 后 훠 [후]君也임 금후(有) 吊 弔의 俗字 向 썅 [향][상]對也향할향 姓也성상(漾) 吒 탁 [타][탁]噴也뿜을타 嘲也조롱할탁(禡) 吉 찌 [길]嘉祥길 할길(質) 𠯈 嚗과 同

吃 [흘]言難말얼얼할 흘 喫也먹을흘(物) 合 허 [합][갑]結ㅣ합할합 和也화할갑(合) 吂 망 [망]聽而不答물어 모른체할망(陽) 𠯌 잉 [응]應喚語話코대 답하며말할응(陽) 舌

앙 [앙]應喚語話、ㅣ告 코대답하며말할앙(陽) **吂** 망 [망]問而不答물어도대답않을망(漾) **吅** 쎈 [현]呌也부르짖을현(元) **⿱口己** ㅇ지 [기]解釈해석할기(紙) **吆** 야 [요]悲痛聲

애통하는소리요(蕭) **吋** [촌][두]英國度名인치촌、吋也꾸짖을두(有)

四

吾 우 [오]我也나오(虞) **吞** 툰 [탄]藏也감출탄(元) **吳** [오][우]國名오나라오 譁也지껄일우(虞)

서불어오는바람우(有) **吩** ㅇ분 [분]命令ㅣ咐분부할분(文) **㕼** 쓩 [흉]喧也시끄러울흉(腫) **呎** 츠 [척]英國尺度피이트척新字 **呆** [태]愚也어리석을태(灰) **⿰口冊** 처 [추]声

君 ㅇ쥔 [군]至尊임금군(文) **听** 인 [은]大口貌입이큰모양은(軫) **吻** 원 [문]物出邊뾰족나온곳문(吻) **吪** 어 [와]動也움직일와(歌) **吘** 우 [우]西方風颶사방에

也소리추(有) **呔** 태 [태]權衡數근수태(泰) **吵** 차 [묘][초]鳴也울묘 喧也떠들초(篠)(巧) **告** 꼬 [고][곡]報也알릴고、請也청할곡(號)(沃) **⿰口夭** 야 [요]弄聲희롱하는소리요(肴)

⿰口毛 허 [하]怒聲呼也성내서부를하(覺) **吤** ㅇ계 [개]犬聲큰소리개(卦) **⿱氏口** 꿔 [괄]塞口입막을괄(曷) **吱** ㅇ지 [지]細聲가는소리지(支) **⿰口予** 위 [의]耳語귀에대고말할의(霽)

吙 훼 [화]呼氣내쉬는숨화(麻) **⿰口方** ㅇ방 [방]聞也들을방(養) **吣** 신 [심]犬吐개가토할심(寢) **吹** 취 [취]出氣嘘也불취(支) **呂** 뤼 [려]陰律풍류려(語) **否**

피 [부][비]不然아닐부 隔也막힐비(有)(紙) **㕮** ㅇ부 [부]嚼也ㅣ咀씹을부(麌) **呃** 애 [애]気逆作聲재채기할애(卦) **吠** ㅇ뻬 [폐]犬聲개짖을폐(隊) **吝** 린 [린]恨也한할린(震)

呅 메 [매][문]笑也웃을매、문義同(灰)(吻) **吮** 연 [전][연]嘬也빨전 嗽也기침할연(銑) **吰** 헝 [횡]噌ㅣ鐘鼓聲쇠북소리횡(庚) **吼** 허 [후]牛鳴소우는소리후(有) **哂**

ㅇ자 [잡]魚食고기물결잡(合) **吶** 너 [눌][열]言難말더듬거릴눌 言謾말을느리게할열(月)(屑) **吟** 인 [음]歎也탄식할음(侵) **吲** 썬 [신]哂ㅣ笑也비웃을신(軫) **启** 啓과同

呀 야 [하]張口貌 입딱버릴하 (麻)
吸 씨 [흡]內息 숨들일흡 (緝)
吭 항 [항]鳥嚨 새목구멍항 (陽)(漾)
呈 청 [정]示也 보일정 (庚)
吥 부 [부]吸取 빨부 (尤)
吨 툰 [둔]言語不明 말분명치못할둔 (元)
吷 쥐 [혈]小聲 작은소리혈 (屑)
含 한 [함]銜也 먹음을함 (覃)
吧 빠 [파]小兒忿爭 ㅣ呒 아이들다툴파 (麻)
呫 톄 [철]塞也 막힐철 (屑)

吪 와 [우]犬吠 개짖을우 (尤)
吽 위 [음][우]犬爭 개싸울우、牛鳴 소울음 (侵)(尤)
叫 좌 [규]呼也 부르짖을규 (宥)
吡 피 [필]吐唾 침뱉을필 (質)
吰 궁 [공]喧也 지꺼릴공 (東)
吣 진 [균]吐也 토할균 (震)
呑 꾸 [곡]多財 넉넉할곡 (職)
吶 쥐 [구]笑也 웃을구 (寄)
吺 떠 [두]言多 말많을두 (尤)
启 개 [계]晨星 새벽별계 (齊)

吁 우 [우]利也 화할우 (有)
呐 체 [절]低聲 말소리나직할절
吡 삐 [필]鳥聲 새소리필 (質)
吟 예 [예]善也 좋을예 (齊)
吮 뜬 [담]噂也 새울담 (感)
五

呿 취 [거][가]張口貌 입딱벌릴거、가 (魚)(麻)
味 위 [미]氣分 기분미 (未)
和 허 [화]順也 순할순 (箇)
命 밍 [명]天地所賦人所稟受 목숨명 使也 시킬명 (敬)
呱 꾸

[고]小兒啼声 아이가울고 (虞)
咀 쥐 [저]嚼也 씹을저 (語)
呴 쒸 [구]開口出気 숨내쉴구 (虞)
呼 후 [호]喚也 부를호 (虞)
呢 니 [니]小聲貌多言 소근거릴니 (支)
咍

해 [해]嗌笑 비웃을해 (灰)
呺 한 [효][호]ㅣ然大貌 큰체할효 (蕭) 風声 바람소리호 (豪)
呭 예 [예]多言 말수다할예 (霽)
咊 和의 古字
咎 쥐 [구][고]過也 허물구 臣ㅣ 순임금신하고 (有)

咆 팍 [포]哮熊虎聲 짐승소리포 (肴)
呶 노 [노]讙聲 들렐노 (肴)
呻 썬 [신]吟咏聲 읊조릴신 (眞)
呵 허 [가]怒責 꾸짖을가 (歌)
呯 핑 [평]軟嬌聲 애교있는음성평 (靑)

㖁 쩌 [구]高聲 소리높일구 (尤)
呎 찌 [기]足垂而坐 도사리고앉을기 (寘)
咹 안 [안]羊吠 양짖을안 (寒)
唋 예 [야]答也 대답할야 (馬)
咈 부 [불]違也 어길불 (物)

咏 융 [영] 歌也 노래할 영 (敬)

周 쥬 [주] 匝也 두루 주 密也 주밀할 주 (尤)

呪 쥬 [주] 咀ㅣ저주할 주 (宥)

呦 유 [유] 鹿鳴聲ㅣㅣ 사슴우는소리 유 (尤)

呾 다 [달] 相訶 마주 꾸짖을 달 (曷)

咄 돌 [돌][달] 訶也 꾸짖을 돌 (月)(曷)、呼聲 부르는 소리 돌、달

呫 태 [첩] 嘗也 맛볼 첩 小貌ㅣㅣ 앙징할 첩 (葉)

呷 햐 [합] 張也 벌릴 합 (洽)

呬 씨 [히][령] 息也 숨쉴 히 衆聲 와자할 령 (寘)(青)

呸 비 [비] 爭聲 다투는 소리 비 (支)

呲 呰와 同

咇 삐 [필] 馨香ㅣ芬 향기날 필 (質)

呰 쯔 [자] 苴且 구차할 차 (紙)

哅 呴과 同

呆 허 [화] 小兒啼 어린아이 울 화 (歌)

咂 짜 [잡] 口吸 빨 잡 (合)

咉 양 [앙] 咽悲 목메여 슯이 울 앙 (養)

咐 부 [부] 嘘也 불 부 吩也 분부할 부 (虞)

咜 탁 [타] 嚀也 노루 타 (歌)

咋 짜 [사][책][색] 暫也 잠간 사、大成소리 팩지를 책、嚙也 씹을 색 (禡)(陌)

咖 커 [가] 熱帶產植物茶名 ㅣ啡 가피 차 가 中字

咕 꾸 [고] 多言 두덜거릴 고 (麌)

㕹 됴 [초] 喉嗚 목구멍울 초 (蕭)

咈 빠 [벌] 看也 방패 벌 (月)

哇 쥐 [주] 口不正 입비뚤어질 주 (尤)

呃 이 [악] 鳥聲 새소리 악 (陌)

呟 쎤 [현] 聲也 소리 현 (銑)

咁 감 [감] 含也 먹을 감 (感)

味 머 [말] 黑光 꺼멍게 빛날 말 (曷)

㕸 리 [립] 漕船聲 배젓는 소리 립 (緝)

𠯗 피 [필] 吐唾 침뱉을 필 (質)

六

哀 애 [애] 傷也 서러울 애 (灰)

咸 쎤 [함] 同也 같을 함 (咸)

品 퓐 [품] 官級ㅣ格 품수 품 (寢)

呝 애 [액] 高聲 높은 소리 액 (陌)

哈 하 [압][합] 魚多貌 고기우물거릴 압、以口歃飮 한모금 합 (合)

咰 쉬 [솔][순] 飮也 마실 솔、순 義同 (質)(眞)

𠯋 후 [후] 吐也 토할 후

咊 레 [뢰] 以言相遮 말막음할 뢰 (賄)

咯 러 [각][락] 雉聲 꿩소리 각、訟言 송사말 락 (藥)

咧 례 [렬] 鳥聲ㅣㅣ 새소리 렬 (屑)

㖁 吝의 俗字

哎 애 [애] 悲痛聲ㅣ吰 애통하는 소리 애

哃 퉁 [동] 妄言 망녕된 말 동 (東)

喌 쮜 [주] 呼鷄聲 닭부리는 소리 주 (尤)

响 샹 [향] 振動 진동할 향 鳴也 울 향 (養)

咩 咪과 同

咪 미

[미]羊鳴聲양우는소리미(紙)

咟 허 [확]呱也부르짖을확(陌)

吺 두 [두]輕言경솔히말할두(尤)

咣 광 [광]能言말잘할광(庚)

咾 랖 [로]弱聲약한소리로(皓)

咭 이지 [길][갈]笑貌웃는모양길、鳴聲쥐우는소리갈(質)(黠)

⿰口危 꿔 [귀]許也허락할귀(紙)

咹 어 [알]訥言말더듬거릴알(曷)

⿰口朵 산 [염]口動貌입움직일염(琰)

⿰口曲 왹 [곡]問罪문초할곡(屋)

哊 예 [열]怒也성낼열(屑)

⿰口存 쥰 [존]口廣입넓을존(阮)

咔 룽 [롱]嘲也조롱할롱(送)

⿰口戌 쑤 [술]口言중얼거릴술(黠)

咨 찌 [자]謀也꾀자(支)

⿰口冊 싸 [살]變聲소리변할살(曷)

⿰口幵 비 [피]端息숨찰피(寘)

⿰口夸 이 [알]謗也비방할알(曷)

哊 우 [욱]吐也뱉을욱(屋)

⿰口⿱彐工 나 [납]口動입우물거릴납(洽)

哄 훙 [홍]笑大聲큰소리내여웃을홍(送)

哅 훙 [홍]大聲큰소리홍(東)

咿 이 [이]讀書聲책읽는소리이(支)

咡 얼 [이]口旁입시울이(寘)

咫 쯔 [지]少也적을지(紙)

咥 이지 [회][질][절]笑聲허허웃을회、笑也웃을질、啖也씹을절(未)(質)(屑)

咶 쓰 [시][활]話也이야기할시、활義同(紙)(黠)

哂 썬 [신]微笑빙그레웃을신(軫)

哉 [재]始也비로소재(灰)

哇 와 [와][왜]淫聲음란한소리와、氣不暢막힐와왜義同(麻)(佳)

咳 [해]小兒笑방글방글할해(灰)

咲 [소]笑也웃을소、笑古字(嘯)

咺 훤 [훤]懼也두려워할훤(阮)

咽 연 [인][연][열]ㅣ喉목구멍인、早急打鼓聲빨리치는북소리연、鳴ㅣ聲塞목멜열(先)(霰)(屑)

咬 약 [교]食也씹을교(有)(巧)

咷 탄 [도]號也부르짖을도(豪)

咼 喎同

哆 츠 [치][차]張口貌입딱벌릴치、辱下垂입술처질차(紙)(禡)

咤 차 [타]叱怒꾸짖을타(禡)

咮 쥬 [주]鳥嘴새부리주(遇)

咻 쒸 [휴]嚾也지꺼릴휴(虞)

咱 [찰]自己之稱나찰(曷)

咢 어 [악]驚也깜짝놀랄악(藥)

咠 치 [집]攝語귓속말할집(緝)

七

唔 우 [오]讀書聲글읽는소리오(虞)

員 원 [원][운]官數관원원、益也더할운(先)(文)

唁 옌 [언]弔生위문할언(霰)
唉 애 [애]警問놀라물을애(灰)
唇 춘 [진]驚也놀랄진(眞)
哨 챠 [초]巡ㅣ沌成防盜処방수군초(効) [소]口不正입비뚤어질소(蕭)
唆 쏴 [사]誘也꾀일사(歌)
哮 쌰 [효]怒也성낼효(肴)
哥 꺼 [가]呼兄언니가(歌)
哿 거 [가]可也옳을가嘉也아름다울가(哿)
哦 어 [아]吟也읊조릴아(歌)(哿)
哭 쿠 [곡]哀聲곡례곡(屋)
唐 탕 [당]國名당나라당(陽)
㖿 꺼 [격]橫枝비낀가지격(陌)
哲 져 [철]明也밝을철(屑)
哳 자 [찰]啁ㅣ鳥鳴새지저길찰(黠)
唅 한 [함]哺ㅣ먹음을함(覃)(勘)
唊 [접]多言말많을접(葉)
唈 이 [읍][압]嗚ㅣ短氣숨느겨쉴읍、압義同(緝)(合)
哽 껑 [경]悲咽塞也목막힐경(梗)
哰 랴 [로]言語不解嘮ㅣ말알지못할로(豪)
哱 퍼 [발]哱囉軍器대평소발(月)
哪 나 [나]語助辭어조사나(箇)
唌 옌 [연][단]纏貌、ㅣㅣ참소할연、단義同(寒)(先)
咩 메 [마]羊鳴양울마(馬)
哫 쭈 [족]以言求媚ㅣ訾아첨할족(沃)
㖄 꾸 [곡]雉嚼꿩울곡(屋)
哯 쎈 [현]小兒嘔乳아이젖토할현(銑)
哩 리 [리]語助辭어조사리
哴 량 [량]啼極無聲嗟ㅣ울어목쉴량(漾)
唚 찐 [침]ㅣ嘴입맞출침中字
唩 위 [우]欲笑웃으려할우(麌)
哢 룽 [롱]鳥吟聲새읊조릴롱(送)
唏 씨 [희]歎也歔탄식할희(微)(尾)
哤 망 [방]雜言잡된말할방(江)
哺 뿌 [포]口中嚼食씹어먹을포(遇)
唄 빼 [패]梵音聲염불소리패(卦)
啅 짜 [華]ㅣ囉지저귈조
哧 嚇과同
⿰口巠 찡 [경]猿鳴원숭이울경(徑)
咿 이 [위]呼鴨聲오리부르는소리위(支)
⿰口呈 녜 [녈]怒也성낼녈(屑)
响 허 [하]衆聲뭇소리하(歌)
唘 찌 [기]哈也먹을기(眞)
洽 찌 [기]歔也부끄러울기(微)
唀 誘과同
唍 완 [완]莞爾笑방긋웃을완(潸)
嚏 테 [제]鼻噴재채기할제(霽)
唎 리 [리]小聲가는소리리(眞)
[illegible]
唦 사

[사]山猪ㅣ嚼산돝(麻) 사(產猶犬諸山)

呼 부 [부]吹氣ㅣ부는 소리부、同音푸(尤)

⿰口庇 비 [비]香料 향비(紙)

⿰口束 쑤 [속]吸也 빨속(沃)

啐 커 [갈]拒絶 거절할갈(曷)

哼 헝 [형]愚怯貌 겁낼형(庚)

哠 한 [호]言多 많을호(號)

八

啓 치 [계]開發 열계(薺)

問 원 [문]訪也 문안할문(問)

唳 리 [려]鶴鳴 학울려(霽)

商 쌍 [상]行貨賈 장사상(陽)

啐 취 [쉐][줄]呼也 부를쉐、吮聲 쪽쪽빨줄(隊)(質)

⿰口昏 훈 [혼]多言 잔말할혼(元)

⿰口官 꽌 [관]二鳥和鳴 새서로지저귈관(刪)

啍 툰 [톤]重遲貌 ㅣ느려느려할톤(元)

啁 짠 [조][주]聲也 지껄일조、鳥聲ㅣ唯 새소리조、주 義同(肴)(尤)

唬 후 [호]虎聲 범의소리호(皓)

啕 탄 [도]多言ㅣ수다할도(豪)

唯 웨 [유]專辭獨也 오직유(紙)(支)

唪 뻥 [봉]大笑貌 크게웃을봉(董)

唲 얼 [아][애]強笑喩ㅣ선웃음칠아、兒語ㅣ嘔 어리광부릴애(支)(佳)

啚 삐 [비]嗇也 인색할비、다라울비 鄙同(紙)

唾 퉈 [타]口液 침타(箇)

啙 쯔 [자]短也 짧을자 呰同(紙)

啞 [아][액]鳥聲 까마귀소리아、笑聲 웃음소리액(禡)(馬)(陌)

唶 쪠 [차][책]歎也 탄식할차、鳥聲 새소리책(禡)(陌)

唱 창 [창]發歌 노래할창(漾)

售 쑤 [수]賣也 팔수、償也 갑을수(宥)

唫 친 [금][음]口急閉 입다물금、咏也 읊을음 吟同(寑)(侵)

啗 딴 [담]食也 먹을담(勘)

唵 안 [암][옴]手進食 움켜먹을암、釋呪 진언옴(感)

啖 딴 [담]以利餌人 미끼담(感)

啅 啄와 同

啜 쮜 [철]多言 수다할철(屑)

啇 듸 [적]木根 나무뿌리적(錫)

嗒 타 [답]多言 잔말할답(合)

唼 쌰 [삽]鳧鴈聚食ㅣ喋 오리와 기러기먹는소리삽(洽)

啑 싸 [잡][삽][체]呑也 삼킬잡、鴨食魚貌ㅣ喋 오리가 텁석텁석먹을삽、鼻噴氣 콧김체(合)(洽)

啎 우 [오]逆也 거스를오(遇)

⿰口受 쒀 [수]口誨 입으로 가르칠수(宥)

唰 쏴 [솰]鳥治羽毛 새깃다듬을솰(黠)

⿰口夜 예 [야]鳥夜鳴 새밤에울야(禡)

啃 써 [삽]口聲 咠ㅣ 입다시는소리삽(緝)

啝 허 [화]順也 순할화(歌)

唴 챵 [강]小兒啼ㅣㅣ어린아이울강(漾)
⿰口乳 뉴 [누]哺乳젖먹일누(有)
啀 애 [애]狗欲齧개가물려고할애(佳)
⿰口取 쭈 [추]無廉ㅣ歁염치없을추(虞)
啦 라

[랍]語助辭어조사랍(合)
⿰口切 쳡 [접]聲也소리접(葉)
啉 ⿱林口와同
⿱林口 란 [람]喧也떠들람(覃)
⿰口版 빤 [판]獻上帝之禮物也咯ㅣ예물판(潸)
⿰口叔 쑤 [석]静也고요할석(錫)

⿰口李 찌 [제]ㅡㅣ拉근수제(霽)
啤 삐 [비]口苦입맛쓸비(支)
⿰口析 啺와同
啺 [석]鳥聲새소리석(錫)
⿰口肴 샤 [효]笑聲웃음소리효(有)
唻 래 [래]歌聲노래하는소리래(佳)

唹 위 [어]静笑고요히웃을어(魚)
⿰口彔 루 [록]暫笑잠간웃을록(沃)
唩 와 [와]小兒啼어린아이울와(歌)
唷 우 [육]出聲소리지를육(屋)
唲 애 [애]小兒言아이말애(佳)

⿰口東 둥 [동]多言말많을동(董)
⿰口妻 치 [채]先嘗먼저맛볼채(隊)
⿰氵咅 퍼 [파]言人之短험담할파(箇)
啌 쨩 [강]嗽也양치질강本音(江)
⿰口⿰立攵 웅 [급]漕船聲배젓는소리급(緝)

啄 쭤 [탁]鳥食쪼을탁(覺)
⿰口条 쨘 [교]動也움직일교(蕭)
啊 아 [아]愛也사랑할아(箇)
啈 싱 [행]爭也싸움할행(敬)
⿰口帚 쑤 [소]羣鳥聲뭇새소리소(號)

啡 피 [배][비]唾聲침뱉는소리배、熱帶産植物茶名咖ㅣ커피차비(灰)
⿰口固 꾸 [고]牛頷垂貌소목도리질할고本音호(虞)
唿 후 [홀]憂也근심할홀(月)

九

喜 씨 [희]樂也기쁠희(紙)
喬 챠 [교]驕也교만교驕通(蕭)
⿰口叚 허 [하]咽也목구멍하(麻)
喰 쓰 [식]飱也먹을식(屋)
⿰口矦 喉의本字
㗎 咖同

喏 어 [야]敬言答聲唱ㅣ공손히대답할야(馬)
喚 완 [천]吮也빨천(銑)
喪 쌍 [상]失也없어질상(陽)(漾)
善 쌴 [선]良也착할선(銑)(霰)
喓 야 [요]虫聲벌레소리요(蕭)

喘 촨 [천]疾息헐떡거릴천(銑)
喭 옌 [안][언]失容추솔할안 弔生조상할언(翰)(霰)
喟 홰 [위][괴]犬息한숨쉴위 本音귀、괴義同(寘)(卦)
喣 쉬 [후]吹也불후(麌)(虞)
喻

喝 허 [갈][애] 怒聲성낸소리갈 嘶聲 噎塞 陰ㅣ목쉴애 ㊀曷 ㊀卦

喧 훤 [훤] 大語嘩也지꺼릴훤 ㊀元

喁 옹 [옹] 魚口聚貌噞ㅣ고기입우물。거릴옹 [우] 相呼서로부를우 ㊀有

喪 喪의本字

喚 환 [환] 呼也부를환

單 단 [단][선] 獨也홀로단、又홀단 廣大貌되임금선 ㊀寒 ㊀先 ㊀銑

啻 시 [시] 不止如是不下뿐시、만시

啾 추 [추] 小聲두런거릴추 ㊀尤

喃 난 [남] 語不了呢ㅣ말분명치못할남 ㊀咸

喑 음 [음][암] 聚氣안간힘쓸음 泣無聲소리없이울암 ㊀覃 ㊀侵

[illegible] 탄 [잠][담] 豐厚之貌ㅣㅣ수두룩할잠、많을잠、담義同 ㊀感

[illegible] 안 [압] 不言ㅣ嘿말아니할암 ㊀覃

喊 한 [함] 譀聲고함지를함 ㊀豏 ㊀感

喔 우 [악] 鷄聲ㅣㅣ닭의울음소리악 ㊀覺

喞 즐 [즐][즉] 衆聲啾ㅣ두런거릴즐、多聲ㅣㅣ찌찌거릴즉 ㊀質 ㊀職

喤 황 [황][횡] 兒聲아이울음소리황、喧也지껄일횡 ㊀陽 ㊀庚

喉 후 [후] 咽也목구멍후 ㊀尤

[illegible] 유 [유] 鹿鳴사슴울유 ㊀尤

喇 라 [랄][라] 言急喝ㅣ말급히할랄 僧曰ㅣ嘛중랄 ㊀曷

喆 철 [철] 明也밝을철 ㊀屑

喀 객 [객] 吐也토할객 ㊀陌

喫 끽 [끽] 食飲먹을끽 ㊀錫

[illegible] 략 [략] 磨刀칼갈략 ㊀藥

[illegible] 문 [문] 口脣邊입아귀문 ㊀吻

喋 데 [첩][잡] 偃語利口ㅣㅣ말잘할첩 鳧雁聚食ㅣ接ㅣ오리와기러기모여먹을소리잡 ㊀葉 ㊀洽

喌 주 [주][축] 呼鷄聲닭부르는소리주、축義同 ㊀尤 ㊀屋

喦 녑 [녑] 地名땅이름녑 ㊀葉

[illegible] 哽과同

[illegible] 춘 [춘] 吹也불춘 ㊀軫

[illegible] 부 [유] 小兒聲ㅣ呢어린아이유 ㊀尤

喍 채 [재] 犬鬪貌ㅣ涯개싸움할재 ㊀佳

喒 잔 [잠] 我也나잠 ㊀覃

[illegible] 壽의古字

喨 량 [량] 泣不止울고그치지않을양 ㊀漾 哴同

啣 함 [함] 名ㅣ명함함

[illegible] 변 [변] 巧言교묘히말할변 ㊀先

[illegible] 호 [호] 咽下垂목젖호 ㊀虞

[illegible] 한 [함] 高聲ㅣ[illegible]소리지를함 ㊀覃

[illegible]

啼 티 [제] 泣也울제 本音체 ㊀齊

喎 꽤 [괘] 口戾不正입비뚤어질괘 ㊀佳

喈 예 [개] 鳥鳴새소리개 ㊀佳

喙 훼 [훼] 鳥獸口부리훼 ㊀隊

위 [유] 告也고할유 ㊀遇

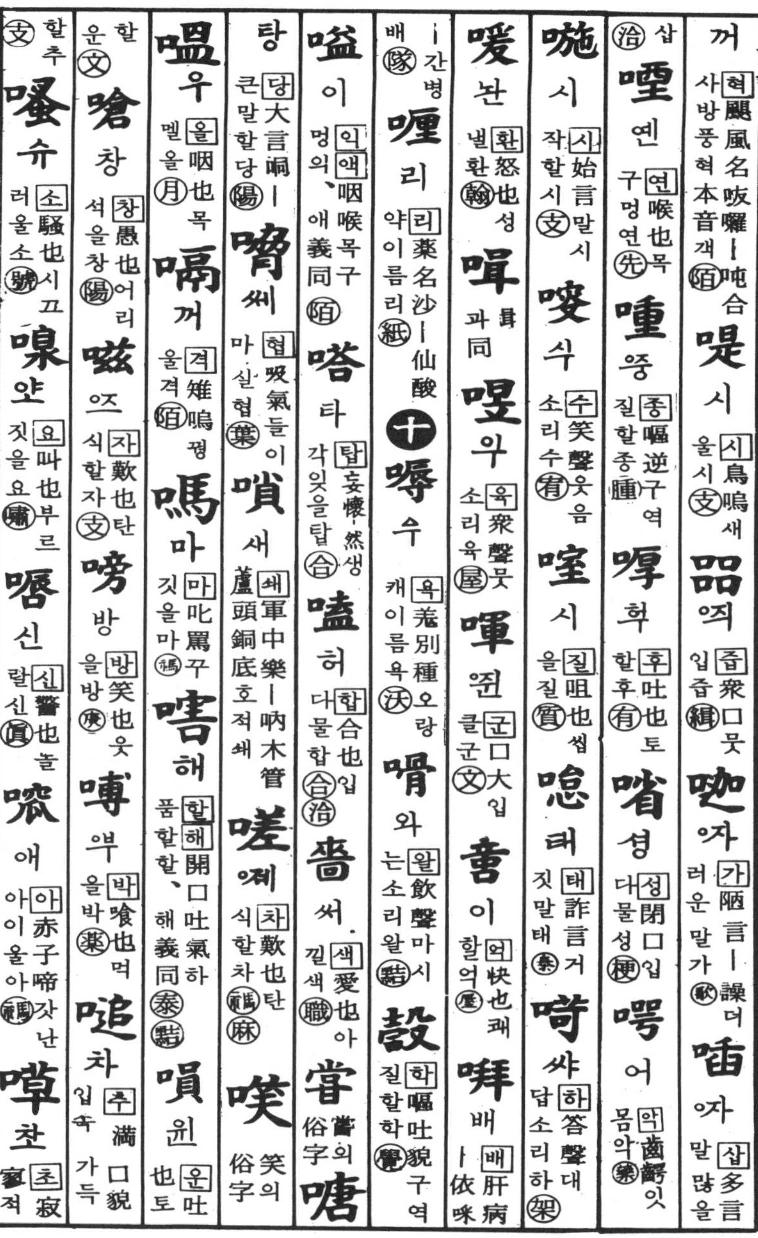

꺼 혁 颶風名 吷囉ㅣ 吨合 사방풍혁 本音 객 陌
喔 시 시 鳥鳴 새 울시 支
㗊 즙 즙 衆口 뭇입즙 緝
咖 자 가 陋言ㅣ 謑 더러운말가 歌
喢 자 삽 多言 말많을

삽 治
嚥 연 연 喉也 목구멍연 先
嚍 종 종 嘔逆 구역질할종 腫
哻 후 후 吐也 토할후 有
嗜 셩 셩 閉口 입다물셩 梗
噩 어 악 齒齶 잇몸악 樂

嗁 시 시 始言 말시작할시 支
嗖 수 수 笑聲 웃음소리수 有
嗪 시 질 咀也 씹을질 質
嗿 태 태 詐言 거짓말태 泰
嗃 햐 하 答聲 대답소리하 架

嗳 환 환 怒也 성낼환 翰
喭 과 同
嗅 옥 옥 衆聲 뭇소리옥 屋
嗵 균 균 口大 입클균 文
嗇 이 억 快也 쾌할억 屋
嗥 배 배 肝病 ㅣ依 咪

ㅣ간병 배 隊
嘿 리 리 藥名 沙ㅣ 仙酸 약이름리 紙
十
嘷 수 욕 羞別種 오랑캐이름욕 沃
嗢 와 알 飮聲 마시는소리알 黠
嗀 학 학 嘔吐 구역질할학 覺

嗌 이 익 애 咽喉 목구멍 익, 애 義同 陌
嗒 타 탑 妄懷ㅣ然 생각잊을탑 合
嗑 허 합 合也 입다물합 合 治
嗇 써 색 愛也 아낄색 職
嘗 嘗의 俗字
嘈

탕 당 大言 嗁ㅣ 큰말할당 陽
嗋 씨 협 吸氣 들이마실협 葉
嗩 새 쇄 軍中樂ㅣ吶 木管 蘆頭銅底 호적쇄
嗟 졔 차 歎也 탄식할차 禡 麻
嗤 笑의 俗字

嗢 우 올 咽也 목멜올 月
嗝 꺼 격 雉鳴 꿩울격 陌
嗎 마 마 叱罵 꾸짖을마 禡
嗐 해 할 해 開口吐氣 하품할할, 해 義同 泰 黠
嗔 윈 운 吐也 토

할 운 文
嗆 창 창 愚也 어리석을창 陽
嗞 즈 자 歎也 탄식할자 支
嗙 방 방 笑也 웃을방 庚
嗶 박 박 啖也 먹을박 藥
嗺 차 추 滿口貌 입가득

할추 支
嗾 슈 소 騷也 시끄러울소 號
嘄 야 요 叫也 부르짖을요 嘯
嗔 신 신 謷也 놀랄신 眞
嗌 애 아 赤子啼 갓난아이울아 禡
嗷 챠 초 寂 寂 적

적할 초(皓)

⿱罒單 나 [나]逐鬼귀신 쫓을나(歌)

啤 삐 [피]吡聲꾸짖는소리피(紙)

⿰口冓 꺽 [구]雉鳴꿩울구(虞)

⿰口夋 최 [추]誹謗헐담할추(有)

⿰口晢 달 [달]鳥轉새울달(黠)

⿰口宮 훙 [훙]衆聲뭇소리훙(送)

⿰口展 뎐 [뎐]愚也어리석을뎐(阮)

⿰口豹 퍞 [표]誇也자랑할표(効)

嗄 쎄 [흘]嘯也吹口휘파람불흘(質)

啗 啗과同

嘌

리 [률]不明言말분명치못할률(質)

嗠 러 [락]牛乳소젖락(藥)

⿱𡨄口 연 [건]語訥말더듬을건(先)

嗡 웅 [옹]牛聲소울음옹(東)

⿰口恚 이 [이]怒聲성낸리이(眞)

⿰口弱 타 [탑]口動貌입움직일탑(合)

⿰口韋 이 [위]變聲목소리변할위(微)

嗘 ㅇ지 [계]聲也ㅣㅣ소리계(齊)

嗤 치 [치]嗤笑비웃을치(支)

嗊 훙 [홍]囉ㅣ望夫歌曲서방바래는노래홍(董)

嗓 쌍 [상]喉也목구멍상(養)

嗉 쑤 [소]鳥受食處멀떠구니소(遇)

嗃 쌰 [효][학]大叫크게부르짖을효 悅樂기뻐할학(肴)(藥)

嗅 씍 [후]就臭냄새날후(有)

嗛 쎤 [겸][함][협]不足貌부족히여길겸。口有먹음을함、足也넉넉할협、古音겹(監)(咸)(葉)

⿰口豈 해 [해]小兒笑어린아이웃을해(灰)

嗈 웅 [옹]鴈和鳴기러기짝지어울옹(冬)

嗚 우 [오]歎辭탄식할오(虞)

嗣 쓰 [사]續也、繼也이을사(寘)

⿰另卑 빼 [패]分解나눌패(蟹)

嗁 티 [제]號泣부르짖어울제(齊)

嗄 애 [애][사]氣逆聲敗목쉴애 聲變목갈래사(卦)(禡)

嗜 씨 [기]慾也즐길기、(寘)

嗂 얀 [요]樂也즐거울요(蕭)

嗔 천 [진]怒也성낼진(眞)

⿰口孫 쉰 [손]噴水물뿜을손(願)

喿 ㅇ잔 [소]鳥羣鳴새떼지어울소(號)

嘁 추 [축]愁嚬貌眉눈쌀찡그릴축(屋)

嗠 러 [락]呼也轉舌혀두루며부를락(藥)

十

嗶 삐 [필]鳴也울필(質)

嘉 ㅇ쟈 [가]美也아름다울가(麻)

⿰口孛 후 [호]大聲고함칠호(虞)(遇)

⿰口習 싸 [습]忍寒聲추위참는소리습(緝)

嗼 뭐 [막]靜也고요할막(藥)

⿰口呂 ㅇ쟈

[교] 大呼크게 부를교 (嘯)

啖 딴 [담] 少味입맛 싱거울담 (覃)

嚓 체 [절] 正言바른 말할절 (屑)

嘇 싼 [삼] 物左口中含ㅣ 먹음을삼 (感)

嗏 두 [로] 正言바른 말할노 (遇)

𡂿 시 [실] 發響소리낼실 (質)

𡁠 친 [근] 脣邊입시울근 (軫)

𡅈 이지 [질] 語無節ㅣ咄말 절차없을질 (質)

嘏 야 [가] 大也클가 (馬)

嘗 창 [상] 試也시험할상 (陽)

嘈 찬 [조] 喧也지껄일조 (豪)

嘔 억 [子][후] 吐也게울구、悅言기꺼운말후 (尤)(虞)

嗾 주 [수] 使犬聲개부리는소리수 (有) [주] 義同 (宥)

嗿 탄 [탐] 衆食聲여럿이먹는소리탐

嗽 쑤 [수][삭] 盪口上氣疾기침할수、吮也빨삭 (有)(覺)

𡁷 잔 [조] 相誘서로꾀일조 (篠)

嘎 까 [알] 鶴聲두루미의소리알 古音갈 (黠)

嗷 오 [오] 鳥聲새소리오 (豪)

嘖 책 [책] 大呼聲크게부르는소리책 (陌)

𡂝 뚱 [동] 大歌크게노래부를동 (董)

嗸 오 [오] 哀聲슬픈소리오 (董)

𡁻 삐 [피] 美口예쁜꽃피 (紙)

嗺 취

𡄯 최 [최] 口醜입추할최 (賄)

嘒 혜 [혜] 和也화할혜 (霽)

嘛 마 [마] 西藏蒙古稱僧曰喇ㅣ중마、나마마마

嘅 개 [개] 歎也탄식할개 (泰)(隊)

嘆 탄 [탄] 呑歎太息한숨쉴탄 (翰)

嘕 션 [언] 樂也즐거워할언 (先)

嘐 랴 [교][효] 鷄鳴닭자처울교、誇大語큰체할효 (肴) 咬同

嘄 갸 [교][子] 獸名、ㅣ陽짐승이름교、子義同叫同 (蕭)(嘯)

嘌 팦 [표] 車疾行無節몰아갈표 (蕭)

嘍 嘌同

𡃀 星의古字

𡁏 치 [칠] 叱聲꾸짖는소리칠 (質)

嗹 렌 [련] 長言길게말할련 (先)

𡃶 충 [충] 喰也먹을충 (東)

嘁 츄 [축] 慼也부끄러울축 (屋)

𡂬 캉 [강] 咳聲기침소리강 (養)

噭 쨔 [교] 乎也싸울교 (肴)

嗟 차 [차] 悪言험담할차 (馬)

𡅅 깨 [해] 笑貌웃는모양해 (佳)

噴 뷴 [분] 怒聲성낸소리분 (問)

嘘 허 [허] 虛口吐氣불허 (魚)

嘞 리 [륵] 語助辭어조사륵 (職)

𡃕 퉈 [차] 緩口貌입처질차 (麻)

𠻷 인 [연] 大

笑깔깔 웃을연 (銑)

嗏 차 [차] 多言 말많을차 (麻)(禡)

嘓 궈 [괵] 苦厭不肯 귀찮을괵 (陌)

嘊 애 [애] 傾而不正 비틀거릴애 (佳)

[口离] 리 [리] 言不止 말그치지않을리 (支)

十二

噍 쟈 [초] 急聲 급한소리초 (蕭)(嘯)

嘹 랴 [료] 病呼 신음할료 (蕭)(嘯)

嘵 햐 [효] 懼也 두려워할효 (蕭)

噌 졍 [쟁][증] 市聲卜呺 장꾼지껄일쟁、空嗃泓ㅣ 공연히 지꺼릴증 (庚)(蒸)

嘲 쟌 [조] 輕蔑 경멸할조 (肴)

嘯 쇼 [소] 吟也 읊을소 (蕭)

[口開] 쌰 [하] 開口 입벌릴하 (麻)

嘺 챠 [교] 口不正 입비뚤어질교 (蕭)

噁 어 [오] 怒也 성낼오 (遇)

嘇 차 [찰] 細言 가늘게말할찰 (黠)

[口喆] 쳐 [철] 嘲也 조롱할철 (屑)

[口散] 처 [철] 言正 말단정히할철 (屑)

嘟 뚜 [도] 肝病名 간병날도 (虞)

噉 단 [담] 噍也 씹을담 (感)

[口畫] 홰 [획] 卜嘖叫也 부르짖을획 (陌)

噎 예 [열][일] 飮室喉閉 목쉴열、일의義同 (屑)(質)

嘻 씨 [희] 驚懼聲 에구머니할희 (支)

噊 이 [일] 危也 위태할일 (質)

嘫 산 [연] 答也 대답할연 (先)

噐 器의 俗字

噾 안 [암] 卜㗕少味 싱거울암 (覃)

嘪 매 [매] 羊鳴 양의소리매 (蟹)

[口普] 噴 俗字

嘭 평 [팽] 聲也 팽팽소리날팽 (庚)

噅 워 [휘] 醜也 곱사등이휘 (支)

噈 쥐 [축] 口合 입맞출축

噃 반 [번] 聲也 소리번 (元)

嗇 써 [색] 愛惜 인색할색 (職)

囑 喎과同

噏 씨 [흡] 內息 숨들이쉴흡 (緝)

嘮 랴 [로] 卜呶讙也 지껄일로 (肴)

噆 짜 [잠] 嗛也 머금을잠 (感)

嘸 야 [부] 不精明 어리등절할무 (麌)

嘾 [담] 貪也 탐할담

嗢 위 [올] 喉中鳴 목구멍가르릉거릴올 (物)

[口盤] 판 [반] 以言難人 말로사람비난할반 (寒)

[口集] 지 [집] 噍貌齧 입우물거릴집 (緝)

[口歰] 써 [삽] 不能言 입어줍을삽 (緝)

嘰 지 [기] 口醜 입더러울기 (微)

嘴 쥐 [취] 喙也 부리취 (紙)

嘶 씨 [시] 馬鳴 말울시 (齊)

嘬 쮀 [최] 齧也 물최 (卦)

噀 쒼 [손] 噴水 물뿜을손 (願)

嘋

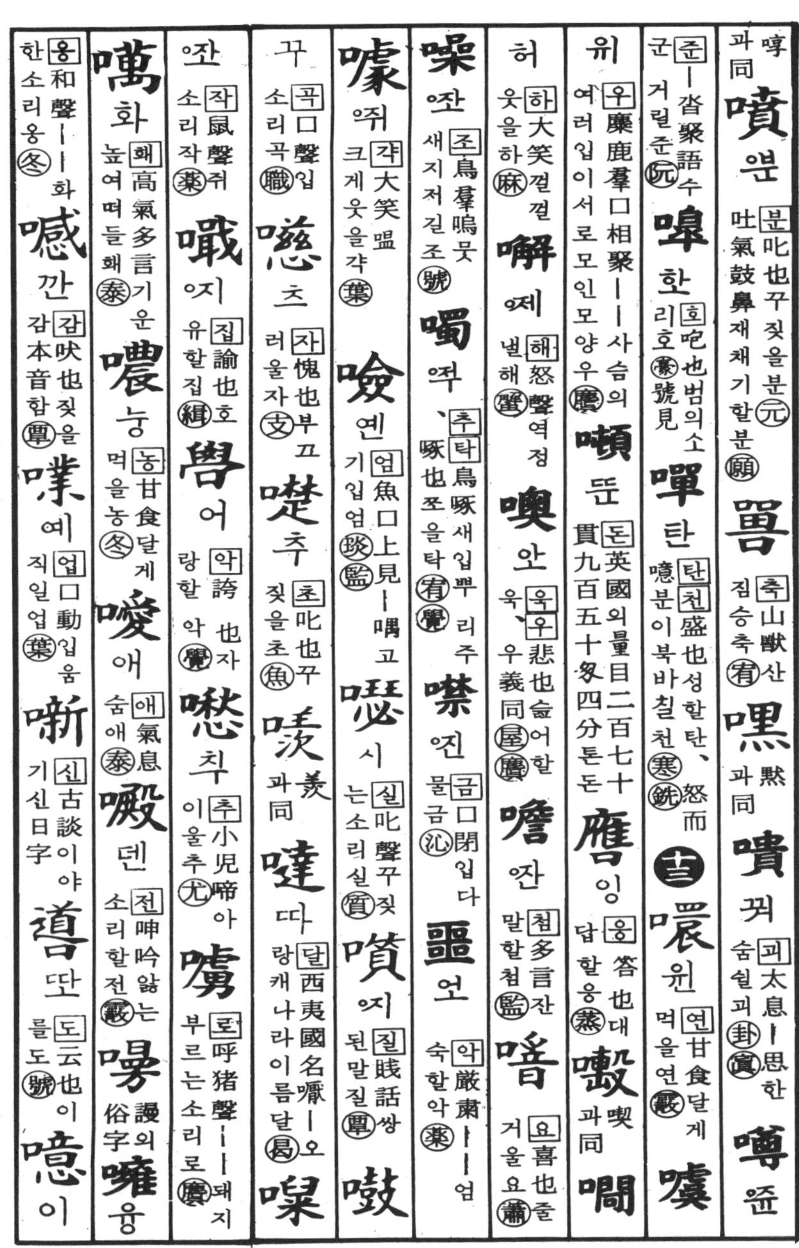

哼과同 噴 분 [분]叱也꾸짖을분 元 吐氣鼓鼻재채기할분 願 嘼 [축]山獸산짐승축 有 嘿 默과同 嘳 괴 [괴]太息ㅣ思한숨쉴괴 卦 寘 噂 준

[준]ㅣ沓聚語수군거릴준 阮 嘷 호 [호]咆也범의소리호 豪 號見 嘽 탄 [탄][천]盛也성할탄、怒而噫분이북바칠천 寒 銑 十三 噮 연 [연]甘食달게먹을연 霰 噳

유 [우]麌鹿羣口相聚ㅣㅣ사슴의여러입이서로모인모양우 麌 噸 돈 [돈]英國외量目二百七十貫九百五十夕四分톤돈 噟 응 [응]荅也대답할응 蒸 噭 喫과同 [illegible]

허 [하]大笑껄껄웃을하 麻 [illegible] 해 [해]怒聲역정낼해 蟹 噢 오 [욱][우]悲也슬어할욱、우 義同 屋 麌 噆 잠 [첨]多言잔말할첨 監 喓 요 [요]喜也즐거울요 蕭

噪 조 [조]鳥羣鳴뭇새지저길조 號 噣 죽 [주][탁]鳥啄새입뿌리주、啄也쪼을탁 有 覺 噤 진 [금]口閉입다물금 沁 噩 어 [악]嚴肅ㅣㅣ엄숙할악 藥

噱 갹 [갹]大笑크게웃을갹 藥 噞 엄 [엄]魚口上見ㅣ喁고기입엄 琰 監 [illegible] 시 [실]叱聲꾸짖는소리실 質 [illegible] 지 [질]賤話쌍된말질 質 [illegible]

꾸 [곡]口聲입소리곡 職 [illegible] 자 [자]愧也부끄러울자 支 [illegible] 추 [초]叱也꾸짖을초 魚 [illegible] 羨과同 噠 다 [달]西夷國名嚈ㅣ오랑캐나라이름달 曷 [illegible]

잔 [작]鼠聲쥐소리작 藥 [illegible] 지 [집]諭也호유할집 緝 [illegible] 어 [악]誇也자랑할악 覺 [illegible] 추 [추]小兒啼아이울추 尤 [illegible] [로]呼猪聲ㅣㅣ돼지부르는소리로 虞

[illegible] 화 [홰]高氣多言기운높여떠들홰 泰 噥 농 [농]甘食달게먹을농 冬 噯 애 [애]氣息숨애 泰 [illegible] 뎐 [뎐]呻吟앓는소리할뎐 霰 [illegible] 譺의俗字 [illegible] 용

[옹]和聲ㅣㅣ화한소리옹 冬 [illegible] 깜 [감]吠也짖을감本音함 覃 [illegible] 예 [업]口動입움직일업 葉 [illegible] [신]古談이야기신 日字 噵 단 [도]云也이를도 號 噫 이

[회][애] 歎息한숨쉴회 應答聲대답하는소리애 (支)(卦)

噬 씨 [서] 嚙也씹을서 (霽)

器 치 [기] 皿也그릇기 (寘)

髛 챠 [교] 高也높을교 (嘯)

噭 ᅌ쟈 [교] 呼也부를교 (嘯)

嚱 훼 [해][열] 明貌밝을해、氣逆聲재채기할열 (泰)(月)

噲 쾌 [쾌] 咽也목구멍쾌 (卦)

十四

⿰口㬎 어 [압] 喧也시끄러울압 (合)

噿 ᅌ줴 [취] 鳥啄새부리취 (紙)

嚎 후 [호] 聲高소리높을호 (豪)

⿰口㥯 인 [은] 小口작은입은 (阮)

⿰口與 위 [여] 勸力歌손벽치며노래할여 (魚)

⿰口屢 뤼 [루] 呼狗ㅣㅣ개부를루 (遇)

嚍 ᅌ진 [진] 憤發,화낼진 (震)

⿰口榮 잉 [영] 啼也울영 (庚)

嚋 ᅌ쥐 [주] 唯也누구주 (尤)

⿰口犖 롸 [락] 班牛얼룩소락 (覺)

⿰口蒙 멍 [몽] 言不正明말분명치않을몽 (東)

嚌 ᅌ지 [제] 嘗也맛볼제 (霽)

⿰口疑 이 [억][의] 小兒有智어린아이지각있을억 無見聞唭ㅣ고루할의 (職)(寘)

嚊 삐 [비] 喘急聲헐떡거릴비 (寘)

⿰口臺 대 [대] 言不止말그치지않을대 (賄)

⿰口銜 銜과同

嚶 잉 [영] 獸聲짐승소리영 (青)

嚅 수 [유] 飲言而復縮囁ㅣ말머뭇거릴유 (虞)

嚁 듸 [적] 嘯聲휘파람소리적 (錫)

嚂 란 [람] 食貌먹는모양람 (勘)

嚇 쌰

[하][혀] 笑聲웃음소리하、吒也꾸짖을혀 (禡)(陌)

嚆 화 쌴 [효] 嗚鏑ㅣ失살촉울효 (肴)

嚀 닝 [녕] 叮ㅣ屬辭정녕할녕 (青)

嚈 야 [엽] 西夷國名ㅣ達오랑캐나라이름엽 (葉)

嚄 훠

[획] 多言ㅣ借잔말할획 (陌)

嚃 타 [탑] 大歠훅훅들이마실탑 (勘)

十五

嚕 롸 [로] 語也말할로 (麌)

⿰口賢 쎈 [현] 難也어려울현 (先)

嚝 광 [광] 鐘聲쇠북소리광 (庚)

嚘 우 [우] 語未定貌말얼버무릴우 (尤)

⿰口齒 얀 [교] 齩也물교 (巧)

嚚 인 [은] 愚也미련할은 (眞)

⿰口鼠 레 [렵] 齧齧聲씹는소리렵 (葉)

⿰口賣 뚜 [두] 讀也읽을두 (宥)

⿰口⿱雨言 이 [읍] 衆聲뭇소리읍 (緝)

⿰口節 ᅌ지 [질] 咇ㅣ聲出貌통소김들일질 (質)

⿰口營 왕 [앵] 犬吠聲개짖는소리앵 (梗)

[illegible] 빤 [포] 垂也가레질할포 (巧)

㗊 嚚同

嚏

티 [체]鼻塞噴ㅣ재채기할체(霽)
嘿 머 [묵][매]不自得ㅣ임의롭지못할묵 小兒多詐ㅣ尿어린아이꾀많을매(職)(隊)
㬥 뽀 [박]怒聲성번소리박(覺)
嘐 랴 [로]靜也고요할로(豪)
嚤 마 [마]一名赤熊곰의이름마(麻)
嚛 허 [학]食辛매울학(藥)
嚠 류 [류]言聲清雅소리맑을류(尤)
⿰口厲 리 [래]正聲바른소리래(泰)
⿰口質 ∘지 [질]賤言천한말질(質)
⿰口麃 퐈 [표]獸聲짐승소리표(肴)

十六

⿰口褱 화 [괴]呼也부를괴(灰)
嚥 옌 [연]吞也삼킬연(霰)
嚨 룡 [룡]喉也목구멍룡(東)
嚫 천 [친]施也베풀친(震)
嚦 리 [력]聲也ㅣ소리력(錫)
嚬 ∘빈 [빈]眉蹙찡길빈(眞) 顰同
嚮 쌍 [향]面对향할향(漾)
嚭 픠 [비]大也클비(紙)
嚧 루 [로]笑也웃을로(虞)
嘋 퐈 [표]大聲큰소리표(效)
⿰口歔 쒸 [허]嗷也울허(魚)
⿰口闊 과 啖同
⿰口闌 란 [란]語不可解말알수없을란(寒)

十七

嚱 씨 [희]驚歎聲아이희(支)(眞)
⿰口韱 션 [섭]貧也탐낼섭(豪)
嚴 옘 [엄]敬也공경할엄(監)
嚲 뙤 [타]垂下貌휘늘어질타(架)
⿰口聲 싱 [경]聲長소리길경(徑)
嚳 쿠 [곡]急告급히고할곡(沃)
嚵 [참]饞食也탐할참(咸)
嚋 됴 [도]考也늙은이도(號)
嚶 잉 [앵]鳥聲ㅣ새소리앵(庚)

十八

嚼 ∘쟉 [작]侵蝕벌레먹을작(藥)
嚾 환 [환][훤]呼也부를환、喚通지껄일훤(翰)(元)
囀 ∘좐 [전]鳥吟새지저길전(霰)
嚻 [효]地名땅이름효(蕭)
囃 ∘자 [잡]長短也장단잡을잡(合)
囂 쑈 [효]喧也시끄러울효(蕭)
囁 ∘졉 [섭][엽]私罵중얼거릴섭 細言소근거릴엽(葉)
⿰口顏 얀 [얀]爭也싸움할얀(删)
⿰壴咨 이 [의]歎聲탄식하는소리의(寘)
嚔 디 [제]噴鼻氣재채기할제(霽)
嚄 화 [획]誇貌자랑할획(陌)

十九

囊 [낭]財布지갑낭(陽)
囉 롸 [라]歌助聲노래도와주는소리라(歌)
囆 채 [채]人名사람이름채(卦)
囈 이 [예]笑也웃을예(霽)
囋 ∘잔 [찰][찬]鼓音북소리찰、譏也기롱할찬(曷)(翰)(寒)
囍

회 雙喜쌍희 희國字

囅 찬 [천][철] 大笑貌크게웃는모양천、철義同 (銑)(屑)

(二十) **嚴** 안 [암] 呻也신음할암 (咸)

囒 란 [란] 虫名呀ㅣ벌레이름란 (寒)(早)

囏 艱의古字

囐 자 [잘] 嘈ㅣ鼓聲북소리잘 (曷)

噆 嘈과同

(二十一) **囓** 녜 [설] 噬也씹을설 (屑)

囑 쥬 [촉] 付託부탁할촉 (沃)

囕 [람] 啗也입에넣을람 國字

口部

口 國의古字 圍의古字

(一) **乙** 日의古字

(二) **四** 쓰 [사] 數名넉사 (寘)

囚 츄 [수] 罪人갇인사람수 (尤)

囘 回俗字

囙 因俗字

図 나 [님][념] 私取物사사로가질님、盗也훔칠님、념義同 (緝)(洽)

(三) **回** 휘 [회] 施也돌이킬회 (灰)(隊)

因 인 [인] 由也말미암을인 (眞)

야 [요] 神名귀신이름요 (蕭)

囟 씬 [신] 小兒頂門숨구멍신 (震)

囝 잰 [건] 閩呼兒아들건 (銑)

囪 창 [창] 穴也구멍창 (江)

团 圖의略字

(四) **囡** 나 [납] 手動손움직일납 (洽)

囦 淵의古字

囫 후 [훌] 物完圇덩어리훌

囱 창 [총] 烟突굴뚝총 (東) [창] 창호창 又창 (江) 窓

囲 圍의略字

囩 원 [운] 繞回둘릴운 (文)

困 쿤 [곤] 窮苦곤할곤 (願)

国 國의俗字

囨 앤 [변] 吐涎침뱉을변 (先)

囬 回의俗字

囮 어 [와] 鳥媒새후릴와 (歌)

囤 툰 [돈] 小廩困類작은곳집돈 (阮)

囧 앙 [경] 窓明창밝을경 (梗) 烱通

冏 진 [경] 光也빛날경 (梗)

(五) **固** 꾸 [고] 堅也굳을고 (遇)

囹 링 [령] ㅣ圄獄也옥령 (青)

圃 푸 [포] 菜田채전포 (麌)

囷 쥔 [균] 輪ㅣ屈曲盤戾貌서릴균 (眞)(軫)

㘠 삐 [벽] 閉也닫을벽 (職)

㘥 당 [당] 採石聲돌깨는소리당 (漾)

(六) **囿** 우 [유][육] 識不通廣고루할유、苑也나라동산육 (宥)(屋)

圀 國의古字

㘣 웡 [옹] 圓穴둥근구멍옹 (董)

(七) **圁** 인 [은] 水名물이름은 (文)

圄 위 [어] 囚也가둘어 (語)

圃 푸 [포] 種菜場채전포 (麌)(遇)

圅 한 [함] 匱也궤함 (咸)(覃)

圂 훈 [혼][환] 厠也뒷간혼、家畜가축환 (願)(諫)

(八) **國**

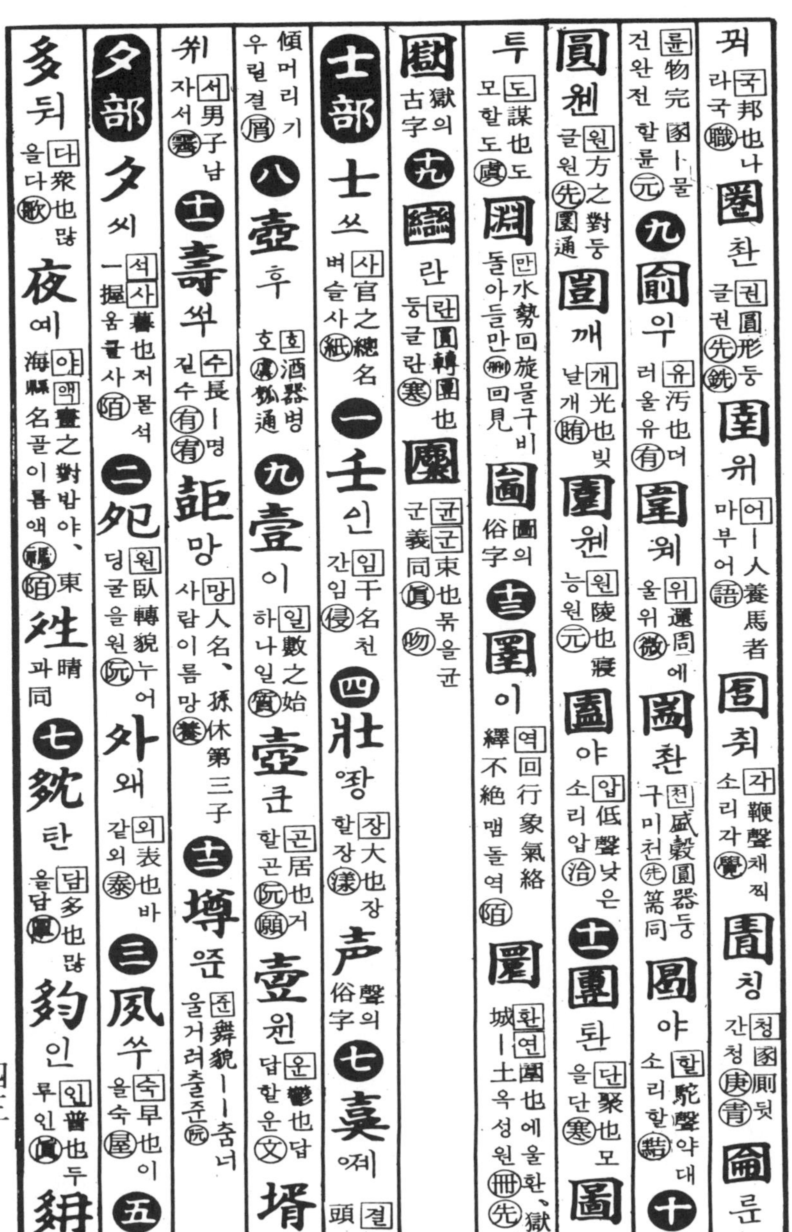

꾀 [국]邦也 나라국(職)
圈 촨 [권]圓形 둥글권(先)(銑)
圉 위 [어]ㅣ人養馬者 마부어(語)
⿴囗各 취 [각]鞭聲 채찍소리각(覺)
圊 칭 [청]圂厠 뒷간청(庚)(青)
圇 룬 [륜]物完圇ㅣ 물건완전할륜(元)

九

⿴囗俞 우 [유]汚也 더러울유(有)
圍 웨 [위]還周 에울위(微)
圌 촨 [천]盛穀圓器 둥구미천(先) 篅同
⿴囗曷 야 [할]駝聲 약대소리할(黠)

十

圓 웬 [원]方之對 둥글원(先) 圜通
⿴囗豈 깨 [개]光也 빛날개(賄)
園 웬 [원]陵也 寢능원(元)
圔 야 [압]低聲 낮은소리압(洽)

十一

團 퇀 [단]聚也 모을단(寒)
圖 투 [도]謀也 도모할도(虞)
⿴囗淵 [만]水勢回旋 물구비돌아들만(刪) 回見
圗 圖의 俗字

十三

圛 이 [역]回行象氣絡繹不絕 맴돌역(陌)
圜 [환][연]圜也 에울환、獄城ㅣ土 옥성원(刪)(先)
⿴囗獄 獄의 古字

十九

圞 란 [란]圓轉圞也 둥글란(寒)
⿴囗麇 [균][군]束也 묶을균 군義同(眞)(吻)

士部

士 쓰 [사]官之總名 벼슬사(紙)

一

壬 신 [임]干名 천간임(侵)

四

壯 쫭 [장]大也 장할장(漾)
声 聲의 俗字

七

[illegible] 졔 [결] 頭傾 머리기우릴결(屑)

八

壺 후 [호]酒器 병호(虞) 瓠通

九

壹 이 [일]數之始 하나일(質)
壸 쿤 [곤]居也 거할곤(阮)(願)
壼 윈 [운]鬱也 답답할운(文)
壻 쒸 [서]男子 남자서(霽)

十一

壽 쒀 [수]長ㅣ 명길수(有)(宥)
⿰壴亡 망 [망]人名、孫休第三子 사람이름망(養)

十二

壿 쭌 [준]舞貌ㅣㅣ 춤너울거려출준(阮)

夕部

夕 씨 [석][사]暮也 저물석 一握 움큼사(陌)

二

夗 [원]臥轉貌 누어딩굴을원(阮)
外 왜 [외]表也 바깥외(泰)

三

夙 쑤 [숙]早也 이를숙(屋)

五

多 뒤 [다]衆也 많을다(歌)
夜 예 [야][액]晝之對 밤야、東海縣名 골이름액(禡)(陌)
夝 晴과同

七

⿰多冘 탄 [담]多也 많을담(覃)
⿰多勻 인 [인]普也 두루인(眞)
⿰多冄

나 [나]多也 많을나 (歌)

八 够 꾸 [구]聚也 모을구 (有)

夠 够와同

九 ⿰多先 신 [신]多也 많을신 (眞)

十 夢 멍 [몽]寐中神遊 꿈몽 (送) 㝱同

夤

인 [인]維也 오직인 (眞)

夥 화 [과]多也 많을과 (哿) [해]義同 (蟹)

⿰多周 처 [조]多也 많을조 (嘯)

⿱⿱亠多夢 夥의俗字

夂部

夂 지 [치]後至 뒤에올치 (支)

二 夅 과 齊와同

三 夅 降의古字

⿱夂子 學의俗字

四 ⿱夂丰 홰 [해]遮也 가릴해 (泰)

夆 봉

[봉]逢也 만날봉 (冬)

七 ⿱夂見 覺과同

夊部

夊 쉬 [쇠]安行 편안히걸을쇠 (支)

四 夋 쥰 [준]行也 갈준 (眞)(震)

五 夌 링 [릉]高也 높을릉 (蒸)

長 長의古字

六 复 [복]行也 갈복 (屋)

⿱山夌 종 [종]馬首飾 말굴레치장할종 (冬)

七 夏 햐 [하]中國別稱 나라하 (馬)

夎 죄 [좌]詐也 거짓말할좌 (箇)

八 ⿰亢夋 항 [항]堅也 굳을항 (養)

十 ⿱人复

[형]長也 길형 (敬)

十二 ⿰⿱夋夋 쥰 [준]韋誇 가죽옷준 (震)

十四 ⿱㒼夏 夏의古字

十七 夔 퀘 [기]敬懼 조심할기 (支)

大部

大 때 [대][태][다]小之對 클대、甚也、極也 극할다 (泰)(箇) 太同。

一 天 텬 [천]乾也 하늘천 (先)

夭 요 [요][오]短折 요사할요 (篠)(蕭)(皓)

太 [태]大也 클태 (泰)

夬 쾌 [쾌]分決 결단할쾌 (卦)

夫 부 [부]男子通稱 지아비부 (虞)

二 失 씨 [실]過ㅣ 과실실 (質)

央 양 [앙]中也 가운데앙 (陽)

夳 泰의古字

夯 캉 [강]用力以堅 다질강 (漾)

夲 [도]、[본]進也 나아갈도、本의俗字 (豪)

三 ⿱大弓 夷와同

夸 콰 [과]奢也 사치할과 (麻)

夷 이 [이]大也 클이 (支)

四 ⿱大天 둥 [동]不

肥파리 할동 董 夾 쎠 협 持也가질협 洽 葉 夽 인 운 高也높을운 轒 奄 츈 순 大也클순 眞 五 奄 옌 엄 忽也문득엄 琰 奓 사 사 誇也자랑할사 馬

奈 내 내 如何ㅣ何 어찌할내 泰 夲 데 접 驚愕놀랄접 葉 夼 팍 포 大也클포 效 奃 쎼 해 張大벌릴해 卦 奉 봉 봉 恭承받을봉 腫 奇 치

기 異也이상할기 支 臭 구 고 潤澤윤택할고 皓 奞 뿌 불 助也도울불 質 六 奔 뿐 분 走也달아날분 元 願 奓 쟈 차 開也벌릴차 馬 奎 큐

규 西方宿名별규 齊 契 치 계 글 결 설 約也계약할계、蕃國ㅣ丹나라이름글、勤苦ㅣ濶근고할결、商祖이름설 霽 物 屑 奜 부 부 勉学공부부 國字 奏 주 주 上疎상소할주 有 奛

환 환 大也클환 翰 奕 이 혁 美也아름다울혁 陌 七 奊 쎼 혈 頭衷머리기울혈 屑 套 탁 토 투 長大장대할토 號 奟 뻔 분 盛土器삼태분 阮 奘

쨩 장 大也클장 養 奚 씨 해 何也疑辭어찌해 齊 八 奝 쵸 조 大也클조 蕭 奞 츈 순 敲翼날개칠순 震 奜 삐 비 大也클비 尾 套 套과同

𡘯 예 역 強也강할역 職 森 신 심 大恐크게두려워할심 侵 奱 젼 견 小束작게묶을견 銑 九 奢 쎠 사 佛譽蘭기틀사 麻 奤 빤 반 面大 日ㅣ열

굴클반 旱 奠 뎬 전 置也둘전 霰 缺 缺과同 奥 쮜 작 人名사람의이름작 藥 奥 衡의古字 奡 오 오 慢也거만할오 號 十 奰 효 효 大也클효 蕭

奧 오 오 욱 內也속오、暖也따스할욱 號 屋 奪 奪의古字 十一 奬 쟝 장 勸也권할장 養 奫 윈 윤 水深廣貌ㅣㅣ물깊고넓을윤 眞 奩 럼 렴 盛香器향합렴 監

奪 뛰 탈 被取빼앗길탈 曷 十一 奭 씨 석 혁 大也클석、赤貌붉은모양혁 陌 職 十二 奮 뿐 분 揚也드날일분 問 奯 꺼 할 目動눈굴릴할 曷 十三

奰 삐 비 壯大장대할비 (眞)

(二十一)

奲 처 차 寬大너그럽고클차 (馬)

土部

土 투 토 地也、五行之一흙토 (麌)(虞)

(一)

圠 야 알 山曲산구비알 (黠)

(二)

圢 뗭 정 田畔밭고랑정 (迥)

圤 뽀 박 土塊흙덩어리박 (覺)

[土力] 진 근 土壁흙벽근 (眞)

圦 입 水門수문입 日字

(三)

地 디 지 下也아래지、天之對땅지 (寘)

在 재 재 存也있을재 (隊)

圳 슈 수 畓溝논도랑수 (尤)

圬 우 오 泥鏝흙손오 (虞)

圮 피 비 岸毁언덕무너질비 (紙)

圩 위 우 岸也언덕우 (虞)

圯 피 비 岸毁언덕무너질비 (紙)

圭 꿰 규 量名六十四黍為圭 저울눈이름규 (月)

圪 이 을 推高흙더미우뚝할을 (屑)

(四)

坳 뭐 몰 險也험할몰 (月)

坐 좌 좌 席也、行所止자리좌 (哿)(箇)

坊 방 방 障也막을방

坻 디 지 留也머무를지 (紙)

坄 예 역 煙突굴뚝역 (陌)

坋 뿐 분 拌也버릴분 (吻)(問)

坏 픠 배 未燒陶ㅣ瓦굽지않은기와배 (灰)

址 즈 지 基也터지 (紙)

坌 뿐 분 竝也아우를분 (吻)(問)

圻 치 기 王畿서울지경기 畿通 은 ㅣ岸也언덕은 (微)(眞)

圾 지 급 高貌산높을급 (緝)

坎 칸 감 穴也구멍감 (感)

坑 컹 갱 埋也묻을갱 (庚)

圿 쟈 갈 積垢때낄갈 (黠)

坅 친 흠 坎也구덩이흠 (寢)

坂 빤 판 坡ㅣ언덕판 (阮)

坟 문 문 墳也무덤문 (文)

均 쥔 균 平等고를균 (眞)

坉 툰 둔 莊家농막둔 (元)

坍 담 담 波打岸물이언덕칠담 (覃)

(五)

坤 쿤 곤 地也땅곤 (元)

坰 경 경 郊也들경 (青)

坶 무 목 養也기를목 (屋)

坭 니 니 水和土진흙니 (紙)

坧 지 척 基地기지척 (陌)

坩 칸 감 所以鎔金鐵ㅣ堝도가니감 (覃)

垂 쒸 수 将及거의미칠수 (支)

垀 후 호 地名땅이름호 (虞)

坼 쳐 탁 分開터질탁 (陌)

坿 부 부 白石英흰수정부 (虞)

坦

으주 [저]蚯蚓集也지렁이모인땅저(魚)
抹 머 [말]塵芥쓰레기말(曷)
坾 으쥬 [저]積塵티끌쌓일저(語)
垈 [대]宅地집터대國字
坱 양 [앙]昧也어두울앙(養)
坪 핑 [평]大野벌판평(庚)
坲 으부 [불]塵起티끌일어날불(物)
坡 퍼 [파]堤也제방파(歌)
坷 [가]行不利길험할가(哿)
坽 링 [령]險岸험한언덕령(青)
垁 [치]垣也담치(紙)
𡋁 수 [술]高也높을술(質)
坫 덴 [점]塞也막을점(豔)
坮 臺의古字
坻 츠 [지][저]場也마당지、隴阪언덕저(支)(紙)(齊)
坺 빠 [발]發土흙필발(曷)
坌 으분 [분]掃除쓸어버릴분(問)
坦 탄 [탄]寬也너그러울탄(早)
坵 丘의俗字
坨 이、[이][타]地名땅이름、陀俗字(支)
坳 요 [요]窊下不平오목할요凹同(肴)
垉 포 [華]掘也캘포

六

垤 데 [질]丘也언덕질(屑)
垌 [동]池貯水못막이동國字
垞 으재 [탁]小丘언덕탁本音차(麻)
垠 인 [은]九天之界하늘가장자리은(眞)(文)
垣 [원]卑墻낮은담원(元)
垢 꺼 [子]汚也더러울구(有)
𢦏土 栽誤俗作
垓 깨 [해]階段계단해(灰)
垗 으잔 [조]壇域제터조(篠)
垟 양 [양]土怪흙속괴물양(陽)
垎 꺼 [각]土乾흙마를각(陌)
垒 뤼 [루]土墻흙담루(紙)
垙 광 [광]街也길거리광(陽)
垜 뚸 [타]堂塾글방타(哿)
垝 꿰 [궤]壞垣무너진담궤(紙)
垍 으지 [게]堅土굳은흙게(眞)
垡 으바 [벌]耕起밭갈아들출벌(月)
型 씽 [형]模範모범형(青)
垘 으부 [복]洑也土壅보막을복(屋)
垛 [타]射堋살받이터타(哿)

七

城 청 [성]都邑서울성(庚)
埍 쒠 [현]女牢계집가두는옥현(銑)
垸 완 [완]以漆和灰而髹회석어바를완本音환(寒)
埕 녜 [녈]下地내릴녈(屑)
垮 신 [심]土高흙높을심(寢)
埋 메 [매]蔵也감출매(佳)
垺 으부 [부]山上流水산위에물흐를부(虞)(尤)
埇 융 [용]路上加土길돋을용(腫)
埃 애 [애]塵也티끌애(灰)
埈 으쥰 [준]高也높을준(震)
埌 랑 [랑]塚也무

(渫)더랑 **埏** 연 [연]地端八ㅣ땅끝닿인곳연 [선]柔也부드러운흙선(先) **堙** 인 [은]澱也해감은(問) **垾** 한 [한]岸也언덕한(翰) **垶** 씽 [성]赤土붉은흙성(庚) **埆**

ᅌ취 [각]大石多山바위영서리각(覺) **埻** 뿌 [발]塵起貌티끌발(月) **埒** 러 [랄]等也비등할랄(屑) **埂** 겅 [경]坑也구덩이경(庚) **垻** 빼 [패]防堰방축패(泰) **坶** 매

[매][목]塵也티끌매、地名땅이름목(灰)(屋) **垸** 태 [태]墻壞담무너질태(泰) **垷** 연 [견]泥土진흙견(先) **埲** 빵 [병]塚穴무덤구멍날병(梗) **埲** 룽 [롱]穿穴구멍뚫을롱(送)

埄 봉 [봉]塵起먼지일어날봉(董) **埀** 垂의俗字 **八** **基** 지 [기]本也기본기(支) **堆** 뒤 [퇴]聚也흙무더기퇴(灰) **堋** 펑 [붕]覆土파묻고흙덮을붕(蒸) **埶**

ᄌ지 [집]守也지킬집(緝) **埠** 뿌 [부]泊船之所ㅣ頭선창부俗音보(遇) **埢** 좐 [권]曲墻、ㅣ垣굽은담권(先) **堌** 꾸 [고]古塚옛무덤고(遇) **堁** 커 [과]塵也먼지과(哿)(箇) **域**

위 [역]界局지경역(職) **埱** 츄 [축]牛馬所蹈處마소발자국축(沃) **埾** 추 [추]築也쌓을추(遇) **埩** 쯩 [정]耕田밭갈정(庚) **堦** 따 [답]落聲떨어지는소리답(合) **埧**

쥐 [구]堤防방축구(遇) **埮** 딴 [담]平地평평한땅담(勘) **埦** 완 [완]小盃작은술잔완(旱) **埼** 치 [기]曲岸頭언덕머리기(支) **埶** 이 [예]樹種也심을예(霽) **埤**

삐 [비]增也더할비(支) **埴** 지 [식][치]埴ㅣ흙을이길식、(職) 瞽者冥行더듬어서걸을식、치(寘) **埿** 늬 [니]泥也진흙니(霽) **堄** 이 [예]城上女墻ㅣ성가퀴예(霽) **培** 페

[배][부]壅也栽ㅣ북돋을배、小阜ㅣ塿작은두루할부(灰)(有) **埰** 채 [채]采地食邑나라에서준땅채(隊) **埭** 대 [태]以土堰水보뚝태(隊) **埻** 쥰 [준]射的과녁준(軫) **堇** 친

[근]時也때근(眞)(震) **埽** 쏘 [소]隄岸언덕소(皓)(號) **堅** 견 [견]固也굳을견(先) **埵** 둬 [타]堅土굳은흙타(哿) **埜** 野古字 **堂** 탕 [당]正寢집당、마루당(陽) **堈**

깡 [강]壠也언덕강(陽)
場 이 [역]田畔밭경계역(陌)
掩 연 [암][엄]坑也구덩이암、土覆物흙덮을엄(感)(琰)
堉 유 [육]肥地기름진땅육(屋)
堊 어 [악]色土색흙악
(藥)
堀 쿠 [굴]孔穴구멍굴(物)
埳 칸 [감][함]坎也구덩이감、坎同빠질함(感)(陷)
九
堤 듸 [제]防也막을제(齊)
堡 뽀 [보]小城작은성보(皓)
堢 堡와同
堯 야 [요]遠也멀요(蕭)
堰 연 [언]壅水為埭방축언(願)
堲 찌 [즉][즐]憎惡미워할즉、火餘燼불탄머리즐(職)(質)
堞 뎨 [첩]城上女墻성위의담첩(葉)
堛 삐 [벽]土塊흙덩이벽(職)
堮 어 [악]厓岸圻ㅣ언덕비탈악(藥)
坼 쳐 [탁]裂也찢을탁(陌)
堠 후 [후]土堡흙성후(有)
堺 界과同
墟 후 [호]土釜흙솥호(皓)
[土+叟] 두 [도]埋也묻을도(虞)
堫 쭝 [종]耕田밭갈종(東)
堣 위 [우]暘谷ㅣ夷땅이름우(虞)
堵 뚜 [도]垣也담도(麌)
堙 인 [인]土山흙산인(眞)
堳 믜 [미]墻垣담미(支)
堥 우 [무]陶器질그릇무(尤)
報 봐 [보][부]告也고할보、急疾ㅣ葬ㅣ虞빠를부(號)
堸 빙 [풍]虫巢벌레집풍(東)
堹 쭝 [종]池堤연못둑종(宋)
埀 垂의古字
堜 렌 [련]丘也언덕련(霰)
堷 안 [암]土藏흙에묻을암(感)
堪 칸 [감]勝也견딜감(覃)
堦 졔 [계]階也뜰계 本音개(佳)
場 창 [장]處也곳장(陽)
堩 껀 [긍]道也길긍(徑)
堧 롼 [연]廟外垣사당집밖곁담연(先)
堨 어 [알][얼]以土障水보막을알(曷)、[갈]堰也방축갈(霽)
堭 황 [황]室無避벽없는방황(陽)
堗 투 [돌]烟突굴뚝돌(月)
[土+耑] 뚸 [타]垂貌드리운모양타(哿)
堝 꿔 [과]所以烹煉金銀도가니과(歌)
堶 퉈 [타]飛磚戲팔매칠타(歌)
堬 위 [유]塚也무덤유(虞)
堿 현 [함]監質짤함(感)
[土+柴] 채 [새]籬也울타리새(卦)砦同
[土+复] 부 [복]居也土窟토굴에서살복(屋)
墅 野과同
十
塞 써 [새][색]戲具博ㅣ희롱거리새、滿也찰색(隊)(職)
塤 쒼 [훈]燒土樂器질나팔훈(元)

塢 우 [오] 村落 마을오 (麌) 塙 쟉 [각][고] 堅也 굳은흙각、多古土 돌많은땅고 (覺)(肴) 塘 탕 [당] 鑿地注水 못당 (陽) 塠 퉤 [퇴] 落也 떨어질퇴 (灰) ⿱㱿土 꾸

[곡] 練土 흙이길곡 (屋) ⿰土臬 이 [얼] 小山 작은산얼 (質) 塛 리 [률] 塞也 막을률 (質) 塌 타 [탑] 低也 낮은땅탑 (合) 塔 타 [탑] 物隋聲 물건떨어지는소리탑 (合) 塝 뱡 [방] 地畔 평

평한땅언덕방 (陽) 塉 찌 [척] 薄土 메마른흙척 (陌) ⿰土胥 쎄 [설] 細塵 먼지설 (月) 塩 監의 俗字 塥 껴 [혁] 重土 흙덮붙일혁 本音격 (陌) ⿰土貢 궁 [공] 地名 땅이름공 (送)

塕 웅 [옹] 塵起 티끌일어날옹 (董) 塚 즁 [총] 高墳 무덤총 (腫) 塒 씌 [시] 鷄楼 닭의해시 (支) 塏 캐 [개] 高明處 시원한땅개 (賄) 塗 두 [도] 泥也 진흙도 (虞)

塑 쑤 [소] 埏土像物 흙으로만든인형소 (遇) 塊 괘 [괴] 墣也 흙덩어리괴 (卦) 塐 塑와同 垶 씽 [성] 赤剛土 붉은흙성 (庚) 塡 [진][전] 久也 오랠진、塞也 막힐전 (眞)(先)(銑)

塟 葬同 塍 칭 [승] 坪也 큰들승 (蒸) 塋 잉 [영] 墓也 무덤영 (庚) 塓 미 [멱] 塗也 圬ㅣ 흙바를멱 (錫) 塜 뿡 [봉] 塵起貌 먼지날봉 (東) ⿱祝土 [축] 塞也 막을축 (屋)

⑪ 境 징 [경] 界也 지경경 (梗) 墇 쟝 [장] 壅塞 막을장 (陽)(漾) 墋 천 [참] 沙土 모래흙참 (寢) 塲 챵 [장] 除也 마당장 (陽) ⿰土勘 칸 [감] 險岸 험한비탈감 (勘) 墒

데 [적] 階段 층계적 (錫) 墔 최 [최] 高丘 높은언덕최 (灰) ⿰土衮 쿤 [곤] 黏土 찰진흙곤 (願) 塿 럭 [루] 小阜 토둔루 (有) 墓 무 [묘] 塚也 무덤묘、(遇) 墆 데

[절][체] 高也 높을절、貯也 저축할체 (屑)(霽) 墀 츠 [지] 階上地 축대윗뜰지 (支) 墍 찌 [기][회] 息也 쉴기、取也 취할기、희 (寘)(未) 墅 쒸 [서] 田廬 농막서 (語) 墉 융 [용] 城也 성용 (冬)

塷 루 [로] 西方鹹地 짠땅노 (麌) 塺 메 [매][마] 塵也 티끌매、마 義同 (灰)(箇) 塵 천 [진] 久也 前ㅣ 오래될진 (眞) 墐 친 [근] 泥土 진흙근 (眞)(震) ⿰土梟 쌰 [호] 卵產 알

낳을효 本音교 (蕭)
墒 상 [상] 耕也 밭갈상 (陽)
塴 펑 [붕] 壅水權偃 방축붕 (蒸)
塳 펑 [붕] 塵隨風起 티끌일어날붕 (東)
𡑞 충 [종] 土菌 땅버섯종 (冬)
墂 퍞 [표] 封土爲標 언덕쌓아표할표 (蕭)
𡓃 만 [만] 壁也 벽만 (寒)
塁 라 [라] 盛土草器 흙담는삼태나 (歌)
墁 만 [만] 壁也 벽만 (翰)
塽 쌍 [상] 地高明處 땅높고밝은곳상 (養)
塼 쩐 [전] 燒擊甓也 벽돌전 (先)
塹 짠 [참] 坑也 구덩이참 (豔)
塾 쑤 [숙] 敎舍 글방숙 (屋)
塻 뭐 [막] 塵也 티끌먼지막 (藥)
墊 뎐 [점] 下也 내려올점 (豔)
㙤 쌰 [하] 孔隙 틈하 (禡)
墌 지 [척] 築土爲基 터다질척 (陌)
墄 치 [척] 階齒 섬돌층척 本音측 (職)
塸 어 [우] 沙堆 모래무더기우 (有)

十二

墱 떵 [등] 飛階 비계등 (徑)
墢 빠 [발] 發土 흙필발 抜同 [벌] (月)
増 쩡 [증] 加也 더할증 (蒸)
墦 빤 [번] 冢也 무덤번 (元)
墟 쒸 [허] 大丘 큰언덕허 (魚)
墳 뿐 [분] 墓也 무덤분 (文)(吻)
𡐰 랸 [료] 周垣 에워쌓은담료 (蕭)(嘯)
墯 와 隋同
憜 同墯
墜 쮀 [추] 落也 떨어질추 (眞)
窖 쟈 [교] 窖室 굴속집교 (肴)
墮 뚸 [타][휴] 落也 떨어질타 壞也 무너뜨릴휴 (哿)(支)
墬 地의 字
墩 뚠 [돈] 平地有堆 돈대돈 (元)
壹 이 [에] 天陰塵 ㅣㅣ 티끌에흙비올애
墠 싼 [선] 除地祭處 壇ㅣ 제터전 (銑)
墲 무 [모] 高塚 높은무덤모 (虞)
墡 싼 [선] 白土 백토선 (銑)
塯 릐 [류] 盛飯瓦器 질그릇유 (有)
𡐦 싸 [삽] 土隋聲 ㅣㅣ 흙떨어지는소리삽 (合)
𡐯 찌 [집] 泉湧 샘솟을집 (緝)
[illegible] 蕢과 同
墰
탄 [담] 地名 땅이름담 (覃)
墨 머 [묵] 暗也 어두울묵 (職)
墝 쟌 [요] 地不平 땅평탄치못할요 (肴)(效)
墣 푸 [복][박] 塊也 흙덩이복 박義同 (屋)(覺)

十三

壇 탄 [단] 墠也 祀場 제터단 (寒)
壁 삐 [벽] 屋垣 벽벽
墿 이 [역] 軌道 수레바퀴길역 (陌)
墻 牆과 同
壅 융 [옹] 障也 막힐옹 (宋)(腫)
壀 피 [비] 女墻 ㅣ堄 치첩비

壆 허 [학]土堅흙굳을학(覺)

[土睘] 환 [환]面墻가림담환(刪)

[土遂] 쓔 [수]谷道골속길수(眞)

[土詹] 셤 [첨]塞也막을첨(豔)

壂 뎐 [전]堂址당집터전(霰)

墼 ᅌ지 [격]未燒墼굽지않은벽돌격(錫)

[戠/土] ᅌ지 [식]黏土진흙식(職)

[號/土] 한 [호]土釜질솥호(號)

壈 란 [람]失意坎ㅣ뜻잃을람(感)

墾 컨 [간]耕也밭갈간(阮)

墺 오 [오][욱]四方사방오、욱(號)

埜 野의古字

壃 ᅌ쟝 [강]界也지경강(陽)

十四

壒 애 [애]塵合티끌더미애(泰)

壖 완 [연]空地빈땅연(先)

壍 ᅌ잔 [참]坑也구덩이참(豔)

壎 쒼 [훈]樂器土音흙풍류훈(元)

壑 허 [학]谷也골학(藥)

壐 스 [새]帝印옥새새(紙)

壕 한 [호]城下池성밑해자호(豪)

壓 야 [압]殺也죽일압(洽)

十五

壙 광 [광]墓穴구덩이광(漾)

壏 쎤 [함]堅土석비래함(豏)

壘 러 [류][뢰]軍壁진터토성류 壯貌 魁ㅣ건장한모양뢰(紙)(賄)

壥 塵의俗字

壦 녑 [렵]土貌흙모양렵(葉)

[敵/土] 뎌 [적]城上女墻성가퀴적(錫)

十六

壞 홰 [괴][회]毁之敷무너뜨릴괴 自敗무너질회(卦)

[土學] ᅌ갸 [각]山多石磽산에돌자갈많을각(覺)

壝 웨 [유]土埒토담유(支)(眞)

壚 루 [로]黃泉黃ㅣ황천로(虞)

壛 옌 [염]長砌긴섬돌염(鹽)

壜 탄 [담]酒瓶술병담(覃)

十七

壣 린 [린]菜田남새밭린(眞)

壟 룽 [롱]冢也무덤롱(腫)

壤 샹 [양]富足풍족할양(養)

壠 壟와同

十八

[土闌] 場과同

[雝/土] 壅과同

二十

壧 옌 [암]地穴굴암(咸)

二十一

壩 빠 [파]堰也방죽파、둑파(禡)

墝 쟈 [교]高也높을교(嘯)

十七

[土囊] 낭 [낭]土窟토굴낭(漾)

女部

女 녀 [녀]婦人總稱여자녀(語)

二

奵 딩 [정]好容얼굴좋을정(青)

奴 누 [노]僕也남종노(虞)

[女七] 치 [질]女不謹계집삼가지지않을질(質)

奶

우 [유][내] 牛乳 소젖 유 尊對語 주인의 아내를 존대말 내 (有)(宥)

㊂

好 호 [호] 美也 좋을 호 (皓)

妄 왕 [망] 虛ㅣ 허망할 망 (漾)

奸 깐 [간] 亂也 어지러울 간 (寒)

如 수 [여] 苦也 같을 여 (魚)

妃 비 [비] 配也 배필 비 (微)

奺 직 [구] 嫠婦守節不嫁 과부 수절할 구 (有)

妁 쟉 [작] 媒介 중매 작 (藥)

㚤 이 [익] 女官名 계집 벼슬 이름 익 (職)

奼 차 [타] 美也 아름다울 타 (馬)

姅 반 [번] 女彗而員 계집 영오할 번 (願)

她 져 [저] 長女 큰딸 저 (職)

㊃

妨 방 [방] 害也 해로울 방 (陽)(漾)

妕 쥬 [중] 女子名 여자 이름 중 (送)

妋 부 [부][우] 貪也 탐할 부 憎也 미워할 우 (虞)(尤)

妑 빠 [파] 女兒雙髻ㅣ頭 머리 두 갈래로 땋아 느릴 파

妏 운 [문] 生也 낳을 문 (文)

妖 요 [요] 異也 이상할 요 (蕭)

妙 만 [묘] 神化不測 묘할 묘 (嘯)

妡 진 [근] 美也 아름다울 근 (文)

㚫 사 [삽] 女子名 여자 이름 삽 (合)

妣 비 [비] 母死後稱曰 죽은 어미 비 (紙)

妓 지 [기] 女樂 기생 기 (紙)

妥 타 [타] 安也 편안할 타 (哿)

妤 위 [여] 美也 아름다울 여 (魚)

妔 컹 [갱][항] 美女 예쁜 계집 갱 女性急戾 계집 성품 조급할 항 (庚)(陽)

妠 나 [날][납] 小兒肥貌 妠ㅣ 어린아이 살찐 모양 날, 聚物 물건 모을 납 (黠)(合)

妧 완 [완] 好貌 좋을 모양 완 (翰)

妢 분 [분] 國名 나라 분 (文)

妘 원 [운] 姓也 성 운 (文)

妎 [해] 妒也 투기할 해 (泰)

妐 죵 [종] 夫之父 시아버지 종 (冬)

妗 진 [금] 容態輕薄 방정스러울 금 (沁)

妝 장 [장] 紛裝 단장할 장 (陽)

姌 산 [염] 弱長纖細 휘청거릴 염 (琰)

妉 담 [담] 樂也 즐거울 담 (覃)

妒 뚜 [투] 媢嫉ㅣ忌 투기할 투 (遇)

妜 녜 [열] 眉目間 양미간 열 (屑)

妊 신 [임] 懷孕 아이 밸 임 (沁)

姘 징 [정] 女德不妄 계집 엄전할 정 (梗)

妦 [봉] 美也 아름다울 봉 (冬)

㚰 추 [추] 容美 얼굴 고울 추 (虞)

妟 晏과 同

妍 姸과 同

㊄

姀 허 [화] 形正 단정할 화 (歌)

妻 치 [처] 婦也與己齊者 아내 처 (霽)

娀 쉐

[월] 輕也가벼울월(月)

姑 꾸 [고] 夫之母시어머니고(虞)

妋 부 [부] 美也아름다울부(虞)

姉 姊의俗字

姓 씽 [성] 系統生也ㅣ氏성성(敬)

㚲 디 [저] 細也가늘저(齊)

𡛝 핑 [평] 急也급할평(庚)

委 웨 [위] 末也끝위(支)(寘)

姊 쯔 [자] 女兄、伯ㅣ만누이자(紙)

㚾 쓩 [형] 嬉也즐거울형(庚)

妾 쳬 [첩] 小室작은집첩(葉)

姖 쥐 [거] 端正단정할거(語)

㚻 얀 [요] 美也아름다울요(巧)

始 씌 [시] 初也비로소시(紙)(寘)

姆 무 [모] 女師여스승모(麌)

妿 어 [아] 女師여스승아(歌)

妸 과 婀同

妭 빠 [발] 美妻고운계집발(曷)

妵 듀 [주] 人名華ㅣ사람이름주(有)

妱 챠 [쵸] 女字계집이름쵸(蕭)

姅 빤 [반] 婦人有月事월경할반(翰)

妰 쳐 [작] 静也、動止계집조용할작(藥)

㚲 잔 [섭] 小弱작고약할섭(鹽)

妼 삐 [필] 女有容儀계집엄전할필(質)

妮 니 [니] 婢也계집하인니(支)

姎 앙 [앙] 女人自稱我여자자칭할앙(陽)

姂 빠 [핍] 美貌고울핍(洽)

𡚱 지 [기] 將男作女ㅣ姦남색할기(微)

妺 머 [말] 桀妻ㅣ喜계집의이름말(曷)

姃 정 [정] 女容端莊단정할정(敬)

姐 저 [저] 女兄만누이저(馬)

姈 령 [령] 女字여자이름령(青)

妹 메 [매] 女弟아래누이매(隊)

妳 내 [내] 乳母유모내(蟹)

㚰 괴 [배] 婦人一月胎ㅣ한달된태배(灰)

𡛴 과 巧同

妸 아 [아] 美貌고을아(哿)

妯 착 [축] 兄弟妻相呼ㅣ娌동서축(屋)

妴 웬 [원] 順直순직할원(阮)

㚼 츠 [자] [치] 婦人小物하찮은계집 자、不媚무뚝뚝할치(紙)

妭 빈 [빈] 妾也첩빈(眞)

姁 쒸 [후] 樂也즐거울후(虞)(麌)

姒 쓰 [사] 長婦만며리사(紙)

姍 싼 [선] [산] 好也좋을산(先) 行貌ㅣㅣ행하는모양선(寒)

妬 뚜 [투] 女無子자식없는계집투(遇)

姏 난 [담] 老女自稱노파자칭할담(覃)

姘 핀 [빈] 妾也첩빈(眞)

𡛴 巧同

妲 달 [달] ㅣ己紂妃名계집의이름달(曷)

六

姪 지 [질] [절] 妻저족할질 절 義同(質)(屑)

姜 쟝 [강]齊姓神農後성강 陽

姮 헝 [황]羿妻ㅣ娥계집이름황 蒸

㛄 이 [의]華麗빛날의 微

姯 광 [광]女色姸麗환할광 陽

姰 쥔 [균]適合적합할균 眞

姷 우 [유]配也짝유 有

姇 뿌 [부]美也고울부 有

姾 촨 [전]女之端正계집단정할전 先

[女囟] 시 [세]静也조용할세 霽

[女自] 즈 [지]嫉也투기할지 眞

妟 회 [희]美容얼굴예쁠희 隊

娀 숭 [융]國名有ㅣ氏나라이름융 東

姨 이 [이]母之妹이모이 紙

姬 지 [희]妾也첩희 支

姲 안 [안]從容종용할안 諫

姥 무 [모]老女할미모 麌

姝 쓔 [주]美色계집아름다울주 虞

姳 밍 [명]好也좋을명 迥

娃 와 [왜][와]美也아름다울왜、美貌얼굴이아름다울왜、와 佳 麻

威 [위]儀也거동위 微

姻 인 [인]婚ㅣ혼인할인 眞

[列女] 례 [렬]美也아름다울렬 屑

姦 잰 [간]詐也간사할간 刪

娙 씽 [형]女之身貌계집키클형 青

姧 姦과同

姢 娟과同

[契女] 潔과同

姣 쟌 [교]美也아름다울교 巧

姹 차 [차]美也아름다울차 馬 禡

姸 연 [연]麗也고울연 先

姛 둥 [동]正項목이바를동 董

婜 쎈 [협]美貌이쁠협 豔

姞 지 [길]姓也성길 質

姿 즈 [자]趣味취미자 支

姱 콰 [과]好也좋을과 麻

姡 화 [활]詐偽거짓활 曷

[洿女] 우 [오]淫貧음탕할오 遇

姙 妊과同

姤 꾸 [구]遇也만날구 有 有

姚 야 [요]美好ㅣ嬈예쁠요 蕭 嘯

[女罔] 수 [여]魚肉之腐敗썩을여 語

姶 허 [압]美貌아름다운모양압 合

[女耳] 얼 [이]女號계집의칭호이 支

姩 년 [년]美女이쁜계집년 先

妑 어 [와]弱也약할와 智

姽 지 [궤]好也좋을궤 紙

姟 해 [해]數也兆之百兆백조해 灰

[戈女] 쓰 [제][시][치]美好貌예쁠제、母ㅣ죽은어머니시、輕薄貌姑ㅣ경망할치 齊 紙 支

㜪 쎈 [신][선]商諸侯國名ㅣ邳제후나라이름신 行貌嬥ㅣ행하는모양선 眞 先

七

娠 선

신養馬者 마부신(眞)

娒 姆과同

娐 야부 부美貌 이쁠부(虞)

娟 원 연幽遠 아득히멀연(先)

媣 뛰 타量也 헤아릴타(哿)

娚 난 남語聲 말소리남(覃)

娼 뤼 려醜雜 추잡할려(語)

娊 쪤 현腰細 허리가늘현(銑)

娉 핑 빙娶也 장가들빙(敬)(靑)

娑 쏴 사舞貌 婆ㅣ 춤추는모양사(歌)(箇)

娦 嬪과同

娪 우 오美女 예쁜계집오(遇)

娗 뎐 정 전 不開通眠 매욱할정 容也 모양낼전(迥)(銑)(靑)

娘 냥 낭女稱 처녀의 이름에쓰는말낭(陽)

娝 픠 부遇也 어리석을부(虞)

娍 청 성美也 아름다울성(敬)

娸 ㅇ지 기怒也 성낼기(寘)

⿰女孛 픠 불女肥貌 ⿰女乳ㅣ 계집살찐모양불(月)

娫 옌 연華也 빛날연(先)

⿰女耴 ㅇ져 첩女惡 계집표독할첩(葉)

娧 퇴 태喜也 기뻐할태(泰)

⿰女旱 만 만驕慢 교만할만(潸)

娥 어 아好也 예쁠아(歌)

⿰女酉 이 유醜女 더러울유(尤)

娎 쎄 혈喜也 기쁠혈(屑)

娞 뇌 뇌妍也 고울뇌(賄)

娜 나 나美貌 婀ㅣ 아름다운모양나(哿)

⿰女甬 융 용齊也 가지런할용(腫)

⿰女求 칙 구配也 짝구(尤)

娌 리 리心動 마음이동할리(紙)

娬 우 무媚也 예쁠무

娛 우 오樂也 즐거울오(虞)

娓 웨 미順也 순할미(尾)

娣 듸 제女弟 아래누이제(薺)(霽)

娩 완 만 면 産子 해산할만 柔順 유순할면(阮)

娭 애 애戲也 희롱할애(賄)

⿱𣦼女 찬 찬美也 아름다울찬(翰)

娋 챠 초女兄 누이초(效)

⿰女夾 쎄 협志靜 얌전할협(葉)

娙 ㅇ징 형形好貌 형용좋은모양형(靑)

娵 취 착謹貌 조심할착(覺)

⿰女豆 떠 두言失 말잘못할두(宥)

⑧

娷 ㅇ좌 좌戒也 경계할좌(箇)

婐 워 와女侍 시녀와(哿)

婠 와 완體好 몸예쁠완(阮)

⿰女芺 妖과同

婫 훈 혼以物蒙頭 머리덮을혼(阮)

婗 이 예初生兒 嬰ㅣ 갓난아이예(齊)

婲 화 화豔好 예쁠화 日字

⿱沾女 톈 점喜笑貌 벙글거릴점(監)

娼 창 창女樂 창녀창(陽)

婉 완

[완]順也 순할완(阮)

婘 원 [권]好也아름다울권(先)

婢 삐 [비]賤女천한여자비本音추(紙)

婟 꾸 [고]美也어여쁠고本音호(遇)

娶 츄 [취]取妻장가들취(魚)

婪 란 [람]好美고울람(感)

婩 옌 [엄]誣拏모함할엄(豔)

婓 삐 [비]行貌ㅣㅣ행하는모양비(微)

婁 려 [루]愚也어리석을루(虞)(尤)

婣 인 [인]和也화할인(眞)

婁 婁와同

[illegible] 쎤 [현]守也지킬현(先)

婚 훈 [혼]ㅣ姻혼인할혼(元)

婭 야 [아]親戚姻戚일가아(禡)

婀 婐와同

娵 취 [추]少也젊을추(虞)

婧 쩡 [청]貞潔조촐할청(敬)

婏 반 [반]免子토끼새끼반(願)

婌 쓕 [숙]後宮女官名궁녀벼슬이름숙(屋)

婕 졉 [첩]美貌예쁠첩(葉)

婪 란 [람]貧也탐할람(覃)

婬 인 [음]姦ㅣ간통할음(侵)

娽 뤽 [록]從也따를록(屋)

[illegible] 누 [누]女肥ㅣ妳살찔누(有)

[illegible] 쟝 [강]姦亂문란할강(養)

婆 퍼 [파]祖母ㅣ조모파

婦 뿌 [부]子之妻也며느리부(有)

娭 애 [애]樂也즐거울애(蟹)

娿 어 [아]美貌ㅣ娜아름다울아(哿)

婎 지 [기]姿態모양기(支)

嫢 훼 [혜]兇也흉할혜(霽)

婋 샤 [호]女之怜悧계집영리할호(肴)

婥 취 [작]美好貌예쁠작(藥)

婖 텐 [첨]慚愧부끄러워할첨(監)(琰)

婄 뿌 [부]肥也살찔부(有)

娺 따 [달]疾也빠를달(黠)

娷 쮜 [수]以事相屬일서로부탁할수(支)

娸 치 [기]憎也미워할기(支)

姘 평 [평]除去제거할평(庚)

婑 워 [유]美也아리따울유(支)

[illegible] 따 [탑]伏也엎드릴탑(合)

婞 씽 [행]親也친할행(迥)

婩 안 [안]美好고울안、[학]愚也어리석을학(翰)(藥)

婍 치 [기]美好고울기(紙)

婤 쥬 [주]容貌優美얼굴얌전할주(尤)

婡 래 [래]容美얼굴예쁠래(泰)

婜 깐 [간]美麗화려할간(刪)

⑨

媢 모 [모]怒也성낼모(號)

婼 쳐 [착][야][이]不順순하지않을착、不順거스를야、國名나라이름이(藥)(麻)(支)

媓 황 [황]堯女舜妃娥ㅣ여자이름황(陽)

媆 완

[눈]嫩弱 어릴눈(願)

媀 어 [우]女妒男 투기할우(遇)

嫨 탄 [탄]亂也어수선할탄(翰)

嬛 칭 [경]獨也외로울경(庚)

媤 [시]夫家시집시 國字

媄 위 [미]色艷빛고울미(紙)

媂 디 [제]厠間神名뒷간귀신이름제(霽)

姡 샤 [삽]急言失序차례없이말할삽(洽)

𡢃 야 [요]弱也연약할요(篠)

媌 맏 [모]眉目美好貌눈매고을모(肴)

媍 婦과同

嫂 쏘 [수]兄之妻형수수(皓)

媚 메 [미]美態아름다운모양미(寘)

媁 웨 [위]醜也추집할위(微)

婸 탕 [탕][양]淫戲음탕할탕 我也나양(養)(陽)

[illegible] 쏀 [함]健也壯也키크고건강할함(謙)

婩 안 [암]不決卜娶결단못할암(覃)

媣 산 [염]分明분명할염(琰)

娋 셩 [성]減也축날성(梗)

媥 편 [편]ㅣ姺行輕貌간들간들거릴편(先)

[illegible] 쮜 [추]老嫗醜貌계집늙어추할추(尤)

㛾 쏀 [함]女之陋醜계집더러울함(勘)

婄 안 [암]志不正뜻바르지않을암(覃)

婻 난 [남]肥大몸퉁퉁할남(勘)

㛰 婚과同

[illegible] 쨔 [가]美貌고울가(馬)

[illegible] 외 [외]美貌아릿따울외(灰)

媛 웬 [원]女官여자벼술원(元)(霰)

媒 메 [매]仲ㅣ중매매(灰)

[illegible] 찌 [극]賤嫗쌍스런계집극(職)

媉 악 [옥][악]美也예쁠옥、官飾모양낼악(屋)(覺)

媧 와 [왜][과]女ㅣ古女聖名여자이름왜、과義同(佳)(麻)

婿 壻과同

媞 틔 [제]美貌ㅣㅣ아름다운모양제(齊)

媠 텨 [타]不敬거만할타(箇)

婺 우 [무]ㅣ女星名별이름무(尤)

媃 어 [유]女媚貌예쁜체할유(尤)

婷 팅 [정]冷也쌀쌀할정(青)

媔 멘 [면]妒也투기할면(霰)

嫍 난 [노]有所恨痛원통할노(皓)

媮 투 [유][투]薄也엷을유 愉也 도둑질할투(尤)(虞)

媦 웨 [위]女弟손아래누이위(未)

媈 훼 [휘]妾也첩휘(微)

媟 쎼 [설]慢也거만스러울설

婜 [이]悅也기쁠이(支)

[illegible] 꽤 [과]美貌아름다울과(佳)

媙 위 [위]窈窕之貌얌전할위(微)

⑩

[illegible] 쎄 [설]小貌작을설(屑)

嫇 밍 [맹]小人貌ㅣ키작을맹(庚)

嫓 피 [비]配也짝비(霽)

媵 인 [잉]從嫁 잉첩잉 (徑)

嫌 쎈 [혐]不好 싫어할혐 (監)

媽 마 [마]母也 어미마 (麻)

婺 무 [목]美貌 아름다운모양목 (屋)

𡡞 쓰 [사]巫女 무사 (支)

媱 야 [요]老而曲背 늙어등굽을요 (蕭)

嫋 냐 [뇨][약]柔長貌ㅣ娜 간들거리는모양뇨 弱貌ㅣㅣ 연약할약 (篠)(藥)

媿 궤 [괴]慚也 부끄러울괴 (寘)

媸 치 [치]醜也 더러울치 (支)

嫄 원 [원]稷母姜ㅣ 후직의어머니원 (元)

嫨 씨 [혜]妒也 투기할혜 (齊)

媺 미 [미]善也 착할미 (紙)

媼 오 [오]女老稱 노파오 (皓)

嫁 쟈 [가]女子適人 시집갈가 (禡)

嫂 수 [수]兄之妻 형수수

嫱 씌 [축]媚也 아첨할축 (屋)

媾 꾸 [구]寵愛 총애할구 (有)

嫆 융 [용]女之美貌 예쁠용 (冬)

媄 믜 [미]母也 어미미 (紙)

嫈 잉 [앵]好貌 예쁠앵 (庚)

嫉 질 [질]妒也 투기할질 (質)

媳 씨 [식]子婦 며느리식 (職)

嫛 이 [이]女態 계집태도이 (寘)

嫎 妨과 同

媰 취 [추][취]婦人姙娠 아이밸추、姓也 성취 (尤)(宥)

媂 데 [재]諂也 娃ㅣ 아첨할재 (佳)

媶 융 [용]美貌 이쁠용 (冬)

婉 웬 [원]安也 편안할원 (元)

㜊 잔 [전]美也 고울전 (銑)

㜸 시 [휴]醜也不見 보기싫을휴 (支)

嫐 난 [뇨]戲也嘲弄 계집이 사내조롱할뇨 (皓)

嫅 차 [차]腰細 허리가늘차 (麻)

媷 수 [욕]惰怠 게으를욕 (沃)

⓫ 十

嫫 뫼 [모]大醜 더러울모 (虞)

嫡 듸 [적]正室 큰마누라적 (錫)

㜗 싼 [삼]婪淫 음탕할삼 (覃)

嫖 퍄 [표]輕也 가벼울표 (蕭)

嫧 재 [책]謹也 삼갈책 (陌)

嫦 창 [상]羿妻ㅣ娥 계집이름상 (陽)

嫩 완 [눈]弱也 연약할눈 (願)

嫗 어、[구][우]母也 어머니구、育也 기를우 (遇)(麌)

嫚 만 [만]慢也侮易 업신여길만 (諫)

嫣 연 [언][현]好貌 예쁠언、長好貌 긴모양현 (先)

嫜 쟝 [장]夫之兄 맏시아지비장 (陽)

嫠 리 [리]寡婦 홀어미리 (支)

嫭 同 嫮

嫲 마 [마]尼也女僧 계집중마 (歌)

嫕 이 [예]柔順貌 유순할예 (霽)

嫸 잔 [참]顔白 얼굴환할참 (覃)

嫘 레 [류]姓也 성류 (支)

嫯 오 [오]蔑視업신여겨볼오(號)

嫛 이 [예]人始生娩ㅣ갓난아이예(齊)

嫮 후 [호]美好아름다울호(遇)

嫤 친 [근]美貌고울근(震)

嫥 쟌 [전]壹也ㅣㅣ전일할전(先)

⿰女酓 안 [암][엄]女有心계집맘둘암、含怒意부루통할엄(覃)(監)

⿰女虘 쮜 [처]妒也투기할처(御)

嫝 강 [강]安也편안할강(陽)

嫪 랖 [로]士無行ㅣ毒선비행실없을로(號)

⿰女曹

쟌 [조]美也아름다울조(豪)

嫞 츙 [용]嬾女게으른계집용(冬)

嫟 닉 [의]互相親近서로친근할의(職)

嫢 쵀 [규]細腰가는허리규(支)

嫙 쳔 [선]美貌이쁠선(先)

⿰女畢

삐 [필]母也어미필(質)

【十二】

嬋 싼 [선]ㅣ娟物有色態고울선(先)

嫶 챠 [초]憂也愁面疲ㅣ姸ㅣ冥얼굴파리할초(蕭)

嫴 꾸 [고]苟且ㅣ媮구차할고(虞)

嬌 쟈

태도교 [교]態也태도교(蕭)

⿰女善 싼 [선]好枝格人語남의말어기기좋아할선 本音전(銑)

嬄 이 [일]堅也節操절개굳게지킬일(質)

⿰女覃 땀 [담]女體細長계집몸후리후리할담(覃)

⿰女翕

씨 [급]心也清白맘청백할급(緝)

嬀 궤 [규]陳姓성규(支)

嬃 쒸 [수]姊也누님수(虞)

嫼 믁 [혹]怒也성낼혹(職)

嫵 우 [무]媚也예쁠무(麌)

嫺 [한]雅也아담할한(刪)

嬅 화 [화]女容俊麗탐스러울화(禡)

嬉 씨 [희]樂也즐거울희(支)

嬈 놔 [요][뇨]美貌嬈ㅣ예쁜모양요 戲擾희롱할뇨(蕭)(篠)

⿰女然 연 [연]姿態貌아리잠직할연(先)

嬻

뙤 [타]鳥名ㅣ䴂까치갈고리허연새타(哿)

⿰女黽 同孕

嫳 삐 [별]輕薄貌경박할별(屑)

⿰女登 덩 [등]女之貞烈계집정조있을등(蒸)

⿰女買 매 [매]狡猾약을매(佳)

⿰女畫 화

존 [획]静好안존할획(陌)

嬇 훼 [회]女字계집의자회(隊)

嫽 랸 [료][로]好貌예쁜모양료、母之母ㅣㅣ외조모로(篠)(蕭)

嫻 嫺과同

⿱叟女 쏘 [초]姊也누님초(肴)

⿰女黃 먀

다울묘 [묘]美也아름다울묘(肴)

⿸厂⿱㚘女 녜 [얼]美弱고울얼(月)

⿰女朁 쳠 [잠]貧也탐할잠(覃)

⿰女𤔔 롼 [란]順從순할란(翰)

⿱湯女 탕 [탕]蔑也업신여길탕(養)

【十三】

嬴 잉

영 泰姓진나라성영(庚)
嬗 싼 선 靜也고요할선(先)(霰)
嬔 빤 반 兎子토끼새끼반(遇)(願)
嬐 쎤 섬 敏疾민첩할섬(監)
嬒 회 회 女面色黒계집의얼굴빛검을회(泰)

嬜 안 암 貧也탐낼암、흠 仁慈인자할흠(覃)
嬟 이 의 堅也貞操정조굳을의(紙)
嬠 찬 참 貧也탐할참(覃)
嬦 씬 신 國名有ㅣ나라이름신(眞)
嬴 嬴와 同

嬓 쟈 교 人名사람이름교(嘯)
嬩 와 오 嫉也투기할오(號)
嬛 쳰 현 輕麗便ㅣ산뜻할현 경 獨夫고독할경(先)(庚)
嬱 졔 개 心惱맘번네할개(蟹)
嬚 뎬

렴 淸雅맑고고울렴(監)
嬙 챵 장 美女毛ㅣ예쁜계집장(陽)
嬖 씨 희 憎也미울희(紙)
嬝 嫋의 俗字
嬖 삐 폐 愛也便辟사랑할폐(霽)
十四
嬺 ㅊ

자 女性寬順계집성품너그럽고순할자(支)
嬬 수 유 弱也약할유 수 妻也아내유(虞)
嬠 찬 참 美也아름다울참(豔)
嬉 씨 희 悅樂기쁠희(支)
嬭 내 乳母유모내(蟹)

嬯 태 대 愚戇闒ㅣ미련스러울대(灰)
嬳 확 확 作姿態모양낼확(藥)
嬪 삔 빈 多貌ㅣ然많은모양빈(眞)
嬥 탚 조 往來貌오락가락할조(篠)(嘯)
嬰 잉

영 孩也어릴영(庚)
嬲 냐 뇨 戲優희악질할뇨(篠)
嬾 란 람 誤也그릇할람(勘)
嬮 옌 염 靜也고요할염(監)
嬤 마 마 幼兒呼母엄마마(哿)
嬺 외 외 低風낮은바람외(灰)

嬣 닝 녕 劣貌姸ㅣ용렬할영(庚)
十五
嬦 릐 려 心不欲爲맘에하기싫을려(語)
嬻 뚜 독 嫚ㅣ慢也거만할독(屋)
嬫 쟉 삭 약 美也아름다울삭、約義同(藥)
嬹

씽 홍 悅也기쁠홍(徑)
嬏 쎤 심 叔母숙모심(寢)
嫡 듸 적 出嫁從夫시집갈적(陌)
嬼 류 嫠婦과부류(有)
十六
嬿 옌 연 美也아름다울연(霰)
嬾 란

란 怠也게으를란(旱)
孽 녜 얼 庶子서자얼(屑)
孃 회 安和온화할회(佳)
孀 소 女子계집의자소(蕭)
十七
孃 냥 양 母稱阿ㅣ어머니양(陽)
孅 쎤 섬 弱也약

할 섭 (監)

⿰女監 교 겸 懼貌 두려워할 교、겸 (篠)(琰)

⿱彌女 미 阿ㅣ母也 어미 미 (支)(齊)

孀 쌍 상 寡婦 과부 상 (陽)

(十八) 嬺 이 휴 過而多能 어리석고 몸짓 많을 이 過也 지날 휴 (紙)(寘)

⿰女聶 섭 美貌 아름다울 섭 (洽)

(十九) ⿰女靡 미 미 婦官名 修ㅣ 제집벽슬 이름 미 (紙)

孌 련 련 美好 婉ㅣ 예쁠 련 (銑)

孄 란 란 怠也 게으를 란 (旱)

孋 리 리 國名 ㅣ戎 나라 이름 이

(二十) 孍 엄 엄 莊也 엄전할 엄 (鹽)

(二十一) 孎 쵹 촉 女謹順貌 嫡ㅣ 계집 순직할 촉 (沃)

(二十二) ⿰女戀 同孌

⿰女靈 同侄

子部

子 자 자 息也 자식 자 (紙)

孑 혈 혈 孤也 单也 외로울 혈 (屑)

孒 궐 궐 短也 子ㅣ 짧을 궐 (月)

(一) 孔 공 공 穴也 구멍 공 (董)

(二) 孕 인 잉 인 懷妊 아이밸 잉、인 義同 (徑)(震)

孚 保古字

(三) 存 존 존 在也 있을 존 (元)

字 자 자 文也 글자 자 (寘)

孖 자 자 雙生子 쌍동이 자 (支)

⿰子女 好의 古字

(四) 孝 효 효 善事父母 효도할 효 (效)

斈 교 교 導也 인도할 교 (效)

孜 자 자 勤也 汲汲ㅣ 부지런할 자 (支)

孛 패 패 발 彗星 혜성 패、妖氣 요기스러운 기운 발 (隊)(月)

孚 부 부 信也 믿을 부 (虞)

(五) 孟 멍 맹 망 長也 맏 맹 不靜要貌 ㅣ浪 맹랑할 망 (徑)(養)

孥 누 노 子也 자식 노 (虞)

孤 고 고 獨也 홀로 고 (虞)

季 졔 제 末也 끝 제 (寘)

孢 포 포 孕也 아이밸 포 (巧)

孡 태 태 孕也 아이밸 태 (泰)

⿱山子 使의 古字

(六) 孨 젼 전 謹也 삼갈 전 (銑)

孩 해 해 小兒笑 방글방글 웃을 해 (灰)

⿱穴子 字古字

孴 이 의 昌盛 번성할 의 (紙)

⿱肙子 견 孤獨 외로운 아이 견 (先)

(七) 孫 손 손 子之子 손자 손 (元)

⿰子斤 졔 제 蝗子 황충의 새끼 제 (霽)

㝃 면 生子 아이날 면 (銑)

孬 왜 왜 不好 좋지 않을 왜 (卦)

⿰子言 信과 同

⿰子弟 체 小兒 어린아이 체 (薺)

(八) 孰 슉 숙 誰也 누구 숙 (屋)

孮 종 종 子孫繁盛 자손 번성할 종 (冬)

(九) 孱 찬

잔 弱也잔약할잔(刪)
孲 야 아 赤子어린아이아(麻)
孱 밍 명 初孕첫아이밸명(敬)
㝂 꿍 궁 子宮자궁궁(東)
孒 결 缺也이지러질결
⑩ 㝅 뇨

누 乳也젖누(有)
孳 즈 자 息也乳化交接ㅣ尾새끼칠자(支)(眞)
㝌 이 의 읍 盛貌戢ㅣ성한모양의、衆貌ㅣㅣ모인모양읍(紙)(緝)
孵 약 부 ㅣ化알깔부(虞)
孵 부

부 多也많을부(尤)
孶 형 獨也외로울형(庚)
孹 츄 추 孕也애밸추(遇)
⑪ 孷 리 리 雙子쌍동이리(支)(眞)
⑬ 學 쌰 학 受教배울학(覺)
⑭ 孺 수

유 幼弱젖먹이유(遇)(虞)
孻 내 내 老人所生노인자녀내(佳)
⑯ 孽 네 얼 庶子첩의자식얼(屑)
⑰ 孆 잉 영 孩也어린아이영(庚)
孼 孽俗字
⑲

孿 쏸 산 련 雙生子쌍동이산、련義同(諫)(先)
㉒ 孿 孿과同

宀部

宀 면 면 穴居움집면(先)
② 宄 궤 궤 姦也간악할궤(紙)
宂 숑 용 散也쓸대없을용(腫)
宁 쟈 저 佇也멈출저(語)
它 타 異也다를타(歌)

③ 宇 워 우 天地四方천지사방우(麌)
宅 재 택 所托居處집택(陌)
守 쓔 수 主管其事보살필수(有)
安 안 안 危之對편안할안(寒)
④ 完 완

완 全也완전할완(寒)
宊 뚜 돌 頭出나타날돌(月)
宋 쑹 송 國名微子所封송나라송(宋)
宏 형 광 廣大을광(庚)
实 야 요 窟也굴요(篠)
宎 졔 개 獨居홀로살개(卦)

弃 징 정 庭井뜰의우물정(梗)
宍 肉의古字
宜 宣의本字
宀 멘 면 適合맞을면(霰)
⑤ 宙 쥭 주 居也집주(宥)
宜 이 의 安也편안할의(支)
宜 편

宣 과同
宔 쥬 주 宗廟藏主櫝신독주(麌)
宛 완 완 원 울 小貌작은모양완、西或大ㅣ땅이름원、積也쌓일울(阮)(元)(吻)
官 꽌 관 治事處관가관(寒)
定 띵 정 決

也정할정(徑)

宕 탕 [탕]放也佚ㅣ 방탕할탕(漾)

宗 쭝 [종]尊也 높을종(冬)

⿱宀保 빠 [포]藏也감출포(皓)

宝 寶略字

宖 헝 [횡][홍]屋響집울림횡、深大클홍(庚)

宓 미 [복][밀]伏也엎드릴복、安也편안할밀(屋)(沃)(質)

❻

⿱宀合 合과同

⿱宀巟 황 [황]家空집빌황(養)

⿱宀危 쇄 [궤]毁也무너질궤(紙)

宨 ㅇ쟈 [조]放肆방조할조(篠)

⿱宀圭 쇄 [괴]殿也전각괴(佳)

室 씨 [실]夫謂婦아내실(質)

客 커 [객]旅也나그네객(陌)

宣 쒠 [선]布也베풀선(先)

⿱宀尗 寂과同

宎 [요]室東南隅방동남모퉁이요(篠)

宦 환 [환]官也벼슬환(諫)

宥 익 [유]寬也너그러울유(宥)

⿱宀乂 寧과同

❼

宸 천 [신]帝居대궐신(眞)

宴 옌 [연]安也편안할연(霰)

宮 꿍 [궁]至尊所居궁궐궁(東)

宵 쌰 [소]夜也밤소(蕭)

宬 청 [성]藏史庫사기두는고성(庚)

宻 密의俗字

⿱宀良 량 [량]靜也고요할량、空家집(陽)

⿱宀言 웅 [옹]和也화할옹(東)

宭 췬 [군]羣居여럿이살군(文)

⿱宀吾 寤의俗字

容 숭 [용]安也편안할용(冬)

宲 實古字

宰 ㅇ재 [재]主也주관할재(賄)

家 ㅇ쟈 [가]住居집가(麻)

害 해 [해][할]傷也해할해、何也무엇해할(泰)(曷)

宧 이 [이]室東北隅집동북모퉁이이(支)

⿱宀孝 쌰 [효]氣蒸上기운찔효(肴)

⿱宀告 꼬 [고]寢覺잠깰고(皓)

⿱宀氺 冰과同

⿱宀乍 ㅇ쬐 [좌]寬也너그러울좌(禡)

⿱宀局 취 [곡]曲也굽을곡(屋)

⿱宀㕚 [하]隙也틈하(禡)

⿱宀奈 둬 [다]媚也아첨할다(麻)

❽

寄 ㅇ지 [기]專也전할기(眞)

宼 寇의俗字

密 미 [밀]秘也비밀할밀(質)

⿱宀亞 야 [아]不正비뚤어질아(禡)(麻)

⿱宀⿰亻酉 宿과同

⿱宀⿰犭叚 위 [우]假寐거짓잠우(遇)

⿱宀昔 씨 [석]夜也밤석(陌)

⿱宀居 ㅇ쥐 [거]貯也저축할거(魚)

宿 쑤 [숙][수]守也지킬숙、星座성좌수(屋)(宥)

⿱宀乳 수 [유]小乳작은젖유(虞)

寃 귄 [원]屈也굽힐원(元)

⿱宀林 린 [림]家深깊을림(侵)

寂 ㅇ지 [적]靜也고요할적(錫)

寅

인 [인]이東方支名攝提格 동방인、이義同(眞)(文)

寇 쿠 [子]暴也 사나울구(宥)

寀 채 [채]同官 동관채(賄)

寁 잔 [잠]速也 빠를잠(感)

九

寑 寢의古字

寒 한 [한]冬氣暑之對 찰한(寒)

寊 졍 [정]廣屋 은집정(庚)

寓 위 [우]屋霤 집우(遇)

㝟 에 [예]静也고 요할예(霽)

寐 메 [매]寢也 잠잘매(寘)

寓 위 [우]寄也 부칠우(遇)

寎 뼝 [병]臥驚病 잠들어 깜짝깜짝 놀랄병(梗)

寏 관 [관]廣也 넓을관(寒)

寔 씨 [식]是也 이식(職)

富 부 [부]豐財 부자부(宥)

寋 연 [전]倒鼓聲한갓경 쇠안울릴전(阮)(銑)

寍 寧의古字

㝭 썽 [성]宮禁內官 署마을성(梗)

㝛 위 [울]火種불 씨울(物)

寏 환 [환]周垣둘러 싼담환(寒)

㝥 [교]空也 빌교(蕭)

寃 완 [만]引也당 길만(阮)

秅 타 [타]橐也주 머니타(歌)

十

寖 쥔 [침]漸也 점점침(沁)

寅 寅의本字

寘 지 [치]置也 둘치(寘)

𡪢 옹 [옹]家暗집 어둘옹(東)

寙 위 [유]嬾也나약하 고게으를유(寘)

㝘 졔 [걸]覆也덮 을걸(屑)

寘 寘俗字

𡩖 싁 [색]入家搜索집에 들어와찾을색(陌)

寱 왕 [망]寢語잠고 대할망(陽)

寧 寧의同字、

寐 寐과同

十一

寣 후 [홀]小兒啼ㅣ 아이울홀(月)

寞 막 [막]寂寞쓸 쓸할막(藥)

實 씨 [실]草木子 열매실(質)

㝩 강 [강]静也고 요할강(陽)

寧 능 [녕]安也편 안할녕(青)(徑)

寤 우 [오]覺也 깨달을오(遇)

寠 쿠 [루][子]貧也無禮居간난할구 使側地甌ㅣ기우러질땅루(麌)(尤)

察 차 [찰]考也상 고할찰(黠)

寵 망 [방]寐也 잘방(江)

䝐 貯과同

寥 랴 [료]寂也고 요할료(蕭)

寡 과 [과]小也 적을과(馬)

寨 쟤 [채]藩落木柵 나무울채(卦)

𡫰 塞과同

𡪪 뎐 [점]屋傾下 지붕물매점(豔)

寢 친 [침]息也 쉴침(寑)

十二

審 썬 [심]束也 묶을심(寑)

寬 콴 [관]怒也용 서할관(寒)

寪 웨 [위]危也위 태할위(紙)

寫 쎄 [사]慕畫 모뜰사(馬)

寮 럏 [료] 小窓 작은창료 (蕭)
寭 쎼 [혜] 明也 밝을혜 (薺)
⿱宀喬 쟌 [교] 客也 손교 (蕭)
⿱宀惺 [성] 悟也 깨달을성 (梗)
⿱宀曾 즁 [증] 屋大貌 집클증 (庚)
⿱宀叙 쳑

[최] 境界 지경최 (泰)
窿 륭 [륭] 天形 하늘륭 (東)
十三 寰 환 [환] 宮周垣 궁장환 (删)
寯 쥰 [준] 聚也 모일준 (震)
⿱宀絹 젼 [견] 綱也 그물견 (銑)
寴 쳔 [척] 親也 친할척 (錫)

㝠 녕 [녕] 昊天 하늘녕 (青)
十四 寱 이 [예] 一語 夢中言 잠꼬대예 (霽)
寲 의 [의] 察也 살펴볼의 (支)
十六 寵 춍 [총] 愛也 사랑할총 (腫)
寳 寶의 俗字
十七

寶 뽀 [보] 瑞也 서옥보 (皓)
十八 ⿱宀⿰爿婁 수 [어] 伴宿 거짓잠잘어 (御)
㝱 夢과 同
十九 ⿱宀⿰爿齊 쪠 [제] 熟寐 깊이잠들제 (霽)
⿱宀顛 顚의 俗字
二十 ⿱宀⿰爿瞢

[맹] 癡也 어리석을맹 (迥)
二十一 ⿱宀⿰爿厭 [매][미] 寐也 엄습당할매、미 義同 (紙)
二十二 ⿱宀⿰爿夒 한 [함] 寐不脫衣冠 옷입은채잘함 (覃)
⿱宀⿰爿需 [침] 病臥 앓아누울침 (寑)

小部

小 쇼 [소] 微也 倈陰 작을소 (篠)
一 少 쇼 [소] 幼也 젊을소 (嘯)(篠)
尐 쎼 [설] 小也 적을설 (屑)
二 尒 [이] 爾也 너이 (紙)
尔 爾와 同

三 尖 쟘 [첨] 先銳 날카로울첨 (鹽)
尛 머 [마] 細也 잘마 (禡)
尗 쓕 [숙] 豆也 콩숙 (屋)
四 ⿱⺌夫 些과 同
⿱⺌火 [참] 銳也 날카로울참 (咸)
五 尚 썅

[상] 主也 一書 주장할상 (漾)
七 ⿱⺌京 치 [극] 壁際孔 벽틈극 (陌)
八 ⿱⺌𡯁 ⿱⺌京 同
十 尟 쎤 [선] 少也 적을선 (銑)
尠 尟와 同
十一 ⿰害少 쪄 [척] 健也 건장할척 (職)

⿰糸糸 [관] 杼也 실을북에감을관 (删)
⿰緜少 쪈 [렴] 少也 적을렴 (鹽)
十二 ⿰曹少 [조] 荒也 거칠조 (豪)
⿰堇少 [근] 對也 대할근 (震)
十三 ⿸麻示 리 [려] 小醜貌 작고못생길려 (錫)
十五

⿰監少 란 [람] 少也 적을람 (咸)
十六 ⿰毚少 찬 [참] 少也 적을참 (咸)

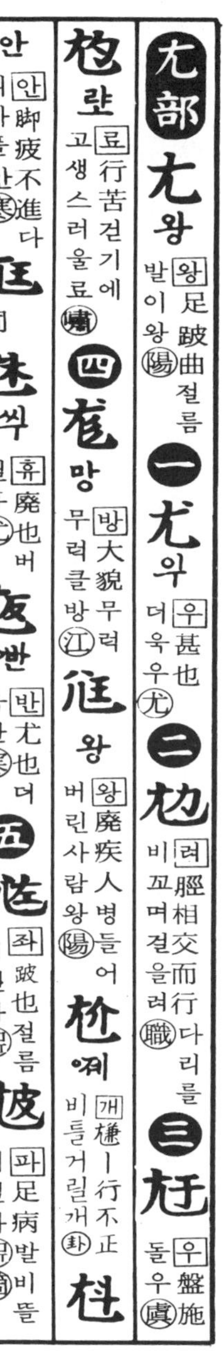

尢部

尢 왕 [왕]足跛曲 절름발이 왕 (陽)

一

尤 우 [우]甚也 더욱 우 (尤)

二

尥 [려]脛相交而行 다리를 비꼬며 걸을 려 (職)

三

𡯂 [우]盤施 돌 우 (虞)

尦 랴 [료]行苦 걷기에 고생스러울 료 (嘯)

四

尨 망 [방]大貌 무럭무럭 클 방 (江)

尪 왕 [왕]廢疾人 병들어 버린 사람 왕 (陽)

尬 개 [개]尲ㅣ行不正 비틀거릴 개 (卦)

尲 안 [안]脚疲不進 다리 아플 안 (寒)

尩 同

尯 씩 [휴]廢也 버릴 휴 (尤)

尮 반 [반]尢也 더욱 반 (寒)

五

尳 [좌]跛也 절름거릴 좌 (哿)

尮 [파]足病 발병 파 (哿)(箇)

六

尵 귀 [귀]倦也 고달플 귀 (寘)

𡯛 [활]行貌 갈 활 (曷)

七

尰 尬의 本字

𡯸 [좌]足不具 다리병신 좌 (哿)

八

𡰝 이지 [극]倦也 게으를 극 (陌)

𡰖 [퇴][궤]風毒 풍질 퇴 풍독 퇴、궤 義同 (隊)(紙)

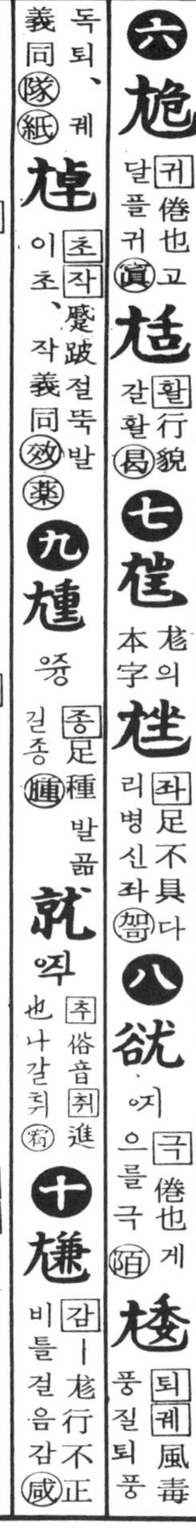

𡰅 [초][작]蹩跛 절뚝발이 초、작 義同 (效)(藥)

九

尰 종 [종]足種 발곪길 종 (腫)

就 취 [추]俗音 [취]進也 나갈 취 (宥)

十

尷 [감]ㅣ尬行不正 비틀걸음 감 (咸)

十二

尵 퇴 [퇴]㞂ㅣ馬病 말들피질 퇴、말병 퇴 (灰)

十六

𡰱 환 [관]腰膝痛 尵ㄴ 허리와 무릎아플 관 (刪)

十九

𡰲 려 [리][뤼]腰膝痛 허리와 무릎아플 리、뤼 義同 (哿)(支)

尸部

尸 시 [시]主也 주장할 시 (支)

一

尹 인 [윤]治也 다스릴 윤 (軫)

尺 치 [척]法也 三ㅣ 법률 척 (陌)

二

尼 니 [니][닐]和也 화할 니、定也 정할 닐 (支)(質)

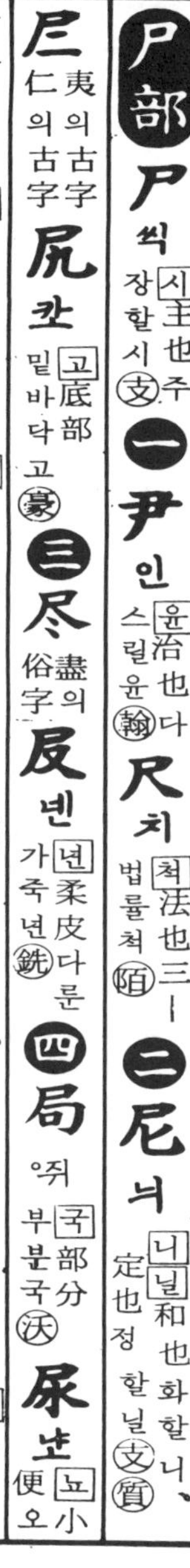

𡰣 夷의 古字 仁의 古字

尻 고 [고]底部 밑바닥 고 (豪)

三

尽 盡의 俗字

㞋 년 [년]柔皮 다룬 가죽 년 (銑)

四

局 국 [국]部分 부분 국 (沃)

尿 뇨 [뇨]小便 오줌 뇨 (嘯)

屁 피 [비]氣下泄 방귀 비 (寘)

尾 이 [미]倒毛在後 꼬리 미 (尾)

五

居 거 [거][기]處也 곳 거、助辭 어조사 기 (御)(支)

㞐 居의 古字

屆 계 [계]至也 이를 계 (卦)

屇 전 [전]穴也 구멍 전 (先)

屉 체 [체]鞍具 언치 체 (霽)

屖 집 [집]前後相達 맞이을 집 (緝)

屈 굴 [굴]曲也 굽을 굴 (物)

㞖 屎과 同

𡰿 시 [시]䀹也 엿볼 시 (支)

屄 삐 [비]女子陰部 보지비 (微)

㞋 뿍 [복]行也 갈복 (屋)

⑥

𡱁 해 [해]鼻息聲 코골해 (卦)

屎 씨 [히][시]殿丨呻吟아파서 끙끙거릴히、시 義同 (支)(紙)

屑 同屑

屌 됴 [초]男子陰 자지초 (篠)

屏 屛의 俗字

屋 우 [옥]居也 집옥 (屋)

𡱽 화 [화]履也 신화 (馬)

屍 씨 [시]死體 주검시 (支)

𡱈 이 [기]臀也 볼기기 (紙)

𡲕 완 [환]囊也 주머니환 (寒)

⑦

屖 씨 [서]堅也 굳을서 (齊)

屒 천 [진]厚脣 뚜꺼운입술진 (翰)

屑 셰 [설]潔也 조촐할설 (屑)

𡱝 추 [구]男子陰 자지구 (尤)

屔 니 [니]水潦所溜 웅덩이니 (支)

屐 이 [극]木履 나막신극 (陌)

展 쟌 [전]開也 열전 (銑)

𡲫 싀 [서]木履 나막신서 (語)

𡱸 씌 [사]待也 기다릴사 (紙)

屓 희 [희]力也 힘들일희 (寘)

屘 尿과 同

𡲈 쳐 [첩]降也 내릴첩 (葉)

𡱉 최 [최]赤子陰莖 어린애자지최 (灰)

⑧

屜 티 [제]履中薦 안창제 (霽)

𡳆 과 [과]臀骨 볼기뼈과 (箇)

𡳞 쟈 [저]履也 신저 (御)

㞘 뚜 [독]臀也 볼기독 (屋)

屚 뤄 [루]屋漏 집샐루 (宥)

屝 븨 [비]草履 짚신비 (未)

屙 아 [아]上厠 뒤볼아 (歌)

屛 핑 [병]蔽也 ト風 병풍병 (梗)

𡲣 쥐 [구]履頭飾 신코꾸밀구 (虞)

𡲀 이 [역]變也 변할역 (陌)

𡲠 쿵 [공]穴也 구멍공 (梗)

⑨

屈 쿠 [굴]短尾犬 동경개굴 (物)

𡲤 차 [잡]踏也 밟을잡 (緝)

𡳐 추 [추]女子陰部 보지추 (尤)

屠 투 [도][저]殺也 죽일도、잡을도 王號 休ト흉노왕의이름저 (虞)(魚)

𡳆 穕과 同

属 屬의 俗字

屜 티 [체]履中薦 안창제 (霽)

𡳖 쌍 [강]差也 어긋날장

𡳢 이 [기]赤履 붉은신기 (紙)

𡳋 뻔 [편]特別 특별편 (先)

⑩

𡳝 쥐 [추]女陰部 보지추 (尤)

𡳞 溺의 俗字

𡳟 靴과 同

⑪

屢 뤼 [루]數也 여러루 (遇)

屣 쓰 [사][시]麻鞋 삼신사、시 義同 (紙)(寘)

𡳓 뤠 [퇴]皮靴 가죽신퇴 (灰)

⑫

層 칭 [층]重也 거듭층 (蒸)

履 리 [리]踐也 밟을리 (紙)

𡳯 뎐 [전][정]待 子기다

릴정、展也 펼정 (㲉)(迴)

⑬ 屧 셰 [서] 屐也 나무신서 (葉)

⑭ 屨 쥐 [구][루] 麻鞋 삼신구、履也 신루 (遇)

⑮ 屩 쟈 [갹] 草履 집신갹 本音교 (藥)

⑯ 屫 屩과同

⑱ 屬 쑈 [속][촉] 類也 무리속、會也 모을촉 (遇)(沃)

㉑ 屭 씨 [희] 屭大 으리으리할희 (寘)

屮部

屮 처 [철] 草也 풀초 (屑)(皓)

① 屯 둔 [둔][준] 聚也 모일둔、厚也 두터울준 (元)(眞)

③ 屰 역 [역] 逆也 거스릴역 (陌)

④ 岎 분 [분] 草生香臭 풀향기날분 (文)

屵 리 [륙] 草葉 풀잎륙 (屋)

芈 羊同

㞷 황 [황] 蔓延 무성할황 (陽)

⑥ 𡴆 青古字

寸部

寸 츈 [촌] 節也 마디촌 (願)

③ 寺 쓰 [사][시] 官舍 관사사、官— 내관시 (寘)

④ 寽 리 [률] 取也 취할률 (質)

尅 剋과同

⑤ 尀 퍼 [파] 不可 못할파 (哿)

⑥ 封 뽕 [봉] 緘也 卜章 봉할봉 (冬)

⑦ 射 쌰 [사][석][야][역] 發失 쏠사、指物而取 맞춰취할석、官名 벼슬이름야、厭也 실을역 (禡)(陌)

尅 剋과同

尃 부 [부] 布也 펼부 (虞)

⑧ 尋 심 [심] 繼也 이을심 (侵)

尉 웨 [위][울] 官名 벼슬이름위、覆姓 —遲 성울 (未)(物)

將 쟝 [장] —師 장수장 (漾)(陽)

專 쬰 [전] 獨也 오로지할전 (先)

⑨ 尊 쭌 [존][준] 敬也 공경할존、酒器 술순 (元)

尌 쮸 [주] 立也 세울주 (遇)

尋 씬 [심] 繹也 궁구할심 (侵)

⑪ 對 뒤 [대] 答也 대답할대 (隊)

⑫ 對 對과同

導 땋 [도] 引也 인도할도 (號)

山部

山 싼 [산] 土聚高 詩宣氣 生萬物 뫼산 (刪)

② 仚 仙과同

岃 리 [력] 高貌 崱— 높은모양력 (職)

乢 嶽의古字

屵 친 [침] 深入山 산깊이들어갈침 (侵)

㊂ 屺 치 [기] 山無草木 민둥산 기 (紙)
屹 이 [흘] 毅然의연 한모양 흘 (物)
屼 우 [올] 秃山貌 崛ㅣ 민둥산 올 (月)
屾 씬 [신] 兩山連接 갈이선 산 신 (眞)
⿰山亡 [망] 險山 험한 산 망 (陽)

⿰山子 즈 [자] 小峰 작은 봉오리 자 (紙)
㊃ ⿰山戶 후 [호] 小山貌 작은 산 호 (麌)
岐 치 [기] 山名 산이름 기 本音 지 (支)
岔 차 [차] 三分路 산길 나뉠 차 (禡)
岅 과 阪同
岓 지 [기] 山傍石立 산 곁에 놓여있는 돌 기 (微)

岋 녜 [업] 危也 위태할 업 (合)
岎 뿐 [분] 山岐 산 갈래질 분 (文)
岕 계 [개] 山險 산 험할 개 (卦)
岏 완 [완] 山巑高 산 뾰족할 완 (寒)
岊 졔 [절] 高貌 높은 산모양 절 (屑)

⿱山日 충 [종] 低也 낮을 종 (冬)
岈 야 [하] 山谷空虛 산골 휑할 하 (麻)
⿰山午 우 [오] 山正聳立 산 똑바를 오 (語)
岌 지 [급] 高貌 ㅣㅣ 높은 모양 급 (緝)
岑 천 [잠] 山小而高 산 작고 높을 잠、[음] 岸也 기슭 음 (侵)(寢)

岉 우 [물] 山高貌 산 높을 물 (物)
⿰山玄 형 [영] 山峻崢嶸 산 높을 영 (庚)
㊄ 岱 대 [대] 東嶽泰山名 ㅣ 태산 대 (隊)
峀 쑤 [수] 岩穴 산 구멍 수 (宥)

岩 嵒의 俗字 巖의 古字
岾 [점] 嶺也 고개 점
岮 타 [타] 橫也 岐ㅣ 산비탈질 타 (歌)
⿰山加 갸 [가] 衆山森列貌 여러 산 벌려선 모양 가 (麻)
⿱石山 깐 [감] 岩穴 바위 구멍 감 (勘)

⿰山厄 애 [애] 險也 험할 애 (卦)
岠 귀 [거] 至也 이를 거 (語)
⿰山尼 늬 [니] 山名 丘ㅣ 산이름 니 (支)
岧 탸 [초] 山高貌 산 높은 모양 초 (蕭)
岳 嶽의 古字

岯 쾌 [비] 山名 大ㅣ 산이름 비 (支)
岦 리 [립] 山高貌 산 우뚝할 립 (緝)
岨 쟈 [저][조] 石山戴土 돌산에 흙덮일 저、山貌 ㅣ峿 산모양 조 (魚)(語)
岵 후 [호] 山多草木 산에 숲 질 호 (麌)

岬 갸 [갑] 山脅 산기슭 갑 (洽)
岢 커 [가] 太原山名 ㅣ嵐 산이름 가 (哿)
岸 안 [안] 崖峻水深 낭떠러지 안 (翰)
岷 민 [민] 獨山名 산이름 민 (眞)
岰 우 [유] 山曲 산구비 유 (有)

岫 峀同
岪 뿌 [불] 山曲 산굽이 불 (物)
岡 깡 [강] 山脊 산등성이 강 (陽)
岣 귀 [子] 衡陽山名 산이름 구 (有)
岤 쎼 [혈] 山穴 산굴 혈 (屑)
⿱山弗 뿌 [불] 山脅路 산비탈길 불 (物)

岭 령 [령]山名 산이름령(青) 岟 앙 [앙]山麓幽ㅣ 산골짜기앙(養) 岥 버 [파]斜也ㅣ蛇 산비알질파(歌) ⿰山史 쓰 [사]山遠 산멀사(紙) ❻ 峑 촨 [전]山頂 산이마전(先)

峛 리 [리]山卑長ㅣ 산낮고길리(紙) 峆 허 [합]ㅣ踏山貌 결산합(合) 峙 ᄋ지 [치]山立 산우뚝할치(紙) 峸 청 [성]史庫 사고성(庚) 峒 퉁 [동]山穴 산굴동(東) 峍

리 [률]山崖硉矹 돌비탈질률(月) 峐 깨 [해]山無草木 민둥산해(灰) ⿱山𠂤 네 [열]山斷絶屹ㅣ 산끊어질열(屑) 峠 、[상]山領 고개상 재상 日字 峌 데 [질]山高 산높을질(屑) ⿰山虎

앙 [앙]山峻貌 산가파를앙(江) 峎 인 [언]高坂 높은고개언(阮) 峓 이 [이]嵎ㅣ東表山 名산이름이(支) 峘 환 [환]小山高於大山 작은산이큰산보다높을환(寒) ⿰山删 싱

[형]險峰 험한산봉우리형(青) 峉 어 [액]山高大豫 산이높고웅장할액(陌) 岍 켠 [견]雍州山名 산이름견(先) 峊 阜과同 峋 쓘 [순]嶙ㅣ山涯重深 貌후미질순(眞) 峗 웨

[위]山高貌 뾰 족할외(紙)(灰) ❼ 峴 쎈 [현]嶺小平 고개현(銑) 峭 챠 [초]急也 급할초(嘯) ⿰山肙 옌 [연]山曲 산굽이연(先) ⿰山免 산 [삼]山險 산험할삼 ◯ ⿰山妥 퉤 [퇴][타]山高

貌ㅣ罪 산높은모양퇴、 長山貌 산긴모양타(隊)(哿) 㟡 빠 [발]山路平坦 산길평탄할발(曷) 峬 푸 [포]山形美貌 산모양예쁠포(虞) 峽 쌰 [협]山名夾 산이름협(洽) ⿰山坐 좌

[좌]山崩 산무너질좌(箇) ⿰山弄 룽 [롱]山穴 산구멍롱(送) 峱 놔 [노]齊山名 산이름노(豪) 島 또 [도]海中山可依止 섬도(皓) 峪 위 [욕]山谷 산골짜기욕(沃) 峨 어

[아]山高嵯ㅣ 산높을아(隊)(哿) 峢 뻬 [별]漢陽山名大ㅣ 산이름별(屑) ⿰山那 나 [나]山連接貌 산연접할나(歌) ⿰山完 완 [완]山多 산많을 완本音환(旱) 峵 훵 [횡]高峻 산높고험할횡(庚)

峾 인 [은]水回施貌ㅣ輪 물도는모양은(眞) ⿰山忌 치 [기]山高 산이높을기(紙) 峰、峯 와同 峯 뽕 [봉]山瑞 산봉우리봉(冬) 峼 할 [호]山名 산이름호(皓) 峿

우 [어]險也 험할어 (語) 峻 쥰 [준]高也 높을준 (震) 崟 투 [도]會稽山名 산이름도 (虞) 崋 씬 [신]神名귀신 의이름신 (眞) **八** 崔 춰 [최]姓也 성최 (灰) 嵦

따 [답]山重疊貌 산첩첩할답 (合) 崕 崖와同 崇 츙 [숭]尊也숭 상할숭 (東) 崊 린 [림]山險산 험할림 (侵) 𡼚 꿍 [궁]山貌산 모양궁 (東) 㟽 쒸 [삭]山險산 험할삭 (藥)

𡸥 꽈 [과]山險산 험할과 (賄) 𡽁 치 [기]山深산 깊을기 (眞) 𡾊 야 [알]山連산 연할알 (黠) 𡹞 천 [잠]山深산 깊을잠 (感) 崜 퇴 [타]岩也바 위타 (麻) 𡵤 녜 [얼]山

高산높 을얼 (屑) 崌 쥐 [거]深也깊 은산거 (魚) 𡹬 간 [감]山坑산구 덩이감 (感) 崠 뚱 [동]山脊산등 성이동 (送) 崆 쿵 [공][강]山高貌산이우뚝 할공、阪也가파를강 (東)(江)

崧 쑹 [숭]山大而高 산크고높을숭 (東) 崖 애 [의][애]岸也언덕의、水邊 ㅣ岸낭떠러지애 (支)(佳) 崓 꾸 [고]島也 섬고 (遇) 崞 꿔 [곽]地名땅 이름곽 (藥) 崐 崑同 崍

래 [내]山名邛ㅣ 산이름내 (灰) 崋 화 [화]山名산 이름화 (禡) 崒 쭈 [줄]山高산 높을줄 (質) 崑 큰 [곤]山名ㅣ崙 곤륜산곤 (元) 崩 뼝 [붕]破也부 서질붕 (蒸) 崘

崙 와同 崙 룬 [륜]崐ㅣ山名 곤륜산륜 (元) 崤 쌰 [효]河名내 이름효 (肴) 崢 쪙 [쟁]險也 가파를쟁 (庚) 崝 정 [정]深也 깊을정 (庚) 崟 인 [음]山高산 높을음 (侵) 崗

岡의 俗字 崦 옌 [엄]日入出崦嵫해지 는산이름엄 (監)(琰) 崨 쪠 [첩]連也 이을첩 (葉) 崛 쿼 [굴]山高ㅣ屼 산높을굴 (物) 嵚 인 [음]山相對산이 마주행할음 (侵) 崈 崇 와同

崚 렁 [릉]山貌ㅣ嶒 산모양릉 (蒸) 㟍 됴 [조]山之周圍 산둘레조 (蕭) 𡺱 쵸 [추]高崖높은 언덕추 (虞) 崎 치 [기]山路不平ㅣ嶇 산길험할기 (支) 𡸶 장 [장]險也험 할장 (陽)

崣 웨 [위]山高산 높을위 (紙) **九** 嵁 칸 [감]ㅣ巖不平貌 산험할감 (覃)(咸) 嵐 란 [람]暴風 폭풍람 (覃) 崿 어 [악]崖也 언덕악 (藥) 崲 황 [황]湖名休 늪이름황 (陽)

崱 져 [즉]山連 산맥이 연해있을즉 職
崽 재 [재][새]彼稱 저재 새 義同 賄 佳
嵃 인 [언]山峭高峻貌 산가파를언 銑
崼 쓰 [시]近山 가까운산시 紙
⿰山弁 과 同

嵑 커 [갈]特立孤山 산우뚝할갈 曷
崵 당 [양]遠山 먼산양 陽
崷 쥐 [추]ㅣ崒山長而高貌 산길고우뚝할추 尤
嵂 뤼 [률]ㅣ崒山高峻貌 산가파를률 質
嵒 옌 [암]山巖 바위암 咸
崺 이 [어]峛ㅣ山卑長貌 산이낮고길이 紙
嵏 중 [종]山名九ㅣ 산이름종 東
崶 벙 [봉]封州山名봉주 산이름봉 冬
嵎 위 [우]山谷산 구비우 虞

嵔 웨 [위][외]山盤曲貌 崔ㅣ산구불통구불통할위、山高산높을외 尾 灰
⿰山咼 따 [다]山如凹形 오목한산다 歌
⿰山廻 회 [회]禿山無樹 벗어진산회 隊
嵄 워 [미]深山깊은산미 紙

嵇 씨 [혜]ㅣ康사람의성혜 齊
嵊 셩 [승]剡縣山名 산이름승 徑
嵆 嵇와同
嵋 메 [미]峨ㅣ獨山名 산이름미 支
嵌 칸 [감]深谷ㅣ巖깊은골자기감 咸
嵭 뻥 [병]人名鄭ㅣ사람이름병 梗
嵗 웨 [외]不平貌평평치않을외 灰
⿱山至 지 [절]山穴산구멍절 屑
嵉 팅 [정]長山긴산정 青
嵽 [체]平地평평할체 霽

十

嵯 츠 [차][치]石山貌ㅣ峨삐죽삐죽할차 齊 嵾 산울뚝불뚝할치 歌 支
嵢 창 [창]山勢산형세창 陽
嵥 지 [걸]高也無比한 없이높을걸 屑
嵴 지 [척]山脊산등성이척 陌
⿰山原 웨 [원]山頂산마루원 元
嵬 웨 [외]山貌 崔ㅣ 산뾰족할외 灰 賄
嵱 융 [용]峰貌ㅣ嵷 산봉우리우뚝할용 冬
嵲 녜 [얼]山高貌 巀ㅣ산높을얼 屑
⿰山䍃 얀 [요]山形산형상요 蕭
崡 한 [함]弘農關名ㅣ谷함곡관함 咸
⿰山貢 훙 [홍]山谷深貌ㅣ銅 산골깊은모양홍 迥
⿰山冥 밍 [명]山氣暗昧산기운어둘명 迥
嵰 쳰 [겸]山名산이름겸 琰
嵩 쑹 [숭]高也높을숭 東
⿰山羔 얀 [요]低山낮은산요 篠
嵫 쯔 [자]崦ㅣ日入山해지는산이름자 支
嵳 嵯와同
嵤 헝 [형]山深貌齡ㅣ산깊을형 青
⿰山益 애

애 山尖極端 매봉우리끝애(卦) **嵣** 당 당 山隈산 굽이당(陽) **嵟** 퇴 퇴 高也 높을퇴(灰)(賄) ⑪ **嵷** 쑹 종 송 山高貌 산높을종 高ㅣㅣ 산뾰족할송(東)(腫) **嵸** 嵷와同

[山卿] 랴 료 山深空貌 산속이휑할료(蕭) **嶇** 취 子 山峻崎ㅣ산 험할준子(虞) **嶅** 오 오 山多小石 산에돌이많을오(豪) **嶉** 쥐 주 山隈산 굽이주(紙) **嶃** 嶄와同 **嵳**

찬 산 山曲嵳ㅣ 산구비산(潸) **嶄** 찬 참 山高峻貌 산높고준할참(咸) **嶁** 럭 루 山巓 산마루루(虞)(有) **嵺** 랴 교 료 山聳貌 산불끈솟을교、료(肴)(蕭) **嶃** 참 坑也 덩이참(豏)

巢 찬 초 山高貌 산우뚝할초(肴) **嶂** 쟝 장 山峰如屛 산봉우리둘길장(漾) **嵾** 嵾와同 **嵾** 찬 참 山不齊貌 산이울멍줄멍할참(侵) **嶋** 島과同 **嶳** 데

질 체 山突兀貌 산우뚝할질、체(屑)(霽) **[山扈]** 후 호 山卑而大 낮고클호(麌) **[山爽]** 창 창 山相摩貌 산이서로닿은듯할창(養) **嶆** 챠 조 山深空貌 산속휑할조(豪) **[山票]** 뱌

표 山巓산 마루표(篠) **嶅** 오 오 動搖貌 흔들릴오(號) **嶈** 쟝 장 山高大貌 산높고클장(陽) **嵩** 쥐 추 嶺 고개이름추(寄) **[山莫]** 머 막 秘密 몰래막(陌) **嶌** 島과同

⑫ **嶠** 챠 교 山名員ㅣ 산이름교(嘯) **嶓** 뻐 파 梁州山名ㅣ 家산이름파(歌) **嶞** 뒤 타 山小而銳 산뾰족할타(哿) **嶝** 떵 등 小坪 작은비탈등(徑) **嶐** 륭

륭 山形산 형륭(東) **[山巻]** 쩐 전 山曲산 굽을전(阮) **[山童]** 뚱 동 山無木草 민둥산동(東) **嶙** 린 린 山峻嶾ㅣ 산높을린(眞)(軫) **嶘** 짠 잔 山極高貌산 이우뚝할잔(諫) **嘘**

취 허 山路峻산길험 할허 本音거(魚) **嶛** 랴 료 高也 높을료(蕭) **嶲** 峻와同 **嶚** 嶛와同 **嶕** 챠 초 山巓산 이마초(蕭) **嶢** 야 요 高也높 을요(蕭) **嶦** 쪈

간 山來水 산골물간(諫) **嶒** 청 증 山峻貌ㅣ 산모양증(蒸) **嶔** 친 금 山谷入口 산골어귀금(侵) **嶧** 뎐 단 山孤者高산 우뚝할단(寒) **嶟** 쭌 준 山高貌산우 뚝솟을준(元)

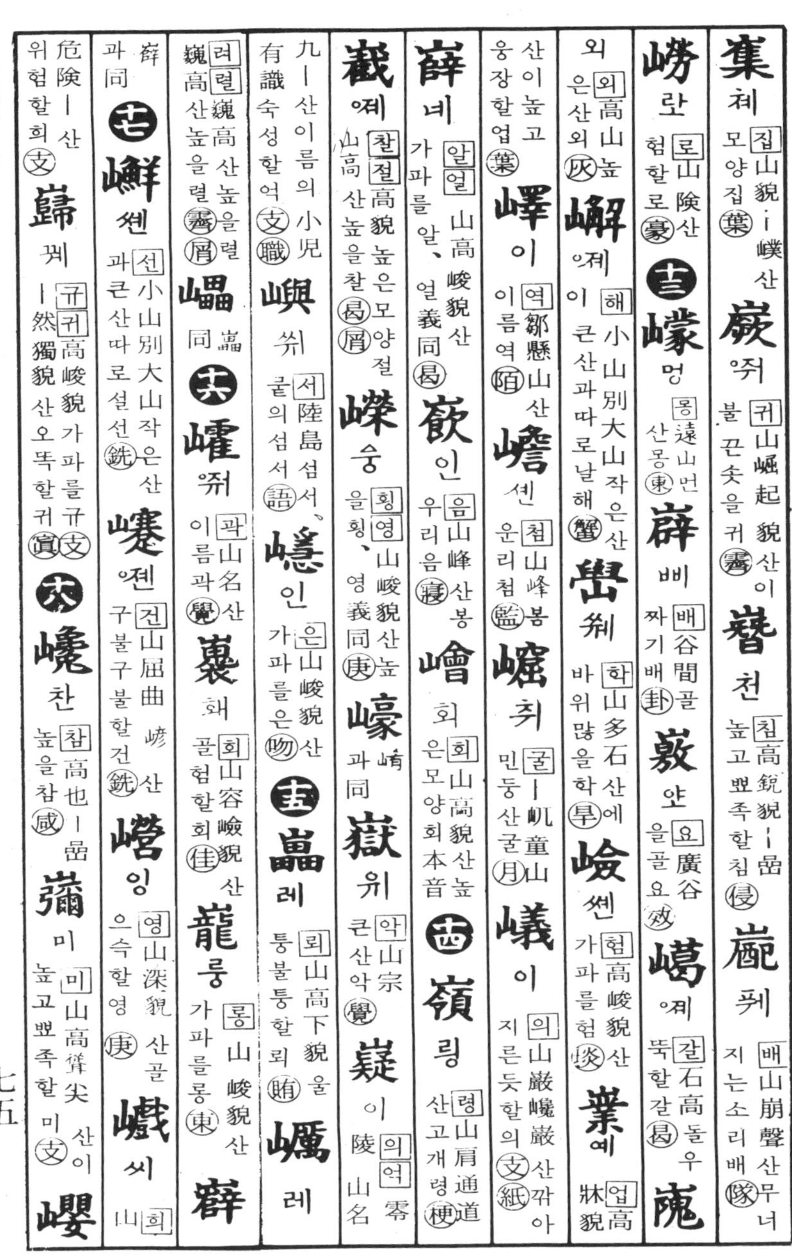

嶯 쥐 [집] 山貌. ㅣ嶫 산 모양 집 (葉)

嶡 쥐 [귀] 山崛起貌 산이 불끈 솟을 귀 (霽)

嶜 천 [침] 高銳貌. ㅣ嵒 높고 뾰족할 침 (侵)

嶏 폐 [배] 山崩聲 산 무너지는 소리 배 (隊)

嶗 랖 [로] 山險 산 험할 로 (豪)

(十三)

㠓 멍 [몽] 遠山 먼 산 몽 (東)

嶭 뻬 [배] 谷間 골짜기 배 (卦)

嶅 얀 [요] 廣谷 골 요 (效)

嶱 예 [갈] 石高 돌 우뚝할 갈 (曷)

嵬 외 [외] 高山 높은 산 외 (灰)

嶰 예 [해] 小山別大山 작은 산이 큰 산과 따로 날 해 (蟹)

嶨 쒜 [학] 山多石 산에 바위 많을 학 (覺)

嶮 쎤 [험] 高峻貌 산 가파를 험 (琰)

嶪 예 [업] 高牀貌 산이 높고 웅장할 업 (葉)

嶧 이 [역] 鄒縣山 산 이름 역 (陌)

嶦 셴 [첨] 山峰 봉우리 첨 (鹽)

崛 취 [굴] ㅣ岏 童山 민둥산 굴 (月)

嶬 이 [의] 山巖 巉巖 산 깎아지른 듯할 의 (支)(紙)

嶭 녜 [알][얼] 山高峻貌 산 가파를 알、얼 義同 (曷)

嶔 인 [음] 山峰 산봉우리 음 (寢)

嶒 회 [회] 山高貌 산 높은 모양 회 本音

(十四)

嶺 링 [령] 山肩通道 산 고개 령 (梗)

嶻 예 [찰][절] 高貌 높은 모양 절 山高 산 높을 찰 (曷)(屑)

嶸 숭 [횡][영] 山峻貌 산 높을 횡、영 義同 (庚)

嶹 ㅣ嵴 과 同

嶽 위 [악] 山宗 큰 산 악 (覺)

嶷 이 [의][억] 零陵 山名 九ㅣ 산 이름의 小兒 有識 숙성할 억 (支)(職)

嶼 쓔 [서] 陸島 섬 서、뭍의 섬 서 (語)

嶾 인 [은] 山峻貌 산 가파를 은 (吻)

(十五)

㠥 레 [뢰] 山高下貌 울퉁불퉁할 뢰 (賄)

巁 레 [려][렬] 巍高 산 높을 렬 巍高 산 높을 려 (霽)(屑)

𡾋 同 㠥

(十六)

巐 쮜 [곽] 山名 산 이름 곽 (覺)

巙 홰 [회] 山容嶮貌 산골 험할 회 (佳)

巃 룽 [롱] 山峻貌 산 가파를 롱 (東)

巕 嶭 과 同

(十七)

𡿊 셴 [선] 小山別大山 작은 산이 큰 산과 따로 설 선 (銑)

𡿖 젠 [건] 山屈曲 ㅣ嵼 산 구불구불할 건 (銑)

巆 잉 [영] 山深貌 산골 으슥할 영 (庚)

巇 씨 [희] 山危險ㅣ 산 위험할 희 (支)

巋 꿰 [규][귀] 高峻貌 가파를 규 ㅣ然 獨貌 산 오똑할 귀 (支)(寘)

(十八)

巉 찬 [참] 高也 ㅣ嵒 높을 참 (咸)

㠧 미 [미] 山高聳尖 산이 높고 뾰족할 미 (支)

巊

잉 [영]山氣暗昧산기운 어둡침침할영(梗)

(十九) 巍 웨 [외]高大貌ㅣㅣ 산이높고클외(微)

[illegible] [일]山高貌 산높을일(質)

巓 덴 [전]山頂산 꼭대기전(先)

[illegible] 뤠 [여]山

高산높을여(支)

巑 좐 [찬]山高ㅣ岏 산높을찬(寒)

巒 롼 [만]峰ㅣ산 봉우리만(寒)

[illegible] 미 [미]山貌산 모양미(紙)

(二十) 巘 옌 [헌]山峰산 봉우리헌(阮)

巖 옌 [암][엄]險也험할암、高貌ㅣㅣ높은모양엄(咸)(監)

(二十一) 巚 옌 [연]山似甑시 루봉연(元)

[illegible] 녜 [열]山斷絶貌 峊ㅣ산 따로떠러질열(屑)

(二十二) [illegible] 낭 [낭]山隈산모 퉁이낭(漾)

(二十四) 靈 링 [령]山深貌 산 깊을령(青)

(二十九) 鬱 위 [울]山烟貌 산에연기 낀모양울(物)

巛部

巛 川의 本字

川 촨 [천]通流水 내천(先)

(三) 州 쪄 [주]郡縣 고을주(尤)

(四) 巡 쓘 [순]視行ㅣ守 순행할순(眞)

巠 [경]水脈물 줄기경(青)

(八) [illegible] 이 [역]流也흐 를역(職)

巢 차 [소]鳥棲 새집소(肴)

(十二) 巤 [렵]根本 근본렵(葉)

工部

工 궁 [공]ㅣ匠 장인공(東)

(二) 巨 쥐 [거]大也 클거(語)

左 줘 [좌]右之反 왼편좌(哿)(箇)

巧 챠 [교]拙之反 교묘할교(巧)

(三) 巪

[격]人名사람 이름격 國字

(四) 巫 우 [무]事無形以舞降 神者무당무(虞)

巩 [공]擁也 안을공(腫)

(七) 差 치 [차][치][채]舛也어길차 不齊参ㅣ어 긋날치 使也부 릴채(麻)(支)(佳)(卦)

幺部

幺 얃 [요]小也ㅣ麼 작을요(蕭)

么 幺俗字

(一) 幻 환 [환]化也 변화할한(諫)

(二) 幼 약 [유]少也 어릴유(宥)

(三) 𢆶 우 [유]微也 작을유(尤)

(四) [illegible] 얃 [요]急戾어 그러질요(蕭)

(五) 𢆻 幾의 古字

(六) 幽 약 [유]深也 깊을유(尤)

(八) 𢇇 꽌 [관]以絲貫杼북 에실꿸관(刪)

(九)

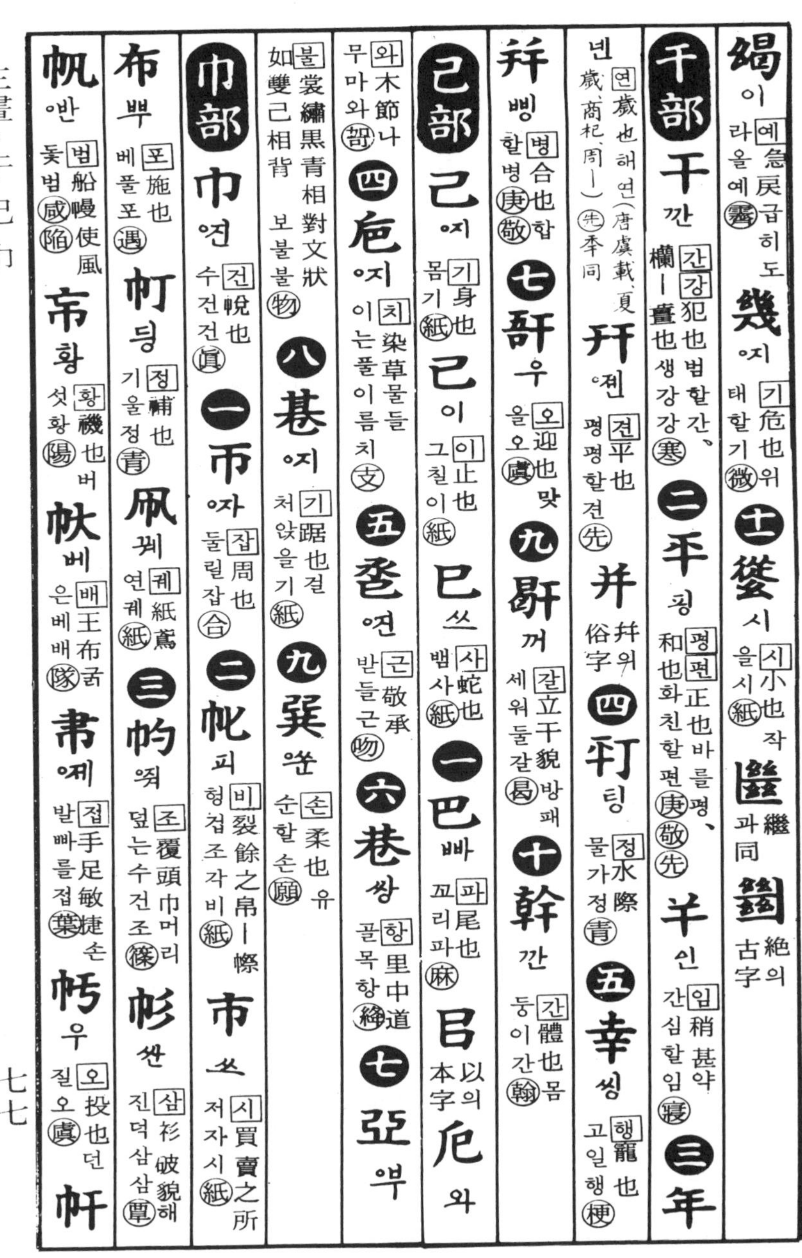

⿰幺曷 이 [예]急戾급히도라올예(霽)

幾 지 [기]危也위태할기(微)

十二 ⿱幾幺 시 [시]小也작을시(紙)

𢇍 繼과同

㡭 絕의古字

干部

干 깐 [간][강]犯也범할간、欗ㅣ薑也생강강(寒)

二 平 핑 [평][편]正也바를평、和也화친할편(庚)(敬)(先)

羊 신 [임]稍甚약간심할임(寢)

三 年 년 [연]歲也해연(唐虞載、夏歲、商祀、周ㅣ)(先)季同

幵 젼 [견]平也평평할견(先)

并 幷의俗字

四 𢆉 팅 [정]水際물가정(青)

五 幸 씽 [행]寵也고일행(梗)

幷 삥 [병]合也합할병(庚)(敬)

七 ⿰幵于 우 [오]迎也맞을오(虞)

九 ⿰幵曷 꺼 [갈]立干貌방패세워둘갈(曷)

十 幹 깐 [간]體也몸둥이간(翰)

己部

己 지 [기]身也몸기(紙)

已 이 [이]止也그칠이(紙)

巳 쓰 [사]蛇也뱀사(紙)

一 巴 빠 [파]尾也꼬리파(麻)

㠯 以의本字

卮 와 [와]木節나무마와(哿)

四 巵 지 [치]染草물들이는풀이름치(支)

五 巹 연 [근]敬承받들근(吻)

六 巷 쌍 [항]里中道골목항(絳)

七 ⿱亞己 블 [불]裳繡黑青相對文狀보불불(物) 如雙己相背

八 ⿱其己 지 [기]踞也걸터앉을기(紙)

九 巽 쑨 [손]柔也유순할손(願)

巾部

巾 건 [건]帨也수건건(眞)

一 帀 자 [잡]周也둘릴잡(合)

二 ⿰巾比 피 [비]裂餘之帛ㅣ幓형겊조각비(紙)

市 쓰 [시]買賣之所저자시(紙)

布 뿌 [포]施也베풀포(遇)

帄 딩 [정]補也기울정(青)

⿰巾几 꿰 [궤]紙巂연궤(紙)

三 ⿰巾勺 쟢 [조]覆頭巾머리덮는수건조(篠)

⿰巾彡 싼 [삼]衫破貌해진덕삼삼(覃)

帆 뻔 [범]船幔使風돛범(咸)(陷)

帍 황 [황]襆也버섯황(陽)

⿰巾犬 베 [배]王布帬은베배(隊)

帇 졔 [접]手足敏捷손발빠를접(葉)

⿰巾亏 우 [오]投也던질오(虞)

⿰巾干

깐 [간] 布囊 베주머니 간 (翰)

帎 인 [인] 枕表 베개잇 인 (震)

四

⿰巾夫 부 [부] 前領 앞깃 부 (虞)

⿰巾夭 요 [요] 手拭巾 손수건 요 (皓)

⿰巾少 사 [사] 細絲 가는실 사 (麻)

⿰巾欠 찬

[첩] 掩下俗巾 밑가리는수건 첩 (琰)

希 씨 [희] 望也 바랄 희 (微)

⿰巾介 제 [개] 幘也 전개 (卦)

帉 분 [분] 拭物巾 걸레 분 (文)

帊 파 [파] 幞也 휘장 파 (禡)

帋 紙 과同

帍 후 [호] 巾巾 행주치마 호 (麌)

⿰巾比 비 [비] 帛片 비단조각 비 (紙)

㡀 삐 [폐] 敗衣 헌옷 폐 (霽)

⿰巾及 쟈 [잡] 浦席 부들자리 잡 (合)

⿰巾内 녀 [내] 旗垂 기느러질 내 (隊)

⿰巾爪 쟈

[초] 褁頭巾 머리싸는수건 초 (巧)

⿰巾冘 탄 [탐] 冠也 갓 탐 (勘)

⿰巾今 잰 [검] 帛也 비단 검 (監)

五

帒 대 [대] 囊屬 가방 대 (隊)

帛 빽 [백] 幣也 폐백 백 (陌)

帖 뎨 [첩] 卷也 문서 첩 (葉)

⿱夗巾 웬 [원] 幡也 기원 (元)

⿰巾正 졍 [정] 射的 과녁 정 (庚)

帓 머 [말] 巾也 수건 말 (黠)

帑 누 [노][탕] 妻子 처자 노, 金幣所藏府 나라곳집 탕 (虞)(養)

帕 파 [파] 額首飾 머리동이수건 파 (禡)

帘 렌 [렴] 酒家幟 술기 렴 (監)

帙 지 [질] 書衣 책갑 질 (質)

帚 [추] 掃也 털추 (有)

帗 뷔 [불] 舞具 춤수건 불 (物)

帔 피 [피] 帬也 치마 피 (寘)

⿰巾宁 쟈 [저] 棺衣 구의 저 (語)

⿰巾召 툐 [초] 細絲 가는실 초 (蕭)

⿰巾付 부 [부] 廣幡帛 넓은비단 부 (遇)

⿱此巾 굽 [지] 細布 가는베 지 (支)

⿰巾必 삐 [필] 帷也 장막 필 (質)

⿰巾布 부 [포] 拭器巾 행주 포 (遇)

⿰巾句 쿠 [구] 指沓 골무 구 (尤)

⿰巾弗 부 [불] 裹頭巾 머리덮는수건 불 (物)

⿰巾幼 야 [요] 襪上 버선등 요 (效)

六

帝 듸 [제] 王天下之號 황제 제 (霽)

帢 차 [갑] 帽也 모자 갑 (洽)

帰 이 [예] 法也 법 예 (霽)

⿰巾光 황 [황] 練絲 실의힐 황 (陽)

帟 이 [역] 小幕 작은장막 역 (陌)

⿰巾全 쥰 [전] 卷曲 굽을 전 (先)

⿰巾夌 나 [나] 庡也 곳간 나 (哿)

⿰巾危 체 [체] 新拭器巾 새행주 체 (霽)

⿰巾共 홍 [홍] 徽幟 기표 홍 (東)

帥 쉐 [수][솔] 王也 주장할 수、領兵 거느릴 솔 (寘)(質)

帤 수 [녀] 拭字巾 먹수건 녀 (魚)

帣 쥰 [권] 囊也 자루 권 (霰)

⿰巾旬 쓘 순 領端 옷깃끝순 眞
⿱列巾 이 례 帛餘 비단자투리례 霽
⿰巾劦 쎼 협 束帶 허리띠협 葉
⿰巾夸 꽈 과 單衣 홑옷과 禡
帞 帕과 同
⿰巾同 통 蠻服 오랑캐옷통 東

⿰巾曳 ㅇ지 치 習也 익힐치 眞

七

師 쓰 사 敎人以道 스승사 支
帩 챠 초 縛也 묶을초 嘯
⿰巾志 ㅇ즈 지 旗標 표지기 眞
⿰巾巫 우 무 毛衣 털옷무 虞
帽 쳐 첩 領瑞 옷깃끝첩 葉
⿰巾兒 먀 모 裏頭體衣 장옷묘 效
⿰巾谷 치 격 絺葛巾 굵은갈포격 陌
⿰巾冏 싱 형 廣幅手巾 넓은손수건형 青
⿱各巾 쳔 천 女人腰帶 여인배띠천 霰
帨 쉐 세 女子佩巾 계집의찰수건세 霽
⿰巾辰 ㅇ전 진 飼馬橐 말먹이자루진 眞
帬 췬 군 連接裾幅 裳也 마치군 文
席 씨 석 卷也 걷을석 陌
⿰巾每 무 모 皇帝妃ㅣ母 헌원씨의황후이름모 虞
帢 韐과 同
⿰巾免 뭔 문 喪冠 굴건문 元
帆 데 첩 領耑 옷깃끝첩 葉
⿰巾折 ㅇ재 예 裂也 찢을예 霽

八

帶 대 대 遰也 쪽대 泰
⿱其巾 치 기 繫也 맬기 寘
帷 웨 유 幕也 장막유 支
帵 완 완 裁餘자투리완 寒 元
常 창 상 久也 오랠상 陽
帳 쨩 장 計薄 치부책장 漾
幍 챠 흡 帽也 모자흡 洽
⿰巾官 관 관 裏頭巾 머리싸는수건관 寒
⿰巾夌 쳠 첩 車帳 차휘장첩 監
⿰巾卒 쬐 재 五色綵 오색비단재 隊
⿰巾宗 종 南蠻之絹 오랑캐비단종 冬
帹 싸 삽 面衣ㅣ施 얼굴가리는망사삽 洽
帡 핑 병 幈也 장병 青 庚
⿰巾玆 쏀 현 布也 베현 先
⿰巾空 쿵 공 衣袂 소매공 東
帴 ㅇ쟨 전 帬也 치마전 先
⿰巾奄 엔 업 斂髮 머리단장할업 葉
帣 쏀 현 標信箕幡係於棨者 표신기 현 本音견 霰
⿰巾沓 타 답 上覆 앙장답 合
⿰巾或 휙 혹 巾被風倒 건이바람에젖어질혹 職
帽 帽의 俗字
⿰巾亟 한 함 蔽耳巾 귀막이함 感

九

⿰巾頁 쓔 수 裏頭巾 머리쓰개수 眞
幀 ㅇ졍 정 張畫綵 그림족자정 本音쟁 敬
⿰巾是 시 시 拭器巾 행주시 紙
⿰巾革 껴 액 縫也 흠질할액 陌

⿰巾軍 곤 [곤] 褸褌 잠방이곤 (元) ⿰巾重 종 [종] 遮日 차일종 (腫) ⿰巾曷 개 [개] 非時而葬 갈쟁할개 (泰) ⿰巾面 면 [면] 死人面覆 면모면 (銑) ⿰巾癸 지 [기] 廣袴 넓은 바지기 (紙) ⿰巾盾 춘

[준] 米袋 쌀자루준 (眞) 幃 웨 [위] 單帳 홑휘장위 (微) ⿰巾兪 위 [유] 近身衣 속옷유 (虞) 帽 맛 [모] 頭冠 모자모 (號) 幫 빵 [방] 事物傍取者 곁들방 (陽) 帿 후 [후] 射布 과

녁후 (尤) 幄 우 [악] 覆帳軍施之帳 장막악 (覺) 幅 뷱 [폭][핍][복] 布帛廣邊ㅣ폭폭、行縢 행전핍 俗音벽 (屋)(職) 冪 미 [멱] 覆也 덮을멱 (錫) 帾 뚜 [도] 標記覘物 찌지붙일도 (虞)

⿰巾英 央과同 ⿱敄巾 무 [무][옥] 漆布覆車 차우비무、옥 義同 (有)(沃) ⿰巾秋 ⿰巾冒과同 ⿰巾某 우 [무] 包衣褓 보자기무 (尤) ⿱前巾 쳔 [전] 旗也 기전 (先) ⿱剌巾 라 [랄] 擊也 칠랄 (曷)

⿰巾巴 빠 [파] ⿰巾巴手擊之 손뒤집어칠파 (禡) ⑩ 幎 미 [멱] 覆也 덮을멱 (錫) ⿰巾旁 팡 [방] 書貼 서첩방 (漾) ⿰巾兼 렴 [렴] 戶上之幔 문면자렴 (鹽) ⿰巾烏 우 [오] 手巾 손수건오 (虞)

幊 꾸 [구] 甲衣 갑옷구 (尤) ⿰巾盍 허 [합] 吹火筒 불부는통합 (合) ⿰巾冡 뭥 [몽] 覆也 덮을몽 (東) ⿰巾貢 궁 [공] 包衣褓子 보자기공 (東) ⿰巾毘 피 [비] 車帷幓也 차휘장비 (齊) 幋

판 [반] 覆衣大巾 햇대보반 (寒) ⿰巾鬼 꾀 [괴] 綵也ㅣ幃 오색비단괴 (灰) 幍 탚 [도] 巾帽 모자도 (豪) 幌 황 [황] 房幔 방장황 (養) 幏 [가] 蠻巾賨ㅣ稅也 오랑캐세금내는베가 (禡)

⿰巾奉 덩 [등] 袋也 자루등 (徑) ⿱熒巾 슝 [영] 覆也 덮을영 (庚) ⿰巾敝 쐐 [폐] 衣弊옷 해질폐 (蟹) ⿰巾虎 듸 [체] 赤紙 붉은 종이체 (齊) ⑪ 幕 뭐 [막] 蔽也 가릴막 (藥) 幙

幕와同 幘 쟉 [책] 頂上覆髻머리수건책 (陌) 幗 꿔 [귁] 婦人冠이 녀관귁 (陌) ⿰巾彗 쉐 [세] 盥巾 세수수건세 (霽) ⿰巾祭 쎄 [세][설] 殘帛帨ㅣ헝겊세 裂帛 찢은비단설 (霽)(屑) ⿰巾婁

럭 [루] 飼馬槖ㅣ 말먹어자루루 (尤) ⿰巾曹 찬 [조] 小兒籍幘 포대기조 (豪) ⿱离巾 리 [리] 裁絵비단마름질할리 (支) ⿰巾鳥 됴 [조] 絹也비 단조 (篠) ⿱萃巾 쭈 [족] 絵絵그림그 린비단족 (屋)

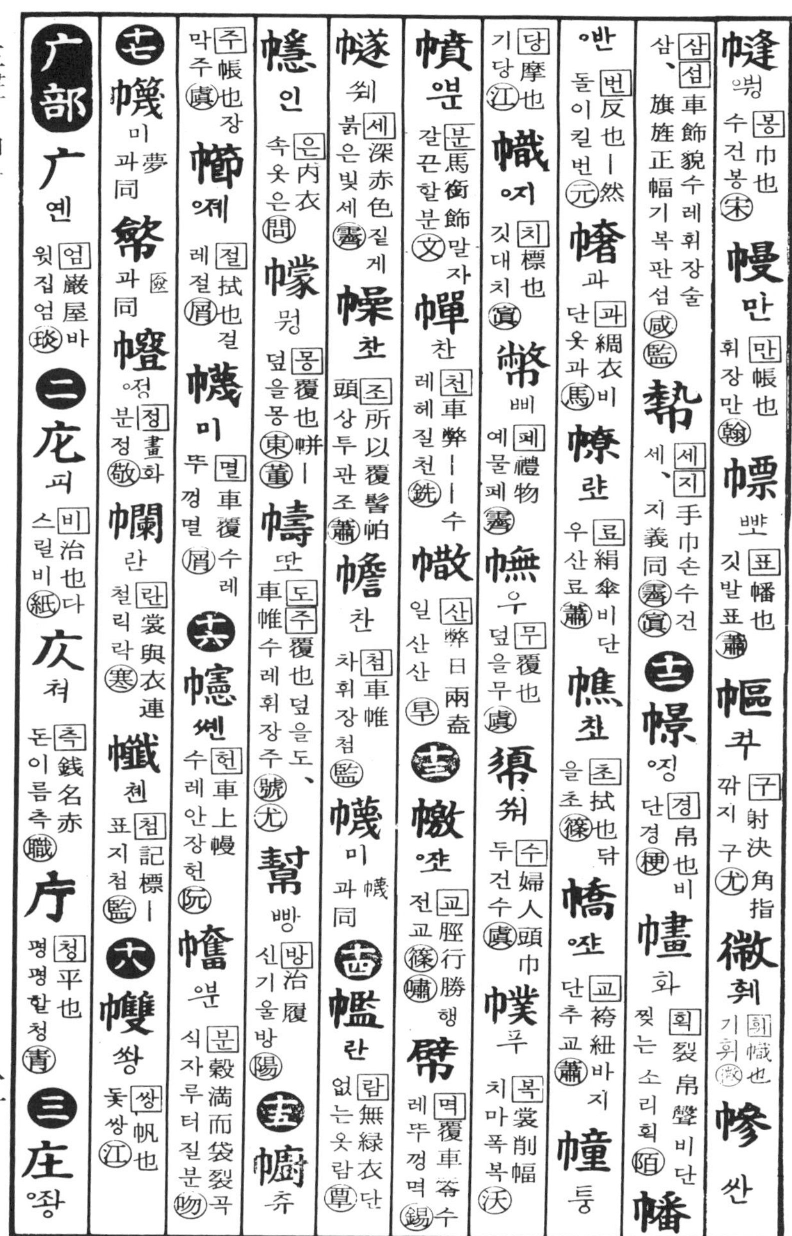

⿰巾逢 방 [봉]巾也 수건봉 宋
幔 만 [만]帳也 휘장만 翰
幖 뱊 [표]幡也 깃발표 蕭
⿰巾區 쿠 [구]射決角指 깍지구 尤
徽 휘 [휘]幟也 기휘 微
幓 싼 [삼][섬]車飾貌 수레휘장술 삼、旗旒正幅 기복판섬 咸 鹽
⿱執巾 세、지 [세][지]手巾 손수건 세、지 義同 霽 寘

十二

幜 징 [경]帛也 비단경 梗
⿰巾畫 화 [획]裂帛聲 비단찢는소리획 陌
幡 번 [번]反也丨然 돌이킬번 元
⿰巾會 과 [과]裯衣 비단옷과 馬
⿰巾尞 랴 [료]絹傘 비단우산료 蕭
⿰巾焦 챠 [초]拭也 닦을초 篠
⿰巾喬 쟈 [교]袴紐 바지단추교 蕭
幢 듕 [당]摩也 기당 江
幟 지 [치]標也 깃대치 寘
幣 폐 [폐]禮物 예물폐 霽
幠 우 [무]覆也 덮을무 虞
⿱須巾 쉬 [수]婦人頭巾 두건수 虞
幞 푸 [복]裳削幅 치마폭복 沃
幩 븐 [분]馬銜飾 말자갈끈할분 文
幝 찬 [천]車弊丨丨 수레헤질천 銑
⿰巾散 산 [산]弊日兩盍 일산산 旱

十三

⿰巾敫 쟈 [교]脛行勝 행전교 篠 嘯
幦 며 [멱]覆車軬 수레덮개멱 錫
⿰巾遂 쒸 [세]深赤色 짙게붉은빛세 霽
幧 챠 [조]所以覆髻帕 머리상투관조 蕭
幨 챤 [첨]車帷 수레휘장첨 鹽
⿰巾蔑 미 幭과同

十四

⿰巾監 란 [람]無緣衣 단없는옷람 覃
⿰巾隱 인 [은]內衣 속옷은 問
幪 뭉 [몽]覆也帡丨 덮을몽 東 董
幬 뚀 [도][주]覆也 덮을도、車帷 수레휘장주 號 尤
幫 빵 [방]治履 신기울방 陽

十五

㡡 츄 [주]帳也 장막주 虞
⿰巾節 졔 [절]拭也 걸레절 屑
幭 미 [멸]車覆 수레뚜껑멸 屑

十六

幰 쎤 [헌]車上幔 수레안장헌 阮
⿰巾奮 븐 [분]穀滿而袋裂 곡식자루터질분 吻

十七

⿰巾夢 미 夢과同
籢 과 奩同
幀 졍 [정]畫화분정 敬
幱 란 [란]裳與衣連 철릭란 寒
⿰巾韱 쳔 [첨]記標丨 표지첨 鹽

十八

⿰巾雙 쌍 [쌍]帆也 돛쌍 江

广部

广 옌 [엄]巖屋 바윗집엄 琰

二

庀 피 [비]治也 다스릴비 紙
仄 쳐 [측]錢名赤 돈이름측 職
庁 평 [청]平也 평평할청 青

三

庄 좡

[장] 田舍전장 장 (陽)

庑 宅의古字 度의古字

庋 역 [구] 灸瘡뜸뜸 자리구 (有)

㢋 이 [예] 簷也추녀예 (霽)

庅 底同

庍 쓰 [사] 旁屋양실서 (禡)

㚢 옌 [엄] 賤也천할엄 (琰)

右 쎈 [함] 乳汁젖함 (感)

庂 廙과同

四

序 쒸 [서] 次第차례서 (語)

床 牀의俗字

庉 듄 [돈] 居也집돈 (元)

庀 딴 [담] 陰也그늘담 (覃)

庌 [아] 舍也집아 (馬)

㡯 환 [환] 網羅그물베리환 (刪)

庢 쒜 [수] 灰集屋잿간수 (寘)

庎 예 [개] 庋食器시렁개 (卦)

庋 [기] ㅣ閣藏食物찬장기 (紙)

庇 삐 [비] 覆也덮을비 (寘)

庈 찐 [금] 人名사람이름금 (侵)

五

店 뎬 [점] 商舖상점점 (豔)

庘 뎬 [압] 壞居헌집압 (洽)

㢌 예 [녑] 隘也좁을녑 (洽)

废 빠 [발] 草舍초가집발 (曷)

庯 뿌 [포] 布列벌릴포 (遇)

庛 츠 [차] 柔下岐木장기술차 (寘)

㡝 라 [랍] 屋聲집소리랍 (合)

庻 이 [예] 皮也찬장예 (霽)

庝 듕 [동] 深屋깊은집동 (冬)

㡸 사 [사] 屋也집사 (麻)

庋 씌 [지] 鄙屋더러운집시 (紙)

庙 廟의略字

㡪 쟌 [단] 小屋작은집단 (翰)

庖 팦 [포] 厨也宰殺所푸주간포 (肴)

庙 쳰 [전] 平也평할전 (先)

㿾 [피] 鋪也펼피 (支)

庚 껑 [경] 更也고칠경 (庚)

底 듸 [지][저] 致也이를지 止也그칠저 (紙)(薺)

府 뿌 [부] 百官所居마을부 (麌)

六

庠 썅 [상] 虞學養老處우나라태학상 (陽)

扃 扁의古字

庥 쮜 [휴] 依止의지할휴 (尤)

度 두 [도][탁] 法制법도도、謀也꾀할탁 (遇)(藥)

㡦 썬 [삼] 屋斜집기울삼 (吻)

庾 이 [예] 米倉쌀곳간예 (霽)

㡾 [귀] 壞也무너질귀 (寘)

㢏 쪤 [한] 閾也문지방한 (刪)

庤 씌 [치] 具也갖출치 (紙)

庢 이지 [질] 水曲물구비질 (質)

庣 탸 [조] 滿貌가득차지않을조 (蕭)

㢆 야 [잡] 市也저자잡 (合)

㢝 쨘 [조] 言賤말쌍스러울조 (篠)

㢔 퉁 [동] 家響집울림동 (東)

庡 이 [의] 徘徊배회할의 (尾)

㢋 치 [치] 低屋낮은집치 (寘)

七

庭 띵 [정] 直也곧을정 (徑)

庫 쿠

[고]貯物所兵車藏 곳집고(遇)

庋 지 [기]ㅣ縣祭山 산제터기(紙)

座 쭤 [좌]位也 지위좌(箇)

庮 우 [유]朽木臭 썩은나무냄새유(尤)

⿸广豆 뚜 [두]廚房 부엌두(宥)

庫 루 [루]草屋 초가루(有)

⿸广弄 룽 [롱]大廈 큰집롱(送)

⿸广壯 쫭 [장]宏大 웅장할장(陽)

⿸广求 치우 [구]附屋 옆에붙은집구(尤)

庯 푸 [포]屋上平 지붕평할포(虞)

庨 쌰 [효]宮室高貌 궁집드높을효(肴)

庬 망 [방][몽]雜也 잡될방、豐也 후할몽(董)(江)

⿸广呂 뤼 [려]衆也 뭇려(語)

⿸广囷 큔 [곤]米庫 쌀고간곤(願)

⿸广良 랑 [량]高也 높을량(陽)

庩 뚜 [도]庫也 편편하지않을도(虞)

⿸广見 親의古字

⿸广矣 娭과同

八

⿸广隹 퉤 [퇴]從上傾下屋 지붕물매질퇴(灰)

⿸广乇 퉈 [탁]兩腕引長 두팔벌릴탁(藥)

⿸广多 츠 [치]廣也 넓을치(紙)

⿸广啚 廩의古字

⿸广京 징 [경]倉也 곳집경(庚)

⿸广取 추 [추]崩壞 무너질추(尤)

⿸广空 장 [강]空家 빈집강(陽)

⿸广昔 지 [적][움]縣名ㅣ縣 고을이름적、窨也ㅣ幕 움집움(陌) 國字

庰 핑 [병]蔽也 덮을병(梗)

⿸广戔 잔 [잔]屋笮 산자잔(諫)

⿸广舍 써 [사]小屋 작은집사(馬)

庸 융 [용]常也 항상용(冬)

庳 삐 [비]下也 낮을비(寘)

⿸广枩 松의古字

⿸广奇 애 [애]庋也 신타자애(蟹)

庶 쓔 [서]衆也 무리서(御)

康 캉 [강]安也 편안할강(陽)

庲 래 [래]家也 집래(灰)

⿸广卒 쮜 [쉬]傾也 기우러질쉬(寘)

⿸广金 진 [금]石地 돌땅금(沁)

⿸广炎 얜 [염]厚也 두터울염(監)

⿸广乳 수 [뉴]小乳 작은젖뉴(虞)

⿸广官 꽌 [관]玩弄 희롱할관(寒)

庵 안 [암]小草舍 암자암(覃)

⿸广畐 챵 [장]獄也 圜ㅣ 옥장(陽)

九

⿸广很 [평]廁也 뒷간평(敬)

庴 두 [도]草屋 초가도(虞)

⿸广胡 후 [호]平也 평할호(虞)

廋 쒸 [수]匿也 숨길수(尤)

庾 위 [유]露積 노적유(麌)

⿸广架 쟈 [가]構屋 집지을가(禡)

⿸广剌 라 [랄]庵也 암자랄

⿸广英 잉 [영]長廊 월랑영(梗)

庿 廟의古字

廂 썅 [상]廡也東西室 행랑채상(陽)

廁 츠 [치][칙]次也 버금치、側也 기울칙(寘)(職)

庽 寓과同

⿸广俞

루 투 [투][유]木槽말죽통 투、유義同(尤)(虞)

⿸广軍 ᄋ쥔 [군]積也쌓을군(吻)

⿸广呂 이 [얼]家狹집좁을얼(月)

庴 사 [접]藏也감출접本音삽(葉)

⿸广畏 이 [외]隱處으슥한곳외

⿸广柬 한

[함]花亂貌꽃어지러울함(感)(沁)

十

廉 렌 [렴]儉也검소할렴(監)

廋 쑤 [수]隱匿숨길수(尤)

⿸广音 란 [람]遮也막을람(覃)

⿸广盍 허 [합]藏也감출합(合)

廇 릭 [류]屋梁들보류(宥)

⿸广馬 마 [마]廡也암자마(禡)

庥 ᄉᆑ [휴]樹陰나무그늘휴(尤)

廌 ᄎ [치][태]一角性忠觸不直해태 치俗音채、태義同(紙)(蟹)

廆 웨 [외]廦也괴벽할외本音회(賄)

廈 싸 [하]大屋큰집하(馬)

廊 랑 [랑]東西序無결채랑(陽)

⿸广追 ᄋ쥐 [추]舍潰집무너질추(寘)

十一

廕 인 [음]庇麻덮을음(沁)

⿸广深 썬 [심]深大屋깊고큰집심

⿸广帶 대 [대]水名물이름대(泰)

⿸广莫 머 [막]空也빌막(藥)

⿸广鹿 루 [록]米倉곳집록(屋)

⿸广崔 최 [최]垂也드리울최(賄)

廔 루 [루]屋脊집대마루루(尤)

廒 아 [오]倉也곳집오(豪)

廑 ᄋ진 [근]小屋작은집근(文)

⿸广兟 쒀 [삭]病治병다스릴삭(藥)

廖 랴 [료][류]人名周召拍ㅣ사람이름료(嘯)(宥)

廏 [구]馬舍마우구(有)

廓 궈 [곽]大也클곽(藥)

⿸广既 廐의俗字

⿸广差 차 [사]屋欲壞집무너지려할사(麻)

⿸广長 뼁 [병]隱僻無人處으슥한곳병(敬)

⿸广從 충 [종]多也많을종(董)

⿸广殳 이 [의]急也급할의(支)

⿸广夾 愜괴同

十二

廟 먀 [묘]祠堂사당묘(嘯)

廛 찬 [전]一家之居한집자리전(先)

廣 꽝 [광]東西동서광(漾)

廠 챵 [창]庫也곳집창(養)

廞 씬 [흠]喪具행상제구흠(侵)

廚 츄 [주]庖屋부엌주(虞)

廜 투 [도]平家평집도(虞)

廝 쓰 [시]使也부릴시(支)

廢 ᄋ페 [폐]止也폐할폐(隊)

⿸广喬 [교]高屋높은집교(嘯)

廙 이 [익][이]行屋정랑익、敬也공경할이(職)(寘)

⿸广番 ᄋ반 [반]峙屋곳간반(寒)

廡 우 [무]門屋문간방무(虞)

⿸广臯 臯과同

⿸广畱 廇의本字

⿸广森 썬 [삼]除也덜삼(寢)

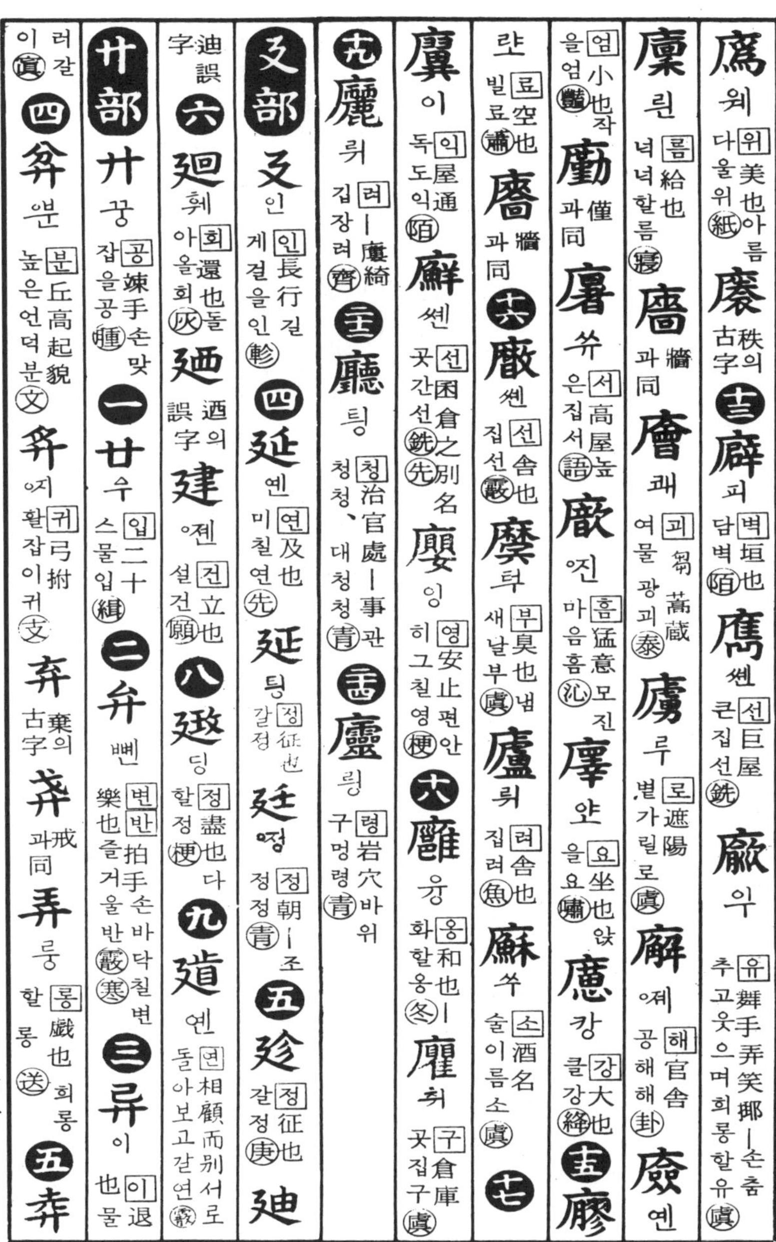

𢋴 [广+爲] 웨 [위] 美也 아름다울위 (紙)
䆄 秩의 古字

十三 廦 피 [벽] 垣也 담벽 (陌)
廯 쎈 [선] 巨屋 큰집선 (銑)
廠 우 [유] 舞手弄笑揶ㅡ 손춤추고웃으며희롱할유 (虞)

廩 린 [름] 給也 넉넉할름 (寢)
廧 牆과同
廥 쾌 [괴] 芻藁蔵 여물광괴 (泰)
廔 루 [로] 遮陽 볕가릴로 (虞)
廨 ㅇ졔 [해] 官舍 공해해 (卦)
㢛 옌

[엄] 小也 작을엄 (豔)
廑 僅과同
廜 쓔 [서] 高屋 높은집서 (語)
廞 ㅇ진 [흠] 猛意 모진마음흠 (沁)
庠 야 [요] 坐也 앉을요 (嘯)
廣 캉 [강] 大也 클강 (絳)

十五 廫 랴 [료] 空也 빌료 (嘯)
廧 牆과同

十六 廠 쎈 [선] 舍也 집선 (霰)
廯 뿌 [부] 臭也 냄새날부 (虞)
廬 뤼 [려] 舍也 집려 (魚)
廯 쑤 [소] 酒名 술이름소 (虞)

十七 廙 이 [익] 屋通 독도익 (陌)
廯 쎈 [선] 囷倉之別名 곳간선 (銑)(先)
廮 잉 [영] 安止 편안히그칠영 (梗)

十八 廱 융 [옹] 和也ㅡ 화할옹 (冬)
廲 취 [구] 倉庫 곳집구 (虞)

十九 廲 뤼 [려] ㅡ廔綺 집장려 (齊)

二十二 廳 팅 [청] 治官處ㅡ事 관청 청、대청 청 (靑)

二十四 廬 링 [령] 岩穴 바위구멍령 (靑)

廴部

廴 인 [인] 長行 길게걸을인 (軫)

四 延 옌 [연] 及也 미칠연 (先)
廷 팅 [정] 征也 갈정
廷 ㅈ정 [정] 朝ㅡ 조정정 (靑)

五 廹 [정] 征也 갈정 (庚)
廸 迪의 誤字

六 廻 훼 [회] 還也 돌아올회 (灰)
廼 迺의 誤字
建 ㅈ졘 [건] 立也 설건 (願)

八 廷 딩 [정] 盡也 다할정 (梗)

九 廹 옌 [연] 相顧而別 서로돌아보고갈연 (霰)

廾部

廾 꿍 [공] 竦手 손맞잡을공 (腫)

一 廿 수 [입] 二十 스물입 (緝)

二 弁 뼌 [변][반] 拍手 손바닥칠변 樂也 즐거울반 (霰)(寒)

三 异 이 [이] 退也 물러갈이 (寘)

四 弅 쁜 [분] 丘高起貌 높은언덕분 (文)
弆 ㅈ지 [귀] 弓拊 활잡이귀 (支)
弃 棄의 古字
弇 戒과同
弄 룽 [롱] 戲也 희롱할롱 (送)

五 弈

[육]兩手捧物두손위으로받을육(屋)

𢍑 承과同

弆 쥐 [거]藏也감출거(語)

【六】弈 이 [혁]圍棋바둑혁(陌)

弇 옌 [감][엄]蓋也덮을감 覆蓋덮을엄(覃)(琰)(豔)

【七】𢍏 誥의古字

𢍊 終의古字

【十一】弉 奘과同

【十二】𢍭 言의古字

弊 삐 [폐]困也곤할폐(霽)

【十三】𢍰 쳔 [천]升高높은데올라갈천(先)

𢍶 擇同

【十九】𢍺 ᄋ좐 [권]捋滿가득이뜰권(願) 攣同

弋部

弋 이 [익]取也취할익(職)

【一】弌 戎과同

【三】式 씨 [식]法也법식(職)

【四】弍 이 [익]骨也뼈익(職)

弎 이 [익]好也좋을익(職)

𢍻 哉同

𢦏 ᄋ장 [장]南越郡名ㅣ牁고을이름장(陽)

【六】弐 ᄃᆞᆼ [동]繫船杙배말뚝동(東)

弑 지 [절]利也이할절(屑)

【九】弒 씨 [시]殺也下害上웃사람죽일시(寘)

【十】戩 꺼 [가]郡名牂ㅣ땅이름가(歌)

【十二】戲 ᄋ정 [증]弋失ㅣ繳줄살증(蒸)

弓部

弓 궁 [궁]弧也射器六材所成활궁(東)

【一】引 인 [인]相牽이끌인(軫)

𢎗 彈의古字

弔 됴 [조][석]傷也슬퍼할조(嘯)(錫)

【二】弖 ᄋ직 [규]卷也책권규(尤)

弘 홍 [홍]大也含容클홍 本音횡(蒸)

弗 ᄋ부 [불]不也아니불(物)

【三】弛 이 [이]解也풀릴이(紙)

弙 듸 [적]射弓활쏠적(錫)

弜 弾과同

弙 우 [오]引也당길오(虞)

弙 깐 [간]拒也막을간 本音한(翰)

弟 퉤 [퇴]窮貌ㅣ궁할퇴(灰)

弱 챵 [강]強也강할강(養)

【四】弞 ᄋ줴 [결]鉋弦發矢者깍지결(屑)

弝 위 [여]弓也활여(魚)

弦 션 [신]木名나무이름신(軫)

弟 듸 [제]後生男子아우제(薺)(霽)

弝 빠 [고]小弓작은활고(虞)

【五】弢 삐 [피]張弓貌ㅣ활잔뜩당길피(寘)

弡 ᄋ쥐

[굴]勇也날랠굴(物)

弢 됴 [도]弓衣활집도(豪)

弥 彌과同

弧 호 [호]木弓나무활호(虞)

弣 뷰 [부]弓弛활줌통부(虞)

弩 누 [노]有臂機射쇠노노(麌)

弤 디 [저]漆赤弓붉은칠한활저(薺)

⿰弓民 둔 [돈][민]彤弓붉은활돈、旗也기민(元)(眞)

弦 션 [현]弓―활시위현(先)

弨 챠 [도]弓衣활집도(豪)

⿰弓古 고 [고]小弓작은활고(虞)

六

弭 미 [미]弓末활끝미(紙)

⿰弓羊 양 [양]弓曲활굽을양(陽)

⿰弓同 동 [동]弓飾활꾸밀동(東)

⿰弓合 셰 [협]弓強센활협(葉)

弮 쳔 [환][권]弩弓쇠뇌활환、권義同(霰)(先)

⿰弓臣 ᅌ진 [진]弓強활강할진(軫)

七

弰 쇼 [소]弓末활끝소(肴)

弱 약 [약]虛―也허약할약(藥)

⿰弓冉 션 [현]弓曲활굽을현(元)

弲 션 [현]角弓뿔활현(先)

⿰弓夋 슌 [순]苦也살오닉순(震)

八

⿰弓㡀 볘 [별]弓戾활뒤집힐별(屑)

張 ᅌ쟝 [장]施也베풀장(漾)

弶 쟝 [강]以弓罥鳥獸창애강(漾)

⿰弓委 녜 [뇌]張弓貌활당길뇌(隊)

弴 둔 [돈][조]畫弓그림그린활돈、조義同(元)(蕭)

強 쟝 [강]勉也힘쓸강(漾)(陽)

⿰弓𣶒 원 [연]弓弣彇間활배바닥연(先)

⿰弓妾 셴 [현]強弓강한활현(先)

⿰弓虎 [호]射也활쏠호(虞)

弸 뱅 [팽][붕]弓強활강할붕、弓聲―彋화할소리팽(蒸)(庚)

⿰弓爭 ᅌ정 [쟁]張弓활당길쟁(梗)

⿰弓屈 꾸 [곡]勇也날랠곡(沃)

⿰弓幷 삥 [병]彈也탈병(庚)

九

弻 弼과同

弼 삐 [필]轉也도울필(質)

⿰弓彖 원 [연]弓緣활전연(霰)

⿰弓枼 셰 [섭]射決깍지섭(葉)

⿰弓扁 뻰 [편]弓反張활뒤젖혀질편(先)

强 [강]勉也힘쓸강(陽)(漾)

十

⿰弓鬲 ᅌ계 [격]包弓衣활집격(陌)

⿰弓眞 쪈 [진]彈也탈진(震)

⿰弓寒 ᅌ젼 [건]弓強활강할건(阮)

彀 꾸 [子]射的과녁판子(有)

⿰弓萆 삐 [비]以筋貼弓활에실감을비(寘)

⿰弓旁 팡 [방]弦急활시위팽팽할방(陽)

十一

彄 쿠 [子]弓端활고자子(尤)

彃 삐 [필]射也쏠필(質)

十二

彉 확 [확]迅速빠를확(藥)

⿰弓喬 쟈 [교]引弓활당길교(蕭)

⿰弓曾 ᅌ정 [쟁]弓弦聲

활시위소리쟁 (庚)

彇 소 [소] 弓弭頭 활고자머리소 (蕭)

彈 탄 [탄] 行丸 탄자탄 (寒)(翰)

彆 별 [별] 弓戾 활뒤틀릴별 (屑)

⑬ 彊 챵 [강] 勉也 힘쓸강 (陽)

彋 힝 [횡] 弓聲 화살소리횡 (庚)

⑭ 彌 미 [미] 止也 그칠미 (紙)

⑮ 彍 혁 [확] 迅速 빠를확 (藥)

[illegible] ㅇ반 [번] 養也 기를번 (元)

⑰ [illegible] 쏘 [소] 弓弭頭 활고자머리소 (蕭)

⑲ 彎 왕 [만] ㅣ曲 굽을만 (刪)

⑳ 彏 혁 [확] 弓急帳 활급히당길확 (藥)

彐部

彐 ㅇ제 [계] 豕頭 돼지머리계 (霽)

彑 크와同

③ [illegible] 多의 古字

⑥ 彖 퇀 [단] 斷也 결단할단 (翰)

⑧ 彗 쉐 [혜][세] 妖星 혜성세 (霽) 箒也 비혜 (眞)

⑨ 彘 ㅇ지 [체] 地名 땅이름체 (霰)

⑩ 彙 휘 [휘] 集也 모을휘 (未)

⑬ 彛 彝의 俗字

⑮ 彝 이 [이] 常也 떳떳할이 (支)

⑯ 彠 彟同

彡部

彡 싼 [삼] 毛長 털자랄삼 (咸)

② 㐱 ㅇ진 [진] 鳥羽始生 새깃처음날진 (軫)

④ 彤 퉁 [동] 丹飾 붉은칠할동 (冬)

形 씽 [형] 體也 형상형 (青)

彣 원 [문] 彩色 채색문 (文)

⑤ 㣌 싼 [삼] 利也 이할삼 (陷)

[illegible] 丹의 古字

⑥ 彥 옌 [언] 美士 착한선비언 (霰)

⑦ [illegible] ㅇ좌 [좌] 芟也 베일좌 (箇)

[illegible] 양 [양] 美善 아름답고착할양 (陽)

彧 위 [욱] 茂盛貌 ㅣ무성할욱 (屋)

⑧ 彩 채 [채] 文色精光 채색채 (賄)

㣎 무 [목] 細文 가는문채목 (屋)

彫 댜 [조] 畫文 그릴조 (蕭)

彪 [표] 文也 문체표 (尤)

彬 삔 [빈] 文質偏也 빛날빈 (眞)

⑨ 彭 빵 [방][팽] 姓也 성팽 近也 가까울방 (陽)(庚)

⑪ 彰 ㅇ쟝 [창] 著也 나타날창 (陽)

彯 퍞 [표] 長組貌 끈이치렁거릴표 (蕭)(嘯)

⑫ 影 잉 [영] 形也 형상영 (梗)

[illegible] ㅇ정 [증] 毛深 털깊을증 (蒸)

⑬ [illegible] [찬] 文繁 문채번화할찬 (翰)

⑲ [illegible] [빈] 文盛 문채성할빈 (眞)

彳部

彳 치 척 小步자축거릴척 (陌)

二

行 뎡 정 獨行貌혼자걸을정 (靑)

三

代 이 익 行也갈익 (職)

⿰彳丸 완 환 失路길잃을환 (寒)

彵 튀 타 安行편안히걸을타 (哿)

彴 쟉 작 박 橫木橋略ㅣ외나무다리 奔星ㅣ約흐르는별박 (藥)(覺)

四

彶 지 급 急行급히갈급 (緝)

役 이 역 使也부릴역 (陌)

彸 쭁 종 急遽貌황급히갈종 (冬)

⿰彳勻 徇과同

彺 왕 왕 急遽行也급히갈왕 (陽)

彷 방 방 徘徊ㅣ徨방황할방 (陽)

⿰彳元 완 원 失道貌僙ㅣ길을잃고바장일원 (寒)

⿰彳开 깨 계 行貌갈계 (齊)

往 왕 왕 去也갈왕 (漾)(養)

五

徃 往과同

彼 삐 피 對此之저피 (紙)

彽 듸 지 徘徊머뭇거릴지 (支)(齊)

⿰彳冉 옌 염 遲行더디갈염 (豔)

⿰彳由 데 적 急行급히갈적 (錫)

⿰彳丕 픠 피 走貌달아나는모양피 (支)

徂 쭈 조 往也갈조 (虞)

彿 뿌 불 相似彷ㅣ흡사할불 (物) 髴同

⿰彳立 싸 삽 行貌갈삽 (合)

⿰彳此 지 치 正行똑바로갈치 (紙)

⿰彳乍 作의古字

彾 링 령 獨行홀로갈령

征 정 정 行也갈정 (庚)

六

徉 양 양 彷也빈들거릴양 (陽)

待 대 대 遇也대접할대 (賄)

徇 쓘 순 疾速빠를순 (震)

徊 회 회 不進徘ㅣ머뭇거릴회 (灰)

後 후 후 遲也늦을후 (有)

徥 이 이 平易편하고쉬울이 (支)

律 률 률 法也법률 (質)

⿰彳先 신 신 往来貌왔다갔다할신 (眞)

⿰彳夸 과 과 疾行빨리갈과 (禡)

⿰彳兌 톼 탈 疾也빨리갈탈 (曷)

⿰彳吉 지 길 進行나아갈길 (質)

⿰彳各 꺼 격 至也이를격 (陌)

很 헌 혼 不聽終말듣지않을혼 (阮)

⿰彳圭 와 와 邪行貌비척거릴와 (佳)

⿰彳同 통 통 直行衕ㅣ바로갈통 (董)

⿰彳丞 징 승 行不正바로가지못할승 本音증 (蒸)

徆 시 세 直行곧게갈세 (齊)

七

徑 징 경 小路지름길경 (徑)

⿰彳夋 쭌 준 退也물러갈준 (眞)

⿰彳夾 싼 섭 行貌搖曳전들거릴섭 (葉)

⿰彳弟 티 제 休息쉴제 (齊)

徐 쒸 서 緩也천천할서 (魚)

徍 광 [광] 扇搖動風 부채질할광 (養)
徒 투 [도] 衆也 무리도 (虞)
𢓜 쇼 [소] 徐行천천 히갈소 (蕭)
𢓡 톼 [타] 緩行더디 걸을타 (哿)
徎 정 [정] 狹也小路 좁은길정 (梗)
𢓭 쓔 [수] 步中待約ㅣ𢖍 걸어가며기다릴수 (宥)
𢓷 同吾
八
徘 패 [배] 低也어 숫거릴배 (灰)
得 더 [득] 獲也 얻을득 (職)
𢓼 [천] 地名長ㅣ 땅이름천 (銑)
𢔁 한 [함] 水入船배에 물들어올함 (覃)
御 워 [어] 侍也모실어、[아] 迎也맞을아 (御)(禡)
𢓹 찌 [치] 待也 기다릴치 (紙)
徜 창 [상] 戲蕩 노닐상 (陽)
徛 치 [기] 聚石水中以為橋 징검다리기 (寘)
𢔇 俏古字
從 총 [종] 隨也 따를종 (冬)(宋)
徖 쭝 [종] 安也 편안종 (東)
𢓨 찌 [지] 步行 걸을지 (支)
𢓳 同俾
徙 쓰 [사] 移也 옮길사 (紙)
徠 래 [래] 来也 올래 (灰)
𢓋 뚱 [동] 直行곧 게갈동 (東)
衜 쳐 [도] 待也기 다릴도 (豪)
徢 댭 [첩] 走也달 아날첩 (葉)
𢓌 [엄] 隱也 숨길엄 (豔)
𢔆 촨 [권] 徐行천천 히걸을권 (阮)
𢓧 치 [읍] 集人衆貌사람 많이모일읍 (緝)
徟 쭈 [주] 亂行ㅣ徫 헤맬주 (尤)
𢓱 환 [완] 徐行천천히 갈완 本音환 (旱)
九
徫 웨 [위] 步行 걸어갈위 (尾)
徸 쭁 [종] 連後뒤에 라갈종 (腫)
循 쓘 [순] 善也 착할순 (眞)
𢔊 쪙 [정] 走也달 아날정 (敬)
徧 뼨 [변] 周也 두루변 (霰)
𢔃 개 [개] 惡行徘ㅣ어 뚝비뚝할개 (佳)
徦 꺼 [가] 至也이 를가 (馬)(禡)
徨 황 [황] 徘也徊방 황할황 (陽)
復 뿌 [복] 反也돌아올복 (屋) [부] 再也다시부 (宥)
徥 츠 [시] 行貌ㅣㅣ슬 슬걸을시 (支)
𢓺 유 [유] 闇行몰 래갈유 (虞)
𢓿 우 [울] 卒然行별 안간갈울 (物)
𢔈 쭝 [종] 行也 갈종 (東)
𢔋 쟈 [저] 歲月去矣 세월갈저 (魚)
𢔇 핑 [병] 傍也 곁병 (敬)
十
徬 팡 [방] 附行붙어 갈방 (漾)(陽)
𢔩 쎄 [설] 衣飄貌옷자락 너풀거릴설 (屑)
𢖍 릒 [유] 行而相待徬ㅣ가 며서로기달리유 (宥)
𢕌 산 [소] 緩行천천 히갈소 (豪)
徾 웨 [미] 細也 작을미

徯 씨 혜 待也 기다릴 혜 (齊)

徭 요 役也 역사 요 (蕭)

⑪

⿰彳責 써 색 尋常 법상할 색 (陌)

⿰彳章 쟝 장 失途浪行 길잃고 헤맬 장 (陽)

⿰彳崔 최 최 急行 급히갈 최 (灰)

⿰彳孟 멍 맹 人名 劉ㅣ 사람의 이름 맹 (梗)

徲 티 제 往来ㅣㅣ 왕래할 제 (齊)

⿰彳悉 씨 실 搖動 동할 실 (質)

⿰彳參 잔 참 動也 움직일 참 (勘)(感)

⿰彳遷 센 선 遠行 멀리갈 선 (先)

㣲 微同

得 치 득 水少 물적을 득 (職)

⿰彳率 쉐 솔 忙行 바삐갈 솔 (質)

⿰彳悳 치 치 施也 베풀 치 (寘)

⑫

德 더 덕 行道有得 큰덕 (職)

⿰彳款 관 관 徐行ㅣ緩 천천히걸을 관 (旱)

徵 정 치 징 求也 구할 징 (蒸)(紙)

徶 뼈 별 衣瓢貌 옷자락펄렁거릴 별 (屑)

徹 처 철 貫通 관철할 철 (屑)

⿰彳歰 싸 삽 衆行 여럿이갈 삽 (合)

⿰彳喬 쟈 교 緩行 더디갈 교 (篠)

徸 총 到也 이를 총 (冬)

⿰彳啻 데 제 行止佇立 가다 우뚝섯을 제 (卦)

⿰彳覃 덴 점 走也 달아날 점 (豔)

⿰彳敢 깐 감 危也 위태할 감 (陷)

⑬

徻 회 외 屋宇高貌ㅣㅣ 집높고맑을 외 (泰)

⿰彳詹 센 섭 行之速也 가기바쁠 섭 (豔)

⿰彳亶 딴 단 走行 달아날 단 (刪)

徼 쟈 요 求也 구할 요 (蕭)(嘯)

⿰彳達 따 달 行路相違 길이서로어긋날 달 (曷)

⿰彳歲 훼 홰 屋宇明涼ㅣ 집이밝고시원할 홰 (泰)

⿰彳睘 還同

⑭

徽 훼 휘 美善 아름다울 휘 (微)

⿰彳寧 닁 녕 行貌 가는모양 녕 (徑)

⿰彳翟 됴 조 疾也 빠를 조 (篠)

⑮

⿰彳賣 쑤 속 行而不停 걸음을 멈추지 않을 속 (沃)

⿰彳贊 쫜 찬 失道貌 길잃을 찬 (寒)

⑯

⿰彳龍 룽 룡 直行 곧게갈 룡 (宋)(董)

⑰

⿰彳襄 샹 상 ㅣ徉 노닐 상 (陽)

⿰彳韱 셴 섬 走也 달아날 섬 (豔)

⿰彳毚 찬 참 參差 참치할 참 (感)

⿰彳繇 우 유 步行 걸어갈 유 (尤)

⿰彳暴 빠 포 新任官府 도임할 포 (效)

⑱

⿰彳瞿 쮜 구 行貌 가는모양 구 (虞)

⑳

⿰彳矍 쟈 각 行也 갈 각 (藥)

㉑

⿰彳囊 낭 낭 行貌 가는모양 낭 (漾)

四畫

心部

心 씬 [심]形之君明主 마음심(侵)

一

必 삐 [필]定辭반드시필(質)

二

忍 이 [의]怒也성낼의(未)

忄匕 삐 [비]尖也못생길비(紙)

忊 딩 [정]怨恨원망할정(徑)

忎 애 [애]戒也懲ㅣ징계할애(泰)

忉 또 [도]心憂ㅣㅣ근심할도(豪)

忇 레 [륵]功也공륵(職)

忈 인 [인]親慈친자할인(眞)

三

忍 인 [인]耐也참을인

(𢒉)

志 쯔 [지]希望희망할지(寘)

忕 태 [태][세]奢也사치할태 習也익힐세(泰)(霽)

忌 지 [기]戒也경계할기(寘)

忖 춘 [촌]ㅣ度思也헤아릴촌(阮)

㤟 恐의古字

忙 망 [망]急迫빠를망(陽)

㣿 쥐 [조][작]憂也근심할조 驚也놀랄작(篠)(藥)

㣻 이 [이]心動맘동할익(職)

忏 쳰 [천]怒也성낼천(銑)

忋 애 [개]信仰믿을개(賄)

㤙 恕의古字

㣷 시 [석]痛也앓을석(藥)

㣽 뉘 [여]度也헤아릴여(御)

忔 치 [흘]喜也기쁠흘(物)

忘 왕 [망]忽也잊을망(陽)(漾)

忒 터 [특]差也틀릴특(職)

忎 仁의古字

忓 깐 [간][한]擾也요란할간 善也착할선(寒)(翰)

忐 탄 [담]心虛맘허할담(感)

忑 투 [특]心虛맘허할특(職)

㣵 꿍 [공]心急맘급할공(東)

忘 忘古字

忊 추 [초]相背서로배반할초(蕭)

忚 씨 [제][혜]心不欲싫어할제 欺慢속일혜(齊)(霽)

忥 씨 [흘]愚也어리석을흘(物)

忬 위 [우]戒也경계할우(虞)

㣾 채 [차]亂也어지러울차(禡)

㣺 꿍 [궁]憂也근심할궁(東)

四

忡 충 [충]憂也ㅣㅣ근심할충(東)

忠 쭝 [충]盡心竭충성충(東)

恔 쌰 [효]快也쾌할효(肴)

忭 뻔 [변]喜樂貌즐거울변(霰)

忸 뉴 [뉴][뉵]習也익을뉴 慙也부끄러울룩(有)(屋)

忺 쏀 [험]心所欲하고자할험(監)

忼 캉 [강]歎也탄식할강(養)

忱 천 [침]信也믿을침(侵)

忝 톈 [첨]辱也욕될첨(琰)(豔)

忬 同舒

念 녠 [념]常思생각할념(豔)

忯 파 侈同

忝 톈 [첨]慚也부끄러울첨(琰)

忦 깨 [개]憂懼근심하고두려워할개(卦)

忽 후 [홀]忘也잊을홀(月)

忰 同悴

㤆 빤

판 急性급한성품판 (願)
忲 태 태 驕態방자할태 (泰)
忄殳 이 역 用心맘쓸역 (陌)
忨 완 완 愛也사랑할완 (翰)
忕 세 설 習也익힐설 (屑)
忄巿 배 패 怒也성낼패 (泰)

㤃 방 방 忌憚꺼릴방 (陽)
忪 종 종 驚也놀랄종 (冬)
忥 시 희 靜也고요할희 (未)
忹 왕 왕 邪也간사할왕 (養)
㤨 눌 눌 憂悶근심하고민망할눌 (月)
㤇

오 恐也두려우워할오 (皓)
忴 짐 검 心急마음급할검 (監)
忶 원 혼 心鬱마음답답할혼 (元)
忌 지 기 思也생각할기 (支)
忮 지 기 狠也사나울기 (寘)
忩 恩의 俗字

忤 우 오 逆也거스릴오 (遇)
忦 계 개 無愁근심없을개 (卦)
快 쾌 쾌 急也빠를쾌 (卦)
忞 민 민 민 문 自強 맘다잡을 亂也어수선한문 (眞)(軫)
忟 同忞
忿 분 분 恨也한할분 (吻)
忻 흔 흔 喜也기쁠흔 (文)
忳 둔 돈 悶也민망할돈 (元)
忣 지 급 急也급할급 (緝)
恂 쉰 순 憂也근심할순 (眞)
忧 우 우 心動맘동할우 (有)

五

思 쓰 사 念也생각할사 (寘)
怖 뿌 포 懼之놀라게할포 (遇)
怚 져 저 妒也투기할저 (御)(語)
怙 후 호 恃也믿을호 (麌)
怒 누 노 奮也뽐낼노 (麌)
怠 태 태 慢也거만할태 (賄)
怡 이 이 和也화할이 (支)
怱 총 총 急遽ㅣㅣ총총할총 (東)
怪 괴 괴 疑也의심할괴 (卦)
怩 니 이 又겨면져어할이 (支)
怊 쵸 초 悲也슬을초 (蕭)

怨 원 원 恨也원망할원 (願)(元)
怛 단 단 傷也슬퍼할단 (軫)
怜 령 영 慧也ㅣ悧영리할영 (青) 련 憐見 (先)
怕 파 파 懼也두려울파 (禡)
怓 노 뇨 心亂심란할뇨 (肴)

怮 우 요 유 憂貌ㅣㅣ근심할요 憂貌근심할유 (蕭)(尤)
怳 황 황 自失貌실심할황 (養)
怏 양 앙 不滿ㅣㅣ맘에차지않을앙 (養)(漾)
性 씽 성 質也바탕성 (敬)
怔 정 정 不安가슴두근거릴정 (庚)
怦 평 평 心急맘급할평 (庚)
怲 병 병 憂也근심할병 (梗)
怵 츄 출 初生茁密다부룩히첫싹날출 (質)
怐 허 구 후 愚貌어리석을구、후 후義同 (宥)(遇)

怎 젼 [즘] 助辭어조사즘(侵)
怫 우 [불][비] 鬱也답답할불、念也발곤할비(物)(未)
怭 삐 [필] 慢也업신여길필(質)
㤕 우 [줄] 憂心근심할줄(質)
急 [급] 疾也빠를급(緝)

怛 다 [달] 驚也깜짝놀랄달(曷)
㤎 싸 [합] 樂也즐거울합(洽)
怍 쩌 [작] 慚也부끄러울작(藥)
怚 쩌 [거] 蔑視업신여길거(語)
忬 쪄 [저] 智也지혜저(語)
忡

신 [신] 憂也근심할신(眞)
怰 쎤 [현] 賣也팔현(霰)
怽 머 [말] 忘也잊을말(曷)
怌 피 [비] 恐也두려워질비(支)
怺 [日] 堪也견딜영
怶 삐 [피] 怒也성낼피(支)

怞 취 [추] 明也밝을추(尤)
怴 쉐 [혈] 愚也어리석을혈(月)
忒 터 [특] 違也어그러질특(職)
怊 챠 [교] 伏態엎드릴교(肴)
㤊 야 [가] 正也바를가(歌)
怟

지 [제] 悶也민망할제(霽)
㤨 형 [횡] 失志貌실심할횡(庚)
恒 껀 [긍] 竟也마침긍(蒸)
怯 쳐 [겁] 恐也겁낼겁(葉)
怗 톄 [첩] 靜也고요할첩(葉)
怉 뽀

[포] 心亂심란할포(皓)
㤓 뿐 [분] 愚也어리석을분(元)
怢 두 [돌] 忘也잊을돌(月)
怷 쮸 [출] 恐也두려워할출(質)
怾 [韓] 山名ㅣ산이름기
㤏 둥 [동] 憂也근심할동(冬)

㤌 깐 [감] 心伏맘먹을감(覃)
𢗋 삭 [수] 念慮염려할수(尤)
怋 민 [민] 亂也어지러울민(眞)
怑 빤 [반] ㅣ㑳不順거스릴반(翰)
(六)
恟 흉 [흉] 懼也두려울흉(冬)
恞

怡 이 [이] 悅也기꺼울이(支)
㳟 恭本字
恃 씌 [시] 依也의지할시(紙)
恣 쯔 [자] 縱也放방자할자(寘)
恐 쿵 [공] 懼也두려울공(腫)
恭 꿍 [공] 敬也從和공손할공(冬) 共通

恥 츠 [치] 慚也부끄러울치(紙)
恚 휘 [에] 恨怒성낼에(寘)
恫 퉁 [통][동] 痛也슬플통ㅣ疑虛喝놀라게할동(東)(送)
恠 怪俗字
恢 회 [회] 大也클회(灰)
恝 계

[개][괄] 無愁貌걱정없을개 괄義同本音갈(卦)(黠)
恂 쑨 [순][준] 信也믿을순、嚴也ㅣ慄엄할준(眞)(眞)
恨 헌 [한] 悔也뉘우칠한(願)
㤝 츙 [충] 心動맘동할충(尤)
恙 양 [양] 病也병양(漾)

탸 [조] 偷薄 경박할조 (蕭)

恁 신 [임][님] 念也 생각할임 如此 이러할님 (沁)(侵)
恒 형 [항][긍] 常也 항상항、月弦 달언저리긍 (蒸)
侉 콰 [과] 心自大 큰체할과 (麻)
恔 쑈 [효] 快也 쾌할효 (效)
⿰忄㫐 恨同

恅 랖 [노] 心亂悼 심란할노 (皓)
悋 린 [인] 鄙也 더러울인 (震)
恕 셔 [서] 仁也 어질서 (御)
⿱汚心 우 [오] 貪也 탐할오 (遇)
恩 언 [은] 惠也 은혜은 (元)
恌

恍 황 [황] 不明 흐리멍텅할황 (養)
恇 광 [광] 恐也 두려워할광 (陽)
恈 뫄 [모] 貪也 탐낼모
恓 씨 [서] 煩惱貌ㅣ惶 번뇌할서 (齊)
恜 치

[칙] 怯也 겁낼칙 (職)
恎 이 [질] 惡性 괴악할 성품질 (質)
恑 꿰 [궤] 變也 변할궤 (紙)
⿰忄共 꿍 [공] 戰慄 떨공 (腫)
⿰忄吏 리 [이] 憂也 근심할이 (寘)
恒 恒俗字
恖 思同

⿰忄米 믜 [미] 迷惑 미혹할미 (支)
㤥 해 [해] 苦貌 괴로워할해 (隊)
悦 悅俗字
恏 화 [호] 慾也 욕심낼호 (皓)
恄 이 [길] 畏也 두려워할길 (質)
⿱汙心 ⿱汚心同
⿰忄它

왜 [탁][차] 量也 요량할탁、ㅣ傺 맘 안정되지않는모양차 (藥)(麻)
⿰忄多 으 [지] 恃也ㅣ怙 믿을지 (紙)
恮 촨 [전] 謹也 삼갈전 (先)
⿱𦉪心 룬 [논] 無廉種ㅣ 염치없을논 (阮)
惢 莎同

恧 뉵 [뉵] 慚愧 부끄러울뉵 (屋)
恬 뎜 [념] 安也 편안할념 (鹽)
息 씨 [식] 休也 쉴식 (職)
恤 슈 [휼] 憂也 근심할휼 (質)
恪 커 [각] 誠也 정성각 (藥)
恰 캬

[흡] 鳥聲ㅣㅣ 새소리흡 (洽)
⿰忄戊 윆 [월] 狂也 미칠월 (質)
恛 휘 [회] 昏亂貌 맘허둥거릴회
⿱并心 평 [팽] 腹痛 배아플팽 (庚)
恊 協同
⿱合心 캬 [흡] 合也 합할흡 (緝)
⿰忄行 형

[향] 悅也 기쁠향 (陽)
恋 戀字
⿰忄朿 차 [찰] 責也 꾸짖을찰 (黠)
恦 쌍 [상] 思也 생각할상 (漾)
⿰忄后 후 [후] 和也 화할후 (尤)
⿰忄衣 [의] 哀也 애통할의 (紙)

七

悅 이

[열] 樂也 즐거울열 (屑)
⿱作心 쟈 [작] 疑也 의심날작 (藥)
悒 이 [읍] 憂也 근심할읍 (緝)
⿱狄心 티 [척] 憂懼貌 두려워할척 (錫)
⿱狂心 광 [광] 詐也 거짓광 (漾)
悏 쳡 [협] 適意 뜻맞을협 (葉)

悇 위 [도][서] 懷憂貌 속끓일 도、喜也 기쁠 서 (魚)(虞)(賓)

悗 뭔 [문][만] 廢忘 잊어버릴 문 (阮) 疑惑 의혹할 만 (寒)

悕 씨 [회] 念也 생각할 회 (微)

悊 哲의 古字

悙 헝 [형][행] 悻ㅣ矜健貌 굳센체할 형、悵ㅣ疎率 추솔할 행 (敬)(庚)

㤗 데 [습][첩] 點貌 약은체할 습、志輕 경망스러울 첩 (葉)

悘 이 [예][의] 靜也 고요할 예、詳也 자세할 의 (霽)(支)

㤱 얍 [부] 暫怒 잠간 성낼 부 (有)

㤸 씨 [혁] 心自不安 맘 편치않을 혁 (錫)

悎 징 [고][곡] 驚也 놀랄 고、懼也 두려워할 곡 (效)(沃)

㤰 잉 [경] 怨也 원망할 경 (梗)

㤦 릐 [려] 蔑視 업신여길 려 (語)

㤯 싱 [형] 憶也 기억할 형 (靑)

忴 찐 [금] 心堅 맘단단할 금 (沁)

悃 쿤 [곤] 至誠ㅣ愊 지성스러울 곤 (阮)

㤿 한 [합] 恣也 방자할 합 (覃)

患 환 [환] 憂也 근심 환 (諫)

悁 좐 [견] 譬喩 비유할 견 (霰)

悍 한 [한] 急也 사나울 한 (翰)

悛 촨 [전] 改也 고칠 전 (先)

悄 챠 [초] 憂心ㅣㅣ 근심할 초 (篠)

悢 량 [량] 悲也 슬플 량 (漾)

恾 망 [망] 憂貌ㅣㅣ 걱정할 망 (陽)

悠 우 [유] 遠也 멀 유 (尤)

悉 씨 [실] 知也 알 실 (質)

悚 쑹 [송] 懼也 송구할 송 (腫)

悤 총 [총] 急遽 빠를 총 (東)

悀 융 [용] 怒也 성낼 용 (腫)

悝 리 [리][회] 悲也 슬퍼할 리、大也 클 회 (紙)(灰)

悟 우 [오] 覺也 깨달을 오 (遇)

悌 듸 [세] 善事兄 공경할 제 (霽)

悞 우 [오] 疑惑 의심할 오 (遇)

悔 훼 [회] 失敗 실패할 회 (賄)

悈 찌 [계][극] 警戒 경계할 계、急也 급할 극 (卦)(職)

悖 뻬 [패][발] 亂也 어지러울 패、盛貌 성할 패、발 義同 (隊)(月)

悧 俐과同

㤳 피 [비] 錯謬 어긋날 비 (支)

悋 린 [린] 慳也 아낄 린 (震)

㛞 룽 [롱] 愚直 고지식할 롱 (送)

悜 청 [정] 心不盡了 맘껏하지 못할 정 (梗)

悆 위 [여] 悅也 기쁠 여 (御)

㥦 쎄 [협] 思也 생각할 협 (葉)

悭 켱 [형] 違也 어긋날 형 (迥)

㤴 으즈 [지] 忘也 잊을 지 (寘)

㤵 뻬 [폐] 恃也 믿을 폐 (賄)

㤲 挫과同

㤺 툰 [탄] 愚也 어리석을 탄 (阮)

㤹 차 [子] 咎也 허물 子 (尤)

㤻 찌

기 恭也 공순할기 (寘)

八

惜 씨 석 愛也 사랑할석 (陌)

惆 착 추 失意 실심할추 (尤)

惏 란 람 림 貪也 탐할람、慄寒也 떨릴림 (覃)(侵)

惔 탄 담 憂也 근심할담 (覃)

惉 챤 첨 不和ㅣ화하지못할첨 (鹽)

⿱制心 따 달 驚也 놀랄달 (曷)

惚 후 흘 微妙不測恍ㅣ황홀할흘 (月)

惙 쒀 철 체 憂也ㅣㅣ근심할철 性急성미급할체 (屑)(霽)

⿰忄直 시 식 專也 오로지식 (職)

惢 사 쇄 쇄、지 疑也 의심낼쇄 (哿) 善也 착할지 (支)

⿰忄厓 애 애 恨也 한할애 (卦)

⿰忄咅 아 부 小怒貌 약간 성낸듯할부 (有)

悿 뎜 첨 心弱 맘약할첨 (琰)

⿰忄東 둥 동 愚也 어리석을동 (東)

惐 이 역 心痛 맘아플역 (屋)

⿱巷心 항 항 心志唐突 맘당돌할항 (絳)

⿰忄奇 끼 기 儉薄 검박할기 (支)

⿰忄隶 듸 태 恣也 방자할태 (隊)

⿰忄匊 쮜 국 謹也 삼갈국 (屋)

惞 同欣

惀 룬 론 思也 생각할론 (元)

⿰忄亞 아 아 心鬱 속답답할아 (禡)

⿰忄采 처 채 邪也 간악할채 姦惡 (賄)

悺 同悹

悽 처 처 悲也 슬퍼할처 (齊)

悾 쿵 공 강 誠也 정성스러울공 信也 믿을강 (東)(江)

悰 총 종 樂也 즐거울종 (冬)

悷 려 려 리 悲貌 慄ㅣ서러워할려、리 義同 (霽)

惇 뜐 돈 勉也 힘쓸돈 (元)

悶 뮌 민 懣也 민망할민 (願)

惛 훈 혼 迷忘 혼미할혼 (元)

惝 챵 창 驚貌ㅣㅣ놀란모양창 (養)

悵 창 창 望也根 섭섭할창 (漾)

情 칭 정 實也 실정정 (庚)

悻 쌍 행 狠怒 발끈성낼행 (迥)

惟 웨 유 謀也 꾀할유 (支)

悲 뷔 비 痛也 슬플비 (支)

悴 쮜 췌 憂也 근심할췌 (寘)

悸 끼 계 心動 마음두군거릴계 (寘)

惎 끼 기 毒也 독할기 (寘)

悱 븨 비 憤也 분할비 (尾)

惡 어 악 오 不善 악할악、憎也 미워할오 (藥)(遇)

惠 휘 혜 仁也 어질혜

悹 꽌 관 憂也 근심할관 (旱)

惓 권 권 謹也 삼갈권 (先)

惋 완 완 驚歎 놀라서 탄식할완 (翰)

⿰忄典 뎐 전 慚也 부끄러울전 (銑)

惘 왕 망 失意ㅣ憮 실심할망 (漾)

悼 또 도 悲也 슬퍼할도 (號)

惑 훅 혹 迷也 미혹할혹 (職)

惄 녀 [녁]飢意思也마음졸일녁 錫

惌 웬 [원][울]小孔僅ㅣ작은구멍빤할원 心氣鬱맘울적할울 物 元

惤 쎈 [견][현]布名베이름견 嚴也엄할현 先 銑

惕 척 [척]敬也공경할척 錫

㤿 옌 [염][엄]意氣多貌ㅣ憸의기많을체할염、心貌맘에달게여길엄 豔 監

㥄 렁 [릉]哀也슬퍼할릉 蒸

惪 悳와同

悳 德古字

㤼 [겁]怯俗字

惧 懼의俗字

㥊

평 [붕]怒貌부루퉁할붕 庚

㥇 탄 [탐]思也생각할탐 勘

𢝊 쭝 [홀]心志惘㦟망창할홀 月

㤹 씨 [석]謹也삼갈석 錫

𢜫 쭈 [구]怨也원망할구 有 尤

㝵 得과同

惃 큔 [곤]亂也어지러울곤 阮

㥏 찬 [잔]害也해할잔 寒

惉 테 [첩]安也편안할첩 葉

悢 량 [량]悲也슬플량 漾

惍 찐 [금]利也이할금 侵

㤫

ㅊ [치]心善맘착할치 紙

憽 쑹 [송]懼也두려울송 腫

㤃 왕 [왕]猛也모질왕 漾

惗 녜 [념]愛也사랑할념 葉

㥔 위 [육]心動마음동할육 屋

九

意 이 [의]義理의리의 寘

惴 쮀 [췌]憂懼ㅣㅣ근심하고두려워할췌 寘

愛 애 [애]仁之發사랑애 隊

愒 허 [할][개][계]恐之두렵게할할 喝通古音 急也급할개、息也쉴계 曷 泰 霽

㥑 위 [유]懼也두려워할유 虞

愚 위 [우]癡也어리석을우 虞

愉 위 [유][투]和悅기뻐할유、苟也구차할투 虞 尤

愆 옌 [건]過也허물건 先

惲 윈 [운]謀也꾀할운 吻

愈 위 [유]甚也심할유 麌

愞 놘 [난][연][나]弱也약할난、연 義同 怯也겁낼나 旱 軫 銑

愔 인 [음]深靜貌조용할음 侵

愀 챠 [초]ㅣ然풀이죽을초 篠

愗 마 [무]遇貌恂ㅣ어리석은모양무 有

愍 민 [민]悲也슬퍼할민 軫

惱 놔 [뇌]憂也걱정할뇌 皓

惰 떠 [타]怠也태만할타 哿

惹 어 [야]ㅣ起생각케할야 馬

愁 쳐 [수]憂也근심수 尤

愓 탕 [탕][상]放也방탕할탕、直疾貌빨리갈상 養 陽

惶 황 [황]懼也두려워할황 陽

想 썅 [상]心有所欲而思생각할상 職

惸 [경]憂也ㅣㅣ근심할경 庚

愕 어 악 阻礙不衣順 악지쓸악 (藥)

惺 씽 성 悟也ㅣㅣ 깨달을성 (梗)(靑)

惷 츈 준 亂也 어지러울준 (軫)

感 깐 감 動也 감동할감 (感)

慺 탁 怍也 헤아릴탁 (藥)

愊 삐 핍 픽 誠意 성의핍、誠悃ㅣ 정성스러울픽 (緝)(職)

⿰忄亟 지 극 急性 급한성품극 (職)

愎 피 팍 戾也 어그러질팍 (職)

惵 데 접 첩 危懼ㅣㅣ 두려울접 懼貌 두려워할첩 (葉)

⿱匧心 同愜

惻 쳐 측 痛也 아플측 (職)

愜 켜 협 快也 쾌할협 (葉)

愘 야 가 陰謀ㅣ誇 비밀히할가 (禡)

愢 씌 새 시 心不司合 맘에맞지않을새 謙也 겸손할시 (灰)(紙)

愮 야 요 相怨 서로원망할요 (效)

愄 외 외 心善 맘착할외 (灰)

愯 쑤 수 快也ㅣ活 쾌쾌할수 古音소 (號)

⿰忄禺 어 우 喜也 기쁠우 (虞)

愌 환 환 逆也 거스를환 (翰)

⿰忄癸 지 규 心之燥急 조급할규 (文)

⿰忄若 쉬 낙 心許 허락낙 (藥)

⿰忄省 셩 성 覺悟 깰성 (梗)

愇 웨 위 恨也 한할위 (尾)

惛 훈 혼 不憭 마음흐릴혼 (元)

⿰忄咠 지 집 心不斷行 맘끊지못할집 (緝)

⿰忄圭 치 체 小怒止也 약간성내고말체 (霽)

⿰忄彖 쑤 수 心藏 맘깊을수 (寘)

愝 옌 언 心狹 맘좁을언 (阮)

⿰忄象 쎄 휴 心不平 편치않을휴 (齊)

惼 뼨 편 急也 조급할편 (銑)

愭 히 희 心驚動 맘울렁거릴희 (陌)

⿰忄胥 쒸 서 智也 지혜서 (魚)

愅 껴 격 飾也 꾸밀격 (陌)

愖 썬 심 信也 믿을심 (侵)

惿 제 心弱 맘약할제 (齊)

⿰忄某 우 모 愛也 사랑할모 (虞)

⿰忄叟 쑤 수 困ㅣ氣臭薰鼻不通 냄새코찌를수 (有)

愃 쒼 선 훤 快也 쾌할선、寬雅 너그럽고아담할훤 (先)(阮)

十

愳 懼古字

慈 초 자 愛也 사랑자 (支)

愪 윈 운 憂也 근심할운 (軫)

慆 톺 도 悅也 기뻐할도 (豪)

慇 인 은 委曲ㅣ懃 은근할은 (文)

慍 원 온 怒也 성낼온 (吻)

⿰忄𡗗 체 心安寧ㅣ 맘편할체 (霽)

愼 신 思也 생각신 (震)

⿰忄圂 同慁

慁 훈 혼 憂也 근심할혼 (願)

愮 야 요 惑也 혹할요 (蕭)

慌 황 황 忘也 잊어버릴황 (養)

慂 융 용 勸也 권할용 (腫)

愾

씨 [회][개]犬息한숨쉴회、敵怒也성낼개(未)(隊)
愧 궤 [괴]慚也부끄러울괴(寘)
愫 쑤 [소]誠也정성스러울소(遇)
愬 쑤 [색][소]驚懼ㅣ놀랍고두려울색、告也고할소(陌)(遇)
愷 캐 [개]樂也즐거울개(賄)
愴 창 [창]悲也感ㅣ슬퍼할창(漾)
慊 켬 [겸][협]恨也한할겸、足也족할협(琰)(葉)
愿 원 [원]誠謹정성원(願)
慉 휵 [휵]養也기를휵(屋)
慄 리 [률]懼也두려울률(質)
愲 꾸 [골]心亂심난할골(月)
慴 쎄 [협]怯也겁낼협(葉)
愵 늬 [닉]憂也걱정할닉(錫)
愱 ㆁ지 [질]妒也미워할질(質)
愻 쓘 [손]順也겸손할손(願)
愺 찬 [초]心亂ㅣ恅심란할초(皓)
愨 커 [각]謹也삼갈각(覺)
愰 황 [황]明也밝을황(養)
[忄𤰈] ㆁ배 [비]疲極고달플비(卦)
愩 공 [공]自矜잘난체할공(送)
[忄原] 웬 [원]量也헤아릴원(元)
[忄𦐇] 타 [탑]意下뜻물러갈탑(合)
[广夾心] 쎄 [협]適合마음에맞을협(葉)
態 태 [태]姿也모양태(隊)
[忄虎] [이]不憂근심않을이(支)
[忄叟] 쑤 [소]憂也근심소(豪)
[忄皀] ㆁ예 [비]惡心악한마음비(支)
慅 쏘 [소][초]勞也수고로울소、초義同(豪)(皓)
[忄胥] 시 [설]弱心약한마음설(屑)
[耳心] ㆁ징 [경]憂也근심할경(梗)
[忄泰] 태 [태]驕慢맘반지빠를태(泰)
愭 ㆁ지 [기]恭也공손할기(支)
慃 앙 [앙]狠戾ㅣ[忄冓]어그러질앙(講)
[忄奚] 쎄 [해]心不平마음불평할해(佳)
[忄冓] ㆁ장 [강]狠戾慃ㅣ어그러질강(講)

十

慕 무 [모]思也생각할모(遇)
慧 혜 [혜]智也총명할혜(霽)
慔 무 [모]勉也힘쓸모(遇)
慱 퇀 [단]憂勞ㅣㅣ근심할단(寒)
慺 려 [루]勤懇ㅣ정성스러울루(虞)(尤)
[忄𤰈] ㅃ배 [비]疲極고단할비(卦)
慳 ㆁ갠 [간]吝也인색할간(刪)
慬 친 [근]僅也겨우근(文)
慨 캐 [개]悲也슬플개(隊)
慜 민 [민]聽也총명할민(軫)
慥 ㆁ잔 [조]相應서로응할조(號)
慷 캉 [강]激昂ㅣ慨강개할강(陽)(養)
慢 만 [만]怠也게으를만(諫)
憀 랸 [료]悲恨원망할료(蕭)
慣 꽌

관 習一 버릇관 (諫) 慓 퍞 표 急也 급할표 (蕭) 慘 참 조 참 痛也 憂也 아플참 근심할조 (寢)(感) 慾 워 욕 情所好 욕심욕 (沃) 慚 同慙 慠 오 倨也 거만할오 (號) 慳

늬 닐 닉 愧也 부끄러울닐 內怩 속으로부끄러울닉 (質)(職) 慙 찬 참 愧也 부끄러울참 (覃) 憂 우 우 居喪 장제된우 (尤) 慽 同慼 慼 처 척 哀也 슬플척 (錫) 慶

칭 경 강 善也 착할경、及也 이에강 (敬)(陽) 慝 터 특 邪也 간악할특 (職) 慵 숭 용 懶也 게으를용 (冬) 慰 웨 위 愉也 쾌할위 유 (未) 慟 퉁 통 哀過動心 애통할통 (送)

㤅 愛古字 慒 충 종 조 亂也 심란할종 慮也 생각할조 (冬)(豪) 憁 쭝 총 憁一失意貌 실심할총 (董)(送) 慫 쭝 종 驚也 놀랄종 (腫) 慮 려 려 憂也 근심할려 (魚)

惷 츙 용 충 장 창 生而癡騃 천지용本音송、愚也 어리석을충 癡騃 어리석고미련할창、愚也 어리석을장 (冬)(宋)(江)(絳) 慹 예 집 접 不動貌 꼼짝못할접 怖也 두려워할집、(緝)(葉) 慧 쎄

세 謹也 삼갈세 (霽) 慹 어 열 態也 모양열 (屑) 慯 쌍 상 痛也 앓을상 (漾) 慛 최 최 心傷 맘상할최 (灰) 㦹 양 양 恨也 한탄할양 (漾) 慞 쟝 장 恐懼 두려울장 (陽) 憯

잔 권 回顧 돌봐줄권 (霰) 慱 싸 하 오 志一怓 뜻없을하 誇也 자랑할오 (麻)(虞) 慛 찬 산 찬 全德也 착할찬 夥也 많을산 (潸)(諫) 慏 밍 명 寬心 맘너그러울명 (梗) 憉 뿡 봉 悅也 기뿔봉 (東)

慸 듸 채 心不安一怓 마음에불안할채 (齊) 慸 제 心不安 마음괴란할제 (霽) 慡 쌍 상 性明 성품밝을상 (漾) 憤 쳐 책 耿介 깨끗할책 (陌) 慗 리 리 憂也 근심할리 (支)

慴 예 접 怯也 겁낼접 (葉) 憇 同愒 (十一) 憲 쎈 헌 法也 법헌 (願) 憩 치 게 息也 쉴게 (霽) 憇 同憩 憓 훼 혜 愛也 사랑할혜 (霽) 憔 챠 초 瘦也 걱정에여윌조 (蕭)

憍 쟈 교 姿也 방자할교 (蕭) 憢 쌰 호 懼也 두려울효 (蕭) 憋 챵 창 驚貌一怳 깜짝놀랄창 (漾) 憬 쩡 경 遠也 멀경 (梗) 憎 쩡

증 疾也 미울증 (蒸)

憑 핑 빙 盛也 성할빙 (蒸)

[illegible] 쓘 준 선 劣弱못생기고약할준 悅也기쁠선 (軫)(霰)

[illegible] 씨 흡 心熱 맘뜨거울흡 (緝)

[illegible] 탕 탕 動也作事 움직여일할탕 (養)

[illegible] 산 년 心強而弱 맘강한듯하고약할년 (霰)

憰 쒜 훌 權詐 속일훌 (屑)

[illegible] 허 한 훌 찬 寢熱 잠들할 睡覺 잠깰훌 (黠)(月)(旱)

憞 룬 돈 心暗 맘어둘돈 (元)

憦 랖

로 悔也 뉘우칠로 (號)

憣 얜 반 心變動 맘불편할반 (刪)

[illegible] 씨 시 心怯 겁낼시 (支)

憭 랴 료 照察 밝힐료 (篠)

[illegible] 쒸 허 志怯 겁할허 (魚)

[illegible] 릐

려 多言 잔말할려 (齊)

[illegible] 화 획 不慧 미련할획 (陌)

[illegible] 취 체 ㅣ問 점칠체 (霽)

[illegible] 매 매 心不平 맘불편할매 (佳)

[illegible] 빼 발 怒氣 성미일어날발 (曷)

[illegible] 쳐

책 小痛 약간아플책 (陌)

憋 빼 별 急性 조급할별 (屑)

憟 쑤 속 承上顏色 웃사람의기색맞출속 (沃)

[illegible] 愆의 俗字

[illegible] 딴 탄 地名ㅣ狐 땅이름탄 (覃)

憙 씨

회 悅也 기뻐할회 (賄)(紙)

憮 우 무 失意ㅣ然 실심할무 (麌)

憧 둥 동 意不定 뜻정하지못할동 (冬)(送)

憤 쁜 분 懣也 분할분

憒 쾌 궤 愚也 어리석을궤 (隊)

憖

인

은 問也 물을은 (震)

憝 뙈 대 惡也大ㅣ 미워할대 (隊)

憊 빼 비 困也 노곤할비 (卦)

憫 민 민 憂也 근심할민 (軫)

憚 탄 탄 勞也 수고로울탄 (旱)

憪 쎈

한 不安貌 편치못한모양한 (刪)

憉 펑 팽 矜健ㅣ悙 굳센체할팽 (庚)

憐 련 련 愛也 사랑할련 (先)

憛 탄 담 탐 憂思 염려할담、惶遽 두려울탐 (庚)(勘)

憯 憯와同

憯

찬

참 첨 痛也 아플참、恀也ㅣ怛 슬퍼할첨 (感)(琰)

憕 칭 증 心平靜 맘갈아앉을증 (蒸)

戁 난 난 愧而面赤 부끄러워 얼굴붉을난 (潸)

憨 감 愚痴 어리석을감 古音함 (覃)

慤 커 각 善也 착할각 (覺)

[illegible] 화 화 心侈 맘사치스러울화 (麻)

憱 츄 추 迫也 핍박할추

憏 제 悽ㅣ未定者 요량없을제 (霽)

十三

懂 동 心亂 심란할동 (董)

憷 추 [초]痛也 아플초(語)
懅 쥐 [거]懼怯 겁낼거(御)
懃 친 [근]親切 친절할근(文) 친
懈 ᄋᆌ [해]懶怠 게으를해 古音개(卦)
懇 컨 [간]親切 친절한간 친
懁 환 [환][현]還也 돌아올환 急也 급할현(刪)(先)
憶 이 [억]念也 생각억(職)
⿰忄業 예 [업]懼也 두려울업(葉)
憼 경 [경]敬也 공경할경(敬)
懆 잔 [조]憂也ㅣㅣ 근심할조(皓)
憿 얖 [요]希覬 바랄요 非望ㅣ倖 요행요(蕭) 僥同
懀 훼 [회]嫌惡ㅣ懶 혐의로 미워할회(泰)
懘 지 [제]困憊 고달플제(霽)
⿰忄禁 진 [금]心堅固 마음견고할금(寢)
懏 준 [준]敏也 민첩할준(震)
憴 쎵 [승]戒也ㅣㅣ 경계할승(蒸)
憻 탄 [탄]平安 편안할탄(旱)
憺 딴 [담]靜也 고요할담(感)(勘)
懌 이 [역]悅也 기꺼울역(陌)
懊 오 [오]恨也 한할오(號)
憸 쏀 [험][섬]詖也 간사할험、利口接也 아첨할섬(琰)(鹽)
憹 노 [노]痛悔 懊ㅣ 뉘우칠노 (或音농)(皓) 惱、嫐同
懋 뫄 [무]勉也 힘쓸무(有)
懍 린 [름]警也 공경할름(寢)
憾 깐 [감]恨也 한할감(感)(勘)
應 잉 [응]物相感 응할응(徑)(蒸)

十四

懢 란 [람]婪也ㅣ 탐할람(勘)
懕 옌 [염]ㅣㅣ安也 편안할염(鹽)
懖 꽈 [괄]善自用 임의로할괄(曷)
懫 삐 [반]敬也 공경할반(願)
⿱與心 쥐 [여]恭敬 공경할여(語)
⿱與心 ⿱與心同
⿱貌心 먀 [막]美也 아름다울막(覺)
懡 마 [마]ㅣ懼慚也 부끄러울마(哿)
懝 애 [애]小兒有知 영민할애(隊)
懚 인 [은]依賴他人 남에게의뢰할은(問)
⿱貍心 메 [매]怜悧 영리할매(佳)
懥 지 [치]忿ㅣ怒也 성낼치 古音치(寘)
懟 뛔 [대]怨也 원망할대(隊)
懜 멍 [몽][맹]無知ㅏ지식없을몽 不明ㅣ 밝지못할맹(董)(徑)
懧 懦同
懦 수 [유][연][나]弱也 약할유、잔약할연、劣弱 柔也 부드러울나(虞)(銑)(箇)
懠 치 [제]怒也 성낼제(霽)
懘 치 [체]音敗 목쉴체(霽)
懵 懵同
懣 만 [만]煩也 번거로울만(旱)(阮)

十五

懭 광 [광]猛也 모질광(養)
⿰忄察 차 [찰]明也 밝힐찰(黠)
⿰忄慮 뤼 [저]憂也 思深 생각깊을저
⿰忄樂 樂의 俗字

懮 우 [유]舒遲貌옹용 스러울유(有)

懬 광 [광]虛也 빌광(漾)

懪 뽀 [박]悶也답 답할박(覺)

[illegible] 쏘 [소]性疎성품 소활할소(號)

憽 쑹 [숭]慧也영 민할숭(東)

懱 메 [멸]輕易업신 여길멸(屑)

懫 ᅌ져 [치]忿戾분낼 치古音지(寘)

懩 양 [양]望也 바랄양(養)

懰 릐 [류]好也 예쁠류(有)

懲 칭 [징]ㅣ創戒也 징계할징(蒸)

⑯

懸 현 [현]遠也 멀현(先)

懶 래 [뢰][란]臥也누울 뢰、란 義同(泰)(旱)

懶 난 [란]懈怠게 으를난(旱)

㦡 리 [력]心所営경 영할력(錫)

懿 同懿

[illegible] 웨 [위]睡語잠 꼬대할위(霽)

[illegible] 룽 [롱]戾也뒤 돌아올롱(董)

[illegible] 쎈 [헌]悟也깨 달을헌(元)

[illegible] 쎄 [해]忖度헤 아릴해(卦)

懵 멍 [몽]心亂ㅣ懂 심란할몽(董)(送)(東)

[illegible] 머 [막]陵也업신 여길막(覺)

懷 홰 [회]念思생 각할회(佳)

⑰

㥯 인 [은]哀也슬 퍼할은(吻)

[illegible] 뽀 [박]煩悶답 답할박(覺)

懹 샹 [양]忌彈꺼 릴양(漾)

懻 ᅌ지 [기]狠也ㅣ忮 사나울기(寘)

懺 찬 [참]戒也 회계할참(陷)

⑱

懼 ᅌ쥐 [구]恐也 려워할구(遇)

[illegible] 씨 [휴]二心두맘 먹을휴(齊)

懽 환 [환]喜也 기꺼울환(寒)

[illegible] 튱 [충]ㅣㅣ憂也 근심할충(東)

懾 섭 [섭]怯也 겁낼섭(葉)

[illegible] 쟉 [초]性急성품 급할초(嘯)

[illegible] 쌍 [쌍]懼也두 려울쌍(江)

懿 이 [의]大也 클의(寘)

⑲

[illegible] 머 [마]心病심화 병날마(歌)

[illegible] 차 [찰]慒ㅣ心慢怠 게으를찰(曷)

[illegible] 쎄 [섭]志輕帆경망 스러울섭(葉)

[illegible] 러 [라]慚也[illegible]ㅣ 부끄러울라(哿)

戁 난 [난]敬也 공경할난(潸)

戀 렌 [련]慕也 사모할련(霰)

⑳

戃 땅 [낭]驚貌깜짝 놀랄당(養)

戄 훠 [확]驚懼놀랍 고두려울확(藥)

㉔

[illegible] 링 [령]心了點貌맘 약은체할령(青)

戇 ᅌ장 [당]愚也어 리석을당(絳)

㉕

[illegible] 만 [면]恐也두 려울면(諫)

戈部

戈 꽈 [과]戰爭창과 전쟁과(歌)

①

戊 뭐 [무]物茂盛也 물건무성할무(宥)

戉 웨 [월]星也 별이름월(月)

②

戎 슝 [융]兵也 군사

(東) 융

㦱 [子] 矛飾창꾸말子 (尤)

戌 술 [술] 犬也개술 (質)

戍 수 [수] 守邊수자리수 (遇)

三

我 워 [아] 吾也己稱나아又우리아此也이아 (哿)

成 청 [성] 為也될성 (庚)

戒 졔 [계] 驚也경계할계 (卦)

四

或 훠 [혹] 未定辭아마혹 (職)

戕 쟝 [장] 殺也죽일장 (陽)

戔 찬 [전][잔] 委積ㅣㅣ쌓을전 傷也상할잔 (先)(寒)

𢦏 哉의俗字

五

𢦷 戚同

𢧁 [주] 殺也죽일주 (虞)

六

𢦶 꺼 [격] 闘也싸울격 (陌)

戙 퉁 [동] 船板배널판동 (送)

𢧐 졘 [점] 盡也다할점

𢧢 한 [한][간] 盾也방패간義同 (翰)(寒)

七

戚 치 [척] 親也겨레척 (錫)

八

戟 지 [극] 有枝戈갈래진창극 (陌)

戞 戛俗字

九

戢 치 [집] 止也그칠집 (緝)

𢧜 배 [벌] 盾也방패벌 (月)

戣 퀘 [규] 戟屬양지창규 (支)

戡 칸 [감] 勝也이길감 (覃)

戥 [등] 小衡작은저울등

𢧵 양 [양] 戈也창양 (陽)

十

截 졔 [절] 斷也끊을절 (屑)

戨 꺼 [가] 杙也말뚝가 (歌)

戩 쟨 [전] 盡也다할전 (銑)

十一

戮 루 [륙] 殺也죽일륙 (屋)

𢨉 截과同

戭 인 [인] 長戟긴양지창인 (軫)

𢨋 융 [용] 兵器癸戈也양지창용 (冬)

十二

戰 잔 [전] 闘也싸움할전 (霰)

戯 戲俗字

戦 戰의俗字

十三

戲 씌 [희][휘][호] 兵也병기희 大將旗기휘 哀傷辭嗚ㅣ서러울호 (寘)(支)(虞)

戫 [욱] 文也문채날욱 (屋)

十四

戴 대 [대] 推ㅣ모실대 (隊)

戳 취 [착] 刺也槍ㅣ창으로찌를착 (覺)

十五

戱 씌 [희] 相笑貌서로웃을희 (支)

十六

戵 취 [子] 戟屬四出矛네가지진창子 (虞)

戶部

戶 후 [호] 室口지게호 (麌)

一

戹 어 [액] 戶小門뒤창문액 (陌)

三

戺 쓰 [사] 待樞木名落時문설주사 (紙)

𢨛 戺同

戼 卯의本字

㦿 이 [이] 鎖門橫木빗장이 (支)

四

所 쇠 [소] 語辭바소 (語)

房 빵 [방] 室在旁방방 (陽)

戾 례 [려][렬] 乖也어그러질려 斜曲휘어질려義同 (霽)(屑)

扆 이

[급]門鍵 문자물쇠 급(緝)

戽 뗘 [호]舟中渫水器ㅣ斗 배에물퍼는박 호(遇)

戼 열 [모]開也 열 모(巧)

(五)

帍 ㅇ쟈 [자]地名 땅이름 각(藥)

扁 편 [편][변]人名輸 사람이름 편, 卑也

낯을 변(先)(銑)

扃 ㅇ징 [경]門戶 문 경(庚)

扂 뎬 [점]閉門 문잠글 점(琰)

[illegible] 꺼 [갑]閉戶聲 문닫는소리 갑(合)

(六)

扇 싼 [선]扉也 문짝 선(霰)

[illegible] [한]閾也 문지방 한(霰)

扅 이 [이]門局 문문빗장 이(支)

扆 이 [의]屛風 병풍 의(尾)

(七)

扈 후 [호]後從 호위할 호(麌)

(八)

扊 얜 [염]戶局 문빗장 염(琰)

[illegible] ㅇ비 [비]屋壞 무너질 비(紙)

扉 쀠 [비]閉也 닫을 비(微)

(十一)

[illegible] ㅇ잔 [잠]屋上 지붕 잠(陷)

支部

支 ㅇ지 [지]持也 지탱할 지, 度也 헤아릴 지(支)

(二)

攱 [기]傾也 기울 기(寘)

(五)

[illegible] ㅇ직 [괴]掎也 버틸 괴(紙)

[illegible] [저]隱也 숨을 저

(六)

[illegible] 치 [기]傾也 기울 기、(支)

[illegible] ㅇ지 [지]多也 많을 지(支)

豉 츠 [시]以調五味 양념할 시(寘)

(七)

[illegible] ㅇ지 [기]木別生 움틀 기(支)

鈘 [추][기]不齊 가지런하지않을 추、垂也 드리울 기(支)

(八)

攲 ㅇ지 [기]不正也 비뚤어질 기(支)

(十)

[illegible] ㅇ지 [지]弓勁 활강할 지(支)

(十二)

[illegible] 씬 [심]長也 길 심(侵)

[illegible] 리 [리]正也 바를 리(寘)

(十六)

[illegible] 치 [기]攱危嶇不正 기울어질 기(支)

手部

手 쓔 [수]擊也 손 수(有)

才 채 [재]藝也 재주 재(灰)

(一)

扎 ㅇ자 [찰]拔也 뽑을 찰(黠)

(二)

打 다 [타][정]擊也 칠 타, 정義同(馬)(梗)(迥)

扐 릐 [륵]筮者著蓍指間 손새에시초낄 륵(職)

扒 빼 [배]拔也 뽑을 배(卦)

扔 ᅌᅵᆼ [인][잉]推也 꺽을 인、引也 당길 잉(震)(蒸)

扑 푸 [복]小擊 적게칠 복(屋)

扖 끼 [입]狹也 끼울 입、

[illegible]

[구] 柔持 부드럽게쥘구 (尤) **扟** 검 [검]、[규] 手持 앗을검、규 義同 (譙)(尤)

❸

扞 우 [우] 持也 가질우 (虞) **托** 탁 [탁] 手推 밀탁 (藥) **扨** 근 [근] 覆也 덮을근 (問) **扟** 씬 [신] 減也 감할신 (眞) **村** 촌 [촌] 斷也 끊을촌 (阮) **扝** 후 [호] 引着 끌어당길호 (虞) **扸** 빠 [굴] 以杖掘物 막대로팔굴 (物) **扡** 터 [타][시] 曳也 끄을타 시 義同 (智)(歌)(眞)

扤 우 [올] 不安 불안할올 (月) **扢** 치 [흘] 摩也 만질흘 (月) **扠** 차 [차] 刺取 찌를차 (麻) **扚** 위 [작][조]、[약] 旁擊 곁매칠작、速擊 빨리칠조、手指節文 손마디금약 (藥)(篠) **扱** [인] 發語辭 그러하나인 **扙** 따 [대][해] 腕骨 팔목뼈대、移也 옮길해 (泰)

❹

投 투 [투] 進也 나아갈투 (尤) **抩** [탐] 抃持 함께가질탐 (覃) **抛** 방 [방] 相似 서로같을방 (養)

拘 拘俗字 **抍** 청 [승] 擧上也 들어올릴승 (蒸) **抌** 연 [침] 推也 밀칠침 (沁) **扫** 후 [골][홀] 穿也 뚫을골 裂也 찢을홀 (月) **扢** 에 [개] 磨也 갈개 (隊) **技** 에 [기] 方術 술법기 (紙) **抐** 누 [눌] 搵ㅣ按物水中 물에담길눌 (月) **抵** 으 [지] 側擊 옆으로칠지 (紙) **扵** 於俗字 **批** 피 [비][별] 擊也 칠비、觸擊 ㅏ逆鱗 부딪칠별 (紙)(齊)(屑)

抉 계 [결] 剔也 긁을결 (屑) **扭** 뉴 [뉴] 按也 누를뉴 (有) **抖** 떠 [두] 擧索物 ㅏ擻 들두 (有) **扴** 에 [갈] 刮也 긁을갈 (黠) **扼** 어 [액] 握也 잡을액 (陌) **扶** 약 [부] 地名 땅이름부 (虞) **抎** 원 [운] 失也 잃을운 (吻) **扻** 으 [자] 治髮 머리털빗을자 (眞) **找** 짜 [조][화] 補充 채울조、尋也 찾을화 (巧)(麻) **扱** 차 [급][삽] 斂持 걷어가질급、擧也 들삽 (緝)(洽)

抃 빤 [변] 歌舞之節 손장단칠변 (霰) **抄** 차 [초] 又也 가릴초 (效) **把** 빠 [파] 執也 잡을파 (馬) **抔** 퍼 [부] 手掬 줌부 (尤) **扯** 처 [차] 裂破 찢어버릴차 (馬) **扮** 얀 [분][반] 混也 섞을분、打ㅏ裝飾 꾸밀반 (文)(諫) **抆** 원 [문] 摩也 만질문 (問) **抏** 완 [완] 消耗 모지라질완 (寒) **折** 에 [절][설][제] 斷之 절단할절、安徐貌 천천할설、제 (屑)(齊) **承**

청 승 繼也 이을승 蒸

抒 쓔 서 저 取出 끄낼서 挹也 당길저 語

扝 야 아 不正貌 扠ㅣ 비뚜룸할아 麻

扳 판 반 引也 끌반 刪 諫

抓 조 搯也 움킬조 效

抗 항 항 拒也 항거할항 漾

抁 옌 연 動也 움직일연 銑

抈 웨 월 動也 움직일월 月

抜 봘 발 擊也 칠발 曷

扲 옌 겸 記也 적을겸 監

抑 이 억 退也 물러갈억 職

五

拖 터 타 引也 이끌타 歌

拕 拖와同

拑 쳼 겸 ㅣ口 자갈먹일겸 監

抯 여 저 攎取 전저낼저 馬

抱 빠 포 執也 잡을포 皓

拘 쥐 구 執也 잡을구 虞

拊 부 부 拍也 칠부 麌

拄 쥬 주 從旁指 손가락질할주 麌

抽 쳐 추 引也 당길추 尤

抪 뿌 포 擊也 칠포 遇

抦 병 병 持也 잡을병 梗

拍 퍼 박 搏也 칠박 陌

担 딴 단 걸 담 拂也 떨칠단 擧也 들걸 担〔手部十三畫〕과同 旱 月 勘

拂 부 불 필 塵具 먼지채불 物 質

拇 무 무 手大指 엄지손가락무 有

拋 팦 포 車發石機 돌쇠뇌포 肴

拌 빤 반 揖棄 버릴반 寒

拓 텨 척 斥開 열척 又 헤칠척 藥

拒 쥐 거 구 格也 다닥칠거 陳名 左右ㅣ 진이름구 語 麌

抨 평 평 彈ㅣ 揮也 난택할평 庚

拗 야 요 心戾 마음어그러질요 巧

扼 어 액 抑也 누를액 陌

拈 녠 념 捻也 指取物 집을념 監

抶 이 질 撻也 笞擊 종아리칠질 質

抹 머 말 塗也 바를말 曷

拙 졔 졸 不巧 못생길졸 屑

拎 링 령 懸持 찍어올릴령 青

抭 와 요 유 擧物臼中 들어낼요 引也 끌유 篠 尤

拉 랍 摧折 꺾을랍 合

押 압 갑 轉也 도울압 단속할갑 洽

抾 취 거 持去 가저갈거 魚

拆 탁 開也 열리는탁 陌

披 피 피 分也 나눌피 紙

抮 연 진 引戾 휘어잡을진 軫

抵 디 저 지 拒也 막을저 擊也 칠지、 紙 齊

㧅 혈 擊也 칠혈 質

拏 나 녀 나 牽引 이끌녀 連引 연좌될나 魚 麻

批 츠 자 제 以擧加人 주먹질할자、제義同 紙 齊

拜 빼

[배]禮也 예배할배 (卦)

拔 빠 [발][패]除也 제할발 廻拂取 휘어꺾을패 (黠)(曷)(隊)

招 쟈 [초][교]手呼 손짓할초 擧也 들교 (蕭)

⿱此手 이 [자]積也 쌓을자 (寘)

抻 쌍 [신]展也 펼신 (震)

拚 뻔 [번][반][변]飛也 번득할번、棄也 버릴반 手舞貌 손으로춤추는모양변 (元)(寒)(霰)

拐 [괴]誘也 유인할괴 (蟹)

抳 늬 [니]止也 그칠니 (紙)

拃 쟌 [잔]攢也 모들잔 (潸)

⿰扌必 삐 [필][비]刺也 찌를필 戲擊 열러칠비 (質)(寘)

抬 태 [태]擧也 들태 (灰)

抺 [매]摸也 더듬어찾을매 (隊)

抧 [지][채]開也 열지 也칠채 (紙)(蟹)

⿰扌四 탕 [장]整而不亂 정제할장 (漾)

(六)

持 츠 [지]執也 가질지 (支)

拫 헌 [흔]引也 끌어당길흔 (元)

拭 씨 [식]刷也 다듬을식 (職)

拾 [습][접][십][섭]收也 주울습、叓也 갈마드릴접、十也 열십 什同 오를섭 (緝)(葉)

挖 와 [알]穿索挑ㅣ 우벼낼알 (曷)

拹 쎄 [협][랍]折也 꺾을협、拉也 꺾을랍 (合)(葉)

挋 젼 [진]拭也 훔칠진 (震)

⿰扌先 쎤 [선]手捻物 揳ㅣ 비밀선 (銑)

拵 츈 [존]調和 조합할존 (願)

挆 떠 [타]落帆 배돛내릴타 (哿)

採 採와同

捒 쌱 [채][착]擇取物 가릴색 扶也 붙일착 (陌)(覺)

挎 꾸 [고]以指納孔而持 구멍에손가락에넣어잡을고 (虞)

⿰扌危 꿰 [궤][위]毁撤 헐어버릴궤 懸也 달위 (紙)(尾)

⿰扌州 착 [추]手弾 손으로퉁길추 (尤)

⿰扌任 인 [님]調弓貌 搦ㅣ 활바로잡을님 (寢)

⿰扌休 쓔 [호]拔去田草 김맬호 (豪)

挏 퉁 [동]推引 밀며끌동 (董)

⿱巩手 궁 [공]兩手取物 두손으로잡을공 (腫)

拱 궁 [공]斂手垂ㅣ 길잡을공 (腫)

⿰扌戎 숭 [잉]助也 도울융 困也 인할잉 (東)(蒸)

拲 궁 [공][국]兩手同械 수갑지를공、국義同 (腫)(沃)

指 즈 [지]手端 손가락지 (紙)

拴 챤 [전]練也 가릴전 (先)

挑 댜 [조][도][서]引出 끌어낼도、引調 돋아날조 抒物器 구기서 (豪)(蕭)(篠)

挐 나 [나][녀]紛ㅣ 분나할나 煩也 번거러울녀 (麻)(魚)

拽 예 [예][열]拖也 끄을예 잡아끌열 (霽)(屑)

挈 치 [계][설]絶也 이지러질계 提也 끌어당길설 (霽)(屑)

⿰扌灰 훼 [회]相擊 서로칠회 (灰)

按 안 [안][알]遮也 막을안 抑也 누를알 (曷)

挂

꽈 [패]懸也 걸패(卦) 拳 찬 [권]屈手 주먹권(先) 挍 ㅇ쟢 [교]檢也검사할교(效) [illegible] ㅇ제 [채]手度物 뼘잴채(陌) 拷 칸 [고]打也―掠 두드릴고(皓) 拿 나 [나]捕

也잡을나(麻) 拯 청 [증]助也 도울증(蒸) 挃 ㅇ저 [질]穫聲――수확하는소리질(質) ⿰扌亘 훠 [궁]引急 휘챌궁(蒸) 拮 ㅇ지 [길][결]手口共作―据길거할길、결義同(質)(屑) 挌

꺼 [격]擊也 칠격(陌) 拶 ㅇ잔 [찰]逼排―서로다닥칠찰(曷) 挒 레 [렬]拗也 비틀열(屑) ⿰扌百 拍과同 括 꽈 [괄]會也 모을괄(曷) 拸 ㅇ지 [치]去也 버릴치 拹

[日]裂也 뜯을렬 拃 [日]作業 일할치 ⿰扌充 [충]⿰足非也 찔충(送) ⿰扌亥 [해]減也 감할해(賄) 揁 捐俗字 ⿰扌旬 [현][횡]擊也칠현 揮也휘두를횡(紙)(霰) ⑦ 挭 [경]覺也깨우칠경(梗)

振 ㅇ전 [진]收也 거둘진(震)(眞) 挫 척 [좌]摧也 꺾을좌(箇) 挮 티 [체]去涕淚 눈물씻을체(齊) 挶 ㅇ쥐 [국]持也 잡을국(沃) ⿰扌夅 ㅇ쟝 [항]帆雙立 쌍돛달항(江)

挾 쎄 [협]轉也 도울협(葉) 捗 뼈 [척]打也칠척(陌) [보]進也나갈보(遇) 捏 녜 [날]捺也 찍을날(屑) 捋 라 [랄]以指歷取 취할랄(曷) 挹 이 [읍]取出 끄낼읍(緝)

捖 꽈 [완]摩切 긁을완 本音환(寒)(旱) 挴 메 [매]貪也 탐할매(賄) 捀 ㅇ뻐 [봉]奉也받을봉(宋) 挰 딩 [정]擇也 가릴정(庚) 挪 놔 [나]揉物搓 잡아휠나 挪

예 [야]擧手相弄―揄 손들어서로희롱할야(麻) 挺 텽 [정]直也 곧을정(迥) 捉 ㅇ쥐 [착]捕也 잡을착(覺) 捝 뎌 [탈]拭也[세]除也 씻을세 제할탈(曷)(霽) 捏 揑同 ⿰扌秀

쑤 [숙]引也 이끌숙(屋) ⿰扌身 컹 [갱]引伸기지개켤갱(庚) 捇 허 [혁]掘土흙 팔혁(陌) ⿰扌里 ㅇ재 [재]掌擊손바닥에받을재(齊) ⿰扌爪 데 [접]手摩物 비빌접(葉) ⿰扌我 어

뜨 [아]碎也부서뜨릴아(禡) ⿰扌冏 [납]魚食貌고기밥먹는모양납(勘) 掊 쿼 [부]手搠 움큼부(尤) ⿰扌禿 두 [독]以杖刺之지팡이로찌를독(屋) 捌 빠 [팔]分也 나눌팔(黠) 捊

부 [부] 引取 당길부 (尤) 掴 쥐 [작] 앞뒤로 얽을각 (覺) 拖 旋俗字 挿 同揷 捅 통 [통] 引也 당길통 (董) 掓 칙 [子] 護也 호위로할子 (虞) 捒 삭

[수][송] 裝裝速 묶을수 (遇)(腫) 捂 우 [오] 逆也 거스를오 (遇) 挨 애 [애] 擊背 등칠애 (蟹) 捕 뿌 [포] 逮ㅣ擒捉 사로잡을포 (遇) 搴 건 [근] 舒也 펄근 (吻) 捘 쥐

[뇌][쇠][나] 按揉 비빌뇌、만질쇠、摧也 꺾을나 (灰)(歌) 捃 쥔 [군] 拾取ㅣ 주울군 (問) 抄 싸 [사] 手挼摩 만질사 (歌) 𢭃 뚜 [두] 腕骨之一 팔목뼈두 (有) 捘 쥔 [준] 按也 안험할준 (眞)(願)

捍 한 [한] 衛也 호위할한 (翰) 拚 빤 [반][번] 棄也 버릴반 飛也 날번 (寒)(元) 挽 완 [만] 引也 당길만 (阮) 捆 큰 [곤][혼] 叩椓 두드릴곤 取也 취할혼 (阮)(元) 挻 옌

[연] 引也 이끌연 (先) 捐 웨 [연] 棄也 버릴연 (先) 挲 同抄 捈 투 [도] 引也 당길도 (虞) 捎 쏘 [소] 除也 덜소 (肴)(蕭) 捁 쟈 [교] 亂之 어지럽게할교 (巧)

八

採 채 [채] 取也 취할채 (賄) 掛 꽈 [괘] ㅣ置 달아둘괘 (卦) 掠 랴 [략][량] 刦財ㅣ奪 노략질할략 奪取 齒ㅣ 빼앗을량 (藥)(漾) 掃 쏘 [소] 拚除 酒쏠소 (皓)(號) 捨 [사] 釋也 놓을사 (馬)

掌 쟝 [장] 手心 손바닥장 (養) 探 탄 [탐] 取也 취할탐 (覃) 授 쒸 [수] 予也 줄수 (有)(宥) 掫 쩌 [추] 擊也 칠추 (尤) 捱 예 [애] 拒也 막을애 (佳) 据 [거] 依也 의지할거 (魚)

接 졔 [접] 會也 모을접 (葉) 掣 치 [체][철] 挽也 당길체、曳也 끌철 (霽)(屑) 措 추 [조][책] 擧也 들조、錯通 追捕 좇아잡을책 (遇)(陌) 掜 이 [예] 捉也 잡을예 (薺) 排 패

[배] 安置 편안히 둘배 (佳) 捥 완 [완] 臂也 팔뚝완 (翰) 捭 패 [패][벽] 兩手擊 두손으로칠패、開也 열벽 (蟹)(陌) 捼 워 [뇌][나] 手摩 만질뇌 抄也 문댈나 (灰) 掍 훈 [혼] 同

也 같을혼 (阮) 掀 쎈 [흔] 擧也 들흔 (元) 捫 먼 [문] 摸也 잡을문 (元) 掤 쨔 [조] 刺也 찌를조 (篠) 捲 쥔 [권] 收也 거둘권 (先) 掔 [완] 引挽 끌어당길완 (翰) [견] 義同 선 (先)

掙 쟁 [쟁] 刺也 찌를쟁 敬 **掉** 됴 [도] 振也 떨칠도 豪 **掁** 청 [쟁] 擊也 칠쟁 庚 **掤** 빙 [붕] 箭筩蓋 전통뚜껑붕 蒸 **掞** 싼 [섬] 疾動 번쩍할섬 豔 **掅** 칭 [청] 捽也 꺼

두를청 徑 **掊** 부 [부] 減也 덜부 有 **掩** 엄 [엄] 閉也 닫을엄 琰 **捦** 친 [금] 急持 움킬금 侵 **掬** 국 [국] 兩手撮物 움큼국 屋 **掏** 탄 [도] 擇也 가릴도 豪 **掘** 쿠

[굴][궐] 特起貌 우뚝할굴 堀通, 穿也 뚫을궐 物 月 **捽** 쭈 [졸] 持頭髮 꺼두를졸 月 **捺** 나 [날] 押印 도장찍을날 曷 **掴** 꾸 [고] 縣名 一陽 고을이름고 遇 **掆** 깡 [강] 擧也 들강 陽 **掽**

빙 [평][병] 隨從 좇을평、除也 제할병 庚 敬 **捵** 텬 [전] 手伸物 손으로 굽은것 바로잡을전 銑 **掚** 량 [량] 整飾 정제하게 꾸밀량 養 **掗** 야 [아] 強給 억지로줄아 禡 **掭** 린 [름] 殺也 죽일름

掟 뎡 [정] 敎令 영감정 徑 **掝** 획 [혹][획] 惛也 흐리멍덩할혹、裂也 찢을획 職 陌 **摶** 쫜 [순][단] 望也 絕取正 줄떼어다림볼순、단義同 霰 寒 **[illegible]** 판 [파] 披散 헤칠파 歌 **捧**

[華] 一鼻 코풀행 **[illegible]** 당 [쟁] 引也 끄을쟁 庚 **捿** 씨 [서] 幽居 살서 齊 **[illegible]** 데 [특] 擊打 쥐어박을특 職 **[illegible]** 반 [표] 分與 나누어줄표 嘯 **掿** 워 [악] 彈也 퉁길악 覺 **掇** 뒤

[철] 採也 캘철 曷 **捩** 레 [렬] 撕也 끌렬 屑 **捷** 졔 [첩] 報勝 이길첩 葉 **掐** 챠 [겹] 爪刺 집을겹 洽 **掖** 예 [액] 以手持人臂 곁들액 陌 **捻** 녜 [녑] 手搓 손비빌녑 葉 **[illegible]**

츠 [지] 投也 던질지 寘 **[illegible]** 후 [홀] 去塵 먼지털홀 月 **[illegible]** 타 [답] 縫指衣 골무답 合 **捬** 야부 [부] 慰也 위로할부 麌 **[illegible]** 과 撾同 **捬** 야부 [부] 腕骨之 팔목뼈부 寘 **[illegible]** 搒의 本字

捧 뽀 [봉] 兩手承 받을봉 腫 **捶** 취 [추][타] 擊也 칠추、忖度 헤아릴타 紙 **推** 퉤 [퇴][추] 擠也 밀퇴 灰、排也 가릴추 支 **控** 쿵 [공][강] 引也 당길공、打也 칠강 送 講 **掎** 이지

[기] 偏引 치우처당길기 紙 **掄** 룬 [륜][론] 擇也 고를륜 眞、론義同 元 **掾** 우쥐 [탁] 推也 밀탁 覺 **掂** [접] 衡也 무게달접 豔

九

揯 껀 [긍] 急引 켕길긍 蒸 **揍** [추] 揷也 꽂을추 宥

挭 껑 [경]大略 대개경 梗
揆 퀘 [규]度也 헤아릴규 紙
揄 위 [유]引也 이끌유 虞
揩 캐 [개]摩拭 물질러 훔칠개 佳
揗 쓘 [순]摩也 만질순 眞
揵 옌 [건]擧也 들건 阮 先
揾 원 [문]拭也 씻을문 吻
換 환 [환]交易 교역할환 翰
揀 옌 [간][련]分別之 가를간 東通 련義同 潸 霰
㨎 완 [연]碎也 부스러뜨릴연 先
揥 티 [체]捐也 버릴체 霽
揣 쵀 [취][타]量也 헤아릴취、忖度 요량할타 紙 哿
揭 예、[게][갈][걸]高擧 높이들게、갈 竪也 세울걸 月 霽
掜 옌 [연]動也 움직일연 銑
掾 옌 [연]因也 인할연 先
描 먀 [묘]摹也 그릴묘 蕭
揔 摠의 俗字
搒 빵 [방]衛也 호위할방 陽
揮 훼 [휘]振也 휘두를휘 微
揪 쯔 [추]束也 묶을추 尤
揫 [추]束也 묶을추 尤
接 쒸 [수]聚也 모을수 尤
揕 쩐 [침]擊也 칠침 沁
揉 쉬 [유]順也 순할유 感
揞 안 [암]藏也 감출암 感
揬 투 [돌]觸也 찌를돌 月
握 [악]小貌 조그마할악 覺
揜 앤 [암][엄]手掩 손으로가릴암 掩見索引 찾아낼엄 感 琰
揠 야 [알]拔取 잡아뽑을알 黠
揳 쎄 [설]塞也 막을설 屑
揢 커 [객]著也 手把 움켜잡을객 陌
揲 쎄 [설][접][엽]閱持 맥집을설、摺也 접을접、엽義同 葉 屑
揖 이 [읍][즙]進也 나아갈읍 聚也 모을즙 緝
插 차 [삽]刺入 꽂을삽 俗音잡 洽
揋 우 [외]掎也 치우처끝외 灰
揑 이지 [질]擣也 찧을질 質
揳 예 [열]捩目 눈비빌열 屑
㨏 탄 [탄]轉也 구를탄 寒
揶 [야]戲也 희롱할야 麻
揧 라 [랄]研磨 갈랄 曷
揂 최 [추]聚也 모을추 宥
㲉 꺄 [子]取牛羊 젖짤구 虞
揈 형 [횡]打聲 치는소리횡 庚
㨖 돤 [단]打鞭 채찍질할단 翰
揘 형 [황]擊也 칠황 庚
㨯 떠 [타]落也 떨어질타 哿
㨼 꺼 [격]改也 고칠격 陌
揨 뎡 [등]担也 멜등 徑
揌 쓰 [새]動也 움직일새 灰
㨊 쳐 [타]分開 벌어질타 陌
㨐 빠 [부]衣上擊之 옷위로칠부 有
㨂 뤼 [률]去滓取汁 즙낼률 質
掣

쐬 [삭]人臂長纖 팔길고가늘삭(覺)

揤 이지 [즉][질]捽也 꺼두를즉(職) 拭也 씻을질(質)

擳 으지 [치]劫財 노략질할치(寘)

揆 퀘 [규]刺也 찌를규(齊)

掔 腕同

掽 평 [팽]撞也ㅣ搕 부딪칠팽(敬)

揟 슈 [서]地名ㅣ次 고을이름서(魚)

揅 옌 [연]舒布 펼연(銑)

揃 잰 [전]分割 가를전(銑)

接 [교]接也 접할교(巧)

援 [원]引也 끌원(霰)

揎 쉔 [선]捲袂出臂 소매걷을선(先)

揔 [종]數也 셀종(東)

揚 양 [양]飛擧 들날일양(陽)

提 티 [제][시][리]擧也ㅣ封 들제、名朱ㅣ 고을이름시、苦ㅣ樹 보리수리(齊)

挿 揷의 俗字

㨱 [요]拉也 꺾을요(巧)

十

搔 쏘 [소]騷也 분주할소(豪)

携 써 [휴]持也 가질휴(齊)

搗 또 [도]手椎 다듬을도(皓)

搓 취 [차]相磨 손비빌차(歌)

搽 차 [차]塗飾 바를차(麻)

搪 탕 [당]張也 배풀당(陽)

㨥 [납]打也 칠납(合)

搶 챵 [창]集也 모을창(陽)

搒 빵 [방][병]掩也 가릴방 義同、相牽 맞당길병(陽)(敬)

搡 쌍 [상]擊也 搷ㅣ 칠상(養)

搊 척 [추]手彈 손으로퉁길추(尤)

㨛 싼 [섭]疾貌 번쩍할섭(葉)

搜 [수]亂也 어지러울수(尤)

搐 츄 [훅]牽制 당길훅 俗音축(屋)

搴 [건]取也 가질건(先)

搉 취 [각]大擧動揚ㅣ 대강들출각(覺)

搦 눠 [낙][닉]持也 가질낙 本音 낙、捉也 잡을닉(覺)(陌)

㨹 쑤 [소]暗取物 훔칠소(遇)

㨼 리 [률]以手理物 다듬을률(質)

搚 라 [랍]挫也 꺾을랍(合)

搋 채 [최][치]以拳觸人 쥐어지을최、折也 꺾을치(麻)(寘)

搰 쿠 [골]掘也 팔골(月)

㩆 쒀 [삭]求也 구할삭(藥)

搤 어 [액]持也 가질액(陌)

搇 친 [금]押也 누를금(沁)

搭 따 [답][탑]擊也 칠답、搨摸ㅣ 박을탑(合)

㨡 후 [홀]手推 밀홀(月)

搕 커 [갑]擊也 칠갑(合)

摲 쎈 [헌]打也 칠헌(阮)

搩 예 [절]手度物 뼘잴절(屑)

搫 판 [반][파]除也 덜반、披散 헤칠파(寒)(歌)

搘 이지 [지]柱榰 고일지(支)

搥 취 [추][퇴]擊鼓 북칠추 適也 망치로칠퇴(支)(灰)

揋 웨 [외]掎也 치우쳐끌외(灰)

㨽 피

비 별 反手擊손뒤집어칠비、手疾彈絃손재게탈별 (齊)(屑)

撍 찐 [진] 插也꽂을진 (震)

搝 추 [子] 手擧들구 (有)

搬 빤 [반] 運也ㅣ移ㅣ운전할반 (寒)

搷 텬 [전] 引也이끌전 (先)

搛 렴 [렴] 手擊長鼓장구칠렴 (監)

搧 싼 [선] 以扇打之부채로칠선 (先)(霰)

搾 짤 [착] 壓物짤착

[扌+奚] 해 [혜] 挾也낄혜 (佳)

[扌+厂隹] 회 [회] 拭也씻을회 本音괴 (佳)

搿 란 [격] 持也가질격 (陌)

搆 꾸 [子] 聚也얽어맬구 (有)

搌 쨘 [전] 束縛묶을전 (銑)

搵 원 [온] 指按손가락으로누를온 (願)

[扌+虔] 쪈 [전] 相援서로구원할전 (元)

搞 [고][교] 相違서로다를고、橫鼓엷으로칠교 (號)(肴)

搖 야 [요] 動也흔들요 (蕭)

搯 탚 [도] 掐也당길도 (豪)

搹 어 [격] 手把줌격 (陌)

搳 할 [할][갈] 搔也긁을할、갈 義同 (黠)

搠 쒸 [삭] 觸也찌를삭 (藥)

搣 메 [멸] 手擊칠멸 (屑)

搲 와 [와] 牽也당길와 (馬)

搏 뿌 [박] 手擊손으로칠박 (藥)

掆 깡 [강] 擧也들강 (江)

搨 타 [탑] 写也박일탑 (合)

損 쑨 [손] 減也덜손 (屋)

十一

摽 퍞 [표] 擊也칠표 (蕭)

摝 루 [록][로] 振也떨칠록、撈也건질로 (屋)(豪)

摼 잉 [경] 強擊몹시칠경 (庚)

[扌+副] 뼈 [벽] 副擘ㅣ座종기째벽 (屋)

摮 악 [오][교] 擊也칠오、橫擓가로칠교 (豪)(肴)

[尉/手] 웨 [위] 手舒物손으로펼위 (未)

摌 찬 [산] 精擇得ㅣ가릴산 (潸)

[扌+扈] 후 [호] 敷施펼호 (麌)

[扌+冣] 撮의 同

摔 쐐 [솔] 棄放地땅에버릴솔 本音술 (質)

摓 뽕 [봉] 奉也받들봉 (冬)

[筑/手] 쮸 [축] 以手築物손으로다질축 (屋)

[扌+㒼] 먼 [면] 飾也꾸밀면 (銑)

摏 창 [용] 衝也찌를용 (冬)

[扌+密] 미 [밀] 私擊가만히때릴밀 (黠)

[扌+窒] 찌 [질] 搔也긁을질 本音절 (屑)

摖 치 [체] 揭取걸고잡아다릴체 (霽)

摲 찬 [참] 擊也칠참 (感)

[扌+兜] 덕 [두] 揄開잡아헤칠두 (虞)

摠 [총] 統也거느릴총 (董)

摐 창 [창] 搖也흔들거릴창 (江)

摣 짜 [사] 俗音[자] 摣取검쳐쥘、搏撮후려칠자 (麻)

摫 꿰 [규] 裁制鋸ㅣ옷마름질할규 (支)

摯 찌 [지] 握持잡

을지 (寘)

摡 깨 [회] 取也 취할회 (未) [개] 拭也 씻을개 (隊)

摢 쓔 [저] 舒也 펼저 (魚)

摛 릐 [리] 布也 펼리 (文)

摳 쿠 [구] 探也 더듬을구 (虞)

摞 롸 [라] 理也 다스릴라 (箇)

摦 화 [화] 寬也 너그러울화 (禡)

摹 뭐 [모] 規也 규모모 (虞)

摩 머 [마] 硏也 연마할마 (歌)

摯 녜 [체] 曳挽 끌어당길체 (霽)

[illegible] 쳔 [천] 揷也 꽂을천 (先)

摭 ᅙ지 [척] 取也 취할척 (陌)

摑 꿔 [괵] 打也 칠괵 (陌)

摘 듸 [적] 動也 움직일적 (錫)

摺 ᅙ져 [랍] [섭] 折也 꺾을랍、패할섭 (合)(葉)

摿 얀 [요] 動也 흔들요 (蕭)

摍 쀅 [숙] 抽也 뺄숙 (屋)

[illegible] 페 [배] 揚也 떨칠배 (賄)

[illegible] 쒠 [선] 手挑物 손으로끌선 (霰)

[illegible] 쒜 [설] 掃滅 쓸어없이할설 (屑)

摒 삥 [병] 除也 제할병 (敬)

摎 ᅙ즤 [규] [류] 束也 묶을규 (尤) 搯也 흔들류 (巧)

摗 쑤 [수] 取也 ㅣ數 취할수 (尤)

摲 싼 [참] [삼] 芟也 풀베일삼 偃水 물막을참 (豏)(陷)

摟 럭 [루] 抱也 持 안을루 (尤)

摋 싸 [살] 側手擊 손길로칠살 (曷)

㨾 [양] 式也 본보기양 (漾)

摻 싼 [섬] [삼] [참] 好手貌 ㅣ 예쁜손모양섬 취할삼 鼓曲 북장단참 (鹽)(咸)(勘)(豏)

揅 옌 [연] 摩也 연마할연 (先)

摕 대 [철] [제] 捎取 추릴철 本音 撮取 움킬제 (屑)(霽)

[illegible] 호 [호] 覆也 덮을호 (遇)

摧 취 [최] 折也 꺾을최 (灰)

摵 쌕 [색] 捎也 추릴색 (陌)

[illegible] ᅙ잔 [조] 攪拌 휘두를조 (號)

摱 만 [만] 曳也 끌만 (元)

摶 퇀 [단] 擊也 칠단 (寒)

摤 창 [창] 磨滌 닦을창 (養)

摜 꽌 [관] 習也 습관관 (諫)

㨨 ᅙ진 [근] 拭也 씻을근 (問)

摙 련 [련] 運搬 운반할련 (銑)

摸 뭐 [모] [막] 規也 규모모 (虞) ㅣ搽 잡을막 (藥)

[illegible] ᅙ젼 [전] 擶浦 菜名 ㅣ子 저포짝이름전 (元)

十一

撫 ᅙ부 [무] 安存 편안히할무 (麌)

撚 녠 [년] 執也 잡을년 (銑)

掔 牽古字

撋 완 [연] 拭也 닦을연 (先)

撝 훼 [휘] [위] 裂也 찢을휘 (支) 、佐也 도울위

撕 쓰 [시] 提也 끌시 (齊)

撅 ᅙ궤 [궤] [궐] 擊也 칠궐 揭衣 옷걷을궤 (霽)(月)

撎 이 [의] 擧手下手 읍할의 (寘)

撊 쎈 [한] 勁忿貌 ㅣ然 분한모양한 (潸)

撰 찬 [찬][선][전] 具也갖출찬、선 義同 集也모을전 (潸)(銑)(霰)
[扌+絜] ㆁ졔 [결] 波水具드레박결 (屑)
撙 ㆁ쥰 [준] 挫也꺾어질준 (阮)
撛 린 [린] 扶助구원할린 (軫)
[扌+賁] 븐 [분] 拭也씻을분 (文)
[扌+窘] ㆁ쥔 [군] 束也묶을군 (軫)
撩 랴 [료] 取物홈칠료 (蕭)
撣 탄 [탄][선] 觸也부딪칠탄、牽引ㅣ援당길선 (寒)(先)
撗 꽝 [광] 充也찰광 (漾)
撈 랖 [로] 沈取鉤ㅣ건저낼로 (豪)
撟 ㆁ쟈 [교] 擧手손들교 (篠)
撑 撐와同
撍 ㆁ잔 [잠] 疾也빠를잠 (侵)
撓 나 [뇨] 屈也굽힐요 (效)
撐 칭 [탱] 治也다스릴탱 (庚)
撦 처 [차] 裂開찢어버릴차 (馬)
撢 탄 [탐] 探也찾을탐 (覃)
[扌+專] 쳰 [선] 鉤袂出臂소매걷을선 (先)
[扌+柬] 쳐 [책] 扶也붙을책 (陌)
[扌+悳] 쌔 [새] 散失흩어버릴새 (佳)
撏 썬 [잠][섬][심] 取也취할잠、摘也뜯을섬、심 義同 (覃)(監)(侵)
撲 푸 [복][박] 踣也엎드러질복、擊也칠박 (屋)(覺)
[扌+筆] 삐 [필] 刺也찌를필 (質)
[扌+叅] 摻의俗字 操의俗字
撜 칭 [증] 拯也건질증 (蒸)
[湯+手] 탕 [탕] 以手推止손으로막을탕 (陽)
[扌+獻] 攇同
撱 퉈 [타] 狹長갈쭉할타 (哿)
撥 빠 [발] 治也다스릴발 (曷)
撇 폐 [별] 引也당길별 (屑)
撆 撇同
撠 ㆁ지 [극] 持也가질극 (陌)
[扌+畫] 화 [획] 分也나눌획 (陌)
[扌+戠] ㆁ지 [치] 適当分持똑같이나눠가질치 (寘)
[扌+留] 릐 [류] 引也당길류 (有)
[扌+毳] 쟈 [효] 擧也들효 (蕭)
[扌+費] 쀄 [비] 擊仆때려넘어뜨릴비 (未)
搜 쓔 [수] ㅣㅣ蕭條우수수할수 (尤)
[扌+寒] ㆁ견 [건] 拔取빼가질건 (銑)
撨 ㆁ쟌 [초] 拭也닦을초 (蕭)
撘 搭同
[扌+肅] 슈 [숙] 擊也칠숙 (屋)
撌 궤 [귀] 擸也당질귀 (卦)
播 빠 [파] 種也심을파 (箇)
撤 처 [철] 除去걷을철 (屑)
撮 춰 [촬] 聚也모을촬 (曷)
撞 ㆁ장 [당] 擊也칠당 (江)(絳)
撒 싸 [살] 散也흩어질살 (黠)
撖 결 [감] 挂也걸감 (豏)

(十三)

撽 챠、 [교][격] 擊也칠교、격 義同 (效)(錫)
擊 撽와同
撻 타 [달] 笞擊종아리칠달 (曷)
擁 융 [옹] 持也가질옹 (腫)

撼 한 감 動也 움직일감 感
擂 뢰 研物 연마할뢰 灰 隊
擄 루 로 服也 항복할로 麌
擃 과 撿同
擔 단 담 任也 담임할담 覃 勘
撾 과 擊也 때릴과 麻

擋 땅 당 斥也 물리칠당 漾
擉 춰 착 刺魚具 작살착 覺
擛 쎄 설 엽 접 閱持 맥짚을설、엽義同、擸也 집을접 屑 葉
擖 꺼 갈 엽 刮也 긁을갈、箕舌 키바닥엽 黠 葉
擡

삽 和雜 攙ㅣ 섞을삽 合
擐 관 관 환 貫也 꿸관 환義同 刪 諫
擅 싼 천 自專 오로지천 霰
擌 써 색 把也 잡을색 陌
擃 눙 낭 刺也 찌를낭 講
擀 깐

간 以手伸物 손으로펼간 旱
[扌頻] 빤 번 捼抄攔 문댈번 元
擙 써 색 捕鳥具 䳋ㅣ 새잡는덫색 陌
擓 괘 괴 收也 걷을괴 泰
擘 삐 벽 分ㅣ 擗也 나눌벽 陌
擗

피 벽 擘開 열벽 陌
據 쮜 거 依也 의지할거 御
擇 재 택 選也 가릴택 陌
擎 징 경 擧也 들경 庚 翰
撿 잼 검 巡察 살필검 琰
擊 지 격 打也 칠격 錫

擨 와 擎同
操 찬 조 風調 풍치조 號
擕 와 攜同
㩗 俗攜
擒 친 금 急持 움킬금 侵

十四

擣 똬 도 築也 다질도 晧
擦 찰 摩急 문지를찰 黠

擭 훠 확 화 획 捕獸 덫확、檻也 함정화、手取 잡을획 藥 禡 陌
擢 쬐 탁 高也 높을탁 覺
擫 와 壓同
[扌蒙] 뭥 몽 收也 걷을몽 東
[扌斷] 똰 단 轉也 구를단 旱

擪 예 엽 압 手執堅狀 단단히잡을엽、압義同 葉 合
[扌隱] 인 은 剤也 뻐갤은 問
撲 찬 복 種物指坐生 심은대로다날복 屋
擤 씽 형 手捻鼻膿 코풀형 梗
[扌豪]

화 호 多少比較 다소를비교할호 豪
擡 태 대 擧也 들대 灰
擱 꺼 각 棄也 버릴각 藥
[扌暴] 프 복 小擊 잠깐칠복 屋
擥 란 람 撮取 잡을람 感
[扌華] 빼

배 稽首 절배 卦
[扌監] 와 擥同
擧 거 擎也 받들거 語
擬 이 의 適用 적용할의 紙
擿 지 치 礙不行 거리낄치 寘
擩 수 유 拄也 버릴유 遇
擯 삔

빈 棄也 버릴빈 (轍)

擠 지 제 排也 물리칠제 (齊)(霽)

擟 미 미 山名 拘 산이름미 (支)

(十五)

攅 攢俗字

攜 攜俗字

擺 빼 파 開也 열파 (蟹)

擂 레

뢰 轉石擊 돌굴리는소리뢰 (隊)

攀 판 반 引也 당길반 (刪)

攃 차 살 찰 摩也 散也 만질살 헤칠살 (曷)

攕 메 멸 打也 칠멸 (屑)

擷 쎄 힐 捋取 딸힐 (屑)

擽 략 擊也 칠략 (藥)

擓 훼 휘 移也 옮길휘 (微)

攞 릐 라 揺也 흔들라 (哿) 椏

攄 쓔 터 散也 흩을터 (魚)

攁 양 양 發動 발동할양 (養)

擸 라 랍 렵 折也 持也 꺾을납 가질엽 (合)(葉)

攦

류 剌也 찌를류 (尤)

擿 떡 타 棄也 버릴타 (哿)

擜 안 오 盡殺人 무찌를오 (豪)

擻 쑤 수 振動 抖 떨칠수 (有)

擲 지 척 投也 던질척 (陌)

擈 박 小擊 잠간칠박 (覺)

擿 티 척 적 投也 던질척 (陌)(錫)

擴 쾅 확 광 使大 넓힐확、充也 채울광 (藥)(漾)

擾 샾 요 亂也 어지러울요 (篠)(蕭)

(十六)

攐 쳔 건 攐衣 옷걷어잡을건 (先)

攍 잉

영 担也 멜영 (庚)

擭 훡 확 盤手弄 손뼈칠확 (藥)

攇 셴 헌 手約物 질헌 (阮)

擐 환 환 木柵 목책환 (潸)

攈 쥔 군 拾也 주을군 (問)

攊 력 擊也 칠력 (錫)

攋

소 攑也 더듬어찾을소 (虞)

攋 라 랄 뢰 手披撥 뒤적거려헤칠랄、棄也 버릴뢰 (曷)(泰)

攪 쌴 효 亂也 어지러울효 (效)

擫 연 염 繞絶 이을염 (琰)

攮 난 뇨 適也 딸뇨 (篠)

攔 꽌 관 手相關付 손맞잡을관 (刪)

攏 룽 롱 持也 가질롱 (董)

攎 루 로 張也 베풀로 (遇)

(十七)

攝 녑 섭 手銓 拈ㅣ 손으로달아볼섭 (沃)

攙 참 刺也 찌를참 (咸)

攡 란 람 米再香 쌀두번찌을람 (勘)

攕 싼 섬 삼 好手貌ㅣㅣ 예쁜손섬、삼義同 (監)(咸)

攠 미 미 水中茇 세모진마름미 (支)

攢 얀 분 掃除 쓸어버릴분 (問)

攔

란 遮也 막을란 (寒)

攓 쳔 건 搴也 걷을건 (先)

攖 잉 영 亂也 어지러울영 (庚)

擏 경 除也 제할경 (梗)

擨 갱 開張畫絵 족자걸갱 (敬)

攗 파 除也 떨어질파 (歌)

攘 상 |양|녕| 推也 말칠 양、亂貌 搶| 어지러운 모양 녕 陽 養 庚

(大)

攛 찬 |찬| 擲也 던질 찬 翰

摤 송 |송| 執也 잡을 송 腫

擁 옹 |옹| 抱也 안을 옹 腫

攜 씨 |휴| 提也 끌 휴 齊

攂 레 |류| 喪家樂魁| 초상집 풍류 류 紙

擈 푸 |복| 小擊 작은 마치 칠 복 屋

攝 셰 |섭|녑| 持也 가질 섭 錄也 기록할 녑 葉

擢 곽 |곡| 手把 절곡 沃

擆 짜 |작| 捎也 추릴 작 藥

(十九)

攞 뤄 |라| 裂也 찢을 라 哿

攤 난 |난|탄| 按也 누를 난、탄 義同 翰 寒

攠 미 |미| 鍾受擊處 쇠북 방망이 받이 미 支

攢 짠 |찬| 族聚 모일 찬 寒 翰

攦 레 |려|렬| 折也 꺾을 려 拗也 비틀 렬 霽 屑

攡 리 |리|치| 舒也 張也 베풀 리 펼 치 支

攟 쥔 |균| 取也 취할 균 吻

攣 렌 |련| 慕也 사모할 련 先

攔 |란| 聚也 모을 란 寒

擑 |첩| 飯也 밥주걱 첩 葉

(二十)

攪 쟈 |교| 亂也 어지러울 교 巧

攩 땅 |당| 遮遏抵| 막을 당 漾

擟 녜 |녑| 兩指相搓 손비빌 녑 葉

攥 짠 |찰| 手把 손으로 잡을 찰 曷

攫 훠 |확| 搏也 후리칠 확 藥

(二十一)

攭 라 |라| 裸體 벗을 라 哿

擺 폐 |패| 把也 잡을 패 禡

攬 |람| 手取 잡아 다릴 람 感

(二十二)

㩸 뎨 |첩| 掛也 거둘 첩 葉

攮 낭 |낭| 推也 밀 낭 養

(二十四)

攊 링 |령| 手捻 찌어낼 령 青

攴部

攴 푸 |복| 小擊 칠 복 屋

攵 同攴

(二)

收 쒸 |수| 聚也 모을 수 宥

攷 考古字

(三)

攻 꿍 |공| 代也 칠 공 冬

改 |개| 更也 고칠 개 賄

攸 와 |유| 危貌 위태한 모양 유 尤

攺 이 |시| 施也 베풀 시 支

㪁 쿠 |굴| 不滑利| 껄끄러울 굴 月

斈 學俗字

𢼂 |절| 治也 다스릴 절 屑

攼 |간|한| 求也 구할 간

𢻔 부 |부|무| 撫也 어루만질 부、무 義同 虞

(四)

放 빵 |방| 捨也 놓을 방 漾

㪉 |계| 開發 열 계 霽

攽 빤 |반| 分也 나눌 반 刪

㪏 피 |비| 器吸未離 그릇 금갈 비 支

敛 연 [금][감] 持也가질금、敬不齊층날감 (侵)(覃)

殸 칠 [담] 擊也칠담 (感)

五

敁 뎜 [점] 正分똑같이나눌점 (監)

政 졍 [정] 正也바르게할정 (敬)

敂 쿠 [구] 擊也칠구 (有)

[illegible] 광 [광] 圃之四圍채마밭언저리광 (陽)

㪅 꺵 [경][갱] 改也고칠경 再也다시갱 (庚)(敬)

敀 빼 [박][귀] 打也때릴박 歸의略字

敃 민 [민] 勉也힘쓸민 (軫)

故 꾸 [고] 事也일고 (遇)

⿰氐攴 [저] 隱也숨을저 (薺)

⿰包攴 [포] 手擊손으로칠포 (效)

⿰可攴 커 [가] 擊也칠가 (箇)

敄 우 [무] 勉也힘쓸무 (遇)

⿰弗攴 뿌 [불] 理也다스릴불 (物)

⿰朱攴 예 [제] 射也쏠제 (齊)

六

敉 미 [미] 安也편안할미 (紙)

敋 껵 [괵] 手打之類손으로칠괵 (陌)

效 햐 [효] 象也본받을효 (效)

敆 싸 [잡] 會也모을잡 (合)

敊 츄 [축][수] 痛貌 새이름수 (屋)(眞)

敇 쳐 [척] 擊馬말때릴척 (陌)

敌 꽈 [활][기] 盡也다할활、喘息헐떡거릴기 (曷)(寘)

⿰先攴 [선] 散也흩을선 (銑)

⿰吉攴 [갈] 擊也칠갈 (黠)

七

敗 빼 [패] 壞也무너질패 (卦)

敚 뙤 [탈] 強取빼앗을탈 (曷)

救 구 [구] 正也바를구 (有)

敏 민 [민] 亟也빠를민 (軫)

敎 쟈 [교] 學也학문교 (肴)

敔 워 [어] 禁也금할어 (語)

敍 쉬 [서] 用也쓸서 (語)

敒 [신][진] 理治다스릴신 理也다스릴진 (震)(眞)

敖 와 [오] 傲也거만할오 (豪)

⿰肖攴 쇼 [소] 擊棄쳐버릴소 (肴)

⿰旱攴 한 [한] 止也그칠한 (翰)

⿰甬攴 퉁 [통] 引也끌통 (董)

⿰孛攴 뽈 [발] 卒然별안간발 (月)

⿰甫攴 뿌 [포] 屋欲壞집무너지려할포 (遇)

敕 치 [칙] 謹也삼갈칙 (職)

⿰炎攴 쌉 [섭] 擧手貌손들섭 (監)

八

敢 깐 [감] 勇ㅣ용감할감 (感)

敝 뼤 [폐] 失敗실패할폐 (霽)

⿰臽攴 칸 [감] 鳥啄物새쪼아먹을감 (咸)

[illegible] 뤼 [률] 荒面거칠률 (月)

⿰食攴 싼 [삼] 鳥之啄物새쪼아먹을삼 (咸)

敞 챵 [창] 開也열창 (養)

敦 뚠 [퇴][대][돈][단][조] 怒也성낼퇴 畫弓그림그린활조 聚也모일단 盤類王ㅣ옥쟁반대 厚也도타울돈 (灰)(隊)(元)(阮)(願)(寒)

⿰鬥攴 쥐 [주] 防止막을주 (尤)

散 싼 [산] 間ㅣ한가할산 (翰)(旱)

敠 뙤 [철] 知輕重 드레질할 철 (曷)

敜 녜 [녑] 閉也 닫을 녑 (葉)

敝 삐 [비] 毁也 헐 비 (齊)

敥 얜 [염] 以手散物 손으로 흩을 염 (豔)

⿰朋攴 [봉] 擊也 칠 봉 (庚)

⿰𠂤攴 이 [예] 擊聲 치는 소리 예 (霽)

⿰乘攴 재 [죄] 災也 재앙 죄 (佳)

⿰卓攴 쥐 [작][소] 奪取 빼앗을 작 撲也 두드릴 소 (藥)(篠)

⿰奄攴 예 [엽] 反也 미칠 엽 (葉)

敡 이 [이] 侮也 업신여길 이 (寘)

⿰杀攴 릐 [록] 剥聲 까는 소리 록 (屋)

敟 뎬 [전] 常也 항상 전 (銑)

九

敭 양 [양] 明之 밝힐 양 (陽)

⿰咎攴 [소] 擊也 칠 소 (巧)

⿰度攴 뚜 [두] 塞也 막을 두 (虞)

⿰炭攴 [탄] 無文采 문채 없을 탄 (翰)

敬 ㅇ징 [경] 恭也 공경할 경 (敬)

⿰東攴 렌 [련] 投也 던질 련 (霰)

⿰耑攴 췌 [취][타] 量也 헤아릴 취 捶物輕重 탈 타 (紙)(號)

⿰者攴 뚜 [도] 同伴 한가지 할 도 (虞)

⿰韋攴 웨 [위] 背反 배반할 위 (微)

⿰害攴 괘 [괘] 古貨錢名 돈 이름 괘 (泰)

敫 쟈 [약][교] 日影 해 그림자 약 唱歌 노래할 교 (藥)(嘯)

敦 딩 [쟁] 撞也 두드릴 쟁 (庚)

数 數略字

十

敲 챠 [고] 橫擊 가로칠 고 (效)

數 쑤 [수][촉][삭] 計也 셀 수 細密 빽빽할 촉、疾也 빠를 삭 (覺)(沃)(遇)

⿰豙攴 ㅇ지 [기] 弓勁 활이 팽팽할 기 (支)

⿰皀攴 피 [비] 屋欲壞 ㅣ 敲 십 무너지려할 비 (支)

⿰害攴 해 [개][해] 俗音 辱也 욕할 해 (泰)

⿰厥攴 릉 [늘] 不安 편치 못할 늘 (月)

敳 애 [애] 不所治 다스림 있을 애 (灰)

⿰宮攴 퉁 [동] 擊空之聲 쿵쿵 울릴 동 (冬)

⿰盍攴 허 [합] 敲也 두드릴 합 (合)

⿰兼攴 켬 [감] 物相聯合 물건 서로 합할 감 (陷)

十一

⿰畢攴 삐 [필] 召使疾行 불러 빨리 오라할 필 (質)

⿰寅攴 인 [인] 擣也 지짓을 인 (軫)

⿰參攴 싼 [삼] 狹隘 좁을 삼 (豏)

⿰貴攴 ㅇ지 [개] 至也 이를 개 (齊)

敶 [진] 告也 고할 진 (震)

敷 ㅇ부 [부] 布也 펼 부 (虞)

敹 랴 [료] 擇也 가릴 료 (蕭)

夐 씽 [형] 遠也 멀 형 (敬)

敵 듸 [적] 當也 당할 적 (錫)

敺 [구][우] 逐也 쫓을 구 捶擊 칠 우 (虞)

⿰㣎攴 穆古字

⿰鹿攴 루 [록] 獸皮有文 가죽에 무늬 있을 록 (屋)

⿰虘攴 ㅇ자 [차] 指押 손가락으로 누를 차 (麻)

十二

⿰喜攴 이 [이] 戲弄 희롱할 이 (紙)

⿰翏攴 [료] 小而長 작고 길 료 (篠)

㪚 散本字

整 ㅇ정

[정]齊也 정돈할정 ㊀梗

⿰高攴 쟌 [교]繫也 동일교 ㊀篠

⿰肅攴 쑤 [숙]打聲 매리는소리숙 ㊀屋

⿰亂攴 란 [란]亂也 어지러울란 ㊀寒

⿱敕疋 整와同

⑬ 斂 렌 [렴]收也 걷을염 ㊀琰 ㊀豔

斁 이 [역]解也 풀릴역 [두]敗也 패할두 ㊀遇

⿰雷攴 레 [뢰]碎也 부서뜨릴뢰 ㊀灰

⿰廉攴 렌 [렴]鼓初打ㅣ鼓 북처음칠렴 ㊀監

⿰朁攴 잔 [점]擧手 손들점 ㊀琰

⿰豊攴 레 [례]讎敵 원수례 ㊀霽

斀 쭤 [탁]去陰莖 불알베일탁 [독]、義同 俗音 책 ㊀覺 ㊀屋

⿰嗇攴 쌰 [효]悲也 슬퍼할효 ㊀蕭

⑭ ⿰翟攴 춰 [탁]痛也 아플탁 ㊀覺

⿰壽攴 처 [추]棄也 버릴추 ㊀尤

⿰算攴 완 [반]除穀까락 바술반 ㊀阮

⿰豩攴 충 [충]不迎自來 ⿰豩攴ㅣ 저절로올충 ㊀送

斃 삐 [폐]死也 죽을폐 ㊀霽

⑮ ⿰泰攴 태 [태]地名 땅이름태 ㊀灰

⿰暴攴 빠 [박]打也 칠박 ㊀覺

⑯ 斆 쌰 [효]教也 為學之半 가르칠효 ㊀效

⿰褱攴 쾌 [괴]壞之 무너뜨릴괴 ㊀卦

⿰厤攴 레 [력]亂也 어지러울력 ㊀錫

⿰盧攴 루 [로]欺也 속일로 ㊀虞

⑰ ⿰厭攴 싼 [삼]厭也 싫어할삼 ㊀覃

⑱ ⿰聶攴 네 [녑]相反 ⿰聶攴ㅣ 서로미칠녑 ㊀葉

⑲ 變 뻰 [변]更也 변할변 ㊀霰

⿰麗攴 [려]布也 펄려 ㊀霽

⑳ ⿰屬攴 쑤 [속]打也 칠속 ㊀沃

文部

文 원 [문]法也 법문 ㊀文

② 齐 齊의 略字

④ 斉 齊의 略字

⑥ 斊 쨰 [재]均也 고를재 ㊀齊

⿰糸文 [반]斑也 얼룩덜룩할반 ㊀刪

斋 齊의 略字

⑦ ⿱文見 覺의 略字

⑧ 斐 쀄 [비]文章相錯 萋ㅣ 문채날비 ㊀尾

斌 삔 [빈]文質貌 문채날빈 ㊀眞

斑 빤 [반]雜色成文 아롱질반 ㊀刪

⑨ ⿰文奐 환 [환]文采ㅣ斕 문채날환 ㊀翰

斒 빤 [반]色雜ㅣ斕 빛섞일반 ㊀刪

⿰炭文 [탄]無文彩貌 문체없을탄 ㊀翰

⑪ 斄 리 [리]微畫 가늘게그을리 ㊀支

⿰曼文 [만]無文采貌 문채없을만 ㊀翰

⑭ 斔 위 [유]十六斗 열여섯말들이유 ㊀虞

⑰ 斕 란 [란]色采 문채날란 ㊀刪

斗部

斗 뚜 [두]量名十升말두(有)

三 [illegible] 씽 [승]登也오를승(蒸)

四 [illegible] 쌰 [할]量也두량할할(黠)

五 [illegible] 빤 [반]量物半分되어서반분할반(翰)

六 料 랴 [료]量也計也헤아릴료(蕭)

[illegible] 와 [알]斗量取物말로되어담을알(曷)

[illegible] [두]配也구기두(有)

[illegible] 斛과同

[illegible] [흡]入也넣을흡(洽)

七 [illegible] [렬]量也헤아릴렬(屑)

斜 씨 [사][야]散也흩어질사 谷名褒ㅣ고을이름야(麻)

[illegible] 뚜 [두]量名十升말두(有)

斛 후 [곡]量名受十斗열말들이곡(屋)

八 斝 쟈 [가]玉爵옥잔가(馬)

[illegible] 팡 [방]量溢넘게될방(陽)

九 斞 위 [유]量名十六斗열여섯말들이유(麌)

[illegible] 랴 [조]斛旁耳古量귀달린휘조(蕭)

斟 쩐 [침][짐]勺也구기짐 俗

十 斡 와 [알][간]施也돌이킬알 主也주장할간(旱)

斠 쟈 [각]量也되질할각(覺)

十一 [illegible] 럭 [루]斢ㅣ兵奪人物군사가겁탈할루(有)

[illegible] [적]量也말될적(錫)

[illegible] 위 [위][울]火斗다리미위 持火展絵다릴울(未)(物)

十二 斢 터 [주]兵奪人物ㅣ斢군사가노략질할주(有)

十三 [illegible] 쒸 [축]斢也평미레축(屋)

[illegible] 쮜 [子]酌也국이질할구(虞)

十九 [illegible] 쫜 [권]抒滿가득이뜰권(願)

斤部

斤 낀 [근]權十六兩근근(問)

一 斥 치 [척]逐也내칠척(陌)

四 斧 우 [부]伐木用鐵具도끼부(麌)

斦 인 [은]斧砧모탕은(文)

斨 챵 [장]方銎斧구멍모진도끼장(陽)

五 斫 쟈 [작]擊也刀ㅣ쪼갤작(藥)

斪 쮜 [子]斫也쪼갤구(虞)

六 [illegible] 꺼 [격]爭鬪싸할격(陌)

七 斬 참 [참]斷首목베일참(豏)

[illegible] 라 [라]相擊서로칠라(哿)

断 斷俗字

八 斮 쟈 [착][작]斫也찍을작(覺) 斬也벨착(藥)

[illegible] [붕]斷也끊을붕(蒸)

斯 쓰 [사]䣄也곧사(支)

九 新 씬

신 初也 새신(眞)
斪 두 鬥屬 보습두(尤)
斲 정 鎗也 세발노구정
十 斷 斷俗字
十一 斲 쒸 착 削也 깎을착(覺)
斳 근 芹菜 미나리근
斵 斘

서 擊也 칠서(御)
斪 우 후 鬥屬 보습우 削也 깎을후(尤)
十二 斴 린 石間水聲 돌사이로 흐르는물소리린(眞)
十三 斵 斵俗字
斶 촉 人名 顔ㅣ 사람의이름촉(沃)

十四 斷 딴 단 自絶 끊어질단(旱)
斸 치 체 斷也 끊을체(霽)
二十一 斸 쭈 촉 斫也 찍을촉 착 義同(沃)(覺)

方部

方 빵 방 向也 방위방(陽)
二 㫃 연 언 旌旗垂末 깃발언(阮)
三 㫄 텐 천 旗竿 깃대천(銑)
四 斻 항 항 渡也 건널항(陽)
於 어 오 語助辭 어조사어、地名 땅이름오(魚)(虞)
旁 旁의本字
斺 쩨 개 結也 맺을개 本音혜(卦)
五 施 쓰 시 이 加也 捨也 버릴시 더할시(支)(紙)
斿 유 旌旗末垂 깃술유(尤)

旀 며 新羅地名 땅이름며 國字
六 旆 페 패 旗揚貌ㅣ기 날리는모양패(泰)
旅 뤼 려 衆也 무리려(語)
旃 쨘 전 語已辭 말그칠전(先)
旂 치 기 交竜旗 쌍룡그린기기(微)
旄 맢 모 牛尾 소의꼬리모(號)
㫚 우 물 州里所建旗 동리기물(物)
旁 팡 방 팽 大也 클방、驅馳不息ㅣ 팽팽달릴팽(陽)(庚)
七 旉 敷古字

旇 피 비 靡也ㅣ 휘두를비(支)
旎 늬 니 盛也 성할니(支)(紙)
旈 旒과同
旖 커 아 旖旗從風貌 깃발날릴아(哿)
旋 쒼 선 疾也 빠를선(先)
旍 旌와同

旊 빵 방 搏埴匠 옹기장공방(養)
旌 찡 정 表也ㅣ別 표할정(庚)
族 쭈 족 주 衆也 무리족、樂變也ㅣ 풍류이름류주(屋)(宥)
八 旑 뉘 나 旗貌 旖ㅣ 깃발날나(哿)

旞 엄 比物長短 길이를견줄엄(豔)
旐 쨘 조 龜蛇旗建後察 거북과뱀그린기조(篠)
九 旒 류 旗末 깃발류(尤)
旔 간 捷也 이길간(願)
旘 엄 覆也 덮을엄(琰)

旕 [엇] 地名、ㅣ每 땅이름엇 國字

旓 쏘 [소] 旌旗之旒 깃발소 (肴)

⑩ 旗 치 [기] 将旗 대장기 (支)

旖 이 [의] 盛貌 성할의 (支)

[illegible] [본] 覆舟之篷 배덮는뜸본 (阮)

⑪ [illegible] [어] 有骨어 깨뼈어 (語)

[illegible] 원 [휘] 動也 움직일휘 (微)

⑫ [illegible] 황 [황] 酒家望子 술집표기황 (養)

⑬ 旚 [표] 旌旗飄貌 깃발번득일표 (蕭)

[illegible] [염] 證也 표염 (豔)

⑭ 旛 뺜 [번] 旐也 기번 (阮)

[illegible] 뺘 [표] 旗飛揚貌 기날리는모양표 (蕭)

⑮ 旞 쒜 [수] 装羽旗 깃으로꾸민기수 (有)

旜 [전] 曲柄旗 자루굽은기전 (先)

旝 괘 [괴] 大将指揮旗 대장의지휘하는기괴 (泰)

⑯ 旟 위 [여] 鳥隼旗 새매그린기여 (魚)

⑱ [illegible] 쒜 [수][유] 羽装旗 깃으로꾸민기수、旌也 기유 (有)(寘)

无部

无 [기] 氣塞 숨막힐기 (寘)

旡 찌 [지] 口小貌 입작을지 (未)

⑤ 既 既訛字

⑥ [illegible] [계] 壁也 구슬계

⑧ 㫗 [량] 悲也 슬을량 (漾)

旣 찌 [기] 己也 이미기 (未)

⑨ 旤 禍古字

日部

日 싀 [일] 太陽精 人君象 해일、날일 (質)

⑴ [illegible] [착] 下滴貌 또닥멸어질착 (覺)

旦 딴 [단] 朝也 아침단 (翰)

旧 舊의 略字

叶 協古字

⑵ 旨 쯔 [지] 味也 맛있을지 (紙)

旬 쒼 [순] 十日 열흘순 (眞)

早 짶 [조] 先也 먼저조 (皓)

旭 쒸 [욱] 日初出 날돋을욱 (沃)

[illegible] [정] 空也 빌정 (逈)

旫 [조] 日暮 해저물조 (蕭)

⑶ 旴 쒸 [우] 最也 새벽우 (虞)

旰 깐 [간] 盛貌 ㅣㅣ 성한모양간 (軫)

旱 한 [한] 渴水 물없을한 (旱)

旲 태 [대] 日光 햇빛대 (灰)

[illegible] 딴 [참] 日光 햇살빛칠참 (豏)

[illegible] 꿍 [공] 助也 도울공 (冬)

旳 [적] 明也 밝을적 (錫)

[illegible] [망] 旱熱 가뭄터위망 (陽)

[illegible] 찌 [계] 暖也 따뜻할계 (霽)

⑷ 易 [이][역] 不難 쉬울이、換也 바꿀역 (寘)(陌)

旻 민 [민]仁覆閔下어진하늘민(眞)
旿 우 [오]日當午而盛明낮밝을오(麌)
昈 호 [호]明也밝을호
昕 쎈 [흔]日將出明之始해돋을흔(文)
旹 時古字
昑 킨 [금]明也밝을금(寢)
旼 민 [민]和貌ㅣㅣ화할민(眞)
昏 훈 [혼]亂也어지러울혼
昆 곤 [곤][혼]同也같을곤、西夷名서쪽오랑캐이름혼(阮)(元)
昀 윈 [윤]日光햇빛윤(眞)
昄 빤 [판]大也클판(潸)
昊 화 [호]夏為ㅣ天여름하늘호(晧)
昌 창 [창]日光햇빛창(陽)
旺 왕 [왕]物之始盛왕성할왕(漾)
昇 씽 [승]日升날오를승(蒸)
昂 앙 [앙]明也밝을앙(陽)
明 밍 [명]光也照也밝을명(庚)
旽 툰 [준][돈]至誠ㅣㅣ지성스러울준、日欲出먼동틀돈(銑)(元)
昚 [계]姓也성계(卦)
昒 우 [물][홀]未明ㅣ爽먼동틀물、曉也새벽녘홀(物)(月)
昳 왜 [결]日蝕일식할결(屑)
昔 씨 [석][착]古也옛석、角理錯뿔뒤틀릴착(陌)(藥)
昋 누 [눌]日入色컴컴할눌(月)
昃 져 [측]日中則西해기울어질측(職)
曶 昒와同
昖 엔 [연]日行해다닐연(先)
昐 분 [분]日光햇빛분(文)
昉 빵 [방]明也밝을방(養)
昗 昃同
昁 페 [패]暗也어둘패(泰)
昍 쎈 [헌]明也밝을헌(元)
㫐 딴 [탐]夕景저녀경치탐(覃)

五

昫 쒸 [子]日出溫해돋아따뜻할구(麌)(遇)
昚 慎古
昛 쥐 [거]明也밝을거(語)
昷 운 [온]仁也어질온(元)
昼 晝의略字
昂 昻의俗字
昬 훈 [혼]日暮어둘혼(元)
昭 쇼 [조][소]光也빛날조、代태평세월소(蕭)(篠)
昰 夏의古字 是의本字
昧 메 [매]暗也어두울매(隊)(泰)
春 츈 [춘]歲之始四時首봄춘(眞)
映 잉 [영]照也비칠영(敬)
昪 [변]喜樂貌좋아할변(霰)
昇 昪과同
昜 양 [양]光也빛날양 陽의古字(陽)
昴 맣 [묘]西陸宿名별묘(巧)
昲 쀄 [비]乾物ㅣ曬말릴비(未)
昞 삥 [병]明也밝을병(梗)
昺 昞同
昶 창

[창] 明也 밝을창 (養)

晄 [광] 明也 밝을광 (敬)

㫜 [단] 明也 밝을단 (翰)

昣 [진] 明也 밝을진 (軫)

昝 짠 [잠] 姓也 성잠 (感)

星 싱 [성] 列宿總名 별성 (青)

昤 링 [령] 日光 ｜曨 날빛영롱할령 (青)

昱 위 [욱] 日光 햇빛욱 (屋)

昵 늬 [닐][녜] 親近 가깝게할닐 禰廟 아비사당녜 古音니 (質)(薺)

𣅙 [예] 日傾 해기울예 (薺)

昧 [말] 小星 작은별말 (曷)

昢 퀘 [불] 日出 해돋을불

昳 뎨 [질] 日傾 해기울어질질 俗音절 (屑)

昨 쭤 [작] 累日 아래작 (藥)

昹 과 昖同

是 쓰 [시] 正也 바를시 (紙)

昡 쎤 [현] 日光 햇빛현 (先)

𣅳 돠 [도] 日色 햇빛도 (豪)

❻

時 씌 [시] 是也 이시 (支)

晋 晉와同

晊 찌 [질] 明也 밝을질 (質)

晐 깨 [해] 咸也 다해 古音개 (灰)

晒 曬俗字

晅 쉔 [훤] 日氣 별기운훤 (元)

晉 쯴 [진] 進也 나갈진 (震)

晁 [조] 朝也 아침조 (蕭)(篠)(陽)

晄 晃와同

晃 황 [황] 明也 밝을황 (養)

晏 얀 [안] 晚也 늦을안 (諫)

𣆶 [훌] 早也 이를훌 (質)

晑 썅 [향] 午也 대낮향 (養)

晌 썅 [향] 明也 밝을향 (養)

晎 홍 [홍] 日欲明 ｜｜날밝으려할홍 (董)

𣆷 밍 [명] 日暗 날어둘명 (迥)

旹 쯔 [자] 事事無礙 일마다용이할자 (支)

晀 쨘 [조] 明也 밝을조 (篠)

晭 [주] 光也 빛주 (有)

❼

㬉 난 [난] 小赤 붉을난 (潸)

晦 훼 [회] 夜也 밤회 (隊)

晞 씨 [희] 乾也 마를희 (微)

晡 뿌 [포] 暮也 해질포 (虞)

晤 우 [오] 明也 밝을오 (遇)

晙 쮠 [준] 明也 밝을준 (震)

晨 쳔 [신] 曉也 샛벽신 (眞)

晜 [곤] 兄也 형곤 (元)

晢 쪄 [절][제] 明也 밝을절 星光 ｜｜별빛제 (屑)(霽)

晥 환 [환] 明貌 환할환 (潸)

晛 쎤 [현][년] 日氣 햇발현、日光 햇빛년 (銑)(霰)

晧 하 [호] 明也 밝을호 (皓)

晟 쳥 [성] 明也 밝을성 (敬)

晣 쪄 [절] 明也 밝을절 (屑) ｜

㬅 잉 [경] 日高 해높을경 (梗)

𣆴 페 [패] 暗也 어두울패 (隊)

晚 완 [만] 暮也 저물만 (阮)

晝 쭈

[주] 午也 日中 낮 주 (寘)

⿰日良 랑 [랑] 明朗 밝을 랑 (養)

⿱日宜 疊俗字

晗 한 [함] 又 샐녘 함 (覃)

八

晾 량 [량] 曬曝晒 쪼일 량 (陽)

智 지 [지] 心有所知 知有所合 지혜 지 (寘)

明 [명] 月明 달 밝을 명

晷 궤 [귀] 刻也 시각 귀 (紙)

普 푸 [보] 大也 클 보 (麌)

⿰日制 제 [제] 星光ㅣㅣ 별빛 찬란할 제 (霽)

晬 쉬 [쉬] 周年同時 첫생일 쉬 (隊)

晉 晋 俗字

晚 원 [원] ㅣ晚 日落 날저물 원 (阮)

暀 왕 [왕] 光美ㅣㅣ 빛나고 아름다울 왕 (漾)

晻 안 [암][엄] 暗也 어둘 암 無光 날흐릴 엄 (琰)(感)

晶 징 [정] 精光 맑을 정 (庚)

景 징 [경][영] 光也 빛 경、明有境 物之陰影 그림자 영 (梗)

晳 씨 [석] 明辨 분석할 석 (錫)

晴 칭 [청] ㅣ明 맑은 날씨 청 (漾)

晵 치 [계][견] 霽也 비갤 계 姓也 성 견 (霽)(霰)

⿰日穹 궁 [궁] 日乾物 볕에 말릴 궁 (送)

晸 쩡 [정] 日出 해돋는 모양 정 (梗)

晹 이 [역] 日覆雲暫見 해 반짝날 역 (陌)

晽 린 [림] 欲所之 알고저할 림 (侵)

晌 상 [상] ㅣ午 낮 상 (養)

⿰日疌 쳬 [첩] 日欲沒ㅣ曦 해가 떨어지려고 껌벅거릴 첩 (葉)

晲 웨 [예] 日昳 해기울어질 예 (霽)

晫 쫘 [탁] 明也 밝을 탁

⿱日所 [서] 明也 밝을 서 (御)

晱 [섭] 電光 번개빛 섭 (琰)

⿰日炙 짜 [자] 日輝 날빛 자 (禡)

⿰日彔 루 [록] 曇也 흐릴 록 (沃)

九

暑 쓔 [서] 熱也 더울 서

暌 퀘 [규] 日入 어질 규 (齊)

暐 웨 [위] 光盛貌 빛날 위 (尾)

暆 이 [이] 日行ㅣㅣ 해다닐 이 (支)

暏 [도] 旦明 새벽 도 (麌)

暉 휘 [휘] 日光 햇빛 휘 (微)

暒 칭 [청] 雨止雲散 날갤 청 (庚)

暄 훤 [훤] 日暖 날따뜻할 훤 (元)

暕 얜 [간][란] 陰朝日明 흐린 아침에 날 밝을 간 陰乾 그늘에 말릴 탄 (諫)(寒)

暇 야 [가] 休日 겨를 가 (禡)

暘 양 [양] 明也 밝을 양 (陽)

暗 안 [암] 不明 어둘 암 (勘)

暎 [영] 相照 비칠 영

暍 커 [갈] 傷暑中熱 더위먹을 갈

暅 꿘 [궁][훤] 曝也 볕쪼일 궁 乾燥 말릴 훤 (徑)(阮)

暈 원 [운] 眩也 어지러울 운 (問)

⿰日兪 두 [도] 日陰 해그림자 도 (虞)

暋 민 [민] 強也 강

할 민 翰

暖 난 [난훤]溫也따뜻할난、柔也 부드러운모양훤 旱元阮

煖 난 [난]溫也따뜻할난 旱

㬈 원 [온]日出而溫돋는별따뜻할온 元

⑩ **㬈** 㬈同

暠 깐 [고][호]明白貌밝고흰모양 고、白也흴호 皓

晄 황 [황]旱熱也이른더위황 養

暢 창 [창]通也통창할창 漾

暡 내 [내]日曇無光날흐릴내 賄

暝 밍 [명]夕也저녁명 青

暣 치 [기]日氣별기운기 未

暤 [호]明也밝을호 皓

暘 양 [양][상]明也밝은양、상義同 陽

暟 캐 [개]美也아름다울개 賄

暚 야 [요]明也밝을요 蕭

暛 차 [차]日暮해저물차 禡

㬇 휘 [확]暫明잠간환할확 藥

暷 봐 [박]曝也별쪼일박 藥

暡 앙 [앙]曇也날흐릴앙 漾

⑪ **暮** 무 [모]夜也밤모 遇

暫 이 [잠]卒也마칠잠 勘

暴 [포][폭]猛也사나울포、顯示드러내어보일폭 號屋

暳 혜 [혜]衆星貌많은별혜 霽

暵 한 [한]乾也마를한 旱

㬋 어 [구]日暖따숫할구 尤

暤 한 [호]明也밝을호 皓

暶 [선]明也밝을선 先

暱 늬 [닐]新近친근할닐 質

𣉒 망 [망]日無光날흐릴망 養

暯 뭐 [막]冥也어둘막 藥

暬 쎄 [설]慢也거만할설 屑

𣋊 퐈 [표]曬乾별쪼여말릴표 嘯

暲 쟝 [장]明也밝을장 陽

𣊫 쪼 [조]日光햇빛조 豪

暪 만 [만]暗也어둘만 阮

⑫ **曉** 쑈 [효]明也밝을효 篠

曒 처 [철]明也밝을철 屑

曈 퉁 [동]日欲明ㅣ曨날밝으려할동 東董

暨 치 [기]與也다못기 寘

暾 툰 [돈]日始出해첨돋을돈 元

曀 이 [에]陰而風흐리고바람불에 霽

曃 태 [태]不明貌曖ㅣ어두울태 隊

暿 씨 [희]盛貌성한모양희 紙

暻 꿩 [경]明也밝을경 梗

曇 탄 [담]雲布날흐릴담 覃

暹 쎤 [섬]日光昇햇살오를섬 鹽

曆 리 [력]數也셀력 錫

曄 예 [엽]光也빛날엽 葉

暸 랴 [료]明也밝을료 蕭

曅 와 曄同

暼 뻬 [별]日勢欲沒해떠러지려고끄무러거릴별 屑

㬛 씨

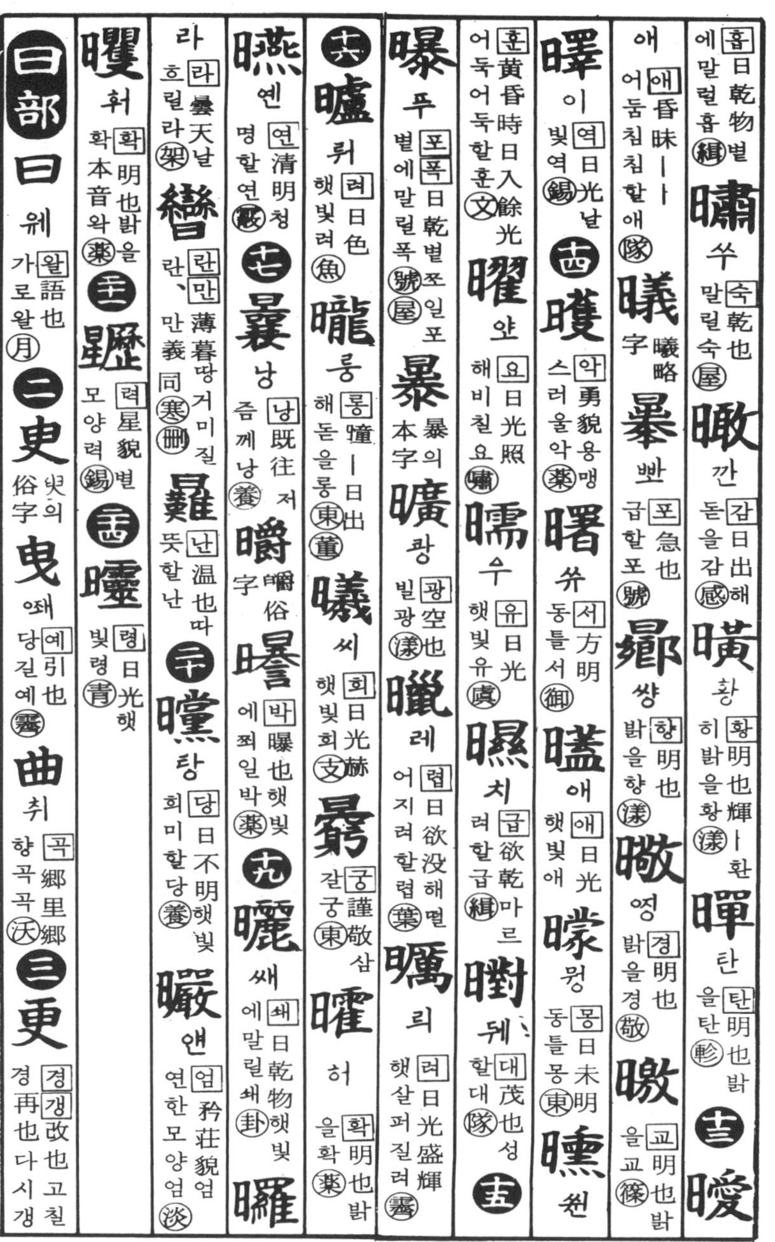

흡 日乾物별에말릴흡 (緝)

𣌙 쑤 [숙]乾也 말릴숙 (屋)

㬚 깐 [감]日出해 돋을감 (感)

曂 황 [황]明也輝ㅣ환 히밝을황 (漾)

暺 탄 [탄]明也밝 을탄 (軫)

(十三)

曖 애 [애]昏昧ㅣㅏ 어둠침침할애 (隊)

曦 曦略字

㬥 빠 [포]急也 급할포 (號)

曏 쌍 [향]明也 밝을향 (漾)

曔 엉 [경]明也 밝을경 (敬)

曒 [교]明也밝 을교 (篠)

曎 이 [역]日光날 빛역 (錫)

(十四)

𣋲 스 [악]勇貌용맹 스러울악 (藥)

曙 서 [서]方明 동틀서 (御)

𣌬 애 [애]日光 햇빛애

曚 뭥 [몽]日未明 동틀몽 (東)

曛 쉰 [훈]黃昏時日入餘光 어둑어둑할훈 (文)

曜 얍 [요]日光照 해비칠요 (嘯)

曘 수 [유]日光 햇빛유 (虞)

𣋷 치 [급]欲乾마르 려할급 (緝)

𣋺 뒈 [대]茂也성 할대 (隊)

(十五)

曝 푸 [포][폭]日乾별쪼일포 별에말릴폭 (號)(屋)

㬥 暴의 本字

曠 광 [광]空也 빌광 (漾)

㬜 레 [렵]日欲沒해떨 어지려할렵 (葉)

曞 리 [려]日光盛輝 햇살퍼질려 (霽)

(十六)

曥 뤼 [려]日色 햇빛려 (魚)

曨 룽 [롱]曈ㅣ日出 해돋을롱 (東)(董)

曦 씨 [희]日光赫 햇빛희 (支)

𣌭 [궁]謹敬삼 갈궁 (東)

曤 허 [확]明也밝 을확 (藥)

曪

曣 옌 [연]清明청 명할연 (霰)

(十七)

曩 낭 [낭]既往저 즘께낭 (養)

𣌰 曙俗字

㬥 [박]曝也햇빛 에쬐일박 (藥)

(十九)

曬 쌔 [쇄]日乾物햇빛 에말릴쇄 (卦)

라 [라]曇天날 흐릴라 (架)

曫 [란][만]薄暮땅거미질 란、만 義同 (寒)(刪)

𣋴 [난]温也따 뜻할난

(二十)

曭 탕 [당]日不明햇빛 희미할당 (養)

曮 얜 [엄]矜莊貌엄 연한모양엄 (琰)

矍 훠 [확]明也밝을 확本音왁 (藥)

(二十一)

𣋤 [력]星貌별 모양력 (錫)

(二十四)

𣌭 [령]日光햇 빛령 (青)

曰部

曰 웰 [왈]語也 가로왈 (月)

(二)

叓 事의 俗字

曳 얘 [예]引也 당길예 (霽)

曲 취 [곡]鄉里鄉 향곡곡 (沃)

(三)

更 경 [경][갱]改也고칠 경 再也다시갱

(庚)(敬)

㊃ **曶** 홀 [홀]輕視가볍게 여길홀(月)

㊄ **曷** 허 [갈]何也 어찌갈(曷)

⿱冊曰 채 [책]告也 고할책(陌)

⿰曰勻 [순]均也고를순(眞)

㊅ **曺** 曹의 俗字

書 셔 [서]文也 적을서(魚)

㊆ **曹** 찬 [조]輩也 무리조(豪)

曼 만 [만]長也 길만(寒)(翰)

㊇ **替** 티 [체]代也 대신할체(霽)

朁 찬 [참]會也 일찍참(感)

最 쬐 [최]極也 가장최(泰)

曾 쯩 [증]乃也 이에증(蒸)

㊈ **會** 휘 [회][괴]合也모을회 畫也 그림괴(泰)(曷)

㊉ **⿰車東** 인 [동]遠聞高聲멀리들리는북소리동(東)

朄 인 [인]引樂聲풍류끄는소리인(震)

朅 쪄 [걸][흘]去也갈거 武壯貌위험스럴흘(屑)

⑪ **⿱寍曰** 녕 [녕][니]告也고할녕、니義同(青)(支)

⑫ **⿱兟曰** 替과同

月部

月 웨 [월]三十日 한달월(月)

㊁ **有** 우 [유]無之對 있을유(有)

㊂ **⿰丌月** 期과同

⿱冖月 왜 [외]吐也 토할외(賄)

㊃ **朊** 웬 [원]月光微달빛희미할원(阮)

朌 빤 [반][분]賦也부세반 大首큰머리분(刪)

朋 펑 [붕]友也 벗붕(蒸)

⿰月冘 뎬 [전]月落有明달지고도밝을전(銑)

服 뿌 [복]衣也 입을복(屋)

⿰月午 우 [오]明也 밝을오(豪)

㊄ **朐** 취 [子]車軶兩邊馬頸者 수레멍에목子(虞)

朏 쀄 [비][불]三日月초사흘달비 月未盛明달빛희미할비、불義同(月)

朎 링 [령]月光ㅣ朧달빛 영롱할영(青)

㊅ **朓** 댤 [조]晦月見西그믐달 서편에뵐조(蕭)(篠)

朕 연 [짐]我也 나짐(寢)

⿰月屰 朔俗字

朔 쒸 [삭]月一日 초하루삭(覺)

朒 뉵 [뉵]朔月見東方초하루달이동녘에뵈일뉵(屋)

⿰月共 꿍 [홍]月不明夜ㅣ 달흐릴홍(董)

㊆ **朢** 望과同

朘 쒠 [전]縮也 오무라질전(先)

朙 明의古字

朖 朗와同

朗 랑 [랑]明也달 밝을랑(養)

朚 황 [황]翌日이 튿날황(陽)

望 왕 [망]瞻也바랄망(漾)

㊇ **朝** 쨔 [조]早也이를조(蕭)

朞 씨 [기]坐也두루할기(支)

朜

뜬 돈 月光 달빛돈 元

期 치 기 約也 기약기 支

朎 총 赤也 붉은총 東

九

𣍯 긍 月出貌 달돋을긍 徑

朠 잉 영 月色 달빛영 庚

朡 종 至也 이를종 東

𣍯 헝 항 月出也 달돋을항 漾

十

朢 왕 망 月滿與日相ㅣ 보름망 漾

朚 황 황 月色薄貌 달빛어슴프레할황 養

𣎑 凌과同

十二

膰 膝俗字

𣎴

[illegible]선 선 便ㅣ小貌 조그마할선 銑

𣍵 넌 년 月出 달돋을년 銑

十三

朣 퉁 동 月欲明貌ㅣ朧 달밝으려하는모양동 東

𣋟 꾸 흘 濁ㅣ달 흐릴흘 點

𣎀 皎와同

十四

朦 뭉 몽 月将入ㅣ朧 달지려할몽 東

𣍻 엽 月動貌 달이움직일엽 葉

十六

朧 룽 롱 月初明朣ㅣ 달처음밝을롱 東

二十

曭 탕 당 月昏ㅣ朧 어스름할당 養

曦 씨 희 日光 달빛희 支

木部

木 무 목 東方位 나무목 屋

一

未 웨 미 不也 아닐미 未

末 머 말 木杪端也 끝말 曷

本 뻔 본 始也 근본본 阮

札 표 찰 票也 표찰 紙

朮 쓔 출 山薊 삽주출 質

二

朼 피 비 調飮木匙 주걱비 紙

机 이 궤 案属 책상궤 紙

朱 쥬 주 赤色 붉을주 虞

朽 쑤 후 臭也 냄새후 有

朶 朶同

朵 뒤 타 木下垂 나무아래로숙을타 哿

朴 푸 박 本也 밑둥박 覺

朷 도 도 목 木心 나무고갱이도 桑木削 뽕나무가지치는칼목 豪 屋

朾 뎡 정 地名 땅이름정 靑

朸 리 력 木理年輪 나무결 터나 테력 職

朳 빠 팔 無齒杷畚具 고무래팔 黠

朹 꾸 구 山樝 아가위구 尤

朻 규 木下曲 나무아래로굽을규 尤

杇 朽誤字

朿 츠 치 茫也 까스랭이치 寘

三

杍 쯔 자 木匠 목수자 紙

杠 깡 강 小橋 작은다리강 江

李 리 리 姓也 성리 紙

杞 치 기 藥名枸ㅣ 구기자기 紙

杅

위 [우] ㅣㅣ自得貌 든든한체할우 (虞)

杆 간 [간] 看也 방패간 (寒)

杇 우 [오] 塗也 칠할오 (虞)

杜 뚜 [두] 塞也 막을두 (麌)

村 춘 [촌] 聚落 마을촌 (元)

杓 쏘 [표][작] 北斗柄 북두자리표 引也 당길작 (蕭)(藥)

杕 듸 [체][타] 樹盛 나무무성할체、船尾小梢 배의작은키타 (架)

材 채 [재] ㅣ料 재료재 (灰)

杖 쟝 [장] 持也 가질장 (漾)

杈 차 [차] 捕魚具 물고기잡는제구차 (麻)

杝 이 [이][치] 白椵 피나무이 落也 떨어질치 (紙)

杗 망 [망][맹] 大梁 대들보망 煙也 동자기둥맹 (陽)(庚)

杄 쳔 [천] 木 고염나무천 (先)

杉 캄 [삼] 木名似松船林 ㄱ檆同 삼나무삼 (咸)

杢 목 [목] 木手 목수목

杏 씽 [행] 銀은 행행 (梗)

杔 튀 [탁][척] 木名 櫨탁로나무탁 具ㅣ櫨 주자틀척 (藥)(陌)

束 쑤 [속] 続也 묶을속 (沃)

呆 대 [매] 癡也 어리석을매 (灰)

杌 우 [올] 不安貌 수선할올 (月)

杙 의 [익] 交趾果 실과익 (職)

杘 치 [치] 小兒多詐 嚱ㅣ 아이꾀많을치 古音희 (寘)

杊 쉰 [순] 木可為鉏柄 나무가 호미자루될만할순 (眞)

杣 [日] 樵人 나무군산

㊃

枀 松同

枩 松字

東 뚱 [동] 日出方 동녘동 (東)

林 린 [림] 叢木 수풀림 (侵)

杮 柹同

柿 쐐 [폐][시] 削木札 대패밥폐 俗作果名 감시 (隊)(紙)

枇 삐 [비] 所以載牲 도마비 (支)

枝 씌 [지] 手節 손마디지 (支)

松 쑹 [송] 百木之長 솔송 (冬)

茉 우 [화] 歛名 鍜ㅣ 칼이름화 (虞)(麻)

枠 [수] 滑車心棒 수레바퀴다는나무수 (虞)

杫 씌 [지] 俎也 도마지 本音시 (寘)

枂 웨 [월] 鞍瓦 안장기와월 (月)

枃 씬 [진] 筬也 바디진 (震)

枖 야 [요] 樹木繁盛 나무번성할요 (蕭)(篠)

杻 착 [뉴][추] 檍也 박달나무뉴 手械 수갑추 (有)

杺 [심] 心黃色木 심이누런나무심 (侵)

柢 씨 [시] 碓衡 방아채시 (支)

料 쥬 [주][두] 水器 세수통주 (虞)(有) 柱上方木 栱ㅣ 주두두

杵 츄 [저] 擣穀舂ㅣ 절구공이저 (語)

校 [효] 桷也 서까래효 (肴)

枎 뿌 [부] 皿布ㅣ疎 퍼질부 (虞)

枛 [초] 木刺 나무가시초 (嘯)

枸 꾸 [子]曲也子 부러질구 (有)

柄 몐 [면]吉具목 화나무면 (先)

杹 회 [화]木美蓉 목부용화 (禡)

杼 쪄 [저]長也 길저 (語)

枙 왜 [와]木節나무 마디와 (歌)

杸 쓔 [수]木名나 무이름수 (虞)

枚 메 [매]幹也 줄기매 (灰)

枑 후 [호]行馬遮闌 桱ㅣ마름쇠호 (遇)

枘 쒜 [예]柄也 자루예 (霽)

板 빤 [판]木片 널판 (潸)

枌 뿐 [분]白楡흰느 릅나무분 (文)

杯 빼 [배]飮酒器 잔배 (灰)

析 同析

杶 츈 [츈]似漆琴橁ㅣ 참죽나무 츈 (眞)

杳 먀 [묘]深也 깊을묘 (篠)

果 과 [과]木實 과실과 (哿)

杪 찬 [초]木末 나무끝초 (篠)

杲 깐 [고]高也높을고 [호]義同 (皓)

杷 빠 [파]決也결 단할파 (禡)

柟 [날][염]木名梅ㅣ子나무 이름남、염義同 (覃)(監)

来 古困

柃

[심]木葉나무 잎사귀심 (侵)

枒 야 [야]木名종 려나무야 (麻)

枍 예 [예]木名나 무이름예 (霽)

杭 항 [항]渡也 건널항 (陽)

枋 빵 [방][병]魚肉고기살방 枘也자루병 (陽)(敬)

枊 앙 [앙]繫馬柱 말뚝앙 (漾)

枕 쎈 [침]首據 벨침 (寢)(沁)

枏 난 [남]木名梅ㅣ子 나무 이름남 (鹽)(覃) [염]義同 (紙)

杴 연 [험]鍫屬 가래험 (監)

杰 쪠 [걸]壯也豪傑 호걸걸 (屑)

极 쪠 [접]驢背負物나귀 에짐실을접 (葉)

杬 쉔 [완][원]按摩身體몸 만질완 木名나무 이름원 (翰)(元)

枡 [승]升也量 器되승

析 [석]分也 나눌석 (錫)

枉 [왕]曲也 굽을왕 (漾)

枆 뫄 [모]冬熟桃겨울에 익는복숭아모 (豪)

五

柈 판 [반]承皿 쟁반반 (寒)

栃 [회]橡木 나무회 日字

枯 쿠 [고]槁木 마를고 (虞)

枀 同松

枲 씨

[시]牡麻씨 없는삼시

柅 늬 [니][닐]茂盛貌ㅣ성한모 양니 止也그칠닐 (紙)(質)

枷 쟈 [가]項械 칼가 (麻)

枳 찌 [지][기]似橘탱자지 害也해롭게할기 (紙)(支)

柟 同枏

柶 쓰

[사]ㅣ枝 丫사 (寘)

柲 삐 [비][필]戈戟柄창자루 비 閉通필義同 (寘)(質)

栂 [모]【木名、常綠喬木이며 梅와비슷함】나무이름모

柜 쮜 [거]木名似柳皮可煮 作飮 나무이름거 (語)

柧

꾸 [고]稜角 모질고

柎 뿌 [부]木名榆ㅣ 나무이름부

枹 뿌 [부][포]皷槌북채부 나무떨기로날포

相 쌍 [상]共也 서로상

枸 꾸 [子]藥名ㅣ杞 구기자구 (有)

柱 쮸 [주]塞也 막을주 (遇)

枻 이 [예][설]檝也 상앗대예 械同槷ㅣ 弓弩具槷ㅣ활도지개설 (霽)(屑)

柢 뎌 [저]根也 뿌리저 (薺)

架 갸 [가]棚也 시렁가 (禡)

柟 楠의 俗字

柰 내 [내][나]郡也ㅣ何 어찌내、나 義同 (泰)(箇)

枴 괘 [괘]老人拄杖 노인이집팡이짚을괘 (蟹)

柬 갠 [간]分別분별할간 (潸)

柹 柹과同

柹 씌 [시]赤實果 감시 (紙)

柯 가 [가]鎌柄낫자루가 (支)

枵 햪 [효]虛也 빌효 (蕭)

柁 타 [타]正船木 키타 (哿)

柂 이 [이]椵也 피나무이 (支)

柄 빙 [병]柯也 자루병 (敬)

柩 꾸 [子]棺也 널구 (宥)

柘 쟈 [자]山桑산뽕나무자 (禡)

柴 채 [시][채]薪也땔나무시 塞也막을채 (佳)(卦)

某 뭐 [모][매]未定辭不知名者稱 아무모 古音무 (有)(尤)

枰 삥 [평]木名나무이름평 (庚)

柙 쎱 [합]香木楓ㅣ향 나무합 (洽)

柔 숙 [유]順也유 순할유 (尤)

柳 류 [류]姓也 성류 (有)

栟 뻔 [변]柱上木欂櫨 주변변 (霰)

査 쟈 [사]察也 사실할사 (麻)

枼 엽 [엽][십]薄也엷을 엽、십義同 (葉)(緝)

柚 우 [유][축]似橙而酢橘ㅣ유자유 織具受緯杼ㅣ북축 (宥)(屋)

染 산 [염]汚也 더럽할염 (琰)

柑 간 [감][겸]橘屬滋味 甘美감귤감 馬銜재갈검 (覃)(鹽)

柞 쫙 [작][책]櫟也가락나무작、除木나무베일책 (藥)(陌)

柷 쥭 [축]作樂器ㅣ敔풍류축 (屋)

柝 톽 [탁]判也 쪼갤탁 (藥)

枱 이 [이]耒柄따빗자루이 (支)

柮 돨 [돌][올]木頭榾ㅣ삭정이돌 樹無枝무지렁나무올 (月)

柤 쟈 [사]木閑나무우리사 (麻)

枿 네 [알][얼]伐木餘在槎ㅣ나무움알 或音얼 (曷)

柵 책 [책]編立竹木 울타리책 (陌)

柛 쌴 [신]木自死 자고목신 (眞)

柭 쥐 [거]板也 길마거 (魚)

枮 뎐 [침]斫木櫍 모탕침 (侵)

柀 피 [피]棚也자 나무피 (紙)

柖 쨮 [소]樹搖나무 흔들릴소 (篠)

柊 쭁 [종] ㅣ榜 椶也 방망이종 (東)

柒 漆의 俗字

柏 빽 [백] ㅣ松 측백나무백 (陌)

柣 찌 [질] 門限 문지방질 (質)

柲 쯔 [자] 無庛木 楡也 느릅나무자 (支)

柫 뿔 [불] 枷也 도리채불 (物)

柭 페 [패][발] 木生枝葉 나무지엽 돋을패 茂貌ㅣ 무성할발 (曷)

柋 대 [대] 蠶槌 누에 시렁대 (隊)

柇 허 [화] 棺頭 관머리화 (敬)

栍 [생] 路標長ㅣ 장승생 國字

柾 정 [정] 木之正 나무바를정

枺 머 [말] 柱也 標 기둥말 (曷)

柍 잉 [영][앙] 杏也 살구영 (庚) 屋端 추녀끝앙 (陽)

柃 링 [령] 木瘤 나무혹령 (靑)

柌 쓰 [가] 枝也 가지가 (歌)

柆 라 [랍] 折木 나무꺾을랍 (合)

柉 빤 [범] 木皮 나무껍질범 (咸)

柪 야 [요] 曲木 굽은나무요 (肴)

(六)

根 껀 [근] 柢也 뿌리근 (元)

栫 쪈 [천] 圍也 에울천 (霰)

栞 칸 [간] 斫木 나무쪼갤간 (寒)

桓 환 [환] 武貌ㅣ 굳셀환 (寒)

桉 안 [안] 食器 玉 중발안

栴 쟌 [전] 香木ㅣ檀 향나무전 (先)

案 안 [안] 考也 상고할안 (翰)

校 쟈 [교][효] 報也 이를교 (肴) 學宮 학궁효 (效)

桃 탚 [도] 果也 복숭아도 (豪)

栲 캎 [고] 山樗類 漆 북나무고 (皓)

桄 꽝 [광] 充也 찰광 (漾)

栳 랖 [로] 柳器 栲ㅣ 버들로짠 고리로 (皓)

栾 欒의 俗字

栱 꽁 [공] 大杙 큰말뚝공 (腫)

栭 열 [이] 小栗 작은밤이 (支)

株 쮸 [주] 根也 뿌리주 (虞)

栮 이 [이] 雌桑 암뽕나무이 (支)

栖 씨 [서] 住息 쉴서 (齊)

栩 쒸 [허] 又 상수리나무허 (麌)

桂 꿰 [계] 木名 百藥之長 계수나무계 (霽)

栘 타 [체] ㅣ楊 사시나무체 古音 세 (齊)

栧 이 [예] 楫也 돛대예 (霽)

栵 릐 [례][렬] 木行生 나무줄로 날레 耐栗 간밤렬 (霽)(屑)

栟 쪄 [계][견] 屋櫨 가로보계 義同 (齊)(先)

桅 웨 [외] 梁黃木 치자나무외 (灰)

栽 쨰 [재] 種蒔ㅣ殖 심을재 (隊)

栒 쓘 [순] 木名 나무이름순 (軫)

桑 쌍 [상] 日出處 扶ㅣ 해돋는곳상 (陽)

桒 桑의 俗字

桁 향 [항][형] 浮橋 부교항 葬具 매개형 (陽)(庚)

栗 찌 [률] 堅也 견고할률 (質)

栿 뿌

[복] 以小木附於大木 나무부할복 ㊀屋

栦 [형] 机也 책상형 ㊀靑

桎 죄 [질] 窒也 막힐질 ㊀質

核 허 [핵][훌] 豆實 실과핵、훌義同 ㊀月

栝 괘 [괄] 柏葉松身 전나무괄 ㊀曷

桔

꼐 [길] 藥名ㅣ梗 도라질길 ㊀屑

桀 꼐 [걸] 凶暴흉포할걸 ㊀屑

格 꺼 [락][격][각] 來也올격、阻ㅣ 막힐락、止也그칠각 ㊀陌 ㊀藥

栢 柏의 俗字

框 광 [광] 棺門 관문광 ㊀陽

栰 쀠 [벌] 桴也 編木汎水 메벌 ㊀屑

[illegible] [타] 木名 나무이름타 ㊀箇

栠 인 [임] 木弱貌 나무연할임 ㊀寢

栓 싼 [전] 桶ㅣ 통마개전 ㊀先

栙 쌍 [강] 䉶也 뜸강 ㊀江

栔

쎄 [설][제] 絶也 끊을설 本音관 刻也 새길제 ㊀霽 ㊀屑

[illegible] 이 [이] 船杼水斗 배에물푸는바가지이 ㊀支

栛 뤼 [려] 木名ㅣ松 나무이름려 ㊀語

栮 얼 [니] 木耳 버섯니 ㊀紙

栶 씬

[신] 䈽也 바디신 ㊀震

栯 위 [욱] 赤棣ㅣ李 산앵도욱 ㊀屋

栱 꿍 [공] 手械 수갑공 ㊀腫

栻 씨 [식] 推占木局 점판식 ㊀職

桊 꿘 [권] 牛鼻環 소코뚜리권 ㊀霰

林

뻥 [평] 析木聲 나무패는소리평 ㊀蒸

桌 쫘 [탁] 几案 탁상탁 ㊀覺

桐 똥 [동] 葉大材輕梧 오동동 ㊀東

[illegible] 椒俗字

桕 찍 [子] 木名鳥ㅣ 오子나무子 ㊀有

椰

[공] 柜柳 떡갈나무공 ㊀冬

桗 쫘 [타] 手把物 잡을타 或音과 ㊀馬

栜 써 [색] 棗也 대추색 ㊀陌

栲 꾸 [고] 枯木 마른나무고 ㊀皓

栍 [상] 織具 물레가락상 日字

[illegible] [패][파] 蔗屬

둥나무패、파義同 ㊀卦 ㊀禡

七

桶 통 [통][용] 六升入木方器 엿되들이통 통斛也 휘용 ㊀董 ㊀腫

梔 찌 [치] 梔桃一名鮮支實 可染黃 치자치 ㊀支

桵 쒸 [유] 木名白ㅣ 백유나무유 ㊀支

梩 릐 [리] 鍬也 가래리 ㊀支 ㊀紙

梨 리 [리] 蟲名給 벌레이름리 ㊀支

梓 즈 [자] 楸也 노나무자 ㊀紙

梳 숴 [소] 理髮櫛 얼레빗소 ㊀魚

梧 우 [오] 木名ㅣ桐 오동오 ㊀虞 ㊀遇

梏 꾸 [곡] 亂也 어지러울곡 ㊀沃

桴 뿌 [부] 鼓槌 북채부 ㊀尤

梯 티 [제] 無隅角者 모퉁이없을제 ㊀齊

梹 檳의 略字

桰 취 [활] 歷也 누를활 ㊀曷

械 쎄 [제] 器

之總名기 계계 佳

梐 폐 [폐]行馬ㅣ枑 마름쇠폐 薺

梴 찬 [천]碓機방아틀천 迥

梅 메 [매]陽ㅣ양매 나무매 灰

桮 배 [배]飮器ㅣ棬 술잔배 灰

桭 진 [진]屋梠평고대진 眞

梡 환 [완]斵木토막나무완 旱

梠 뤼 [려]梋也 문도리려 語

梱 곤 [곤]門限문지방곤 阮

梘 젼 [견]通水器 홈통견 銑

梟 쌰 [효]不孝鳥 올빼미효 蕭

條 됴 [조]長也 길조 蕭

梢 쌰 [소]木杪 나무끝소 肴

梭 솨 [사]織具 북사 歌

桫 싸 [사]ㅣ欏木名 사리나무사 歌

梛 여 [야]椰子야자나무야 麻

桹 랑 [랑]船板 뱃전랑 陽

梬 잉 [영]小柹ㅣ棗 고욤나무영 梗

桯 팅 [정]柱也 기둥정 靑

梗 깽 [경]正直 곧을경 梗

梮 곽 [국]山行所履 썰매국 沃

梃 뎡 [정]杖也 막대정 迥

桴 뿌 [부]鼓槌 북채부 虞

桷 꺅 [각]平柯바로 걷은가지각 覺

梵 뻔 [범]吟聲ㅣ唄 경읽을범 陷

梪 뚜 [두]木食器나무그릇두 宥

桺 柳本字

梁 량 [량]木橋나무다리량 陽

梫 친 [침]桂也계수나무침 侵

桼 치 [칠]水名물이름칠 質

桲 뿨 [발]杖也지팡이발 月

梄 우 [유]積也쌓을유 有

梲 쒀 [절][탈]梁上楹藻ㅣ동자기둥절 大杖작대기탈 屑 曷

梜 쟈 [협]著也ㅣ提젓가락협 古音접 葉

梀 쑤 [축]梀也박달나무축 陌

桸 씨 [희]杓也 국자희 支

桻 뽕 [봉]木上나무끝봉 冬

桽 취 [좌]㮎李과실이름좌 歌

梆 빵 [나]木名나무이름나 歌

梂 쭈 [子]㰈房도토리 바침子 尤

梇 룽 [롱]地名ㅣ楝 땅이름롱 送

梒 함 [함]櫻桃앵도함 覃

梑 듸 [적]木名나무이름적 錫

梖 패 [패]木名패엽나무패 泰

梣 천 [침]靑皮木물푸레침 侵

梸 례 [렬]舟艢돛대렬 屑

桾 균 [군]梬棗ㅣ櫏고욤나무군 文

桻 뿐 [분]舟篷 배뜸배 吻

梦 夢俗字

梴 쎤 [선]鷹架매 시렁선 霰

梍 쨔 [조]皂莢스므나무조 쥐엄나무조 皓

梛 폐 [폐]券契어음 조각폐 隊

桋 이

[제] 撮取집어가질제 (霽)

梛 나 [나] 木名나무이름나 (歌)

梶 이 [미] 木杪나무끝미 (尾) [日] 正船키미

梺 [日] 俗字

⿱沙木 싸 [사] ㅣ棠木名사당나무사 (麻)

⿰木充 취 [각] 枳ㅣ藥名탱자나무각 (覺)

栬 [日] 秋葉紅가을잎에단풍들파

桿 깐 [한][간] 木梃줄기한 棒也몸둥이간 (覃)(寒)

梌 뚜 [고] 棍也취염나무고 (皓)

梤 얜 [분] 香木향나무분 (文)

桱 [경] 木名나무이름경 (徑)(青)

⿰木豕 쩌 [저] 自枯木말라죽은나무저 (魚)

梻 [불] 佛供畓木향나무불 日字

八

棄 치 [기] 損也버릴기 (寘)

棿 이 [예] 危也위험할예 (齊)

植 이 [식][치] 樹立세울식 倚也의지할치 (職)(寘)

棜 위 [어] 承尊器책상반어 (御)

棃 梨과同

椐 쩌 [거] 債也인가목거 (魚)

椇 쩌 [子] 婦人之贄페백子 (麌)

棨 치 [계] 有旗戟前驅所執ㅣ戟兵欄창틀계 (薺)

棲 씨 [서] 息也ㅣ遲쉴서 (齊)

棙 리 [려] 琵琶機機也 関ㅣ고동려 (霽)

棣 틔 [체] 通也통할체 (霽)

棌 채 [채] 檞也ㅣ椽참나무채 (賄)

椌 쿵 [공][강] 器物質朴기물질박할공 柷也시작하는풍류강 (東)(江)

棵 [과][환] 木名나무이름과 薪束나뭇단환 (哿)(旱)

棷 쮀 [취][추][수] 數也푸서리취 薪也섶추 郰ㅣ수풀수 古音최 (泰)(尤)

棼 얜 [분] 亂也ㅣㅣ어지러울분 (文)

棕 椶의 俗字

棟 뚱 [동] 木名나무이름동 (送)

棒 뼁 [봉] 杖也두드릴봉 (講)

棋 棊와同

棊 치 [기] 根柢뿌리기 (支)

棓 [부][방] 打也때릴부 打穀具도리깨채방 (尤)(講)

⿰木委 웨 [유][위] 木名白떡갈나무유 農具굽정이위 (支)

椅 이 [의] 坐具ㅣ子의자의 (支)(紙)

椎 취 [추] 擊也칠추 (支)

棺 꽌 [관] 斂也염할관 (寒)

椑 삐 [비][벽] 斧柯도끼자루비 親身棺관벽 (支)(齊)(陌)

⿰木囷 梱과同

⿰木肴 햐 [효] 梔子ㅣ桃치자나무효 (肴)

⿰木奄 인 [엄] ㅣ檢林檎능금엄 (琰)

棭 예 [액] 木名나무이름액 (陌)

棔 훈 [혼] 合驩木자귀나무혼 (元)

棻 棼와同

棍 꾼 [혼][곤] 束木나무묶을혼 刑具ㅣ杖곤장곤 (阮)(願)

椚 [륵] 櫟也상수리나무륵 日字

棬

찬 [권] 鼻拘ㅣ 쇠코두레권 (先)
棧 잔 [잔] 小鐘작은 쇠북잔 (潸)(諫)
椀 완 [완] 小盂 주발완 (旱)
桝 椒와同
椒 쟈 [초] 香也향기로울초 (蕭)
棐 베 [비] 輔也도울비 (尾)
棗 쟈 [조] 棘實赤心 대추조 (皓)
梆 빵 [방] 木片나무조각방 (敬)
棠 탕 [당] 地名땅이름당 (陽)
棉 앙 [앙] 屋斜角飛추녀앙 (陽)
栟 [병] 棂也ㅣ櫚종려나무병 (庚)
棚 펑 [붕] 閣也누각붕 (庚)
棅 빙 [병] 柄也자루병 (敬)
棖 청 [정] 杖也막대정 (庚)
棄 弃의 本字
棽 린 [림] 木枝條繁蔚貌ㅣ麗나무가지무성할림 (侵)
棼
진 [금] 机也책상금 (沁)
森 썬 [삼] 植也심을삼 (侵)
棱 령 [릉] 威也위엄릉 (蒸)
椁 꿔 [곽] 外棺관곽 (藥)
椓 줘 [탁] 擊也칠탁 (覺)
棘 지 [극] 大戟큰창극 (職)
棸 쩌 [추] 姓也성추 (尤)
椄 졔 [접] 續木나무접붙일접 (葉)
棫 위 [역] 白桵무리참나무역 (職)
椷 량 [량] 松脂송진량 (養)
梚 투 [도] 木名가래나무도 (虞)
棆
룬 [륜] 楡也느릅나무륜 (眞)
棉 면 [면] 木ㅣ주나라나무면 (先)
棝 꾸 [고] ㅣ斗可以射鼠쥐덫고 (遇)
棪 옌 [염] 木名나무이름염 (琰)
棏 따 [답] 柱頭기둥머리답 (合)
棯 신 [임] ㅣ棗還味대추맛들임 (豔)
棶 래 [래] 木名ㅣ椋박달나무래 (灰)
椈 쥐 [국] 柏也측백나무국 (屋)
棤 제 [착] 木皮粗錯나무껍질거칠착 或音척 (藥)
棳
쥐 [절] 縣名ㅣ고을이름절 (屑)
椊 쭈 [졸] 以柄納孔ㅣ杌자루맞칠졸 (月)
棡 깡 [강] 木名강나무강 (陽)
椋 량 [량] 木名印椺也나무이름량 (陽)
棑 [패] 盾也방패패 (佳)
棎 씬 [섬] 果名과실이름섬 (豔)
棳 [日] 舟㯹단풍나무화
棭 [예] 草木垂實貌모양예 (霽)
椧 [韓] 筧也홈통명
椏 야 [아] 樹枝奴ㅣ나무가지아귀질아 (麻)
椄 싸
[삽] 木理起貌나무결일어날삽 (洽)
椙 [日] 杉也삼나무창
棩 원 [연] 木曲나무굽을연 (先)
棹 쟈 [도] 楫也노도 (效)
椄 싼 [삼] 接櫓채양삼 (陷)
棔 쥐

[子] 波水具桔槹드레박 子俗音고 (豪)

榾 꿔 [굴] 斷木토막나무굴 (物)

棰 [추] 杖擊매추 (紙)

椆 [주] 川名내이름주 (尤)

九

⿰木飛 [韓] 木梯사다리비

楷 [해] 法式법해 (佳)

⿰木卻 [핵] 木下白나무밑둥허연을핵 [각] 案脚책상각 (陌)

楕 橢의略字

楥 쉔 [원] 履範신골원 (元)

楯 쉰 [순] 干也방패순 (眞)

楗 옌 [건] 門限木關문지방건 (阮)

楝 렌 [련] 木名似槐苦고련나무련 (霰)

楦 쉔 [훤] 履模신골훤 (願)

楺 우 [유] 屈木굽은나무유 (有)

楤 숭 [송] 木名엄나무송 或音총 (董)

椶 쭝 [종] 棕櫚종려종 (東)

楏 [실] 社松두송실 日字

⿰木冒 무 [모] 門樞上橫木문설주모 (號)

椸 이 [이] 衣架옷걸이이 (支)

椔 쯔 [치] 木立死서서죽은나무치 (支)

楣 메 [미] 門上橫梁인중방미 (支)

楎 훼 [휘][혼] 掛衣架옷걸이휘 農具棃轅장기술혼 (微)(元)

楮 추 [저] 木名감매나무저 (語)

椰 [야] 木名야자나무야 (麻)

楰 위 [유] 鼠梓以山楸而黑나무이름유 (虞)(麌)

楀 위 [우] 木名나무이름우 (麌)

楡 위 [유] 白粉느릅나무유 (虞)

楚 추 [초] 荊也싸리초 (語)(御) 木

楛 쿠 [호][고] 木名歸荊矢榦나무이름호 器物濫惡물건추잡할고 (麌)

椵 야 [가] 擧物具杙들가락가 (馬)

椴 똰 [단] 椵也피나무단 (翰)

椽 촨 [연] 榱也까래연 (先)

楩 펜 [편] 南方大木似豫章나무이름편 (先)

楂 쨔 [사] 樹下體등걸사 (麻)

楊 양 [양] 葉長青ㅣ왕버들양 (陽)

楹 잉 [영] 柱也기둥영 (庚)

楢 와 [유] 柔木부드러운나무유 (尤)

楞 령 [릉] 柧也四角네모질능 (蒸)

楨 쩡 [정] 剛木단단한나무정 (庚)

楸 칙 [추] 苦ㅣ산유자추 (尤)

楓 뻥 [풍] 欇也단풍나무풍 (東)

椹 썬 [침][심] 木跌모탕침 桑實뽕나무열매심 (侵)(寢)

楙 뫄 [무] 盛也성할무 (宥)

楱 쩍 [주] 武陵小橘작은귤주 (宥)

楔 쎄 [설] 柱也기둥설 (屑)

⿰木忝 톈 [첨] 火杖부지깽이첨 (豔)

㮚 栗古字

椷 얜 [함] 容也용납할함 (咸)

楅 뿌 [복][벽] 矢器전동복 벽義同 (屋)(職)

楠 난 [남] 美材似豫章 들메나무남 (覃)

楶 제 [절] 梁上短住欂櫨 동자기둥절 공대절 (屑)

楘 무 [목] 車輈皮束為飾 가죽으로감은차멍에목 (屋)

㮟 뒤 [탁] 判也 쪼갤탁 (藥)

極 지 [극] 中也 가운데극 (職)

楫 지 [접][즙] 短棹曰ㅣ 노접 棹也 돛대즙 (葉)(緝)

業 예 [업] 事也 일업 (葉)

楪 대 [접] 牀板 널평상접 (葉)

楖 제 [즐] ㅣ人 刮ㅣ 김장이즐 (質)

楬 거 [갈] 表識 표할갈 (黠)

𣠺 쏘 [초] 剿木殺上 나무끝뾰족하게깎을초 (效)

𣘸 쏘 [소] 船之總名 배소 (豪)

楄 편 [편] 方水ㅣ部 모진나무편 (先)

椻 연 [언] 積木為障 나무로방천할언 (阮)(願)

楈 쉬 [서] 木名 나무이름서 (語)

椷 웨 [위] 褻器ㅣ窬 요강위 (微)

𣘀 차 [잡] 茂也 무성할잡 (洽)

楆 야 [요] 細腰束 허리잘룩한대추요 (蕭)

楴 티 [체] 摘髮 족집게체 (霽)

𣖵 제 [계] 皮閣 찬장계 (卦)

㮕 얼 [이] 木耳 버섯이 (支)

楀 위 [우] 木ㅣ 제웅우 (遇)

楉 쇠 [약] 果名卜榴 석류약 (藥)

椱 뿌 [부][복] 機足 베틀발부 履也 신복 (有)(屋)

㮙 어 [악] 穽也 함정악 (藥)

楟 딩 [정] 木名棠梨 아가위정 (青)

楑 궤 [규] 椎也 格ㅣ 방망이규 (支)

㮡 [子] 曲枝 굽은가지子 (尤)

榌 [비] 木梯 사다리비 國字

𣝗 [형] 基盤臺 바둑판형 (迴)

𣘺 [후] 果名 과실이름후 (尤)

𣛰 [근] 矛柄 창자루근 (眞)

楃 우 [옥][악] 木帳 나무로만든장막옥 房帳 방장악 (屋)(覺)

㮐 성 [성] 俎也 도마성 (梗)

楇 휘 [화][괘] 塗輪膏器 바퀴에바르는기름통화 紡車收絲具 자새괘 (箇)(歌)

楏 궤 [규] 鋤柄 호미자루규 (齊)

椿 춘 [춘] ㅣ丈 어르신네춘 (眞)

𣗋 뱌 [포] 四十斤 사십근포 (效)

楜 후 [호] 胡椒 후추호 (虞)

㮔 梗의本字

㮈 네 [내] 枯立木 죽은나무내 或音니 (霽)

楁 [객][격] 掛衣架 옷걸이객 鞍ㅣ 안장거리격 (陌)(藥)

椾 짠 [잔] 棚也 사다리잔 (潸)

椯 타 [타] 又 회초리타 (賀)

椳 왜 [외] 門樞 문지도리외 (灰)

楳 梅本字

楻 헝 [황] 旗竿 깃대황 (庚)

㮎 盃本字

榐

쓰 [시] 水匙나무숟가락시 (支)

樺 허 [할] 鼓也북할 古音갈 (黠)

槭 센 [험] 陰也그늘험 (琰)

[illegible] 棉의 俗字

楾 [日] 通水管홈통천

榀 [日] 土壁中編木외가지품

椺 [보] 樑也들보보

十

樶 췌 [취] 木節나무마디취 (支)

[illegible] 榻同

[illegible] 예 [결] 波水具두레박결 (屑)

楳 梅과同

槓 꽁 [공] 梃也ㅣ扞막대공 (送)

槀 槁과同

榕 융 [용] 多陰樹나무이름용 (冬)

榿 예 [기] 木名蜀人為薪可燒나무이름기 (支)

榛 젼 [진] 似栗而小개암나무진 (眞)

榰 예 [지] 支也이바지할지 (支)

榌 피 [비] 達櫓木부연비 (支)

榱 췌 [최] 椽也서까래최 (支)

槌 뛔 [추][퇴] 擊也칠추 摘也딸퇴 (有)(灰)

榲 우 [올][온] 果名ㅣ桲돌배올 柱也기둥온 (月)(問)

榧 쀄 [비] 木文似柏비자나무비 (尾)

榎 야 [가] 苦茶차이름가 (馬)

槁 꼬 [고] 枯也마를고 (皓)

榦 깐 [간][한] 木本根밑줄기간 井上木欄우물난간한 (翰)(寒)

榶 당 [당] 移也사시나무당당 (陽)

榷 췌 [교][각] 杠也橫木渡水쪽널다리교 각義同、獨取利도거리할각 (效)(覺)

槐 홰 [괴] 冬取火木虛星精花可染黃色느티나무괴 (灰)(佳)

槎 차 [사] 桴也떼사 (麻)

榭 [사] 廟無室사당집사 (禡)

槍 쳬 [창][쟁] 距也낫을창 傖同 彗星欃ㅣ혜성쟁 (陽)(庚)

榨 자 [자] 打油機기름틀자 (禡)

榔 랑 [랑] 嶺外果檳ㅣ빈랑나무랑 (陽)

榥 황 [황] 讀書牀책상황 (養)

榮 웅 [영] 華也빛날영 (庚)

構 꾸 [구] 成也이룰구 (宥)

榺 씽 [승] 織機持經者도토마리승 (徑)

榖 꾸 [곡] 木名ㅣ나무이름곡 (屋)

槃 판 [반] 承血쟁반반 (寒)

[illegible] 穀과同

椳 根同

槊 솩 [삭] 丈八矛창삭 (覺)

榜 [방][병] 標也방방 병義同 (養)(敬)

榤 졔 [걸] 鷄棲杙닭의홰걸 (屑)

榼 커 [합] 酒器술그릇함 (合)

榾 꾸 [골] 柮木頭ㅣ살정이골 (月)

榻 타 [탑] 牀也긴상탑 (合)

榏 이 [익] 青雀舟푸른새그린배익 (錫)

榝 싸 [살] 山桃산복숭아살 (黠)

[illegible] 松의古字

榩 옌 [건] 米倉쌀고건 (先)

榐 찬 [전]樹長貌 檣ㅣ나무진모양전 俗音천(銑)

榪 마 [마]ㅣ杓 주걱마(禡)

榡 쉭 [색]梢也 나무가지색(職)

榠 밍 [명]木梨 나무명사(青)

尌 樹의 古字

棱 쉐 [취]木節 나무마디취(支)

榣 야 [요]樹動 나무흔들릴요(蕭)

榫 쓘 [순]斫木入竅 자루박을순(翰)

榹 쓰 [사]山桃 산복숭아사(支)

槇 젼 [전]木梢 나무끝전(先)

槅 껴 [혁]車軛 멍에혁 [핵]果中核 씨핵(陌)

⿰木叟 쌴 [소]船總名 배소(豪)

槄 됴 [도]木名 나무이름도(豪)

榊 신 [신]神樹신 나무신 日字

槏 쳠 [겸]檢束 단속할겸(琰)

⿰木脊 지 [적]屋之櫨木 들보적(陌)

榯 씌 [시]木直堅 나무곧게할시(支)

⿰木貣 터 [특]杙也 말뚝특(職)

榒 착 [추]板木不正 널판뒤틀릴추(虞)

榴 [류]果名石榴 석류류(尤)

槉 지 [질]屋枅 머리기둥질(質)

⿰木函 한 [함]視也 흠통할함(覃)

槼 규 [규]法也 법규(紙)

槑 梅 古字

榬 원 [원]懸鐘磬具 종다는나무원(元)

榽 씨 [혜][계]木名ㅣ櫨나무이름혜 束也묶을계(齊)(霽)

榸 톄 [제]研木槌 절구공이제(齊)

榑 부 [부]ㅣ桑神木日所出 해돋이뽕나무부(虞)

⿰木烏 우 [오]青柹 푸른감오(虞)

樑

공 [공]小舟 거루배공(冬)

榚 야 [요]木長 나무길요(蕭)

榏 삐 [필]香木 향나무필(質)

榼 씨 [해]酒樽 술통해(賄)

十

樅 춍 [종]崇牙貌 전나무종(冬)

樗 화 [화][저]似杶 가죽나무화 惡木不材 못쓸나무저(禡)(魚)

⿰木䙴 쳔 [천]棺ㅣ木 고용나무천(先)

⿰木瓠 화 [화]鏵橫大쇠북 가로퍼질화(禡)

樁 쟝 [장][용]杙也 말뚝장 撞也 두드릴용(江)(冬)

榛

차 [다]茶樹 차나무다(麻)

樇 쓔 [수]木長貌 나무자랄수(尤)

樏 레 [류]山行所乘 썰매류(支)(紙)

模 뫄 [모]法也 법모(虞)

槪 개 [개]意氣節 절개개(隊)

樞 우 [추][우]本也 근본추 木名似楡山ㅣ나무이름우(虞)(尤)

槥 쉐 [혜]小棺ㅣ櫝 작은관혜(霽)

槩 槪와 同

㮗 씬 [신]牀前橫木 상앞에가로댄막대신(眞)

槿 [근]蕣也 木ㅣ 무궁화근(吻)

樊 빤 [번]姓也 성번(元)

樠 만 [문][만]松指貌송진 흐를문、만義同(元)(寒)

槔 깐 [고]波水機桔 드레박고(豪)

檍 어 [아]木盛ㅣ椴나무 무성할아(賀)(歌)

樂 러 [악][락][요]複姓ㅣ正 두자성악 喜也 즐길락 好也좋아할요(覺)(藥)(效)

槽 찬 [조]果名枸ㅣ 과실이름조(豪)

樜 져 [자]山桑산 뽕나무자(禡)

樝 쟈 [사]果屬似梨而酸 아가의사(麻)

槳 쟝 [장]橫楫前推欋 상앗대장(陽)(養)

[木+將] 槳와同

槾 만 [만]梠也평 고대만(寒)

標 퍈 [표]表也 표할표(蕭)

樑 梁의 俗字

樟 쟝 [장]木名ㅣ 노나무장(陽)

樓 뤄 [루]重屋 다락루(尤)

樘 탕 [탱]支柱 버팀 목탱(庚)

樛 쮸 [규]木枝曲垂나무 가지휘여질규(尤)

槱 유 [유]積也 쌓을유(有)

桼 치 [칠]옻나 무칠(質)

槧 쟌 [참][첨]削版鉛ㅣ분판 참牘也서판첨(感)(豔)

槮 썬 [삼]木長貌櫹ㅣ 나무긴모양삼(侵)

樚 루 [록]井上所設波水用機 ㅣ櫨두레박고패록(屋)

槤 련 [련]橫關木 빗장련(銑)

槭 쎠 [색][축]隕落ㅣㅣ나무잎떨어 질색 丹楓屬단풍나무축(陌)(職)

槷 녜 [얼]不安兀ㅣ 편치못할얼(屑)

槲 후 [곡]樸類ㅣ樕 떡갈나무곡(屋)

樆 [리]山梨 돌배리(支)

樕 쑤 [속]小木樸ㅣ 떡갈나무속(屋)

槨 꽈 [곽]葬具外棺 외관곽(藥)

[木+旋] 쏀 [선]鷹架 매시렁선

樀 듸 [적]楯也방 망이적(錫)

槢 씨 [습]堅木굳은 나무습(緝)

槦 융 [용]兵架병기 꽂는틀용(冬)

槵 환 [환]無患木 나무환(諫)

槸 이 [예]木相磨나무 가서로개갤예(霽)

槶 꿰 [귀]筐當광주 리바닥귀(未)

穎 잉 [영]錐柄 송곳자 루영 [경]足几발 달린궤경(迥)(梗)

椑 피 [피]木下交ㅣ槲나무 밑 둥서로얽크러질피(支)

樔 쌒 [소]澤上守草 樓풀막소(肴)

樎 쒸 [축]哏馬器말 구유통축(屋)

榦 간 [간]柄也 자루간(旱)

檕 이 [예]葉似棕櫚材質 堅輕오목예(霽)

樋 퉁 [통]木名어 름나무통(東)

槯 최 [최]木蘊積나 무쌓을최(灰)

樣 양 [양][상]式也본보기양 栩實상수리상(漾)(養)

槻

쾌 [규] 堪作弓材물푸레나무규 (支)

樫 [견] 㮊木떡갈나무견 日字

槰 뱅 [봉] 草水盛也초목무성할봉 (送)

樉 쌍 [상] 木茂貌나무더부룩할상 (養)

梆 뱡 [방] 杖也지팡이방 或音부 (講)

榪 씬 [흔] 平斗量木평미레흔 (眞)

檫 차 [찰] 木搖動聲나무흔들리는소리찰 (黠)

樍 이 [적] 川柳물버들적 (錫)

槴 확 [호] 取魚具통발호 (虞)

橵 [산] 果水산나무산 (潛)

橷 두 [두] 木根無枝椏곧은뿌리두 (尤)

榓 미 [밀] 香木침향나무밀 (質)

(十二)

樳 씬 [심] 木名似槐심나무심 (侵)

橦 통 [동] 木名나무이름동

橆 뭐 [무] 法也법무 (虞)

機 이 [기] ㅣ械巧術기계기 (微)

樲 얼 [이] 酸棗ㅣ棘신대추이 (眞)

樹 쓔 [수] 立也세울수 (虞)

橁 츈 [춘] 木名琴材나무춘 (眞)

樽 쭌 [준] 酒桶술통준 (元)

橇 [교][취] 形如箕진흙썰매교、취義同 (蕭)(霽)

櫏 쪈 [전] 山栗산매자전 (先)

橋 챠 [교] 渡水ㅣ梁다리교 (蕭)

橈 안 [요][뇨] 枉也굽은나무요 短櫂짧은노요 (蕭)(巧)

櫰

쥐 [나] 木盛椋ㅣ나무무성할나 (賀)

橡 쌍 [상] 栩實상수리상 (養)

樵 챠 [초] ㅣ人나무하는이초 (蕭)

橑 랴 [료][로] 椽耑木평고대료 椽木서까래로 (蕭)(皓)

樘 [탱] 斜柱작살탱 (庚)

橢 뛰 [타] 圓而長길게둥글타 (哿)

樺 화 [화] 木名皮可貼弓벗나무화 (禡)

橙 떵 [증][등] 甘皮柑귤 几属등상등 겁질단유자 (庚)(徑)

橆 우 [무] 蕃也번성할무 (麌)

橫

헝 [횡] 欄木난간목횡 (庚)

橧 쩡 [증] 聚薪以居ㅣ巢,豕所寢섶을쌓고거처할증 (蒸)

橊 랴 [류] 果名石류석류류 (尤)

橬 천 [잠][심] 積柴水中取魚물고기섶줄잠、심義同 (監)(侵)

橄 깐 [감] 果名ㅣ欖감람감 (感)

橝 탄 [점] 木灰可染잿물들일점 (琰)

橘 쮜 [귤] 柚属木奴귤귤 (質)

樸 무 [박][복] 質也질박할박 朴也순박할박 (覺)(屋)

檠 쪄 [결] 波水具

樉 용드레결 (屑)

橃 빠 [벌] 柚属유자벌 (月)

樾 웨 [월] 行路樹행로수월 (月)

樻 꿰 [궤] 靈壽木영수목궤 (寘)

橛 꿰 [궐] 斷木토막나무궐 (月)

檜 과 檜同

橐

뒤 [탁]用力ㅣ 힘쓸탁(藥)

樴 찌 [직]繫牛杙소매는말뚝직(職)

樿 싼 [전]白理木 전나무전(霰)

橀 씨 [혜]木名榽ㅣ 나무이름혜(齊)

㯕 씨 [서]蹹板 발판서(齊)

棚 랑 [랑]木名ㅣ榆 느릅나무랑(養)

橉 린 [린]門限문지방린(震)

樶 최 [취]重擣거듭 아찔취(霽)

橓 순 [순]木槿무궁화나무순(震)

橗 멍 [맹]木心나무고갱이맹(庚)

㯠 후 [호]棗大尖上缺고끝뾰족한대추호(虞)

𣗳 찌 [치]分繭누에나눌치(寘)

橣 櫎과同

橵 예 [엽]葉動貌잎이흔들거리는모양엽(葉)

𣟖 [경]犂田 밭갈경(庚)

槇 멘 [전]木理堅密나무결찰찹할전(霰)

橭 꾸 [고]木名牡ㅣ 나무이름고(虞)

橒 원 [운]木紋나무뇌운(文)

樷 叢古字

㯙 테 [철]棗也대추철(屑)

橚 쓕 [숙]長直貌ㅣ𣘧 길고곧은모양숙(屋)

橤 쒜 [예]垂也드릴예(紙)

橪 안 [연]香草ㅣ支 향내나는풀연(銑)(先)

𣚇 [韓]地名ㅣ木 域 땅이름자

檹 이 [의]木節나무마디의(支)

𣜥 이 [의]八酸之ㅣ白 말이름의(寘)

橏 쪤 [전][전]木瘤나무혹전 樹長貌ㅣ 나무긴모양전(霰)(阮)

𣝞 씨 [석]木履 나막신석(陌)

𣟮 떡 [덕]架木 덕덕

𣞻 추 [추]實成열매열추(尤)

橵 [韓]屋上瓦下布木 ㅏ子 산자가지산

𣝡 [추]地名 땅이름추

橺 앤 [간]巨樹 큰나무간(潸)

橎 앤 [번]堅木단단한나무번(元)

㯈 [파]棠也 아가위파(麻)

𣟪 와 [와]樹枝垂가지느러질와(箇)

𣟥 취 [취]朽木썩은나무취(寘)

十三

橾 쐭 [수]車輪中空수레바퀴통수(虞)

檜 쫴 [회][갈]國名나라이름회 갈義同(泰)(曷)

檖 쒜 [수]山梨楊ㅏ 팥배나무수(寘)

櫓 루 [로]大盾큰방패로(虞)

檀 탄 [단]香木櫁ㅣ 향나무단(寒)

檟 야 [가]山楸伍員基材 가나무가(馬)

檛 좌 [과]箠也 말채찍과(麻)

橿 쌍 [강]士盛貌ㅣㅣ 곧고바를강(陽)

檠 영 [경]正弓器 활도지개경(庚)

檉 청 [정]河柳 능수버들정(庚)

檎 친 [금]果名林ㅏ似柰 능금금(侵)

檄 警同

檐

옌 [첨] 屋四垂 추녀첨 (監)
檆 싼 [삼] 木名 삼나무삼 (咸)
檋 쒸 [국] 山行履 나막신국 (沃)
㯲 읜 [금] 扞門木格 문막은목책금 (侵)
檥 이 [의] 立表物 푯대의 (紙)
檢

옌 [검] 校也 교정할검 (淡)
檗 檘와 同
橛 여 [궐] 杙也 말뚝궐
檍 이 [억] 杻也 싸리나무억 (職)
檁 린 [름] 屋上橫木 들보도리름 (寢)
樴 예 [즙] 橈也短 노즙 (緝)(葉)

㰹 한 [함] 木之裂線 나무터질함 (感)
櫼 쮜 [작] 木皮甲錯 나무껍질뒤틀릴작 (藥)
檇 쮀 [취] 地名李ㅣ 땅이름취 (支)
檈 쎈 [선] 圓案 둥근소반선 (霰)(先)
檓 훼

[훼] 大椒 호초훼 (紙)
檑 례 [뢰] 自高轉石 돌굴릴뢰 (灰)
檕 계 [계] 桔槔上轉機橫木 용드레채계 (霽)
檔 땅 [당] 床也 책상당 (陽)
檣 챵 [장] 帆柱 돛대장 (陽)
檡 씨 [석] 椑

棗 고염석 (陌)
檏 데 [첩] 屋上笮板 산자널판첩 (葉)
檦 [표] 表也 표할표 (篠)
㯫 취 [거] 藩籬 울타리거 (魚)
橽 타 [달] 所以泄水 수통달 (曷)
𣘻 사 [삽] 枯也 마를삽 (合)

檧 쑹 [송] 小桶 작은바구니송 (冬)
檊 깐 [간] 檀也 박달나무간 (翰)
橨 시 [석] 川柳 개버들석 (錫)
檞 예 [해] 松樠也可合香 솔나무고갱이해 (蟹)
(十四)
檳 삔

[빈] 果名ㅣ榔 빈랑빈 (眞)
櫃 꿰 [궤] 匱也 상자궤 (寘)
檹 椅同
檸 [녕] 果名也 양귤녕 (梗)
檼 인 [은] 複屋棟 대공은 (吻)
櫄 춘 [춘] 以樗可弓幹 참죽나무춘 (眞)
櫁

櫁과 同
諾 뚠 [둔] 鈍也 둔할둔 (阮)
㯻 꾼 [곤] 束也 묶을곤 (阮)
櫂 쫘 [도] 楫也進船木 노도 (效)
檨 쎈 [전] 香木 향나무전 (先)
檮 토 [도] 斷木 토막나무도 (豪)

檾 [경] 似苧白麻 어저귀경 (梗)
檿 옌 [염] 山桑材可弓幹 車轅 산뽕나무염 (琰)
檻 쨈 [함] 欄也 난간함 (豏)
檃 한 [함] 墝确地疆ㅣ 메마른땅함 (豏) 壏通
櫅 치 [자] [제] 白棗

흰대추자 (支) 斷木 토막나무제 (霽)
檬 멍 [몽] 果名檸ㅣ 영몽몽 (東)
㯔 뛔 [대] 車箱立木 차에 난간기둥대 (隊)
㯳 읜 [긴] 木理密密 나무결찹찹할긴 (軫)
樽 [벽] 壁柱 기둥벽 (陌)

樔 쏘 삭 縣名｜虜 고을이름삭 覺

檴 훠 확 樸也 벗나무확 藥

檽 우 뉴 木名｜梓 누구나무뉴 宥 유 木耳 버섯유 有

檵 찌 계 枸杞 枸｜ 구기자계 霽

櫋 멘 면 社沖 두충면 先

櫈 뗭 등 卓子 탁자등 中字

檯 태 대 燈臺 등대대 灰

檷 늬 니 卷絲 실패니 紙

[illegible] 예 패 筏木 떼목패 佳

[illegible] 씨 핵 果中實 씨핵 陌

檐 옌 염 泄手器 개수통염 監

檭 인 은 ｜杏 은행나무은 眞

十五

櫕 樻과同

櫛 째 즐 如｜齒｜比 즐비할즐 質

櫓 루 로 城上望臺 망대로 麌

櫚 뤼 려 栟｜櫻也 종려나무려 魚

櫋 멘 면 屋根連接지 붕연접할면 先

櫗 메 멸 木索 나무 비틀렬멸 屑

櫑 레 뢰 劒飾｜具 칼자루에새김놀뇌 賄

櫞 완 연 果名 枸｜둥 근불수감연 先

櫜 깊 고 弓衣 활집고 豪

櫎 황 황 所以支器 그릇받침황 養

櫟 리 력 柞屬似樗樹 노략질할력 錫

櫝 뚜 독 函也 함독 屋

櫍 찌 질 斫木臺 도끼바탕질 質

櫌 우 우 鉏柄 호밋자루우 尤

槡 쌍 상 鼓匡 북통상 養

檇 構同

櫴 라 랍 樹可放蠟 백랍나무랍 合

櫖 뤼 려 山桑 굵은칡려 魚

櫙 어 우 刺楡 스무나무우 尤

[illegible] 류 류 木名 나무이름류 尤

櫡 쭈 저 飯具匙｜ 젓가락저 御

欏 라 가 樹斜貌｜椏 나무빗긴모양가 哿

櫠 예 폐 柚屬｜椵실 과이름폐 尤

櫐 레 류 似葛粗大山｜ 굵은칡류 紙

櫏 쳰 천 㮊棗 楉｜ 고용천 先

櫢 쑤 수 樹盛貌｜檽 나무무성수 宥

樚 [illegible] 록 梳也 감나무록 屋

[illegible] 쎤 진 絲線 실 갈피진 眞

十六

櫳 롱 롱 養獸所 우리간롱 東

檣 쨩 장 帆柱 돛대장 陽

櫧 쮸 저 木名 저 나무저 魚

櫫 쮸 저 杙也 말뚝저 魚

櫲 위 여 美材 樟 여장나무여 御

櫩 [illegible] 염 礳也 섬돌염 監

櫯 쑤 소 染緋木 단목소 虞

櫱 녜 얼 알 木萌生芽｜ 나무싹날얼 萌｜ 나무뿌리에 싹돋을알 屑 曷

櫨 [illegible]

櫨 루 [로]果名 과실이름로(虞)

櫭 졔 [절]木釘檢ㅣ 나무못절(屑)

櫰 홰 [회]槐之別名 피나무회(佳)

櫬 천 [츤]棺也 관츤 或音친(震)

櫪 리 [력]蠶薄 누에발역(錫)

櫇 핀 [빈]柰也ㅣ婆 사과빈(眞)

⿰木褭 냐 [료]木長弱貌 나무휘청거릴료(篠)

櫮 악 [악]花盛開貌 꽃활짝필악(藥)

⿰木霍 훠 [곽]枳木 탱자나무곽(覺)

槮 얀 [참]木實 나무열매참(删)

欜 톄 [탁]警夜ㅋ斗 목탁탁(藥)

⿱龍木 櫳와同

櫔 리 [례]蔾柄 자새자루례(霽)

十七

櫹 쇼 [소]木長貌 나무밋밋할소(蕭)

欅 [거]木名似檀ㅣ柳 나무이름거(語)

⿰木燮 셰 [섭]簟也梛ㅣ 삿자리섭(葉)

欈 씨 [회]杓也蠡也 구기회(支)

櫽 인 [은]揉曲ㅣ栝 도지개은(吻)

欖 欖의俗字

櫷 [귀]槐木ㅣ種 느티나무귀

櫺 령 [령]檻也 난간영(青)

欄 란 [란]牛圈 외양간란(寒)

欃 쫜 [산]鎖門橫木 빗장산(删)

櫻 잉 [앵]黒ㅣ 벚나무앵(庚)

櫾 유 [유]似橙而酢 유자유(有)

欀 썅 [양]木名交ㅣ 교양나무양(陽) [상]道上木 길위에선나무상(漾)

欃 찬 [참]檀也 박달나무참(咸)

欂 뼉 [박]枅也 주두박(藥)

檈 쒼 [선]果名ㅣ味 맛든대추선(先)

樵 챠 [초]柴也 나무초(蕭)

⿰木麋 미 [미]菱也 마름미(支)

鐎 챠 [초]生麻 날삼초(蕭)

櫼 쳠 [첨]楔也 문설주첨(監) [삼]木名 스기목삼(咸)

十八

⿰木蹙 츄 [축]車轅 수레멍에목축(屋)

欕 쳔 [잠]青皮木 무푸레잠(侵)

欇 졉 [섭]杖也 지팡이섭(葉)

𣡽 쟈 [잡]交雜 섞일잡(合)

權 촨 [권]攝官 권세권(先)

欈 쮜 [추]木名 나무이름추(支)

欌 [장]所以藏衣 의장장 國字

欆 쌍 [쌍]未張帆捧栙 떠지않은배돛쌍(江)

欋 취 [구]盤錯 나무뿌리얽힐구(虞)

櫑 뤼 [류]藤也 등나무류(尤)

十九

欛 欛僞字

欚 릐 [려]小船 거두려(齊)(霽)

⿰木離 릐 [리]藩也 柴ㅣ 울타리리(支)

欒 란 [란]柱名似欄 나무이름난(寒)

欏 뤄 [라]裂也 찢을라(歌)

欑 찬 [찬]叢木 숲평이찬(寒)

欄 찬 [전][관] 杙也말뚝전 手相關付손댈관 (先) **櫏** 체 [첩] 飯臿주걱첩 (葉) **欇** 쵀 [찰] 木錐나무꾀챙 이찰或音절 (屑) **二十** **欓** 당 [당] 木桶나무통당 (養) **欔** 확

[곽] 鍬也가래곽 (藥) **欕** 엄 [韓] 鶕不踏木엄나무엄 **二十一** **欙** 레 [류] 山行所乘履下施 鐵欙썰매류 (支) **欄** 란 [란] 柱類木ㅣ목란란 (寒) **欖** 란 [람] 交趾果名橄ㅣ감람람 (感)(勘)

欛 빠 [파] 刀柄칼자루파 (禡) **欘** 쟉 [촉] 斤柄自曲者절로굽은자귀자루촉 (沃) **欚** 레 [례] 大船큰배례 (薺) **二十二** **欒** 완 [만] 曲木굽은나무만 (刪) **欇** 데 [첩] 木名나무이

름첩 (葉) **欜** 낭 [낭] 盛物器나무함지박낭 (陽) **欝** 위 [울] 氣滯ㅣㅣ답답할울 (物) **二十四** **欞** 링 [령] 木也난간령 (青)

欠部

欠 켬 [흠][감] 陷也빠질흠、감義同 (豔)(陷) **二** **次** ㅊ [차] 亞也버금차 (寘) **三** **㰦** 이 [의] 歎聲탄식할의 (支) **欦** 간 [감] 愚也어리석을감 (覃)

吹 [해][이] 笑而破顔웃을해、欬也기침할이 (灰)(紙) **欥** 이 [이] 嘯也수파람소리이 (支) **㰻** 깨 [해][이] 笑而破顔웃을해 欬也기침할이 (紙)(灰) **四** **欣** 쎤 [흔] 喜也기쁠흔 (文) **㰳**

쳰 [흠] 嗽也기할흠 (文) **㰺** 씨 [희] 戲笑貌ㅣㅣ희롱하고웃는모양희 (支) **㰹** 한 [함] 含笑빙그레웃을함 (覃) **㰽** 삐 [비] 氣息呼出숨내쉴비 (支) **欥** 이 [일] 喜悅기뻐할일 (質)

㰲 후 [흘] 怒聲성낸소리흘 (物) **𣢐** 갱 [갱] 貪也탐낼갱 (庚) **五** **㰸** 취 [거] 張口運氣欠ㅣ하품할거 (御) **欨** 쒸 [子] 吹也불구 (虞) **㰤** 허 [하] 大笑ㅣㅣ껄껄웃을하 (哿)

欿 한 [함] 或也혹함 (覃) **欸** 어 [액] 笑語ㅣ欸웃고말할액 (陌) **欶** 싸 [합] 鼻息ㅣㅣ코로숨쉴합 (洽) **欸** 씨 [게] 笑也ㅣ欨웃을게 (霽) **欽** [형] 含笑貌웃음머금은모양형 (敬)

㰾 유 [유][육] 愁貌근심할유、욱義同 (有)(屋) **㰿** 츄 [출] 笑也웃을출 (質) **𣢕** 찬 [초] 健也건강할초 (肅) **欯** 씬 [신] 吟也읊을신 (眞) **欬** 애 [해] 飮也마실해 (灰) **欪** 씨

[희]氣逆상기할희(支)

欪 읒 [지]吐也토할지(眞)

𣢏 웨 [궐]開也열궐(月)

六

欮 췌 [궐]逆氣숨찰궐(月)

欯 읮 [힐]喜也기뻐할힐(質)

𣢄 [축]愁也근심할축(尤)

欬 커 [해][애]言笑謦ㅣ말하고웃을해、숨찰애(隊)(卦)

欱 하 [합]合也합할합(合)

欳 웨 [궤]疲極고달플궤(紙)

𣢠 꾸 [골]飮聲마시는소리골(月)

㰆 웨 [술]蟲鳴ㅣㅣ벌레울술(質)

欶 유 [유]呼犬聲개부르는소리유(虞)

㰇 애 [애]歎聲탄식하는소리애(卦)

欨 쓘 [순]信也믿을순(眞)

七

欵 款俗字

欲 위 [욕]將然장차그러할욕(沃)

欷 씨 [희]歎也탄식할희(未)(微) 歔ㅣ허희

欸 애 [애]歎也탄식할애(灰)

𣢾 [괴]犬息크게한숨쉴괴(卦)

𣢶 꾸 [구]小兒凶惡歔ㅣ어린아이흉악할구(有)

欶 쑤 [삭][수]著也붙을삭(覺) 上氣咳ㅣ기침할수(有)

欱 예 [합]喘也氣逆숨찰합 或音협(合)

㰮 쪤 [신]指而笑빈정거릴신 俗音진(軫)

欲 한 [함]貧欲탐낼함(覃)

𣢭 랑 [랑]貪也탐낼랑(陽)

八

㰳 야 [아]驢鳴欭ㅣ나귀울아(禡)

欹 이 [의]歎美辭ㅣ與거룩하다할의(支)

欺 치 [기]詐也속일기(支)

款 관 [관]塞也막힐관(旱)

欵 款俗字

欽 친 [흠]敬也공경할흠(侵)

欿 간 [감]不滿意ㅣ然뜻에차지않을감(感)

㰶 우 [부]語而不受말하며받지않을부(有)

㱁 씨 [혀]去涕눈물씻을혀(錫)

歂 읒 [자]無廉嘬ㅣ염치없을자(支)

㱉 훈 [혼]暗昧어둘혼(元)

欻 후 [훌]動也ㅣㅣ움직일훌(物)

𣤩 [사]香美향기좋을사(紙)

𣣪 치 [치]齧也씹을치 或音최(紙)

𣣋 쓰 [시]惛死復生까무러쳤다깨날시(眞)

歍 와 [욱]驚也놀랄욱(屋)

歒 쭈 [졸]口飮마실졸(質)

九

歈 위 [유]歌名吳ㅣ巴ㅣ노래이름유(虞)

歅 인 [인][연]人名善相者秦九方ㅣ사람의이름인、연義同(眞)(先)

欵 款과同

歏 [은]逆氣피기할은(願)

歂 촨 [천]口氣引皈들여마실천(銑)

歆 씬 [흠]欲也욕심낼흠

歇

쎄 [헐] 休息 쉴헐 (月)

歃 쌰 [삽] 飮也 마실삽 (洽)

歖 이 [이] 驢鳴ㅣ㰳 나귀울이 (紙)

歁 칸 [감] 食不滿 음식나쁠감 (覃)

㰹 쎈 [함][감] 含笑 빙그레웃을함 叫也 부르짖을감 (覃)(勘)

㰺 연 [언] 大呼用力 크게부르짖어힘쓸언 (願)

十

歊 쌰 [효] 氣出貌ㅣ 기운날효 (蕭)

歙 쎄 [협] 翕氣 기운들여마실협 (葉)

歌 꺼 [가] 求言以聲 노래가 (歌)

歉 졈 [겸][감] 小也 작을겸 貪也 탐할감 (陷)

㰻 [유] 言也 말할유 (有)

歍 우 [오] 心有所惡欲吐 아니꼬울오 (虞)

𣣔 야 [요] 氣出貌 기운날요 (蕭)

欿 [감] 貧也 탐할감 (感)

𣣈 치 [치] 嘲笑 조롱해웃을치 (支)

㰿 씨 [혜] 歎息 탄식할혜 (齊)

歋 이 [이] 相笑ㅣ歈 서로웃을이 (支)

㰼 허 [합] 大啜 흙들이마실합 (合)

欶 [족] 吹氣 숨쉴족 (沃)

十一

歐 우 [구] 吐也 토할구 (尤)

歒 티 [적] 小人喜笑貌 선웃음칠적 (錫)

歎 탄 [탄] 大息 탄식할탄 (寒)

歵 져 [색] 語笑 欣ㅣ 말하며웃을색 (陌)

㱃 飮古字

𣤇

려 [루] 小兒凶惡ㅣ頭 어린아이흉악할누 (宥)

㱂 캉 [강] 空也 빌강 (陽)

歏 진 [근] 欠也 모자랄근 (震)

𣣪 쮜 [최] 齧也 씹을최 (卦)

歑 후 [호] 吹也 불호 (虞)

十二

歔 쒸 [허] 泣也 鼻息 울며코훌쩍거릴허 (魚)

歗 嘯古字

歕 뿐 [분] 選也 뿜을분 (元)

𣤲 라 [랍] 不滿貌ㅣ歁 서운해할랍 (合)

歙 씨 흡 [흡][섭] 縣名 고을이름흡 섭義同 (緝)(葉)

歖 씨 [희] 卒喜 갑자기기뻐할희 (支)

歘 후 [훌] 暴起 급히일어날훌 (物)

㱄 희 [흑] 咳也 기침흑 (職)

十三

歛 렴 [검] 乞也 구걸할검 (覃)

𣤊 식 [식] 怯也 겁낼식 (職)

𣤌 씨 [희] 相笑 서로웃을희 (支)

歜 츄 [잠][촉] 怒也 盛氣 대단성날촉 (沃) 菖蒲葅昌ㅣ 장포김치잠 (感)

十四

歟 쥐 [여] 助辭 어조사여 (魚)

𣤧 디 [적] 痛聲 앓는소리적

㱏 이 [읍] 愚也 어리석을읍 (合)

十五

歠 쮜 [철] 大飮 크게마실철 (屑)

𣤎 우 [우] 氣逆 기운역할우 (尤)

十七

𣤺 잉 [영] 怒氣 성낸기운영 (梗)

𣤽 츄

축 接口 입맞출 축 尾

六 歡 환 환 喜樂 기뻐할 환 寒

歠 예 철 取也 취할 철 葉

歟 찬 초 飲酒盡杯 술다마실 초 嘯

十五 鱖 곤 곤 患也 어리석을 곤 元

止部

止 쯔 지 停也 그칠 지 紙

一 正 쩡 정 方直不曲 바를 정 庚

此 완 개 行步貌 가는모양 완、개 義同 諫 泰

二 此 츠 차 玆也 그칠 차 紙

三 𣥂 씬 신 待也 기다릴 신 震

步 뿌 보 徒行 걸을 보 遇

歨 보 煮也 삶을 보 寶

四 歧 치 기 路二達 길두갈래질 기 支

岕 近古字

武 우 무 威也 위험스러울 무 麌

歨 旅古字

㞢 止古字

五 歪 왜 의 不正 비뚤어질 의 尾

歫 쥐 거 止也 그칠 거 語

跛 피 피 覆也 덮을 피 寘

六 峙 쯔 치 供具 반들 치 紙

歬 前古字

歯 쮸 저 盛物於器 담을 저 御

𣦀 긴 근 足踵 발굼치 근 元

七 𣦗 도 止也 머무를 도 虞

八 㱕 歸同

堂 창 상 掌拒 빗디딜 상 漾

歬 剪古字

齒 𣦢 同

歫 치 취 待也 기다릴 취 寘

崚 쩡 정 止也 그칠 정 迥

九 歲 쒸 세 光陰 세월 세 霽

歱 踵古字

十 澀 써 삽 不滑 깔깔할 삽 紙

嗅 쒸 후 休息 쉴 후 尤

十一 債 쯔 적 正齊 바를 적 陌

整 整과同

十二 歷 리 력 過也 지날 력 錫

嶠 蹻과同

十三 蹧 躇과同

壁 躄과同

十四 歸 꾸이 귀 還也 돌아올 귀 / 궤 饋也 먹일 궤 微

歹部

歹 어 알 剔肉殘骨 살발은뼈 알 曷

歺 대 대 逆也 거스를 대 賄

一 歹 와 歹와同

二 死 쓰 사 絶也 끊일 사 紙

歽 후 割也 저밀 후 有

三 歿 얘지 홀 流也 흐를 홀 質

歾 쩨 결 盡也 다할 결 屑

四 歿 뭐 몰 終也 죽을 몰 / 홀 盡也 다할 홀 月

歾 殁同

殉 누 눌 心亂 殟ㅣ 심란할 눌 月

歼

얀 [요]屈也 굽을요 (篠)

⿰歹欠 쯔 [자]死而復生 까무러첫다깨날자 (支)

歼 쳔 [천]残餘 나머지천 (銑)

⿰歹月 [잔]獸食餘 짐승먹던찌꺼기잔 (寒)

⿰歹丑 랴 [류]欲死 죽으려할류 (尤)

⿰歹止 [찰]癘疾 모진병찰 (黠)

歽 씨 [설]夭死 일찍죽을설 (屑)

五

殄 텬 [진]盡也 다할진 (銑)(軫)

殆 태 [태]危也 위태할태 (賄)

殂 쭈 [조]往死 ㅣ落 죽을조 (虞)

殃 앙 [앙]禍也 재앙앙 (陽)

⿰歹皮 피 [피]枝折 가지꺾을피 (支)(紙)

殅 씽 [생]死而更生 죽었다살아날생 (庚)

⿰歹冬 終의 古字

⿰歹民 민 [면]矜也 불쌍히여길면 (銑)

⿰歹夫 ᄼ지

[질]癘鬼 염병귀신질 (寘)

⿰歹乍 殂의 古字

⿰歹氐 쎼 [설]盡也 다할설 (屑)

⿰歹因 [수]残也 남을수 (尤)

⿰歹句 쮜 [子]枯也 마를구 (有)

六

殉 쓘 [순]求也 구할순 (震)

⿰歹列

[례]病也 앓을례 (霽)

⿰歹次 쯔 [자]死而復生 죽었다깨어날자 (寘)

⿱乱死 롼 [란]臨死神迷甏ㅣ 죽으려까무러칠난 (翰)

⿰歹艮 [면]矜也 불쌍할면 (銑)

⿰歹血 씨 [혁]卵坼不成 알터질혁 (職)

殊

쓔 [수]異也 다를수 (虞)

⿰歹戒 [설]盡也 다할설 (屑)

⿰歹先 씽 [승]欲死ㅣㅣ 까무러칠승 (迴)

⿰歹米 미 [미]米半壞 절미미 (薺)

⿰歹夾 殃과 同

⿰歹各 러 [락]卒死猺ㅣ 갑자기죽을락 (藥)

⿰歹肉 짠 [잔]禽獸食餘 짐승먹던찌끼잔 (寒)

七

殍 퍞 [표]餓死 굶어죽을표 (篠)

殏 칙 [子]死也 죽을구 (尤)

殌 [궐][경]死也 죽을궐、경義同 (月)(庚)

⿰歹妥 네

[뇌]弱也 ⿰歹畏 약할뇌 (賄)

⿰歹角 꾸 [곡]臨死畏刼 죽길겁낼곡 (屋)

⿰歹寽 [뢰]病也 앓을뢰 (泰)

⿰歹束 쑤 [속]殭也 죽어썩지않을속 (屋)

⿰歹竟 껀 [긍]欲死 죽으려할긍 (蒸)

⿰歹亭 헝

[형]腫也 부을형 (庚)

⿰歹析 [석]欲死貌 죽으려하는모양석 (錫)

⿰歹皃 뫄 [모]飽厭 물릴모 俗音묘 (效)

八

殘 찬 [잔]餘也 나머지잔 (寒)

⿰歹卒 쭈 [졸]死也 죽을졸 (質)(月)

殙

훈 [혼]矜也 불쌍할혼 (元)

殕 뿌 [부][무][북]腐也 썩을부 物腐生黴 곪을무 弊也 죽을부 (有)(寘)(職)

⿰歹奇 치 [기]棄也 버릴기 (支)

殖 씨 [식]生也 날식 (職)

⿰歹奉 [봉]死也 죽을봉 (腫)

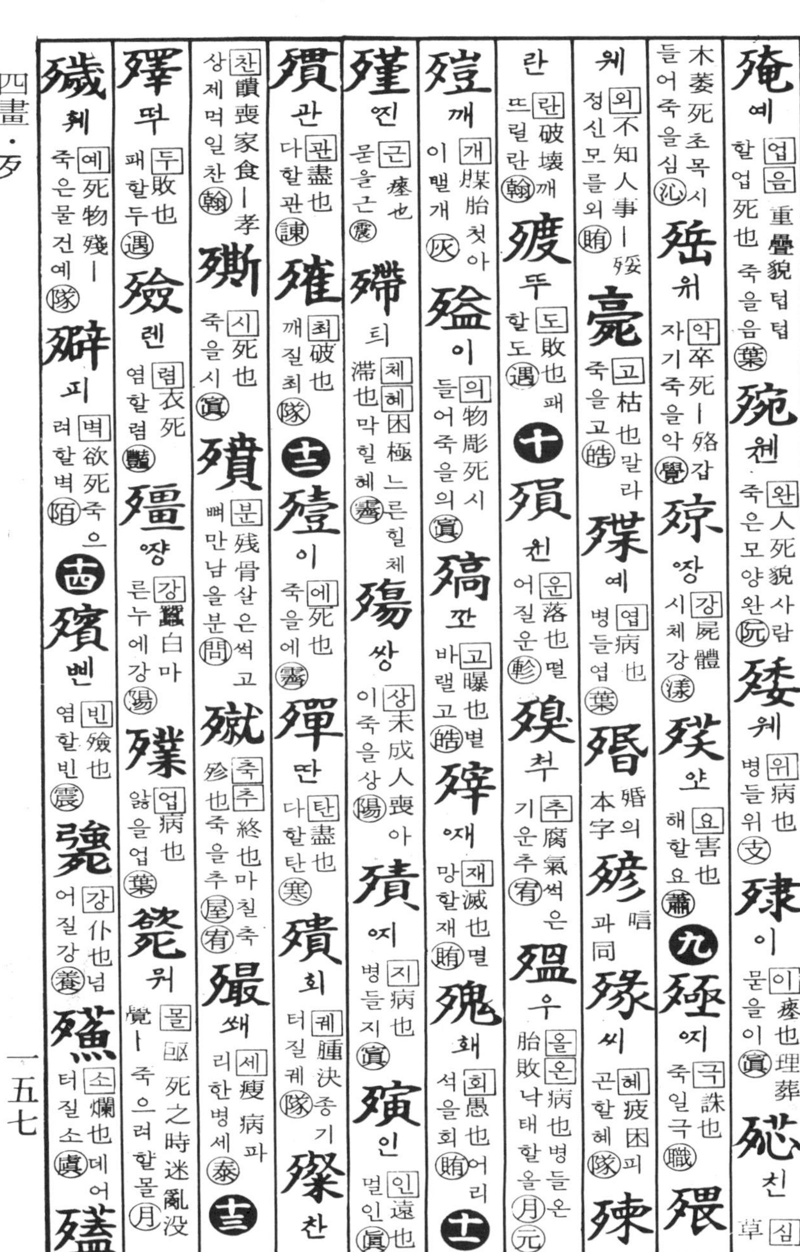

殗 예 [업]重疊貌 텁텁할업 [음]死也 죽을음 (葉)
⿰歹宛 완 [완]人死貌 사람죽은모양완 (阮)
⿰歹委 위 [위]病也 병들위 (支)
殔 이 [이]瘞也 埋葬 묻을이 (眞)
⿰歹心 친 [심]草木萎死 초목시들어죽을심 (沁)
⿰歹岳 악 [악]卒死 ―殆 갑자기죽을악 (覺)
⿰歹京 쟝 [강]屍體 시체강 (漾)
⿰歹芺 야 [요]害也 해할요 (蕭)
九
殛 지 [극]誅也 죽일극 (職)
⿰歹畏 웨 [외]不知人事 ―殆 정신모를외 (賄)
⿰歹高 고 [고]枯也 말라죽을고 (皓)
殜 예 [엽]病也 병들엽 (葉)
殙 殙의 本字
⿰歹寡 과 咼과 同
⿰歹彖 씨 [혜]疲困 피곤할혜 (隊)
⿰歹柬 란 [란]破壞 깨뜨릴란 (翰)
⿰歹度 두 [도]敗也 패할도 (遇)
十
殞 원 [운]落也 떨어질운 (軫)
殠 추 [추]腐氣 썩은기운추 (宥)
殟 우 [올][온]病也 병들온 胎敗 낙태할올 (月)(元)
⿰歹豈 깨 [개]腜胎 첫아이밸개 (灰)
⿰歹益 이 [의]物彫死 시들어죽을의 (寘)
⿰歹高 꼬 [고]曝也 볕바랠고 (皓)
⿰歹宰 째 [재]滅也 멸망할재 (賄)
⿰歹鬼 홰 [회]愚也 어리석을회 (賄)
十一
殣 찐 [근]瘞也 묻을근 (震)
殢 티 [체][혜]滯也 困極 막힐체 느른할혜 (霽)
殤 쌍 [상]未成人喪 아이죽을상 (陽)
⿰歹責 찌 [지]病也 병들지 (寘)
殥 인 [인]遠也 멀인 (眞)
⿰歹貫 관 [관]盡也 다할관 (諫)
⿰歹崔 최 [최]破也 깨질최 (隊)
十二
殪 이 [에]死也 죽을에 (霽)
殫 딴 [탄]盡也 다할탄 (寒)
殨 회 [궤]腫決 종기터질궤 (隊)
殩 찬 [찬]饋喪家食 ―孝 상제먹일찬 (翰)
⿰歹斯 시 [시]死也 죽을시 (寘)
⿰歹賁 분 [분]殘骨 살은썩고 뼈만남을분 (問)
殧 축 [축][추]終也 殄也 마칠축 죽을추 (屋)(宥)
⿰歹最 쇄 [세]瘦病 파리한병세 (泰)
十三
殬 떡 [두]敗也 패할두 (遇)
殮 렴 [렴]衣死 염할렴 (豔)
殭 쟝 [강]殭白 마른누에강 (陽)
⿰歹業 업 [업]病也 앓을업 (葉)
⿰歹發 워 [몰]䰟死之時 迷亂 覺― 죽으려할몰 (月)
殲 췌 [예]死物 殘― 죽은물건예 (隊)
⿰歹辟 피 [벽]欲死 죽으려할벽 (陌)
十四
殯 삔 [빈]殮也 염할빈 (震)
⿰歹彊 강 [강]仆也 넘어질강 (養)
⿰歹焦 초 [소]爛也 데어터질소 (嘯)
⿰歹盍

애 갑 死也 죽을애 依也 의지할갑 ㊍泰 ㊍合

⑮ **殰** 뚜 독 胎敗 낙태할독 ㊍屋

⑯ **⿱𦥑死** 욕 屈而短貌 구푸리어작아뵐욕 ㊍屋

⿰歹歷 리 력 幾至死境 거의죽의려할력 ㊍錫

⿰歹盧 려 臚也 배불룩할려 ㊍魚

⑰ **⿰歹闌** 란 란 爛敗 물크러질란 ㊍翰

殲 쎈 섬 盡也 다할섬 ㊍監

⑲ **⿰歹贏** 라 라 畜産瘦病 병들라 ㊍歌

⿰歹顛 뎬 전 沒落 멸어질전 ㊍先

殳部

殳 슈 수 擊也 칠수 ㊍虞

④ **炈** 씬 담 금 下擊上 치더칠담 禁也 금할금 ㊍咸 ㊍侵

⑤ **段** 똰 단 擇物 고를단 ㊍翰

⑥ **殻** 꺼 각 皮甲 껍질각 ㊍覺

殷 인 은 안 衆也 많을은 磤通 赤黑色 검붉은빛안 ㊍文 ㊍吻 ㊍刪

豛 깨 개 笑也 웃을개 ㊍灰

殺 싸 살 시 쇄 減也 감할살 戮也 죽일살 ㊍黠 ㊍卦 ㊍眞

⑦ **㱿** 학 嘔吐 토할학 ㊍覺

殹 이 예 聲相應 소리마주칠예 ㊍霽

⿰辰殳 쩐 진 擊也 칠진 ㊍眞

⿰豆殳 투 두 遠而擊 멀리칠두 ㊍尤

殸 聲古字

⑧ **殽** 햐 효 亂也 어지러울효 ㊍肴

⿰尚殳 당 등 推也 밀등 ㊍庚

殼 취 각 質也 바탕각 ㊍覺

⿰共殳 공 擊也 칠공 ㊍東

⿰皀殳 구 屈也 구부릴구 ㊍宥

⑨ **⿰者殳** 순 築也 쌓을순 ㊍震

毀 훼 훼 壞也 무너질훼 ㊍紙

殿 뎬 전 宸居宮 대궐전 ㊍霰

毄 지 계 격 食養之ㅣ畜 먹어기를계 佛也 멸칠격 ㊍霽 ㊍錫

⑩ **毃** 챠 각 擊頭 머리때릴각 ㊍覺

⿰害殳 개 계 害也 해야계 辱也 모욕줄개 ㊍霽 ㊍泰

毄 지 격 각 계 相擊聲 마주치는소리격 食養 먹여기를계 勤苦用力 부지런히힘쓸각 ㊍錫 ㊍霽

⿰宮殳 퉁 동 擊空聲 쿵쿵울리는소리동 ㊍冬

⿰宰殳 째 재 殺也 戮也 죽일재 ㊍賄

⑪ **毆** 어 구 捶擊 칠구 本音우 ㊍有

毅 이 의 果敢勇斷 굳셀의 ㊍未

⑫ **⿰丵殳** 취 착 穿也 팔착 ㊍屋

⿰巢殳 쟁 觸也 찌를쟁 ㊍庚

毇 훼 精米 정미할훼 ㊍紙

毈 똰 단 卵壞不成子 알곯아까지못할단 ㊍翰

⿱殸召 쌰 소 舜樂大ㅣ 풍류소 ㊍蕭

⑬ **㲉** 취 각 鳥卵 새알각 ㊍覺

⑭ **⿱殸巠** 잉 갱 不可近 멀리할갱 ㊍庚

醫 의 의 醫也 의원의 ㊍支

⿰壽殳 쒸 수 擊也 칠수 ㊍尤

⑮

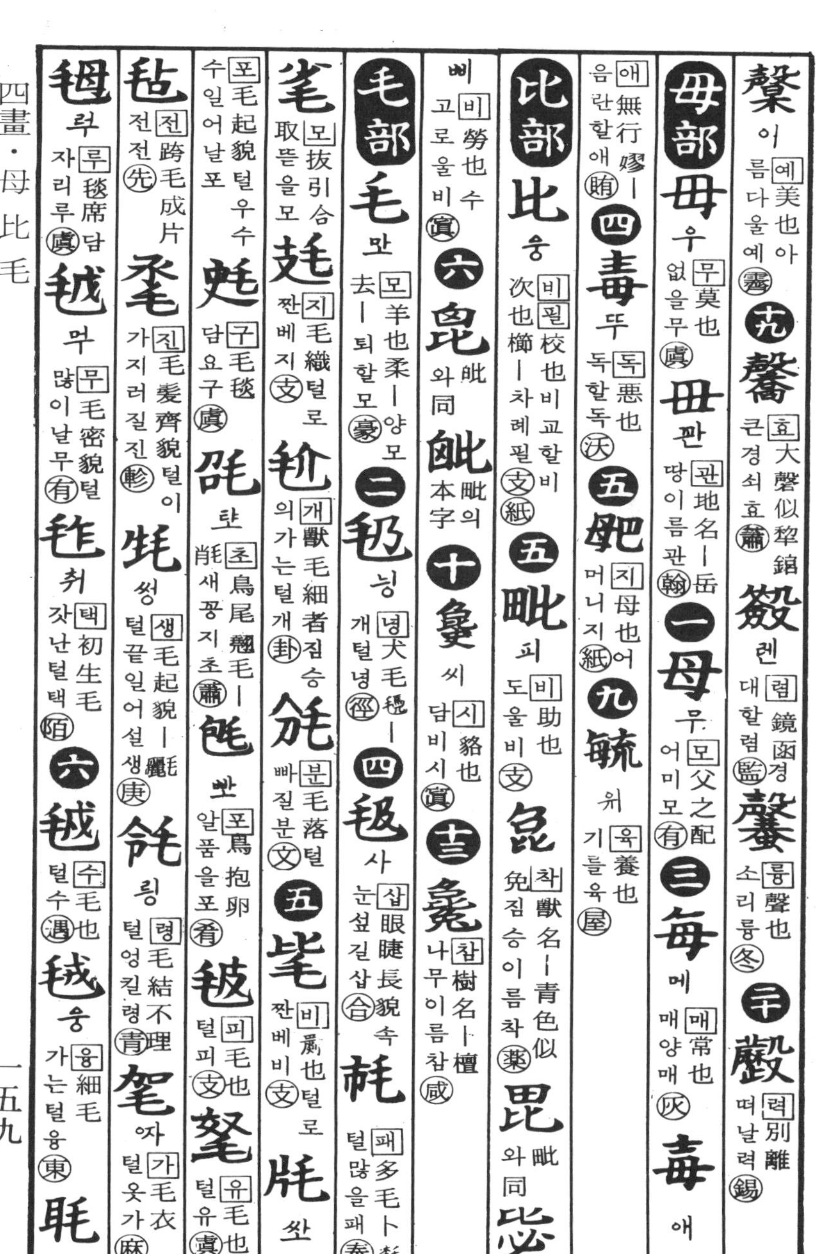

繄 이 예 美也 아름다울예 霽
九 毊 효 大磬似犂錧 큰경쇠효 蕭
𣫌 렌 렴 鏡函 경대할렴 監
𣫬 룽 聲也 소리룽 冬
十一 𣫱 력 別離 떠날력 錫

母部

毋 우 무 莫也 없을무 虞
毌 꽌 관 地名ㅣ岳 땅이름관 翰
一 母 무 모 父之配 어미모 有
三 每 메 매 常也 매양매 灰
毐 애 애 無行嫪ㅣ 음란할애 賄
四 毒 뚜 독 惡也 독할독 沃
五 毑 지 母也 어머니지 紙
九 毓 위 육 養也 기를육 屋

比部

比 웅 비 필 校也 비교할비 次也 櫛ㅣ 차례필 支 紙
五 毗 피 비 助也 도울비 支
㲋 착 獸名ㅣ 青色似兔 짐승이름착 藥
毘 毗와同
毖 삐 비 勞也 수고로울비 寘
六 毘 毗와同
𣬈 毗의本字
十 𣬊 씨 시 貉也 담비시 寘
十三 毚 참 樹名ㅏ檀 나무이름참 咸

毛部

毛 뫄 모 羊也柔ㅣ양모 去ㅣ 퇴할모 豪
二 𣬛 닝 녕 犬毛毴ㅣ 개털녕 徑
四 毜 사 삽 眼睫長貌 속눈섭길삽 合
耗 패 多毛ㅏ毸 털많을패 泰
毟 모 拔引合 取뜯을모
毤 지 毛織털로 짠베지 支
𣬣 개 獸毛細者짐승의가는털개 卦
𣬙 분 毛落털빠질분 文
五 毞 비 羆也털로 짠베비 支
𣬵 쏴 포 毛起貌털우수일어날포
𣬛 자 毛毯 담요자 虞
𣬺 챠 초 鳥尾翹毛ㅣ 새꽁지초 蕭
𣬥 빠 포 鳥抱卵 알품을포 肴
毴 피 毛也 털피 支
𣭐 유 毛也 털유 虞
毡 전 跨毛成片 전전 先
毨 진 毛夌齊貌털이가지러질진 軫
𣭆 씽 생 毛起貌ㅣ毸 털끝일어설생 庚
𣬱 링 령 毛結不理 털엉킬령 青
毠 야 가 毛衣 털옷가 麻
毺 뤄 루 毯席담자리루 虞
毷 머 무 毛密貌털많이날무 有
𣭫 취 택 初生毛갓난털택 陌
六 𣭚 수 毛也 털수 遇
毧 웅 융 細毛 가는털융 東
毦

열 이 結毛為飾 머리털이 (眞)

毢 씨 시 張羽貌 毰— 날개벌릴시 (灰)

毨 쎈 선 毛落更生整理 털다시나고를선 (銑)

⿰毛合 허 합 目睫長 속눈섭길합 (合)

⿺毛罔 ⿱罒毛 와同

毥 쉰 순 初生貌 솜털순 (震)

毤 타 열 羽毛解脱 털바꿀타、열義同 (箇)(屑)

毞 삐 비 毯類 담비 (支)

毣 무 목 小好貌 함할할목 (屋)

七

毫 한 호 長鋭毛 가늘고긴털호 (豪)

⿱沙毛 싸 사 毛長貌 毿— 털긴모양사 (麻)

⿰毛肖 ⿰肖毛 와同

⿰毛求 착 子 毛布花— 화문담요子 (尤)

⿰肖毛 쏘 소 鳥尾 ⿰召毛— 새꽁지소 (蕭)

⿰足毛 연 錦類 비단연 (先)

⿰釆毛 얘 래 斑毛 얼룩털래 (泰)

⿰手毛 쎈 선 罽也 —㩆 털로짠베선 (先)

毭 두 낙 罽也 담요두 毛属 담자리낙 (有)(藥)

⿰夾毛 졔 첩 目毛 氈 속눈섭첩 (葉)

⿰孚毛 래 부 鳥脱毛 새털벗을부 (虞)

⿰孛毛 발 발 短毛 짧은털발 (月)

八

毳 췌 취 獸細毛 짐승의털취 (霽)

毰 페 배 張羽貌 —毸 날개벌리는모양배 (灰)

毯 탄 담 毛席 담자리담 (感)

毱 쥐 국 毬也 蹴— 제기국 (屋)

⿰來毛 리 리 犬名 개이름리 (支)

⿰卒毛 쑤 졸 毛生貌 털나는모양졸 (月)

毲 둬 탈 織毛成 모직탈 (曷)

⿺毛隹 만 용 모 多也 많을용 毛更生整理 털함치르르할모 (腫)(號)

⿰导毛 더 득 毛小 털적을득 (職)

⿱旨毛 찌 지 毛多 털많을지 (紙)

九

毹 위 유 毛席 氍— 털방석유 (虞)

毸 씨 시 張羽毰— 날개벌릴시 (灰)

毼 커 갈 毛織氀 담요갈 (曷)

毷 만 모 解毛 털벗을모 (號)

毻 튀 타 鳥獸解毛 새와짐승털갈타 (箇)

⿰並毛 빵 방 罽也 —⿰岡毛 털로짠베방 (養)

⿺毛叟 쑤 수 織毛褥 털담요수 (尤)

⿺毛訇 鞠과同

⿰柰毛 내 내 多毛 ⿰市毛— 털많을내 (泰)

⿰扁毛 편 편 변 長毛 긴털편 不理— ⿰美毛 털엉킬변 (銑)

毽 옌 건 抛足之戲 제기건 (願)

⿱叚毛 가 毛衣 털옷가 (麻)

⿰柔毛 숭 용 細毛 가는털용 (東)

⿰英毛 영 毛布 털베영

十

毾 타 탑 毛席 —㲪 털자리탑 (合)

⿰唐毛 당 당 長貌 긴털당 (陽)

⿺毛道 숭 용 細毛 가는털용 (東)

⿰耆毛 찌 기 毛文 무늬기 (支)

⿺毛辱 우

욕 毛織褥모 직요욕 沃

毿 사 사 毛羽婆娑털 너풀거릴사 歌

𣯷 한 長毛 긴털한 翰

毽 용 罽也 털베용 冬

氄 용 毛盛貌털 성할용 腫

十二

氂 리 리 牛尾 소꼬리 支

氋 내 毛髮衆貌 털많을내 卦

氀 루 루 罽也 ─毷 털로짠베루 虞

氃 쇠 최 張羽貌날개벌리는모 양쇠 羽貌터러모양최 灰

毶 싼 삼 毛長─ 털길삼 覃

氁 무 모 毛段털 비단모 虞

氃 충 종 罽也 ─毷 털로짠베종 冬

氋 리 리 白毬帽子 흰담모자리 支

毝 만 만 赤毛褥붉은털요만 元

十二

氃 동 동 又털웅승 거릴동 東

氅 창 창 析羽為衣鶴 ─하창의창 養

毾 삐 등 罽也 毾─ 털로짠베등 蒸

氈 등 동 細氍毹올이밴털베등 毛散貌털흩어질동 蒸

毴 숑 용 耎毳細毛 솜털용 腫

氆 빵 방 蕃織毲─양의 털로짠용방 養

毦 쟌 초 兜上毛布투구 위의털치장초 蕭

毼 약 복 毛不理毹 털엉킬복 屋

十三

氈 쟌 전 毛席담 자리전 先

毹 子 毛褥 담요구 虞

毷 쇼 소 毛健털 뻣뻣할소 號

氉 레 렵 갈 車翣차에먼지막는짓 부채렵 水草물풀갈 葉

氊 氈와同

十四

氋 예 알 多毛털 많을알 月

氋 몽 몽 散毛 ─毴 흩어 진몽

毿 란 람 毛長貌毵 털길남 覃

氀 毿同字

毿 핑 빙 犬毛─毴 개털빙 蒸

氄 닝 녕 多毛犬삽 살개영 庚

毳 취 체 斷也끊 을체 霽

十五

氇 루 로 西蕃毛織 ㅈ우단로

氈 뚜 독 旗也 기독 屋

十八

氍 취 子 毛털 요구 虞

十九

氍 쑤 수 毛之逆立털 거스릴수 虞

二十二

氎 첩 毛織物 모직첩 葉

氏部

氏 쓰 씨 지 시 俗音姓也─族성씨 씨되놈의처이름지 支 紙

一

氐 디 저 本也근본 저 齊 低同

民 민 민 衆庶백 성민 眞

二

氒 字 厥古

四

氓 멍 맹 民也백성 맹 庚 甿氓同

𣱛 同 氓

五

𣱚 씌 시 伺也살 필시 支

六

𣱜 데 질 手拔物 뽑을질 屑

十

𣱝 인 인 仆卧엎 어질인 震

气部

气 치 기(걸) 雲— 구름기운기 求乞 구걸할걸 (末)(物)

二

氕 气과 同

氖 氣俗字

四

氜 양 (양) 陽氣 별 기운양 (陽)

氛 氣~ 古字

氛 분 (분) 氣也 기운분 (文)

氤 인 (음) 陰氣 그늘음 (侵)

六

氣 치 (기) 生元精 정기기 (未)

氥 인 (인) 天地合氣—氳 천지기운합할인 (眞)

氭 순 (순) 氣逆 氣기운거스릴순 (眞)

七

氱 쏘 (소) 天上雲 하늘소 (蕭)

十

氳 원 (온) 氣盛氤— 기운성할온 (文)

十一

氧 양 (양) 氣也 양기양 (養)

十七

氵靈 (중) 心氣 심기중 (送)

水部

水 (수) 地之血氣 五行之一 물수 (紙)

一

永 융 (영) 長也 길영 (梗)

氷 빙 (빙) 水凍 얼음빙 (蒸)

汇 (흡) 水涸 물이마를흡 (緝)

氶 承과 同

二

氿 궤 (궤) 水涯 물가궤 (紙)

求 착 (子) 索也 乞也 할子 (尤)

氻 (칠) 水出貌 물나올칠 (質)

汀 팅 (정) 水際平地 물가정 (靑)

氾 뺀 (범) 未定之辭 들뜰범 (咸)

汃 파 (팔) 波相激聲—澎 물결서로부딪치는소리팔 (黠)

汁 찌 (집) 液也 진액 집 (緝)

氻 리 (륵) 水聲 물소리륵 (職)

氽 툰 (탄) 浮也 뜰탄 (阮)

汎 (기) 水涯 물가기 (紙)

氼 溺 古字

三

汎 뺀 (범) 任風波自縱 떠나갈범 (陷)(東)

江 쟝 (강) 川之大者 강강 (江)

汏 따 (대) 洗也 씻을대 (泰)

汞 홍 (홍) 水銀 수은홍 (董)

汜 쓰 (사) 止也 멈출사 (紙)

池 츠 (지) 黃帝樂名咸— 풍류이름지 (支) (타) 拜州水名滹— 물이름타 (歌)

汝 우 (여) 弘農水名 물이름여 (語)

汙 우 (오) 濁水下流 물흐르지않을오 (와) 去鑿也 땅팔와 (虞)(遇)(箇)(麻)

汗 (한) 人液 땀한 (寒)

汍 완 (환) 沸泣—瀾 우는모양환 (寒)

汛 쒼 (신) 灑也 물뿌릴신 (震)

汊 차 (차) 水岐流 물나뉠차 (禡)

汕 싼 (산) 韓國水名 물이름산 (諫)

汚 洿과 同

汔 씨 (흘) 幾也 거의흘 (物)

汒 망 (망) 息遽—苦 바쁠망 (陽)

汋 쟉 (작) 水聲聲물결치는소리작 (藥)

汒 (망) 息遽—苦 바쁠망 (陽)

㲼 쎈 (섭) 波起瀲—물결솟을섭 (監)

汖

패 [패]分枲皮 삼껠패 (卦)

汈 인 [인]混相著汾ㅣ 젖어맡붙일인 (軫)

汑 퇴 [탁]滑也 미끄러질탁 (藥)

汓 촤 [수]足泳水上 발헤엄칠수 (尤)

汐 씨 [석]夕潮 저녁조수석

(四)

汩 꾸 [골][멱]治也 다스릴골、長沙水名ㅣ羅 물이름멱 (月)(錫)

汦 츠 [지]齊貌ㅣㅣ 가지런한모양지 (支)

汥 쯰 [지]水分流 물나뉘어흐를지 (支)

沖 츙 [충]和也 화할충 (東)

汊 치 [칙]水墊溜ㅣ 물굽이칙 (職)

沏 쪠 [절]水疾流 물빨리흐를절

沚 쯔 [지]小渚 모래톱지 (紙)

汭 쉐 [예]水曲 물굽이예 (霽)

沂 이 [기]青州山名 산이름기 (微)

沍 후 [호]凍也 얼호 (遇)

沛 패 [패]舟行貌 배가는모양패 (泰)

汰 태 [태]太過 넘칠태 (泰)

汾 뿐 [분]太原水名 물이름분 (文)

沅 웬 [원]長沙水名 물이름원 (元)

沕 미 [매][물]潛藏 잠들매、물義同 深微貌 깊고작을물 (物)

沄 원 [운]轉流 물이 콸콸흐를운 (文)

汶 원 [문]瑯琊水名 물이름문 (問)

汳 빤 [관]陳留水名 물이름관 (願) [변]義同 (霰)

㳄 [연]口中液 춤연 (先)

沜 판 [반]水涯 물가언덕반 (翰)

沌 툰 [돈]元氣未判 혼탁할돈 (阮)

沙 싸 [사]疏土 모래사 (麻)

沔 멘 [면]流滿 흘러가득할면 (銑)

汴 뻰 [변]陳留水名 물이름변 (霰)

汸 팡 [방]水名 물이름방 (陽)

汪 왕 [왕]池也 못왕 (漾)

沆 앙 [항]木水漭 큰물항 (養)

沈 천 [침][심]沒也 잠길침、姓也 성심 (侵)

沇 옌 [연]流貌ㅣ 물흐르는모양연 (銑)

沁 친 [심]以物探水 물속에서찾을심 (沁)

沐 무 [목]治也 다스릴목 (屋)

沉 沈의 俗字

汩 위 [율]水流 물흐를율 (質)

沃 우 [옥]灌也 물댈옥 (沃)

決 꿰 [결]斷也 결단할결 (屑)

汻 운 [오]水涯 물가오 (麌)

泐 력 [력][륵]水凝合貌 물엉긴모양、石解散 돌부스러질륵 (職)

没 메 [몰]沈也 잠길몰 (月)

沶 流의 古字

沓 타 [답]重也 거듭답 (合)

汲 씨 [급]引也 당길급 (緝)

汱 촨 [견][현]伏水 물샐견、현義同 (銑)

汵 깐 [감]水名 물이름감 (勘)

汽 치 [기][흘]湯水蒸氣 물끓는김기、幾也 거의흘 (未)(物)

沘 예 [비]水名 물이름비 (紙)

沞 짜 [잡] 纔濕湇 우적실잡 겨 (合)

汯 꿩 [굉] 水回泓ㅣ물구비쳐돌아나갈굉 (庚)

汿 쒸 [서] 溝渠 개천서 (語)

㳂 沿의俗字

沑 우 [유] 潤也윤택할윤 (有)

汫 [경][정] 水小

貌작은물경 水貌물모양정 (迴)(靑)

五

泇 쨔 [가] 水名물이름가 (麻)

隶 沸와同

泛 앤 [핍][범][봉] 水聲물소리핍 浮也뜰범 覆也덮을봉 (洽)(陷)(腫)

況 쾅 [황] 寒水찬물황 (漾)

泜 찌 [지][치] 臨城水名물이름지 南陽水名물이름치 (紙)(寘)

治 쯰 [치] 理也다스릴치 (寘)

沺 텬 [전] 水無際廣大물가없을전 (先)

泚 츠 [자][체] 鮮明고을자 汗出貌땀낼체 (紙)(薺)

泗 쓰 [사] 涕ㅣ鼻出콧물사 (寘)

沸 쀄 [비][불] 涫也鼎ㅣ끓을비 泉湧貌샘솟을불 (未)(物)

泌 삐 [필][비] 水狹流물좁게흐를필 涓流貌샘물졸졸흐를비 (質)(寘)

沮 쮜 [저] 拒也막을저 (語)

泭 뿌 [부] 水上ㅣ漚물거품부 (虞)

沽 꾸 [고] 買也살고 (語)

注 쮸 [주] 灌漑물댈주 (遇)

泥 늬 [니] 水和土진흙니 (霽)(薺)

泲 [제] 沇水東流爲濟물이름제 (薺)

沴 [려] 害也해로울려 (霽)

泄 쎄 [설][예] 發越발설할설 散也흩을예 (霽)

沬 메 [매] 微昧之明희미할매 洗面낯씻을매 (泰)(隊)

沫 머 [말] 汗也땀말 (旱)

泯 민 [민] 盡也다할민 (軫)

泰 [태] 大也클태 (泰)

沿 옌 [연] 循也좇을연 (先)

泮 판 [반] 水解얼음풀릴반 (翰)

泡 팦 [포] 水名물이름포 (有)

泉 챤 [천] 水源샘천 (先)

沼 쟈 [소] 曲池못소 (篠)

波 [파] 浪也물결파 (歌)

河 허 [하] 大川물하 、강하 (歌)

沱 뒤 [타] 河名내이름타 (歌)

泫 쒠 [현] 水深困ㅣ물깊을현 露光이슬번드를할현 (先)(銑)

泓 홍 [홍] 清也물깊을홍 (庚)

泂 쯩 [형] 寒也찰형 (迴)

泱 앙 [앙] 水深廣물충충할앙 (陽)

泅 쵸 [수] 浮行水上발헤엄칠수 (尤)

泠 링 [령] 涼意서늘할령 (靑)

泳 융 [영] 潛行水中헤엄칠영 (敬)

泔 깐 [감] 米汁潘瀾쌀뜨물감 (覃)

油 우 [유] 和謹貌ㅣㅣ공손할유 (尤)

沾 쟌 [첨][접] 清也적실첨 自善ㅣㅣ스스로기뻐할접 (鹽)(葉)

沭 쉬 [술] 東莞水名물이름술 (質)

泬 쎄 [혈] 水從孔出물이구멍으로나올혈 (屑)

泝 쏘 [소] 逆流上ㅣ洄 물거스를소 (遇)
泐 륵 [륵] 石解散돌결 일어날늑 (職)
泊 빠 [박] 休宿 쉴박 (藥)
沶 쓰 [시] 縣名ㅣ鄕고을이름시 (寘)
法 빠 [법] 效也본받을법 (洽)

泣 치 [읍] 無聲出涕소리없이울읍 (緝)
泏 츄 [출] 水湧貌물솟을출 (質)
泎 쩌 [색] 水落地聲물떨어지는소리색 (陌)
泪 [류] 淚也肝液눈물류 (寘)
泼 빠 [발] 寒也찰발 (月)

盥 관 [관] 洗水器손씻는그릇관 (翰)
押 야 [압] 低濕ㅣ揷낮어습할압 (洽)
沛 뽀 [포] 地名ㅣ州땅이름포 (遇)
洇 늬 [입] 淹濕狀浥ㅣ축축할입 (緝)
泆 [일] 淫放음탕할일 (質)

洴 뻰 [변] 導水使平물대어서고르게할변 (霰)
浒 훼 [휘] 水波之紋물결무늬휘 (未)
泍 뻔 [분] 泉湧貌샘솟을분 (吻)
泑 우 [유] 水名물이름유 (有)
泾 괘 [괴] 水勢물형세괴 (卦)

𣲗 [찰] 水流貌물흐르는모양찰 (黠)
沰 뚸 [탁] 使落떨어뜨릴탁 (藥)
泧 웨 [월] 大水큰물월 (月)
泞 쮸 [저] 澄也맑을저 (語)
沲 타 [타] 水流물흐를타 (哿)

泙 핑 [평] 水聲물소리평 (庚)

⑥

活 훠 [활][괄] 生也살활 盛動물소리괄 (曷)
洔 쯔 [지] 小渚작은모래톱지 (紙)
洧 웨 [유] 類川水名溱ㅣ물이름유 (紙)
洳 [여] 水名물이름여 (魚)

洎 찌 [계] 肉汁고기즙낼계 (寘)
洿 우 [오] 窊下地水웅덩이오 (虞)
洙 쮸 [수] 水涯물가수 (虞)
洗 씨 [세][선] 承水器물받는그릇세 潔也정결할선 (薺)(銑)
洪 [홍] 大也클홍 (東)

洣 미 [미] 江州水名물이름미 (薺)
洚 쨩 [홍][강] 水不遵道물벅차게흐를홍 水逆流물거슬러흐를강 (東)(送)(絳)
洞 퉁 [동] 明徹밝을동 (送)
洟 이 [이] 澤名溫ㅣ못이름이 (支)
洶 쓩 [흉] 水勢ㅣㅣ물결형세흉 (冬)

洢 이 [이] 河南水名물이름이 (支)
洏 얼 [이] 湯水끓는물이 (支)
洩 쎼 [예][설] 怠緩ㅣㅣ게으르고느릴예 發越발설할설 (霽)(屑)
洄 훼 [회] 逆流溯ㅣ물거슬러흐를회 (灰)

洒 쏴 [선][최][쇄][세][사][새] 肅貌ㅣ然엄숙할선 高峻높을최 滌也씻을쇄 雪也설치할세 汎也ㅣ落물뿌릴사 汎也뿌릴새 (薺)(蟹)(賄)(卦)(銑)
洼 와 [와][왜] 曲也굽을와、왜義同 (麻)(佳)

派 패 [파][패] 俗音 分流 물나눠 흐를 파 分出 나눠 나갈 파 (卦)

津 진 [진] 水渡處 나루 진

泾 채 [채] 水浦 개 채 (卦)

洵 쉰 [순][현] 信也 믿을 순 (眞) 遠也 멀 현 (霰)

消 涓 俗字

洊 쳰 [전] 再至 거듭 올 전 (霰)

洮 툐 [조] 洗水 손 씻을 조 (豪)

洹 원 [원] 流也 흐를 원 (元)

洲 쥬 [주] 水中可居 섬 주 (尤)

洸 광 [광] 怒也 성낼 광 (陽)

洋 양 [양] 大海 큰 바다 양 (陽)

洺 밍 [명] 易陽 水名 물이름 명 (庚)

洑 뽁 [복][보] 伏流 스며 흐를 복 (屋) 畜水漑田 보 막을 보

洌 례 [렬] 清也 맑을 렬 (屑)

洛 락 [락] 弘農 水名 ㅣ水 낙수 락 (藥)

洫 쒁 [혁] 虛也 빌 혁 (職)

洽 허 [흡] 和也 화할 흡 (洽)

洓 쒀 [색] 小雨零落貌 가는 비 듣는 모양 색 (陌)

洃 회 [회] 溲粉 반죽할 회 (灰)

洨 쨔 [효] 水流合 물 흘러 합할 효 (肴)

洦 메 [백] 浅水 얕은 물 백 或音 맥 (陌)

洘 칸 [고] 水涸 물 마를 고 (皓)

洩 [유] 汚也 더러울 유 (尤)

洷 [질][치] 水也 물 질 (質) 濕也 젖을 치 (寘)

浀 취 [곡] 水名 ㅣ池 물이름 곡 (沃)

汧 쳰 [견] 澤也 못 견 (先)

洀 판 [반][주] 曲也 ㅣ屈 서릴 반 (寒) 水文 물노리칠 주 (尤)

沇 츙 [충] 山下泉 산 밑샘 충 (東)

洱 이 [이] 弘農熊耳山水 名 물이름 이 (紙)

洝 안 [안][알] 湯水 끓는 물 안 (旱) 曲不平 窊ㅣ 구슬플 알

涸 쪤 [견] 竇也 구멍 견 (阮)

洍 쓰 [사] 江水 강물 사 (紙)

洆 청 [승] 没也 潛ㅣ 빠질 승 (蒸)

泆 이 [일] 水岸 물가 언덕 일 (質)

浺 츙 [충] 水遠 물 멀 충 (東)

洉 [후] 濡也 절실 후 (宥)

洬 쑤 [속] 降雨 비올 속 (沃)

洁 끼 [길] 良水 맛좋은 물 길 (質)

洡 래 [래] 染色 물들 래 (隊)

洢 이 [의] 水清 물 맑을 의 (微)

洇 인 [인] 細波 가는 파도 인 (震)

洠 뭐 [모] 水岸 물가 언덕 모 (尤)

淋 쒸 [휴] 水沈退減 물들엇다 빠질 휴 (尤)

七

涬 씬 [신] 硯神 ㅣ妃 벼루귀신 신 (眞)

流 류 [류] 水行 흐를 류 (尤)

浛 한 [함] 沈也 잠길 함 (覃)

浲 뽕 [봉] 水名 出單狐山 물이름 봉 (冬)

浵 퉁 [동] 水深汪ㅣ 물 깊을 동 (冬)

涌 [용] 騰也 水溢 물 솟을 용 (腫)

涘 쓰 [사] 水涯 물가 사 (紙)

浽 쒜

수 濁也 물흐릴수 (支)

涖 리 리 水聲ㅣㅣ 물소리이 (眞)

涂 투 차 도 溝道 도랑도 塗飾 맥질할차 (麻)(虞)

浯 우 오 琅邪水名 물이름오 (虞)

浦 퓨 포 水濱 물가포 (麌)

涕 티 체 淚也 눈물체 (薺)

浿 패 패 水涯 물가패 (泰)(卦)

海 해 해 天池 바다해 (賄)

浼 멘 매 汚也 더러울매 (賄)

浚 쭌 준 取也 취할준 (震)

涎 을 연 口液 침연 (霰)

涒 쥔 군 食而復吐 먹고다시토할군 (願)

浣 환 완 洗衣 옷빨완 (旱)

涆 깐 간 水流ㅣㅣ 물흐를간 (翰)

漩 쏀 선 回泉 도래샘선 (元)(霰)

涍 쌰 효 水涯 물가효 (肴)

浾 짱 장 米甑蒸汽 쌀찔장 (漾)

涀 쪤 견 小清 작은도랑견 (霰)

涓 왼 연 小流ㅣㅣ 졸졸흐를연 (先)

涊 넨 년 汗出 땀날연 (銑)

涏 뎬 전 俗音 정 美也 아름다울정 (霰)

消 쌰 소 滅也 사라질소 (蕭)

浪 랑 랑 流貌 물결 절흐를랑 (陽)

浩 한 호 廣大ㅣ然 넓고클호 (皓)

涇 찡 경 通也 통할경 (青)

浧 잉 영 沈也 잠길영 (梗)

浮 뿌 부 泛也 뜰부 (尤)

浖 레 렬 山上有水 산위물있을렬 (屑)

浟 유 유 水流貌 물흐르는모양유 (尤)

涔 천 잠 清也 적실잠 (侵)

浴 위 욕 洗身 몸씻을욕 (沃)

浸 침 清也 적실침 (沁)

浞 쫘 착 濕潤 젖을착 (覺)

涑 쑤 속 수 洗布 세탁할속 (沃)(屋)(尤)(宥) 盪口

浹 쟈 협 偏也 둘릴협 (葉)

浙 쪄 절 洗米 쌀씻을절 (屑)

涉 쎠 섭 渡水 물건늘섭 (葉)

涅 녜 날 染黑 검은물들일날 (屑)

浡 뻐 발 興起ㅣ然 우쩍일어날발 (月)

浥 이 읍 업 압 潤濕厭ㅣ 젖을읍 潤也 윤택할업 水流下貌 물아래로흐를압 (緝)(葉)(洽)

浛 함 沈也 잠길함 (覃)

浘 위 미 매 海洩ㅣ潤 바닷물샐미 泉底 샘밑매 (尾)(賄)

淑 쓘 숙 善也 착할숙 (屋)

涗 쒜 세 微温 미지근할세 (霽)

浜 삥 병 浦名 물가이름병 (庚)

涁 싸 사 開口始語 말시작할사 (麻)

涀 쪠 즙 纔有水涟ㅣ 물자즐자즐할즙 (葉)

浭 껑 경 流也 흐를경 (庚)

浤 굉 海水騰湧 바다물용솟음할굉 (庚)

浢 두 두 河北水名 물이름두 (宥)

涸

찡 [형] 水回旋ㅣ瀠 물뺑뺑돌형 (庚)

沖 츙 [충] 水深廣貌ㅣ瀜 물충충할충 (東)

㴨 단 [담] 高波 높은 물결담 (覃)

浬 리 [리] 水路里數 물이수이 (支)

浝 빵 [방] 大水 큰물방 (江)

浰 련 [련] 急流 급히 흐를련 (霰)

湓 뿐 [분] 水出 물날분 (願)

八

游 游俗字

淌 챵 [창] 大波 큰 물결창 (漾)

滬 후 [호] 舟中渫水器 자루 달린 두레박호 (虞)

潑

쮜 [철] 泣也 눈물 흘릴철 (屑)

渓 우 [옥] 灌漑 물댈옥 (沃)

涇 엉 [경] 遲久 더디고 오랠경 (冬)

淂 더 [득] 水貌 물모양득 (職)

淞 쑹 [송] 吳郡江名 강이름송 (冬)

済 濟의 略字

涳 콩 [공] 直流 곧게 흐를공 (東)

淙 충 [종] 水聲ㅣㅣ 물소리 종 (冬) [장] 義同 (江)

涷 뚱 [동] 暴雨 소나비동 (東)(送)

淇 치 [기] 河內水名 물이름기 (支)

涸 허 [학] 水渴 물자즐학、[후] 義同 (藥)(遇)

淝 예 [비] 盧江水名 강이름비 (微)

淄 쯔 [치] 黑色 검을치 (支)

涯 예 [애][의][아] 水畔 물가애、의、아 義同 窮盡意 다할아 (佳)(支)(麻)

淚 래 [루] 俗音 [누]

涕也 눈물누 (寘)

淤 위 [어] 泥也 진흙어 (魚)(御)

淛 쩨 [제][절] 江名 강이름제 江名 강이름절 (霽)(屑)

淠 피 [비] 舟行貌 배떠날비 (霽)

淒 치 [처] 寒風 찬바람처 (齊)

淬 췌 [쉬] 犯也 범할쉬 (隊)

淮 홰 [회] 揚州水名ㅣ水 회수회 (佳)

淪 룬 [륜] 小波 물놀이칠륜 (眞)

淳 츈 [순] 質樸 순박할순 (眞)

混 [혼][곤] 雜也 섞일혼 西戎ㅣ夷 서녘오랑캐곤 (阮)(元)

淦 깐 [감] 水入船隙 배틈으로 물들감 (勘)

涴 와 [완][와] 水廻曲貌 물굽이완 汚也 더렵힐와 (阮)(箇)

淺 첸 [천] 水不深 물얕을천 (銑)

淼 먀 [묘] 大水ㅣ茫 큰물묘 (篠)

淖 냐 [뇨] 泥也 진흙요 (效)

淆 쌰 [효] 亂也 요란할효 (肴)

淀 덴 [전] 俗音 [정] 船泊 배댈정 (霰)

涫 꽌 [관] 沸也 끓을관 (翰)

淟 톈 [전] 垢濁ㅣ涊 때길전 (銑)

涼 량 [량] 微冷 서늘할량 (陽)

淸 칭 [청] 静也 고요할청 (庚)

清 淸과 同

涹 워 [와] 漚也 물에 불릴와 (歌)

涶 [타] 口液 침타 (箇)

淩 렁 [릉] 歷也 지날능 (蒸)

淨 찟

一六八

[정] 又맑을정 (敬)

淎 씽 [행] 引也 끌행 (迴)

洴 핑 [병] 洗濯一澼 빨래할병 (青)

涪 뿌 [부] 水泡 물거품부 (尤)

淫 인 [음] 亂也 어지러울음 (侵)

淜 평 [빙] 水聲一滂 물소리빙 (蒸)

深 썬 [심] 浅之對 깊을심 (沁)

添 텬 [첨] 益也加付 더할첨 (鹽)

淰 썬 [심][섬] 濁也 흐를심 魚驚躍貌 고기놀랄섬 (寝)(琰)

淋 린 [림] 病名 병이름림 (侵)

涵 한 [함] 沈也 잠길함 (覃)

淵 완 [연] 深也 깊을연 (先)

淡 딴 [담] 水貌一一 물모양담 (覃)

淑 쑤 [숙] 善也 착할숙 (屋)

渫 쎄 [설] 治井 우물칠설 (屑)

渌 루 [록] 水清 물맑을녹 滲也 샐녹 (屋)(沃)

淶 [래] 水名黃河支流 물이름래 (灰)

淹 [엄] 水名 물이름엄 (鹽)

涿 쮜 [탁] 擊也 칠탁 (覺)

液 이 [액] 潤也 부를액

淈 꾸 [굴][홀] 濁也 흐릴굴 治也 다스릴홀 (月)

淢 위

[역][혁] 疾流 빨리흐를역 城溝 성도랑혁 (職)

淅 씨 [석] 汰米 쌀일석 (錫)

涾 타 [답] 水波相連貌 물결출렁거릴답 (合)

渀 [분] 奔也 빨리갈분 (願)

淊 한 [함] 泥水一一 진흙물함 (咸)

涮 쏸 [산][살] 洗也 씻을산 俗音쇄 水名 물이름살 (諫)(黠)

淘 돠 [도] 水流一一 물흐를도 (豪)

[illegible] 후 [홀] 黑青色 검푸른빛홀 (月)

淔 찌 [칙] 草名 풀이름칙 (職)

沱 沲同

洿 퐈 [포] 漬也 맑을포 (肴)

[illegible] 쪄 [책] 俗音 [석] 隁也 방축석 (陌)

淴 워 [올][홀] 水聲 물소리올 水貌 물모양홀 (月)

[illegible] 깐 [감] 或然 혹그러할감 (覃)

淣 [예] 水際 물가예 (齊)

沲 퉈 [타] 沙隨水流潰一 모래물에흘려내릴타 (哿)

涽 훈 [혼] 濁水一一 흐린물혼 (願)

淃 쫜 [권] 水廻施貌 물돌아흐를권 (霰)

淏 화 [호] 清也 맑을호 (皓)

[illegible] [일] 口液 침일 (錫)

淍 쪼 [주] 水匝 물돌릴주 (尤)

淁 쪠 [접] 纔有水一濈 물자질자질할접 (葉)

湮 인 [은] 滓也 찌끼은 (震)

淯 우 [육] 水增 물부를육 (屋)

淒 졔 [첩] 湧出 물솟을첩 (緝)

湾

꿍 [궁] 急流 빨리흐를궁 (送)

[illegible] 단 [담] 險波 험한파도담 (勘)

淧 삐 [필] 水溢 물넘을필 (質)

[illegible] 망 [망] 大水 큰물망 (漾)

淗 쮜 [국] 水文 물결어릉거릴국 (屋)

九

渢

웽 [풍][법] 水聲ㅣㅣ물소리 풍 浮貌둥둥뜰 법 (東)(感)

減 졘 [감] 損也 덜 감 (豏)

湾 灣略字

渱 홍 [홍] 水沸涌潰ㅣ물 끓어솟을 홍 (東)

湧 涌의 俗字

湩 뚱 [동] 乳汁 젖 동 (腫)

港 양 [항] ㅣ口 항구 항 (講)

湄 메 [미] 水草之交 물가 미 (支)

渳 미 [미] 水平貌 물질펀할 미 (紙)

渼 메 [미] 長安水名ㅣ陂 물결이름 미 (紙)

渠 꺼 [거] 大也 클 거 (魚)

湋 웨 [위] 水回轉 물돌아갈 위 (微)

渭 웨 [위] 心不安貌 沸ㅣ속끓일 위 (未)

渚 쟈 [저] 小洲 모래톱 저 (語)

湖 후 [호] 大陂 큰못 호 (虞)

渝 위 [유] 變也 변할 유 (虞)

湝 꼐 [개][해] 水盛流貌 물성할 개 寒也 찰 해 (佳)

游 泝古字

渡 뚜 [도] 濟也ㅣ江河 나루 도 (遇)

湃 패 [배] 水聲澎ㅣ물소리 배 (卦)

湮 인 [인] 沒也 빠질 인 (眞)

湣 민 [민][혼] 謚也 시호 민 未定 滑ㅣ정치못할 혼 (元)(阮)

湓 뿐 [분] 水溢 물넘칠 분 (元)

渾 훈 [혼] 雜也ㅣ淆 섞일 혼 (元)(阮)

渰 옌 [엄] 雲起貌 구름피어오를 엄 (琰)

湲 웬 [원][환] 水聲潺ㅣ물소리 원 水流潺ㅣ물졸졸흐를 원、환 義同 (先)(刪)

湑 쒸 [서] 露貌 이슬모양 서 (魚)

湌 쑨 [손][찬] 飯也 밥 손 饌也 반찬 찬 俗音 천

渙 환 [환] 水盛貌 물성할 환 (翰)

湍 퇀 [단] 急瀨激ㅣ급한여울 단 (寒)

湎 멘 [면] 流移ㅣㅣ흘러갈 면 (銑)

渷 옌 [연] 濟水別名 물이름 연 (銑)

湔 첸 [전] 洗也 씻을 전 (先)

沔 멘 [면] 大水濆ㅣ큰물 면 (霰)

湫 쯰 [초][추] 謚下웅덩이 초 懸 暴龍ㅣ용추 추 (篠)(尤)

湅 렌 [련] 熟絲 실 삶을 련 (霰)

渺 먀 [묘] 水長貌ㅣㅣ물긴모양 묘 (篠)

湘 썅 [상] 烹也 삶을 상 (陽)

湯 탕 [상][탕] 水貌 물모양 상 水名 물이름 탕 (陽)(漾)

渦 워 [와] 水回 소용돌이 와 (歌)

渮 꺼 [가] 山名 陽水名 물이름 가 (歌)(哿)

渣 짜 [사] 義陽水名 물이름 사 (麻)

湟 황 [황] 金城水名 물이름 황 (陽)

游 우 [유] 旗旓 깃발 유 (尤)

渻 씽 [성] 減少 물줄 성 (梗)

湊 착 [주] 水会 물모일 주 (宥)

渟 딩 [정] 水止 물괴일 정 (靑)

溲 쒸 [수] 溺也 오줌 수 (尤)

湳 난

물 남 西河水名 물이름남 感
湛 딴 잠 침 담 樂之久也 즐거울담 没也 빠질침 安也 편안할잠 覃 鎌
渥 우 악 潤澤 윤택할악 覺
渤 빠 발 霧濃 渤ㅣ 안개자욱할발 月
渴 커 갈 걸 欲飮 목마를갈 曷 屑
渫 쎄 설 접 漏也 우물칠설 波貌 浹ㅣ 물결칠접 屑 葉
湱 훠 획 波激聲 㴽ㅣ 파도소리획 陌
測 쳐 측 度也 헤아릴측 職
湒 치 집 雨下 비올집 緝
湆 치 읍 濕也 축축할읍 緝
湁 리 립 泉出貌 샘솟을립 緝
[氵軌] 꿰 궤 涸也 물자즐궤 紙
湀 꿰 규 泉出 샘나올규 紙
湨 격 波激 물결칠격 錫
渨 웨 외 水澳曲 물굽이외 灰
湡 우 유 濡也 지체할유 虞
湜 씨 식 水淸ㅣㅣ 물맑을식 職
湇 읍 羹汁 국물읍 緝
渞 쭈 추 水源 물근원추 尤
渏 커 가 船著沙 배가 모래에붙을가 箇
湞 쪙 정 水名 물이름정 庚
湦 씽 생 人名 終ㅣ 사람의이름생 庚
湢 삐 벽 浴室 목욕간벽 職
渽 째 재 淸也 맑을재 灰
[氵思] 쌔 사 漉米 쌀씻이전질사 支
[氵冒] 뫄 모 水漲 물불을모 號
[氵畎] 촨 견 淖耕 물가리할견 銑
渧 듸 제 滴水也 물방울제 霽
渹 헝 횡 水石相激聲 돌에물부딪치는소리횡 庚
温 운 온 和也 화할온 元
渜 놘 난 湯也 더운물난 翰
[氵便] 뻰 변 小便 오줌변 霰
湉 텸 첨 水之靜流貌 물고요히흐를첨 鹽
湪 渜과同
[氵某] 매 壞也 무너질매 灰
渲 숸 선 小水 물지적지적할선 霰
湴 뻰 품 深泥 수렁품 陷
湆 여 읍 濕也 축축할읍 緝
㴇 엔 침 漬也 적실침 沁
湭 취 추 酒汁 술즙낼추 尤
渗 濟古字
[氵扁] 偏同
渶 잉 영 水淸 물맑을영 庚
[氵挐] 놔 노 漬濕 젖을노 麻
[氵齊] 쩨 제 洗米水 쌀뜨물제 霽
湠 탄 탄 廣也 넓을탄 翰
湶 泉同
湙 쎄 역 流也 흐를역 錫
湸 량 량 大水 큰물량 漾
[氵臿] 싸 삽 濕也 젖을삽 合
湐 배 백 淺水 얕은물백 陌
[氵盼] 뿌 분 飛也 나를분 文

十

濅 浸과同

滖 와 [와] 汗下웅덩이와 (麻)

溶 융 [용] 消解 녹을용 (冬)

溍 찐 [진] 水名물이름진 (震)

滋 쯔 [자] 多也 많을자 (支)

溦 웨 [미] 小雨溰ㅣ 이슬비미 (微)

滃 웡

[옹] 雲起구름 일어날옹 (董)

滓 쯔 [재] 汁也渣ㅣ、 재앙재 (紙)

滍 [치] 南陽水名 물이름치 (紙)

滏 뿌 [부] 磁州水名 물이름부 (麌)

溥 푸 [부] [박] 大也클박 廣也넓을부 (麌) (藥)

滁 츄 [저] 山東水名 물이름저 (魚)

溪 씨 [계] 谷間流水 시내계 (齊)

溱 천 [진] 水名내이름진 (眞)

溵 언 [은] 水名물이름은 (眞)

溛 [심] 淺之對 깊을심 (沁)

源 웬

[원] 水泉本ㅣ 근원원 (元)

溫 [온] 暖也따뜻할온 (問)

溷 훈 [혼] 亂也어지러울혼 (願)

滰 [공] [감] 豫章水名물이름공 감義同 (送) (勘)

滇 덴 [전] ㅣ大水貌 물창일할전 (先)

溠

얀 [요] 大水浩ㅣ 큰물요 (篠)

準 쭌 [준] [절] 法規법준 鼻頭 隆ㅣ코마루절 (軫) (屑)

滔 탄 [도] 漫也물넓을도 (豪)

潲 챠 [초] 峻波높은 물결초 (嘯)

滈 한 [호] 長安水名 물이름호 (皓)

溺 [뇨] [닉] 溲也小便오줌뇨 弱也약할닉 (嘯) (錫)

溞 쏘 [소] 淅米聲쌀이 는소리소 (豪)

溮 쎄 [사] 水出疃諸山 물이름사 (禡)

溠 차 [자] 豫州水名 물이름자 (禡)

湏 윈

[운] 波之相疊盡ㅣ물 결서로부딪칠운 (軫)

滉 황 [황] 水之深廣ㅣ瀁 물깊고넓을황 (養)

溟 밍 [명] 海也 바다명 (迴)

滕 텅 [등] 魯附庸國名 나라이름등 (蒸)

溝 [구] 水瀆 개천구 (尤)

滄 창 [창] 寒也서늘할창 (陽)

溲 [수] 溺也 오줌수 (尤)

滎 숭 [형] 郡名ㅣ陽 고을이름형 (青)

溽 수 [욕] 水名물이름욕 (沃)

溜 릭 [류] 霤水流下 낙수물 류 (有)

溧 리

[률] 水涯 물가율 (質)

溵 연 [짐] 流貌물졸졸 흐를짐 (寢)

滅 [혈] 滅也멸할혈 (月)

滅 몌 [멸] 自亡 멸할멸 (屑)

濂 렌 [렴] 中絶小水물 질척할렴 (豔) (琰)

溼 [습] 水光開 合ㅣㅣ급하게 다스릴습 (緝)

濛 뭥 [몽] 微雨이 슬비몽 (送)

溵 인 [은] 水聲泊ㅣ 물소리은 (文)

滌 듸 [척] 旱氣ㅣㅣ 가무는기운척 (錫)

溘 커 [합] 至也 이를합 (合)

滑

화 [골][활] 治也다스릴골 泊通미끄러울활 (月)(黠)
滆 [격] 湖名호수이름격 (陌)
溣 룬 [론] 水中曳船 배끌론 (願)
滒 꺼 [가] 多汁즙많을가 (歌)
溢 이 [일] 洋ㅣ 넘칠일 (質)

溻 타 [탑] 濕也 젖을탑 (合)
涵 과 涵同
滂 빵 [방] 沛也 大雨 큰비방 (陽)
溴 추 [취] 水氣물기운취 (宥)
溡 씌 [시] 雨水 빗물시 (支)
浝 [몽] 無知어리석을몽 (董)

溚 [답] 濕也 젖을답 (合)
溾 웨 [위] 汙濁ㅣ浽 더러울위 (屋)
溙 漆의 俗字
溭 쪄 [즉] 波如鱗ㅣ減 물결이비늘같을즉 (職)
溿 판 [반] 水涯 물가반 (翰)
漽 찌 [저] 研

米槌방아공이저 (薺)
溯 쑤 [소][삭] 逆流거슬러올라갈소 川名물이름삭 (遇)(覺)
滊 쎄 [혈][기] 鹽池소금못혈 蒸氣김오를기 (月)(未)
黎 [려] 衆也 많을려 (齊)
㴲 쓰 [사] 水涯 물가사 (支)

滐 쩨 [걸] 水激回旋 물이부딪치고돌걸 (屑)
滀 츄 [축] 水聚 물모일축 (屋)
潝 쌰 [합] 湍流ㅣ濈 여울합 (合)
溔 야 [요] 深不測ㅣㅣ 깊이모를요 (篠)
𣺌 [분] 飛也 나를분 (文)

溎 옌 [연][계] 大水貌물창일할연 水名물이름계 (霰)(寘)
㴽 째 [착] 濕也 젖을착 (藥)
㴜 삐 [비] 水聲 물소리비 (寘)
溗 씽 [승] 水下流 물흐르지않을승 (蒸)
(十)
溡

씌 [시] 水中小渚 모래섬시 (紙)
漅 쌒 [소] 廬州湖名호수이름소 (篠)(肴)
湷 쨩 [장] 水深處立標 물깊은곳에표세울장 (江)
満 만 [만] 充也 찰만 (旱)
漆 [칠] 黑也 검을칠 (質)

漴 충 [충] 水聲ㅣㅣ 물소리충 (東)
漦 씌 [시] 順流 순히흐를시 (支)
漵 쒸 [서] 浦也 개서 (語)
漓 리 [리] 水滲入地 물스밀리 (支)
漇 쓰 [사] 流貌ㅣ 물흐를사 (紙)

漊 뤄 [루] 小雨不絶 비질금거릴루 (有)
漬 쯔 [지] 染也 물들이지 (寘)
漪 이 [의] 波文如錦 비단결같은물결의 (支)
漎 충 [총][송] 水会ㅣㅣ 물모일총 疾貌ㅣ 빠를송 (東)(腫)

漁 위 [어] 捕魚 고기잡을어 (魚)
滹 후 [호] 信都水名ㅣ沱 물이름호 (虞)
滸 후 [허] 水涯 물가허 (麌)
滬 후 [호] 江名玄ㅣ 강이름호 (麌)
滯 [체] 積也 쌓일체 (霽)

漨 봉 봉 水名 물이름봉 冬
漘 순 水涯 물가순 眞
漶 환 환 不分 漫ㅣ 섞일환 旱翰
滾 곤 곤 流貌 꿈틀거려흐를곤 阮
漧 乾의古字
漑 깨 개 灌也 물댈개 隊

漫 만 만 長遠貌 물질펀할만 翰
漢 한 한 天河 雲ㅣ 은하수한 翰
滻 찬 산 藍田水名 물이름산 潸
漙 톤 단 露貌 ㅣㅣ 이슬맺을단 寒
⿰氵臭 澆同
漣 렌 련 涕流ㅣㅣ 눈물흘릴련 先
漹 옌 언 西河水名 물이름언 先
漩 쏀 선 水之回 ㅣ물돌선 先
漂 퍞 표 飛貌ㅣㅣ 나는모양표 蕭
漻 랸 료 遠貌 아득할료 蕭

漳 쨩 장 南郡水名 물이름장 陽
漲 쨩 창 溢也 넘칠창 漾
漕 챺 조 水運轉ㅣ 배로실어옮길조 號
漾 양 양 波動 蕩ㅣ 물결일양 漾
漿 쨩 장 水米汁 뜨물장 陽

漭 망 망 曉色決ㅣ 새벽빛망 養
滮 뺘 표 水名ㅣ池 물이름표
潁 잉 영 陽城水名ㅣ川 물이름영 梗
漰 펑 붕 地名 땅이름붕 蒸
漚 어 구 水泡 물거품구 尤

滺 우 유 水流貌ㅣㅣ 물철철흐를유 尤
⿰氵通 퉁 동 水聲 물소리동 東
漏 뤄 루 遺失忘ㅣ 잊을루 宥
漱 쑤 수 盪口 양치질할수 宥
滲 삼 삼 羽生ㅣ 깃날삼 侵

滫 쓔 수 久泔ㅣ瀡 오래뜨물수 有
漉 록 록 滲也 스밀록 屋
潅 灌俗字
漠 뭐 막 廣大ㅣㅣ 아득할막 藥
漡 상 상 水廣貌 물질펀할상 陽
漀 칭 경 側器傾水 물따라버릴경 迴

漸 쟴 점 次也 차차점 琰; 참 高也 높을참 咸
滭 삐 필 泉湧ㅣ沸 샘솟을필 質
滴 듸 적 水點涓ㅣ 물방울적 錫
⿰氵梢 삭 水聲 물소리삭 覺
演 옌 연 長流 길게흐를연 銑

漐 찌 칩 汗出貌ㅣㅣ 땀나는모양칩 緝
漷 쿼 곽 획 水名 물이름 곽 획 義同 藥 陌
滉 황 황 水廣貌 물넓을황 陽
滷 루 로 苦也 쓸로 麌

⿰氵宿 숙 숙 濕也 젖을숙 錫
漈 찌 제 水涯 물가제 霽
漯 탑 탑 東郡水名 물이름탑 合
漮 캉 강 空也 빌강 陽
滵 미 밀 流貌 물졸졸흐를밀 質
漥 와 와 深也 깊은못와 麻

漤 란 [람] 水滴下ㅣ如 물방울저릴람 感
澋 찅 [경][강] 滏也 거를경 乾黏 말라붙을강 敬 養
㶒 랑 [랑] 溝渠涂 ㅣ개천랑 漾
漺 쌍 [상] 冷也 찰상 養
澺 옹 [총] 波也 물길을총 東
漃 쩌 [적] 水淨ㅣ漻 물맑아정결할적 錫
汎 맨 [반] 浮也 뜰반 旱
澯 찬 [찬] 清白 말숙할찬 翰
潚 쑤 [숙] 清潔 조촐할숙 屋
漄 涯同
漌 친 [근] 清也 맑을근 咖
澢 탕 [당] 谷也 골당 陽
漝 씌 [습] 影也 그림자습 緝

⑬

[氵寒] 한 [한] 貧寒 가난할한 寒
潴 瀦과同
潤 순 [윤] 澤也 윤택할윤 震
漙 濡과同
澑 溜과同
潨 충 [총][종] 水会 물모일총、종 義同 東 冬
潼 퉁 [동] 高波 물결높을동 東
潑 뭐 [발] 盛勢 活ㅣ 활발할발 曷
潰 [궤] 散也 흩어질궤 隊
潙 웨 [위][규] 益陽水名 물이름위 河東水名 물이름규 支
澍 쮸 [주] 注流 물쏟을주 遇
潬 딴 [단] 水中沙渚 모래톱단 旱
潘 빤 [번][반] 淅米水 뜨물번 반 義同 元 寒
潞 루 [로] 歸德水名 물이름로 遇
澓 뿌 [복] 伏流 은혈로흐를복 屋
潣 민 [민] 水流貌 물졸졸흘러내릴민 軫
澒 훙 [홍] 相連貌 서로연할홍 董
澇 랖 [로] 大波 큰물결로 豪
潸 싼 [산] 涕淚流貌 눈물흐르는모양산 刪
潿 웨 [위] 濁不流 흐려서흐르지못할위 微
潮 찯 [조] 又 밀물조 蕭
潺 찬 [잔] 水流貌ㅣ湲 물졸졸흐를잔 刪
澗 쨴 [간] 山夾水 산골물간 諫
澈 처 [철] 水澄 물맑을철 屑
潎 페 [별] 漁游ㅣㅣ 물고기오락가락할별 屑
澔 하 [호] 采色映耀ㅣ汗 채색빛날호 皓
潾 린 [린] 石間水 돌샘린 震
濆 [분] 水名 물이름분 文
潢 황 [황] 天河 은하수황 陽
潦 랖 [로] 雨水 빗물로 皓
澎 펑 [팽] 水聲ㅣ湃 물소리팽 庚
潒 쌍 [상] 廣也 넓을상 養
潠 쒼 [손] 含水噴 물먹음어뿜을손 願
澂 澄와同
澄 청 [징] 清也 맑을징 蒸
潭 탄 [담] 深也 깊을담 覃
滜 꼬 [고] 岸也 언덕고 豪
潯 씬 [심] 水厓 물가심 侵
澆

쟈 [요] 沃也 물댈요 (蕭)(嘯)
潛 쳄 [잠] 沈也 잠길잠 (鹽)
澉 깜 [감] 洗滌 澹ㅣ 씻을감 (感)
澌 쓰 [시] 盡也 다할시 (齊)
潜 潛俗字
潚 쒀 [색] 細雨 가는비색 (陌)
潔 졔 [결] 淸也 맑을결 (屑)
濡 슈 [유] 滯也 지체할유 (虞)
潝 씨 [흡] 不善貌 용렬할흡 (緝)
潟 씨 [석] 鹹土 鹵地 개펄석 (陌)
潗 찌 [집] 水沸 ㅣㅣ 물끓을집 (緝)
潏 웨 [율][술][휼] 水流 물흐를율 水中小洲 모래톱술 社陵水名 물이름휼 (質)(屑)
澀 써 [삽] 不滑 깔깔할삽 (緝)
澁 澀俗字
潚 쓔 [축][숙] 疾也 빠를축 姓也 성숙 (屋)(蕭)
潕 [무] 水涸 물마를무 (虞)
潳 투 [도] 山名 산이름도 (虞)
濷 삐 [비] 泉湧 샘솟을비 (未)
⿰氵筑 筑과同
澐 원 [운] 大波 큰물결운 (文)
渢 홍 [홍] 水風 물바람불홍 (董)
潶 [흑] 水濁 이름흑 (職)
澅 화 [홰] 揚水 물끌어올릴홰 (卦)
潐 쟈 [초] 漉酒 술걸를초 (嘯)
⿰氵最 나 [넙] 影動 그림자움직일넙 (洽)
濋 어 [子] 罛也 고기깃줄子 (有)
⿰氵詹 澹俗字
澖 쎤 [한] 廣也 無 넓을한 (刪)
⿰氵犀 찌 [저] 研米槌 방아공이저 (齊)
澋 잉 [갱] 水流旋回 물돌아나갈갱 (梗)
㵎 澗와同
潓 씨 [혜] 水波 물결혜 (霽)
潱 이 [열] 流也 흐를열 俗音 일 (屑)
潵 싼 [산] 散水 물뿌릴산 (翰)
⿰氵戠 찌 [직] 粘也 차질직 (職)

十三

澮 쾌 [회][활][괘] 井溝 畎ㅣ 우물도랑회、괘 義同、水合流 두물이합처흐를활 (泰)
⿰氵蓺 이 [예] 蒸葸 찐파예 (霽)
⿰氵[illegible] 漫俗字
澴 환 [환] 波流轉貌 漩ㅣ 물결꿈틀겨려흐를환 (刪)
濃 눙 [농] 厚也 두터울농 (冬)
⿰氵裔 이 [예] 水貌 溶ㅣ 물모양예 (霽)
澻 쒸 [수] 田間 골속수 (寘)
澨 씨 [서][예] 水名 三ㅣ 물이름서、예 義同
澧 리 [례] 衡山水名 고을이름례 (薺)
澥 쎄 [해] 海之別名 勃ㅣ 바다이름해 (蟹)
濉 쒸 [수] 浚儀水名 물이름수 (支)
澬 즈 [자] 霖雨 涔ㅣ 물이름자 (支)
澽 쮜 [거][子] 曝也 乾也 마를거 말릴子 (御)
澠 씽 [면][민][승] 縣名 ㅣ池 고을이름면、민 義同、臨淄水名 물이름승 (銑)(軫)(蒸)
澣 [한] 濯衣垢 빨래할한 (旱)

澳 오 [오][욱] 深也 깊을오 물구비욱 (號)(屋)
澱 뎐 [전] 又 앙금전 (霰)
澦 위 [여] 瞿塘水名灩ㅣ ㅣ물이름여 (御)
澡 쪼 [조] 洗也 씻을조 (皓)
濂 렴 [렴] 輕薄 엷을렴 (監)

澹 탄 [담] 水貌ㅣ淡 물모양담 (感)
濄 궈 [과][와] 水回貌 물돌아칠과、와義同 (歌)
澪 링 [령] 海中航路 배다니는길령 (青)
湆 늬 [읍] 沸聲 끓는소리읍 (緝)
澶 찬 [전][단] 衛地名ㅣ淵 땅이름전 縱也 놓을단 (先)(翰)

澤 째 [택][탁] 潤也 윤택할택 星名 格ㅣ 별이름탁 (陌)
澩 쒸 [학] 夏有水冬無水 여름에만물있을학 (覺)
𤁀 灘과同
𤁲 착 [수] 憂愁貌 근심할수 (尤)

激 찌 [격] 急烈 급할격 (錫)
濈 치 [즙] 和也 화할즙 (緝)
𤃬 꺼 [갈] 清也 맑을갈 (曷)
滜 취 [최] 新水 새로난물최 (賄)
澽 위 [우] 陵來水 언덕사이물우 (虞)

𪑇 타 [탑] 黑也 검을탑 (合)
濋 츄 [초] 大水溢出 큰물넘쳐흐를초 (語)
湝 이 [예] 燒松枝出 송진날예 (霽)
瀘 루 [록] 漉也 거를록 (屋)
澟 린 [름] 淒清 차고맑을늠 (寢)

濇 써 [색] 不滑 깔깔할색 (職)
澼 피 [벽][피] 漂絮洴ㅣ 빨래할벽 腸間水 창자사이물피 (錫)(寘)
澯 찬 [찬] 清也 맑을찬 (翰)
𤃃 濇同
𤀔 쮜 [굴] 水深貌 물속우중충할굴 (月)

㵣 쎄 [갈] 俗音 [헐] 遲也 더딜헐 (曷)
澰 렌 [렴] 水滿泛ㅣ 물철철넘을렴 (豔)
𣽷 [선][연] 口液 침흘릴선 水溢貌 물넘칠연 (先)(霰)
澾 [달] 滑也 미끄러울달 (曷) 미끄

𣽎 피 [벽] 水分流 물갈라져흐를벽 (陌)
𤀚 충 [총] 水聲 물소리총 (東)
溦 미 [미] 細雨 가는비미 (文)
滭 삐 [필] 過溢 물철철넘칠필 (質)
𣻥 演의古字
𣽬 澾同
澲 예 [업] 防水橫木 물막는나무업 (葉)

𤁯 뚱 [동] 物落水聲 물에풍덩떨어지는소리동 (董)
濁 쮜 [탁] 不清混 흐릴탁 (覺)
(西)
濫 란 [람][함] 失實 실업슬람 浴器 목욕통함 (陷)(勘)
濶 闊의俗字

濮 푸 [복] 東郡水名 물이름복 (屋)
濕 씨 [습] 愁也 근심습 (緝)
濊 훼 [회][예][활] 深廣汪ㅣ 깊고넓을회 (泰) 水多 물많을예 (隊) 礙流ㅣㅣ 거쳐흐를활 (曷) 濊通
㶏 澱과同 濦과同

濛 뭥 [몽]微雨溕ㅣ 이슬비몽(東)
濞 픠 [비]水聲滂ㅣ 물소리비(寘)
漻 랴 [료]清深맑고깊을료(蕭)
⿰氵算 취 [취]飮也 마실취(霽)
濥 인 [인]水門 수문인(軫)
濯 쫘 [탁]光明 빛날탁(覺)
濭 애 [애][갑]雲氣貌구름낄애船著沙場배가모래에걸릴갑(泰)(合)
濰 웨 [유]瑯琊水名 물이름유(支)
濡 수 [유]滯也지체할유(虞)
漵 서 [서]浦也 개서(語)
濩 후 [호][확]流散布ㅣ흘러퍼질호 烹也삶을확(遇)(藥)
濟 찌 [제]渡也 건늘제(霽)
[illegible] 함 [함]沈水使冷 물에찰함(陷)
濤 돠 [도]大波큰물결도(豪)
[illegible] 변 [변]水波 물결변(霰)
濔 늬 [니]俗音[미]衆也ㅣ많을미(薺)
[illegible] 변 [변]旋流貌물이돌아흐를변(銑)
濬 쓘 [준]深也 깊을준(震)
濜 씬 [진]氣之液김서릴진(眞)(軫)
[illegible] 환 [환]弄水물장난할환(旱)
濘 닝 [녕]滑也미끄러질녕(迥)(徑)
濱 삔 [빈]水涯 물가빈(眞)
瀞 칭 [정]冷寒 찰정(徑)
濢 취 [취]小濕눅눅할취(寘)
瀅 잉 [형]小水洴은작은물형(梗)
濠 화 [호]城下池 해자호(豪)
瀐 쩨 [설]水滿물가득할설(屑)
⿰氵斡 와 [알]取水물을알(曷)
⿰氵聚 쯔 [추]水聲물소리추(有)
濴 와 濚同
[illegible] 라 [랄]灘名여울이름랄(曷)
濚 잉 [영]水厄貌濚ㅣ물돌아나갈영(庚)
濧 [대]漬也담글대(隊)

十五

瀍 찬 [전]河南水名 물이름전(先)
濾 릐 [려]洗也 씻을려(御)
瀊 판 [반]水厄旋 물돌반(寒)
瀉 쌔 [사]吐也 토할사(馬)
⿰氵閭 뤼 [려]泄海水泥 물스밀려(魚)
濺 쟨 [천]疾流ㅣㅣ빨리흐를천 本音전(霰)
⿰氵閡 [핵]流也 흐를핵(陌)
瀁 양 [양]水無限ㅣ 망망할양(養)
[illegible] 쌰 [효]水遠渺ㅣ 물편할효(篠)
瀌 뺘 [표]雨雪貌ㅣㅣ 눈비퍼불표(蕭)
濿 례 [례]履石波水돌밟고물건늘례(霽)
⿰氵霅 짜 [잡]波也 물결잡(洽)
瀆 [독]濁也 흐를독(屋)
瀄 쩨 [즐]水流貌ㅣ泊 물흐르는모양즐(質)
瀏 류 [류]風聲ㅣ 바람소리류(尤)
瀀 우 [우]寬也너그러울우(尤)
⿰氵膠 쟈 [교]大水貌ㅣ[illegible] 물벌창할교(肴)
瀋

썬 [심]汁也 즙심(寢)

瀉 쓰 [사]泄也 방축사(寘)

瀅 [형]小水 적은물형(迴)

瀑 뽀 [포][폭]疾雨 소나기포 懸泉 폭포폭(號)(屋)

瀏 레 [루]波湧貌 潩卜물결용솟음칠루(紙)

滮 휘 [괵]水裂去 물갈래져흘러갈괵 [획]水聲ㅣㅣ 물소리날획(陌)

濼 푸 [록][락][박]濟南水名 물이름록、락義同、陂澤 늪박(沃)(藥)

瀈 훼 [휘]振去水 물내엎지를휘(微)

瀇 왕 [왕]極望ㅣ瀁 넓을왕(養)(漾)

瀕 휘 [할]不淨ㅏ瀕 흐릴할(曷)

瀃 듸 [적]土得水沮 흙이물에풀어질적(錫)

瀀 어 [子]飮水 물마실子 或音우(有)

瀒 써 [색]不滑 깔깔할색(緝)

瀎 머 [말][멸]拭滅 씻어없애버릴말 疾流貌 물쏟아져흐를멸(曷)(屑)

瀐 [잘][절]滿也 가득할잘 水出貌 물날절(曷)(屑)

瀙 淨古字

滭 피 [필]泉湧 샘솟을필(質)

瀕 [취]又흐릴취(黠)

(氵叟) 쑤 [휴]面汗 얼굴의땀휴(尤)

(氵適) 듸 [적]水注 물댈적(錫)

⑯

濳 潛의俗字

瀧 룽 [롱][랑][상]瀑也 폭포롱 韶州水名 물이름랑 奔湍 여울상(東)(江)

瀠 瀅과同

瀢 웨 [유][대]流貌ㅣㅣ 물고기떼지어놀유 水泛沙ㅣ沲 물에모래뜰대(支)(隊)

瀡 쒜 [수]滑也 미끄러울수(紙)

澦 유 [여]水名灩ㅣ 물이름여(御)

瀦 쥬 [저]水所停ㅣ澤 물괴일저(魚)

瀘 루 [로]牂牁水名 물이름로(虞)

瀤 홰 [회]北方水名ㅣ澤 물이름회(佳)

(氵蕈) [임]水動貌 물이흔들릴임(寢)

瀣 쎄 [해]夜半露氣沆ㅣ 이슬기운해(隊)(卦)

瀟 쌰 [소]水清深 물맑고깊을소(蕭)

瀿 [번]大波浪 큰물결번(元)

瀨 래 [뢰]灘也 여울뢰(泰)

(氵莫) [선][취]吮也 들이쉴선、취義同(霰)(霽)

瀕 빈 [빈]水厓 물가빈(眞)

瀞 잉 [정]清也 맑을정(敬)

瀚 한 [한]北海名 북해이름한(翰)

瀝 리 [력]餘滴 물방울력(錫)

(氵閻) 옌 [염]汚也 더러울염(監)

(氵閼) 어 [알]水名金ㅣ 물이름알(曷)

(氵滕) 덩 [등]水湧 솟을등(蒸)

瀜 슝 [륭]水深沖ㅣ 물깊을륭(東)

瀩 뙈 [대]水帶沙往來貌 물에모래밀릴대(隊)

潠 쏀 [선]含水噴 물먹움어뿜을선(銑)

⑰

瀰 늬 [니][미]滿也 가득할니 水貌 물모양미(薺)(支)

氵磴 떵 [등]小水相添益貌 물모여들등 (徑)

瀾 란 [란]大波큰 물결란 (軫)

氵隱 溵濦 同

瀷 이 [익]漏流스며 흐를익 (職)

瀯 잉 [영]水聲|| 물소리영 (庚)

瀼 양 [낭]流貌泱|흐르는모양낭 露 [양]多|| 이슬많을양 (養)(陽)

瀶 [림]寒也 추울림 (侵)

瀸 잼 [점]清也 적실점 (監)

氵霝 [령]水曲물 굴이령 (青)

氵罹 [조]盡다 할조 (篠)

瀴 [영]遙也 멀영 (更)

瀲 렴 [렴]水滿泛| 물가득할렴 (琰)

瀱 계 [계]井水우 물물계 (霽)

瀺 찬 [참]水聲|灂 물소리참 (咸)

瀹 약 [약]漬也 적실약 (藥)

灀 쌍 [상]殺物된 서리칠상 (漾)

瀿 빤 [번]水暴溢물 급히넘칠번 (元)

(十八)

氵畱 라 [류]檐水流下 |낙수물류 (有)

灃 뻥 [풍]咸陽水名 물이름풍 (東)

灌 판 [관]注也 따를관 (翰)

灉 융 [옹]曹州水名 물이름옹 (冬)

灂 쟉 [작][조][색]欙|물소리작 古音착、車轄漆塗수레채에 옷칠할조 水落聲물떨어지는소리색 (覺)(嘯)(陌)

瀑 뽀 [포][폭]疾雨소나비포 懸泉流下폭포폭 (號)(屋)

灅 [류]水名물 이름류 (紙)

灊 [첨][심]水名물이름첨 巴郡水名물이름심 (監)(侵)

灈 취 [구]水名물 이름구 (虞)

氵闃 씨 [혁]怖遽|沐 두려워할혁 (錫)

灆 란 [람]清也 맑을남 (勘)

灄 쎠 [섭]筏類물 이름섭 (葉)

(十九)

灑 쌔 [새][쇄][사]驚貌|然깜짝놀랄새 쇄義同、사義同|落깨끗할사 (蟹)(卦)(馬)

灔 灩俗字

灕 리 [리]秋雨淋|가을 비지정할리 (支)

灘 탄 [탄]瀨也여 울탄 (寒)(翰)

氵儵 슉 [숙]波貌물결 득거릴숙 (屋)

灒 짠 [찬]汙灑땀 뿌릴찬 (翰)

灖 미 [미]流也흐 를미 (御)

氵羅 릐 [라]長沙水名汨|물이름라 (歌)

灤 [약]泚陽水名 물이름약 (藥)

(二十)

氵輿 위 [여]水搖蕩물출 렁거릴여 (魚)

灚 쟈 [교]攪水聲물 젓는소리교 (巧)

灛 찬 [천]大水溢出別為 小江샛강천 (銑)

灙 [당]水形물 모양당 (養)

氵顢 [만]水貌 물만 (翰)

(二十一)

灞 빠 [파]俗音[패]水 涯물가패 (禡)

灡 란 [란]米泔潘| 뜨물란 (翰)

灝 한 [호]水勢遠貌물 줄기멀호 (皓)

灠 란 [람]染也물 들일남 (感)

灟 쪽 [촉]恭也ㅣㅣ 공손할촉(沃)

(二十二) 灣 완 [만]水曲물구비만(刪)

灘 한 [한]水濡更乾물에젖었다마를한(翰)

(二十三) 灤 란 [란]漏流새서흐를난(寒)

灛 싼 [산]洗馬말씻길산(翰)

𤄷 [역]水流貌물흐를역(陌)

灦 [현]水深而清貌물깊고맑을현(銑)

灩 앤 [염]水波動ㅣ물결출렁거릴염(豔)(琰)

(二十四) 灔 灩俗字

灨 궁 [공][감]豫章水名물이름공、감 義同(送)(勘)

(二十六) 灩 [염]水波動貌물결출렁거릴염(豔)

灪 우 [부]水聲물소리부(尤)

火部

火 화 [화]物燒而生光熱불화(哿)

(二) 灰 회 [회]燒餘燼재회(灰)

灯 뎡 [등]烈火맹렬한불등(蒸)

炗 光의 本字

灮 화 [화]火光불일어날화(哿)

灱 됴 [효][도]熱也더울효 燒也태울도(肴)(看)

㶭 灰古字

灬 同災

(三) 灾 同災

災 재 [재]禍害재앙재(灰)

灺 쌔 [사]又불똥사(馬)

灸 질 [구]灼也지질구(有)(宥)

灼 쟉 [작]燒也살을작(藥)

灹 톼 [탁]燒聲타는소리탁(禡)

灵 靈俗字

灶 竈俗字

灻 [치]平也평평할치(寘)

灴 꿍 [홍]燎也횃불홍(東)

灿 쫘 [주]燒土탄흙주(遇)

炣 와 [와]煖也따뜻할와(箇)

(四) 炊 취 [취]爨也불땔취(支)

炁 同氣

炒 챠 [초]熬也볶을초(巧)

炘 씐 [흔]熱也확근거릴흔(文)

炙 쟈 [적][자]燔肉고기구을적 義同 親近薰ㅣ친근할자(禡)(陌)

炅 꼉 [경]光也빛날경(梗)

炕 캉 [항]乾也마를항(漾)

炎 염 [염]火光上불꽃염(鹽)

炄 뉴 [뉴]半乾爆ㅣ炒반쯤마를유(有)

𤇀 후 [훌]火氣盛불기운성할훌(物)

炔 켸 [혈][결]火始然煑ㅣ불붙을혈 煙盛貌연기뭉게뭉게일어날결(屑)

炖 뚠 [돈]赤色붉을돈(元)

炆 운 [문]熅也연기날문(文)

炉 爐俗字

炂 쑹 [송]熱化녹일송(冬)

炐 팡 [방]火光貌불빛환할방(絳)

炈 이 [역]陶竈煙囪옹기가마굴뚝역(陌)

炓 랴 [료]火光貌불빛환할요(嘯)

炛 화

[화]明照 밝을화 (禡)

焫 눈 [눈]爇也 더울눈 [내]義同 (泰)

炚 광 [광]照明 밝을광 (陽)

五

炜 燭俗字

炬 쥐 [거]束葦為燎 횃불거 (語)

炷 쥬 [주]燈心 심지주 (寘)(遇)

炭 탄 [탄]燒木 숯탄 (翰)

炱 태 [태]煙塵｜煤 거림태 (灰)

炮 뽜 [포]毛炙肉 거스릴포 (肴)

炟 따 [달]火起 불일어날달 (曷)

炫 쏀 [현]明也 밝을현 (霰)

炤 쟈 [소][조][작]明也 밝을소 光也 빛날조 明也 밝을작 (藥)(嘯)(蕭)

炰 炮同

炳 빙 [병]明也 밝을병 (梗)

灷 쪈 [천]火種 불씨천 (霰)

炯 옝 [형]光也 빛날형 (迴)(梗)

炡 쪙 [정]煤也｜爚 데칠정 (庚)

炸 [사][작]爆也 불터질작 灼也 기름에지질작、사義同

炥 쀄 [비]氣熱 기운더울비 (未)

炠 쌰 [압]火乾 불에말릴압 (洽)

炦 [별]火氣 불기운별 (屑)

炵 둥 [동]火盛 불활활붙을동 (冬)

炶 옘 [점]火閃 불번쩍거릴점 古音함 (覃)

㶭 우 [유]欲乾｜泑 쭈글쭈글할유 (有)

六

烘 홍 [홍]火乾物 불에쬐어말릴홍 (東)(送)

烜 쉔 [훤][훼]光明 빛날훤 官名 벼슬이름훼 (阮)(紙)

烖 災本字

烔 퉁 [동]熱氣 더운기운동 (東)

烏 우 [오]孝鳥 까마귀오 (虞)

烓 꿰 [계]明也 밝을계 (齊)

烟 煙俗字

烋 쑤 [휴][효]美也 아름다울휴 氣健貌 기운거장할효 (尤)(肴)

烝 쪙 [증]火氣行 불길증 (蒸)

烈 례 [렬]火猛 불활활붙을렬 (屑)

烙 [락]灼也 지질락 (藥)

烆 씽 [행]炬也 횃불행 (庚)

烕 쎄 [혈]消火 불꺼질혈 (屑)

烾 언 [은][오]微火温肉 고기쪼일은 煨也 구울오 (元)(豪)

烉 환 [환]火光明 불빛밝을환 (翰)

烐 짜 [주]火閃 불반짝거릴주 (尤)

烊 양 [양]炙也 구울양 (陽)

烌 쑤 [휴]灰也 재휴 (尤)

㶳 찐 [진]火餘 불똥진 (震)

烤 캎 [고]｜曬 불에말릴고 (號)

烄 꺄 [교]燃也 태울교 (巧)

烑 야 [요]光也 빛날요 (蕭)

烍 쎤 [선]野火 들불선 (銑)

烛 츙 [충][촉]旱也 가물충 燭也 촛불촉 (東)(沃)

七

㷘 훼 [훼]火熾 불훨훨붙을훼 (紙)

烿 융 [륭]火氣 불기운륭 (東)

焄

쉰 [훈]火上出불김오를훈(文)

烳 푸 [보]炬也횃불보(麌)

焉 옌 [언]疑也의심쩍을언(先)

焌 쥔 [준]燃火불맬준(願)

焆 쥐 [결]火光불빛결(屑)

烴 잉 [형]焦臭누린내형(迥)

焅 쿠 [혹][곡]旱氣가무는기운혹 熱氣뜨거운기운곡(沃)

烰 쀠 [부]火氣불김부(尤)

烽 뻥 [봉]烽火警報봉화봉(冬)

烹 펑 [팽]料理요리팽(庚)

焍 띠 [제]灼龜木거북지지는나무제(霽)

焎 쫭 [철]火氣불기운철(屑)

烺 랑 [랑]火貌爌ㅣ불이글이글할랑(養)

焋 처 [장]熏蒸김오를장(漾)

焇 쌰 [소]乾也말릴소(蕭)

焈 씨 [이]乞人ㅣ飲널름거릴이(支)

㶿 뻐 [발]煙起貌연기뭉게뭉게날발(月)

炈 이 [혀]燒麥보리볶을혀(陌)

焣 차 [삽]火乾불에말릴삽(洽)

烼 후 [훌]暖也따뜻할훌(物)

㶼 애 [애]熱也더울애(灰)

焊 한 [한]火乾불에말릴한(旱)

烸 회 [회]使乾말릴회(賄)

烱 쓩 [형]炎也불꽃형(梗)

庻 庶古字

烯 씨 [희]火色불빛희(微)

焃 허 [혁]赤也붉을혁(陌)

焭 경 [경]燭也근심할경(庚)

叞 위 [위]尉也인두위(未)

炸 쫘 [작]火盛불성할작(藥)

(八)

無 [무]有之對없을무(虞)

焙 뻬 [배]火乾불에말릴배(隊)

焠 쬐 [쉬]灼也지질쉬(隊)

焚 뻔 [분]燒也살을분(文)

燓 [분]焚也불사를분(文)

焞 츈 [퇴][순][돈]盛貌ㅣㅣ성할퇴 明也밝을순 轉明어슴프레할돈(灰)(眞)(元)

焮 씬 [훈]灸也구을훈(問)

然 산 [연]語如是그럴연(先)

焜 훈 [혼]明也밝을혼(阮)

焰 앤 [염]火光불꽃염(琰)

𤈦 어 [압]埋火불묻을압(合)

焦 쨔 [초]火傷데일초(蕭)

焯 쭤 [작]火氣불김작(藥)

焫 어 [열]燒也불살을열(屑)

焱 씨 [혀][염]火焰ㅣㅣ불꽃혀、염義同(錫)

焵 깡 [강]燒刃칼날벼를강(漾)

焣 챠 [초]火乾불에말릴초(巧)

焝 훈 [혼]火燃불탈혼(元)

㷇 뿌 [불]火盛貌불이글이글할불(物)

焟 씨 [석]爆也쪼일석(陌)

熜 충 [총]暖也따뜻할총(東)

焴 워 [육]光也빛날육(屋)

爲 象古字

⑨

煨 煨同

𤍞 메 [멸] 火不明 불끄물거릴 멸 (屑)

熙 씨 [희] 光也 빛날 희 (支)

煓 톤 [단] 赫也 빛날 단 (寒)

煮 쭈 [자] 烹也 삶을 자 (語)

煑 煮同

煇 훼 [훈][휘][운][혼] 灼也 지질 훈 光也 빛날 휘 日光氣 해무리 운、赤色 붉을 혼 (文)(微)(問)(阮)

煒 웨 [위] 光也 환할 위 (尾)

煦 쒸 [후] 熱也 뜨거울 후 (麌)

煤 메 [매] 石炭 석탄 매 (灰)

煙 옌 [연][인] 火鬱氣 연기 연 煤也 숯그을음 인 (眞)(先)

煞 싸 [살][쇄] 戮也 죽일 살 減也 감할 쇄 (黠)(卦)

煖 놘 [난] 溫也 더울 난 (旱)

煟 웨 [위] 火光 불빛 위 (未)

煗 煖와 同

煩 빤 [번] 勞也 수고로울 번 (元)

煉 롄 [련] ㅣ炭 반죽할 련 (霰)

煎 쟨 [전] 熟煮 다릴 전 (先)

煌 황 [황] 火光 ㅣㅣ 불빛 휘황할 황 (陽)

煋 [성] 火熱 더울 성 (靑)

照 짜오 [조] 光發 빛날 조 (嘯)

煬 양 [양] 融和 화할 양 (陽)

煥 환 [환] 明也 밝을 환 (翰)

煜 위 [욱][읍] 盛貌 성할 욱、읍 義同 (屋)(緝)

煅 鍛의 俗字

㶫 랴오 [료] 明火 불 밝힐 요 (嘯)

𤍧 뻥 [풍] 燒也 태울 풍 (送)

煁 썬 [심] 烓也 炉属 화덕 심 (侵)

煣 우 [유] 以火屈木 불로 나무 찌여 휠 유 (有)

煆 쌰 [하] 焚也 불사를 하 (禡)

熆 예 [알] 中熱 더위먹을 알 (月)

熖 焰俗字

煏 피 [픽] 火乾 불에 말릴 픽 (職)

煠 쨔 [잡] 灼也 구울 잡 (洽)

㷓 웅 [옹] 輝也 빛날 옹 (腫)

煐 잉 [영] 輝也 빛날 영 (庚)

㷇 뿌 [불] 火盛貌 불 이글이글할 불 (物)

煔 참 [참][첨][점] 火爓貌 빛이 성할 참 火光 불빛 첨 爓也 태울 점 (咸)(豔)(鹽)

煊 쒠 [훤] 暖也 따뜻할 훤 (元)

煛 찡 [형] 明也 밝을 형 (迥)

煠 차 [삽] 火燒殘餘 불탄 끄트머리 삽 (洽)

煝 메 [미] 旱氣 가무는 기운 미 (寘)

烮 烈의 古字

煪 추 [주][유] 火貌 불탈 주、불유 (尤)(有)

熜 쭝 [종] 熅也 더운김 종 (董)

𤑔 추 [추] 耳鳴 귀울 추 (尤)

煄 중 [종] 燃也 탈 종 (冬)

煨 외 [외] 火中熱物 불에 묻어구울 외 (灰)

⑩

熔 鎔俗字

熊 쓩 [웅] 光也 빛날 웅 (東)

熂 씨 [희] 燒草 풀사를 희 (未)

熕 포 [공] 大砲 대포 공 日字

焓 한 [함] 灼爛 델 함 (感)

熉

원 [운]黃色ㅣ然 누런빛운(文)
熏 훈 [훈]火氣上出 불기운훈(文)
[illegible] 과 煨同
煽 싼 [선]盛熾 불일어날선(霰)(先)
熅 원 [온]氣也 煙ㅣ 기운온(文)(問)
[illegible] 찬 [초]熬也 볶을초(巧)
熇 쇼 [효][혹][확][고]淡氣불김효 熱也뜨거울혹 熾盛불꽂성할확 乾也마를고(蕭)(屋)(藥)(肴)
熒 잉 [형]明也 밝을형(迥)(青)
煻 탕 [당]煨火 구울당(陽)
[illegible] [초]熬也 지질초(巧)
熄 씨 [식]滅火 불꺼질식(職)
煿 뽜 [박]火乾 불에말릴박(覺)
熑 렌 [렴]火不滅 불꺼지않을렴(監)
熆 허 [합]吹火 불불합(合)
[illegible] 과 [illegible]同
[illegible] 쎄 [협]火氣迫也 불다칠협(葉)
[illegible] [증]熱氣 더울증(徑)
熈 熙의 俗字
[illegible] 츠 [치][자]束炭 묶은숯치 乾也 말릴자(支)(歌)
熐 밍 [명]匈奴部落ㅣ蠡 흉노의부락명(青)
[illegible] 재 [재]小烹 살짝데칠재(賄)
煹 꾸 [子]擧火 불켤구(有)
[illegible] 후 [혹]日出時赤 해돋을때붉으레할혹(屋)
熌 쎈 [섭]火行 불당길섭(琰)
熀 녜 [녑]火光盛貌 燁ㅣ 불빛이글이글할녑(葉)
[illegible] 쯩 [증]熱也 더울증(蒸)
[illegible] 웡 [옹]烟氣ㅣ然 연기자욱길옹(董)
[illegible] 잉 [경]警目貌 놀란눈모양경(迥)
熓 우 [올]火滅 불꺼질올(月)

十

[illegible] 봉 [봉]擧火警報 봉화봉(冬)
[illegible] 썅 [향]火乾出 불에말려낼향(青)
熯 한 [한][선]乾也 마를한 火盛 불성할선(銑)(翰)
熭 웨 [위]曝乾 쬐어말릴위(霽)
熨 위 [의]火斗 다리미의(未)(物)
熮 랴 [료]穴貌 뻔할요(蕭)
熛 뱌 [표]飛火 屑 불티표(蕭)
熬 와 [오]乾煎 볶을오(豪)
熰 어 [子]熱極 몹시뜨거울구(尤)
熪 이 [이]火不絶貌 불꺼지지않을이(支)
熠 [습]盛光 환할습(緝)
熲 잉 [경]火也 불빛경(迥)
熟 쓔 [숙]生之反 의를숙(屋)
熢 뽕 [봉]火氣 불기운봉(東)
熞 얜 [견]灼鐵淬之 쇠달궈물에담글견(先)
熱 여 [열]温也 더울열(屑)
熥 퉁 [동]以火煖物 불로더웁게할동(東)
[illegible] 퉤 [퇴]湯除毛 튀할퇴(灰)
[illegible] 짜 [조]燒也 불소를조(豪)
熤 이 [익]輝也 빛날익(陌)
熧 쭁 [종]火連行 불번질종(冬)
[illegible] 리

[리]帷中火 장막속불 리(支)

熚 삐 [필]火聲 불타는소리 필(質)

燩 얘 [발]煙起者 연기허영게일어날 발(月)

⿰火奉 뻥 [봉]烟塵雜起 연기와티끌이자욱할 봉(董)

⿰火巢 챠 [조]燃也 불사를 조(肴)

熣 최 [최]煤也 그을음 최(灰)

熡 뤄 [루]火也 불꽃 루(尤)

熩 후 [호]輝也 빛날 호(虞)

⿱野火 쒸 [서]野火 들불 서(語)

⿰火斬 쨘 [잠]火滅 불꺼질 잠 本音점(監)

熝 루 [록]煉也 단련할 록(屋)

十二

燒 쏘 [소]燃也 불탈 소(蕭)

燗 란 [란]明也 밝을 란(翰)

熿 황 [황]輝也炫 빛날 황(陽)

熷 쪙 [증]取生肉於竹中炙 고기대속에넣어구울 증(蒸)

熹 씨 [희]明也 밝을 희(支)

燔 뺀 [번]炙也 구울 번(元)

熾 ᅌ지 [치]火盛 불성할 치(寘)

燐 린 [린]鬼火 도깨비불 린(震)(眞)

燀 찬 [천]光明貌 환한 천(銑)

熺 熹와同

燕 연 [연]安也 편안할 연(銑)

燉 툰 [돈]火盛貌 불성할 돈(元)

燖 씬 [심]火熟物 불에익힐 심

燎 랴 [료]照也 비칠 료(嘯)(篠)

熻 씨 [흡]熱也 더울 흡(緝)

燋 쨔 [초]然持火 불당길 초(蕭)(嘯)

燃 산 [연]燒也 불사를 연(先)

熸 쳰 [잠]火滅 불꺼질 잠(監)

燄 얜 [염]炎也 불꽃 염(琰)

⿱雁灬 얜 [안]火色 불빛 안(翰)

燁 예 [엽]光也 빛날 엽(葉)

燂 탄 [담][심][첨][섬]火焚 불사를 담 灰爛也 잿불 익힐 첨 湯爓肉 고기삶을 섭(覃)(侵)(監)

燙 탕 [탕]火傷 불에델 탕(漾)

⿰阝⿱㒸火 燧과同

燈 떵 [등]靈草 金ㅣ 금등풀 등(蒸)

⿰𠂤炎 탄 [담][첨]青黑綵 검푸른비단 담 衣動貌 옷펄렁거릴 첨(勘)(監)

⿱兟火 찬 [잠]溫也 따스할 잠(監)

燍 쓰 [사]火焦臭 단내 사(支)

燚 이 [일]火貌 불모양 이(質)

燏 이 [율]光也 빛날 율 엽(葉)

燆 熇과同

燌 焚과同

⿰火草 [름][음]侵火 불을범할 름 火盛貌 활활붙을 음(寑)

十三

燵 [日]寢火爐 자리속에넣는화로 달

燬 훼 [훼]烈火 불이글이글할 훼(紙)

燥 쪼 [조]火 말릴 조(號)

燧 쒜 [수]火也 불 수(寘)

爊 와 [오]埋灰煨物 재에묻어구울 오(豪)

燮 쎼 [섭]火熟 불에익힐 섭(葉)

燭 쮸 [촉]明也 밝을 촉(沃)

燣 [람]熱也 더울 람(覃)

熩 후 [훌]火煨불에묻어구을훌(物)
燠 위 [욱][오]熱在中속답답할오 煖也더울욱(屋)(號)
⿰火僉 탐 [험]火貌불탈험(監)
燦 찬 [찬]光明ㅣ爛찬란할찬(翰)
營 잉 [영][형]度也헤아릴영 星名ㅣ惑별이름형(庚)(青)
燫 렌 [렴]火不絶불꺼지지않을렴(監)
熜 충 [총]炬火횃불총(東)
燡 예 [역]火甚불심할역(陌)

⑭

燾 또 [도]覆也덮을도(號)
燻 쉰 [훈]火氣盛貌불기운성할훈(文)
燿 야 [요]光貌빛날요(嘯)
燼 인 [신]餘也나머지신(震)
煏 [픽]以火乾肉불에고기말릴픽 古音벽(職)
爁 란 [람]火延불번질람(覃)
爀 허 [혁]揮也빛날혁(陌)
燺 칸 [고]火乾불에쬘고(皓)
燹 쎈 [희]野火들불희 義同 兵火병화선(霰)(銑)
燸 수 [유]温也따뜻할유(虞)
爂 퐈 [표]輕脃가볍고연약할표(蕭)
燽 쭈 [주]明也밝을주(尤)
⿰火蒦 훠 [확]熱也더울확(藥)

⑮

爆 뽀 [폭][박]火裂불터질폭 灼也불사를박(效)(覺)
爈 뤼 [려]山火爈산불려(御)
爕 燮俗字
爇 어 [설]燃也불탈설 本音열(屑)
爍 샤 [삭]灼ㅣ光貌빛날삭(藥)
⿰火節 지 [절]火熟불에익힐절(職)
爋 쉰 [훈]火乾불에말릴훈(問)
爄 리 [례][렬]止火불물릴례 火斷불끌렬(霽)(屑)
爊 [오]炙也구을오(豪)
爌 [광][황]火光明貌불빛환할광 火光불빛황(漾)(養)

⑯

爎 랴 [료]炙也구을료(篠)
爏 [력]火貌불반작거릴력(錫)
爐 루 [로]列陽洪ㅣ뙤약볕로(虞)
燔 뺀 [번]膰肉번육번(元)
爗 [엽]光盛불이글이글할엽(葉)
⿰火賴 [랄][래]毒也해칠랄 火毒불독래(曷)(泰)
⿰壴炎 쳰 [섭]以湯沃毛令脫튀할섭
⿰炙巢 [료][조]炙也구을료 燃也불탈료(肴)
爔 씨 [희]火也불희(支)
⿰阝燧 燧古字
⿰火闇 예 [엄]火不明불밝지못할엄 俗音업(葉)
⿰災睪 [역]災也재앙역(陌)
爓 앤 [염][섬]火光불빛염 火門아궁이섬(豔)(監)

⑰

爛 란 [란]明也찬란할란(翰)
爚 워 [약]電光번개번쩍할약(藥)

⑱

爟 콴 [관]擧火불켜들관(翰)
⿰火㬥 爆同
⿰火聶 녜 [섭]温也따뜻할

섭俗音 녑 葉

爞 츙 충 旱熱ㅣㅣ가물어뜨거울충 東

爝 쟉 조 작 炬火횃불조 작義同 嘯 藥

十九 爡 체 철 烟出연기날철 屑

爌 광 光貌빛날광 養

𤓐 焦과同

然古字

二十 爣 당 당 明也밝을당 陽

二十一 爥 쥭 촉 照也비칠촉 沃

二十二 爨 춘 춘 鼎欲沸貌끓어나랴할춘 元

二十四

爧 링 령 火光불빛령 青

二十五 爨 찬 찬 炊也불땔찬 翰

二十九 爩 위 울 火氣出貌연기무럭무럭날울 物

爪部

爪 잔 조 手足甲손톱발톱조 巧

爫 장 持也가질장 養

一 𤓯 糺과同

三 𤓰 卵古字

四 爬 파 파 手行손집고길파 麻

争 졍 쟁 競也다툴쟁 敬

𤔁 나 除也제할나 麻

𤔍 임 近而求가까이할임 侵

𤔔 為古字

五 爯 씽 승 擧也들승 蒸

爰 웬 원 於也이에원 元

𤔕 엉 경 織也짤경 庚

爮 쟌 표 削也깎을표 肴

七 𤔺 禮古字

八 爲 웨 위 造也할위、治也다스릴위 寘

九 𤔿 愛과同

十 𤕌 搔本字

十一 𤕘 리 려 以瓜擇物손톱으로가릴려 錫

十四 爵 쟉 작 位也작위작 援位階벼슬줄작 藥

父部

父 뿌 부 生己者아비부 보 美稱男子남자의미칭보 麌

四 爸 빠 파 羌人呼父아비파 禡

六 爹 뎌 다 父也阿아비다 哿

九 𤕢 동 養父양아비동 東

九 𤕞 져 차 父也아비차 麻

爺 예 야 父也ㅣ아비야 麻

爻部

爻 쨔 효 效也본받을효 肴

四 㸚 례 례 明白밝을례 霽

五 𤕧 쥬 저 進也나갈저 語

𤕰 효 桷也서까래효 肴

爼 俎의訛字

𤕱

쓔 서引也道 인도할서(魚)

七 覙 髮古字

爽 쌍 상明也 밝을상(養)

十 爾 얼 이語助辭 어조사이(紙)

爿部

爿 쟝 장判木左半 조각널장(陽)

四 牀 창 상踦床 걸상상(陽)

[illegible] 牀古字

[illegible] 卯古字

五 牁 까 가繫舟杙 매는말뚝가

[illegible] 쏘 소浴床목 욕상소(蕭)

六 牂 쟝 장牝羊 성할장(陽)

七 [illegible] 子鑿首끝 머리구(尤)

八 [illegible] 잔 잔飼羊屋양 의우리잔(潸)

[illegible] 콩 공穿垣담 뚫을공(送)

九 [illegible]

牃 뎨 첩牀板평상 널판첩(葉)

十 牄 창 장鳥獸食聲새와 짐승먹는소리장(陽)

十一 [illegible] 용 용垣也 담용(冬)

十二 [illegible] 븐 분牀板평 상널분(文)

[illegible] 광牀下橫木마루 밑가롯대광(陽)

十二 [illegible] 치 즙殳立貌창우 뚝세울즙(緝)

[illegible] 牆과同

[illegible] 염 염檐也 추녀염(鹽)

十三 牆 챵 장垣也 담장(陽)

片部

片 펀 편半也 조갈편(霰)

三 [illegible] 창 창畫飾그림으 로꾸밀창(陽)

[illegible] 이 이羨也 국이(支)

四 版 빤 판判也 조각판(潸)

[illegible] 앤 반片也조 각반(寒)

[illegible] 치 절板也 널절(屑)

[illegible] 추 추迫也핍 박할추(虞)

[illegible] 배 배版也조 각배(灰)

五 [illegible] 뻥 팽析木聲나무 쪼개는소리팽(庚)

牉 판 반半也반 쪽반(翰)

牊 수 소浴床목욕 상소(蕭)

[illegible] 책 책坼也터 질책(陌)

[illegible] 휘 화棺也 널화(歌)

六 [illegible] 즈 지盖舍집 이을지(支)

[illegible] 쓔 수防水板─牘 물막는널수(虞)

[illegible] 썅 향北窓북 창향(漾)

[illegible] 례 렬破裂깨 질렬(屑)

[illegible] 시 시/조 几也책상 조義同(寘)(蕭)

[illegible] 패 백分也 나눌백(陌)

七 [illegible] 추 촉迫也재 촉할촉(沃)

八 [illegible] 옌 엄屋檐端版掩 省평고대엄(琰)

牋 젼 전表也 표전(先)

牌 패 패/배 楯也방패패下書干 賤者曰─邑지배배(佳)

牕 牕俗字

[illegible] 콩 공牼也담 뚫을공(送)

[illegible] 패 패版也조 각패(灰)

⑨ 牒 데 [첩]札也편지첩(葉) 牏 투 [투]便器요강투(尤) 牔 벽 [벽]判也나눌벽(職) 牐 잡 [삽]閉城門具성문빗장삽俗音잡(洽) 牗 련 [련]木理解裂나무결풀릴련(霰)

牑 [면][편][변]屋上簀지붕덮는삿자리면牀版평상조각편牀簀살평상변(霰)(先)(銑) 牎 俗字 窗의 ⑩ 牔 박 [박]屋耑板ㅣ風박공박(藥) 牓 빵 [방]標也표할방(養) ⑪

膢 뤼 [루]防水板牀ㅣ물막는널판루(虞) 牗 우 [유]向也향할유(有) 牕 창 [창]戶也지게창(江) 牋 최 [최]屋破狀ㅣ牘집모양허술할최(灰) 牖 [피]窓也창피(眞)

牓 리 [리]破木나무쪼갤리(支) ⑪ 牘 퇴 [퇴]屋破狀牘ㅣ집모양허술할퇴(灰) 膦 린 [린]稜也모질린(震) 牄 광 [광]牀橫木평상의가롯대광(陽) ⑫ 牒 예

[엽]築墻版담틀엽(葉) 牆 잔 [첨]簷端板평고대첨(豔) ⑬ 牉 편 [편]半分반편(霰) 檯 태 [대]木理逆削나무결거슬러깎을대(賄) 牗 쑤 [수]棺也관수(有) ⑮

牘 뚜 [독]公案공문독(屋) ⑰ 牖 찬 [찹]水門물문찹(陷)

牙部 牙 야 [아]牡齒어금니아(麻) 㸦 互俗字 ③ 犽 야 [아]小兒어린아이아(麻) ⑥ 㸧 깐 [간]齧也씹을간(潸) ⑧ 掎 치

[기]虎牙범의어금니기(支) 牚 청 [탱]支也버틸탱(養) ⑨ 㸨 우 [우]齲齒벌레먹은이우(麌) ⑩ 㸩 애 [애]牙也어금니애(灰)

牛部 牛 뉴 [우]耕畜大牲소우(尤) ② 牝 핀 [빈]雌獸암컷빈(軫) 牟 뫄 [모]取也취할모(尤) 牞 쯰 [자]牛多力소힘셀자(尤) 牸 쯰 [자]牡牛황

소구(尤) ③ 牣 인 [인]充ㅣ막힐인(震) 㸬 쉰 [순]牛行遲소걸음더딜순(眞) 犴 간 [간]牛停소머무를간(寒) 牢 랖 [로]堅也굳을로 牠 [타]他獸저짐승타(歌)

牡 무 [무]雄獸 수컷무(有)

四

牪 옌 [언]件也 물건언(霰)

⿱非牛 삐 [비]牛具 길마비(寘)

牦 맢 [모]野牛 들소모(豪)

⿰牛巿 뻬 [패]長牛 키큰소패(泰)

物 우 [물]有形萬物 만물물(物)

⿰牛夭 텐 [천]牛食草 소풀먹을천(霰)

⿰牛巴 빠 [파]天地角 천지각파(麻)

⿰牛分 분 [분]牡牛 수소분(文)

⿰牛介 졔 [개]四歲牛 네살된소개(卦)

⿰牛尤 유 [유]靜也 고요할유(尤)

牥 빵 [방]良牛 좋은소방(陽)

⿰牛亢 강 [강]水牛 물소강(陽)

⿰牛今 찐 [금]牛舌病 소혀병금(沁)

牫 짜 [가]角也 뿔가(歌)

⿰牛斗 꿔 [과]牡之大牛 큰황소과(歌)

⿰牛不 ⿰牛瓜과 同

⿰牛斤 쩬 [건]ㅣ為 고을이름건(元)

⿰牛冘 썬 [침]水牛 물소침(寢)

牧 무 [목]畜養場 목장목(屋)

五

牯 꾸 [고]牝牛 암소고(麌)

牴 드 [저]角ㅣ 씨름저(薺)

牱 꺼 [가]擊船杙 배매는말뚝가(歌)

⿰牛支 탄 [도]牛徐行 소더디걸을도(豪)

牲 썽 [생]犧ㅣ 희생생(庚)

⿰牛丕 뭬 [비]使牛聲 소소리비(支)

牭 쓰 [사]四歲牛 네살된소사(寘)

牮 쩬 [천]土石防水 흙과돌로막을천(霰)

⿰牛句 허 [후]牛鳴 소울후(有)

⿰牛由 우 [유]目黑牛 눈검은소유(有)

⿰牛乍 쭤 [작]山牛 산소작(藥)

⿰牛它 퉈 [타]無角牛 뿔없는소타(箇)

⿰牛㐌 牠과 同

⿰牛平 핑 [평]斑牛 얼룩소평(庚)

六

牸 쯔 [자]牝牛 암소자(寘)

特 터 [특]唯獨 특별할특(職)

⿰牛因 인 [연]牛尾縫 소꼬리에달린솔연(先)

⿰牛吉 꿰 [귀]牛聲 소리소귀(紙)

⿱龹牛 촨 [권]牛鼻捲 소코뚜레권(願)

牷 촨 [전]體完牲 온전한짐승전(先)

⿱㓞牛 씨 [세]牛之仰角 소천지각세(霽)

⿰牛劦 쎄 [협]牛健 소건장할협(葉)

⿰牛后 허 [후]牡牛 황소후(有)

⿰牛各 [가]駕와 同(禡)

七

⿰牛孚 뿌 [부]黑脣牛 입술검은소부(尤)

牾 [오]獸名 짐승이름오(虞)

[illegible] 犂과 同

⿱差牛 싸 [사]牝牛 암소사(麻)

⿰牛余 뚜 [도]黃牛虎文 칡소도(虞)

[illegible] 犂과 同

犀 씨 [서]南徼外牛 물소서(齊)

牼 잉 [경]牛膝下骨 소무르고뼈경(庚)

⿰牛矣 쓰 [사]一歲牛 한살된소사(紙)

牽 쳰

[견] 引也 이끌 견 (霰)

牂 양 [장] 牝羊 암양 장 (陽)

牬 삐 [폐] 牛馬行⿰牛皆ㅣ 마소 다닐 폐 (霽)

⿰牛忍 [인] 塞也 막힐 인 (震)

牻 망 [방] 黑白雜色牛 희고 검은 얼룩소 방 (江)

⿰牛肖 쟈 [초] 角尖 뿔 날카로울 초 (效)

⿰牛寽 뤌 [렬] 駁牛 얼룩소 렬 (屑)

⿰牛求 [구] 角貌 뿔 모양 구 (尤)

⿰牛貝 삐 [패] 二歲牛 두살된 패 (泰)

犎 뽕 [봉] 野牛 들소 봉 (冬)

⿰牛卒 [성] 赤牛 붉은소 성 (庚)

牿 꾸 [곡] 牛馬牢 외양간 곡 (沃)

八

犁 리 [리][려][루] 老人皮膚 늙은이 살결 리 夜明頃 새벽 려 恐貌 무서워 떨 유 (支)(齊)

⿰牛㝵 [특] 鈍也 둔할 특 (職)

⿰牛京 량 [량] 牻牛 얼룩소 량 (陽)

犉 츈 [순] 黃牛黑脣七尺 누르고 입술 검은 소 순 (眞)

犆 찌 [직] 牛也 소 직 [특] 也 하나 특 (職)

犇 뿐 [분] 牛驚 소 놀라 뛸 분 (元)

犅 깡 [강] 赤色牛 붉은소 강 (陽)

⿱臤牛 켠 [견] 牛不從引 소 끌리지 않을 견 (霰)

⿱制牛 씨 [세] 牛角直立 소뿔 꽂꽂할 세 (霽)

⿰牛舍 쌰 [사] 牝也 암컷 사 (禡)

⿰牛咅 뿌 [부] 牡也 수컷 부 (有)

犈 촨 [권] 黑脚牛 다리 검은 소 권 (先)

⿱非牛 뻬 [비] 耦耕 쌍겨리할 비 (尾)

犕 뻬 [비] 牛齒現出 소 이 드러낼 비 (寘)

⿰牛卓 뇨 [뇨] 以角挑物 뿔로 들출 뇨 (肴)

犄 이 [의] 牛角 소뿔 의 (支)

九

⿰牛悤 揔 俗字

⿰牛是 찌 [격] 牛廿 소 격 (錫)

⿰牛兪 유 [유] 黑牛 검은소 유 (虞)

犍 연 [건] 獸名 짐승 이름 건 (元)

⿰牛叚 [가] 牛有力 소 힘있을 가 (麻)

⿰牛重 츙 [중] 牛有孕 새끼밸 소 (送)

⿱封牛 뽕 [봉] 牛名 形如橐駝 소 이름 봉 (冬)

⿰牛叟 쑤 [수] 三歲牛 세살된 소 수 (尤)

⿰牛料 꽈 [과] 無角牛 뿔없는 소 과 (歌)

⿰牛苗 먀 [묘] 長尾牛 꼬리긴 소 묘 (肴)

⿰牛軍 휘 [휘] 犂牛頭 얼룩소 머리 휘 (微)

十

犗 쎄 [개] 官刑 불알 썩힐 개 (卦)

犒 캏 [호] 鉤軍 호괴할 호 (號)

⿰牛冓 꾸 [구] 六歲牛 여섯살된 소 구 (尤)

犖 러 [락] 分明ㅣ 분명할 락 (覺)

⿰牛尚 찬 [천] 牛緩 소 굼뜰 천 (銑)

犕 뻬 [비] 友具齒 소 이 갖출 비 (寘)

⿰牛秦 친 [진] 牛名 소 이름 진 (眞)

犓 츄 [추] 以芻飼牛 꼴 먹여 소 기를 추 (虞)

⿰牛旁 빵 [방] 背白牛 등 흰소 방 (陽)

⿰牛隺 왁 [악] 白牛 흰소 악 (覺)

⿰牛氣 씨 [희]牛病소 병들희(未)

⿰⿱士⿱冖牛殳 꾸 [구]搾取牛乳 소젖짤구(尤)

⿰牛虔 옌 [건]犗牛불알깐소건

⿰牛修 쑤 [수]無尾牛꼬리없는소수(尤)

十一

犚 [위]黑耳牛귀검은소위(未)

⿰牛尉 犚와同

犛 리 [리]黑牛거먼소이(支)

⿰牛悤 總俗字

⿱敏牛 민 [민]山牛뫼소민(軫)

犙 싼 [삼]三歲牛세살된소삼(覃)

⿰牛累 레 [루]求子牛암내내는소루(支)

⿰牛産 잔 [산]飼畜새끼기를산(潸)

⿰牛習 라 [랍]牛觝소가받을랍(合)

⿰牛堇 진 [근]柔也부드러울근(吻)

⿰牛啇 되 [적]特牛황소적(錫)

⿰牛崔 위 [최]白色牛흰소최(灰)

[illegible]

[송]草乾죽 마를송(冬)

⿰牛庸 용 [용]猛獸似牛領有肉堆사나운짐승용(冬)

十二

犝 퉁 [동]無角牛뿔없는소동(東)

⿰牛喬 갸 [교]乾肉鮮ㅣ말린고기교(篠)

⿰牛侖 [탑]抵也받을탑(合)

⿰牛堯 찬 [요]牛馬騰躍日ㅣ마소가솟아뛸요 俗音의(眞)

⿰牛奔 [망]牡牛황소망 中字

⿰牛敦 [돈]貂也ㅣ皮돈피돈 國字

⿰牛尋 [심]牛也소심(侵)

⿰牛黃 [황]牛名소이름황

⿰牛曾 [증]牛種소증(蒸)

十三

犠 犧俗字

⿰牛蜀 犢同

⿰牛畺 쟝 [강]白牛흰소강(陽)

⿰牛豢 환 [환]養犬豕개돈기를환(諫)

⿰牛萬 레 [례][래]白脊牛등마루흰소례、래義同(霽)(泰)

⿱韋牛 환

[환]劣也용렬할환(刪)

十四

⿰牛需 수 [유]牛莖소자지유(遇)

⿰牛壽 탄 [도]牛無孕들암소도、채義同(豪)(灰)

⿰牛翟 뒤 [악]白牛흰소악(覺)

十五

犢 뚜 [독]小牛송아지독(屋)

⿰牛暴 [박]野牛中들소박(覺)

⿰牛嬰 앵 [앵]牛鳴聲소우리소리앵(梗)

⿰牛罷 피 [피]短脚牛난장이소피(支)

⿰牛鬣 레 [렵]牛名소이름렵(葉)

⿰牛臧 쟝 [장]善牛순한소장(陽)

⿰牛憂 산

[요]牛柔소유순할요(篠)

⿰牛麃 뱦 [표]黃白駁牛얼룩소표(蕭)

十六

犧 씨 [희][사]宗廟之物희생할희 油器통술사(支)(歌)

犨 착 [주]出也내밀주(尤)

⿰牛霍 [옥]白牛흰소옥(沃)

⿱衛牛 웨 [위][궤]牛蹄소굽위 牴也받을궤(霽)(眞)

⿰牛褱 홰 [회]獸似牛四角네뿔돋은짐승회(佳)

十七

⿰牛毚 짠 [참]牛角소뿔참

⿰牛營 잉 [영]牛鳴소울영(梗)

十八

⿱韡牛 웨

위 蜀牛 촉나라위 (微)

[牛+雚] 간 牛角 쇠뿔간 (刪)

犦 빠 박 牛名 소이름박 (藥)

[牛+憂] 와 요 善也 좋을요 (篠)

⑳ **犪** 퀘 규 牛名 소이름규 (支)

㉑ **[牛+纍]** 쮜

루 求子牛 암내내는소루 (支)

㉓ **犫** 착 주 人名郤ー 사람이름주 (尤)

㉔ **[牛+靈]** 링 령 牛名 소이름령 (青)

犬部

犬 촨 견 大狗也 큰개견 (銑)

犭 犬와同

㊀ **犮** 빠 발 犬走貌 개달아날발 (曷)

㊁ **犯** 빤 범 干也 범할범 (豏)

⿰犭力 리 력 犬争貌 개으르릉거릴력 (職)

⿰犭几 기 似兔獸 토끼같은짐승기 (紙)

犰 찌 구 獸名 짐승이름구 (尤)

㊂ **犴** 안 안 野犬 들개안 (翰)

⿰犭凡 쒼 신 小獸 色黃食鼠 족제비신 (震)

犵 이 힐 南蠻ー犵 남녘오랑캐힐 (質)

犳 작 有文獸名 이롱짐승작 (藥)

⿰犭也 이 시 狼屬 이리시 (紙)

㊃ **狁** 윈 윤 北狄玁ー 북녘오랑캐윤 (軫)

⿰犭壬 깅 경 人名 사람의이름경 (青)

犿 뺀 변 相從連ー 서로좇을변 (元)

⿰犭朩 패 犬張貌 개잇발이웅성거릴패 (泰)

㹠 툰 돈 豕子 돝의새끼돈 (元)

狂 광 광 心病 미칠광 (陽)

狀 쨩 장 形也 형상장 (漾)

犺 캉 강 健狗 건장한개강 (漾)

狄 듸 적 遠也 멀적 (錫)

⿰犬欠 위 유 呼犬子ー 강아지부를유 (虞)

狃 뉵 뉴 習也 익힐뉴 (有)

⿰犭斤 인 은 犬争 개싸울은 (文)

犾 인 은 犬相吠 개서로물은 (文)

⿰犭及 차 잡 犬之食 개먹을잡 (合)

⿰犭市 페 패 犬怒 개성낼패 (隊)

⿰犭开 연 연 食人犬 사람잡아먹는개연 (霰)

狆 충 長毛犬 삽살개충 日字

狗 현 似狗文少獸 짐승이름현 (先)

⿰犭互 후 호 長尾猿 꼬리긴원숭이호 (遇)

犼 후 후 山犬 산개후 (有)

⿰犭帀 獅俗字

犹 우 獸名 짐승이름우 (宥)

㊄ **狐** 호 疑詞 의심할호 (虞)

⿰犭主 쥬 주 黃犬黑頭 몸누리고머리검은개주 (遇)

狉 퓌 비 羣走ーー 떼지어달아날비 (支)

狋 이 의 은 권 犬争 개싸움할의、은義同 代郡縣名ー氏 고을이름권 (微)(眞)(先)

狙 쮜

[저][처] 手長猿손긴원숭이저 詐也간사할처(魚)(御)

狚 딴 [단][달] 似猿猵ㅣ원숭이같은짐승단 巨狼猲ㅣ큰이리달(旱)(曷)

狒 뻬 [비] 猿類ㅣㅣ원숭이비(治)

犭去 [겁] 怯와 同(葉)

狌 썽 [생] 獸名성성이생(庚)

狜 [고] 西域蕃族名오랑캐이름고

狗 꾸 [子] 犬也개구(有)

狖 우 [유] 黑猿仰鼻長尾검은원숭이유(宥)

狕 [호] 犬聲개소리호(號)

狘 [월] 獸名짐승이름월 古音헐(月)

狎 쌰 [압] 親近친압할압(洽)

犭召 챠 [초] 短尾犬동경계초(蕭)

狊 찌 [격] 犬視貌개노라고볼격(錫)

狔 늬 [니] 從風貌猗ㅣ바람에너풀거릴니(支)

犭并 뻰 [변] 犬争貌개싸움할변(霰)

狆 찐 [신] 狂也미칠신(眞)

犭加 쨔 [가] 玃也큰원숭이가(麻)

犭占 텐 [첩] 犬舐개핥을첩(葉)

犭付 뿌 [부] 羊也양부(遇)

犭玄 쎈 [현] 性猵急성급할현(先)

犭只 찌 [지] 駁也얼룩지 古音채(蟹)

犭央 앙 [앙] 貉也담비앙(陽)

狛 뻐 [박] 獸名짐승이름박(陌)

狓 삐 [피] 飛上猖ㅣ너풀너풀나를피(支)

狑 링 [령] 怜犬영리한개령(青)

犭朮 쮸 [출] 兩首獸두머리짐승출(質)

六

狥 [순] 疾速빠를순(震)

独 獨略字

狟 쏀 [훤][환] 貉類담비훤 犬行개다닐환(元)(寒)

狨 숭 [융] 猴属원숭이융(東)

狠 인 [한] 獸名짐승이름한(阮)

狧 쓰 [시][탑] 犬舌取物개핥을시(紙) 貪欲意ㅣㅣ탐낼탑(合)

狡 쨔 [교] 疾也빠를교(巧)

狦 싼 [산] 惡犬악한개산(刪)

犭合 [답] 犬食貌개먹을답(合)

狣 쨔 [조] 犬有力개힘셀조(篠)

犭休 [휴] 貔ㅣ豹屬표범휴

狩 쑤 [수] 巡行순행할수(宥)

狢 허 [학] 貉也담비학 本音각(藥)

狫 [로] 刺字오랑캐이름로、자자로(皓)

犭夅 썅 [항] 犬不服牽擁개질들지않을항(江)

狤 찌 [길] 狂也미칠길(質)

狪 [동] 獸名짐승이름동(東)

犭开 옌 [연] 逐虎犬범쫓는개연(霰)

犭因 [열][연] 獸名짐승이름열、연 義同(屑)(先)

犭曳 [예] 狸子삵의새끼예(霽)

犭巛山 놔 [노] 牝貉암담비노(皓)

犾 빠 [파] 腰軀而行허리구부리고갈파(禡)

七

犭羊 양 [양] 犬也개먹을답(合)

狴 피 [폐] 野犬들개폐(齊)

狽

빼 [패] 獸名 낭패 패 (泰)

狵 망 [방] 犬多毛 삽살개 방 (江)

狸 리 [리] 野貓 삵 리 (支)

狷 왼 [견] 有所不為 고집스러울 견 (霰)

狼 랑 [랑] 獸名 이리 랑 (陽)(漾)

狶 씨 [희] 豕也 돼지 희 (支)

⿰犭廷 옌 [정] 猿類 원숭이 정 (青)

狺 인 [은] 犬爭吠聲ㅣㅣ 늣 개짖는소리 은 (文)

狿 링 [연] 獸名 짐승이름 연 (先)

⿰犭足 취 [착] 宋種良犬 송나라 좋은 개 씨 작 (藥)

狻 쏸 [산] 獅子 사자 산 (寒)

狹 쌰 [협] 隘也 좁을 협 (洽)

⿰犭孝 쑈 [효] 豕犬驚貌 개와 돼지가 놀랄 효 (肴)

狾 찌 [제] 狂犬 미친개 제 (霽)

⿰犭豆 뚜 [두] 犬吠聲 개짖는소리 두 (宥)

狳 위 [여] 獸名 짐승이름 여 (魚)

⿰犭乎 후 [호] 小犬 작은개 호 (歌)

⿰犭肖 쏘 [소] 狂病 미치광이 소 (蕭)

⿰犭谷 유 [욕] 獸名 짐승의 이름 욕 (沃)

⿰犭求 [구] 雲南蠻族 오랑캐이름 구

⿰犭巠 엉 [경] 狩也 사냥할 경 (迴)

⿰犭否 [패] 狸子 너구리새끼 패 (灰)

⿰犭吾 우 [오] 猿也 원숭이 오 (虞)

八

⿰犭芮 웨 [예] 貂也 獥 돈피 예 (霽)

猕 獼俗字

猗 이 [의][아] 生柔弱而美盛ㅣㅣ 야들야들할 의、부드러울 아 (支)(紙)(哿)

猊 이 [예] 獅子 사자 예 (霽)

猘 [제] 狂犬 미친개 제 (霽)

猜 채 [시] 疑也 의심낼 시 (灰)

猋 [표] 犬走 개달아날 표 (蕭)

猖 창 [창] 駭也 狂ㅣ 裂ㅣ 披 너풀미처뛸 창 (陽)

猎 ⿰犭足과 同

猒 옌 [염] 安也 편안할 염 (監)

猇 화 [효] 虎吼 범울 효 (肴)

猅 패 [배] 短頭犬 머리짧은개 배 (佳)

猙 정 [쟁] 獸名 짐승이름 쟁 (庚)

猓 꿔 [과] ㅣ然 원숭이 과 (哿)

猛 멍 [맹] 勇也 날랠 맹 (梗)

猝 추 [졸] 倉卒 창졸 졸 (月)

猈 패 [패] 短脛狗 발바리개 패 (蟹)

猆 뻬 [비] 姓也 성 비 (微)

猉 치 [기] 犬子 강아지 기 (支)

猔 [종] 犬生一子 외동이강아지 종 (宋)

⿰犭昜 쟤 [적] 犬怒張耳 개성내어 귀벌쭉거릴 적 (陌)

⿰犭沓 타 [탑] 犬食 개먹을 탑 或音 답 (合)

⿰犭委 猧과 同

猑 큰 [곤] 大犬 큰개 곤 (元)

⿰犭咎 챠 [교] 健也 ㅣ犺 건장할 교 (篠)

⿰犭屈 취 [굴] 獸名 짐승이름 굴 (物)

⿰犭戔 찬 [찬] 犬咬 개물 찬 (潸)

⿰犭卓 튀 [탁] 猛犬 사나운개 탁 (覺)

猍 래 [래]貍也 삵래 灰
猏 연 [견]三歲豕세살 된돼지견 先
九
猪 [저]豕也 돼지저 魚
猥 猥과同
獋 훼 [휘]獸名짐승 이름휘 微
猢 후 [호]獸名원숭이호 虞
猴 빵 [후]又잔나비후 尤
猵 펜 [편]似猿원숭이 같은짐승편 先
猤 궤 [계]壯勇貌獷ㅣ용 맹스러울계 寘
猣 쭝 [종]犬生三子개새끼 세마리낳을종 東
猫 [묘]捕鼠獸 고양이묘 蕭
猨 웬 [원]似獮猴而長 大원숭이원 元
獀 쑤 [수]南越名犬이 름난개수 尤
猧 와 [와]犬名개 이름와 歌
猱 놔 [노]善升木 원숭이노 豪
献 獻俗字
猲 허 [헐][갈][갑]猲犬사냥개헐、갈義同古音할 恐逼핍박할갑、으를갑古音겹 月 曷
猷 와 [유]圖也 그릴유 尤
猶 을 [유]似也같을유
猇 [효]犬吠ㅣㅣ 개짖을효 效
猯 돤 [단]狸屬오 소리단 寒
猩 썽 [성][생]似猿能言獸ㅣㅣ 성성이성、생義同 庚 青
猳 쟈 [가]貑如態黃白文누렁 고흰점박힌곰가 麻
猦 [풍]獸名짐승 이름풍 東
猎 간 [암]犬吠개 짖을암 咸
臭 쭤 [작]奔走怵달 아날작 藥
猰 [알]犬也 개알 黠
猴 [후]獮ㅣ원 숭이후 尤
猬 위 [위]刺鼠食爪 고슴도치위 未
獤 둔 [돈]道犬 길개돈 願
猅 씨 [제][시]犬名개이름제 屬ㅣ獺수달피시 齊
猭 촨 [천][전]獸走貌짐승달 아날천、전義同 先
㹸 貓과同
十
獃 애 [애]癡也못 생길애 灰
㺐 㺐同
猥 쪄 [즉]犬生三子개새 끼셋낳을즉 職
獅 쓰 [사]猛獸ㅣ子 사자사 支
猥 웨 [외]雜也 잡될외 賄
㺖 릭 [류]狗名執ㅣ 사냥개류 尤
猻 쑨 [손]猴也원 숭이손 元
猿 [원]猴屬원 숭이원 元
㹀 판 [반]短尾犬ㅣ狐 동경개반 寒
獄 위 [옥]訟事 송사옥 沃
猾 [활]亂也어 지러울활 黠
猺 얖 [요]獏ㅣ오 랑캐요 蕭
獀 獀과同
獂 웬 [원]豕也돼 지원 元
猿 猿과同
㺉 황 [황]狼屬 이리황 陽
㺋 웅 [옹]豬也돼 지옹 東
㺊 양 [양]獸名無恙 짐승이름양
𤡔 차 [차]犬狂개 미칠차 歌
獫

칸 협 兩犬相争개맞싸울협 古音함 (謙)

獡 치 치 狩也사냥할치 (支)

獦 답 獸走貌짐승달아날답 (合)

猽 명 小豕작은돼지명 (青)

⑪ **獌** 만 만 狼属이리만 (願)

獒 오 오 犬四尺큰개오 (豪)

獎 쟝 장 勸也권면할장 (養)

獍 징 경 惡獸짐승이름경 (敬)

獑 싼 삼 獸名山卜산짐승삼 (咸)(謙)

獐 장 장 鹿属노루장 (陽)

獋 꼬 고 人名夷사람의이름고 (豪)

⿰犭翏 쟈 교 狡也교활할교 (肴)

⿰犭從 쭁 종 犬生一子개새끼한마리낳을종 (宋)

⿰犭婁 뤼 루 豬求子돼지암내낼루 (虞)

⿰犭帶 체 狂犬미친개체 (霽)

⿰犭庸 융 용 獸名짐승이름용 (冬)

獏 머 맥 모 似熊食鐵불가사리맥 犬種 | 猺개모 (虞)

獽 낭 낭 多毛犬삽살개낭 (江)

⿰犭毫 호 호 | 子담비호 (豪)

⑫ **⿰犭彭** 빵 팽 犬也개팽 (庚)

獘 삐 폐 敗壞 壞해질폐 (霽)

獠 랴 료 조 犬名 | 獞요동개료 西南夷서남오랑캐조 (嘯)(巧)

獢 쑈 효 短喙犬부리짧은개효 (蕭)

獝 쮜 휼 狂也미칠휼 (質)

獞 둥 동 犬名개이름동 (東)

⿰犭喜 씨 휘 寒浞子名獟 | 사람의이름휘 (微)

獟 챠 교 요 勇也날랠교 狂犬미친개요 (蕭)(效)

獤 돈 貂也 | 皮돈피돈 國字

獮 쎤 선 犬 … 개 물선 (先)

⿰犭責 쫴 계 獩 | 꼬리째진 작은원숭이계 (霽)

⿰犭敢 칸 함 犬聲개소리함 俗音감 (感)

⿰犭然 산 연 猓 | 원숭이같은짐승연 (先)

⿰犭鳥 쒀 삭 犬隨人 | |개가사람따를삭 (藥)

獖 번 편 犬鬪聲개싸우는소리번、편 義同 (元)(霰)

獗 궐 賤勢猖 | 도둑일어날궐 (月)

獳 놔 노 犬也삽살개노 (豪)

獜 린 린 強健건장할린 (眞)

獚 황 犬大큰개황 (陽)

⑫ **⿰犭鳶** 채 재 豪強貌억셀재 (佳)

獬 쩨 해 冠名해갓해 (蟹)

獪 화 회、쾌 狡也간교할회、쾌 義同 (泰)(卦)

獶 놔 노 多毛犬삽살개노 (豪)

獨 독 單也홀로독 (屋)

獫 렴 렴 험 長喙犬입부리긴개렴 卜狁오랑캐험 (豔)(琰)

獩 훼 예 東夷 | 貊동녁오랑캐예 (隊)

獺 타 달 水狗물개달 (曷)

獥 씨 격 狼子이리새끼격 古音혀 (錫)

獧

쒼 현 疾也 빠를현 (霰) 견 操守 조수할견 (銑)

⿰犭雍 양 옹 犬不訓 개길들지않을옹 (江)

獦 거 갈 短口犬 입짧은개갈 (曷)

(十四)

獱 삔 빈 似孤青色居水中食魚 수달빈 (眞)

獲

훠 획 확 取得 얻을획、困迫 곤박할확 (陌)(藥)

獳 누 누 姓貌 개성낼누 (尤)

⿰犭監 칸 함 虎聲 범의소리함 (豏)

獰 닝 녕 惡也 영악할녕 (庚)

獮 쎈 선 殺也 죽일선 (銑)

獴 멍 몽 蝯之小者ㅣ獖五 리째진원숭이몽 (東)

獯 쒼 훈 北方匈奴 북녘오랑캐훈 (文)

⿰犭㥯 인 은 山騾 산나귀은 (問)

(十五)

獵 렵 렵 震也 진동할렵 (葉)

獸 수 四足而毛 짐승수 (宥)

⿰犭畾 레 뢰 飛鼠似蝙蝠 박쥐뢰 (紙)

獷 꽝 광 犬也 개광 (梗)

獶 냐 뇨 노 우 犬驚貌 개놀랠뇨、獶猴戲 원숭이놀릴노、犬名ㅣ狡 개이름우 (巧)(豪)(尤)

(十六)

⿰隺犬 훠 학 高也 높을학 (覺)

⿰犭聯 련 면 兔走貌 토끼달아날연 (先)

獺 타 달 찰 水狗 물개달、찰 義同 (曷)(黠)

獹 루 로 良犬 좋은개로 (虞)

獻 쎈 헌 進也 드릴헌 (歌)

(十七)

⿰犭嬰 영 獸名 짐승이름영 (庚)

獽 쌍 양 野蠻族名 ㅣ오랑캐양 (陽)

獼 미 미 猿屬 원숭이미 (支)

⿰犭毚 참 犬聲 개소리참 (咸)

⿰犭霝 링 령 良犬 좋은개령 (靑)

⿰犭戲 씨 희 豕也 돼지희 (支)

(十八)

獾 환 환 권 天狗 너구리환、권 義同 (寒)(先)

獿 노 猱也 원숭이노 (豪)

⿰犭璽 쒼 선 秋獵 가을사냥선 (銑)

(十九)

玀 뤄 라 玀ㅣ오랑캐라 (歌)

(二十)

玁 현 험 北夷 북녘오랑캐험 (琰)

。五畫。

玉部

玉 위 옥 石之美者 구슬옥 (沃)

王 왕 왕 君也 임금왕 (陽)(漾)

(二)

玎 띵 쟁 정 玉聲ㅣ玲 옥소리쟁、정 義同 (東)(江)

玏 륵 石次玉 珹ㅣ 옥다음가는돌륵 (職)

玐 빠 팔 玉聲 옥소리팔 (黠)

⿰王卜 약 박 未琢玉石 덩어리옥박 (覺)

(三)

玒 꽁 공 강 玉名 옥이름 공、강 義同 (東)(江)

玗 위 우 石似玉 옥돌우 (虞)

玘 기 王名 佩玉 노리개기 (紙)

玖 쮸 [구] 黑石次玉 옥다음가는검은돌구 (有)

⿰王凡 슝 [공] 璧也 구슬공 (腫)

玕 깐 [간] 美石次玉 아름다운돌간 (寒)

⿰王圤 뿌 [보] 玉器 옥그릇보 (虞)

玔 촨 [천] 玉環 옥고리천 (霰)

玓 띠 [적] 明珠色 |瓅 구슬빛이환할적 (錫)

⿰王乞 이 [율] 高也 높을율 (質)

四

玨 珏의 古字

⿰王丑 [뉴] 鏡鼻 거울손잡이뉴 (有)

玦 쮀 [결] 弓環 활깍지결 (屑)

玣 뻰 [변] 玉飾冠弁 옥으로꾸민관변 (霰)

玡 야 [아] 玉似骨 옥같은뼈아 (禡)

玧 윈 [윤][문] 充耳玉 귀막이구슬윤· 赤玉 붉은구슬문 (軫)(元)

⿱仍王 엉 [잉] 玉器 옥그릇잉 (蒸)

⿰王殳 메 [몰] 玉名|瑤 옥이름몰 (月)

玪 칸 [감][음] 石之次玉者 옥돌감、음 義同 (咸)(侵)

玟 민 [민] 石種次玉 옥다음가는돌민 (眞)

玢 앤 [분][빈] 玉紋貌|璘 옥무늬분、빈 義同 (文)(眞)

玤 빵 [방] 玉中次玉 옥돌방 (講)

玞 야 [부] 美石次玉 옥돌부 (虞)

玫 메 [매] 火齊珠| 불구슬매 (灰)

环 뻬 [배] 占吉凶玉 배꾜배 (灰)

玠 졔 [개] 大圭 큰서옥개 (卦)

玩 완 [완] 習也 익힐완 (軫)

玜 꽁 [공] 玉石 옥이름공 (東)

玭 핀 [빈][변] 珠之有聲者 소리나는진주빈 珠也 구슬변 (眞)(先)

五

玴 얘 [예] 石似玉者 옥돌예 (霽)

珐 琺略字

玵 깐 [감] 美玉 아름다운구슬감 (覃)

玶 펑 [평] 玉名 구슬이름평 (庚)

玽 쮜 [구] 石次玉者 옥돌구 (有)(宥)

珏 꺄 [각][곡] 雙玉 쌍옥각、곡 義同 (覺)(屋)

珍 쩐 [진] 寶也 보배진 (眞)

珎 [변] 飾弁玉 고깔꾸미개옥변 (霰)

珇 쭈 [조] 珪之凸起 뾰족한서옥조 (眞)

珄 썽 [생] 金色 금빛생 (庚)

玳 대 [대] |瑁 龜属 대모대 (隊)

珊 싼 [산] |瑚 산호산 (寒)

玺 璽俗字

玼 츠 [자][차][체] 玉病 옥티자、 玉色 옥빛차 鮮潔貌 깨끗할체 (哿)(紙)(薺)

珂 커 [가] 玉名 구슬이름가 (歌)

玻 뻐 [파] 寶石|瓈 유리옥파 (歌)

玷 뎬 [점] 玉病 옥티점 (琰)

玲 링 [령] 金玉聲 아롱할령 (青)

珌 삐 [필] 佩刀飾下 칼장식옥필 (質)

珉 민 [민] 美石次玉 옥다음가는돌민 (眞)

珈 쟈 [가] 笄飾六| 비녀치장가 (麻)

玹 [현] 玉次石 옥돌현 (霰)

珀 퍼 [박] 茯苓所化호박박 古音백 (陌)

六

珗 씬 [선] 石次玉옥돌선 (先)

珒 찐 [진] 玉名옥이름진 (眞)

珛 쒸 [후] 朽玉티박힌옥후 (有)

珮 폐 [패] 帶也ㅣ玉패옥패 (隊)

珕 리 [려] 佩刀飾자개로칼장식할려 (霽)

珙 꿍 [공] 玉名옥이름공 (腫)

珣 쒼 [순] 東方美玉옥이름순 (眞)

珧 얀 [요] 玉名옥이름요 (蕭)

珓 쟢 [교] 占具배교교 (效)

珦 썅 [향] 玉名옥이름향 (漾)

班 빤 [반] 列也벌려설반 (刪)

珩 헝 [형] 佩上玉노리개형 (庚)

珤 寶의古字

[⿰王叵] [이] 玉石옥돌이 (支)

珖 꽝 [광] 琯也옥피리광 (陽)

珞 러 [락] 頸飾구슬로목에치장할락 (藥)

珬 쒸 [술] 珂類자재술 (質)

珫 츙 [충] 玉名ㅣ耳귀걸이옥충 (東)

瑙 瑙과同 磁과同

珨 [합] 開閉門문여닫을합 古音협 (洽)

珢 컨 [은][간] 石似玉옥돌은 傷玉부르터삐어진흔적있는옥간 (願)

珠 쮸 [주] 眼珠눈동자주 (虞)

珥 얼 [이] 日旁氣해무리이 (寘)

珚 [연] 玉名옥이름연 (先)

珘 [주] 玉也구슬주 (尤)

珝 쒸 [후] 玉名옥이름후 (麌)

珪 꿰 [규] 瑞玉서옥규 (齊)

[⿱工玉] 꿍 [공] 玉帶옥띠공 (冬)

七

理 리 [리] 正也바를리 道也도리리 (紙)

珹 청 [성] 美珠아름다운구슬성 (庚)

琅 랑 [랑] 玉聲옥소리랑 (陽)

珶 띄 [제] 佩玉패옥제 (霽)

[⿰王步] 뿌 [보] 美玉ㅣ瑤아름다운옥보 (遇)

珺 쥔 [군] 美玉아름다운옥군 (問)

珷 우 [무] 石似玉옥돌이름무 (麌)

珸 [⿰王吳]과同

[⿰王吳] 우 [오] 美石옥돌오 (虞)

[⿰王貝] [패] 貝飾자개장식패 (泰)

現 쎤 [현] 玉光옥빛현 今也지금현 (霰)

珵 청 [정] 佩玉패옥정 (庚)

琊 예 [야] 齊國郡名고을이름야 (麻)

珽 팅 [정] 玉名옥이름정 (迥)

琉 릒 [류] 西域采石유리돌유 泉州國名나라이름류 (尤)

球 챠 [구] 圓也둥글구 地球지구구 (尤)

琇 싹 [수] 石次玉옥돌수 (宥)

[⿰王車] 쳐 [차] ㅣ琚자개차 中字

琊 릒 [류] 寶石보석류 (尤)(有)

珿 취 [착][축] 等也비등할착、축 義同 (覺)(屋)

琁 쎤 [선] 玉石옥돌선 (先)

琈 얖 [부] 玉采ㅣ筍옥문채부 (尤)

琄 쉔

[현]佩玉貌ㅣㅏ패옥늘어질현、古音견(銑)
琀 한 [함]殮含玉빈함옥함(勘)

八

琮 쭁 [종]祭地瑞玉지신제에쓰는옥종(冬)(宋)
琩 창 [창]耳璫귀고리창(陽)
琫 뽕 [봉]刀鞘裝飾ㅣ칼집장식옥봉(董)
琪 치 [기]東方玉屬옥이름기(支)
琦 치 [기]玉也옥기(支)
琬 훤 [완]圭也서옥완 古音원(阮)
琵 삐 [비]胡琴馬上樂器비파비(支)
琠 뎐 [전]玉名옥이름전(銑)
琯 꽌 [관]以玉為管옥피리관(旱)
琤 쩡 [쟁]玉聲ㅣㅣ옥소리쟁쟁할쟁(庚)
琥 후 [호]發兵虎符옥호부호(麌)
琨 쿤 [곤]美玉아름다운옥곤(阮)
琚 쮜 [거]佩玉패옥거(魚)
璩 꺼 [거]耳環귀고리거(魚)
琱 됴 [조]治玉ㅣ琢옥다듬을조(蕭)
琳 린 [림]美玉球ㅣ아름다울옥림(侵)
琶 빠 [파]馬上樂器비파파(麻)
琴 친 [금]七絃樂거문고금(侵)
琡 쓔 [숙]玉石옥이름숙(屋)
琺 빠 [법]ㅣ瑯법랑법(洽)
琢 취 [탁]治玉옥다듬을탁(覺)
琖 쟌 [잔]玉ㅣ옥술잔잔(潸)
琰 [염]青玉비취옥염(琰)
琲 뻬 [배]珠ㅣ구슬꿰미배(賄)
琸 쭤 [탁]人名사람이름탁(覺)
琛 [침]寶也보배침(侵)
琭 루 [록]玉貌ㅣㅣ자질구레한옥록(屋)
琕 [병]刀室칼집병(迥)
琞 어 [악]白玉흰옥악(藥)
琙 위 [역]人名사람의이름역(職)

九

瑞 쉐 [서]祥也상서서(寘)
瑚 후 [호]海中産物珊ㅣ산호호(虞)
瑅 티 [제]玉名옥이름제(齊)
瑎 玠과同
瑁 모 [매][모]瑇ㅣ龜屬대모매、모義 同圭冒서옥두접모(隊)(號)
瑸 삔 [빈]玉文ㅣ璘옥무늬얼른얼른할빈(眞)
瑯 琊과同
瑗 웬 [원]大孔璧구멍큰옥원(願)
瑋 웨 [위]玉名옥이름위(尾)
瑇 대 [대]ㅣ瑁龜屬대모대(隊)
瑂 메 [미]石似玉者옥돌미(支)
瑀 위 [우]美石次玉옥다음가는돌우(麌)
瑕 쌰 [하]赤玉붉은옥하(麻)
瑄 쒠 [선]大円玉큰둥근옥선(先)
瑝 황 [황]玉聲옥소리황(陽)
瑑 쫜 [전]彫玉為文옥새길전(銑)
瑐 [전]玉名옥이름전(銑)
瑍 완 [연]珉也옥돌연(銑)
瑟 씨

슬 風聲바람 소리슬 (質)

瑙 노 노 石次玉 옥돌노 (晧)

瑛 잉 영 玉光옥 광채영 (庚)

瑊 잼 감 石次玉ㅣ玏美 아름다운돌감 (咸)

瑃 츈 춘 玉名옥 이름춘 (眞)

瑒 창 창 圭瓚제향에강 신하는주자창 (漾)

瑈 유 유 玉名 구슬유 (尤)

琿 혼 혼 美玉아름다운 옥 혼或音훈 (元)

瑜 유 유 美玉瑾ㅣ아 름다운옥유 (虞)

瑔 전 전 玉名옥 이름전 (先)

瑎 해 해 黑石似玉검 은옥돌해 (佳)

瑉 민 민 石次於玉琳ㅣ옥다 음가는돌민俗音빈 (眞)

瑍 환 환 玉有文米 환옥환 (翰)

十

瑱 뎬 진 玉名옥이 름진、뎐義同 (震)(霰)

瑢 용 용 佩玉聲ㅣ 패옥소리용 (冬)

瑥 원 온 人名晉翟ㅣ 사람의이름온 (元)

瑫 도 도 美玉아름 다운옥도 (豪)

瑮 리 률 玉英華옥 무늬률 (質)

[illegible] 瑠同

瑰 괴 괴 火齊珠玫 불구슬괴 (灰)

瑤 요 요 瑤池못 이름요 (蕭)

瑵 조 조 車蓋 일산조 (巧)

瑳 차 차 玉色鮮白옥 빛깨끗할차 (歌)

瑬 류 류 旗末 깃발류 (尤)

瑪 마 마 美石ㅣ瑙 마노마 (馬)

瑣 쇄 쇄 玉屑옥 가루쇄 (哿)

瑭 당 당 玉名옥 이름당 (陽)

瑴 각 곡 각 二玉相合쌍옥 곡、각義同 (屋)(覺)

瑲 창 창 玉聲ㅣㅣ 옥소리창 (陽)

瑯 랑 랑 硬質琺 ㅣ법랑낭 (陽)

瑨 璡과同

瑧 친 침 寶也보 배침 (侵)

[illegible] 인 은 玉也 옥은 (眞)

[illegible] 瑴同

瑠 璢의 俗字

[illegible] 퇴 퇴 治也玉옥 다듬을퇴 (灰)

瑩 잉 영 형 瑱也琇ㅣ아름다운옥영 水鏡ㅣ然물맑을형 (庚)(徑)

十一

璀 최 최 珠垂貌구슬주 렁주렁달릴최 (賄)

[illegible] 러 륵 美石玉次옥다 음가는돌륵 (職)

璃 리 리 西國寶 유리 (支)

瑾 긴 근 赤玉붉 은옥근 (吻)

瑽 총 종 佩玉聲ㅣ瑢옥 는소리종 古音총 (冬)

瑿 이 예 黑玉검 은옥예 (齊)

璌 인 場也 마당인 (眞)

璊 뮌 문 玉赤色붉 은옥문 (元)

璉 련 련 瑚ㅣ종 묘제기련 (銑)

璈 오 오 樂器名雲ㅣ 풍류이름오 (豪)

璇 선 선 玉名구 슬선 (先)

璆 규 구 玉聲옥 소리구 (尤)

璅 쇄 쇄 玉屑옥 가루쇄 (哿)

璂 치

기 飾弁玉ㅣ고깔꾸미개기(支) **璋** 쟝 장 生男慶弄ㅣ아들낳은경사장(陽) **瑻** 큰 곤 美玉아름다운옥곤、俗音관(元) **瑳** 쫘 좌 景ㅣ사람이름좌(歌) **瑹** 서 笏也홀서(魚)

辬 빤 반 駁也어룽질반(刪) **璄** 잉 경 玉光옥빛경(梗) **十二** **璒** 떵 등 石似玉者옥돌등(蒸) **璐** 루 로 美玉아름다운옥로(遇) **璣** 끠 기 小珠작은구슬기(微)

璙 랴 료 玉名옥이름료(蕭) **璡** 진 진 石之似玉者옥돌진(眞)(震) **璠** 빤 번 魯寶玉보배옥번(元) **璘** 린 린 玉文옥무늬린(眞) **璑** 우 무 玉名옥이름무(虞) **璢**

릐 류 ㅣ璃유리류(尤) **㻝** 로 玉名옥이름로(豪) **璜** 황 황 半璧반둥근패옥황(陽) **璏** 찌 체 劒鼻玉飾칼콧등옥으로꾸밀체(霽) **璗** 탕 탕 金之美者아름다운금탕(養)

璝 瑰同 과 **璞** 푸 박 玉之未琢者옥덩어리박(覺) **璛** 쓔 숙 琢玉工옥장인숙(屋) **璟** 경 玉光彩옥광채날경(梗) **璚** 경 赤玉붉은옥경(庚) **十三** **璯** 홰

회 玉飾冠縫갓혼솔꾸미개회(泰) **𤪌** 이 의 玉也옥의(寘) **璥** 잉 경 玉名옥이름경(敬) **璖** 쮜 거 環屬귀고리거(魚) **𤪉** 덴 전 以玉充耳귀막이옥전(霰) **璩** 쮜

거 環屬옥고리거(魚) **璲** 쒜 수 瑞玉서옥수(寘) **璪** 쟈 조 冕飾貫玉면류관드림옥조(皓) **環** 환 환 周廻둘레환(諫) **璫** 땅 당 佩玉聲패옥소리당(陽) **璬** 쟢

교 佩玉차는옥교(篠) **璨** 찬 찬 璨也玉光옥빛찬란할찬(翰) **璧** 삐 벽 東ㅣ별이름벽(陌) **璱** 씨 슬 碧珠ㅣㅣ푸른진주슬(質) **𤫩** 융 옹 玉器옥그릇옹(冬) **璭** 판

관 金玉磨光금옥을광낼관、곤義同(旱) **𤪎** 쓔 족 玉名옥이름족(沃) **𤪲** 갈 美石似玉옥같은돌갈(曷) **十四** **璿** 쉐 선 美玉아름다운옥선(先) **璼** 란 람 白玉흰옥람(覃)

瓀 옌 연 瑌也石次玉옥돌연(先) **瓎** 璘의本字 **璸** 삔 빈 玉文옥무늬빈(眞) **璾** 깨 개 人名사람이름개(泰) **璶** 신 美石似玉옥돌신(寑) **瑧** 墋同 **璺**

원 문 玉破옥깨어질문 (問)

璽 씨 새 王者印玉ㅣ옥새새 古音사 (紙)

璹 쓔 숙、도 玉器옥그릇숙 도義同 (屋)(號)

璵 위 여 寶玉보배옥여 (魚)

⑮ 瓉 瓚의 俗字

瓃 레 뢰 玉器옥그릇뢰 (灰)

瓈 리 려 寶玉파려옥려 (齊)

瓄 뚜 독 玉器옥그릇독 (屋)

瓊 칭 경 赤玉붉은옥경 (庚)

瓅 리 력 明珠色진주빛환할력 (錫)

瓆 찌 질 漢人名사람이름질 (質)

⿰王畿 찌 기 不円珠둥글지않은진주기

瓋 틔 적 瑕也옥티적 (錫)

⑯ 瓏 룽 롱 玉聲玲ㅣ옥소리쟁그렁거릴롱 (東)

瓐 루 로 碧玉비취옥노 (虞)

瓌 꾀 괴 大貌ㅣ偉큰모양괴 (灰)

瓍 쒸 쉬 珠也구슬쉬 (支)

⑰ 瓓 란 란 玉采옥무늬란 (翰)

瓔 잉 영 美石似玉옥돌영 (庚)

瓖 썅 양 馬之腹帶裝飾말배띠장식양 (陽)

⿱霝玉 링 령 靈巫以玉事神무당령 (靑)

⑱ 瓘 꽌 관 人名사람의이름관 (翰)

⑲ 瓚 짠 찬 宗廟祭器종묘제향에강신하는그릇찬 (翰)

⑳ 瓛 환 환 公所執서옥환 (寒)

㉑ ⿰王甗 옌 언 玉甑옥시루언 (銑)

㉒ ⿰王纍 뤼 루 玉器옥그릇루 (支)

玄部

玄 쏀 현 黑色검을현 (先)

④ 玅 먀 묘 玄ㅣ현묘할묘 (嘯)

⑤ 玆 옥 자、현 此也이자 黑色검을현 (支)(先)

⑥ 玈 루 로 黑色검은빛로 (虞)

率 쒜 솔、률、수 領也거느릴솔 行也행할솔 古音술 計也헤아릴률 鳥網새그물수 (質)(寘)

瓜部

瓜 꽈 과 木ㅣ모과과 (麻)

③ 瓝 瓟과同

④ ⿰瓜奉 뼝 봉 瓜多實貌외주렁주렁맷일봉 (董)

瓲 둔 瓜屬오이둔 (元)

⑤ ⿰句瓜 꾸 子 王瓜오이子 (尤)

瓟 빠 박、포 小瓜조그만한오이박 匏名외지포 (覺)(肴)

瓞 데 질 小瓜ㅣ瓝자질구레한오이질 古音절 (屑)

㼌 위 유 根本微弱밑둥약할유 (虞)

⿰瓜弗 瓞와同

㼋 우 [여]乾采말린채소여 [고]大瓜큰외고 語虞

⑥

瓡 후 [호]瓠也박호 虞遇

𤫸 파 [괄]瓜名오이이름괄 曷

𤬁 레 [뢰]傷熟瓜진무른외뇌 賄

⑦

𤬂 네 [뇌]瓜中瓤ㅣ외속뇌 賄

⑧

𤬌 [화]瓜也오이화 禡

⑨

𤬏 [후]王瓜큰오이후 尤

𤬐 [련]瓜中오이속련 霰

⑩

𤬑 렌 [렴]瓜子외씨렴 鹽

𤬒 씽 [형]小瓜작은외형 青

⑪

瓢 퍄 [표]瓠也바표 蕭

𤬓 럭 [루]王瓜땅외루 尤

⑫

𤬔 땅 [당]瓜中實ㅣ瓠외씨당 陽

⑭

瓣 빤 [판]瓜中實외씨판 諫

⑯

瓐 루 [로]瓠ㅣ호리병박로 虞

⑰

瓤 샹 [양]瓜中實외속양 陽

⑱

𤬯 [권]瓜轉貌구를권 先

瓦部

瓦 와 [와]燒土蓋屋기와와 馬

②

瓦 와 [와]施瓦於屋기와덮을와 禡

瓧 삽 [삽]衡名데카그람(一瓦十倍)國字

瓳 [청]甑也벽돌청 青

③

瓨 쌍 [항]長頸목긴항아리항 江

𤭂 두 [두]瓦器기와그릇두 寘

㼚 [와]山貌산모양와 馬

瓩 [천]電力單位킬로와트新字

④

瓪 빤 [판]牝瓦암기와판 潸

瓮 [옹]罌也독옹 送

盆 뿐 [분]水溢물넘칠분 元

㼦 깡 [강]大甕큰독강 陽

瓱 [모]衡名밀리그람모國字

𤭛 한 [함]似瓶有耳귀있는병함 覃

瓲 [돈]衡名톤돈國字

瓰 [분]衡名데시그람분國字

瓬 팡 [방]埴黏土진흙뭉칠방 養

瓶 [형]酒器술병형 青庚

⑤

瓵 이 [이]甌甈小罌작은독이 支

盎 앙 [앙]甕ㅣ큰혹부리앙 漾

瓸 빼 [백]井甃우물벽돌백 陌

瓶 [팽]瓦瓶독팽 敬

瓳 [호]甎也벽돌호 虞

瓴 령 [령]似瓶有耳ㅣ귀달린병령 青

㼽 [날]牝瓦암키와날 黠

⑥

瓷 즈 [자]瓦器오지그릇자 支

瓸 [백]衡名헥터그람백國字

瓶 [병]波水器물장군병 青

㼤 과 甂同

⑦

瓻 치 [치]酒瓶술병치 支

甍 [맹]屋脊지붕대마루맹 庚

甄 쟌 [견]瓮底孔독밑구멍견 先

⿰甬瓦 퉁 [동] 牡瓦 수키와 동 (東)
⿰夾瓦 쪠 [협] 半瓦 반쪽기와 협 (葉)
瓺 쨩 [장] 罌也 질그릇장 (陽)
⿰含瓦 한 [함] 似瓶有耳 귀달린병 함 (覃)
⿰車瓦 [병] 罌屬 물장군 병 (庚)
⿰咸瓦

[성] 器也 그릇 성 (庚)
八
⿰岡瓦 [강] 大甕 큰독 강 (陽)
⿱當瓦 땅 [당] 大盆 큰소래기 당 (漾)
甀 췌 [추] 地名 땅이름 추 (支)
甁 瓶 本字
⿱苫瓦 뎬 [점] 檐也 나무주초 점 (豔)
⿰果瓦

[환][화] 大口罌 입큰독 환、화 義同 (旱)(馬)
瓿 뿌 [부] 瓶也 양병 부 (有)
⿰差瓦 차 [차] 瓦屑滌器 그릇닦을 차 (麻)
⿰孟瓦 명 [맹] 甑帶 시루테 맹 (梗)
九
⿰齒瓦 졔 [개] 牝瓦 암키와 개 (佳)

甄 젼 [진][견] 器 노질그릇장인 진、明也 밝을 견 (眞)(霰)
甃 쮸 [추] 井甓 우물벽돌 추 (有)
⿺是瓦 틔 [제] 甗也 자배기 제 (齊)
甂 뻔 [변] 小盆大口卑下 자배기 변 (先)
⿰奧瓦 레

[렵] 破瓦聲 기와깨지는소리 렵 (葉)
⿰俞瓦 유 [유] 罌也 항아리 유 (虞)
瓼 치 [리] 衡名 센치그람 리 國字、
十
甇 잉 [앵] 長頸瓶 목긴병 앵 (庚)
⿰荒瓦 [강][황] [illegible] 독 강、器也 그릇 황 (江)(陽)

甈 치 [계] 破罌 깨진질그릇 계 (霽)
⿰兼瓦 쎈 [함] 瓦屋 기와집 함 (咸)
十一
甎 쫜 [전] 瓦也 기와 전 (先)
甌 어 [子] 土窑 집 구 (尤)
⿰康瓦 캉 [강] 陶器 질그릇 강 (陽)
甊

라 [루] 小罌 작은단지 루 (有)
甍 뮝 [맹] 屋棟所以承瓦 대마루 맹 (庚)
甋 듸 [적] 甓也 벽돌 적 (錫)
⿰爽瓦 쌍 [창] 平瓦 기와조각 창 (養)
⿱殼瓦 쳬 [결] 未燒瓦 굽지않은기와 결 (屑)
十二

甒 우 [무] 酒尊瓦｜술두루미 무 (麌)
甑 찡 [증] 甗屬 시루 증 (徑)
甐 린 [린] 動也 움직일 린 (震)
⿱斯瓦 쓰 [사] 破甕聲 깨어진독소리 사 (支)
十三
⿰登瓦 [등] 瓦豆禮器 질제기 등 (蒸)

甔 땀 [담] 受一石大罌 한섬들이독 담 (覃)
甓 피 [벽] 甋也 벽돌 벽 (錫)
⿰雷瓦 레 [뢰] 屋棟瓦 용마루기와 뢰 (灰)
甕 웡 [옹] 波水器 물장군 옹 (送)
⿰亶瓦 싼 [선] 瓦器綠

질그릇 전선 (霰)
十四
甖 잉 [앵] 瓦器 질그릇 앵 (庚)
⿰監瓦 얨 [함] 大瓮 큰독 함 (陷)
十六
甗 옌 [무] 甒也 독 무
⿱龍瓦 룽 [롱] 築土礱穀 연자매 롱 (東)
十七
⿰毚瓦

찬 [참] 㽉屬大益 큰소래기참 (陷)

甎 쎄 [섭] 瓦破聲 기와깨지는소리섭 (葉)

六 **甑** 궤 [규] 甑孔 시루구멍규 (齊)

九 **瓥** 롸 [라] 瓦器 질그릇라 (麻)

十一 **瓃** 레

[류] 屋穩 지붕마루류 (有)

瓃 레 [뢰] 屋穩 지붕마루뢰 (灰)

甘部

甘 깐 [감] 五味之一 달감 (覃)

四 **甚** 썬 [심] 劇也 심할심 (寢)

六 **甛** [첨] 甘也 달첨 (鹽)

甜 甛와同

八 **𤯈** 옌 [염] 甘也 달염 (琰)

甝 한 [감] 白虎 흰범감 (覃)

甞 嘗同

十 **𤯍** 쎈 [겸] 香也 향기로울겸 (鹽)

十一 **𤯷** 깐 [감] 調和 화창할감 (覃)

生部

生 썽 [생] 産也 낳을생 出也 날생 (庚)

三 **𤯓** 姓과同

五 **甡** 썽 [신] ㅣㅣ衆貌 많을신 (眞)

毓 유 [육] 養也 기를육 育同

六 **産** 찬

[산] 生也 낳을산 生ㅣ 생산할산 (潸)

七 **甤** 웨 [유] 草木實垂ㅣㅣ 초목에 열매다닥다닥 맺일유 (支)

甥 씽 [생] 女壻 사위생 (庚)

甦 [소] 息也 쉴소 (虞)

九 **𤯱** 수

[소] 息也 쉴소 (虞)

十二 **𤰃** [황] 華榮 꽃다울황 (陽)

用部

用 융 [용] 可施行 쓸용 器也 그릇용 (宋)

一 **甪** 루 [록] 仙名ㅣ里 신선이름록 (屋)

二 **甬** 용 [용] 巷道 골목길용 (腫)

甫 [보] 大也 클보 (麌)

七 **甯** 닝 [녕] 願詞 차라리녕 (徑)

十四 **𤰆** 융 [용] 城垣 성담용 (冬)

田部

田 텬 [전] 耕地 밭전 (先)

由 우 [유] 從也 말미암을유 (尤)

甲 쟈 [갑] 十干之首 첫째천간갑 (洽)

申 썬 [신] 伸也 펼신 (眞)

一 **甶** 뿌 [불] 鬼頭 귀

신머리불(物)

❷

甸 뎬 [전][승] 治也다스릴승、경기전(霰)(徑)

甹 아 [유] 倒木生苗넘어진나무에싹날유(尤)

町 띵 [정] 田区밭지경정(迴)

甹 핑 [병] 曳也끄을병(青)

男 난 [남] 丈夫사내남(子對父母曰ㅣ)(位名ㅣ爵)(覃)

甽 畎과同

❸

畁 卑俗字

甽 畎과同

画 畫과同

[illegible] 畎과同

畀 삐 [비] 賜也줄비(寘)

甾 [치] 甾名내이름치(支)

❹

界 찌 [계] 境也지경계(卦)

畏 畏과同

畆 畝本字

甾 [치] 田一歲한해된밭치(支)

畇 윈 [균] 墾田밭개간할균(眞)

畊 耕古字

畈 빤 [판] 平疇평평한밭두둑판 [반] 俗音(願)

畋 톈 [전] 猟也평밭전(先)

畎 쵄 [견] 山中水道산골물도랑견(先)

畏 웨 [외] 恐懼두려울외(未)

[illegible] 깡 [강] 陌也지경강(養)

畓 [답] 水田논답國字

畑 [전] 水田밭전日字

❺

畚 뻔 [분] 盛土器흙삼태분(阮)

畛 쪈 [진] 田界畦ㅣ밭지경진(眞)

[illegible] 畛와同

畔 관 [반] 田界밭두덕반(翰)

畜 쑤 [축][혹][추][휴] 家ㅣ六ㅣ가축축、養也기를혹家養獸집에서기르는짐승추、獸可養기를만한짐승휴(屋)

留 [류] 住也머무를류(尤)

畝 뭐 [무] 田壟밭이랑무 俗音묘(有)

畞 畝의古字

畗 福古字

畟 찌 [측] 進也나아갈측(職)

[illegible] 퍼 [파] 小高貌畛ㅣ조금두두룩할파(哿) [피] 耕也밭갈피(支)

畘 난 [남] 田十畝曰ㅣ밭열이랑남(覃)

畠 [창] 田地밭창(陽)

❻

略 뤼 [략] 簡也간략할략(藥)

畧 略과同

[illegible] 퉈 [타] 小高貌ㅣ畈조금도두룩할타(哿)

畣 答의古字

畦 치 [휴] 區也갈피휴(齊)

畱 리 [례] 陷也빠질례(霽)

畢 삐 [필] 竟也마칠필 盡也다할필

畤 치 [휴] 区也갈피휴(齊)

畡 垓과同

❼

異 이 [이] 不同다를이(寘)

[illegible] [日] 野幅들넓이정

畬 위 [여][사] 開墾三年田삼년된밭여(魚) 火田화전사又따비받사(麻)

畫 화 [화][획] 絵也그림화、古音홰(陷) 分ㅣ그을획、書也글씨획(卦)

番 빤 [번][반][파] 數也번수번 勇貌날랠파 次也차례반(寒)(歌)(元)

畯 쥰 [준]農夫 농부준 (震)

畱 留의 本字

畮 畝의 正字

⿰田寽 려 [렬]耕田起土 밭갈 아름늘출 렬(屑)

(八)

畸 이 [기]奇異 기이할기 (支)

畫 畫의 俗字

畤

庤同

畹 완 [원]田二十畝 밭스무이랑원 (阮)

畷 취 [체][철]田間道 밭가이길체、철義同(霽)(屑)

畺 疆의 俗字

⿰田來 래 [래]不耕荒田 묵은밭래 (灰)

當 땅 [당]適可 마땅할당 (陽)

⿰田忝 텬 [전]鹿跡 ─疃 사슴의발자취전 (銑)

⿰田卑 삐 [비]𨻵水漑田 ─田 보막아 논에물댈비 (支)

(九)

畽 [톤][탄]無廉隅 염우없을톤 含傍空地 마당탄 (阮)(旱)

⿰田柔 [유]良田 좋은밭유 (尤)

⿰田耎 완 [연]城下田 성밑밭연 (先)

⿰田坴 청 [승]塍田畦 논두둑승 (蒸)

畼 창 [창]地名 땅이름창 (漾)

⿰田爰 疃과 同

⿰田𠷎 疇의 古字

(十)

畿 이 [기]門內 문안기 (微)

⿰田差 취 [차]殘薉田 거친묵은밭차 (歌)

⿰田奚 [혜]徑也 지름길혜 (薺)

畾 뢰 [뢰]田間 밭사이뢰 (灰)

⿱𡿧番 [순]墾田 따비밭순 (眞)

(十一)

疁 [류]火田 화전류 (尤)

⿰田易 場과 同

疀 차 [잡]鍫也 부삽잡 (洽)

⿰田𦰩 한 [한]耕麥地 보리밭한 (翰)(旱)

⿰田參 찬 [참]田隴相聯 밭두렁서로이을참 (勘)

(十二)

⿰番去 뺀 [반]輩也 무리반 (寒)

疄 [린]田壟 밭두둑린 (眞)

播 番去와 同

疃 퇀 [탄]鹿跡 畽─ 사슴발자국탄 (旱)

⿰田曾 쪙 [증]水田 논증 (迴)

⿰舟番 [증]坪也 큰들증 (蒸)

⿰田登 텽 [등]伸而長 펴서늘일등 (蒸)

(十三)

⿰𤰔奚 [繁]簇也 밥소쿠

……리계 (霽)

(十四)

疆 쟝 [강]境界 지경강 (陽)

疇 쳐 [주]田也 밭주 類也 무리주 (尤)

⿰田需 ⿰田耎과 同

(十五)

疈 [벽]祭需 제수이름벽 (職)

(十七)

疉 疊의 本字

疊 뎨 [첩]重也 거듭첩 積也 쌓을첩 (葉)

(大)

⿰田巂 이 [휴]壟也 밭두둑휴 (齊)

疋部

疋 피 [소][필]足也 발소、偶也 짝필 (魚)(質)

疋 [아]正也 바를아 (馬)

(三)

疌 녜 [섭]機下足所履板 베틀디딜판섭 (葉)

(七)

⿰囪疋 쓔 [소]疏窓 영창소 (魚)

疏

쑤 [소]通也뚫릴소 疏也상소할소 (魚)

疎 쑤 [소]稀也성길소 (魚)

八

𤴨 [서]清而疏깨끗하고성길서 (魚)

九

疐 찌 [치][체]頓也엎드러질치 去本꼭지딸체 (寘)(霽)

疑 이 [억][을][응][의]正也바로설억、立也、을義同、定也정할응、惑也의심할의 (物)(支)(職)(蒸)

十

𤴯 창 [장]趨走달아날장 (陽)

疐 과 疐同

疒部

疒 녀 [녁]疾也병녁 (陌)

二

疔 띵 [정]毒瘡정정 (青)

㽱 쟈 [교]腹中急痛배속캥길교 (巧)

疓 내 [내]病也앓을내 병내 (蟹)

疚 쭈 [구]病也병구 (尤)

疕 삐 [비]頭瘡머리헐비 (紙)

三

疝 싼 [산]三陰急痛客於膀胱산증산 (諫)

疚 쭈、 [구]久病오랜병구 (尤)

疛 쭈 [주]下腹痛아랫배아플주 (有)

𤴼 투 [투]乳病젖몸살투 (遇)

疙 치 [흘]癡貌어리석을흘 (物)

疨 자 [자]心不快病불쾌한병자 (紙)

㽤 쌰 [하]痢疾이질하 (禡)

疘 꽁 [공]下部病밑빠질공 (東)

𤴯 환 [환]搔生瘡긁어난부스럼환 (翰)

四

疥 쩨 [개]痒疾옴개 (卦)

疧 찌 [기][저]滯病체증기、저義同、或音제 (支)(齊)

疤 빠 [파]瘡痕헌데자리파 (麻)

瘁 痒의俗字

疢 천 [진]熱病화병진 (震)

疣 우 [우]瘤也혹우 (尤)

㽷 쒜 [수]腫病습종수 (霽)

疫 이 [역]厲鬼為災시환역 (陌)

疪 삐 [피]脚濕冷病다리습냉병피 (霽)

𤵸 쎄 [혈]瘡裏空창구멍빌혈 (屑)

疨 [하][아]喉病인후병하、병심할아 痄ㅣ (麻)

痁 찬 [첨]皮剝空피풍첨 (監)

㽹 빤 [반]癡駿어리석을반 (阮)

㾀 쫘 [화]無腕팔목없을좨

五

疻 쯔 [지]毆傷맞아서멍들지 (紙)

痈 疾同

痄 쨔 [차][자]瘡不合헌데아물지않을차、病甚병더딜자 (麻)(馬)

疲 피 [피]勞也느른할피 (支)

疽 쮜 [저]瘡也종기저 (魚)

疸 딴 [단][달]黃病황달단ㅣ 취부스럼달 (翰)

疴 커 [아]病也병아 (歌)

痂 쨔 [가]乾瘍헌데딱지가 (麻)

痀 쮜 [구]曲곱사등이구 (虞)

疰 쮸 [주]病染병전염할주 (遇)

疹 쩐 [진]熱病열병진 (軫)(震)

病

뼝 [병] 疾加 병들병 (敬)

疵 츠 [자] 病也 병자 (支)

疾 찌 [질] 病也 병질 (質)

疼 텅 [동] 痛也 아플동 (蒸)

疳 깐 [감] 小兒食病 질병감 (覃)

疶 쎄 [설] 痢也 이질설 (屑)

痆 나 [날][필] 瘡痛 부스럼아플날 或音닐 痒也 가려울필 (黠)(質)

⿸疒古 꾸 [고] 小兒口瘡 어린아이입병고 (遇)

⿸疒亦 ⿸疒夾의 俗字

疺 빠 [법] 瘦也 가쁠법 (洽)

⿸疒危 疙와 同

疿 쀄 [비] 觸暑汗濕 痤ㅣ 땀띠비 (未)

疱 팦 [포] 腫病 부풀포 (效)

痃 쎈 [현] 癖積 적병현 (先)

⿸疒它 퉈 [타] 病也 병들타 (哿)

⿸疒付 뿌 [보] 俛病 몸펴지못하는병보 (虞)

症 쩡 [증] 病勢 병세증 (敬)

⿸疒朮 쒸 [술] 狂走 미쳐달아날술 (質)

⿸疒瓜 꽈 [과] 瘡也 헌데과 (歌)

痁 뎬 [점] 瘧疾 학질점 (豔)(鹽)

㊅

痊 촨 [전] 病除 병낳을전 (先)

痓 츠 [치] 風病 풍병치 (寘)

⿸疒列 厲과 同

痑 뒤 [타] 馬病 말병타 (哿)

⿸疒老 롸 [로] 癘ㅣ 옴로 (皓)

痐 회 [회] 腹中長 회충배회 (灰)

[illegible] 썅 [상] 痛也 아플상 (漾)

⿸疒各

따 [답][압] 肥也 살찔답 寒病 오한증압 (合)

痒 양 [양] 病也 병들양 (養)

⿸疒夆 빵 [방] 肛腫 곪을방 (江)

痋 퉁 [동] 動病 경충증 동[충] 義同 (冬)

痕 헌 [흔] 凡物之跡 흔적흔 (元)

痌 퉁 [통][동] 痛也 아플통 瘡潰 헌데터질동 (東)

痔 찌 [치] 肛門病 隱ㅣ 치질치 (紙)

痍 이 [이] 傷也 다칠이 (支)

痎 깨 [해] 二日一發之瘧 하루거리해 古音개 (佳)

痏 웨 [유] 打傷 맞아서상할유 (紙)

㊆

痛 퉁 [통] 傷也 상할통 (送)

痞 피 [비] 氣隔不通 답답할비 (紙)

痢 리 [리] 腹痛瀉疾 이질리 (寘)

痡 푸 [부] 病也 병들부 (虞)

痗 메 [매] 病也 병매 (賄)(隊)

痣 쯔 [지] 黑子 검은사마귀지 (寘)

⿸疒肙 윈 [연] 憂也 근심할연 (先)

痟 쌰 [소] 頭痛 머리아플소 (蕭)

痘 떠 [두] ㅣ瘡 마마두 (宥)

痤 쭤 [좌] 小腫 뾰루지좌 (歌)

⿸疒里 릐 [리] 病也 병리 (紙)

⿸疒侵 친 [침] 體貌醜惡 몸추악할침 (寢)

痙 찡 [경] 彊急 중풍뜰경 (梗)

⿸疒希 인 [은][흔] 創肉內出 出다친살나올은 義同、痛也 아플흔 (問)

痚 [효] 喘也 헐떡일 효 (肴)
㾊 우 [유] 朽木臭 썩은 나무냄새 유 (尤)
𤸷 쎄 [사] 痒也 가려울 사 (麻)
𤸶 후 [홀] 多睡病 잠자는 병 홀 (月)
𤸰 툰 [탄] 病而善食 먹기좋아하는 병 탄 (軫)

痠 싼 [산] 痛也 저릴 산 (寒)
𤶮 씬 [심] 感寒體戰 오한날 심 (寢)
㾮 꽝 [광] 熱病 열병 광 (陽)
痧 싸 [사] 虎列剌 쥐통 사 (麻)
𤸴 뿌 [보] 復病 병도질 보 (遇)
痥 뒤

[탈] 馬腫 | 말부스럼 탈 (曷)

八

痰 딴 [담] 胸鬲病 가래 담 (覃)
㾢 래 [래][뢰] 久病 장감래、惡病癘 염병뢰 (灰)(隊)
痭 펑 [붕][팽] 婦人帶下病 대하증 붕 古音붕 腹脹滿 단복고창 팽 (庚)(徑)

𤺊 痱와 同
痹 삐 [비] 痿風寒濕崇 脚氣 각기 비 (寘)
痿 웨 [위] 痺濕病起陰不 자기 늘어질 위 (支)
痼 꾸 [고] 久病 고질 고 (遇)
痾 [아] 病寢疢 병깊을 아 (歌)
瘁

취 [취] 病也 병들 취 (寘)
㾦 츄 [축] 腹痛 배아플 축 (屋)
痱 뻬 [비][배] 風病 풍병 비、小腫 뾰루지 비、배 義同 (未)
瘀 위 [어] 血壅病 어혈질 어 (御)
痯 꽌 [관] 疲貌 고달플 관 (旱)

痳 마 [림] 尿道病 임질 임 (侵)
痴 [치] 心思不足 어리석을 치 (支)
瘃 쮸 [촉][착] 手足中寒傷瘡 손발 얼어터질 촉 (沃) 義同 (覺)
㾓 쨩 [장] 腹脹 배부를 장 (漾)
瘂 [아] 瘖也 벙어리 아 (馬)

㾑 커 [합][금] 寒病 추위에 상한 병 합、瘧也 학질 금 (合)(侵)
㾐 쟨 [천] 小痒 근지러울 천 (銑)
痲 린 [마] 風熱病疹 홍역 마 (麻)
悸 지 [계] 心動 마음두근거릴 계 (寘)
痺 삐

[비] 鳥名 새이름 비 (支)
㽷 룬 [륜] 指病 손가락병 윤 (眞)
瘍 이 [역] 病相傳染 병전염할 역 (陌)
痻 [민] 病也 병들 민 (眞)
㿍 촨 [권] 手屈病 손굽는병 권 (先)
瘷 옌

[긴] 脣腫 순종 긴 (軫)

九

瘟 瘟同
𤸸 뿌 [부] 勞也 가쁠 부 (有)
瘏 투 [도] 困病 피곤할 도 (虞)
瘉 위 [유] 病差 병나을 유 (麌)
瘐 위 [유] 罪囚病死 죄인 병나죽을 유 (麌)

瘇 尰同
瘣 [회][외][퇴] 馬病 말병 회、骨節病 뼈마디아플 외、陰病 음병 퇴 (灰)(賄)
瘦 쑤 [수] 臞瘠 파리할 수 (有)
瘖 인 [음] 不能言 벙어리 음 (侵)
瘑 瘑과 同

[疒曷] 커 갈 內熱病 속가깜할갈 曷
瘕 쟈 가 喉病 목병가 馬
[疒省] 썽 생 瘦也 파리할생 梗
瘍 양 양 腫瘡 종기양 陽
瘈 치 계 狂犬 개미칠계 霽
瘌 라 랄 病也 앓을랄 曷
瘊 후 후 疣之小者 무사마귀후 尤
瘋 풍 풍 頭風病 바람머리풍 東
[疒扁] 편 편 病也 병들편 先
瘓 환 탄 癱ㅣ 중풍들릴탄 旱
[疒胡] 후 호 物阻喉中 목에걸릴호 虞
[疒皆] 졔 해 老瘧無時發作ㅣ瘧 오래된학질때없이발작할해 佳
[疒坴] 同 衰
[疒突] 투 돌 下部病 하초병돌 月
瘔 쿠 고 困也 곤할고 遇

十

[疒班] 빤 반 痘疫發ㅣ 발반될반 刪
瘩 따 탑 惡瘡疙ㅣ 부스럼탑 合
[疒微] 뭬 미 心不快病 불편한병미 微
[疒高] 꺄 고 癩也 문둥병고 皓
[疒衰] 哀 과同
瘝 꽌 관 病也 병들관 刪
瘛 씨 계 小兒驚風 어린아이경기병계 霽 古音 혜
瘣 훼 외 病也 병들외 賄
瘙 쏘 소 腫也 종기소 號
[疒桑] 쌍 상 馬病 말병상 養
[疒欬] 欬俗字
瘥 차 채 차 病除 병낳을채 卦 小疫 작은역질차 歌
瘢 빤 반 痍處已愈有痕 딱지자리반 寒
瘟 원 온 疫也 온역온 元
瘡 창 창 瘍也 종기창 陽
瘨 뎬 전 病也 병들전 先
瘚 쮀 궐 氣逆 기운질릴궐 月
瘦 同 瘦
瘧 햬 학 寒熱病 학질학 藥
瘠 찌 척 減少 줄척 陌
[疒壹] 애 애 痴病 어리석은병애 灰
[疒馬] 마 마 眼病 눈병마 禡
瘜 씨 식 寄肉 군살식 職
瘵 차 색 膝動脈 들먹거릴색 陌
瘞 이 예 埋也 묻을예 霽
[疒烝] 쩡 증 骨病 뼈골쑤실증 迥
[疒骨] 꾸 골 膝病 무릎병골 月
[疒盍] 야 압 短氣 숨가쁘게쉴압 合
瘤 癅俗字

十一

[疒張] 쟝 창 腹大脹 배부를창 漾
[疒雍] 융 옹 鼻塞 코막힐옹 冬
[疒粒] 리 립 皮膚生粒 두드러기립 緝
[疒惡] 嫕 과同
瘺 同 瘻
[疒帶] 대 대 체 婦人下部病ㅣ下 대하증 泰 久痢 오랜이질체 霽
[疒殹] 이 의 呻吟聲 앓는소리의 或音이 支
瘵 째 채 勞病 허로병채 卦
瘰 뤼

라病也 올라(哥)

瘽 인진 [근]病也 병들근(文)

瘶 쑤 [수]欬ㅣ上氣 기침수(宥)

瘯 쭈 [족]瘯癬진버짐족진옴족(屋)

瘳 추 [추]損也 덜릴추(尤)

瘹 [조]狂也 미칠조(嘯)

瘴 쟝 [장]山川厲氣 풍토병장(漾)

瘼 뭐 [막]病也 병들막(藥)

瘭 퍄 [표]病名 병이름표(蕭)

[illegible] 삐 [피]轉筋 전근될피(寘)

瘲 쭝 [종]小兒驚風病 瘛ㅣ경기증종(宋)

癕 [옹]鼻塞不知香臭 코막혀향내맏지못할옹(冬)

[illegible] 꺼 [괘]蟲災 충재괘(歌)

[illegible] 쟈 [사]瘡痂甲 헌데딱지사(麻)

瘸 춰 [가]手足病 팔다리병가(歌)

癬 [선]乾瘍 버즘선(銑)

瘻 뤼 [루]頸腫 목부을루(宥)

瘖 인 [음]心病 심화병음

瘵 쮀 [졔]瘑疾 고질졔(隊)

癉 딴 [단][다]勞病 허로병단 怒也 성낼다(寒)(翰)(旱)

[illegible] 빤 [반]病死 병들어죽을반(寒)

瘮 疹의 俗字

癌 안 [암]怪病 괴병암(感)

[illegible] 瘇과 同

(十二)

癇 癎와 同

療 랴 [료]治病 병고칠료(嘯)

癄 쟈 [초]病也 병들초(嘯)(蕭)

癅 류 [류]疣也 혹류(尤)

[illegible] 씨 [서]聲散 소리흩어질서(齊)

癎 쏀 [간]小兒病 간기간(刪)

癁 부 [복]病復 병도질복(屋)

[illegible] 憯同

癆 랖 [로]藥毒 약독날로(號)

瘩 따 [답]疙ㅣ 두드러기날답(合)

[illegible] 뼤 [별]腫滿悶而皮裂 어터질별(屑)

癀 황 [황]黃疸病 황달병황(陽)

[illegible] 웨 [위]口咼 입비뚤어질위(紙)

癃 룽 [륭]老也 늙을륭(東)

[illegible] 쌰 [효]腫欲潰 곪길효(蕭)

[illegible] 래 [퇴][대]陰病 자궁병퇴 恤瀨 대하증대(灰)(隊)

[illegible] [사]多病 병많을사(禡)

[illegible] 덩 [등]病甚 병심할등(蒸)

癠 졔 [제]禿病 머리헐제(霽)

(十三)

癖 피 [벽]積聚 적병벽(錫)

癐 꽤 [괴][유]病甚 병더칠괴 聲 고함지를위(泰)(支)

[illegible] 이 [역]病相傳染 병전염할역(陌)

癜 뎬 [전]ㅣ風斑片 어루러기전(霰)

[illegible] 딴 [단]病也 병들단(旱)

癕 癰과 同

瘝 [환]病也 병들환(刪)

癓 웨 [미]骭瘍 종아리종기미(微)

[illegible] 찬 [첨]物毒入喉而痛 목구멍아릴첨(鹽)

癘 리 [려]ㅣ疫 염병려(霽)

癙 쒸 [서]中暑 더위먹을서(語)

癑 농 [농]痛也 아플농(送)
癛 린 [름]粟體寒病 소름끼칠름(寢)
⿸疒賁 얜 [분]病悶 병으로 번민할분(問)
癒 揄의 俗字
癙 쓔 [서]憂病 근심으로 난병서(語)
⿸疒雷 레 [뢰]皮外小粟 두드러기뢰(賄)
癔 억 [억]心病 심화병억(職)

十四

⿸疒虒 쟈 [협]獸之足病 짐승발병날협(洽)
⿸疒舄 뼤 [별]不能飛 날지못할별(屑)
癠 치 [제]病也 병들제(薺)
癕 癰과 同
⿸疒翟 쒀 [약]病也 병약(藥)
癡 츠 [치]狂也 미치광이치(支)
⿸疒蒦 휘 [확]物在喉糊ㅣ 목에걸릴확(藥)
⿸疒㥯 인 [은]皮外小起 두드러기은(吻)
⿸疒覃 삐 [비]冷手 손시릴비(寘)

十五

癢 양 [양]搔病 가려울양(養)
癥 엉 [징]腹中結塊 ㅣ瘕 괴징(蒸)
⿸疒樂 [료]治病 병나을료(嘯)
癤 예 [절]瘍之小者 부스럼절(屑)
⿸疒桼 疼의 俗字
⿸疒編 뻰 [변]骨風疾 뼈쑤시는병변(銑)

十六

癪 [적]怒發 성낼적 日字
癧 리 [력]筋節病 연주창력(錫)
癨 휘 [곽]亂吐病 子토할곽 古音확(藥)
癩 래 [라]惡疾 문둥병라(泰)
⿸疒穌 쑤 [소]病也 병소(嘯)
⿸疒頹 퉤 [퇴]下部病 산증퇴(泰)

十七

癬 선 [선]乾瘍 마른버즘선(銑)
癭 잉 [영]頸瘤 목의혹영(梗)
癮 인 [은]皮外小起 ㅣ疹 두드러기은(吻)

十八

癯 리 [구]瘠也 파리할구(虞)
癰 융 [옹]疽也 등창옹(冬)

十九

癱 탄 [탄]西肢不仁 중풍날탄
癲 덴 [전]狂病 미칠전(先)
⿸疒羸 레 [리]病疲 병들어피곤할리(支)
⿸疒麗 리 [려]瘦黑 파리하고검을려(霽)
癵 렌 [련]病體拘曲 병들어몸이오그라질련(先)

二十二

⿸疒蠡 뤄 [라]疥也 옴라(哿)

癶部

癶 뿨 [발]辵足漸行 걸을발(曷)

四

癸 꿰 [계]方位則北 북방계(紙)
癹 피 [발]以足夷草 발로풀몽갤발(曷)

五

⿱癶廾 登의 古字

七

登 떵 [등]升也 오를등 成也 이룰등(蒸)
發 빠 [발]開也 열발 出行 떠날발(月)
⿱癶多 [맘]荒蕪田中難草 김맘(咸)

白部

白 빽 [백][배] 西方色素흰백 ㅣ川땅이름배 (陌)(禡)

一

癿 처 [가] 姓也성가 (麻)

百 빽 [백][맥] 十之倍일백 백 励也힘쓸맥 (陌)

二

皃 貌同

皁 짠 [조] 黑色검은빛조 (皓)

皂 [흡] 香也향내날흡 (緝)

皀 씨 [흡] 香也향내날흡 (緝)

三

的 듸 [적] 明也밝을적 (錫)

帛 메 [몌] 布帛幅邊옷감자투리몌 (霽)

皯 皔과同

四

皇 황 [황][왕] 君也ㅣ帝황제황 嚴肅엄숙할왕 (陽)(養)

皆 개 [개] 同也같을개 (佳)

⿰白分 빠 [파] 亂也어지러울파 (麻)

⿰白巿 뷔 [발] 淺白ㅣ昧희읍스름할발 (曷)

敀 皈同

五

皌 머 [말] 淺白엷게흴말 (末)

⿰白白 [교] 白也흴교

皋 皐과同

六

皐 까 [고][호] 岸也언덕고 告也고하고 부를호 (豪)(號)

皎 쨔 [교] 月光白달밝을교 (篠)

皏 평 [팽] 淺薄色열은빛팽 (梗)

七

皕 삐 [벽] 二百日이백벽 (職)

皔 한 [한] 白也흴한 (旱)

皓 할 [호] 光也빛호 (皓)

皖 환 [환][한] 地名땅이름환、明星밝은별한 (寒)(旱)(潸)

皒 [아] 白色흰빛아 (歌)

八

晳 씨 [석] 白사람의빛흴석 (錫)

皘 첸 [천] 白貌희멀건빛천 (霰)

⿰白念 [념] 船木배나무념 (豔)

⿰白彔 루 [록] 白獸흰짐승록 (屋)

⿰白卑 베 [배] 白皮흰가죽배 (卦)

九

⿰白軍 [휘] 白也흴휘 (微)

十

皝 황 [황] 氣容貌엄숙할황

皚 [애] 霜雪色눈서리흴애 (灰)

皛 쌰 [효] 明也밝을효 (篠)

皞 후 [호] 明也밝을호 (皓)

皜 까 [고] 白貌흴고 호 義同 (皓)

皠 [학] 鳥肥澤貌새살찌고윤택할학 (覺)

⿱替白 틔 [체] 廢一偏低한쪽으로치우처낮을체 (霽)

十一

皠 취 [최] 白也흴최 (賄)

皟 채 [책] 淨也맑을책 (陌)

十二

皤 퍼 [파] 頭白머리흴파 (歌)

皥 皞俗字

⿰白登 [등] 白也흴등 (逈)

⿰白會 [송] 素白매우흴송 (東)

皢 쌰 [효] 日白햇빛흴효 (篠)

十三

皦 쨔 [교] 明也밝을교 (篠)

皣 예 [엽] 白花흰꽃엽 (葉)

皧 [애] 淨也깨끗할애 (隊)

十四

⿰白蒙 뭥 [몽] 物上所生白醭골마지몽 (董)

⿰白書 룽 [룽] 左右小門좌우작은문룽 (東)

皗 [주] 詞也누구주 (尤)

(十五) 皫 뱌 표 禽毛變色 새털빛변할표 (篠)

皪 리 력 白貌的 희끗역 (錫)

皣 예 엽 光盛 빛날엽 (葉)

(十六) [白爲] 웨 위 花也 꽃위 (御)

皬 허 학 白也 셀학 (藥)

皭 쟈 조 작 白也 휠조 淨也 정결할작 (嘯)(藥)

[白歷] 皪과同

(二十) [白黨] 탕 당 明也 밝을당 (養)

(二十四) [白靈] 링 령 白也 휠령 (靑)

皮部

皮 피 피 剝獸取革 가죽피 (支)

(二) [皮丁] 딩 정 皮膚急縮 살가죽당길정 (梗)

(三) [皮丸] 완 환 瘤病 혹병환 (寒)

皯 깐 간 面黑病 얼굴에기미낄간 (旱)

[勹皮] 무 박 皮破 살가죽터질박 (覺)

[皮才] 작 皮皺 거죽줄음살작 (藥)

(四) [开皮] 피 피 開口貌 입딱벌릴피 (紙)

皉 피 피 器破未離 그릇금날피 (支)

[內皮] 난 남 柔革 가죽다룰남 (勘)

[山皮] 삐 비 皺쪼그타질비 (眞)

[危皮] 뼥 파 曲足病 발비뚜러진병파 (哿)

[巴皮] 파 파 赤濃鼻 주독오른코파 (紙)

(五) 皰 팦 포 面皮所生如水泡 부풀포 (效)

[且皮] 츄 추 皮裂 皴ㅣ가죽터질추 (眞)

[民皮] 민 민 皮膚細ㅣ 살결에주름살질민 (軫)

[此皮] 쟈 자 皮不伸 가죽오그려질자 (紙)

[央皮] 앙 앙 面色蒼 얼굴빛푸를앙 (漾)

(六) [合皮] 따 답 皮寬 가죽늘어질답 (合)

[危皮] 기 困也 피곤할기 (眞)

[吉皮] 찌 길 皮黑 가죽검을길 (質)

[交皮] 안 오 皮堅 가죽단단할오 (肴)

[旬皮] 쓘 순 足坼 발터질순 (眞)

(七) 皴 춘 준 皮生細條ㅣ裂 살터저주름질준 (眞)

[旱皮] 한 한 射韝ㅣ臂 활쏘는팔지한 (翰)

[妾皮] 섊 설 撮取皮 끄집어뜯을설 (屑)

[兌皮] 튀 탈 皮剝 가죽벗길탈 (曷)

[赤皮] 칙 子 丸鞠 공구 (尤)

(八) [叀皮] 부 전 皮起 가죽부르틀전 (銑)

[彔皮] 루 록 皮肉瘦惡ㅣ 마른살결억셀록 (屋)

皵 쵞 작 皮皺 살가죽주름질작 (藥)

[臤皮] 엔 흔 皮厚貌 가죽두틈할흔 (寢)

(九) [畗皮] 춥 老人皮膚皺貌 늙은이피부에주름질춥 (合)

皸 원 군 凍裂ㅣ瘃 얼어터질군 (文)(問)

[者皮] 뚜 두 桑皮 뽕나무껍질두 (麌)

[虘皮] 皻의 俗字

[丰皮] 빵 봉 皮履 가죽신봉 (董)

皷 鼓의 俗字

[甾皮] 쯔 치 皮黑 살검을치 (支)

(十)

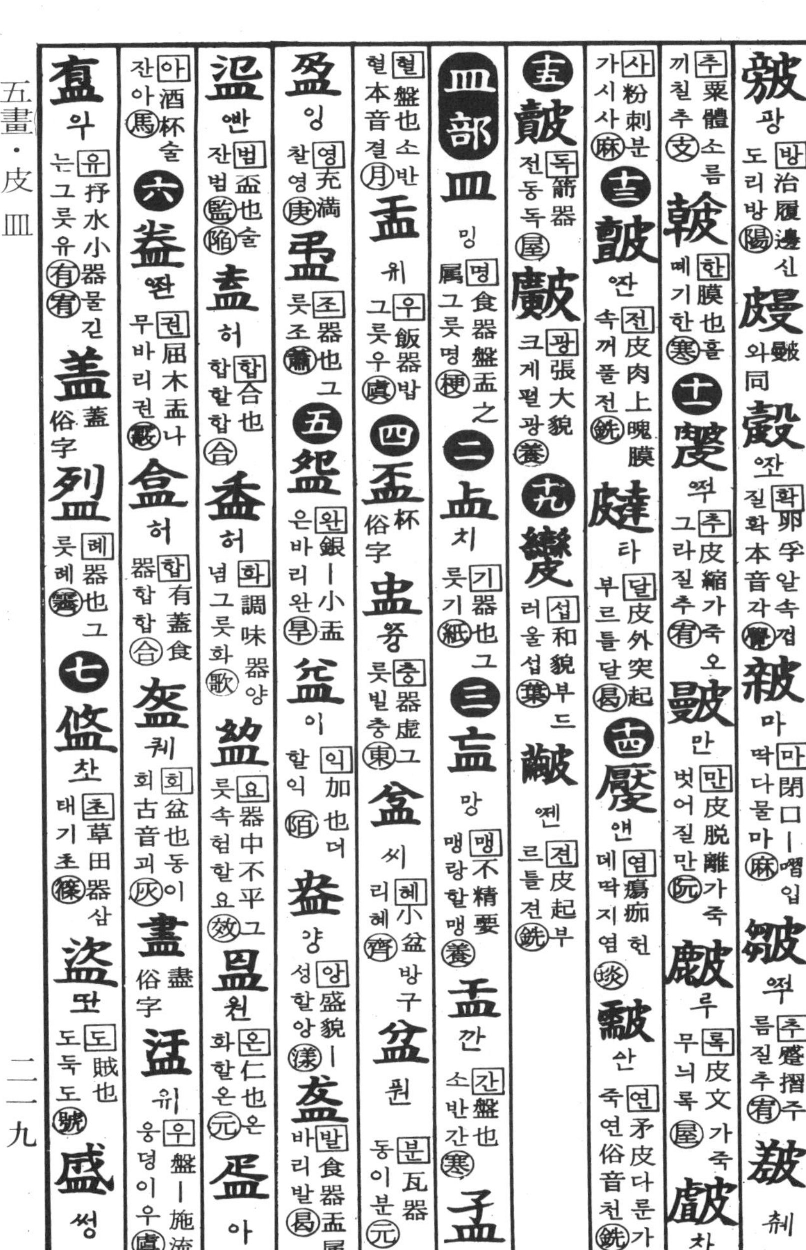

⿰彭皮 광 [방] 治履邊 신도리 방 (陽)
⿸皮曼 와 ⿰曼皮 同
⿰殼皮 작 [확] 卵孚 알속겁질 확 本音 각 (覺)
⿰麻皮 마 [마] 閉口ㅣ嚜 입다물 마 (麻)
皺 쩍 [추] 鼈摺 주름질 추 (有)
⿰蒭皮 취

[추] 粟體 소름끼칠 추 (支)
⿰倝皮 [한] 膜也 홀떼기 한 (寒)
⑩
⿸皮聚 쩍 [추] 皮縮 가죽오그라질 추 (有)
⿰曼皮 만 [만] 皮脫離 가죽벗어질 만 (阮)
⿰鹿皮 루 [록] 皮文 가죽무늬 록 (屋)
皻 차

[사] 粉刺 분가시 사 (麻)
⑬
⿰亶皮 쟌 [전] 皮肉上魄膜 속꺼풀 전 (銑)
⿸皮達 타 [달] 皮外突起 부르틀 달 (曷)
⑭
⿸皮㬎 앤 [염] 瘍痂 헌데딱지 염 (琰)
⿰黑皮 산 [연] 矛皮 다룬가죽 연 俗音 천 (銑)

⑮
⿰賣皮 [독] 箭器 전동 독 (屋)
⿰廣皮 [광] 張大貌 크게펄 광 (養)
⑲
⿱䜌皮 [섭] 和貌 부드러울 섭 (葉)
⿰齒皮 옌 [전] 皮起 부르틀 견 (銑)

皿部

皿 밍 [명] 食器盤盂之屬 그릇 명 (梗)
②
⿱⺊皿 치 [기] 器也 그릇 기 (紙)
③
⿱亡皿 망 [맹] 不精要 맹랑할 맹 (養)
⿱干皿 깐 [간] 盤也 소반 간 (寒)
孟

[철] 盤也 소반 철 本音 결 (月)
盂 위 [우] 飯器 밥그릇 우 (虞)
④
盃 杯 俗字
盅 쭝 [충] 器虛 그릇빌 충 (東)
⿱兮皿 씨 [혜] 小盆 방구리 혜 (齊)
盆 뿐 [분] 瓦器 동이 분 (元)

盈 잉 [영] 充滿 찰 영 (庚)
盄 [조] 器也 그릇 조 (蕭)
⑤
盌 [완] 銀ㅣ小盂 은바리 완 (旱)
⿱尒皿 이 [익] 加也 더할 익 (陌)
盎 양 [앙] 盛貌ㅣ 성할 앙 (漾)
盋 [발] 食器盂屬 바리 발 (曷)

⿱氾皿 뺀 [범] 盃也 술잔 범 (監)(陷)
盍 허 [합] 合也 합할 합 (合)
盉 허 [화] 調味器 양념그릇 화 (歌)
⿱幼皿 [요] 器中不平 그릇속험할 요 (效)
昷 원 [온] 仁也 온화할 온 (元)
⿱亚皿 아

[아] 酒杯 술잔 아 (馬)
⑥
⿱券皿 쫜 [권] 屈木盂 나무바리 권 ([illegible])
盒 허 [합] 有蓋食器 합합 (合)
盔 퀘 [회] 盆也 동이 회 古音 괴 (灰)
⿱𦘒皿 盡 俗字
⿱汙皿 위 [우] 盤ㅣ施流 웅덩이 우 (虞)

⿱有皿 악 [유] 抒水小器 물긷는그릇 유 (有)(宥)
盖 蓋 俗字
⿱列皿 [례] 器也 그릇 례 (霽)
⑦
⿱攸皿 찬 [조] 草田器 삼태기 조 (篠)
盜 또 [도] 賊也 도둑 도 (號)
盛 씽

[성]繁昌성할성(敬) 茂也무성할성(庚)

𥁕 [궤]盛器䅭黍稷 |대제기궤(紙)

盙 [보]黍稷器簠 대제기보(麌)

八

盝 루 [록]漉也 거를록(屋)

𥁰 싸 [사]祭器 제기사(馬)

𥂁 同盞

𥂑 밍 [몽]盛滿豊| 가득할몽(東)

𥁋 [사]器名 그릇사(馬)

盞 짠 [잔]杯也 술잔잔(潸)

盟 멍 [맹]信也 믿을맹(庚)(敬)

九

監 걘 [감]視也볼감 官也 벼슬감(陷)(咸)

盠 리 [리][려]瓢也소쿠 리리、려義同(支)(齊)

盡 찐 [진]皆也다진 終也마칠진(軫)(震)

𥂡 혀 [혀]山名|町 산이름혀(錫)

十

盤 판 [반]進|桓 반환할반(寒)

盧 鋪同

十一

盧 루 [로]賣酒区 술집로(虞)

盥 [관]洗面낯 씻을관(翰)

盦 안 [암]覆蓋 덮을암(覃)

𥂴 [기]器名그 릇이름기(未)

𥂦 [록]去水 거를록(屋)

𥃈 [고]器也그 릇고(麌)

醓 딴 [담]肉醬고 기젓담(感)

十二

盩 쮜 [주]山曲산 구비주(尤)

盪 탕 [탕]滌也 씻을탕(養)

𥃍 𥂝과同

盭 [퇴]歃血器맹세할때 피마시는그릇퇴(灰)

十三

盬 꾸 [고]不堅固 견고 하지못할고(麌)

醢 해 [해]肉醬고기로 만든장해(賄)

十四

𥃊 쟢 [교]小釜작은 가마교(巧)

十六

盭 리 [려]戾也돌 아올려(霽)

𥃴 뤼 [뢰]酒器술 항아리뢰(灰)

盬 꾸 [고]諸也 모을고(麌)

二十

𥃲 깐 [감]器蓋그릇 뚜껑감(勘)

目部

目 무 [목]眼也눈목 人眼童子 눈동자목(屋)

一

𥃦 쟈 [교]目動皮눈쌍 꺼풀질교(巧)

二

盯 팅 [정]直視똑바 로볼정(庚)

䀎 [적]目病눈 병적(陌)

𥃭 뱍 [복]目骨눈둥 이뼈복(屋)

旬 쎈 [현][순]目搖눈방울굴릴현 目眩눈아찔할순(霰)(眞)

直 直俗字

䀏 싼 [삼]瞻視처 다볼삼(監)

盲 망 [맹]暗也 어둘맹(庚)

盱 쒸 [우]張目|눈 부릅뜰우(虞)

盰 깐 [간]張目눈부 릅뜰간(翰)

三

直 찌 [직][치]不曲곧을직 物價값치(職)(眞)

䀔 환 [환]轉目 눈동 자굴릴환(翰)

𥃳 체 [천]常 視눈

여겨볼 천(霰)
盰 쳰 [천]遙視不明 멀어 희미할 천(先)
盳 망 [망]仰視 처다볼 망(陽)
見 야 [요]深目 깊은 눈 요(效)
䀖 얜 [범]大目 큰 눈 범(陷)
④
眇 먀 [묘]視也 볼 묘(篠)
眹 [진]目之精 눈정기 진 或音 짐
眄 몐 [면]轉眼 눈 굴릴 면(霰)
盷 뎬 [전]大目ㅣ 큰눈 전(先)
明 밍 [명]視也 볼 명 明別字(庚)
省 썽
[성][생]視也 시찰할 성 略 생략할 생(梗)
眊 먀 [모]老눈어둘 모(號)
眈 딴 [탐]視貌ㅣㅣ 보는 모양 탐 古音 담(覃)
盹 뚠 [순]閉眼 눈감을 순(眞)
県 꺄 [교]斷頭倒懸 목베어 달 교(蕭)
䀰
내 [내][알]惡目 眦ㅣ 악한 눈 내 揞目 눈부빌 알(泰)(曷)
看 칸 [간]視也 볼 간(寒)(翰)
盻 씨 [혜]恨視 눈흘겨볼 혜(霽)
眡 視과同
𥄎 쒸 [혀]擧目使之 눈짓할 혀 或音 혈(職)
盾
춘 [순][돈]干ㅣ櫓屬 방패 순 人名 普趙ㅣ 사람이름 돈(軫)(阮)
眅 판 [판]反目 흘겨볼 판(潸)
䀟 패 [패]目不明 눈어둘 패(泰)
眉 메 [미]目上毛 눈썹 미(支)
眆 방 [방]效也 본받을 방(養)
盼
판 [반]美目 아름다운 눈 반(諫)
䀛 메 [매]遠視 멀리볼 매(隊)
䀨 화 [화]目動 눈끔쩍거릴 화(麻)
䀗 쉐 [결][혈]目患 눈앓을 결 驚視 눈휘둥그래볼 혈(屑)
𥄋 뎬 [천]仰視 우러러볼 천(先)
眃 [운][혼]不明貌 어두울 운 疾視貌 빨리볼 혼(文)(阮)
䀚 앙 [앙]仰也 쳐다볼 앙(陽)
⑤
真 眞俗字
䀮 쾅 [황]視也 볼 황(漾)
眐 쩡 [정]獨視貌 홀로 보는 모양 정(庚)
眧 찬
[초]以目弄人 눈으로 사람희롱할 초(嘯)
督 누 [노]ㅣ目 눈부릅뜰 노(虞)
䀛 먀 [묘]邪視 할긋할긋할 묘(巧)
眪 삥 [병]目明 눈밝을 병(梗)
眎 視古字
看 看俗字
眡
디 [시]視貌 보는 모양 시(紙)
眣 쓘 [순]以目通知 눈짓할 순(震)
𥃽 뭐 [무]嫉妒人ㅣ瞴 사람투기할 무(宥)
眦 眥와同
眥 [자][제]目際 눈가 자 目厓 눈가 제(寘)(霽)
眙 이
[이][치]擧目貌 눈칩떠볼 이 直視 눈똑바로볼 치(支)(寘)
眞 쪈 [진]實也 신령 진 精也 정할 진(眞)
眛 메 [매]目不明 눈어둘 매(隊)
真 眞俗字
眕 쪈 [진]重厚 진중할 진(軫)
眩 쉔

[현][환]暗也어둘현、환(霰)

眢 완 [원][완]目不明눈어둘원、水涸井물마른우물원、완義同(元)(寒)

䀡 [점]視也볼점(鹽)

眑 야 [유][요]深遠깊고멀유、深目눈깊을요(有)(篠)

眚 썽 [생]過誤그릇칠생(梗)

䀠 [子]左右視좌우로두리번거리며볼구(遇)

眛 머 [말]目不明눈희미할말(曷)

眨 짜 [잡]目動눈끔쩍거릴잡(洽)

䀯 쎄 [혈][결]驚視깜짝놀라본혈、目深움광눈이결(屑)

眣 이지 [질]目不正눈바르지못할질(質)

眗 [子]左右視휘둘러볼구(虞)

眒 썬 [신]張目눈부릅뜰신(震)

䀣 마 [말]惡視몹시볼말(黠)

眠 면 [면]亂也貌어지러울면(先)

眝 데 [저]張目부릅뜰저(語)

眘 愼古字

眏 [앙][영]目不明貌눈어두울앙、視也볼영(養)(敬)

六

眾 衆本字

䀰 쟈 [교]邪視ㅣ䁩할짓할짓볼교(巧)

眼 얀 [안]目也눈안(潸)

眺 랴 [조]視也볼조(嘯)

眰 眣과同

眴 쉰 [현][순]目動눈깜짝일현、以目使人눈으로사람부릴순(霰)(震)

眷 쫜 [권]勤意ㅣ근념할권

眮 둥 [동]轉目눈굴릴동(東)

䀭 깨

[해]衆相視貌ㅣ䁡여럿이서로보는모양해(灰)

䀒 [전]不明貌눈어두울전(先)

䀬 씨 [식]目所記눈여겨볼식(職)

眶 광 [광]目涯눈두덩광(陽)

眱 이 [이]熟視不言물끄러미보고말없을이(支)

眵 츠 [치]目傷眥눈짓물치(支)

䀮 황 [황]目不明눈어둘황(陽)

眲 늬 [닉]輕視깔볼닉(陌)

眭 씨 [휴]惡視노려볼휴(齊)

眹 천 [진]目精童子눈동자진(軫)

䀺 쓔 [수]斂容視貌䁌ㅣ얌전히볼수(尤)

眯 미 [미]物入目中눈에티들미(薺)

眽 머 [맥]相視ㅣㅣ서로볼맥(陌)

眳 밍 [명]目暗눈어둘명(庚)

䀢 치 [계]蔽人視사람을가리고볼계(齊)

眸 뫄 [모]目瞳ㅣ子눈동자모 古音무(尤)

䀨 콰 [괄][활]目眼눈어둘괄、視也볼활(曷)(黠)

䀫 [겁]暗眼눈흐릴겁(洽)

䀬 [홍]目不明貌눈어두울홍(董)

七

着 眉의本字

睎 씨 [희]慕也사모할희(微)

睅 한 [환]大目큰눈환(潸)

睊 쟌 [견][연]視貌보는모양견、視貌볼연(先)(霰)

睇 듸 [제][체]小視흘깃볼제、視也볼체(霽)(齊)

睆 환 [환]光鮮貌고울환(潸)

眖 쎤 [현] 視貌ㅣㅣ물끄럼이볼현 (銑)

⿰目辰 [친][인][진] 瞋也눈을부릅뜰친、 視貌볼인、 慇也번민할진 (軫)(眞)(震)

睋 [아] 視也볼아 (歌)

⿰目貝 꿔 [괵] 閉目눈감을괵 (陌)

眏 [첩] 目旁毛눈썹첩 (洽)

⿱罒圍 쫜 [권] 目圍눈언저리권 (霰)

⿰目沙 渻와同

睉 채 [자][세] 目小也작은눈자、 目ㅣ取사나운눈세 (馬)(卦)

⿰目巠 영 [영][업] 直視바로볼영 視貌볼업 (迥)

睄 쏘 [초] 小視잠간볼초 (效)

⿰目豆 뚜 [두] 目汁凝ㅣ眵눈곱두 (尤)

睃 쮼 [준] 視也볼준 (震)

睈 청 [정] 照視ㅣㅣ비춰볼정 (梗)

䀹 싼 [섭] 目數動ㅣㅣ눈자주끔적거릴섭 (琰)

⿱氵省目 쒸 [사] 偷視곁눈질해볼사 (歌)

⿰目王 왕 [왕] 目泣ㅣㅣ눈물그렁그렁할왕 (陽)

睌 만 [만] 無畏而視겁없이볼만 (潸)

⿱折目 찌 [제] 目光눈광채제 (霽)

⿰目廷 팅 [정] 目出눈솟을정 (梗)

督 뚜 [도] 多也많을도 (虞)

⿰目甹 핑 [빙] 視也볼빙 (敬)

⿰目匿 릐 [류] 臥視누워서볼류 (尤)

⿰目每 무 [목] 目疾안질목 (屋)

⿰目孝 쒸 [효] 偏目애꾸눈효 (效)

⿰目良 랴 [량] 目病눈병날량 (漾)

着 著의俗字

(八)

睖 링 [릉] 直視貌ㅣ노리고볼릉 (蒸)

⿰目孟 멍 [맹] 有餘視덜볼맹 (梗)

睞 래 [래] 傍視곁눈질할래 (隊)

⿰目奄 이 [업][암] 目閉눈감을업、 암義同 (緝)(感)

睒 싼 [섭] 暫視貌잠깐볼섭 (琰)

睠 친 [권] 親屬친척권 (霰)

睘 칭 [경] 目驚視놀라볼경 (庚)

睩 루 [록] 視貌曼ㅣ보는모양록 (屋)

睦 무 [목] 親和친목할목 (屋)

睛 쪙 [정] 目珠場氣為ㅣ눈동자정 (庚)

睫 쩨 [첩] 目毛속눈섭첩 (葉)

睪 이 [역] 伺視엿볼역 (陌)

⿰目典 텐 [전] 慚也부끄러울전 (銑)

⿰目幸 씽 [행] 瞑目貌눈감을행 (迥)

睔 꾼 [곤] 大目큰눈곤 (願)

督 뚜 [독] 察也살필독 (沃)

睜 쪙 [정] 不悅視⿰目各ㅣ반갑게보이지않을정 (梗)

睕 완 [완] 目深貌ㅣㅣ눈깊은모양완 (翰)(寒)

⿰目表 뺘 [표] 著目視눈에대고볼표 (蕭)

⿰目臽 챠 [감][흡] 目深貌눈우묵할감、 日陷눈자위꺼질흡 (勘)(洽)

⿰目戾 레 [렬] 轉視눈굴려볼렬 (屑)

睢 쒸 [수][휴] 浚儀水名물이름수、 怒視盜ㅣ성내어볼휴 (眞)(支) 휴

⿰目奇 치 [기] 目一隻외눈기 (支)

⿰目長 쨩 [창] 大目눈이클창 (漾)

睟 [수] 正視바르게볼수 (眞)

瞃 훈 [혼] 目暗눈어두울혼 (元)
睡 쉬 [수] 眼也坐졸음수 (眞)
睥 삐 [비] 傍視貌ㅣ睨곁눈질하는모양비 (霽)
瞕 [준][돈] 鈍目둔한눈준 視不明눈어두울돈 (震)(元)
⿰目畀 睨와同

睗 씨 [석] 速見빨리볼석 (陌)
睚 애 [애] 目際눈가애 (佳)(卦)
睨 이 [예] 日斜해기울어질예 (霽)
⿱穴目 미 [밀][묵] 細視자세히볼밀、묵義同 (質)(職)
䀠 우 [구] 左右視좌우로볼구 (尤)
⿰目定

[정] 見也볼정 (徑)

九

⿰目爰 쉬 [훤] 大目큰눈훤 (阮)
瞀 우 [무] 無識ㅣㅣ무식할무 (宥)
睹 뚜 [도] 見也볼도 (麌)
睼 티 [제] 迎視마주볼제 (齊)
睽 퀘 [규] 異也다를규 (齊)

睿 [예] 智也지혜스러울예 (霽)
睴 꾼 [곤] 大目出큰눈불거질곤 (願)
⿰目冒 마오 [모] 俯目細視눈굽으려자세히볼모 (皓)
睾 까 [고] 澤貌ㅣ如윤택할고 (豪)
⿰目英 [영] 視也볼영 (庚)
⿰目修

[척] 失意視也뜻잃고볼척 (錫)
⿰目咸 꺼 [겹] 目陷눈자위꺼질겹 (洽)
⿰目亭 팅 [징][정] 安審視貌자세히보는모양징、目眵눈곱정 (庚)(青)
瞂 빠 [벌] 盾也방패벌 (月)
瞍 써 [수] 無目판수수 (有)

睮 위 [유] 諂也ㅣㅣ아첨할유 (尤)
睱 쌰 [하] 緩視천천히볼하 (禡)
⿱䀠大 잉 [경] 目光눈광채경 (迥)
⿰目枼 쎄 [접] 閉一目한눈감을접 (葉)
睲 씽 [성] 目精照눈에광채날성 (庚)
⿰目番

와 [알] 目深黑貌눈깊고검은모양알 (曷)
⿰目要 얖 [요] 遠視ㅣ眇멀리볼요 (篠)
睶 쥰 [춘] 大目큰눈춘 (軫)
⿰目㚇 쭝 [종] 相窺視서로엿볼종 (董)
⿰目剌 라 [랄] 目子不正눈바르지못할랄 (曷)

睺 후 [후] 半盲반판수후 (有)
睧 민 [민] 俯視굽어볼민 (眞)
⿰目臭 쒸 [혁] 驚視貌놀라보는모양혁 (陌)
⿰目匽 ⿰目晏과同
⿰目昜 양 [양] 眉間양미간양 (陽)
⿱昏目 훈 [혼] 煩悶번민할혼 (元)

睷 쩬 [건] 以目計算눈으로셈할건 (元)

十

⿰目晏 옌 [언] 目相戲눈으로희롱할언 (阮)
⿰目兜 떠우 [두] 目深也눈깊을두 (有)
⿰目荒 [황] 目不明눈어두울황 (養)
⿱般目 [반] 轉目視눈굴려볼반 (寒)

瞉 꺼우 [구] 無識무식할구 (有)
瞌 커 [갑] 欲睡貌졸음올갑 (合)
瞋 천 [진] 怒而張目눈부릅뜰진 (眞)
⿰目隺 왜 [각][학] 去目精눈빼일각、失明눈멀학 (覺)(藥)
⿱寒目 써 [식] 視無見

[illegible] 뵈지않을식 (職)
瞎 싸 [할] 一目盲 애꾸눈할 (黠)
䁏 요 [요] 美目 어여쁜눈요 (篠)
瞑 밍 [명][면] 目不明 눈어두울명 劇也 독할면 (靑)(徑)(先)(霰)
瞍 수 [수] 目有眹無珠 판수수 (有)
瞇 미 [미] 眇目 애꾸눈이미 (紙)
[illegible] 잉 [앵] 目淨貌 눈밝은모양앵 或音영 (庚)
瞏 경 [경] 無依ㅣㅣ 비틀거릴경 (庚)
睝 리 [려] 索視貌 찾아보는모양려 (霽)
[illegible] 메 [멸] 汚面 낯더러울멸 (屑)
[illegible] 따 [답] 垂目貌 눈내리뜨는모양답 (合)
[illegible] 손 [손] 目病 눈병손 (阮)
[illegible] 개 [개] 明也 밝을개 (賄)
[illegible] 진 [진] 淫亂 음란할진 (眞)
[illegible] 꾸 [子] 畏視 두려워서볼구 (遇)
[illegible] 마 [마] 視也 볼마 (禡)

十一

[illegible] 치 [체] 察也 살필체 (霽)
瞘 어 [子] 深目貌 움펑눈구 (尤)
瞖 이 [예] 眼疾ㅣ膜 안질예 (霽)
瞢 멍 [몽][맹] 目不明 눈어둘몽 不明ㅣㅣ 캄캄할맹 (東)(送)(徑)
瞘 [子] 深目貌 눈깊은모양구 (尤)
瞜 러 [루] 偏盲ㅣ眹 애꾸눈루 (尤)(虞)
瞛 쫑 [종] 目光 눈에광채날종 (冬)
瞠 청 [쟁][당] 直視 똑바로볼쟁、당 義同 (庚)(敬)
[illegible] [illegible] 와同
瞞 만 [만] 平目 반듯한눈만 (寒)
瞙 뭐 [막] 目不明 눈어둘막 (藥)
[illegible] 쉰 [선] 目好貌ㅣㅣ 눈매예쁠선 (先)
[illegible] 루 [록] 目淨曨ㅣ 눈맑을록 (屋)
[illegible] 미 [밀] 不可測 측량못할밀 (質)
[illegible] 티 [척][추] 失意視 시름없이볼척、추 義同 (錫)(尤)
[illegible] 쪄 [적] 目堅 눈곧두설적 (陌)
[illegible] 눈 [갱] 視不分明ㅣ 눈희미할갱 (庚)
矑 [illegible] 과同
[illegible] 위 [어] 環眼馬 그리눈말어 (魚)
瞟 퍞 [표] 目小貌 눈자그마할표 (篠)(嘯)
[illegible] 등 [등] 美目 아름다운눈등 (蒸)
瞡 꿰 [규] 眇視 곁눈질해볼규 (支)
瞗 댜 [조] 熟視 익히볼조 (嘯)
瞚 [순] 開闔目數搖 눈꿈쩍거릴순 (震)
瞕 쟝
[장] 目生障翳 눈에예막생길장 (漾)
瞝 리 [리] 歷視 거쳐볼리 (支)
瞌 카 [갑] 因悶眼졸 린눈갑 (合)
[illegible] 찬 [참] ㅣ眼 눈꿈쩍일참 中字
[illegible] [리] 目眦 눈꺼풀질리 (支)
瞔 째 [책] 目張 눈부릅뜰책 (陌)

十二

[illegible] 태 [태] 不明[illegible]ㅣ 눈흐릿할태 (泰)
瞚 瞬 과同
瞳 퉁 [동] 目珠ㅣ子 瞖之精 눈동자동 (東)
瞯 [한][간] 覘視 엿볼한、간 義同 (刪)(諫)
瞥 페 [별] 然 눈깜

짝할 별(屑)

瞵 린 [린][련] 目精 눈정기 린 以目隨 눈치챌 련(震)(眞)

瞬 순 [순] 目自動 눈끔쩍일 순(震)

瞤 순 [순] 目動 눈깜짝일 순(眞)

瞭 료 [료] 目明 눈밝을 료(篠)

⿰目矞 쒸 [휼] 驚視 놀라볼 휼(質)

⿰目掌 [징] 定視 말끄러미바라볼 징(敬)

瞰 간 [감] 俯視 굽어볼 감(勘)

瞫 썬 [심] 低目視 눈내리깔고볼 심(寢)

瞪 청 [증] 直視貌 바로볼 증(徑)

瞯 覸同

瞧 챤 [초] 竊視 결눈질할 초(嘯)

⿰目貫 꽌 [관] 直視貌 똑바로볼 관(諫)

⿰目爲 웨 [위] 目好貌 ㅣㅣ 눈예쁜모양 위(紙)

⿰目棠 瞠과 同

⿰目尊 쭌 [존] 赤目 붉은눈 존(元)

⿰目朁 쳰 [잠] 閉目ㅣ內思 눈감고생각할 잠(監)

瞩 矚의 俗字

⿰目戠 치 [즙] 出淚 눈물날 즙(緝)

瞴 뫄 [무] 微視ㅣ婁 잠간볼 무(尤)

⿰目絜 졔 [혈] 目赤貌 矆ㅣ 눈붉은모양 혈(屑)

瞦 씨 [희] 瞳淸 눈동자맑을 희(支)

⿰目曾 쪙 [층] 目小作態 瞢ㅣ 눈깨꿋하게모양지을 층(蒸)

⿰目猋 [표] 惡視貌 반갑지않게볼 표(齊)

⿰目堯 쌰 [우] 目深 눈깊을 우(尤)

⿰目黑 [홀][몽] 濁垢 때낄 홀 目不明 눈흐릴 몽(月)(送)

瞮 데

[철] 目明 눈밝을 철(屑)

⑬

瞽 꾸 [고] 盲也 장님 고(麌)

瞿 취 [구] 驚視ㅣㅣ 놀라볼 구(麌)

⿰目睪 이 [역] 明也 밝을 역(陌)

⿰目黽 민 [맹] 直視貌 ㅣ盯 눈똑바로뜨고볼 맹(庚)

⿱䀠王 쟌 [조] 目美 눈고울 조(嘯)

⿰目展 뼌 [편] 始生兒目有翳 갓난아이눈에예맥있을 편(銑)

⿰目頁 싹 [휴] 目多汁 눈꼽지적지적할 휴(尤)

瞻 쟌 [첨] 仰視 우러러볼 첨(鹽)

⿰目微 메 [미] 覗視 엿볼 미(支)

⿰目亶 쟌 [전] 視而止 보고말 전(銑)

瞼 얜 [검] 目上下弦 눈시울 검(琰)

瞹 애 [애] 目不明 눈흐릴 애(泰)

瞸 예 [엽] 詳也 눈시울 엽(葉)

⑭

⿰目察 차 [찰] 詳視 자세히볼 찰(黠)

矇 뭉 [몽] 有瞳未見 청맹과니 몽(東)

矉 [빈] 顰縮 이맛살찌푸릴 빈(眞)

⿰目畱 릐 [류] 決意 결심할 류(宥)

⿰目夐 쒠 [현] 目不正 눈부실 현(霰)

[illegible] 쿠 [굴] 目突 눈불거질 굴(月)

⿰目監 깐 [감] 瞻視 쳐다볼 감(陷)

矆 훠 [확] 大視 눈부릅뜨고볼 확(藥)

⿰目赤 허 [혁] 目赤 눈붉을 혁(陌)

⿰目㬎 치 [읍] 目睛中枯 눈동자속마를 읍 俗音 급(緝)

矃 닝 [녕] 視也 쳐다볼

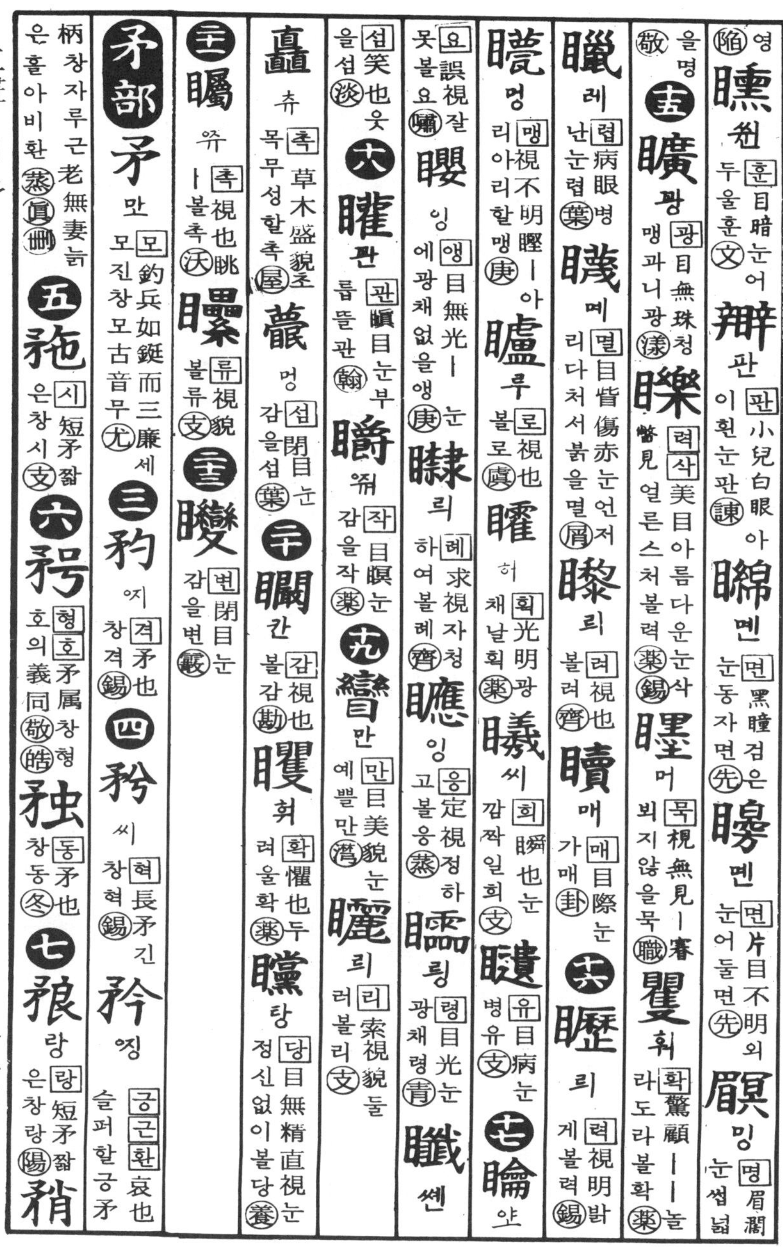

영 陷 矄 훈 훈 目暗눈어두울훈 文 辨 판 판 小兒白眼아이흰눈판 諫 矊 면 면 黑瞳검은눈동자면 先 矏 면 면 片目不明외눈어둘면 先 瞑 밍 명 眉闊 눈썹넓

을명 敬 十五 矌 광 광 目無珠청맹과니광 漾 𥌾 력 삭 美目아름다운눈삭 皪見열른스처볼력 藥 錫 𥌹 머 묵 覗無見ㅣ睿 뵈지않을묵 職 矍 확 확 驚顧ㅣㅣ놀라도라볼확 藥

矙 례 렵 病眼병난눈렵 葉 䁾 몌 멸 目眥傷赤눈언저리다처서붉을멸 屑 䵚 리 려 視也볼려 齊 𥌮 매 매 目際눈가매 卦 十六 矋 리 력 視明밝게볼력 錫

矇 멍 맹 視不明瞑ㅣ아리아리할맹 庚 矑 루 로 視也볼로 虞 矐 허 획 光明광채날획 藥 曦 씨 희 瞬也눈깜짝일희 支 䁻 유 目病눈병유 支 十七 瀹 약

요 誤視잘못볼요 嘯 瞾 잉 앵 目無光ㅣ눈에광채없을앵 庚 隸 리 례 求視자청하여볼례 齊 譍 잉 응 定視정하고볼응 蒸 靈 령 령 目光눈광채령 青 纖 쎈

섭 笑也웃을섭 琰 十八 矔 관 관 瞋目눈부릅뜰관 翰 爵 쟉 작 目瞋눈감을작 藥 十九 矕 만 만 目美貌눈예쁠만 潸 麗 리 리 索視貌둘러볼리 支

矗 츢 축 草木盛貌초목무성할축 屋 蘉 멍 섭 閉目눈감을섭 葉 二十 闞 간 감 視也볼감 勘 矍 확 확 懼也두려울확 藥 黨 탕 당 目無精直視눈정신없이볼당 養

二十一 矚 쮸 촉 視也眺ㅣ볼촉 沃 纍 류 류 視貌볼류 支 二十二 戀 변 閉目눈감을변 霰

矛部

矛 맛 모 鈎兵如鋌而三廉세모진창모古音무 尤 三 矜 쟈 격 矛也창격 錫 四 矜 씨 혁 長矛긴창혁 錫 矜 잉 궁 근 환 哀也슬퍼할궁 矛

柄창자루근 老無妻늙은홀아비환 蒸 眞 刪 五 矛施 시 短矛짧은창시 支 六 矛号 형 호 矛屬창형 호의義同 敬 皓 矛虫 동 矛也창동 冬 七 矛良 랑 랑 短矛짧은창랑 陽 矛肖

삭 文八尺矛馬上所持긴창삭(覺)

矞 위 율 詭詐계휼할율(質)

[矛+夆] 뵹 봉 二枝矛두갈래진창봉(冬)

[矛+侵] 친 침 錐也송곳침(侵)

八

矠 처 색 刺取魚작살질할색(陌)

九

[矛+英] 잉 영 以羽飾矛깃으로꾸민창영(庚)

[矛+建] 창 건 矛也창건(阮)

十

[矛+害] 개 갑 矛屬창개 갑 義同(泰)(合)

[矛+倉] 창 정 矟也창창 彗星欃혜성정(陽)(庚)

十一

[矛+堇] 친

근 矛柄창자루근(眞)

[矛+悤] 총 短矛짧은창총(冬)

十二

[矛+童] 츙 충 短矛짧은창충(冬)

十三

[矛+解] 졔 해 矛銳利貌창날카로울해(蟹)

十四

[矛+爾] 미 미 矛屬창미(支)

十五

[矛+暴]

빠 박 杖矛지팡이창박(覺)

十九

[矛+贊] 좐 찬 鋋也如戟兩旁鋒刃下有鐏銳창찬(旱)

二十

矡 휘 확 矛屬창확(藥)

矢部

矢 쓰 시 箭也살시 直也곧을시(紙)

二

矣 이 의 語助辭어조사의(紙)

三

知 쯰 지 識也알지 覺也깨달을지(支)

四

矦 侯의本字

矧 썬

신 況也하물며신(軫)

五

矩 꿔 구 法也법구 儀也거동구(麌)

[矢+去] 뺘 법 矢也살법(葉)

[矢+召] 쨔 조 短也짧을조(蕭)

[矢+此] 쯔 지 短小貌矲ㅣ짧고작은지(支)

六

[矢+冊] 쬭

주 射鳥箭활고두리주(尤)

[舟+矢] 矪과同

[矢+至] 줄 短也짧을줄(質)

七

短 똰 단 促也不長짧을단(旱)

矬 취 좌 身也짧을좌(歌)

[矢+見] 規의本字

[身+矢] 射과同

八

矮 애 왜 短人난장이왜(蟹)

[矢+卑] 삐 비 短小貌ㅣ[矢+比]짧고작을비(齊)

[矢+叕] 톄 철 短身키작을철(屑)

十

[矢+矣] 씨 시 待也기다릴시(紙)

十二

矯 쟈 교 詐也거짓교(篠)

矰 쯩 증 弋矢ㅣ繳주살증(蒸)

[矢+斯] 쓰 시 短小貌짧고작을시(支)

十四

矱 확 度也榘법도확(藥)

十五

矲 과 패 短小貌작고앙징할패(蟹)

石部

石 씨 석 山骨土精氣核돌석(陌)

一

乭 돌 石也돌 國字

[石+乚] 알 石貌돌모양알(黠)

二

[石+巳] 砭과同

矴 띵 정 錘舟石배닻돌정(徑)

[石+匕]

[굴]用心마음 쓸굴(月)

❸

矽 씨 [석]石質석 비레석(陌)

矸 깐 [안]山石산 돌안(翰)

矷 쯔 [자]小石잔 돌자(紙)

矼 캉 [강]聚石渡水돌 징검다리강(江)

⿰石亡 망 [망]石貌돌 모양망(陽)

矹 우 [올]石不穩硉 돌비알올(月)

矻 쿠 [굴]勞極ㅣㅣ 수고로울굴(月)

矺 퉈 [탁]打石돌 로칠탁(藥)

⿰石叉 차 [차]小石잔 돌차(佳)

矵 저 [적]衆石돌무 더기적(錫)

❹

研 研의 俗字

砌 치 [체]門限문 지방체(霽)

⿰石丰 뼁 [감]折也끊 을감(感)

砆 부 [부]美石碔ㅏ 옥돌부(虞)

砂 쌰 [사]沙也모 래사(麻)

砑 야 [아]碾也 연아(禡)

砅 리 [려]履石渡水돌밟고 물건널려 或音례(霽)

砏 뿐 [분]雷聲ㅣㅣ 우뢰소리분(文)

砐 이 [업]山高ㅣ峨산높 을업 或音압(葉)

砇 [민]美石次玉 옥돌민(文)

砎 예 [길][개]小石礦ㅣ조약 돌길 也단단할개(質)(卦)

砒 [비]毒石비 상비(齊)

砉 휘 [혁][획]皮骨相離聲ㅣ然 백정의칼쓰는소리혁 가죽과뼈가서로떨어지는소리획 혁義同(陌)(錫)

砋 [지]礪石숫 돌지(紙)

砃 단 [단]赤石붉 은돌단(寒)

砊 캉 [항][강]石聲ㅣ硠돌소리항 金銀礦우뢰소리강(漾)(陽)

砓 씨 [설]石山돌 산설(屑)

❺

砨 어 [액]玉石砥ㅣ 옥이름액(陌)

⿰石民 珉과同

砥 쯔 [지]磨石숫 돌지(支)(紙)

砝 취 [접]石聲돌 소리접(葉)

破 퍼 [파]裂也劈也 깨뜨릴파(箇)

砬 리 [립]藥石能制藥 毒약돌입(緝)

砦 [채]壘也 지칠채(卦)

砢 커 [가]石貌磊ㅣ 돌모양가(哿)

⿰石圣 패 [괴]美石似玉옥 같은돌괴(卦)

砮 누 [노]石鏃돌살 촉노(虞)

砠 [저]石山載土돌산 에흙덮힐저(魚)

砰 핑 [팽]水石聲砯ㅣ여 울물소리팽(庚)

砭 삔 [편]石鍼 돌침편(鹽)

砲 [포]以機發石 돌쇠뇌포(效)

砯 핑 [팽]水急打巖聲물이 바위에부딪치는팽(蒸)

砩 뻬 [페]以石遏水 보막을페(隊)

砟 짜 [사]碑石비 석사(禡)

砧 쩐 [침]擣衣石다 듬이돌침(侵)

砞 머 [말]碎石부서 진돌말(曷)

⿰石㐱 쩐 [진]石不平貌돌 험상스러울진(眞)

砤 砣와同

砣 퉈 [타]碾輪石연 자매타(歌)

⿰石此 ㅊ

[자]石名ㅣ黃 누런돌자(支)

[石+尓] 써 [주]石櫃 돌궤주(虞)

砫 쮜 [주]石櫃돌 궤주(虞)

砳 러 [력]二石相擊成聲돌마주부닷치는소리력(藥) [각]義同(覺)

砪 무

[무]藥石雲ㅣ돌비늘무 又운무무(有)

[石+半] 판 [반]大石 큰돌반(寒)

[石+付] 부 [부]白米晶 흰수정부(遇)

砱 링 [령]石孔 돌구멍령(青)

[石+失] 씨 [절]鍥也 돌쇠뇌절(屑)

六

[石+衣] 이 [의]石聲 돌소리의(微)

硅 꿰 [규]磧石之一 玻璃原料 유리만드는흙규(齊)

硄 광 [광]石色潤澤 돌빛윤택할광(陽)

硈 야 [할]堅固ㅣ然 견고할할(黠)

硇 놔 [뇨]藥石ㅣ砂 약돌뇨(肴)

硍 컨 [간]石有痕 돌에흔적있을간(願)

硐 퉁 [동]磨也 갈동(董)

[石+兆] 쨔오 [요]山田 돌자갈밭요 古音교(篠)

硋 礙同 과

硎 씽 [형]谷名 형곡형(青)

[石+夸] 꿔 [과]盤石 반석과(麻)

[石+臾] 유 [유]石似玉 옥같은돌유(虞)

[空/石] 꿍 [공]水邊石 물가둘공(腫)

[召/石] [략]磨刃利也 칼갈략(藥)

硊 웨 [위]石山貌 磈ㅣ 돌산모양위(紙)

硉 [률]石轉 돌구를률(月)

研 옌 [연]究也 연구할연(先)

硌 러 [략]山上大石 큰바위략(藥)

[石+先] [선]、[손]美石次玉 옥돌선、손 義同(先)(阮)

硃 쮸 [주]丹砂 주사주(虞)

七

硲 [日]峽也 산골자기곡

硝 쨔 [초]ㅣ石 유리만드는돌초 古音소(蕭)

硡 헝 [굉]石落聲 돌떨어지는소리굉(庚)

硯 옌 [연]石滑 돌연(霰)

硟 찬 [천]展絵石 쟁치는돌천(霰)

硠 랑 [랑]堅也 단단할랑(陽)

硪 어 [아]石巖 바위아(哿)

硨 처 [차]石似玉 옥같은돌차(麻)

硭 망 [망]藥石ㅣ硝 망초망(陽)

硜 컹 [갱]小人貌ㅣㅣ 알랑알랑할갱(庚)

硬 잉 [경]強也 굳셀경(敬)

硤 켜 [협]縣名ㅣ石 고을이름협(洽)

硫 릭 [류]藥石ㅣ黃 유황류(尤)

硩 티 [척]挑摘 팔매질해서딸척(錫)

确 쵀 [학]石地犖ㅣ 자갈땅학(覺)

硰 싸 [사]小石 잔돌사(麻)

[石+兌] 웨 [예]磨使消盡 갈아없앨예(霽)

[石+甫] 뱌 [보]磑也ㅣ磓 맷돌보(賓)

硱 쿤 [곤]石落貌ㅣ碖 돌떨어질곤(阮)

[石+赤] [韓]地名ㅣ城 땅이름적

硵 롸 [로]石器 돌그릇로(豪)(晧)

䂳 쥐 [좌] 碎石부스러진돌좌 (哿)
𥑮 뿌 [부] 石破聲돌깨뜨리는소리부 (尤)
𥑽 위 [미] 磨石돌갈미 (尾)

八

䃑 허 [하] 大脣貌입술두꺼울하 (覺)
䂹 옌 [연] 人名사람의이름연 (先)
碁 [기] 圍ㅣ바둑기 (支)
碗 완 [완] 器也그릇완 (旱)
䃅 [대] 壅水為방축대 (隊)
碓 퇴 [대] 舂具水방아대 (隊)
碎 쇄 [쇄] 細破부서질쇄 (隊)
䃣 과 䃣同
碕 [기] 曲岸굽은낭떠러지기 (支)
碔 [무] 美石碔砆무부무 (虞)
碆 퍼 [파] 石可為弋鏃돌살촉파 (歌)
䃂 곤 [곤] 鐘病聲종소리털털할곤 (阮)
硾 쮀 [추] 鎮也누를추 (寘)
碍 礙俗字
硼 펑 [평][붕] 石名평돌 硼藥名ㅣ砂약이름붕 (庚)(蒸)
碌 루 [록] 傭貌ㅣㅣ용렬한모양록 (屋)
硺 쫘 [탁] 擊也칠탁 (覺)
䃁 야 [아] 地形不平碨ㅣ지형험할아 (麻)
碚 타 [답] 踏碓舂米방아디딜답 (合)
碇 [정] ㅣ泊배멈출정 (徑)
䃅 취 [취] 磓也매취 (隊)
碊 [천][찬] 阪也언덕천 妓也버틸찬 (先)(潸)
碑 삐 [비] 刻石紀功德비석비 (支)
碄 린 [림] 深貌ㅣ깊을림 (侵)
碏 쟉 [작] 敬也공경할작 (藥)
碒 인 [흠] 深險嶔ㅣ내험할흠 (侵)
碉 댜 [주] 石室돌집주 (蕭)
碖 륜 [론] 石落貌磳ㅣ돌떨어질론 (阮)
碐 렁 [릉] 石險돌험할능 (蒸)
碃 칭 [청] 青石푸른돌청 (青)
𥔲 치 [첩] 山連貌산이연접할첩 (葉)
硿 쿵 [공] 落聲ㅣ磬돌떨어지는소리공 (東)
䃝 댜 [조] 石高돌높을조 (篠)
硫 괘 [괴] 石貌돌모양괴 (佳)
硱 쮠 [균] 石危돌위태할균 (眞)

九

碴 쨔 [사] 稜尖也모지고뾰족할사 (麻)
碝 완 [연] 美石次於玉아름다운옥돌연 (銑)
碯 [노] 文石碼ㅣ무늬진돌노 (皓)
碣 쩨 [갈][게] 碑也비석갈、石特立돌세울게 (月)(屑)(霽)
碡 뚜 [독] 磟田器碌ㅣ밭고르는기계독 (沃)
碬 쌰 [하] 礪石숫돌하 (麻)
碫 [단] 礪石쇠를칠단 (翰)
碭 [탕] 文石무늬돌탕 (漾)
碪 [치] 擣衣石다듬잇돌치 (侵)
碞 옌 [암] 巖也바위암 (咸)
碮 녜 [녈] 明礬別名백반녈 (屑)
䂅 맏 [모] 前高後下丘앞은높고뒤는낮은언덕모 (豪)
碩 씨 [석] 大也클석 (陌)

碧 삐 [벽]青美石푸르고아름다운돌벽(陌)
碟 데 [혈]治皮가죽다룰혈(屑)
碈 과 珉同
[石+皆] 졔 [개]黑石似玉옥같은돌개(佳)
[石+直] 쮜 [저]碪也碡맷돌저(語)
碜 차 [차]石垂貌ㅣ硶돌매달아놓을차(馬)
碃 [타]飛磚戲돌팔매칠타(歌)
碤 잉 [영]石有文彩화반석영(庚)
碥 뻰 [편]乘降履石디딤돌편 古音변(銑)
碦 커 [각]堅石단단한돌각(陌)
碠 찡 [정]石亭돌정자정(青)
碫 [대]落也떨어질대 或音추(隊)
碨 외 [외]石貌바위옹두라지외(尾)

(十)

磈 웨 [외]石貌ㅣ碨돌모양외 古音위(尾)
磇 [비]毒石霜비상비(齊)
磕 커 [갑][개]石聲돌소리갑、石相築聲돌쌓는소리개(合)(泰)
磐 판 [반]大石반석반(寒)
磊 레 [뢰]衆石重疊ㅣ돌첩첩할뢰(歌)
碾 녠 [년]碾物器맷돌년(霰)
碻 確와同
磋 춰 [차]磨也갈차(歌)(箇)
磑 애 [애][외]磨也단단할애 積也쌓을외(隊)(淡)
碼 마 [마](英國度名英尺)야아드마(馬)
磎 시 [계]溪通시내계(齊)
磁 츠 [자]石名吸引鐵類지남석자(支)
碨 웨 [외]地不平ㅣ碰돌자갈땅외(灰) 磈通
磓 뒈 [퇴][추]落石돌떨어뜨릴퇴(灰) 鎭也누를추(寘) 唾通
磅 팡 [팽][방]地形ㅣ磚땅우툴두툴할팽 十二兩重열두냥중방(陽)(庚)
碽 콩 [공]擊石聲돌치는소리공(東)
磉 쌍 [상]柱下石磨주춧돌상(養)
確 취 [확]堅也굳을확(覺)
磏 렌 [렴]赤色붉은빛렴(鹽)
磆 화 [활]藥名, 石활석활(黠)
磃 [체]怪石磄괴석체(齊)
[石+咢] 어 [악]石險돌험할악(覺)
磔 쪄 [책]刑名ㅣ市능지할책(陌)
[石+鬲] 꺼 [격]石地惡돌많고토박한땅격(陌)
磂 [류]藥硫黃유황류(尤)
磄 탕 [당]怪石ㅣ磃괴상스러울당(陽)
[石+剝] [박][착]石ㅏ언덕박 礫조약돌착(覺)
磌 텐 [전]石落聲돌떨어지는소리전(先)
磍 쌰 [할]石地不平ㅣ험한자갈땅할(黠)
[石+習] 라 [랍]破物聲ㅣ礏깨지는소리랍(合)
磒 윈 [운]落也떨어질운(文)
礐 롸 [락]石相扣聲ㅣ確돌서로부딪치는소리락(覺)
[石+冓] 꾸 [구]礦也돌무더기구(有)
[石+貨] 싸 [사]小石자갈사(哿)
[石+宮] 꿍 [궁]石落聲돌떨어질소리궁(江)

⿰石烏 우 [오]石阿 돌언덕오(虞)
磌 졘 [진]磌也 주춧돌전(先)
⑪
磫 츙 [종]石路 돌길종(冬)
磣 썬 [삼]物雜沙 모래섞일삼(感)
磟 루 [륙]石輥ㅣ 돌곰배륙(屋)
磨 머 [마]治石琢ㅣ 갈마(歌)
磥 과 磊同
磝 [오]山多小石 산에돌많을오(豪)
䃜 이 [예]美石黑色 아름답고검은돌예(齊)
磤 인 [은]雷聲砏ㅣ 우뢰소리은(文)
磢 창 [창]瓦石洗物去垢 기왓가루로물건닦을창(養)
⿰石啇 [적]水番車 물레방아적(錫)
磧 지 [적]沙漠 모래벌적(陌)
磞 펑 [팽]擊石 돌때릴팽 或音붕(庚)
⿰石族 추 [족]砮也 돌살촉족(屋)
磚 [전]瓦也 기와전(先)
磬 칭 [경]騁馬 말달릴경(徑)
磩 치 [척]石次玉 옥돌척(錫)
⿰石虖 햐 [하]石裂 돌벌어질하(禡)
⿰石堅 [갱]堅也 단단할갱(庚)
磛 찬 [참]山險 산험할참(咸)
⿰石斬 磛와同
磦 퍞 [표]山峰出貌 산봉우리우뚝할표(蕭)
磪 최 [최]險高 험하고높을최(灰)
⿰石郭 궈 [곽]石棺 돌관곽(覺)
⿰石莫 머 [막]沙漠 모래바닥막(覺)
⿰石婁 [루]石多 돌많을루(尤)
⑫
磶 씨 [석]礎也 주춧돌석(陌)
⿱厥石 ⿰石厥와同
⿰石爲 훼 [훼]敗也 패할훼(紙)
⿱隆石 룽 [륭]石落聲 ⿰石昌ㅣ 돌떨어지는소리륭(東)
磲 취 [거]石似玉 硨ㅣ 옥같은돌거(魚)
磵 礀과同
磯 지 [기]水激石 물이돌에부딪칠기(微)
⿰石厥 궤 [궐]發石 돌뜰궐(月)
磷 린 [린]薄石 얇은돌린(眞)
磾 뎨 [제]人名 金日ㅣ 사람이름제(灰)
⿰石毳 취 [취]石破 돌깨어질취 本音철(霽)
磻 판 [반]風翔溪名 시내이름반(寒)
磴 [등]登陟路 올라가는길등(徑)
⿰石朁 잔 [잠]石門 돌문잠(侵)
磽 챠 [교]礫也 자갈땅교(肴)
磿 리 [력]燕宮名ㅣ室 연나라궁이름력(錫)
磼 자 [섭][잡]산우뚝솟을잡 物破聲 ⿰石習ㅣ 물건깨지는소리섭(葉)(合)
磹 뎬 [점]電光ㅣ 번갯불번쩍거릴점(琰)
⿱敦石 뚠 [돈]石可踞 걸터앉을돌돈(元)
⿰石肅 쑤 [숙]砥石玄ㅣ 검은숫돌숙(屋)
磺 [광][황]銅鐵樸石 쇳돌광 石名 돌이름황(梗)(陽)
⿰石欽 친 [금]深險連延貌ㅣ嶔 깊고험하게연한모양금(侵)
⿰石虛 쒸 [허]輕石 가벼운돌허(魚)
⿰石最 쮀 [최]石 石자

갈최(泰)

礁 찬 [초]水中石물속돌초

(十二)

礧 [뢰]衆石돌무더기뢰(隊)

礑 땅 [당]底也밑당(漾)

礉 찬 [교][핵]石不平돌험할교 刻也각발할핵(效)

[石詹] 딴 [담]藥名ㅣ

治糲약이름담(感)

磏 [렴]礪石숫돌렴(鹽)

礐 쥐 [각]石聲돌소리각(覺)

礎 추 [초]柱下石礩也주춧돌초(語)

礓 쟝 [강]石聲돌소리각(覺)

礏 찌 [급]山高貌礏ㅣ산높은모양급(緝)

礛 깐 [감]封禪所用石𥓨돌함감(感)

[石豕] [추]落也떨어질추(眞)

[石戠] 연 [침]用石豕돌로칠침(寢)

礔 [벽]ㅣ礰벽력벽(錫)

礆 옌 [검]石險돌험할검(琰)

磈 외 [외]石多貌돌많을외(賄)

礒 이 [의]巖也바위의(紙)

[石戢] 찌 [즙]石高돌높을즙(緝)

(十四)

[石蒦] 리 [력]耕具石犂돌보습력(錫)

[石賓] 삔 [빈]碎石聲돌부스러뜨리는소리빈(眞)

礙 애 [애]止也그칠애(隊)

礜 위 [여]石名白ㅣ돌이름여(御)

礚 同磕

礛 얜 [감]磨玉礪石ㅣ옥가는숫돌감(感)

礞 뭥 [몽]藥石靑ㅣ石약이름몽(東)

礊 치

[척]夜警鼓야경북척(錫)

礘 [급][압]石聲돌소리급 石貌돌모양압(緝)(合)

(十五)

礧 레 [뢰]推石自高下돌굴려내릴뢰(隊)

礪 리 [려]磨也갈려(霽)

礨 레 [뢰]小穴ㅣ空작은구멍뢰(賄)

礥 쏀 [흔][현]難貌어려운모양흔 剛強딱딱현(眞)(先)

礦 꿍 [광]金銀銅鐵쇠돌광(梗)

礬 앤 [번]花名山ㅣ꽃이름번(元)

礫 리 [력]小石자갈력(錫)

[石截] 과 [石截]同

礤 차 [찰]粗石거친돌찰(曷)

[石蔑] 머 [말]堅也단단할말(曷)

礩 찌 [질]柱下石주춧돌질(質)

[石慮] 뤼 [려]石堅돌단단할려(語)

(十六)

礱 룽 [롱]磑也맷돌롱(東)(送)

礮 팦 [포]兵機石彈돌탄알포(效)

礰 [력]的明也밝을력(錫)

[石親] 친 [친]水中石물속돌친(震)

[石褱] 쾌 [괴]小石조약돌괴(灰)

[石嚢] 낲 [뇨]山曲산꼬불꼬불할뇨(篠)

[石諸] 쪄 [저]治玉礪石礛ㅣ옥가는숫돌저(魚)

(十七)

[石襄] 상 [양]歎石연한돌양(養)

礴 뿨 [박]裸體盤ㅣ벌거벗을박(藥)

[石韱] 쎄 [섬][섭]電光ㅣ礴번개빛섬 或音섭(葉)

(十八)

礶

우 [구] 青礪石 푸른숫돌 구 (虞)

⿰石雜 짜 [잡] 雜石多貌 잡석많을 잡 (合)

⿰石雈 [구] 青礪石 푸른숫돌 구 (虞)

十九 **⿰石靡** [마] 治玉琢ㅣ 옥다듬을 마 (歌)

二十 **礹** 옌 [엄] 石山 돌산 엄 (監)

二十一 **⿰石霸** 파 [파] 砧也 방칫돌 파 (禡)

二十二 **⿰石囊** [낭] 山隈 산모퉁이 낭 (養)

⿰石羅 라 [라] 石山 돌산 라 (哿)

示部

示 쓰 [시][기] 垂ㅣ 보일 시, 神ㅣ 귀신 기 (眞)(支)

一 **礼** 禮略字

二 **礽** 이 [잉] 福也 복 잉 (蒸)

三 **祁** 치 [기] 大也 클 기 (支)

祀 [사] 祭也 제사 사 (紙)

社 써 [사] ㅣ日 사일 사 (馬)

礿 [약] 春祭名 봄제사 약 (藥)

四 **祆** 쳰 [천] 波斯拜火教 종교이름 천 (先)

祅 야 [요] 災也 재앙 요 (蕭)

祈 치 [기] 告也 고할 기, 報也 갚을 기 (微)

祋 대 [대][탈] 殳也 창 대, 탈 義同 (泰)(曷)

⿰示支 [궤] 祭山 산제지낼 궤 (紙)

祊 빵 [팽] 廟門祭神 사당문제사 팽 (庚)

祉 쯔 [지] 福也 복 지 (紙)

⿰示比 삐 [비] 奉祭 제사지낼 비 (紙)

祇 찌 [기][지] 安也 편안할 기, 敬也 공경할 지 (支)

五 **祕** 삐 [비] 密也 비밀할 비 (眞)

祠 ᄎᆞ [사] 廟也 사당 사 (支)

祛 취 [거] 散也 흩어질 거 (魚)

祟 쒸 [수] 神禍 빌미 수 (眞)

祖 쭈 [조] 父之父 할아비 조 (虞)

祘 쏸 [성] 省也 살필 성 (翰)

神 썬 [신] 天ㅣ 하느님 신 (眞)

祐 우 [우] 神助 귀신이 도울 우 (宥)

祓 뿌 [불] 祭名除災求福 제사이름 불 (物)

⿰示央 殃과 同

祝 쥭 [주][축] 祭贊願也 축원할 축, 주ˋ 斷也 짤을 축 (有)(屋)

祜 후 [호] 福也 복 호 (麌)

祏 씨 [석] 廟中藏主石室 ㅣ 종묘돌감실 석 (陌)

祔 뿌 [부] 祭名 제사이름 부 (遇)

祚 쭤 [조] 福也 복 조 (遇)

⿰示可 [가] 祭也 제사 가 (歌)

祡 채 [시] 燔柴祭天 햇불켜 고천제지낼 시 (佳)

祙 미 [미] 山神 산신 미 (眞)

祗 쯔 [지] 敬也 공경할 지 (支)

六 **祣** 뤼 [려] 山川祭名 여제사 려 (語)

祪 궤 [궤] 祖也 한아비 궤 (紙)

祭 찌 [제][채] 祀也人事至於神 제사 제, 姓也 성 채 (霽)(卦)

祥 쌍 [상] 幸福 상서 상 (陽)

祫 [협] 合祭先祖 조상과 합제사지낼 협 (洽)

祤 위 [우] 縣名也ㅣ고을이름우 (虞)
祻 과 禍同
祩 쥬 [주] 詛也방자할주 (虞)
票 퍞 [표] 動搖貌흔들릴표 (蕭嘯)

七

祰 꼬 [고] 告祭고유제고 (皓)
祴 졔

[개] 古樂章名卜夏하나라풍류이름개 (佳)
祲 친 [침] 盛也왕성할침 (侵)
[illegible] 禍의古字
禉 우 [유] 燎柴祭天햇불켜고천제지날유 (有)
䄉 어 [아] 盛也성할아 (歌)
祳 천

[신] 祭社生肉사직에제지내는날고기신 (軫)
䄠 챠 [초] 福也복초 (蕭)

八

䄯 컨 [궁] 神名귀신이름궁 (迴)
祦 우 [오] 福也복오 (虞)
祽 쵀 [쵀] 月祭월제지낼쵀 (隊)
祼

[관] 祭酌鬯以ㅣ地강신할관 (翰)
祺 치 [기] 吉也길할기 (支)
禁 찐 [금] 制止금지할금 (沁)
䄍 쟈 [자] 年終祭名납향제자 (禡)
祿 루 [록] 福也복록 (屋)
禀 稟俗字
䄲

륙 [륙] 見也볼륙 (屋)
祹 똬 [도] 福也복도 (豪)
禂 똬 [도] 禱馬祭말제사지날도 (皓)
祅 얖 [요] 災也재앙요 (蕭)
䅔 츠 [치] 安也편안할치 (支)
䄎 치 [기] 好也좋을기 (支)

禃 씨 [식] 專一오로지할식 (職)

九

禕 이 [의] 美也아름다울의 (支)
禊 씨 [계] 三月上巳水嬉푸닥거리할계 古音혜 (霽)
禘 듸 [체] 王者大祭大ㅣ나라의큰제향체 (霽)

禔 쓰 [지][시][제] 福也복지、시義 同安也편안할제 (支)(齊)
禑 복 [오] 福也복오 (虞)
禖 메 [매] 天子求子祭名高ㅣ천자의아들비는제사매 (灰)
禋 인 [인] 潔祀정결이제지낼인 (眞)

禍 훠 [화] 災也재화화 (哿)
福 뿌 [복] 德也복복 (屋)
禎 엉 [정] 祥也상서정 (庚)
禓 양 [양][상] 道神길귀신양 遂强鬼귀신쫓을상 (陽)
𥜋 헉 [후] 求福복구할후 (尤)

禗 쓰 [사] 神不安欲去ㅣㅣ귀신이불안하여가고저할사 (支)
䄔 쒸 [서] 祭器제기서 (語)
禒 쎈 [선] 祭餘肉제사나머지고기선 (銑)
[illegible] 쐐 [쇄] 間吉凶무꾸리할쇄 (隊)

十

禠 치 [사] 福也복사 (支)
禡 마 [마] 師旅所止地祭名진터제사이름마 (禡)
禜 잉 [영] 除災祭재앙을쫓는제영 (敬)
禚 쟉 [작] 齊地名땅이름작 (藥)
䄙 밍 [명] 福也복명 (青)

𥛚 류 [류] 祝神詛也 예방할류 (有)

禛 쩐 [진] 以眞受福 복받을진 (眞)

禟 당 [당] 神祐도 울당 (陽)

䄫 뱅 [방] 春祭봄제 사지낼방 (庚)

十一

𥜞 무 [박] 久視也 오래볼박 (覺)

𥛷 뿅 [봉] 負山之神 산귀신봉 (冬)

𥛳 로 [조] 豕祭돼지 제사지낼조 (豪)

𥜊 라 [루] 飲食祭음 식제루 (尤)

𥛃 神의 古字

𥜟 [저] 告神明令加 咒저주할저 (御)

十二

𥜥 삐 [필] 竃祭조 왕제필 (質)

𥜦 훼 [혜] 祭也 제사혜 (霽)

𥜧 꿰 [결] 不祥 재앙결 (屑)

禧 씨 [희] 福也 복희 (支)

禨 여지 [기] 祥也 상서기 (微)(未)

𥜩 랴 [료] 燔柴祭天 횃불켜고 천제지낼료 (嘯)

禪 싼 [선] 傳位전 위할선 (先)

禩 祀과同

𥜰 膰同

𥜶 醮의 本字

禫 탄 [담] 除服祭大祥後間一月行담제담 (感)

䙥 쒸 [허] 耗鬼주린 귀신허 (魚)

十三

禮 리 [례] 節文仁義 예도례 (霽)

禬 쾌 [회] 除殃祭名재앙 제하는제사회 (泰)

𥜿 싼 [선] 祭天천 제지낼선 (銑)

禭 쉬 [수] 神名귀 신이름수 (寘)

𥜤 이 [역] 祭之明日제사 이튿날역 (陌)

十四

𥝉 얜 [염] 禳也도 액할염 (琰)

禱 따 [도] 祈神求福 기도할도 (皓)

禰 늬 [니] 神廟아비 사당니 (薺)

十五

禲 리 [려] 浮行神鬼災 귀신의재앙려 (霽)

𥝋 우 [우] 福也 복우 (有)

十六

𥝎 뤼 [려] 祭山川 산천제사려 (語)

𥝑 래 [뢰] 祝詛株ㅣ저 주할뢰 (泰)(隊)

十七

禳 상 [양] 祈也기 도할양 (陽)

禴 워 [약] 夏祭名여 름제사약 (藥)

十八

𥝐 티 [제] 福也 복제 (霽)

十九

禷 레 [류] 以事類祭天神 천제지낼류 (寘)

禶 찬 [찬] 祝神귀신 에게빌찬 (翰)

禸部

禸 우 [유] 獸足蹂地짐승 의발자욱유 (有)

四

禺 위 [옹][우] 廣州地名番ㅣ 땅이름옹、우 義同 (冬)(虞)

禹 위 [우] 舒也 펼우 (麌)

六

离 리 [리] 明也밝 을리 (支)

七

禼 비 [비] 獸名ㅣㅣ짐 승의이름비 (未)

禼 쎄 [설] 卓也 높을설 (屑)

八

禽 친 [금] 鳥也飛 ㅣ새금 (侵)

九

萬 禺과同

十二

𥝳 [비] 遠類ㅣㅣ 원숭이비 (未)

禾部

禾 허 [화] 稼之總名 生 곡식화 (歌)(歌)

禾 [계][애] 能上貌 나무끝을 구계、애 義同 (齊)(隊)

二

秀 쓔 [수] 茂也 무성할수 (有)

秃 투 [독] ㅣ山 민둥산독 (屋)

私 쓰 [사] 不公 사정사 己稱 나사 (支)

三

⿰禾亡 망 [망] 稻秄등 겨망 (陽)

秄 쯔 [자] 培也 북돋을자 (紙)

⿰禾己 치 [기] 木名 穋ㅣ 벼이름기 (紙)

秆 칸 [간] 禾莖 벼줄기간 (旱)

秉 삥 [병] 把也 잡을병 (梗)

秈 [선] 稉也 메벼선 (先)

⿰禾勺 쟈 [초] 禾穗垂貌 벼이삭숙은모양초 (篠)

秅 차 [타][차] 穀數 곡식수효타、國名 鳥ㅣ 나라이름차 (麻)

秊 年의 本字

⿰禾于 위 [우] 禾不秀 벼패지않을우 (虞)

⿰禾乞 씌 [흘] 屑米細者 쌀가루흘 (屑)

⿰禾弋 이 [익] 稈也 짚익 (職)

四

秋 칙 [추] 金行之時 白藏節 가을추 (尤)

秌 秋의 本字

⿰禾夫 뿌 [부] 再生稻 벼움날부 (虞)

秎 뿐 [분] 禾束 벼단분 (文)

⿰禾丑 늑 [뉴] 禾耎弱 벼연약할뉴 (有)

秐 [운] 鉏除苗間 草김맬운 (文)

秓 직 [지] 稈也 벼줄기지 (支)

⿰禾内 [여] 內也 들여 (寘)

采 쒸 [수] 禾成 벼익을수 (寘)

⿰禾牛 리 [려] 耕也 밭갈려 (霽)

⿰禾牙 야 [아] 稻束 벼단아 (麻)

⿰禾夬 지 [지] 茂也 무성할지 (支)

种 츙 [충] 稚也 어릴충 (東)

⿰禾巴 穲 과 同

⿰禾开 졘 [견] 小束 작은단견 (銑)

秒 뫄 [묘][초] 微妙 세미할묘 ㅣ針 초침초 (篠)

秏 뫄 [모] 減也 덜모 (號)

科 커 [과] 程也 과정과 (歌)

秕 삐 [비] 穀不成實 쭉정이비 (紙)

秔 껑 [갱] 稻不黏 메벼갱 (庚)

秖 찌 [지] 適也 마침지 (支)

五

秠 쀄 [비] 黑黍 검은기장비 (支)(紙)

称 稱의 略字

秧 양 [앙] 禾苗 모앙 (陽)

秬 쮜 [거] 黑黍 검은기장거 (語)

秭 쯔 [자] 數名 천억자 (紙)

秘 [비] 密也 비밀할비 (寘)

秦 친 [진] 禾名 벼이름진 (眞)

秜 늬 [니] 自生稻 돌베니 或音리 (支)

⿰禾半 빤 [반] 物相和 화합할반 (旱)

秤 [칭] 衡也 저울칭 (徑)

秫 쓔 [출] 黏粟 차조출 古音술 (質)

秣 머 [말] 衡也 저울말 (曷)

租 쭈 [조] 稅也 부세조 (虞)

⿰禾弗 삐 [필] 禾重生ㅣ 櫛 움벼필 (質)

秙 쿠

[고] 禾不實ㅣ穛벼 여물지않을고 (遇)

秩 찌 [질] 序也 차례질 (質)

秢 링 [령] 年也 나이령 (青)

䄷 씨 [석] 十斗 섬석 (陌)

秞 우 [유] 禾黍盛벼와기장무성할유 (尤)

秥 덴 [점] 禾也 벼점 (鹽)

秡 빠 [발] 禾傷벼 상할발 (曷)

秨 쭤 [작] 禾搖動貌벼 흔들릴작 (藥)

六

秳 궈 [괄][활] 禾生貌 벼날괄 舂粟不潰 조닦여지지않을활 (黠)(曷)

[禾巟] 빌황 [황] 空也 빌황 (陽)

案 안 [안] 穛禾벼 갈안 (翰)

秵 인 [인] 禾華벼 꽃인 (眞)

秺 뚜 [투] 地名땅 이름투 (遇)

[禾兆] 댜 [도] 自生禾피 도 (蕭)(肴)(豪)

[禾存] 춘 [존] 禾積벼 쌓을존 (願)

[覀禾] 粟의 古字

[禾曳] 이 [예] 收禾벼 걷을예 (霽)

移 이 [이] 遷也 옮길이 (支)

[罒禾] 궁 [공] 晩稻늦사리벼공 (冬)

[禾劦] 례 [례] 長禾긴 벼례 (霽)

[禾呂] 려 [려] 自生稻 돌벼려 (語)

[禾叀] 梯과 同

[禾戈]

[육][용] 厚也 두터울육、黑黍 검은기장용 (屋)(腫)

秷 찌 [질] 禾穗벼비는소리질 (質)

秱 퉁 [동] 禾盛貌벼무성할동 (東)

秸 [갈] 禾藁 볏짚갈 (黠)

七

稀 씨 [희] 少也 적을희 (微)

稃 뿌 [부] 穀類外糖 왕겨부 (虞)

稊 퇴 [제] 野生ㅣ稗 가라지제 (齊)

稅 쒜 [세][태][탈] 租也 부세세、追服추복입을태、 끄를탈 (霽)(泰)(曷)

稌 뚜 [도] 稉稻也 찰벼도 (虞)

稒

쿤 [곤] 成熟곡식 익을곤 (阮)

秿 뿌 [부] 禾積벼 쌓을부

[禾肙] 쥔 [견] 麥莖보리대견 (先)

稂 랑 [랑] 草名강아지풀랑 (陽)

程 청 [정] 式也 법식정 (庚)

[禾告] 쿠 [곡] 禾熟벼익을곡 (沃)

稍 쌀 [초] 小也 작을초 (巧)(效)

稈 깐 [간] 禾莖稻稭 벼줄기간 (旱)

[禾廷] 딩 [정] 稻麥傑立貌벼우뚝우뚝설정 (徑)

稉 杭과 同

稄 처 [축] 禾密貌벼빽빽한모양축 (職)

[禾別]

[별] 禾列不齊벼포기고루서지않을별 (屑)

八

[禾甾] 쯔 [치] 禾死벼죽을치 (支)

稙 찌 [직] 早種禾일찍심은벼직 (職)

[禾非] 뻬 [비] 禾穗貌벼이삭모양비 (尾)

稖 稖과 同

[禾幵] 허

[화] 棺頭 관의머리화 (歌)

稚 찌 [치] 幼禾어린벼치 (寘)

[禾卷] 촨 [권] 禾相近벼포기서로가까울권 (阮)

[禾居] 쮜 [거] 黍也 穅기장거 (魚)

[禾芺] 쎈 [험] 禾傷肥벼주저앉을험 (鹽)

[禾卿]

櫛同

秘 삐 [별] 禾香벼 향기별 (屑)

稗 빼 [패] 細也 잘패 (卦)

稡 취 [최][졸] 聚也 会|모을최 禾聚貌벼포기모을졸 (豪)(月)

⿰禾來 래 [래] 小麥來 麳밀래 (灰)

稠 착 [주] 密也 주밀할주 (尤)

稛 큔 [균] 束也묶 을균 (軫)

稕 쭌 [준] 稈束짚 단준 (震)

⿰禾垂 뛰 [타] 小積작게 쌓을타 (哿)

稏 야 [아] 稻名 벼이름아 (禡) |

稜 렁 [릉] 勢也 형편릉 (徑)

稑 루 [륙] 禾名種 벼이름륙 (屋) |

稟 삥 [품] 給也 줄품 (寢)

稔 신 [임] 年也 해임 (寢)

⿰⿱日彡禾 穆古字

稘 찌 [기] 周年 주년기 (支)

稞 커 [과] 麥也 보리과 (哿)

⿰禾奄 옌 쪽 [엄] 禾不實벼 정이엄 (琰)

稒 꾸 [고] 縣名|陽 고을이름고 (遇)

稤 [韓] 各宮貯亭者 |宮숙궁숙

稦 이 [의] 禾茂貌벼 무성할의 (支)

⿰禾昆 큔 [곤] 束也묶을 곤 或音혼 (阮)

⿰禾官 관 [관] 禾病벼 병들관 (旱)

⿰禾空 콩 [공] 稈也볏 대공 (東)

種 쫑 [종] 類也 종류종 (腫)

九

⿰禾曷 예 [알] 禾擧出苗 고갱이알 (月)

⿰禾胃 찌 [기] 禾長穗긴 벼이삭기 (寘)

稰 쒀 [서] 祭神米고 시쌀서 (語)

稭 쩨 [개][갈] 禾藁去皮祭天為席 짚고갱이개、갈義同 (佳)(黠)

稬 눠 [나] 稻之黏者 찰벼나 (箇)

稱 청 [칭] 言也말할칭 度也 量也헤아릴칭 (蒸)(徑)

稧 쎠 [결] 禾稈볏 짚결 (屑)(霽)

稫 삐 [벽] 禾密|稄 보일벽 (職)

稄 쭝 [종] 禾束벼 묶음종 (東)

⿰禾冑 쮜 [추] 稔實벼알 여물추 (宥)

稖 옌 [염] 苗齊等||이삭 간즈스런할염 (監)

稸 치 [집] 種也 심을 집本音즙 (緝)

⿰禾耑 뛰 [타][단] 禾垂貌벼고 개모숙은타、단義同 (駕)(寒)

稨 뻔 [변] 離上豆 울콩변 (先)

⿰禾屋 우 [옥] 禾芒벼 꺼럭옥 (屋)

十

⿰禾⿱白彡 穆의 略字

稺 치 [치] 幼禾어 린벼치 (寘)

稃 무 [부][포] 禾 積벼쌓을 부 大豆큰콩포 (虞)

稽 찌 [계] 考也상 고할계 (養)

稹 쩐 [진] 聚物물건 모을진 (軫)

稻 또 [도] 水田種杭 穀|벼도 (皓)

稾 꼬 [고] 禾稈벼 짚고 (皓)

稼 쟈 [가] 種穀곡식 심을가 (禡)

⿰禾耆 씨 [시] 麥下種보리그 루에심을시 (支)

穀 꾸 [곡] 養也 기를곡 (屋)

稶 위 [욱] 漆稶盛貌서 속우거질욱 (屋)

⿰禾栗 리

[률] 積禾貌|| 벼쌓은모양률 質

𥡝 [류] 禾盛 벼무성할류 尤

稿 [고] 文草 사초고 皓

稷 지 [직] 社|사직직 職

穀 穀略字

稴 렌 [렴][겸] 稻不黏메벼 렴 겸義同 監 琰

𥟇 稀과同

稸 [축] 積聚之意 쌓을축 屋

䅯 탕 [당] 玉蜀黍 옥수수당 陽

穏 운 [온] 盛也 번성할온 文

十一

䆆 쫑 [총] 禾束 벼묶을총 董

穌 쑤 [소] 息也 쉴소 虞

積 지 [적][자] 聚也 모을적 儲也 委|저축할자 陌 寘

穊 지 [기] |種 보이게심을기 寘

穈 메 [미][문] 黍屬 기장미 赤苗 嘉穀 붉은차조문 支 元

穄 지 [제] 稷也 기장제 霽

穇

투 [도] 禾穗 벼이삭도 虞

𥢏 뤄 [라] 穀積 곡식쌓을라 歌

稹 쟌 [초] 物縮少 물건축날초 嘯

穆 무 [목] 和也 화할목 屋

穎 잉 [영] 才拔出 빼낼영 梗

穋 稑과同

穅 캉 [강] 樂器名 악기이름강 陽

穮 먀 [묘][표] 禾芒 벼꺼럭묘、稻苗秀出 상이삭표 篠

穇 싼 [삼] 禾長 벼길찰삼 感

𥡵 제 [적] 離而種之 모종낼적 錫

䅿 [사] 赤|붉은벼사 麻

𥢓 리 [리] 穗秀而垂|| 벼이삭스으러질리 支

𥣥 [신][족] 穀名 곡식이름신、草木叢 초목더부룩할촉 眞 屋

十二

穜 퉁 [충][동] 禾名|稑 벼이름충 先種晩熟 늦벼동 東

穗

쒜 [수] 禾成秀 벼이삭수 寘

穦 뻔 [분] 穀米𥢶貌穗|까부르지않은곡식분 吻

穚 쟈 [교] 禾秀 벼패여날교 蕭

穖 지 [기] 禾也 벼기 尾

穛 쭤 [착] 早取穀 늦바심할착 覺

𥡌 메 [매] 禾傷雨生黑斑 벼가비에상하여대모앉을매 隊

𥠭 천 [잠] 禾欲秀 벼패려고할잠 侵

𥢑 랖 [로] 野豆 들콩로 豪

䅖 쑉 [속] 禾穗 벼이삭속 沃

稺 穉과同

穓 이 [익] 耕也 갈익 職

穔 황 [황] 野麥 들곡식황 陽

䆋 라 [류] 禾盛 벼성할류 尤

穘 얀 [효] 禾傷 벼상할효 肴

十三

穢 훼 [예] 汚也 더러울예 隊

穠 눙

[농] 華木稠多貌 꽃과나무빽빽히많은모양농 冬

穡 서 [색] 農也 거둘색 職

穟 갱 [수] 禾苗好美 고갱이나올수 寘

䆃 또 [도] 擇也 가릴도 皓

𥢶 괘 [괴] 糠也 겨괴 泰

𥤡 링

령 草莖疎풀줄기성길령 靑

⿰禾資 즈 자 積禾벼쌓을자 支

⿰禾亶 젼 전 禾束벼단전 霰

⿰禾廉 렴 렴 草不結實풀에열매맺지않을렴 監

十四

穧 이지 제 禾把벼움금제 霽

穫 훠 확 刈穀곡식거둘확 호 名焦ㅣ땅이름호 藥 遇

穤 俗字 稬

穨 퉤 퇴 暴風급한바람퇴 灰

穩 원 온 安也편안할온 阮

穦 삔 빈 香氣향기빈 眞

穥 위 여 蕃盛貌ㅣㅣ서속번성할여 語

穪 俗字 稱

⿰禾聚 츄 추 麻束삼단추 俗音충、수 聚也모을수 尤 有

⿰禾寧 닝 녕 禾茂벼꺼럭녕 庚

⿰禾翟 뎍 적 黏米찹쌀적 錫

十五

穬 꿍 광 稻不熟벼여물지않을광 梗

䆉 빠 파 稻名ㅣ稏벼이름파 禡

穭 루 려 自生稻돌벼려 語

穮 표 표 耘田除草김맬표 蕭

穡 색 색 吝惜인색할색 職

⿰禾節 ᄋ졔 즐 禾重生움벼즐 質

⿰禾憂 우 우 把數웅 큰수우 尤

十六

⿰禾冀 미 미 散種씨흩을미 寘

⿰禾龍 룽 롱 禾病벼병들롱 東

穐 秋과同

十七

⿰禾韱 셤 섭 禾不實벼쭉정섭 監 ⿰禾兼

穰 샹 양 物豊盛물건풍성할양 養

⿰禾薦 쳔 천 獸類所食草짐승먹는풀천 霰

十八

⿰禾雚 콴 권 禾熟黃벼익어누럴권 元

穱 쟉 작 稻下種麥벼그루에보리심을작 覺

⿰禾糞 뿐 분 糞田거름분 問

⿱禾聶 씨 섭 禾動於風벼가바람에흔들릴섭 葉

十九

穲 리 리 五穀行列ㅣㅣ곡식포기가지런할리 支

穳 쫜 찬 刈禾積벼베어가리칠찬 寒

二十

⿰禾黨 당 당 黃穀누른곡식당 養

穴部

穴 쒜 혈 窟也구멍혈 屑

一

穵 와 알 大穴큰구멍알 黠

二

究 쥐 구 窮理궁리할구 有

⿱穴丁 잉 정 穿也뚫을정 庚

三

空 쿵 공 天也빌공 하늘공 董 東

穸 씨 석 墓穴窀ㅣ무덤굴석 陌

穹 쿵 궁 高也높을궁 東

⿱穴土 써 색 以土塞穴흙으로구멍막을색 職

⿱穴亡 망 망 空也빌망 養

穻 위

창우 窓也 창우 (虞)

四

⿱穴厷 횡 굉 大屋 큰 집굉 (庚)

窃 竊俗 字

穾 투 돌 出貌 우뚝할돌 (月)

⿱穴元 완 연 柔皮革 가죽다룰연 (銑)

穿 촨 천 通也 통할천 (先)

窀 쭌 둔 埋也 묻을둔 古音준 (眞)

穽 찡 정 穿地陷獸坑 구덩이정 (敬)

窂 랖 로 貫也 굳을로 (豪)

穾 요 複室 골방요 (嘯)

五

窈 얏 요 静也 고요할요 (篠)

窅 얏 요 深目 움펑눈요 (篠)

窊 와 와 汙下 웅덩이와 (麻)

窆 뻰 폄 葬也 장사지낼폄 (豔)

窋 쿠 줄 物將出穴貌 구멍에 나오는 모양줄 (質)

窑 얏 요 燒瓦 기와구울요 (蕭)

窄 쌔 착 迫也 끼일착 古音책 (陌)

窌 쟢 교 窖也 굴교 (效)

⿱穴丙 삥 병 穴也 구멍병 (梗)

⿱穴令 링 령 井也 우물령 (靑)

⿱穴弘 형 굉 幽深 아득할굉 (庚)

⿱穴皿 밍 명 窟也 굴명 (梗)

窇 빠 박 穴也 구멍박 (覺)

⿱穴甲 야 압 刺脈 맥찌를압 (洽)

⿱穴示 피 피 排泄 샐피 (眞)

六

⿱穴乇 따 타 物將出穴貌 뾰족이내밀타 本音차 (禡)

⿱穴合 커 합 相當 상당할합 |合 (合)

⿱穴向 퉁 동 通也 통할동 (東)

⿱穴乎 우 오 卑也 낮을오 (虞)

窑 요 燒瓦竈 기와가마요 (蕭)

⿱穴夾 씬 심 烟突 굴뚝심 (侵)

窐 궤 규 甑孔 시루구멍규 (齊)

窕 탸 조 静也 고요할조 (篠)

窓 창 창 戶也 창창 (江)

窔 요 室東南隅 집동남모퉁이요 (嘯)

窒 찌 질 절 塞也 막힐질、淡氣 원소이름질、 절義同 (質)(屑)

⿱穴官 宦의 俗字

⿱穴共 꽁 공 空也 빌공 (送)

七

窘 쮠 군 急也 급할군 (軫)

窖 쟈 교 地藏大 지함교 (效)

窌 랴 류 濟北地名 石|땅이름류 (有)

⿱穴丣 窌과 同

窗 窓의 本字

⿱穴良 랑 랑 穴地空 구멍낭 (陽)

⿱穴豆 떡 두 陷穽 함정두 (有)

⿱穴肙 쪤 견 狹穴 좁은구멍견 (銑)

⿱穴份 ⿱穴分의 譌字

⿱穴甬 퉁 통 円孔 둥근구멍통 (送)

⿱穴兼 쪤 겸 遠也 멀겸 (琰)

⿱穴巠 칭 경 空也 빌경 (徑)

⿱穴坐 운 온 座所 자리온 (阮)

⿱穴冥 닝 녕 天也 하늘녕 (靑)

八

⿱穴卦 꽈 괘 博局方目 바둑판줄괘 (卦)

窢 화 획 逆風聲|然 바람 마주치는소리획 (陌)

⿱穴炎 딴

담 深也 깊을담 咸
窴 덴 전 山下穴 산밑구멍전 霰
窠 커 과 空也 빌과 歌
窞 란 람 聚土 흙긁어모을람 感
窪 유 유 器之傷 그릇흠유 寘
窮 펑 봉 葬

後平土 평토칠봉 迥
窾 관 관 深穴 깊은구멍관 寒
寇 구 子 猛也 사나울구 宥
窞 탄 담 坎也 구덩이담 感
窡 짜 찰 穴中見 구멍속으로볼찰 黠
窟 쿠

굴 土中孔穴 구멍굴 月
窣 쑤 솔 行緩貌 勃ㅣ 더디게걷는모양솔 月
九
窩 워 와 藏也 감출와 歌
窬 위 유 두 穿板為戶 판장문유、門傍小竇 문곁구멍두 虞 宥
窻

窗 과同
窠 窩 과同
窪 와 와 深也 깊을와 麻
窨 인 음 地室藏酒 술두는움음 沁
𥨍 부 부 鳥抱卵 새알품을부 宥
十
𥩟 피 비 放氣 방귀뀔비 寘

窯 야 요 陶器 오지그릇요 蕭
窲 찬 료 屋深窌ㅣ 집안으로속할료 俗音조 嘯
窱 댜 조 深遠 窈ㅣ 아득할조 篠
窳 위 유 情ㅣ弱也 약할유 麌
窰 窯와同

寘 텐 전 塞也 가득할전 先
窮 궁 궁 極也 다할궁 東
十一
窸 씨 실 自穴中出 구멍으로나올실 質
寥 랴 료 空寂 고요할료 篠
𥨐 우 우 山穴 산구멍우 虞

窩 쩌 적 免窟 토끼굴적 陌
𥦶 따 달 入食張類 음식씹을달 黠
㝩 캉 강 家靜 집조용할강 陽
𥨎 융 용 器病 窳ㅣ 그릇태갈용 冬
窺 큐 규 小視 엿볼규 支

窻 창 창 戶也 창창 江
窼 찬 초 鳥巢 새집초 肴
窹 와 寤와同
窹 우 오 竈也 아궁이오 遇
窵 댜 조 深也ㅣ窅 깊을조 嘯
𥨿 친 침 漸也 점점침 沁

寠 구 貧無禮 가난하여예절없을구 麌
十二
竅 竅의古字
寮 랴 료 空也 빌료 蕭
𥨞 청 탱 正視 바로볼탱 庚
𥩈 싱 성 大悟 크게깨달을성 青
窾 관

관 空也 빌관 旱
窿 룽 륭 大形 穹ㅣ 하늘형용륭 東
𥨊 덩 정 畫絵 그림정 青
竁 취 취 천 穿壙始穴 금정놓을취、천義同 霽 霰
𥨪 탄 담 內曲 안으로굽을담 感
𥩑

부 [복]穴室 움복 屋

窶 쭈 [추]穴中鼠聲 구멍속쥐소리추 尤

⑫ 窾 챠 [규]穴也 구멍규 嘯

竄 찬 [찬]逃也 도망할찬 翰

⑬ 竅 쐐 [예]驚也 놀랄예 霽

竆 窮과同

竂 란 [람]薄而大ㅣ𥦗 얇고클람 覃

竆 충 [궁]廣而深也 넓고길궁 東

⑮ 竊 竊의 俗字

竇 뚜 [두]穴也 구멍두 有

⑯ 竈 쪼 [조]爨炊 부뚜막조 號

竉 룽 [롱]深穴窟ㅣ 깊은구멍롱 董

⑰ 竊 쳬 [절]盜也 도둑질할절 屑

𥩒 씨 [시]穴也 구멍시 支

⑱ 竇 단 [담]着衣睡貌 옷입은채잘담 覃

立部

立 릐 [립]住也 설립 建也 세울립 緝

② 竍 [십]佛國量名 데카리터십

竌 치 [처]正也 바를처 御

③ 竏 [천]佛國量名 킬로리터천

④ 竑 헝 [횡]廣也 넓을횡 庚

竓 [日]佛國量名 미리리터모

竔 [승]佛國量名 리터승

竕 [분]佛國量名 데시리터분 新字

⑤ 竘 꾸 [구]治也 다듬을구 有

竜 龍의 古字

站 짬 [참]獨立 홀로설참 陷

竚 쭈 [주]待也 기다릴주 遇

竚 [저]久立 오래설저 語

竝 삥 [병][반][방]倂也 아우를병 𤖹 柯縣名 고을이름반 近也 가까울방 迥 旱 漾

竛 링 [령]行不正 ㅣ竮 비척거릴령 靑

⑥ 竮 竮과同

章 짱 [장]文也 글장 采也 표할장 陽

竟 찡 [경]終也 마칠경 敬

竡 [日]佛國量名 헥트리터백

⑦ 望 望과同

竨 뿌 [포]物之端 끝포 虞

童 퉁 [동]山無草木 민둥산동 東

竢 [사]待也 기다릴사 紙

竨 챠 [초]立貌 선모양초 嘯

竦 쑹 [송]敬也 공경할송 腫

竮 삥 [빙]使也 부릴빙 靑

竣 쭌 [준][전]退立 물러설준 止也 그칠준、전義同 眞 先

竤 [발]擀物聲 물건누르는소리발 月

⑧ 竮 톈 [첨]恭也 공손할첨 琰

竱 루 [록]鬼見ㅣㅣ 귀신뵐록 屋

𥪰 짝 [작]驚也 놀랄작 藥

䇝 [대]重也 포갤대 賄

竨 피 [비]立貌ㅣㅣ 오뚝설비 齊

竫 챠 [조]高危ㅣ嶢 높고위태할조 嘯

竫 찡 [정]靜也 고요할정 梗

竬 퀘 [괴]獨立ㅣ

貌然홀로선모양괴 俗音외 (賄)

竪 豎俗字

(九)

竮 端同

端 똰 [단]正也단정할단(寒)

竭 깨 [갈]盡也다할갈(月) [걸]義同(屑)

竰 [日]佛國量名센티리터이

䇓 [수]立而待서서기다릴수(眞)

𥪰 쩐 [침]坐立不移貌우두커니침(侵)

(十)

竨 뎬 [전]塞也막을전(先)

𥫃 쎄 [혜]待也기다릴혜(齊)

(十一)

竪 찌 [계]窮究궁구할계(霽)

竮 핑 [병]行不正竮ㅣ비틀거릴병(青)

竱 짠 [전]、[단]等也같을전、단義同(銑)(翰)

竸 競同

(十二)

竳 떵 [등]立貌ㅣㅣ우뚝설등(蒸)

䇓 쒸 [수]久待오래기다릴수(眞)

竲 청 [증]高也높을증(蒸)

𥫅 쟈 [요]高危竫ㅣ높아위태할요(蕭)

(十三)

𥫔 라 [라]弱立약하게설라(箇)

(十四)

𥫍 쒸 [수]久待오래기다릴수(眞)

(十五)

競 [경]爭也다툴경(敬)

(十七)

𥫒 퉁 [동]鐘聲종소리동(東)

竸 競同

六畫

竹部

竹 쭉 [죽]冬生草員質虛中深根勁節대죽(屋)

(二)

竺 쭉 [독][축]厚也두터울독 天ㅣ나라이름축(沃)(屋)

竻 러 [륵]竹根대뿌리륵(職)

(三)

竽 위 [우]大笙큰생황우(虞)

𥫱 [봉]織竹編箬覆船배뜸봉(東)

𥫲 [지]笙類피리지(支)

𥫟 찌 [기]竹席대자리기(紙)

竿 깐 [간]竹梃대줄기간(寒)

(四)

笊 [조]竹器ㅣ籬조리조(巧)(效)

笋 筍同

笑 쌰 [소]喜而解顏啓齒웃을소(嘯)

筓 笄同

笐 깡 [항]衣架옷걸이항(漾)

笔 筆同

笆 빠 [파]有刺가시대파(麻)

笏 홀 [홀]手版홀홀(月)

笇 [산]籌也대그릇대산(翰)

笈 찌 [급][접]書箱책상자급、驢上負나귀길마접(緝)(葉)

𥫼 뚠 [둔]容穀竹篅둥구미둔(阮)

𥬉 쭝 [종]長節竹마디긴대종(冬)

笅 筊同

笌 야 [아] 箏也 죽순 아 (麻)
笒 한 [함][금] 實中竹 속빈대 함、竹籤 첨대 금 (覃)(沁)
笀 방 [방] 竹籠 죽롱 방 (陽)
笫 씨 [시] 王竹 큰대 시 (紙)
笎 웬 [원] 竹文 무늬대 원 (元)
笍 녈 [녈][체][예] 小車具 작은수레기구 녈、체義 녈과同 竹名 대이름 예 (屑)(霽)
笓 비 [비][필] 眞梳 참빗 비 列也 벌일 필 (寘)(質)
笐 항 [항] 竹編捕魚具 통발 항 (漾)

五

笞 치 [태] 箠打 매칠 태 (支)
笫 즈 [자] 牀簀 평상 자 (紙)
符 부 [부] 信也 믿을 부 證驗 증거 부 (虞)
笯 누 [노][나] 鳥籠 새장 노 나義同 (虞)(麻)
笟 꾸 [고] 竹名 대이름 고 (虞)
笨 뻔 [분] 肥大 투박할 분 (吻)
笲 빤 [번][반] 盛婦贄棗修器 신부의 폐백반 번、반義同 (元)(阮)
笱 끄 [구] 曲竹取魚器 통발 구 (有)
笳 쟈 [가] 又 피리 가 (麻)
第 듸 [제] 次也 차례 제 (霽)
笴 깐 [간][가] 幹也 줄기 간 가義同 (旱)(哿)
笥 쓰 [사] 竹方器衣篋 옷상자 사 (寘)
笭 링 [령] 小籠 작은농 령 (青)
笪 따 [달][단] 覆舟簟 배덮는 삿자리 달 筥也 고리짝 단 (曷)(旱)
笵 [법] 法也 법 범 (豏)
笙 씽 [생] 小者有十三簧 竹席 桃ㅣ 대자리 생 (庚)
笹 [세] 細竹 가는대 세 日字
笮 쨰 [책][작] 狹也 좁을 책 黥刑 鑽ㅣ、자잘할 작 (藥)
笛 듸 [적] 樂管七孔 篇 피리 적 (錫)
笠 리 [립] 頭冠 갓 립 (緝)
笝 나 [납][닙] 繫舟竹索 배매는 댓줄 납 補籬 울타리 얽어맬 닙 (合)(洽)
笟 [고] 以篾束物 대테 맬 교 (質)
笧 策同 冊古字
笶 차 [허] 竹製飯器 대 밥그릇 허 (魚)
筑 筑俗字
笰 뷰 [불] 車後戶名 차 뒤창 이름 불 (物)
笘 찬 [섭] 習字板日畢 분판 섭 (淡)
笜 쫘 [줄] 竹筍生貌 삐죽나올 줄
笩 빼 [패] 飛揚 까불을 패

六

筒 통 [통] 竹名射ㅣ 사통 대통 (東)
笄 찌 [계] 簪也 비녀 계 (齊)
筎 수 [여] 竹皮 대껍질 여 (魚)
笻 충 [공] 蜀竹可爲杖 공대 공 (冬)
筐 광 [광] 方形竹器 모진 대광주리 광 (陽)
筍 [순] 竹萌 죽순 순 (軫)
筋 찐 [근] 力也 힘 근 (文)
筊 쌰 [효][교] 小簫 작은통소 효、교義同 (巧)(肴)
筌 촨 [전] 藏魚竹器 다래끼 전 (先)
筑 쭈 [축] 拾也 주울 축 (屋)
筞 [추][창] 篷篗 돛 추、帆 돛달 창 (虞)(講)
筆

[필] 所以書 붓필 述也 지을필 (質)

筏 벌 [벌] 桴也 떼벌 (月)

策 책 [책] 謀也 籌ㅣ 꾀책 (陌)

等 등 [등] 輩也 무리등 (迴)

筅 선 [선] 鍋釜洗 掃ㅣ 솥솔선 (銑)

⿱竹西 지 [체] 箕也 키체 (霽)

筭 산 [산][책] 編竹爲落 대바자산 書籍 책책 (諫)(陌)

筐 희 [희] 取蟣枇 참빗희 (支)

答 다 [답] 對也 대답답 (合)

𥬮 천 [전] 以竹貫物 대꼬챙이전 (銑)

筻 [예] 合板際 널불인틈예 (霽)

筄 요 [요] 屋笪 산자요 (嘯)

筕 항 [행] 竹篳ㅏ篖 대삿자리행 (庚)

筈 괄 [괄] 將然之意 그러할터괄 (曷)

筁 곡 [곡] 蠶薄 누에발곡 (沃)

筹 과 [고] 竹器 ㅣ篣 대고리고 (皓)

⿱竹老 로 [로] 柳器 篣ㅣ 버들고리노 (皓)

筃 인 [인] 車䢇 차방석인 (眞)

⿱竹列 례 [례] 籌也 산가지례 (霽)

⿱竹异 잉 [영] 竹筍 죽순영 (庚)

⿱竹丞 청 [승] 竹炬 대홰승 (蒸)

笿

러 [락] 束也 묶올나 (藥)

⿱竹耳 용 [용] 班竹 아롱진대용 (冬)

七

筥 쥐 [거] 穧名 볏단거 (語)

筮 씨 [서] 蓍ㅣ 시초점서 (霽)

筠 윈 [균] 竹皮 대껍질균 (眞)

筩

퉁 [통][용] 竹筒 律本 대통통、筒通 전통용 (東)(腫)

筭 산 [산] 計數 셈놓을산 (翰)

筦 관 [관] 主當 주관할관 (旱)

筞 策 俗字

筤 랑 [랑] 幼竹 蒼ㅣ 어린대랑 (陽)

⿱竹豆 梪과 同

筵 옌 [연] 竹席 대자리연 (先)

筧 견 [견] 以竹通水 대홈통견 (銑)

筲 쏘 [소] 竹器容斗二升 한말두되들이 대그릇소 (肴)

筳 팅 [정] 細竹 가는대정 (青)

筰 작 [작] 竹索 대새끼작 (藥)

筯 저 [저] 匙ㅣ 젓가락저 (御)

筬 청 [성] 織具所以持經 바디성 (庚)

筴 쟈 [협][책] 箸也 젓가락협 謀也 계교책 (洽)(陌)

筟 부 [부] 竹中衣 대청부 (虞)

筢 파 [파] 用以取草泥ㅣ 갈

퀴파 (麻)

筡 투 [도][서] 中空 속빌도、竹篋 簸ㅣ 대광주리서 (虞)(魚)

⿱竹寽 뤼 [률] 射爲竹管 새쏘는총률 (質)

⿱竹別 삐 [필] 割竹 대쪼갤필 (質)

⿱竹角 쫘 [각] 竹椽 대서까래각 (覺)

⿱竹酉

蓊과 同

⿱竹刮 쟌 [첨] 削物使薄 깎아얇게할첨 (監)

⿱竹尾 웨 [미] 帚也 비미 (屋)

⿱竹肑 뽝 [박] 手足指節鳴 손발마디울박 (覺)

筣 리 [리] 竹籬 笆ㅣ 대울타리리 (支)

⿱竹夋 쉬 [사] 㑥

也북사(歌) 篷 퓽 [항][봉]酒篘ㅣ·籭술거르는용수항、車篷수레뜸봉(江)(東) ⿱竹斉 찌 [제]竹席대자리제(霽) ⿱竹言 옌 [언]大簫큰통소언(元) ⿱竹耴 톄 [첩]小葉적은잎사귀첩(葉) ⿱竹删

산 [산]竹製盛飯器대밥통산(寒) ⿱竹沂 인 [은]大篪큰저은(文) ⿱竹邑 이 [읍]捕魚具竹器통발읍(緝) ⿱竹志 쯰 [지]堅竹단단한대지(支) ⿱竹匣 쨔 [갑]竹箱대상자갑(合) 筱 쑈

[소]細竹가는대소(篠)

八

箕 끠 [기]宿名東ㅣ별이름기(支) 箅 삐 [폐]甑底所敷箔시루밑에까는발폐(霽) 箜 쿵 [공]絃樂琵類ㅣ篌공후공(東) 箛 꾸 [고]笳也피리고

(虞) 箄 삐 [비][폐]捕魚器가리비、底蔽시루밑폐(支)(齊)(佳) 算 [산]計數셈놓을산(旱) 管 꽌 [관]主當주관할관(旱) 箋 쪤 [전]文體名전문전(先) 箇 꺼 [개]數也낱개(箇)

⿱竹早 [조]罾類魚具가리조(效) 箏 쩡 [쟁]瑟類合ㅣ쟁쟁(庚) 箒 [추]箕ㅣ비추(有) 箳 뼝 [병]門扉ㅣ篬대사립문짝병(青) 箙 뿌 [복]盛矢器전통복(屋) 箑 쌰

[삽]扇之대아삽삽(洽) ⿱竹妾 쌰 [삽]竹翣대아삽삽(洽)箑翣通 箝 쳼 [겸]鋏攝재갈겸(監) 箔 뻐 [박]金屬薄展金금박박(藥) ⿱竹拈 箝과同 箁 뿌 [부]竹葉대잎부(有)

⿱竹治 츠 [지]篠也가는대순지(支) 箚 쨔 [차]非表非狀ㅣ子차자차本音잡(洽) ⿱竹莽 망 [망]竹名數節마디짧은대망(養) 篗 [확]收絲器자세확(藥) ⿱竹匊 쮜 [국]竹根대뿌리국(屋)

箍 꾸 [고]以竹束物대테멜고(虞) ⿱竹念 넨 [념]挽舟索배끄는줄념(豔) ⿱竹舀 탚 [도]牢飼筐소먹이그릇도(虞) 箓 루 [록]高筐높은대상자록(屋) 箃 쭤 [추]竹黃대누를추(尤)

⿱竹沾 뎬 [점][전]連紙箔종이뜨는발점、蔽竇솜발전(監)(先) ⿱竹侖 룬 [륜]推船竿배밀대륜(眞) ⿱竹矦 따 [대]籃之浅而長者얕고긴바구미대(泰) ⿱竹莫 [오]地名ㅣ땅이름오國字 ⿱竹屈

취 [굴]洗物刷子그릇뛰는솔굴(物) 笿 篙과同 箘 췬 [균]美竹箭材살대균(軫) 箐 쳰 [정][천]小籃箵ㅣ바구니정、竹弓대로만든활천(庚)(霰) ⿱竹肥 빠 [파]竹竿대산자파(麻)

笿 위 [어] 葉薄竹 잎사귀엷은대 어 (魚)

篪 후 [호] 長竹 긴대 호 (虞)

九

落 롹 [락] 籬ㅣ 울타리 락 (藥)

箭 잰 [전] 矢也 화살 전 (霰)

葫 후 [호] 箭室ㅣ籠 전동 호 (虞)

箈 태 [태] 竹萌 죽순 태 (灰)

篹 簨과同

篅 촨 [천] 盛穀円器 대둥구미 천 (先)

箸 쮸 [저] 飯具匙ㅣ 젓가락 저 (御)

箰 [순] 竹胎 죽순 순 (軫)

箠 취 [추] 馬策 채찍 추 (紙)

篆 좐 [전] 書也 전자 전 (銑)

箷 이 [이] 衣架 횃대 이 (支)

篖 簜과同

箾 쌒 [소][삭] 상소 소、舞曲 桓ㅣ 춤곡조 삭 (蕭)(覺)

篇 편 [편] ㅣ章 글편 書冊 책 편 (先)

篂 씽 [성] 車蔽篇ㅣ 수레덮는발 성 (青)

篍 촤 [초][추] 吹簫勤役 퉁소부려역사시킬 초、竹簫 대퉁소 추 (蕭)(尤)

箵 씽 [성] 漁具笭ㅣ 고기다래끼 성 (青)

篁 황 [황] 竹林 대밭 황 (陽)

篌 후 [후] 絃樂箜ㅣ 공후 후 (尤)

箱 썅 [상] ㅣ子 상자 상 (陽)

箴 쪈 [잠] 石刺病 돌침 잠 (侵)

篸 친 [침] 工人用墨尺 먹자 침 (沁)

箮 훤 [훤] 竹花 대꽃 훤 (元)

範 뻔 [범] 法式 법 범 (豏)

筷 쿼 [궤][괴][괵] 篷也 광주리 궤、ㅣ篷奩也 수레휘장 괴、車枸簍 수레포장살 괵 (隊)(灰)(陌)

箼 우 [옥] 竹叢 대총 총할 옥 (屋)

箹 위 [약][요] 小籥 작은피리 약、竹節 대마디 요 (覺)(效)

築 쮸 [축] 積重 쌓을 축 (屋)

節 졔 [절] 竹ㅣ 대마디 절 (屑)

筱 쐬 [쇄] 席也 돗 쇄 (蟹)

箌 쫘 [작] 漉米具 조리 작 (藥)

箿 싸 [삽] 竹器綠編 대그릇가휘감칠 삽 (合)

篓 籔과同

箽 뚱 [동] 竹器 대그릇 동 (董)

箬 쟉 [약] 竹皮 대껍질 약 (藥)

篋 [협] 箱ㅣ 행담 협 (葉)

篺 패 [패] 竹片 대쪽 패 (卦)

箳 篺와同

箯 뼌 [편] 竹輿 남여 편 (先)

篏 쾌 [괘] 矢竹 살대 괘 (卦)

篊 홍 [홍] 覓也 홈통 홍 (送)

箆 삐 [비] 編竹小盤 대장반 비 (支)

𥰛 위 [유] 黑竹 검은대 유 (尤)

䈗 예 [야] 海濱生竹 바닷가에나는대 야 (麻)

𥲈 篎과同

䈎 예 [엽] 竹簡 대쪽 엽 (葉)

𥲐 진 [긴] 皮白竹 껍질흰대 긴 (軫)

簓 籐과同

䈘 징 [경] 筋竹 대이름 경 (敬)

䈙 쓰 [자] 竹盛 대성할 자 (支)

䈇 정 [정] 竹欄干 대난간 정 (庚)

篦 篦 과同

⿱竹是 [시][이][제] 笙簧생황시 凡也책 상이、竹器대그릇제 (支)(齊)

十

篩 쓰 [사] 大竹 왕대사 (支)

篚 븨 [비] 円形竹器둥근 대광주리비 (尾)

篪 치 [지] 橫吹笛엽으 로부는저지 (支)

篔 원 [운] 大竹 왕대운 (文)

篦 삐 [비] 髮具密櫛 참빗비 (齊)

⿱竹旅 려 [려] 筥也盛飯器밥 담는그릇려 (語)

篡 [찬] 逆奪빼 앗을찬 (諫)

篨 츄 [저] 竹席籧｜ 대자리저 (魚)

⿱竹般 빤 [반] 竹名｜籛 대이름반 (寒)

篙 꼬 [고] 進船竿상 앗대고 (豪)

篹 좐 [찬][산][전] 逆奪빼앗을찬 竹筥雕｜ 대소쿠리산 述也시을전 (旱)(霰)

⿱竹差 쟈 [차][자] 竹貌篸｜대모양 차、炭籠숯둥구미자 (歌)(馬)

篣 방 [방] 箕属 키방 (陽)

篘 츄 [추] 鹿酒용 수추 (尤)

篛 쉭 [약] 竹皮대 껍질약 (藥)

篝 꾸 [구] 覆火籠종 다래끼구 (尤)

⿱竹兼 [겸] 籠也 대농겸 (鹽)

篥 릐 [률] 勁竹쨍 쨍한대률 (質)

篞 녜 [녈] 中管중 피리녈 (屑)

篖 당 [당] 竹席筕｜ 대자리당 (陽)

篗 [확] 卷絲器 자새확 (藥)

篤 뚜 [독] 固也견 고할독 (沃)

⿱竹翕 타 [답] 窗扇창 짝답 (合)

⿱竹絩 요 [요] 竹枝也대 가지요 (蕭)

篎 묘 [묘] 小管작 은저묘 (篠)

⿱竹浮 뷰 [부] 竹有斑文 자문죽부 (尤)

⿱竹納 나 [납] 纜舟竹索배매 는대동아줄납 (洽)

篊 홍 [홍] 用以漢物者 검그레홍 (送)

篧 쫘 [착] 又고기잡 는발착 (覺)

⿱竹剡 찬 [잠][담] 搔馬말털긁을잠、 馬篦말글경이담 (覃)

⿱竹洿 뷰 [부] 竹青皮대푸 른껍질부 (虞)

簑 [사] 雨衣동 롱이사 (歌)

篕 깨 [합][계] 竹席대자리 합、계義同 (合)(泰)

⿱竹舀 됴 [도] 飯牛器소먹이 는그릇도 (豪)

⿱竹稍 쇼 [소] 飯畚주 격소 (巧)

篬 창 [창] 竹色青貌｜ 대빛푸를창 (陽)

⿱竹蚤 쌀 [소] 竹聲｜｜ 대소리소 (豪)

⿱竹息 시 [식] 搔耳具귀 우비개식 (職)

⿱竹扇 싼 [선] 箑也부 채선 (霰)

⿱竹袁 웬 [원] 絡絲籆 자새원 (元)

⿱竹鉤 쥐 [구] 筬也織具 바디구 (遇)

⿱竹叟 식 [수] 籔也용 수수 (尤)

⿱竹屐 치 [격] 竹履대 신격 (陌)

篢 궁 [공] 竹笠대 삿갓공 (東)

⿱竹容 융 [용] 文竹자 문죽용 (冬)

築 [축] 積重 쌓을축 (屋)

⿱竹莫 무 [모] 竹箱대 상자모 (遇)

篭 籠과同

⿱竹索 솩 [삭] 竹紙 대동아줄 삭 (藥)

⑪

簂 궤 [궤] 婦人首飾 머리치레 궤 (隊)

⿱竹聆 령 [령] 竹名 대이름 영 (靑)

⿱竹釣 됴 [조] 釣竹 낚싯대 조 (嘯)

⿱竹巢

레 [류] 法綱 법류 (紙)

篷 퓽 [봉] 編竹覆舟 대뜸 봉 (東)

篵 충 [종] 病枯竹 삭은대 종 (東)

簋 궤 [궤] 盛漆㯳器 ㅣ대 제기 궤 (紙)

篲 쉐 [세][수] 星字 혜성 세 竹帚 대비 수 (霽)(寘)

篗 籆同

⿱竹⿰舟甫 뱌 [포] 枕水扱魚 가리 포 (遇)

簅 찬 [산] 大籥似笛 큰피리 산 (潸)

簇、[족][추] 聚也 모을 족 추 義同 (屋)(宥)

簍 [루] 竹籠 대농 루 (有)

⿱竹巢 [소] 大笙 큰생황 소 (肴)

篿 ᅌ좐 [전][단] 折竹ㅣ筳ㅣ 점대 전、 円竹器 둥근대그릇 단 (先)(寒)

⿱竹屛 뼝 [병] 車覆ㅣ篁 수레가림 병 (梗)

箾 쏘 [초][삭] 船舵尾 키꼬리 초 飯帚 솥솔 삭 (效)(覺)

䈞 [담] 大竹 큰대 담 (勘)

簉 ᅌ적 [추] 齊飛 가지런히 나를 추 (宥)

簏 루 [록] 書ㅣ竹篋 대상자 록 (屋)

簎 취 [착] 刺也 찌를 착 (覺)

篠 쑈 [소][조] 細竹 가는대 소、 조 義同 (篠)

篳 [필] 柴門 사립문 필 (質)

篾 몌 [멸] 竹皮 대껍질 멸 (屑)

簀 ᅌ져 [책] 積聚 쌓아모을 책 (陌)

篸 ᅌ잔 [잠] 針也 바늘 잠 (侵)

篱 리 [리] 竹器 笊ㅣ 대조리 리 (支)

篕 蔑과同

簌 [속] 篩也 체 속 (屋)

簁 쓰 [사] 竹器孔除取細 체 사 (紙)

篴 [적] 三孔 날나리 적 (錫)

簰 패 [패] 大桴 큰떼 패 (佳)

篶 옌 [언] 黒竹 흑죽 언 (先)

篻 퍞 [표] 細竹 가는대 표 (蕭)

篼 뚜 [두] 竹輿ㅣ子 대남여 두 (尤)

篽 [어] 禁苑 나라동산 어 (語)

⿱竹斛 꾸 [곡] 大箱 큰상자 곡 (屋)

簆 쿼 [子] 筬也 織具 바디 구 (宥)

⿱竹通 퉁 [통] 無節竹 마디없는대 통 (東)

⿱竹意 춰 [주] 箸也 젓가락 주 (尤)

⿱竹⿰阝走 두 [도] 架也 시렁 도 (遇)

⿱竹衺 나 [나] 鳥籠 새장 나 (麻)

⿱竹欽 완 [연] 釣針 낚시바늘 연 (銑)

⿱竹將 ᅌ쟝 [장] 有節剖 마디 두고 짜갠대 장 (養)

⿱竹⿰虒瓦 레 [렵] 編竹曝物 엮은대 렵 (葉)

⿱竹堇 진 [근] 皮白竹 껍질흰대 근 (文)

⑫

⿱竹番 뺜 [반] 車篷 수레뜸 반 (阮)

⿱竹觚 꾸 [고] 竹簡 대쪽 고 (虞)

簣 퀘 [궤] 盛土器 삼태 궤 (寘)

⿱竹蚩

쿵 [공] 車弓수레활공 ㊀冬

[illegible] 簡와同

[illegible] 약 [복] 竹實대열매복 ㊀屋

簵 루 [로] 美竹箭材화살만드는대로 ㊀遇

簠 부 [보] 成漆樓器ㅣ簋대제기보 ㊀麌

簡 잰 [간] 書札편지간 略也간략할간 ㊀潸 柬通

簦 뗭 [등] 禦雨長柄笠 盖우산등 ㊀蒸

簜 탕 [탕] 闊節大竹굵은대탕 ㊀養

簞 딴 [단] 小筐소쿠리단 ㊀寒

簪 짠 [잠] 聚也盍ㅣ모을잠 ㊀侵

簙 뽜 [박] 局戲六장기박 ㊀藥

簟 탄 [점] 竹名대이름점 ㊀琰

簧 황 [황] 笙活피리혀황 ㊀陽

簥 쟈 [교] 大管큰저교 ㊀蕭

簫 쌰 [소] 管樂통소소 ㊀蕭

[illegible] 쉐 [예] 初生筍갓난죽순예 ㊀支

簝 럎 [료][로] 宗廟盛肉竹器종묘에고기담는대제기료、로 義同 ㊀蕭 ㊀豪

簩 랖 [로] 竹名대이름노 ㊀豪

簚 미 [멱] 素ㅣ흰개가죽멱 ㊀錫

[illegible] 쉬 [수] 魚笭고기다래끼수 ㊀虞

簢 민 [민] 竹中空대속빌민 ㊀軫

[illegible] 린 [인] 竹中實대속찰인 ㊀震

簨 [순] ㅣ簴懸鐘聲格 북다는틀순 ㊀軫

[illegible] 쮀 [취] 絡絲具실패취 ㊀寘

[illegible] 쬐 [쵀] 竹帚대비쵀 ㊀泰

簛 쓰 [시] 竹節대마듸시 ㊀支

篪 틔 [체] 琴名ㅣ鐘거문고체 ㊀齊

[illegible] 메 [미] 冬生筍겨울에나는죽순미 ㊀眞

箁 뿌 [보] 簾也발보 ㊀麌

十三

簿 뿌 [부][박] 籍也문서부、蠶具누에발박 ㊀遇 ㊀藥

簴 쮜 [거] 所以懸鼓筍북다는틀거 ㊀語

簺 쌔 [새] 戲具상륙새 ㊀隊

簸 빠 [파] 揚穀去糠까부를파 ㊀哿

簹 땅 [당] 大竹篔왕대당 ㊀陽

簳 [로] 美竹箭材화살대로

[illegible] 籓의俗字

簳 笴同

簻 檛同

簾 련 [렴] 箔也발렴 ㊀豔

簽 쳰 [첨] 信書편지첨 ㊀豔

簷 [첨] 屋檐也처마첨 ㊀豔

簶 루 [록] 箭筒胡전통녹 ㊀屋

[illegible] [illegible]와同

[illegible] 캐 [갈] 止樂器木柷그칠풍류갈 ㊀黠

[illegible] 篝과同

[illegible] 꺼 [격] 竹帳ㅣ子대장지격 ㊀陌

[illegible] 쯔 [치] 幼竹어린대치 ㊀紙

[illegible] 쳰 [견] 戶籍호적견 ㊀銑

[illegible] 탄 [단][담] 俗音、絞索배끄는줄단 ㊀覃

簙 뽜 [박] 行棊ㅣ突바둑둘박 ㊀藥

[illegible] 쮜 [거] 飮牛器소먹이그릇거 ㊀語

[illegible] 민 [민] 竹中空대속빌민 ㊀軫

䉩 례 [례]細軟竹가늘고연한대례(薺)
篬 챵 [창]竹矛대창창(漾)
⑭
籉 태 [대]禦雨笠子삿갓대(灰)
䉘 츙 [총]取魚器고기잡는대그릇총(東)
籅 위 [욱]漉米籔炊ㅣ조리욱(屋)
籈 쪈 [진]所以擊祝鼓敔者그칠풍류채진(眞)
籃 란 [람]筐也바구니람(覃)
籊 틔 [적]竹貌ㅣㅣ대모양적(錫)
籌 쥬 [주]算也숫가지주(尤)
籍 쪄 [적]簿書문서적(陌)
籋 녜 [섭]踏也밟을섭(葉)
篝 꾸 [구]負土籠대소쿠리구(尤)
䈾 쌒 [초]竹枝長대가칠초(巧)
䉘 즁 [총]箸筩젓가락통총(董)
𥵊 솨 [소]鳥巢새보금자리소(肴)
箑 [삽]扇也부채삽(洽)
𥷷 쓔 [서]踈篩성긴체서(御)
簞 돤 [단]竹名대이름단(寒)
笭 링 [령]盛飯筐밥담는광주리령(徑)
⑮
籔 쑤 [수]量名휘수(有)
𥳕 꾸 [곡]函也함곡(屋)
籀 쮸 [주]大篆ㅣ文큰저자주(有)
𥳃 어 [우]竹器以息小兒아이앉히는대둥우리구或音우(尤)
籓 藩同
籓 빤 [번]大箕큰키번(元)
籑 짠 [찬]述也지을찬(潸)
䉓 뙈 [대]稻米磓쌀쓸는맷돌대、[래]義同(隊)
籐 텅 [등]又등나무등(蒸)
𥳡 쌔 [사]篩也채쭉사(馬)
𥷕 랴 [류]竹聲대소리유(尤)
䉦 쳰 [천]扱稻具벼훑이천(先)
⑯
籛 쪤 [전]姓也성전(先)
籜 퉈 [탁]竹皮대껍질탁(藥)
籠 룽 [롱]箱屬농롱(東)
𥸌 쎈 [현]竹枯대마를현(霰)
籚 루 [로]戟柄창자루노(虞)
籙 루 [록]籍也호적록(沃)
籟 래 [뢰]簫名三孔籥피리뢰(泰)
籯 잉 [영]籠也농영(庚)
籗 꽈 [곽]單也가리곽(藥)
篟 쒜 [수]籠也채롱수(支)
籞 위 [어]御苑池ㅣ나라동산어(語)
䉠 웨 [위]細竹가는대위(霽)
䕼 옌 [연]竹病대병들연(監)
籩 뺸 [편]蘆葉笛갈잎피리편(銑)
⑰
𥳑 쏀 [선]人戶版籍호적선(銑)
籤 쳰 [첨]書ㅣ서상대첨(監)
籧 쮜 [거]養蠶器양잠기거(魚)(語)
籥 워 [약]樂器似笛피리약(藥)
𥸈 지 [계]竹實대열매

계(霽)

籣 란 [란]盛弩矢負器 동개란(寒)

籦 쏀 [종]枝多竹 가지많은대종(冬)

籢 [렴]鏡ㅣ 경대렴(監)

[illegible] 뎌 [접]簸也 까부를접 俗音엽(葉)

籅 [여]竹輿 대남여여(魚)

(十六)

䉶 쌍 [쌍]帆也 돛쌍(江)

籩 뻔 [변]祭用竹器 豆변두변(先)

䉢 졔 [개]黑竹 검은대개(佳)

襍 자 [잡]簾也 발잡(合)

(十九)

籫 짠 [찬]竹器 대그릇찬(旱)

籮 뤄 [라]箕也 키라(歌)

籭 簁同

籬 리 [리]藩ㅣ울타리리(支)

(二十)

䉷 엔 [엄]禦也 막을엄(監)

籯 잉 [영]竹器箱屬 상자영(庚)

籆 쥐 [확]收絲器 자세확(藥)

籠 룽 [롱]箱也 상자롱(東)

(廿二)

籗 [악][확]捕魚具 고기잡는발악、확義同(藥)

(廿四)

䉥 깐 [감]有毛竹 털난대감(感)

(廿六)

籲 위 [유]和也 화할유(遇)

米部

米 미 [미]穀實精 鑿쌀미(薺)

(一)

粎 삐 [피]粹米부서진쌀피(眞)

(二)

籴 糴同

籵 [십]佛國度名、米十倍 데카미터십 國字

(三)

类 類과同

粂 [구]久米의合字、陳臭米 묵은쌀구 日字

籹 녀 [여]蜜餌距ㅣ약과 여、중배끼여(語)

籶 썬 [신]紛滓구 거리신(眞)

籺 쎄 [흘]堅麥굳은 보리흘(月)

籼 [선]硬也 메벼선(先)

[illegible] 홍 [홍]陳臭米묵은 쌀냄새날홍(東)

籽 쯔 [지]種子ㅣ粒 씨앗지(紙)

籸 씬 [신]米滓쌀 찌끼신(眞)

籾 [인]稻也 벼인

粁 [천]佛國度、米千倍 킬로미터천 國字

[illegible] 栗古字

(四)

粊 삐 [비]惡米궂은 쌀비(紙)

粃 [비]ㅣ政 나쁜정치비(紙)

粏 [태]糠湯也겨로 만든국태 日字

粉 뿐 [분]研米 가루분(吻)

粋 쉬 [쇠]純也순 전할쇠(隊)

粇 糠과同

粀 지 [기]赤米붉은 쌀기(支)

粆 싸 [사]砂糖사 탕사(麻)

粍 [모]佛國度名、米千分 ㅣ飾밀리미터모 國字

[illegible] 메 [멸]屑米싸 라기멸(屑)

粄 빤 [판]團子 경

단판(旱)

粈 뉴 [뉴]雜飯잡 곡밥뉴(有)

粅 우 [물]粉貌ㅣㅣ가 루모양물(物)

(五)

粔 쮜 [거]粔寒具 전병거(語)

粕 퍼 [박]又지게 미박(藥)

[illegible] 짜 [사]滓也 찌끼사(麻)

粜 糶과 同

粗 추 [조][추] 略也 간략할 조 (麌) 大也 클 추 (虞)

𥹅 뿌 [부] 穀皮 겨 부 (虞)

宷 미 [미] 深也 깊을 미 (紙)

粐 후 [호] 粥也 죽 호 (虞)

粘 점 [점] 相著也 붙을 점 (鹽)

粊 삐 [비] 惡米 낮은쌀 비 (寘)

𥻘 밍 [명][미] 清米 물에 담근 쌀 명、名|冷 고을이름 미 (青)(支) 縣

粓 깐 [감] 洗米汁 뜨물 감 (覃)

粒 리 [립] 米顆|食 쌀알 립 (緝)

𥹐 쎄 [배] 磨麥之粥 보리죽 배 (灰)

粖 머 [말] 饘也 糜粥 미음 말 (曷)

粙 작 [주] 稻之結實 벼알들 주 (宥)

六

粢 쯔 [자] 祭飯|盛 제밥 자 (支)

粥 쮸 [죽] 糜也 미음 죽 [육] 鬻也 팔 육 (屋)

粟 쑤 [속] 米有穀者 곡식 속 (沃)

粤 웨 [월] 語辭發端 어조사 월 (月)

粦 燐 同

𥹳 쒀 [색] 壞米 糒| 상한쌀 색 (陌)

𥹷 씬 [신] 粉滓 무거리 신 (眞)

粣 색 [색] 偏米煎 전병 색 (陌)

𥹸 환 [환] 白米也 흰쌀 환 (寒)

粨 [日] 佛國度名、米百倍 헥트미터 백

粡 퉁 [동] 粗米 굵은쌀 동 (東)

粠 츙 [공] 精米 정한쌀 공 (冬)

粞 씨 [서] 碎米 싸래기 서 (齊)

𥹋 쥐 [子] 熬米 복은쌀 子 (有)

粚 단 [담] 黏也 차질 담 (覃)

䊣 페 [패] 研米混羹 삽갈 아국에 탈 패 (隊)

粧 糚 同

七

粲 찬 [찬] 鮮明|| 선명할 찬 (翰)

𥺅 [포] 꿀떡 포 (遇)

粱 량 [량] 穀名 기장 량 (陽)

𥻨 메 [매] 酒本 술밑 매 (灰)

粰 뿌 [부] 穀皮 겨 부 (尤)

粳 秔 同

粮 糧 同

糁 싼 [삼] 蜜清瓜實 정과 삼 (感)

粯 [간] 米粉 쌀가루 간 (諫)

粏 태 [태] 粉末 가루 태 (隊)

䊍 랴 [류] 熬米 볶은쌀 유 (尤)

𥹲 찬 [초] 細粉 고운 가루 초 (篠)

八

糀 [日] 麪子 누룩 화

粿 꿔 [과] 精米 정한쌀 과 (哿)

粽 糉 同

粺 빼 [패] 精米 정한쌀 패 (卦)

粹 쒜 [수] 專也 오로지할 수 (寘)

粼 린 [린] 水清|| 물맑을 인 (眞)

粻 쨩 [장] 糧也 양식 장 (陽)

䊎 촨 [권] 粥調貌 죽 되직할 권 (阮)

精 찡 [정] 擇定 가릴 정 (庚)

粶 루 [록] 火爆米 불에 말린쌀 녹 (屋)

𥻦 리 [리] 軟粥 묽은죽 이 (支)

𥻆 쥐 [주] 團子餠 도래떡 주 (尤)

𥺾 시 [석] 洗米 쌀씻을 석 (錫)

𥻔 粊 同

九

糈 섞 [서][소]糧也양식서 饊也산자소 (魚)(語)

糊 썬 [호]黏也 풀호 (虞)

糉 즁 [종]蘆葉裹米 角黍송편종 (送)

粴 [리]佛國度名(米百分之一)센치미터리 國字

糆 [면]屑米가루면 (霰)

糅 슉 [유]亂也粉어 지러울유 (有)

⿰米英 잉 [영]精米정 한쌀영 (庚)

糄 뻰 [번]燒稻取米벼볶 아쌀만들번 (銑)

糇 훟 [후]乾食말 린밥후 (尤)

⿰米各 쯔 [자]ㅣ餻인 절미자 (支)

⿰米畐 피 [픽]以火焙肉불에 고기말릴픽 (職)

⿰米屎 쓰 [시]屎尿똥오줌 시或音지 (紙)

⿰米剌 라 [랄]粗飯추 한밥랄 (曷)

糂 [삼]米屑쌀 가루삼

糃 당 [당]精米 정미당 (陽)

⿰米皇

황 [황]祭米제 사쌀황 (陽)

⿰米叟 粳同

⿰米南 난 [남]雜穀粥 잡곡죽남 (感)

⿰米是 지 [지]黏也차 질지 (紙)

十

糕 [고]餌也 인절미고 (豪)

⿰米芻 촤 [추]濾取粉米 녹말추 (尤)

糏 쎄 [설]舂餘米麥破 싸라기설 (屑)

糓 穀과同

糖 탕 [당]砂也사탕 당或音탕 (陽)

⿰米蚤 쑤 [수]汁也 국물수 (有)

⿰米辛 취 [쉬]粉滓무 거리쉬 (隊)

⿰米旁 뺑 [방] 玉

蜀漆옥수 수방 (庚)

⿰米兼 쎈 [함]稻不黏 메벼함 (感)

糗 챠 [子]熬米粉미 시가루子 (有)

糒 삐 [비]乾飯말 린밥비、(寘)(卦) 매義同

糐 뿌 [부]團餌 경단부 (虞)

糟 쪼

[조]又지게 미조 (豪)

十一

糜 미 [미]糈也싸 라기미 (支)

糢 무 [모]又흐릴모 (虞)[韓] 模俗字

糠 穅同

糞 뿐 [분]治也다 스릴분 (問)

糙 챂 [조]米穀雜 잡곡조 (號)

⿰米啇 쳐 [책]壞米ㅣ 상한쌀책 (陌)

粧 쨩 [장]粉飾분 단장할장 (陽)

糝 싼 [삼]米屑쌀 가루삼 (感)

⿰米戚 치 [축]熬米餅쌀볶 아만든떡축 (屋)

⿰米隹 취 [최]精米정 한쌀최 (灰)

⿰米曼

만 [만]飯澤ㅣ밥 윤택할만

⿱殺米 싸 [살]散也 흩을살 (曷)

十二

⿰米番 빤 [반]米汁쌀 뜨물반 (寒)

糦 饎과同

⿰米禽 ⿰食禽과同

糤 饊과同

⿰米焦 [착]又지레타 작할착 (覺)

糨 쟝 [강]和水磨米 풀무리강 (漾)

⿰米麃 추 [추]米不精 궂은쌀추 (虞)

⿰米黃 황 [황]麴黴누룩 곰팡이날황 (陽)

糧 량 [량]穀食 곡식양 (陽)

糯 처 [나]黏稻 찰벼나

十三

糦 예 [열] 䊧也 송편열 (屑)

釋 씨 [석] 淅米ㅣ 쌀일석 (陌)

檗 뻐 [벽][필] 飯之未熟선밥벽 (陌) 同餘半熟선떡필 (黠)

糓 穀과同

糫 환 [환] 粔籹膏ㅣ 약과환 (刪)

[illegible] 라 [라] 積米쌀 쌓을나 (歌)

[illegible] 젼 [전] 濃粥된 죽전 (先)

十四

糯 稉同

糰 탄 [단] 又경단 단단 (寒)

[illegible] 됴 [도] 黏也차질도 (尤)(皓)

十五

[illegible] [멸] 粥也죽멸 (屑) [말] 麥粉밀가루말 (曷)

糲 리 [려] 米不精麤ㅣ 궂은쌀여 (霽) [랄] 脱粟애찧은조날 (曷)

十六

糳 쫘 [착] 精舂米정하게쓿은쌀착 (藥)

糴 듸 [적] 買穀곡식살적 (錫)

糱 녀 [얼] 酒媒麴ㅣ 누룩얼 (屑)

十七

[illegible] [산] 玄米한번 찧은쌀산 (諫)

[illegible] 상 [양] 雜也섞일양 (漾)

[illegible] 糪과同

十九

糶 툐 [조] 賣米出穀곡식팔조 (號)

[illegible] 미 [미] 碎糠몽근겨미 舂米쌀찧을미 (支)

[illegible] 허 [핵] 粗糠거친겨핵 (陌)

[illegible] 찬 [조] 米穀雜궂은쌀조 又섞인쌀조 (號)

[illegible] 糪과同

二十

[illegible] 찬 [산] 礦粟곡식갈산 (潸)

二十一

糷 란 [란] 飯黏著밥질란 (翰)

[illegible] [속] 粟古字조속 (沃)

糸部

糸 미 [멱][사] 細絲가는실멱、絲之半數극히적은수사 (錫)(支)

一

系 씨 [계] 緒也실마리계 (霽)

糺 쮜 [규] 收也거둘규 (有)

二

糼 공 [공] 紡績길삼할공 (東)

糾 쮜 [규][교] 察也살필규、結窃ㅣ 맺일교 (有)(篠)

[illegible] [구] 引急급히당길구 (尤)

[illegible] 됴 [조] 倒懸거꾸로달조 (篠)

[illegible] 졍 [정] 引也잡아당길정 (梗)

三

紉 인 [닌] 索也줄닌 (眞)

紅 홍 [홍][공] 絳也붉을홍、女ㅣㅣ女여공공 (東)

紆 위 [우] 縈也얽일우 (虞)

紀 끠 [기] 記也기록기 (支)

紈 완 [환] 素也氷ㅣ 흰깁환 (寒)

紃 쓘 [순] 法也법순 (眞)

約 약 [약][요] 期也기약할약、信也믿을요 (藥)(嘯)

紇 허 [흘] 束也묶을흘 (月)

[illegible] 츠 [순][치] 粹也순전할순、黑色검은빛치 (眞)

[illegible] 졔 [결] 絲束실묶음결 (屑)

紁 차 [차] 衣福속바지차 (禡)

[illegible] [멸][현] 弦과同、微也적을멸

紂 쮜 [주] 商王辛상왕이름주 (有)

[illegible] [子] 牝鈕암단추 子中字

[illegible] 깐 [간] 摩衣而展옷만저펼간 (虞)

四

紙 쯔 [지] 楮皮所成종이지 (紙)

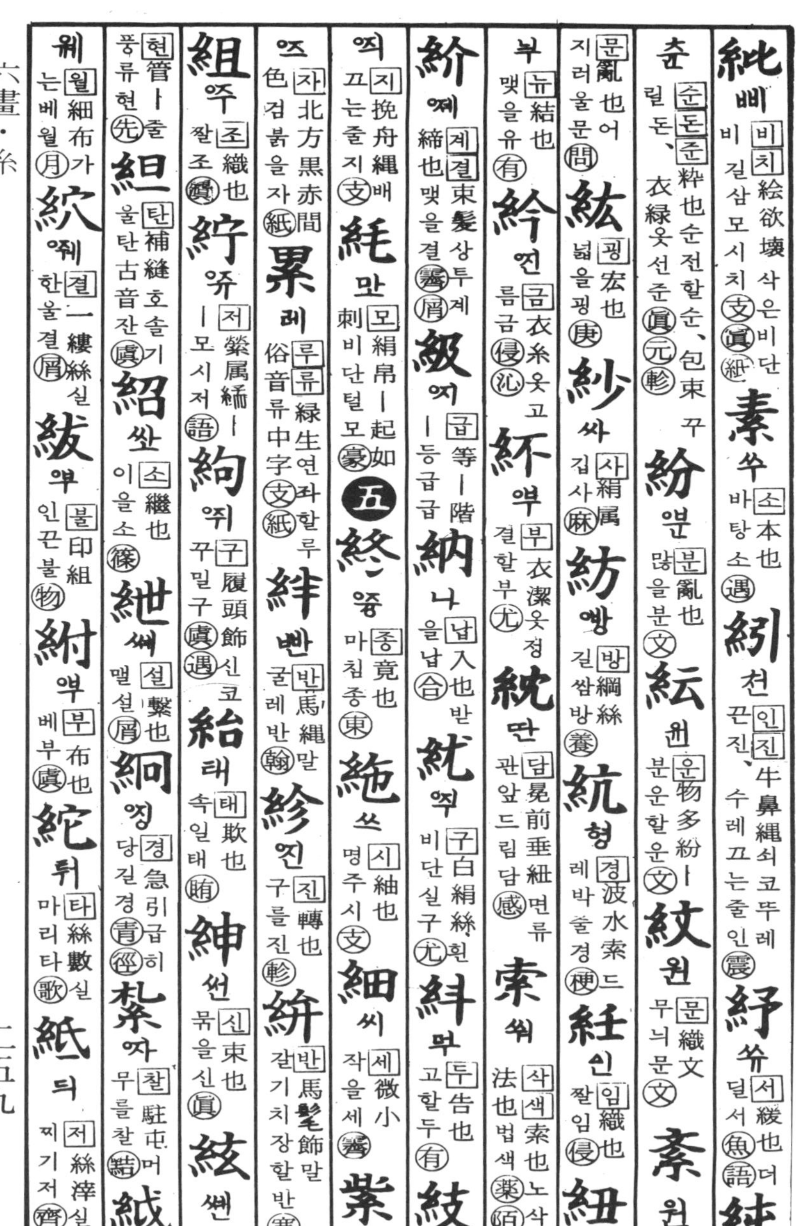

紕 삐 [비][치]絵欲壞 삭은비단 비 길삼모시 치 (支)(眞)(紙)

素 쑤 [소]本也 바탕 소 (遇)

紖 천 [인][진]牛鼻繩 쇠코뚜레 끈 진、수레끄는줄 인 (震)

紓 쓔 [서]緩也 더딜 서 (魚)(語)

純 츈 [순][돈][준]粹也 순전할 순、包束 꾸릴 돈、衣縁옷선 준 (眞)(元)(軫)

紛 뿐 [분]亂也 많을 분 (文)

紜 원 [운]物多紛ㅣ 분운할 운 (文)

紋 원 [문]織文 무늬 문 (文)

紊 원 [문]亂也 어지러울 문 (問)

紘 굉 [굉]宏也 넓을 굉 (庚)

紗 싸 [사]絹屬 깁 사 (麻)

紡 빵 [방]綱絲 길쌈 방 (養)

⿰糸亢 형 [경]波水索 드레박줄 경 (梗)

紝 인 [임]織也 짤 임 (侵)

紐 뉴 [뉴]結也 맺을 유 (有)

紟 찐 [금]衣系옷고름 금 (侵)(沁)

紑 뿌 [부]衣潔옷정결할 부 (尤)

紞 딴 [담]冕前垂紐 면류관앞드림 담 (感)

索 쒀 [삭][색]索也 노 삭、法也 법 색 (藥)(陌)

紒 계 [계][결]束髮 상투 계、締也 맺을 결 (霽)(屑)

級 찌 [급]等ㅣ階ㅣ 등급 급

納 나 [납]入也 받을 납 (合)

紌 쭈 [구]白絹絲 흰비단실 구 (尤)

紏 뚜 [두]告也 고할 두 (有)

⿰糸支 찌 [지]挽舟繩 배끄는줄 지 (支)

紕 마 [모]絹帛ㅣ起如刺 비단털 모 (豪)

(五)

終 쭁 [종]竟也 마칠 종 (東)

絁 쓰 [시]紬也 명주 시 (支)

細 씨 [세]微小 작을 세 (霽)

紫 쯔 [자]北方黑赤間色 검붉을 자 (紙)

累 레 [루][류]緣生 연좌할 루、俗音 류 中字 (支)(紙)

絆 빤 [반]馬繩 말굴레 반 (翰)

紾 찐 [진]轉也 구를 진 (軫)

絣 [반]馬髦飾 말갈기치장할 반 (寒)

組 쭈 [조]織也 짤 조 (麌)

紵 쮸 [저]紵屬 繻ㅣ 모시 저 (語)

絇 쮜 [구]履頭飾 신코 꾸밀 구 (虞)(遇)

紿 태 [태]欺也 속일 태 (賄)

紳 썬 [신]束也 묶을 신 (眞)

絃 쎤 [현]管ㅣ줄 풍류 현 (先)

⿰糸旦 [탄]補縫 호솔기 울 탄 古音 잔 (眞)

紹 쏴 [소]繼也 이을 소 (篠)

紲 쎄 [설]繫也 맬 설 (屑)

絅 찡 [경]急引 급히 당길 경 (靑)(徑)

紮 짜 [찰]駐屯 머무를 찰 (黠)

⿰糸戉 웨 [월]細布 가는베 월 (月)

⿰糸穴 웨 [결]一縷絲 한올실 결 (屑)

紱 부 [불]印組 인끈 불 (物)

紨 부 [부]布也 베 부 (虞)

紽 뒤 [타]絲數 실마리 타 (歌)

紙 듸 [저]絲滓 실찌기 저 (齊)

⿱奴糸 나 [나][녀] 絲亂실엉킬나 塞也막을여 ㊀魚 ㊀馬
⿰糸正 엉 [정] 馬飾말갈기땋서치장할실정 ㊀庚
紺 깐 [감] 靑而含赤色영보라빛감 ㊀勘
紬 추 [주] 大絲繒명주주 ㊀有
絀 츄

[출] 退也물리칠출 ㊀質
⿰糸民 [민] 釣絲낚싯줄민 ㊀眞
紭 [횡] 紭紭베리횡 ㊀庚
紩 찌 [질] 索也노질 ㊀質
紼 뿌 [불] 引索끄는줄불 ㊀物
⿰糸末 머 [말][멸] 足衣버선말 멸義同 ㊀月 ㊀屑
紴

빼 [파][피] 錦紋水ㅣ비단무늬파、條也실떠피 ㊀歌 ㊀紙
紶 쥐 [거] 緖也실마리거 ㊀語
紸 주 [주] 繼也이을주 ㊀遇
⿰糸古 구 [고] 草名ㅣ縷고루풀고 ㊀虞
㊅ 統 통 [통] 總理거느릴통 ㊀宋

絝 고 [고] 服衣바지고 ㊀遇
絨 융 [융] 細布가는베융 ㊀東
絮 쒸 [서][처][여] 蔽綿繰餘헌솜서 실킬서、姓也성여 ㊀御 ㊀魚
絧 통 [동] 布名동베동 ㊀東
絫 류 [류] 增也더할류 ㊀紙

絲 쓰 [사] 細條之稱실사 ㊀支
⿰糸耳 얼 [이] 轡盛貌ㅣㅣ고삐늘어질이 ㊀紙
絳 쟝 [강] 大赤色진붉을강 ㊀絳
絑 쥬 [주] 赤色繒붉은비단주 ㊀虞
絘 츠 [차] 績緝길쌈할차 ㊀寘

絓 괘 [괘] 結也맺을괘 ㊀卦
給 께 [급] 足也족할급 ㊀緝
⿰糸米 미 [미] 繡文수놓은무늬미 ㊀薺
絙 환 [환] 緩也느즈러질환 ㊀寒
絭 꿘 [권] 攘臂繩팔찌끈권 ㊀霰
絪 인

[인] 茵也자리인 ㊀眞
絟 촨 [전] 細布고운베전 ㊀先
⿰糸朶 뚸 [타] 髺前垂物면류관앞드림타 ㊀哿
絢 쒠 [현] 采成文채색무늬현 ㊀霰
絞 쟈 [교] 急也급할교 ㊀巧
絏 [설] 繫也맬설 ㊀屑

絰 뎨 [질] 喪服麻帶수질질 ㊀屑
結 졔 [결] 締也맺을결 ㊀屑
絖 [광] 細綿也고운솜광 ㊀漾
絚 끙 [긍] 大索바줄긍 ㊀徑
絜 졔 [혈][결] 度也卜矩잴혈 靜也고요할결 ㊀屑 ㊀霽

絶 [절] 斷也끊을절 止也그칠절 ㊀屑
絤 線과同
絡 락 [락] 連也얽을락 ㊀藥
⿱次糸 쯔 [자] 理絲실다듬을자 ㊀寘
⿰糸𠂢 패 [파] 散絲흩어진실파 ㊀卦
⿰糸式 織과同
絎

씽 [행] 縫紩바느질할행 ㊀敬
絣 병 [병] 繞也이을병 ㊀庚
絗 후 [골] 纓縈실꾸리골 ㊀月
絩 쟈 [조] 色絲색실조 ㊀嘯
絯 깨 [해][핵] 束也묶을해 大絲굵은실핵 ㊀蟹 ㊀陌
絬 예

[설]堅也굳을설(屑)

⿰糸亦 예 [역]絡絲실얽을역(陌)

⿰糸牟 머 [무]不和화하지않을무(尤)

絑 챠 [차]塗漆옻칠할차(眞)

⿰糸臣 켠 [견]緊結줄켕겨맬견(先)

絍 紝과同

七

⿰糸志 쯔 [지]治絲실다룰지(眞)

綑 큔 [곤]織也짤곤(阮)

絺 치 [치]細葛布가는갈포치(支)

綏 쉬 [수][유]安也편안할수 旗竿頭飾기머리장식할유(支)

⿰糸余 서 [서]緩也더딜서(魚)

絻 원 [문]喪服상복문(問)

綈 티 [제]厚絵弋ㅣ두터운비단제(齊)

綄 환 [환]船上風바람맞는환(寒)

綖 연 [연]冕上前後覆면류관싸개연(先)(銑)

絹 견 [견]絵如麥稍비단견(霰)

綁 빵 [방]縛也결박할방(陽)

綃 쌰 [초]采絵색비단초 古音소(蕭)

絛 톼 [도]編絲繩엮은실도(豪)

⿰氵⿱攵糸 紗과同

絿 구 [구]急也급할구(尤)

綎 뎡 [정]緩也인끈정(靑)

綐 뒤 [예][태]俗音 細細가는명주태(霽)

綂 統의俗字

經 잉 [경]書也경서경(靑)

⿰糸呈 綎과同

綊 쎼 [협]冕綖紅ㅣ면류관싸개협(葉)

綍 발 [발]大索동아줄발(物)

綉 쒸 [수]錦一片為ㅣ비단에수놓을수 或音투

⿰糸豸 짐 [짐]牛鼻索繩ㅣ著쇠코뚜레끈짐(侵)

綒 부 [부]麤綱굵은거물부(虞)

綔 후 [호]印緩인끈호(遇)

綅 친 [침]絳絲갑옷침(侵)

綌 치 [격]葛布가는칡베격(陌)

䋣 뻔 [번]馬髦飾말갈기치장번(元)

絽 뤼 [려]絣織줄지게짠베려(語)

絸 繭古字

綀 쑤 [소]綌屬花ㅣ화문포소(魚)

綆 껑 [경]波水器繩두레박줄경 或音갱(梗)

綇 쓔 [수]綇前足앞발잡아맬수(有)

⿱折糸 베 [벌]編繩엮은줄벌(屑)

⿰糸㐬 류 [류]旗旒깃발류(尤)

綘 縫과同

八

綜 쭁 [종]聚也모을종(宋)

綦 치 [기]履飾신들메끈기(支)

綟 리 [려]綠色초록빛려(霽)

維 웨 [유]綱也벼리유(支)

綺 치 [기]美也아름다울기(紙)

綵 채 [채]綵絵五ㅣ備채색비단채(賄)

緀 처 [처]文章相錯ㅣ斐문채날처(齊)

緌 쒜 [유]旌也기유(支)

緋 쀄 [비]赤練질게붉은빛비(微)

緇 [치]黑色검을치(支)

綮 치

[경][계] 筋肉結處肯ㅣ살과힘줄얽힌곳경、戟衣徽幟기달린창계 (迥)(霽)

綴 쮜 [체][철] 連也연결할체 止也그칠철 (霽)(屑)

緍 緡과同

綸 룬 [관][륜] 巾名건이름관 綱也벼리륜 (刪)(眞)

綷

취 [최][채] 執素聲ㅣ縩집바삭거릴최 (賄) 五采絵오색비단채 (隊)

緊 진 [긴] 急也급할긴 (軫)

緄 꾼 [곤] 繩也노끈곤 (阮)

綰 완 [관] 繫也맬관 (潸)

綿 몐 [면] 連ㅣ연할면 (先)

綻 쨘 [탄] ㅣ露나타날탄 (諫)

綣 촨 [권] 不離繾ㅣ서로따를권 (阮)

綢 착 [주][도] 纏也ㅣ繆얽을주、藏也감출도 (尤)(豪)

綪 첸 [천][쟁] 赤絵붉은비단천 結而又屈고낼쟁 (霰)(庚)

綯 톼 [도] 絞也급할도 (豪)

綫 [선] 縷絞繩索가는실선 (霰)

綱 깡 [강] 法紀법강 (陽)

網 왕 [망] 漁具ㅣ그물망 (養)

[糸阿] 어 [아] 細絵가는비단아 (歌)

総 總과同

綬 쐬 [수] 所以承受印環인끈수 (有)(宥)

緉 량 [량] 雙履신한켤레량 (漾)

絣 뻥 [병] 布名베이름병 (庚)

綾 링 [릉] 紋絵ㅣ執무늬놓은비단릉 (蒸)

綝 [침] 繕也수보할침 (侵)

緅 쪄 [추] 青赤色아청빛추 (尤)

綠 뤼 [록] 青黃間色초록빛녹 (沃)

緁 쳬 [첩] 衣縫옷꿰맬첩 (葉)

綽 촤 [작] 寬也너그러울작 (藥)

緎 위 [역] 縫也꿰맬역 (職)

[糸屈]

취 [궐][굴] 俗音、結也맺을굴 (月)

緂 [담] 帛青黃色유록빛담

綳 繃와同

綧 쭌 [준] 布帛幅廣베와비단폭넓이준 (軫)

綹 릭 [류] 絲二十縷실스무오리유 (有)

緈 씽

[행] 直也곧을행 (迥)

[糸咅] 뿌 [부] 敝絮發理묵은솜펄부 (虞)

綶 꿔 [과] 纏束얽어동여맬과 (哿)

[糸妾] 쩨 [접] 絲續실이을접 (葉)

綼 삐 [벽] 飾棠在幅치마폭에치장벽 (錫)

緆 씨 [석] 細布가는베석 (錫)

綞 타 [타] 綾屬공능타 (哿)

[糸奄] 옌 [염] 縿絲以手振出緒고치의실뽑아낼염 (豔)

[糸爭] 청 [쟁] 赤紐붉은끈쟁 (庚)

綡 량 [량] 喪頭巾머리싸는수건량 (陽)

[糸桼] 렌 [첩] 毛織모직첩 (監)

[糸空] 쿵 [공] 長絲긴실공 (送)

[糸有] 우 [욱] 帛青經標緯연옥색욱 (屋)

[糸忽] 후 [홀] 細小잘홀 (月)

九

緦 쓰 [시] 十五升布열다섯새베시 (支)

緵

쭝 [종] 布縷 베올종 (東)

緭 웨 [위] 繒也 흰비단위 (未)

緹 틔 [제] 赤帛 붉을제 (霽)

緻 씌 [치] 密也 톡톡할치 (寘)

緢 먀 [묘] 絲施실 반대묘 (蕭)

緯 웨 [위] 又 눌릴위 (未)

緡 민 [민] 絲緒 실끝민 (眞)

緒 써 [서] 基ㅣ事業 기업서 (語)

[糸+皆] 캐 [개] 大絲 굵은실개 (佳)

緩 환 [완] 寬也 너그러울완 (旱)

緺 와 [왜] 紫青印綬 푸른인끈왜、과 義同 (佳)

緇 으 [치] 黑色 검은빛치 (支)

緲 먀 [묘] 遠視貌 아득할묘 (篠)

緷 곤 [혼] 大束 큰묶음혼 (元)

緗 샹 [상] 淺黃 아황빛상 (陽)

締 틔 [체] 閉也 닫을체 (霽)

緣 원

[연] [단] 因也 循也 인할연 後服 황후의옷단 (霰)(翰)

緞 똰 [하] [단] 履跟帖 신뒤축하、단 義同 (麻)(翰)

緜 면 [면] 長也 길면 連也 연할면 (先)

編 뻔 [편] [변] 次簡 책편 편紐也 ㅣ髮 머리땋을변 (先)(銑)

緬 면 [면] 遠也ㅣ邈 멀면 (銑)

練 련 [련] 小祥服 연복련 (霰)

線 쎤 [선] 路也 길선 (霰)

緶 뼌 [편] [변] 縫也 꿰맬편 襃衣 옷걷어칠변 (先)(銑)

緥 [보] 小兒被 포대기보 (晧)

緪 끈 [긍] 大索 동아줄긍 (蒸)

緧 츄 [추] 紂也 馬鞦 말고삐추 (尤)

緝 [집] 繼續 이을집 (緝)

緘 쎈 [함] 封也 봉할함 (咸)

[糸+前] 젼 [전] 織一番 베한참짤전 (先)

[糸+盈] 綎과同

緤 셜 [설] 繫也 맬설 (屑)

緟 츙 [종] 增也 더할종 (冬)

緰 유 [유] 裂繒 찢어진비단유 [요] 也 비단요 (蕭)

[糸+盾] 쓘 [순] 衣之督脊 옷등솔순 (眞)

[糸+封] 뽕 [봉] 小兒革 아이가죽신봉 (董)

總 쭝 [총]、[종] 帛青也 비단푸른빛 絲數 실수효종 (東)(冬)

緌 쨔 [차] 相著貌ㅣ絮 서로붙을차 或音저 (馬)

[糸+臿] 짜 [잡] 縫也 꿰맬잡 (洽)

[糸+要] [요] 衣襻 옷고름요 (蕭)

[illegible] 치

[회] 結固 매듭회 (寘)

縇 [선] 衣緣曰ㅣ 선두를선 國字

縕 운 [온] 亢氣絪ㅣ 기운덩이온 (文)

縅 [위] 甲鱗縫縷 갑옷미늘다는실위 日字

[糸+柔] 어 [류] 雜色繒 잡색비단류 (有)

緛

완 [연] 縮也 쪼그라질연 (銑)

[糸+背] 베 [배] 襦也 속적삼배 (隊)

[糸+南] 넌 [넌] 細織 가늘게짤넌 (侵)

[糸+桑] 상 [숭] 麻布 삼베숭 (蒸)

[糸+屋] 우 [우] 喪中束手 묶을우 (有)

[糸+里] 纆略字

十

縋 쮀 추 縋懸줄에 매달추 寘

縞 짜 호 素也白絵 흰비단호 皓

縊 이 의 에 俗音、結項 목맬에 霽

縗 최 최 喪服상복최 灰

縖 싸 할 束物 묶을할 黠

縝 천 진 結也 맺을진 軫

縓 촤 전 絳也 붉은빛전 先

縏 판 반 小囊 작은주머니반 寒

縉 찐 진 ─紳 양반진 震

縈 숭 영 繫也 맬영 庚

縢 텅 등 緘也 봉할등 蒸

縣 쎈 현 絶也 끊어질현 先 行政区域州縣─ 고을현 霰

縚 同條 과

縕 同緼

縐 쩍 추 細絺가는 취베추 宥

縠 후 곡 縐紗 저사곡 屋

縑 혬 겸 合絲交絹 합사로 짠 비단겸 監

縟 수 욕 細也 가늘욕 沃

縒 취 착 亂也─綜 어지러울착

縛 뿌 박 繫也 얽을박 藥

[illegible] 同緂 과

縌 역 印綬 인끈역 陌

[illegible] 타 탑 以素冒物 얽을탑 合

縎 꾸 골 結─不解 맺을골 月

縬 同緧輶

縡 쨰 재 事也 일재 賄 隊

[illegible] 찌 치 針縫刺─ 바느질할치 寘

[illegible] 궤 귀 黑絵 검은비단귀 寘

縜 꿘 균 운 俗音 持綱紐 그물고운 眞

[illegible] 릐 리 悪絮縺卜 궂은솜이 支

縍 방 治履邊 신가꿰맬방 陽

[illegible] 당 당 大繩 큰줄당 陽

[illegible] 탑 紇─ 실매듭탑 中字

[illegible] 리 률 絲絵 채색비단률 質

[illegible] 삐 비 細布 가는베비 支

縤 수 소 生絵 생사로짠비단소 遇

[illegible] 삭 수 緯絲 씨실수 寘

[illegible] 쩌 소 絵 생사로짠비단소 遇

十一

總 쫑 총 統也 거느릴총 董

縱 쫑 종 총 直也 곧을종 ── 총총할총 冬

縫 뺑 봉 又 바느질할봉 補合彌─ 아물을봉 冬

縭 리 리 帨也 차는 수건리 支

縲 레 류 黑索 검은노루 支

縻 미 미 繫也 맬미 支

縷 뤼 루 綫也 실누 麌

[illegible] 세 細布 가는베세

繁 뺀 반 번 盛也 성할번 馬販帶 纓 말배때끈반 寒 元

繄 이 예 黑絵 검은비단예 齊

[illegible] 緘와 同

縼 쏀 선 牛馬繫 마소 긴바선 霰

縰 쇄 黑絵 검은 비단쇄 紙

縵 만 만 無紋絵 무늬없는 비단만 翰

縹 퍄 표 青白色 옥색빛표 篠

繇 야 [요][유][주] 隨從 따를 요、從也 말미암을 유、占辭 爻ㅣ 점괘 주 (蕭)(尤)(宥)

繰 쌋 [소][조] 繹繭出絲 고치켜내일 소、蔵玉采藉 옥받침비단 조 (豪)(皓)

繦 꿩 [강] 錢貫 돈꿰미 강 (養)

繃 뺑 [붕] 束也 묶을 붕 (庚)

緄 훈 [혼] 縫也 꿰맬 혼 (阮)

縿 싼 [삼] 旗幅 기폭 삼 (咸)

縬 추 [축] 縮也 움츠러질 축 (屋)

[糸+覓] 미 [멱] 繩索 노 멱 (錫)

縮 쑤 [축] 直也 곧을 축 (屋)

繆 무 [무][규][류][목] 纆綿綢ㅣ 얽을 무、목맬 규、錯也 誇ㅏ 그릇칠 류、悪謚 몹쓸 시호 목 (尤)(有)(屋)

縪 삐 [필] 止也 그칠 필 (質)

繂 뤼 [률] 維舟大索 배닻줄 률 (質)

縶 찌 [칩] 繫馬 말맬 칩 (緝)

績 찍 [적] 功業 공적 (錫)

[糸+鳥] 냔 [조] 懸也 매달 조 (篠)

縩 채 [채] 鮮玉偉ㅣ 옥깔아 놓은 방석 채 (先)

縳 쫜 [견][전] 紡絲 올 견、束也 묶을 전 (銑)(霰)

縕 얻 [우] 漚麻 삼불릴 우 (宥)

縴 쳔 [견] 惡紫ㅣ繞 궂은 솜 견 (先)

[糸+習] 쳐 [첩] 鮮明衣緹ㅣ 고운 옷 첩 (葉)

縸 무 [모][막] 惡糸 궂은 솜 모、張羅 貌絡ㅣ 그물칠 막 (遇)(藥)

[糸+鹿] 루 [록] 純粹 순전할 록 (屋)

縯 인 [인][연] 長也 길 인、引也 당길 인、연 義同 (軫)(銑)

[略+糸] 랶 [략] 紩衣 紹ㅣ 옷꿰맬 략 (藥)

繀 쒜 [쇄] 織ㅣ 실을 푸는 얼레 쇄 (隊)

[糸+兜] 두 [두] 編絲結囊 실로 짠 주머니 두 (尤)

[糸+堅] 졘 [견] 緊也 긴요할 견 (先)

十二

織 찌 [직][지][치] 經緯相成 짤 직、治絲 실다듬을 지、微也 기치 치 (職)(寘)

繠 쉬 [예] 垂也 드리울 예 (紙)

繜 쭌 [준] 小衣 잠방이 준 (阮)

繟 찬 [천] 帶緩 띠늘어질 천 (銑)

繢 회 [회][궤] 畫也 그림 회、궤 義同 (泰)(隊)

繐 쒜 [세] 細疎布 가늘고 성긴 베 세 (霽)

繣 화 [홰][획] 徽也 거문고 홰、破聲 깨지는 소리 획 (陌)(卦)

繙 번 [번] 繹也 번역할 번 (元)

繞 쇼 [요] 圍也 둘릴 요 (篠)

繕 싼 [선] 治也 다스릴 선

繒 쯩 [증] 國名 나라이름 증 (蒸)

繚 랴 [료] 又 동일 요 (蕭)(篠)(嘯)

繡 쑤 [수] 五采刺文 수놓을 수 (宥)

繘 위 [율] 汲水器綆 드레박줄 율 (質)

繖 [산] 笠類 우산 산 (旱)

繓 쭤 [찰] 結也 맺을 찰 (曷)

繛 쥐 [작] 緩也 너그러울 작 (藥)

繗 린 [린] 紹也 이을 린 (眞)

繎 산 [연] 深紅色

깊게붉은연(先) **繁** 삐 별 惡絮굿은솜별(屑) **縔** 쌍 상 淺黃누르스름할상(陽) **纊** 황 황 繩束줄로동일황(漾) **[糸焦]** 챺 초 生枲未漚생삼초(嘯) **[糸須]** 쒸 수 絆前兩足두앞다리동일수(虞)

[糸尋] 신 심 繞也이을심(侵) **[糸延]** 쎈 선 蜀錦名비단이름선(霰) **繑** 챺 교 袴紐바지단추교(嘯) **纀** 야 복 纀頭巾머리동예매는수건복(沃) **[糸無]** 우 무 [糸無]淹殘餘실켜고나머지무(麌)

繥 시 희 笑也웃을희(支) **繻** 繻과同 **繝** 쎈 간 紋也무늬간(諫) **繧** 운 采色채색운 **纆** 무 목 黑絲검은실목(屋)

十二

繸 쒜 수 綬也인끈수(寘) **繪** 훼 회 彩畫그림회(泰) **繲** 얘 해 浣衣옷빨해(卦) **繫** 이 계 혜 縛也맬계 혜義同(霽)(齊) **繯** 쒠 현 환 絡也둘릴현 엷은비단환(銑)(諫)

繳 쟉 교 격 纏也얽을교 弋繳 繳ㅣ주살격(藥)(篠) **繭** 연 견 絹布비단견(銑) **繰** 짜 조 소 紺色絵아청통견조 繰繭고치켤소(皓)(豪) **繩** 썽 승 直也곧을승(蒸) **繐** 쒜 세 練布마전한베세(霽)

繹 역 理也다스릴역(陌) **繮** 걍 강 馬紲말고삐강(陽) **繴** 삐 벽 魚具그물벽(錫) **繶** 이 억 條繩땋은노억(職) **[糸睪]** 繹과同 **緒** 쟈 저 綿絮裝衣옷에솜둘저(語)

緷 원 운 染間色간색물들일운(問) **繵** 탄 전 단 單衣홑옷전 束也묶을단(先)(寒)(旱) **[糸作]** 쟉 작 生絲縷생실오리작(藥) **纗** 纂과同

䌮 링 령 古綿목은솜영(靑) **繁** 켼 겸 開口입담을겸(監) **[糸業]** 예 업 縛也얽을업(葉) **繷** 농 농 又수두룩할농(董) **[糸僉]** 렌 렴 繩色노끈렴(琰) **繬** 써 색 縫也交合합처제맬색(職)

繴 삐 벽 織絲爲帶분합띠벽(陌) **[糸賓]** 繽과同 **[糸葛]** 라 랍 薄絵엷은비단랍(合) **[糸禁]** 진 금 絲也실금(沁)

十四

繻 수 수 繒綵비단보람수(虞) **纃** 제 제 文絣무늬놓은비단제日字 **繽** 삔 빈 亂也어지러울빈(眞) **纁** 쒼 훈 淺絳色분홍빛훈(文) **辮** 삔 변 交也얽을변(銑) **纂** 찬 集也모을찬(旱)

[糸㥯] 인 [은] 緋也 비단은 (吻)

繾 쳔 [견] 不已ㅣㅣ 마지않을견 (銑)

繿 襤과同

[糸蒙] 뭥 [몽] 絲亂緒貌 실끝얽힌모양몽 (東)

繢 퀴 [궤] 織餘 짜든톳끝궤 (寘)

[糸翟] 또 [도] 青黃間色 초록빛도 (號)

(十五)

纊 광 [광] 細綿 고운솜광 (漾)

纍 레 [류] 罪也 죄유 (支)

纇 레 [뢰] 疵也 사마귀뇌 (隊)

縩 채 [채] 紈索聲 깁와삭거릴채 (泰)

纈 예 [힐] 結也 맺을힐 (屑)

纖 纖俗字

纏 찬 [전] 束也 묶을전 (先)(霰)

續 쒸 [속] 繼也 이을속 (沃)

纆 머 [묵] ㅣ牽 말고삐묵 (職)

纋 우 [우] 笄巾 비녀당기우 (尤)

繐 씨 [세] 細布 가는베세 (霽)

纅 워 [약][력] 色絲 색실약、治絲 실다듬을력 (藥)(錫)

[糸巤] 라 [랍] 絲之雜錯 실엉킬랍 (洽)

纉 纘의 俗字

(十六)

纑 루 [로] 練麻 익힌삼노 (虞)

[糸散] 傘繖同

[糸歷] 리 [력] 又 줄칠역 (錫)

[糸頻] 핀 [빈] 擣衣 옷다듬을빈 (眞)

[糸賴] 라 [랍] 衣蔽ㅣ[糸習] 옷해질납 (合)

纜 繿同

(十七)

纔 재 [재][삼] 僅也 비로소재、微黑色 회색빛삼 (咸)(灰)

纕 상 [양] 馬腹帶 말복두양 (陽)

[糸爾] 미 [미] 封也 봉할미 (紙)

纓 잉 [영] 冠系 갓끈영 (庚)

[糸龠] 약 [약] 絲也 실약 (藥)

纖 쎤 [섬] 細也 가늘섬 (鹽)

[糸罽] 罽同

(十八)

[糸韱衣] 츙 [총] 合絲而織 실꼬서짤총 (東)

[糸雚] 촨 [권] 幘也 풍뎅이권 (先)

纗 씨 [수] 繫也 맬수、紳帶 큰띠수 (支)

(十九)

纘 짠 [찬] 繼也 이을찬、綜集 올모을찬 (旱)

[糸璽] [시] 細也 가늘시 (支)

[糸霍] 샥 [확] 衣領內 옷깃안학 (陌)

纛 뚜 [독][도] 軍中大旗 皀ㅣ 둑독 (沃) 도 義同 (號)

纚 씨 [사][리][라] 連續ㅣ迤 연할사、縱通 관끈리、素貌ㅣㅣ 노끈모양라 (紙)(支)(敬)

纙 라 [라] 錢緡 돈꿰미라 (箇)

(二十)

[糸璽] 시 [시] 細也 명주시 (支)

(二十一)

纝 노 [류] 綱格黑索 검은노그물줄뉴 (支)

纜 란 [람] 維舟素 배닻줄람 (勘)

[糸屬] 수 [촉] 帶也 띠촉 (沃)

(二十二)

纕 낭 [낭] 緩也 너그러울낭 (漾)

(二十三)

[糸戀] [련] 不斷 끊어지지않을련 (霰)

缶部

缶 뿌 [부]鼓以節歌 질장구부 (有) **缶** 缶의俗字 ㊂ **缸** 깡 [항]長頸罌병항 又항아리항 (江) **⿰缶亏** 우 [우]波水器두레박우 (虞) **⿰缶干** 缶亏와同 ㊃

缺 취 [결]虧也毀也이지러질결 裂ㅣ번개번쩍거릴결 (屑) **䍃** 야오 [요][유]瓦器질병요、甕也독그릇유 (蕭)(尤) ㊄ **⿰缶占** 뎬 [첨]缺也이지러질첨 (淡) **缻** 缶과同 **⿱巩缶** 궁

[공]大甕큰독공 (腫) **⿰缶宁** 쥬 [저]米袋쌀주머니저 (語) ㊅ **缿** 샹 [항]貯金器돈모으는벙어리그릇항 受書ㅣ筩문서함항、항통항 (講) **⿰缶交** [교]樂器以土為之질장구교 吹火器풀무교 (肴)

㊆ **⿰缶孚** 뿌 [부]未燒瓦굽지않은기와부 (虞) **⿰缶舌** 베 [배]缶也장군배 (灰) **⿰缶巠** 징 [형]頸長器목긴그릇형 (庚) ㊇ **⿰缶戔** 잔 [잔]酒器玉爵옥술잔잔 (潸) **⿰缶岡** 깡 [강]甕也독강 (陽)

缾 [병]波水器물장군병 (青) **⿰缶咅** [보][부]小缶작은장군보、부義同 (有)(尤) ㊈ **⿰缶重** 즁 [종]量名말이름종 (一六斛四斗八) (冬) **⿰缶是** 듸 [제]缶也장군제 (齊) ㊉ **罃**

[앵]長頸瓶목긴병앵 瓦器질그릇앵 (庚) **⿰⿱士⿱冖缶殳** 꾸 [곡][子]未燒瓦器굽지않은질그릇곡、子義同 (屋)(宥) **⿰缶留** 랴우 [류]甑也시루류 (宥) ⑪ **罅** 쌰 [하]孔隙틈하 裂也터질하、갈라질하 (禡)

罄 칭 [경]盡也懸ㅣ다할경 器中空그릇속빌경 (徑) ⑫ **罇** 쭌 [준]酒器瓦尊술통준술준준 (元) **⿰缶單** 싼 [선]瓦器綠질그릇전선 (霰) ⑬ **罋** [옹]罌也독옹 기와창옹 (送)

罊 지 [기]器中空그릇속휜할기 (寘) ⑭ **罌** [앵]瓶總名병앵 (庚) **⿱興缶** 씬 [흔]器裂그릇터질흔 (震) ⑮ **罍** 레 [뢰]酒器술잔뢰 與器皆畫雲雷세수그릇뢰 (灰) **⿱臽缶**

앤 [함]陶器질그릇함 (陷) **⿰缶齒** 네 [알]器缺그릇이지러질알 (黠) ⑯ **罏** 루 [로]罍也뇌문놓은술잔노 (虞) ⑰ **⿰缶霝** 링 [령]瓦器似瓶有耳귀달린병령 (青) ⑱ **⿱雝缶**

[옹][용]波瓶두레박옹 용義同 (冬)(送) **罐** 꽌 [관]波水器물동이관 (翰)

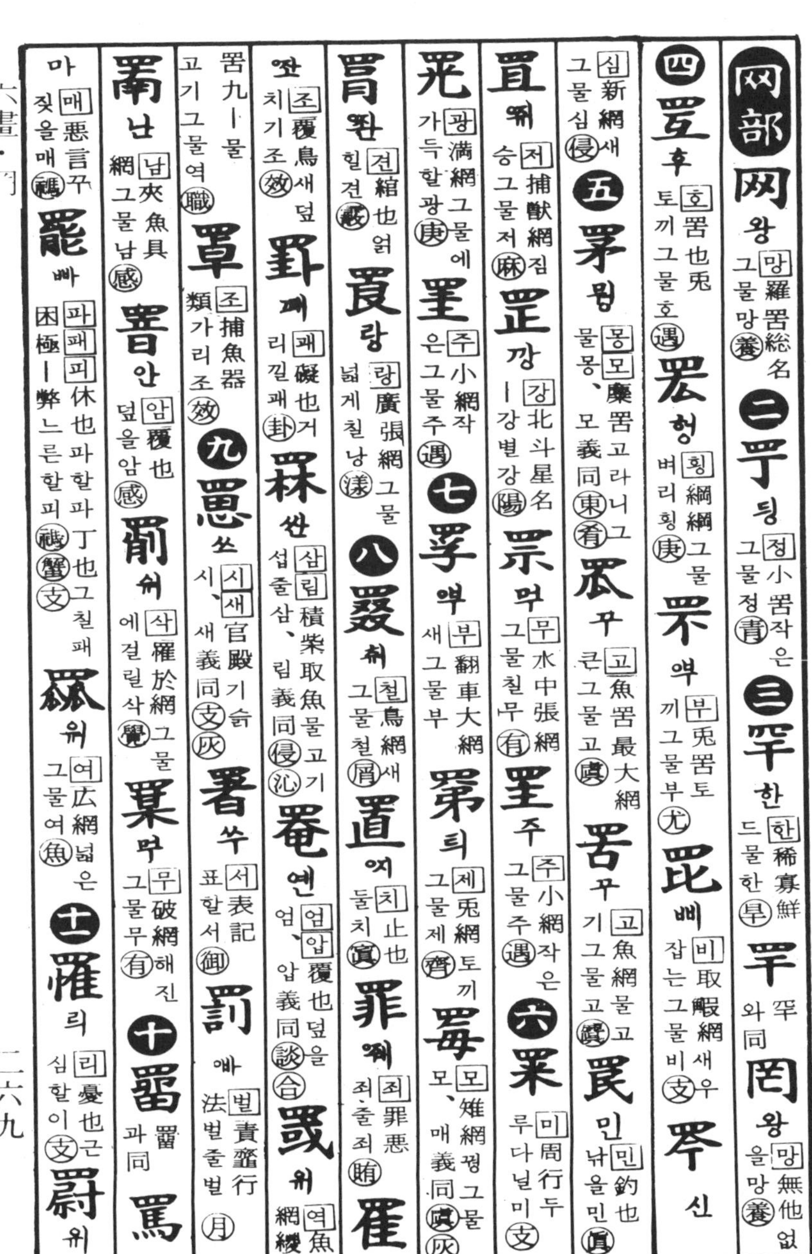

网部

网 왕 [망]羅罟総名 그물망(養)

② **罒** 뎡 [정]小罟작은그물정(青)

③ **罕** 한 [한]稀寡鮮 드물한(旱)

罕 罕와同

罔 왕 [망]無他없을망(養)

④ **罝** 후 [호]罟也兎 토끼그물호(遇)

罖 헝 [횡]紘網그물 벼리횡(庚)

罘 약 [부]兎罟토끼그물부(尤)

罼 뻬 [비]取鰕網새우잡는그물비(支)

罙 신 [심]新網새그물심(侵)

⑤ **罞** 뫔 [몽][모]麋罟고라니그물몽、모義同(東)(肴)

罛 꾸 [고]魚罟最大網큰그물고(虞)

罟 꾸 [고]魚網물고기그물고(虞)

罠 민 [민]釣也낚을민(眞)

罝 쟈 [저]捕獸網짐승그물저(麻)

罡 깡 [강]北斗星名ㅣ강별강(陽)

罘 뭐 [무]水中張網그물칠무(有)

罜 주 [주]小網작은그물주(遇)

⑥ **罙** 미 [미]周行두루다닐미(支)

罡 광 [광]滿網그물에가득할광(庚)

罜 주 [주]小網작은그물주(遇)

⑦ **罦** 약 [부]翻車大網새그물부

罤 틔 [제]兎網토끼그물제(齊)

䍏 모 [모]雉網꿩그물모、매義同(虞)(灰)

罥 쟌 [견]綰也얽힐견(銑)

䍚 랑 [랑]廣張網그물넓게칠낭(漾)

⑧ **罬** 춰 [철]鳥網새그물철(屑)

置 예 [치]止也둘치(寘)

罪 죄 [죄]罪惡죄、줄죄(賄)

䍜 쟌 [조]覆鳥새덮치기조(效)

罫 꽤 [괘]礙也거리낄괘(卦)

罧 싼 [삼][림]積柴取魚물고기섶줄삼、림義同(侵)(沁)

罨 옌 [엄][압]覆也덮을엄、압義同(琰)(合)

罭 위 [여]魚網緵罟九ㅣ물고기그물여(職)

罩 [조]捕魚器類가리조(效)

⑨ **罳** 쓰 [시][새]官殿기슭시、새義同(支)(灰)

署 쑤 [서]表記표할서(御)

罰 빠 [벌]責罰行法벌줄벌(月)

罱 남 [남]夾魚具網그물남(感)

罯 안 [암]覆也덮을암(感)

䍐 쉬 [삭]罹於網그물에걸릴삭(覺)

䍏 뭐 [무]破網해진그물무(有)

⑩ **罿** 罿과同

罵 마 [매]悪言꾸짖을매(禡)

罷 빠 [파][패][피]休也파할파、丁也그칠패、困極ㅣ弊느른할피(禡)(蟹)(支)

罛 위 [여]広網넓은그물여(魚)

⑪ **罹** 리 [리]憂也근심할이(支)

罻 위

[위][울]鳥網ㅣ羅새그물위、울 義同 (未)(物)

𦋺 塵와同

罺 찬 [조]撩罟小網 반도조 (肴)

罼 삐 [필]田獵網 사냥그물필

十一

罿 충 [동]鳥網새그물동 (東) [충]義同 (冬)

𦌾 䍡과同

𦌿 우 [무]稚網그물무 (虞)

罽 찌 [계]魚網물고기그물계 (霽)

𦌣 쒼 [선]繯獸足網올무선 (銑)

𦌤 랸 [료]魚罟붙고기그물료 (嘯)

罶 뤼 [류]魚笱통발류 (有)

罾 쯩 [증]魚網有機삼태그물증 (蒸)

十二

羂 쯘 [견]挂也걸릴견 (銑)(霰)

𦌪 듸 [세]網索그물줄제 (霽)

𦌴 피 [벽]鳥網새그물벽 (陌)

十四

羅 뤄 [라]列也벌릴나 (歌)

𦌸 쥔 [권]絲罟실그물권 (願)

羆 피 [비]態屬猛獸곰비 (支)

罵 지 [기]馬之絡頭말굴레기 (支)

𦍁 제 [제]又술거를제 (齊)

羃 미 [멱]覆也덮을멱 (錫)

十五

𦍂 뤠 [뢰]百囊罟백코그물뢰 (灰)

𦍋 쿤 [곤]麻網삼그물곤 (元)

十六

𦍓 리 [력]蓋食巾밥보자기력 (錫)

十七

羇 찌 [기]旅寓나그네기 (支)

十九

羈 찌 [기]勒也말굴레기 (支)

羉 롼 [란]山猪罟산돼지그물난 (寒)

𦍢 쫜 [견]絹也얽을견 (霰)

𦍫 쓔 [소]以筐盜酒용수소 (魚)

䍦 리 [리]帽也모자이 (支)

羊部

羊 양 [양]柔毛家畜양양 (陽)

𦍌 羊同

一

羋 메 [미]羊鳴양울미 (紙)

二

羌 챵 [강]西戎되강 (陽)

羗 羌과同

三

羙 美과同

美 메 [미]好也예쁠미 (紙)

羑 유 [유]導也인도할유 (有)

羍 따 [달]小羊애양달 (曷)

𦍒 羍과同

四

羒 얀 [분]牝羊암양분 (文)

羓 빠 [파]腊屬포파 (麻)

羔 꼬 [고]羊子양새끼고 (豪)

羖 꾸 [고]黑牝羊ㅣ䍽 검은암양고 (麌)

羘 양 [양]羝洋수양양 (陽) [韓]牛胃양양

羦 완 [완]野羊들양완 (寒)

𦍗 牂과同

五

羜 쭈 [저]小羊어린양저 (語)

羛 이 [의]魏郡地名 양땅이름의 (支)

𦍩 머 [말]胡洋名ㅣ羯말갈말 (月)

羚 링 [령]大羊큰양령 (青)

羞 쑤 [수]膳也진찬할수 (尤)

𦍶 羖과同

羝 듸 [저] 牡羊 수양 저 (齊)

⿰羊它 타 [타] 野羊 들양 타 (歌)

⿰羊㐱 얜 [분] 白牝洋 흰수양 분 (文)

⿰羊平 핑 [평] 駁毛羊 얼룩양 평 (庚)

六

着 著俗字

羕 양 [양] 水長 물길양 (漾)

羠 이 [이] 野羊 들양 이 (支)

羡 이 [이] 広也 넓을 이 (支)

⿰羊自 쪠 [결] 牡羊 수양 결 (屑)

⿰羊因 인 [인] 黑羊 검은양 인 (眞)

⿰羊字 쯔 [자] 牝羊 암양 자 (紙)

⿰羊同 퉁 [동] 無角羊 뿔없는양 동 (東)

⿰羊兆 쟌 [조] 一歲牝羊 한살된양 조 (篠)

七

⿰羊孚 뷰 [부] 牝羊 암양 부 (尤)

羣 췬 [군] 朋也 벗 군 (文)

群 羣俗字

義 [의] 事物ㅣ 旨 뜻 의 (寘)

羨 쎤 [선][연] 長也 길 선 埏也 墓道 광중길 연 (霰)

羦 환 [환] 細角山羊 뿔가는산양 환 (寒)

⿰羊叕 쵀 [최] 羊病 양의병 최 (灰)

⿰羊余 쒸 [여] 野羊 들양 여 (魚)

⿰羊貟 [반] 毛長洋 털긴양 반 (寒)

⿰羊彖 뎐 [천] 羊之長尾 양의긴꼬리 천 (霰)

八

䍲 이 [예] 胡羊 羺ㅣ 오랑캐양 예 (齊)

⿰羊爭 쪙 [쟁] 羊子 양의새끼 쟁 (庚)

⿰羊戔 산 [잔] 羊屋 양우리 잔 (潸)

九

羮 羹의 俗字

羭 위 [유] 山神 산신 유 (虞)

⿰羊委 웨 [위] 羊聚 양모일 위 (寘)

⿰羊東 둥 [동] 一角羊 외뿔난양 동 (東)

羯 얘 [갈] 犗羊 불깐양 갈 (月)

⿰羊韋 웨 [위] 羊相貌ㅣㅣ 양 서로쫓는 모양 위 (尾)

⿰羊垔 이 [예] 黑羊 검은양 예 (齊)

⿱敄羊 우 [무] 六月羊 여섯달된양 무 (遇)

羬 쳔 [암][겸] 大羊 큰양 암、겸 義同 (咸)(監)

十

⿰羊害 쟈 [알] 吳日 불알깐양 알 (黠)

⿰羊臭 羶과 同

⿰羊殸 꾸 [子] 搾取羊乳 양의젖짜낼 子 (尤)

羱 완 [완] 野羊 들양 완 (寒)

⿰羊尃 뿌 [박][부] 去勢羊 불깐양 박 獸名 짐승이름 부 (藥)(遇)

⿰羊扇 타 [탑] 鼓名 북이름 탑 (合)

十一

羲 씨 [희] 氣也 기운 희 (支)

⿰羊婁 럭 [루] 四角羊 뿔넷난양 루 (尤)

⿰羊責 지 [지] 集也 모을 지 (寘)

⿰羊患 환 [환] 無口獸 입없는 짐승 환 (刪)

十二

羳 뺀 [번] 黃腹羊 배누런양 번 (元)

⿰羊童 퉁 [동] 無角羊 뿔없는양 동 (東)

羵 얜 [분] 土中怪ㅣ洋 흙속괴이한양 분 (文)(吻)

⿰羊朁 쟌 [잠] 羊腌 젓담근 양고기 잠 (覃)

⿰羊厥 궤 [궐] 長毛羊 털긴양 궐 (月)

羴 羶과 同

⿰羊麻

羴 本字

⑬ 羸 레 [리] 弱也 약할리 (支)

羶 싼 [전] 羊臭 양냄새날전 (先)

𦏺 뚜 [독] 羊長六尺 여섯자되는양독 (屋)

羷 련 [검][렴] 羊名 양이름 검、렴 義同 (琰)(黠)

羹 껑 [갱] 膗也 국갱 (庚)

⑭ 羺 수 [누] 胡洋ㅣ羖 오랑캐양누 (尤)

䍽 위 [여] 肥羊 살찐양여 (魚)

⑮ 羼 찬 [산] 俗音[찬] 羊相雜 양서로섞일찬 (潛)

䍸 매 [매] 垢弍貌ㅣ 비계끌매 (卦)

⑯ 䍦 리 [력] 黑色牡羊 검은수양력 (錫)

𦏼 䍦 와同

䍷 홰 [홰] 垢膩貌 䍸ㅣ 끼인모양홰 (卦)

⑰ 䍶 링 [령] 大羊 큰양령 (青)

⑲ 𦐇 羚 과同

羽部

羽 위 [우] 五音之一 우성우 (虞)(遇)

③ 羿 이 [예] 古射師名 옛적활스승의이름예 (霽)

𦐂 처 [치] 燕飛貌 제비나를치 (支)

羾 꿍 [공] 飛至 날아올공 (送)

④ 翀 츙 [충] 直上飛貌 치떠날을충 (東)

翂 뿐 [분] 飛貌ㅣㅣ 풀풀나를분 (文)

翁 웡 [옹] 父也 아비옹 (東)

翅 츠 [시] 鳥翼 날개시 (寘)

翄 翅 와同

翍 翅 와同

𦐃 분 [분] 飛貌 파득파득날분 (文)

翃 항 [항] 飛下 날아내릴항 (陽)(漾)

翃 훵 [굉] 蟲飛貌ㅣㅣ 버레풀풀나를굉 (庚)

𦐊 翌 과同

翌 황 [황] 持羽而舞 깃들고춤출황 (陽)

𦐄 파 [파] 飛貌 나를파 (麻)

⑤ 翏 랸 [료] 風聲ㅣㅣ 바람소리요 (蕭)

翐 찌 [질] 飛貌ㅣㅣ 펄펄나를질 (質)

翇 뿌 [불] 樂舞執全羽以祀社稷 춤추는깃불 (物)

翊 [익] 飛貌 날을익 (職)

𦐏 咫 과同

翎 링 [령] 鳥羽 새깃영 (青)

翌 이 [익] 明日 이튿날익 (職)

翈 싸 [압] 翮上短羽 쭉지위의짧은깃압 (洽)

𦐙 뽀 [보] 失羽 깃살보 (皓)

翋 [랍] 飛也 날을랍 (合)

𦐒 쟢 [초] 鳥尾翹翹貌 새꼬리처들초 (蕭)

翑 쮜 [구] 羽曲 날개굽을구 (遇)

翍 페 [피] 張羽貌 날개벌릴피 (支)

習 씨 [습] 学也 익힐습 (緝)

𦐛 펀 [분] 飛起 날아오를분 (阮)

𦐡 㿻 와同

𦐝 얀 [염] 翼下細毛 깃밑솜털염 (琰)

⑥ 翢 쭈 [주] 弱羽 부둥깃주 (尤)

翔 쌍 [상] 蔣敬貌ㅣ 엄숙할상 (陽)

𦐩 쒸 [훌] 飛去貌 훨훨날아갈훌 (曷)

翖 翕 同

翓 혜 [힐] 飛上 날아오를 힐 (屑)
⿰谷羽 퍼 [락] 飛去 날아갈 락 (藥)
翕 씨 [흡] 合也 합할 흡 (緝)
⿰羽各 同 ⿰谷羽과
⿰羽曳 이 [예] 低飛 낮게 나를 예 (霽)
⿰羽朱 주 [주] 高飛 높이 나를 주

(虞)

七

翛 쇼 [소] 羽聲ㅣㅣ 짓소리 소 (蕭)
⿰羽辛 신 [신] 羽多 짓 많을 신 (眞)
翜 써 [삽] 捷也 훨 날을 삽 (緝)
⿰羽甫 뿌 [부] 細毛 가는 털 부 (虞)
⿰告羽 꼬 [고] 斜飛 빗게 날을 고 (號)

翖 한 [합] 小鳥飛貌 작은 새 나는 모양 합 (覃)
⿰羽几 녀 [녑] 急飛 급히 날을 녑 (洽)
⿰羽兒 뱌 [박] 打羽而飛 짓치며 날을 박 (藥)

八

⿰羽彔 루 [록] 水上飛 물위로 날 록 (屋)
翠 취 [취] 色ㅣ 푸를 취 (寘)
⿰羽戔 쟌 [잔] 速飛ㅣㅣ 빨리 날을 잔 (潸)
翡 뻬 [비] 玉名 옥이름 비 (未)
翟 듸 [적] [척] 重ㅣ 황후의 옷 적 姓也 성 척 (錫) (陌)
⿰戓羽 쒸 [혁] 羽声 짓소리 혁 (職)
⿰羽奄 얜 [엄] 斂翅 쭉지 낄 엄 (琰)
⿰芻羽 추 [줄] 飛疾貌 훨 날을 줄 或音 출 (質)
⿰羽疌 쳐 [첩] 捷飛 빨리 날을 첩 (洽)
⿰羽京 쟝 [강] 鶬行貌ㅣㅣ 강장강장 뛸 강 (陽)
翣 쌰 [삽] 扇也 부채 삽 (洽)

九

翬 훼 [휘] 大飛 날개칠 휘 (微)
翨 ㅊ [시] 官名ㅣ氏 벼슬 이름 시 (寘)
⿰是羽 ㅊ [시] 羣飛ㅣㅣ 떼지어 나를 시 (支)
翥 쥬 [저] 飛上 날아오를 저 (御)
翫 완 [완] 貪也 탐낼 완 (翰)

翭 확 [후] 羽根 짓밑동 후 (尤)
翪 쫑 [종] 竦翼而飛 날개 움추리고 나를 종 (東)
翩 편 [편] 飛貌ㅣㅣ 나는 모양 편 (先)
⿰羽爰 [환] 緩飛 느려느려 날을 환 (旱)
翦 쟨 [전] 除也 없앨 전 (銑)

⿰羽皇 헝 [횡] 打羽聲 날개치는 소리 횡 或音 굉 (庚)

十

⿱冓羽 헝 [횡] 飛声ㅣㅣ 나는 소리 횡 (庚) 音 굉 (庚)
翰 한 [한] 羽也 짓 한 (寒)
翮 껴 [핵] [녁] 羽本 짓촉 핵、다리 굽은 솔 녁 (陌) (錫)

翯 후 [혹] [학] 鳥羽肥澤ㅣㅣ 새짓 흠치르르할 혹、화 義同 (沃) (覺)
⿰章羽 따 [단] 羣羽 떼지어 나를 단 (合)
⿰羽尃 뿌 [부] 又부 등짓 부 (虞)
⿰羽眔 타 [답] 飛也ㅣㅣ 휠휠 나를 유 (尤)
⿱役羽 와 [유] 鳥飛貌ㅣㅣ 새 휠휠 나를 유 (尤)

十一

翲 이 [표] 高飛ㅣㅣ 높이 나를 표 (蕭)
翳 이 [예] 語助辭 어조사 예 (齊)
⿱𦭝羽 헝 [홍] 蟲聲ㅣㅣ 벌레소리 홍 (尤)
⿰羽漢 한 [환] 俗音 [한] 高飛

높이나를한(翰)

【十二】 **翹** 챠 [교] 俗音[요] 擧也들요(蕭)

翻 얀 [번] 飛也날번(元)

翱 오 [고] 遊遊ㅣ노닐고(豪)

⿰肅羽 쑤 [숙] 飛也나를숙(屋)

⿰曾羽 엉 [증] 翥也나를증(蒸)

⿰喬羽 챠 [교] 高飛높이나를교(蕭)

⿰羽惠 훼 [혜] 六翮之末칼깃끝혜(霽)

翼 이 [익] 扶也호위할익(職)

【十三】 **翽** 홰 [홰] 飛声ㅣㅣ나는소리홰(泰)

⿰亶羽 뎐 [전] 遠飛멀리날을전(先)

翾 환 [현] 小飛파뜩파뜩나를현(先)

【十四】 **翿** 또 [도] 翳也깃일산도(豪)(號)

⿰賓羽 빈 [빈] 飛上ㅣㅣ날아오를빈(眞)

耀 약 [요] 光也照ㅣ빛날요(嘯)

【十五】 **⿰羽慧** 훼 [혜] 六翮之本 쭉지밑동혜(霽)

⿰羽巤 라 [랍] 飛初起貌처음으로날랍(合)

老部

老 랖 [로] 年高늙을로(皓)

考 칻 [고] 擊也마칠고(皓)

【四】 **耆** 씨 [기][지] 老也어른기 致也이를지(支)(紙)

耄 맏 [모] 九十歲ㅣ구십세모(號)

⿱耂芻 삭 [수] 老人僂行追從늙은이겨우따리갈수(過)

【五】 **⿱耂叉** 똬 [도] 七十歲老人칠십늙은이도(號)

耈 꾸 [구] 長命명길구(有)

者 쟈 [자] 語助辭어조사자(馬)

⿱耂占 뎜 [점] 老人面上如点늙은이얼굴의검버섯점(琰)

耈 耇와同

【六】 **耋** 뎌 [질] 八十歲老人팔십세노인질 古音절(屑)

而部

而 얼 [이] 上下接續辭말이을이(支)

【三】 **耍** 쏴 [솨] 利也이할솨(馬)

耑 [단][전] 物首끝단 專也오로지전(寒)(先)

耐 내 [내] 忍也견딜내(隊)

耎 [연] 罷弱연약할연(銑)

耏 얼 [이][내] 頰鬚ㅣㅣ구레나루이 剃鬚수염깎을내(支)(隊)

⿰女而 얼 [이] 媚也아첨할이(支)

【四】 **⿱而叉** 놘 [난] 縮也움추러질난(旱)

【六】 **⿱而而** 얼 [이] 連繞이을이(支)

【七】 **⿰而忍** 뷰 [뉵] 憂貌눈살찌푸릴뉵(屋)

【八】 **⿰耑皮** 𢿨同

【十】 **⿰耑甫** ⿰耑甫同

⿰卮耑 쫜 [전] 小卮작은잔전(銑)

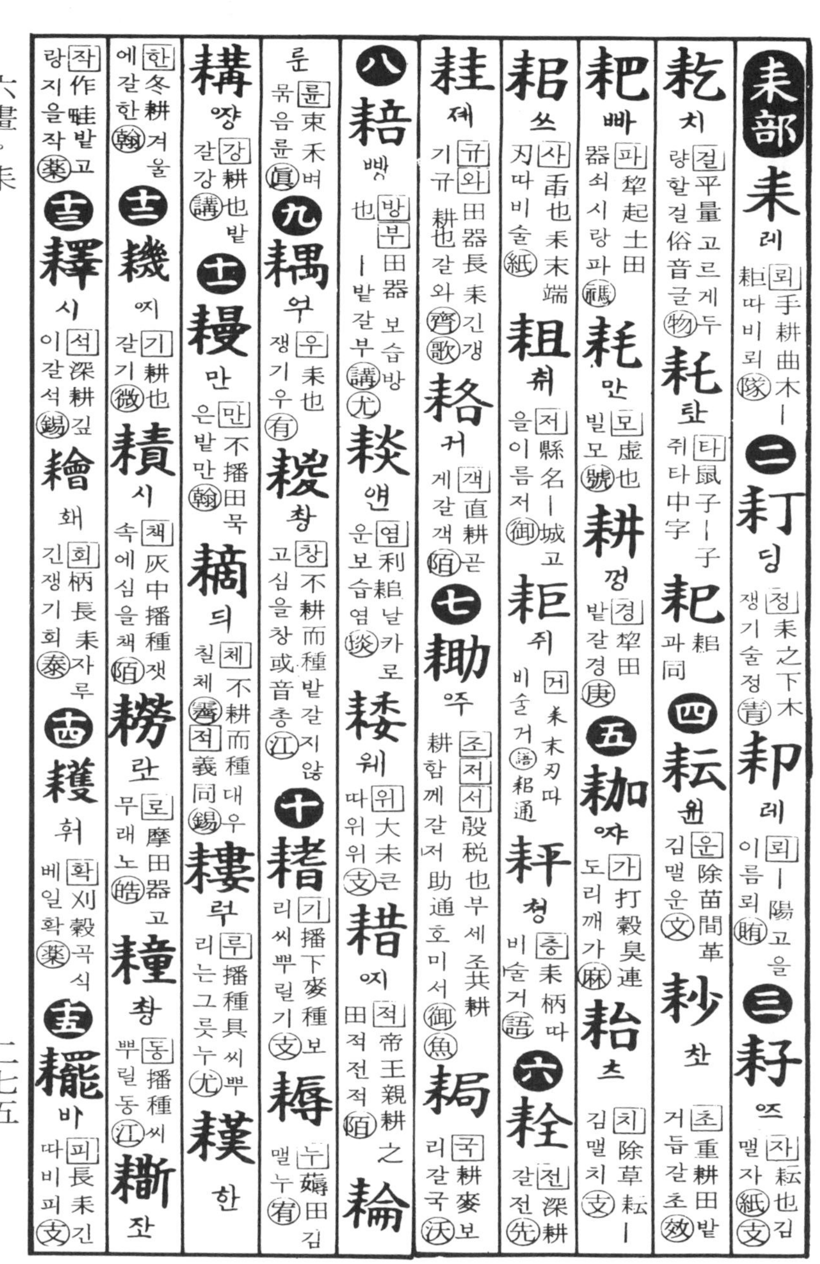

耒部

耒 레 [뢰]手耕曲木ㅣ耜따비뢰(隊)

二

耓 딩 [정]耒之下木쟁기술정(青)

耒阝 레 [뢰]ㅣ陽고을이름뢰(賄)

三

耔 즈 [자]耘也김맬자(紙)(支)

[耒乞] 치 [걸]平量고르게두량할걸俗音글(物)

[耒乇] 탁 [타]鼠子ㅣ子쥐타中字

[耒已] 耜과同

四

耘 원 [운]除苗間草김맬운(文)

耖 찯 [초]重耕田밭거듭갈초(效)

耙 빠 [파]犂起土田器쇠시랑파(禡)

耗 만 [모]虛也빌모(號)

耕 껑 [경]犂田밭갈경(庚)

五

耞 쟈 [가]打穀臭連도리깨가(麻)

耛 츠 [치]除草耘ㅣ김맬치(支)

耜 쓰 [사]臿也耒末端刃따비술(紙)

耝 취 [저]縣名ㅣ城고을이름저(御)

耟 쥐 [거]耒末刃따비술거(語) 耜通

[耒平] 청 [층]耒柄따비술거(語)

六

[耒全] [전]深耕갈전(先)

[耒圭] 쟤 [규][와]田器長耒긴갱기규 耕也갈와(齊)(歌)

[耒各] 거 [객]直耕곧게갈객(陌)

七

耡 쭈 [조][저][서]殷稅也부세조 共耕함께갈저 助通호미서(御)(魚)

[耒局] [국]耕麥보리갈국(沃)

八

[耒咅] 뺑 [방][부]田器보습방 也ㅣ밭갈부(講)(尤)

[耒炎] 앤 [염]利耜날카로운보습염(琰)

[耒妻] 웨 [위]大耒큰따위위(支)

耤 찌 [적]帝王親耕之田적전적(陌)

[耒侖] 룬 [륜]東禾벼묶음륜(眞)

九

耦 어 [우]耒也쟁기우(有)

[耒叟] 창 [창]不耕而種밭갈지않고심을창或音총(江)

十

[耒耆] [기]播下麥種보리씨뿌릴기(支)

耨 [누]薅田김맬누(宥)

耩 쟝 [강]耕也밭갈강(講)

十一

[耒曼] 만 [만]不播田묵은밭만(翰)

[耒啇] 듸 [체]不耕而種대우칠체(霽)[적]義同(錫)

耬 럭 [루]播種具씨뿌리는그릇누(尤)

[耒漢] 한 [한]冬耕겨울에갈한(翰)

十二

耭 찌 [기]耕也갈기(微)

[耒責] 시 [책]灰中播種잿속에심을책(陌)

耮 랖 [로]摩田器고무래노(晧)

[耒童] 쫑 [동]播種씨뿌릴동(江)

[耒斬] 잗 [작]作畦밭고랑지을작(藥)

十三

[耒睪] 시 [석]深耕깊이갈석(錫)

[耒會] 홰 [회]柄長耒자루긴쟁기회(泰)

十四

[耒蒦] 훠 [확]刈穀곡식베일확(藥)

十五

[耒罷] 바 [피]長耒긴따비피(支)

穮 뾰 [표] 除田穢草 김맬표 (蕭)

耰 우 [우] 破塊椎 곰방메우 (尤)

十六

⿰耒翟 작 [자] 耜也 보습자 (寘)

十九

⿰耒靡 메 [마] 広耕 넓게갈마 (禡)

耳部

耳 얼 [이] 主聽 귀이 (紙)

一

耴 예 [첩] 耳下 귀뿔첩 (葉)

二

⿱龴耳 쒸 [서] 待也 기다릴서 (魚)

耵 띵 [정] 耳垢 귀에지정 (迥)

三

耶 예 [야] 語助辭 어조사야 (麻)

⿰耳幺 야 [요] 耳鳴膠ㅣ 귀울요 (蕭)

耷 다 [답] 大耳 큰귀답 (合)

⿰耳工 꿍 [공] 耳聞鬼声 귀신소리들을공 (東)

四

耿 징 [경] 光也 빛날경 (梗)

耽 딴 [탐] 深遠 깊고멀탐 (覃)

耼 딴 [담] 耳無輪 귀바퀴없을담 (覃)

耺 윈 [운] 耳中声 귀청울릴운 (文)

耹 친 [금] 音也 소리금 (侵)

耾 헝 [횡] [굉] 耳語 귀에말할횡 聾也 귀먹을굉 (庚)

⿰耳月 웨 [월] 耳斬 귀베일월 (月)

⿰耳切 치 [체] 耳聰 귀밝을체 (霽)

⿰耳壬 聽古字

耻 恥俗字

五

聄 연 [진] 告也 고할진 (軫)

聆 령 [령] 聽也 들을령 (青)

聓 壻同

聃 耼字

⿰耳失 처 [철] 以失貫耳 살로귀꿸철 (屑)

聊 랴 [료] 願也 원할료 (蕭)

⿰耳必 삐 [비] 恥也 부끄러울비 (寘) [필] 義同 (質)

⿰耳占 뎐 [점] 耳小垂 귀조금늘어질점 (鹽)

六

聑 예 [접] 安也 안할접 (葉)

聒 꽈 [괄] 懮也 어리석을괄 (曷)

聐 녜 [얼] 無覺 감각없을얼 (屑)

聎 좌 [조] 耳疾 귀않을조 (蕭)

聏 위 [육] 육 (屋) [이] 恥也 부끄러울 和也 화할이 (寘)

⿰耳共 홍 [홍] 耳鳴 귀울홍 (東) (遇)

七

⿰耳吾 우 [오] 聽也 들을오 (過)

⿰耳彔 홍 [홍] 耳中鳴ㅣ 귀속울홍 (董)

聘 핑 [빙] 徵召 부를빙 (敬)

⿱𡗗耳 聞古字

聕 학 [호] 長耳 긴귀호 (皓)

⿰耳斤 제 [제] 近聞 가까이들을제 (霽)

聖 썽 [성] 通也 통할성 (敬)

八

聙 찡 [정] 善聽 잘들을정 (庚)

⿰耳奇 치 [기] 傾耳 귀기울릴기 (支)

聞 원 [문] 耳受声感心 들을문 (文)

⿰耳垂 뛰 [타] 耳垂 귀뿔늘어질타 (駕)

聚 쮜 [추] [취] 俗音、積也 쌓을취 ([illegible]) (過)

⿰耳空 듸 [저] 耳患膿 귀에지않을저 (齊)

⿰耳奄 얜 [엄] 耳也 귀엄 (淡)

聟 壻俗字

⿰耳卸 샤 [사] 遙聞 멀리들을사 (禡)

䎺 망 [망]聰也귀밝을망(養) 聢 [日]確実확실할정 聝 꿔 [괵]断耳귀베일괵(陌) 𦕼 루 [록]蜥蜴도마뱀녹(屋) 聡 聰과同 ⑨ 聥 쥐 [子]驚也놀랄구(麌)(過) 聦

聰俗字 聧 큐 [규]聾之甚者귀머어리규(齊) 𦖒 얼 [이]聽音不敢言소리는듣고감히말못할이(眞) 聤 팅 [정]耳病膿出귀에지않을정(青) 𦗙 연 [연][안]耳戲귀흔들연 안義同(霰)(諫)

𦖨 싱 [성]耳明귀밝을성(青) 𦖷 츄 [추]耳鳴귀울추(尤) 𦗚 랄 [랄]誤聞잘못들을랄(眞) 𦖻 수 [수]聽也귀밝을수(宥) ⑩ 𦗃 째 [재]聽而不聰멍청이재(賄) 𦖸 면

[면]注意而聽새기어들을면(先) 𦗄 렴 [렴]耳垂귀늘어질렴(琰) 䎍 웅 [옹]耳声귀에서소리날옹(董) 𦗓 뎐 [전]聲盈耳귀에찡할전(先) 𦖅 뉵 [뉵]耻也부끄러울육(屋) 𦖻 聧와同

⑪ 聰 춍 [총]耳明귀밝을총(東) 𦗀 쟌 [조]耳鳴ㅣ귀울조(蕭) 聯 련 [련]關ㅣ관계할련(先) 聳 숑 [용]高也솟을용(腫) 聲 썽 [성]音也소리성(庚) 聱 오

[오]不聽알아듣지못할오(肴)(看) 䎻 궈 [곽]大耳큰귀곽(藥) 𦗲 표 [표]僅聞가며들을표(嘯) 𦘀 애 [애]聾者귀머거리애(卦) 𦗿 체、찰、[체][찰][철]瞭也귀밝을체 찰 철義同(霽)(黠)(屑) 𦗻 듸

[적]耳孔深귀속깊을적(陌) 𦘆 료 [료]耳中鳴귀속찡할료(蕭) ⑫ 聶 녜 [섭][접]攝也낄섭 牒也희칠접(葉) 𦗴 단 [담]喧也시끄러울담(覃) 聵 왜 [외][회]生而聾者배내귀머거리외 회義同(卦)(隊)

職 찌 [직]主也주장할직(職) 𦖭 볘 [별]暫聞잠간들을별(屑) 𦘊 싼 [선]耳門귀구멍선(銑) ⑬ 聸 딴 [담]垂耳귀늘어질담(覃) 𦘈 당 [당]耳下垂귀처저붙을당(陽) 𦘐

넝 [농]聽雷者耳ㅣㅣ귀먹먹할농(冬) ⑭ 聹 넝 [녕]耳垢聹ㅣ귀에지녕(青) 聻 늬 [적][니]鬼也귀신적 손가락질할이(紙)(陌) 𦘞 씨 [칩][습]牛馬動耳貌ㅣㅣ마소귀놀라는모양칩、습義同(緝)(合)

𦘤 쵀 [절]聰也귀밝을절 或音철(屑) ⑮ 𦗪 귀 [광]耳広귀넓을광、或音확(漾) ⑯ 𦙊 리 [력]詳聞자세이들을역(錫) 聽 팅 [청]待也기다릴정(青) 聾 [롱]闇也캄캄할롱(東)

十七 [illegible] 비 [월][외] 聾之甚者귀머거리월、외 義同 黠卦

聿部

聿 유 [율] 遂也마침내율 質

二 津 진 [전] 義也뜻전 先

三 肁 잔 [조] 開也열조 篠

四 肂 쓰 [사] 展也버릴사 寘

五 畫 畫 俗字

六 [illegible] 肅字 古字

七 肄 이 [이] 習也익힐이 寘

肅 숙 [숙] 嚴也엄할숙 屋

肆 쓰 [사] 長也길사 寘

八 肇 짜 [조] 始也비로소조 篠

肈 肇와同

十四 [illegible] 肆古字

肉部

肉 유 [육][유] 肌也살육 滿也찰유 屋 宥

二 肸 필 [필] 喉肉목의살필 質

肌 애지 [기] 膚肉살기 支

肍 차 [구] 肉醬고기로장담글구 尤

肎 肯과同

肐 치 [칠] 肥滑살쪄서미끄러질칠 質

肋 러 [륵] 脅骨檢勒五臟갈빗대륵 職

肸 시 [흘] 振也떨칠흘 物

三 肜 융 [융] 治也다스릴융 東

肔 이 [이] 刳腸창자를이 紙

肛 꺙 [항] 大腸端ㅣ門분문항 江

肖 쏘 [초][소] 類似닮을초 蕭 嘯

肚 뚜 [두] 腸ㅣ胃也밥통두 麌

肝 깐 [간] 木藏간간 寒 ㅣ要요긴할간 寒

肘 쪽 [주] 臂之關節팔꿈치주 有

肓 황 [황] 心上鬲下日ㅣ흉격황 陽

肒 한 [환] 搔而生瘡긁어부스럼날환 翰

肐 이 [억] 胸骨가슴뼈억 職 華ㅣ肘팔꿈치흘

肕 인 [인] 堅肉질긴고기인 震

肙 원 [연] 撓動요동할연 先

肷 위 [여] 魚腐생선썩을여 語

肑 데 [적][박] 腸下肉창자밑살적 錫

肚 닫 [도] 大腹큰배도 遇

胘 현 [현] 午胃소처녑현 先

四 胜 형 [입] 大熟肉汁곰국입 寢

胖 팡 [방] 腹脹배불룩할방 絳

肢 찌 [지] 體也四ㅣ팔다리지 支

肵 치 [기][근] 尸之所食俎시동이먹는도마기、敬也공경할근 微 問

肻 肯와同

肺 폐 [폐][패] 金藏主魄 부아 폐 成貌 성할 패 (隊)(泰)
肥 비 [비] 多肉 살찔 비 (微)
股 고 [고] 脛本 다리 고 (麌)
肫 준 [순] 懇誠貌 정성스러울 순 (眞)
肮 강 [항] 咽也 목구멍 항 (漾)

肩 견 [견] 委任 맡길 견 (先)
肴 효 [효] 俎實 啖肉 안주 효 (肴)
肪 방 [방] 脂也 비계 방 (陽)
肬 우 [우] 贅肉 혹 우 사마귀 우 (尤)
肯 긍 [긍] 可也 즐길 긍 (迥)
肳 吻 同
肣 친 [금][함] 斂也 거둘 금、舌也 혀 함 (侵)(覃)

肱 굉 [굉] 臂之上 部 팔 굉 (蒸)
育 육 [육] 養成 기를 육 (屋)
肸 씨 [힐] 響布盛作 소리울릴 힐 (質)
肶 비 [비] 牛胃 멀떠구니 비 (支)
肭 눠 [눌][내][놀] 俗音 海狗膃 해구내 又 물개 내 肥也 살찔 내 (月)
肹 肸 同
肦 분 [분][반] 大首貌 머리 클 분、賦也 구실 반 (文)(刪)
胝 치 [치] 鳥藏 새창자 치 (支)
脘 관 [관] 胃府 밥통 관 (旱)

肕 인 [인][윤] 瘡痕 헌집 윤 脊肉 등살 윤 俗音 인 (震)
䏚 묘 [묘] 脅下雨傍虛軟處 허구리 묘 (篠)
肤 결 [결] 肛門 똥구멍 결 (屑)
肰 연 [연] 犬肉 개고기 연 (先)
肚 도 [도] 大腸 큰창자 도 (麌)

肐 괘 [괘] 腰痛 허리아플 괘 (隊)
䏙 탄 [탐] 肉破 살해질 탐 (覃)
肬 탄 [탐] 肉滓 고기국찌끼 탐 (感)

五

𦙃 싼 [산] 脂肪 기름 산 (寒)
胑 肢 과 同
胔 骴 와 同
胏 즈 [자] 食所遺 밥찌끼 자 (紙)

胃 위 [위] 腸ㅣ、脾ㅣ 밥통 위 (未)
朐 취 [구] 脯也 포 구 遠也 멀 구 (虞)
胠 취 [거][겁][협] 開發 열 거 義同 軍之右翼 오른편군대 겁 軍法右ㅣ 협 義同 (魚)(洽)(語)
胝 디 [지] 皮厚胼ㅣ 못박힐 지 (支)

胥 서 [서] 相也 서로 서 (語)
胙 조 [조] 祭餘肉 제지낸고기 조 (遇)
胡 호 [호] 何也 어찌 호 (虞)
胕 腑 과 同
胖 판 [반] 大也 肥ㅣ 살찔 반 (寒)(翰)

胻 씽 [행] 脛也 종아리 행 (庚)
胶 샤 [효] 脛骨也 다리뼈 효 (肴)
胒 와 [와] 手足曲病 손발 굽으러지는병 와 (麻)
胹 열 [이] 筋強 힘줄강할 이 (寘)
䖢 쥬 [저] 蛆也 구더기 저 (魚)
脒 사 [휴] 脩腹 파리한 배 휴 (尤)

背 배 [배][패] 負也 질 배 違也 배반할 패 (隊)
胎 태 [태] 物始胚ㅣ 시작 태 (灰)
胤 인 [윤] 受也 받을 윤 (震)
胗 진 [진] 疸瘡 역질 진 (軫)
胛 갸 [주] 長

也ㅣ子맏아들주(寘)

脡 영 [정] 煮魚煎肉전유어정(庚)

胞 빠오 [포] 胎衣태보포(肴)

胜 씽 [성] 生肉날고기성(靑)

胄 쥐 [주] 嫡也ㅣ子맏아들주(宥)

胳 [가] 瘡ㅣ痂딱지가(麻)

胈 빠 [발] 股上細毛정강이털발(曷)

胛 [갑] 背上兩膊間肩甲어깨쭉지갑(洽)

胐 [굴][찰] 臀也볼기굴 膝疾무릎병찰(月)

胇 페 [필][비] 身大ㅣ胖장대할필、乾마를비(寘)(未)

胂 [신][이] 伸身몸펼신 背脊肉등심이(眞)(支)

胅 [질] 骨差뼈마디통길질(屑)

[illegible] 치 [급] 肉羹고기국급(緝)

胉 퍼 [박] 脅也갈비박(藥)

胘 쎈 [현] 牛胃소천엽현(先)

[illegible] [illegible]과同

胴 쓰 [사] 頭會배회사頂門정수리사(寘)

胦 양 [앙] 臍也脖ㅣ배꼽앙(陽)

[illegible] 쳐 [저] 蠅之所生肉中蟲구더기저(魚)

胆 딴 [단] 口脂駅첨버캐단(寒)

[illegible] 쟈 [고] 臀也볼기고(豪)

胍 구 [고][과] 大腹ㅣ肫큰배고 義同(虞)(麻)

[illegible] 腕同

[illegible] 시 [시] 肉生새살날시(寘)

[illegible] 주 [주] 身直몸곧을주(遇)

胟 무 [무] 將指엄지손가락무(有)

胣 이 [이] 刳腸창자끊을이(紙)

六

胸 쓩 [흉] 心情마음흉(冬)

胮 팡 [방] 腹脹貌肛배불룩할방(江)

胹 얼 [이] 煮熟익힐이(支)

[illegible] 胦俗字

胵 쯔 [치] 鳥胃膍새멀떠구니치(支)

脂 쯔 [지] 膏也기름지(支)

脂 脂와同

脃 취 [취][체] 物易斷연할취 弱也약할체(霽)

胰 이 [이] 來脊肉등심이(支)

胾 쯔 [자] 切肉大臠큰고기자

脄 메 [매] 背肉등심매(灰)

朕 짼 [華] 鷄眼脚ㅣ티는첩

胯 콰 [과] 兩股間사타구니과(遇)

胷 胸와同

朐 춘 [순] 蜀縣名고을이름순(震)

胲 깨 [해] 足之大指엄지발가락해(灰)

胭 옌 [연] 嗌也목구멍연(先)

[illegible] 영 [증] 熟肉익은고기증(蒸)

胱 꽝 [광] 水府膀오줌통광(陽)

能 넝 [능][내][태] 勝任능할능、三足鼈세발자라내、星名별이름태(蒸)(泰)(隊)

脆 胞俗字

脀 청 [승][증] 癡也어리석을승 以牲實鼎희생잡아솥에담을증(蒸)

脊 찌 [척] 背心등마루척(陌)

脇 脅과同

脅 쎄 [협] 腋下갈비협(葉)

[illegible] 쎄 [설] 脂膀기름설(屑)

⿰月多 나 [나][치]不密輕脪성길나 之肥美살찌고연할치 (麻)
⿰月合 씨 [흡]體也몸흡 어깨쭉지흡 (緝)
胳 꺼 [각]腋下겨드랑이각 (藥)
胴 퉁 [동]大腸큰창자동 (送)
脈 머 [맥]血絡맥맥 (陌)

胺 예 [알]肉腐臭고기썩을알 (曷)
⿰月艮 훈 [흔]足踵발뒷굼치흔 (元)
脁 좌 [조]祭肉제사고기조 (嘯)
脉 同脈

七

⿰月匜 이 [이]豕肉돼지고기이 (支)
脰 [두]項也목두 (宥)

脗 원 [문][민]合也합할문、민 義同 (吻)(軫)
脢 메 [매]背肉등심매 (灰)
脤 [신]祭社生肉사직제지낸그기신 (軫)
脣 슌 [순]齒垣입몸순 (眞)
脘 환 [완]胃府중완완 (旱)
⿰月忍

인 [인](蜀縣名지령이인 (震)
脡 팅 [정]脯朐포정 (迥)
脛 씽 [경]胻也종아리경 (迥)
脬 퐈 [포]膀胱尿오줌통포 (肴)
脝 헝 [형]脹貌膨ㅣ배불룩할형 (庚)
脞 취

[좌]細碎叢ㅣ좀스러울좌 (箇)
脩 쓔 [수]敬也공경할수 (尤)
脥 同頰 과
脚 [각]脛也다리각 (藥)
脙 챠 [구]瘠也파리할구 (尤)
脟 레 [렬]脅肉갈비살열 (屑)

⿰月肖 쏘 [소]物之尖銳끝빠를소 (效)
⿰月旱 한 [한]用創藥名창병에쓰는약이름한 (翰)
脧 취 [최]赤子陰部어린아이불알최
⿰月坒 뼤 [폐]胃脘밥통폐 或音비 (霽)
脪

인 [은]腫起부을은 (震)
脖 뽀 [발]臍也ㅣ胦배꼽발 (月)
脠 쎤 [전]生肉醬날고기젓전 (先)
脕 문 [만]美也예쁠만 草芽新[문]生풀새로날문 (願)(問)
脮 퉈 [퇴]肥也찔퇴 (賄)

⿰月更 껑 [갱]食骨掛咽뼈가목에걸릴갱 (梗)
⿰月志 지 [지]黑子사마귀지 (寘)
⿰月斯 졔 [절]脂皮기름껍질절 (屑)
⿰月邑 이 [읍]鹽漬肉저린고기읍 (葉)
⿰月圼 네 [열]腫也부을열 (屑)

⿰月弟 뎨 [체][철]鼻不正코비뚤어질체、骨差뼈어긋날철 (霽)(屑)
脭 띵 [정]精肉정한고기정 (庚)
脫 퉈 [탈][태]免也벗어날탈 舒遲ㅣㅣ천천히할태 (泰)(曷)

八

⿰月罔 왕

[망]筋系纏繞힘줄얽힐망 (養)
⿰月畀 脾俗字
腈 칭 [청]血質혈질청 (青)
腔 챵 [강]肉空속빌강 (江)
⿰月焦 퇀 [톤]ㅣ肉톤 고기톤 (阮)
脾 [비]土藏ㅣ胃지라비 (支)

腓 뼤 비 脛腨 장딴지비 微
脽 쒜 수 尻也 꽁무니수 臀也 주 볼기짝수 支 尤
腂 꽈 과 腫赤 부어서 붉은빌섭과 箇
腑 뿌 부 臟腑 장부부 又 육부부 遇 麌
腒 쮜 거 乾雉 건치거 魚
骿 편 변 皮堅 ㅣ胝 못백일변 先
腇 녜 뇌 耎弱萎ㅣ 잔약할뇌 賄
䑂 쩡 쟁 跟筋 발굼치힘줄쟁 庚
腎 신 신 水藏 콩팥신 軫
[月奇] 끼 기 分牲 회 생나눌기 寘
腆 뎬 전 厚也 두터울전 銑
腍 싄 임 熟也 익힐임 寢
脹 쟝 창 腹滿 鼓ㅣ 배부를창 漾
腃 궈 귀 筋節急 힘줄당길귀 先
腐 뿌 부 朽也 썩을부 麌
腊 씨 석 乾肉 포석 陌
腌 엔 엽 鹽漬魚肉 저린고기엽 葉
腕 완 완 手ㅣ 팔완 翰
腋 이 액 左右脅間 겨드랑이액 陌
腄 취 수 瘢胝 딱지자리 껍질수 支
[月夌] 찬 잔 禽獸食滓 짐승먹든찌끼잔 寒
[月奉] 팡 방 腹脹滿 배불룩할방 陽
[月表] 同臕
[月衣] 同脣와
[月留] 同脣과
[月固] 쮠
[月君] 군 腸中脂肪 창자속기름군 軫
[月旨] 처 기 腓也 장딴지기 紙
[月直] 지 직 有脂膏 머리겨를직 職
[月甾] 즈 자 肥貌 살통통할자 寘
[月扁] 쥐 子 女子陰 部 보지구 麌
[月發] 춰 철 挑取骨間之肉 뼈사이살발라낼철 屑
[月丞] 한 함 頤也 턱함 覃
[月屈] 쥐 골 臀肉 볼기뼈골 月
脺 쑤 수 脑也 머리덜미수 졸 耎易 연할졸 月
腱 치
[月疌] 첩 肩端骨 어깨쭉지뼈첩 葉
脼 량 량 味多 맛있을량 養
腖 뚱 동 肉赤 고기붉을동 送
[月戾] 례 례 跛足 절뚝바리례 霽
[月舀] 션 함 食肉不厭 고기먹어서싫지않을함 感
腤 뿌 부 豕肉醬 돌외고기장부 尤

九

腝 이 예 乳嘴 젖꼭지예 霽
腴 위 유 腹下肥 뱃배살찔유 虞
腫 쭁 종 瘡肉浮滿 부을종 腫
腞 좐 전 篆也 새길전 銑
腱 쳰 건 筋之本 힘줄건 先
腯 뚠 돈 돌 肥也 살찔돈 豕肥 돈살찔돌 願 月
[月春] 츈 준 肥也 살찔준 軫
腛 워 악 脂豊 기름질악 覺

腨 찬 [천] 腓ㅣ足肚 장딴지천 (銑)

腳 쟉 [각] 脛也 종아리각 (藥)

腰 얖 [요] 身體中央 허리요 (蕭)

腦 나 [뇌][노] 頭髓 머리골뇌、俗音노 (皓)

腥 [성] 生肉 날고기성 (靑)

腬 슈 [유] 肥也 肉美貌 살찌어여쁜모양유 (尤)

腸 챵 [장] 水穀道 창자장 (陽)

腶 똰 [단] 脯也ㅣ脩 약포단 (翰)

腵 쟈 [가] 腸病 창자병가 (麻)

腹 뷱 [복] 五臟總括 배복 (屋)

腢 우 [우] 膊前骨 어깨앞뼈우 (尤)(有)

腤 안 [암] 油魚전 유어암 (覃)

牒 졉 [접] 細切肉 회칠접 (葉)

腠 쳑 [주] 皮膚ㅣ理 피부주 (宥)

腡 [라] 手文 손금나 (歌)

腷 삐 [픽] 意不泄 뜻막힐픽 (職)

腟 찌 [질] 肉生새살날질 (質)

腜 메 [매] 美貌 아름다울매 (灰)

[月+秋] 취 [수][추] 膕也 오금수、曲 팔다리오금추 (尤)

腭 齶과同

腝 눈 [이][눈][노] 有骨雜醢 뼈석인젓이、軟也 연할눈、臂節 팔꿈치노 (支)(願)(号)

𣎆 뤄 [라] 獸名 짐승이름라 (哿)

腧 쓔 [수] 針灸ㅣ穴 침놓는혈수 (尤)

[月+会] 인

[음] 胸病 가슴병음 (沁)

膄 쟉 [각] 牛舌 소혀각 (藥)

[月+癸] 퀘 [규] 醜也 臛ㅣ추하게생길규 (支)

[月+參] 쟈 [차] 不密ㅣ胗 성길차 (麻)

腡 [月+骨]과同

腮 顋俗字

腪 원 [운] 膜也 떼기운 (問)

腺 션 [선] 頸腋核 멍울선

[月+壴] 추 [추] 膳也 반찬추 (遇)

[月+辛] 지 [절] 違骨 뼈어긋날절 (屑)

腩 [남] 肝炙 간랍남 (感)

十

膂 려 [려] 力也 힘려、脊骨 등성마루뼈려、곱사등이뼈려、肉也 뼈려 (語)

腿 퉤 [퇴] 股也 다리퇴 (賄)

膍 피 [비] 鳥胃胵 새멀떠구니비 (支)(齊)

膎 쎼 [해] 肉肴 고기안주해 (佳)

膇 쮜 [추] 足腫重ㅣ 발부을추 (寘)

膏 꼬 [고] 脂也 기름고 (豪)(號)

膋 랴 [료] 腸間脂肪 창자의발기름요 (蕭)

膀 팡 [방] 水腑ㅣ胱 오줌통방 (陽)

[月+函] 腹과同

膁 쳠 [겸] 腰之左右 허구리겸 (琰)

膗 허 [확] 肉羹 고기국확 (藥)

膉 이 [익] 脰肉 목덜미살익 (陌)

膊 뻑 [박] 肩也 어깨박 (藥)

膃 우 [올] 海狗ㅣ肭 해구올 (月)

膈 꺼

격 心脾間 명치격 陌

膄 수 瘠也 파리할수 宥

䐜 천 진 肉脹起 부어오를진 眞

⿰月息 씨 식 鼻中寄肉 콧속군살식 職

膆 쏘 소 肥也 살찔소 遇

⿰月盍 카

갑 欲睡 졸릴갑 合

膌 찌 적 척 俗音瘦 파리할척 陌

⿰月宮 꿍 궁 腐刑 불알씩힐궁 東

⿰月倉 챵 창 皮膓껍질상할창 養

⿰月唐 당 당 脚肥 다리살찔당 陽

⿰月肖

솨 솨 膏膜기름 홀떼기솨 禡

⿰月差 츠 차 腹鳴배 끓을차 歌

⿰月冓 꾸 구 足曲발 굽을구 尤

⿰月氣 치 기 塊病 적병기 寘

⿱⿰士殳月 꾸 곡 足跗 발등곡 屋

⿱𡨄月 새

새 體顫 몸떨새 隊

⿰月坴 최 치 目之凝汁 눈꼽치 支

(十一)

膛 탕 당 肥貌뚱 뚱할당 漾

膚 뿌 부 體面被皮 피부부 虞

膔 루 록 腹鳴배 끓을녹 屋

膢

랴 루 祈穀食新離ㅣ새 곡식천신할루 尤 虞

膞 좐 전 臠也 고기점전 銑

⿰月眷 응 등 大視貌 크게볼응 徑

膜 뭐 막 肉間ㅣ脈홀떼기막 藥 모 長跪 길게절할모 虞

膝

씨 슬 脛骨節 무릎슬 質

⿱⿰月匚口 이 이 豕肉 제육이 支

膠 쟈 교 附着 붙을교 肴 巧

膟 뤼 률 腹間脂肪拜 발기름율 質

膕 꿔 괵 膝後曲節 오금괵 陌

⿰月皐

쑈 효 腫欲潰膆ㅣ종기터지라할효 蕭

膒 역 구 久脂 오래된기름구 尤

⿰月累 레 루 形醜貌ㅣ膗형상추악할루 紙

⿰月習 찌 접 爚也 데칠접 葉

⿰月寅 인

인 脊肉등심인 眞

膗 채 수 최 俗音 形惡貌⿰月累 형용추악할최 支

⿱⿰𠂤殳月 쿼 궤 腰痛ㅣ腰허리아플궤 隊

⿰月從 죵 종 肥大症 살찌는병종 冬

⿰木胾 청 華 風子 서캐성

膘 퍞 표 牛脅後體前合革肉 허구리살표 篠

膙 쟝 강 筋強힘줄셀강 養

膣 질 질 肉生새살날질 質

⿰月虘 자 자 皰鼻如榴주독오른코자 麻

膓 腸俗字

⿰月魚

워 어 馬目白者ㅣ고리눈말어 魚

⿰月責 치 책 魚子脯 물고기새끼포책 陌

(十二)

膩 늬 니 肥也 살찔니 寘

膭 꽤 괴 肥大貌 뚱뚱할괴 灰

膬 脆同 과

膴

후 [무] 美也 아름다울 무 (虞)

膰 반 [번][파] 祭餘肉 제지낸고기 번 大腹 배불룩할 파 (元)(歌)

膳 쌴 [선] 具食美着 반찬 선 (霰)

膲 쟈 [초] 無形之府 삼초 초 (蕭)

膫 랴 [료] 炙也 구을 료 (嘯)

膨 평 [팽] 大腹 배불룩할 팽 (庚)

⿰月肅 쑤 [주][소] 乾魚据 | 말린고기 수、臛也 곰국 소 (尤)

膱 지 [직] 肉敗 고기썩을 직 (職)

⿰月絜 졔 [결] 喉脈 목의맥 결 (屑)

⿰月粦 넨 [련] 無力 | 朓 힘없을 련 (銑)

⿰月畫 화 [획] 曲脚中 오금 획 (陌)

膮 쌰 [효] 豕羹 돈의고기국 효 (蕭)

⿰月發 뺘 [표] 腫欲潰 | 膘 종기터지려할 표 (嘯)

⿰月奢 쟈 [차] 瘡痕 부스럼자국 차 (麻)

膵 [췌] 甜肉經 첩육경 췌

膧 퉁 [동] 尻骨 볼기뼈 동 (東)

⿰月巽 순 [손] 切肉混血 고기썰어피에섞을 손 (阮)

膯 덩 [등] 飽厭 물릴 등 (蒸)

⿰月朁 잔 [잠] 缺脣 언청이 잠 (覃)

(古) **膿** 농 [농] 腫血 고름 농 (冬)

膾 쾌 [회] 魚肉細切 회 회 (泰)

⿱壽月 우 [유] 液也 진액 유 (有)

臂 비 [비] 肱也 팔 비 (寘)

⿰月黽 孕 과同

⿰月睪 뛰 [탁] 肥貌 살통할 탁 (藥)

臀 둔 [둔] 腿髖脾也 볼기 둔 (元)

臇 쟌 [전] 小汁臛 지짐이 전 (先)

臊 쌀 [조] 犬豕脂臭 개돝누린내 조 (豪)

膺 잉 [응] 馬帶 말배띠 응 (蒸)

臋 臀와同

臆 이 [억] 滿也 가득할 억 (職)

膽 [담] 肝之腑 쓸개 담 (感)

臉 렌 [검] 目下頰上 頰也 빰 검 (琰)

臄 쥐 [갹] 切肉 저민고기 갹 (藥)

膝 膝 俗字

膻 싼 [전][단] 兩乳間 젖사이 전 | 裼 어깨벗어멜 단 (先)

膷 썅 [향] 牛肉羹 소고기국 향 (陽)

⿰月奧 와 [욱] 鳥胃 새멀떠구니 욱 (屋)

臃 용 [옹] 腫也 종기 옹 (冬)

臅 추 [촉] 臆中脂 가슴속기름 촉 (沃)

⿰月當 땅 [당] 耳下凹處 귀밑오목한곳 당 (陽)

臁 렌 [렴] 脛也 정강이 렴 (鹽)

臈 臘 俗字

⿱雍月 膺 과同

⿰月遺 髓 과同

(古) **朦** 뭉 [몽] 肥大貌 뚱뚱할 몽 (東)

臍 치 [제] 子初生所繫胞斷之為 | 배꼽 제 (齊)

⿰月監 [함] 飽中肉 떡속고기 함 (陷)

臒 확 [학] 善肉 좋은고기 학 (藥)

臑 뇨 [노] 臂節 팔마디 노 (號)

[月馮] 핑 [빙] 腫滿부어서퉁퉁할빙 徑 臏 빈 [빈] 膝蓋骨종주뼈빈 軫 髕同 臎 취 [취] 鳥尾上肉새꽁무니살취 寘 [月鼻] 삐 [비] 肥壯살뚱뚱이찔비 寘 [月壽] 쥬 [주] 髀

後영덩이주 尤 [月寧] 녕 [녕] 耳中垢귀에지영 迥 臐 훈 [훈] 羊臛양고기국훈 文 ⑬ 臖 싱 [흥] 腫痛곪겨쑤실흥 徑 臕 뱌 [표] 肥貌살찔표 蕭 臘

라 [랍] 歲終合祭諸神납향제랍 合 [月責] 同積 [月養] 양 [양] 欲吐ㅣ메스꺼울양 養 [月覺] 큔 [곤] 臀也볼기곤 元 [月質] 찌 [질] 金創藥ㅣ금창약질 質 ⑯ 臚

릐 [려] 腹前아랫배려 魚 臛 학 [학] 肉羹곰국학 沃 [月嬴] 잉 [영] 大便똥영 庚 朧 롱 [롱] 肥貌살찔롱 董 ⑰ 臝 同裸 [月薄] 뱍 [박] 割肉저민고기박 藥 [月襄]

샹 [양] 肥也ㅣㅣ살찔양 養 [月嬰] 잉 [영] 嗌也목구멍영 梗 [月韱] 썀 [섬] 羹也국섬 鹽 ⑱ 臟 짱 [장] 腑也五ㅣ오장장 漾 臞 쿠 [구] 瘠也파리할구 虞 [月聶] 녜

[녑] 肉動살떨릴녑 葉 [月雚] 촨 [권] [환] 醜也ㅣ臊추할권 獸名짐승이름환 元 寒 臇 이 [이] 瘡痕흡집이 紙 ⑲ [月雥] 늬 [니] 雜骨醬뼈섞인젓니 齊 臠 [련] 切肉산적점련 銑

[月羅] 라 [라] 腹下肉배아래살라 麻 [月靡] 머 [마] 泄病ㅣ痳설사병마 歌 ⑳ [月蘇] 수 [소] 甘酒단술소 虞 [月戀] 궈 [라] 臚腸胃나귀창자라 歌

臣部

臣 천 [신] 事君之稱신하신 眞 ② 臥 [와] 休息쉴와 箇 卧 와 臥同 臤 깐 [간] [견] 堅也굳을간、견 刪 庚 ⑤ [臣甚] 친 [진] 明朗명랑할진 軫

⑥ 臦 광 [광] 人名사람이름광 漾 ⑧ 臧 짱 [장] 厚也두터울장 陽 ⑪ 臨 림 [림] 衆哭여럿이울림 侵

自部

自 쯔 [자] 無勉強ㅣ然저절로자 寘 ① [自乚] 쟢 [교] 自重자중할교 篠 ④ 臭 착 [취] 香也향기취 宥 臬 녜 [얼] 射的과녁얼 屑 ⑥

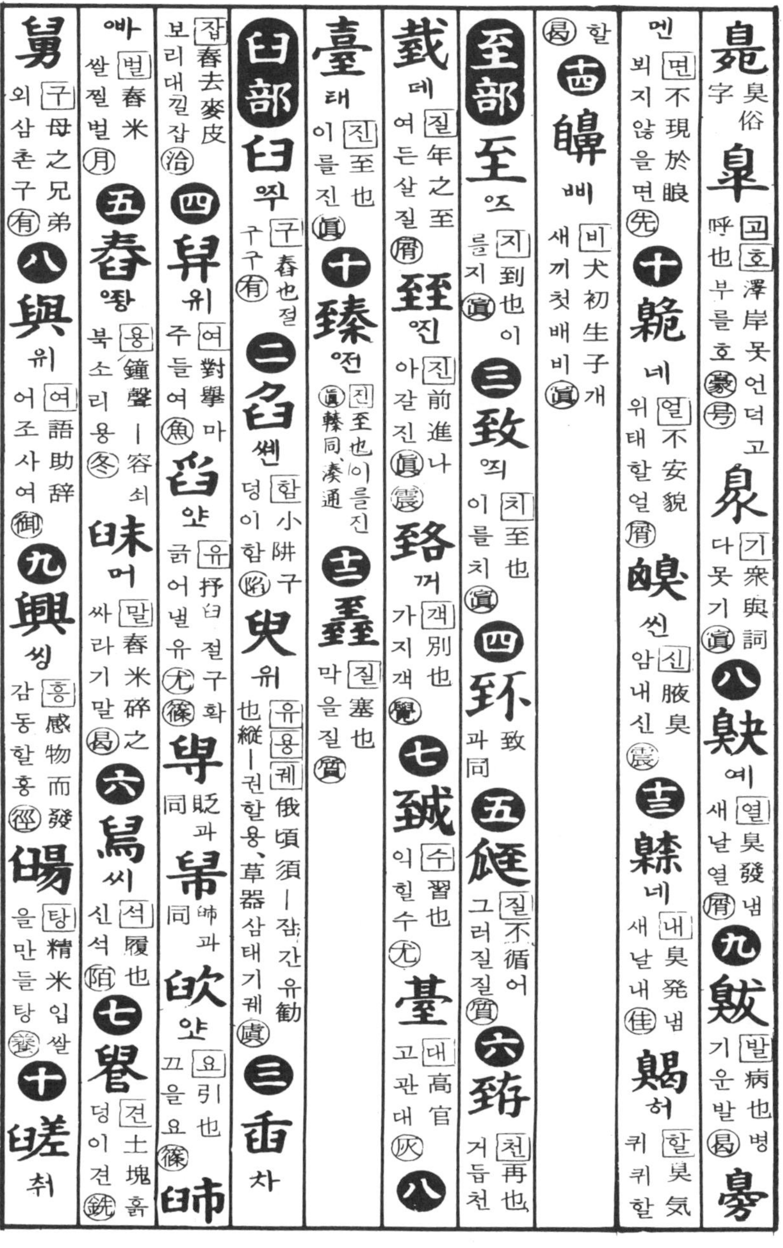

臰 臭俗字

臯 고 호 澤岸 못언덕고 呼也 부를호 豪 号

臮 기 衆與詞 다못기 眞

八

⿰臭夬 예 열 臭發냄새날열 屑

九

⿰臭犮 발 病也 병기운발 曷

臱 멘 면 不現於眼 뵈지않을면 先

十

臲 네 얼 不安貌 위태할얼 屑

⿰囟臭 씬 신 腋臭 암내신 震

十二

⿰臭柰 네 내 臭発냄새날내 佳

⿰臭曷 허 할 臭気 퀴퀴할 曷

十四

⿰自畀 삐 비 犬初生子 개새끼첫배비 眞

至部

至 즈 지 到也 이를지 眞

三

致 즤 치 至也 이를치 眞

四

⿰至不 致과 同

五

⿺廴至 질 不循 어그러질질 質

六

⿰至存 천 再也 거듭천

臷 데 질 年之至 여든살질 屑

臸 진 진 前進 나아갈진 眞 震

⿰至各 꺼 객 別也 가지객 覺

七

⿰至咸 수 習也 익힐수 尤

臺 대 高官 고관대 灰

八

臺 태 진 至也 이를진 眞

十

臻 전 진 至也 이를진 眞 轃同、溱通

十二

⿱臸至 질 塞也 막을질 質

臼部

臼 꾸 구 舂也 절구구 有

二

臽 쎈 함 小阱 구덩이함 陷

臾 위 유 용 궤 俄頃 須臾 잠간유 勸也 縱臾 권할용、草器 삼태기궤 寘

三

臿 차 잡 舂去麥皮 보리대낄잡 洽

四

舁 위 여 對擧 마주들여 魚

舀 얀 유 抒臼 절구확 긁어낼유 尤 篠

⿱臼早 貶과 同

⿱臼帚 帰과 同

⿰臼欠 얀 요 引也 끌을요 篠

⿰臼市 빠 벌 舂米 쌀찧벌 月

五

舂 쟝 용 鐘聲 |容 쇠북소리용 冬

⿰臼未 머 말 舂米碎之 싸라기말 曷

六

舄 씨 석 履也 신석 陌

七

⿱臼土 견 土塊 흙덩이견 銑

舅 구 子母之兄弟 외삼촌구 有

八

與 위 여 語助辭 어조사여 御

九

興 씽 흥 感物而發 감동할흥 徑

⿰臼易 탕 精米 입쌀을만들탕 養

十

⿰臼差 취

[차]舂也절구질할차(歌) ⑪ 擧 쥐 [거]拔也빼거(語) 𦦨 인 [인]小鼓작은북인(震) ⑫ 舊 쪄 [구]對新之稱昔也옛구(宥) ⑫ 舋 흔 [흔]爭端釁隙틈낼흔(震)

舌部

舌 쎄 [설]在口所以言語辨味혀설(屑) ② 舍 써 [사]屋也집사(禡) ③ 舓 핥 [지]以舌取物핥을지(紙) ④ 舐 으즈 [지]以舌取物핥을지(紙)

舑 딴 [담]吐舌貌舚혀빼물담(覃) 舒 [금]口閉입다물금(沁) 䑛 지 [기]喘也숨찰기(寘) ⑥ 舒 쒸 [서]徐也천천할서伸張펼서(魚) ⑦ 辝 字辭俗 ⑧

舔 톈 [첩]以舌取物핥을첩(琰) 舓 지 [지]以舌取物핥을지(紙) 䑙 [활]細細稱가는명주실활(黠) 䑚 따 [답]犬食크게먹을답(合) ⑨ 舖 字鋪俗 𦧟 타

[탑][첩]犬食聲개먹는소리탑 小舐홀작거릴첩(合)(葉) ⑩ 𦧺 꽈 [괄]舌出貌혀널름거릴괄(黠) 舘 字館俗 ⑫ 𦧲 탄 [탄]訥言말열얼할탄(寒) 𦧹 話과同

⑬ 䑜 톈 [첨]出舌말낼첨(豔) ⑮ 䑝 화 [화]舌短貌혀짧을화(麻) ⑰ 䑢 란 [란]訥言말서투를란(寒)

舛部

舛 촨 [천]相背어기어질천(銑) ⑥ 舜 쓘 [순]木槿무궁화순(震) ⑦ 舝 [할]星名별이름할(黠) ⑧ 舞 우 [무]樂也節音춤출무(麌)

舟部

舟 쪄 [주]船也배주(尤) ① 𦨇 이 [올]舟行배갈올(質) ② 舠 따 [도]大船거루도(豪) 舡 우 [올]船行不安板배까불올(月) ③

舡 쨩 [강]吳船艂ㅣ방강배강(江) 𦨈 랴 [료]船小而長작고긴배료(篠) 舢 싼 [산]從船也船종선산(刪) 彤 천 [침]舟行相續배서로잇대어갈침(侵) 舵 타

[탑]船泊배댈탑(合) 舣 艖과同 ④ 舨 빤 [판]舟也艑ㅣ배판(潸) 舥 빠 [파]浮梁배다리파(麻) 般 빤 [반]反也되돌아올반(刪) 𦨣 이 [일]舟飾배꾸밀일(質)

舩 船과同

舫 빵 방 兩船連結 배연결할방 漾

航 항 항 以船渡水 배질할항 陽

⿰舟少 찰 초 船不安배 위태할초 肴

⿰舟今 진 금 新舟 새배금 沁

⿰舟戈 자 가 小船작 은배가 歌

五

舷 쎤 현 船邊 배전현 先

舸 거 가 大船 큰배가 哿

⿰舟召 쇼 초 吳船 초배초 蕭

船 찬 선 舟也 배선 先

舳 꾸 축 船尾배 꼬리축 屋

舶 뻐 박 航海大船 큰배박 陌

舵 同柁

⿰舟句 꾸 子 大船ㅣ艛 큰배子 尤

舴 쪄 책 小舟ㅣ艋 작은배책 陌

⿰舟付 부 舟短而深 고깊은배부 遇

舲 령 小船有窓 창있는작은배령 靑

⿰舟冉 용 영 舟行 배떠날영 敬

舺 쟈 갑 長船 긴배갑 洽

⿰舟氐 듸 제 戰船ㅣ 싸움배제 霽

六

舽 팡 방 吳船ㅣ舡 나라배방 江

⿰舟同 艟과同

⿰舟兆 됴 舸 도 大船ㅣ 큰배도 豪

七

艅 위 여 渡船 나 룻배여 魚

⿰舟享 형 형 載鹽船 소금배형 庚

艄 쌰 소 船尾 고물소 肴

艇 텡 정 狹長小船 길고작은배정 迥

艀 쁘 부 端艇거 루배부 尤

⿰舟弟 듸 제 小船작 은배제 霽

艁 짠 조 以舟為梁 首선창조 皓

艆 랑 랑 舷也 뱃전랑 陽

艃 리 리 長形小船길 고작은배리 支

⿰舟步 뿌 부 短而深舟 짧고속깊은배부 遇

八

⿰舟卓 닾 도 行舟배뛰 어놓을도 効

⿰舟建 쪠 첩 舟行疾배 빨리갈첩 葉

艋 멍 맹 小舟 舴ㅣ 작은배맹 梗

艌 녬 념 舊船修理 낡은배수리할념 鹽

⿰舟非 뻬 배 船後所排 水키배 卦

⿰舟侖 룬 륜 船之横木배 밑창나무륜 眞

艍 거 거 小舟거 룻배거

⿰舟青 쳔 청 輕船가벼운 배청 俗音천 霰

九

艎 황 황 吳船艅옷 나라배황 陽

艒 웨 위 漕運船 조운선위 未

艑 편 편 小舟 거루편 先

⿰舟叜 艘과同

艐 쫑 종 船着沙不行 배걸릴종 東

艓 뎝 접 小舟 거루접 葉

艏 삭 수 船首리수 뱃머리수 有

⿰舟俞 유 유 刳空木中 作船 홈배유 虞

⿰舟斿 우 유 舟浮배 뜰유 有

[illegible] 지 [돌] 釣舟낚싯배돌(月)

颿 帆과同

十

艖 취 [차] 小舸名艑작은배차(麻)

艘 [소] 船総名배소(蕭)

艗 이 [익] 青雀舟푸른새그린배익

[illegible] 타 [탑] 広大船큰배탑(合)

艙 창 [창] 甲板底감판밑창

[illegible] 착 [추] 海船대동선추(尤)

艕 뺑 [방] 廣船넓은배방(漾)

[illegible] 젼 [겸] 底深船밑깊은배겸(豔)

[illegible] 애 [애] 底廣船밑넓은배애(灰)

十一

艛 뤄 [루] 樓船[illegible]ㅣ다락있는배루(尤)

[illegible] 루 [록] 船名[illegible]ㅣ구록배록(屋)

[illegible] 시 [십] 覆船具배차일십(緝)

艚 찬 [조] 小舟작은배조(豪)

[illegible] [부] 舟也배부(有)

[illegible] [illegible]과同

十二

[illegible] 랸 [료] 小長船작고긴배료(蕭)

[illegible] 턒 [요] 船泊掛板배발판요(蕭)

[illegible] 빠、 [발][벌] 樓船ㅣ다락있는배받 海茂떼배벌(曷)(月)

[illegible] 횡、황 [횡][황] 筏也뗏목(庚)(陽)

艟 룽 [동][충] 戰船艨싸움배동、충(東)(冬)

[illegible] 쭌 [준] 船底孔배밑구멍준(願)

[illegible] 쮀 [궐] 繫船杙배매는막뚝궐(月)

艠 덩 [등] 繳閉봉할등(蒸)

十三

艤 이 [의] 整舟向岸배대할의(紙)

艣 루 [로] 所以進舟似槳而長船具상앗대로(麌)

艡 땅 [당] 兵船[illegible]ㅣ싸움배당(陽)

艥 同楫

艢 챵 [장] 帆柱돛대장(陽)

[illegible] 따 [달] 戰船싸움배달(曷)

[illegible] 예 [비] 船釘배못비(尾)

十四

艧 훠 [확] 舟也배확(藥)

艨 뭥 [몽] 戰船ㅣ艟싸움배몽(東)

艦 얨 [함] 戰船四方施板以禦矢石싸움배함(豏)

[illegible] 치 [제] 船之承[illegible]凸物노거리제(齊)

十五

[illegible] 례 [례] 大船큰배례(薺)

[illegible] 머 [묵] 釣船낚시배묵(屋)

[illegible] 同[illegible]

十六

艫 루 [로] 船頭뱃머리로(虞)

[illegible] 룽 [롱] 小船上安蓋者갑판룽(冬)

[illegible] 릐 [력] 往来船왕래하는배력(錫)

[illegible] 同[illegible]

十七

[illegible] [령] 舟有窓者창있는배령(青)

十八

艭 쌍 [쌍] 船名큰배쌍(江)

艮部

艮 껀 [간] 止也그칠간 方位간방간 (願)

㊀ **良** 량 [량] 善也 어질량 (陽)

⑪ **艱** 갠 [간] 難也어려울간 (刪)

色部

色 써 [색] 五采빛색 顏氣낯색 求物꿀건구할색 (職)

㊃ **⿰兮色** 씨 [혜] 黃病色 황달빛혜 (齊)

㊄ **艴** 부 [불] 怒也ㅣ然 성발끈낼불 (物)(月)

⿱𢍏色 빠 [발] 無色빛없을발 (曷)

⿰央色 앙 [앙] 気上기운뜰앙 (養)

⿰白色 빠 [파] 色不真正빛참되지않을파 (禡)

㊆ **⿰孛色** 艴과同

㊇ **艵** 병 [병] 縹色옥색병 (青)

㊉ **⿰冥色** 밍 [명] 青黑色ㅣ䒌 검푸를명 (青)(敬)

⿰盎色 [앙] 色深而惡貌색이깊고나쁠앙 (講)

⿰窊色 와 [와] 色脱빛벗을와 (禡)

⑫ **⿰曾色** 청 [증] 顏色凶惡얼굴빛흉할증 (蒸)

⑬ **艶** [염] 容色豊滿얼굴탐스러울염 (豔)

⑭ **⿰熏色** 쑨 [훈] 物被熏色그을어누른빛훈 (問)

⿰蒙色 [몽] 醜也추할몽 (東)

⑯ **⿰瞢色** 멍 [몽] 顏色惡貌낯빛흉할몽 (蒸)

艸部

艸 찬 [초] 百卉総名 풀초 (皓)

㊀ **艹** 쟤 [개][과] 羊角開貌양의뿔벌어진모양개、과 (蟹)(馬)

㊁ **艼** [정] 酩貌茗취한모양정 (青)

艾 애 [애] 美好少ㅣ예쁠애 [예] 穫也베어들일예 (泰)(隊)

芀 됴 [조] 葦華갈대꽃조 (蕭)

艽 칰 [교][규][구] 藥名秦艽 草名망초교、규 荒野거친들구 (肴)(支)(尤)

艻 [륵] 香草蘿 향풀륵 (職)

艿 엉 [잉] 陳根不芟新草 새로싹날잉 (蒸)

㊂ **芄** 완 [환] 芄也ㅣ蘭 왕골환 (寒)

芓 [자] 麻母 삼자 (紙)

芎 충 [궁] 香草ㅣ藭 궁궁이궁 (東)

芑 찌 [기] 白粱粟 흰차조기 (紙)

芋 위 [후][우] 大也클후 土芝 蹲鴟토란우 (虞)(遇)

芐 싸 [하] 地黃지황하 (禡) 熟ㅣ숙지황변 (先)

芊 첸 [천] 草茂ㅣㅣ풀더부룩할천 (先)

芒 망 [망] 草端가시랭이망 (陽)

芃 펑 [봉] 草盛ㅣㅣ풀무성할봉 (東)

芅 이 [억] 羊眺 양도익 (職)

芍 쌰 [적][작] 蓮實연밥적 藥名ㅣ藥작약작 (錫)

芉 [간] 蓮子 연밥간

芇 멘 [면] 睹也 내기할 면. 相当 비길 면 (先)

芏 투 [토] 海邊生芄 갯펄 왕굴 토 (虞)

⿱艹乇 뒤 [태] 藥草名 약풀 태 (陌)

⿱艹小 쑈 [소] 藥草遠志 원지 소 (篠)

四

芦 후 [호] 地黃 지황 호 (遇)

芝 즈 [지] 瑞草靈ㅣ 지초 지 (支)

芪 끼 [기] 藥名黃ㅣ 단너삼 기 (支)

⿱艹卬 앙 [앙] 菖蒲 창포 앙 (陽)

芯 씸 [심] 燈心草 등심초 심 (侵)

芰 끼 [기] 三角菱 세뿔마름 기 (寘)

芾 뱌 [비][패][불] 木盛蔽ㅣ 나무성할 비、패、草木盛 초목우거질 불 (未)(泰)(物)

芷 즈 [지] 藥名白ㅣ 구리매지 (紙)

芘 [비] 草名淩ㅣ 준비풀 비 (寘)

芧 쨔 [서][저] 栩也 도토리나무 서 저 (語)

芙 뿌 [부] 拒霜花木ㅣ蓉 목부용 부 (虞)

芲 花 略字

芸 윤 [운] 香草 향풀 운 (文)

芻 츄 [추] 飼牛馬之草 꼴 추 (虞)

芚 둔 [둔] 木始生 나무싹날 둔 (元)

芼 맏 [모] 菜也 나물 모 (豪)

芭 빠 [파] 甘蕉ㅣ苴 파초 파 (麻)

芳 빵 [방] 香氣芬ㅣ 꽃다울 방 (陽)

花 [화] 花開也 꽃필 화 (麻)

芹 친 [근] 水菜楚葵 미나리 근 (文)

芬 뿐 [분] 香也 향기 분 (文)

芩 친 [금] 鹿食草 금풀 금. 藥名 黃ㅣ 根如釵股、葉如竹 (侵)

芿 [잉] 草生 풀싹 잉 (徑)

芽 [아] 始也 비롯할 아 (麻)

芴 우 [물] 菲也 土芪 순무 물 (物)(月)

芮 쒜 [예] 草生貌 풀뾰족할 예 (霽)

芛 쓘 [순] 草木盛生 초목성할 순 (軫)

芨 끼 [급] 白名、 백급 (緝)

芢 신 [인] 種子 씨 인 (眞)

芵 꿰 [결] 薢茩ㅣ光 초결명 결 (屑)

芡 쳰 [검] 水果鷄頭 마름 검 (淡)

芟 싼 [삼] 刈草 풀베일 삼 (咸)

芣 뿌 [부] 車前草苢 질경이 부 (尤)

芥 꺠 [가] 辛菜 겨자 개 (卦)

艽 귀 [규] 蔥也 파 규 (尤)

苀 깡 [항] 蒲也 부들 항 (陽)

⿱艹冘 [침] 知母ㅣ藩 지모 침 (侵)

芺 約 [요] 薊屬野芋 엉겅퀴 요 (篠)

芫 웬 [원] 草名魚毒 고기잡는풀 원 (元)

⿱艹牛 뉴 [우] 藥名牛膝 우슬 우 (尤)

苩 이 [일] 草色 풀빛 을 (寘)

五

苦 쿠 [고] 味也 쓸 고 (麌)

苨 늬 [니] 以蔘薺ㅣ 겨로기 니 (薺)

茈 [자] 子薑 생강 자 (支)

苡 이 [이] 草實薏ㅣ車前草茉 율무이 (紙)
菅 苡와同
菰 꾸 [고] 菱米ㅣ彫胡 교미고 (虞)
苻 뿌 [부] 草名鬼目 귀목풀부 (尤)
苑 [원] 風大風 큰바람원 (阮)

苴 쟈 [저][차][자] 有子麻암삼저、水中浮草마름풀차、土和糞草거름풀자 (魚)(麻)(語)
苐 [제] 草名 제풀제 (齊)
苣 쥐 [거] 菜名萵 상치거 (語)
苛 [가] 小草 잔풀가 (歌)

苧 쟈 [저] ㅣ麻可為布 縷 모시저 (語)
苕 됴 [초] 草名陸ㅣ 능초풀초 (蕭)
苯 뿐 [분] 草叢生ㅣ蓴 풀더부룩하게날분 (阮)
苔 태 [태] 蘚也 이끼태 (灰)
苘

[경] 枲屬似苧 어저귀경 (迥)
茄 쟈 [가] 菜名ㅣ子 가지가 (麻)(歌)
苗 먀 [묘] 穀草初生 싹묘 (蕭)
若 워 [약][야] 如也 같을약 般若梵語 반야야 (藥)(馬)
茅 만 [모] 菅也 띠모 (肴)

英 잉 [영] 智出萬人 영웅영 (庚)
苞 빠 [포] 草木叢生 초목모도록이날포 (肴)
茂 뫄 [무] 草盛 무성할무 (宥)
苫 쨘 [점] 編茅覆屋 집이울점 (鹽)
苹 핑

[평] 林檎 사과평 (庚)
苷 깐 [감] 甘草 감초감 (覃)
莓 메 [매] 覆盆蛇ㅣ 뱀딸기매 (賄)
范 빤 [범] 草名 벌풀범 (豏)
苓 링 [령] 卷耳 도꼬마리령 (青)
茁 좌

[줄] 草芽 풀싹줄 (質)(屑)
茉 머 [말] 花名莉 말리꽃말 (曷)
茆 [묘] 蓴菜 순나물묘 (有)
苟 꾸 [구] 誠也 진실로구 (有)
苵 [절] 蘵草似稗夷 돌피절 (屑)
苳 뚱

[동] 冬生苢 겨우살이동 (冬)
苲 짜 [자][작] 土苴 두엄자 山名ㅣ領 산이름작 (藥)
苾 삐 [필] ㅣ芻草名 필추풀필 (質)
苒 산 [염] 草盛貌 풀우거질염 (淡)
䒨 [시] 蒿也 쑥시 (紙)

苜 무 [목] 連枝草 연지초목 (屋)
苶 녜 [날] 疲貌ㅣ然 고달플날 (屑)
茇 뱌 [발][불] 草根 풀뿌리발、舟素 뱃줄불 (曷)(物)
苙 리 [립] 畜欄 짐승우리립 (緝)
苰

홍 [홍] 胡麻藤ㅣ 피마자홍 (蒸)
苬 취 [수] 芝也 지초수 (尤)
苼 셩 [생] 花蕊 꽃술생 (庚)
苩 [파] 花也 꽃파 (麻)
苮 쎤 [선] 草名似莞 노양이선 (先)
茀 뷰

[불]草盛풀성할불 物
苖 듸 [적]半蹄草소루장이적 錫
苠 민 [민]衆多貌많은모양민 眞
苪 빙 [병]明著나타날병 梗
苋 呪과同
茌 萑과同

㊅

茸 숭 [용]草生貌풀뾰죽날용 冬 腫
茙 숭 [융]厚貌두툼할융 東
茨 ㅊ [자]以茅蓋屋집이울자 支
茚 충 [공]蕒萊実채려풀공 冬
荒 荒同
茺 충

[충]藥名ㅣ蔚익모초충 東
芼 [日]黃精황정택
茲 즈 [자]草木盛貌초목우거질자 支
茳 쟝 [강]香草ㅣ향풀강 江
荑 티 [제][이]白蕒흰비름이 芽始生띠처음날제 支 齊

茘 荔同
荄 깨 [해]草根풀뿌리해 佳
茹 우 [여]食也먹을여 語
茱 쭈 [수]藥名ㅣ萸茅수유수 虞
茷 쀄 [패]草葉茂盛풀잎무성할패 泰

荃 찬 [전]香草향풀전 先
茝 즈 [채]藭茝ㅣ芎궁이싹채 賄
荀 씐 [순]草名풀이름순 眞
荈 찬 [천]晩取茶늦차전 銑
茵 인 [인]蓐席자리풀인 眞

荍 쟈 [교]錦葵花금규화교 蕭
荇 씽 [행]接餘水菜蘋類마름풀행 梗
荐 쪈 [천]薦席자리깔전 霰
草 찬 [초]百卉總名새초 皓
荂 콰 [과]花也꽃과 麻

茴 휘 [회]藥名香회향회 灰
茜 쳰 [천]茅蒐꼭두서니천 霰
茭 쟈 [교]乾芻마른꼴교 肴
茶 차 [다]茗也차풀다 麻
荒 황 [황]穀不登日흉년들황 陽

䒼 취 [곡]蠶箔누에발곡 沃
茫 망 [망]廣大아득할망 陽
茗 밍 [명]茶芽차싹명 迥
荏 인 [임]柔也ㅣ染부드러울임 寢
荆 [형]楚也굴싸리형 庚

茠 [호][휴]ㅣ刺除草김맬호 蔭也그늘질휴 豪 尤
芟 殍同
茖 꺼 [각]山葱산파각或音격 陌
蒸 [증]ㅣㅣ純一貌순일할증 蒸
茩 꺄 [구]決明薢ㅣ초결명구 有

茯 약 [복]藥名ㅣ苓복령복 屋
茼 동 [동]香菜ㅣ蒿쑥갓동 東
茥 꿰 [규]覆盆子딸기규 齊
茢 례 [렬]桃ㅣ萑掃不祥부정풀이비렬 屑
荅 [답]當也당할답

茛 껀 [간] 草烏頭苗毛 박곳의싹간 (願)
茤 뒤 [다] 蔆也 마름다 (歌)
苦 꽈 [괄] 藥名ㅣ蔞 하는타리괄 (曷)
茦 츠 [자] 草之刺針 풀가시자 (陌)
茬 츠 [치] 草貌 풀모양치 (支)
茈 치 [기] 藥草 약풀기 (紙)
茪 꽝 [광] 決明英ㅣ 초결명광 (陽)
䒸 쎄 [혈] 蓨也 地ㅣ 꼭두서니혈 (屑)
茥 쯰 [치] 五味子ㅣ蕏 오미자치 (支)
茷 쒸 [술] 藥名莪 아술술 (質)
茽 즁 [중] 草貌叢生 풀무더기로날중 (送)
荁 환 [한] 草名 풀이름한 (寒)
茟 이 [율][외] 赤藜 명아주율、花蕾 꽃방울외 (質)(賄)
茰 萸과 同
茻 멍 [망] 衆草相雜 잡풀우거질망 (養)
荖 베 [배] 果名蒟醬 구장배
茿 착 [축] 萹ㅣ 쇠풀축 (屋)
䒠 뭐 [모] 麄麥 굵은보리모 (尤)
莱 래 [래] 果垂 과실주렁주렁달릴래 (隊)
茮 [조][뇨] 菉也 수유씨조、草生貌 풀자랄뇨 (蕭)

七

莅 릐 [리] 臨也 임할리 臨席 임석할리 (寘)
莉 리 [리] 茉ㅣ南越花名 말리꽃리 (寘)
莒 쥐 [거] 나라이름거 (語)
荼 투 [도] 苦菜 씀바귀도 神名 神ㅣ 귀신이름도 (虞)
莆 뷰 [보] 蒲ㅣ堯時涼瑞草 삽보풀보 地名 땅이름보 (麌)
莩 뷰 [표][부] 葭中白皮 갈청부 (虞) 餓死 굶어죽을표 (篠)
荽 쒸 [유] 香菜胡ㅣ 호유나물유 (支)
荰 뚜 [두] 香草ㅣ蘅 두형풀두 (麌)
莁 우 [무] 白蕢ㅣ荑 흰비름무 (虞)
䒩 뷰 [보] 亂藁 짚북더기보 (遇)
荾 [수] 華中臍 꽃심수 (支)
莬 菀과 同
莫 머 [막][모] 勿也 말막 菜也 푸성귀모 (遇)(陌)(藥)
荸 빼 [발] 鳧茈ㅣ薺 나물발 (月)
莘 씬 [신] 藥名細ㅣ 약이름신 (眞)
莓 메 [매] 草實ㅣ 산딸기매 (灰)
莧 환 [한][현] 莧也 비름현 (霰)(諫)
莜 [조] 蓧也 부추조 삼태기조 (嘯)
莞 완 [관][완] 草可為席 왕굴관 笑貌ㅣ爾 빙그레할완 (寒)(潸)
莚 연 [연] 不斷蔓ㅣ 만연할연 풀이름연 (霰)
莝 [좌] 斬芻 여물좌 (箇)
𦬸 뫄 [모][묘][류] 蓴菜鳧葵 순나물모、묘 蒲柳 갯버들류 茆本字 (肴)(巧)(有)
荷 허 [하] 蓮花 연꽃하 負也 질하 (歌)(哿)
莢 쟈 [협] 豆角 콩껍질협 瑞草蓂ㅣ 책력풀협 (葉)
莖 [경] 草幹 줄기경 (庚)

莪 어 [아] 蒿屬蘿ㅣ 다복쑥아 (歌)
莊 장 [장] 嚴也씩씩할장 田舍別ㅣ별장장 (陽)
莣 왕 [망] 杜栄도롱이망 (陽)
莛 텅 [정] 莖也줄거리정 屋梁들보정 (靑)
莕 荇과 同

莨 랑 [랑] 毒草ㅣ菪초우웡랑 又이앓이풀낭 (漾)
莠 우 [유] 害穀草根ㅣ 가라지유 (有)
荳 豆과 同
莟 한 [함] 花開ㅣ 꽃필함 (勘)
荻 듸 [적] 萑也蘆屬 갈대적 (錫)

莤 쒸 [숙][유] 東茅灌酒모에강신할숙 (屋) 灑酒술걸를유 (有)
莎 쒸 [사][수] 香附子향부자싹 사ㅣ草잔디수 (歌)(支)
䒰 빠 [백] 藍之別 明쪽백 (陌)
䓵 윈 [윤] 蓮根연뿌리 윤 (軫)

荓 萍과 同
䒀 약 [부] 荷葉將落時 연잎이울부 (虞)
荵 인 [인] 草名ㅣ冬 인동초인 (軫)
𦯬 쪄 [절] 斷草풀자를절 (屑)
坌 얀 [분] 以草為界풀로지경정할분 (願)
莋

쭤 [적] 食草풀먹을적 (陌)
莃 씨 [희] 食用菜蔬 희나물희 (微)
莌 뚸 [탈] 草名活ㅣ 활탈초탈 (曷)
蓅 천 [침] 知母ㅣ藩 모침 同 (侵)
莍 [子] 茱萸子聚生成房貌 수유씨돋는모양자 (尤)

䒵 쪠 [첩] 小葉작은잎첩 (葉)
莄 찡 [경] 草莖풀줄기 경 草也풀경 (梗)
莔 멍 [맹] 藥草貝母 패모맹 (庚)
莦 쌎 [소] 惡草모진풀소 (肴)
莙 쮠 [군] 菜名ㅣ蓮 근대군 (軫)

莥 뉴 [뉴] 鹿豆돌콩유 (有)
莂 베 [별] 種概移蒔 모종낼별 (屑)
䓂 운 [문] 山漆산칠 나무문 (吻)
荶 인 [음] 水蒜물에나는마늘음 (侵)
荱 미 [미] 草垂풀늘어질미 (未)

莗 쳐 [차] 藥草ㅣ前子 차전자차 (麻)
莏 쓰 [사] 茅莠띠싹사 (支)
䓛 즤 [지] 藥草遠ㅣ 원지지 (眞)
䔢 [은][의] 草多貌풀많을은、의義同 (文)(支)

(八)

𦱤 葬와 同

菶 뽕 [봉] 草茂貌ㅣㅣ 풀우거질봉 (東)(董)
菘 쑹 [숭] 菜名배추숭 (東)
菑、 [치][재] 田一歲따비밭치 災也재앙재 (支)(灰)
萃 취 [취] 聚也모을취 (寘)
菭 苔과 同
萁 치 [기] 豆莖豆ㅣ콩대기 草名풀기 (支)

菾 톈 [첨] 菜名상치첨 (鹽)
萎 웨 [위] 枯也이울위 (支)
䓁 蒔과 同
菹 쮜 [저] 漬菜김치저 又침채저 (魚)
菜 [채] 蔬也나물채 (隊)

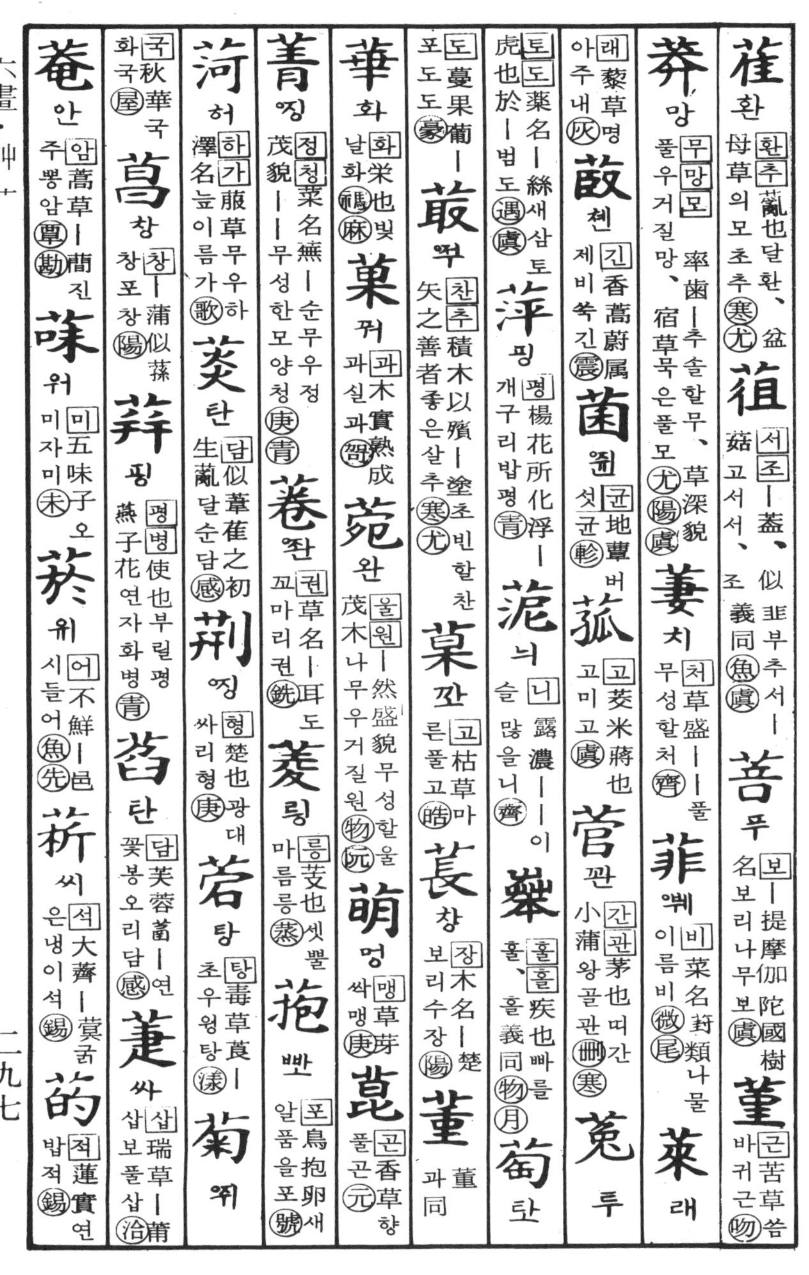

萑 환 [환][추]蓷也달환、益母草의모초추(寒)(尤)

菹 서 [서][조]|蓋、似韭부추서|菇고서서、조義同(魚)(虞)

菩 푸 [보]|提摩伽陀國樹名보리나무보(虞)

菫 [근]苦草씀바귀근(吻)

莽 망 [무][망][모]率鹵|추솔할무、草深貌풀우거질망、宿草묵은풀모(尤)(陽)(虞)

萋 치 [처]草盛||풀무성할처(齊)

菲 삐 [비]菜名葑類나물이름비(微)(尾)

萊 래 [래]藜草명아주내(灰)

菣 쳰 [긴]香蒿蔚屬제비쑥긴(震)

菌 쥔 [균]地蕈버섯균(軫)

菰 [고]菱米蔣也고미고(虞)

菅 꽌 [간][관]茅也띠간 小蒲왕골관(刪)(寒)

菟 투 [토][도]藥名|絲새삼토 虎也於|범도(遇)(虞)

萍 핑 [평]楊花所化浮|개구리밥평(青)

[艹+泥] 늬 [니]露濃||이슬많을니(齊)

[illegible] [훌][홀]疾也빠를훌、홀義同(物)(月)

萄 도 [도]蔓果葡|포도도(豪)

菆 쩌 [찬][추]積木以殯|塗초빈할찬 矢之善者좋은살추(寒)(尤)

菒 꼬 [고]枯草마른풀고(皓)

萇 창 [장]木名|楚보리수장(陽)

蓳 菫과同

華 화 [화]栄也빛날화(禡)(麻)

菓 꿔 [과]木實熟成과실과(哿)

菀 완 [울][원]|然盛貌무성할울 茂木나무우거질원(物)(阮)

萌 멍 [맹]草芽싹맹(庚)

菎 [곤]香草향풀곤(元)

菁 찡 [정][청]菜名蕪|순무우정 茂貌||무성한모양청(庚)(青)

菤 좐 [권]草名|耳도꼬마리권(銑)

菱 링 [릉]芰也셋뿔마름릉(蒸)

菢 빠 [포]鳥抱卵새알품을포(號)

菏 허 [하][가]蔽草무우하 澤名늪이름가(歌)

菼 탄 [담]似葦萑之初生薍달순담(感)

荊 찡 [형]楚也광대싸리형(庚)

菪 탕 [탕]毒草莨|초우웡탕(漾)

菊 쥐 [국]秋華국화국(屋)

菖 창 [창]|蒲似蓀창포창(陽)

荓 핑 [평][병]使也부릴평 燕子花연자화병(青)

萏 탄 [담]芙蓉菡|연꽃봉오리담(感)

萐 싸 [삽]瑞草|莆삽보풀삽(洽)

菴 안 [암]蒿草|蕳진주뽕암(覃)(勘)

菋 워 [미]五味子오미자미(未)

菸 위 [어]不鮮|邑시들어(魚)(先)

菥 씨 [석]大薺|蓂굵은냉이석(錫)

菂 [적]蓮實연밥적(錫)

菔 뿌 [복][북] 蘆ㅣ羅菖作萊ㅣ 무우복、북 義同 ㊀屋 ㊀職

菽 쑤 [숙] 衆豆總稱 콩숙 ㊀屋

菦 친 [근] 草名白艾 흰쑥근 ㊀眞

菰 꾸 [고] 草盛貌 풀우거질고 ㊀虞

萋 쳬

[접] 菨菜水草 미나리접 ㊀葉

菉 루 [록] 綠色小豆 녹두록 ㊀沃

莿 [사] 草之刺針 풀가시자 ㊀寘

菗 추 [주] 地楡ㅣ蒢 외나물주 ㊀尤

菇 꾸 [고] 王瓜蕵ㅣ 쥐참외고 ㊀虞

菺 쉬

[후] 藥草蛇床 뱀도랏후 ㊀虞

菒 빼 [백] 木棉 목화백 ㊀陌

菍 蔥 과同

菻 린 [름] 艾也 쑥름 ㊀寢

𦯛 씬 [심] 苗心螟食枯死 이삭 버레먹어죽을심 ㊀侵

萆 삐 [비][벽] 薬草ㅣ薢

멸앳비、蓑衣 도롱이벽 ㊀支 ㊀錫

蒯 꽤 [가] 俗音 [괴] 頭寬中狹 잘룩할괴 ㊀麻

菡 [함] 草木花未發 꽃봉오리함 ㊀咸

菧 듸 [저] 薺苨 게로기저 ㊀薺

菠 빠 [파] 菜名ㅣ薐 시금치파 ㊀歌

萷 蕭 과同

菿 똬 [도] 草木倒 초목꺼꾸러질도 ㊀號

菺 졘 [견] 蜀葵 촉규화견 ㊀先

菙 췌 [수] 捶也 싸리수 ㊀紙

䓘 따 [답] 荷葉覆水 연잎물에덮일답 ㊀合

萉 뻬

[비][복] 避也 피할비 / 菔也 무우복 ㊀屋

蒟 쥐 [子] 藷也 감자구 ㊀虞

菭 지 [지] 漬菜 김치지 ㊀支

菄 둥 [동] 白山菊 흰산국화동 ㊀東

𦯣 쿵 [공] 莖之中空 줄기속빌공 ㊀東

萮

륜 [론] 木名 논나무론 ㊀元

萴 쥐 [주] 五色葵 오색촉규화주 ㊀尤

萙 [침] 疲也 가쁠침 지칠침

菈 라 [랍] 折也 꺾을랍 ㊀合

菵 [망] 春麥 봄보리망 ㊀養

䓡 지 [지] 香附子 향부자지

㊀支

萞 삐 [비] 蓖麻子 피마자비 ㊀齊

九

葼 쫑 [종] 細枝 나무휘추리종 ㊀東

葓 葒 와同

葑 뽕 [풍][봉] 蕪菁 무우풍、菰根 방기뿌리봉 ㊀東 ㊀冬 ㊀宋

葒 홍

[홍] 水草馬蓼 요화홍 ㊀東

葠 [삼] 人ㅣ神草 인삼삼 ㊀侵

董 뚱 [동] 督也 독할동 ㊀董

葘 쯔 [치][재] 田一歲 한해된밭치 災也、재앙재 ㊀支 ㊀灰

萵 워 [와] 菜名ㅣ苣 부루와 ㊀歌

葅

[저] 淹菜 김치저 ㊀魚

葹 쓰 [시] 草名卷ㅣ 풀이름시 ㊀支

葸 쓰 [사] 怯也 겁낼사 ㊀紙

葳 웨 [위] 草木盛ㅣ蕤 초목성할위 ㊀微

葷 훈 [훈] 臭菜葱蒜韮之屬 냄새나는채소훈 ㊀文

葦

웨 [위]大葭갈 대위(屋) **萸** 위 [유]茱ㅣ藥名 수유유(虞) **葫** 후 [호]大蒜굵은 마늘호(虞) **著** 쩌 [착][저]被服입을착、편찬할저(藥)(御)(魚) **萱** 훤 [훤]忘憂草원 추리훤(元)

葡 푸 [포]蔓果ㅣ萄 포도포(虞) **葰** 쥔 [준][유][사]大也클준、薑屬생강유、薫縣名ㅣ人 고을이름사(震)(支)(馬) **萬** 완 [만]千之十倍 일만만(願) **蔽** 괴 [괴]草名茅類 풀이름괴(卦) **蓚**

씨 [수]植物毒汁有機酸 類식물독즙수(尤) **蔓** 蔓과 同 **萸** 완 [연]枯木生耳 버섯연(銑) **葐** 뿐 [분]ㅣ蒀盛貌 자욱할분(元) **葆** 빠 [보]草盛풀더 북할보(皓) **葊** 菴 古字

萲 萱과 同 **葽** 요 [요]草名遠志 아기풀요(蕭) **葢** 蓋과 同 **葬** 장 [장]藏也理戸장 사지낼장(漾) **葵** 귀 [규]向日花해 바라기규(支) **葂** 완 [면]盛也성 할면(阮) **葜**

와 葬同 **萩** 챠 [추]蒿也다 북쑥추(尤) **葴** 쩐 [침]草名馬藍 짜리침(侵) **葩** 퐈 [파]花也꽃 송이파(麻) **葭** 쟈 [가]蒹ㅣ蘆 也갈가(麻) **葍** 뿌 [복]蒿也메 무복(屋) **葶** 팅

[정]大薺ㅣ藶두 루미냉이정(青) **葚** 썬 [심]桑實오 디심(寢) **落** 랔 [락]零也떨 어질낙(藥) **葛** 꺼 [갈]蔓生絺綌 草칡갈(曷) **萯** 뿌 [부]王瓜草名 뒤참외부(有) **葥** 쏘

[소]葉落莖立줄 기만남을소(蕭) **葉** 예 [엽][섭]枝ㅣ花之對잎엽、南陽縣名고을이름섭(葉) **萬** 위 [우]姓也 성우(虞) **萿** 꽈 [괄]瑞草상서 로운풀괄(曷) **萼** 어 [악]花跗꽃 받침악(藥)

落 휘 [활]藥草獨ㅣ약 초이름활(曷) **萴** 쩌 [즉]子藥名약 이름즉(職) **葯** 위 [약][악]白芷葉香草구리 때잎약、藥也약약(藥)(覺) **葺** 치 [즙]覆蓋지붕 이을즙(緝) **[illegible]** 한

[호]草木葉折號 풀거름할호(號) **葎** 뤼 [률]藥名ㅣ草 함삼률(質) **萰** 련 [련]白薇가 위톱련(霰) **萹** 삐 [변]ㅣ蓄옥 매듭변(先) **葇** 쉬 [유]薷也蘸 들깨유(尤) **葋** 취

[子]蘆也갈 대구(虞) **葻** 란 [람]風草바람에흔 들이는풀남(覃) **葄** 쭤 [조]藉也갈 대조(遇) **葔** 후 [후]香附子향부자휴 一名ㅣ莎후사후(尤) **葟** 황 [황]茂也ㅣㅣ 무성할황(陽)

莌 웨 [예] 草生貌 풀돋아날예 (霽)
葖 투 [돌] 菔也 무돌 (月)
葝 징 [경] 山薤 산엽교경 (庚)
蕩 탕 [탕] 不自收斂ㅣ儻 방탕할탕 (養)
葥 젼 [전] 藥名草車 질경이전 (先)
葙 쌍 [상] 鷄冠花青ㅣ 맨드라미꽃상 (陽)
䒘 먀 [묘] 草細莖 가는풀줄기묘 (篠)
蒁 쓔 [술] 藥名蓬莪茂 약이름술 (質)
葞 미 [미] 香草 봄풀미 (紙)
[艹秩] 착 [주] 鳥巢 새집주 (宥)
葈 씨 [사] 藥名ㅣ耳 도꼬마리사 (紙)
[艹拜] 빼 [배] 草名青藜 푸른명아주배 (卦)
葪 지 [계] 割也 베일계 (霽)
[艹囪] 씨 [홀] 草盛貌 풀성할홀 (物)
萺 彙同
蒂 蔕과 同
蒩 져 [자] 芹也 미나리자 (麻)
萮 유、[유] 木耳 나무버섯유 (尤)
萫 샹 [향] 菜羹 나물국향 (漾)
萪 거 [과] 䕵藤也 등나무과 (歌)
葉 채 [시] 野芹 돌미나리시 (佳)
葱 [총] 草盛貌蓁ㅣ 풀더북할총 (東)
葮 똰 [단] 槿花 무궁화단 (軫)
葃 적 [적]、[작] 菜名 나물이름 작義同 (陌)(藥)

十

蓖 피 [비] ㅣ麻 피마주비 (霽)
蒙 뭉 [몽] 幼穉 어릴몽 (東)
蒞 莅과 同
萃 꽤 [홰] 不正 비뚤러질홰 (佳)
[艹冓] 꺼 [子] 積草 풀쌓을구 (尤)
蓊 웡 [옹] 草木盛貌ㅣ鬱 초목성할옹 (董)
蒢 藷과 同
蒖 전 [진] 蓴菜 순채진 (眞)
蒥 릒 [류] 香草 향풀류 (尤)
蓉 용 [용] 蓮花芙ㅣ 연꽃용 (冬)
蒩 쭈 [조] 茅ㅣ用以藉祭 띠자리조 (虞)
蓍 씨 [시] 筮草蓍屬 시초시 (支)
蒲 푸 [포] 水草可作席 부들포 (虞)
蒔 씌 [시] ㅣ蘿小苗香 소회향시 (支)(寘)
蒱 푸 [포] 樗ㅣ戲具 저포포 (虞)
蒯 쾌 [고] 茅類菅ㅣ 기령괴 菽同 (卦)
蒀 왼 [온] 盛貌盆ㅣ 성한모양온 (文)
蒟 취 [子] ㅣ醬 구장구 (麌)
蓋 깨 [개][합][갑] 覆也 덮을개 苫覆 이엉덮을합 姓也 성갑 (泰)(合)
蓓 뻬 [배] 始華ㅣ蕾 꽃방울배 (賄)
蓑 쏴 [사] 備雨草衣 도롱이사 (歌)
蒨 쳰 [천] ㅣㅣ草盛貌 풀더북할천 (霰)
蒜 싼 [산] 葷菜 마늘산 (翰)
蓇 꾸 [골] 莖也 풀줄기골 (月)
蓁 전 [진] 藥名ㅣ艽 망풀진 (眞)
蓀 쏜 [손] 香草蘭ㅣ 난초손 (元)
蒑 인 [은] 草色青 풀빛푸를은 (文)
蒿 할

蒿 [호] 蓬屬 다북쑥호 (豪)
蒡 팡 [방] 牛ㅣ藥名 우엉방 (陽)
蒼 창 [창] 華髮ㅣ浪 흰털창 (陽) 野色 色莽ㅣ 풀난들질펀할창 (養)
蓏 뤄 [라] 草實果ㅣ 풀열매나 (哿)
蒥 畱과同
蓂 밍 [명][멱] 知時草ㅣ莢 책력풀명 大蓂菥ㅣ 굵은냉이멱 (青)(錫)
蓢 랑 [랑] 莠屬 가라지낭 (陽)
蒸 정 [증] 炬也 홰증 (蒸)
菡 한 [함] 花未發日ㅣ 꽃봉우리함 (感)
蒧 뎜 [점] 草名 풀이름점 (琰)
蒹 옌 [겸] 葦屬ㅣ葭似萑而細 갈겸 (監)
蓄 츄 [축] 積也 쌓을축 (屋)
蒝 웬 [원] 莖葉廣布 줄기와잎퍼질원 (元)
蓐 수 [욕] 陳草復生 묵은풀에움돋을욕 (沃)
蒺 지 [질] 旱草ㅣ藜 납가새질 (質)
蒗 랑 [랑] 訛郡渠名ㅣ蕩 도랑이름랑 (漾)
蒻 숴 [약] 草名蒟 구약풀약 (藥)
蓆 씨 [석] 大也 클석 (陌)
蔱 싸 [살] 茱萸 수유살 (黠)
蒳 나 [납] 香草芥ㅣ 향내나는풀납 (合)
莨 랑 [랑] 藥名ㅣ毒 독도기랑 (陽)
蒐 우 [수] 草名茅ㅣ 모수풀수 (尤)
蒚 릐 [력][혁] 山蒜 산마늘력 蒲黃 부들꽃혁 (錫)(陌)
蒘 나 [나] 粘草 찰풀나 (麻)
蒦 [약] 度也 잴약 尺也 자약 (藥)
蒤 투 [도] 藥草虎杖 감젓도 (虞)
蒢 추 [제] 地榆蒢ㅣ 외나물제 (魚)
蒵 씨 [혜][계] 草也 풀혜 ㅣ신들매끈계 (齊)
蔚 蔚과同
莄 징 [경] 芋莖 곤대경 (梗)
艹豈 애 [기][애] 菜似蕨生水中 물속에나는고사리기 乾菜 마른나물애 (尾)(灰)
蒠 씨 [식] 菜也 나물식 (職)
蒪 뿨 [박] 大蘘荷ㅣ苴 굵은양하박 (藥)
萑 위 [육] 山韭 산부추육 (屋)
蒫 취 [차] 薺實 냉이씨차 (歌)
蒓 순 [순] 水葵 순나물순 (眞)
莤 쥐 [주] 酒液 술진액주 (尤)
蓌 취 [좌] ㅣ拜失容節猶詐也 꾸벅할좌 (箇)
苒 [담] 葱也 파담 (覃)
蒴 쒀 [삭] 藥名ㅣ藋 말오줌나무삭 (覺)
蓎 탕 [당] 女蘿ㅣ蒙 소나무겨우살이당 (陽)
蓻 지 [급] 冬瓜 동아급 (緝)
营 궁 [궁] 香草芎藭 궁궁이궁 (東)
蔦 [오] 荻也 갈대오 (虞)
蘢 즁 [용] 草亂貌 풀어수선할용 (腫)
蒶 븐 [분] 積草 풀쌓을분 (文)
蒒 쓰 [사] 海草實如大麥 싸라풀사 (支)
蔾 릐 [률] 蔆也 마름률 (質)
蒷 궁 [공] 結實 결실될공 (送)

(十) ⿱艹脯 부 [포] 乾魚 말린 생선 포 (虞)

蓓 페 [배] 花蕾 꽃봉오리 배 (賄)

⿱艹巷 첸 [천] 草木之動貌 초목흔들릴 천 (先)

⿱艹⿸厂豦 쥐 [거] 肥料草 거름풀 거 (語)

蔥 춍 [총] 葷菜 파 총 (東)

葴 천 [침] 酸醬 파리 침 (侵)

蓪 통 [통] 通草 藥名 름덩굴 통 (東)

蓬 펑 [봉] 蒿也 다북쑥 봉 (東)

蔇 지 [기] 至也 이를 기 (寘)

蓰 사 [사] 物數五倍 다섯갑절 사 (紙)

蓯 춍 [총][종] 草盛貌 蓁ㅣ 풀무성할 총 藥名 肉ㅣ蓉 약이름 종 (東)(冬)

蔂 류 [류] 蔓草 덩굴풀 류 (支)

蔚 위 [위][울] 牡蒿 제비쑥 위 州名 고을이름 울 (未)(物)

蔬 소 [소] 草菜通稱 풋나물 소 (魚)

蓿 슉 [숙] 菜名 苜ㅣ 거여목 숙 (屋)

蔀 뿌 [부] 障明 小席 거적 부 (麌)

⿱艹頁 ⿲糸米糸俗字

蔡 채 [채][살] 法也 법받을 채 放也 놓을 살 (泰)(曷)

蔞 루 [루] 似艾 ㅣ蒿 물쑥 루 (虞)(尤)

蓷 퇴 [퇴] 益母草 익모초 퇴 (灰)

蓴 츈 [순] 水葵 絲 순채 순 (眞)

蔓 만 [만] 葛屬 延茂 덩굴 만 (願)(寒)

蔕 듸 [체] 果蓏 綴實根 ㅣ 꼭지 체 (霽)

蓧 됴 [조] 耘田器 김매어 담는 그릇 조 (嘯)

蔦 됴 [조] 寄生草 겨우살이 조 (篠)(嘯)

蔣 쟝 [장] 苽ㅣ 水草 과장풀 장 (陽)(養)

蔈 퍄 [표] 草木零落 떨어질 표 (篠)

⿱艹兄 곤 [곤] 培也 북돋을 곤 (阮)

蓮 련 [련] 荷實 연밥 련 (先)

蓼 랴 [료][륙] 辛菜 여뀌 료 草長ㅣ 풀잎길 륙 (篠)(屋)

蔆 릉 [릉] ㅣ角 菱也 마름 릉 (蒸)

蓩 우 [모] 卷耳草 도꼬마리 모 (皓)

⿱艹造 쟉 [추] 草相次 풀서로 잇닿을 추 (有)

薎 蔑과 同

⿱艹堅 [긴] 香蒿 제비쑥 긴 (震)

蔗 쟈 [자] 甘ㅣ 砂糖草 사탕풀 자 (禡)

蔭 인 [음] 庇護 덮을 음 (沁)

蔘 썬 [삼] 人ㅣ 神草 인삼 삼 (侵)

蔌 쑤 [수][속] 菜蔬總稱 나물 수、 ㅣㅣ 陋也 더러울 속 (有)

蓺 이 [예] 種也 심을 예 (霽)

蔻 컥 [구] 荳ㅣ 藥名 두구 씨 구 (有)

蔪 잼 [점] 麥秀 ㅣㅣ 보리밸 점 (監)(淡)

蓫 쥬 [축] 羊蹄草 소장장이 축 (屋)

蓨 [조][수] 苗也 싹 조 悅也 기쁠 수 (蕭)

蔫 연 [언][연] 物不鮮 시들 언 臭草 ㅣㅣ於 썩은풀 연 (先)(霰)

蔟 추 [족] 聚也 모을 족 (屋) 簇、族 通 [주] (正月律名 大ㅣ) (宥)

蔑 몌 [멸] 無也 없을 멸 (屑)

蓲 추 [구] 薍也 달구 (尤)

蓽 삐

[필]丨 薬名 약이름필 (質)
蓾 ᅎ자、[차][자] 蒴類菡 기령풀차 楚葵미나리자 (歌)(麻)
蔖 루 [로]蘆也 그령풀로 (虞)
⿱艹淺 ᅎ젼 [전]以色飾紙 종이에 물들일전 (先)
蓱 萍과 同
⿱艹浂

단 [담]瓜菹 외김치담 (覃) 丨濫
⿱艹捷 ᅌ제 [쳡]編草障戶 풀거적쳡 (葉)
蓶 웨 [유]菜蔬 푸성귀유 (紙)
蔃 ᅌ쟝 [강]百合丨菜 개나리강 (陽)
葍 ᅌ부 [복]薝丨梔子 치자꽃복 (職)
蔏

쌍 [상]大藜명 아주상 (陽)
蔋 듸 [적]旱氣가무는기운적 (錫)
蔜 와 [오]鷄腸草닭의밑씻개오 (豪)
蓹 위 [어]地名땅이름어
⿱艹陸 루 [륙]大藜명아주륙 (屋)
蔦 됴

[훈]蒸氣出貌丨 蒿김오를훈 (文)
蔤 미 [밀]荷本연근밀 (質)
蔙 셴 [션]藥名丨蕧 하국션 (霰)
蔛 후 [곡]藥草名丨 약돌곡 (屋)
蔐 荻과同
蔊 한 [한]辛味菜 산갓한 (旱)

⿱艹庳 삐 [비]細莞가는왕굴비 (紙)
⿱艹敢 蕞와同
蔠 죵 [종]草名丨葵 풀이름종 (東)
蔩 인 [인]王瓜쥐참외인 (眞)
蔨 촨 [균]野鹿豆草名 들콩균 (軫)
蔝 미

[미]鷄腸草닭의밑씻개풀미 (齊)
⿱艹深 썬 [심]蒲類부들심 (侵)
蔢 빠 [파]薄荷박하파 (歌)
⿱艹率 리 [률]草芽甲出풀아귀률률 (質)
蔮 꿰 [궤]無笄者纚布冠 잠없는치포관궤 (隊)

蔧 쒜 [세][혜]草蒂풀비세 (霽)(寘)
蔍 루 [록]忘憂草원추리록 (屋)
蔯 천 [진]茵丨蒿也더위지기진 (眞)
⿱艹移 이 [이]萎也시들이 (支)
⿱艹崔 최 [최]花垂貌꽃늘어질최 (灰)

蔎 시 [설]香也향내날설 (屑)
⿱艹魚 위 [어]茌也들깨어 (魚)
蕱 산 [소]荷根細者가는연뿌리소 (巧)
⿱艹許 쉬 [허]留也, 팔허 (語)

十二

蕤 쒸 [유]葳丨盛貌더부룩할유 (支)

⿱艹皋 꼬 [고]草盛貌풀성할고 (豪)
⿱艹然 안 [연]野生豆콩들연 (先)
蕊 [예]藥名石丨 약이름예 (紙)
⿱艹稀 씨 [희]藥名[illegible]薟 약이름희 (微)
蕪 우 [무]荒也거칠무 (虞)
蕢 궤

[궤][괴]草器등구미궤、赤莧붉은비름괴 (寘)(卦)
蕖 취 [거]蓮花芙丨 연꽃거 (魚)
⿱艹剘 ᅍ제 [게]小草잔풀게 (霽)
蔽 삐 [폐]掩也가릴폐 (霽)
藜 리 [리][려]旱草疾丨납가새이 (支) 義同 (齊)

蕌 뇌 뢰 菜也나물뢰 賄 蕒 즈 지 水菜물나물지 支 蕣 쓴 순 木槿무궁화순 震 蕞 죄 최 체 절 小貌ㅣ爾조그마할최、綿ㅣ表位띠묶어표할체、절義同 泰 灰 屑

蕝 졔 체 절 束茅表位綿ㅣ띠묶어표할체、절義同 霽 屑 蕓 윈 운 ㅣ菜名평지운 文 蕙 혜 혜 蘭屬香草난초혜 霽 蕃 반 번 茂也번성할번 元 蕭 쇼

소 ㅣ條蕭貌쓸쓸할소 蕭 蕆 찬 천 敕也경계할천 銑 蕑 갠 간 野蘭들난초간 刪 蕡 븐 분 麻子삼씨분 文 蕁 쥰 준 草叢生苯ㅣ풀다부룩 屑 蕞通 蕉 쟈

초 芭ㅣ草名파초초 蕭 蕎 챠 교 白花穀ㅣ麥모밀교 蕭 蕚 蘤과同 蕩 탕 탕 大也ㅣㅣ클탕 養 蕨 궐 궐 ㅣ菜名薇屬고사리궐 月 蕅 藕과同 蕘

쇼 요 刈草풀베일요 蕭 藤 싕 승 苣ㅣ胡麻검은깨승 徑 蕁 탄 담 海藻밀담 覃 蕈 씬 심 菌也버섯심 侵 蕾 부 부 細蕾잔무우부 有 [illegible] 고 醋俎초김치고 遇

蕀 지 극 薬草遠志아기풀극 職 蕕 유 유 臭草썩어냄새나는풀유 尤 蕿 쏘 수 소 鷄腸草닭위밑씻개수、소義同 尤 皓 䕃 蔭과同 [illegible] 려 草茂貌풀성할려 霽

蕄 멍 맹 在也ㅣ있을맹 庚 蕺 지 극 薬名大ㅣ버들옷극 陌 蕇 뎐 전 山芥산겨자전 銑 蔾 리 려 蒺ㅣ旱草질려풀리、려義同 支 霽 蕧 부 복 薬名蔙하국복 屋

藸 藷과同 蕁 친 금 草名三稜莖매자깃줄기금 侵 蕍 유 유 薬名澤瀉쇠귀나물유 尤 蔊 한 한 酸漿과리한 寒 蕒 매 매 菜名野苣들상치매 蟹 蕛 티

제 似稗布地生草놀피제 齊 蕐 화 화 榮也色也빛날화 麻 [illegible] 관 관 薬名ㅣ冬시금초관 旱 蕠 우 녀 黏着들러붙을녀 魚 [illegible] 蕊俗字 蕦 쒸 수 菁也순무수 虞

蔿 웨 위 草也풀위 紙 [illegible] 완 연 紅藍草잇연 銑 [illegible] 이 의 蔕也꼭지의 紙 蕬 쓰 사 免ㅣ薬草새삼사 支 蕫 퉁 동 似蒲而細ㅣ자오락풀 董 [illegible] 우

[보] 蕧也 김치 보 (尤)

⿱艹殽 쑈 [효] 黃茅根 그령이 뿌리 효 (肴)

⿱艹甯 닝 [녕] 荏也 들깨 녕 (遇)

⿱艹異 이 [이] 麻也 삼 이 (寘)

⿱艹毒 뚜 [독] 地柳 땅버들 독 (沃)

⿱艹矞 쥐 [귤] 野芹 들미나리 귤 (質)

⿱艹習 [십] 草聲 풀소리 십 (緝)

蕗 루 [로] 甘草 감초 로 (遇)

蕥 야 [아] 無實穀 쭉정이 아 (馬)

⿱艹項 썅 [항] 向日葵 해바라기 항 (漾)

⿱艹締 지 [지] 草名 卷耳 도꼬마리 지 (紙)

十三

薏 이 [의][억] 草珠ㅣ苡 율무 의 (寘) 達心 연밥속 억 (職)

薋 쯔 [자] 積也 쌓을 자 (支)

薙 찌 [치][체] 芟草 풀깍을 치、체 義同 (紙)(霽)

薜 삐 [폐][벽] ㅣ香荔草 승검초 폐、當歸 벽 義同 (霽)(陌)

⿱艹搞 薅와 同

蕷 유 [여] 薯ㅣ山藥 마 여 (御)

薛 셰 [설] 藾也 다북쑥 설 (屑)

薈 훼 [외][회] 俗音、草多 ㅣ蔚 풀많을 회 (泰)

薊 찌 [계] 求也 삽주 계 (霽)

薅 호 [호] 拔去田草 김맬 호 (豪)

蕾 레 [뢰] 蓓ㅣ 始華 꽃봉우리 뢰 (賄)

薀 원 [온] 藻屬 마름 온 (吻)(問)

薆 애 [애] ㅣ薱 草木盛貌 초목성할 애 (隊)

薖 커 [과] 寬大貌 너그러울 과 (歌)

⿱艹⿰歹隹 ⿱艹⿰歹雖 俗字

薪 씬 [신] 蕘也 섶 신 (眞)

薉 훼 [예] 汙也 더울 예 (隊)

薠 빤 [번] 靑ㅣ 似莎 풀이름 번 (元)

薦 쪈 [천] ㅣ擧 천거할 천 (霰)

薑 쟝 [강] 禦濕菜 생강 강 (陽)

薌 [향] 穀氣 곡기 향 (陽)

薧 코 [고] 乾魚 말린 물고기 고 (皓)

蕶 링 [령] 草零落 풀이울 령 (青)

薓 삼 [삼] 人ㅣ 인삼 삼 (侵)

蕸 싸 [하] 荷葉 연잎 하 (麻)

薕 렌 [렴] 蒹也 갈 렴 (監)

薝 딴 [담] ㅣ蔔 花名 치자꽃 담 (感)

薟 렌 [렴] 藥名 白ㅣ 진동찰 염 (淡)

薇 메 [미] 蕨也 고비 미 (微)

薚 탕 [탕] 商陸 자리공 탕 (陽)

薘 따 [달] 草名 馬鳥 질경이 달 (曷)

薩 싸 [보] 普薺 도울 보 (曷)

薁 앜 [욱] 山生葡萄類 ㅏ·새머무를 욱 (屋)

蕻 홍 [홍] 草菜之心長 장다리 홍 (送)

⿱艹賊 졔 [적] 木賊 속새 적 (職)

⿱艹豦 취 [거] 苦菜ㅣ蔷 사라부루거 (魚)(語)

薄 빡 [박] 不厚 얇을 박 (藥)

⿱艹稱 쳥 [칭] 黑芝麻 검은깨 칭 (蒸)

蕺 치 [즙] 筆管菜 似蕎麥 모밀나물 즙 (緝)

薡 띵 [정] 似蒲而細ㅣ 자오락 정 (迥)

薃 호 [호] 侯莎 부

자향 호(皓) 薍 완 [완] 菼也 갈대 완(潸) 薔 써 [색][장] 澤生者 蔘 물엿귀 색、ㅣ薇 장미 장(職)(陽) 蕽 농 [농] 蘆花蓬 갈꽃 농(冬) 蕇 단 [단] 草蔓布地 덩굴 땅에 퍼질 단(寒) 薂

씨 [격] 蓮實 연밥 격(錫) 蕍 뜌 [유] 遠草席 둥근 초방석 유(有) 蘖 네 [열] 餘枿 나무 그트리 열(屑) [illegible] 화 [화] 草連接貌 풀 연접할 화(麻) 薢 얘 [해] 藥名草 며릿해(蟹) [illegible] 잰

[전] 瓜病 외병들 건 俗音 간(刪) [illegible] 훼 [회] 草名芋之惡者 못된감자 회(賄) [illegible] 葵 과同 [illegible] 오 [오] 瓜蔓 외덩굴 오(皓) 薨 헝 [홍][횡] 奄也 죽을 홍 薨飛聲ㅣ 메로 날으는 소리 횡(庚)(蒸)

菌 쥰 [균] 地蕈 땅버섯 균(眞) 蓫 쑤 [축] 花名ㅣ葵 축규화 축(沃) [illegible] 꾸 [고] 紅草蘢ㅣ 요화 고(虞) [illegible] 커 [가] 薄荷藥名 박하 가(箇) [illegible] [절] 𧁊ㅣ織草 돌피 절(屑) 薐

렁 [릉] 菠ㅣ草 시금치 릉(蒸) 蕵 숲 [손] 菜名ㅣ蕪 손무 손(元) [illegible] 틔 [택] 葛蔓 칡덩굴 택(陌) [illegible] 당 [당] 樹名莖黃 들벗나무 당(陽) [illegible] 썬 [심] 蒲類 부들 심(侵) [illegible]

센 [선] 細蕵가 는무 선(銑) [illegible] 쥰 [순] 東藁 짚단 순(震) (古) 藂 [총] 灌木 떨기나무 총(東) 薱 뙤 [대] 薆ㅣ 鬱蒕貌 빽빽히 들이설 대(隊) 薺 치 [자][제] 蒺藜 납가새 자 芘蓼 제로기 제(支)(薺)

薳 웬 [원][위] 藥草遠志 아기풀 원 草也 풀 위(阮)(紙) 薯 쓔 [서] ㅣ蕷藥名 마 서(御) 薿 이 [의][억] ㅣㅣ茂也 무성할 의、억 義同(紙)(職) 薹 태 [대] 菜名蕓ㅣ 평지나물 대(灰) 藇 위

[여][서] 草名藷ㅣ 마 여 美貌 아름다운 모양 서(御)(語) 薶 [매] 藏也 묻을 매(佳) 藎 진 [신] 染黃草 염황초 신(震) 薸 퍄 [표] 浮萍草 개구리밥 표(蕭) 薰 쉰 [훈] 香草似蕪 향풀 훈(文) 藋

됴 [조] 藜也 명아주 조(嘯) 藃 한 [호] 暴起貌 급히 일어나는 모양 호 俗音 고(號) 藐 먀 [막][묘] 美也 아름다울 막 弱也 약할 묘(覺)(篠) 藑 칭 [경] ㅣ茅香草 향풀 경(庚) 藏 창

[장] 似藺草名 장풀 장(漾) 薻 藻과同 薲 蘋과同 藁 깦 [고] 稈 짚 고(皓) 藉 지 [자][적] 薦也 깔 자 盛也 성할 적(禡)(陌) 藍 란 [람] 染青草 쪽 람(覃) 薷 수

[유]藥名香 향유 유(尤)

蘵 뎨 [절]織草穄ㅣ 김 절(屑)

藈 꿰 [규]王瓜ㅣ菇 쥐참외 규(齊)

薾 얼 [이]花盛꽃 번성할 이(紙)

䕃 연 [진]草名ㅣ薊 개비름 진(眞)

蘐 萲과同

藁

린 [름]莪蘿ㅣ蒿 빵쑥 름(寢)

藑 숭 [영]草旋풀 얽길 영(庚)

藄 치 [기]薇也 고비 기(支)

藀 잉 [형]藥草萎蕤 듥개나리 형(靑)

藅 ᄲᅡ [벌]草枯萎縮 풀시들시들할 벌(月)

蓴 젼 [전]草名 전초 전(銑)

蔳 징 [정]仙草黃ㅣ 둥굴레 정(庚)

藊 뼌 [변]白藊豆 백변두 변(銑)

藒 꼐 [걸]香草ㅣ車 향풀 걸(屑)

薵 쥐 [주]葱也 파 주(尤)

䕃

레 [렵]草疎貌 풀성기게 날렵(葉)

䕯 약 [박]花落꽃떨어질 박(藥)

蕱 찬 [초]草生長貌 풀자랄 초(巧)

薴 녕 [녕]草亂貌 풀어지러울 녕(庚)

䕸 깐 [간]莖木 벼줄거리 간(旱)

蔡 차 [찰]莫芥 북더기 찰(黠)

䔄 댷 [요]蓑也 너삼대 요(蕭)

(十五)

藭 츙 [궁]芎ㅣ香草 궁궁이 궁(東)

藙 이 [의]吳茱萸 오수유 의(未)

䕒 씽 [홍]蘴也 장다리 홍(蒸)

藟

레 [류]葛藟 칡덩굴 류(紙)

藘 뤼 [려]染絳草茹ㅣ 꼭두서니풀 려(魚)

蔪 잔 [참]代木 나무벨 참(豏)

蘍 薵과同

藜 리 [려]蒿類虆菜 명아주 려(齊)

薻 藻과同

䕡 뤼 [려]蒿也 들쑥 려(魚)

藝 귀 [예]才能 재주 예(霽)

藖 쟨 [간]莝餘草莖 여물찌끼 간 本音 한(刪)

藤 텅 [등]蔓生木藟 등나무 등(蒸)

藩 빈 [번]籬也 울타리 번(元)

藗 쑤 [속]白茅 흰띠 속(屋)

藕 억 [우]芙蓉根 연뿌리 우(有)

藨 뱦 [표]山苺 산딸기 표(篠)

藚 쓕 [속]菜名水舄 쇠귀나물 속(沃)

蕂 씨 [슬]牛ㅣ藥草 쇠무릎 슬(質)

藪 쑤 [수]大澤 큰늪 수(有)

藫 탄 [담]水苔 물이끼 담(覃)

䕍 멍 [명]新睡起貌 잠처음 깐모양 명(徑)

蘵 레 [렵]草動 풀흔들릴 렵(葉)

藥 약 [약]金石草木劑 皆曰ㅣ 약 약(藥)

蕮 쎼 [사]藥草澤ㅣ 쇠귀나물 사(馬)

䕶 뿌 [부]草名地ㅣ 대싸리 부(虞)

蕛 티 [제]草名羊蹄 소루장이 제(齊)

藢 찌 [치]紫芋 검붉은토란 치(紙)

䕵 [혈]馬蓼龍ㅣ 말여뀌 혈(屑)

蘈 퉤 [퇴]草名牛蹄소루장이퇴(灰)

藠 쟌 [교]薤類ㅣ子자총이교 本音효(嘯)

藦 머 [마]草名蘿ㅣ새박마(箇)

蘩 빤 [번]草名번풀번(元)

蔕 체 [체]棗李去꼭지체(霽)

蘢 삐 [피]蘢也牛尾쇠꼬리피(支)

蔚 웨 [위]益母草익모초위(未)

蘸 산 [삼]濕也젖을삼(陷)

(十六)

蘄 친 [근][기]山ㅣ藥名승검초근 草名풀이름기(文)(支)

蘆 루 [로][려]葦也갈로、ㅣ藘也꼭두서니려(魚)

蔃 薑과同

蘂 웨 [예]花心꽃술예(紙)

蘇 수 [소]紫ㅣ草名차조기소(虞)

藶 리 [력]大薺葶ㅣ두루미냉이력(錫)

藹 애 [애]ㅣㅣ盛多貌수두룩할애(泰)(賄)

藽 천 [츤][친]俗音本槿무궁화친(震)

蘁 어 [오][악]逆也거스를오 華跗꽃받침악(遇)(藥)

蘋 핀 [빈]大萍큰개구리밥빈(眞)

藷 ᅌ쥬 [저]五味子茎ㅣ오미자저(魚)

蘉 멍 [망]勉也힘쓸망(陽)

薔 창 [장]花名ㅣ薇장미화장(陽)

蘊 원 [온][운]藻屬마름온 積也쌓일운(吻)(問)

蘈 퉤 [퇴]草名牛ㅣ소루장이퇴(灰)

蘀 퉈 [탁]橋也마를탁(藥)

蘅 헝 [형]香草杜ㅣ곰취형(庚)

藿 훠 [곽]豆葉콩잎곽(藥)

蘀 ᅌ째 [택]藥名ㅣ瀉쇠귀나물택(陌)

薥 뚜 [독]藥名ㅣ活땅두릅독(屋)

藺 린 [린]草名馬ㅣ뇌양이린(震)

藾 래 [뢰]ㅣ蕭苹也다북쑥뢰(泰)

藔 랖 [로]乾梅實마른매실로(皓)

蘌 위 [어]掩也가릴어(語)

藻 ᅌ잗 [조]水草마름조(皓)

蘞 쳰 [섭]螫人野草ㅣ麻풀쐐기섭(監)

蘎 핑 [빙]草木茂盛초목무성할빙(蒸)

蘡 잉 [영]菊花국화영(庚)

藮 챂 [착]藥名附子부자착(覺)

蘑 [마]ㅣ菇표고마 中字

藸 ᅌ쥬 [저]五味子ㅣ오미자저(魚)

蕃 [번]藥名知母지모번(元)

(十七)

蘢 룽 [롱][룽]紅草요화롱 馬蓼말여귀롱(東)(冬)

蘪 메 [미]芎藭苗ㅣ蕪궁궁이싹미(支)

蘗 同과同

蘳 퉈 [투]禾苗發出베싹펠투(有)

蘩 ᅌ빠 [파]白蒿흰쑥파(歌)

蘧 취 [거]自得貌ㅣㅣ마음에든든할거(魚)

蘙 이 [예]草盛ㅣ薈풀성할예(霽)

蘚 쎤 [선]苔也瓦ㅣ이끼선(銑)

蘭

란 [란]香草一幹花난초란(寒)

蘩 반 [번]白蒿새발쑥번(元)

蘨 야 [요]草盛貌풀더부룩할요(蕭)

蘦 령 [령]甘草감초령(靑)

蘘 상 [양]草名ㅣ荷양하풀양(陽)

蘞 렴 [협][렵]辛毒草맵고독한풀협 白ㅣ藥名진동찰렵(監)(鹽)

蘜 과同 菊

蘠 [장]ㅣ薇花名장미꽃장(陽)

蘡 잉 [앵]蘡草ㅣ薁머루넌출앵(庚)

蘤 웨 [위][화]花也꽃부리위、花古字(紙)(麻)

蔞 뤼 [루]鷄腸草蔞ㅣ닭의밑씻개루(虞)

蘬 궈 [귀]冬葵겨울쑥갓귀(支)

蘥 위 [약]雀麥귀리약(藥)

蘮 지 [계]粘草ㅣ蘩찰풀계(霽)

蘫 란 [람]瓜菹외김치남(覃)

蘒 과同 穢

䕸 예 [혈]葒也요화혈、말여뀌혈(屑)

虃 [섭]山韭산부추섭(監)

蘖 네 [얼]萌ㅣ싹얼(屑)

蘛 위 [육]茂也무성할육(屋)

(大)

蘲 레 [류]土籠삼태기유(支)

藂 총 [총]草叢生풀떨기로날총(東)

䕼 똥 [동]鼓鳴ㅣㅣ북울릴동(董)

蘴 뽕 [풍]蕪菁苗무우싹풍(東)

蘳 양 [화][휴]花葉貌꽃잎모양화、휴義同(馬)(支)

䖆 찬 [교]藥名連ㅣ어리나무교(蕭)

䕡 개 [개]禾ㅣ去皮類也짚고갱이개(佳)

蘱 레 [류]茅屬蘱그령류(寘)

藋 취 [자]蘧也ㅣ麥석주화자(虞)

蘾 리 [리]香附子草名향부자리(支)

蘵 지 [직]黃蒢땅꽈리직(職)

䕲 테 [첩]花開꽃필첩(洽)

(九)

蘿 뤄 [라]女ㅣ托松而生새삼넌출라(歌)

蘺 리 [리]香草향풀리(支)

蘼 미 [미]蘪蕪苗ㅣ궁궁이싹미

蘸 잔 [잠]以物浮水물에담글잠(陷)

䕮 쑤 [촉]花名躑ㅣ철쭉꽃촉(沃)

蘻 지 [계]草連貌풀연접할계(霽)

蘽 레 [류]蘡也山ㅣ산머루류(紙)

䕻 뎬 [전]草頭풀머리전(先)

蘹 화 [괴]藥名茴香회향괴(卦)

䕧 씨 [식]苦蔘쓴너삼식(職)

䕓 덩 [등]眠覺ㅣ잠깰등(徑)

䕎 잔 [찬]蔓草牡ㅣ담쟁이덩굴찬(翰)

虀 제 [제]細切잘게썰제(齊)

(廿)

虃 잰 [첨]草名첨풀첨(監)

虂 루 [로]草名蒵葵머루덩굴로(遇)

虉 끈 [역]綬草인끈풀역(錫)

䕷 화살 [살]弓矢화살

(廿一)

虉 과同 鷊

虉 이 [역]草有雜色似綬여풀역(錫)

虆

례 [류] 蔓也 덩굴류 (支)(紙)

虇 찬 [권] 蘆荀 갈순권 (阮)

(二十二)

[艹+躑] 찌 [척] 花名｜躅 철쭉척 (陌)

(二十三)

[艹+蠲] 쾬 [현] 麥稈 보리대현 (先)

虊 롼 [란] 蓴菜 순채난 (寒)

[若+若若] 위 [약] 風吹水貌 물놀이칠약 (藥)

[艹+欒] 虊 와同

(二十四)

[艹+釀] 샹 [양] 蘇也｜菜 들깨양 (養)

虋 뭔 [문] 草名｜冬 맥문동문 (元)

(二十五)

[艹+贛] 궁 [공] 薏苡 율무공 (送)

虌 [별] 初生蕨 처음난고사리별 (屑)

(三十三)

[艹+麤] 추 [추] 草履 짚신추 (虞)

虍部

虍 후 [호] 虎文 범의문채호 (虞)

(二)

虎 후 [호] 猛獸 山獸之君 범호 (麌)

(三)

[虍+丂] 후 [후] 虎吼 범울후 (虞)

虐 햑 [학] 苛酷 사나울학 (藥)

(四)

虒 쓰 [사] 委｜虎之有角者 뿔있는범사 (支)

虔 쳔 [건] 敬也 공경할건 (先)

[歹+虎] 이 [예] 虎貌 범모양예 (隊)

[巾+虎] 핲 [효] 虎怒聲｜然 범이고함지를효 (肴)

虑 삐 [필] 愁也 근심할필 (質)

虓 [효] ｜然虎怒聲 범고함지를효 (肴)

[虎+刂] 이 [여] 虎聲 범의소리여 (陌)

(五)

[阝+虎] 허 [합] 虎也 범합 (洽)

䖏 處俗字

虚 虛俗字

處 츄 [처] ｜所 곳처 (御)(語)

虖 후 [호] 歎也 가마호 (虞)

虙 뿌 [복] 虎貌 위엄스러울복 (質)

虗 虛과同

[乞+虎] 이 [을] 虎視貌 범이노리고볼을 (物)

[虍+乂] 이 [의] 虎息 범의숨소리의 (未)

(六)

虛 쒸 [허] 空也 빌허 (魚)

[虎+白] 배 [맥] 白虎 흰범맥 (陌)

虜 루 [로] 生擒 사로잡을노 (麌)

(七)

虞 위 [우] 慮也 艱｜ 염여할우 (虞)

號 한 [호] 大呼 부르짖을호 (豪)(號)

[虎+且] 질 [차] 猛也 모질차 (敬)

[扌+虎] 하 [함] 虎聲 범의소리함 (感)

[虎+古] 꾸 [고] 虎息 범숨쉴고 (麌)

(八)

虡 거 [거] 枸｜柎名 쇠북틀설주거 (語)

[虍+非] 후 [호] 不見 보지못할호 (麌)

[交+虎] 쟈 [교] 虎聲 범의소리교 (巧)

(九)

[包+虎] 빠 [포] 虐也 혹독할포 (號)

[寽+虎] 꿔 [괵] 虎攫 범이할빌괵 (陌)

[虍+咸] 안 [암] 雄虎 수펌암 (感)

[虎+兌] 쉐 [열] 虎睡 호랑이가졸열 (屑)

(十)

虦 짠 [잔] 虎淺毛｜猫 털몽근범잔 (刪)

⿸虍亢 안 [요] 不安貌 편치못할요 (嘯)
⿸虍攸 슉 [숙] 虎入林中 범이 숲에 들숙 (屋)
⿸虍兔 투 [도] 虎也 鳥ㅣ 범도 (虞)
⿱髟虎 듸 [계] 獸很而不動貌 짐승이 패려궂어 움직이지 않을계 (霽)
虤 쎈 [현] 虎怒 범이 성낼현 (銑)
虨 彪과同

⑪

虧 퀴 [휴] 缺也 이지러질휴 (支)
彪 빤 [반] 虎文 범의 문채반 (刪)

⑫

虩 씌 [혁] 恐懼ㅣㅣ 두려워할혁 (陌)
⿸虍亏 虧과同
⿸虍鳥 우 [오] 虎也ㅣ菟 범오 (虞)
⿸虍素 쒀 [삭] 虎貌 범의 모양삭 (藥)
⿰號虍 한 [호] 虎聲흠 가마 호 (號)
⿰兼虎 한 [함] 虎聲 범의 소리함 (咸)

⑬

⿸虍巢 쒀 [색] 虎驚貌 범이 놀랄색 或音 속 (陌)

⑭

⿱虤曰 인 [은] 兩虎爭聲 범 싸우는 소리은 (眞)
⿰罒虎 지 [격] 恐也 두려워할격 (陌)

⑮

⿸虍毄 쎼 [혁] 虎聲 범의 소리혁 本音 격 (陌)
⿸虍臠 [려] 細切肉 가늘게 끊은 고기려 (語)

⑰

⿸虍盍 쥬 [저] 器物 그릇저 (語)

⑳

⿰虎儵 쓔 [속] 黑虎 검은범속 (屋)

㉒

⿰虎騰 텅 [등] 黑虎 검은범등 (蒸)

虫部

虫 훼 [충][훼] 鱗介總名 벌레충 譌音 훼、蟲略字 (尾)

①

虬 虯俗字

②

虮 이 [기] 蟲名 密ㅣ 밀기 벌레기 (支)
⿷匚虫 지 [닉] 蟲食病 벌레 먹는 병닉 (職)
虯 뀨 [규] 龍之無角者 뿔없는 용규 (尤)
虰 뗑 [정][증] 蜻蜓ㅣ蝀 잠자리정 螘也 蟹ㅣ 개미증 (青)(蒸)
虱 蝨과同

③

⿱工虫 虹과同
⿰工虫 꿍 [공] 泗州縣名 (送)
虹 홍 [홍][강][항] 螮蝀ㅣ 무지개홍 泗州縣名 고을이름강 也 무너질항 (東)(絳)(江)
虷 깐 [간] 井中赤蟲 쟁갑이간 (寒)
虶 위 [우] 蝕蜒蚨ㅣ 그리마우 (虞)
虵 蛇俗字
蚕 뎐 [천] 蟲之曳行 벌레 꿈틀거릴천 (銑)
虴 퉈 [택] 蝠蝑 베메뚜기택 (陌)
虸 쯔 [자] 害稼蟲ㅣ蚄 며루자 (紙)
虺 [훼][회] 蛇虺 이무기훼 ㅣ馬病 비루먹을회 (尾)(灰)
虻 蝱과同
虳 듸 [굴][적] 鼠也 쥐굴 적 義同 (物)(錫)
⿱弋虫 膨와同
⿰虫寸 쥐 [주] 海蟲 바다벌레주 (有)

④

蚣 꿍 [공][송] 毒蟲蜈ㅣ 지네공 蝗也 ㅣ蝑 메뚜기송 (東)(冬)
蚨 뿌 [부] 水蟲青蚨 청부부 (虞)

蚩 치 [치] ㅣㅣ 愚貌 어리석을치 (支)
蚌 빵 [방] 蛤屬 合조개방 (講)
蚑 치 [기] 蟲行貌 ㅣㅣ 벌레설기 (支)(寘)
蚍 피 [비] 大蟻 ㅣ蜉 왕개미비 (支)
蚆 안 [파] 貝也 자개파 (麻)

虺 훼 [훼][회] 蝪蛇 독사훼 馬病ㅣ 말병들회 (尾)(灰)
蚘 우 [회][우] 人腸中長蟲 회충회 君號蚩ㅣ 사람이름우 (灰)(尤)
蚋 예 [예] 蚊也 모기예 (霽)
蚓 인 [인] 土龍 蚯ㅣ 지렁이인 (軫)
蚥 부 [보] 黃甲小蟲喜食瓜葉 노랑등예보 (虞)

蚕 텬 [천][잠] 蟺也 자렁이천 (銑)(覃)
蚊 원 [문] 齧人飛蟲 蚋也 모기문 (文)
蚪 뚜 [두] 蝌子 蝌ㅣ 올챙이두 (有)
蚤 찌 [조] 早也 일찍조 (皓)

蚄 빵 [방] 害稼蟲 蚄ㅣ 자방벌레방 (陽)
蚦 안 [염] 大蛇可食尾圓無鱗身有斑文 먹는구렁이염 (鹽)
蚇 치 [척] ㅣ蠖 屈伸蟲 자벌레척 (陌)
蚡 뿐 [분] 地鼠伯勞所化 두더쥐분 (文)
蚏 월 [월] 似蟹而小 방게월 (月)

蚅 어 [액] 豆菜青蟲 콩망아지액 (陌)
蚟 왕 [왕] 蟋蟀ㅣ 蟋귀뚜라미왕 (陽)
蚧 예 [개] 燕雀所化 흰조개개 (卦)
蚗 쥐 [결] 蟬類 蛥ㅣ 쓰르라미결 (屑)
蚖 원 [원][완] 蜥蜴蠑ㅣ 도마뱀원、 虺類毒蛇 까치독사완 (元)(寒)

蚎 누 [뉵] 蚰蜒ㅣ蚭 지차리뉵 (屋)
蚚 치 [기] 米蠹 쌀바구미기 (微)
蚛 중 [중] 蟲食物 벌레먹을중 (送)
蚝 츠 [자] 斑螯龍 갈래자 (寘)

蚞 무 [목] 蛥蚗ㅣ 쓰르라미목 (屋)
䖢 뱌 [묘] 蠶初生 새끼누에묘 俗音표 (蕭)
蚠 뿐 [분] 人名 伯ㅣ 사람이름분 (文)
蚢 항 [항] 食蕭蠶 쑥누에항 (陽)
蚜 야 [아] 小蟲 작은벌레아 (麻)

䖭 소 [日] 螺類 소라회
蚁 약 [보] 螳蜋蜛ㅣ 법아자비보 本音부 (虞)
蚐 쥔 [균] 臭蟲 馬蚿 노래기균 (眞)

五

蚷 취 [거] 馬蚿 商ㅣ 노래기거 (語)
蛇 써 [사][이][타] 毒蟲 배암사、 自得貌 委ㅣ 든든하게여길이、 타義同 (麻)(支)(歌)
蛆 취 [저] 蝍蛆 乳肉中蟲 구더기저 (魚)
蚳 츠 [지] 蟻卵 ㅣ醢 개미알지 (支)
蛄 꾸 [고] 螻ㅣ 도르래고 (虞)

蚣 숭 [용] 小蟲衝行 작은벌레길용 (腫)
蚯 칙 [구] 土龍 ㅣ蚓 지렁이구 (尤)
蛉 링 [령] 赤卒 蜻ㅣ 고추잠자리령 (青)
蚴 와 [유] 龍貌 ㅣ蟉 용꿈틀거릴유 (有)
蛃 빙 [병] 白蟫 흰

좀 병 (陽)

蛀 쮸 [주] 食木蟲 나무좀 주 (遇)

蚶 깐 [감] 蚌屬 魁陸 살조개 감 本音 함 (覃)

蚻 쨔 [찰] 小蟬 쓰르라미 찰 (黠)

蚿 쎤 [현] 百足蟲 馬 노래기 현 (先)

蚱 쨔 [책] 蝗類 ㅣ蜢 메뚜기 책 (陌)

蚰 우 [유] 蚰蚭 ㅣ蜒 땅지네 유 (尤)

蚭 늬 [니] 蚰蜒 蚰ㅣ 지차리 니 (支)

蚸 씨 [석] 螳螂 버마자비 석 (陌)

[虫+去] 취 [겁] [거] 紫貝 店ㅣ 검붉은 자개 겁 (葉) 蟾也 두꺼비 거 (語)

蚼 쮜 [구] 蟻也 蚼蚍 개미 구 (有)

蚾 뻬 [별] 甲蟲 蟦 풍뎅이 별 (屑)

蚵 커 [가] 蜥蜴 ㅣ蠪 도마뱀 가 (歌)

蚸 리 [력] 細長蟲 蟿ㅣ 가늘고 긴 메뚜기 력 (錫)

蚹 [부] 蝸牛 달팽이 부 (遇)

蛁 댭 [조] 蛄也 ㅣ蟧 쓰르라미 조 (蕭)

蛈 뎨 [철] 窒蟷母 도로래 철 (屑)

蛋 단 [단] 鳥卵 새알 단 (翰)

蛅 인 [염] 蛓也 ㅣ蟖 쐐기 염 (鹽)

[虫+必] 삐 [필] 黑蜂 검은벌 필 (質)

[虫+出] 蝠獸과 同

[虫+旦] 蜑과 同

蚲 핀 [평] 蝱也 등에 평 (庚)

蚾 퍼 [파] 蟾也 두꺼비 파 (哿)

[加+虫] 자 [가] 食米蟲 풀바구니 가 (麻)

[丰+虫] 쉬 [서] 葱蟲 파벌레 서 (語)

⑥

蛩 꽁 [공] 名ㅣㅣ 공공이 공 (冬)

蛙 와 [와] [왜] 黽屬 개구리 와 (麻) 義同 (佳)

蛜 이 [이] 鼠婦 ㅣ蝛 쥐며누리 이 (支)

蛬 꿍 [공] 蟋蟀 귀뚜라미 공 (冬)

蛟 쟈 [교] 龍屬 교룡 교 (肴)

蛑 뫃 [모] 大蟹 蝤ㅣ 큰게 모 (尤)

蛔 훼 [회] 腹中蟲 회충 회 (灰)

蛛 쮸 [주] 網蟲 蜘ㅣ 거미 주 (虞)

蛕 훼 [회] 土蟲 흙버레 회 (灰)

蛚 려 [렬] 蛬也 蜻ㅣ 귀뚜라미 열 (屑)

蛭 찌 [질] 血食蟲 거머리 질 (質)

蛐 취 [곡] 蚓也 지렁이 곡 (沃)

蛣 찌 [길] 食木蟲 나무좀 길 (質)

蛝 쎤 [한] 大蟻 蚍蜉 왕개미 한 (刪)

蛤 꺼 [합] 蚌類 조개 합 (合)

蛓 [자] 毛蟲 쐐기 자 (紙)

蛖 빵 [방] 螻蛄 도로래 방 (江)

蛇 차 [차] [탁] 俗音 水母 물엄 탁 (禡)

蛞 쿼 [활] 蝸牛無殼 ㅣ蝓 집달팽이 활 (曷)

蛥 쎄 [설] 蟬類 ㅣ蚗 쓰르라미 설 (屑)

蛪 蜆과 同

[隹+虫] 약 [부] 蝗也 稻蟲 벼메뚜기 부 (有)

䖵 쿤 [곤] 蟲之總名 버레 곤 (元)

蚈 쳰 [견] 螢火 반딧불 견 (先)

蛡 이 [익] 蟲之俑行 버레길 익 (職)

[虫+兆] 珧과 同

⑦

蛹 용 [용] 繭蟲 번데기

용 (腫)

𧋍 톄 [제] 小蟬 작은 매미 제 (齊)

蜍 위 [여] 似蛙蟾 두꺼비 여

蜐 [접] 石ㅣ 거북손 접 (葉)

蜂 [봉] 螫人飛蟲 벌 봉 (冬)

蜈 우 [오] 毒蟲ㅣ蚣 지네 오 (虞)

蜕 쉐 [세][태] 蛇蟬類 脫皮 허물 벗을 세、태 義同 (霽)(泰)

蜃 쳔 [신] 大蛤 큰 조개 신 (軫)(震)

蜑 딴 [단] 南方夷 남녘 오랑캐 단 (旱)

蛸 [소] 桑蟲螵ㅣ 뽕나무 버레 소 (蕭)(肴)

蛵 씽 [형] 蜻蛉 虰ㅣ 잠자리 형 (青)

蜎 원 [연][견] 蟲行ㅣㅣ 벌레 꿈틀거릴 연、水中蟲ㅣ蠉 장구벌레 견 (先)(霰)(銑)

蛾 어 [아] 蠶蛹所化ㅣ羅 누에나비 아 (歌)

蜋 랑 [랑][량] 螳ㅣ 臂有斧 버마재비 랑 轉丸蟲蜣ㅣ 말똥구리 랑 (陽)

蜓 뎡 [정][전] 赤卒蜻ㅣ 고추 잠자리 정 蛇屬蝘ㅣ 도마뱀 전 (青)(銑)

𧊜 훼 [회] 豕掘地 돼지 땅 뒤질 회 (灰)

蜉 부 [부] 大蟻蚍ㅣ 왕개미 부 (尤)

蛷 [구] 多足蟲ㅣ 그리마 구 (尤)

蜀 쑥 [촉] 葵中蠶 촉규화 벌레 촉 (沃)

蛺 쪠 [협][겹] 野蛾ㅣ蝶 나비 협、겹 義同 (洽)(葉)

蜇 쪄 [절] 螫也 쏠 철 (屑)

蜌 삐 [폐] 漆菜海ㅣ 홍합 폐 (薺)

蛶 례 [렬] 蟲名 벌레 이름 렬 (屑)

蜁 쉰 [선] 螺也ㅣ蝸 달팽이 선 (先)

蜄 쪈 [신] 動也 움직일 신 (軫)

蚌 蚌 本字

蜆 쎤 [현] 小蛤 가막조개 현 (先)

蜊 리 [리] 海蚌蛤ㅣ 참조개 리 (支)

蜒 [연] 蚰ㅣ 땅지네 연 (先)

蜏 우 [유] 蜉蝣 하루살이 유 (有)

𧊲 둥 [동] 赤蟲 붉은 벌레 동 (冬)

蜶 [계] 土蜂 땅벌레 계 (霽)

蜈 우 [오] 蜈蚣 지네 오 (虞)

八

蜞 치 [기] 小蟹蟛ㅣ 방게 기 (支)

蜙 쑹 [송] 蝗類ㅣ蝑 다리로 우는 메뚜기 송 (冬)

蝀 둥 [동] 虹也 蝃ㅣ 무지개 동 (東)

蜰 뼤 [비] 臭蟲 蠦ㅣ 떡풍뎅이 비 (屋)

蜝 이지 [기] 長足蛛 발 긴 거미 기 (支)(紙)

𧍒 蜞와 同

蜯 蚌와 同

蜚 뼤 [비] 負皐 蠜 메뚜기 까치비 (尾)(微)

蜼 우 [류][유] 似獮猴尾岐 꼬리 째진 원숭이 류、유 義同 (紙)(有)

蜘 이지 [지] 網蟲ㅣ蛛 거미 지 (支)

蜹 쉐 [예] 蚊也 모기 예 (霽)

蜺 [열][예] 雌虹 암무지개 결 蟬黑而赤亂鳴 불매미 예 (屑)(齊)

蜳 윈 [운][돈] 氣不安定 蝩ㅣ 가슴두근거릴 운 (軫) 義同

蝃 듸 [체] 虹也ㅣ蝀 무지개 체 (霽)

蜫 쿤 [곤] 蟲也 버레 곤 (元)

蝂

빤 [판] 蟬ㅣ似蜆부 판벌레판(潸)

蜷 찬 [권] 屈曲不行貌 움추러질권(先)

蜿 웬 [원][완] 龍貌ㅣㅣ용의모양원 虎行貌 설렁슬렁걸음완(元)(阮)(寒)

蜩 됴 [조] 蟬也 매미조(蕭)

蜡 쟈 [사] 蠅蛆 쉬사(禡)

蜾 궈 [과] 細腰蜂ㅣ蠃 나나니벌과(哿)

蜣 챵 [강] 啖牛糞蟲蛣 쇠똥구리강(陽)

蜽 량 [량] 蛧ㅣ蟲名 벌레이름량(養)

蜯 루 [륙] 圓蛤有文魁ㅣ 강요주륙(屋)

蜢 멍 [맹] 蝗類蚱ㅣ 메뚜기맹(梗)

蜻 칭 [청] 胡離ㅣ蛉 잠자리청(庚)

蝄 同魍 과

蝁 어 [악] 虺屬大眼有毒 눈큰독사악(藥)

蜴 역 [역][척] 守宮蜥ㅣ도마뱀역(陌) 欺也 속일척(錫)

蜥 씨 [석] 蛇屬ㅣ蜴 도마뱀석(錫)

蜲 웨 [위] 鼠婦ㅣ蝓 쥐며느리위(紙)

蜨 同蝶 과

蜶 취 [굴] 木蠹蛣ㅣ 나무좀굴(物)

蜜 미 [밀] 蜂釀甘飴 벌꿀밀(質)

蜮 위 [역] 含沙射人短狐 단호역(職)

蝜 아부 [부] 蜲也 鼠ㅣ 쥐며느리부(有)

𧋘 콩 [공] 蟬蛻ㅣ皮 매미허물벗은껍질공(東)

蜟 위 [육] 蟬𧋘未蛻허물않벗은매미육(屋)

蜠 쥰 [균] 具也 자개균(軫)

蝂 쌔 [사] 蟹蟨 게젓사(禡)

蜊 리 [리] 蟲名蟀ㅣ 질리이(支)

蟴 쓰 [사] 蜥蜴ㅣ螽황 새메뚜기사(支)

蜦 룬 [륜] 行貌 蝹ㅣ 기는모양륜(眞)

蜭 쌔 [함] 毛蠹 쐐기함(感)

蜪 됴 [도] 蝗子蝮ㅣ 메뚜기새끼도(豪)

蜧 리 [려] 大蝦蟆 큰찰머구리려(霽)

蜬 한 [함] 蠃小者 작은소라함(覃)

䗂 후 [호] 蜘蛛 거미호(虞)

𧌂 창 [장] 蛐蜒ㅣ蠷 그리마장(陽)

蝅 蠶略字

𧍝 타 [답] 蜌也ㅣ蛤 딱정벌레답(合)

𧌐 잔 [잔] 蟲名馬ㅣ 노래기잔(潸)

𧌇 치 [기] 蜓也蝌 전갈기(支)

蛗 부 [부] 蝗類ㅣ螽 메뚜기부(有)

蛢 핑 [병] 蚾也黃ㅣ 풍뎅이병(青)

蜸 컨 [간][견] 蠶也 누에간 蚯蚓 지렁이견(銑)

蜱 삐 [비] 蟷蠰子ㅣ蛸 범아자비새끼비(支)

蝅 蠶略字

九

蝺 위 [우] 青蚨蟥ㅣ 청부우(虞)

蝛 워 [위] 鼠婦蝌ㅣ 쥐며느리위(微)

蝑 쒸 [서] 蝗類蜥ㅣ 다리로우는메뚜기서

蝦 쌰 [하] 蟾屬ㅣ蟆 뚜꺼비하(麻)

蝟 웨 [위] 刺鼠 고슴도치위(未)

蝷 蚸과 同

蝶

데 [접] 野蛾들나비접 (葉)

蝴 후 [호] 野蛾ㅣ蝶 들나비호 (虞)

蝡 순 [윤][연] 蟲動貌굼실거릴윤、蟲行ㅣㅣ벌레길연 (軫)(銑)

蝌 커 [과] 蛙子ㅣ蚪 올챙이과 (歌)

蝔 개 [개] 兩蛙참개구리개 (佳)

蝓 위 [유] 蝸牛無殼蛞 집없는팽이유 (虞)

蟴 쓰 [시] 強蛞蛘ㅣ쌀바구미시 (支)

蝘 옌 [언] 守宮ㅣ蜓 도마뱀언 (阮)

蝝 윈 [연] 螽子메뚜기새끼연 (先)

蝥 맏 [모] 食穀毒 蟲盤ㅣ가리모 或音묘 (肴)

蜵 윈 [연] 深廣ㅣ蜎깊고넓을연 (先)

蝙 뻰 [편] 仙鼠ㅣ蝠 박쥐편 (先)

蝡 찬 [천] 蟲動ㅣ蝡벌레굼실거릴천 (銑)

蝗 황 [황] 食苗蟲 황충황 (陽)

蝩 층 [중] 蠶魄生子 벌누에중 (冬)

蝤 우 [유][추] ㅣ蛑大蟹큰게유 蝤蠐木蟲나무좀추 (尤)

𧊟 빤 [법] 蜂也 벌법 (謙)

蝣 우 [유] 渠略蜉ㅣ하루살이유 (尤)

蝮 뱍 [복] 毒蛇독사복 (屋)

蝱 멍 [맹] 齧人飛蟲 등에맹 (庚)

蝳 뚜 [독] 蜘蛛거미독 (沃)

蝍 찌 [즉] 蜈蚣ㅣ蛆 지네즉 (職)

蝠 뱍 [복] 飛鼠伏翼蝙ㅣ박쥐복 (屋)

蝨 씨 [슬] 齧人 이슬 (質)

蝞 메 [미] 似蝦寄生龜甲蟲 거북딱지속에붙은새우미 (眞)

蝎 허 [할][갈][헐] 桑蠹뽕나무좀할 木朽 전갈갈 俗音헐 (曷)(月)

蝜 뱍 [부] 善負小蟲ㅣ蝂 지가잘하는벌레부 (有)

蝐 瑁과 同

蝚 수 [유] 螻蛄 도르래유 (尤)

蝭 티 [제] 蟬也ㅣ蟧 쓰르라미제 (齊)

蝬 쑤 [수] 多足蟲 그리마수 (尤)

蝸 꽈、[와][왜] 陵螺ㅣ牛달팽이와 왜義同、古音과 (麻)(佳)

𧍒 촨 [천] 具也 자개천 (先)

蝯 웬 [원] 猨也 원숭이원 (元)

蝺 위 [구][우] 好貌예쁠구 曲人난장이우 (虞)

蝏 텅 [정] 馬刀ㅏ蛢 말씹조개정 (青)

蝹 윈 [운] 龍貌ㅣㅏ용꿈틀거릴운 (眞)

蛹 蛹과 同

蛢 삥 [병] 馬刀蝏ㅣ말씹조개병 (梗)

蛵 싱 [성] 蜻蜓 잠자리성 (青)

𧍯 뻥 [풍] 蟲窟 벌레구멍풍 (東)

蝪 탕 [탕] 土蛛蛭蟷 땅거미탕 (陽)

蝻 난 [남] 害穀蟲 곡식벌레남 (覃)

蝕 쓰 [식] 日月食 일식식 (職)

蝵 촤 [추] 蜘蛛 거미추 (尤)

十

蚳 렌 [지] 蟻卵 개미알지 (支)

蟘 터 [특] 食苗葉蟲 벌레이름특 (職)

螩 탸 [조] 寸白蟲 촌백충조 (篠)

融 숭 [융] 和也 화할 융 (東)
螆 蛓과 同
螉 웅 [옹] 細腰蜂蠮ㅣ 허리가는벌 옹 (東)
螦 [소] 穴舟蟲 배좀 소
螘 이 [의] 蚍蜉개미 의 (紙)
螄 쓰 [사] 螺也 소라 사 (支)
螓 친 [진] 蟲名似蟬廣額 매미 진 (眞)
螗 탕 [당] 蜩也주발 매미 당 (陽)
螈 웬 [원] 晩蠶두벌누에 원 (元)
螢 잉 [형] 腐草所化一名丹鳥宵燭 반딧불 형 (青)
螃 팡 [방] 蟹也ㅣ蜞 방게 방 (陽)
螟 밍 [명] 食苗害 며루 명 (青)
蝅 잠 [잠] 食桑蟲누에 잠 蠶의 俗字 (覃)
螇 씨 [해] 似蜥蜙而細長 拆긴메뚜기 해 (齊)
[虫宮] 꿍 [궁] 守宮蜥蝪 도마뱀 궁 (東)
螣 텅 [특][등] 蝗屬食葉蟲 황충 특 (職) 神蛇以龍興雲霧 뱀 등 (蒸)
[虫屖] 츠 [지] 蛭也 거머리 지 (支)
螛 쌰 [할] 龍搖目吐舌 용이눈굴리고혀날름거릴 할 (曷)
[虫孫] 쑨 [손] 蟋蟀ㅣ蚟 귀뚜라미 손 (元)
螐 우 [오] 食菜蟲卜蠋 배추벌레 오 (虞)
螌 빤 [반] 毒蟲ㅣ蝥 갈외 반 (刪)
螋 蝬과 同
螏 지 [질] 蟲名ㅣ蟄벌레이름 질 (質)
[虫盍] 허 [합] 蚌也踏ㅣ딱정벌레 합 (合)
螑 쒸 [후] 伸頸低昂趍ㅣ목들고끄덕거릴 후 (有)
[虫桀] 쪄 [절] 土螽땅에뚜기 절 (屑)
螒 한 [한] 沙鷄글가리 한 (翰)
螅 蟋과 同
螕 피 [비] 牛蝨진디 비비루 비 (齊)
螜 후 [곡] 螻蛄도르래 곡 (屋)
螖 화 [활] 小蟹蠌 방게 활 (黠)
螔 이 [이] 蝸牛蝓 달팽이 이 (支)
螝 쉐 [회] 蠶蛹누에 번데기 회 (隊)
螞 마 [마] 馬蛭ㅣ蟥 말거머리 마 (馬)
[木/䖵] 蠹古字
蝥 蟊과 同
螠 이 [의] 小黑蟲ㅣ女목잘라죽는버레 의 (寘)
[虫䍃] 珧과 同
[虫尃] 뿨 [박] 蟷蜋卵ㅣ蛸버마재비알 박 (藥)
蚪 뚜 [두] 蝌蚪올챙이 두 (有)
[王/䖵] 간 [감] 瓜蟲외벌레 감 (勘)
蛢 졔 [제] 螢火반딧불 제 (齊)
[虫宿] 쑤 [숙] 尺蠖蟲자벌레 숙 (屋)

十

蟉 랴 [규][류][료] 龍貌蚴ㅣ용구비칠 규 龍貌蚴ㅣ용꿈틀거릴 요 (蕭)(尤) 義同
螯 와 [오] 蟹屬倒行 가재 오 (豪)
螺 라 [라] 蚌屬소라 라 (歌)
蟍 리 [리] 蜈蚣지네 이 (支)
[虫逐] 쮸 [축] 百足馬노래기 축 (屋)
[虫連] 련 [련] 蟲盤屈貌蜷卜 버레서릴 연 (先)
[虫區] 억

[子] 蠀蠶 어린 누에 子 (遇)

⿰虫⿱無心 우 [무] 蝳蜓 잠자리 무 (尤)

⿰虫強 챵 [강] 食米蟲 바구미 강 (陽)

蟑 쟝 [장] 蟲名 ㅣ螂 産於厨房 바퀴 장 (陽)

蟁 蚊과同

⿰虫麻 蟇과同

螭 치 [리] 似龍無角體小 뿔없는 용 리 (支)

⿰虫從 [종] 小蜂蜙ㅣ 작은 벌 종 (冬)

螮 [체] ㅣ蝀虹也 무지개 체 (霽)

蟇 蟆와同

螾 인 [인] 蟬屬寒螿 쓰르라미 인 (眞)(震)

蟅 䗪와同

䗪 쟈 [자] 蟲名鼠婦 쥐며누리 자 (禡)

蟂 쟈 [교] 水蟲ㅣ 교날 교 (蕭)

螳 탕 [당] 壁有斧ㅣ蜋 버마재비 당 (陽)

螴 천 [진] 氣不定貌 기운 정치 못할 진 (眞)

螬 찬 [조] 地蠶蠐ㅣ 굼벵이 조 (豪)

螵 퍄 [표] 桑蟲ㅣ蛸 뽕나무벌레 표 (蕭)

⿰虫習 씨 [습] 螢火ㅣ燿 반딧불 습 (緝)

螻 러 [루] 有翅土蟲ㅣ蛄 도르래 루 (尤)

蟆 마 [마] 蟾類蝦ㅣ 머구리 마 (麻) 찰

蟊 뫄 [모] 食苗根 게심이 모 (尤)

蟀 쐐 [솔] 蛩也蟋ㅣ 귀뚜라미 솔 (質)

蟈 궈 [궉] 蛙也螻ㅣ 개구리 궉 (陌)

蟋 씨 [실] 蛩也ㅣ蟀 뚜라미 실 (質)

螫 씨 [석] 蟲行刺毒 벌레쏠 석 (陌)

⿰虫康 캉 [강] 蜻蜓ㅣ 잠자리 강 (陽)

⿰虫畧 ⿰虫京과同

⿰虫京 랴 [략] 蜉蝣 하루살이 략 (藥)

螲 찌 [질] 螻蛄 도르래 질 (質)

螿 쟝 [장] 蟬屬寒調 쓰르라미 장 (陽)

蟵 螱과同

螰 루 [록] 蜓蛛螇ㅣ 쓰르라미 록 (屋)

蟱 우 [무] 多足蟲ㅣ蛷 그리마 무 (遇)

螪 썅 [상] 蟲名 벌레 이름 상 (陽)

蟄 찌 [칩] 蟲藏 벌레 움추릴 칩 (緝)

螱 웨 [위] 飛蟻 나는 개미 위 (未)

⿱甚䖵 한 [감] 桑葉上蟲 뽕잎벌레 감 (覃)

⿱昊䖵 ⿰虫昊과同

⿱俞䖵 위 [유] 蟲酉 벌밑구멍 유 (虞)

螽 쭝 [종] 蝗類阜ㅣ 메뚜기 종 (東)

蟦 쪄 [책] 小貝 작은 자개 책 (陌)

蟃 완 [만] 桑蟲螟蛉 뽕나무벌레 만 (願)

蟹 蠏俗字

螼 친 [근] 蚓也 지렁이 거 (軫)

⿰虫魚 위 [어] 蠹也 좀 어 (魚)

⿰虫逢 蠭과同

十二

蟲 [충] 毛羽鱗介類總名 벌레 충 (東)

蟬 찬 [선] 蜩也 매미 선 (銑)

蟟 랴 [료] 蛁蟟 쓰르라미 료 (蕭)

⿰虫華 화 [화] 大蛇 큰 뱀 화 (麻)

⿰虫登 [등] 蜉蝣 하루살이 등

蟚 蟛와同

蟣 찌 [기] 蝨子 서캐 기 (尾)

蟢 씨

[희]蜘蛛鏽蛸 낙거미희(紙)

蟒 린 [린]螢火 반딧불린(震)

蟠 판 [반]伏也屈曲 서릴반(寒)

蠧 蠹와同

蟫 탄 [담][음][심]衣書蠹白魚 반디좀담 義同、物動貌 움직일심(覃)(侵)

蟜 갸 [교]螘也蠤 개미교(篠)

蟨 궤 [궐]獸名 짐승궐(月)

𧒒 츄 [축]蟲名尺蠖 자벌레축(屋)

蟓 쌍 [상]蠶也 누에상(養)

蟛 평 [팽]似蟹而小 蟚방게팽(庚)

蟟

蠡과同

蟒 망 [망]大蛇 구렁이망(養)

蠵 취 [수]大龜ㅣ蠵 큰거북수(支)

蠘 웨 [월]小蟹蟛 방게월(月)

蟖 쓰 [사]蛓也蛅 쐐기사(支)

蟙 [직]蝙蝠ㅣ蠌 박쥐직(職)

蟪 혜 [혜]蟬屬ㅣ蛄 쓰르라미혜(霽)

蟦 뷘 [비][분]水母 물엄비 蠯也 굴분(微)(元)

蟞 폐 [별]蟻也 개미별(屑)

蟝 취 [거]蜉蝣ㅣ蟟 하루살이거(魚)

蟗 [추]蜘蛛次 거미추(尤)

螽 쭝 [종]蝗也蚣 황충종(冬)

蟥 황 [황]蛂也ㅣ蛢 풍뎅이황(陽)

蟘 [특]食苗蟲 황충특(職)

蟧 랖 [로]小蟬蝭ㅏ 쓰르라미로(豪)

蟩 궤 [궐]井中蟲 우물벌레궐(月)

蟔

머

[묵]蛅蟖 쐐기묵(職)

蜳 둔 [돈]青蚨ㅣ蝺 청부벌레돈(元)

蟱 모 [모]蜘蛛屈ㅏ 거미모(尤)

𧓁 쑤 [서]鼠婦 쥐며느리서(微)

蟳 씬 [심]蝤遂 큰게심(侵)

蟤 찬

[전]屈曲貌蜿ㅣ 꿈틀거릴전(先)

蟮 싼 [선]蚓也土ㅣ 지렁이선(銑)

蝁 어 [오]甲蟲 풍뎅이오(豪)

蟰 쑤 [소]長脚蛛 발긴거미소(蕭)

蟯 얌 [요]腹中短蟲 회요(蕭)

十三

蟹 쎄 [해]介蟲旁行 게해(蟹)

蠏 蟹와同

蠀 ᄌᆞ [자]桑蟲 뽕나무벌레자(支)

蠆 재 [채]螫蟲蜂ㅣ 벌채(卦)

蝒 면 [면]蟬屬馬蜩 말매미면(先)

蟻 [의]蚍蜉 개미의(紙)

蟺 싼 [선]相糾蜿ㅏ 서로뒤틀릴선(銑)

蜑 연 [연][단]蟲形貌蜿ㅣ 버레모양연、南海夷種也 남해오랑캐단(先)(銑)

蠉 환 [현]水中小赤蟲子 장구벌레현(先)

蟶 청 [정]蚌屬 가리맛정(庚)

蠃 뤄 [라]蚌屬 소라라(哿)

𧒂 쟝 [강]死蠶 죽은누에강(陽)

蠁 쌍 [향]蛹也 누에번데기향(養)

𧑄 蠍俗字

蠅 잉 [승]逐臭飛蟲 파리승 古音응(蒸)

蟋 蟋과同

蠈 져 [적] 蝗也 황충 적 (屋)

蟾 찬 [섬] 蛙屬 ｜蠩 두꺼비 섬 (鹽)

蠋 쑉 [촉] 桑蟲 뽕나무벌레 촉 (沃)

蠍 쎄 [헐] 蠆類 全｜ 전갈 헐 (月)

蟿 끼 [계] 螇蚸 ｜螽 긴메뚜기 계 (霽)

蟷 땅 [당] 蟲名 ｜蠰 범아재비 당 (陽)

蠌 져 [책] 小蟹 蝑｜ 방게 책 (陌)

蠊 련 [렴] 飛｜ 땅풍뎅이 렴 (鹽)

⿰虫過 꿔 [과] 蟲名 벌레 이름 과 (箇)

⿱雍虫 융 [옹] 蚌也 쌀바구미 옹 (冬)

螢 잉 [경] 蛙屬 蝦蟆 찰머구리 경 (庚)

⑭

蠕 蝡과 同

蠐 치 [제] 地蠶 ｜螬 굼벵이 제 (齊)

蠓 뭉 [몽] 似蠛蠓 바구미 몽 (董)

蠔 할 [호] 蚌也 굴 호 (豪)

蠆 蠣과 同

蠑 웅 [영] 水宮｜螈 도롱뇽 영 (庚)

⿱阜䖵 부 [부] 蝗也 ｜螽 메뚜기 부 (有)

蠙 玭과 同

蠖 후 [확] 屈伸蟲 尺｜ 자벌레 확 (藥)

蠘 예 [절] 似蟹大殼 곳게 절 (屑)

⿱東䖵 동 [동] 蝌蚪 올챙이 동 (東)

⿱維虫 웨 [유] 蝱之小者 작은등애 유 (虞)

⑮

蠣 리 [려] 蚌屬 牡｜ 굴 려 (霽)

蠟 라 [랍] 蜜滓 밀납 (合)

蠢 춘 [준] 蟲動 버레굼실거릴 준 (軫)

蠡 리 [려][리][라] 𧖴木蟲 追｜ 나무속에 좀먹을 여 蚌이、螺屬 소라 나屬 달팽이 (語)(齊)(支)(齊)(歌)

⿱者䖵 쟈 [저] 毒蟲 독한 버레 저 (御)

蠚 허 [학] 毒螫 쏠 학 (藥)

蠛 멸 [멸] 似蚋 亂飛｜蠓 바구미 멸 (屑)

蟁 蚊과 同

蠜 앤 [번] 阜螽 메뚜기 번 (元)

⿰虫墨 머 [묵] 蝙蝠蝙蠅 박쥐 묵 (職)

蠝 레 [뢰] 飛鼠 박쥐 뢰 (灰)

⿰虫霆 팅 [정] 蠶之二眼 누에두잠잘 정 (青)

⿰虫養 양 [양] 蠶也 누에 양 (養)

蠠 미 [밀] 黽勉｜沒 강잉할 밀 (質)

⑯

⿰虫憲 쎤 [흔] 蚯蚓 寒｜ 지렁이 흔 (吻)

蠦 루 [로] 臭蟲 ｜蜰 떡풍뎅이 노 (虞)

蠩 蜍 同

⿱原䖵 螈 同

⿰虫歷 리 [력] 野蠶 들누에 역 (錫)

蠹 두 [두] 木中蟲 좀 두 (遇)

蠥 녜 [얼] 妖也 요괴 얼 (屑)

蠨 쑈 [소] 蟢子｜蛸 낙거미 소 (蕭)

蠪 룽 [롱] 螘也 개미 롱 (東)

蠭 팡 [방] 姓也 성 방 (江)

⑰

蠱 꾸 [고] 腹蟲 뱃속벌레 고 (麌)

⿰虫應 잉 [응] 寒蟬 쓰르라미 응 (蒸)

蠯 패 [패][비] 蚌狹而長 긴 조개 패、비 義同 (齊)(支)

蠮 예 [열] 細腰蜂｜螉 나나니벌 열 (屑)

蠭 蜂 古字

蠰 썅 [상] 蟲名蟷ㅣ 연가시상 (漾)
螱 웨 [위] 飛螘 나는 개미위 (未)
𧔡 링 [령] 桑蟲螟ㅣ 뽕나무벌레령 (青)
蠲 연 [견] 明也 밝을견 (先)
蠐 씨 [제] 土蜂 땅벌계 (齊)
𧒽

워 [약] 螢也蠗ㅣ 반딧불약 (藥)
蠠 늬 [닉] 蟲食之病 벌레먹는병닉 (職)
蟮 쎤 [선] 蛇也 뱀선 (銑)
⑱ 蠶 찬 [잠] 食桑葉吐絲 蠶누에잠 (覃)
蠵 씨 [휴] 大龜蠵ㅣ 큰거북휴 (齊)

蝮 ᄋ부 [복] 稻蝨 벼메뚜기복 (屋)
蠺 蠶과同
蠷 취 [구] 足多蟲ㅣ螋 그리마구 (尤)
蠸 촨 [권] 黃甲小蟲 노른재권 (先)
䘇 웨 [위] 再蠶 두벌누에위 (未)
蠹

蠹과同
⑲ 蠽 ᄋᅠ잔 [전] 蟲食瘡 버레먹는칭병전 (銑)
蠻 만 [만] 南夷 남녘오랑캐만 (刪)
蠡 리 [리] 蚰蜒蝀ㅣ 지차리이 (支)
⑳ 蠼 잔 [각] 大猿 큰원숭이각 (藥)
㉑

蠾 쑥 [촉] 蚤也 벼룩촉 (沃)
蠽 ᄋᅠ졔 [절] 蟬類茅 매미절 (屑)

血部

血 쎠ᅟ [혈] 水穀精氣 피혈 (屑)
② 𧖧 딍 [정] 息也 숨쉴정 (青)
③ 衁 황 [황] 血也 피향 (陽)
𧖴 징 [경] 見定 보고정할경 (青)
衂 卹偽字

④ 衄 뉵 [육] 鼻血 코피육 (屋)
𧖷 졔 [결] 破也 파할결 (屑)
衃 풰 [배] 凝血 엉긴피배 (灰)
衂 衄와同
⑤ 衅 씬 [흔] 以血塗器祭 짐승피로그릇칠하여제사지낼흔 (震)

震
衇 脈과同
𧖾 쎠 [혈] 心臟上房 심방혈 (月)
⑥ 衆 즁 [중] 多也 뭇중 (送)
衉 [객] 面汗血 얼굴에피묻을객 (陌)
衈 얼 [이] 耳血 귀피이 (眞)
衇 脈과同
⑦

𧗀 취 [최] 赤子陰莖 어린에자지최 (灰)
𧗁 만 [만] 塗血 피칠할만 (旱)
⑧ 𧗈 꿕 [픽] 犬血 개피픽 (陌)
𧗋 탄 [담] 肉醢 육젓담 (感)
𧗄 칸 [감] 血羹 피국감 (勘)
⑨ 𧗃

커 [객] 同吐聲 외욕토할객 (陌)
⑩ 𧗊 잉 [경] 血液所集處ㅣ 피모也아름포 (皓)
𧗦 ᄋ지 [기] 刲而出血 피날기 (微)
𧗌 수 [욕] 汚也 더러울욕 (屋)
⑪ 𧗎 후

[호] 血汗 피땀 호 (遇)

(十三)

⿰血微 웨 [미] 毛細管 털구멍 미 (微)

⿰血農 늉 [농] 膿血 고름 농 (冬)

⿰血賁 뿐 [분] 心臟下室 심실 분 (願)

(十五)

衊 몌 [멸] 汚血 피칠할 멸 (屑)

⿰血鼻 衄 同

(六)

衋 씨 [혁] 傷痛 衋ㅣ 쓰라릴 혁 (職)

衣部

衣 이 [의] 庇身上衣 裳 옷 의 (未)

(二)

⿰衤了 랴 [료] 小袴 衩ㅣ 잠방이 요 (篠)

卒 卒과 同

⿰衤人 襆과 同

(三)

表 뱌 [표] 外也 겉 표 (篠)

衩 차 [채][차] 襟也 옷깃 채 衽也 褸ㅣ 옷자락 차 (卦)(禡)

⿰衤弋 이 [익] 單衫 옷 옷 의 (職)

⿰衤勺 지 [적][표] 衫也 적삼 적 襟也 옷깃 표 (錫)(效)

衫 싼 [삼] 小襦 적삼 삼 (咸)

⿰衤乇 뤄 [탁] 開衣令大 옷제칠 탁 (藥)

衦 깐 [간] 摩展衣服 옷펼 간 (旱)

衪 이 [이] 衣緣 옷선 이 (支)

(四)

衿 ㅇ진 [금] 土服青ㅣ 도포 금 結也 衣系 옷고름 금 (沁)

衰 쐬 [쇠][최] 殘微 쇠할 쇠 喪服 상복 최 (支)(灰)

衹 치 [기] 袈裟ㅣ 被 가사 기 (支)

衱 ㅇ지 [겁] 衣褐 옷뒷자락 겁 (葉)

衷 쭁 [충] 中也 속 충 斷其中 折ㅣ 절충할 충 (送)(東)

衼 ㅇ지 [지] 袈裟衹 가사 지 (支)

衸 쟤 [개] 衣幅 행전 개 (卦)

袂 메 [메] 袖也 소매 메 (霽)

衳 숑 [송] 褌也 속바지 송 (冬)

衶 즁 [중] 袴也 바지 중 (腫)

⿰衤少 褾과 同

䘺 表 古字

袁 웬 [원] 衣長貌 옷길 원 (元)

袀 ㅇ쉰 [균] 戎服 군복 균 (眞)

衯 얀 [분] 衣長貌 옷치렁거릴 분 (文)

衮 곤 [곤] 九章法服 龍衣 곤룡포 곤 (阮)

衲 나 [납] 補也 기울 납 (合)

衾 친 [금] 寢衣 이불 금 (侵)

衺 쌰 [사] 不正 奇ㅣ 비뚤어질 사 (麻)

衻 산 [염] 衣緣 옷선 염 (監)

衵 이 [일] 婦人近身衣 속곳 일

衽 袵과 同

袑 쟈 [초] 死者衣 수의 초

衴 딴 [담] 衾緣 이불깃 담 (感)

⿰衤斗 떡 [두] 衫也 적삼 두 (有)

衭 부 [부] 衣前襟 옷앞섶 부 (虞)

⿰衤互 후 [호] 短衣 짧은옷 호 (遇)

⿰衤丑 뉴 [유] 衣柔貌 옷부드러울 유 (有)

⿴衣乙 ㅇ쟌 [조] 覆棺衣 관보 조 (蕭)

⿴衣力 리 [력] 纏也 얽을 역 (錫)

(五)

袒

탄 [잔][탄] 偏脫衣ㅣ裼 옷벗어멜단 衣縫解 옷솔터질탄 (旱)(諫)

袋 대 [대] 囊也 주머니대 (隊)

袨 쎈 [현] 好衣盛服 고은옷현 (霰)

袢 판 [번] 近身內衣 속옷번 (元)

袘 이 [이] 衣中옷 속이 (支)(眞)

⿰衤术 슈 [출] 貫縫 성기게홀출 (質)

袙 [파] 幞也 복두건파 (禡)

袎 얀 [요] 襪頸 버선목요 (效)

被 뼤 [피] 加也 더할피 (寘) 著也 나타날피 (紙)

袪 취 [거] 衣袂 소매거 (魚)

⿱敝衣 뻬 [피][제] 不伸 옷구길피 (寘) 衣交衿 옷자락여밀제 (霽)

袗 전 [진] 袨服 고운옷진 (軫)

袕 쓔 [술] 衣開孔 옷에구멍날술 (質)

⿰衤立 라 [랍] 衣敝 옷해질납 (合)

袠 帙와 同

裛

抱 同

袥 탁 [탁] 披開衣領 옷깃헤칠탁 (藥)

袏 쥐 [좌] 衣囊 호주머니좌 (箇)

袍 퐈 [포] 長襦 두루마기포 (豪)

袛 듸 [저] 汗襦ㅣ裯 땀받기저 (齊)

袝 부 [부] 盛服 성한옷부 (遇)

袈 자 [가] 袈衣ㅣ裟 가사가 (麻)

⿰衤出 褔 과同

⿰衤比 츠 [자] 換着衣 옷갈아입을자 (紙)

袑 쏘 [소] 袴襠 바지밀소 (篠)

袔 [하] 衣袖 소매하 (箇)

⿰衤正 졍 [정] 小兒服衣 아이옷정 (庚)

⿱衣叉 裹 과同

袉 탁 [타] 裾也 옷뒷자락타 (哿)

袊 링 [령] 婦人嫁服 直ㅣ 활옷영 (梗)

袧 쭤 [구] 喪服辟兩側 상옷구 (尤)

袖 쒸 [수] 衣袂 소매수 (宥)

袤 뫄 [무] 延互南北 뻗칠무 (宥)

袜 머 [말] 腰帶 허리띠말 (曷)(月)

⿱衣尚 裹 과同

袐 삐 [필] 刺也 찌를필 (質)

袟 지 [질] 劒衣 칼집질 (質)

⿰衤甲 쟈 [갑] 襦也 적삼갑 (洽)

袚 빼 [발] 蠻服 오랑캐옷발 (曷)

⿰衤宁 [저] 敝衣 해진옷저 (語)

六

袺 졔 [결] 執衽 옷섶잡을결 (屑)

袼 꺼 [각] 衣袂接處腋縫 겨드랑이솔기각 (藥)

袻 얼 [이] 衣之縮皺 옷구김살이 (支)

⿰衤戎 슝 [융] 軍服 군복융 (東)

袽 수 [녀] 蔽衣袾ㅣ 해진옷녀 (魚)

袷 졔 [접][겹] 曲領 둥근깃접 (葉) 合衣 겹옷겹 (洽)

袶 쟝 [강] 草名 풀이름강 (絳)

⿰衤卡 [日] 禮服ㅣ 種 예복상

⿰衤犬 얍 [복] 包ㅣ 자기복 (屋)

裂 례 [렬] 破也 찢을렬 (屑)

袿 궤 [규] 婦人上衣 부인웃옷규 (齊)

袹 매 [말][맥] 始喪服邪巾ㅣ頭 상복말 腹帶 배띠맥 (陌)(黠)

袾 [주] 短衣ㅣ襦 짧은옷주 (虞)

裀 인 [인]近身衣服 襂속옷인(眞)

袴 쿠 [고][과]脛衣바지고 兩脚間사타구니과(遇)(禡)

裁 채 [재]製衣ㅣ縫 옷마를재(灰)

裒 퍽 [부]聚也 모을부(尤)

裄 [日]袖長소매기리행

⿰衤充 츙 [충]短衣ㅣ裾 짧은옷충(東)

袲 처 [이][치][나]長衣貌 袲ㅣ옷치렁거릴이、치、나 義同(紙)(哿)(支)

袸 춘 [존]衣帶 돌띠존(元)

袳 ㅊ [치]張衣옷ㄹ치(紙)

⿰衤式 ㅇ지 [식]裝也 꾸밀식(職)

袵 衽과同

袎 ㅇ쟈 [교]小袴 잠뱅이교(篠)

⿰衤同 퉁 [동]袴也 바지동(東)

⿰衤耳 깐 [간]古衣 헌옷간(諫)

裷 촨 [권]襪也 버선권(阮)

⿰衤走 ㅇ지 [제]腹帶 배띠제(齊)

⿰衤旬 쉰 [순]領端 깃끝순(眞)

七

裎 청 [정]裸體 벌거벗을정(梗)

補 뿌 [보]綴也 기울보(麌)

裘 착 [구]皮衣 갖옷구(尤)

裡 裏와同

裋 쓔 [수]長襦ㅣ褐 두루(虞)

裗 릭 [류]襖也衣縷 실끝유(尤)

裓 꺼 [극]衣裾 옷뒷자락극(職)

裝 ㅇ짱 [장]飾也 꾸밀장(陽)

裕 위 [유]寬也 너그러울유(遇)

裏 릭 [리]衣內 옷속 속이(紙)

裚 ㅇ지 [제]斷衣 옷끊을제(霽)

⿰衤夋 쥰 [준]袴⿰衤同 바지통준(眞)

裛 이 [읍][업]纏也 얽을읍(緝) 업義同(葉)

⿰衤完 셴 [한]小兒涎巾 아이침받기한(潸)

裌 ㅇ쟈 [겹]合衣 겹옷겹(洽)

⿰衤弄 룽 [롱]衣一件 옷한벌농(送)

⿰衤每 무 [목]衣縫 혼솔목(屋)

裔 이 [예]衣裾 옷뒷자락예(霽)

裍 쿤 [곤]縛衣 옷동일곤(阮)

⿰衤我 어 [아]衣服盛飾 옷모양낼아(歌)

裞 쉐 [세]贈死者被衣 수의세(霽)

裙 췬 [군]裳也 치마군(文)

裟 싸 [사]僧衣袈ㅣ 가사사(麻)

裖 袗과同

裊 냐 [뇨]曳貌 끌릴요(篠)

⿰衤肙 ㅇ쥔 [견]編也 좁을견(先)

裠 裙과同

⿰衤或 ㅇ지 [격]前襟 앞깃격(陌)

裑 썬 [신]衣身 옷등절신(眞)

⿰衤耴 ㅇ제 [접]衣領 옷깃접(葉)

⿰衤肖 쌋 [초]襟也 옷깃초(肴)

八

裲 량 [량]柏腹ㅣ襠 배자량(養)

裸 뤄 [라]赤體 벌거벗을나(哿)

製 ㅇ지 [제]裁也 마를제(霽)

⿰衤定 [탄]衣縫鮮 솔기터질탄(諫)

裼 씨 [석][체]露肩袒ㅣ 어깨드러낼석 褓也 포대기체(錫)

裴 페 [배]姓也 성배(灰)

裵

裘와同

裳 쌍 [상]婦人腰下掩衣치마상(陽)

䘿 쿠 [굴]短衣裗ㅣ짧은옷굴(物)

裷 웬 [원]袖端屈處소매도련원(阮)

裺 앤 [암]衣寬옷너그러울암(陷)

䙗 綳과同

裧 襜과同

裮 창 [창]衣不帶띠아니띨창(陽)

褂 꽈 [괘]馬ㅣ마고자괘(卦)

裱 뱌 [표]領巾목수건표(嘯)

褀 지 [기]繫也맬기(眞)

裰 떠 [탈][철]補也기울탈 義同(曷)

䘹 쒜 [쉬]副衣여벌옷쉬(隊)

䘸 이 [액]衣掖下ㅣ縫겨드랑이솔기액(陌)

䘵 루 [록]衣聲옷소리록(屋)

裪 닾 [도]袖也襦ㅣ소매도(豪)

䙋 원 [연]袖曲處소매뚜리연(先)

裻 투 [독]背縫등솔기독(沃)

褉 치 [계]開衣옷헤칠계(薺)

䘾 꽌 [관]袴襉바지통관(願)

裶 꿰 [비]ㅣㅣ曳衣貌옷잘잘끌비(微)

裬 룅 [릉]馬腹下帶말북두능(蒸)

裩 褌과同

裾 쥐 [거]被也衣後옷뒷자락거(魚)

裹 꿔 [과]包也쌀과 纏也얽을과(哿)(箇)

裨 피 [비]補也기울비(支)

䘽 이 [예]衣縷옷해질예(霽)

裿 씨 [기]內衣속적삼기(紙)

裯 츄 [도][주]衣袂소매도 單衣홑이불주(尤)(豪)

䘼 쭝 [종]嬰兒衣어린애의옷종

褄 [日]圍腰下衣두렁이처

裣 衿과同

裷 촨 [권]幞巾복건권(阮)

䘩 [선]纓也귀길선(霰)

九

褐 허 [갈]毛布털베갈(曷)

褍 똰 [단]衣正幅玄ㅣ옷바른폭단(寒)

䙅 야 [요]衣襻옷고름요(蕭)

複 뿌 [복][부]重衣겹옷복 重也거듭할부(屋)(宥)

褏 袖와同

褖 퇀 [단]后腹황후의옷단(翰)

褌 쿤 [곤]褻衣合襠속곳곤(元)

褋 데 [접]禪衣홑옷접(葉)

褓 빠 [보]小兒被襁ㅣ포대기보(晧)

褊 뻰 [편]衣貌ㅣ褼옷너풀거릴편(先)(銑)

褆 티 [제]衣厚ㅣㅣ옷두터울제(齊)

褒 포 [포]大裾옷뒷길포(晧)

褎 우 [유][수]盛飾貌옷치레할유 袂也소매수(宥)

褚 쥬 [저]綿絮裝衣옷에솜둘저(語)

褭 襄譌字

褘 웨 [위][휘]帳也장막위 后祭服翟ㅣ후의제복휘(微)

褙 뻬 [배]襦也배자배(隊)

䘴 떠 [타]無袖衣소매없는옷타(箇)

褕 위 [유][요]直裾襜ㅣ쾌자유 皇服ㅣ狄황후의옷요(虞)(蕭)

帽 맏 [모] 小兒頭衣 아이남바위모 (號) 어린
褑 연 [연] 衣縮옷 구길연 (銑)
褔 시 [십] 衣重緑옷 겹선십 (緝)
褢 외 [외] 垢衣때묻은옷외 (灰)
褈 쭁 [종] 重複거듭종 (冬)

褗 연 [언] 衣領옷깃언 (阮)
褋 궤 [규] 衣之分裾옷뒤틀릴규 (齊)
褧 뽕 [봉] 衣腹미투리봉 (董)
褔 약 [부] 衣一襲옷한벌부 (有)
䙆 전 [삼] 旗斿깃발삼 (咸)
襂

원 [원] 佩玉之帶패옥띠원 (願)
䙁 후 [호] 衣腋옷겨드랑이호 (虞)

(十)

褡 다 [답] 衣敝옷해질답 (合)
褠 꾸 [구] 袖狭襌衣소매좁은홑옷구 (尤)
褢 회 [회] 賫衿藏物품을회 (佳)

褯 예 [자][석] 小兒服어린애옷자 籍也자리석 (禡)(陌)
褲 쿠 [고] 袴也바지고 (遇)
褱 褱과同
褢 古字 懷
褾 襆과同
䙕 쇄 [쇄] 衣削幅사폭쇄 (卦)
䙍 허

합 [합] 婦人上衣계집저고리합 (合)
襛 융 [옹] 襛衲버선목옹 (宋)
褫 츠 [치] 褥衣|氈요잇치 (紙)(寘)
褦 내 [내] 涼笠|襶패랭이내 (隊)
褰 첸 [건] 袴也바지건 (先)
褞 원 [온] 褐衣굵은베옷온 (元)

褭 뇨 [뇨] 以組帶馬말북두요 (篠)
褪 튼 [퇴] 花謝옷벗을퇴 (願)
褧 징 [경] 衣無裏襌也홑옷경 (迥)
䙑 처 [차] 衣長貌옷긴모양차 (哿)
䙘 축 [축] 藏也감출축 (屋)

𧛦 쭈 [추] 衣不伸옷구길추 (宥)
褥 수 [욕] 籍也裀|요욕 (沃)
褩 빤 [반] 衣表옷거죽반 (寒)
褮 잉 [형] 衱也옷에구멍날형 (庚)
䙌 훼 [혜] 袖也소매혜 (佳)
𧝎 싸

할 [할] 上衣저고리할 (曷)
䙏 뿌 [박] 單衣홑옷박 (陌)
䙳 쒸 [삭] 衣聲옷버석버석할삭 (藥)
𧞒 예 [격] 衣表옷안격 (陌)
䙞 씨 [사] 衣也옷사 (禡)

(十一)

褾 [표] 袖端소매끝표 (篠)

襄 쌍 [양] 平也편편할양 (陽)
褸 뤄 [루] 衣蔽襤|옷해질루 (麌)
襁 야 [강] 負兒衣|포대기강 (養)
襀 이 [적] 衣間蹙襞|옷주름잡힐적 (陌)
䙐 縫과同
褶

데 [습][첩] 騎服습갑습 襲也덧옷첩 (緝)(葉)
褵 리 [리] 衣帶돌띠리 (支)
襈 쏀 [선] 衣貌褊|옷너풀거릴선 (先)
襂 싼 [삼] 羽衣垂貌|襹깃옷드리운모양삼 (侵)(咸)
襅 [필] 襅也옷끈필

褺 데 [첩] 重衣 겹옷 첩 (葉)

䙄 커 [합] 前後兩當衣 襠 더그레 합 (合)

䙚 댜 [조] 短衣 짧은 옷 조 (蕭)(篠)

褔 어 [구] 小兒涎衣 어린 애침받기 구 (尤)

裔 이 [예] 裾也 옷뒷자락 예 (霽)

𧞣 추 [초] 鮮也 선명할 초 (語)

𧞤 쑤 [속] 衣聲 綠| 옷소리 속 (屋)

䙃 쭁 [용] 短敝衣 짧고 해진 옷 용 (冬)

褽 웨 [의] 薦也 깔 의 (賄)

䙕 쭝 [종] 禪衣 | 褋 홑옷 종 (腫)

䙜 쐐 [솔] 短衣裾 | 짧은옷 솔 (質)

襃 빠 [포] 揚美 포장할 포 (豪)

褿 최 [조] 襟也 옷깃 조 (豪)

褻 쎄 [설] 私服 사복 설 (屑)

𧝱 이 [예] 小兒涎衣 어린애침받기 예 (霽)

䙢 만 [만] 胡衣 오랑캐옷 만 (寒)

(十二)

襐 썅 [상] 未笄冠者首飾 아이 꾸미개 상 (養)

𧞪 허 [하] 袖也 소매 하 (箇)

襌 딴 [단] 單衣無裏 홑옷 단 (寒)

𧞫 티 [체] 綴也 꿰맬 체 (霽)

𧝵 헝 [횡] 小被 | 褡 처네 횡 (庚)

襑 씬 [심][탐] 衣大 옷클 심 탐 義同 (侵)(感)

𧝽 쥐에 [궐] 揭衣渡 옷걷고 건널 궐 (月)

𧞍 지 [직] 裝飾 꾸밀 직 (職)

襆 幞과 同

襢 옌 [전] 后妃服 후비의 의복 전 (銑)

𧞔 티 [체] 褫也 처네 체 (霽)

襋 이지 [극] 衣領 옷깃 극 (職)

襇 잰 [간] 殺縫裙幅相 치마주름 간 (諫)

襊 취 [찰][최] 緇布冠 치포관 찰 (曷) 衣領 옷깃 최 (泰)

䙙 떵 [등] 毛織帶 모직띠 등 (蒸)

襒 삐 [별] 拂也 떨칠 별 (屑)

襓 샤 [요] 劍衣 칼전대 요 (蕭)

襏 뽀 [발] 兩衣 | 襫 도롱이 발 (曷)

襍 [잡] 五色合 석일 잡 (合)

𧞾 뻬 [비] 周衣 두루마기 비 (未)

𧝹 쥐 [거] 衣系 옷 고름 거 (魚)

𧞊 쒠 [선] 衣緣 선 선 (銑)

襎 빠 [파] 長袖 긴소매 파 (箇)

襀 꿰 [귀] 紐也 끈 귀 (寘)

𧞟 쩡 [증] 袷衣 겹옷 증 (徑)

𧞎 뿌 [포] 前襟 앞깃 포 (號)

𧞨 쮜 [저] 裝衣 옷치장할 저 (語)

(十三)

襞 삐 [벽] 帬襵 | 積 치마주름 벽 (陌)

襚 쒜 [수] 贈死衣 수의 수 (寘)

襘 쾌 [괴] 帶所結 띠맬 괴 (泰)

䙋 허 [핵] 衣領中骨 깃받침 핵 (陌)

襡 쑤 [촉] 長襦 긴두루마기 촉 (沃)

襜 잔 [첨] 衣整貌 | 如 옷가지런할 첨 (監)(豔)

䙞 뚜 [독] 衣背縫 옷등솔 독 (沃)

襛 눙 [농] 衣厚 옷두터울 농 (冬)

襗 뙤 [탁] 褻衣 속옷 탁 (陌)

襠 땅 [당] 袴屬褌ㅣ 삼방이당 (陽)
襟 진 [금] 交衽옷 섶금 (侵)
襢 탄 [전][단] 喪廬不障ㅣ䙡여막 전 肉袒옷벗어멜단 (銑)(旱)
⿰衤零 령 [령] 衣光옷빛령 (青)
⿰衤蒙 뭉 [몽] 着衣옷입을몽 (東)
⿳亡口⿲月衣凡 裸定字
襖 오 [오] 袍屬 도 포오 (皓)
⿰衤過 따 [타] 大衣큰옷타 (禡)
⿰衤雍 웅 [옹] 靴襪양말옹 (冬)
襝 襜과同
⿰衤畺 襁과同
十四
襤 란 [람] 敝衣ㅣ褸 옷해질람 (覃)
⿱取衣 취 [탁] 衣至옷 끌릴탁 (覺)
⿰衤霽 제 [자] 小兒衣帶어린아이돌띠자 (禡)
⿰衤祭 나 [날] 奴服하인옷날 (黠)
⿰衤夢 멍 [몽] 襠也배자몽 (冬)
⿰衤蓋 개 [개] 上衣웃옷개 (卦)
⿰衤鼻 삐 [비] 犢鼻褌쇠코잠방이비 (寘)
⿱髟衣 레 [렵] 衣相着옷서로닿을렵 (葉)
⿰衤褱 꾀 [과] 包衣옷쌀과 (箇)
⿰衤熏 쒼 [훈] 淡紅色연분홍빛훈 (文)
⿰衤與 위 [여] 衣揚貌옷날릴여 (魚)
襦 수 [유] 短衣저고리유 (虞)
⿱毳衣 毷과同
⿰衤對 대 [대] 皇室所御服 衣ㅣ의대대 國字
齌 즈 [자] 衣卜縫옷단홀자 (支)
⿰衤戠 치 [축] 好衣貌좋은옷축 (屋)
十五
⿰衤罷 삐 [피] 裙也치마피 (支)
襫 씨 [석] 兩衣襏ㅣ도롱이석、우비석 (陌)
⿰衤㬥 뽁 [박] 黼也거죽박 (藥)
襭 쎼 [혈] 以衣衽扱物옷섶에물건쌀혈、俗音힐 (屑)
襃 뽀 [포] 前襟앞깃포 (號)
襪 [말] 足衣버선말 (月)
⿰衤遷 쎤 [선] 衣貌編ㅣ옷모양선 (先)
⿰衤慼 [축] 好衣鮮ㅣ也옷좋고화사할축 (屋)
⿰衤覺 라 [랍] 衣敝옷해질랍 (合)
襀 ⿰衤屬과同
十六
襱 룽 [롱] 袴兩股바지양쪽가랑이롱 (東)
襲 씨 [습] 重衣옷껴입을습 (緝)
⿰衤遺 襚과同
襯 천 [친] 近身衣속옷친 (震)
襰 래 [뢰] 衣敝옷해질뢰 (蟹)
十七
⿰衤嬰 잉 [영] 作襞주름잡을영 (敬)
⿰衤蹇 쳔 [건] 袴也바지건 (先)
襴 란 [란] 裳與衣連ㅣ衫난삼란 (寒)
襳 쎤 [섬][삼] 長帶긴띠섬 旗旒깃발삼 (鹽)(咸)
十八
襮 폭 [폭]、[박] 黼領수놓은옷깃 表也거죽박 (沃)(藥)
襶 대 [대] 不曉事褦ㅣ미욱할대 (隊)
⿰衤巂 씨 [계] 一幅布巾외폭헝겊계 (霽)
襵 졔 [접] 襞積주름잡을접 (葉)
十九
襸 잔 [찬] 鮮衣고운옷찬 (翰)
襹 쓰 [시][사] 毛羽衣貌襹ㅣ깃과털로지은옷모양시、사義同 (支)
⿰衤羅 라

[라]婦人上衣 계집웃옷라(歌)

襼 이 [예]袂也 소매예(霽)

襻 판 [반]衣系ㅣ帶 옷고름반(諫)

⿰衤繭 ㅇ젼 [견]新綿著衣 핫솜옷에둘견(銑)

(二十) ⿰衤薦 젼 [건]袴也 바지건(先)

(二十一) ⿰衤屬 쓕 [촉]長襦連腰衣 동다리치마촉(沃)

(二十二) ⿰衤囊 낭 [낭]寛也 너그러울낭(漾)

(二十四) ⿰衤靈 링 [령]衣光 옷광채날령(青)

行部

行 씽 [행][항]步行 다닐행 等輩 항렬항(庚)(梗)

(二) ⿲彳八亍 軌古字

(三) 衍 옌 [연]廣也 넓을연(銑)(霰)

衎 칸 [간]樂也 즐길간 本音한(翰)

(四) ⿲彳幵亍 싱 [형]步行貌 걸음걷는모양형(青)

衏 웬 [원]樂人術ㅣ 악공원(霰)

衙 위 [어]侍也 모실어(御)

[illegible] 라 [랍]不能行者 앉은뱅이랍(合)

衖 항 [항]樂人ㅣ衕 악공항(陽)

(五) 衒 쉰 [현]行且賣 팔릴현(霰)

衑 링 [령]道也 길령(青)

術 쓔 [술]技也 꾀술(質)

(六) [illegible] 약쥐 [갹]倦也 게으를갹(藥)

[illegible] 웨 [비]隱行 암행할비(微)

衖 巷과同

衕 퉁 [통]通街 거리동(送)

[illegible] 街俗字

街 얘 [가]四通路 거리가(佳)

(七) [illegible] 衙과同

衙 야 [아]官府 마을아(麻)

(九) 衚 후 [호]街也ㅣ衕 골목호(虞)

[illegible] 진 [금]暗行 가만니갈금(沁)

衝 츙 [충]突也 충돌할충(冬)

(十) 衡 형 [형][횡]車軛 수레멍에형 縱之對 가로횡(庚)

衠 쓘 [순]正也 바를순(眞)

衜 道古字

衞 웨 [위]護也 호위할위(霽)

[illegible] 쑤 [소]淨也 정결할소(遇)

衛 衞와同

(十一) ⿲彳率亍 쐐 [솔]統也 거느릴솔(質)

(十二) [illegible] 衝과同

(十八) 衢 [子]四達道 거리子(遇)

襾部

襾 야 [아]覆也 덮을아(禡)

西 씨 [서]日入 서양서(齊)

(一) [illegible] 밍 [명]同也 같을명(青)

(三) 要 야 [요]求也 구할요(嘯)

(四) [illegible] 압 [압]覆也 덮을압(合)

(五) 覂 뿡 [봉]覆也 덮을봉(腫)

(六) ⿱襾圭 씨 [규]鄙也 더러울규(齊)

覃 탄 [담]布也 펼담(覃)

(八) [illegible] 삐 [복]農夫醜稱ㅣ僂 고공이복(職)

(十) [illegible] [규]行竈들

고다니는화덕규 (齊)

(十二) 覆 얶 [복][부] 反也도리킬복 包也쌀부 (屋)(宥)

(十三) 覇 霸俗字

覈 허 [핵] 考事得實핵실할핵 (陌)

(十七) 覊 지 [기] 旅寓寄也나그네기 (支) 羈俗字

七畫

見部

見 젼 [견][현] 視也볼견 顯也나타날현 (霰)

(三) ⿱冃見 멍 [몽] 進也나아갈몽 (東)

(四) 規 궤 [규] 法也법규 謀也꾀규 (支)

覒 맢 [모] 覩也볼모 (豪)

覓 미 [멱] 尋也구할멱 (錫)

覑 폔 [편] 視貌슬적볼편 (銑)

⿰尼見 니 [니] 開口貌입다물니 (支)

覔 覓俗字

⿰礻見 씌 [시] 窺視엿볼시 (支)

⿰王見 쎈 [헌] 大板큰판자헌 (銑)

⿱冖見 머 [막] 求也구할막 (藥)

(五) 視 쓰 [시] 見也볼시 效也본받을시 (紙)

覗 쓰 [사] 窺視엿볼사 (支)

覘 쟌 [점] 窺視엿볼점 (監)(豔)

⿰氐見 미 [미] 病人視貌병든사람볼미 (微)

⿰台見 시 [시] 誘引유인할시 (支)

⿰厄見 ⿸厂見과同

⿰㝁見 씌 [시] 何候기다려볼시 (支)

覕 베 [별] 割也베일별 (屑)

⿰召見 [소][교] 見也볼소 遠也멀교 (嘯)(蕭)

覚 覺略字

(六) 覛 脈와同

⿰朿見 쳐 [척] 柔也ㅣ它覌다소곳할척 (錫)

⿰吉見 쥔 [길] 人名必ㅣ사람이름길 (霰)

⿰沇見 황 [황] 視也볼황 (陽)

覜 됴 [조] 視也뵈일조 (嘯)

⿰至見 眰과同 覿과同

(七) 覟 지 [지] 審視자세히볼지 (寘)

⿰朋見 천 [침] 私出頭視가만히머리내밀고볼침 (侵)

覝 려 [렴] 察視살펴볼렴 (監)

⿰赤見 허 [혁] 見也볼혁 (陌)

⿰告見 깐 [고] 久視貌오래볼고 (號)

覠 윈 [균] 大視크게볼균 (眞)

覡 씨 [격] 男巫박수격 (錫)

覞 요 [요] 竝視아울러볼요 (嘯)

⿰穾見 맢 [요] 深視뚫어지게볼요 (篠)

(八) ⿸厓見 애 [애] 笑視웃고볼애 (蟹)

覣 웨 [위] 好視좋게볼위 (支)

覢 싼 [섭] 暫見언뜻볼섭 (琰)

⿰來見 래 [래] 內視속속들이볼래 (隊)

覤 씨 [혁] 驚貌ㅣㅣ깜짝놀랄혁 (陌)

⿰㸚見 쎄 [세] 破碎부스러뜨릴세 (霽)

⿰彔見 루 [록] 共示한가지볼록 (屋)

(九) ⿺是見 [제] 現也들어낼제 (齊)

覩 [도] 見也 볼도 (麌)
䚈 탄 [담] 徐視 천천히볼담 (感)
親 친 [친] 近也 친할친 (眞) 친 (震)
覩 상 [상] 信也 믿을상 (養)
䚊 치 [제] 見也 볼제 (霽)
䚋 썽 [생] 䚋露 종아리드러낼생 (梗)

覦 위 [유] 欲得覬ー 넘겨다볼유 (虞)
覧 俗字 覽
䚌 씨 [제] 伺候 문안할제 (霽)
覞 꼐 [계] 見也 볼계 (寘)
覑 편 [편] 斜視 비껴볼편 (先)
䚍 큐 [규] 注視 음란하게볼규 (支)

覨 어 [악] 久視 오래볼악 (藥)
十
覬 기 [기] 希望ー覦 넘겨다볼기 (寘)
覯 꾸 [구] 成也 이룰구 (宥)
覫 팡 [방] 側視貌 곁눈질할방 (養)
覭 윈 [운] 姓也 성운 (問)
覭 밍

[명] 暗處密窺 어두운데서엿볼명 (青)
䚎 떠 [두] 目蔽垢 눈꼽낄두 (尤)
覦 우 [유] 下視探物 내려다보며찾을유 (尤)
䚏 쥔 [견] 遠視 멀리볼견 (先)
覬 치 [기] 視也 볼기 (支)
十一

覲 진 [근] 謁見 뵈올근 (震)
覷 취 [처] 同視 엿볼처 (御)
䚐 재 [채] 憎視 밉게볼채 (陌)
覭 뱌 [표] 所見省察 둘러볼표 (篠)
覶 러 [루] 細視 자세히볼루 (尤)
覧 이

[예] 視貌 흘깃거릴예 (霽)
䚑 탕 [탕] 直不바로볼탕 (江)
覱 찬 [참] 避也 피할참 (咸)
十二
覵 잰 [한] 覵也 엿볼한 (諫) [간] 雜也 섞일간 (刪)
覸 써 [심] 深見 깊이볼심 (寢)
覺

瞢과同
覿 적 [적] 目赤 눈붉을적 (錫)
覴 떵 [등][증] 久視 오래볼등、直視 똑바로볼등 (蒸)(徑)
覶 린 [린] 親也 친할린 (震)
䚒 매 [매] 小視 조금볼매 (佳)
覯 고 [고] 見也 볼고 (豪)

十三
覺 [각][교] 寤也 깨달을각 (覺) 夢醒 꿈깰교 (效)
十四
覼 릭 [라] 好視 좋게볼라 (歌)
覾 빈 [빈] 暫視ー覵 잠간볼빈 (震)
十五
䚓 리 [려] 疾視 몹시볼려 (霽)
覽 란

[람] 視也 볼람 (感)
十七
䚔 야 [요] 誤視 잘못볼요 (嘯)
十八
䚕 큐 [규] 注視 눈여겨볼규 (支)
十九
䚖 리 [리] 求也 구할리 索視貌 살펴볼리 (寘)

角部

角 꺅 [각][록] 獸所載芒ㅣ뿔각(屋) 四皓之一ㅣ里신선이름록(覺)

二

觔 筋과同 斤과同

⿰角丂 뛰 [다] 角短貌뿔짧을다(歌)

斛 觩과同

三

⿰角叉 차 [차] ⿰角枼也띠장식차(麻)

⿰角巾 씬 [신] 二十枚스무개신(眞)

⿰角工 扛과同

四

觖 옐 [결] 望也바랄결(屑)

觕 [추] 略也대략추(虞)

⿰角少 샤 [소] 角匙뿔숟가락소(肴)

⿱角甲 觸古字

⿰角巴 파 [파] 牛角張소뿔뻗칠파(麻)

⿰角公 양 [강] 擧角뿔들강(江)

⿰爿角 [삭] 角長뿔길삭(覺)

⿰角冘 땀 [탐] 比也비교할탐(覃)

五

⿰角易 냑 [약] 屋角집뿌다귀약(覺)

觝 牴와同

觜 쮀 [자][취] 西方宿名ㅣ觿자 별자、喙也부리취(支)(紙)

觚 꾸 [고] 酒爵술잔고(虞)

觛 딴 [단] 小盃작은술잔단(旱)

⿰角囚 츄 [수] 角也뿔수(尤)

⿰角巨 距과同

⿰角甘 쳠 [겸] 喙也부리겸(鹽)

⿰角四 쓰 [사] 角器뿔그릇사(寘)

六

觟 獬과同

解 예 [해][개] 判也쪼갤해 散也헤칠개(蟹)(卦)

⿰角皮 빠 [파] 角曲뿔굽을파(麻)

觤 꿰 [궤] 角一長뿔하나길궤(紙)

⿰角亘 쎤 [헌] 角匙뿔숟가락헌(阮)

觡 껴 [격] 鹿有枝角사슴뿔격(陌)

觥 꽝 [굉] 大也클굉(庚)

衡 형 [형] 牛角之長貌쇠뿔길형(庚)

触 觸俗字

觢 씨 [서] 一角仰두뿔곤두설서(霽)

觠 쫜 [권] 曲角굽은뿔권(先)

七

觪 씽 [성] 角弓調利뿔활이고를성(庚)

⿰角肖 쏘 [초] 牛角開貌소뿔벌어진모양초(巧)(效)

⿰角告 꾸 [곡] 象也코끼리곡(沃)

觩 추 [구] 角上曲貌뿔끝굽은모양구(尤)

⿰角豕 치 [치] 角不正뿔바르지못할치(紙)

⿰角希 시 [희] 好角좋은뿔희(紙)

觫 쑤 [속] 懼貌觳ㅣ두려워할속(屋)

八

觭 치 [기] 兩角俯仰억발뿔기(支)

⿰角來 래 [래] 角心뿔심래(賄)

⿰角昆 훈 [혼] 角圓貌뿔둥구스름할혼(阮)

⿰角卒 쭈 [졸] 角初生뿔처음날졸(質)

⿰角叕 져 [결] 角觿뿔에반칠결(屑)

⿰角㝵 대 [대][래] 人名宋都사람이름대、觮(角部八畫)과同(賄)

⿰角或 꾁 [괵] 牛角쇠뿔괵(屋)

觬 이 [예] 角曲뿔굽을예(齊)

⿰角卑 뻬 [패] 角橫倒貌뿔비뜨름할패(齊)

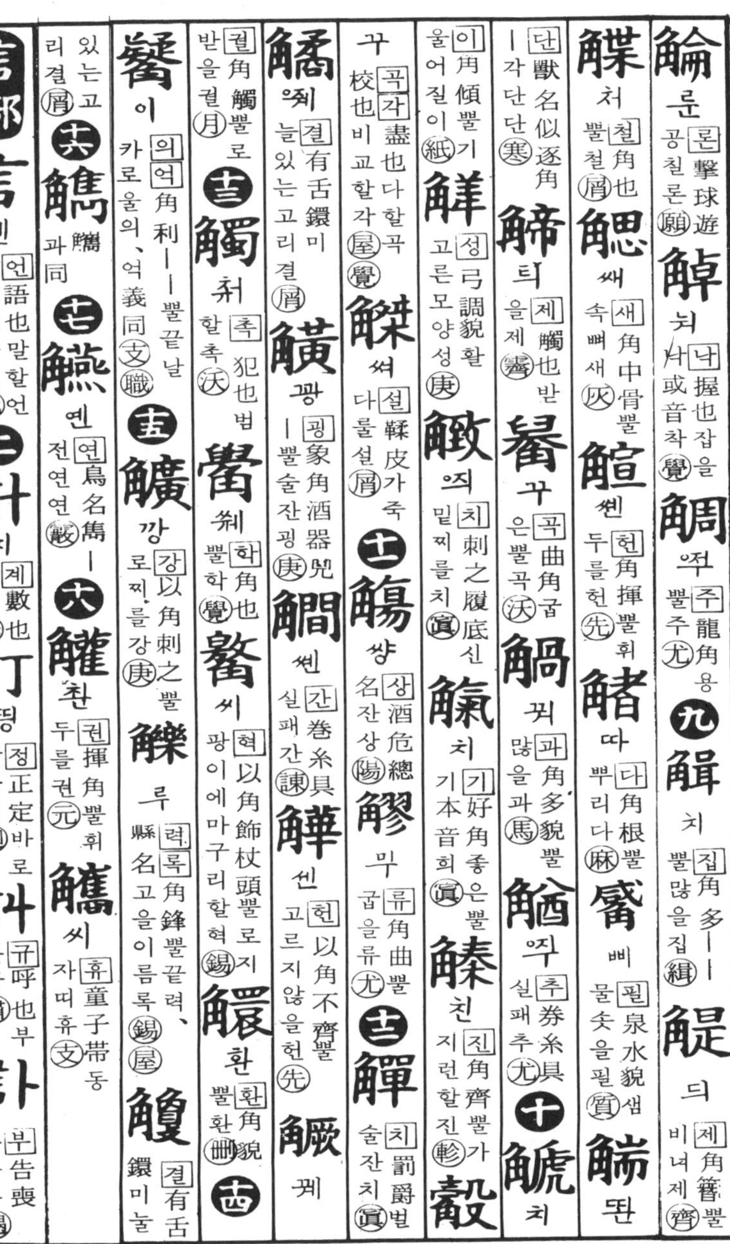

⿰角侖 륜 [론]擊球遊 공칠론 願
⿰角卓 뇌 [낙]握也 잡을나 或音착 覺
⿰角周 쭈 [주]龍角 용뿔주 尤
(九)
⿰角咠 치 [집]角多|| 뿔많을집 緝
⿰角是 디 [제]角簪 뿔비녀제 齊

⿰角枼 처 [철]角也 뿔철 屑
⿰角思 쌔 [새]角中骨 뿔속뼈새 灰
⿰角宣 쒠 [헌]角揮 뿔휘두를헌 先
⿰角者 따 [다]角根 뿔뿌리다 麻
觱 삐 [필]泉水貌 샘물솟을필 質
⿰角耑 똰 [단]獸名似逐角 |각단단 寒
⿰角帝 티 [제]觸也 받을제 霽
觳 꾸 [곡]曲角 굽은뿔곡 沃
⿰角咼 꽈 [과]角多貌 뿔많을과 馬
⿰角酋 쭈 [추]券糸具 실패추 尤
(十)
⿰角虎 치 [이]角傾 뿔기울어질이 紙
觲 셩 [성]弓調貌 활고른모양성 庚
⿰角致 쯔 [치]刺之履底 신밑찌를치 眞
⿰角氣 치 [기]好角 좋은뿔기 本音희 眞
⿰角秦 친 [진]角齊 뿔가지런할진 軫
觳 꾸 [곡][각]盡也 다할곡 校也 비교할각 屋 覺
⿰角桀 쎠 [설]韘皮 가죽다룰설 屑
(十一)
觴 샹 [상]酒危總名 잔상 陽
⿰角翏 뮤 [류]角曲 뿔굽을류 尤
(十二)
觶 치 [치]罰爵 벌술잔치 眞
⿰角喬 껴 [결]有舌鐶 미늘있는고리결 屑
⿰角黃 꽝 [굉]象角酒器兕 |뿔술잔굉 庚
⿰角間 쎤 [간]卷糸具 실패간 諫
⿰角華 쎤 [헌]以角不齊 뿔고르지않을헌 先
⿰角厥 꿰 [궐]角觸 뿔로받을궐 月
(十三)
觸 쵸 [촉]犯也 법할촉 沃
觷 쌱 [학]角也 뿔학 覺
⿰角巂 씨 [혀]以角飾杖頭 뿔로지팡이에마구리할혀 錫
⿰角睘 환 [환]角貌 뿔환 刪
(十四)
觺 이 [의][억]角利|| 뿔끝날카로울의、억 義同 支 職
(十五)
⿰角廣 꺙 [강]以角刺之 뿔로찌를강 庚
觻 루 [력][록]角鋒 뿔끝력、縣名 고을이름록 錫 屋
觼 [결]有舌鐶 미늘있는고리결 屑
(十六)
⿰角雋 觿과同
(十七)
⿰角燕 연 [연]鳥名 雋| 전연연 霰
(十八)
⿰角雚 촨 [권]揮角 뿔휘두를권 元
觿 씨 [휴]童子帯 동자띠휴 支

言部

言 연 [언]語也 말할언 辭章 말씀언 元
(二)
計 지 [계]數也 셈계 霽
訂 띙 [정]正定 바로잡을정 逈
訆 [규]呼也 부를규 嘯
訃 [부]告喪 부음부 遇

訒 싱 [잉]厚也후할잉(蒸)

訇 헝 [굉]ㅣ然우뢰소리굉(庚)

訄 작 [구]迫也급할구(尤)

訮 젼 [견]聲也소리견本音현(先)

(三)

記 지 [기]錄也기록할기(寘)

訓 쓴 [훈]誨也가르칠훈(問)

訌 흥 [홍]訟言相陷모함할홍(東)

⿱巛言 訓과同

託 뤄 [탁]信任맏길탁(藥)

訏 쒸 [우]大也ㅣ클우(虞)

訕 싼 [산]誹謗비방할산(刪)

⿰言叩 [子]詳問상세히물을구(有)

討 탄 [토]治也.다스릴토、求也구할토(晧)

⿰言尸 지 [기]笑聲웃음소리기(支)

訑 [이][타][탄]淺意自得자랑할이、欺也속일타、放也慢ㅣ방탕할탄(支)(歌)(翰)

⿰言亐 와 [와]拒絕거절할와(歌)

訊 씬 [신]問也물을신(震)

訒 인 [인]鈍也둔할인、難也어려울인(震)

⿰言卜 信古字

訉 빰 [범]多言수다할범(陷)

訐 [알]發人陰私발각할알(月)

訔 인 [은]爭論ㅣㅣ시비할은(眞)

訍 차 [차]異言딴말할차(禡)

⿱夸言 誇古字

訖 치 [흘][글]至也이를흘、終也마칠글(物)

訋 됴 [조]聲也소리조(嘯)

(四)

許 쒸 [허][호]約與之허락할허、衆力聲ㅣㅣ여럿이힘쓰는소리호(語)(虞)

訪 방 [방]尋也찾을방(漾)

訮 誃과同

⿰言王 誑과同

設 셔 [설]作也지을설(屑)

訟 [송]爭辯송사할송(宋)

訞 욘 [요]巧言교하게말할요(蕭)

訢 씬 [흔][은]喜也기꺼울흔、和敬ㅣㅣ貌공손할은(文)(眞)

訬 쟌 [초]輕也가벼울초(效)

訛 어 [와]僞也거짓말와(歌)

⿰言戈 [식]知也알식(職)

訝 야 [아]迎也맞을아(禡)

訣 졔 [결]別也이별할결(屑)

訤 녜 [나]言不正말바르지않을나(麻)

⿰言元 완 [완]發也語始말시작할완(翰)

⿱夊言 와 [유]從也쫓을유(尤)

⿰言云 원 [운]言語不定諮ㅣ말횡설수설할운(文)

⿰言厄 [애]不平聲불평하는소리애(卦)

訥 누 [눌]遲鈍지둔할눌(月)

訩 쓩 [흉]訟也송사할흉(腫)

訦 천 [심]信也믿을심(侵)

⿰言中 이 [억]快也쾌할억(職)

⿰言冉 안 [염]多言말수다할염(監)

訧 우 [우]罪也허물우(尤)

⿰言支 지 [치]快也쾌할치(寘)

⿰言毛 만 [모]信也소식모(號)

訡 [음]咏也읊을음(侵)

訰 쥰 [준]亂也ㅣㅣ 어지러울준 (震)

䚮 과 訬과同

訨 즈 [지]訐也 들춰낼지 (紙)

訲 詩古字

訠 선 [신]況也 하물며신 (軫)

䚵 거 [과]言遲 말더딜과 (箇)

𧦝

후 [호]記也 기록할호 (遇)

䛁 야부 [부]語助辭 어조사부 (虞)

䚰 쌔 [해]言善 말착할해 (卦)

訜 얀분 [분]語不定ㅣ訟 말정하지못할분 (文)

䚺 、[왈][월]詞也 꾸짖을왈 월義同 (黠)(月)

䚲 [반]矜也 자랑할반 (寒)

䚷 [음]泣也 울음 (侵)

䚾 인 [임]思也 생각할임 (侵)

訇 쥔 [균]欺也 속일균 (震)

䛑 드 [두]誘也 꾀일두 (有)

䛩 謳略字

訳 譯略字

訡 예 [예][혜]誠也 정성예、誠言 성심껏말할혜 (齊)(霽)

䚼 [뉵]含着 부끄러워할뉵 (屋)

訯 사 [사]多言 지껄일사 (馬)

五

詆 듸 [저]詞也 꾸짖을저 (齊)

註 쥬 [주]記物 기록할주 (遇)

評 핑 [평]品論 평론할평 (庚)、平言 기롱할평 (敬)

証 졍 [정][증]諫也 간할정、證俗字 (徑)

詞 ᄎ [사]言也 말씀사 (支)

䛌 퐈 [포]亂語ㅣ譜 말수선스러울포 (豪)

詓 취 [거]聲也 소리거 (語)

訾 즈 [자]思也 생각할자 (支)

詉 나 [나]語不解絲ㅣ 말알아듣지못할나 (麻)

詖 삐 [피]辯也 말잘할피 (支)

詗 씽 [형]刺探 염탐할형 (迥)

䛒 辯古字

詝 쥬 [저]智也 슬기로울저 (語)

詀 잔 [잠][점][첩]被誑 속일잠、轉語 말전주할점、多言 잔소리할첩 (咸)(監)(葉)

訹 쓔、[수][술]誘也 꾀일수、술義同 (有)(質)

診 젼 [진]視也 볼진 (軫)(震)

詈 리 [리]罵ㅣ 빗대고꾸짖을리 (寘)

詍 이 [예]多言ㅣㅣ 잔말할예 (霽)

訴 쇼 [소]告也 하소연할소 (遇)

訾 즈 [자]謗毁 훼방할자 (紙)

詎 쥐 [거]知詞 모를거 (語)

詛 쥐 [조]盟誓 맹서할조 (語)(御)

詒 이 [이][태]贈言遺也 줄이、欺也 속일태 (賄)(隊)

詑 톼 [이][타]自得貌ㅣㅣ 자랑할이、欺也 속일타 (支)(歌)

詁 구 [고]通古今明其故訓 주낼고、又새김고 (麌)(遇)

詐 쟈 [사]欺也 속일사 (禡)

詇 양 [앙]智也 슬기로울앙 (養)

詔 잔 [조]告也 고할조 (嘯)

詘 취 [굴]曲也 굽을굴 (物)

詜 탄 [도]言不節ㅣ詢 말절차없을도 (豪)

訶

허[가]大言而怒責여정내여꾸짖을가(歌)

⿰言冉 안 [염]言未盡말다못할염(豔)

⿰言矢 시 [시]記録기록할시(寘)

⿰言乏 빤 [범]急言말급할범(感)

詚 따 [달]不静조용하지않이할달(曷)

詊 빤 [반]巧言말잘할반(翰)

⿰言弗 애 [비]言急말급할비(未)

詏 얀 [요]逆也거스릴요(效)

詙 빠 [발]神農妃신씨부인이름발(黠)

⿰言㕣 원 [연]笑貌웃을연(銑)

詄 [질]忘也잊을질(屑)

⿰言布 푸 [포]諫也간할포(遇)

⿰言甲 쟈 [갑]多言수다할갑(洽)

⿰言穴 쎄 [혈]怒也성낼혈(屑)

⿱甘言 謀古字

詑 訑과同

⿰言民 면 [면]誘言꾀이는말면(霰)

⿰言尼 늬 [니]呼人사람부를니(齊)(霽)

⿰言戈 즈 [자]謀也꾀자(寘)

詉 [나][노]語不解말알아들을수없을나、惡言악담노(麻)(遇)

⿰言由 쭈 [주]祝也축원할주(宥)

詂 우 [부]言有所依믿음직할부(遇)

詃 원 [견]詐也속일견(銑)

⿰言只 이 [혜]喜笑不止빙글빙글할혜(霽)

詬 [구]辱也욕될구(宥)

詅 링 [령]賣也팔령(青)

詌 깐 [감]口閉不言입다물감(勘)

詋 呪과同

⿰言禾 [화]平也화평할화(歌)

⿰言四 치 [치]同察살필치(支)

詠 융 [영]歌也長言읊을영(敬)

六

誆 誑과同

⿰言曳 諛俗字

詩 씌 [시]言志也귀글시(支)

詷 뚱 [동]輕薄경박할동(送)

⿰言曳 詍과同

試 씨 [시]用也ㅣ驗시험할시(寘)

誄 레 [뢰]謚也시호뢰(紙)

誅 쮸 [주]責也꾸지람주(虞)

詥 허 [합]和也화할합(合)

詶 酬과同

詳 썅 [상][양]審也자세할상 詐也거짓양(陽)

⿰言未 寂과同

詣 이 [예]至也이를예(霽)

話 화 [화]言也이야기화(卦)

詼 훼 [회]嘲也조롱할회(灰)

詢 쓘 [순]咨也물을순(眞)

詬 꾸 [구][후]恥辱욕할구、후義同(有)(宥)

詿 꽈 [괘]誤也그릇할괘(卦)

詮 찬 [전]具也갖출전(先)

誃 츠 [치]離別이별할치(紙)

誈 誣과同

詪 껀 [간][헌]不聽從듣지않을간、爭言말다툼할헌(阮)(銑)

詵 씬 [선]衆多ㅣ많을선(眞)

⿰言休 츄 [축]聞香貌讟ㅣ향내맡을축(屋)

⿰臣言 지 [기]發人之惡발악할기(紙)

⿰言任 신

임 信也 믿을임 (侵)

詤 황 황 夢言 잠꼬대할황 (陽)

詶 쥬 주 多言 수다스러울주 (尤)

該 깨 해 其也 그해 (灰)

詨 쑈 효 叫呼 부르짖을효 (肴)

詧 과 謑同

詑

차 타 誇也 자랑할타 (禡)

誇 콰 과 大信矜ㅣ 자랑할과 (麻)

⿰言血 쓔 술 静也 고요할술 (質)

詺 ㅇ쟈 명 辨別物名 물건이름분별할명 (敬)

詰 ㅇ지 힐 問也 힐문할힐 (質)

⿰言有 웨

외 呼人 사람부를외 (灰)

誀 얼 이 誘也 꾀일이 (寘)

詹 ㅇ잔 첨 至也 이를첨 (鹽)

詻 어 액 論訟 송사논난할액 (陌)

⿰言字 ㅇ즈 치 詺也 물건이름분별할치 (寘)

誉 譽 略字

詾 쓩 흉 訟也 송사할흉 (冬)

誂 됴 조 相呼誘 서로꾀일조 (篠)

詭 꾀 궤 詐也 속일궤 (紙)

詡 쓔 허 和也 화할허 (麌)

誎 ㅊ 자 諷ㅣ下以風刺 비유하여나무랄자 (寘)

⿱㓞言 뤼 략 歎美言 칭찬하는말략 (藥)

⿰言自 훼 회 膾氣充滿聲在人上 말소리우렁찰회 (隊)

⿰言朶 뚸 타 言相誇 말자랑할타 (箇)

訮 쎤 현 爭語ㅣㅣ 말다툼할현 (先)

誁 뼝

병 助言 도와말할병 (梗)

七

誼 의 理也 다스릴의 (寘)

說 쒸 설 열 세 辭也 말씀설、喜也 樂也 기꺼울열、誘也 달래세 (屑)(霽)

詐 ㅇ자 자 慙語 부끄러운말자 (禡)

語 어 告人 말씀어 (御)

誥 깐 고 教也 가르칠고 (號)

誹 삐 비 錯謬 그릇할비 (支)

誤 우 오 謬也 그릇할오 (遇)

誣 우 무 詐也 간사할무 (虞)

⿰言豆 떠 투 不能言ㅣ譳 말머뭇거릴투 (宥)

誌

ㅇ즈 지 記也 기록할지 (寘)

誓 씨 서 告也 고할서 (霽)

誦 쑹 송 言也 말할송 (宋)

誘 우 유 導也 인도할유 (有)

誧 뿌 포 大也 클포 (虞)

誡 계 告也 고할계 (卦)

訶 쌰 하 喧也 시끄러울하 (歌)

誨 훼 회 教訓 가르칠회 (隊)

認 신 인 許也ㅣ可 허락할인 (震)

誖 뻬 패 발 亂也 어지러울패、발 義同 (隊)(月)

誠 성 純一無僞 정성성 (庚)

誚 쵸 초 以辭相 서로꾸짖을초 (嘯)

誕 떤 탄 降ㅣ 탄생할탄 (旱)

誙 컹 경 言確 말확실히할경 (庚)

⿰言坐 취 좌 以言折人 핀잔줄좌 (箇)

誑 광 광 欺也 속일광 (漾)

誩

잉 [경]競言 다투어 말할 경 (敬)

䛢 투 [독]欺詆 속일 독 (屋)

䛭 [혁]內侮 속으로 업신여길 혁 (錫)

譆 씨 [회]語聲 말소리 희 (寘)

誎 쑤 [속]督促 독촉할 속 (寘)

䛩 한 [한]多言 수다할 한 (旱)

䛤 주 [촉]言急 말급할 촉 (沃)

䛟 쟈 [겹]多言 떠들어댈 겹 (葉)

誋 지 [기]誡也 경계할 기 (寘)

誗 천 [짐]言美 말아름다울 짐 (監)

䛪 [별]言析理 말로 판단할 별 (質)

読 讀略字

誃 투 [도]言不明 詾ㅣ 말분명치못할 도 (虞)

誐 어 [아]狡猾 詆ㅣ 간사할 아 (歌)

誏 랑 [랑]泛言 뜬말할 랑 (養)

䛫 친 [침]私語 소근소근거리며 말할 침 (侵)

䜈 씨 [혜]待也 기다릴 혜 (齊)

䛕 착 [추]不決ㅣ讀 결단하지 못할 추 (尤)

誢 쎤 [현]諍語 간하는 말 현 (銑)

誔 뎡 [정]欺也 속일 정 (梗)

詉 나 [노]喜也 기쁠 노 (豪)

誒 씨 [희]ㅣ笑 선웃음칠 희 (支)

䛥 훼 [회]言長 말느려 느려할 회 (隊)

誜 싸 [사]妄言 준절한 말 사 (禡)

八

論 룬 [론][륜]議也 의논 론 言有理倫 차례 륜 (眞)(元)

諘 빤 [표]讚也 칭찬할 표 (篠)

䜐 훼 [회]毀謗 훼방할 회 (灰)

誰 쒸 [수]孰也 누구 수 (支)

䛌 틔 [지]言不懈 말부지런히할 지 (齊)

誹 뷔 [비]謗也 비방할 비 (微)

誼 [의]理也 다스릴 의 (寘)

䛩 멘 [면]欺也 속일 면 (先)

䛰 훈 [혼]語不明 말분명하지 못할 혼 (阮)

䛳 천 [침]善言 착한말 침 (侵)

䛯 겨 [거]言有則 말법있을 거 (御)

誺 치 [치]不知 모를 치 (支)

誾 인 [은]和悅貌ㅣㅣ 화평할 은 (眞)(文)

䛬 탇 [도]往來言 왕래하는 말 도 (豪)

誵 햔 [효]言不恭謹 말불공할 효 (肴)

誸 쎤 [현]言急 말급할 현 (先)

𧧸 [수]口授 입으로 전할 수 (有)

諸 텨 [타]退言 말물리칠 타 (歌)

䛲 텬 [전]言不定ㅣ譏 말정하지 못할 전 (銑)

諊 국 鞠同

誳 쿼 [굴]詭異 괴이할 굴 (物)

課 커 [과]稅也 부세 과 (歌)

諗 썸 [심]告也 고할 심 (寢)

諮 쯔 [자]毀也 훼방할 자 (有)

䛠 우 [오]相毀 서로 훼방할 오 (遇)

諎 책 [책][차]大聲 큰소리 책 (陌) 嗚也 울 차 (禡)

諍 정 [쟁]救正 諫也 간할 쟁 (敬)

談

탄 [담]言論 말씀담 (覃)
諑 쥐 [착]責也 꾸짖을착 (覺)
諒 량 [량]信也 믿을량 (漾)
諹 양 [장]誑也 譸 속일장 (陽)
⿰言穹 츙 [궁]多言 물을궁 (送)
請 [청]包也 청할청 (梗)
諂 찬 [첨]佞言曰ㅣ 아첨할첨 (琰)
諅 지 [기]忌也 꺼릴기 (寘)
諀 피 [비]惡言 악담할비 (紙)
調 됴 [조][주]和也 고를조、重也 거듭주 (嘯)(尤)
諄 [순]誨言重複ㅣ 거듭이룰순 (眞)
誺 諜同
諉 웨 [위]委也 버릴위 (寘)
諓 잰 [전]善言 착한말전 (先)
諏 적 [추]聚謀 꾀할추 (虞)(尤)
諕 한 [하][확]誑也 속일하、ㅣ然 깜짝놀랄확 (禡)(陌)
⿰言卣 訊古字
誶 쒜 [수][쇄][신][줄]責讓詬也 꾸짖을수、쇄義同 수同諜 訊也 물을신、責罵 모라셀줄 (寘)(隊)(震)(質) 과同
⿰言戾 리 [려]人名 사람의이름여 (魚)
諐 [건]過也 허물건 (先)
誷 왕 [망]誣也 속일망 (養)
⿰言疌 쳐 [첩]多言口ㅣ 말납신거릴첩 (葉)
誻 타 [답]多言 잔말할답 (合)
⿰言奇 지 [기]語相戲 말로희롱할지 (支)
諔 쑤 [숙]詭也 간사할숙 (屋)
⿰言奄 연 [엄]予也 줄엄 (豔)
⿰言岳 거 [갑]笑語ㅣ譺 웃고말할갑 (合)
⿰言卓 쥐 [착]人名韓ㅣ 사람의이름착 (覺)
⿹戈⿱音言 識古字
諈 쥐 [추]訏也 알소할추 (寘)
諆 치 [기]謀也 꾀기 (支)
⿰言制 지 [제]語不正 말바르게못할제 (霽)
誴 숭 [종]樂也 즐거울종 (冬)
諌 둥 [동]言多也 잔말할동 (董)
諙 홰 [홰]誤也 그릇칠홰 (卦)
⿰言事 쓰 [시]入言 말받아들일시 (寘)
⿰言幸 싱 [행]ㅣ直 바를행 (敬)
⿰言罙 신 [섭]無實言 거짓말할섭 (豔)
誽 나 [나]以言窺知人之心情 떠볼나 (佳)
⿱咢言 오 [오]鴉鳴聲 까마귀우는소리오 (豪)
諁 테 [철]喧也 시끄러울철 (屑)
⿱𢍏言 譽俗字

九

諸 쥬 [제]衆也 모들제 (魚)
諞 편 [편][변]巧言 공교한말편、변義同 (先)
諺 안 [언][안]俗言俚語 속된말언、不恭 공손하지않을안 (霰)(翰)
謂 웨 [위]告也 고할위 (未)
諧 쎄 [해]和也 화할해 (佳)
諫 잰 [간]諷也 풍간간 (諫)
諦 티 [체]審也 살필체 (霽)
諲 인 [인]敬也 공경할인 (眞)
諻 헝 [황]大聲 큰소리황 (庚)
諶

썬 십 信也 믿을심 侵

謀 뫄 무 모 俗音、議也 의논할모 尤

謏 쏘 소 수 小也 작을소、私罵 속으로욕설할수 篠 有

諼 훤 훤 詐也 거짓훤 阮

謁 예 알 請白也 아뢸알 月

諠 훤 훤 忘也 잊을훤 元

諄 순 咨也 물을순 眞

諵 난 남 多言ㅣㅣ 말많이할남 咸

諳 안 암 知也 알암 覃

諾 낙 낙 答也 대답할낙 藥

諷 븡 풍 ㅣ刺 비유로간할풍 送

諟 쓰 시 是也 이시 紙

諴 쎤 함 和也 화할함 咸

諮 쓰 자 問也 물을자 支

謚 씨 시 立號以易名 시호시 寘

諭 워 유 告也 고할유 遇

諱 휘 휘 避也 피할휘 未

諤 어 악 直言 謇ㅣ 곧은말악 藥

諜 뎨 첩 軍中反間 이간할첩 葉

諝 쉬 서 知也 지혜있을서 魚 語

⿰言亟 이 극 訥言 말더듬거릴극 職

諿 치 집 和也 화할집 緝

諰 씨 시 直言 바른말시 紙

諯 좐 전 相讓 서로사양할전 先

諛 워 유 諂也 아첨할유 虞

⿰言信 이 기 人名與ㅣ 사람의이름기 寘

⿰言⿱彐王 훼 훼 謗也 비방할훼 紙

⿰言度 뙤 탁 欺也 속일탁 藥

⿰言施 쓰 시 多言 말수다할시 支

⿰言㡿 訴과同

諽 껴 격 飾也 꾸밀격 陌

⿰言奏 쪄 주 人名希ㅣ 사람이름주 尤

⿰言並 보 籍錄世系 족보보 麌

⿰言契 쟈 가 巧言ㅣ詬 교묘한말가 禡

⿰言𡿺 놔 노 語相侮 서로욕할노 皓

⿰言致 지 치 笑也 웃음치 寘

⿰言界 계 言警 경계할계 卦

諥 쯍 종 言相觸 말서로마주칠종 宋

諢 원 원 弄談 농담할원 願

諨 부 복 備也 갖출복 屋

⿰言彖 현 현 相責 서로책할현 霰

⿰言盾 誘과同

⿰言信 辯과同

⿰言弇 諳과同

⿰言隋 퉈 타 慧也 민첩할타 哿

⿰言剌 라 랄 語聲 말소리랄 曷

諪 딍 정 調也 고를정 青

⿰言矦 후 후 言也 말할후 有

⿰言咼 화 과 急言 말급할과 禡

諹 양 양 讚也 칭찬할양 陽

⿰言頁 인 은 頑也 완악할은 眞

十

講 걍 강 論也 강론할강 講

謜 웬 원 ㅣ和悅 기꺼울원 元

謟 탄 도 疑也 의심할도 豪

謌 歌과同

謝 [사] 拜ㅣ사례할 사、絶也끊을 사 (禡)
謠 요 [요] 風說卜言 소문 요 (蕭)
謏 [소][수] 小也작을 소、私罵중얼거릴 수 (篠)
謓 천 [진] 恚怒 성낼 진 (眞)
謅 찬 [초] 弄言농담할 초 (巧)
謎 미 [미] 隱語숨은 말 미 (霽)
謇 젼 [건] 吃也難言말 떠듬거릴 건 (阮)
謖 쑤 [속] 起也일어날 속 (屋)
謄 텅 [등] 移寫등사할 등 (蒸)
謞 허 [학] 崇讒惹ㅣ간특할 학 (藥)
謑 씨 [혜][하] 不正貌ㅣ髁비뚤 혜、怒言성내어 말할 하 (薺)(禡)
謐 미 [밀] 静也고요할 밀 (質)
謔 햑 [학] 調戲ㅣ浪희롱할 학 (藥)
⿰言鬲 꺼 [격] 語不相入말 서로 듣지 못할 격 (陌)
謗 빵 [방] 毁也헐어 말할 방 (陽)(漾)
謙 켬 [겸] 讓也사양할 겸 (豔)
謚 이 [익] 笑貌웃는 모양 익 (陌)
⿰言朔 訴과同
⿰言盍 허 [합] 多言말 수다할 합 (合)
謋 훠 [획] 速也빠를 획 (陌)
謕 [제] 泣也울 제 (齊)
⿰言荂 화 [화] 應也대답할 화 (麻)
⿰言素 쑤 [소] 譜也외울 소 (遇)
謍 잉 [영] 小聲적은 소리 영 (庚)
⿰言豈 애 [개] 謹也삼갈 개 (灰)
⿰言眔 誻과同
⿰言虔 젼 [건] 口吃말 더듬을 더듬할 건 (阮)
謉 愧과同
⿰言耆 [기] 怒也성낼 기 (支)
謘 ᄎᆞ [지] 語諄諄말 거듭이를 지 (支)
⿰言宰 쟈 [하] 誑也속일 하 (禡)
⿰言乘 [승] 促言말 재촉할 승 (徑)
⿰言差 차 [차] 異言말 다를 차 (禡)
謒 챵 [창] 語輕말 경하게 할 창 (陽)
誖 빠 [발] 言亂말 어지러울 발 (月)
⿰言烝 졍 [증] 語煩ㅣ仍말 번거러울 증 (蒸)
⿰言疾 지 [질] 語急말 급할 질 (質)
⿰言氣 씨 [희] 語氣말 기운 희 (未)
⿱暴言 빠 [포] 痛寃聲呼ㅣ부르짖을 포 (豪)
謆 싼 [선] 以言感人말로 사람 감동시킬 선 (霰)

(十)

⿰言參 천 [침] 譏也흉볼 침 (寢)
⿰言票 퍈 [표] 言輕말 경할 표 (蕭)
⿱埶言 진 [집][접] 多言말 수다할 집、拾人語남의 말 주을 접 (緝)(葉)
謨 뭐 [모] 汎議將定其謀꾀 모 (虞)
⿰言叟 사 [사] 虎談헛말할 사 (馬)
⿱莫言 謨과同
謱 루 [루] 委曲辭ㅣ곡진할 루 (虞)
⿰言雩 워 [우] 妄言망녕된 말 우 (虞)
⿰言羕 양 [양] 聲變소리 변할 양 (漾)
⿰言⿸广夾 줘 [작] 欺也속일 작
⿰言望 왕 [망] 相責서로 책망할 망 (漾)
⿰言竟 징

[경]彊語 말다툴 경 (敬)
謏 訬과 同
韠 삐 [필]敬也 공경할 필 (質)
⿰言曹 嘈과 同
謵 씨 [습]服習 익힐 습 (緝)
謰 련 [련]語亂ㅣㅣ 말어지러울 련 (銑)
⿰言泰 談과 同
諆 꾀 [기]謀也 꾀 기 (支)
謯 詛과 同
謧 리 [리]多言ㅣ詍 말수다할 리 (支)
⿰言祭 [절]正言 바른말 절 (屑)
謸 謷과 同
⿰言屚 럭 [루]暴怒ㅣ詬 불끈성낼 루 (宥)
謥 총 [총]急言貌ㅣ調 급히말할 총 (送)
⿰言帶 디 [제]審諦讀ㅣ 살필 제 (霽)
謦 칭 [경]欬聲 기침소리 경 (迥)(徑)
⿰言窒 지 [질]言無倫脊 詥ㅣ 말종잡을수없을 질 (質)
謹 진 [근]慎也 삼갈 근 (吻)
⿰言衮 곤 [곤]語不明 말분명하지못할 곤 (阮)
謾 만 [만]欺也 속일 만 (寒)
⿱臣言 지 [기]言無次 말차례없을 기 (寘)
⿰言商 쌍 [상]度也 헤아릴 상 (陽)
謭 譾과 同
謳 억 [구]吟也 읊조릴 구、本音 우 (尤)
⿰言竟 競과 同
⿰言巢 찬 [초]代人說 대신말할 초 (肴)
⿰言鹵 루 [로]言不定ㅣ謊 황당히말할 로 (麌)
謼 후 [호][효]大叫 크게부를 호、號也 짖을 효 (虞)(遇)
謻 이 [이]別門 따로세운문 이 (支)
⿰言𡨄 일 [하]誑也 속일 하 (禡)
謷 오 [오]不消人語 중얼거릴 오 (肴)(號)
⿰言奄 안 [암]語不決ㅣ阿 말결단할 암 (覃)
⿱殹言 이 [예]譍也 대답할 예 (齊)
謬 믜 [류]誤也 그릇할 류 (有)
謽 챵 [강]詞不屈 말굳셀 강 (漾)
謮 저 [책]怒也 성낼 책 (陌)
⿰言酓 諳과 同
⿱敕言 速 古字
謫 저 [적]罰也 형벌할 적 (陌)
⿰言隺 유 [유][최]責也 꾸짖을 유、최 義同 (支)(灰)

(十二)

證 정 [증]驗也 증험할 증 (徑)
譎 웨 [휼]詐也 간사할 휼 (屑)
⿰言勞 랖 [로]聲多 소리많을 로 (號)
譖 찬 [참]不信 거짓말 참 (沁)
譆 씨 [희]痛呼、懼聲 슬피소리지를 희 (支)
譚 클 [담]大也 클 담 (覃)
譊 난 [뇨]ㅣㅣ争聲 다투는소리 뇨 (肴)
識 지 [식][지]知也 알 식、記也 기록할 지 (職)(寘)
⿰言翕 [흡]疾言 말빨리할 흡 (緝)
譓 췌 [혜]多智 슬기많을 혜 (霽)
⿰言嵒 [암]戲言 희롱할 암 (咸)
譁 회 [화]讙也 喧ㅣ 시끄러울 화 (麻)
譐 준 [준]聚語 수군거릴 준 (阮)
⿱隋言 쉐 [수]相毁 서로훼방할 수 (寘)

請 請과同

譙 챤 [초] 羽殺ㅣㅣ 깃모자라질 초 (蕭)

譔 쏀 [선] 述也 지을 선 (銑)(霰)

譏 ㅇ지 [기] 詞察 엿볼 기 (微)

[言+惡] 우 [오] 憎也 미워할 오 (遇)

譒 [파] 敷也 펼 파 (箇)

[言+莽] 무 [모] 言不定譕ㅣ 무당히 말할 모 (虞) 황

譚 탄 [탐] 言不正而違也 말어긋날 탐 (感)

[斯+言] 쓰 [서] 悲聲 슬픈 소리 서 (齊)

譕 우 [무] 言行莫先 언행이 같을 무 (虞)

譗 ㅇ자 [잡] 言不倫脊ㅣ譶 말종잡을수없을 잡 (洽)

譌 와 [와] 化也 화할 와 (歌)

譩 이 [예] 審諦ㅣ讉 살필 예 或音의 (霽)

譱 ㅇ젠 [전] 善言 좋은 말 전 (銑)

譮 허 [하] 應語 대답할 하 (箇)

[言+皐] 한 [호] 相欺ㅣ讀 서로속일 호 (號)

[與+言] 譽과同

[差+言] 嗟과同

[言+幸] 喜과同

[言+歮] 譅와同

譋 嘲同

譂 찬 [천] 妄言 망녕된 말 천 (銑)

譑 [교] 發罰糾ㅣ 들추어낼 교 (篠) 죄

[言+貴] 홰 [회] 中止 그칠 회 (泰)

譅 써 [삽] 訥也 어눌할 삽 (緝)

譄 ㅇ정 [증] 加也 더할 증 (蒸)

譇 쩌 [사] 語競 말다툼할 사 (馬)

[言+跌] 謝과同

譈 뒈 [대] 惡也 미울 대 (隊)

譜 푸 [보] 籍錄世系 족보 보 (麌)

[言+尞] 랴 [료] 巧言ㅣ讈 말잘할 료 (蕭)

譀 [함][합] 誕也 허탄할 함、怒言 성내어 말할 합 (勘)(洽)

譃 쒸 [후] 妄言 망녕된 말 후 (虞)

䜌 롼 [련] 治也 다스릴 련 (霰)

十三

譍 잉 [응] 答言 대답할 응 (蒸)

[言+敬] 警와同

[言+奧] 안 [오] 告也 隱語 고할 오 (號)

譠 탄 [탄] 欺也ㅣ謾 속일 탄 (寒)

譤 ㅇ지 [격] 詐也 거짓 격 (錫)

讉 쒜 [수] 言從 말쫓을 수 (支)

[言+煎] 쳰 [전] 語煩 말번거러울 전 (銑)

譪 애 [애] 盡力 힘다할 애 (泰)

[言+業] 예 [업] 語笑 말하며 웃을 업 (洽)

譝 씽 [승] 譽也 칭찬할 승 (蒸)

[言+萬] 매 [매] 誇誕 자랑할 매 (卦)

[言+感] 깐 [흠] 怒也 言성내어 말할 흠 (沁)

譭 훼 [훼] 謗也 헐어 말할 훼 (紙)

議 이 [의] 語也 말할 의 (寘)

譬 피 [비] 喩也 비유할 비 (寘)

譢 쒜 [수] 諫也 간할 수 (寘)

[言+葉] 쎄 [섭] 言失讋ㅣ 실언할 섭 (葉)

譞 환 [현] 多言 말수다할 현 (先)

[鄉+言] 쌍 [향] 暫也 잠깐 향 (漾)

[言+歲] 훼 [홰] 衆聲 여러소리 홰 (泰)

譮 [홰] 怒辭 성난말 홰 (卦)

譱 善古字

譥 쟈 교 訂也 알소할교 嘯

警 ᅌ징 경 戒行계 엄할경 梗

譟 쏘 조 聒也羣呼 지껄일조 號

譫 ᅌ잔 섬 多言중얼 거릴섬 監

譣 쎤 험 姦言ㅣ詖 간사한말험 琰

譗 ᅌ자 잡 聲也 소리잡 合

譯 이 역 換易言語使相解 통변할역 陌

譨 뉴 누 多言ㅣㅣ속 살거릴누 尤

譩 이 의 傷也 상할의 支

[言閧] 과 과 相誤서로 그릇할과 禡

譡 讜과同

(十四)

護 흐 호 救也구 조할호 遇

[言齊] 취 제 言多수 다할제 霽

[言睿] 이 예 恨也한 탄할예 霽

[言察] 치 철 細語속살 거릴철 屑

譼 監古字

[言豖] 직 추 罵也욕 할추 宥

[言菐] 푸 박 以言蔽말로방 패막이할박 屋

[言臺] 태 태 明審자 세할태 灰

譺 의 억 嘲戲기롱할의、齊敬삼가할억 卦 職

[言爾] 진 視也 볼진 軫

[言蒙] 뭉 몽 言不明말분명 하지못할몽 東

[言㡭] 돤 단 言惑添ㅣ말 의혹날단 旱

譶 타 답 疾言재재 거릴답 合

[言望] 왕 망 欺也 속일망 漾

[言寧] 녕 녕 小言속 살거릴녕 庚

譽 위 예 稱也聲美 기릴예 魚 御

譻 잉 앵 聲也ㅣ 소리앵 庚

譸 쳐 주 詶也ㅣ張 속일주 尤

[言臱] 면 면 慧點영 리할면 先

[言㬎] 어 압 笑語譺ㅣ웃 고말할압 合

譳 녀 누 不能言謳ㅣ말 머뭇거릴누 宥

譴 켠 견 怒也 성낼견 銑

[言遝] 타 답 言語相及 말다툼할답 合

譹 호 호 號也哭聲 부르짖을호 豪

(十五)

讀 뚜 독 두 誦書글읽을독、文語絶處句ㅣ귀절두 屋 宥

[言樂] 러 락 狂言ㅣ謊 미친말락 藥

[言巤] 려 렵 多言饒舌 지껄일렵 葉

[言暴] 표 포 惡怒미워하고성낼표、呼ㅣ부르짖을포 音박 效 覺

讄 러 뢰 諡也 시호뢰 紙

[言寫] 쌔 사 以言寫志말로속 시원하게할사 馬

[言戠] 識俗字

[言質] ᅌ지 질 野人言상스 러운말질 質

[言慮] 려 려 詐也거 짓려 御

譿 훼 혜 辨察분별하 여살필혜 霽

譒 審과同

[言遲] 치 지 言之逸出 말헛나갈지 支

[言憂] 위 육 嘆也냄 새말을육 屋

[言賛] 讚과同

譾 전 淺也얕 을전 銑

讁

적 責也咎也 꾸짖을적 陌

⿰言蔡 싸 살 散言 허튼말살 曷

譞 쒠 현 有所求 경영할현 霰

十六

讌 연 연 会飲 잔치연 霰

⿰言親 친 친 訓言 훈계할친 震

讐 讎 과同

讉 웨 유 怒也 성낼유 支

讍 악 直言謇ㅣ 곧은말악 藥

⿱頻言 뻔 빈 多言 수다할빈 眞

⿰言憲 쎈 헌 狠戾ㅣ博 낭자할헌 阮

讈 릐 력 巧言⿰言尞ㅣ 교묘한말력 錫

變 뻔

변 化也 변할변 霰

讇 첨 諛佞아 첨할첨 琰

讎 척 수 匹也 짝수 尤

⿱衛言 웨 위 詐也 거짓위 寘

⿱感言 한 함 愛也 사랑할함 覃

諄 쥰 순 誨言重複ㅣㅣ 거듭이를순 眞

讋 쪄 섭 懼也 두려울섭 葉

十七

讔 인 은 迷也 수수께끼은 吻

⿰言龠 약 요 誤也 그릇칠요 嘯

讓 상 양 謙也 사양양 漾

讒 찬 참 僭也 참소할참 咸

讖 참 符命圖ㅣ 將來驗ㅣ 緯참서참 沁

⿰言蹇 쪈 건 口吃難也 말더듬거릴건 阮

讕 란 란 逸言 방탕할란 翰

十八

讙 환 훤 환 譁也 지껄일훤、환 義同 喜悅 기쁠환 元 寒

讗 휘 획 誇也ㅣㅣ 자랑할획 陌

讘 네 섭 多言 詀ㅣ 속살거릴섭 俗音 접 葉

⿰言醫 喜 과同

⿰言闒 따 답 言多 수다할답 合

十九

讚 잔 찬 佐也 도울찬 翰

⿰言藝

囈 과同

二十

讞 엔 언、얼 評獄 옥사의논할 언、얼 義同 銑 屑

讝 옌 섭 病人自語 헛소리할섭 監

讜 땅 당 直言忠ㅣ 곧은말당 養 漾

⿰言矍 훠 확 妄言 망녕된말확

藥

二十一

⿰言纍 讄 과同

⿱覞言 誩 古字

二十二

讟 뚜 독 痛而謗 원망할독 屋

二十三

⿱龖言 讋 과同

谷部

谷 꾸 곡 록 욕 窮也 궁할곡、名王ㅣ 谷蠡 곡려록、姓也 성욕 屋 沃

谷 쟈 각 笑也 웃을각 藥

二

⿰谷九 꾸 구 大谷 큰골구 尤

三

⿰谷千 쳔 천 山名 산이름천 先

⿰谷工 훙 홍 大谷 큰골홍 東

四

⿰谷丮 끼 극 倦也 곤할극 陌

谺 쌰 하 谷空貌 谽ㅣ 골속휑할하 麻

谹 형 횡 谷中響 골속울릴횡 庚

五

⿱𣦵谷 叡 古字

谷甘 간 [함]高谷 높은골함 覃

六

谼 홍 [홍]大壑 큰구렁텅이홍 東

谷合 허 [합]兩山相接 두산서로닿을합 合

七

谽 [함]谷空貌ー谺 골속휑할함 覃

谷牢 롸 [로]空貌 골속휑할로 豪

八

谾 홍 [홍][롱][랑]谷空 골휑할홍、山深貌 산깊숙할롱、空谷 빈골짜기랑 東江

谷周 쟈 [교]谷大 골짜기클교 蕭

谷虎 갇 [감]虎怒 범성낼감 陷

十

豁 휘 [활]開也 열릴활 曷

谿 씨 [계]水注川 시내계 齊

豀 씨 [혜]反戾 어그러질혜 齊

十一

豂 랴 [료]谷深 골깊을료 蕭

谷京 隙과同

十二

谷間 澗과同

豃 한 [함]開也 열릴함 感

谷勞 랃 [로]谷空貌 골빌로 號

谷敫 한 [호]深谷貌 깊은골짜기호 豪

十四

谷睿 씬 [신]深谷 깊은골신 震

十五

豄 통 [독]通溝 도랑통할독 沃

十七

豅 롱 [롱]大長谷 크고긴골롱 東

二十

谷靈 링 [령]岩穴 바위구멍령 青

豆部

豆 뚜 [두]菽也 콩두 赤ー 팥두 有

三

豇 양 [강]豆之一種 광저기강 江

豈 치 [기][개]会也 일찌기、勝戰樂 승전악개 尾 賄

四

豉 츠 [시]配鹽幽菽 豆ー 콩자반시 寘

五

豆句 뚜 [두]裂也 찢을두 尤

豆夗 완 [완]豆名 동부완 寒

六

登 떵 [등]禮器瓦豆 질제기등 蒸

豆夅 썅 [강]豇豆ー 광저기강 江

豊 豐略字 禮古字

七

豆足 추 [축]小豆 팥축 屋

豆侵 친 [침]野生豆 들콩침 侵

豆尾 메 [매]豆碎萁 콩깍지매 賄

八

豆昔 처 [채]磨豆 비지채 陌

豎 슈 [수]立也 세울수

豆或 위 [육]豆也 콩육 屋

豆卑 삐 [비]白扁豆 백편두비 齊

豆召 깐 [감]豉味厚也 된장맛깊을감 勘

豆丁 닝 [정]張幕 장막칠정 青

豌 완 [완]西胡豆名 완두완 寒

豆其 萁과同

九

豆俞 위 [유]變色豆 빛변한콩유 虞

豆登 豋과同

豆音 인 [음]幽豆 메주만들음 侵

豆敄 무 [목]豆萁 콩깍지목 屋

豆殳 豋과同

豆是 鼓과同

十

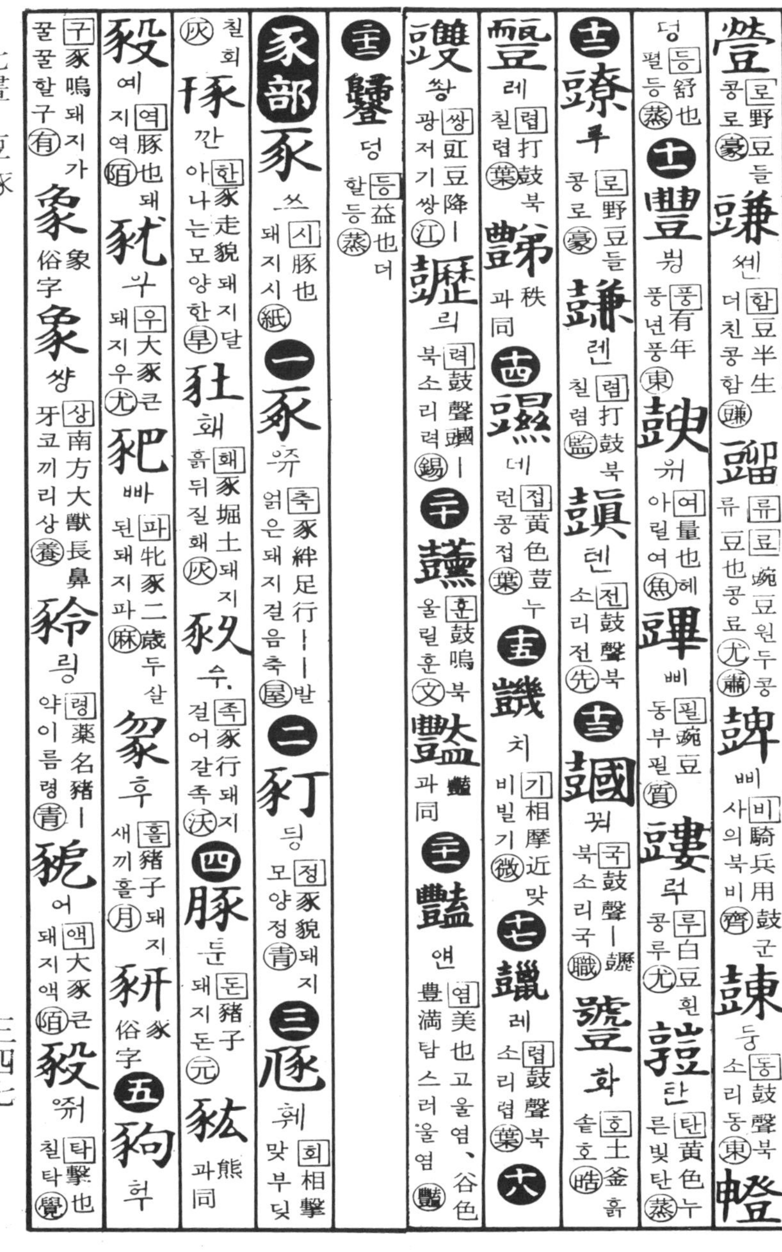

[豆+營] 콩로 [로]野豆 들콩 로 (豪)
䜪 셤 [합]豆半生 더친콩 합 (䜪)
䜲 류 [류][료]豆也 콩 료 (尤) 豌豆 원두콩 (蕭)
䜳 비 [비]騎兵用鼓 군사의 북 비 (齊)
[豆+東] 동 [동]鼓聲 북소리 동 (東)
[豆+登]

덩 [등]舒也 펼 등 (蒸)

十一

豐 봉 [풍]有年 풍년 풍 (東)
[豆+臾] 유 [여]量也 헤아릴 여 (魚)
[豆+畢] 비 [필]豌豆 동부 필 (質)
[豆+婁] 루 [루]白豆 흰콩 루 (尤)
[豆+單] 탄 [탄]黃色 누른빛 탄 (蒸)

十二

[豆+尞] 루 [로]野豆 들콩 로 (豪)
[豆+廉] 렴 [렴]打鼓 북칠 렴 (鹽)
[豆+眞] 뎐 [전]鼓聲 북소리 전 (先)

十三

[豆+國] 귁 [국]鼓聲ㅣ[豆+歷] 북소리 국 (職)
[虎+豆] 화 [호]土釜 흙솥 호 (皓)

[豆+巤] 레 [렵]打鼓 북칠 렵 (葉)
[豐+弟] 秩 과同

十四

[豆+㬎] 데 [접]黃色荳 누런콩 접 (葉)

十五

[豆+幾] 치 [기]相摩近 맞비빌 기 (微)

十七

[豆+巤] 레 [렵]鼓聲 북소리 렵 (葉)

十八

[豆+雙] 쌍 [쌍]豇豆降ㅣ 광저기 쌍 (江)
[豆+歷] 리 [력]鼓聲[豆+國]ㅣ 북소리 력 (錫)

二十

[豆+熏] 훈 [훈]鼓鳴 북울릴 훈 (文)
豔 과同

二十一

豔 염 [염]美也、谷色豊滿 고울 염 탐스러울 염 (豔)

二十二

[豆+登] 덩 [등]益也 더할 등 (蒸)

豕部

豕 쓰 [시]豚也 돼지 시 (紙)

一

豖 쥭 [축]豕絆足行ㅣㅣ 발얽은돼지걸음 축 (屋)

二

[豕+丁] 딩 [정]豕貌 돼지모양 정 (青)

三

豗 회 [회]相擊 맞부딪칠 회 (灰)
[豕+干] 깐 [한]豕走貌 돼지달아나는모양 한 (旱)
[豕+土] 홰 [홰]豕掘土 돼지흙뒤질 홰 (灰)
[豕+叉] 슈 [족]豕行 돼지걸어갈 족 (沃)

四

豚 둔 [돈]豬子 돼지돈 (元)
[豕+厷] 熊 과同
[豕+殳] 예 [예]豚也 돼지 예 (陌)
[豕+尤] 우 [우]大豕 큰돼지 우 (尤)
豝 빠 [파]牝豕二歲 두살된돼지 파 (麻)
[豕+孚] 후 [훌]豬子 돼지새끼 훌 (月)
豣 豕俗字

五

豿 후 [자]豕鳴 돼지가 꿀꿀할 자 (有)
象 象俗字
象 쌍 [상]南方大獸長鼻 코끼리 상 (養)
[豕+令] 링 [령]藥名豬ㅣ 약이름 령 (青)
[豕+厄] 어 [액]大豕 큰돼지 액 (陌)
豰 좍 [탁]擊也 칠 탁 (覺)

豠 쥬 [처]小豕작은 돼지처(魚)
𧱏 애 [애]瘠豕마른 돼지애(賄)
𧱃 무 [무]牝豕암 돼지무(豇)

⑥

豣 젼 [연][견]豣노루연、大豕큰 돼지견(霰)(銑)
𧱩 싼 [산]豕羣돼지떼산(寒)
豤 컨 [간]款誠정성스러울간(阮)
豦 취 [거]猿類원숭이거(魚)
𧱓 쎈 [선]牝豕암돌선(先)
𧰹 애 [애]老豭늙은숫돼지애(泰)
豢 환 [환]養育ㅣ기를환(諫)
𧲂 시 [시]去勢豕불친돼지시(紙)
豥 해 [해]豕白蹄네굽흰돼지해(蟹)
𧰬 깐 [간]大豬큰돼지간(旱)
𧱜 둥 [동]山豬멧돼지동(東)

⑦

豩 삔 [빈]二豕쌍돌빈(眞)
𧱝 쌰 [효]豕走돼지달아날효(效)
豨 씨 [희]大豕큰돼지희(微)(尾)
𧱰 푸 [포]豕聲돼지소리포(遇)
𧱳 지 [지]大豕큰돼지지(支)
豪 한 [호]俊也호걸호(豪)
𧰿 떠 [투]尾星名龍ㅣ별이름투(宥)
豙 이 [위]豕聲怒也毛堅돼지성내어털일어날위 或音의(未)

⑧

豵 쭝 [종]牡豕수돼지종(宋)
𧲀 깡 [강]豕肉之中空돼지고기속빌강(江)
𧲸 와 豩同
𧱀 [매]頑惡ㅣ䝏완악할매(泰)

⑨

豫 위 [예]早也先也먼저예(御)
𧲃 위 [유]豪豬別名豲ㅣ산돼지유
𧲅 젹 [주]皮理堅厚之豕겹질두터운돼지주(宥)
𧲆 젠 [견]豜也썹을견(銑)
𧲏 된 [단]似豕而肥오소리단(寒)
𧲒 벤 [변]大豕큰돼지변(先)
𧲑 탁 [탁]行也갈탁(覺)
𧲓 쥔 [군]小野豕작은멧돼지군(問)
豬 [저]豕也돼지저(魚)
豭 야 [가]牡豕수돼지가(麻)

⑩

豰 후 [혹]白狐子흰여우새끼혹(屋)
豲 웬、 [원][환]豕屬山豬산돼지원、豪豬멧돼지환(元)(寒)
𧲜 씨 [희]豕息돼지숨쉴희(未)
䝏 홰 [홰]頑惡𧱀ㅣ완악할홰(卦)
𧲘 밍 [명]小豚작은돼지명(青)
豱 원 [온]豕名ㅣ豬돼지이름온(元)
豯 씨 [혜]豕生三月석달된돼지혜(齊)
豳 삔 [빈]周始封國나라이름빈(眞)

⑪

𧲢 꽤 [괘]逐犬쫓을괘(佳)
𧲚 디 [적]豕蹄돼지굽적(錫)
𧲛 메 [멱]頭黑體白豕머리검고몸흰돼지멱(錫)
𧲟 만 [만]豕也돼지만(寒)
𧲞 루 [루]求子牡豕암내내

는돼지루(尤)

豵 쭁 [종] 豕生三子 세끼돼지종(東)

十二

豷 씌 [희] 豕息 돼지숨쉴희(寘)

⿰豕脩 쓔 [수] 豕子 돼지새끼수(支)

⿰豕童 츙 [충] 王豬 땅 돼지충(東)

⿰豕曾 청 [증][층] 豕所寢檜 돼지어리증、圈也 우리층(蒸)

⿰豕粦 린 [린] 大豕 큰돼지린(眞)

十三

⿰豕遀 쓔 [수] 牝豕 암돼지수(支)

豰 후 [혹] 豕聲 돼지소리혹(屋)

豶 뿐 [분] 除也 제할분(文)

十四

⿰豕建 쌉 [삽] 老母豬 늙은암돼지삽(洽)

⿰豕夢 멍 [몽] 山豬 산돼지몽(東)

⿰豕聚 츄 [추] 小母豬 작은암돼지추(虞)

十五

⿰豕巤 레 [렵] 豕長毛 돼지의긴털렵(葉)

⿰豕暴 뽀 [폭] 小豕 작은돼지폭(屋)

十六

⿰豕雚 환 [환] 野豬 들돼지환(寒)

⿰豕聶 [접] 豕別名 梁州謂豕曰ㅣ 돼지접(葉)

豸部

豸 츠 [치][채] 無足蟲 발없는벌레치、解也 풀치、채義同(紙)(蟹)

二

⿰豸力 리 [륵] 犬也 개륵(職)

三

豹 뱦 [표] 猛獸似虎圈文 표범표(效)

豺 채 [시] 狼屬 승냥이시、古音재(佳)

⿰豸乇 뒤 [탁] 驝父牛母之獸 트기탁(陌)

豻 안 [안][간] 野犬似狐 들개안、野犬 들개간(寒)(翰)

四

豼 [비] 獸名 비휴 짐승비(支)

⿰豸木 貅과同

豽 뉘 [놜] 獸似貍 살갈은짐승놜(黠)

⿰豸巴 빠 [파] 獸醜狀 짐승형상추할파(麻)

⿰豸廾 융 [옹] 獸似豕 돼지같은짐승옹(冬)

豣 젼 [견] 大豕 큰돼지견(先)

⿰豸元 웬 [완] 狐也 여우완(寒)

五

貂 댶 [초] 鼠屬黃黑色 돈피초(蕭)

⿰豸左 쥐 [좌] 獸也 짐승좌(哿)

⿰豸央 앙 [앙] 貉也 ㅣ담비앙(陽)

⿰豸乍 단 [단] 無足蟲 발없는벌레단(潸)

⿰豸犮 예 [비] 豸乍也 발없는벌레비(未)

⿰豸冬 둥 [동] 有角獸 뿔난짐승동(冬)

豿 뭐 [구] 熊虎之子 범의트기구(有)

⿰豸穴 유 [유] 似猿仰鼻長尾 원숭이유(宥)

⿰豸瓜 狐과同

⿰豸丕 폐 [비] 貍子 삵의새끼비(支)

⿰豸巠 궈 [거] 猛也 사나울거(魚)

⿰豸出 누 [눌] 無前足獸 앞발없는짐승눌(黠)

六

⿰豸同 퉁 [동] 大豕 큰돼지동(東)

貊 매 [매] 蠻ㅣ 오랑캐매(陌)

⿰豸舟 허 [학] 似貍善睡斑毛狐 ㅣ담비학 本音각(藥)

⿰豸夋

이 [이] 頭白野犬 머리흰들개 이 (支)

⿰豸伏 우 [복] 狐也 여우 복 (屋)

貆 훤 [훤][환] 貉屬 담비새끼 훤、환 貛同 (元)(寒)

貄 쓰 [사] 獸體多長毛 짐승의 몸에 긴털 많을 사 (眞)

貅 싹

[휴] 摯獸貔－ 사나운짐승 휴 (尤)

⿰豸冊 싼 [산] 暴惡 사나울 산 (刪)

⿰豸吏 싀 [시] 貉也 담비 시 (眞)

⿰豸𡿧 퍞 [표] 好睡羊 잠자는양 표 (篠)

貉 貊과 同

七

貍 [리] 野豕 너구리라 (支)

貋 豻과 同

貌 뫄 [모][막] 容儀 모양 모、描畫 모뜰 막 (麻)(覺)

八

⿰豸隶 쓰 [사] 貍子 삵의 새끼 사 (眞)

貏 삐 [피] 漸平貌 －豸 점점평평할 피 (紙)

⿰豸卓 댜 [조] 貂也 발없는벌레 조 (效)

貎 [예] 狻－ 사슴새끼 예 (齊)

⿰豸沓 타 [답] 海狗也 물개 답 (合)

⿰豸來 래 [래] 貍別名 삵 래 (灰)

⿰豸奇 이 [의] 犗犬 불친개 의 (支)

九

貐 위 [유] 似貙⿰豸契－ 스라소니같은짐승 유

⿰豸柔 [요] 如猿而小紫黑色 검붉고 적은 원숭이같은짐승 요 (篠)

⿰豸𡿺 놔 [노] 雌貉 암담비 노 (皓)

⿰豸契 야 [설] 似貙虎瓜－貐 스라소니같은짐승 설 俗音 알 (黠)

⿰豸重 쥬 [종] 乳也 젖 종 (宋)

貓 [묘] 捕鼠獸 고양이 묘 (蕭)

⿰豸酋 유 [유] 良犬 좋은개 유 (尤)

⿰豸胃 謂과 同

貒 돤 [단] 浪牡犬 이리 단 (寒)

貑 豭과 同

十

貔 피 [비] 猛獸名－貅 사나운짐승 비 (支)

貕 씨 [해] 豬子 돼지 해 (養)(齊)

⿰豸益 어 [액] 大鼠 큰쥐 액 (陌)

⿰豸畀 삐 [비] 猛也 사나울 비 (支)

⿰豸原 源과 同

十一

貘 머 [맥] 似熊食鐵 곰같고 쇠먹는짐승이름 맥 (陌)

⿰豸㒼 만 [만] 驅漫 이리 만 (願)

⿰豸曼 만 [만] 狹屬驅 이리 만 (翰)

⿰豸离 치 [리] 猛獸名 사나운짐승이름 리 (支)

貗 릐 [루] 貒子 오소리새끼 루 (遇)

貙 위 [추] 似貍而大－⿰豸曼 이리 추 (虞)

十二

⿰豸尞 랴 [료] 西南夷名 서남오랑캐이름 료 (巧)

⿰豸賁 뿐 [분] 羊也 양 분 (吻)

⿰豸皐 嗥과 同

十三

⿰豸雍 웅 [옹] 大猿 큰원숭이 옹 (冬)

⿰豸歲 [예] 國名－貊 나라이름 예

十八

貛 환 [환] 牡狼犬 이리 환 (寒)

二十

貜 쥐 [확] 大猿 큰원숭이 확 (藥)

貝部

貝 패 [패]海介蟲조개패 貨也재물패 泰

二

貞 정 [정]正也곧을정 固也굳을정 庚

⿰貝卜 부 [복]羨人之財재물부러워할복 屋

負 베 [배]河神물귀신배 灰

負 부 [부]背荷物짐질부 有

⿱刀貝 과 負同

貟 과 員同

三

財 재 [재]貨也재물재 灰

貤 이 [이][시]物重數물건무게 시、貤爵옮길이 寘 支

貢 공 [공]獻也세받칠공 送

⿱小貝 솨 [솨]貝介聲자갯소리솨 哿

⿰貝刃 인 [인]堅牢굳을인 震

貣 터 [특]從人求物 假ㅣ빌특 職

四

責 재 [책][채]求也조를책 負債빗채 陌 卦

貨 화 [화]物ㅣ물건화 箇

貫 관 [관]穿也꿸관 翰

販 판 [판]賤買貴賣者장사판 願

貯 저 [저]貯也축할저 語

貪 탄 [탐]欲物愛財욕심낼탐 覃

貧 핀 [빈]乏也無財가난할빈 眞

質 質略字

貥 항 [항]大貝큰자개항 陽

⿰貝勻 민 [민]稅貢부세민 眞

貦 완 [완]好也좋을완 翰

⿱免貝 먼 [문]財殖천냥이늘문 願

五

⿰貝央 양 [앙]無極限한없을앙 養

貾 지 [지]黃貝누른자개지 支

貼 테 [첩]依附붙일첩 葉

貽 이 [이]遺也끼칠이 支

⿰貝乍 저 [작]財也재물작 藥

⿱类貝 변 [편]財增천냥늘편 銑

⿰貝池 과 池同

貳 얼 [이]二也두이 副也버금이 寘

貹 셩 [성]財也재물성 敬

貲 즈 [자]財也貨也재물자 支

⿰貝甘 한 [감]貪財ㅣ濫재물탐낼감 覃

貶 변 [폄]損也덜릴폄 琰

⿰貝皮 피 [피]與也줄피 寘

⿰貝主 주 [주]財也재물주 遇

⿰貝句 쥐 [구]治也다스릴구 有

⿰貝示 시 [시]示財재물보일시 寘

貺 황 [황]賜也與也줄황 漾

貿 뫄 [무]財貨交易무역할무 有

貴 궤 [귀]位高尊也높을귀 未

買 매 [매]市也ㅣ賣살매 蟹

賁 빈 [비][분][본]飾也꾸밀비 大也클분 勇也虎ㅣ날랠본 寘 文 元

貯 져 [저]積也쌓을저 語

費 뷔 [비]ㅣ用入비용비 未

貰 셰 [세][사]貸也꿀세、寬罪죄용서할사 霽 禡

⿰貝玄 현 [현]售也賣也팔현 霰

⿰貝足 소 [소]ㅣ問財복채소 語

貸 대 [대][특]借也借施빌릴대 빌특 隊 職

賀 하 [하]慶也勞也 경사하 (箇)

⑥

賉 휼 [휼]分賑 기민 먹일휼 (質)

資 자 [자]貨物 재물자 (支)

賊 적 [적]不忠不孝 子역적적 (職)

[illegible] 쑈 [효]煩也 번거러울효 (蕭)

賅 貝와同

賂 루 [뢰]遺也 끼칠뢰 (遇)

賈 꾸 [고]、[가]·坐賣 앉은장사 고、姓也 성가 (麌)(禡)

賋 皎 과同

賆 뻰 [변]益也 더할변 (先)

賄 훼 [회]財帛總名 재물회 (賄)

賃 린 [임]傭也 품파리임 俗音 남 (沁)

賌 깨 [해]陰陽奇秘之要 奇ㅣ 이상할해 (灰)

[illegible] 치 [치]貯財 재물모을치 (紙)

[illegible] 린 [린]貪食 음식 탐낼린 (翰)

賫 쎄 [협]財也 재물협 (葉)

賑 신 [신]質物 전당신 (翰)

貤 아 [이][원]遺送 보내줄 이、원 義同 (支)(願)

貺 황 [황]賜也 줄황 (漾)

賚 래 [래]積也 쌓을래 (賄)

[illegible] 애 [애]貯也 쌓을애 (卦)

⑦

賑 진 [진]富也 풍부할진 (震)

賻 뿌 [포]財相酬 재물로 서로갚을포 (遇)

賕 칙 [구]贓也以財 枉法 장전구 (尤)

[illegible] 깨 [개]深堅 깊고 굳을개 (隊)

賐 늘 [순]益也 늘순 (震)

賔 賓와同

[illegible] 린 [린]貪也 탐낼린 (震)

[illegible] 타 [탈]貨也 재물탈 (黠)

賷 이지 [재]持遺 집어줄재 (齊)

賓 삔 [빈]客也 손빈 (眞)

賒 세 [사]貰買 세낼사 (麻)

[illegible] 賄과同

⑧

賜 쓰 [사]錫也上予下 줄사 (眞)

賣 매 [매]出貨 物팔매 (卦)

賟 뎐 [전]富裕 넉넉할전 (銑)

質 지 [질][지]主也 바탕질、以物相贅 交ㅣ 폐바지 (眞)(質)

[illegible] 예 [비]稅也 부세비 (未)

[illegible] 애 [애]人名 사람이름애 (卦)

[illegible] 쥐 [거]賣也 팔거 (魚)

賦 으부 [부]稅也 구실부 (遇)

賤 쪤 [천]卑下不貴 천할천 (霰)

[illegible] 량 [량]稅也 부세량 (陽)

賖 써 [사]不交 사귀지 않을사 (麻)

賝 친 [침]寶也 보배침 (侵)

賢 쏀 [현]有德行 어질현 (先)

[illegible] 완 [완]小有財ㅣ端 재물 조금있을완 (旱)

賬 쟝 [장]計簿 장부장 (養)

賚 래 [뢰]賜也予 줄뢰 (隊)

賨 총 [종]蠻賦ㅣ布 오랑캐부세종 (冬)

賠 페 [배]複償 배상할배 (灰)

賥 췌 [수]貨也 재물수 (眞)

贄 지 [지]以財質 전당지 (支)

賛

贊과同
䝿 지 [기]赤貝붉은 자개기(眞)
賞 쌍 [상]賜有功 상줄상(養)
賙 쩍 [주]給也賑 贍줄주(尤)
䝼 칭 [청]受賜받 을청(庚)
賡 껑 [갱]續也ㅣ 載이을갱(庚)
賧 탄 [탐]蠻夷以財贖罪오랑 캐재물로속죄할탐(勘)
⑨
賵 쀵 [봉]贈死助喪車馬 曰ㅣ부의봉(送)
賭 뚜 [도]博奕取財 내기도(麌)
賮 쯴 [신]珍貨琛 노자신(震)
賁 뽀 [표]散匹帛與三 軍봉죽줄표(嘯)
賴 래 [뢰]恃也 믿을뢰(泰)
賲 뽀 [보]和儥物者 거간군보(皓)
䝱 따 [답]博戲 노름답(洽)
䞂 안 [연]小有財작 은재물연(銑)
賥 疑과同
䞀 헉 [후]龍貝出海 南자개후(有)
賱 윈 [운]富有ㅣ賰 넉넉할운(吻)
䞃 지 [치]賑也진 휼할치(寘)
賰 츈 [춘]富有賱ㅣ 넉넉할춘(軫)
䞓 졍 [정]賣而不得利 부의부(敬)
賫 賷同
䞁 옌 [언]物相當물전 알맞을언(阮)
䞝 [단]小有財䞎ㅣ재 물조금있을단(旱)
⑩
賻 뿌 [부]以貨助喪 부의부(遇)
賽 쌔 [새]報祭치성 드릴새(隊)
賺 ㅇ잔 [잠]重賣 거팔잠(陷)
䞈 [침]寶也 보배침(侵)
賾 쩌 [색]幽深難見깊이 보기어려울색(陌)
䞉 애 [애]寄人物부 처보낼애(卦)
䞌 창 [창]積貨재물 쌓을창(漾)
賸 씽 [잉][승]送也 보낼잉益也 더할승(徑)
購 꾸 [구]以財求設賞募 구해드릴구(有)
賣 賫과同
⑪
贄 ㅇ지 [지]帛也執 폐백지(寘)
䞐 루 [루]貪也탐 낼루(有)
贓 贜과同
䞕 미 [밀]水流물 흐를밀(質)
䞑 ㅇ좐 [환]支財貨재물 지탱할환(諫)
贅 ㅇ줴 [췌]屬也 붙일췌(霽)
䞒 썬 [삼]諸也내 기할삼(感)
⑫
贇 윈 [빈]美好貌 예쁠빈(眞)
䞖 쥐 [귤]大貝큰 자개귤(質)
䞅 지 [귀]財也재 물귀(寘)
贊 ㅇ잔 [찬]佐也 도울찬(翰)
贈 ㅇ정 [증]增也 더할증(徑)
贆 퍌 [표]陸居貝물에 사는조개표(嘯)
贉 탄 [담]買物先入直물전 값선셈받을담(感)
贗 안 [안]不直也바르 지못할안(諫)
䞬 뚜 [도]諸勝내기하 여이길도(麌)
䞟 깐 [함]賄也 뇌물함(陷)
䞋 䞂과同
⑬
贍 싼

섭 足也富ㅣ 녁녁할섬 (豔) ⿰貝廉 잠 잠 重寶물건 거듭팔잠 (陷) 贏 잉 영 有餘 남을영 (庚) ⿰貝遂 식 수 賻儀부 의수 (寘) (十四) ⿰貝監 란 람 貪財ㅣ 貼재 물탐낼람 (勘) 贓 장

장 吏受賂非理所得 財장물잡힐장 (陽) 贔 삐 비 作力貌ㅣ屭 힘찬모양비 (寘) 贐 신 送行ㅣ遺 노자신 (震) 贒 賢古字 (十五) 贖 속 속 納金免罪 죄속반칠속 (沃) 贕

뚜 독 卵內敗알 곯을독 (屋) 贎 리 례 多財많은 재물례 (霽) 贗 앤 안 僞物眞ㅣ 거짓것안 (諫) [illegible] 잔 전 謀人財남의 재물꾀할전 (霰) (十六) ⿰貝遺 이 유 贈也 줄유 (寘) ⿰貝親

츤 친 錢也 돈친 (震) 贙 인 인 分別많 별할인 (軫) 贚 룽 롱 貧也가 난할롱 (宋) ⿰貝寫 뜬 돈 贈送奇異物기이 한물건보낼돈 (阮) (十七) 贛 공 공 감 賜也줄공 고을이름감 (送)(勘)

⿳貝貝大 정 잉 愚也어리 석을잉 (蒸)

赤部

赤 치 적 南方色 붉을적 (陌) (二) ⿰赤丁 딩 정 赤色붉 은빛정 (庚) (三) ⿰赤工 훙 홍 皮肉腫赤 곪아붉을홍 (東) (四) ⿰赤支 찌 지 婦人面飾 赤支ㅣ 연지지

(支) 赥 씨 혁 笑聲ㅣㅣ 껄껄웃을혁 (錫) 赦 셔 사 釋罪죄 사할사 (禡) (五) 赧 난 난 ㅣ然面慚 赤무안할난 (潸) ⿰赤皮 녠 년 笛聲緩寘ㅣ피리 늘어지게불년 (霰) (六)

赩 허 혁 大赤식 빽결혁 (職) 赨 뚱 동 赤色벌 걸동 (冬) ⿰赤同 퉁 동 赤色붉 을동 (董) (七) ⿰赤尾 미 미 赤尾붉 은꼬리미 (尾) ⿰赤含 한 함 淺赤色분 홍빛함 (覃) 赫

허 혁 火赤貌붉 은모양혁 (陌) ⿰赤巠 정 赤色 은빛정 (庚) (九) ⿰赤畐 쎄 혁 縪色 빨갈혁 (職) 赭 여 자 赤土붉 은흙자 (馬) 赬 여 정 赤色 붉은빛정 (麻) ⿰赤垔 연 연 婦

人飾ㅣ⿰赤支 연지연 (先) 赮 싸 하 東方赤色 貌벌걸하 (麻) (十) ⿰赤殳 후 혹 日出之赤햇 발붉을혹 (屋) ⿰赤唐 탕 당 面色紫얼굴 검붉을당 (陽) ⿰龺赤 환 간 濁也흐릴환、 甚赤몹시붉을간 (旱)

⑪ ⿰赤累 시 [흡]赤貌 붉은모양흡(緝)

⑭ ⿰赤㬎 쎄 [혀]濃赤色 진한붉은빛혀(職)

⿰赤需 수 [유]火色 불빛유(虞)

走部

走 주 [주]奔也 달릴주(有)

赱 走와同

② ⿺走力 리 [륵]步也 절을륵(職)

赴 부 [부]奔也 달릴부(遇)

赳 규 [규]武貌ㅣ 헌결찰규(有)

③ ⿺走乙 치 [글]直行 곧갈글(質)

起 치 [기]興也 일어날기(紙)

赵 정 [경]獨行貌 혼자갈경(庚)

赶 깐 [간]逐也 쫓을간(旱)

⿺走才 재 [재]起去 일어날재(灰)

赸 산 [산]跳躍 뛸산(刪)

⿺走乚 지 [질]碎也 부술질(質)

⿺走子 쥐 [굴]走貌 달아날굴(物)

⿺走也 지 [지]走也 달아날지(支)

⿺走弋 쑤 [속]疾也 빠를속(沃)

④ ⿺走支 지 [기]猿之昇樹 원숭이나무에오를기(支)

赾 진 [근]難也 어려울근(吻)

⿺走丐 우 [오]東夷之舞 동녘오랑캐오(虞)

⿺走冘 탄 [탐]徘徊 머뭇거릴탐(感)

⿺走止 테 [척]越也 넘을척(陌)

⿺走日 이 [율]遠走 멀리달아날율(質)

⿺走勺 작 [구]足屈而不伸 발꼬부라질구(尤)

⿺走帀 자 [잡]急走貌 급히달음박질할잡(合)

⿺走殳 투 [투]自投下 스스로떨어질투(有)

趋 趨과同

⿺走从 총 [종]急行 빨리갈종(冬)

赽 궤 [결]馬疾行貌 말달려갈결(屑)

⑤ 趄 저 [저]不進趑ㅣ 머뭇거릴저(魚)

超 찬 [초]越也躍過 뛰어넘을초(蕭)

越 웨 [월][활]過度 넘을월、琵孔 비파구멍활(月)(曷)

⿺走去 솨 [할]走去 달아나갈할(曷)

⿺走朮 츄 [출]走出 달아나올출(質)

⿺走句 직 [구]走而顧 달아나며돌아볼구(虞)

趉 쥐 [굴]卒起而走 별안간달아날굴(物)

⿺走丘 각 [구]跛行 절름거릴구(有)

趁 천 [진][전]逐也 쫓을진、踐也 밟을전(震)(銑)

⿺走世 티 [체]越也 넘을체(霽)

⿺走犮 빠 [발]行貌 가는모양발(曷)

⿺走乍 쥐 [작]忙走 바삐달아날작(藥)

⿺走巨 쥐 [거]步也 절음거(語)

⿺走玉 위 [옥]跛足 절뚝발이옥(沃)

⿺走旦 단 [단]直行 곧장갈단(旱)

⿺走石 처 [척]緩步 천천히걸을척(錫)

⿺走斥 샤 [차]留也 머물차(馬)

⿺走玄 쎈 [현]遠也 走 멀리달아날현(先)

⿺走此

즈 [지]渡涉淺瀨 얕은 여울건널지(紙) 𧺝 시 [십]走貌 달아날십(緝) 趃 지 [절]大走 크게 달아날절(屑) 趂 천 [진]逐也 달려서쫓을진(震) 𧺆 [백]越也 넘을백(陌) 𧺮 웅

[옹]急走 급히 달아날옹(冬) ❻ 𧻃 우 [유]急走 급히 달아날유(有) 𧻆 웬 [원]居處相換 처소바꿀원(元) 𧻄 지 [기]擧足半步 반걸음기(紙) 趑 츠 [자]難行ㅣ趄 머뭇거릴자(支)

𧻓 후 [후]蹇行 절며갈후(有) 趔 례 [렬]ㅣ起 자빠지려고할렬(屑) 𧺨 직 [주]竚立 서있을주(尤) 𧻚 셴 [협]勇走 날싸게 달아날협(豔) 𧻊 허 [흡]跛行 절흡(洽) 趚

지 [적]側行足 옆으로 건는발적(陌) 趌 으지 [길]怒走 성내고 달아날길(質) 𧻂 배 [맥]越也 넘을맥(陌) 趎 추 [추]人名南栄ㅣ 사람의이름추(虞) 趒 됴 [조]越也 넘을조(嘯)

𧻎 이 [의]遠走 멀리 달아날의(微) 趏 꽈 [활]蒲席 부들자리활(曷) 𧻈 허 [학]僵也ㅣ𧼯 자빠질학(陌) 𧻇 셰 [혈]進也 나아갈혈(屑) 趍 창 [추]走也 추창할추(虞) 趝 과 同迸

❼ 𧻓 리 [해]欲走而留 달아나려다 머무를해(灰) 𧼀 뱌 [부]僵也 엎드러질부(遇) 𧻰 샤 [삽]疾行 빨리갈삽(洽) 𧻱 녜 [녈]急行 급히갈녈(月) 𧻐 후 [후]趨

行不進貌 주저할후(有) 𧻘 윈 [운]亂也 어지러울운(吻) 𧼍 후 [혹]越也 넘을혹(屋) 𧻝 치 [子]違也 어긋날구(尤) 𧼂 시 [희]走貌 달아날희(微) 趙 으조 [조]國名 造父所封 조

나라조(篠) 趖 좌 [좌]疾行 빨리 달아날좌(歌) 𧻯 쥔 [준]行速 걸음빨리걸을준(眞) 𧻸 뱌 [부]速也 속할부(遇) 𧻮 투 [도]伏地𧻧ㅣ 땅에엎드러질도(虞) 趕 [간]追也 쫓을간

(旱) 𧽤 시 [책]急走 급히 달아날책(陌) 𧻶 훠 [혹]倒也 꺼꾸러질혹(屋) 𧻲 욲 [축]局小貌 趢ㅣ 국축할축(沃) 𧻛 씨 [혀]獸走 짐승 달아날혀(錫) 𧼊 쑤 [속]走聲 달아나는소

리속(屋) ❽ 趣 취 [취][추][촉]ㅣ味 취미취。掌馬官ㅣ馬 추마벼슬이름추、催也 재촉할촉(遇) 𧼖 둥 [동]狂走 미처뛰어나갈동(東) 𧼘 얘 [비]小步 자박자박걸을비(支) 趠

탸 [초][탁] 五月風舶ㅣ오월바람초 遠也멀탁本音착 (效)(覺)
⿺走夌 릉 [릉] 越也넘을릉 (蒸)
⿺走肴 쇼 [효] 走貌달아날효 (肴)
⿺走易 뎍 [적] 狂走趯ㅣ미처서달아날적 (錫)
⿺走來 래 [래] 到也이를래 (灰)
趛 인 [음] 低頭疾行머리숙이고빨리갈음 (寢)
趜 쥐 [국] 窮也궁구할국 (屋)
趝 야 [압] 急走급히달아날압 (合)
⿺走咅 뷱 [북] 僵也넘어질북 (職)
⿺走豖 ᅇᅲ [축] 小兒行趢ㅣ어린애달타달타걸을축 (沃)
趢 루 [록] 局小貌ㅏ趗국축할록 (沃)
⿺走囷 [군] 奔也달아날군 (吻)
趡 윆 [유] 動也움직일유 (紙)
⿺走或 쒀 [혁] 盜走몰래달아날혁 (職)
⿺走念 옘 [겸] 俯首疾行머리숙이고빨리걸을겸 (豏)
趞 치 [척] 側行옆으로걸어갈척 (錫)
趟 칭 [쟁] 躍貌趙ㅣ뛰는모양쟁 (庚)

九

⿺走胃 위 [울] 急遽行갑자기갈울 (物)
⿺走叜 삭 [숙] 脊曲未伸者곱사등이숙 (屋)
⿺走昜 탕 [탕] 進行나아갈탕 (陽)
⿺走癸 채 [채] 進行나아갈채 (灰)
⿺走勇 융 [용] 勇行날쌔게갈용 (腫)
⿺走复 뷱 [복] 小兒手據地行趙어린아이길복 (屋)
⿺走盾 츈 [춘] 逃也도망할춘 (眞)
趪 황 [황] 直走곧달아날황 (陽)
⿺走耑 ᅌᅫᆨ [불] 正步바르게달아날불 (物)
⿺走曷 졔 [걸] 怒走성내고달아날걸 (月)
⿺走重 즁 [종] 斜行비뚜루걸을종 (宋)
⿺走臿 샤 [삽] 疾行빨리갈삽 (洽)
趥 ᅇᅲ [추] 徒步行貌걷는모양추 (尤)
⿺走度 [탁] 半步반걸음탁 (陌)
趧 뎨 [제] 夷舞오랑캐춤제 (齊)
⿺走咎 赵俗字
⿺走兪 踰과同

十

⿺走疾 ᅇᅵ [질] 走遽빨리달아날질 (質)
趨 취 [추] 走也달아날추 (虞)
⿱寒走 션 [헌] 走貌달아날헌或音건 (元)
⿺走虒 ᄎ [치] 輕薄ㅣ虒경박할치 (支)
⿺走晏 옌 [언] 烟上升연기오를언 (阮)
⿺走烏 우 [오] 輕走가볍게달아날오 (虞)
⿺走索 싀 [색] 僵也趚ㅣ자빠질색 (陌)
⿺走豈 [해] 急走급히달아날해 (灰)
⿺走骨 화 [활] 速走속히달아날활 (黠)
⿺走息 승 [흥] 疲行기운없이갈흥 (送)
⿺走留 쉐 [해] 留也머물을해 (灰)
⿺走差 ᄎ [치] 僵也자빠질치 (支)
⿺走䍃 야 [요] 遠行멀리갈요 (蕭)
⿺走眞 뎐 [전] 狹走별안간달아날전 (先)

十一

⿺走參 찬 [참] 走貌달음질할참 (覃)
⿺走畢 삐

[필]止行 머물필(質)

⿺走業 착 [축]直也 곧을축(屋)

⿺走覓 미 [멱]狂走ㅣ趨 미처서달아날멱(錫)

⿺走曼 만 [문]行遲 머더걸을문(元)

⿺走啇 지 [적]正行 바로걸을적(陌)

⿺走鹿 루 [록]走聲 달아나는소리록(屋)

⿱斬走 잔 [잠]疾騰 빨리오를잠(勘)

⿺走票 퍄 [표]輕行 걸음가벼울표(蕭)

⿺走隹 져 [저]斜進 비뚜루갈저(語)

⿺走章 쟝 [장]勇行 날쌔게걸을장(陽)

⿺走焉 옌 [언]緩行 천천히걸을언(阮)

⿺走巢 샤 [초]競走 다투어달아날초(肴)

(十二)

趫 챠 [교]健也 전장할교(蕭)

趭 쨔 [초]奔走貌 달음질할초(嘯)

趪 황 [황]威武貌ㅣㅣ 위엄스러울황(陽)

趬 챠 [교]行輕貌 사뿐사뿐걸을교(蕭)

⿺走覃 탄 [담]走也 달아날담(覃)

⿺走肅 쑤 [숙]正走 바로달아날숙(屋)

⿺走尞 랴 [료]脚長貌 다리성큼할료(蕭)

⿺走厤 려 [력]速行 속히갈력(錫)

⿺走矞 쥐 [귤]狂走 미처뛰어나갈귤(質)

趩 치 [칙]行聲ㅣㅣ 걸는소리칙(職)

⿺走幾 지 [기]遠走 멀리달아날기(微)

⿺走厥 궤 [궐]挑起 헤치고일어날궐(月)

⿺走爲 와 [와]蹣躇 주저할와(歌)

⿺走童 둥 [동]輕步 사뿐사뿐걸을동(董)

(十三)

⿺走亶 잔 [전]趁也 다다를전(先)

趮 쟌 [조]疾也 빠를조(號)

⿺走蜀 쭈 [촉]小兒行 자박자박걸을촉(沃)

⿺走睘 환 [훤]疾行 빨리갈훤(元)

⿺走僉 젠 [김]低首疾走 고개숙이고빨리달아날김(寢)

⿺走豦 쥐 [거]犯行 빠를조(魚)

⿺走敫 쟈 [교]從也 따를교(嘯)

⿺走辟 삐 [벽]遠走 멀리달아날벽(陌)

⿺走感 깐 [함]跳上 뛰어오를함(感)

(十四)

⿺走詹 졘 [점]疾走 빨리달아날점(琰)

趯 티 [적]跳也ㅣ 팔딱뛸적(錫)

⿺走蒦 훠 [괵]脚長 다리길괵(陌)

⿺走與 위 [여]安行 편안하여걸을여(魚)

(十五)

⿺走臱 벤 [변]走頓 달아나다넘어질변(先)

⿺走截 졔 [길]斜進 비뚜루갈길(質)

⿺走憂 옌 [엄]疾走 빨리달아날엄(琰)

⿺走夐 갸 [귤]欲走 달아나려고할귤(質)

⿺走賣 뚜 [독]獨行 혼자갈독(屋)

(十六)

⿺走憲 쎈 [헌]走意 달아나려할헌(願)

⿺走歷 려 [력]行貌 가는모양력(錫)

(十七)

⿺走霝 링 [령]犬走貌 개달아날영(青)

(十八)

⿺走雚 촨 [권]屈脊而走 구부리고달아날권(先)

⿺走瞿 쥐 [子]走顧貌

달아나며돌아볼구(虞)

[走+翼] 이 [익]拡手如翼而走손벌리고달아날의(職)

十九

趲 얀 [찬]逼也핍박할찬(旱)

二十

[走+矍] 꽉 [곽]大步뚜벅뚜벅걸을곽(藥)

足部

足 쭈 족 [족][주]趾也발족滿也흡족할益也添物더할주(沃)(遇)

二

趴 쥬 [규]足行不正踈비틀거릴규(有)

[足+卜] 부 [부]走也달아날부(遇)

[足+丁] 띵 [정]脚細長跉ㅣ다리가늘고길정(庚)

三

[足+于] 꽈 [우]踽也걸터앉을우(虞)

[足+叉] 차 [차]踏也밟을차(禡)

[足+干] 깐 [간]脛骨정강이뼈간(翰)

趵 박 [박][작]蹴聲차는소리박足齊발나란할작(覺)(藥)

[足+凡] 싸 [삽]斂膝坐꿇어앉을삽(緝)

四

[足+切] 치 [절]失足헛디딜절(屑)

跂 지 [기]足多指육발이기(支)

[足+氏] 시 [시]蹢躅주저할시(紙)

趾 지 [지]足也발지止也그칠지(紙)

[足+巿] 쀄 [발][비]急行貌급히잘갈발、비義同(曷)(未)

趽 방 [방]曲足쥐암발방(陽)

[足+欠] 즈 [기]郤行뒤로나설기(支)

跁 빠 [파]短人ㅣ踦난장이파(禡)

趺 부 [부]佛坐跏ㅣ도사리고앉을부(虞)

[足+今] 천 [참]一足行ㅣ踔앙감질할참(寢)

趹 쥘 [결]馬行貌말이달려갈결(屑)

[足+内] 누 [눌]足傷발상할눌(月)

跀 월 [월]斷足발벨월(月)

[足+及] 삽 [삽]進足有所擷取발로긁어당길삽(合)

[足+屯] 뚠 [둔]ㅣ坐쪼구리고앉을둔(眞)

[足+分] 뿐 [분]失足실족할분(文)

[足+亢] 깡 [항]伸脛다리뻗을항(養)

[足+元] 웬 [완]踠也걸터앉을완(寒)

[足+化] 루 [와]跛足절름발이와(歌)

[足+互] 후 [호]雙膝著地두무릎꿇호(遇)

[足+兮] 쎄 [혜]跡也발자취혜(齊)

五

[足+去] 라 [라]行不進가다가설라(馬)

距 쥐 [거]至也이를거(語)

[足+民] 민 [민]獻蹄굽민(軫)

跔 쥐 [구]跳躍跳펄구(虞)

跗 부 [부]足背발등부(虞)

跈 산 [전]践也밟을전(銑)

跆 태 [태]蹋也밟을태(灰)

跎 타 [타]蹉ㅣ不遇미끄러질타(歌)

[足+也] 跎와同

跚 싼 [산]跛行蹣ㅣ절름거릴산(寒)

跇 이 [예]渡也超踰뛰어넘을예(霽)

跑 팍 [포]走也달아날포(肴)

[足+弗] 부 [불]跳也急行貌뛰어달아날불(物)

[足+毋] 뭐 [무]行貌걸음무(有)

跏

꺄 가 屈曲坐｜趺도사리고앉을가 麻

跋 빠 발 水草行｜涉걷고건늘발 曷

跐 ㅊ 지 蹈也履也밟을지 紙

跘 빤 판 蹣也도사리고앉을판 旱

跛 跋와同

跛 뻬 파 피 足編廢절름발이파、仄立기울어지게설피 寘 哿

[尚/足] 청 쟁 正也바를쟁 庚

跊 춰 출 歠足跡짐승의발자국출 質

[足+尔] 니 전 脚破다리부러질니、診과同 薺

跓 쮸 주 停足발머물주 麌

跈 뎬 전 踏地聲땅밟는소리전 先

[足+必] 삐 별 足擊발찰별 屑

跍 꾸 고 蹲也걸터앉을고 虞

[足+甲] 쟈 갑 步行聲걸음소리갑 洽

跕 뎨 접 墮貌미끄러질접 葉

跙 쮜 저 조 行不進머뭇거릴저、馬蹢痛病말절음날조 語 御

跜 늬 니 蚪龍뿔없는용니 支

跒 커 가 跁也난장이가 馬

跖 지 척 足下발바닥척 陌

[足+瓜] 꽈 과 足理文발자국과 麻

跌 뎨 질 疾行빨리달아날질 古音절 屑

跅 치 척 無檢局｜弛매인데없을척 陌

(六)

[足+犬] 약 복 屈手足伏地굷어엎드릴복 屋

跰 과 跰同

跦 쮸 주 跳行貌강장될주 虞

[足+行] 깐 함 步貌걸음함 咸

[足+在] 재 재 足也발재 賄

跤 쟈 교 脛也종아리교 肴

[足+丞] 증 증 長足긴발증 迥

跟 껀 근 足踵발뒤꿈치근 元

跱 쯰 치 不前｜躇머뭇거릴치 紙

跧 촨 잔 전 蹴也찰잔 전義同 刪 先

跫 쿵 공 강 足音蹋聲발자국소리공、강義同 冬 腫

跪 궤 궤 拜｜兩膝隱地꿇어앉을궤 紙

路 루 로 道也길로 遇

跠 이 이 蹲也걸터앉을이 支

趼 옌 견 胝也皮起如繭가죽을부르틀견 銑

跲 캬 겁 躓也엎드러질겁 葉

跣 쏀 선 徒足履地맨발로다닐선 銑

跳 댶 조 도 躍也뛸조、越也건널조、도義同 蕭 嘯

跨 콰 과 越也넘을과 馬

跡 지 적 步處前人所留자취적 陌

跭 썅 강 竪立｜蹡우뚝히설강 本音항 江

践 踐略字

[足+叕] 쉬 약 足下文발금약 藥

跮 지 희 疾走互前卻｜蹉아금막기할희 質

跢 뒤 다 小兒行어린아이걸음을다 箇

跬

궤 [규]平步擧一足 반걸음규(紙)

⿰足匡 광 [광]急行 급히갈광(陽)

⿰足亥 해 [해]急行 급히갈해(隊)

⿰足吉 지 [길]步行 걸을길(質)

⿰足同 동 [동]走貌 달아날동(東)

跇 [세]踰也 넘을세(霽)

⿰足聿 릐 [률]後退｜踐 뒷걸음칠률(月)

七

⿰足見 옌 [언]行步不正貌 걸음바르지못할언(霰)

踈 疎訛字

踊 융 [용]跳也 뛸용(腫)

⿰足呈 딩 [정]里數 잇수정(庚)

踉 랑 [랑][랑]行不迅 천천히걸을량、急行｜蹢 급히걸을랑(漾)(陽)

跽 지 [기]兩膝着地長跪 길게꿇어앉을기(紙)

踁 씽 [경]脚也 다리경、俗音형(徑)

踆 쥔 [준]止也 그칠준(眞)

跿 투 [도]跳也｜跔 뛸도(虞)

跼 쥐 [국]曲也 굽을국

⿰足武 우 [무]跡也 밟자국무(麌)

踂 네 [섭]兩足不相過 두발모을섭 俗音녑(葉)

⿰足貝 패 [패]踏也 밟을패(泰)

⿰足延 跪과同

踃 쌰 [소][초]動也跳｜움직일소、筋急 발의힘줄당길초(蕭)(嘯)

⿰足余 투 [도]不履 맨발도(遇)

踅 이 [예]一足行 앙감질할예(霽)

⿰足⿱𠂉疋 션 [선]靜行 조용히갈선(霰)

⿰足辛 신 [선]步也 걸을선(先)

⿰足足 츄 [촉]謹也 삼갈촉(屋)

⿰足旱 한 [한]偏足立 외발로설한(旱)

⿰足更 헝 [항]獸迹 짐승의발자취항(陽)

⿰足求 착 [구]踏也 밟을구(尤)

⿰足弟 디 [제]踏也 밟을제(霽)

⿰足折 졔 [체]踰也 넘을체(霽)

跔 좌 [좌]詐拜 거짓절할좌(箇)

⿰足斉 지 [기]曲脛 굽은정강이기(支)

⿰足辰 쳔 [진]動事就力 일할진(震)

⿰足寽 레 [렬]踰也 넘을렬(屑)

⿰足甫 푸 [포]馬蹄痕 말굽자국포(號)

⿰足今 신 [심]蹄蹟之停水 짐승의발자국에괴인물심(侵)

⿰足豆 덕 [두]跌足 미끄러질두(尤)

⿰足兒 예 [열]踏楚 가시밟을열(屑)

踇 [무]行貌 가는모양무(有)

⿰足告 [절]足長 발이길절(屑)

八

踥 쳐 [첩]往來貌 왕래할첩(葉)

⿰足官 꽌 [관]逃也 도망할관 本音환(翰)

踢 티 [척]驚動貌 깜짝놀랄척(錫)

踦 [기]傾側 기울어질기(支)

踭 졍 [쟁]足跟 발뒤축쟁(江)

⿰足時 지 [치]難進 가기어려울치(紙)

踑 치 [기]長踞｜踞 걸터앉을기(支)

踟 츼 [지]不進｜躕 머뭇거릴지(支)

⿰足非 삐 [비]則足 발꿈치벨비(未)

踓 웨 [유]狂走貌 미처서달아날유 (紙)
踏 타 [답]踐也 밟을답 (合)
踐 쟌 [천]蹈也履也 밟을천 (銑)
踡 촨 [권]—跼不伸 펴지못할권 (先)
踠 웬 [원]屈也 굽힐원 (阮)
踔 챠 [초][탁]踰也 넘을초、卓立 高遠 우뚝설탁 俗音 착 (效)(覺)
踝 콰 [과]足骨踝也 복사뼈과 (馬)
踞 쥐 [거]蹲也 據坐 걸터앉을거 (御)
跰 [변]皮上堅—胝 못박힐변 (先)
踛 륙 [륙]跳也 뛸륙 (屋)
踒 워 [와][위]足跌 넘어질와、折足 다리부러질위 (歌)(支)
踧 쥬 [축][척]行敬謹—踖 조심하여걸을축、行平易—— 순탄히행할척 (屋)(錫)
踖 쯰 [적]踐也 밟을적 (陌)
⿰𧾷斧 뱌 [부]跗骨之— 발목뼈부 (麌)
踪 蹤과同
⿰𧾷炎 蹠 古字
踣 뻐 [부][북]僵也 엎드러질부、북義同 (有)(職)
⿰𧾷亞 야 [아]岐路 갈림길아 (麻)
踕 쳬 [첩]足疾 발빠를첩 (葉)
䠀 창 [창]踞也 걸터앉을창 (養)
踤 추 [졸]蹴也 찰졸 (質)
踘 쥐 [국]毬戲 蹴— 제기찰국 (屋)
⿰𧾷炎 얜 [염]疾行—— 빨리걸을염 (琰)
⿰𧾷困 쿤 [곤]跡也 자취곤 (阮)
踗 녜 [념]躡步 삽붓삽붓걸을념 (葉)
⿰𧾷典 뎬 [전]迹也 자국전 (銑)
⿰𧾷戾 례 [례]跛行 절음질례 (霽)
⿰𧾷具 쥐 [구]跔也 손발곱을구 (虞)
⿰𧾷府 跗 俗字
⿰𧾷奄 야 [압]跛足 절뚝발이압 (合)
⿰𧾷阻 뎌 [저]馬足病 말발병저 (語)
⿰𧾷㝵 데 [득]急行貌 빨리갈득 (職)
踚 룬 [륜]勇步 날래게걸을륜 (眞)
⿰𧾷長 쟝 [장]跪也 꿇어앉을장 (陽)
踜 렁 [릉]留也 머물릉 (蒸)
⿰𧾷屈 쥐 [굴]力也 힘굴 (物)
⿰𧾷卑 [비][배][변]股骨 넓적다리뼈비、行戾 가다가돌아볼배、下廣貌 아래가넓을변 (紙)(佳)(先)

九

踿 츄 [죽]近也 가까울죽 (屋)
踶 [제]獸足 짐승의발제 (霽)(齊)
踰 위 [유]越也 넘을유 (虞)
蹄 티 [제]獸足 굽제 (齊)
踷 따 [다]斜行 비스듬히갈다 (馬)
⿰𧾷便 뻰 [변]遠行 멀리갈변 (先)
踾 뿌 [복]聚也 모을복 (屋)
⿰𧾷軍 훈 [혼]步行 걸을혼 (願)
⿰𧾷忽 춍 [총]遽行 바삐갈총 (東)
⿰𧾷臿 샤 [삽]足動 발움직일삽 (洽)
⿰𧾷屛 뼝 [병]急行 급히갈병 (青)
踵 쭁 [종]接也 접할종 (腫)
踴 용 [용]跳也 뛸용 (腫)
踼

탕 [탕] 逸也 跌ㅣ 미끄러질 탕 (漾)

蹂 우 [유] 踐也 履也 밟을 유 (尤)(有)(宥)

踳 츈 [준] 雜也 잡될 준 (軫)

踽 우 [우] 獨行貌 ㅣ 홀로 행할 우 古音구 (麌)

⿰足奎 퀴 [규] 開足 발벌릴 규 (齊)

蹀 뎨 [접] 行貌 ㅣ躞 저벅저벅 걸을 접 (葉)

蹃 어 [야] 小兒始行貌 踏ㅣ 어린애 타달타달 걸을 야 (馬)

⿰足旲 차 [규] 行不正 跐ㅣ 비틀거릴 규 (宥)

踸 [침] ㅣ踔 一足行 앙감질할 침 (寢)

蹁 편 [편] 足不正 발비뚜러질 편 (先)

⿰足叚 햐 [하] 足跡 발자국 하 (麻)

蹅 쟈 [사] 履也 밟을 사

踹 돤 [단] ㅣ足 발구를 단 (寒)

踱 뙥 [탁] 跣足蹋地 맨발로 디딜 탁 (藥)

⿰足盾 遯과 同

⿰足屋 어 [악] 迫也 급할 악 (覺)

⿰足致 지 [치] 踏也 밟을 치 (寘)

⿰足癸 궤 [기] 脛肉 정강이살 기 (眞)

⿰足彖 텬 [천] 正步 단정하게 걸을 천 (霰)

⿰足胡 후 [호] 屈膝 무릎 굽힐 호 (虞)

踺 젼 [전] 行步速 걸음속할 전 (願)

⿰足彦 안 [안] 迹也 자취 안 (潸)

蹳 아 [발] 踏草 풀밟을 발 (曷)

踻 쿼 [과] 足理 발금 과 (麻)

⿰足庹 퉈 [탁] 緩也 늘어질 탁 (藥)

⿰足柴 채 [채] 急行 급히갈 채 (灰)

⿰足侯 퉈 [탁] 涉也 건널 탁 (藥)

⿰足毒 뚜 [독] 不正行 비뚜루갈 독 (沃)

十

⿰足荅 따 [탑] 履也 밟을 탑 (合)

⿰足高 꺄 [교] 蹻也 종아리 교 (肴)

⿰足荼 차 [다] 難進而立 가다가 설 다 (麻)

⿰足蚤 산 [소] 跳也 뛸 소 (號)

蹇 연 [전] 跛也 절름발이 건 (阮)

⿱般足 판 [반] 屈足 굽은발 반 (寒)

蹊 씨 [혜] 徑路 穿徑 지름길 혜 (齊)

蹈 뙤 [도] 舞ㅣ 춤출 도 (號)

⿰足夸 跨과 同

蹏 [제] 獸足 굽 제 (齊)

蹍 넨 [전] 足踏履也 밟을 전 (銑)

蹉 춰 [차] 過也 지날 차 (哿)

蹎 뎐 [전] 仆也 엎드러질 전 (先)

蹌 챵 [창] 舞貌ㅣ 춤너풀너풀출 창 (陽)

⿰足旁 팡 [방] 急行 踉ㅣ 급히걸을 방 (陽)

蹐 쳐 [척] 小步累足 발소리없이 걸을 척 (陌)

蹜 추 [축] 肥足 살찐발 축 (屋)

蹋 [답] 踐也 밟을 답 (合)

⿰足窊 챠 [와] 踏地用力 ㅣ踏 힘써디딜 와 (禡)

⿰足䍃 얀 [요] 跳也 뛸 요 (蕭)

⿰足𣬉 예 [폐] 跛也 절름발이 폐 (霽)

⿰足芻 추 [추] 獸足 짐승의발 추 (尤)

踤 싸 [살] 不正行 비뚜로갈 살 (曷)

十一

⿱蒙足 뭉 [몽] 疲行貌 ㅣ踐 걸음고달픈모양 몽 (送)

躛 [제] 去也 갈 제 (齊)
蹞 跬과 同
⿰足巢 산 [소] 行捷 걸음 빠를 소 (肴)
⿰足票 퍈 [표] 輕行 사뿐 사뿐 갈 표 (蕭)
⿰足康 캉 [강] 散走 흩어저 달아날 강 (漾)
蹙 [축] 迫也 궁박할 축 (屋)
蹡 쟝 [장] 行貌 ㅣㅣ 걷는 모양 장 (陽)
蹔 [잠] 不久 잠간 잠 (勘)
蹥 련 [련] 跟也 발뒤축 련 (先)
⿰足豖 [축] 跡也 자취 축 (沃)
蹛 대 [대] 比漢地名 땅이름 대 (泰)
蹤 쭁 [종] 跡也 자취 종 (冬)
蹣 만 [반][만] 跛行貌 ㅣ跚 절름거릴 반、踰也 넘을 만 (寒)
⿰足戚 蹙과 同
蹜 쑥 [축] 擧足 발들 축 (屋)
蹕 삐 [필] 淸道止行 警ㅣ 길치울 필 (質)
蹠 지 [척] 履也 밟을 척 (陌)
蹟 지 [적] 前事行ㅣ 행적 적 (陌)
蹢 져 [척][적] 跳貌 ㅣ躅 뛰는 모양 척、踐也 굽 적 (陌)(錫)
⿰足區 쥐 [구] 跛行 절구 (虞)
踳 춍 [용] 蹋也 밟을 용 古音 용 (冬)
蹝 식 [사] 徐行 천천히 걸을 사 (紙)
⿱執足 뎨 [첩] 小步 ㅣ足 종종걸음 첩 (葉)
蹘 랴 [료] 遠走 멀리 달아날 료 (肴)
⿰足基 지 [기] 本也 근본 기 (支)
蹗 루 [록] 疾走 빨리 달아날 록 (屋)
⿰足屚 러 [루] 輕踏 사뿐 밟을 루 (宥)
蹚 탕 [당] 跌也 미끄러질 당 (陽)
⿰足虘 자 [자] 趦音 발자국 소리 자 (箇)
⿰足祭 쳬 [철] 疾行 빨리 갈 철 (屑)
⿰足專 좐 [전] 踵也 발뒤꿈치 전 (銑)
⿰足族 주 [족] 足曲 발굽으러질 족 (屋)
⿰足梁 량 [량] 走也 달아날 량 (陽)

十二

蹯 빤 [번] 獸足掌 짐승의 발바당 번 (元)
蹴 츄 [축] 蹋也 밟을 축 (屋)
躚 쎈 [선] 施行貌 蹁ㅣ 돌쳐갈 선 (先)
⿰足尌 躕 俗字
蹳 뻐 [발] 足跋物 찰 발 (曷)
蹶 궤 [궐][궤] 僵也 쓰러질 궐 行、遽 급히 걸을 궤 (月)(霽)
蹲 쭌 [준] 聚也 모을 준 (阮)
蹼 뿌 [복] 鳧足 오리발 복 (屋)
蹸 린 [린] 車踐 수레에 밟힐 린 (震)
蹭 칭 [층] 失路貌 길 잃은 모양 층 (徑)
蹬 떵 [등] 失勢貌 어정거릴 등 (徑)
⿰足翕 [답] ㅣ伏 드릴 답 (合)
蹻 갸 [교][각] 剛直 강직할 교、草履 짚신 각 (篠)(藥)(蕭)
⿰足間 탄 [담] 以足踏地而歌 발장단 마추며 노래할 담 (感)
蹺 챺 [교] 企也 바랄 교 (齊)
蹩 뻬 [별] 跛也 절름발이 별 (屑)
⿱就足 蹴와 同
⿰足敝 轍과 同
蹪 퇴 [퇴] 蹪仆 엎드러질 퇴 (灰)

⿰足單 타 [타] 小兒行態ㅣ아장아장걸을타 (哿)

⿰足巽 션 [선] 罥獸足網 올무선 (銑)

蹷 蹶과 同

蹨 안 [연] 逐也 쫓을연 (銑)

⿰足敝 鼈와 同

⿰足署 쥬 [저] 踟ㅣ머뭇거릴저 (魚)

⿰足肅 쏘 [소] 正行 단정히갈소 (嘯)

蹫 귤 [귤] 狂走 미처달아날귤 (質)

⿰足最 쬐 [최] 忙行 바삐갈최 (泰)

⿰足啻 蹢 古字

⿰足替 蹭과 同

蹱 죵 [종] 小兒行步 어린애걸을종 (冬)

⿰足嵐 란 [람] 急行 바삐갈람 (覃)

⿰足奢 따 [답] 跨也 걸터앉을답 (合)

⿰足替 자 [잡] 留止 머물잡 (合)

⿰足異 티 [척] 步行聲 걷는소리척 (職)

(十三)

躈 챠 [교] 馬尻骨 말궁둥이뼈교 (嘯)

⿰足頍 지 [기] 擧足 발들기 (紙)

⿱彭足 핑 [평] 踏地聲 땅밟는소리평 (敬)

躃 躄와 同

躂 따 [달] 跌也 미끄러질달 (曷)

⿰足睘 젼 [견] 疾跳 빨리뛸견 (霰)

⿰足歲 [괘] 倦也 게으를괘 (隊)

⿰足戠 졔 [적] 踐害 밟아해할적 (職)

⿰足亶 뎐 [전] 移也 옮길전 (銑)

躁 쪼 [조] 動也 움직일조 (號)

⿰足詹 쟌 [첨] 馬急行 말달려갈첨 或점 (豔)

躄 삐 [벽] 跛也 절름거릴벽 (陌)

躇 츄 [저][착] 住足 躕ㅣ머뭇거릴저、招也不次 건너뛸착 (魚)(藥)

躅 쮸 [촉] 跡也 자취촉 (沃)

⿰足萬 躐과 同

⿰足楚 쮸 [조] 馬蹄痛病 말저름날초 (語)

⿰足煩 [번] 獸足掌 짐승발바닥번 (元)

躆 쥐 [거] 手據也 손으로땅짚을거 (御)

⿰足禁 진 [금] 坐也 앉을금 (侵)

⿰足睪 뙤 [탁] 跣足 맨발탁 (藥)

躉 둔 [돈] 零也 남을돈 (阮)

⿰足奞 사 [삽] 獨行 홀로갈삽 (合)

(十四)

⿰足鼻 변 [변] 行不正 걸음바르지않을변 (先)

⿱輕足 칭 [경] 一足行 앙감질할경 (徑)

躍 위 [약][적] 跳也 뛸약、進也 나아갈약、적 義同 (藥)(錫)

躋 져 [제] 登也 升也 오를제 (齊)

⿰足頗 跛과 同

躊 츄 [주] 進退ㅣ躇 머뭇거릴주 (尤)

⿰足耤 적 [적][자] 踐也 밟을적、자 義同 (陌)(禡)

⿱足⿰足足 취 [착] 行疾 걸음빠를착 (覺)

⿰足豖 주 [주] 醉倒 취하여넘어질주 (宥)

⿰足爾 넨 [년] 踏也 밟을년 (銑)

⿰足𢇍 똰 [단] 踐處 발자국단 (翰)

⿰足㬎 撲踏과 同

⿰足僕 蹼과 同

(十五)

躕 츄 [주] 不進 踟ㅣ 머뭇거릴주 (虞)

躑 지 [척] 花名ㅣ躅 철쭉꽃척 (陌)

⿰足厲

리 [뢰]破行절름거릴뢰(泰)

躒 리 [력]動也움직일력(錫)

⿰足憂 야 [요]足動발움직일요(篠)

躓 찌 [지]跲也밟을지(寘)

⿰足疐 찌 [지]礙也거리길지(寘)

⿰足暴 [포]行貌갈포(號)

躐 례 [렵]踐也밟을렵(葉)

躔 찬 [전]日運行햇길전(先)

⿰足廣 광 [광]路曠遠길넓고멀광(漾)

⑯

⿰足歷 리 [력]足所經踐지날력(錫)

躘 룽 [룡]小兒步行어린애걸음룡(冬)

⿰足賴 례 [뢰]跛足절름발이뢰(泰)

躚 션 [선]舞貌춤너푼거려출선(先)

⿺走辥 싸 [살]行貌跋ㅣ걷는모양살(曷)

⿺走龍 룽 [롱]步行貌걸음새농(東)

躪 린 [린]車踐짓밟힐인(震)

躠 쎼 [설]旋行蹩ㅣ매암돌설(屑)

⿺走衛 웨、[위][홰]衛也거짓위 홰義同(霽)(卦)

⑰

⿰足鮮 쎤 [선]病不能行跰ㅣ비척비척할선(先)

躟 상 [양]行遽跬ㅣ바삐걸을양(陽)

⿰足識

참 [참]步行貌걸음새참(陷)

⿰足毚 싼 [삼]疾步빨리걸을삼(陷)

⿰足燮 쎼 [섭]行貌蹀ㅣ저벅저벅걸을섭(葉)

躝 란 [란]踰也넘을란(寒)

⿰足闒 탄 [탐]趾足而望넘어다볼탐(勘)

⿰足蹇 蹇俗字

⑱

躣 직 [구]行貌꿈틀꿈틀할구(虞)

躤 찌 [적]踐也蹈ㅣ밟을적(陌)

⿰足雙 쌍 [쌍]竦立跧ㅣ우뚝설쌍(江)

⿰足雚 환 [권]曲脊行등구부리고걸을권(先)

躡 녜 [섭]登也오를섭 俗音녑(葉)

⿰足闒 踏과同

躖 ⿰足㡭과同

⑲

⿰足䜌 련 [련]足病발병련(先)

⿰足邊 蹮과同

⿰足羅 라 [라]失道길잃을라(箇)

躧 쓰

⿰足屬 躅과同

㉑

⿰足疊 뎨 [첩]走聲달아나는소리첩(葉)

새、[새][사]小履無跟적은신뒷축없을신 새、徐也行貌천천히걸을사(蟹)(紙)

⑳

躨 지 [기]虯龍動貌꿈틀거릴기(支)

躪 [린]踐也짓밟을린(震)

躩 취 [곽]屈足발을굽힐곽(藥)

㉒

身部

身 썬 [신]軀也몸신、親也몸소신(眞)

③

⿰身小 룽 [룽]身也몸룽(蒸)

躬 궁 [궁]身也몸궁(眞)

④

⿰身殳 시 [설]使也부릴설(屑)

躭 耽俗字

⿰身比 피 [비] 體柔誇ㅣ몸 부드러울비 (支)

躮 [분] 子也對人己子謙稱 아들분 日字

五

⿰身犮 빠 [발] 走也 달아날발 (曷)

⿰身只 胑과 同

⿰身出 천 [친] 走貌 달아나는모양친 (眞)

⿰身申 츙 [총] 身直 몸곧을총 (冬)

⿰身句 꿍 [궁] 恭貌 공손할궁 (東)

躰 體 俗字

⿰身矢 射과 同

⿰身主 쥬 [주] 身直貌 몸꼿꼿할주 (麌)

⿰身立 친 [친] 身端 몸단정할친 (吻)

⿰身丘 軀 俗字

⿰身付 약 [부] 著衣ㅣ⿰身兪 옷입을부 (遇)

六

躲 뚸 [타] 避也 피할타 (哿)

⿰身夸 콰 [과] 體柔ㅣ⿰身比 몸부드러울과 (麻)

⿰身同 퉁 [동] 身不端⿰身龍ㅣ 몸단정치못할동 或音통 (董)

⿰身向 썅 [향] 仰向 처다볼향 (漾)

⿰身兆 됴 [조] 體長 몸호리호리할조 (嘯)

⿰身亥 駭 俗字

七

躳 궁 [궁] 身也 몸궁 (東)

躴 랑 [랑] 身長ㅣ⿰身康 키클랑 (陽)

⿰身廷 텡 [정] 身長直 몸길고곧을정 (迥)

八

⿰身穹 츙 [궁] 曲躬 몸굽힐궁 (送)

躶 롸 [라] 赤體 벌거벗을라 (哿)

⿰身奇 치 [기] 身也 몸기 (支)

⿰身匊 쥐 [국] 曲躬 몸굽힐국 (屋)

⿰身委 矮과 同

⿰身花 [화] 教小兒體 가르칠화

九

⿰身重 즁 [종] 孕也 아이밸종 (宋)

⿰身段 쌰 [하] 屈身 몸굽힐하 (麻)

⿰身皇 황 [황] 鐘聲 종소리황 (陽)

⿰身匽 옌 [언] 曲身 몸굽힐언 (阮)

⿰身美 [미] 行動也 행동할미 (紙)

⿰身兪 쓔 [수] 著衣 ⿰身付ㅣ 옷입을수 (遇)

十

⿰身弱 [탕] 弱也 약할탕 (養)

⿰身豈 개 [해] 身長 몸길해 (灰)

十一

軀 취 [구] 四體 몸구 (虞)

⿰身康 캉 [강] 身長⿰身鳥ㅣ 키클강 (陽)

⿰身國 귀 [괵] 裸⿰身申 맨몸괵 (陌)

十二

⿰身單 뒤 [타] 垂下 드리울타 (哿)

⿰身勞 랴 [로] 身長 몸길로 (號)

⿰身戠 職 俗字

十三

⿰身亶 젼 [권] 裸身 알몸권 (銑)

⿰身詹 뎐 [담] 好也 좋아할담 (覃)

軆 體 俗字

十四

⿰身監 란 [람] 身長貌ㅣ⿰身毚 키큰모양람 (覽)

⿰身寧 닁 [녕] 垢也 때녕 (迥)

⿰身壽 됴 [도] 身長 몸길도 (號)

十六

⿰身龍 룽 [롱] 身不端ㅣ⿰身同 몸단정하지못할롱 (覃)

⿰身歷 릐 [력] 裸身 맨몸력 (錫)

十七

⿰身應 [응] 未久 잠시응

十八

⿰身毚 찬 [참] 身長⿰身監ㅣ 키클참 (咸)

二十

⿰身寶 워 [옥] 寶也 보배옥 (沃)

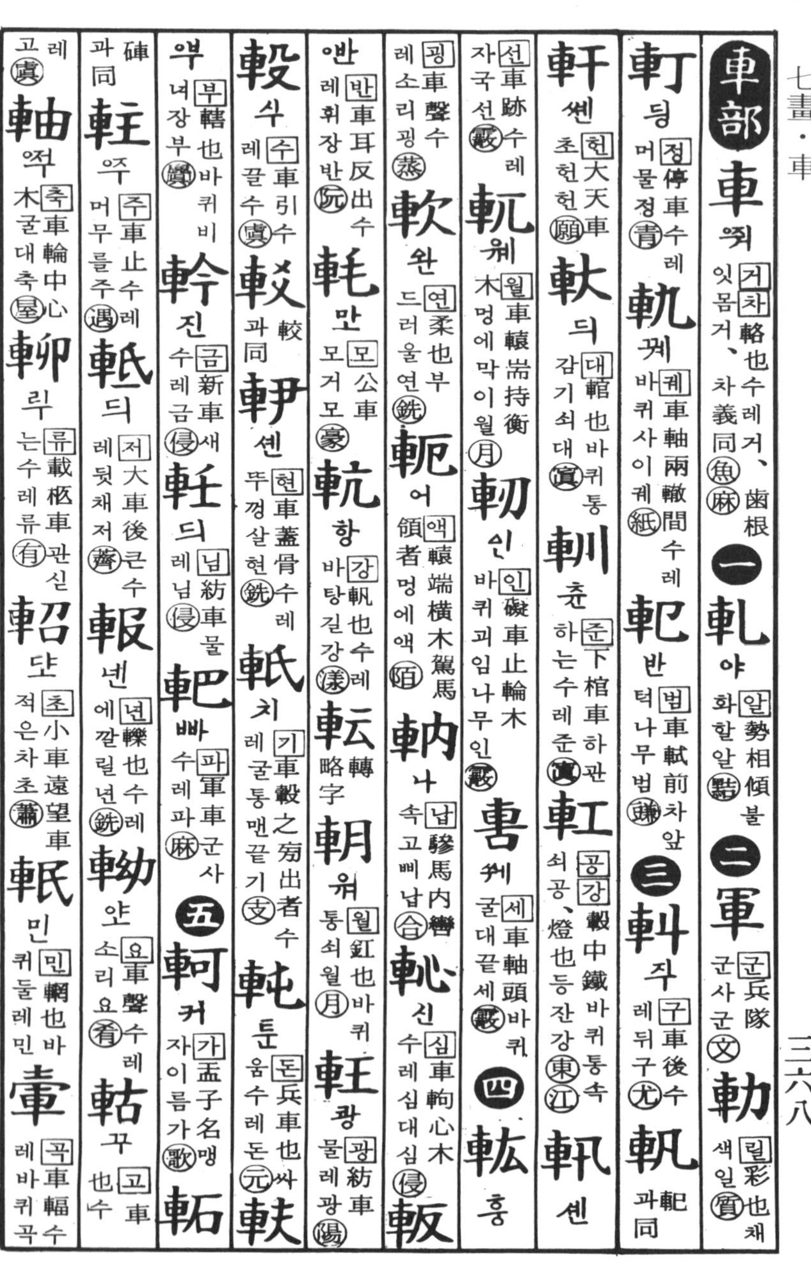

車部

車 쥐 [거][차] 輅也 수레 거、齒根 잇몸 거、차 義同 (魚)(麻)

一

軋 야 [알] 勢相傾 불화할 알 (黠)

二

軍 [군] 兵隊 군사 군 (文)

⿰車力 [릴] 彩也 채색 일 (質)

⿰車丁 딍 [정] 停車 수레 머물 정 (青)

軌 궤 [궤] 車軸兩轍間 수레바퀴 사이 궤 (紙)

⿰車巳 반 [범] 車軾前 차 앞턱나무 범 (豏)

三

⿰車斗 쥬 [子] 車後 수레 뒤 구 (尤)

軓 ⿰車巳과 同

軒 쎤 [헌] 大夫車 초헌 헌 (願)

軑 듸 [대] 輨也 바퀴통 감기쇠 대 (寘)

⿰車川 츈 [준] 下棺車 하관하는 수레 준 (眞)

⿰車工 [공][강] 轂中鐵 바퀴통속 쇠 공、燈也 등잔 강 (東)(江)

⿰車凡 셴 [굉] 車聲 수레소리 굉 (蒸)

軟 완 [연] 柔也 부드러울 연 (銑)

軛 어 [액] 轅端橫木駕馬領者 멍에 액 (陌)

軜 나 [납] 驂馬內轡 속고삐 납 (合)

⿰車心 신 [심] 車軥心木 수레심대 심 (侵)

⿰車反 반 [반] 車耳反出 수레휘장 반 (阮)

軞 만 [모] 公車 모거 모 (豪)

⿰車亢 항 [강] 軓也 수레바탕 길 강 (漾)

転 轉略字

軏 월 [월] 釭也 바퀴 통쇠 월 (月)

軖 광 [광] 紡車 물레 광 (陽)

⿰車殳 식 [수] 車引 수레끝 수 (虞)

⿰車爻 較과 同

⿰車尹 션 [현] 車蓋骨 수레 뚜껑살 현 (銑)

軝 치 [기] 車轂之旁出者 수레 굴통 맨끝 기 (支)

軘 둔 [돈] 兵車也 싸움수레 돈 (元)

⿰車夫 약 [부] 轐也 바퀴비녀장 부 (麌)

⿰車今 진 [금] 新車 새 수레 금 (侵)

⿰車壬 듸 [님] 紡車 물레 님 (侵)

⿰車巴 빠 [파] 軍車 군사 수레 파 (麻)

五

軻 커 [가] 孟子名 맹자 이름 가 (歌)

⿰車石 硨과 同

軴 주 [주] 車止 수레 머무를 주 (遇)

軧 듸 [저] 大車後 큰수레 뒷채 저 (薺)

⿰車反 년 [년] 轢也 수레에 깔릴 년 (銑)

⿰車幼 약 [요] 車聲 수레소리 요 (肴)

軲 꾸 [고] 車也 수레 고 (虞)

軸 쥭 [축] 車輪中心木 굴대 축 (屋)

⿰車卯 릭 [류] 載柩車 관 싣는 수레 류 (有)

軺 됴 [초] 小車遠望車 적은 차 초 (蕭)

⿰車民 민 [민] 輞也 바퀴둘레 민

⿱亠車 [곡] 車輻 수레바퀴 곡

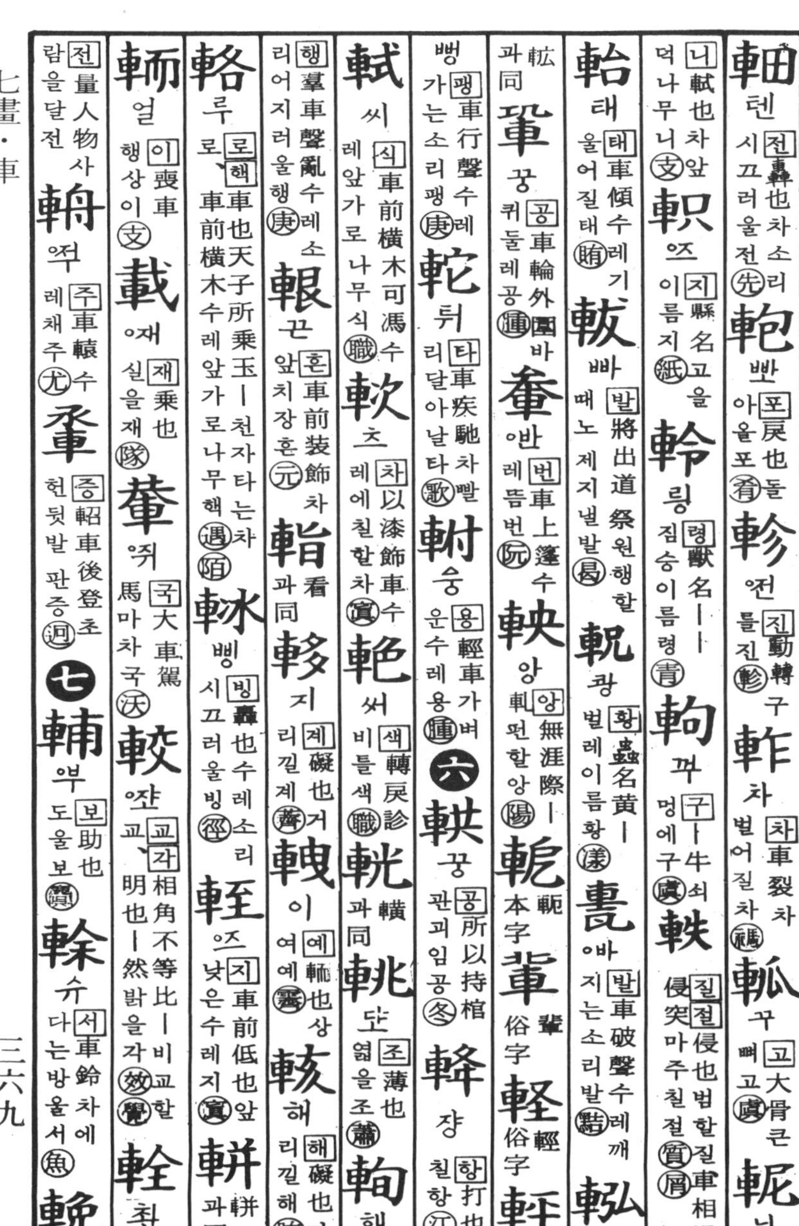

軸 텐 [전]轉轅也 차소리 시끄러울 전 (先) 軳 뽀 [포]戾也 돌아올 포 (肴) 軫 쩐 [진]動轉 구를 진 (軫) 軲 차 [차]車裂 차 벌어질 차 (禡) 軱 꾸 [고]大骨 큰 뼈 고 (虞) ⿰車尼 늬

[니]軾也 차앞 덕나무 니 (支) 軹 즈 [지]縣名 고을 이름 지 (紙) 軨 링 [령]獸名ㅣㅣ 짐승 이름 령 (青) 軥 꺼 [구]ㅣ牛 쇠멍에 구 (虞) 軼 [질][절]侵也 범할 질 車相過 侵突 마주칠 절 (質)(屑)

軩 태 [태]車傾 수레 기울어질 태 (賄) 軷 빠 [발]將出道祭 원행할 때 노제 지낼 발 (曷) 軦 광 [황]蟲名 黃ㅣ 벌레 이름 황 (漾) 軎 아 [발]車破聲 수레 깨지는 소리 발 (黠) ⿰車弘

⿰車広 과同 ⿱共車 꿍 [공]車輪外圍 바퀴 둘레 공 (腫) 軬 아반 [번]車上蓬 수레 뜸 번 (阮) 軮 앙 [앙]無涯際ㅣ軋 펀할 앙 (陽) 軶 軛本字 軰 輩俗字 軽 輕俗字 軒

뻥 [팽]車行聲 수레 가는 소리 팽 (庚) ⿰車它 퉈 [타]車疾馳 차 빨리 달아날 타 (歌) 軵 숭 [용]輕車 가벼운 수레 용 (腫)

六

輁 꿍 [공]所以持棺 관 괴임 공 (冬) ⿰車夅 쟝 [항]打也 칠 항 (江)

軾 씨 [식]車前橫木可憑 수레 앞 가로 나무 식 (職) ⿰車次 츠 [차]以漆飾車 수레에 칠할 차 (寘) ⿰車色 써 [색]轉戾診 비틀 색 (職) 輄 ⿰車黃 과同 ⿰車兆 됴 [조]薄也 엷을 조 (蕭) ⿰車旬 횡

[행]轟車聲亂 수레 소리 어지러울 행 (庚) ⿰車艮 끈 [흔]車前裝飾 차 앞 치장 흔 (元) ⿰車旨 輡 과同 ⿰車多 지 [제]礙也 거리낄 제 (薺) ⿰車曳 이 [예]輀也 상여 예 (霽) 輆 해 [해]礙也 거리낄 해 (賄)

輅 루 [로][핵]車也天子所乘玉ㅣ 천자 타는 차 로、車前橫木 수레 앞 가로 나무 핵 (遇)(陌) ⿰車冰 뼝 [빙]轟也 수레 소리 시끄러울 빙 (徑) 輊 즈 [지]車前低也 앞 낮은 수레 지 (寘) 輧 軿 과同

輀 얼 [이]喪車 행상 이 (支) 載 재 [재]乘也 실을 재 (隊) 輂 쥐 [국]大車駕 馬마차 국 (沃) 較 쟈 [교][각]相角不等比ㅣ 비교할 교、明也ㅣ然 밝을 각 (效)(覺) 輇 쵠

[전]量人物 사람을 달 전 輈 쩌 [주]車轅 수레채 주 (尤) ⿱丞車 [증]軺車後登 초헌 뒷발판 증 (迥)

七

輔 부 [보]助也 도울 보 (麌) ⿰車余 슈 [서]車鈴 차에 다는 방울 서 (魚) 輓

완 [만]引車수레끌만 (願)

輕 칭 [경]不重가벼울경 (庚)

輬 량 [량]軍車군사수레낭 (陽)

⿰車皃 만 [묘]引車차끌묘 (效)

輒 예 [첩]忽然문득첩 (葉)

⿰車甸 뎐 [전]車聲수레소리전 (先)

⿰車丣 릐 [류]喪車상여차류 (有)

輐 완 [완]刓去桂角둥굴릴완 (翰)

⿰車辛 싱 [성]長車긴수레성 (庚)

輑 쥔 [균]車軸相達굴통래균 (眞)

⿱业車 [장]修車차중수할장 (漾)

輍 위 [욕]車枕前수레앞괴일욕 (沃)

⿰車巴 지 [지]車之器具수레연장지 (支)

輎 샤 [소]軍車군사수레소 (肴)

八

輗 이 [예]轅端持衡者수레채마구리예 (齊)

輝 휘 [휘]光也빛날휘 (微)

輪 륜 [륜]車所以轉바퀴륜 (眞)

輥 곤 [곤]轉速빠르게구를곤 (阮)

輩 베 [배]比也견줄배 (隊)

輨 관 [관]ㅣ轄줏대관 (旱)

⿰車昏 輠과同

輚 ㅇ잔 [잔]兵車싸움수레잔 (潸)

輧 편 [변][병]婦人車부인의수레변、輕車가벼운수레병 (青)(先)(庚)

輤 쳔 [천]柩車之蓋상여뚝경천 (霰)

輠 과 [과]筩也車盛膏器수레기름통과 (哿)

輬 량 [량]臥車輼ㅣ느어서타는수레양 (陽)

輦 년 [련]輓運당길연 (銑)

⿰車肯 컹 [갱]車鞭차채쭉갱 (庚)

輣 펑 [팽]兵車有樓군사수레팽 (庚)

輞 왕 [망]車輪外圍바퀴테망 (養)

輘 릉 [릉]車聲ㅣ輷수레모는소리릉 (蒸)

輛 량 [량]車數詞수레수효량 (養)

輖 쥬 [주]低也낮을주 (尤)

輡 칸 [감]車行不正ㅣ轗수레길언틀먼틀할감 (感)

輟 취 [철]止也그칠철 (屑)

⿲王車王 뷱 [복]車第間簏盛弩者수레상자복 (屋)

⿰車宛 웬 [원]車後壓차뒤로숙을원 (元)

輢 이 [의]車旁兵所插處수레에병장기꽂는틀의 (寘)

輙 輒과同

輫 폐 [배]車箱수레난간배 (佳)

輜 츠 [치]載衣物車짐수레치 (支)

⿰車爭 [정]車聲수레소리정 (庚)

⿱夆車 증 [승]副車따르는수레승 (蒸)

⿰車奄 압 [압]車之器具수레연장압 (合)

⿰車尚 당 [당]鐵軸쇠심대당 (陽)

⿰車卷 좐 [권]牽車차끌권 (霰)

⿰車卓 댜 [조]車弓수레우상대조 (效)

⿰車沓 따 [답]釭也바퀴통속쇠답 (合)

⿰車隹 뒈 [퇴]盛也성할퇴 (灰)

⿰車旨 징 [경]車聲수

레소리 경(庚)

⿰車坴 륙 [륙]輻軸也바퀴심대륙(屋)

⿰車昌 운 [운]軍事군사수레운(文)

(九)

輻 복 [복][부]輪轑바퀴살복、競聚輳ㅣ輳다투어모일부(屋)(宥)

輯 즙 [즙]聚也모을즙(緝)

⿰車客 허 [핵]輓車當胷橫木수레차앞마구리핵(陌)

輹 복 [복]伏免以承輻者바퀴통복(屋)

輵 커 [갈]戟形謬ㅣ세갈래질갈(曷)

⿰車昏 민 [민]車伏免下革차바탕밑가죽민(軫)

⿰車軍 훈 [혼]車相避수레서로피할혼(元)

⿰車怱 ⿰車㚇과同

⿰車皆 셰 [해]登車차에오를해(佳)

⿰車秋 추 [추]輻也바퀴살추(尤)

⿰車扁 변 [변]小車작은수레변(銑)

⿰車貞 졍 [경]堅也굳을경(庚)

⿰車咼 課과同

輭 軟과同

輺 輜과同

⿰車㚇 종 [종]輪也바퀴종(董)

⿰車屏 輧과同

輴 츈 [준][순]俗音喪車龍상여차순(眞)

⿰車兪 슈 [수]送也보낼수(寘)

輳 주 [주]競聚輻ㅣ바퀴살통주(宥)

輷 헝 [횡]車聲ㅣㅣ수레소리횡(庚)

輶 유 [유]輕車가벼운수레유(尤)

⿰車皇 황 [황]引也끌황(庚)

輮 유 [유]踐也짓밟을유(有)

輰 양 [양]飾車치장한수레양(陽)

輱 한 [함]車聲차소리함本音감(咸)

⿱敄車 무 [목]轅也멍에채끝목(屋)

⿰車彖 식 [수]輰也펼수(寘)

⿰車胥 쉬 [서]車下수레저(魚)

⿰車叟 뒤 [탁]廻轉也둘탁(藥)

(十)

⿰車尃 박 [박]車下索수레아래맨줄박(藥)

⿰車旁 輣과同

⿰車圂 후 [홀]車軸수레심대홀(月)

⿰車冥 징 [경]車堅수레튼튼할경(庚)

⿰車盍 [갑]車聲수레소리갑(合)

⿰車烏 우 [오]車之心木수레심대오(虞)

⿰車鬼 홰 [회]轉也구를회(賄)

⿰車眞 징 [경]車響수레소리경(庚)

⿰車唐 당 [당]軍車군사수레당(陽)

⿰車疌 치 [치]小車작은수레치(寘)

轃 젼 [진]至也이를진(眞)

輼 원 [온]臥車ㅣ輬누어서타는수레온(文)

輿 위 [여]車底수레바탕여(魚)

轓 반 [분]車篷수레뜸분(阮)

⿰車䍃 [초]小車적은차초(蕭)

輾 쟌 [전][년]轉之半돌아누울전 轉輪治轂연자매년(銑)

轅 원 [원]車宮ㅣ門진문원(元)

⿱𤇾車 칭 [경]一輪車외바퀴차경(庚)

轂 꾸 [곡]薦人推ㅣ사람천거할곡(屋)

⿱𦍌車 채

[재] 車抵階차섬돌에대일재(佳)

轄 쌰 [할] 輬ㅣ거느릴할(黠)

⿰車桑 쌍 [상] 輪之外圍바퀴겉둘레상(養)

十一

⿰車逢 뿡 [봉] 車聲수레소리봉(東)

⿰車曼 만 [만] 車之衣蓋차장막만(願)

⿰車羞 식 [수] 載柩車상여수레수(尤)

⿰車從 쫑 [종] 車跡수레바퀴자국종(冬)

轇 얍 [교] 長遠貌아득할교(肴)

⿱殸車 징 [경] 車堅수레튼튼할경(庚)

⿰車袞 輥과同

⿰車息 츙 [총] 轞車載囚者죄수싣는차총(東)

轆 루 [록] 車軌道轣ㅣ바퀴사잇길록(屋)

轊 웨 [예] 車軸頭굴대끝예(霽)

轈 [소] 兵高車加巢以望敵軍망대수레소(肴)

轉 얀 [전] 動也움직일전(銑)

十二

⿰車童 츙 [충][장] 陷陳車진치는수레충、장 義同(冬)(絳)

轔 린 [린] 車聲ㅣㅣ수레소리린(眞)

轐 푸 [복] 伏兔所以安軫수레바퀴받침복(屋)

轓 빤 [번] 車箱수레난간번(元)

轒 뿐 [분] 戰車ㅣ轀싸움수레분(文)

轏 짱 [잔] 兵車군사수레잔(潸)

⿰車黃 꽝 [광] 車下橫木수레밑가로나무광(陽)

轎 쟈 [교] 竹ㅣ가마교(蕭)(嘯)

轑 랴 [료][로] 轉也子를료、轢也수레에밟힐로(蕭)(豪)

⿰車蕞 좌 [초] 飾車有華藻수레번화하게꾸밀초(皓)

轍 처 [철] 車迹수레자국철(屑)

⿰車單 싼 [산] 車輞바퀴둘레산(刪)

⿰車登 덩、 [등] 車飾수레차장등(徑)

⿰車間 鐧과同

⿰車彭 평 [팽] 車聲차소리팽(庚)

⿰車斯 쓰 [시] 車輪수레바퀴시(支)

⿰車堯 쟈 [교] 軸端수레심대끝교(嘯)

十三

轙 이 [의] 車衡載轡者수레에고삐매는고리의(紙)

⿰車遂 식 [수] 車之裝飾수레치장수(寘)

⿰車豦 [거] 車輞바퀴둘레거(魚)

⿰車廉 련 [렴] 車輞바퀴둘레렴(監)

轘 [환] 車裂人발길환(諫)(刪)

⿰車當 당 [당] 車床수레바탕당(陽)

轗 [감] ㅣ軻不遇때못만날감(感)

轚 찌 [격] 車轄相擊굴대서로부딪칠격(錫)

⿰車夆 뿡 [봉] 車篷수레뜸봉(東)

轖 [색] 氣結기운맺힐색(職)

⿰車稟 란 [람] 車不進輡ㅣ수레잘안갈람(感)

十四

轟 횡 [굉] 車聲수레모는소리굉(庚)

轞 쌤 [함] 車聲수레소리함(豏)

轛 뒤 [대] 車箱立木수레난간기둥대(隊)

⿰車蓋

캐 [개]車聲輷ㅣ 수레소리개 泰
轗 인 [은]車聲ㅏㅣ수 레소리은 吻
䡵 선 [선]繕治車 수레 중수할선 霰
轜 輀과同
轝 輿과同
轞 檻와同
(十二)
轠 라 [라]車轉聲 차 소리낙 樂
轡 폐 [비]馬轡靶也 고삐비 寘
轢 리 [력]不和軋ㅣ화목 하지못할력 錫
轒 輕 과同
轠 뢰 [뢰]車連ㅣ칠뢰 灰 轤
(十六)
轣 리 [력]轢也수레 바퀴에치일력 錫
䡁 룽 [룽]軸頭바퀴 굴대끝룽 東
轗 輊 과同
轞 䡶 과同
轤 루 [로]吸水器轆ㅣ 두레박틀로 虞
(十七)
䡷 싼 [삼]車聲수 레소리삼 咸
轉 버 [박]車之裝飾수 레치장박 陌
(十八)
轞 지 [객]車之重複수 레거듭칠객 陌
轞 씨 [휴]輪轉一周바 퀴한번돌휴 齊
(十九)
轡 련 [련]綴也이 을련 先
(二十)
轍 녜 [얼][알]高貌ㅣㅣ우뚝할얼、車載 高수레에높이실을알 屑曷
轥 躪 과同
(二十二)
䡴 데 [첩]車聲수레 소리첩 葉

辛部

辛 씬 [신]金味艱苦 悲酸매울신 眞
(五)
辜 꾸 [고]罪也 허물고 虞
辝 辭과同
(六)
辞 辭의略 俗字
辢 싸 [살]味辛ㅣ 매울살 曷 辣
𨐋 신 [신]多也많 을신 眞
辟 뼉 [벽][피]避也 君也임금벽 피할피 陌寘
辠 罪 古字
(七)
辣 라 [랄]酷烈매 서울랄 曷
辡 뼌 [변]罪人相訟죄인 서로송사할변 銑
辢 辣와同
(八)
辨 辣 俗字
辤 辭와同
(九)
辝 시 [시]末端 따비끝시 紙
辨 뼌 [변]判也판 단할변 銑
辦 빤 [판]致力 힘쓸판 諫
䛨 꾸 [고]辛而苦 쓰 고매울고 遇
辥 쎄 [설]姓也 성설 屑
(十)
辨 졈 [겸]艱也어려 울겸 監
(十一)
辬 빈 [빈]駁也얼 룰빈 眞
辧 환 [판]紋也 무늬판 删
辮 뻔 [변]兩股間허 벅지변 諫
(十二)
𨐨 홰 [획]辛也매 울획 陌
辨 뼌 [변]憂也근 심할변 銑
辭 ㅊ [사]言也 말씀사 支
(十四)
辯 뼌 [변]善言말 잘할변 銑

辰部

辰 천 [진][신] 日月合宿謂之ㅣ 별진 日也 生ㅣ날신 (眞)

三

辱 수 [욕] 屈也 굽힐욕 僇也 욕할욕 (沃)

六

農 눙 [농] 勉也 힘쓸농 (冬)

七

晨 신 [신] 夙也 일찍신 (眞)

䢅 辱古字

八

䢆 숭 [용] 不肖 어질지못할용 (腫)

辳 農과同

十二

辴 전 [진] 笑貌 ㅣ然 웃는모양진 (軫)

繷 [농] 多也 많을농 (冬)

辵部

辵 쮜 [착] 乍行乍止 쉬엄쉬엄갈착 (藥)

二

込 [입] 入滿之意 담을입

𨑒 싱 [잉] 行也 갈잉 (蒸)

辻 [십] 道路 큰길십

辺 邊略字

三

迄 씨 [흘] 至也 이를흘 (物)

迅 씬 [신] 疾也 빠를신 (震)

迃 迂과同

迀 깐 [간] 進也 나아갈간 (寒)

迉 지 [기] 進之上 바칠기 (寘)

迆 이 [이] 邪行 비슥거릴이 (紙)

迂 위 [우][오] 曲也 굽을우、 濶也 오활우、 오義同 (虞)(麌)

达 티 [체] 足滑 미끄러질체 (霽)

辿 싼 [천] 緩步 느릿느릿걸을천 (先)

迁 遷俗字

𨑨 [부] 安也 편안할부 (遇)

四

返 빤 [반] 還也 돌아올반 (阮)

近 찐 [근] 不遠 가까울근 (吻)(問)

𨑡 즤 [지] 移也 옮길지 (紙)

进 지 [기] 使近 가까이할기 (紙)

迣 뎨 [제] 退也 물러갈제 (霽)

迕 우 [오] 遇也 만날오 (遇)(麌)

𨑂 즁 [종] 從也 따를종

迍 둔 [둔] 難行ㅣ邅 머뭇거릴둔 (眞)

迓 야 [아] 迎也 맞을아 (禡)

𨑬 [두] 穀不滿斛 마두리두 國字

𨑑 [질] 近也 가까울질 (質)

迒 깡 [항] 兔跡 토끼자취항 (陽)

迋 광 [광][왕] 欺也 속일광、 往也 갈왕 (養)(漾)

迎 잉 [영] 逆也 接也 맞을영 (庚)(敬)

迊 [잡] 周也 주위잡 (合)

迌 뚜 [돌] 詆誘貌 교활한모양돌 (月)

𨑧 빤 [방] 急行 달아날방 (養)

𨑛 빠 [발] 急走 급히달아날발 (曷)

五

述 쓔 [술] 譔也 지을술 (質)

𨒈 쥬 [조] 行也 갈조 (虞)

迡 늬 [니] 近也 가까울이 (霽)

𨑳 越과同

𨑩 듸 [제] 驚也 놀랄제 (霽)

迠 뎨 [첩] 行也 걸을첩 (葉)

迭 뎨 [질] ㅣ代 대신질 (屑)

迨 대 [태] 及也 미칠태 (賄) 逮同 (隊)

𨑮 씨 [세] 遊步 놀며걸을세 (霽)

迹 遡略字

迟 지 격 曲行 굽게갈격 陌
迢 됴 초 遠也ㅣ遞 멀초 蕭
迤 이 이 타 自得貌逶ㅣ 어정거릴타 支歌
迯 逃俗字
迥 잉 형 光輝 빛날형 迥

迱 타 타 라 自得貌逶ㅣ 든든할타 行貌逶ㅣ 어정거릴나 支歌
迦 쟈 가 佛號釋ㅣ 부처의이름가 麻歌
迮 쟤 책 迫也 핍박할책 陌
迣 迾古字
迪 적 進也 나아갈적 錫

迲 韓 國字以鐵隶小曰ㅣ 자내겁
迫 빅 박 逼也 핍박할박 陌

六

送 쑹 송 遣也 보낼송 送
逄 팡 방 姓也 성방 江
迻 이 遷徙 옮길이 支
廻 回과同

追 쮜 추 퇴 逐也 쫓을추 쇠북꼭지퇴 支灰
迷 미 미 惑也 미혹할미 齊
迡 지 치 走貌 달아날치 支
[辶戉] 쑤 흘 衆人之走貌 여럿이달아날흘 質
进 迸俗字
迎 인 인 走也 달아날인 軫
逌 우 유 步行貌 걸을유 有
逘 해 해 走也 달아날해 隊
洋 양 양 欲行不進 머뭇거릴양 陽
逦 옌 연 行步遲 걸음더딜연 銑
建 위 율 分配 나누어펄유 質
迥 迴俗字
迺 내 내 語助辭 어조사내 賄
退 퇴 퇴 却也 물러갈퇴 隊
[辶夾] 恢과同
逃 됴 도 避也 달아날도 豪
逅 후 후 不期而會曰邂ㅣ 우연히만날후 宥
逡 쥰 준 先也 먼저 준 本音순 震
逆 이 역 不順 거스릴역 陌
适 콰 괄 疾也 빠를괄 曷
迾 례 렬 車駕清道 길치울렬 屑
迹 지 적 足ㅣ 발자국적 陌
迨 허 합 行相及ㅣ遝 걸음서로미칠합 合
迵 퉁 동 過也 지날동 送東

七

通 퉁 통 達也 통할통 東
途 뚜 도 道也 길도 虞
逋 뿌 포 欠ㅣ官物 포흠질포 虞
逢 뽕 봉 遇也 만날봉 東
[辶貝] 패 패 壞也 무너질패 卦
逜 우 오 相閔 서로관여할오 遇
逝 씨 서 行也 갈서 霽
逓 遞俗字
逡 쥰 준 行不進ㅣ巡 주저할준 眞
連 련 련 續也 이을련 先
逕 껑 갱 兔路 토끼길갱 庚
逛 꽝 광 走貌 달아날광 養
逍 쌰 소 自適ㅣ遙 노닐소 蕭
速

쑥 [속] 疾也 빠를속 屋

逐 쮹 [축][적] 追也 쫓을축、ㅣㅣ말달릴 적 屋 錫、馳貌

逖 틔 [적] 遠也 疏ㅣ 멀적 錫

⿺辶耴 틔 [첩] 走貌 달아날첩 葉

逗 두 [두] 止也 ㅣ遛 머무를두 宥

透 투 [투] 通也 통할투 宥

逌 우 [유] 由也 말미암을유 尤

這 져 [저][언] 迎也 맞을저 迎也 맞이할언 霰 願、

造 조 [조] 作也 지을조 至也 이를조 皓

逞 청 [정] 通也 통

할정 梗

逕 징 [경] 至也 이를경 徑

逑 착 [子] 聚斂 모을子 尤

八

逨 래 [래] 至也 이를래 灰

逯 루 [록] 忽然往來 훌적갓다올록 屋

遊 遊俗字

進 진 [진] 前ㅣ 나아갈진 震

逮 듸 [체][태] 及也 미칠체 反也 미칠태 隊 霽

週 젹 [주] 日月火水木金土之七曜 日謂之一ㅣ 주일주 尤

逪 잔 [착] 交雜 섞일착 藥

逶 웨 [위] 衺行貌ㅣ迤 비틀거릴위 支

逭 환 [환] 逃也 도망할환 翰

⿺辶亞 야 [아] 次也 버금아 禡

⿺辶聿 처 [첩] 疾走 빨리달아날첩 葉

逵 쾨 [규] 九達道 큰길규 支

逴 취 [탁][작] 超絶 뛰어날탁、작 義同 覺 藥

⿺辶㞷 往古字

逷 逖古字

逬 뻥 [병] 散走 흩어저 달아날병 敬

逸 이 [일] 縱也 놓일일 質

⿺辶㸒 인 [임] 過也 지날임 侵

遺 우 [육] 轉也 子를육 屋

逫 졔 [결][줄] 遠也 멀결、遲貌 김뜰줄 屑 質

九

道 또 [도] 路也 길도 理也 이치도 皓 號

違 웨 [위] 背也 어길위 微

遄 천 [천] 疾也 速也 빠를천 先

遁 둔 [돈][둔] 回避 피할돈 둔義同 阮 願

遇 위 [우] 道路相逢 만날우 遇

遂 쉬 [수] 因也 드딜수 寘

遯 遁古字

逾 위 [유] 過也 지날유 虞

遐 허 [하] 遠也 멀하 麻

遍 편 [편] 周也 두루편 霰

過 궈 [과] 經也 지날과 箇

運 윈 [운] 行也 행할운 問

遑 황 [황] 急也 급할황 陽

逿 탕 [탕] 倒也 꺼꾸러질탕 漾

逺 遠古字

⿺辶若 워 [약] 進也 나아갈약 藥

達 다 [달] 通也 사무칠달 曷

⿺辶重 動古字

遊 우 [유] 旅也 나그네유 尤

遉 청 [정] 偵也 염탐할정 敬

遒

취 [주] 聚也 모을주 (尤)
逎 逌과同
𨑻 텐 [천] 間步 한가히 걸을천 (銑)
迺 사 [삽] 疾步 빨리 걸을삽 (洽)
逡 직 [종] 步行貌 걸을종 (東)
遏 어 [알] 止也 그칠알 (曷)

迦 야 [가] 猶犬牙左右相制 互 좌우로 겨룰가 (麻)
逼 삐 [핍] 近也 가까울핍 (職)
遌 어 [악] 遇也 만날악 (藥)
遖 륵 [남] 贊美歡辭 갸륵할남 日字
遅 遲 俗字

十

遙 야 [요] 遠也 멀요 (蕭)
遠 웬 [원] 遙也 멀원 (阮)
遛 遛과同
遢 타 [탑] 不謹事 용렬할탑 (合)
遞 듸 [체] 更迭 ㅣ代 갈마들일체 (霽)
𨗉 道 古字
遘

꺼 [子] 遇也 만날子 (宥)
遡 쑤 [소] 逆流 거스를소 (遇)
遝 [답] 雜ㅣ 뒤섞일답 (合)
遜 쏜 [손] 順也 순할순 (願)
遣 켠 [견] 送也 보낼견 (銑)

十一

遰 듸 [체] 往也 갈

체 (霽)
遯 돈 [돈] [둔] 逃也 도망할돈、둔 義同 (願) (阮)
遧 쟝 [장] 彰顯 드러낼장 (陽)
遲 츠 [지] 緩也 더딜지 (支)
遨 오 [오] 遊也 ㅣ嬉 노닐오 (豪)
遬 쑤 [속] 謙慤齊ㅣ 공순할속 (屋)

遮 쟈 [차] 蔽也 가릴차 (麻)
適 듸 [적] 往也 갈적 至也 이를적 (錫)
遭 쟈 [조] 逢也 ㅣ遇 만날조 (豪)
遳 좌 [좌] 急躁 바쁠좌 (歌)
遟 치 [치] 近也 가까울치 (紙)
遥

遙 古字
遦 꽌 [관] 習也 익힐관 (翰)
遱 럭 [루] 連也 연할루 (尤)
遷 쳔 [천] 變也 변할천 (先)
遪 사 [삽] 滲也 스밀삽 (合)
𨗨 춍 [종] 緩步 천천히 걸을종 (冬)

十二

選 쏀 [선] 擇也 가릴선 (銑) (霰)
遶 [요] 圍也 두를요 (篠)
遼 랴 [료] 遠也 멀료 (蕭)
遛 릐 [류] 止也 逗ㅣ 머무를유 (尤)
𨖶 춍 [충] 逃也 도망할충 (東)
遺 이

[유] 失也 잃어버릴유 (眞)
遴 린 [린] 行難 머뭇거릴린 (震)
𨗈 자 [잡] 行書貌 초서 쓴모양잡 (洽)
遵 쥰 [준] 循也 좇을준 (眞)
遻 우 [오] 遇也 만날오 (遇)
遹 쉬

[휼] 循也 좇을휼 (質)
𨘒 [상] 行步貌 갈상 (養)
𨘥 뻔 [변] 振繩墨 먹줄튀길변 (先)
𨗼 챠 [초] 疾走 빨리 달아날초 (篠)
𨗽 [무] 迹也 자취무 (虞)
𨘆 산 [초] 充也 찰초 (效)

十三

遽 꺼 [거]急也 급할거 御
遾 씨 [서]及也 미칠서 霽
避 삐 [피]逃也 피할피 寘
邂 쎄 [해]不期而遇ㅣ逅 우연히만날해 卦
𨘵 젼 [섭]速行 속히갈섭 艷
還 환 [환][선] 返也 돌아올환、轉也 周ㅣ돌선 刪 諫 先
𨗷 [착]鑿也 뚫을착 藥
𨘤 홰 [회]周繞 두를회 泰
邁 매 [매]遠行 멀리갈매 卦
邅 잔 [전]逐也 쫓을전 先 霰
邀 얀 [요]迎也 맞을요 蕭
𨘼 쳠 [첨]欲近 가까이할첨 琰

(十四)

邇 얼 [이]近也 孔ㅣ密 ㅣ가까이울이 紙
𨘭 사 [삽]疾行 빨리갈삽 洽
邈 먁 [막]遠也 멀막 覺
邃 쒸 [수]深遠 幽ㅣ 깊숙할수 寘

(十五)

邊 뻔 [변]側也 가변 변방변 先
𨗝 뚜 [독]易也 넘볼독 屋
邋 라 [랍]行貌ㅣ遢 천천히걸을납 合
邌 리 [려]徐行貌 천천히걸을려 齊

(十六)

邍 웬 [원]廣原 넓은언덕원 元
𨘋 리 [력]近也 가까울력 錫

(十七)

𨙝 약 [약]遙也 멀약 藥
邎 얀 [요]疾行 빨리갈요 蕭

(十八)

𨘿 예 [엽]行貌 갈엽 葉
𨗶 이 [익]走也 달아날익 職

(十九)

邏 뤄 [라]巡也 순행할라 箇
邐 리 [리]因循 미적거릴리 紙

(二十)

𨙾 훠 [확]旋也 돌확 藥

邑部

邑 이 [읍]都ㅣ 四縣為郡 四井為ㅣ 고을읍 緝

(二)

𨙸 시 [십]縣名 고을이름십 緝

(三)

邔 이지 [기]廣大之邑 넓은고을기 紙
邛 츙 [공]勞也 고달풀공 冬
邜 채 [재]鄕名 이름재 灰
邘 위 [우]鄭地名 周武王者所封 우리나라우 虞
邗 깐 [한]吳水名ㅣ溝 물이름한 寒
邕 옹 [옹]塞也 막힐옹 冬
邙 망 [망]洛陽山名 北ㅣ 북방산망 陽

(四)

邠 빈 [빈]周太王國 나라이름빈 眞
邦 빵 [방]國名 나라방 江
邧 웬 [원]奏邑名 고을이름원 元
𨙻 那本字
那 나 [나]何也 어찌나 歌 哿 箇
邨 촌 [촌]邑也 聚落 마을촌 元
邤 신 [흔]鄰也 이웃흔 文
邪 쎄 [사][야]不正 姦思ㅣ佞 간사할사、語助疑辭 어조사야 麻
邞 뿌 [부]縣名 고을이

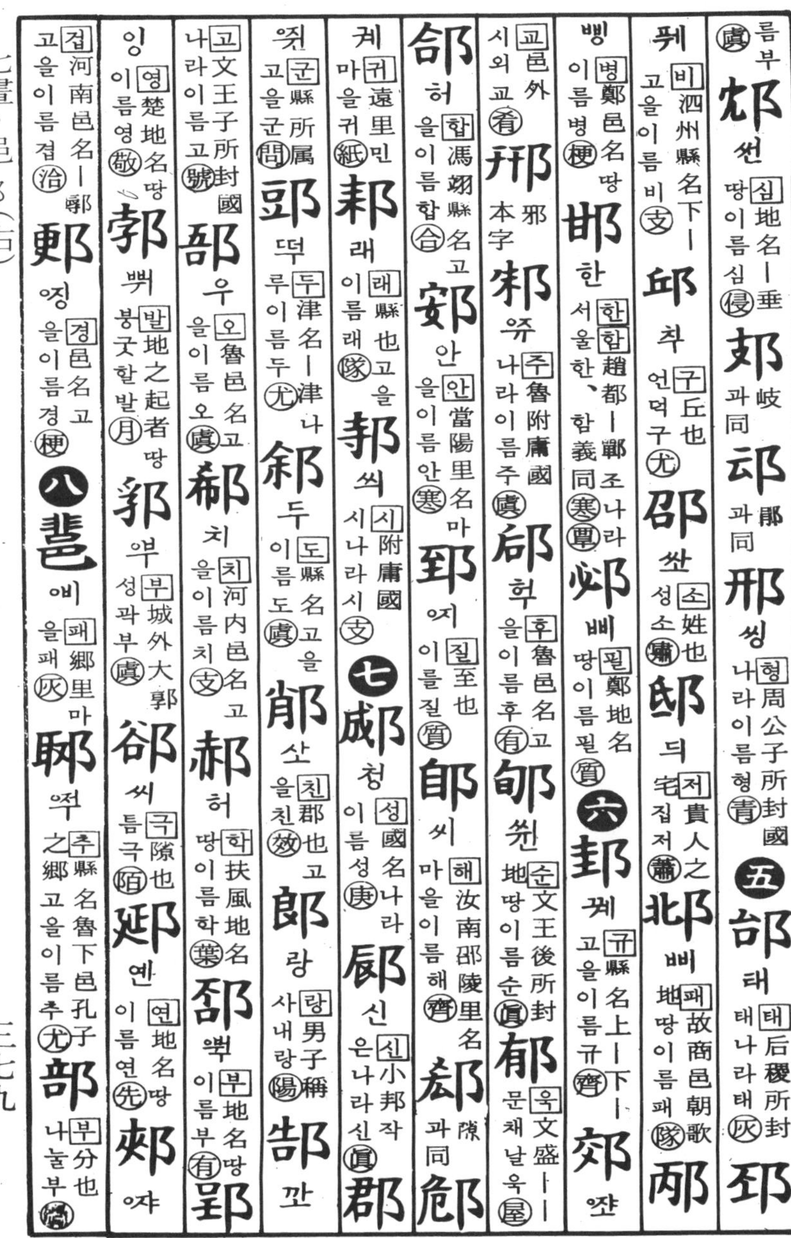

(…이)름부 (虞)
⿰冘阝 썬 심 地名ㅣ垂 땅이름심 (侵)
⿰支阝 岐과同
⿰云阝 鄖과同
邢 씽 형 周公子所封國 나라이름형 (青)
五
邰 태 태 后稷所封 태나라태 (灰)
邳 픠 비 泗州縣名下ㅣ 고을이름비 (支)
邱 착 자 丘也 언덕구 (尤)
邵 쌒 소 姓也 성소 (嘯)
邸 듸 저 貴人之宅 집저 (薺)
邶 븨 패 故商邑朝歌地 땅이름패 (隊)
邴 뱅 병 鄭邑名 땅이름병 (梗)
邯 한 한·합 趙都ㅣ鄲 조나라서울한、함義同 (寒)(覃)
邲 빼 필 鄭地名 땅이름필 (質)
六
邽 꿰 규 縣名上ㅣ下ㅣ 고을이름규 (齊)
郊 쟌 교 邑外 시외교 (肴)
⿰幵阝 邪本字
邾 쥬 주 魯附庸國 나라이름주 (虞)
郈 헉 후 魯邑名 고을이름후 (有)
郇 쓘 순 文王後所封地 땅이름순 (眞)
郁 욱 욱 文盛ㅏㅣ 문채날욱 (屋)
郃 허 합 馮翊縣名 고을이름합 (合)
⿰安阝 안 안 當陽里名 마을이름안 (寒)
郅 찌 질 至也 이를질 (質)
郋 씨 해 汝南邵陵里名 마을이름해 (齊)
郄 隙과同
⿰危阝 궤 귀 遠里 민마을귀 (紙)
郲 래 래 縣也 고을이름래 (隊)
邿 씌 시 附庸國 시나라시 (支)
七
郕 청 성 國名 나라이름성 (庚)
⿰辰阝 신 신 小邦 작은나라신 (眞)
郡 쥔 군 縣所屬 고을군 (問)
郖 떡 두 津名ㅣ津 나루이름두 (尤)
⿰余阝 두 도 縣名 고을이름도 (虞)
⿰肖阝 산 친 郡也 고을친 (效)
郎 랑 랑 男子稱 사내랑 (陽)
郜 까 고 文王子所封國 나라이름고 (號)
郚 우 오 魯邑名 고을이름오 (虞)
郗 치 치 河内邑名 고을이름치 (支)
郝 허 학 扶風地名 땅이름학 (藥)
⿰否阝 쀠 부 地名 땅이름부 (有)
郢 잉 영 楚地名 땅이름영 (敬)
郣 뿨 발 地之起者 땅붕긋할발 (月)
郛 우 부 城外大郭 성곽부 (虞)
郤 씨 극 隙也 틈극 (陌)
郔 옌 연 地名 땅이름연 (先)
郟 쟈 겹 河南邑名ㅣ鄏 고을이름겹 (洽)
郠 쩡 경 邑名 고을이름경 (梗)
八
⿱非邑 예 패 鄕里 마을패 (灰)
郰 쩍 추 縣名魯下邑孔子之鄕 고을이름추 (尤)
部 부 부 分也 나눌부 [illegible]

(藥)

郴 천 [침]桂陽縣名 땅이름침(侵)

郵 우 [우]過也 지날우(尤)

䣊 鄁와同

郳 이 [예]國名나라 이름예(齊)

郬 칭 [청]地名땅 이름청(庚)

郭 [곽]外城 성곽곽

郲 래 [래]地名時ㅣ 땅이름래(灰)

鄁 당 [당]住所머무 는곳당(養)

郱 핑 [병]地名齊地 땅이름병(青)

䣢 씨 [석]鄉名고을 이름석(錫)

郼 [엄]國名엄 나라엄(琰)

郪 치 [처]齊地ㅣ丘 땅이름처(齊)

郯 탄 [담]小昊後所封 나라이름담(覃)

郫 피 [비]益州地名 땅이름비(支)

九

鄈 퀘 [규]汾陰地名 땅이름규(支)

鄀 쉬 [약]國名나 라이름약(藥)

鄅 위 [우]國名나라 이름우(虞)

郿 메 [미]地名땅 이름미(支)

郹 여 [격]邑名ㅣ陽고 을이름격(錫)

鄇 훠 [후]地名땅 이름후(有)

䣛 여 [계]上谷縣名黃帝後所封 고을이름계(霽)

都 뚜 [도]天子所居 도읍도(虞)

郾 연 [언]潁川縣名 고을이름언(願)

鄆 원 [운]魯地땅 이름운(問)

郼 위 [위]聚也모 을위(御)

鄃 슈 [유]縣名고을 이름유(虞)

鄄 젼 [견]地名땅 이름견(先)

鄂 어 [악]楚地名 땅이름악(藥)

十

鄑 즈 [자]邑名고을 이름자(支)

鄉 [향]邑里 시골향(陽)

鄔 우 [오]鄭地名 땅이름오(虞)

鄍 밍 [명]晉邑名고 을이름명(青)

鄎 씨 [식]齊地名땅 이름식(職)

鄖 원 [운]漢南國名 나라이름운(文)

䣻 이 [익]地名땅 이름익(陌)

鄗 한 [효][호][학]榮陽水名敖ㅣ물이름효、常山邑名고을이름호、晉邑名고을이름학(肴)(皓)(藥)

鄒 쭈 [추]魯縣名邾婁 國나라이름추(尤)

鄐 [축]邑名고을 이름축(屋)

鄏 수 [욕]河南地名郟ㅣ 땅이름욕(沃)

䣀 ᄞᅫ [외]不平坦평탄하 지않을외(賄)

鄋 쓔 [수]狄國名ㅣ瞞오랑 캐나라이름수(尤)

十一

鄣 [장]莒國邑名 고을이름장(陽)

鄚 뭐 [막]縣名고을 이름막(藥)

鄙 삐 [비]陋也 더러울비(紙)

鄡 챠 [교]姓也ㅣ單 성교(蕭)

鄿 깐 [간]地名땅 이름간(寒)

䣙 퍼 [배]國名나라 이름배(灰)

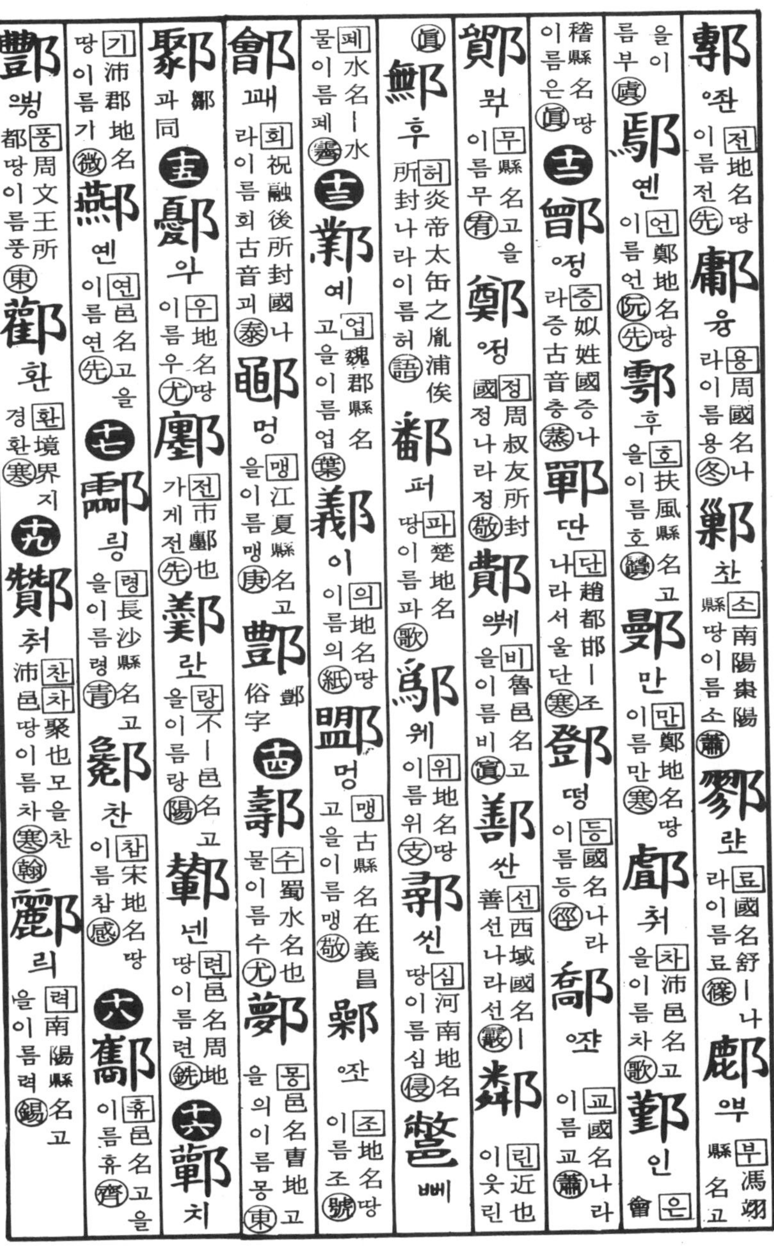

鄟 잔 [전] 地名땅이름전 ㊀先
鄘 용 [용] 周國名나라이름용 ㊀冬
鄛 찬 [소] 南陽棗陽縣땅이름소 ㊀蕭
鄝 랴 [료] 國名舒ㅣ나라이름료 ㊀篠
鄜 야 [부] 馮翊縣名고을이름부 ㊀虞
鄢 연 [언] 鄭地名땅이름언 ㊀阮 ㊀先
鄠 후 [호] 扶風縣名고을이름호 ㊀麌
鄤 만 [만] 鄭地名땅이름만 ㊀寒
⿰虘阝 춰 [차] 沛邑名고을이름차 ㊀歌
鄞 인 [은] 會稽縣名땅이름은 ㊀眞
⑫
鄫 정 [증] 姒姓國증나라증 古音층 ㊀蒸
鄲 단 [단] 趙都邯ㅣ조나라서울단 ㊀寒
鄧 떵 [등] 國名나라이름등 ㊀徑
⿰喬阝 쟈 [교] 國名나라이름교 ㊀蕭
鄮 뫄 [무] 縣名고을이름무 ㊀有
鄭 졍 [정] 周叔友所封國정나라정 ㊀敬
鄪 븨 [비] 魯邑名고을이름비 ㊀寘
鄯 싼 [선] 西域國名ㅣ善선나라선 ㊀霰
鄰 린 [린] 近也이웃린 ㊀眞
鄦 후 [허] 炎帝太缶之胤浦侯所封나라이름허 ㊀語
鄱 퍼 [파] 楚地名땅이름파 ㊀歌
鄬 웨 [위] 地名땅이름위 ㊀支
鄩 씬 [심] 河南地名땅이름심 ㊀侵
鄨 삐 [폐] 水名ㅣ水물이름폐 ㊀霽
⑬
鄴 예 [업] 魏郡縣名고을이름업 ㊀葉
⿰義阝 이 [의] 地名땅이름의 ㊀紙
⿰盟阝 멍 [맹] 古縣名在義昌고을이름맹 ㊀敬
鄵 쟌 [조] 地名땅이름조 ㊀號
鄶 쾌 [회] 祝融後所封國나라이름회 古音괴 ㊀泰
鄳 멍 [맹] 江夏縣名고을이름맹 ㊀庚
鄷 酆俗字
⑭
⿰壽阝 [수] 蜀水名也물이름수 ㊀尤
鄸 [몽] 邑名曹地고을의이름몽 ㊀東
鄹 鄒과同
⑮
鄾 우 [우] 地名땅이름우 ㊀尤
鄽 [전] 市鄽也가게전 ㊀先
⿰美阝 랑 [랑] 不ㅣ邑名고을이름랑 ㊀陽
⿰輦阝 넨 [련] 邑名周地땅이름련 ㊀銑
⑯
鄿 치 [기] 沛郡地名땅이름기 ㊀微
酀 연 [연] 邑名고을이름연 ㊀先
⑰
酃 링 [령] 長沙縣名고을이름령 ㊀青
酁 찬 [참] 宋地名땅이름참 ㊀感
⑱
酅 [휴] 邑名고을이름휴 ㊀齊
酆 봉 [풍] 周文王所都땅이름풍 ㊀東
酄 환 [환] 境界지경환 ㊀寒
⑲
酇 취 [찬][차] 沛邑땅이름차 聚也모을찬 ㊀寒 ㊀翰
酈 리 [력] 南陽縣名고을이름력 ㊀錫

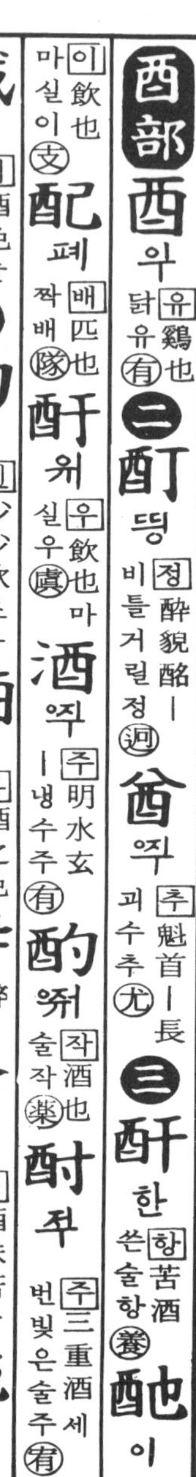

酉部

酉 유 [유]鷄也 닭유 (有)

二

酊 띵 [정]醉貌酩ㅣ 비틀거릴정 (迥)

酋 쥐 [추]魁首ㅣ長 괴수추 (尤)

三

酐 한 [항]苦酒 쓴술항 (養)

酏 이 [이]飮也 마실이 (支)

配 폐 [배]匹也 짝배 (隊)

酑 워 [우]飮也 마실우 (虞)

酒 쥐 [주]明水玄ㅣ 냉수주 (有)

酌 쟉 [작]酒也 술작 (藥)

酎 쥐 [주]三重酒 세번빚은술주 (有)

[酉弋] 이 [익]酒色 술빛익 (職)

四

酳 인 [인]少少飮 조금씩마실인 (軫)

[戈酉] 꽈 [과]酒之色 술빛과 (歌)

[酉卆] 醉俗字

酓 얀 [염]酒味苦 맛쓸염 (琰)

[酉屯] 듄 [준]美酒 좋은술준 (眞)

[酉勿] 운 [문]酒杯 술잔문 (問)

[酉今] 옌 [염]酒也 술염 (琰)

[酉氐] 지 [지]腐乳 썩은젖지 (支)

[酉支] 리 [리]乳腐 젖썩을리 (支)

酗 쓔 [후]醉怒迷亂酒德 주정할후 (曷)

酘 뚜 [두]重釀酒위 덧은술두 (宥)

酕 맏 [모]極醉貌ㅣ 모쉬취할모 (豪)

[酉不] 醅과同

[酉亢] 깡 [강]塩澤 염전강 (養)

[酉巿] 뻐 [발]酒色 술빛발 (曷)

[酉丏] 湎과同

酖 천 [짐][탐]鴆酒 짐새술짐、嗜酒樂飮 술즐길탐 古音담 (沁)(覃)

五

酥 쑤 [수]酪屬牛羊乳 타락죽수 (虞)

酢 추 [초][작]酸漿驗也 초초。酬ㅣ 술권할작 (曷)(藥)

[酉危] 酡와同

[酉向] [후]醉怒 주정할후 (遇)

酤 꾸 [고]買酒 술살고 賣酒 술팔고 (虞)(麌)(曷)

酣 한 [감]樂酒不醉 술즐길감 (覃)

[酉冬] 둥 [동]酒腐 술쉬을동 (冬)

[夰酉] 원 [문]和酒麴餠起ㅣ 떡에술빛넣을문 (問)

[酉央] 양 [앙]濁酒 막걸리앙 (養)

酡 타 [타]醉容 취한형용타 (歌)

[酉此] 츠 [자]糟也 재강자 (支)

酟 텸 [첨]和也 화할첨 (監)

[酉瓜] 꾸 [고]酒杯 술잔고 (虞)

[酉可] 커 [가]苦酒 쓴술가 (馬)

[酉包] 팦 [포]美人醉面 얼굴붉으레할포 (效)

酦 발 [발]酒氣 술기운발 (曷)

[酉且] 추 [초]美醬 좋은장초 (虞)

[酉必] 삐 [필]酒飮盡 술다마실필 (質)

六

酬 챠 [수]報也 갚을수 (尤)

酪 러 [락]乳漿 소젖락 (藥)

酩 밍 [명]甘酒 단술명 (迥)

[耳酉] 이 [이]重釀酒 두번빚은술이 (寘)

[酉交] 쟈 [교]賣酒 술팔교 (肴)

酮 [동]馬酪 말젖동 (東)

酨 재 [재] 釋米汁 뜨물재 (隊)
⿰酉朱 작 [저] 酌也 잔질할저 (魚)
酭 유 [우] 勸酒也 술권할우 (宥)
⿰酉舌 [괄] 甛也 전국술괄 (曷)
⿰酉危 왜 [외] 醉貌 취할외 (灰)
酧 酬俗字
⿰酉全 철 [철] 鹽藏物 소금절이철 (屑)
⿱㑒酉 남 [남] 厭飽 물릴남 (有)

七

酴 투 [도] 酒母 술밑도 (虞)
酵 효 [효] 以酒母起麪發 ㅣ술괼효 俗音교 (效)
⿰酉巠 영 [영] 酒醒 술갤영 (迥)
酸 쏸 [산] 酢味 실산 (寒)
酳 인 [윤] 飲酒安食 반주윤 (震)
酷 쿠 [곡] 俗音 [혹] 甚也 심할혹 (沃)
酶 메 [매] 酒本 술밑매 (灰)
⿰酉含 한 [함] 酒之色面赭色 술빛함 (覃)
酺 뿌 [포] 會飲 여럿이술마실포 (虞)
酹 래 [뢰] 綴祭酒沃地 강신술뢰 (泰)(隊)
酲 청 [정] 病也 술병정 (庚)

八

醉 쥐 [취] 心ㅣ 취하게할취 (寘)
醋 추 [작] [초] 主客相酌酬ㅣ 잔돌릴작、酸漿 초초 (藥)(遇)
⿰酉炎 단 [담] 酒醋薄也 술맛색큼할담 (勘)
醅 페 [배] 酒未漉醱ㅣ 거르지않이한술배 (灰)
醆 잔 [잔] 夏爵名 벼슬이름잔 (潸)
醇 순 [순] 厚也 두터울순 (眞)
⿰酉京 량 [량] 雜味 잡된맛량 (漾)
醄 탄 [도] 極醉貌 酕ㅣ 몹시취할도 (豪)
醃 연 [엄] 鹽清魚物 절일엄 (監)
⿰酉隹 이 [유] 和肉酒 고기든술유 (支)
⿰酉盂 우 [우] 宴也 잔치우 (虞)
醁 루 [록] 美酒名 醽ㅣ 맛좋은술록 (沃)
醂 리 [람] 乾柿 건시람 (感)
⿰酉念 연 [념] 苦味 쓴맛념 (監)
⿰酉典 뎐 [전] 濃酒 전국술전 (銑)
⿱制酉 지 [제] 魚子醬 생선조림제 (霽)

九

⿰酉安 쑤 [수] 白酒 흰술수 (尤)
⿰酉癸 궤 [귀] 清酒 은술귀 (紙)
醒 씽 [성] 夢ㅣ 꿈깰성 (青)(效)(徑)
醯 씨 [혜] 酸漿 초혜 (齊)
⿰酉茶 지 [절] 清菜羹 김치절 (屑)
醐 후 [호] 清酒 약주술호 (虞)
醑 쉬 [서] 美酒 좋은술서 (語)
醍 티 [제] 清酒 약주술제 (齊)
⿰酉某 메 [매] 醋之別名 단것매 (灰)
⿰酉咸 鹹俗字
⿰酉俞 투 [두] 榆醬 醔ㅣ 느릅나무장두 (有)
⿰酉面 면 [면] 沈於酒 술에젖을면 (銑)
⿰酉甚 신 [심] 麴也 누룩심 (侵)
⿰酉軍 훈 [혼] 注酒 술따를혼 (阮)
⿰酉盍 씨 [해] 酒杯 술잔해 (賄)
醔 뭐 [무] 榆醬ㅣ⿰酉俞 느릅나무장무 (宥)
醏 뚜 [도] 醬也 된장도 (虞)

𨡉 총 [총] 濁酒 탁주 총 (東)
䤔 난 [남] 煑肉 고기 지질 남 (感)
𨣒 인 [음] 醉也 취할 음 (侵)

十

醘 커 [갑] 酒器 술그릇 갑 (合)
𨣙 꾸 [곡] 濁酒蟲 술바구미 곡 (屋)
醅

醇과 同
𨣍 상 [상] 乳酒 젖술 상 (陽)
醢 해 [해] 肉醬 젓장 해 (賄)
䤌 메 [멱] 乾酪 말린젖 멱 (錫)
𨢏 뱡 [방] 奉上酒 술 올릴 방 (陽)
𨣶 한 [한] 清酒 은술 한 (翰)
醎

우 [육] 面黃 낯빛 누를 육 (屋)
醝 차 [차] 白酒 흰술 차 (歌)
𨢔 미 [밀] 醬也 장 밀 (質)
醏 嗜과 同
醖 원 [온] 釀酒 술빚을 온 (吻)
醫 이 [의] 酒也 술 의 (支)
醚 미

[미] 醉也 취할 미 (支)
醡 자 [자] 壓酒具 주자틀 자 (禡)
醛 쳬 [철] 酒味變 술맛 변할 철 (屑)
𨢡 뭥 [몽] 麴生衣 누룩뜰 몽 (東)
醟 융 [영] 酗酒 술주정할 영 (敬)
醜 [추] 惡也 악할 추 (有)

十一

𨣃 무 [모] 美醬 좋은장 모 (虞)
醬 쟝 [장] 醢也 식혜 장 (漾)
醪 랸 [료] 地名 땅이름 료 (豪)
醨 리 [리] 薄酒 묽은술 리 (支)
𨣧 훙 [홍] 醉倒 취하여 자빠질 홍 (董)
醦

[참][침][첨] 酢也 초 참、酢也 초 침、酸也 실 첨 (豏)(寑)(琰)
醩 糟字
醥 퍞 [표] 清酒 은술 표 (篠)
醫 이 [의] 治病者 의사 의 (支)(紙)
𨤁 미 [미][만] 白生醬 酢醭ー 골마지 미、만 義同 (霽)(寒)

𨡬 醨와 同
𨡼 루 [루] ー魚 물고기젓 루 (虞)
醧 억 [어] 私燕飲 사사로이 잔치할 어 (御)
𨢍 삐 [폐] 榆醬 느릅나무장 폐 (霽)
䤓 상 [상] 酒后總名 잔 상 (陽)
𨣇 醡과 同

十二

醱 빨 [발] 重釀ー醅 술괴일 발 (曷)
䤒 끼 [기] 沐酒 목욕하고 술마실 기 (未)
𨣼 젼 [전] 苦酒 쓴술 전 (銑)
醯 씨 [혜] 酢味 단것 혜 (齊)
醮 쟢 [초] 惟也 마를 초 (嘯)
𨤋 화

[화] 醇酒 전국술 화 (麻)
醰 탄 [담] 酒長味 술맛 준할 담 (感)
𨣝 한 [간] 鹹也 짤 간 (諫)
醭 뿌 [복] 酒上白 술에 골마지 낄 복 (屋)
𨣿 황 [황] 末漉酒 전국술 황 (漾)
𨤆 [단] 濁酒 막걸리 단 (寒)

𨣈 우 [유] 清薄酒 멀건술 유 (有)
𨣺 신 [짐] 飲酒 술마실 짐 (寑)
𨢌 삐 [비] 酒之色 술빛 비 (紙)
醷 랴 [료] 清酒 은술 료 (篠)

十三

醲 농 [농] 厚酒 텁텁한술 농 (冬)
醴 리

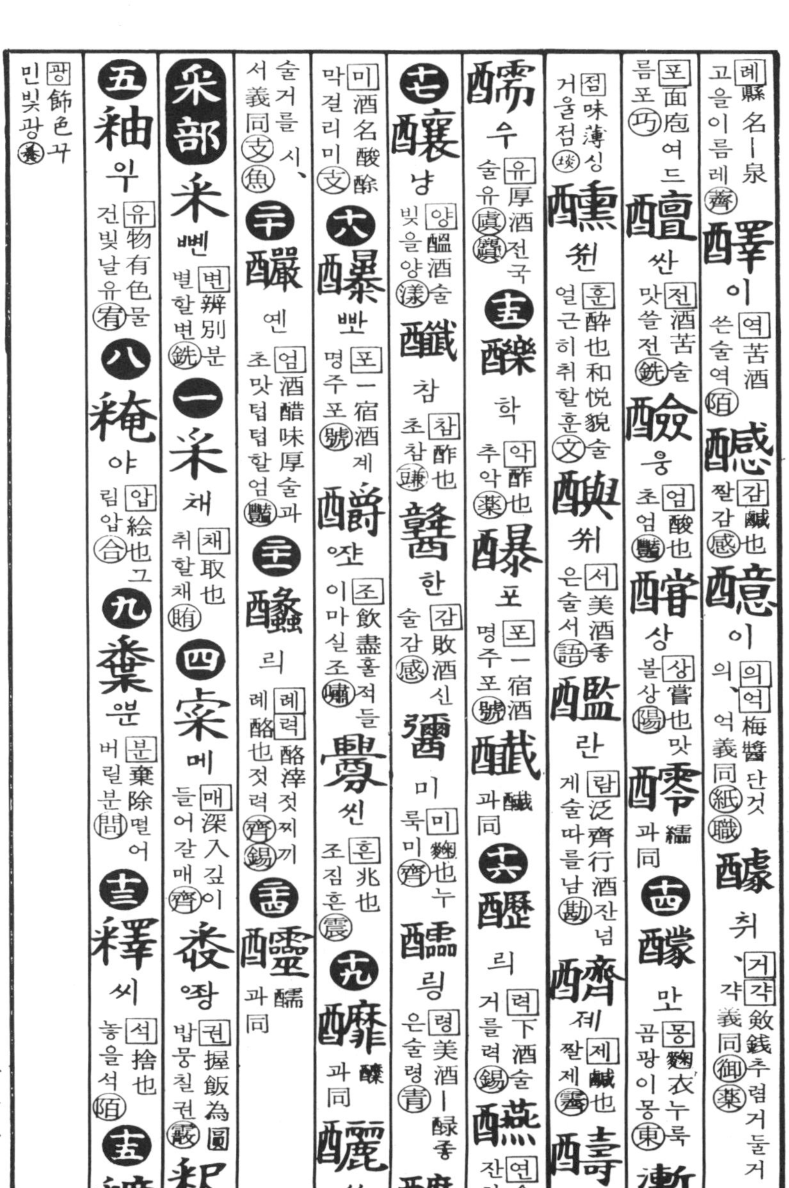

례 縣名|泉 고을이름례 (薺)
醳 이 역 苦酒 쓴술역 (陌)
(酉+感) 감 鹹也 짤감 (感)
醷 이 의、억 梅醬 단것 의、억 義同 (紙)(職)
醵 취、거、갹 斂錢 추렴거둘거 갹 義同 (御)(藥)
(酉+雹) 포 面皰 여드름포 (巧)
(酉+亶) 싼 전 酒苦 술맛쓸전 (銑)
醶 웅 엄 酸也 초엄 (豔)
(酉+嘗) 상 상 嘗也 맛볼상 (陽)
(酉+零) 醹 과同
十四 **醿** 마 몽 麴衣 누룩곰팡이몽 (東)
(漸+酉) 점 점 味薄 싱거울점 (琰)
醺 훈 훈 醉也和悅貌 술얼근히취할훈 (文)
(酉+與) 서 서 美酒 좋은술서 (語)
(酉+監) 란 람 泛齊行酒 잔넘게술따를남 (勘)
(酉+齊) 제 제 鹹也 짤제 (霽)
醻 酬 과同
醹 수 유 厚酒 전국술유 (虞)(遇)
十五 **(酉+樂)** 학 악 酢也 추악 (藥)
(酉+暴) 포 포 一宿酒 명주포 (號)
(酉+截) 醶 과同
十六 **(酉+歷)** 리 력 下酒 술거를력 (錫)
醼 연 연 合飲 잔치연 (霰)
十七 **釀** 냥 양 醞酒 술빚을양 (漾)
(酉+韱) 참 참 酢也 초참 (豏)
(酉+釁) 한 감 敗酒 신술감 (感)
(酉+彌) 미 미 麴也 누룩미 (齊)
醽 링 령 美酒|醁 좋은술령 (青)
醾 미 미 酒名酸酴 막걸리미 (支)
十八 **(酉+暴)** 뽀 포 一宿酒 계 명주포 (號)
(酉+爵) 쟈 조 飲盡 훌적들이마실조 (嘯)
釁 씬 흔 兆也 조짐흔 (震)
十九 **(酉+靡)** 醾 과同
釃 쓰 시、서 下酒 술거를 시、서 義同 (支)(魚)
二十 **(酉+嚴)** 옌 엄 酒醋味厚 술과초맛텁텁할엄 (豔)
二十一 **(酉+蠡)** 리 례、력 酪滓 젓찌끼 례 酪也 젓력 (齊)(錫)
二十四 **(酉+靈)** 醹 과同

釆部

釆 뻰 변 辨別 분별할변 (銑)
一 **采** 채 채 取也 취할채 (賄)
四 **(宀+釆)** 메 매 深入 깊이들어갈매 (齊)
五 **(釆+大)** 쫭 권 握飯為圓 밥뭉칠권 (霰)
釈 釋 俗字
五 **釉** 익 유 物有色 물건빛날유 (有)
八 **(釆+奄)** 야 압 絵也 그림압 (合)
九 **(釆+糞)** 븐 분 棄除 덜어버릴분 (問)
十三 **釋** 씨 석 捨也 놓을석 (陌)
十五 **(釆+黃)** 광 광 飾色 꾸민빛광 (養)

里部

里 리 [리]村里 마을리 (紙)

二

重 쭝 [중]經之 무거울중 (宋)(腫)

四

野 예 [야]郊外 들야 (馬)

𨤲 메 [매]少也 적을매 (佳)

五

量 량 [량]度卜국량 량 (陽)(漾)

十

𨤽 치 [접]漸也 빨접 (葉)

𨤳 鼇와同

十一

釐 리 [리][희]矛也 줄리 福也 복희 (支)

八畫

金部

金 찐 [금][김]鑛物總稱 쇠금 姓也 성김 돈금 (侵)

二

針 쩐 [침]縫具 바늘 침 (侵)(沁)

釘 띵 [정]鐵尖 못정 (青)(徑)

釞 지 [칩]鈷也 날카러울칩 (緝)

釕 냐 [조]帶頭飾 띠머리장식조 (篠)

釜 약 [부]無足 가마부 (麌)

釟 빠 [팔]鍊也 단련할팔 (黠)

釙 약 [파]未鍊荒鐵 불리지않은쇠파 (覺)

[金匕] 애 [비]箭也 화살비 (齊)

釗 짠 [소][교][쇠]勉也 힘쓸소 周康王名 람람이름교, 鐵也 쇠쇠 (蕭)

三

釣 댜 [조]鉤也 낚시조 (嘯)

釦 쿼 [구]讙動 떠들석할구 (有)

釰 이 [일]鈍也 둔할일 (質)

釴 이 [익]鼎附耳在表 솥귀익 (職)

釥 챠 [초]美金 좋은쇠초 (篠)

釪 위 [우]錞ㅣ樂器鍾 풍류그릇우 (虞)

[金孑] 째 [결]戟也 삼지창결 (屑)

釭 꿍 [공][강]箭鏃 화살끝공, 燈也 등잔강 (東)(江)

釮 채 [재]鋭利 날카로울재 (齊)

釳 치 [흘]乘輿馬頭飾方 말머리장식흘 (物)

釨 쯔 [자]剛也 강할자 (紙)

釱 듸 [체][대]발잠그는쇠 쇠체, 대 義同 (霽)(泰)

釤 삼 [삼]鏟屬 자귀삼 (咸)

釩 빤 [범]拂也 멸칠범

釧 촨 [천]女飾臂環 팔찌천 (霰)

釵 채 [채][차]婦人岐笄 비녀채 (佳) 차 義同 (麻)

釬 깐 [한]被臂鎧 팔찌한 (翰)

四

釿 인 [근]平木 대패근 (文)

鈍 뚠 [둔]頑ㅣ 둔할둔 (願)

鈑 빤 [판]金ㅣ鉼金 불린금판 (潸)

[金卬] 꿍 [공]釧也 팔고리공 (冬)

鈞 쥔 [균]陶具 질그릇만드는바퀴균 (眞)

鈇 약 [부]莝斫刀 작도부 (麌)

鈊 신 [심] 銳利날카로울심 (必)
鈚 피 [비] 箭鏃살촉비 (齊)(支)
鈗 윈 [윤] 侍臣所執兵器근시하는신하의병기윤 (軫)
鈏 인 [인] 錫金白鑞백랍인 (軫)
鈎 同鉤
鈠 이 [역] 小矛작은창역 (陌)
鈔 찬 [초] 取也취할초 (肴)(效)
鈀 파 [파] 兵車싸움수레파 (麻)
鈜 헝 [횡] [광] 鍠ㅣ鐘鼓聲쇠북소리횡 (庚)
鈕 뉴 [뉴] 鏡鼻거울손잡이뉴 (有)
鈋 어 [와] 刓名為모잴와 (歌)
釾 同鋣
鈂 친 [침] 鐵杵쇠공이침 (侵)
鈅 웨 [월] 劍也칼월 (月)
鈒 써 [삽] 鋌也戟也삽지창삽 (緝)
鈌 얘 [결] 刺也찌를결 (屑)
鈉 녀 [납] 쇠불릴납 (合)
鈐 쳰 [검] 車轄굴대비녀장검 (監)
鈲 피 [벽] 裁木爲器가리박벽 (錫)
鈆 [연] 錫類青金납연 (先)

五

鈶 [사] 鎌柄낫자루사 (支)
鉛 쳰 [연] 錫類青金납연 (先)
鉠 양 [앙] ㅣㅣ鈴聲방울소리앙 (陽)
鈺 위 [옥] 寶也보배옥 (沃)
鉏 츄 [서] [저] 治田器호미서 相距ㅣ鋙어긋날저 (魚)
鈹 피 [피] 刀戈쇠끄챙이피 (支)
鉎 썽 [생] 鐵衣록생 (庚)
鉍 삐 [필] 矛柄창자루필 (質)
鉅 쥐 [거] 大也클거 (語)
鈿 텐 [전] 寶飾器보배로꾸민그릇전 (先)(霰)
鉂 同鋑
鈷 꾸 [고] 熨斗ㅣ錛다리미고 ([illegible])
鉒 쮸 [주] 卯也쇠돌주 (過)
鉉 쒠 [현] 所以貫鼎擧之솥귀현 (銑)
鉊 쨔 [초] 大鎌낫초 (蕭)
鉌 허 [화] ㅣ鑾車鈴찻방울화 (歌)
鉋 빠 [포] 鑤屬平木器대패포 (效)
鉗 쳰 [겸] 以鐵束頸髡ㅣ목사실겸 (監)
鉦 엉 [정] 鐲也징정 (庚)
鉤 꺼 [구] 鐵曲갈고랑쇠구 (尤)
鈴 링 [령] 鐸也방울령 (青)
鉄 鐵俗字
鉆 쳰 [검] [첩] 大犂보습검 鐵鋷족집게첩 (監)(葉)
鈽 [포] 金板철판포 (虞)
鈯 두 [돌] 鈍也무딜돌 (月)
鉣 졔 [접] 組帶鐵띠매는쇠끈접 (葉)
銏 싼 [산] 鐵器쇠그릇산 (諫)
鉖 둥 [동] 釣針낚시바늘동 (冬)
鉵 안 [염] 黑鐵무쇠염 (淡)
鉜 약 [부] 大釘큰못부 (尤)
鉝 릐 [립] 食器밥그릇립 (緝)
鉈 샤 [사] 短矛짧은창사 (麻)
鉟 애 [비] 刃戈날있는창비 (支)
鉚 릐 [유] 美金황금유 (有)
鈰 [제] 銳利날카로울제 (齊)

鈳 아 [아]小釜작은 가마아(歌)
鈱 민 [민]鐵葉철 판민(眞)
鉃 시 [시]箭鏃살 끝시(紙)
鋻 즈 [지]斧也도 끼지(支)
鉓 티 [칙]飾也꾸 밀칙(職)
鉂 시 [사]金環쇠 고리사(紙)
鉔 쟈 [잡]轉旋不倒之香爐 구르는향로잡(合)
鉞 웨 [월]斧也鈇 도끼월(月)
鉢 뻐 [발]盂屬食器 바릿대발(曷)
鋁 시 [시]鋌也쇠 덩이시(支)
鈸 [발]鈴也銅 방울발(曷)
鉕 퍼 [파]銅器구리 그릇파(歌)
鉐 씨 [석]鍮也놋 쇠석(陌)
鉧 무 [무]熨斗鈷ㅣ 다리미무(麌)
鉑 빼 [박]金薄금 박박(藥)
鉥 쒀 [술]針長돗 바늘술(質)
鉇 同鉈
⿰金矛 마 [무]矛也所以巡警능장무(尤)
⿰金幼 우 [유]銀上黑은 빛죽을유(遇)
鈼 쭤 [작]釜也가 마작(藥)
鉀 꺄 [갑]鎧也갑 옷갑(治)

六

銅 퉁 [동]赤金구 리동(東)
銍 ㅇ지 [질]刈禾短鎌벼 베는낫질(質)
銚 탸 [조][초][요]田器ㅣ鎒가래조, 温器다리미초 燒器今釜之小而有柄者쟁개비요(蕭)(嘯)
銃 충 [총]小銃 총총(送)
鉺 [이]鉤也갈 고리이(寘)
鉻 러 [락]髮鬄也털 깎을락(藥)
銘 밍 [명]刻以識事 새길명(靑)
銓 촨 [전]選法사람 가릴전(先)
銀 인 [은]白色金 屬은은(眞)
銊 쒀 [술]鋸聲톱 소리술(質)
⿰金危 꽤 [귀]缶屬사 래귀(紙)
⿰金平 퓌 [피]靈姑ㅣ旗名 기이름피(支)
銜 쎈 [함]恨也원 망할함(咸)
銒 ㅇ견 [견]酒器似鐘頸長 목긴술병견(先)(靑)
銖 쓔 [수]而無刃 무딜수(眞)
銭 錢略字
銎 쿵 [공]斤斧受柄孔 도끼구멍공(冬)
鉿 [합]陷聲빠지 는소리합(治)
銷 鋗 과同
銙 콰 [과]十三帶具띠ㅣ 돈과本音개(蟹)
鉸 쟈 [교]交刃刀가 위교(巧)(肴)
鉷 훙 [홍]弩牙쇠뇌 고동홍(諫)
銋 신 [임]聲不進貌鐖 ㅣ목맺일임(有)
鈐 진 [겸]曲頭鑿 끌겸(鹽)
銑 쎈 [선]ㅣ鐵분 쇠선(銑)
銁 회 [회]金屬器具 쇠연장회(隊)
銐 치 [체]刈草鎌풀 베는낫체(霽)
銝 싞 [휴]長汁긴 바늘휴(尤)
銛 쎈 [섬]利也날카 로울섬(鹽)
鉾 矛古字
銯 [사]接針꿰 쇠사日字
鉵 둥 [동]鋌也쇳 덩이동(冬)
鉶 씽

형 羹器국 그릇형 (青)

鋘 뒤 타 鈌也이지러질타 (駕)

鉼 鉼字

銂 작 주 金劍금 칼주 (尤)

銱 됴 조 釘ㅣ결 쇠조 (蕭)

銌 춘 존 切也끊을존 (願)

銕 鐵古字

銗 혹 후 投書函 함통후 (尤)

銆 메 백 兵器병기 백本音맥 (陌)

㊆

鋑 전 찬 점 刻也새길전 鐫古字, 刀也칼찬, 錐也송곳점 (先)(寒)(鹽)

鋎 환 환 刀也 칼환 (刪)

鋒 봉 봉 事物之端筆ㅣ끝봉 (冬)

鋂 메 매 子母環사슬고리매 (灰)

鋤 츄 서 除草김맬 서古音저 (魚)

銳 쉐 예 태 利也날쌜예 矛屬창태 (霽)(泰)

鋪 푸 포 布也펼 포 (虞)(遇)

銲 釬과同

鋘 우 오 화 劍名鋘ㅣ곤오칼오, 兩刃鍤쌍날가래화 (麻)

銼 춰 좌 釜也가마좌 (箇)

銐 뎬 첨 銳也날카로울첨 (鹽)

鋙 위 어 不相當鉏ㅣ 어긋날어 (語)

鋗 쒠 현 銅銚구리주전자현 (霰)

鋫 리 리 黑金검은쇠리 (支)

銶 추 구 鑿金屬 끌구 (尤)

鋊 위 욕 銅屑구리 가루욕 (沃)

鈠 이 역 小矛작은창역 (陌)

[金步] 시 섭 黑鐵무쇠섭 (葉)

鋌 팅 정 銅鐵樸쇳덩이정 (迥)

鋠 신 신 員鐵둥근 무쇠신 (震)

鋜 쭤 鎖발목 잡아맬착 (覺)

[金芝] 鎡와同

鋏 쟈 협 劍也 칼협 (葉)

鋈 지 급 鋤也호미급 (緝)

鋧 쏀 현 小鑿銑ㅣ 작은끌현 (銑)

鋆 인 윤 貴金 금윤 (眞)

鋩 망 망 刀劍鋒ㅣ서슬망、날망 (陽)

[金沙] 싸 사 銅器水盆ㅣ鑼 구리동이사 (歌)

鋃 랑 랑 鎖也잠글랑 (陽)

鋐 훙 홍 鐘之聲종소리홍 (董)

鋝 례 렬 量名大兩 엿량중렬 (屑)

鋋 옌 연 小矛작은창연 (先)

鋢 라 로 銅器놋그릇로 (豪)

鋁 鋦과同

鋦 쥐 국 以鐵縛物 철로동일국 (屋)

鋀 더 두 鍮也놋쇠두 (尤)

鋣 예 야 鋘神劍名鏌ㅣ칼이름야 (麻)

鋟 쳰 침 鏤版瓜刻 새길침판 (寢)

銹 수 鐵生友 동녹수 (有)

銷 쌰 소 鑠金 녹일소 (蕭)

鋥 청 징 磨出劍光 칼날세울정

鋳 鑄略字

銸 녀 섭 箝也拔髮쪽집게섭 (葉)

鋕 즤 지 銘也새길지 (寘)

鍗 餙同

鋚 단

[조] 鞗首銅고삐끈쇠조(蕭)

[壯金] 시 [세] 五色銅오색구리세(霽)

[壯金] 장 [장] 鈴聲방울소리장(養)

鋄 만 [만] 馬首飾말머리치장할만(諫)

鋖 시 [시] 鉋也대패시(支)

鋞 싱 [형] 鍋也남비형(青)

鋈 우 [옥] 銷金灌沃爲飾도금할옥(沃)

銿 鐘과同 鏞과同

鋲 병 [병] 廣釘넓은못병(庚)

鋇 뻬 [패] 銅樸쇠뭉치패(泰)

⑧

錑 례 [뢰] 鉋也대패뢰(隊)

錢 쳔 [전] 貨幣돈전(先)

錫 씨 [석] 鉛類金ㅣ주석석(錫)

錛 뻔 [분] 平木器자귀분(元)

錮 꾸 [고] 病오랜병고(遇)

錠 띵 [정] 鐙也奏대정(徑)

[金非] 피 [비] 小丁침비(尾)

錦 찐 [금] 襄色織文비단무늬금(寢)

錏 야 [아] 頸鎧목가리투구아(麻)

錔 타 [탑] 器物金冒쇠두겁탑(合)

鋸 쥐 [거] 鐵葉齟齬其齒以片解木石者刀ㅣ톱거(御)

錍 피 [비] 斧屬鈷也도끼비(支)(齊)

錄 루 [록][려] 記也기록할록 覽省ㅣ囚사실할려(沃)(屋)(御)

錧 꽌 [관] 車轂鐵수레굴통쇠관(旱)

鋹 챵 [창] 利也날카로울창(養)

錨 먀 [묘] 鐵卜닻묘(蕭)

錟 탄 [념][담] 利刀서슬염 長矛긴창담(炎)(覃)

錚 정 [쟁] 金聲ㅣ쇳소리쟁(庚)

錣 춰 [철] 策馬箠端有針채찍고달철(屑)

錥 위 [육] 小釜鍋ㅣ옹솥옥(屋)

[金奄] 예 [업] 椎也마치업(葉)

錯 추 [착][조] 雜也섞일착 止也그만둘조(藥)(遇)

錤 찌 [기] 鉏也鎡ㅣ호미기 基通(支)

錘 취 [추] 稱ㅣ八銖저울눈추(紙)

錕 쿤 [곤] 赤金붉은금곤(元)(阮)

鋼 깡 [강] 鍊鐵강(陽)

錞 뒤 [대][순] 矛下鐏창고달대 似鐘ㅣ釬사발종순(隊)(眞)

鉼 삥 [병] 金鈑불린금덩이병(梗)

[金屈] 취 [굴] 鎖處배목굴(物)

錐 쮜 [추] 銳也鍼也송곳추(支)

錪 뎬 [전] 金也쇠전(銑)

鋽 댠 [조] 未鍊鐵불리지않은쇠조(嘯)

錡 치 [기][의] 三足釜세발가마기, 鑿屬끌의(紙)(支)

鋻 [견] 剛鐵강철견(霰)(先)

[金宕] 과 鐋과同

錈 쫜 [권] 屈金쇠말릴권(先)

[金芮] 과 錣과同

錁 커 [과] 帶飾金具띠치장과(馬)

鋾 닫 [도] 鈍也쇳덩이도(豪)

錀 룬 [륜] 貴金금륜(眞)

錌 얜

三九〇

안 軟鐵 연한 쇠 안 (翰)

錬 둥 동 犂刀 보습날 동 (東)

鋡 한 함 鎧也 갑옷 함 (覃)

錉 산 소 鐵粉 쇳가루 소 (號)

錊 새 취 錬也 단련할 취 (隊)

鋫 鋫과同

鋿 창 상 車輪繞鐵 바퀴 테두른 쇠 상 (陽)

錒 아 아 釜也 가마솥 아 (歌)

錂 렁 릉 強鐵 강한 쇠 릉 (蒸)

鋣 예 야 鏡也 거울 야 (祿)

錋 평 병 兵器 병기 병 (庚)

錜 녠 녑 小釵 비녀 녑 (葉)

錗 錘과同

錔 쎕 합 連環 사슬 고리 합 (陌)

鋺 웬 원 權衡臺 저울바탕 원 (陌)

錇 뿌 부 缶別名白 ㅣ장구 부 (尤)

錺 방 裝飾金物 장식 방 日字

錙 츠 치 六銖曰ㅣ 저울눈 치 (支)

錆 칭 청 精也 정할 청 (陽)

錵 화 刀閃 칼날 번쩍거릴 화 日字

九

鍍 뚜 도 以金飾物 도금할 도 (遇)

鍾 쭁 종 酒器 술잔 종 (冬)

錥 퉈 타 車轄 수레 굴통쇠 타 (哿)

鍺 뙤 도 釭也 바퀴 통쇠 도 (豪)

鍗 티 제 大釜 큰 가마 제 (齊)

鍊 련 련 精金 쇠 불릴 련 (霰)

鍮 텀 유 石銅似金 놋쇠 유 古音 투 (尤)

錙 錙과同

鍭 헉 후 箭鏃 살촉 후 (尤)

鎀 식 수 鋋也 쇳덩이 수 (尤)

鍥 치 계 결 刻也 새길 계 鎌也 낫 결 (霽)(屑)

鍇 캐 개 好鐵 좋은 쇠 개 (蟹)

鍞 鏁과同

鍵 켠 전 關ㅣ 籥也 열쇠 건 (阮)(銑)

鍓 지 집 板鐵 판철 집 (緝)

鍻 커 갈 金飾鼓 금으로 장식한 북 갈 (月)

鍟 싱 성 銹也 녹 성 (青)

鍼 연 침 刺病石 ㅣ침 침 (侵)

鍹 쉔 선 鍤也 가래 선 (先)

鍫 솨 삭 鐶也 고리 삭 (覺)

鍶 숭 송 鐵器 무쇠 그릇 송 (冬)

鎪 쑤 수 刻鏤 새길 수 (尤)

鍸 호 호 鐵皿 쇠 접시 호 (虞)

鍤 차 삽 鍬也 가래 삽 (洽)

鍔 어 악 劍刀鋒 칼날 악 (藥)

鍑 뿌 복 釜也 아구리 큰 솥 복 (屋)

鍝 워 우 耳垂金寶鐻 ㅣ귀고리 우 (遇)

鍱 쎄 섭 金鐵片鍱集也 쇳조각 섭 (葉)

鍘 자 찰 斫刀 작도 찰 (黠)

鍖 젼 침 斧質 쇠 모탕 침 (寢)

鍴 똰 단 鑽也 송곳 단 (寒)

鍰 환 환 鋝也 黃鐵 황철 환 (刪)

鍲 민 민 計稅 부세 회계할 민 (眞)

鍬 챠 초 臿也 삽 초 (蕭)

鍛 똰 [단] 打鐵冶金 쇠불릴단 (翰)
鍋 꿔 [과] 釜屬溫器 노구과 (歌)
鍚 양 [양] 馬額飾 당노양 (陽)
鍜 쌰 [하] 頸鎖鍜| 목에투구하 (麻)
鍪 뭐 [무] 首鎧兜 투구무 (尤)
鍫 鍬와同
鍒 쉬 [유] 鐵之軟者 연한쇠유 (尤)
鍧 훵 [굉] 鐘鼓聲쇠 북소리굉 (庚)
鍠 황 [굉] 鐘鼓聲鏗| 쇠북소리굉 (庚)
鍯 충 [총] 大鑿 끌총 (東)
鍎 [돌] 槍也 창돌 (月)
鍐 쭝 [종] 馬首飾 말굴레종 (冬)
鍦 셔 [사] 短矛 짧은창사 (支)
鍉 츠 [시][저] 鍵也 열쇠시 鋒也 날저 (支)(齊)
[金+耎] 산 [연] 軟鋌 연한은연 (霰)
鍈 잉 [영] 鈴聲 방울소리영 (庚)
鍳 鑑과同
鍏 웨 [위] 犂也 보습위 (微)
鎁 鋣과同

十

鎊 팡 [방] 削也 깎을방 (陽)
[金+冡] 뭉 [몽] 犂刀 보습날몽 (東)
鎬 호 [호] 溫器 쟁가비호 (皓)
鎣 잉 [형] 飾也 꾸밀형 (徑)
[金+疾] [질] 鐵鍋|鏵 쇠뭉치질 (質)
鎰 이 [일] 量名二十四兩 스물넉량중일 (質)
鎪 鉻字
[金+隺] 워 [악] 大椎 큰방망이악 (覺)
鎤 황 [황] 鐘聲 종소리황 (養)
鎔 융 [용] 鑄也 녹일용 (冬)
[金+冓] 꺼 [구] 甀根爲溝受水 뿌리물받이구 (尤)
鎢 우 [오] 小釜|鈷 옹솥오 (虞)
鎚 취 [추][퇴] 鐵| 쇠마치추 治玉 옥다듬을퇴 (眞)(灰)
鎝 삽 [삽] 鏤也 새길삽 (合)
鎦 릭 [류] 殺也 죽일류 (宥)
鎟 쌍 [상] 鈴聲 방울소리상 (養)
鍗 지 [제] 曲刀 굽은칼제 (霽)
鎡 즈 [자] 鉏也|錤 호미자 (支)
鎭 전 [진] 安也 진정할진 (眞)
鋡 한 [함] 鎧也 갑옷함 (覃)
鎌 렌 [겸] 鉤鍥 낫겸 (鹽)
鎩 쌔 [쇄][살] 長矛 긴창쇄 翦除 갈릴살 (卦)(黠)
鎒 耨와同
鎞 삐 [비] 金|손 톱칼비 (齊)
鎝 탑 [탑] 鑢也 줄탑 (合)
鍺 치 [기] 軸鐵쇠 바퀴굴대기 (支)
鎧 캐 [개] 甲也 갑옷개 (賄)(隊)
鎈 차 [차] 錢異名 돈차 (麻)
[金+蚤] 쏘 [소] 銅器녿 그릇소 (豪)
[金+冓] 鍛과同
鎮 鎭과同
鎘 리 [력] 曲脚鼎 다리굽은솥력 (錫)
鎓 따 [옹] 鍬也 가래옹 (東)
鎛 뿌 [박] 鐘也 쇠북박 (藥)
鏟 찬 [천] 抒長 늘여길게할천 (銑)
鎋 쌰 [할] 車軸頭鐵 바퀴비녀장할 (黠)
鎺

鈋과同

鎏 류 [류]美金 순금류(尤)

鏉 쇄 [색][채]鐵繩쇠사슬색 鐵串적쇠채(陌)(藥)

鎐 요 [요]金屬酒器 쇠술잔요(蕭)

鎉 따 [탑]鉤也갈고리탑(合)

鎗 챵 [쟁]金石聲鏗 금속소리쟁(庚)

鍡 외 [외]金屬之塊 쇳덩이외(賄)

𨰝 꽈 [관]犂刀보습날관(刪)

鋾 도 [도]鐵函쇠함도(豪)

鎖 쇄 [쇄]鑰也자물쇠쇄(哿)

鎻 鎖同

鎕 당 [당]赤珠붉은구슬당(陽)

鎹 송 [송]接釘꺾쇠송 日字

十一

鏞 용 [용]大鐘 큰쇠북용(冬)

鏦 총 [총][창]矛也창총 義同(冬)(江)

鏛 상 [상]磨也갈상(陽)

鑕 銍과同

鏠 봉 [봉]兵耑병장기끝봉(冬)

鏙 최 [최]錯也섞일최(賄)

鏄 단 [단]塊鐵쇳덩이단(寒)

鍪 무 [무]首鎧투구무(尤)

䥏 위 [어]錫也백철어(語)

鏑 적 [적]箭鏃살촉적(錫)

鏈 련 [련]鎖也쇠사슬련(先)

鏧 룽 [롱]鼓聲북소리롱(冬)

鏌 막 [막]釰名ㅣ鋣 칼이름막(藥)

鏘 챵 [장]玉聲ㅣㅣ 옥소리장(陽)

鏚 치 [척]斧也도끼척(錫)

鏢 표 [표]刀鋒칼날표(蕭)

鏖 오 [오]多殺무찌를오(豪)

鏨 잔 [찬][잠]小鑿푼끌찬 義同(覃)(勘)

鏊 오 [오]燒器번철오(號)

鏩 쟨 [점]銳進貌ㅣㅣ 속히나갈점(琰)

鏝 만 [만]泥ㅣ鐵杇塗具 쇠흙손만(寒)

鏃 족 [촉]利也矢末 金살촉촉(屋)

鏟 찬 [산]平木鐵器 대패산(諫)

鏤 루 [루]刻也새길루(有)

鏇 쒠 [선]轉軸以裁器가리질할선(先)(霰)

鏗 컹 [갱]金石聲ㅣ鏘 금옥소리갱(庚)

鏜 탕 [당]鼓聲북소리당(陽)

鏥 銹과同

鏻 鉧과同

鏡 징 [경]鑑也取景器水ㅣ거울경(敬)

鏉 수 [수]利也날카로울수(尤)

鏁 鎖과同

鏆 관 [관]穿也뚫을관(翰)

鏂 우 [우]削也깎을우(尤)

鏒 싼 [삼]黑鐵器무쇠그릇삼(感)

鏕 평 [팽]鍊金쇠불릴팽(庚)

鏎 삐 [필]簡也쪽필(質)

鏓 총 [총]大鑿큰끌총(東)

𨯃 루 [루]銹也녹누(有)

鏅 鎀과同

鋺 웬 [원]鉏頭曲鐵 호미목원(元)

鏀 루 [로]釜也가마로(虞)

鏬 쌰 [하]罅也ㅣ틈하(禡)

鏋 만 [만]金也금정기만(願) 鏐 류 [류]美金순금유(尤) (十二) 鐘 종 [종]懸樂金音쇠북종(冬) 鐥 [선]量酒油等器복자선 鐊 탕 [탕]治木器邊변탕탕國字(漾)

鎦 劉古字 鐄 횡 [횡]大鐘큰쇠북횡(庚) 鐙 덩 [등]燈也등잔등(徑)(蒸) 鐏 쥰 [준]矛下銳銅창고달준(願) 鐗 잰 [간]車軸鐵수레굴대쇠간(諫)國字 鏳 청

[청]玉聲옥소리청(庚) 鐎 쟌 [초]温器有柄데우는그릇초(蕭) 鐐 랸 [료]白金之美천은료(蕭)(嘯) 鐃 낲 [뇨]小鉦似鈴無舌작은징뇨(肴) 鐈 챠 [교]長足鼎발긴솥교(嘯) 鐰

쑤 [속]貴金금속(沃) 鏹 얗 [강]錢貫돈꿰미강(養) 鏟 산 [잔]小鑿작은끌잔(刪) 鏜 청 [청]鐘聲종소리청(庚) 鏵 鋘와同 鐖 지 [기]魚鉤逆鋩낚시미늘기(微) 鐀

[궤]匣也궤궤(寘) 鐓 錞와同 鐔 씬 [심]姓也성심(侵) 鐅 쥐 [궐]磨也갈궐(月) 鍏 꾸 [고]矢名鏷ㅣ器살이름고(?) 鑐 쒸 [수]鍵也자물쇠수(虞) 鏺 뻐

[발]兩刃刀有木柄쌍날칼발(曷) 鏉 관 [관]燒鐵灸단근질할관(翰) 鐁 쓰 [시]鉋也平木器대패시(支) 鐉 촨 [전]樞也문돌쩌귀전(先) 鐇 빤 [번]椎也鑁ㅣ뭉치번(元) 鐱

란 [람]馬口中鐵ㅣ驂말재갈람(覃) 鐴 베 [별]犁刃보습날변(屑) 鐌 썅 [상]器耳ㅣ鼻그릇꼭지상(養) 鏼 쑤 [속]錫槍창속(屋) 鐆 鐩과同 鏴 루 [로]金路금길로(遇)

鏽 [수]鏡上綠거울에녹쓸수(有) 鏊 [지][설][폐][즙]羊箠其端有鐵끝에쇠가붙은채찍지，椎也쇠망치설，폐義는설과同즙義는지와同(寘)(屑)(霽)(緝) 鏶 지 [집]金鐵片쇳조각집(緝) 鏑

위 [훌]箱篋前鎖鐍상자장식훌(屑) 鏾 싼 [산][선]鶖牙緩쇠뇌고동늦출산 雄鷄去勢수닭불칠선(旱)(霰) 鐫 튀 [타]大犂鈴보습타(哿) 鐕 잔 [잠][참]釘也못잠，聚貌옹기종기모일참(覃)

鐚 鋈과同 鏷 푸 [박]生鐵날쇠박(覺) 鐝 쥐 [궤][궐]大鉏ㅣ頭괭이 궤이궤갈궐(卦)(月) 鏸 시 [혜]三隅矛세모창혜(霽) 鐭 鈿과同 (十三) 鐓 쟈

[교] 器之把頭그릇손잡이교 篠

鐵 텰 [철] 黑金검은쇠철 屑

鐴 삐 [벽][폐] 犂耳보습귀벽，併刀칼갈페 錫 霽

鐼 뿐 [분] 鉋也대패분 元

鐸 뙥 [탁] 武用大鈴金ㅣ요령탁 藥

鐩 쉬 [수] 取火日中陽ㅣ화경수 眞

鐶 환 [환] 圜郭有孔고리환 刪

鐻 ᅌᅱ [거] 金銀器금은그릇거 魚

鐷 예 [엽] 鋌也쇳조각엽 葉

鐯 ᅌᅱ [작] 大鉏괭이작 藥

[illegible] [illegible]과同

鐲 ᅌᅱ [탁] 鉦也징탁 覺

鏢 표 [표] 刀鋒칼날표 蕭

鐳 뤠 [뢰] 壺也항아리뢰 灰

鐱 쳠 [첨] 銛也가래첨 鹽

鎑 鑯과同

鐫 젼 [전] 刻也새길전 先

鐺 땅 [망][정] 因鎖鋃죄인자물쇠당，鼎屬有耳귀솥정 陽 庚

鏖 오 [오] 溫器통노구오 豪

鐮 鎌과同

鑪 루 [로] 煎膠器부레도가니

鑤 [박] 杵頭공이머리박 覺

[illegible] 뤄 [라] 小釜銼ㅣ옹솥라 歌

鐬 홰 [회] 鈴聲방울소리회 泰

鐹 궈 [과] 刈鉤낫과 箇

[illegible] 젼 [전] 打鞭채찍질전 銑

[illegible] 鏝과同

十四

鑑 [감] 鏡也거울감 陷

鑊 확 [확] 釜屬鼎ㅣ가마확 藥

鑏 닝 [녕] 刀柄入處칼슴배녕 庚

[illegible] 뤼 [려] 矛戟受枘창씀베려 御

鐭 여 [여] 鬙也비녀여 御

鐕 ᅌ잔 [잠] 無蓋釘쇠꼬챙이잠 侵

[illegible] 멍 [몽] 環也쇠고리몽 徑

鑂 휜 [훈] 金色渝금빛투색할훈 問

鑒 鑑과同

鐀 꿰 [귀] 櫃也궤귀 寘

[illegible] 쥐 [착] 鋼鐵강철착 覺

鑄 [주] 鎔金入範쇠불릴주 遇

鑌 삔 [빈] 鐵也爲刀甚利매운쇠빈 眞

[illegible] 칭 [경] 金聲쇳소리경 徑

鑓 [견] 槍也창견 日字

鑐 수 [유] 金鐵銷而可流者쇠녹을유 虞

十五

鑕 ᅌ지 [질] 鐵椹머루질 質

鑛 광 [광] 銅鐵樸쇳덩이광 梗

鑠 샥 [삭] 美盛於ㅣ아름다울삭 藥

[illegible] 밍 [명] 銷也쇠녹일명 庚

鑟 뚜 [독] 印櫃인궤독 屋

鑝 뿡 [봉] 首鎧투구봉 東

鑯

라 [랍] 錫也백철랍 合

鑢 뤼 [려] 治也다스릴려 御

[illegible] 쎄 [사] 範金쇠부을사 馬

鑣 뺘 [표] 盛貌ㅣㅣ성할표 蕭

[illegible] 뎐 [전] 腕鐶팔고리전 先

十六

[illegible] [illegible]과同

鑩 리 [력]曲脚鼎 다리굽은솥 력 (錫)
⿰金噩 어 [악]懸物鉤 다는 갈고리 악 (藥)
鑪 루 [로]酒器 주전자 노 (虞)
⿱彊金 장 [강]鉛也 납 강 (養)
⿰金曉 효 [효]黑鐵文 시우쇠문채 효 (篠)

十七

鑲 쌍 [양]鉤ㅣ兵器兩頭曰鉤中央曰ㅣ 쇠갈고리 양 (陽)
鑯 ○쳔 [첨]山銳而高 산뾰족할 첨 (監)
鑰 약 [약]門關下牡ㅣ 鎖자물쇠 약 (藥)
鑱 찬 [참]犁鐵ㅣ 찌를 참 (咸)
鑮 뽁 [박]大鐘큰 쇠북 박 (藥)
鑭 란 [란]金采금 채색 란 (翰)
鑨 룽 [롱]金屬器쇠 그릇 롱 (東)

十八

鑵 관 [관]波器두레 박관 (翰) 國字
鑴 씨 [휴]大鐘큰 쇠북 휴 (齊)
鑶 창 [장]鈴聲방울 소리 장 (陽)
鑺 취 [子]戟屬양 지창 구 (虞)
⿰金斷 싸 [찰]斷草刀 작도칼 (黠)
鑷 녜 [섭]攝取物ㅣ子 족집게 섭 (葉)
⿰金羸 라 [라]小釜 옹솥 라 (歌)
⿰金寬 찬 [찬]小稍작은 칭찬 (翰)

十九

鑽 ○잔 [찬]穿也 뚫을 찬 (寒)
鑾 란 [란]翰院金卜坡 한림원 란 (寒)
鑿 ○작 [착][조]穿也 뚫을 착, 穿孔 뚫은 구멍 조 (藥)(號)
鑼 러 [라]軍樂銅 제금 라 (歌)

二十

钀 녜 [알]鑣也馬勒旁鐵 말재갈 알 (月)
钁 쿼 [곽]研也 깎을 곽 (藥)

二十一

钃 쓕 [촉]鋤也 호미 촉 (沃)

長部

長 창 [장]短之對 긴 장 (陽)
镸 長와 同

二

⿰長几 쿤 [곤]醜午貌ㅣ屯 커다리 소곤 (元)

三

⿰長人 작 [子]長也 길 구 (有)

四

⿰長攴 양 [양]擧也 들 양 (養)
⿰長殳 뙨 [단]投物 던질 단 (翰)
镺 우 [오]長也 길 오 (晧)
⿱長衣 애 [왜]不長짧을 왜 (蟹)
⿰長公 숭 [송]長也 길 송 (冬)
⿰長毛 髦과 同

五

⿰長失 뎨 [설]ㅣ蠻독사 절 (屑)
⿰長出 두 [도]長也 길 도 (號)
⿰長幼 약 [요]長而弱 길고 약할 요 (篠)

六

⿰長未 뇨 [뇨]皮帮鞋가죽 신 요 (篠)
⿰長兆 닫 [도]長貌 길 도 (晧)
⿰長犮 발 [발]髮也 털 발 (月)

七

⿰長弄 녜 [얼]長也 길 얼 (屑)
⿰長桼 치 [치]漆器칠 그릇 치 (寘)

八

⿰長垂 타 [타]頭髮之美머리 고울 타 (哿)
⿰長卑 뻬 [피]冠飾갓 치장할 피 (齊)
⿰長岸 앤 [안]長而大 길고 클 안 (翰)
⿰長宗 즁

三九六

[종]亂髮흩어진 머리털종(冬)

⿰髟屈 ⿱髟屈과同

九

⿰髟省 셩 [성]長貌 길성(梗)

鬌 퉈 [타]盡也다할타(箇)

十

⿰髟容 융 [용]飾也꾸밀용(冬)

⿰髟差 嗟古字

⿰髟剔 티

[척]憂也근심할척(錫)

十一

鬉 죵 [종]亂髮머리흩어질종(東)

⿰髟敖 오 [오]長而大길고클오(豪)

十二

⿰髟尞 랴 [료]長也길료(篠)

⿰髟勞 랴 [로]長貌길로(蕭)

⿰髟喬 챠

[교]長也길교(篠)

十三

⿰髟農 융 [용]多也많을용(冬)

十四

鬡 닝 [녕]髮亂머리흩어질녕(庚)

門部

門 뭔 [문]兩戶象形人所出入在堂日戶在域日門문문(元)

一

閂 산 [산]門橫關문빗장산(刪)

⿵門人 샤 [할]邪視흘겨볼할(結)

⿵門一 머 [말]邪視흘겨볼말(黠)

二

閃 산 [섬]動貌ㅣㅣ움직이는모양섬(淡)

⿵門兒 [구]訟也송사할구(尤)

三

閉 삐 [폐][별]闔門닫을폐 藏也감출별(霽)(屑)

⿵門㐱 천 [진]從門出入貌문에드나드는모양진(震)

閆 [염]里門이문염(豔)

閈 한 [한]里門閭이문한(翰)

閊 [산]否塞비색할산 日字

四

閑 [한]靜也고요할한(刪)

閒 [한][간]暇也겨를한 雜也섞일간(寒)(諫)

閏 순 [윤]氣盈朔虛積餘附月윤달윤(震)

開 캐 [개]文明ㅣ化열릴개(灰)

間 閒俗字

閔 민 [민]姓也성민(軫)

関 관 [관]鎖也쇠사슬관(刪)

⿵門丑 뉴 [뉴]門關빗장뉴(有)

⿵門分 분 [분]戰也싸울분(文)

⿵門屯 둔 [돈]滿門문에찰돈(元)

⿵門下 햐 [하]閉門문닫을하(麻)

⿵門公 죵 [종]門外開문밖으로열종(冬)

⿵門介 쎼 [해]門扉문짝해(卦)

⿵門内 열 [이]內入안으로들어갈이(寘)

⿵門毛 싼 [삼]ㅣ首兩笠삿갓삼(勘)

⿵門夬 쒀 [결]無門戶문없을결(屑)

⿵門丁 [정]門上關문위빗장정(迥)

閌 캉 [항]門高ㅣ閬문높을항(漾)

閍 뺑 [팽]宮中門대궐문팽(庚)

閗 鬪俗字

閎 훵 [굉]大也클굉(庚)

五

閟 삐 [비]神也신기로울비(寘)

⿵門主 주 [추]直開곧열추(迥)

⿵門丰 팡

평 閉戶聲문 닫는소리평 庚
閞 뻰 변 柱上木欂櫨주두변 霰
閘 야 갑 通舟水門 물문갑 洽
閙 鬧과同
閉 씨 계 門扉 문짝계 霽
閆 이 이 門關문 빗장이 支
閐 찬 첨 小開門以候望문 방긋이열고엿보첨 監
閇 이지 계 門臼문둔테구멍계 齊
閝 링 령 門上窓문 위창령 青
閚 쟨 첨 立待서서 기다릴첨 監
閜 싸 하 大開크게열하 馬
閪 땅 탕 門不開문 열지않을탕 漾
閆 단 단 門關문 빗장이단 旱

六

閤 꺼 합 內中小門 도장합 合
閨 꿰 규 女稱ㅣ妾 색시규 齊
閦 축 衆也 무리축 屋
閥 ᅌ비 벌 門地 가문벌 月
閣 꺼 각 楼也다 락집각 樂
閛 뺑 병 閉扉聲문짝 닫는소리병 庚
闋 켸 결 無門戶 문없을결 屑
閨 데 질 閉也문 닫힐질 屑
閡 애 애 外閉隔ㅣ밖 으로닫을애 隊
閪 쓰 시 寺人閹宦 내시시 眞
閬 쎈 한 門閾문 지방한 潸
閾 쓕 욱 門阻문 막힐욱 沃
閩 민 민 東南越種 땅이름민 眞
闊 꽈 괄 開門문 열괄 黠
閶 꽝 광 門之周圍木문 도리나무광 陽
閱 신 신 澁而不滑 끈끈할신 震
閪 숑 송 門臼문 둔테구멍송 董
閭 싸 할 門開閉聲문을 여닫는소리할 黠
閪 웨 위 門危문위 태할위 支
閪 서 失物ㅣ失 잃을서 國字
開 開 本字
閗 꾸 무 開也 열무 尤
関 關略字
閞 關同

七

閭 뤼 려 里門 이문려 魚
閫 콘 곤 門限문 지방곤 阮
閪 융 용 入門문 에들어갈용 腫
閴 휘 획 開門 문열획 陌
閱 웨 열 歷也 지낼열 屑
閷 뚜 독 小門작 은문독 屋
閮 딩 정 門之中문 가운데정 迥
閰 꾸 곡 門聲문 소리곡 沃
閬 랑 랑 高門소슬 대문랑 漾 國字

八

閻 옌 염 里中門 이문염 豔
閼 어 알 연 止也그칠알, 單子妻氏흉노왕비의성연 曷 月 先
閫 콘 곤 宮門궁 문곤 阮
闈 위 어 小門작 은문어 語
閪 꾸 고 獨扉門 외짝문고
閑 한 한 習也의 힐한 刪

閾 시 [설] 域門板 성 문널쪽설 (屑)
闇 약 [부] 開門 문 열부 (有)
闟 웨 [위] 門高 문 높을위 (紙)
閵 巷과同
閿 원 [문] 低目視 눈내 리깔고볼문 (文)
閶 창 [창] 天門ㅣ闔 하늘문창 (陽)
闏 바람 평 [평] 門風 문 바람평 國字
閽 훈 [혼] 守門人 문 지기혼 (元)
閹 엔 [엄] 男無勢精閉者 내시엄 (監)(琰)
閾 위 [역] 門下橫木內外之限 문지방역 (職)
閷 쇄 [쇄][살] 弓接中 활뱃바닥쇄, 殺也죽일살 (卦)(黠)
閡 애 [애] 以木欄門 문 횡강목애 (泰)
閧 홍 [홍] 鬪也다툴홍 (東)
閵 린 [린] 踐也밟을린 (震)
閪 회 [회] 壁隙ㅣ虛 벽틈회 (支)
閜 뱨 [아] 門傾 문기울어질아 (駕)
閅 褒과同
閭 판 [환] 宮殿門板 전각문환 (寒)
閴 闃과同

九

闍 워 [약] 引也 끌약 (藥)
閬 쎈 [한] 門限 문지방한 (潸)
闥 젼 [건] 門關木 빗장건 (銑)
闀 후 [홀] 小門 작은문홀 (物)
闊 콰 [활] 廣也 넓을활 (曷)
闟 뻬 [배] 閉局 자물쇠배 (蟹)
闒 허 [할] 門聲 문소리할 (黠)
闇 안 [암] 喪廬 諒闇 여막암 (覃)
闃 쪄 [격] 靜也 고요할격 (陌)
闆 판 [반] 門中視 문속에서볼반 (諫)
闅 쎄 [혈] 門聲 문소리혈 (屑)
闋 졔 [결] 門戶之無 문짝없을결 (屑)
闈 웨 [위] 宮中之門 대궐안문위 (微)
闅 뻬 [벽] 塞也 막을벽 (陌)
闟 위 [유] 私視闚 엿볼유 (眞)
闍 뜨 [도][사] 城門臺闉ㅣ 성문층대도, 僧死埜之ㅣ維 화장할사 (虞)(麻)
闋 퀘 [결] 休息 쉴결 (屑)
闓 츈 [순] 中門 중문순 (軫)
閺 원 [문] 低目視 눈내리깔고볼문 (文)
闍 썽 [생] 焚署대궐 마을생 (梗)
闄 잉 [영] 門之中 문 가운데영 (庚)
闌 란 [란] 晩也 늦을란 (寒)
闉 인 [인] 域內中門 겹성문인 (眞)

十

闖 츙 [츰] 窺覘 엿볼츰 (沁)
闕 퀘 [궐] 宮ㅣ 대궐궐 (月)
闒 텨 [타] 奠酌술잔 드릴타 (祿)
闞 타 [탐][답] 意下ㅣ 茸용렬할탑, 樓上戶다락문답 (合)
闔 허 [합] 閉也 닫을합 (合)
闘 우 [오] 高也 높은문오 (遇)
闓 캐 [개] 開也 열개 (賄)
闟 따 [탑] 鐘聲鼓聲 종소리탑 (洽)
闑

열 門橛문 지방열(屑) 闑 얀 전 門開閉利문시 원하게여닫아질전(銑) 闐 텐 전 기 車馬聲ㅣㅣ거마소리전 西域國名于ㅣ나라이름기(先)(眞) 闋 켸 결 終也 마칠결(屑) 䦨

챵 창 開門聲之和문 여는소리창(陽) 閼 갼 효 大開門문 크게열효(嘯) 十一 關 꽌 관 완 機械기관관 扃也문지방완(刪) 闚 퀴 규 傾頭門中視 갸웃이볼규(支) 𨶜

숙 門側堂家 塾서당숙(屋) 闛 탕 당 鼓音ㅣ鞈 북소리당(陽) 十二 闒 쟌 초 鳥木오 목초(蕭) 闞 한 함 감 聲大소리우렁찰함 望也바랄감(感)(豏)(勘) 闡 천 開也 열천(銑)

闟 씨 흡 탑 安定안정할흡 愚劣용렬할탑(合)(緝) 闖 웨 위 왜 闖門 문열위, 왜 義同(紙)(佳) 䦧 훠 획 破壞깨뜨릴획(陌) 闠 훼 궤 市門闤ㅣ 저자문궤(隊) 闓 이

열 塞也막을열(屑) 十三 闣 황 광 闗木빗장광(陽) 闢 피 벽 開也 열벽(陌) 闀 항 直視바로볼항(絳) 𨷦 예 역 開門문 열역(陌) 闤 환 환 市垣저자담환(刪)

䦡 당 당 窺也엿볼당(漾) 闅 운 온 門扉문짝온(元) 闐 뎬 전 市門저자문전(先) 闀 썅 향 門頭문머리향(漾) 闍 쪈 염 廟門사당집문염(監) 闆 이

옥 閉也닫을옥(職) 闥 타 달 禁門ㅣ대궐문 달門屛문차면달(曷) 十四 闈 뎐 전 家家집 마다전(霰) 闃 훌 흘 小門작은문흘(物) 十七 闝 링 령 門上小窓들창령(靑) 闟

약 약 門關빗장약(藥) 十九 闌 롼 란 妄入宮中대궐에함부로들어갈란(寒)

阜部

阜 뿌 부 大也클부(有) 二 阞 러 륵 地脈흙켜늑(職) [阝十] 시 십 漢之懸名고을이름십(緝) [阝刀] 됴 조 山穴산구멍조(嘯) 三 阢 우 올 險也험할올(月) 阡 쳰 천 田間道ㅣ陌밭둑길천(先) 阣 개 險也험할개(隊) 阤 츠 치 타 落也떨어질치(紙) 阠 씬 신 陵名언덕이름신(震) 四 阴 陰과同

阮 웬 [원][완] 姓也성원 완義同 (阮)(元)
阪 야반 [판] 澤障못둑 언덕판 (阮)
陔 해 [해] 笑聲웃는 소리해 (灰)
防 야방 [방] 備也방 비할방 (漾)
阬 컹 [갱] 塹也구 덩이갱 (庚)
阯 으즈 [지] 漢郡交 나라이름 (紙)
⿰阝夬 뻐 [벽] 地裂땅벌 어질벽 (職)
阰 피 [비] 楚南山名 산이름비 (支)
阸 애 [애][액] 狹也좁은목애 限塞막힐액 (卦)(陌)
⿰阝氏 쓰 [시] 蜀山名 산이름시 (紙)
阫 픠 [배] 墻也 담배 (灰)
阳 陽과同
阣 지 [급] 梯段사다 리층계급 (緝)
阱 쩡 [정] 陷也ㅣ擭 함정정 (梗)
阧 뚜 [두] 峻也ㅣ絶 가파를두 (有)

五

阹 취 [거] 午馬圈 외양간거 (魚)
附 야부 [부] 衣也의 지할부 (遇)
阺 디 [저] 陵阪隴 비탈저 (薺)
⿰阝正 쪙 [정] 阜也언 덕정 (庚)
阼 쭤 [조] 東階主人接賓 處동편섬돌조 (遇)
陂 피 [피][파] 傾也기울어질피 澤障언덕파 (歌)(支)
陀 뒤 [타] 長坂 비탈타 (歌)
阻 쥬 [조] 山險水 험할조 (語)
阿 아 [아][옥] 大陵큰언덕아 孰也ㅣ誰누구옥 (歌)(屋)
⿰阝向 [후] 離也떠 날후 (宥)
阨 애 [애][액] 阻ㅣ狹也좁을애 限也한정액 (卦)(陌)
陁 뒤 [타] 海中山普ㅣ바 다가운데산타 (歌)
阽 뎐 [점] 近邊欲墮 비탈점 (鹽)(豔)
⿰阝玄 쎤 [현] 坑也구 덩이현 (銑)
⿰阝冗 쭤 [곡] 曲岸水外 물가언덕곡 (屋)

六

陌 매 [맥] 田間道阡 밭둑길맥 (陌)
⿰阝各 꺼 [각] 人名張ㅣ사 람의이름각 (藥)
限 쎤 [한] 度齊也가 지런할한 (潸)
⿰阝光 광 [광] 陌也밭사 잇길광 (陽)
降 썅 [항][강] 服也항복할항 下也내릴강 (江)(絳)
陋 럭 [루] 陋惡側ㅣ 더러울루 (有)
陑 얼 [이] 河曲地名 땅이름이 (支)
陊 치 [치] 山頹사 태날치 (紙)
⿰阝夷 이 [이] 險阻험 할이 (支)
陔 깨 [개] 俗音해 階次 重也층대해 (灰)
⿰阝朶 뒤 [타] 射堋화살 받이타 (駕)
陓 위 [우] 藪名揚ㅣ 숲이름우 (虞)
⿰阝虫 훙 [홍] 山名從ㅣ 산이름홍 (東)
⿰阝衣 이 [의] 阪也언 덕의 (微)
陒 씨 [회] 險也험 할회 (支)(紙)
陏 蓏과同

七

陘 씽 [형] 坂也 언덕형 (青)
陣 야전 [진] 師旅行列 진칠진 (震)
除 츄 [제] 去也 버릴제 (魚)
陃 陋本字
陛

뼤 [폐]天子階殿ㅣ천자의섬돌폐(霽)

陞 썽 [승]進也나아갈승(蒸)

陡 떠 [두]頓也별안간두(有)

院 웨 [원]宅也館有垣원집원(霰)

陝 산 [섬]弘農縣名古國땅이름섬(琰)

⿰阝見 [현]限也한정할현(銑)

陜 쌰 [협][합]不廣隘ㅣ좁을협, 卜川땅이름합(洽)國字

⿰阝告 꾸 [곡]大阜큰언덕곡(屋)

陗 峭과同

陠 庯과同

陚 ᄫᅮ [부]小阜작은언덕부(遇)

陟 지 [척]進也나아갈척(職)

陙 신 [신]小阜작은언덕신(眞)

陖 峻과同

八

陭 이 [의][기]縣名卜氏縣고을이름의, 不安ㅣ嶇언틀먼틀할기(支)(寘)

陯 淪과同

⿰阝周 적 [주]大阜큰언덕주(尤)

陵 릉 [릉]帝王葬山임금의무덤릉(蒸)

陴 피 [비]城上女牆성위담비(支)

⿰阝昇 싱 [승]日升해돋을승(蒸)

陰 인 [음]影也그림자음(侵)

⿰阝匊 쥐 [국]養也기를국(屋)

陶 탈 [도][요]瓦器질그릇도, 和樂화락할요(豪)(號)(蕭)

陳 천 [진]張也베풀진(震)(眞)

陮 [퇴]高也높을퇴(賄)

⿰阝戔 젼 [전]水中阜물가운데있는언덕전(銑)

陪 페 [배]隨也따를배(灰)

⿰阝念 녬 [념]岸上相遇언덕위에서만날념(琰)

陫 븨 [비]陋也더러울비(尾)

陲 [수]危也위태할수(支)

陷 쎰 [함]ㅣ穽함정함(陷)

陸 [륙]路也길륙(屋)

陬 쭈 [추]正月孟陬정월추(尤)

険 險略字

⿰阝阜 ᄫᅮ [부]盛也성할부(有)

⿰阝來 래 [래]階也섬돌래(灰)

随 隨略字

九

隅 위 [우]方也모퉁이우(虞)

隂 陰과同

隊 뒤 [대]部也ㅣ五떼대(隊)

陽 양 [양]日也볕양(陽)

隍 황 [황]城下池無水성아래못황(陽)

隌 안 [암]不明어두울암(感)

陻 인 [인]塞也막힐인(眞)

⿰阝咢 어 [악]阜貌언덕악(藥)

⿰阝畐 ⿰阝夬과同

陼 堺과同

⿰阝安 싀 [수]坑也구덩이수(虞)

陏 쉰 [순]階也섬돌순(軫)

⿰阝复 피 [퍽]頹山문어진산퍽(職)

隦 堺同

隋 쇄 [타][수]落也떨어질타, 國號楊堅受封수나라수(哿)(支)

陾 싱 [잉]築牆聲담쌓는소리잉(蒸)

陿 셥 [협]褊狹좁을협(洽)

隆 룽 [륭]盛也성할륭(東)

隄 堤과同

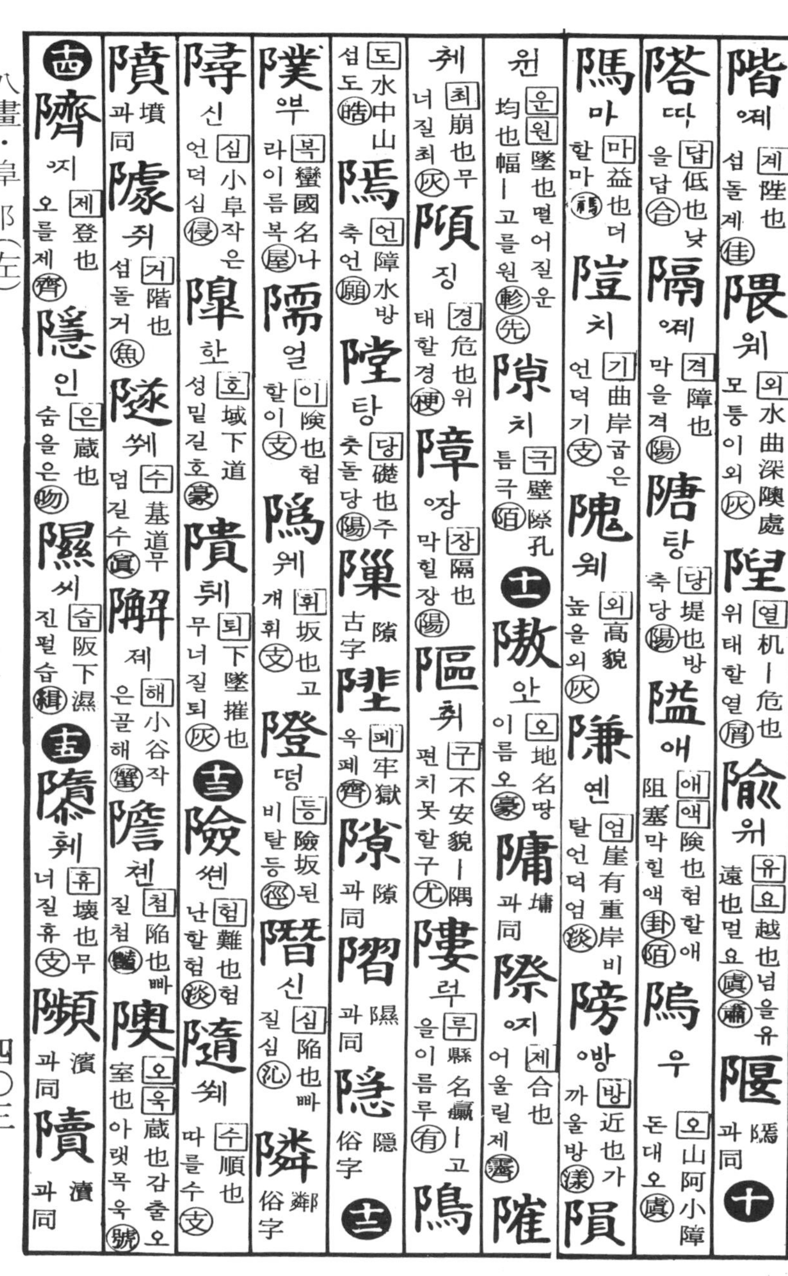

階 졔 [계] 陛也 섬돌계 (佳)
隈 웨 [외] 水曲深隩處 모퉁이외 (灰)
隉 [열] 杌ㅣ危也 위태할열 (屑)
隃 위 [유][요] 越也넘을유 遠也멀요 (虞)(蕭)
隁 ⿰阝焉과同

十

⿰阝答 땁 [답] 低也낮을답 (合)
隔 졕 [격] 障也막을격 (陽)
隚 탕 [당] 堤也방축당 (陽)
隘 애 [애][액] 險也험할애 阻塞막힐액 (卦)(陌)
隖 우 [오] 山阿小障 돈대오 (虞)

⿰阝馬 마 [마] 益也더할마 (禡)
隑 치 [기] 曲岸굽은언덕기 (支)
隗 웨 [외] 高貌높을외 (灰)
隒 옘 [엄] 崖有重岸비탈언덕엄 (琰)
⿰阝旁 빵 [방] 近也가까울방 (漾)
隕 원 [운][원] 墜也떨어질운 均也幅ㅣ고를원 (軫)(先)
隙 치 [극] 壁際孔 틈극 (陌)

十一

⿰阝敖 오 [오] 地名땅이름오 (豪)
⿰阝庸 墉과同
際 지 [제] 合也어울릴제 (霽)
⿰阝崔 취 [최] 崩也무너질최 (灰)
⿰阝頃 징 [경] 危也위태할경 (梗)
障 쟝 [장] 隔也막힐장 (陽)
⿰阝區 취 [구] 不安貌ㅣ隅편치못할구 (尤)
⿰阝婁 럭 [루] 縣名鄜ㅣ고을이름루 (有)
⿰阝鳥 [도] 水中山 섬도 (晧)
⿰阝焉 [언] 障水방축언 (願)
隚 탕 [당] 礎也주춧돌당 (陽)
⿰阝巢 隙古字
⿰阝非 [폐] 牢獄옥폐 (霽)
⿰阝京 隙과同
⿰阝習 隰과同
⿰阝急 隱俗字

十二

⿰阝業 뿍 [복] 蠻國名나라이름복 (屋)
⿰阝需 열 [이] 險也험할이 (支)
⿰阝爲 웨 [휘] 坂也고개휘 (支)
隥 뎡 [등] 險坂된비탈등 (徑)
⿰阝替 신 [심] 陷也빠질심 (沁)
隣 鄰俗字
⿰阝尋 신 [심] 小阜작은언덕심 (侵)
⿰阝皐 한 [호] 域下道성밑길호 (豪)
隤 뒤 [퇴] 下墜摧也무너질퇴 (灰)

十三

險 셤 [험] 難也험난할험 (琰)
隨 쉬 [수] 順也따를수 (支)
⿰阝賁 墳과同
⿰阝豦 쥐 [거] 階也섬돌거 (魚)
隧 쒜 [수] 墓道무덤길수 (寘)
⿰阝解 졔 [해] 小谷작은골해 (蟹)
⿰阝詹 쳠 [첨] 陷也빠질첨 (豔)
隩 [오][욱] 藏也감출오 室也아랫목욱 (號)

十四

隮 지 [제] 登也오를제 (齊)
⿰阝㥯 인 [은] 藏也숨을은 (吻)
隰 씨 [습] 阪下濕진펄습 (緝)

十五

隳 휘 [휴] 壞也무너질휴 (支)
⿰阝頻 瀕과同
⿰阝賣 瀆과同

十六
隴 롱 [롱]大坂큰 언덕롱(董)
[阝+褭] 뇨 [뇨]低也낮을뇨(篠)
十七
[阝+毚] 산 [삼]陷也빠질삼(陷)
隵 시 [희]險也험할희(支)
二十四
[阝+靈] 링 [령]隙也틈령(青)

隶部

隶 이 [이][대]本也근본이 與也더불어대(寘)(隊)
七
隸 리 [시]陳也벌릴시(寘)
八
隷 리 [례]罪囚죄인례(霽)
九
隸 隸古字
[隶 variant] 대 [태]皮也미칠태(賄)
十
[木+隶] 隸과同
十一
彙 웨 [위]獸名似鼠짐승이름위(未)

隹部

隹 쮜 [추]鳥之短尾總名꼬리짧은새추(支)
二
隻 쯕 [척]物單稱외짝척(陌)
隼 쓘 [준]鶽屬貪殘之鳥鷹ㅣ새매준(軫)
[乃+隹] 雋과同
[九+隹] 鳩과同
雈 후 [혹][각][학]高至높이이룩혹，志高뜻고상할각，鳥之飛高새높이날을학(沃)(覺)(藥)
三
[山+隹] 雌과同
雀 챠 [작]依人小鳥참새작(藥)
[干+隹] 깐 [간]雁也기러기간(寒)
隿 이 [익]飛鳥之繳射주살익(職)
[工+隹] 훙 [홍]鳥肥大새살찔홍(東)
四
集 쯥 [집]成也이룰집(緝)
[女+隹] 쯕 [지]觀名ㅣ鵲지작관지(支)
雁 鴈과同
雅 야 [아]素也본디아(馬)
[夫+隹] 꿰 [규]社鵑子ㅣ접동새규(支)
雇 꾸 [고][호]傭也ㅣ賃품팔고，農桑候鳥九ㅣ뻐국새호(遇)
雄 웅 [웅]武稱웅장할웅(東)
[氏+隹] [치]雌鳥암새치(紙)
[亢+隹] 항 [항]飛上飛下날아오르락내리락할항(陽)
隽 지 [귀]顧也돌아볼귀(支)
[今+隹] 친 [금]鷂也도요새금(有)
难 離俗字
五
雍 웅 [옹]和也화할옹(冬)(宋)
雊 꺼 [구]雄雉鳴장끼울음구(有)
雌 츠 [자]牝也암컷자(支)
雋 쮠 [전]鳥肥肉새살찐전(銑)
[正+隹] 쪙 [정]鶺鴒새매정(敬)
雎 쮜 [저]원앙새저(魚)
[石+隹] 雄과同
雉 찌 [치]野鷄꿩치(紙)
六
雒 러 [락]鳥名鵋鵅새이름락(藥)
雑 雜俗字
[号+隹] 워 [악]碁中心一點바둑치중심악(藥)
翟 수 [여]鴽也메추라기여(魚)
[合+隹]

鴿과同 雿 됴 조 低頭聽머리숙이고들을조 嘯 雃 젼 견 鳥名卜䳍새이름견 先 䧿 鶬과同 雙 雙俗字 七 雒 멍 망 鳶也솔개미망 講 維 위

여 鷄也병아리여 魚 雓 추 추 細頸가는목추 紙 雔 䳡과同 雞 鶏과同 八 雔 척 수 雙鳥새한쌍수 尤 雖 쉬 수 鳶也솔개수 眞 雕 됴 조 章

明貌ㅣ환할조 嘯 雂 鵰과同 雝 鶅과同 雟 鸛과同 雚 례 례 鷟也꾀꼬리례 齊 九 雖 쉬 수 設兩辭假令비록수 支 䧴 무 鷄雛병아리무 遇

雈 착 추 鷄雛ㅣ子병아리추 尤 雊 죵 종 小鳥작은새가날종 腫 十 雝 융 옹 和也ㅣ화할옹 冬 雞 졔 계 知時畜司晨鳥翰音닭계 齊 雚 鸛과同 雛

추 추 鷄子병아리추 虞 雋 쥔 전 鐫也새길전 先 雙 쌍 쌍 鳥二枚새마리쌍 江 翰 한 한 白雉흰꿩한 翰 雜 잡 잡 參錯五采相合석일잡 合 雕 쟈 조 鶚屬징

경이 조 嘯 雘 후 확 호 善舟곱게붉을칠확，호義同 藥 雟 쉬 규 수 휴 鵗也子ㅣ접동새규 邛都國名越나라이름수，社鵑ㅣ周두견새휴 支紙齊 十一 縱 죵 종 鷄也닭

종 冬 離 리 리 別也이별할이 支 難 난 난 나 不易艱ㅣ어려울난 盛貌ㅣ然우거질나 寒歌 䨨 리 류 大雛큰병아리류 宥 雧 어 우 鳥聲새소리우 宥 十二 歡

싼 산 射鳥繳주살산 旱 十四 雟 빈 빈 小雀작은새빈 眞 十六 雥 잡 잡 衆鳥떼새잡 合 二十 雧 集과同 二十一 讎 원 연 鳥羣새떼연 先

雨部

雨 위 우 水蒸爲雲降爲ㅣ비우 麌遇 二 雩 딩 정 雨降비올정 庚 三 雩 위 우 祈雨祭名기우제이름우 虞 雪 셸 설 陰凝爲ㅣ六出花눈설 屑

雫 쏘 놔 涓滴물방울놔 馬 雪 쏸 삼 小雨也이슬비삼 感 雯 링 령 女字계집이름령 青 四 雲 원 운 山川氣陰陽聚爲ㅣ구름운 文 雰 비 霧也안개비 紙

霘 후 [홀]雷也우뢰홀(月)
雯 원 [문]雲成章구름문체문(文)
雰 윤 [분]雪貌ㅣㅣ눈펄펄날릴분(文)
雺 얍 [부]務也안개부(有)
雮 모 [목]鳥羽澤새깃윤택할목(屋)

雱 광 [방]雪盛貌눈펑펑쏟아질방(陽)
雭 써 [삽]雨聲ㅣㅣ빗소리삽(緝)
雵 쓔 [수]雲上於天구름오를수(虞)
霕 튠 [돈]大雨큰비돈(元)
雴 침 [침]雲行구름갈침(沁)

⿱雨幷 잉 [영]深池깊은못영(庚)

五

雹 빡 [박]陰之專氣雨氷우박박(覺)
雷 뢰 [뢰]陰陽薄震聲천둥뢰(灰)
雺 뭉 [몽]天氣下地不應해미낄몽(宋)
電 뎐 [전]氣전기전(霰)

零 령 [령][연]雨餘落비뚝뚝떨어질령 西羌名先ㅣ오랑캐이름련(靑)(徑)
⿱雨冬 뚱 [동]雨貌비뚝뚝떨어질동(冬)
霙 양 [앙]白雲貌ㅣㅣ흰구름피여오를앙(陽)

⿱雨出 얍 [불]雲起구름일불(月)
⿱雨石 탕 [탕]洞屋골탕(漾) 빈
⿱雨弗 얍 [불]雲貌구름불(物)
⿱雨立 리 [립]大雨貌ㅣ霫큰비쏟아질립(緝)
雸 안 [암]霜也서리암(覃)

⿱雨犮 얍 [불]雨降貌비올불(物)
⿱雨乍 줘 [착]降雨貌비올착(陌)

六

需 수 [수]要求구할수(虞)
雩 우 [우]霳ㅣ暴雨소나기우(虞)
⿱雨冊 써 [색]霰也싸락눈색(陌)

雿 댜 [조]幽冥어두울조(嘯)
⿱雨幷 삥 [병]雷聲우뢰소리병(梗)
⿱雨羽 위 [우]水聲물소리우(遇)
⿱雨因 인 [인]氣流行기운퍼질인(震)
⿱雨次 즈 [자]大雨큰비자(紙)

⿱雨豕 신 [심][애]霖雨장마심, 雨聲비소리애(侵)(佳)
⿱雨处 處과同
⿱雨各 러 [락]雨零비떨어질락(藥)
⿱雨亚 靈略字
⿱雨舟 화 [화]海船바다배화(卦)
⿱雨回 靁古字

⿱雨矢 듸 [제]雨止비그칠제(齊)

七

霈 폐 [패]大雨霶ㅣ비쏟아질패(泰)
震 뗜 [진]動也진동할진(震)
霂 무 [목]小雨霡ㅣ가랑비목(屋)
⿱雨君 윈 [윤]雨也비윤(軫)

霆 팅 [정]疾雷벼락정(靑)
霉 메 [매]雨汙ㅣ涴곰팡이매(灰)
⿱雨見 [선]霄雪氷雪雜下싸락눈선(霰)
霅 싸 [삽][잡]雨聲ㅣㅣ빗소리삽, 霅ㅣㅣ천동번개칠잡(合)(治)
霆

옌 [연]雲起구름일연(霰)

霘 써 [색]細雨降가랑비올색(陌)

𩃲 쑈 [소]天気雲ㅣ하늘기운소(蕭)

𩂯 쳐 [첩]細雨가랑비첩(葉)

𩃈 껑 [갱]雲盛延貌구름뭉게뭉게필갱(梗)

霃 전 [침]久陰음산할침(侵)

𩂼 룽 [롱]雨聲빗소리롱(冬)

𩃐 빙 [병]雨降비올병(青)

雽 우 [부]雪降눈올부(尤)

𩃗 이 [역]大雨큰비역(陌)

八

𩃬 라 [랍]雨聲빗소리랍(合)

霏 븨 [비]雨雪霧貌진눈개비(微)

霓 이 [예][역]雌虹也雲ㅣ암무지개예, 역(齊)(錫)

霠 [음]雲覆日구름낄음(侵)

霑 잔 [점]濕也濡也젖을점(鹽)

𩃖 써 [석][색]細雨가랑비석, 색(錫)(陌)

霖 린 [림]久雨不止장마림(侵)

䨘 안 [암]雲起盛구름성할암(感)

霌 쥬 [주]霖也장마주(尤)

𩃎 쎤 [현]露貌이슬성할현(銑)

𩃤 霒와同

霔 [주]時雨때맞춰오는비주(遇)

𩃉 뿡 [붕]大雨큰비붕(蒸)

霎 쌰 [삽]小雨이슬비삽(洽)

霐 헝 [홍]幽深속깊을홍(庚)

霋 치 [처]霽也개일처(齊)

𩃏 霽과同

霍 훠 [곽]疾也빠질곽(藥)

𩂯 타 [타]雲散구름벗어질타(箇)

𩃓 [홀]雨降비올홀(月)

𩂣 電本字

𩃜 샹 [상]𩅞也소나기상(陽)

𩃮 [첩]雪降눈올첩(葉)

九

𩃵 단 [담]雲起구름필담(感)

𩂲 빠 [박]雨濡革비에가죽적실박(藥)

霜 쌍 [상]露凝서리상(陽)

霞 쌰 [하]避也멀하(麻)

𩃰 靄과同

霅 차 [잡]大雨큰비잡(洽)

𩃆 빠 [발]雲起구름필발(曷)

霙 잉 [영]雪華눈꽃영(庚)

霝 零과同

𩃎 헉 [후]霖也장마후(尤)

𩃸 안 [염]沾也젖을염(鹽)

𩄑 우 [우]雨聲빗소리우(麌)

霚 霧本字

𩃹 靈古字

𩃬 와 [와]蹄涔쇠발자국에고인물와(麻)

十

𩅥 애 [애]雪貌ㅣㅣ눈모양애(灰)

䨴 웅 [옹]雲之延起구름뻗힐옹(董)

𩅁 진 [진]雲起구름일진(震)

𩃓 한 [함]霖也장마함(覃)

𩃈 뿡 [봉]雨聲빗소리봉(東)

𩃼 지 [지]雨聲빗소리지(支)

霤 릐 [류]屋水流處中낙수고랑류(宥)

霢 머 [맥]小雨卜霂 이슬비맥(陌)

⿱雨差 차 [차]雨聲빗소리차(歌)

⿱雨蒦 훠 [확][척]大雨큰비확 隻也쌍척(藥)(陌)

⿰雨眞 뎬 [전]雨甚비심하게올전(先)

⿱雨冓 [子]大雨큰비구(有)

霥 뭥 [몽]雷聲우뢰소리몽(送)

霣 윈 [운]隕也떨어질운(軫)

霶 팡 [방]大雨ㅣ霈비쏟아질방(陽)

⿱雨兼 렌 [렴]微雨ㅣ⿱雨鐵비부실부실올렴(監)

霡 霢와同

⿺辶雨 쮜 [추]隱也숨을추(支)

⿱雨埋 鑼과同

⑪

⿱雨婁 러 [루]雨降비올루(⿱雨婁)

霪 인 [음]久雨霖장마음(侵)

霋 재 [책]雨降비올책(陌)

⿱雨并 ᄫᅡᆼ [방]大雨큰비방(陽)

霦 삔 [빈]玉光璘ㅣ옥광채빈(眞)

⿱雨專 좐 [전]露繁이슬성할전(銑)

⿱雨祟 상 [상]雨降비올상(絳)

⿱雨鹿 루 [록]暴雨소나기록(屋)

霨 웨 [위]雲起貌구름피어오르는모양위(未)

霧 우 [무]地氣發天不應而成안개무(遇)

霫 씨 [습]雨暴注비쏟아질습(緝)

⿱雨執 뎬 [점]早霜又寒也일은서리점(豔)

霏 [비]雲貌구름비(尾)

霚 ᄫᅮ [불]雲起구름일불(月)

⿱雨莫 머 [막]雨降비올막(藥)

霩 궈 [확]虛ㅣ휑할확(藥)

⿱雨彗 雪本字

⑫

露 러 [로]現也暴드러낼노(遇)

霰 싼 [선]粒雪싸락눈선(霰)

⿱雨復 ᄫᅮ [복]覆水물흘릴복(屋)

⿱雨南 난 [남]泥也진흙남(陷)

⿱雨冢 쭝 [중]久陰小雨비지점거릴중(東)

⿱雨單 완 [완]人名孫卜사람이름완(刪)

霳 룽 [룽]雲師豐ㅣ구름맡은귀신룽(東)

⿱雨畱 霤과同

⿱雨斯 쓰 [사]小雨이슬비사(支)

⿱雨湛 탄 [담]雲繁ㅣ䨴구름피어오를담(勘)

⿱雨登 덩 [등]大雨큰비등(徑)

⿱雨喬 위 [휼]鄕雲 端雲 상서구름휼(質)

⿸雨重 쭝 [중]氣往來意기운왕래할중(東)

⿱雨隋 퉈 [타]雨降비올타(箇)

⿱雨澤 뫄 [박]澤也못박(藥)

⿱雨⿰雲云 대 [대]雲起구름일대(泰)

⿱雨晉 신 [심]雨聲심소리심(侵)

⑬

霸 빠 [패][백]把持諸侯之權ㅣ業제후의권세잡을패, 月始生초생달백(陌)(禡)

霷 양 [양]十月爲시월양(陽)

⿱雨雍 융 [옹]雲氣구름기운옹(腫)

⿱雨農

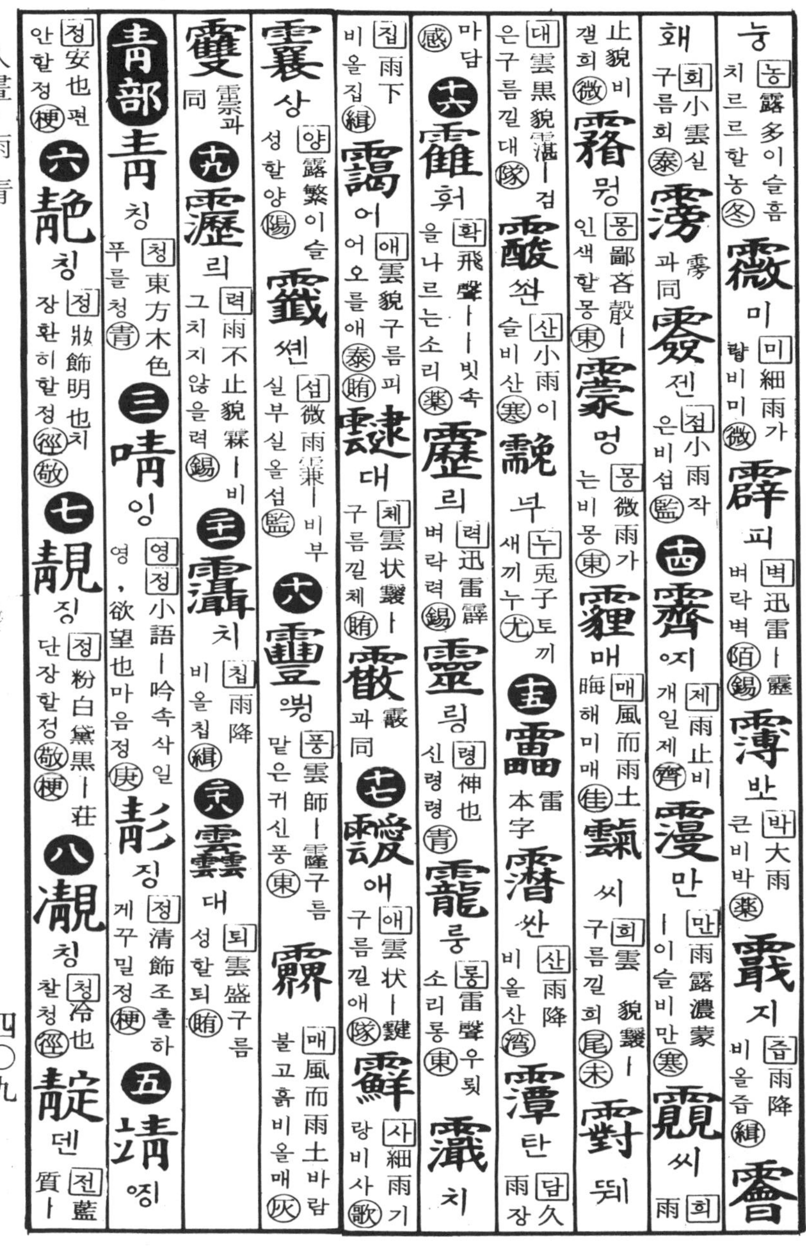

ᄂᆞᆼ 농 露多이슬흡치르르할농 (冬)

霺 미 미 細雨가랑비미 (微)

霹 피 벽 迅雷ㅣ靂벼락벽 (陌)(錫)

䨚 박 박 大雨큰비박 (藥)

霵 지 즙 雨降비올즙 (緝)

[雨+會] 홰 회 小雲실구름회 (泰)

霶 霶과同

霵 젼 섭 小雨작은비섭 (監)

十四

霽 ᄌᆡ 제 雨止비개일제 (霽)

䨲 만 만 雨露濃蒙ㅣ이슬비만 (寒)

霻 씨 희 雨止貌비갤희 (微)

霿 뭉 몽 鄙吝散ㅣ인색할몽 (東)

靀 멍 몽 微雨가는비몽 (東)

霾 매 매 風而雨土 晦해미매 (佳)

靝 씌 희 雲貌靉ㅣ구름낄희 (尾)(未)

[雨+對] 되 대 雲黑貌靄ㅣ검은구름낄대 (隊)

䨘 싼 산 小雨이슬비산 (寒)

䨲 누 누 兎子토끼새끼누 (尤)

十五

靁 雷本字

霰 싼 산 雨降비올산 (潸)

靊 탄 담 久雨장마담 (感)

十六

靃 확 확 飛聲ㅣㅣ빗속을나르는소리 (藥)

靂 리 력 迅雷霹ㅣ벼락력 (錫)

靈 링 령 神也신령령 (青)

靇 룽 롱 雷聲우뢰소리롱 (東)

䨿 치 집 雨下비올집 (緝)

靄 애 애 雲貌구름피어오를애 (泰)(曷)

靆 대 체 雲狀靉ㅣ구름낄체 (晦)

[雨+敞] 霰과同

十七

靉 애 애 雲狀ㅣ靆구름낄애 (隊)

䨮 솨 사 細雨가랑비사 (歌)

靀 상 양 露繁이슬성할양 (陽)

䨪 셤 섬 微雨霡ㅣ비부실부실올섬 (監)

十八

䨙 뿡 풍 雲師ㅣ霳구름맡은귀신풍 (東)

霾 매 매 風而雨土바람불고흙비올매 (灰)

靊 霎과同

十九

靂 리 력 雨不止貌霖ㅣ비그치지않을력 (錫)

二十

靅 치 칩 雨降비올칩 (緝)

二十六

靊 대 퇴 雲盛구름성할퇴 (晦)

青部

青 칭 청 東方木色푸를청 (青)

三

靕 잉 영 정 小語ㅣ吟속삭일영, 欲望也마음정 (庚)

靗 징 정 清飾조촐하게꾸밀정 (梗)

五

靖 쟝 정 安也편안할정 (梗)

六

靘 칭 정 粧飾明也치장환히할정 (徑)(敬)

七

靚 징 정 粉白黛黑ㅣ莊단장할정 (敬)(梗)

八

靚 칭 청 冷也찰청 (徑)

靛 뎬 전 藍 質ㅣ

花청대전(嚴)

靜 ᅇ징 [정] 動之對 고요할정(梗)

十 **靝** 天同

十二 **靑瑟** 시 [슬] 青也赤푸르고붉을슬(質)

十四 **靑蒦** 후 [호] 善青곱게푸를호(遇)

非部

非 ᅌᅨ [비] 不是 아닐비(微)

三 **厞** ᅇ비 [비] 隱也 숨을비(未)

非巾 ᅇ비 [비] 隱也 숨을비(未)

啡 베 [배] 睡聲숨소리배(灰)

奞 패 [배] 大也 클배(賄)

非乙 ᅇ비 [비] 分也 나눌비(尾)

非子 ᅇ비 [비] 輕也가벼울비(微)

四 **非巳** ᅇ비 [비] 別也 나눌비(眞)

非火 ᅇ비 [비] 塵也 티끌비(未)

非毛 ᅇ비 [비] 細手가는털비(微)

靟 ᅌᅨ [비] 覆手손엎을비(未)

五 **非古** 苦과同

七 **靠** 칸 [고] 相違서로어길고(號)

十 **靡** 미 [미] 散也흩어질미(紙)

九畫

面部

面 멘 [면] 顔也 낯면(霰)

三 **面刃** 낙 [뉵] 慙也부끄러울뉵(屋)

四 **面冘** 탄 [담] 鈍也 둔할담(勘)

面丰 ᅇ방 [방] 面腫면종방(江)

面丑 낙 [뉵] 慙也부끄러울뉵(屋)

面巴 빠 [파] 黃面누른얼굴파(麻)

面比 시 [시] 顔也 얼굴시(寘)

面今 깐 [함] 出頭머리내밀함(咸)

五 **面皮** 넨 [전] 寬也너러울전(銑)

靤 뱊 [포] 面瘡 면종방(效)

面未 메 [매] 顔也 얼굴매(隊)

面乍 산 [산] 老也 늙을산(潸)

面占 덴 [점] 面陋얼굴더러울점(豔)

面幼 얀 [요] 面曲낯굽을요(巧)

面且 靦同 과

面巧 산 [소] 面曲낯굽을소(巧)

六 **面并** 삥 [병] 面黃낯누를병(梗)

面舌 꽈 [괄] 面小낯작을괄(曷)

面㿝 뒈 [퇴] 面陋낯더러울퇴(灰)

七 **面甫** ᅌᅮ [부] 頰也 빰부(麌)

面巠 징 [경] 頑

也 완악할경(敬)

面發 사 [솨] 面醜 얼굴못날솨(馬)

面忍 녜 [녀] 愁面수심낯면녀(錫)

靦 텐 [전] 慚貌ㅣ然 무안할전(銑)

面含 한 [함] 面赤얼굴붉을함(覃)

面免 [만] 塗面낯칠할만(翰)

⿰面足 츄 축 均也 고를축 屋

⿰面每 회 회 面肉肥厚얼굴퉁퉁할회 隊

八

⿰面周 됴 조 習也 익힐조 嘯

⿰面官 완 완 形如杓子之面 오목할낯완 諫

⿰面宛 원 원 目開貌 눈뜰원 阮

⿰面奄 안 암 面之黑子 사마귀암 感

⿰面宜 이 의 正面단정 한낯의 支

九

⿰面音 안 암 戚容ㅣ⿰面參 슬플암 感

⿰面面 면 면 頑劣面못생 긴얼굴면 銑

⿱監面 란 람 面長貌ㅣ⿱斬面

얼굴길 남 覃

⿱覃面 산 산 廣面넓적 얼굴산 翰

十

⿰面臭 취 추 面醜얼굴 추할구 有

⿰面冥 면 면 汙血ㅣ炫 피묻을면 霰

十一

⿰面參 참 참 戚容⿰面音 슬플참 感

⿱髟面 츄 출 面短낮 짧을출 質

⿰面麻 머 마 面靑貌又慚也 얼굴푸를마 禡

⿱斬面 찬 잠 面長貌⿱監面 ㅣ얼굴길잠 覃

十二

⿰面鮮 션 선 圓面둥 근낯선 先

⿰面焦 초 面色焦枯 파리할초 蕭

⿰面然 산 연 年少顏色좋 은얼굴빛연 銑

⿰面尞 랴 료 面白 낯흴요 篠

⿰面貴 훼 회 洗面낯 씻을회 隊

⿰面單 뎬 전 面黃낯 누를전 銑

十三

⿰面亶 ⿰面見 과同

十四

⿱壽面

젼 점 色弱빛약 할점 淡

⿱厭面 옌 염 面黑子얼굴에 점은사마귀염 葉

十五

⿰面蔑 메 멸 面小얼굴 작을멸 屑

十七

⿰面韱 접 短顏짧 은얼굴접 監

革部

革 껴 혁 극 去毛生皮생가죽혁 急也病ㅣ병급할극 陌 職

二

靪 뎡 정 補履下신 창받을정 靑

三

靭 신 인 堅柔難斷 질길인 震

⿰革于 위 우 大帶 큰띠우 虞

⿰革乞 후 훌 緊縛졸 라맬훌 月

⿰革丸 지 기 革也털벗 긴가죽기 寘

靯 투 토 鞴筒 전동토 麌

靬 칸 간 乾革마른 가죽간 寒

靫 채 채 차 鞴室 전동채, 차 義同 佳 麻

靮 디 적 馬韁말 고삐적 錫

四

靴 ㅎ 화 洋ㅣ 양화화 歌

⿰革少 샤 사 靴也 구두사 麻

⿰革欠 지 겨 鞍也 안장겨 陌

靶 빠 파 弓的也 과녁파 禡

靷 인 인 駕午馬具在胷引 車靷가슴걸이인 震

靳 ㅇ진 근 制其行固也 가슴걸이근 問

⿰革卬 앙 앙 履也 신발앙 養

⿰革及 싸 삽 삽 小兒履꺽두기삽 祭鞋제사신삽 合 緝

⿰革殳

뒤 [타]履跟緣 들메타 (駕)
鞑 지 [지]紂餘鞋 밀치끈지 (支)
靲 친 [금][감]鞮帶 신들메금, 竹篸짜갠대감 (寢)(覃)
䩆 지 [기]轂飾 바퀴통치장기 (支)
𩊱 과 鞾同
𩊙 셴

현 [현]傳軛革멍에 얽는가죽현 (銑)
鞛 뵹 [봉]鞍飾안장치장봉 (冬)
鞂 졔 [갈]鞍下之被 안갑갈 (黠)
靦 과 鞴同
鞇 과 紐同
鞞 과 鞸同
五
鞑 [타]馬尾 밀치타 (歌)

鞄 포 [포]革ㅣ包 가방포 (肴)
鞀 단 [도]如鼓而小所以導樂作소고도 (豪)
軨 링 [령]羊子양의 새끼령 (青)
鞁 피 [피]靷也馬말가슴걸이피 (寘)
鞧 와 胄同
鞊

테 [첩][점]褰飾ㅣ韘 말언치 첩, 韉也 말다래점 (葉) 國字
鞫 쥐 [구]馬鞍말 안장구 (虞)
靺 머 [말]絳ㅣ鞨 붉은끈말 (曷)
鞂 [갈]禾稾 볏집갈 (黠)
䩘 [니]轡垂貌 고삐늘어질이 (齊)

靽 빤 [반]駕牛具 소밀치반 (翰)
鞙 과 鞙同
𩋿 보 [보]柔革工 가죽다루는장인보 (肴)
鞦 야 [요]靴頸 화목요 (效)
鞈 쟈 [갑]花相次列貌 꽃벌려있을갑 (洽)
鞅

양 [앙]煩勞ㅣ掌 가쁠앙 (養)
鞃 횽 [굉]軾中靶수레앞턱에맨가죽고삐굉 (蒸)
靾 이 [예]馬鞍 인장예 (霽)
鞬 쥐 [거]鞁也 안갑거 (語)
鞴 부 [불]車後革 수레뒷가죽불 (物)

靼 탄 [단]柔革다 룬가죽단 (曷)
靻 찬 [조]ㅣ䩛가 죽신조 (麌)
鞕 신 [신]大帶 큰띠신 (眞)
鞸 [필]束車革차묶 는가죽필 (質)
鞄 과 鞄同
六
鞥 과 鞢同

鞍 안 [안]馬鞁具 안장안 (寒)
鞆 [병]射ㅣ腕紲 활팔찌병 日字
鞈 [협]ㅣ革겹 가죽협 (葉)
鞋 쎄 [혜]革履가 죽신혜 (佳)
鞈 러 [락]生革可以爲縷 가죽오리락 (藥)
鞎

헌 [흔]車前革飾수레앞 가죽으로꾸밀흔 (元)
鞼 꿰 [귀]獨角 외뿔귀 (紙)
鞍 쟈 [교]革囊가죽 주머니교 (嘯)
鞇 인 [인]木履有足 나막신인 (震)
鞌 안 [안]馬鞁具 안장안 (寒)

鞊 지 [길]鞅也가 슴걸이길 (質)
鞉 도 [도]小鼓 소고도 (豪)
鞏 공 [공]以皮束物가 죽테메일공 (腫)
鞆 퉁 [동]箭筒飾 전동치장동 (東)
䩫 와 鞜同
鞖 와 轂同

鞇 인 [인]褥也 요인(眞)

⿰革旨 지 [지]日傘紐 일산끈지(眞)

⿰革羊 양 [양]治皮 가죽다룰양(養)

⿰革幷 병 [병]革帶 가죽띠병(迥)

⿰革夸 과 [과]帶飾 띠장치할과(馬)

⿰革耳 융

[용]毛飾 털치장할용(冬)

鞐 [하]冊匣衣骨 딱지하 日字

⿰革夷 이 [이]柔革 다룬가죽이(支)

㊆

⿰革甫 부 [보]靴也 가죽신보(虞)

鞘 쏘 [초]刀室 칼집초(嘯)(肴)

⿰革豆 두

[두]車中席 차에까는자리두(有)

⿰革坐 [쪠]長靴 장화쪠(霽)

⿰革束 쌔 [색]堅也 굳을색(陌)

鞊 쪠 [혈]急繫단단 히맬혈(屑)

⿰革兌 뛔 [태]補也 기울태(泰)

鞓 延 과同

⿰革夾 제

[겁]靴也 구두겁(洽)

鞗 쟌 [조]轡也ㅣ革 고삐조(蕭)

鞙 쉔 [현]玉貌ㅣㅣ 옥모양현(銑)

鞕 硬 과同

靳 졔 [제]刀鞘 칼집제(薺)

鞓 텽 [정]皮帶가 죽띠정(青)

⿰革見

쎄 [혈]急繫단 단히맬혈(屑)

⿰革余 두 [도]藁靴 짚신도(虞)

⿰革沙 사 [사]馬尾말 꼬리사(禡)

⿰革延 쟌 [탄]馬之腹帶 말배띠탄(旱)

鞔 만 [만]履殼 신울만(寒)

㊇

⿰革長 챵

[창]弓衣 활집창(漾)

⿰革宛 輐 과同

鞉 쌰 [소]覆也 덮을소(蕭)

⿰革非 예 [배]吹火器 풀무배(卦)

鞠 육 [국]養也 기를국(屋)

⿰革朋 평 [붕]車靳가 슴걸이붕(蒸)

⿰革𡿺 뇨

[노]優緩革누그 러운가죽노(號)

⿰革或 이 [익]羔裘之縫가죽 옷바느질할익(職)

⿰革易 이 [역]素靴 흰신역(陌)

鞚 쿵 [공]馬勒말 자갈공(送)

⿰革匋 됴 [도]鼓木皐 북통도(豪)

鞜 타

[탑]革履가 죽신탑(合)

⿰革奇 鞽古字

⿰革音 琫 과同

⿰革戔 韉 과同

⿰革㡀 베 [별]鞘飾칼집 치장별(屑)

⿰革昔 시 [석]舊靴 헌신석(陌)

⿰革奄 야 [압]小兒履 아이신압(合)

鞛

[봉]刀鞘上飾칼 집윗장식봉(董)

鞞 피 [비][병]騎鼓말에메인북 비 刀室칼집병(支)(紙)

⿰革取 [추]束也 묶을추(有)

⿰革兩 緉 과同

㊈

鞭 뻰 [편]箠策회 초리편(先)

鞧 鞦同

⿰革室 시 [실]刀室 칼집실(質)

鞤 방 [방]以皮爲履 신지을방(陽)

鞮 듸 [제]革履가 죽신제(齊)

⿰革胃 위 [율]皮器가죽 그릇율(質)

⿰革帝 듸 [제]常也몃 몃할제(齊)

⿰革昜 양

[양]馬頭所絡具굴레양(陽)

鞰 쒼 [훤]革履가죽신훤(願)

鞦 츄 [추]馬緧말개들 고들개추(尤)

⿰革度 뚜 [도]午牽舟소로배끌도(虞)

鞨 허 [갈]北方國名靺말갈나라갈(曷)

鞪 맏 [무]首鎧鞮투구무(尤)

鞣 ᅀᅲ [유]熟皮다룬가죽유(尤)

⿰革皆 개 [개]鼓名북이름개(卦)

鞫 ᅌᅲᆨ [국]窮理罪人訊조사받을국(屋)

鞬 견 [건]鞱也칼집건(元)

鞕 응 [영]堅強딱딱할영(敬)

韗 윈 [운]理鼓工ㅣ人북메는장인운(問)

⿰革叜 쓔 [수]治革가죽다룰수(尤)

⿰革亟 ᅌ지 [극]急也급할극(職)

鞢 쎼 [섭]馬皮具鞊말언치섭(葉)

⿰革复 ⿰革畐과同

鞥 야 [압]革轡가죽고삐압(合)

⿰革面 멘 [면]馬之絡頭具말굴레면(銑)

⿰革叚 쌰 [하]履跟신뒤축하(麻)

⿰革致 지 [치]靴底신바닥치(寘)

⿰革兪 위 [유]餘也남을유(虞)

⿰革畐 뷱 [복]革帶가죽띠복(屋)

鞘 쌰 [소]刀鞘칼집소(嘯)

⑩

鞵 쎼 [혜]屩也집신혜(佳)

鞴 뻬 [비][보]馬裝束말뱃대끈비(寘)(遇)

⿰革邕 웅 [옹]靴靿목화목옹(東)

⿰革專 밧 [박]革囊가죽주머니박(藥)

⿰革冤 웬 [원]井水波器두레박원(元)

⿰革貢 궁 [공]生皮날가죽공(董)

⿰革罙 鞳과同

⿰革貨 쐐 [쇄]革鎖가죽자물쇠쇄(蟹)

鞲 꺼 [구]臂捍射팔찌구(尤)

鞷 어 [액]補履신기울액(陌)

鞳 타 [탑]鏜鼓聲鏜ㅣ쇠북소리탑(合)

鞶 판 [반]大帶ㅣ帶큰띠반(寒)

⿰⿱士冖革殳 허 [학]急束단단히동일학(覺)

⿰革龠 ⿰革雚과同

⿰革叟 삭 [수]軟革연한가죽수(尤)

⿰革盍 쟈 [갑]革履가죽신갑(合)

⿰革鬼 [귀]馬轡繫御革말고삐귀(灰)

⿰革茸 융 [용]鞍飾안장치장용(腫)

鞱 韜과同

⑪

⿰革逢 [봉]鼓聲북소리봉(冬)

⿰革章 [장]鞍飾ㅣ泥말다래장(陽)

鞺 탕 [당]鼓聲ㅣ鞳북소리당(陽)

⿰革崔 최 [최]鞍皮안장가죽최(灰)

⿰革庸 숭 [용]乾革마른가죽용(冬)

⿰革參 싼 [삼]旗旒깃발삼(咸)

⿰革厤 샤 [사]藥草石韋돌장아리사(祿)

鞭 鞕과同

⿰革徙 쓰 [사]鞮屬革履가죽신사(紙)

鞸 빙 [필][병]戟也슬갑필 刀室칼집병(質)(迥)

鞹 쿼 [곽]皮去毛가죽다룰곽(藥)

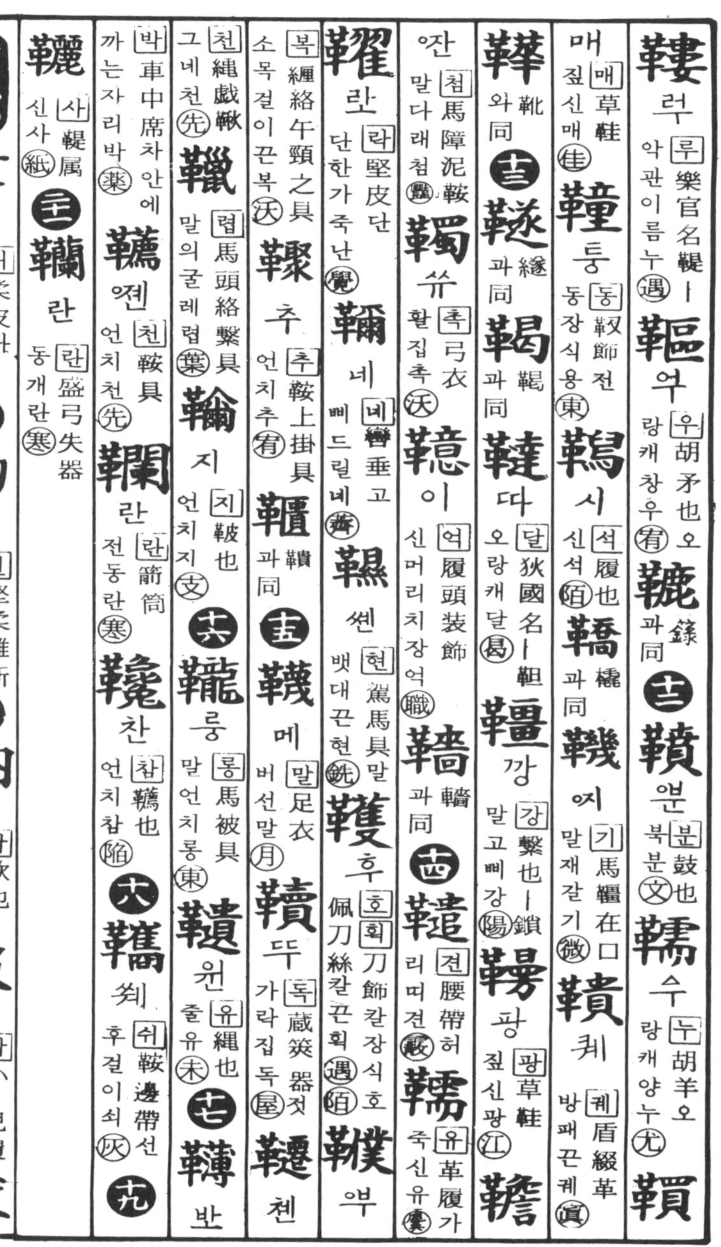

鞻 루 [루] 樂官名 鞮ㅣ 악관이름누(遇)

䡱 우 [우] 胡矛也 오랑캐창우(有)

䩣 과同 鏕

⑫

鞼 분 [분] 鼓也 북분(文)

鞽 수 [누] 胡羊 오랑캐양누(尤)

鞴 매 [매] 草鞋 짚신매(佳)

鞺 둥 [동] 鞁飾전 동장식용(東)

舃 시 [석] 履也 신석(陌)

鞽 과同 橇

鞿 이 [기] 馬韁在口 말재갈기(微)

鞼 궤 [궤] 盾綴革 방패끈궤(寘)

鞾 와 靴同

⑬

䪒 과 縧同

鞨 과 髷同

韃 다 [달] 狄國名 ㅣ靼 오랑캐달(曷)

韁 깡 [강] 繫也 ㅣ鎖 말고삐강(陽)

䩡 광 [광] 草鞋 짚신광(江)

韂 잔 [첨] 馬障泥鞍 말다래첨(豔)

韣 쑤 [촉] 弓衣 활집촉(沃)

䪅 이 [억] 履頭裝飾 신머리치장억(職)

韝 과 韝同

⑭

韆 견 [견] 腰帶 허리띠견(霰)

䪜 유 [유] 革履 가죽신유(虞)

鞱 락 [락] 堅皮 단단한가죽낙(覺)

䩉 녜 [녜] 轡垂 고삐드리울녜(薺)

韅 쎈 [현] 駕馬具 말뱃대끈현(銑)

韄 후 [호][획] 刀飾 칼장식호 佩刀絲 칼끈획(遇)(陌)

䪁 뿌 [복] 纏絡午頸之具 소목걸이끈복(沃)

鞦 추 [추] 鞍上掛具 언치추(有)

韇 과 韣同

⑮

韈 메 [말] 足衣 버선말(月)

韇 뚜 [독] 藏箭器 전동 가라집독(屋)

韆 쳔 [천] 繩戲鞦 그네천(先)

鬣 렵 [렵] 馬頭絡繫具 말의굴레렵(葉)

韂 지 [지] 鞁也 언치지(支)

⑯

䪊 룽 [롱] 馬被具 말언치롱(東)

韢 윋 [유] 繩也 줄유(未)

⑰

䪇 박 [박] 車中席 차안에 까는자리박(藥)

韀 젼 [천] 鞍具 언치천(先)

韊 란 [란] 箭筒 전동란(寒)

韉 찬 [참] 韉也 언치참(陷)

⑱

鑴 쉬 [쉬] 鞍邊帶선 후걸이쇠(灰)

⑲

韉 사 [사] 鞮屬 신사(紙)

㉑

韊 란 [란] 盛弓失器 동개란(寒)

韋部

韋 위 [위] 柔皮 다룬가죽위(微)

③

韌 인 [인] 堅柔難断 질긴인(震)

④

䪑 나 [납] 軟也 연할납(合)

韐 사 [삽] 小兒履 꺽두기삽(合)

韍

애 [피]車軾차앞턱나무피(眞)

⿰韋爻 쌰 [효]革囊가죽주머니효(肴)

五

韎 메 [매]茅蒐所染赤 붉은가죽매(卦)

⿰韋斤 텨 [척]刀之把中韋 자루막가죽척(陌)

⿰韋包 鞄과同

韍 ᄋ부 [불]蔽膝슬갑불(物)

⿰韋主 쮸 [주]戎服군복주(遇)

⿰韋它 타 [타]革履가죽신타(歌)

⿰韋弗 ᄋ부 [불]棺繩관매는줄불(物)

⿰韋必 삐 [비]弓檠활도지개끈비(霽)

⿰韋戈 웨 [월]斧囊도끼집월(月)

六

韐 ᄋ쟈 [갑][겁]戎事服ㅣ가죽바지 갑韋蔽膝슬갑겁(合)(洽)

⿰韋亘 쒼 [훤]製鼓工匠북만드는장인훤(願)

⿰韋交 쟈 [교]囊也주머니교(肴)

⿰韋艮 끈 [근]束也묶을근(元)

韏 ᄋ좐 [권]中分가죽사분파할권(願)

⿰韋犬 ᄋ부 [복]軾也수레앞턱나무복(屋)

七

⿰韋甫 ᄋ부 [부]尻衣잠방이부(虞)

韒 鞘과同

八

⿰韋沓 [답]指衣골무답(合)

韓 한 [한]國名ㅣ萬所封 한나라한(寒)

⿰韋匊 쥐 [국]裏也쌀국(屋)

⿰韋長 창 [창]韜也활집창(漾)

⿰韋卷 촨 [권]曲也굽을권(願)

⿰韋非 빼 [패]韋囊吹火 허풍서니패(卦)

九

⿰韋复 ᄋ부 [부]⿱夂衣也 갓옷부(有)

韘 쎼 [섭]射決깍지섭(葉)

韖 ᅀᅲ [유]鞣也 질길유(有)

韙 웨 [위]是也옳을위(尾)

⿰韋叚 쌰 [하]履跟帖신근피하(麻)

韗 윈 [운]攻皮之工가죽장인운(問)

⿰韋兗 옌 [연]鞣皮다룬가죽연(銑)

十

韞 원 [온]赤色붉은빛온(吻)

⿰韋莆 鞴과同

韠 鞸과同

⿰韋昜 따 [답]皮衣갑옷답(合)

韜 탄 [도]藏也감출도 寬也너그러울도(豪)

韝 꾸 [구]射決깍지구 臂衣팔찌구(尤)

⿰韋荅 鞳과同

⿰卓韋 韓本字

十一

⿰韋尃 쒸 [쉬]囊紐주머니끈쉬(寘)

⿰韋巢 산 [소]束也묶을소(肴)

⿰韋雈 새 [쇠]鞍也안장쇠(灰)

十二

⿰虛韋 [위]柔革平均가죽달을위(支)

⿰韋登 덩 [등]張皮가죽별릴등(梗)

⿰韋惠 쎼 [혜]囊紐주머니끈혜(霽)

韡 웨 [위]光明ㅣ빛나고밝을위(尾)

⿰韋番 ᄋ반 [번]韋平方가죽반듯할번(元)

⿰韋皐 갼 [고]弓衣활집고(豪)

十三

⿰韋詹 옌 [첨]蔽膝말다래첨(尾)

⿰韋僉 쎼 [험]被也입을험(監)

韣

뜨 [독][속] 弓衣활전대독 韜也칼집속(尾)(沃)

⑮ 韇 뜨 [독] 箭筒 전동독(屋)

韤 [말] 足衣 버선말(月)

⑰ 韛 받 [박] 藁鞋 짚신박(藥)

⑱ 韢 쭈 [추] 收束 거두어 묶을 추(尤)

⑲ 韏 쫜 [권] 韏皮다룬 가죽권(願)

⑳ 韄 잗 [곽] 刀裝革칼장식가죽곽(藥)

韭部

韭 쭈 [구] 草鐘乳葷菜부추구(有)

④ 韮 韭와同

⑧ 韱 쳔 [섬] 山韭산부추섬(鹽)

韯 사 [삽] 起也일어날삽(合)

⑩ 韲 齏과同

韰 쎄 [해] 送死歌상여소리해(卦)

韲 지 [제] 剉菜썰은나물제(齊)

⑪ 韲 ㅇ지 [제] 利也이할제(齊)

韲 ㅉ지 [제] 醯醬所和양념제(齊)

⑫ 韱 ㅇ반 [번] 小蒜달래번(元)

⑭ 韰 [해] 似韭葷菜 염교해(卦)

頁部

頁 예 [혈] 頭也머리혈(屑)

② 頄 꿰 [규][구] 面顴광대뼈규, 구義同(支)

頃 칭 [경][규] 田百畝백이랑경 半步也반걸음규(梗)(庚)

𩑋 우 [유] 顫也 떨유(有)

頂 띵 [정] 顚也이마정 物之最上部꼭대기정(迥)

③ 項 쌍 [항] 頭後頸也목뒤항, 목덜미항(講)

頑 완 [환] 頭也머리환(寒)

頇 한 [안][한] 岸頭無髮ㅣ額대머리안, 한義同(翰)

順 쓘 [순] 不逆循理순할순(震)

頊 꾸 [후] 動頭머리움직일후(麌)

須 쒸 [수] 頭毛同鬚턱수염수 待也기다릴수(虞)

頫 얖 [요] 頭小貌머리움직일수요(蕭)

頊 [공] 顏也낯공(東)

頎 쿠 [굴][곤] 頰旁骨광대뼈굴, 곤義同(月)

頓 뚜 [독][탁] 頭骨머리뼈독, 탁義同(屋)(藥)

湏 須俗字

頢 깨 [개] 頦下빰밑개(賄)

④ 頨 우 [오] 大頭큰머리오(皓)

預 위 [예] 先也미리예 參與참예할예(御)

頶 꾸 [골] 頰高빰높을골(月)

頑 완 [완] 固陋완고완 鈍也미련할완(刪)

頍 꿰 [규] 弁貌고깔비녀규(紙)

𩑶 배 [배] 曲頭굽은덕배(佳)

頓

뜬 [돈][둔][돌]下首至地꾸벅거릴돈，固鈍무딜둔，單于太子冒ㅣ오랑캐이름돌(願)(月) **頎** 치 [기][간]長貌헌걸찬모양기 至惻隱貌간절할간(微)(阮) **⿰尤頁** 와 [우]顫也머리흔들우(有) **⿰尹頁**

원 [윤]面不正貌낯비뚤윤(軫) **頒** 얜 [반][분]布也반포할반 魚大首貌물고기머리클분(刪)(文) **頊** 위 [옥]謹貌ㅣㅣ머리굽실거릴옥(沃) **頌** 융 [용][송]貌也모양용，稱述ㅣ德칭송할송

(宋)(冬) **⿰足頁** 치 [척]正也바를척(陌) **⿰丰頁** 븡 [봉]耳本귀뿌리봉(董) **⿰今頁** 깐 [감]醜也추할감(覃) **⿰卬頁** 앙 [앙]擧頭머리돌앙(陽) **頉** 틔 [이]養也기를이，有故탈날탈(支)國字

頏 항 [항]鳥飛上下頡ㅣ새날아오르락내리락할항(養) **頕** 당 [당]頭也머리당(感) **⿰忱頁** ㅇ전 [침]垂頭貌머리숙일침(寢) ㊄ **領** 링 [령]統理거느릴령，占ㅣ차지할령(梗) **⿰旦頁**

단 [단]平廣面넓적얼굴단(旱) **⿰去頁** 자 [갑]頤也턱갑(合) **⿰出頁** ㅇ쥐 [절]面秀骨곳마루절(屑) **⿰叵頁** 퍼 [파]頭之偏傾머리기울파(歌) **⿰号頁** 하 [호]白髮頭흰머리호(號) **⿰冊頁** 산

[염]頰須구레나룻염(監) **⿰氐頁** 듸 [제]垂頭머리숙일제(齊) **⿰丕頁** ㅇ비 [배]曲頤貌주걱턱배(灰) **⿰咸頁** 깐 [감]頰疾빰병감(感) **⿰由頁** 듸 [적]好也좋을적(遇) **⿰且頁** 쥬 [저]頤也턱저(魚)

頗 퍼 [파]不正偏ㅣ비뚤어질파(歌) **頖** 泮과同 **⿰民頁** 민 [민]強也강할민(眞) **⿰句頁** 쥐 [子]勉也힘쓸구(宥) **⿰占頁** 단 [담]垂頰처진빰담(覃) **⿰弁頁** 弁과同 **⿰可頁**

커 [가]傾頭而視머리기우리고볼가(駕) **⿰厄頁** 顧俗字 **⿰白頁** 뿌 [복]髮白머리털힐복(職) ㊅ **頜** 꺼 [합]頤傍아랫볼합(合) **頟** 어 [액]不息ㅣㅣ쉬지않을액(陌) **頢** 꽈

[괄]短面짧은얼굴괄(曷) **頩** 삥 [병]怒也노할병(青) **⿰猵頁** 볜 [변]頭姸머리고울변(先) **⿰开頁** 옌 [연]姣也얼굴예쁠연(霰) **⿰同頁** 퉁 [동]直頸곧은목동(董) **頫** 俯과同

頣 신 [신]擧目而視눈들고볼신(軫) **⿰其頁** 훙 [홍]頭昏顭ㅣ머리아득할홍(董) **⿰至頁** 츠 [치]面黑얼굴검을치(紙) **頝** 쟈 [교]不媚아첨안할교(肴) **⿰充頁** [총]滿也찰총(腫)

⿰仄頁 홰 [회]大首큰머리회(隊)
頧 뒈 [퇴]夏冠名毋ㅣ하나라관이름퇴(灰)
頦 해 [해]頤頷턱해(灰)
頛 뢰 [뢰]頭傾머리기울뇌(賄)
⿰匡頁 眶과同
頠 웨 [외][위]頭閑習머리마음대로가질외 習容止외양가잘가질위(賄)(紙)
顖 씬 [신]頂門숫구멍신(震)
頡 예 [갈][힐]轢也밟힐갈 古吏官倉ㅣ옛날사치맡은관원힐(黠)(屑)
⿰尗頁 戚과同
頞 어 [알]鼻莖콧마루알(曷)
⿰艮頁 큰 [곤]頎高빰높을곤(阮)

七

⿰弟頁 듸 [제]頭不正머리비뚤제(齊)
頭 털 [두]首也머리두 上也위두(尤)
⿰否頁 애 [배]曲頭굽은머리배(灰)
頸 껑 [경]項也목경(梗)
頷 한 [암][함]點頭ㅣ之머리끄덕거릴암, 不飽顑ㅣ배고플함(感)
頹 퉤 [퇴]衰也쇠할퇴, 傾也기우러질퇴(灰)
頯 퀘 [규]面觀광대뼈규(支)
䫉 貌同
頰 쟈 [협]面兩旁빰협, 徐言천천히말할협(葉)
⿰求頁 쥐 [구]戴也일구(尤)
頮 [회]洗面낯씻을회(隊)
頳 [정]赤也붉을정(庚)
⿰成頁 청 [성]頸也목성(庚)
⿰汞頁 [홍]頭直머리곧을홍(董)
頣 頤俗字
⿰旁頁 頪과同
頵 쥔 [군]頭大머리통클군(眞)
頻 핀 [빈]数也자주빈, 比也견줄빈(眞)
⿰我頁 어 [아]均也고를아(歌)
⿰宋頁 산 [삼]動頭머리움직일삼(勘)
⿰田頁 큰 [곤]耳門귀문곤(元)
頲 팅 [정]直也곧을정(迥)
頢 훠 [활]短面짧은낯활(曷)
⿰兌頁 퉈 [탈]小頭작은머리탈(黠)
頪 類俗字
⿰孚頁 라 [랄]面醜낯추할랄(曷)
⿰甫頁 뱌 [보]頰骨광대뼈보([illegible])
頶 후 [곡]鼻高貌코우뚝한모양곡(沃)
⿰吟頁 인 [음]顫頭머리흔들음(沁)
⿰希頁 시 [희]頭動머리움직일희(微)
⿰孛頁 뻐 [발]頸也ㅣ項목발(質)
⿰尨頁 멍 [망]頭也머리망(江)
⿰甬頁 훙 [홍]頭痛머리아플홍(東)
顩 [잠][금][검]醜貌얼굴추할잠, 금義는잠과同 面不平意얼굴반반하지않을검(寢)(感)
⿰㬎頁 메 [매]暗也어두울매(隊)
⿰吾頁 우 [오]大頭큰머리오(虞)

八

顀 쮀 [추]出額툭불거진이마추(支)
⿰亞頁 뚜 [두]面不正낯비뚤두(尤)
⿰林頁 린 [림]俯首머리숙일임(侵)
顈 찡 [경]似可績爲布어저귀경(迥)

頣 頤와同
⿰杲頁 구 [고] 頭也 머리고 (皓)
頲 뎡 [정] 額也 題 이마정 (徑)
頾 즈 [자] 口上髮 윗수염자 (支)
⿰彔頁 루 [록] 項也 목녹 (屋)
顇 瘁同
顉 친 [금] 曲頤 주걱턱금 (侵)
顊 삐 [패] 傾頭 목기울패 (齊)
⿰岸頁 안 [안] 額也 이마안 (翰)
⿰卷頁 좐 [권] 曲角 굽은뿔권 (先)
⿰屈頁 위 [굴] 短面 낯짧을굴 (物)
⿰叕頁 뎨 [철] 頭短 머리짧을철 (屑)
⿰卑頁 頤와同
顄 頷과同
頩 핑 [병] 怒色青 성나파랗게질릴병 (迥)
⿰炎頁 단 [담] 面長 낯길담 (覃)
⿰青頁 청 [청] 大頭 큰머리청 (庚)
頼 래 [래] 覆也 덮을래 (泰)
⿰敝頁 삐 [별] 短貌 짧을별 (屑)
⿰爭頁 징 [정] 美也 아름다울정 (敬)
⿰林頁 頼와同
⿰𨥫頁 鬚과同
⿰秦頁 지 [기] 小頭 작은머리기 (支)
顆 커 [과] 土塊 덩어리과 (箇)
顅 연 [간] 頭鬢少髮 터럭적을간 (刪)

九

顓 줜 [전] 獨專 오로지전 (先)
⿰咼頁 쿼 [과] 短頭 짧은머리과 (麻)
⿰契頁 지 [혜] 何候 찾을혜 (霽)
⿰面頁 훼 [회] 面肥 얼굴살찔회 (隊)
⿰桑頁 顙俗字
顑 [함] 不飽 頷 주릴함 (感)
顎 어 [악] 頷骨上下 ㅣ骨 턱악 (藥)
⿰爰頁 원 [원] 面不正 낯비뚤원 (阮)
顐 渾同

十

願 원 [원] 請也 청할원 思也 생각할원 (願)
顗 이 [의] 樂也 즐길의 (尾)
顙 쌍 [상] 額也 이마상 (養)
⿰骨頁 쿠 [골][괴] 大頭 머리통클골, 괴義同 (月)(灰)
⿰奚頁 시 [혜] 頭不正 머리비뚤혜 (齊)
顚 뎐 [전] 頂也 이마전, 專ㅣㅣ 한갈길전 (先)
⿰兼頁 [암] 頰長 빰길암 (感)
類 레 [류] 分ㅣ 나눌류 種ㅣ 종류류 (寘)
⿰直頁 顚俗字
顄 ⿰口函字
⿰衾頁 진 [금] 首動 머리움직일금 (沁)
⿰⿱罒豆頁 뚜 [두] 面折 ⿰區頁ㅣ 핀잔줄두 (尤)
顜 양 [강] 直也 곧을강 (講)
⿰冥頁 밍 [명] 額也 이마명 (青)
⿰員頁 원 [운] 面首俱 머리낯이둥그스름할운 (吻)
⿰悤頁 ⿰恖頁譌字
⿰盍頁 커 [갑][개] 頰骨 빰뼈갑 頭骨 머리모양개 (合)(泰)
⿰翁頁 [옹] 頸毛也 목털옹 (東)
⿰羔頁 샤 [효] 大頭 큰머리효 (嘯)
⿰舀頁 얘비 [비] 短鬚 짧은수염비 (支)

十一

顠 퍞 [표] 髮亂貌ㅣ 털엉킬표 (蕭)
⿰爽頁 상 [상] 醜也 추할상 (養)
顣 [축] 頞不悅貌 찡그릴축 (屋)
⿰家頁 이

顏 앤 [의]不聰名痴ㅣ 멍텅구리의 (未)

顡 지 [채]頭不正 머리비뚤채 (陌)

顟 랴 [료]頭長 머리길료 (蕭)

⿰麻頁 마 [마]語訥 말더듬을마 (麻)

⿰卑頁 빠 [비]髮半白 털반백될비 (支)

顏 앤 [안]容也 額角 얼굴안, 姓也 성안 (刪)

額 어 [액]顙也 이마액 分量ㅣ数 수효액 (陌)

⿰帝頁 지 [절]小頭 작은머리절 (屑)

⿰頁頁 찬 [찬]具也 갖출찬 (潸)

⿰癸頁 궤 [기]大口 큰입기 (寘)

⿰角頁 향 [항]飛上飛下 날아오르락내리락할항 (養)

⿰幽頁 요 [요]頭凹 머리오목할요 (肴)

⿰豕頁 둔 [돈]禿也 모지러질돈 (願)

題 티 [제]書ㅣ 글제제 ㅣ目 제목제 (齊)

⿰曷頁 싸 [할]健也 헛된말가 (曷)

⿰叚頁 자 [가]無度言語 헛된말가 (麻)

顒 융 [옹]仰也 우러를옹 (冬)

⿰昏頁 ⿰民頁와同

[illegible] 폐 [폐]傾頭 머리기울어질폐 (霽)

⿰區頁 어 [구]面折卜 핀잔줄구 (尤)

⿰𧇡頁 同顱

⿰㬎頁 顯略字

⿰思頁 쌔 [식]俗音[시] 頰也 볼다구니시 (灰)

⿰參頁 싼 [참]搖頭 頷ㅣ 머리흔들참 (感)

顗 이 [의]樂也 즐길의 謹壯貌 점잖을의 (尾)

⿰樊頁 란 [번]醜也 추할번 (元)

【十二】

⿰貴頁 홰 [괘]無髮 털없을괘 (賄)

顥 한 [호]大也 클호 (皓)

顦 憔과同

⿰𣏟頁 뻔 [번]醜也 추할번 (元)

⿰善頁 싼 [선]倨視人 사람거만히볼선 (銑)

⿰臯頁 간 [고]大顏 큰얼굴고 (皓)

⿰尋頁 산 [삼]俯首 머리숙일삼 (覃)

⿰朁頁 친 [침]俯首 머리숙일침 (寢)

顧 꾸 [고]思也 생각건대고 (遇)

⿰粦頁 린 [린]髮疎 털성길인 (軫)

[illegible] 센 [선]圓顏 둥근얼굴선 (先)

【十三】

⿰業頁 야 [압]頭動 머리움직일압 (合)

⿰歲頁 홰 [홰]頰也 빰홰 (隊)

⿰蜀頁 뚜 [독]頭骨 머리뼈독 (屋)

⿰亶頁 ᅌᅶᆫ [전]頭不正 머리바르지못할전 (霰)

⿰僉頁 칸 [엄]頰面銳 顑頭貌 하관빠를엄 (淡)

⿰威頁 한 [함]臨於火無 불쪼일함 (勘)

【十四】

顯 쎤 [현]著也 나타날현 明也 밝을현 (銑)

[illegible] 뻔 [변]雙生兒 쌍동이변 (先)

⿰夢頁 [횡]惛也 어두울횡 (蒸)

顬 수 [유][illegible]骨 顳 귀밑뼈유 (虞)

⿰寧頁 닝 [녕]頂顚 이마녕 (迥)

⿰蒙頁 뭥 [몽]頭昏ㅣ⿰共頁 머리아득할몽 (董)

⿰蓋頁 깨 [개]頭骨 머리뼈개 (泰)

⿰壽頁 돠 [도]大面 큰낯도 (豪)

【十五】

⿰齒頁 웨 [왈]齟齬 어긋날왈 (黠)

[illegible]

편
[빈] 眉蹙눈살찌푸릴빈 (眞)

十六

⿰㬎頁 잔 [교] 面不正낯바르지못할교 (肴)

顱 루 [로] 首骨頭해골로 (虞)

十七

顬 링 [령] 面瘦얼굴파리할령 (庚)

⿰毚頁 산 [삼] 頭長머리길삼 (陷)

⿰嬰頁 잉 [영] 頸瘤목에혹날영 (梗)

⿰蒙頁 횡 [횡] 暗也어두울횡 (蒸)

十八

顳 녜 [섭] 顳ㅣ顬귀밑뼈섭 (葉)

顴 촨 [권] 頰骨광대뼈권 (先)

飛部

飛 븨 [비] 鳥翥날비 六馬六여섯말비 (微)

十二

飜 반 [번] 飛也날번 反覆번득일번 (元)

十三

⿰亶飛 쌍 [전] 遠飛멀리날전 (先)

風部

風 븡 [풍] 大塊噫氣(空氣之搖動)바람풍, ㅣ俗풍속풍 (東)

二

⿰風刀 냐 [뇨] 熱風더운바람뇨 (肴)

三

⿰風勺 뱌 [표] 風聲바람소리표 (尤)

⿰風工 훙 [홍] 風聲바람소리홍 (東)

颪 풍 [풍] 下風내리부는바람풍 (東)

四

⿰風少 샤 [소] 風起바람일어날소 (肴)

⿰風毛 퐈 [포] 輕也가벼울포 (豪)

⿰風夬 졔 [결] 風吹바람불결 (屑)

颫 뿌 [부] 風自上下ㅣ飆바람내리불부 (虞)

⿰風乏 뿡 [봉] 焚也불땔봉 (送)

⿰風亡 망 [망] 經風내리부는바람망 (養)

⿰風屯 툰 [돈] 風也바람돈 (元)

⿰風日 윍 [율] 大風⿰風日ㅣ큰바람율 (質)

⿰風今 간 [감] 寒風찬바람감 (蒸)

⿰方風 헝 [횡] 大風큰바람횡 (庚)

⿰風牙 쌰 [하] 開口吐氣입벌리고기운토할하 (馬)

五

颱 태 [태] 暴風之ㅣ몹시부는바람태 (灰)

颰 빠 [발] 疾風빠른바람발 (曷)

⿰風令 링 [령] 寒風찬바람령 (青)

颭 쟌 [점] 物受風動搖펄렁거릴점 (琰)

颯 싸 [삽] 風聲바람소리삽 (合)

⿰風尼 이 [이] 大風큰바람이 (支)

⿰風幼 -유 [유] 風聲ㅣㅣ바람소리유 (有)

⿰風必 삐 [별] 微風산들바람별 (屑)

颮 빠 [박] 物自空墮貌ㅣㅣ공중에서뚝뚝떨어질박 (覺)

⿰風甘 깐 [함] 風聲바람소리함 (勘)

⿰風尸 ⿰風尼와同

⿰風氐 웨 [월] 風聲바람소리월 (月)

⿰風弗 뿌 [불] 疾風휙부는바람불 (物)

⿰風朮 쑤 [술] 微風솔솔부는바람술 (質)

⿰風召 챠 [초] 清風맑은바람초 (蕭)

⿰風它 이 [이] 小旋風작은회리바람이 (支)

⿰風卯 릭 [류] 風聲바람소리류 (有)

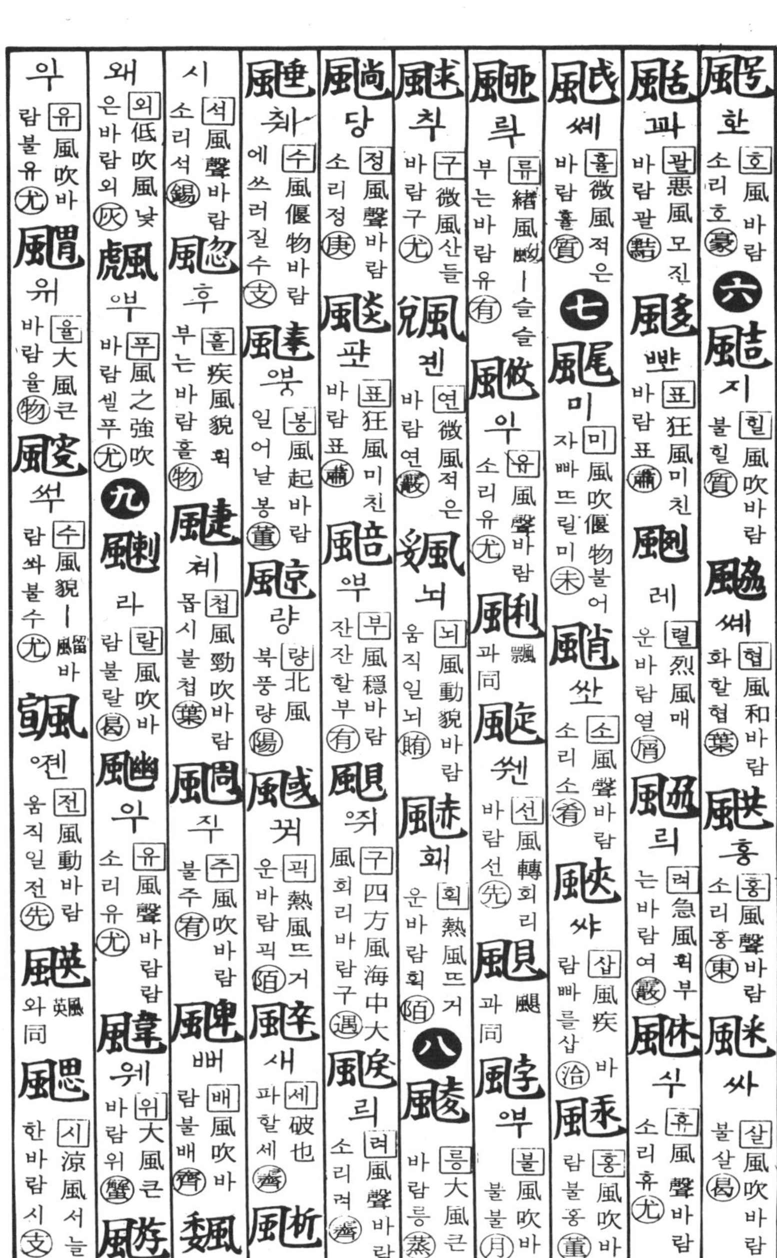

⿰風呂 호 [호] 風바람 소리호(豪)

(六)

⿰風吉 지 [힐] 風吹바람 불힐(質)

⿰風劦 쎄 [협] 風和바람 화할협(葉)

⿰風共 훙 [홍] 風聲바람 소리홍(東)

⿰風米 싸 [살] 風吹바람 불살(曷)

颳 꽈 [괄] 惡風모진 바람괄(黠)

⿰風多 뱌 [표] 狂風미친 바람표(蕭)

颲 레 [렬] 烈風매운바람열(屑)

⿰風戾 리 [려] 急風휙부는바람려(霰)

⿰風休 슈 [휴] 風聲바람 소리휴(尤)

⿰風氐 쎄 [휼] 微風적은 바람휼(質)

(七)

⿰風尾 미 [미] 風吹偃物불어자빠뜨릴미(未)

颵 쏘 [소] 風聲바람 소리소(肴)

颯 싸 [삽] 風疾바람빠를삽(洽)

⿰風忝 훙 [홍] 風吹바람 불홍(董)

⿰風亞 릒 [류] 緖風飀ㅣ슬슬부는바람유(有)

⿰風攸 우 [유] 風聲바람 소리유(尤)

⿰風利 飄과同

⿰風旋 쎈 [선] 風轉회리바람선(先)

⿰風貝 颶과同

⿰風孛 뿌 [불] 風吹바람 불불(月)

⿰風求 착 [구] 微風산들 바람구(尤)

⿰彡風 쳔 [연] 微風적은 바람연(霰)

⿰豸風 뇌 [뇌] 風動貌바람 움직일뇌(賄)

⿰風赤 휙 [획] 熱風뜨거운 바람획(陌)

(八)

⿰風夌 릉 [릉] 大風큰 바람릉(蒸)

⿰風尚 당 [정] 風聲바람 소리정(庚)

⿰風炎 퍞 [표] 狂風미친 바람표(蕭)

⿰風音 뿌 [부] 風穩바람 잔잔할부(有)

⿰風貝 쮝 [구] 四方風海中大風회리바람구(遇)

⿰風戾 리 [려] 風聲바람 소리려(霽)

⿰風垂 쵞 [수] 風偃物바람에 쓰러질수(支)

⿰風奉 뿡 [봉] 風起바람 일어날봉(董)

⿰風京 량 [량] 北風북풍량(陽)

⿰風或 귁 [괵] 熱風뜨거운 바람괵(陌)

⿰風辛 새 [세] 破也파할세(霽)

⿰風析 시 [석] 風聲바람 소리석(錫)

⿰風忽 후 [훌] 疾風貌휙부는 바람훌(物)

⿰風疌 쳐 [첩] 風勁吹바람 몹시불첩(葉)

⿰風周 즈 [주] 風吹바람 불주(宥)

⿰風卑 빼 [배] 風吹바람 불배(齊)

⿰麥風 왜 [외] 低吹風낮은 바람외(灰)

⿰虎風 뿌 [푸] 風之強吹바람 셀푸(尤)

(九)

⿰風剌 라 [랄] 風吹바람 불랄(曷)

⿰風幽 우 [유] 風聲바람 소리유(尤)

⿰風韋 웨 [위] 大風큰 바람위(微)

⿰風斿 우 [유] 風吹바람 불유(尤)

⿰風胃 위 [율] 大風큰 바람율(物)

颼 쑤 [수] 風貌ㅣ飀바람쏴불수(尤)

⿰亶風 젼 [전] 風動바람 움직일전(先)

⿰風英 ⿰英風와同

颸 시 [시] 涼風서늘한 바람시(支)

颴 유 [유]颲風회리바람유(虞)
䬅 인 [안]颲風회리바람안(軫)
颹 허 [후]風吹바람불후(尤)
颺 양 [양]風飛날릴양(漾)
䬂 예 [엽]風動바람움직일엽(葉)
颻 연 [연]微動風잔잔하게부는바람연(銑)
䬞 횡 [횡]風聲바람소리횡(敬)
颾 쏘 [소]風聲바람소리소(豪)
䬈 개 [개]疾風휘휘부는바람개(佳)
䬌 수 [수]風聲바람소리수(尤)
飍 쿵 [공]亂風어지러운바람공(講)

十

䬉 뫄 [묘]疾風吹빠른바람묘(蕭)
颿 빤 [범]馬疾步말달릴범(陷)
䬋 당 [당]風貌바람모양당(陽)
䬔 싹 [삭]風聲바람소리삭(藥)
颻 요 [요]風動風飄—날릴요(蕭)
颼 수 [수]風聲바람소리수(尤)
飃 리 [율]暴風왜풍율(質)
䬘 쏘 [호]熱風뜨거운바람호(肴)

十一

䬨 쐬 [솔]風聲바람소리솔(質)
飃 飄와同
飂 랴 [료][류]風聲—飀바람소리료(蕭) 高風——높은바람류(尤)
飁 씨 [습]颯—大風큰바람습(緝)
䫼 오 [오]風聲바람소리오(豪)
飶 삐 [필]風寒바람찰필(質)
飄 퍞 [표]旋風회리바람표(蕭)
飅 쑤 [숙]風吚바람소리칠숙(屋)
飉 랴 [료]風聲바람소리요(蕭)

十二

飅 쑤 [숙]風聲바람소리숙(屋)
飈 飆과同
䬝 덩 [정]風聲바람소리정(庚)
飀 류 [류]高風——높은바람유(尤)
飆 뱌 [표]從下而上扶搖風회리바람표(蕭)
䬟 횡 [황]暴風왜풍황(庚)
䬑 당 [당]狂風미친바람당(庚)
䫿 퉤 [퇴]暴風從上下왜풍내리불퇴(灰)

十三

飋 씨 [슬]秋風—飋쓸쓸한바람슬(質)

十四

䬞 탄 [도]大風큰바람도(豪)

十五

䬟 레 [렵]風聲바람소리엽(葉)
飀 류 [류]風行聲바람가는소리유(尤)

十六

飍 쏘 [소]涼風北風북풍소(蕭)
䬠 력 [력]風聲바람소리역(錫)
䬮 古字 風

十八

䫽 시 [섭]風吹바람불섭(葉)

食部

食 쓰 [식][사][이]殽饌飲—음식식, 以—與人飯먹일사, 人名—其사람이름이(職)(寘)

二

飡 俗字 飱
飢 이지 [기]餓也굶을기(支)
飤 위 [어]餞

也 전별할어(御)

飤 사 [사]以食食人ㅡ 밥먹일사(寘)

飣 띵 [정]貯食ㅣ餖 음식고일정(徑)

㊂

飠勺 위 [약]食節 음식존절할약(藥)

飥 톽 [탁]麪湯餺ㅣ밀수제비탁(藥)

飧 쏜 [손]餔也 夕食 저녁밥손(元)

飠乞 치 [흘]飽也 배부를흘 麩ㅣ밀수제비흘(物)

飠也 지 [지]飴也 엿지(支)

飦 饘과同

㊃

飫 위 [어]燕食饜也 먹기싫을어(御)

飲 인 [음]歠也 咽水 마실음, 予人以歠 마시게할음(寑)(沁)

飯 나 [반]飯也 밥먹을반(阮)

飠內 빤 [납]食也 먹을납(合)

養 餐과同

飪 신 [임]熟也 익힐임(寑)

飱 飧俗字

飠殳 턱 [투][설]餖也 음식괼투, 陳飲食 음식차려놓을설(宥)(屑)

飠元 웬 [원]餅也 떡원(元)

飠冗 융 [용]食也 먹을용(腫)

飠厄 飠危과同

飩 뚠 [돈]賜也 줄돈(元)

飰 飯俗字

飭 치 [칙]整備脩 갖출칙(職)

㊄

飠句 쥐 [구]午之飽 소배부를구(尤)

飠末 [말]飼馬 말먹일말(曷)

飴 이 [이][시]餳也 以米煎糀 엿이, 養也 기를시(支)(寘)

飠令 링 [령]屑餅 가루떡영(青)

飠央 양 [앙]飽也 배부를앙(養)

飠占 옌 [염]食麥 보리밥먹을염(監)

飠召 찬 [초]小食 곁두리초(嘯)

飺 츠 [자]惡食 나쁜음식자(紙)

飠乍 쥐 [조][작]相謁食麥饘 보리미음조(遇), 義同(藥)

飠本 뻔 [본]粗飯 거친밥본(阮)

飠同 징 [경]飽也 배부를경(迥)

飼 쓰 [사]以食食人 먹일사(寘)

飠付 [부]食也 먹을부(尤)

飾 씨 [식]裝也 修ㅣ꾸밀식, 整也 정제할식(職)

飠尼 니 [니]餌也 미끼니(支)

飠主 주 [주]餌也 미끼주(支)

飠氐 듸 [제]寄人而食 얻어먹을제(齊)

飠甲 [흡]餅也 떡흡(洽)

飠正 쪙 [정]餅也 떡정(庚)

夗食 위 [울]飴和豆 콩엿울(物)

飠乇 饑古字

飠厄 어 [액]飢也 굶을액(陌)

飶 삐 [필]食之香 밥냄새필(質)

飠半 [반]屑米餅 싸라기떡반(旱)

飷 쪠 [자]食無味 음식맛없을자(馬)

飽 빠 [포]食充滿 배부를포, 厭也 飫 먹기싫을포(巧)

㊅

飠艮 안 [한]飢也 주릴한(願)

養 양 [양]育也 長也 기를양, 下奉上 봉양할양(養)

⿰食羊 양 [양] 餅也 떡 양 (漾)
餅 餠 俗字
餃 ㅇ쟌 [교] 屑米麪和飴湯中牽丸 경단 교 (效)
餇 퉁 [동] 食物 음식 동 (東)
餀 애 [해] 穢臭 더러운 냄새 해 (卦)
⿰食兆 야 [요] 屑餅 가루떡 요 (蕭)
⿰食至 ㅇ지 [질] 刈禾人 벼 베는 사람 질 (質)(屑)
⿰食多 써 [사] 厭也 싫을 사 (御)
餉 썅 [상][향] 饁也 점심 향, 軍糧 군량 향 (漾)
餂 텬 [첨] 鉤取 갊아드릴 첨 (淡)
餄 ㅇ쟈 [협] 餅也 떡 협 (洽)
餁 飪과 同
餎 루 [로] 飴ㅣ 굶은 국수 노 (虞)
餌 얼 [이] 動物飼料 먹이 이, 食也 먹을 이 (紙)
餈 [자] 餻也 飯餅 인절미 자 (支)

❼

⿰食良 (랑) 羹也 국 낭 (陽)
餓 어 [아] 甚于飢 굶을 아 (箇)
餗 쑥 [속] 煮菜鼎實人珍之膳 삶은 나물 속 (屋)
⿰食免 웬 [원] 貪食 게걸스럽게 먹을 원 (元)
餘 위 [여] 殘也 나머지 여, 饒也 넉넉할 여 (魚)
⿰食肙 윈 [연] 饜飫 물릴 연 (霰)
⿰食呈 딩 [정] 餉也 먹을 정 (敬)
餑 뿌 [불] 麥餅 보리떡 불 (月)
⿰食志 이 [이] 食物 음식 이 (寘)
餔 뿌 [포] 食也 먹을 포, 申時食 저녁 곁두리 포 (虞)(遇)
⿰食迅 신 [신] 島食 검은 밥 신 (震)
⿱叟食 삭 [수] 蒸飯 찐 밥 수 (尤)
⿰食弟 띄 [제] 餅也 떡 제 (齊)
餐 쏜 [손][찬] 水澆飯 물만밥 손, 間食 간식 먹을 찬 (寒)(元)
⿰食兌 시 [세] 食也 먹을 세 (霽)
⿰食尾 메 [미] 食餘 대궁 미 (尾)
⿰食邑 이 [읍] 臭也 食 밥 쉴 읍 (緝)
餒 네 [뇌] 飢之甚 굶길 뇌, 餓也 주릴 뇌 (賄)
⿱耆食 ㅇ지 [제] 敗味 맛 변할 제 (霽)
餕 쭌 [준][산] 祭餘 제사퇴물 준, ㅣ餡 떡소 산 (震)
⿰食豆 뚜 [두] 貯食飣 굄새 두 (有)

❽

⿰食昔 주 [조] 相謁食 서로 만나서 먹을 조 (遇)
餳 싱 [당] 飴也 엿 당 (庚)
館 꽌 [관] 客舍候ㅣ 객사 관, 院也 집 관 (旱)
⿱非食 [비] 食也 먹을 비 (尾)
餜 커 [과] 餅也 떡 과, 圜餌 밀경단 과 (哿)
餞 ㅇ쟌 [전] 送行宴 전별 잔치 전 (銑)
⿰食於 위 [어] 飫也 싫을 어 (御)
餤 탄 [담] 進也 나아갈 담 (勘)
⿰食垂 췌 [추] 飢也 虛 허출할 추 (寘)
餢 쭤 [부] 起麪餅ㅣ⿰食俞 질전병 부 (有)
餝 飾과 同
⿰食念 [임][념] 飽也 배부를 임, 餅也 떡 념 (問)(元)
⿰食匋 餡과 同
⿰食尚 썅 [향] 糧也 양식 향 (漾)
饐 [열] 飯窒 밥 체할 열 (屑)

餠 빙 [병] 麪餈 가루떡 병 (梗)

餡 셴 [함] 餠中實味 떡소 함 (陷)

餟 쥐 [체][철] 祭酹酒 모사술 (屑) 체 聯祭 차례지낼 철 (霽)

餛 훈 [혼] 餛飩 ㅣ飩 경단 혼 (元)

餦 쟝 [장] 餳也ㅣ餭 신자 장 (陽)

䬪 쓰 [시] 嗜食 즐길 시 (寘)

餣 옌 [업] 餠也 떡 업 (葉)

餧 웨 [위][뇌] 飼也 먹일 위 飢也 주릴 뇌 (寘)(賄)

餚 햪 [효] 饌也 반찬 효 (肴)

䬴 링 [릉] 馬食穀多氣流汗 말땀흘릴 릉 (蒸)

餜 구 [고] 餠也 떡 고 (虞)

䭁 츠 [치] 粥也 죽 치 (支)

九

餭 황 [황] 黍餳乾飴餦 기상엿 황 (陽)

䭅 삐 [벽] 飽厭 물릴 벽 (職)

餪 놘 [난] 女嫁後三日餉食 饋 풀이끼잔치 난 (旱)

餢 뿌 [복] 食也 먹을 복 (屋)

䬎 쵀 [수] 豆屑雜糖 공 가루묻친엿 수 (紙)

䭜 융 [용] 食物 먹을 용 (腫)

䭐 감 [감] 飢也 주릴 감 (感)

餯 훼 [훼] 飲也 더러운냄새 훼 (隊)

䬯 커 [과] 以穀屑蒸造餠而塗紬粉者 고물떡 과 (歌)

䭃 우 [유] 蒸飯 찐밥 유 (有)

餐 饕과 同

𩟔 饌 本字

餫 훈 [운][혼] 野饋 들에서 먹일 운 (問) 餛也 경단 혼 (元)

餮 테 [철] 貪食貪財 탐할 철 (屑)

餬 후 [호] 糜也 미음 호 (虞)

餴 뿐 [분] 半蒸飯 선밥 분 (文)

餿 쒸 [수] 飯壞 밥물크러질 수 (尤)

餳 탕 [당][성] 飴也 엿 당 성 義同 (陽)(庚)

餱 허 [후] 乾食ㅣ糧 마른밥 후 (尤)

䬽 투 [투] 起麪餠ㅣ 밀전병 투 (有)

餲 애 [애] 飯臭 밥냄새 애 (卦)(曷)

餰 [전] 饘也 된죽 전 (先)

𩜌 [편] 餠也 떡 편 國字

十

䬭 쑤 [소] 菜食無肉 소식 소 (遇)

餺 뿌 [박] 餠屬ㅣ飥 떡 박 (藥)

䭏 취 [구] 食物爛 밥상할 구 (有)

䭖 嗜과 同

餼 씨 [희] 禀也 餼 곳집쌀 희 (未)

𩟗 다 [답] 食也 먹을 답 (合)

䭈 젠 [견] 乾餠 마른떡 견 (銑)

餽 궤 [궤] 貽也 먹일 궤 (寘)

䭔 퇴 [퇴] 蒸餠 증편떡 퇴 (灰)

䭓 시 [식] 氣息 숨쉴 식 (職)

餻 꺄오 [고] 餌餠粉餈 餻ㅣ 흰떡 고 (豪)

饁 예 [엽] 餉田食野 饁 들점심 엽 (葉)

饐 어 [온] 飽也 배부를 온 (願)

䭒 餡와 同

䭦 샤 [할] 飽厭 물릴 할 (黠)

䭛 犒와 同

⿰飠兼 렴 [렴] 正飯後小食 사잇밥렴 (淡)
⿰飠郎 라 [라] 飽厭 물릴라 (駕)
⿰飠宛 원 [원] 貪也 탐할원 (元)
⿰飠共 俗字 饌
⿰飠能 과 [과] 消食 밥내릴과 (麻)
⿰飠臿 삽 [삽] 餅也 떡삽 (洽)

餾 류 [류] 飯氣蒸流饋 ㅣ밥뜸들유 (宥)
餹 당 [당] 飴也 엿당 (陽)
⿰飠崔 뎐 [전] 好味좋은맛전 (銑)
⿰飠叟 同餕

⊕十

饅 만 [만] 餅也ㅣ頭 만두만 (寒)
⿰飠彘 져 [저] 豕食돼지밥저 (御)

饉 긴 [근] 飢也 주릴근 (震)
饈 쑤 [수] 進供 드릴수 (尤)
⿰飠啇 재 [적] 日月蝕일월식할적 (陌)
饆 삐 [필] 餅麵有餡ㅣ饠 소넣은밀떡필 (質)
⿰飠參 산 [삼] 粒也 낟알삼 (感)

⿰飠從 상 [종] 愛食饞ㅣ 게걸들릴종 (冬)
⿰飠庸 층 [송] 多食많이 먹을송 (冬)
⿱暫食 잔 [잠] 無味 瀲ㅣ 맛없을잠 (感)
⿰飠崇 층 [숭] 貪食饞ㅣ게검스러울숭 (東)
⿰飠強 [강] 硬食찬밥강 (養)

饇 워 [어] [우] 飽也배부를어, 우義同 (御)
⿰飠曹 찬 [조] 餡也 떡소조 (豪)
⿱麻食 머 [마] 哺小兒어린아이먹일마 (歌)

⊕十二

饒 샤 [요] 飽也 배부를요 (蕭)
饑 지

[기] 餓也 주릴기 (微)
⿰飠番 餾과同
⿰飠童 탕 [탕] 貪食탐하여먹을탕 (江)
⿰飠黃 황 [황] 粥也 죽황 (陽)
饙 餴과同
饍 [선] 美食 차반선 (霰)
⿱敦食 듄 [돈] 貪也 탐할돈 (元)

饊 싼 [산] 餦餭熬稻 산자산 (旱)
饌 쫜 [찬] [전] 具食 반찬, 전義同 (潸)(霰)
饐 이 [의] [애] 飯傷濕臭味變 밥쉴의, 애義 (寘)(卦)
⿱單食 단 [담] 無味 맛없을담 (感)
⿰飠掌 탕

[탱] 飽也 배부를탱 (庚)
⿰飠景 잉 [영] 飽滿 배부를영 (梗)
饎 지 [치] 酒食 술밥치 (寘)
⿰飠尞 [요] 飢之不食 요기할요 國字
饋 퀴 [궤] 餉也 먹일궤 (寘)
⿰飠登 덩 [등] 祭食 제사

밥등 (蒸)
⿰飠象 샹 [상] 晝食 점심상 (養)
⿰飠朁 잔 [참] 味小甘 달콤할참 (寢)

⊕十三

饖 애 [예] 飯之腐臭 밥상한냄새날예 (隊)
⿰飠睪 이 [역] 飯之酸敗 밥쉴역 (陌)
⿰飠蜀

이 [독] 粥也 죽독 (屋)
⿰飠雍 웅 [옹] 食之酸敗 밥쉴옹 (腫)
⿰飠熙 饎과同
⿰飠達 다 [달] 麪乾ㅣ 수제비달 (曷)
⿰飠會 홰 [홰] 食也 먹을홰 (泰)
饄 당 [당] 與食 밥줄당 (陽)

饛 녕 [농] 強食饛ㅣ억지로먹을농 江

䭇 함 [함] 食不飽 배덜찬함 感

饗 썅 [향] 大飲賓 잔치할향 養

䬲 링 [령] 飽猒於食 밥물릴령 青

䭓 렴 [렴] 無味 맛없을렴 淡

饘 잔 [전] 糜也 물거칠전 先

饔 옹 [옹] 朝ㅣ 아침밥옹 冬

饙 오 [오] 妒食 게염내어먹을오 號

䭔 궈 [과] 食也 먹을과 箇

䭑 졈 [겸] 不猒 물리않을겸 淡

饕 탄 [도] 貪財嗜食ㅣ餮 게걸스러울도 豪

十四

饜 연 [염] 飽也足也 싫을염 監 豔

䭘 차 [찰] 添食 더먹을찰 黠

𩞿 언 [은] 食欲飽ㅣ饋 배부르려할은 願

䭢 녕 [녕] 強食ㅣ饛의 지로먹을녕 庚

䭤 젼 [견] 乾菓子 마른과자견 銑

𩟁 웨 [외] 食而吐 먹고토할외 賄

𩟐 훠 [확] 味薄 싱거울확 藥

饛 멍 [몽] 器滿 밥수북히담을몽 東

饞 本字

十六

䮾 룽 [롱] 餅名ㅣ餅 떡이름롱 東

𩟧 홰 [회] 飯販 밥팔회 卦

十七

䴷 미 [미] 哺小兒 어린아이먹을미 紙

䶨 찬 [참] 貪也 탐할참 陷

饞 참 [참] 饕也 탐할참 咸

饟 餉과同

十八

䭨 [수] [세] [예] [휴] 食也 먹을수, 餟也 차례지낼세, 예 義세와同, 飴也 끼칠휴 支 霽 齊

十九

饡 잔 [찬] 以羹澆飯 국만밥찬 翰

䭲 머 [마] 哺小兒 어린아이먹일마 歌

饠 뤄 [라] 麫餅有ㅣ 饆饠 소넣은밀떡라 歌

音部

音 인 [음] 樂也 음악음 聲也 소리음 侵

三

䪫 훙 [홍] 大聲 소리크게지를홍 東

四

𩐁 자 [잡] 斷聲 외마디소리잡 合

韵 韻과同

五

䪭 뿌 [불] 樂聲乍息 풍류소리잠시그칠불 物

韷 뤄 [락] 喧也 시끄러울락 陌

䪬 뿡 [봉] 屋響 집울리는소리봉 東

韶 쏘 [소] ㅣ華ㅣ光 美也 아름다울소 蕭

六

䪦 홍 [홍] 大聲 큰소리홍 東

䪨 박 [박] 手足之指節鳴 손발마디울박 覺

七

䪯 뿌 [불] 撫聲 만지는소리불 月

䪮 팡 [방] 鼓聲 북소리방 江

韸 봉 [봉] 聲鼓ㅣㅣ 북소리봉 東

[音含] 안 [암] 細聲가는 소리암(覃)

[音巠] 징 [경] 顓頊樂名六 풍류이름경(庚)

(八)

[音念] 녜 [념] 聲止也소리그칠념(葉)

(九)

韺 잉 [영] 帝嚳樂名五ㅣ 풍류소리이름영(庚)

韹 형 [횡][앵] 樂聲풍류소리횡, 銅器聲놋그릇소리앵(陽)(庚)

(十)

[音貢] 둥 [동] 鐘聲종소리동(送)

[熒音] 잉 [영] 小聲작은소리영(庚)

[音芻] 쥐 [추] 衆聲之喧떠들추(有)

韻 원 [운] 風度ㅣ致 운치운(問)

(十一)

韾 인 [음] 和也 화할음(侵)

韽 안 [암] 聲微不越揚 소리까부러질암(覃)

(十三)

[音業] 예 [업] 樂也 풍류업(葉)

[音贛] 궁 [공] 賜也 줄공(漾)

響 쌍 [향] 應聲소리마주칠향(漾)

[音意] 이 [의] 痛聲앓는 소리의(微)

[音蜀] 튀 [탁] 聾者귀머거리탁(覺)

(十四)

[音蒦] 후 [호] 湯樂大ㅣ은왕성탕의풍류호(遇)

(十五)

[音廣] 광 [광] 聲也 소리광(漾)

(十六)

[音霝] 링 [령] 聲也 소리령(靑)

首部

首 쑤 [수] 頭也 머리수(有)

[巛首] 首本字

(二)

[丁首] 頂과同

馗 켜 [규][구] 九達道아홉거리규 䭱也규이름구(支)(尤)

(五)

[首犮] 髮과同

(六)

[首亥] 해 [해] 首也 머리해(灰)

(七)

[首旨] 계 [계] 下首조아릴계(齊)

(八)

馘 꿔 [괵] 軍戰斷首목벨괵(陌)

(九)

[首頁] 쑤 [수] 初産兒첫아이수(有)

(十)

[髟首] 부 [불] 婦人首飾額前飾 인의머리치장불(物)

(十一)

[首國] 馘 俗字

香部

香 쌍 [향] 氣芬芳 향내향(陽)

(四)

[香今] 삐 [별][합] 香發향기날별, 합 義同(屑)(覃)

[香分] 馩同

(五)

[疒香] 쌍 [향] 氣疾기운병향(陽)

[香尼] [니] 香也향기날니(紙)

馛 빠 [발] 香也향기날발(曷)

馝 삐 [필] 馨香향내날필(質)

(七)

馞 퍼 [발] 大香馝ㅣ크게향기로울발(月)

[香余] 두 [도] 香也향기날도(虞)

馠 한 [함] 香也향기날함(覃)

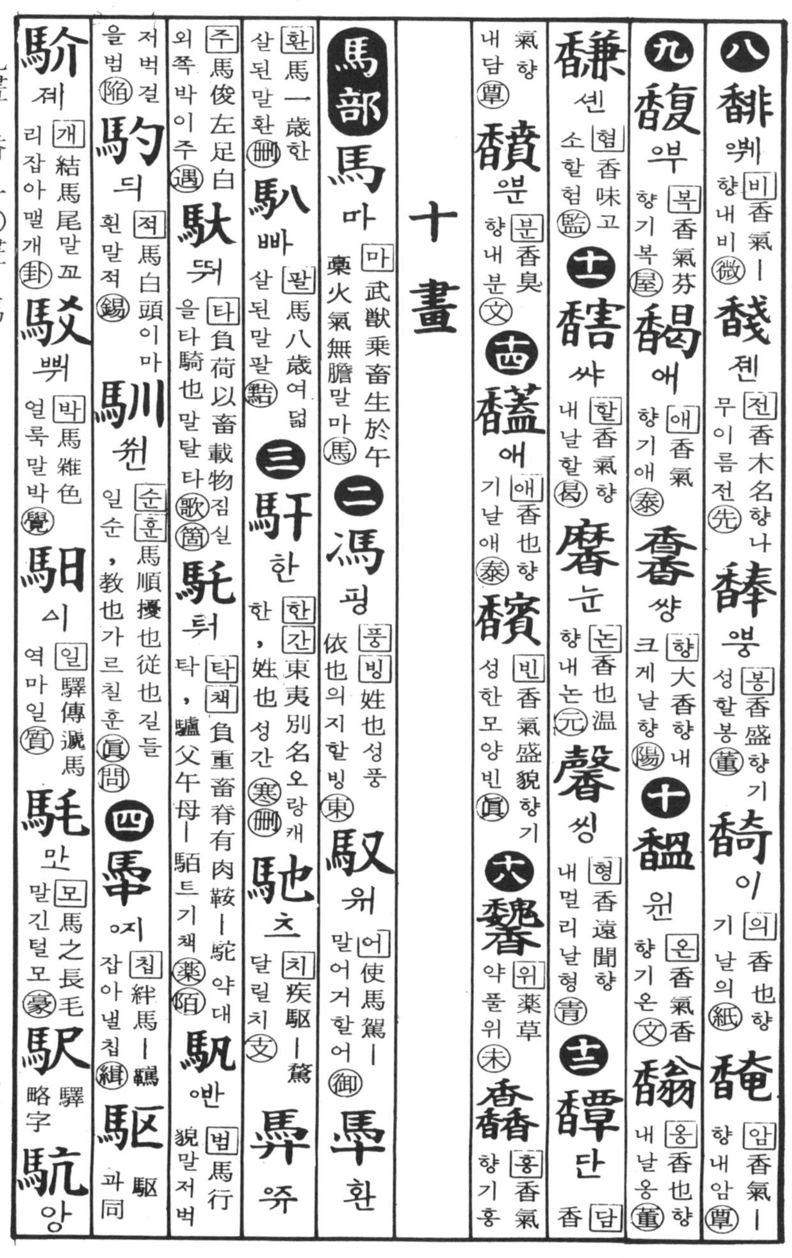

八 馡 뷔 비 香氣ㅣ 향내비 (微)

馢 젼 전 香木名 향나무이름전 (先)

[⿰香奉] 뽕 봉 香盛 향기성할봉 (董)

[⿰香奇] 이 의 香也 향기날의 (紙)

馣 암 암 香氣ㅣ 향내암 (覃)

九 馥 뿌 복 香氣芬 향기복 (屋)

馤 애 애 香氣 향기애 (泰)

[⿱香香] 쌍 향 大香 향내크게날향 (陽)

十 馧 원 온 香氣香 향기온 (文)

[⿰香翁] 옹 香也 향내날옹 (董)

馦 셴 협 香味고소할혐 (監)

十一 [⿰香害] 싸 할 香氣향내날할 (曷)

[⿱广香] 눈 논 香也溫 향내논 (元)

馨 씽 형 香遠聞향내멀리날형 (靑)

十二 [⿰香覃] 단 담 香氣향내담 (覃)

馩 뿐 분 香臭 향내분 (文)

十四 [⿰香蓋] 애 애 香也향기날애 (泰)

馪 빈 香氣盛貌 향기성한모양빈 (眞)

十八 [⿱魏香] 위 藥草 약풀위 (未)

馫 홍 香氣 향기홍

十畫

馬部

馬 마 마 武獸乘畜生於午稟火氣無膽 말마 (馬)

二 馮 핑 풍 빙 姓也성풍 依也의지할빙 (東)

馭 위 어 使馬駕ㅣ 말어거할어 (御)

[⿱馬十] 환 환 馬一歲한살된말환 (刪)

[⿰馬八] 빠 팔 馬八歲여덟살된말팔 (黠)

三 馯 한 한 간 東夷別名오랑캐 한, 姓也성간 (寒)(刪)

馳 츠 치 疾驅ㅣ騖 달릴치 (支)

馵 쓔 주 馬俊左足白 외쪽박이주 (遇)

馱 뚸 타 負荷以畜載物짐실을타 騎也말탈타 (歌)(箇)

[⿰馬乇] 퇴 탁 책 負重畜脊有肉鞍ㅣ駝 약대탁, 驢父午母ㅣ駞트기책 (藥)(陌)

[⿰馬凡] 빤 범 馬行貌말저벅저벅걸을범 (陷)

馰 듸 적 馬白頭이마흰말적 (錫)

馴 쓘 순 훈 馬順擾也從也길들일순, 敎也가르칠훈 (眞)(問)

四 馽 찌 칩 絆馬ㅣ[⿰革馬] 잡아낼칩 (緝)

駆 驅과同

[⿰馬介] 쟤 개 結馬尾말꼬리잡아맬개 (卦)

駁 뽜 박 馬雜色얼룩말박 (覺)

馹 시 일 驛傳遞馬역마일 (質)

[⿰馬毛] 만 모 馬之長毛말긴털모 (豪)

駅 驛略字

[⿰馬亢] 앙

항 馬頭高 말머리높을항 (養)

駂 보 보 驪馬烏驄 오총이말보 (皓)

馺 싸 삽 馬行疾ㅣ騀 말빨리걸을삽 (合)

馿 驢 와同

⿰馬父 뿌 부 牡馬 수말부 (麌)

駄 駄 譌字

⿰馬卬 앙 앙 千里駒 천리마앙 (陽)

⿰馬市 폐 패 馬勇貌 말날랠패 (泰)

⿰馬允 윈 윤 馬毛逆 말털거스릴윤 (軫)

駃 쾌 쾌 결 疾也 빠를쾌, 馬父驘子ㅣ騠 버새결 (卦)(屑)

駀 딴 점 馬睡貌 말이졸점 (勘)

五

駔 창 장 조 壯也駿馬 좋은말장 會買賣買ㅣ儈 거간조 (養)(皓)

駟 쓰 사 房四星天ㅣ 별이름사 (寘)

駛 쓰 사 馬行疾 말빨리걸을사 (寘)

駝 퉈 타 封午駱 약대타 (歌)

⿰馬失 이 일 疾走 빨리달아날일 (質)

駏 ᅌ쥐 거 馬名似騾 驉트기거 (語)

駗 진 진 馬載重難行ㅣ驙 말짐무거워걷지못할진 (軫)

⿰馬瓜 騧 과同

⿰馬半 빤 반 馬行 말걸을반 (翰)

駈 驅 과同

駞 駝 와同

駜 삐 필 馬飽而肥 살찐말필 (質)

駒 꾸 구 二歲馬 망아지구 (虞)

駚 앙 앙 野馬 들말앙 (養)

駓 피 비 馬黃白雜色 황부루말비 (支)

⿰馬玄 현 현 馬一歲 망아지현 (先)

駊 퍼 파 馬搖頭ㅣ騀 말머리내두를파 (哿)

駕 갸 가 馬在軛中 멍에가 (禡)

⿰馬幼 요 요 馬驂따르는말요 (篠)

駘 태 태 駑馬 노둔할태 (灰)

駙 뿌 부 副馬 곁말부 (遇)

駐 쮸 주 馬止 말머무를주 (遇)

駑 누 노 最下乘ㅣ駘 노둔한말노 (虞)

駉 ᅌ징 경 馬肥壯貌ㅣㅣ 말살찐모양경 (青)

六

駡 罵字

⿰馬臾 유 유 疾也 빠를유 (虞)

駬 얼 이 馬名騄ㅣ 준마이 (紙)

⿰馬百 머 맥 驢午交生駝ㅣ 소트기맥 (陌)

駤 ᅀ지 치 馬蹢躅不前 말뒷걸음칠치 (寘)

駮 박 박 似馬能食虎豹 박짐승박 (覺)

⿰馬舟 쥬 주 蓄地大馬 큰말주 (尤)

駯 주 주 口黑馬 입검은말주 (尤)

⿰馬取 취 구 馬後足皆白 뒷발흰말구 (虞)

駱 럭 락 ㅣ駝 약대낙 (藥)

駧

駪 씬 신 馬衆多ㅣㅣ 말우물우물할신 (眞)

⿱列馬 레 렬 列馳 나란히달아날렬 (屑)

駛 시 시 疾也 빠를시 (寘)

駭 쎼 해 驚起 놀라일어날해 (蟹)

⿰馬幷 駢 과同

駧

등 [동]馳馬 말달릴동(送)

駣 툐 [조]馬三歲始乘習세살된새로길들인말조(篠)

駰 인 [인]泥驄馬鉀白 雜毛은총이인(眞)

駥 숭 [융]馬高八尺有絶力者크고세찬말융(東)

駩 찬 [전]白馬黑脣입술검은흰말전(先)

七

駿 쥰 [준][순]馬之美稱준마준 疾速빠를순(震)

騁 청 [빙]直馳走也달릴빙(梗)

騀 어 [아]馬搖頭頭駊ㅣ말머리내두를아(哿)

駵 [류]走馬黑鬣갈기검은붉은말류(尤)

騃 애 [애]癡也無知貌어리석을애(蟹)

駼 투 [도]良馬騊ㅣ말이름도(虞)

駹 망 [방]青馬面顙皆白찬간자방(江)

䮫 뿌 [보]習馬步ㅣ馬말걸음의힐보(遇)

駻 한 [한]悪馬ㅣ突사나운말한(翰)

駾 퉈 [대][태]奔突넙뛸대, 馬行疾말빨리걸을태(隊)(泰)

駽 쉔 [현]青驪馬鐵驄철총마현(先)(霰)

騻 쑹 [송]馬搖銜走말이재갈채처달릴송(腫)

駸 친 [침]驟貌ㅣㅣ말몰아달릴침(侵)

駴 [해]雷鼓震擊북쾅쾅울릴해(蟹)

騂 씽 [성]赤色牲붉은소성(庚)

八

騎 치 [기]跨馬말탈기(支)

騣 톄 [철]白額馬별박이철(屑)

騋 래 [래]馬高七尺ㅣ牝키큰말래(灰)

䮚 렁 [릉]馬病말병릉(徑)

験 驗略字

䮘 이 [예]小馬작은말예(霽)

䯀 노 [노]良馬좋은말노(晧)

䮌 타 [답]馬行疾貌駊ㅣ말빨리걸을답(合)

騍 커 [과]牝馬암말과(箇)

䮗 뿌 [부]盛也성할부(有)

騊 됴 [도]良馬ㅣ駼좋은말도(豪)

騉 쿤 [곤]馬名ㅣ蹄말이름곤(元)

騄 루 [록]八駿之一騄준마록(沃)

騇 셔 [사]牝馬암말사(禡)

騘 驄俗字

騏 치 [기]青黑馬日行千里천리마기(支)

騌 騣俗字

駢 뼨 [변][병]二馬竝駕두말한멍에멜변, 齊邑名고을이름병(先)(青)

騐 驗俗字

䮧 장 [강]馬行步말걸음걸을강(江)

騅 [추]蒼白雜色馬푸르고흰얼룩말추(支)

騑 ᄫᅵ [비]驂馬곁말비(微)

九

騘 驄과同

䮬 삐 [필]神馬ㅣ騙돗총이말필(質)

騠 티 [제]良馬駃ㅣ말닫는말제(齊)

騜 황 [황]馬黃白相間色누르고흰말황(陽)

䮠 딩 [쟁] 馬住貌 말 우뚝설 쟁 (庚)

騖 우 [무] 奔也 달릴 무 (遇)

騣 쭝 [종] 馬鬣 말갈기 종 (東)

騥 [유] 靑驪繁鬣 갈기숱하고 푸른말 유 (尤)

䮞 츈 [준] 馬雜文 얼룩말 준 (軫)

驔 탄 [탐] 馬步向前 말걸음댑뜰 탐 (勘)

騝 연 [건] 騮馬黃脊 등마루 누르고 검은 말 건 (先)

騕 요 [요] 駿馬 ─ 日行千里 천리마 요 (篠)

騟 유 [유] 紫色馬 검붉은 말 유 (尤)

騧 꽈 [왜][과] 黃馬黑喙 ─ 驪주둥이 검고 푸른말 왜, 과 義同 (佳)(麻)

騢 싸 [하] 駁馬 얼룩말 하 (麻)

騙 편 [편] 躍上馬 말뛰어오를 편 (霰)

䮍 顒 과同

騛 뻬 [비] 馬逸走 말뛸 비 (微)

䮧 쎈 [한] 馬步習 말걸음익힐 한 (刪)

騤 퀘 [규] 馬壯健 ─ 말건장할 규 (支)

䮘 똰 [단] 遲行馬 더디게걷는말 단 (翰)

䮷 훽 [획] 行不止 쉬지않고갈 획 (陌)

騗 편

[편] 欺也 騗 속일 편 (霰)

十

騯 펑 [팽] 馬行盛貌 ── 말떼지어갈 팽 (庚)

騷 쏘 [소] 愁 근심스러울 소 (豪)

騩 퀘 [괴][귀] 馬淺黑色 재빛말 괴, 山名 산이름 귀 (寘)(微)

䮎 驜 과同

騸 싼 [선] 割去畜勢 ─ 馬 불알깐말 선 (霰)

驕 쟈 [교] 體高六尺馬 높이 여섯자되는 말 교 (蕭)

騰 텅 [등] 升也 오를 등 (蒸)

䮨 [재] 雜毛驄馬 얼룩말 재 (賄)

䮩 驥 과同

騵 웬 [원] 騮馬白腹 배희고 갈기검은 붉은말 원 (元)

騹 뎬 [전] 馬額白載星 별박이 전 (先)

䮲 운 [온] 駿馬 좋은말 온 (元)

䮬 타 [탑] 馬行不進 驖 말막설 탑 (合)

騱 씨

[혜] 野馬也 들말 혜 (齊)

騶 쪽 [추] 廐御 ─ 徒 마부 추 (尤)

騫 쳔 [건] 虧也 이지러질 건 (先)

驏 잔 [전] 馬轉卧土浴 말땅에구를 전 (霰)

䮣 청 [승] 去勢馬 불친말 승 (蒸)

騪

[수] 大馬 큰말 수 (尤)

騭 즐 [즐] 成也 이룰 즐 (質)

騮 駵 과同

騲 찬 [초] 牝畜通稱 암컷 초 (皓)

騬 청 [승] 犗馬 불알친말 승 (蒸)

騴 앤 [안] 馬尾本白 꼬리밑동흰말 안 (諫)

十一

驃 퍞 [표] 驍勇 ─ 騎 날쌜 표 (嘯)

䮰 쟤 [적] 牡午交驢而生 ─ 騠 트기 적 (陌)

䮇 워 [어] 環眼馬 고리눈말 어 (魚)

騾 라 [라] 騎畜驢馬交生 노새 라 (歌)

䮤 츙 [용] 䮤 馬둔

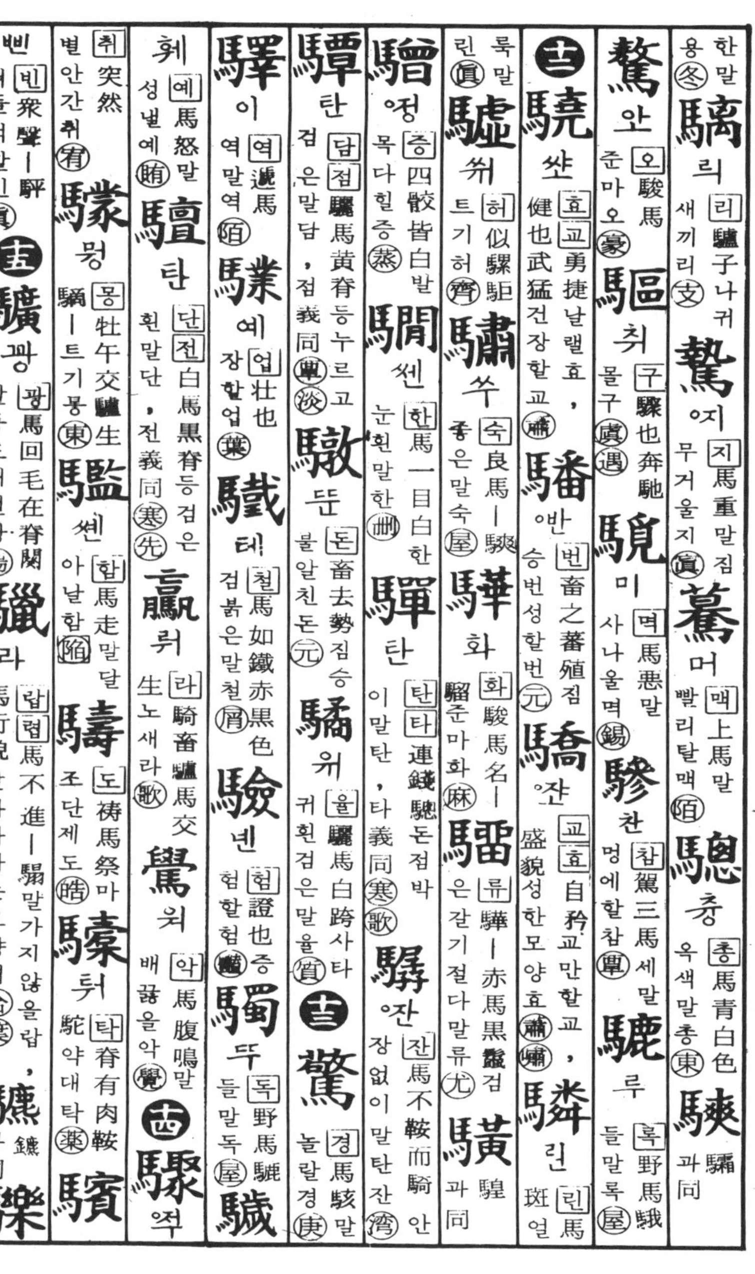

한말용(冬)

䮽 리 [리] 驢子나귀새끼리(支)

驇 지 [지] 馬重말짐무거울지(眞)

驀 머 [맥] 上馬말빨리탈맥(陌)

驄 총 [총] 馬青白色옥색말총(東)

騻 驦과同

驁 오 [오] 駿馬준마오(豪)

驅 취 [구] 驟也奔馳몰구(虞)(遇)

[illegible] 미 [멱] 馬悪말사나울멱(錫)

驂 찬 [참] 駕三馬세말멍에할참(覃)

騼 루 [록] 野馬[illegible]들말록(屋)

十二

驍 쌰 [효][교] 勇捷날랠효, 健也武猛건장할교(蕭)

[illegible] 빤 [번] 畜之蕃殖짐승번성할번(元)

驕 쟌 [교][효] 自矜교만할교, 盛貌성한모양효(蕭)(嘯)

驎 린 [린] 馬斑얼룩말린(眞)

驉 쒸 [허] 似騾駏트기허(齊)

驌 쑤 [숙] 良馬一騻좋은말숙(屋)

驊 화 [화] 駿馬名一騮준마화(麻)

驑 [류] 驊一赤馬黑鬣검은갈기절다말류(尤)

[illegible] 騜과同

驓 엉 [증] 四骹皆白발목다힐증(蒸)

[illegible] 쏀 [한] 馬一目白한눈흰말한(刪)

驒 탄 [탄][타] 連錢驄돈점박이말탄, 타義同(寒)(歌)

驏 잔 [잔] 馬不鞍而騎안장없이말탄잔(潸)

驔 탄 [담][점] 驔馬黃脊등누르고검은말담, 점義同(覃)(淡)

驐 둔 [돈] 畜去勢짐승불알친돈(元)

驈 위 [율] 驪馬白跨사타귀흰검은말율(質)

十三

驚 [경] 馬駭말놀랄경(庚)

驛 이 [역] 遞馬역말역(陌)

驜 예 [업] 壯也장할업(葉)

驖 테 [철] 馬如鐵赤黑色검붉은말철(屑)

驗 넘 [험] 證也증험할험(豔)

[illegible] 뚜 [독] 野馬騼들말독(屋)

[illegible] 훼 [예] 馬怒말성낼예(賄)

驙 탄 [단][전] 白馬黑脊등검은흰말단, 전義同(寒)(先)

驘 뤄 [라] 騎畜驢馬交生노새라(歌)

[illegible] 웍 [악] 馬腹鳴말배꿇을악(覺)

十四

驟 쭈 [취] 突然별안간취(有)

[illegible] 뭉 [몽] 牡午交驢生騚一트기몽(東)

[illegible] 쏀 [함] 馬走말달아날함(陷)

[illegible] [도] 祷馬祭마조단제도(皓)

驝 퉈 [탁] 脊有肉鞍駝약대탁(藥)

驞 삔 [빈] 衆驞一駍떠들석할빈(眞)

十五

[illegible] 꽝 [광] 馬回毛在脊閼말등도래털광(陽)

[illegible] 라 [랍][렵] 馬不進一騔말가지않을랍, 馬行貌말나아가는모양렵(合)(葉)

[illegible] 鑣과同

[illegible]

려 [려]馬色 말빛려(錫)

驓 씽 [경]馬求留不得而怒 말뽈샘낼경(敬)

十六

驢 릐 [로]似馬長耳以午反五更初而鳴 나귀로(魚)

驠 옌 [연]馬白尻꽁무니흰말연(霰)

驡 룽 [봉][룡]龐(广部十六畫)과 同, 重騎중기룡(東)(宋)

驣 덩 [등]馬躍 말뛸등(蒸)

十七

驤 샹 [양]馬低昻騰躍 말뛸양(陽)

驦 쐉 [상]良馬驌ㅣ 좋은말상(陽)

⿰馬竄 촨 [찬]馬 잰말찬(刪)

驧 쮜 [국]馬曲脊등굽은말국(屋)

十八

驩 환 [환]歡也기뻐할환 馬名말이름환(寒)

驫 녜 [섭]馬疾貌 말달릴섭(葉)

驨 씨 [휴]騏驥천리마휴(齊)

十九

驪 릐 [리][려]純黑色馬八駿一盜ㅣ 가라말리, 려義同(支)(齊)

二十

驫 뱦 [표]衆馬走貌말여러필달아날표(尤)

⿰馬騁 騁古字

骨部

骨 꾸 [골]肉之覈뼈골 事物之ㅣ子 살골(月)

二

骩 骫俗字

⿰骨丁 딍 [정]腨骨종아리뼈정(青)

⿰骨力 꾸 [골]用力 힘쓸골(月)

三

骫 웨 [위]骨屈曲ㅣ骳뼈 고불탕고불탕할위(寘)

尳 화 [활]治骨聲뼈 긁는소리활(黠)

⿰骨乞 꺼 [억]胷骨가 슴뼈억(職)

骭 깐 [한]脛骨정 강이뼈한(諫)

骬 위 [우]缺盆骨髃ㅣ가리우(虞)

⿰骨亏 骬과同

骪 骫와同

⿰骨刃 신 [인]喉中軟骨嗓ㅣ목 구멍에연한뼈인(震)

四

⿰骨欠 야 [알]咽中息不利 숨쉬기거북할일(黠)

骰 투 [투]博陸采具ㅣ子 博齒주사위투(尤)

⿰骨反 빤 [반]臂骨節 팔마디반(阮)

骱 졔 [갈]小骨작은 뼈갈(黠)

骯 캉 [항]亢直ㅣ髒 꼿꼿할항(泰)

⿰骨及 사 [삽]摇頭머리 흔들삽(合)

⿰骨支 跂과同

五

骲 빠 [박]骨鏃箭不翦羽뼈살촉박(覺)

骳 삐 [피]骨屈曲骫ㅣ뼈 구불룽구불룽할피(寘)

⿰骨它 투 [과]手足之曲病손발 굽으러지는병과(麻)

⿰骨失 뎨 [질]骨差뼈 틩길질(屑)

⿰骨尻 캎 [고]尻骨꽁무니 뼈고(豪)

骶 듸 [저]臀也꽁무 니끝저(齊)

⿰骨令 링 [령]長骨 긴뼈령(青)

⿰骨号 얖 [요]肩骨어 깨뼈요(篠)

骴 으즈 [자]朽骨썩 은뼈자(寘)

骷 쿠 [고]髏也頭蓋 骨해골고(虞)

䯌 쿠 [골] 月所生月ㅣ 달나오는곳골 (月)

六

骼 꺼 [격] 枯骨마른뼈격 (陌)

骺 후 [후] 骨端骺 뼈끝후 (有)

骹 쟈 [교] 脛骨近足細處 발회목뼈교 (效)

骨舌 콰 [괄] 骨端 뼈끝괄 (曷)

骻 콰 [과] 腰骨股間 방둥이뼈과 (禡)

骨行 씽 [행] 午脊後骨소 등마루뒤뼈행 (庚)

骸 ᄊᆡ [해] 骨也百ㅣ 뼈해 (佳)

七

骨孝 쌴 [효] 鳴鏑우 는살촉효 (肴)

骨夾 쌰 [협] 顴骨광 대뼈협 (葉)

骨廷 팅 [정] 大腿骨넙적다리뼈정 (青)

骨系 鯀과同

骨良 랑 [랑] 膝骨무릎뼈랑 (陽)

骨育 야 [요] 肩骨어깨뼈요 (篠)

骨甫 [부] 膝骨무릎뼈부 ([illegible])

骨坒 삐 [폐] 股也넙적다리폐 (薺)

骾 경 [경] 魚骨물고기뼈경 (梗)

骨巠 징 [경] 骨也뼈경 (青)

骽 腿과同

骨完 환 [환] 燒骨和漆而髹 골회칠할환 (翰)

八

骨奇 치 [기] 小骨잔뼈기 (紙)

髁 콰 [화][과] 不正貌諣ㅣ비뚤화, 膝骨무릎뼈과 (禡)(馬)

骨叕 티 [철] 続骨뼈이름철 (屑)

骨卒 쑤 [졸] 小骨잔뼈졸 (月)

骨易 [적] 骨間黃汁뼈사이누를집적 (錫)

骿 뼌 [변] 骿脇肋骨連合爲ㅣ 통갈비변 (先)

骨非 삐 [비] 腓骨장딴지뼈비 (微)

骨兒 이 [의] 骨細뼈가늘의 (支)

骨垂 쒸 [수] 漆器先以屑垸之칠하기전에틈메울수 (眞)

骨空 챵 [강] 尻骨䯬ㅣ 꽁무니뼈강 (江)

骨宛 완 [원] 膝ㅣ무릎뼈원 (翰)

髀 삐 [비][폐] 股骨넙적다리뼈비, 髀也볼기짝폐 (紙)

九

骨曷 허 [갈] 缺盆骨ㅣ骬 동정뼈갈 (曷)

骨重 죵 [종] 脚腫다리부을종 (腫)

骨度 두 [도] 頭骨머리뼈도 ([illegible])

髃 腢와同

骨客 커 [가][격] 腰骨허리뼈가 (禡)

十

髆 ᄲᅥᆨ [박] 肩甲어깨죽지박 (藥)

髇 嚆과同

骨害 해 [해] 細骨가는뼈해 (泰)

髈 膀과同

骨追 뒤 [퇴] 項後骨목뒤뼈퇴 (支)

骨兼 젼 [겸] 瘦骨몸마를겸 ([illegible])

髊 [자] 腐骨삭은뼈자 (歌)

十一

骨逢 [봉] 胸前骨가슴뼈혼솔봉 (宋)

髎 랴 [료] 髖也엉덩이뼈료 (蕭)

髍 머 [마] 身支半枯몸한편마를마 (歌)(禡)

髏 러 [루] 首骨髑髏해골루 (尤)

骨敖 와 [오] 蟹大脚게엄지발오 (豪)

十二

髐 쌴 [효] 白

骨貌ㅣ然 해골효(肴)
[骨童] 챵 [당]尻骨ㅣ[骨空] 꽁무니뼈당(江)
[厥骨] 궐 [궐]臀骨 볼기뼈궐(月)
[骨業] 박 [박]骨箭 뼈로만든화살박(覺)
十三 體 티 [체]身也 몸체 四ㅣ 사지체(齊)

髑 뚜 [촉]頂骨ㅣ髏 해골촉(屋)
髓 쉬 [수]骨中脂 뼈속기름수(紙)
[骨零] 링 [령]細骨 가는뼈령(靑)
髒 장 [장]婞直貌 骯ㅣ 꼬장꼬장할장(養)
十四 [骨差] 髓本字

[骨蒦] 확 [확]骨鳴 뼈울확(藥)
髕 臏과同
十五 髖 관 [관]髀上兩股間 엉덩이뼈관(寒)
十六 [骨歷] 리 [력]骨病 뼈병력(錫)
十八 [骨雚] 촨 [권]頰骨 광대뼈권(先)

高部

高 까 [고]崇也 높을고 尙고상할고(豪)
一 髙 高俗字
二 [高] 칭 [경]瓜屋 원두막경(梗)
三 [亯子] 墉古字
四 [高毛] 마 [모]強毛 뻔뻔한 털모(號)
五 [高尻] 꾸 [고]明也 밝을고(豪)
九 [高頁] 갼 [고]大頭 큰머리고(皓)
十 [巢高] 산 [초]足高 발높을초(肴)
十三 [高喿] 잔 [조]高也 높을조(號)
十八 [高單] 타 [타]廣也 넓을타(駕)
十二 [㗊高] 쌰 [효]喧也 떠들효(蕭)

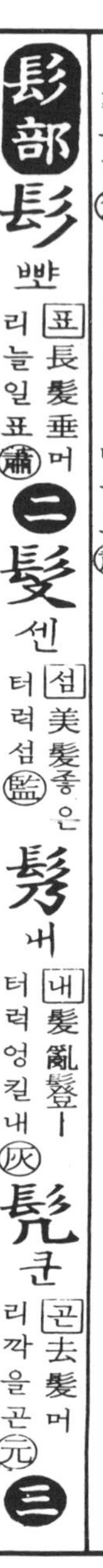

髟部

髟 뺘 [표]長髮垂 머리늘일표(蕭)
二 [髟乂] 셴 [섬]美髮 좋은터럭섬(監)
[髟乃] 내 [내]髮亂 鬖ㅣ 터럭엉클내(灰)
髠 쿤 [곤]去髮 머리깎을곤(元)
三 髢 티 [체]髲也 益髮 땋은머리체(霽)
[髟己] 지 [기]男子陰ㅣ 髟자지기中字
髡 곤 [곤]去髮 머리깎을곤(元)
四 髣 방 [방]相似ㅣ髴 비슷할방(養)
[髟桼] 髤과同
[髟冉] 산 [염]在頤曰鬚在頰曰ㅣ 구레나룻염(監)
髧 탄 [담]髮垂貌 다팔머리담(感)
[髟巴] 바 [파]髻貌 상투짠모양파(禡)
髦 모 [모]童子髻 다팔머리모(豪)
[髟丏] 鬢俗字
[髟未] 쥐 [비]被髮走 머리풀고달아날비(支)
[髟壯] 장 [장]髻也 상투장(陽)
[髟介] 개 [개]簪髻 쪽질개(卦)
五 [髟冒] 만 [만]小女首飾 젊은계집머리치장할만(刪)
[髟冉廾] 髯俗字
[髟付]

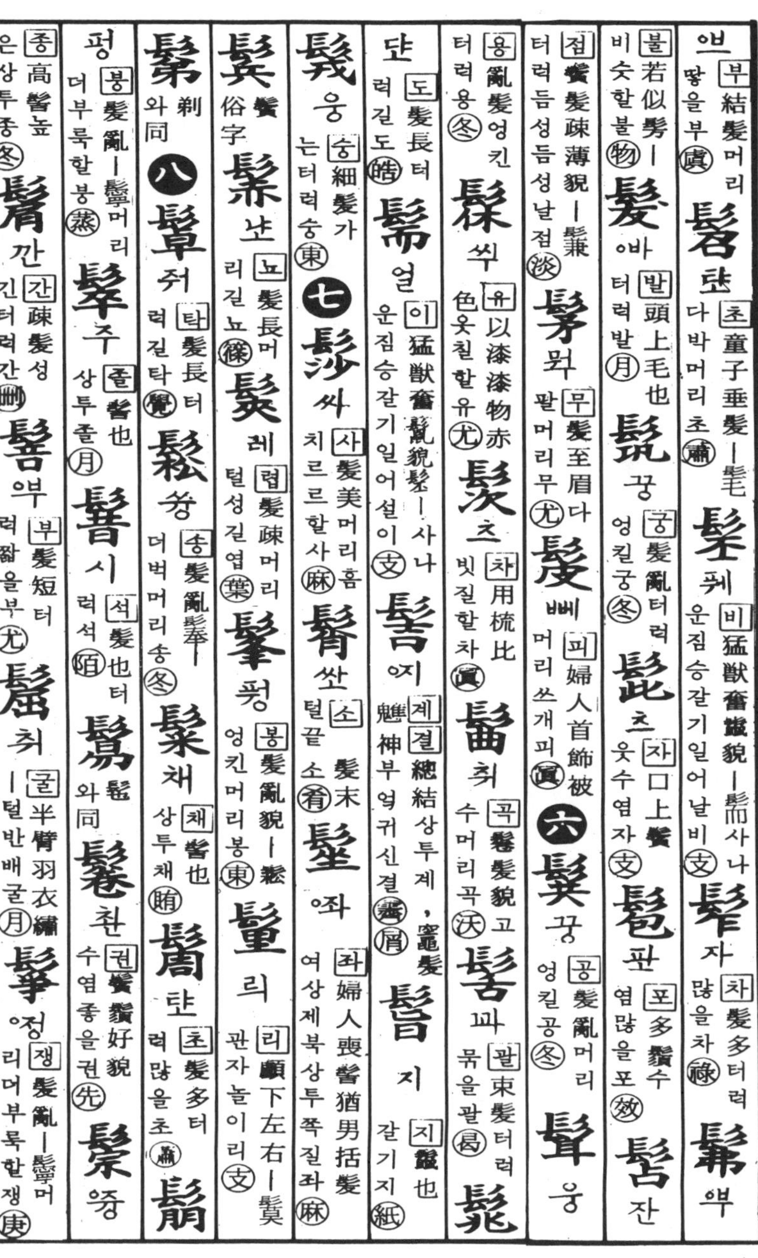

부 [부]結髮머리땋을부 虞
髫 툐 [초]童子垂髮—髫毛다박머리초 蕭
髬 피 [비]猛獸奮鬣貌—髬而사나운짐승갈기일어날비 支
⿱髟乍 자 [차]髮多터럭많을차 禡
髴 불 [불]若似髣—비슷할불 物
髮 발 [발]頭上毛也터럭발 月
⿱髟光 궁 [궁]髮亂터럭엉킬궁 冬
髭 츠 [자]口上鬚웃수염자 支
髱 퐌 [포]多鬚수염많을포 效
⿱髟占 잔 [점]鬑髮疎薄貌—鬑터럭듬성듬성날점 淡
髳 뫃 [무]髮至眉다팔머리무 尤
髲 쁴 [피]婦人首飾被머리쓰개피 寘

(六)

髸 궁 [공]髮亂머리엉킬공 冬
髶 웅 [용]亂髮엉킨터럭용 冬
髹 쓔 [유]以漆漆物赤色옷칠할유 尤
⿱髟次 츠 [차]用梳比빗질할차 寘
髷 취 [곡]鬈髮貌고수머리곡 沃
髺 꽈 [괄]束髮터럭묶을괄 曷
⿱髟兆 됴 [도]髮長터럭길도 皓
髵 열 [이]猛獸奮鬣亂貌髬—사나운짐승갈기일어설이 支
髻 계 [계][결]總結상투계, 竈髮魋神부엌귀신결 霽 屑
⿱髟旨 지 [지]鬣也갈기지 紙
⿱髟戎 웅 [숭]細髮가는터럭숭 東

(七)

髿 싸 [사]髮美머리흠치르르할사 麻
髾 쌒 [소]髮末털끝소 肴
髽 좌 [좌]婦人喪髻猶男括髮여상제북상투쪽질좌 麻
鬂 鬢俗字
⿱髟系 냐 [뇨]髮長머리길뇨 篠
⿱髟夾 레 [렵]髮疎머리털성길렵 葉
鬔 뽕 [봉]髮亂貌—鬆엉킨머리봉 東
⿱髟里 리 [리]顱下左右—鬢관자놀이리 支
鬀 剃와同

(八)

⿱髟卓 쥐 [탁]髮長터럭길탁 覺
鬆 쑹 [송]髮亂鬔—더벅머리송 冬
⿱髟采 채 [채]髻也상투채 賄
⿱髟周 됴 [초]髮多터럭많을초 蕭
鬅 평 [붕]髮亂—鬡머리더부룩할붕 蒸
⿱髟卒 주 [줄]髻也상투줄 月
⿱髟昔 시 [석]髮也터럭석 陌
鬄 鬀와同
鬈 퀀 [권]鬈鬢好貌수염좋을권 先
鬃 쫑 [종]高髻높은상투종 冬
鬜 깐 [간]疎髮성긴터럭간 刪
⿱髟咅 부 [부]髮短터럭짧을부 尤
⿱髟屈 취 [굴]半臂羽衣繡—털반배굴 月
鬇 졍 [쟁]髮亂—鬡머리더부룩할쟁 庚

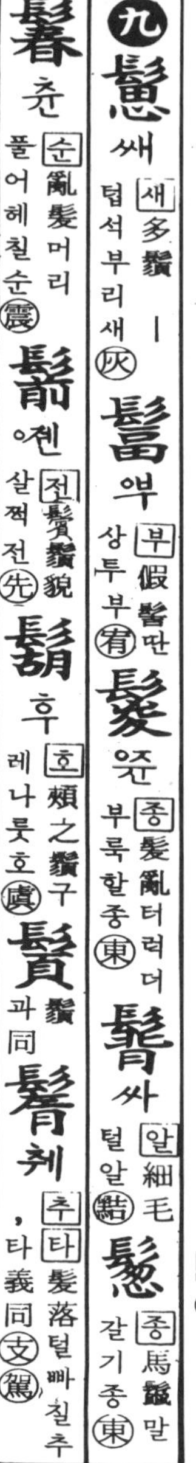

九 ⿱髟悳 쌔 [새] 多鬚ㅣ 텁석부리새 (灰)
⿱髟畐 약 [부] 假髻딴 상투부 (宥)
⿱髟夋 옹 [종] 髮亂터러 더부룩할종 (東)
⿱髟胥 싸 [알] 細毛 털알 (黠)
⿱髟悤 [종] 馬鬣말 갈기종 (東)

鬊 츈 [순] 亂髮머리 풀어헤칠순 (震)
鬋 전 [전] 鬢鬋貌 살쩍전 (先)
鬍 후 [호] 頰之鬚구 레나룻호 (虞)
⿱髟貢 鬚과同
鬌 췌 [추][타] 髮落털빠 칠추, 타義同 (支)(箇)

十 ⿱髟容 융 [용] 髮長터 러길용 (冬)
⿱髟般 판 [반] 臥髻북 상투반 (寒)
鬐 치 [기] 馬鬣말 갈기기 (支)
鬒 연 [진] 黑髮而稠머 리숱많을진 (軫)
⿱髟差 차 [차] 髮美터 러아름다

울차 (箇)
鬀 자 [적] 鬀髮머 리깎을적 (錫)
十一 鬘 만 [만] 月子다리 꼭지만 (刪)
⿱髟崔 췌 [최] 髮之亂垂터러 엉켜늘어질최 (賄)
⿱髟莫 마 [마] 顚下左右鬢 관자놀이마 (碼)

⿱髟桼 髤과同
⿱髟票 퍞 [표] 髮亂터러 엉킬표 (蕭)
鬖 싼 [삼] 髮垂貌ㅣ 머리느릴삼 (侵)
⿱髟累 뤄 [라] 髮稠密터러 빽빽할라 (歌)
鬗 만 [만] 髮長貌머리 치렁치렁할만 (寒)

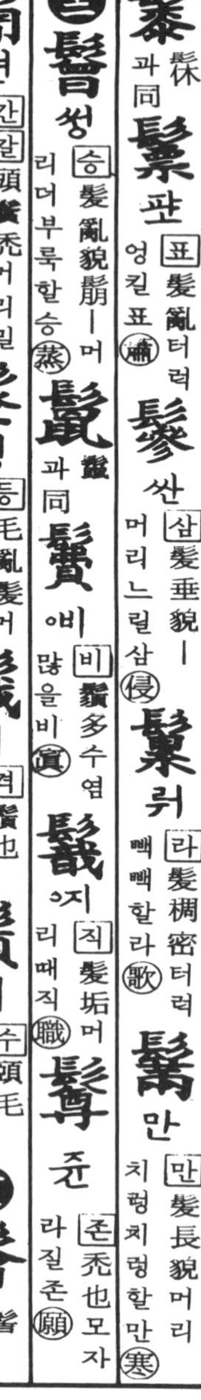

十二 鬙 썽 [승] 髮亂貌鬅ㅣ머 리더부룩할승 (蒸)
⿱髟鼠 鬣과同
⿱髟賁 얘 [비] 鬚多수염 많을비 (寘)
⿱髟戠 이지 [직] 髮垢머 리때직 (職)
⿱髟尊 쥰 [존] 禿也모자 라질존 (願)

⿱髟閒 얜 [간][갈] 頭鬢禿머리밀 간, 갈義同 (刪)(黠)
⿱髟登 덩 [등] 毛亂髮머 리엉킬등 (蒸)
⿱髟戟 지 [격] 鬚也 수염격 (陌)
鬚 쒸 [수] 頤毛 수염수 (虞)
十三 鬠 髻과同

鬟 환 [환] 屈髮爲髻 쪽질환 (刪)
⿱髟粲 찬 [찬] 髮光머리빤 지르르할찬 (翰)
十四 ⿱髟監 란 [람] 髮垂ㅣ鬖머리 치렁치렁할람 (覃)
鬡 닝 [녕] 髮亂鬇ㅣ머 리더부룩 할녕 (庚)

鬢 빈 [빈] 頰髮구 렛나루빈 (震)
十五 鬣 례 [렵] 髮疏터 러성길렵 (錫)
十六 ⿱髟歷 리 [력] 髮疏터럭 력길역 (錫)
十七 鬤 샹 [양] 亂髮머 리엉킬양 (陽)

鬥部

鬥 취 [각][두] 鬪也싸울각, 두義同 (覺)(宥)
四 ⿵鬥見 쎈 [현] 試力鍾힘시 험하는추현 (先)
⿵鬥丮 鬭古字
五 鬧 뇨 [뇨] 擾也喧囂시 끄러울뇨 (效)
六

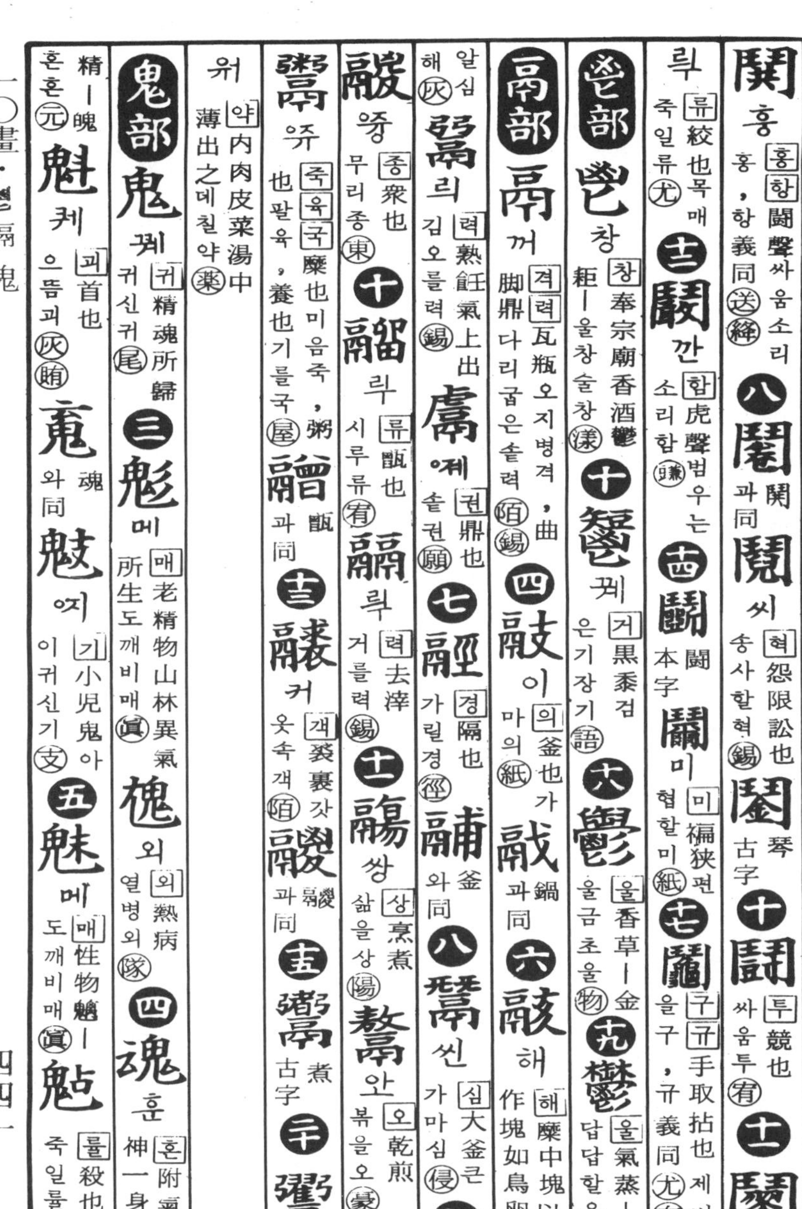

鬨 홍 [홍][항] 鬭聲싸움소리홍, 항義同 送絳
八 鬧 鬨과同
鬩 씨 [혁] 怨限訟也 송사할혁 錫
鬮 琴古字
十 鬪 [투] 競也 싸움투 宥
十一 鬭

릭 [류] 絞也목매죽일류 尤
十二 鬫 깐 [함] 虎聲범우는소리함 豏
十四 鬬 鬪本字
鬮 미 [미] 褊狹편협할미 紙
十七 鬮 [구][규] 手取拈也 제비뽑을구, 규義同 尤有

鬯部

鬯 창 [창] 奉宗廟香酒鬯 秬ㅣ울창술창 漾
十 䰞 꺼 [거] 黑黍검은기장거 語
十九 鬱 울 [울] 香草ㅣ金울금초울 物
十九 鬱 [울] 氣蒸ㅣㅣ 답답할울 物

鬲部

鬲 껴 [격][력] 瓦瓶오지병격, 曲脚鼎다리굽은솥력 陌錫
四 䰙 이 [의] 釜也가마의 紙
䰛 鍋과同
六 䰨 해 [해] 糜中塊以粉作塊如鳥卵새알심해 灰
䰜 리 [력] 熟飪氣上出 김오를력 錫
鬳 예 [권] 鼎也 솥권 願
七 䰝 [경] 隔也 가릴경 徑
鬴 釜와同
八 鬵 씬 [심] 大釜큰가마심 侵
九 鬷 쭁 [종] 衆也 무리종 東
十 鬸 릭 [류] 甑也 시루류 宥
䰡 릭 [력] 去滓거를력 錫
十一 鬺 쌍 [상] 烹煮삶을상 陽
鏖 오 [오] 乾煎볶을오 豪
十二 鬻 쥭 [죽][육][국] 糜也미음죽, 粥也팔육, 養也기를국 屋
䰝 甑과同
十三 䰞 커 [객] 褻裏갓옷속객 陌
䰛 䰛과同
十五 鬻 煮古字
二十 鬻

위 [약] 內肉皮菜湯中薄出之데칠약 藥

鬼部

鬼 귀 [귀] 精魂所歸귀신귀 尾
三 魅 메 [매] 老精物山林異氣所生 도깨비매 寘
槐 외 [외] 熱病열병외 隊
四 魂 훈 [혼] 附氣之神 一身之精 ㅣ魄 혼혼 元
魁 퀴 [괴] 首也 으뜸괴 灰賄
䰟 魂와同
䰢 이 [기] 小兒鬼아이귀신기 支
五 魅 메 [매] 性物魑ㅣ 도깨비매 寘
䰦 [률] 殺也 죽일률 質

魄 퍼 [바][탁][백] 附形之靈人生始化心之精爽넋백，志行衰惡落ㅣ넋잃을박，失業落ㅣ넋잃을탁 (陌)(藥)

魃 빠 [발] 旱鬼一名旱母 가물귀신발 (曷)

(七)

魋 태 [태] 熱病 열병태 (隊)

魈 쌰 [소] 山精獨足鬼 산도깨비소 (蕭)

⿰鬼里 리 [리] 惡鬼악 한귀신리 (紙)

⿺鬼甫 뷰 [보] 北斗星名 별이름보 (麌)

⿺鬼典 뎐 [전] 醜貌추 할전 (銑)

(八)

魏 웨 [위] 大也 클위 (未)

魋 뛰 [추][퇴] 椎頭髻북상투추，神獸似熊신령스러운짐승퇴 (支)(灰)

魍 왕 [망] 山鬼ㅣ魎 산도깨비망 (養)

魌 기 [기] 逐疫鬼方相氏四目밥상시기 (支)

魎 량 [량] 山鬼一脚魍ㅣ 산도깨비량 (養)

⿺鬼卑 삐 [비] 醜也 추할비 (齊)

⿺鬼虎 후 [호] 鬼貌 귀신호 (虞)

⿺鬼奄 옘 [엄] 使汚더 럽힐엄 (豔)

(九)

⿺鬼龍 쳐 [차] 醜惡추 악할차 (馬)

(十)

魑 리 [리] 鬼屬ㅣ魅 도깨비리 (支)

魔 머 [마] 狂鬼迷人 마귀마 (歌)

(十一)

⿺鬼矞 위 [율] 無頭鬼 머리없는귀신율 (質)

魖 쒸 [허] 耗鬼 헛도깨비허 (魚)

⿺鬼尞 료 [료] 驚也 놀랄료 (效)

(十二)

⿺鬼睪 이 [역] 鬼使사자 귀신역 (陌)

(十四)

⿺鬼壽 쳐 [수][추] 惡也추악할수 穢也더러울추 (尤)(有)

魘 얨 [염][엽] 驚夢ㅣ魅놀란꿈염 睡中氣窒가위눌릴엽 (琰)

十一畫

魚部

魚 위 [어] 鱗蟲總名 물고기어 (魚)

(一)

魛 야 [알] 黃頰魚鱓ㅣ 자가살이알 (黠)

(二)

魜 신 [인] 人魚 인어인 (眞)

魞 [입] 捕魚制具 통할입 日字

魝 지 [결] 治魚고 기썰결 (屑)

魛 또 [도] 鮆魚 갈치도 (豪)

(三)

魠 뛰 [탁] 黃頰魚자 가사리탁 (藥)

魟 홍 [홍] 魚肥고기 살찔홍 (東)

魭 [망] 魚名망둥 이망 國字

(四)

魪 예 [개] 比目魚가 자미개 (卦)

魬 빤 [반] 形似魪而稍大 넙치반 (潸)

魥 졉 [접] 竹貴魚 말린고기접 (葉)

魯 루 [로] 鈍也노 둔할로 (麌)

魨 뚠 [돈] 毒魚河 복돈 (元)

魧 깡

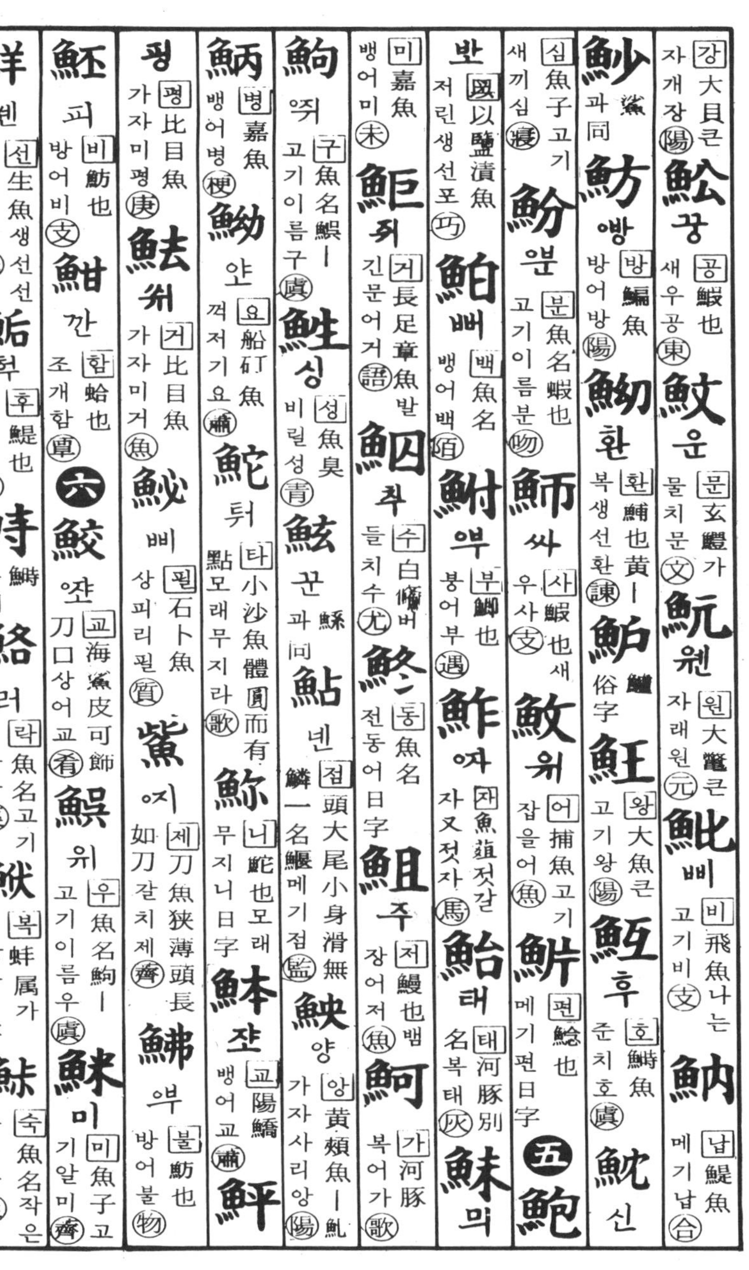

강 大貝큰 자개장 陽
⿰魚公 궁 공 鰕也 새우공 東
魰 운 문 玄鱧가 물치문 文
魭 원 원 大鼈큰 자래원 元
魮 비 비 飛魚나는 고기비 支
魶 납 鯢魚 메기납 合

魦 鯊 과同
魴 방 방 鯿魚 방어방 陽
⿰魚幻 환 환 鯆也黃ㅣ 복생선환 諫
魲 鱸 俗字
魟 왕 왕 大魚큰 고기왕 陽
魱 후 호 鰣魚 준치호 虞
魫 신 심 魚子고기 새끼심 寢
魵 분 분 魚名鰕也 고기이름분 吻
魳 싸 사 鰕也새 우사 支
⿰魚攵 위 어 捕魚고기 잡을어 魚
魸 편 편 鯰也 메기편日字

五

鮑 박 포 以鹽漬魚 저린생선포 巧
鮊 배 백 魚名 뱅어백 陌
鮒 부 부 鯽也 붕어부 遇
鮓 자 자 魚菹젓갈 자又젓자 馬
鮐 태 태 河豚別 名복태 灰
鮇 미 미 嘉魚 뱅어미 未
鮔 귀 거 長足章魚발 긴문어거 語
鮂 챠 수 白鯈버 들치수 尤
鮗 동 동 魚名 전동어日字
⿰魚且 주 저 鰻也뱀 장어저 魚
⿰魚可 가 河豚 복어가 歌
鮈 귀 구 魚名鰅ㅣ 고기이름구 虞
鮏 싱 성 魚臭 비린성 青
鮌 곤 鯀 과同
鮎 녬 점 頭大尾小身滑無鱗一名鰋 메기점 鹽
⿰魚央 양 앙 黃頰魚ㅣ魫 가자사리앙 陽
⿰魚丙 병 嘉魚 뱅어병 梗
⿰魚幼 요 요 船矴魚 꺽저기요 嘯
鮀 톼 타 小沙魚體圓而有點 모래무지라 歌
⿰魚尔 니 鮀也모래 무지니日字
⿰魚本 쟌 교 陽鱎 뱅어교 嘯
鮃 평 평 比目魚 가자미평 庚
魼 겨 거 比目魚 가자미거 魚
鮅 삐 필 石卜魚 상피리필 質
鮆 쩨 제 刀魚狹薄頭長 如刀갈치제 齊
鮄 뿌 불 魴也 방어불 物
⿰魚丕 피 비 魴也 방어비 支
魽 깐 함 蚶也 조개함 覃

六

鮫 쟈 교 海鯊皮可飾 刀口상어교 肴
⿰魚吳 위 우 魚名鮈ㅣ 고기이름우 虞
⿰魚米 미 미 魚子고 기알미 齊
鮮 쎤 선 生魚생선선 新也새선 銑
鮜 허 후 鯷也 메기후 宥
⿰魚寺 鰣 과同
鮥 러 락 魚名고기 이름락 藥
鮲 복 蚌屬가 리맛복日字
鮛 숙 魚名작은 삼치숙 屋

鮬 뿌 [보]小魚魚婢쏘가리보(遇)
⿰魚亘 긍 [긍]鮪也상어긍(徑)
鮞 얼 [이]鯤也魚子在腹고니알이(支)
鮧 이 [이][제]鱧魚腸鮧ㅣ창자젓이, 大鮎큰메기제(支)(齊)
鮣 인 [인]斑魚얼룩고기인(震)
鮡 잔 [조]魚名고기이름조(篠)
⿰魚共 꽁 [홍]紅魚가오리홍(董)
鮦 퉁 [동][종]鱧也가물치동, 종義同(東)(董)
⿰魚虫 지 [위]鱉也자라위(尾)
鮠 웨 [외]鯷之小者메기새끼외(灰)
鮟 안 [안]琵琶魚천징어안 日字
鮪 우 [유]魚名王상어유(尾)
鮨 즈 [지]鮓也젓갈지(支)
鮭 쎄 [해]魚菜總名어채해(齊)
鮤 례 [렬]刀魚갈치렬(屑)
鮚 찌 [질]蚌也홍합질(質)
鮰 훼 [회]民魚민어회(灰)
鮀 차 [타]水母물어미생선타(歌)
鮝 鯗俗字
鮔 이 [이]河豚之別名복어이(支)
⿰魚亘 魱俗字

七

鯆 뿌 [포]江豚別名尾毒물아치포(虞)
⿰魚孚 뿌 [부]江豚물아지부(虞)
鮸 면 [면]石首魚조기면(銑)
鯏 리 [리]蚌屬모시조개리 日字
鮹 쌰 [소]八梢魚문어소(肴)
⿰魚良 랑 [랑]雄蟹숫게랑(陽)
⿰魚役 이 [역]似鮎有四足메기갈고네발있는고기역(職)
魦 鯊와同
鮷 [제]鮎也메기제(齊)
⿰魚邑 이 [읍]魚名고기이름읍(緝)
⿰魚每 뫼 [무]似鱴而小황석이무(尤)
鯑 [희]青魚卵청어알희 日字
鯇 鯶과同
鮵 뙤 [탈]小鮦작은가물치탈(曷)
鮿 졔 [첩]不鯔乾魚절이지않고말린고기첩(葉)
鯀 鮌과同
⿰魚豕 쓰 [시]似猪魚물돈시(支)
鯅 싼 [전]魚醬젓갈전(先)
鯊 싸 [사]鮀也모래무지사(麻)
鯐 [주]鯔魚모장이주
鯉 리 [리]三十六鱗魚有赤白黃三種잉어리(紙)
鯈 챠 [주][조]好游魚피라미조, 小魚송사리주(蕭)(尤)
鯗 鱃과同
鯁 껑 [경]魚骨생선뼈경(梗)
⿰魚廷 팅 [정]全魚醬온고기젓갈정(迥)
鮾 鯘과同

八

鯌 쳐 [작]鮫魚出入母腹드나들이상어작(藥)
鯖 칭 [청][정]魚名青色有枕骨비웃청, 煮魚煎肉고기구울정(青)(庚)
鯧 창 [창]魚名ㅣ鯸병어창(陽)
鯪 링 [릉]小皮穿甲山천산갑릉(蒸)
鯠 래

[래]魚名鰻ㅣ고기이름래(灰)
鯲 어 [어]鰍魚미꾸라지어 日字
鮆 졔 [제]魚名可爲醬美味在額고기이름제(齊)
鯮 鯼과同
鯦 쥐 [구]鮔也 준치구(有)
鰔 [魚役]과同
[魚忩]

분 [분]形如荷葉腹下有口額上有眼尾有刺而 人魚가오리분(問)
鯝 꾸 [고]魚壯中腸 고기창자고(遇)
鯬 릐 [리]魚名고기이름리(支)
鯗 쌍 [상]乾魚腊 가조기상(養)
鰊

뚱 [동]魚名似鯉잉어고기이름동(東)
鯢 늬 [예]雄鯨雌ㅣ암고래예(齊)
鯞 쭈 [추]鱤也 쏘가리추(有)
鯰 [염]鮎魚메기염 日字
鯤 쿤 [곤]魚子ㅣ鮞 물고기알곤(元)
[魚卑]

삐 [비]黑鯉검은잉어비(支)
鯜 鰈과同
鯘 鮾와同
[魚亞] [아]黃頰魚자가사리아(麻)
鯛 됴 [조]銅盆魚 도미조(蕭)
鯨 껑 [경]海中大魚 고래경(庚)
鯡 삐 [비]魚子고

기새끼비
鯕 치 [기]鯿也 방어기(支)
鯔 쯔 [치]似鯉身圓頭扁骨軟숭어치(支)
鯫 쭈 [추]雜小魚 송사리추(有)
鯥 륙 [륙]鯪ㅣ魚고기이름륙(屋)
鯣 [역]鱺也 뱀장어역(陌)

九
鯿 뼌 [편]魴類縮項鯾魚병어편(先)
鰍 쵸 [추]魚名生淺淖中似鱓미꾸리추(尤)
鰐 어 [악]似鼉呑人長二尺餘有四足악어악(藥)
鰌 추 [추]鰍也미꾸리추(尤)

鰔 [함]比目魚 넙치함(咸)
鰉 황 [황]鱣魚 전어황(陽)
鰑 양 [양]鮦也가물치양(陽)
鯼 쭝 [종]石首魚 조기종(東)
鰇 여 [유]烏賊魚 오징어유(尤)
鯹 鮏과同

鰗 후 [호]河豚 복호(虞)
鰆 츈 [춘]馬鮫魚 상어춘(眞)
鰓 쌔 [새]魚類中骨 아가미새(灰)
鰅 옹 [옹]魚名고기이름옹(冬)
鯷 티 [제]大鮎重千斤 메기제(齊)
鯶

[혼]鯶也 잉어혼(阮)
鯑 듸 [제]大鯉큰잉어제(齊)
鰙 약 [약]白魚 피라미약
鰈 타 [탑][접]比目魚가재미탑, 出藥浪藩國넙치접(合)(葉)
[魚毘] [비]黃顙魚가자사리비 日字
[魚重]

鮦과同
鯸 후 [후]河豚 복후(尤)
[魚亘] 鮔과同
[魚叓] 鯾과同
鰋 옌 [언]鯷類額白 이마흰메기언(阮)
鰚 선 [선]鯔魚 숭어선
鯽 찌 [즉]似鯉色黑體促 붕어즉(陌)

鰊 련 [련] 魚名고기이름련(霰)

鰒 뽁 [복] 魚名似蛤偏著石전복복(覺)

鰖 뙤 [타] 魚子물고기새끼타(箇)

鰂 쯕 [즉] 烏賊魚口中有墨狀如算囊一名墨魚오징어즉(職)

鰕 쌰 [하] 大鯢암고래하(麻)

十

鰞 오 [오] 烏賊魚오징어오(虞)

鰜 쪔 [겸] 比目魚가자미겸(鹽)

鰣 [시] 美魚似魴多鯁준치시(支)

鰩 야 [요] 文ㅣ魚鳥翼날치요(蕭)

鰘 자 [자] 藏魚담글자(馬)

鰝 화 [호] 大鰕왕새우호(晧)

鰑 당 [당] 魠也자가사리당(陽)

鰔 깐 [한] 魚名고기이름한

鰨 타 [탑] 比目魚가자미탑(合)

鰮 운 [온] 小魚멸치온(刪)

鰭 끼 [기] 魚脊骨脊上鬣지느러미기(支)

鰤 쓰 [사] 鰕也새우사(支)

鯼 쑤 [수] 人名사람이름수(尤)

鰥 꽌 [환] 無妻曰ㅣ홀아비환(刪)

鰯 약 [약] 鰮魚멸치약 日字

鱋 과 同漁

鱧 해 [해] 雄蟹鯠수캐해(灰)

鰧 텅 [등] 虎魚쐬기등(蒸)

鰬 쪈 [건] 大鱓큰구렁허리건(先)

鰰 [신] 銀魚은어신 日字

鰦 즈 [자] 鮰也버들치자(支)

十一

鰶 쪠 [제] 魚名전어제(霽)

鰾 뺘 [표] 魚胞可作膠부레표(篠)

鰿 쩌 [적] 鮒也붕어적(陌)

䲅 꿰 [규] 河豚복어규(支)

鰹 쪈 [견] 鮦者大큰가물치견(銑)

鱅 융 [용] 似鰱而黑鱮也연어갈고검은고기용(冬)

鱇 강 [강] 鮟鱇천징어강 日字

鱋 럭 [루] 鯉魚잉어루(尤)

鱄 쫜 [전] 美魚전어전(先)

鰵 민 [민] 大口魚대구민(軫)

鰺 쏘 [소] 腥也비릴소(豪)

鱁 쮸 [축] 鹽魚腸ㅣ아감젓축(屋)

鮧 [이] 魚名날치이 日字

鰻 만 [만] ㅣ鱺뱀장어만(寒)

鱈 쒜 [설] 大口魚대구설(屑)

鰷 댜 [조] 魚名白ㅣ피라미조(蕭)

鱆 쨩 [장] 望潮魚꼴뚜기장(陽)

鱀 [기] 鰭屬상어기(未)

鰼 씨 [습] 鰌也미꾸라지습(緝)

鰱 련 [련] 鱮也연어련(先)

鯓 씬 [신] 魚尾長긴생선신(眞)

鰳 러 [륵] 似鰣小首細준치륵(職)

鰴 휘 [휘] 魚有力힘센고기휘(微)

鰲 [오] 大鼇큰자라오(養)

十二

鱗 린 [린] 魚甲비늘인(眞)

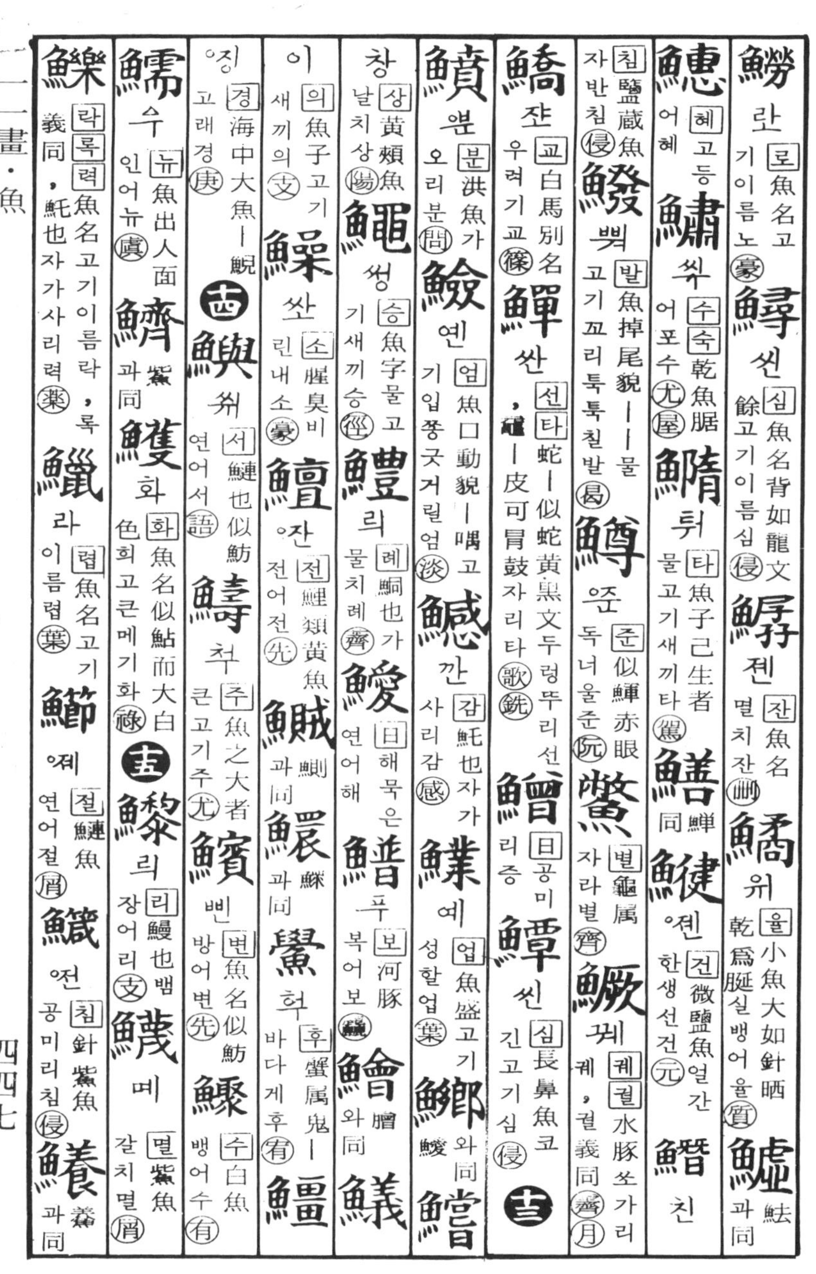

鰳 랃 [로] 魚名고기이름노 (豪)
鱘 씬 [심] 魚名背如龍文 餘고기이름심 (侵)
鱄 젼 [잔] 魚名 멸치잔 (删)
鱊 휼 [율] 小魚大如針晒乾爲膎실뱅어율 (質)
鱋 鱋과同

鱑 [혜] 어혜
鱐 쑥 [수][숙] 乾魚腒 어포수 (尤)(屋)
鰖 톼 [타] 魚子已生者 물고기새끼타 (箇)
鱔 鱓同
鰎 ᅌ젼 [전] 微鹽魚얼간 한생선젼 (元)
[魚晉] 친 [침] 鹽藏魚 자반침 (侵)

鱍 빨 [발] 魚掉尾貌――물고기꼬리툭툭칠발 (曷)
鱒 쭌 [준] 似鯶赤眼 독너울준 (阮)
鱉 [별] 鼈屬 자라별 (屑)
鱖 궤 [궤][궐] 水豚쏘가리궤, 궐義同 (霽)(月)

鱎 쟢 [교] 白馬別名 우려기교 (篠)
鱓 싼 [선][타] 蛇―似蛇黃黑文두렁뚜리선, 鼉―皮可冒鼓자리타 (歌)(銑)
鱛 [日] 공미리증
鱏 씬 [심] 長鼻魚코긴고기심 (侵)

十三

鱝 뿐 [분] 洪魚가오리분 (問)
[魚僉] 엔 [엄] 魚口動貌―喁고기입뻥긋거릴엄 (淡)
鱤 깐 [감] 魠也자가사리감 (感)
[魚業] 예 [업] 魚盛고기성할업 (葉)
[魚鄉] 와同
鱨 창 [상] 黃頰魚날치상 (陽)

鱦 씽 [승] 魚字물고기새끼승 (徑)
鱧 리 [례] 鮦也가물치례 (霽)
鱫 [日] 해묵은연어해
[魚普] 푸 [보] 河豚복어보
鱠 膾와同
[魚義] 이 [의] 魚子고기새끼의 (支)

鱢 쏘 [소] 腥臭비린내소 (豪)
鱣 ᅌ잔 [전] 鱣鯉類黃魚 전어전 (先)
鱡 鰂과同
鱞 鰥과同
鱟 학 [후] 蟹屬鬼―바다게후 (有)
鱩 ᅌ징 [경] 海中大魚―鯢고래경 (庚)

十四

鱮 쒸 [서] 鰱也似魴연어서 (語)
[魚壽] 척 [주] 魚之大者큰고기주 (尤)
[魚賓] 삔 [변] 魚名似魴방어변 (先)
鰺 [수] 白魚뱅어수 (有)

鱬 수 [뉴] 魚出人面인어뉴 (虞)
鱭 鮆과同
鱯 화 [화] 魚名似鮎而大白色회고기큰메기화 (禡)

十五

鯬 릐 [리] 鰻也뱀장어리 (支)
鱴 몌 [멸] 鮆魚갈치멸 (屑)

鱳 [락][록][력] 魚名고기이름락, 록義同, 魠也자가사리력 (藥)
鱲 라 [렵] 魚名고기이름렵 (葉)
[魚節] ᅌ졔 [절] 鰱魚연어절 (屑)
鱵 ᅌ젼 [침] 針紫魚공미리침 (侵)
鱶 과同

⿰魚輩 鯺과同

⑯ 鱱 리 [려]魟也자가 사리려(錫)

鱸 루 [로]巨口細鱗似鱖四 腮魚出松江농어노(虞)

⿰魚賴 獺과同

鱷 鰐과同

⑰ ⿰魚薄 뿌 [박]一目鯉외눈 박이잉어박(藥)

⑱ ⿰魚巂 씨 [휴]大龜文似대모점 박인큰거북휴(齊)

鱹 꽌 [관]人名鱹ㅣ 사람이름관(翰)

⑲ 鱺 리 [려]似蛇無鱗鰻 뱀장어려(支)

㉑ ⿰魚蠡 鱧과同

㉒ 鱻 쎈 [선]生肉 날고기선(先)

鳥部

鳥 됴 [조]羽族總 名새조(篠)

① 鳦 이 [을][알]燕也제비을 ,알義同(質)(黠)

② ⿰七鳥 치 [칠]鳥聲새 소리칠(質)

鳧 ㅇ부 [부]水鳥鷖屬 물새부(虞)

⿱九鳥 鳩과同

鳰 [입]似鴨水鳥 쥐오리입 日字

鳨 리 [력]小鳧작은 오리력(職)

鳫 雁과同

鳪 뿌 [복]雉也 꿩복(屋)

鳩 ㅇ쥐 [구]鳥名鶻鵃 비둘기구(尤)

鳬 鳧과同

鳭 댜 [초]黃鳥ㅣ鷯 꾀꼬리초(蕭)

③ 鳿 홍 [홍]大鳳 큰새홍(董)

鳶 원 [연]鷙鳥鴟類 솔개연(先)

鳴 밍 [명]鳥聲새 소리명(庚)

⿰鳥大 [대]鳥也 새대(泰)

⿰土鳥 뚜 [토]杜鵑두 견새토(麌)

鳲 씨 [시]布穀ㅣ鳩 뻐국새시(支)

鳳 ㅇ벙 [봉]神鳥羽蟲長 봉황봉(送)

⿰乞鳥 鶻과同

⿰凡鳥 鴇과同

④ 鳸 [호]鴳雀돌메 추라기호(麌)

鳼 원 [문]鶉子메추 라기새끼문(文)

鴈 얜 [안]隨陽鳥 기러기안(諫)

鳿 위 [옥]似鴨而大 鸀독수리옥(沃)

鴌 꿔 [권]姓也 성권(屋)

鴄 피 [필]鴨也집 오리필

⿰鳥刃 쟌 [교]梟也올 빼미교(蕭)

鴃 [격]蠻語伯勞 왜가리격(錫)

⿰厷鳥 숭 [흥]雄鳥 수새흥(東)

⿰户鳥 후 [호]農桑候鳥九 ㅣ오디새호(麌)

⿰毛鳥 만 [모]鳥輕毛 솜털모(號)

⿰鳥氏 지 [시]雉之別名 꿩시(支)

鳻 ㅇ븐 [분]青雀파 랑새분(文)

鴉 야 [아]烏別名갈 까마귀아(麻)

鳷 ㅇ즤 [지]鵲也 까치지(支)

鴆 천 [짐]毒鳥 짐새짐(沁)

鴀 ㅇ부

[부] 鳺ㅣ오디새부 尤

䳍 졔 [개] 雀也참새개 卦

鴟 시 [시] 鶗也접동새시 支

鴃 켸 [결][계] 鶗ㅣ子規접동새결，鴃 蠻語伯勞ㅣ舌왜가리계 屑

鳺 얍 [부] 鳩也ㅣ䳕멧비둘기부 虞

鴇 빠 [보] 似鴈無後趾너새보 晧

䳊 之鳥語字

五

鴕 뒤 [타] 熱帶產大鳥타조타 歌

鴛 웬 [원] 匹鳥雄ㅣ雌鴦원앙새원 元

鴦 앙 [앙] 匹鳥鴛ㅣ원앙새앙 陽

鴚 꺼 [가] 鵝也舒鴈거위가 歌

鴧 쎈 [현] 燕也제비현 先

鴊 영 [정] 征鳥鶗肩매정 庚

䳘 숭 [용] 鷛飛새매날용 宋

鴒 령 [령] 鶺渠鶺ㅣ할미새령 靑

鴀 이비 [비] 鵧也징경이비 支

䳮 머 [말] 鴨也ㅣ鳴집오리말 曷

鴟 초 [치] 惡鳥ㅣ鵂솔개치 支

䳺 깐 [감] 鳥聲새소리감

鴠 [단] 鶡ㅣ求旦似鷄晝夜常鳴 尤美鳥할단새단 卯也알단 翰

鴥 위 [율] 疾飛貌휙날율 質

鴄 鵡과同

鴣 꾸 [고] 鷓ㅣ越鳥其鳴自呼云鉤輈格磔자고새고 虞

鴘 뻰 [변] 二歲鷹묵이매변 銑

鴜 차 [찰] 鳥之雜毛色새잡털빛 찰 黠

鴨 야 [압] 家鶩舒鳧집오리압 洽

鴢 얀 [요] 似鳧오리같은새요 篠

鴗 리 [립] 魚狗青쇠새립 緝

鴐 야 [가] 鴈屬ㅣ鵝들거위가 麻

䳁 치 [척] 鶒也할미새척 青

鴔 얍 [핍] 戴勝ㅣ鵖오디새핍 豪

鴡 雎와同

鴙 雉과同

䳑 와 [유] 鼯鼠夷ㅣ나는다람쥐유 尤

鴝 꾸 [子] ㅣ鵒似鵙有幘子욕새구 虞

鴩 [일] 勃鳩멧비둘기일 質

六

鴰 꽈 [괄] 九尾鳥鶬鴰왜가리괄 曷

鴺 티 [제] 鵜也사다새제 齊

䳏 혁 [후] 羽初生貌깃처음날후 尤

䳒 鳶과同

䴔 鵁와同

𩿳 [순] 鶉鶉뱁새순 眞

鴏 쓩 [숭] 似鷹而小捕雀새매중 東 나

鵄 초 [치] 鳶也솔개비치 支

鴹 쌍 [양] 一足鳥商鴹왜발새양 陽

鴽 수 [여] 鴿也집비둘기여 魚

鴵 [교] 梟也올빼미교 肴

鴼 꺼 [격][로] 鵅鶹鴝鵒ㅣ부엉이격，鳥名也새이름로 陌

鴶 까 [알] 布穀ㅣ鵴뻐국새알 黠

鳽 ㅇ젼 [견] 鵁鶄교청새견 先

䳚 [년] 朱鷺따오기년 日字

鴲 [지] 雀聲참새소리지

(寘)

鷾 이 [예] 鼯鼠 나는 다람쥐예 (霽)

鳶 웬 [원] 鳥名 ㅣ鶓 새이름원 (先)

鳦 일 [이] 玄鳥 鳦 제비이 (支)

鵀 인 [임] 戴勝別名 戴鵀 산비들기임 (侵)(沁)

鴴 [행] 雀也 참새행

(庚)

鴻 홍 [홍] 隨陽鳥 鴈之大者 기러기홍 (董)

鴮 우 [오] 鴮鸅 ㅣ鸅 사다새오 (虞)

䳓 랖 [로] 禿鶖 두루미로 (皓)

鶒 치 [칙] 水鳥 물새칙 (職)

鳺 [규] 子規 鶤 접동새규

(未)

鵁 좌 [교] 睛交而孕 ㅣ鶄 교청새교 (肴)

䳵 [궤] 子規 鶤ㅣ 접동새궤 (紙)

鴾 뫄 [모] 鴽也 ㅣ母 종달새모 (尤)

鴱 애 [애] 雎桃蟲 암뱁새애 (泰)

鷬 황 [황] 雀也 참새황 (陽)

鵃 쟈 [주] 斑鳩 鶻ㅣ 멧비둘기주 (尤)

鵂 쓔 [휴] 怪鳥 角鴟ㅣ 鶹 부엉이휴 (尤)

鴿 까 [합] 鳩屬 鵓ㅣ 집비둘기합 (合)

七

鵋 지 [기] 鵂鶹鳥 ㅣ鵙 부엉이기 (寘)

鵑 쟌 [견] 鳥名 杜ㅣ 두견새견 (先)

鵙 지 [격] 伯勞 왜가리격 (錫)

鵓 뽜 [발] 鴿也 勃姑 집비둘기발 (月)

鵖 랑 [랑] 鳩子 비둘기새끼랑 (陽)

鵡 우 [무] 能言鳥 鸚ㅣ 앵무새무 (麌)

鵔 쥔 [준] 山雉似鳳 장끼준 (震)

鶈 쟈 [접] 杜鵑 접동새접 (洽)

鵒 위 [욕] 似鴝 入哥鴝 구욕새욕 (沃)

鵚 투 [독] 禿頭鳥 ㅣ鶖 독수리독 (屋)

鵥 [판] 雀鷂 새매판 日字

鵜 티 [제] 水鳥 ㅣ鶘 사다새제 (齊)

鵟 광 [광] 茅鴟 부엉이광 (陽)

鵝 어 [아] 家所畜 舒鴈 거위아 (歌)

鵗 씨 [희] 北方雉名 북방꿩희 (微)

䳫 鴨과 同

鳺 鳺과 同

鵞 鵝와 同

鵠 꾸 [혹][곡] 大鵝 黃따오기혹 帿的 과녁곡 (沃)

鵘 쥔 [군] 無尾雞 다리없는닭군 (問)

鵌 투 [도] 與鼠同穴 쥐와 함께사는새도 (虞)

鵖 예 [업] 戴勝 鵖ㅣ 오디새업 (緝)

鵺 예 [야] 似雉鳥 새이름경 (青)

鵏 퍼 [부] 鵝也 거위부 (虞)

鵛 징 [경] 鳥名 새이름경 (青)

八

鵹 리 [려] 鸝鶊也 꾀꼬리려 (齊)

鶂 이 [역][예] 水鳥相視而孕 눈맞춰 새끼배는새역, 예 義同 (錫)(齊)

䳩 쑤 [솔] 家鳩 집비둘기솔 (月)

鵿 [숭] 鶨屬 조롱태숭 (東)

鵧 뼝 [병] 小黑鳥 ㅣ鳩 작고검은비둘기병 (青)

鵳 쩐 [견] 鷂屬 鶙 새매견 (先)

鵼 쿵

[공]怪鳥새 이름공(東)

鶆 래 [래]鷹也 매래(灰)

鵻 [추]孝順鳥祝鳩 아롱비둘기추(支)

鶄 칭 [청]似鵁교 청새청(庚)

鶀 치 [기]小鴈되강 오리기(支)

[illegible] 鳥와同

鶅 즈 [치]東方雉名 동방꿩치(支)

[illegible] 밍 [명]神鳥似鳳鷦ㅣ 초명새명(庚)

鶎 [종]戴ㅣ오디 새종 日字

鵲 쥐 [작]綠背白腹鳥 까치작(藥)

鶊 껑 [경]黃鳥鶬ㅣ 꾀꼬리경(庚)

鵰 댜 [조]鷲也독 수리조(蕭)

鶍 [이]練鵲때 까치이 日字

[illegible] 멘 [면]鷩鷷꾀꼬 리울면(先)

鵩 뿌 [복]鴞屬올 빼미복(屋)

鵵 투 [토]似鴟而小木ㅣ부엉 이같은작은새토(遇)

鵮 칸 [감]鳥啄物 쪼을감(咸)

鵯 삐 [필]鷽斯ㅣ鶋 갈까마귀필(質)

鵫 쟈 [착]白雉 흰꿩착(覺)

鵱 루 [륙]野鵝들 거위륙(屋)

鶋 쥐 [거]海鳥鶢ㅣ 언거새거(魚)

鵪 안 [암][압]鴽也메추리암，鴨也집오리압(覃)(洽)

鶇 둥 [동]鳥名 콩새동(東)

鵶 鴉과同

鶌 취 [굴]鶻鵃ㅣ鳩 메비둘기굴(物)

[illegible] 鶉와同

鵾 쿤 [곤]似鷄而大 鷄고니곤(元)

鶉 츈 [단][순]鶉也메추라기순，鵰也수리단(眞)(寒)

鵷 웬 [원]鳳屬ㅣ鶵 봉황원(元)

鵽 돠 [탈]沙漠所産所小雀 사막새탈(曷)

鵬 펑 [붕]鯤魚所 봉새붕(蒸)

九

鶟 두 [돌]似雉而青ㅣ꿩 갈고푸른새돌(月)

鶖 취 [추]水鳥似鶴 두루미추(尤)

鶝 뿌 [복]戴勝ㅣ鶝 오디새복(屋)

鶩 무 [목]舒鳧따 오기목(屋)

鶤 [곤]鳳凰別 名봉황곤(元)

鶗 티 [제]子規ㅣ鴂 접동새제(齊)

鶜 만 [모]鴾也ㅣ[illegible] 비둘기모(肴)

鶛 졔 [개]雄鶉수 메추리개(佳)

[illegible] 머 [맥]鳥驚視貌새놀 라보는모양맥(陌)

鶘 후 [호]淘河鵜ㅣ 사다새호(虞)

鶚 어 [악]鷙擊鳥鷹鶻屬性 好峙立독수리악(藥)

鶡 허 [갈][분]似鷄善鬬ㅣ旦닭같고싸움 잘하는새이름갈，青雀파랑새분(曷)(文)

鶦 후 [호]似雉而青鶡ㅣ꿩 갈고푸른새호(虞)

鶙 鶗와同

[illegible] 메 [매]誘取禽 새후려잡을매(灰)

鶥 메 [미]鳥名鶓ㅣ 왜가리미(支)

鶠 연 [언]鳳之別名 봉새언(阮)

鶢 웬 [원]海鳥ㅣ鶋 바다새원(元)

鶪 [격]伯勞외 가리격(陌)

鶓 먀 [묘] 鳥名䳢 새이름묘 (蕭)
鵈 鶺과同
䳨 凰과同
鶞 츈 [춘] 鳥名鳻ㅣ 새이름춘 (眞)
鶎 죵 [종] 鳥斂足새발 오그릴종 (東)
鶝 [복] 戴勝鶝ㅣ 오디새복 (屋)
鶔 유 [유] 如鵲短尾鶔ㅣ까치같고 꼬리짧은 새유 (尤)
鶒 치 [칙] 水鳥鸂ㅣ 뜸부기칙 (職)
鶉 츈 [순] 鷄晩生늦 배깐닭순 (眞)
鶨 탄 [단] 鳥名새 이름단 (翰)

⑩

鶱 껀 [건] 飛貌훨훨 날건 (元)
鷚 릭 [류] 黃鳥鷅ㅣ 꾀꼬리류 (尤)
鷉 퇴 [체] 似鳧鸊되 강오리체 (齊)
鷂 약 [요] 五色雉 장끼요 (嘯)
䳍 공 [공] 鳥讓食새모 이사양할공 (送)
鷐 [진] 鷺也백 로진 (眞)
鶼 옌 [겸] 比翼鳥ㅣ 새이름겸 (監)
鶭 방 [방] 淘河사 다새방 (養)
鷘 鷀와同
鶽 隼과同
鶴 허 [학] 仙禽 학학 (藥)
鶸 워 [약] 鳥名새 이름약 (藥)
鷀 츠 [자] 鳥鬼鸕ㅣ 더펄새자 (支)
鷄 [계] 知時畜翰音 有五德닭계 (齊)
鶲 웅 [옹] 鳥頸毛 새목털옹 (東)
鶮 까 [고] 邑名고을 이름고 (豪)
鶬 창 [창] 水鳥ㅣ鴰 왜가리창 (陽)
鷁 이 [익] 水鳥似鷺而大 새이름익 (錫)
鶶 [당] 鳥名ㅣ鷵 새이름당 (陽)
鶵 雛과同
鷃 鴳과同
鶷 햐 [할] 百舌ㅣ鶷 백설조할 (黠)
鶐 싸 [살] 鳥飛疾새 빨리날살 (黠)
鶯 잉 [앵] 一名金衣公字 꾀꼬리앵 (庚)
鷋 두 [도] 鳥名ㅣ鳩 비둘기도 (寒)
鶺 ᅌ지 [척] 鳥名䳭渠ㅣ 할미새척 (陌)
鷇 꾸 [子] 鳥子새 새끼구 (有)
䳴 타 [탑] 飛貌䳴ㅣ 푸르륵날답 (合)
鶻 꾸 [골] 鷹屬ㅣ 鶻매골 (月)
鷏 뎐 [전] 吐蚊鳥 바람가비전 (先)
鷊 이 [역] 綬鳥名吐綬 새이름역 (錫)
鷅 리 [률] 黃鸝ㅣ鶹 꾀꼬리률 (質)
鷛 옹 [옹] 鶺鴒ㅣ 할미새옹 (冬)

⑪

鶕 안 [암] 鳥名ㅣ鶉 메추리암 (覃)
鷖 이 [예] 鷗也갈 매기예 (齊)
鷑 ᅌ지 [충] 鳥不行새가 가지않을충 (東)
䳼 ᅌ장 [장] 布穀鸀 뻐국새장 (冬)
鷞 쌍 [상] 鷫 神鳥신 조상 (養)
鷩 민 [민] 鶓也징 경새민 (翰)
䴇 퍄 [표] 鳥毛色變새 털빛변할표 (篠)
鷸 쌍 [상] 一足鳥ㅣ鴹 외발새상 (陽)
鳺 궤 [규] 杜鵑접 동새규 (支)
䳪 鷦와同

鷟 쟉 [작] 鳳屬鸑ㅣ 봉황새작(覺)
鷇 쿠 [구] 鳥卵 새알구(覺)
鷐 씬 [신] 鷐也ㅣ風 새매신(眞)
鷙 지 [지] 鳥獸猛勇새와 짐승억셀지(眞)
[麻+鳥] 매 [매] 麻雀 참새매(灰)

鷗 우 [구] 鸒也似鵲而白 羣飛갈매기구(尤)
鷒 톤 [단] 如鵲短尾鷒ㅣ까치 갈고꼬리짧은새단(寒)
鷕 요 [요] 鷕雉鳴聲암꿩 우는소리요(篠)
鷜 루 [루] 野鵝들 거위루(尤)
[鳥+寇] 큐 [구] 鳥名ㅣ雉 새이름구(有)

鷓 쟈 [자] 越雉ㅣ鴣 자고새자(禡)
鷚 류 [류] 大鷚종 달새류(有)

(十二)

鷭 뻔 [번] 鳥名새 이름번(元)
鷩 볘 [별] 赤雉붉 은꿩별(屑)
鷳 쎤 [한] 似雉白 흰꿩한(刪)

鷢 쮀 [궐] 似鷹白ㅣ매갈고 꼬리위가흰새궐(月)
鷶 매 [매] 杜鷶접 동새매(蟹)
鷣 인 [음] 鷂之別名 새매음(侵)
鷥 쓰 [사] 鵶也鸒ㅣ鵯鶋 갈가마귀사(支)

鷥 쓰 [사] 鳥名鷺 백로사(支)
鷵 투 [도] 鳥名鷵 새이름도(虞)
鷻 퇀 [단] 鵰也 수리단(寒)
鷷 쭌 [준] 西方雉 꿩준(眞)(元)
鷧 이 [의] 鸕鷀더 펄새의(眞)
鷦 쟈 [초] 桃虫ㅣ鷯 뱁새초(蕭)

鷰 연 [연] 玄鳥 제비연(霰)
[晉+鳥] 진 [침] 魯鷄 큰닭침(侵)
鷲 쮜 [취] 鵰類多力 수리취(宥)
[舒+鳥] 쒸 [서] 似鳧ㅣ鷉 거위서(魚)
鷬 황 [황] 黃鳥꾀 꼬리황(陽)

鷡 우 [무] 鷔也종 달새무(虞)
鷤 탄 [단] 雉子 꿩새끼단 [제] 子規ㅣ鴂접 동새제(寒)
鷸 쉬 [휼] 知雨翠鳥翠 ㅣ비취새휼(質)
鷮 쟌 [교] 長尾雉꼬 리긴꿩교(蕭)

鷴 鷳와同
鷯 랴 [료] 桃虫鷦 뱁새료(蕭)
鷱 꺄 [교] 小鳩ㅣ鵰작 은비둘기교(豪)
[欺+鳥] 기 [기] 鵋鶀부 엉이기(支)
[登+鳥] 떵 [등] ㅣ鷄뜸 부기등(蒸)
[尙+鳥] 鷩과同
鶹 鶹과同

鷫 쑤 [숙] 神鳥ㅣ 신조숙(屋)
[渠+鳥] 쿼 [거] 鶺鴒鶋ㅣ 할미새거(魚)
鷺 루 [로] 水鳥白 백로로(遇)

(十三)

鸃 이 [의] 鳳屬鵔 봉황새의(支)
鸗 눙 [농] 鴻也기 러기농(冬)

[路+鳥] 鷺와同
[鋤+鳥] 쥬 [서] 白鷺鳥 백로서(魚)
鸀 쥭 [촉] 山鳥산까 마귀촉(沃)
鸊 피 [벽] 似鳧ㅣ鷉 되강오리벽(陌)
鷾 이 [의] 燕也ㅣ鴯 제비의(眞)
鸉 양 [양] 似

鷹白 매일갈 꼬리흰새양 (陽)

䴉 환 [환] 飛貌휠 휠날환 (刪)

鸆 위 [우] 淘河鸅ㅣ 사다새우 (虞)

鸇 ㅇ잔 [전] 鸇鳥晨風鸇屬 새매전 (先)

鸁 롸 [라] 鸁鷈 오리라 (歌)

鷶 자

[가] 鷹也 매가 (馬)

鷔 지 [격] 魚名 새이름격 (錫)

鷽 쒜 [학] 小鳩 작은비둘기학 (覺)

鶡 꺼 [갈] 白舌鶷ㅣ 백설조갈 (曷)

鸂 씨 [계] ㅣ鷘 뜸부기계 (齊)

鵻 규 [규] 子規 접동새규 (支)

鸅 ㅇ저 [택] 淘河ㅣ鸆 사다새택 (陌)

鷹 잉 [응] 鷙鳥強如鷹而善捕雉類者征鳥 매응 (蒸)

十四

𪈼 란 [람] 郭公ㅣ鷜 뻐국새람 (覃)

鸒 위 [여] 鳥也 갈가마귀여 (魚)

𪇽

능 [녕] 鴂梟ㅣ鴃 부엉이녕 (青)

鸈 착 [주] 南方雉也 남방꿩주 (尤)

鸍 쓰 [시] 鳲鳥 짐새시 (支)

鸐 [적][작] 雉也 꿩적, 작義同 (錫)(覺)

鸏 맹 [몽] 鳥名狂ㅣ鳥 새이름몽 (送)

鸑 위 [악] 鳳屬ㅣ鷟 봉같은새악 (覺)

鸎 鶯과同

十五

鱲 라 [랍] 飛起貌ㅣ䲭 파득파득날랍 (合)

𪈞 져 [절] 小鷄 당닭절 (屑)

鸔 뿌 [복] 水鳥鳥 물새복 (屋)

𪆢 메 [멸] 鷦鷯 뱁새멸 (屑)

鸓 레 [류] 鸓鼠 나는다람쥐류 (紙)

十六

鸗 룽 [롱] 鳧屬小鴨 새농 (董)

鸖 鶴同

鸕 루 [로] 水鳥ㅣ鷀 가마오지로 (虞)

十七

鸙 위 [약] 鷚也天ㅣ 종달새약 (藥)

鸚 잉 [앵] 能言鳥ㅣ鵡 앵무새앵 (庚)

鸘 鷞과同

十八

鸛 꽌 [관] 水鳥似鵠 황새관 (翰)

鸜 [구] ㅣ鵒鳥名 구욕새구 (虞)

十九

鸝 리 [리][려] 黃鳥倉庚꾀꼬리리, 려義同 (支)(齊)

鸞 롼 [란] 神鳥鳳凰之佐 난새란 (寒)

二十二

𪈿 데 [접] 鳥名兩頭四足 새이름접 (葉)

二十五

𪇁 만 [만] 比翼鳥ㅣㅣ與鶼鶼 새이름만 (刪)

鹵部

鹵 루 [로] 鹹也 짤로 (麌)

四

䴚 캉 [강] 鹽澤 염전강 (養)

鹶 [긍] 鹹苦 짜고쓸긍 (蒸)

五

䴛 탄 [탐] 鹹也 짤탐 (陷)

鹷 링 [령] 鹽也 소금령 (青)

七

䴝 쌴 [소] 煎鹽 소금구을소 (蕭)

八

䴟 딴 [담] 無味 싱거울담 (勘)

塩 鹽과同

䴜 깐 [감] 鹹味 짠맛감 (陷)

九

鹹 쎈 [함] 鹽味 짤함 (咸)

䴞

깐 [감]鹹也 짤감(勘)

(十)

鹻 얜 [감]鹵之凝著者 소금버캐감(謙)

⿰鹵鬼 의 [홰]鹽也 소금홰(佳)

盬 꾸 [고]鹽也 소금고(鹽)

⿰鹵昷 운 [온]鹽소 금온(元)

鹺 차 [차]大鹹鹽味之厚 매우짤차(歌)

(十二)

⿰鹵喬 쥐 [귤]醬也 장귤(質)

(十三)

鹼 쳰 [검]鹽分소 금물검(監)

鹽 연 [염]煮海爲 소금염(監)

鹹 깐 [감]過鹹몹 시짤감(感)

(十四)

⿰鹵監 [감][탐]鹽也짠맛감, 無味맛이없을탐(勘)

⿰鹵齊 이 [제]鹹也맛 이짤제(霽)

⿰鹵翟 [적]鹹也 짤적(錫)

鹿部

鹿 루 [록]麞屬仙獸牡 有角사슴록(屋)

(二)

麀 우 [우]牝鹿암 사슴우(尤)

麁 과同 麤

麂 지 [궤]大麇狗足似 鹿큰노루궤(紙)

(三)

⿸鹿乇 쓰 [사]鹿二歲두살 된사슴사(紙)

(四)

⿸鹿比 삐 [비]小鹿작은 사슴비(支)

⿸鹿夭 오 [오]麇子고라 니새끼오(皓)

麃 뱊 [표][포]武貌ㅣㅣ위엄스 러울표, 麞屬노루포(肴)

⿸鹿車 차 [찰]鹿貌 사슴찰(曷)

(五)

麇 균 [균][군]麞也노루균 羣떼균(眞)(吻)

⿸鹿本 뻔 [본]牝鹿암 사슴본(阮)

麅 포 [포]鹿屬고 라니포(肴)

麆 쟈 [조]麆子노 루새끼조(御)

麈 쥬 [주]麋屬尾能辟 塵사슴주(麌)

麚 쟈 [가]牡鹿수 사슴가(麻)

(六)

麉 연 [견]鹿之絶有力者 힘센사슴견(先)

麋 메 [미]鹿屬似水 牛고라니미(支)

⿸鹿因 [인]牝鹿암 사슴인(眞)

⿰鹿厸 린 [린]麒麟 기린인(眞)

(七)

麌 위 [우]牡鹿수 사슴우(麌)

⿰鹿余 과同 騟

⿸鹿具 위 [어]驢也 노쇠어(魚)

麎 천 [신]牝麋암코 라니신(眞)

麐 [린]牝 麒암 기린 린(震)

麏 쥔 [균]鹿屬고 라니균(眞)

(八)

麖 징 [경]大鹿午尾一 角큰사슴경(庚)

⿸鹿隹 쮀 [추]鹿一歲한살 된사슴추(支)

麓 루 [록]山足산 기슭록(屋)

麑 녀 [예]鹿子사슴 새끼예(齊)

麒 치 [기]仁獸ㅣ麟 기린기(支)

⿸鹿取 추 [추]小鹿작은 사슴추(虞)

麔 쮜 [구]牡麋수코 라니구(有)

⿸鹿畄 과同 麔

麗 리 [려][리]美 也고울

려，附著붙을리(霽)
(九)
麛 미 [미]獸初生잣낳은짐승미(支)
麚 麚와同
麙 옌 [암]山羊大而細角크고뿔가는산양암(咸)
麘 향 [향]麝香鹿사향사슴향(陽)
(十)
麝 쎠 [사]似麞臍香사향노루사(禡)
麜 리 [률]牝麕암노루률(質)
(十一)
⿸鹿速 쑤 [속]鹿跡사슴발자국속(屋)
麞 獐과同
(十二)
麟 린 [린]仁獸毛蟲長기린린(眞)
(十三)
⿸鹿彔 루 [록]獸名似鹿짐승이름록(屋)
⿸鹿令 麢과同
麠 同麖
(十七)
麢 [령]大羊角細而圓영양령(青)
(二十二)
麤 추 [추]大也클추(虞)

麥部

麥 머 [맥]五穀之一有芒穀來麰秋種夏熟보리맥(陌)
麦 麥와同
(三)
⿰麥乇 톼 [탁]餠也떡탁(藥)
⿰麥弋 이 [익]麥穀破碎者보릿겨익(職)
⿰麥亡 망 [망]麥芒보리꺼러망(陽)
麧 히 [흘]糏也磨麥糖ㅣ보리싸라기흘(月)
(四)
麩 부 [부]小麥屑皮밀기울부(虞)
⿰麥夬 [열]麴ㅣ누룩열(屑)
麪 멘 [면]麥末밀가루면(霰)
麨 찬 [초]糗也蒸麥成屑찐보리가루초(篠)
(五)
⿰麥穴 훠 [활]麴也누룩활(黠)
麮 취 [거]麥甘粥보리죽거(語)
⿰麥占 데 [첩]黏粟차조첩(葉)
麭 퐈 [포]餌也경단포(效)
麬 麩과同
⿰麥巨 거 [거]蜜餌과자거(語)
麱 머 [말]麪也가루말(曷)
(六)
䴵 [병]麥餠보리떡병(梗)
麰 뫄 [모]大麥五穀之長갈보리모(尤)
麯 麴과同
(七)
⿰麥完 훈 [혼]麥麴보리누룩혼(元)
⿰麥肙 좐 [견]麥藁보릿집견(先)
⿰麥寽 라 [라]粟粥조릿죽라(箇)
⿰麥見 쎈 [한]麥粉보릿가루한(諫)
⿰麥利 리 [리]麥酒보리술리(支)
⿰麥肖 ⿰麥肙과同
(八)
⿰麥昆 훈 [혼]粒麥쌀보리혼(元)
⿰麥夜 예 [야]碧麥皮麧밀기울야(禡)
⿰麥卑 삐 [비]麴也누룩비(支)
⿰麥咅 부 [부]小麥粉餠밀가루떡부(有)
麳 [래]小麥밀래(灰)
麴 취 [국]酒母ㅣ櫱누룩국(屋)
⿰麥匋 도 [도]麥餠보리떡도(豪)
⿰麥幷 [병]麪餈밀떡병 國字
(九)
⿰麥酋 찬 [초]麨也볶은보리가루초(篠)
麵 麪俗字
[illegible] [illegible]과同

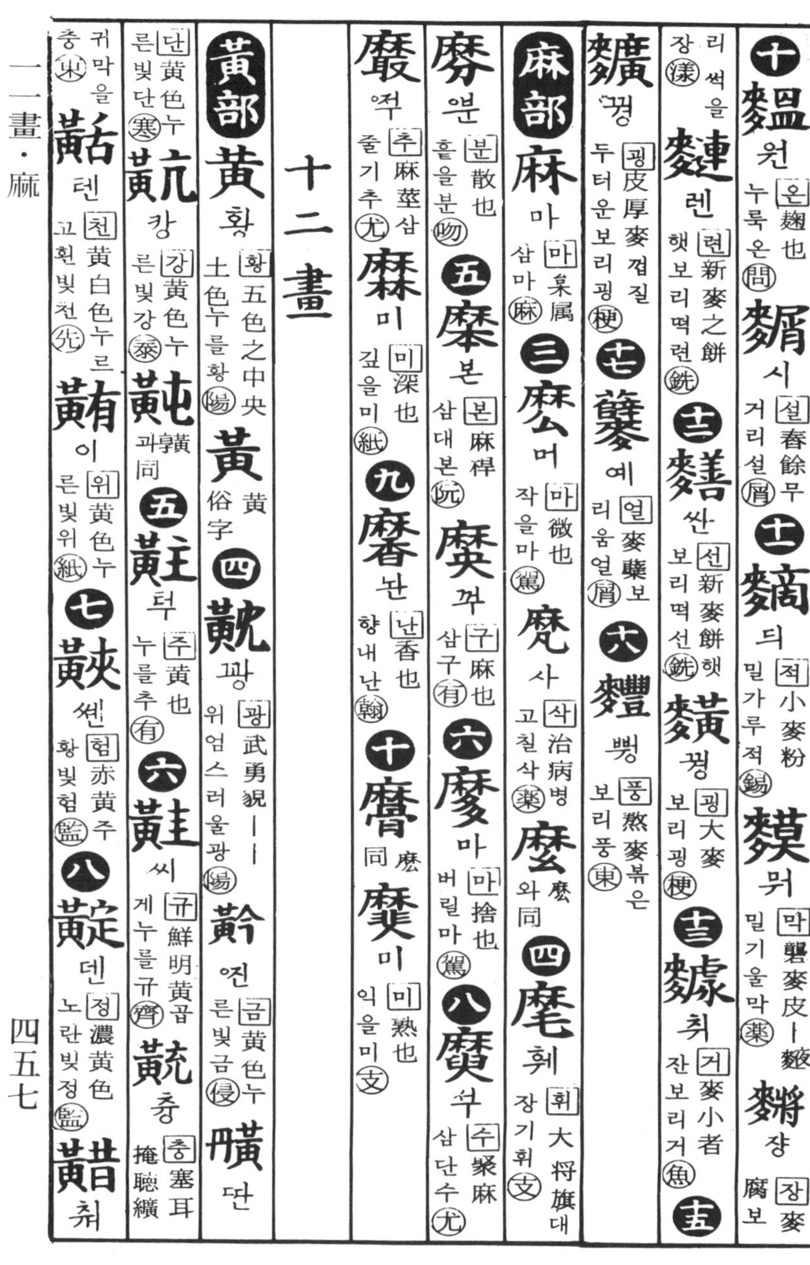

⑩ ⿰麥昷 원 [온]麴也 누룩온 (問) ⿰麥屑 시 [설]春餘 무거리설 (屑) ⑪ ⿰麥啇 듸 [적]小麥粉 밀가루적 (錫) ⿰麥莫 뭐 [막]麮麥皮ㅣ麧 밀기울막 (藥) ⿰麥將 쟝 [장]麥腐 보리 썩을 장 (漾)

⿰麥連 련 [련]新麥之餅 햇보리떡련 (銑) ⑫ ⿰麥善 싼 [선]新麥餅 햇보리떡선 (銑) 麱 꿩 [광]大麥 보리광 (梗) ⑬ ⿰麥豦 취 [거]麥小者 잔보리거 (魚) ⑮

⿰麥廣 꿩 [광]皮厚麥 껍질 두터운보리광 (梗) ⑰ ⿱蘖麥 예 [얼]麥蘖 보리움얼 (屑) ⑱ 麷 뿡 [풍]熬麥볶은 보리풍 (東)

麻部

麻 마 [마]枲屬 삼마 (麻) ③ 麼 머 [마]微也 작을마 (禡) ⿸麻乇 사 [삭]治病병 고칠삭 (藥) 麽 와 麼同 ④ 麾 휘 [휘]大將旗대 장기휘 (支)

⿸麻分 뮨 [분]散也 흩을분 (吻) ⑤ ⿸麻本 본 [본]麻稈 삼대본 (阮) ⿸麻子 꺼 [子]麻也 삼子 (有) ⑥ ⿸麻女 마 [마]捨也 버릴마 (禡) ⑧ ⿸麻取 쉬 [수]緊麻 삼단수 (尤)

⿸麻皮 쪽 [추]麻莖삼 줄기추 (尤) ⿸麻林 미 [미]深也 깊을미 (紙) ⑨ ⿸麻香 난 [난]香也 향내난 (翰) ⑩ ⿸麻旨 麽同 ⿸麻非 미 [미]熟也 익을미 (支)

十二畫

黃部

黃 황 [황]五色之中央 土色 누를황 (陽) 黄 黃俗字 ④ 黋 쾅 [광]武勇貌ㅣㅣ 위엄스러울광 (陽) 黅 끔 [금]黃色누 른빛금 (侵) ⿰月黃 단 [단]黃色누 른빛단 (寒) ⿰黃亢 캉 [강]黃色누 른빛강 (漾) ⿰黃屯 과 黃亨 同 ⑤ 黈 투 [주]黃也 누를주 (有) ⑥ 黊 씨 [규]鮮明黃 곱게누를규 (齊) ⿰黃充 츙 [충]塞耳 掩聽纊 귀막을 충 (宋)

黇 텬 [천]黃白色누르 고흰빛천 (先) 黆 이 [위]黃色누 른빛위 (紙) ⑦ ⿰黃夾 셴 [험]赤黃 주 황빛험 (監) ⑧ ⿰黃定 뎬 [정]濃黃色 노란빛정 (監) ⿰黃昔 취

十一畫·麻

〔작〕皮淡黃色 쩌질누를작(藥)

⿰享黃 툰 〔돈〕黃色누른빛돈(元)

九

⿰黃頁 윈 〔운〕面黃色얼굴누렬운(吻)

⿰黃耑 퇀 〔단〕黃黑色금향빛단(寒)

十

⿰黃員 윈 〔운〕黃色누른빛운(吻)

⿱殸黃 황 〔황〕卵中黃알속의노른자황(陽)

⿰華黃 황 〔황〕輝也빛날황(陽)

十三

黌 횡 〔횡〕學舍글방횡(庚)

黍部

黍 쓔 〔서〕禾屬粘者 기장서(語)

三

黎 리 〔려〕衆也 무리려(齊)

⿰黍刃 늬 〔닐〕黏也 차질닐(質)

四

⿰黍日 늬 〔닐〕黏著 붙을닐(質)

⿰黍丑 우 〔뉴〕黏也 차질뉴(有)

⿰黍互 후 〔호〕糊也 풀호(遇)

五

⿰黍包 퐌 〔표〕黍跛皮기장된장웃거덕표(效)

⿰黍尼 늬 〔녜〕黏也 찰질녜(齊)

黏 년 〔점〕ㅣ土 차질점(鹽)

⿰黍必 삐 〔필〕香也향내날필(質)

六

⿰黍朱 주 〔주〕黏也 찰질주(虞)

⿰黍多 나 〔나〕粘着짝붙을나(馬)

八

⿰黍居 쥐 〔거〕黍也 기장거(御)

⿰黍卷 쥰 〔권〕廣也 넓을권(阮)

⿰黍卑 삐 〔비〕稗也 피비(支)

九

⿰黍畐 뷱 〔복〕治黍禾豆下潰葉결입제칠복(屋)

⿰黍惉 년 〔점〕心有所著 마음붙일점(鹽)

十

⿰黍兼 렴 〔렴〕黍之疎기장성길렴(鹽)

⿰黍舀 탚 〔도〕蜀黍옥수수도(皓)

十一

⿰黍啇 듸 〔적〕糊也 풀적(錫)

⿰黍麻 머 〔마〕黏黍찰기장마(麻)

黐 리 〔리〕所以黏鳥끈끈이리(支)

十六

⿰黍龍 룽 〔롱〕黏也 찰질롱(董)

⿰黍遺 이 〔유〕黏也 찰질유(支)

黑部

黑 희 〔흑〕五色之一北方陰色검을흑(職)

黒 黑俗字

一

⿰黑乙 야 〔알〕深黑色ㅣ昧 어두울알(黠)

三

黓 이 〔익〕黑色 검을익(職)

⿰黑勺 듸 〔적〕以丹注面玄 연지찍을적(錫)

⿰黑大 대 〔대〕墨痕 먹흔적대(泰)

⿰黑乇 투 〔도〕深黑색 캄할도(遇)

⿰黑干 同皯

四

默 머 〔묵〕不語恭ㅣ 잠잠할묵(職)

黕 딴 〔담〕滓垢黑貌 때낄담(感)

黔 친 〔금〕〔검〕黎也ㅣ首 검을검 神名ㅣ嬴ㅣ雷귀신이름금(侵)

黗 튠 〔돈〕濁也 흐릴돈(阮)

⿰黑犬 미 〔멱〕刑也 極ㅣ 형벌할멱(錫)

⿰黑予 슈 〔서〕黑也 검을서(語)

⿰黑亢 캉

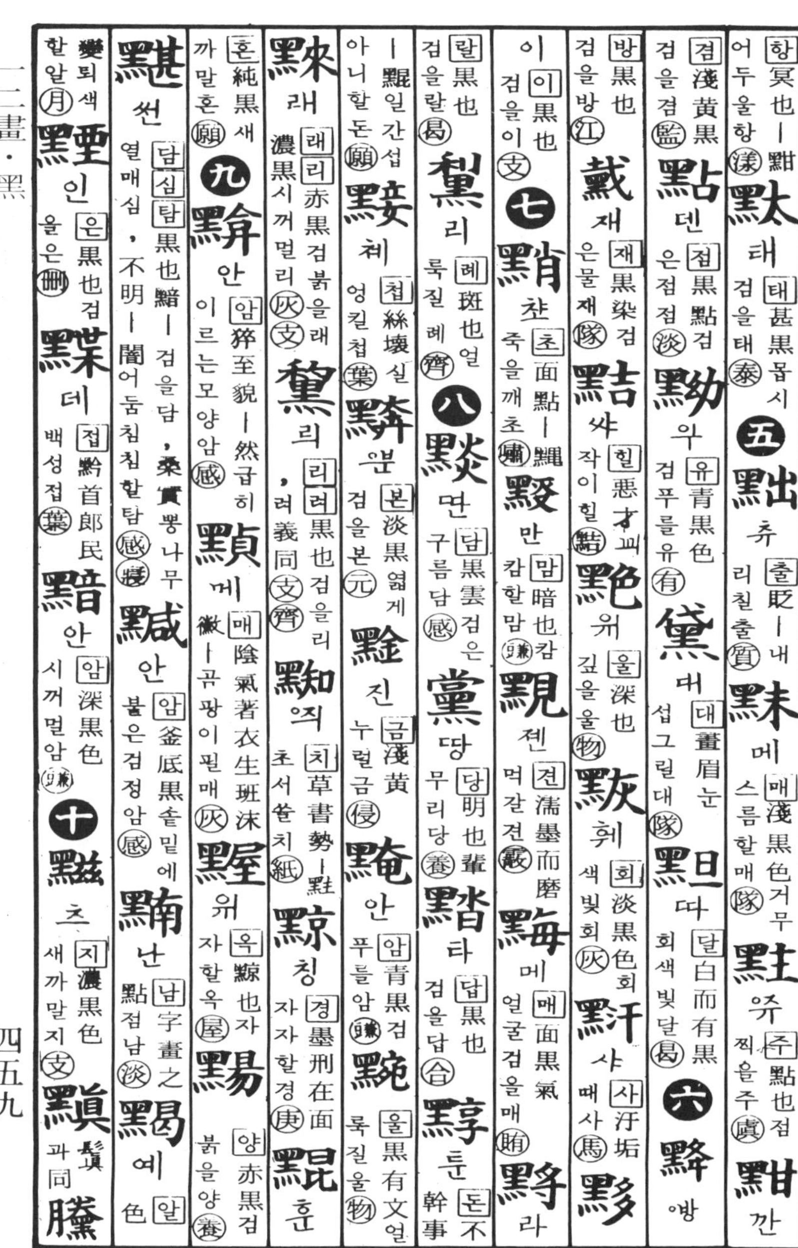

항 冥也ㅣ黚 어두울항 (漾)

⿰黑太 태 태 甚黑 몹시검을태 (泰)

五

黜 츄 출 貶ㅣ내리칠출 (質)

⿰黑末 메 매 淺黑色거무스름할매 (隊)

黈 쥬 주 點也 점찍을주 (麌)

黚 깐 겸 淺黃黑 검을겸 (鹽)

點 뎜 점 黑點검은점점 (琰)

黝 유 유 青黑色 검푸를유 (有)

黛 대 대 畫眉눈섭그릴대 (隊)

⿰黑旦 따 달 白而有黑 회색빛달 (曷)

六

⿰黑夅 얭 방 黑也 검을방 (江)

⿹𢦏黑 재 재 黑染검은물재 (隊)

黠 햘 힐 惡才꾀 작이힐 (黠)

⿰黑色 위 울 深也 깊을울 (物)

⿰黑灰 훼 회 淡黑色회색빛회 (灰)

⿰黑汗 샤 사 汙垢 때사 (馬)

黟 이 이 黑也 검을이 (支)

七

⿰黑肖 챠 초 面點ㅣ黵 죽을깨초 (嘯)

⿰黑殳 만 맘 暗也 캄캄할맘 (豏)

⿰黑見 젼 견 濡墨而磨 먹갈견 (霰)

黣 메 매 面黑氣 얼굴검을매 (賄)

⿰黑寽 라 랄 黑也 검을랄 (曷)

黧 리 례 斑也 얼룩질례 (齊)

八

⿰黑炎 뎐 담 黑雲 검은구름담 (感)

黨 댱 당 明也 黨무리당 (養)

⿰黑沓 타 답 黑也 검을답 (合)

⿰黑享 툰 돈 不幹事 ㅣ黗일 간섭아니할돈 (願)

⿰黑妾 쳐 첩 絲壞 실엉킬첩 (葉)

⿰黑奔 얀 본 淡黑 엷게검을본 (元)

⿰黑金 진 금 淺黃 누렬금 (侵)

黤 안 암 青黑 검푸를암 (豏)

黦 울 黑有文 얼룩질울 (物)

⿰黑來 래 래리 赤黑 검붉을래 濃黑시꺼멀리 (灰)(支)

黧 리 리려 黑也 검을리, 려 義同 (支)(齊)

⿰黑知 치 치 草書勢ㅣ黊 초서쓸치 (紙)

黥 칭 경 墨刑在面 자자할경 (庚)

⿰黑昆 훈 혼 純黑 새까말혼 (願)

九

黭 안 암 猝至貌ㅣ然 갑자기 이르는모양암 (感)

⿰黑貞 메 매 陰氣著衣生班沫 黴ㅣ곰팡이필매 (灰)

⿰黑屋 위 옥 黫也 자자할옥 (屋)

⿰黑昜 양 赤黑 검붉을양 (養)

黮 썬 담심탐 黑也 黯ㅣ검을담, 桑實 뽕나무열매심, 不明ㅣ闇 어둠침침할탐 (感)(寑)

黬 안 암 釜底黑 솥밑에 붙은검정암 (感)

⿰黑南 난 남 字畫之點 점남 (淡)

⿰黑曷 예 알 色變 퇴색할알 (月)

黫 인 은 黑也 검을은 (刪)

⿰黑枼 뎌 접 黔首郎民 백성접 (葉)

黯 안 암 深黑色 시꺼멀암 (豏)

十

⿰黑兹 츠 지 濃黑色 새까말지 (支)

黰 鬒과 同

黱

대 深青새파랄대(隊)

䵥 우 욕 垢黑때묻을욕(沃)

䵆 미 멱 草木叢茸초목멀기멱(錫)

十一

黴 메 미 物中久雨青黑곰팡이미(支)

黳 이 예 小黑子죽은깨예(齊)

䵝 충 종 黑穴어두운구멍종(腫)

黲 참 物將敗色퇴색할참(感)

十二

䵴 정 증 面黑氣皯|얼굴에기미낄증(徑)

䵸 뵤 복 淺黑엷게검을복(屋)

䨺 되 대 雲之靉靆구름뜰대(隊)

䵣 시 극 赤黑검붉을극(職)

䵱 최 촬 黑也검을촬(曷)

䵬 청 증 米黑壞쌀썩어검을증(徑)

䵵 머 말 淺黑엷게검을말(黠)

黰 앤 암 雲暗구름어두울암(覃)

十三

䵲 찬 조 麻苦雨生壞장마에삼주저앉을조(蕭)

䵳 화 쾌 淺黑엷게검을쾌(卦)

䵶 화 활 黑色검은빛활(曷)

黵 얀 점 黑汚검게더러울점(淡)

䵺 잉 面黑子얼굴에검은사마귀잉(徑)

黬 견 검 黑也검을검(琰)

十四

黫 태 대 黑也검을대(灰)

黶 앤 염암 黑子검은사마귀염 黒痕검은흔적암(淡)

十五

䵹 깐 감 面黑얼굴검을감(感)

黷 뚜 독 濁也흐릴독(屋)

十六

黱 덩 등 淡黑엷게검을등(蒸)

黸 루 로 黑甚새까말로(虞)

䵻 리 력 黑也검은빛력(錫)

黹部

黹 찌 치 縫紩衣바느질할치(紙)

五

黻 약 불 裳繡兩己相背보불불(物)

七

黼 약 보 裳繡斧形黼보불보(麌)

九

䵿 변 履底신바닥변(銑)

十

䶀 츄 초 |||合五采鮮明色오색빛초(語)

黽部

黽 민 민맹면 勉힘쓸민, 鼁黽似青蛙而腹大맹꽁이맹, 弘農郡名|池땅이름면(軫)(梗)(銑)

四

黿 웬 원 介蟲之元似鼈而大以鼈爲雌큰자라원(元)

五

䵶 앙 앙 䵶也거북앙(陽)

鼂 찬 조 美玉|采고운옥조(蕭)

鼁 취 거 蟾蠩|鼁두꺼비거(有)

鼀 츅 축 蟾也두꺼비축(屋)

六

鼃 과 鼃과同

䵷 와 鼃와同

鼃 와 [왜][와]蝦蟇맹꽁이 왜,와 義同(佳)(麻) 鼄 과 蛛同 八 鼅 과 蜘同 九 鼀 차 [추]蟾蠩鼀ㅣ 두꺼비추(尤) 鼁 거 [갈]蛙聲개구리소리갈(曷) 鼇

취 [추]蟾也두꺼비추(尤) 十 黽 멍 [맹]邑名句ㅣ 골이름맹(庚) 鼇 오 [오]海中大鼈 큰자라오(豪) 十一 鼈 과 鼄同 十二 鼈 별 [별]介蟲鼈屬眼聽 자라별(屑)

鼉 타 [타]水蟲類魚有足似蜥而長 자라같은긴물고기타(歌) 十三 鼊 벽 [벽]似龜文如瑇瑁 거북벽(錫) 十四 鼊 시 [시]蟾諸鼀ㅣ 두꺼비시(支)

鼎部

鼎 뎡 [정]烹飪器三足兩耳솥정(迥) 鼑 鼎俗字 二 鼏 미 [멱]鼎蓋솥뚜껑멱(錫) 鼐 내 [내]大鼎큰솥내(賄)(隊) 三 鼒 재 [자]小鼎옹솥자재(支) 義同(灰) 十一 鬺 쟝 [상]煮也 지질상(陽)

十三畫

鼓部

鼓 꾸 [고]樂器革音북고(麌) 鼔 꾸 [고]擊也鳴也 두드릴고(麌) 一 鼓 鼓俗字 三 鼖 지 [격]鼓聲북소리격(錫) 五 鼛 광 [광]石聲돌소리광(梗)

鼕 둥 [동]鼓聲ㅣㅣ북소리동(冬) 鼖 부 [부]軍聲喧군사떠들석할부(虞) 鼗 차 [칩]打鼓邊북변죽칠칩(合) 六 鼛 타 [답]鼓聲북소리답(合) 鼛 타

[탑]鼓聲북소리탑(合) 鼗 도 [도]小鼓著소고도(豪) 鼛 충 [충]鼓聲북소리충(東) 七 鼘 둥 [동]鼓聲북소리동(東) 八 鼝 인 [연]鼓聲북소리연(先) 鼙 [비]騎鼓마상북비(齊)

鼛 따 [답]鼓聲雜沓북소리시끄러울답(合) 鼛 꼬 [고]役事車鼓큰북고(豪) 鼞 쿵 [공]不堅ㅣㅣ然튼튼하지못할공(東) 九 鼚 치 [칩]鼓不鳴북소리아니날칩(葉) 十

鼜 치 [척]軍旅守夜鼓 군사순경북척 (錫)

十一

鼞 탕 [당]鼓聲북 소리당 (陽)

十二

鼟 텅 [등]鼓聲ㅣㅣ 북소리등 (蒸)

十六

⿱鼓龍 룽 [롱]鼓寬聲북소리 누은모양롱 (冬)

鼠部

鼠 쑤 [서]穴蟲似獸 善盜쥐서 (語)

三

⿰鼠勺 뱌 [표]鼠屬飛食虎豹 범잡는쥐표 (效)

四

⿰鼠方 이반 [방]土鼠 흙쥐방 (陽)

⿰鼠今 깐 [감]蠑螈도 롱롱감 (覃)

鼤 원 [문]斑尾鼠꼬리 아롱진쥐문 (文)

鼣 뼤 [폐]鼠名쥐 이름폐 (隊)

鼢 蚡과同

⿰鼠同 잉 [경]斑鼠ㅣ⿰鼠今 얼룩쥐경 (靑)

五

鼨 쭝 [종]豹文鼠 다람쥐종 (東)

鼧 뒤 [타]鼠也 쥐타 (歌)

鼥 빠 [발]鼠肥者鼥 살찐쥐발 (曷)

鼦 貂과同

鼬 와 [유]黃鼠狼 족제비유 (有)

⿰鼠令 링 [령]班鼠 얼룩쥐령 (靑)

鼫 씨 [석]五技鼠 석쥐석 (陌)

鼪 씽 [생]飛鼠鼬能啖鼠呼 鼠狼족제비생 (庚)

鼩 취 [子]小鼠鼱ㅣ 새앙쥐子 (尤)

六

⿰鼠耳 얼 [이]鼠子쥐 새끼이 (紙)

⿰鼠幷 삥 [병]小鼠새 앙쥐병 (靑)

⿰鼠寺 씌 [시]鼠名쥐 이름시 (支)

七

鼮 띵 [정]豹文鼠얼 룩쥐정 (靑)

鼯 우 [오]飛生鼠似蝙蝠 名夷由박쥐오 (虞)

⿰鼠夋 쮠 [준]毛可爲筆 청서모준 (震)

鼰 넨 [년]似鼠而大蒼色在樹上 ㅣ鼠푸른다람쥐년 (霰)

八

鼱 잉 [정]小鼠ㅣ 새앙쥐정 (庚)

⿰鼠隹 쮜 [추]鼠也 쥐추 (支)

九

鼹 옌 [언]大鼠形如午好偃 河而飮水언쥐언 (阮)

⿰胡鼠 후 [호]似猿而白衚 흰원숭이호 (虞)

⿰鼠頁 씨 [혀]似鼠而白在樹 上흰다람쥐혀 (錫)

⿰鼠曷 애 [애]小鼠相銜尾而行鼷ㅣ서 로꼬리물고다니는쥐애 (泰)

鼵 투 [돌]與鳥同穴새와 함께사는쥐돌 (月)

鼳 격 [격]似鼠馬蹄長鬣 鼠수염긴쥐격 (錫)

鼲 훈 [혼]黃鼠다 람쥐혼 (元)

十

⿰鼠益 이 [익]鼠名쥐 이름익 (陌)

鼸 쎈 [함]田鼠두 더지함 (豏)

⿱𣪊鼠 꾸 [곡]鼬鼠족 제비곡 (屋)

鼶 씨 [사]鼠狼족 제비사 (支)

鼷 씨 [혜]耳鼠極細螫毒食人及鳥獸 皆不痛今甘口鼠새앙쥐혜 (齊)

⿱𣪊鼠 와⿱𣪊鼠同

十一

⿰鼠离 리 [리]小鼠相銜尾而行ㅣ遇서 로꼬리물고다니는쥐이 (支)

十二

⿰鼠番 빤 [번]鼠婦쥐며 느리번 (元)

十四畫

鼻部

鼻 삐 비 肺之竅 脾之發 콤비 (寘)

一

⿰鼻乚 찬 후 仰鼻齁ㅣ 들창고후 (宥)

二

鼽 차 子 病寒鼻窒감기 들어코막힐구 (尤)

三

鼿 올 仰鼻들 창코올 (月)

鼾 한 한 臥食ㅣ齁 코골한 (翰)

四

⿰鼻丑 착 뉵 鼻血 코피뉵 (屋)

⿰鼻欠 속 천 鼻中氣코 기운천 (先)

五

⿰鼻包 퐌 포 面瘡얼 굴얽을포 (效)

齁 후 鼻食 코골후 (尤)

⿰鼻占 뎐 점 鼻重貌코 늘어질점 (先)

⿰鼻丘 착 子 仰鼻ㅣ 들창코구 (有)

六

⿰至鼻 퇴 제 鼻憒氣재 채기할제 (霽)

⿰鼻合 하 합 鼻食齁 코숨합 (合)

⿰鼻圭 괘 鼻食聲코 숨소리괘 (灰)

⿰鼻至 致와同

八

齂 씌 희 臥食누어 숨쉴희 (寘)

九

齄 쟈 차 鼻紅生點 주부코차 (麻)

齃 알 鼻莖콧 대알 (曷)

十

齅 쓕 후 鼻取氣냄 새맡을후 (宥)

⿰鼻兼 겸 鼻垂貌ㅣ點 코늘어질겸 (監)

齆 웅 옹 鼻塞코 막힐옹 (送)

十一

⿰鼻率 쑤 솔 鼻聲코 소리솔 (月)

齇 쟈 차 鼻上皰주 부코차 (麻)

十二

⿰鼻晉 진 침 高鼻높 은코침 (侵)

十三

⿰鼻會 쾌 쾌 홰 瑞息숨찰쾌 鼻食곳숨홰 (駕)(泰)

齈 눙 농 鼻病 콧병농 (送)

十五

⿰鼻疐 致와同

十六

⿰鼻歷 릐 력 鼻別息냄새 분별할력 (錫)

齊部

齊 으ㅈ 제 재 자 等也가지런할제, 衣下縫ㅣ衰상옷아랫단올자 (齊)(佳)(支)

斉 齊俗字

三

齋 ᄋᆡ재 재 潔也ㅣ戒재계할 재燕居室집재 (佳)

四

齌 으ㅈ 제 疾也빠를제 (齊)

五

⿱齊朿 지 치 盛禾祭器기장 담는제사그릇치 (支)

齍 으ㅈ 자 ㅣ盤黍稷器 서직그릇자 (支)

七

齎 재 자 제 持也가질재 古音자, 제義同 (支)(齊)

九

齏 ᄋᆡ지 제 碎也 양념할제 (齊)

十五畫

齒部

齒 츠 [치]口斷骨上ㅣ下牙이치(紙)

一

齓 比과同

二

⿰齒八 파 [팔]齒聲이가는소리팔(黠)

齔 천 [친]毁齒이갈친(震)

三

齕 허 [흘]齧 也齮 물흘(月)

⿰齒也 치 [치]齒斷貌잇몸치(支)

⿰齒干 [언]齒露貌이드러날언(阮)

四

齖 야 [아]齒列不正뻐드렁니아(麻)

齘 쎄 [계]齒上下相抵處齒ㅣ이틈계(霽)

⿰齒巴 빠 [파]齒不正뻐드렁니파(麻)

⿰齒亢 항 [항]齒也씹을항(陽)

齗 인 [은]齒根肉잇몸은(文)

五

⿰齒失 데 [절]齒固貌이단단한절(屑)

齚 [색]齧也씹을색(陌)

齡 [령]年也나이령(靑)

⿰齒史 쓰 [시]齒好이고울시(紙)

齙 빠 [포]齒露이들어날포(肴)

齠 탸 [초]始毁齒이갈초(蕭)

齝 飼와同

齣 츄 [착]節句귀절착(陌)

⿰齒巨 [거]斷不잇몸부을거(語)

齟 쥐 [저]齒不相植ㅣ語이어긋날저(語)

⿰齒司 츠 [치]牛食復嚼새김질할지(支)

齛 쎄 [세]羊食後嚼양새김질할세(霽)

⿰齒立 리 [립]啖堅物聲깨물립(緝)

六

⿰齒舌 꽈 [괄]齧聲씹는소리괄(曷)

⿰齒曳 齪과同

齦 인 [은][간]齒根肉잇몸은 也씹을간(文)(阮)

⿰齒圭 애 [애]齒不齊이고르지않을애(佳)

⿰齒虫 취 [子]齒病朽缺너리먹을구(有)

⿰齒白 직 [구]白齒어금니구(有)

齧 [설]噬也깨물설(屑)

齩 [교]齧骨뼈깨물교(巧)

⿰齒寺 츠 [치]牛食草소가풀먹을치(支)

⿰齒并 삥 [병]竝齒통니병(庚)

齤 촨 [권]曲齒옥니권(先)

七

齬 워 [어]齒不相殖粗이어긋날어(語)

⿰齒告 꾸 [곡]治象牙상아다룰곡(沃)

⿰齒田 쿤 [곤]齒起貌ㅣ根이솟을곤(阮)

⿰齒夋 쏸 [산]齒酸이곱을산(寒)

齪 취 [착]急促局陿貌악착할착(覺)

⿰齒夾 쌰 [협]曲齒옥니협(洽)

齹 취 [차]齒差跌貌이가어긋날차(麻)

⿰齒含 안 [암]斷也잇몸암(覃)

⿱佗齒 타 [타]馬齒之長말이길타(歌)

八

齱 추

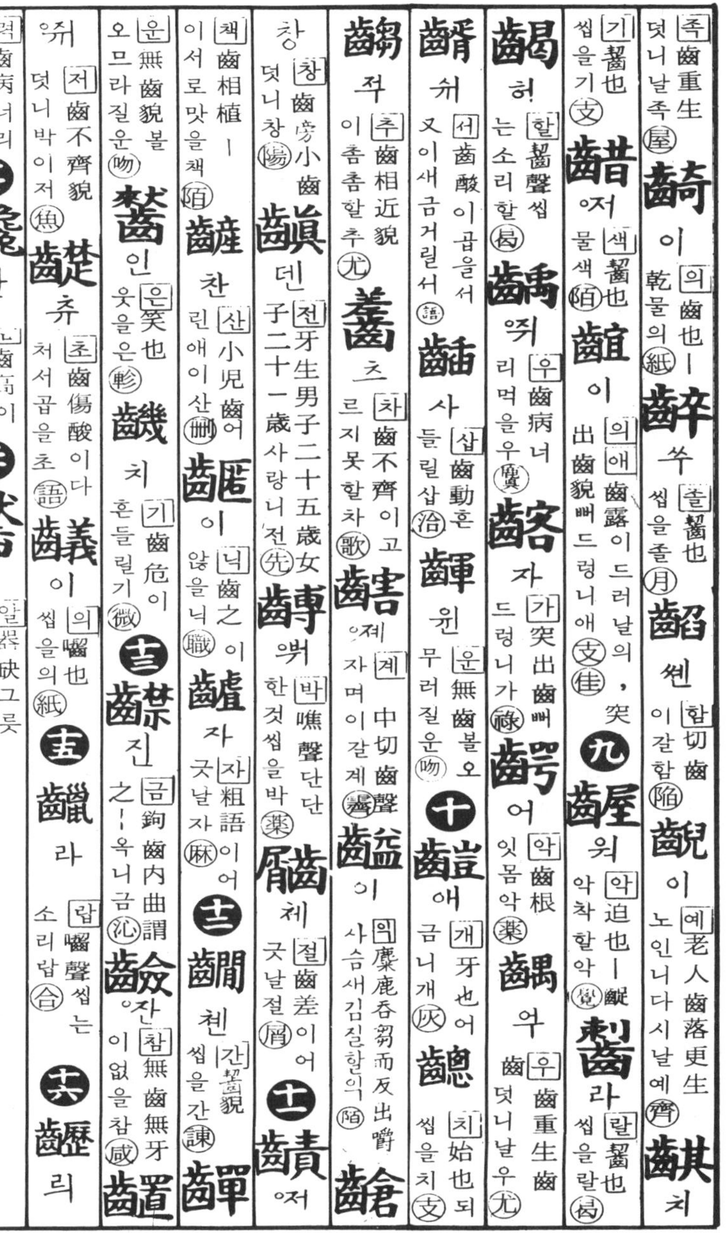

[족]齒重生 덧니날족(屋)

齮 이 [의]齒也ㅣ乾 물의(紙)

⿰齒卒 쑤 [졸]齧也 씹을졸(月)

齠 쎈 [함]切齒 이갈함(陷)

齯 이 [예]老人齒落更生 노인니다시날예(齊)

⿰齒其 치

[기]齧也 씹을기(支)

齰 ᄋ저 [색]齧也 물색(陌)

⿰齒宜 이 [의][애]齒露이드러날의, 突出齒貌뻐드렁니애(支)(佳)

九

齷 워 [악]迫也ㅣ齪 악착할악(覺)

⿱剌齒 라 [랄]齧也 씹을랄(曷)

⿰齒曷 허 [할]齧聲 씹는소리할(曷)

齲 ᄋ쥐 [우]齒病 너리먹을우(麌)

⿰齒客 자 [가]突出齒 뻐드렁니가(禡)

齶 어 [악]齒根 잇몸악(藥)

齵 어 [우]齒重生齒 덧니날우(尤)

⿰齒胥 쉬 [서]齒酸이곱을서 又이새금거릴서(語)

⿰齒舌 사 [삽]齒動흔 들릴삽(洽)

齳 윈 [운]無齒볼오 무러질운(吻)

十

⿰齒豈 애 [개]牙也어 금니개(灰)

⿰齒悤 [치]始也되 씹을치(支)

⿰齒芻 적 [추]齒相近貌 이촘촘할추(尤)

齹 ᄎ [차]齒不齊이고 르지못할차(歌)

⿰齒害 ᄋ졔 [계]中切齒聲 자며이갈계(霽)

齸 이 [익]麋鹿呑芻而反出嚼 사슴새김질할익(陌)

⿰齒倉 창 [창]齒旁小齒 덧니창(陽)

⿰齒眞 뎐 [전]牙生男子二十五歲女子二十一歲 사랑니전(先)

⿰齒專 ᄋ뷔 [박]噍聲단단 한것씹을박(藥)

⿰屑齒 쳬 [절]齒差이어 긋날절(屑)

十一

⿰齒責 ᄋ저 [책]齒相植ㅣ 이서로맞을책(陌)

⿰齒產 찬 [산]小兒齒어 린애이산(刪)

⿰齒居 이 [닉]齒之이 않을닉(職)

⿰齒虘 자 [자]粗語이어 긋날자(麻)

十二

⿰齒間 쳔 [간]齧貌 씹을간(諫)

⿰齒單 [운]無齒貌볼 오므라질운(吻)

⿱猌齒 인 [은]笑也 웃을은(軫)

⿰齒幾 치 [기]齒危이 흔들릴기(微)

十三

齽 진 [금]鉤齒內曲謂之ㅣ 옥니금(沁)

⿰齒僉 ᄋ잔 [참]無齒無牙 이없을참(咸)

⿰齒置 ᄋ쥐 [저]齒不齊貌 덧니박이저(魚)

齼 츄 [초]齒傷酸이다 처서곱을초(語)

⿰齒義 이 [의]齧也 씹을의(紙)

十五

⿰齒巤 라 [랍]齧聲씹는 소리랍(合)

十六

⿰齒歷 리 [력]齒病너리 먹을력(錫)

十七

⿰齒毚 찬 [삼]齒高이 높을삼(感)

二十

齾 녜 [알]器缺그릇 이빠질알(黠)

十六畫

龍部

龍 룡 [룡][롱]鱗蟲之長想像上神靈動物용룡 田中高處둔덕롱，龍同 [종]寵同(腫)(冬)

竜 龍古字

㊂ **龐** 룡 [롱][방]充實ㅣㅣ충실할롱，雜亂貌어수선할방(東)(冬)

龔 공 [공]謹也삼갈공(冬)

㊃ **龑** 엄 [엄]高明貌높고밝을엄(淡)

龓 룡 [롱]赤色붉은빛롱(東)

㊄ **龒** 룡 [룡]龍也용룡(冬)

㊅ **龕** 감 [감]塔下室감실감(覃)

瓏 룡 [롱]禱旱玉龍용그린홀롱(冬)

龏 공 [공]給也줄공(冬)

㊇ **龗** 룡 [롱]雷聲우뢰소리롱(東)

(十六) **龖** [답]龍行용이가는모양답

(四十八) **𪚥** [절]多言말많을절

十七畫

龜部

龜 귀 [귀][균][구]甲蟲之長外骨內肉天性無雄以池為雄 거북귀 手陳被瘃손얼어터질균，西域屬國ㅣ滋나라이름구(支)(眞)(尤)

亀 龜俗字

㊃ **⿰龜毛** 잔 [조]毛飾物털치장조(蕭)

⿱龜灬 쟈 [초]灼龜ㅣ兆거북지저점칠초(蕭)

㊄ **⿺龜冉** 꿔 [거]蟾也두꺼비저(御)

⿱穴龜 퍼 [파]龜也거북파(駕)

龝 秋古字

㊉ **⿱𡿺龜** [휴]大龜큰거북휴(齊)

龠部

龠 약 [약]管樂名피리약(藥)

㊃ **⿰龠亢** 야 [약]仰也우러를약(藥)

⿰龠斤 인 [은]大箎큰저은(眞)

龡 [취]以氣推發其聲불취(支)

㊄ **龢** 화 [화]和也화할화(歌)

㊇ **龣** 각 [각][록]東方之오음의하나각，록義同(覺)(屋)

⿱炊龠 [취]音律管壎之樂악기를불취(支)

㊈ **龥** 유 [유]疾首號呼부르짖을유(遇)

龤 해 [해]樂龠也노래의가락이조화될해(佳)

㊉ **⿰龠虎** [지]如號피리지(支)

⿰龠殳 [렴]今之杖鼓채로치는북렴(監)

終

音訓索引（가·나·다·순）

가

可 옳을가 加 더할가 咖 커피차가 呵 기운불가 哥 언니가 哿 아름다울가 ⿰口迦 더러운말가 嘏 북가 ⿰犭加 큰원숭이가 伽 절가 珈 비녀치장가 牁 말뚝가

嘉 아름다울가 牁 배매는말뚝가 佳 착할가 傢 시험가 ⿰牛叚 소힘있을가 牫 뿔가 乫 성가 毠 털옷가 ⿰氵岢 배가모래에붙을가 泇 진흐를가 渮 물가

⿰氵岢 물이름가 價 값가 徦 이를가 幏 오랑캐의세금내는베가 岢 산이름가 戨 말뚝가 嫁 시집갈가 ⿸广來 집지을가 坷 길험할가 ⿰山加 산이벌려선모양가 ⿱加心 바를가

⿰可攴 칠가 愘 몰래할가 斝 옥잔가 枷 도리깨채가 柯 가지가 架 시렁가 榎 싸리나무가 椵 유자가 檟 가나무가 家 집가 珂 흰마노가 ⿱可石 물가

⿰女叚 고을가 暇 한가할가 葭 갈가 假 거짓가 猳 누르고허연은점박인큰곰가 瘕 적병가 貑 수틈가 ⿰叚頁 헛된말가 歌 노래가 ⿰木哥 나무비뚜루설가 ⿱艹哥 박하가

⿰賈鳥 매가 痂 헌데딱지가 蚵 도마뱀가 袈 가사가 街 거리가 訶 꾸지람가 ⿰言契 교묘한말가 舸 큰배가 ⿰舟戈 작은배가 苛 잔풀가 茄 가지가 跒 난장이가

跏 도사리고앉을가 ⿰酉可 쓴술가 軻 배못만날가 迦 부처이름가 ⿺辶加 좌우로걸을가 ⿰可頁 머리기우리고볼가 駕 멍에가 魺 자가사리가 ⿰礻可 제사가 砢 돌서덜가 稼 곡식심을가

笳 피리가 ⿰麥加 도리깨가 ⿰月叚 창자병가 ⿰齒客 뻐드렁니가 ⿱加冏 거위가 鴐 들거위가 麚 수사슴가

각

角 뿔각 覺 깨달을각 ⿰阝各 사람의이름각 閣 집각

躩 발굽힐각 ⿺走矍 뚜벅뚜벅걸을각 鬥 싸울각 鷇 새알깔각 擱 버틸각 嶨 산에돌자갈많을각 桷 서까래각 榷 독득할각 㲉 알깔각 毃 머리때릴각

殼 껍질각 珏 쌍옥각 硌 단단한돌각 礐 돌소리각 脚 종아리각 傕 이름각 刻 새길각 ⿱竹角 대서까래각 愨 정성각 ⿰各卩 땅이름각 慤 삼갈각 恪 공경할각

捔 앞뒤로얽을각 搉 두드릴각 斠 고미래각 ⿰忄却 책상각 蠼 큰원숭이각 ⿰木壳 탱자나무각 ⿰丯刂 새길각 卻 물리칠각 埆 험할각 各 각각각 袼

소매 각
塙 굳은흙 각
埆 흙마를 각
圈 채쪽소리 각
却 막을 각

간

奸 통간할 간
衦 베주머니 간
刊 책박을 간
干 방패 간
赶 쫓을 긴
侃 강직할 간
㵎 산골물 간
榦 줄기 간
䃤 화려할 간
姦 간사할 간
墾 개간할 간
豤 씹을 간
豤 큰돝 간
詪 듣지않을 간
諫 간할 간
衎 믿을 간
䵎 올라갈 간
骭 정강이뼈 간
迀 나아갈 간
鐗 쇠덩이 간
䢿 땅이름 간
玕 예쁜돌 간
犴 소머무를 간
澗 시내 간
涆 물흐를 간
檊 산뽕나무 간
肝 간 간
鳱 기러기 간
琨 옥돌 간
皯 얼굴에기미낄 간
癎 간기 간
盂 큰바리 간
盰 눈부릅뜰 간
看 볼 간
芉 율무 간
菅 띠 간
蕑 들난초 간
虷 쟁갑이 간
䅌 벼줄거리 간
贛 여물찌끼 간
[臤+虫] 누에 간
䙿 실패 간
橺 치마주름 간
䙍 헌옷 간
衦 옷펼 간
稈 벼집 간
簡 편지 간
竿 대줄기 간
硍 돌에흔적있을 간
笴 살대 간
紆 옷만져펼 간
繝 문의 간
粯 쌀가루 간
鬝 머리밑 간
齴 씹을 간
鬜 성긴터럭 간
椅 자루 간
顅 터럭적을 간
靬 마른가죽 간
鵫 대까치 간
乾 마를 간
幹 나무줄기 간
漧 마를 간
榦 줄기 간
臤 굳을 간
慳 아낄 간
偘 굳셀 간
艱 어려울 간
看 볼 간
揀 가릴 간
囏 어려울 간
㵎 시내 간
柬 가릴 간
磵 시내 간
瞯 밝을 간
間 사이 간

갈

曷 어찌 갈
嵑 홀로선산 갈
喝 꾸짖을 갈
扴 긁을 갈
啐 거절할 갈
圿 때낄 갈
楬 풍류그칠 갈
暍 더위먹을 갈
擖 긁을 갈
毼 모직 갈
嶱 산옷뚝할 갈
䫿 방패세워둘 갈
碣 비석 갈
竭 마를 갈
稭 집 갈
瘍 속갑갑할 갈
骼 뼈 갈
鶡 새이름 갈
鞨 나라이름 갈
鍻 금으로장식한북 갈
葛 칡 갈
轕 달릴 갈
褐 털베 갈
羯 불깐양 갈
篛 풍류 갈
濭 물결 갈
渴 목마를 갈
鶡 백설조 갈
䵷 개구리소리 갈
䩐 안갑 갈
骱 작은뼈 갈
秸 볏짚 갈
害 어찌 갈
介 짐승 갈
[加+巴] 땅이름 갈

감

甘 달 감
咁 먹을 감
勘 마감할 감
凵 입벌릴 감
坩 도가니 감
墈 험한비탈 감
[口+感] 짖을 감
埳 구덩이 감
坎 구덩이 감
矙 볼 감
堪 견딜 감
[山+臽] 산구덩이 감
[辶+兼] 비틀거릴 감
減 덜 감
[氵+邯] 혹그러할 감
豤 씹을 감
玵 아름다운옥 감
玪 옥돌 감
撖 개소리 감
疳 감질 감
監 볼 감

四六九

音訓索引

蔃 개나리 강 膙 힘쭐설 강 薑 생강 강 蜣 쇠똥구리 강 㥉 어그러질 강 螗 잠자리 강 蝹 죽은누에 강 𧐄 바구미 강 袶 풀이름 강 扛 들 강 佭 뻣뻣할 강 傋 아첨아니할 강

僵 자빠질 강 剛 굳셀 강 勥 쫓을 강 㓻 굳셀 강 啌 양치할 강 𡁑 기침소리 강 堈 독 강 壃 지경 강 夯 다질 강 穅 겨 강 鏹 금 강 礓 조약돌 강

絳 강초 강 㝩 빌 강 綱 벼리 강 繮 말고삐 강 糨 풀무리 강 𥫱 용수 강 鋼 독 강 羌 되 강 罡 강별 강 𤞑 장될 강 鑋 납 강 𩟗 찬밥 강 㧏 들 강

殭 죽어썩지않을 강 橿 박달나무 강 韁 고삐 강 顜 밝을 강 耩 밭갈 강 舩 뿔들 강 𪏮 누른빛 강 魧 큰자개 강 𩨎 꽁무니뼈 강 䣭 염전 강 鋼 강철 강 襁 포대기 강

𢪠 쌍돛달 강 掆 들 강 𪉗 염전 강 㭎 강나무 강 栙 뜸 강 𣤊 빌 강 𣧈 시체 강 忼 강개할 강

개

皆 다 개 喈 새소리 개 峇 새벽별 개 吤 큰소리 개

价 클 개 介 중매할 개 丐 빌 개 个 낱 개 凱 착할 개 勓 힘쓸 개 剴 낫 개 𧪜 웃논소리 개 嘅 성낼 개 𦫳 양의뿔벌어진모양 개 芥 겨자 개 𦃇 굵은실 개

蓋 덮을 개 蚧 흰조개 개 𧍪 참개구리 개 蛢 반딧불 개 衸 행전 개 𧞣 웃옷 개 𣪠 깊고굳을 개 改 고칠 개 揩 문질러홈칠 개 扢 갈 개 愷 승전악 개 忋 믿을 개

慨 강개할 개 𢘻 걱정없을 개 斺 맺을 개 暟 아름다울 개 𣩝 첫아이밸 개 𣪘 웃을 개 鍇 좋은쇠 개 鎧 갑옷 개 𩭡 말깎이 개 開 열 개 阣 험할 개

闓 열 개 𩖈 머리뼈 개 䩞 북이름 개 頣 빰밑 개 馻 말꼬리잡아맬 개 𩗴 바람 개 魪 가자미 개 漑 물댈 개 犗 불깐소 개 犿 송아지 개 𤮍 암키와 개

磕 돌소리 개 𥓌 검은옥돌 개 祴 벽돌깐길 개 箇 낱 개 玠 홀 개 𤩝 사람의이름 개 疥 옴 개 𡇼 빛날 개 塏 밝을 개 𡠆 맘번뇌할 개 𡧾 홀로살 개 研 갈 개

尬 비틀거릴 개 岕 산험할 개 𢂁 수건 개 庎 개수판 개 忦 근심없을 개 𢓭 어뚝비뚝할 개 𨏔 수레소리 개 𩬊 쪽질 개 𡱀 엎드러질 개 鶛 수메추리 개 𪑦 검은대 개

鴧 참새 개 盖 덮을 개 豈 즐거울 개 摡 씻을 개 槪 대강 개 稭 볏짚 개 楷 모낼 개 偕 행악할 개 湝 찰 개 個 낱 개 愾 분할 개 解 벗을 개

匄 빌 개 匃 빌 개 圿 때 개 㾒 기침 개 愒 탐할 개 幆 갈장할 개 **객** 客 손 객 喀 기침 객 䘤 피토할 객 𦓔 곧게갈 객 格 횃대 객 挌 잡을 객 轚

수레칠 객 𧞤 갓옷속 객 **갱** 更 다시 갱 粳 멥쌀 갱 逕 토끼길 갱 䨣 구름뭉게뭉게필 갱 骾 목에뼈걸릴 갱 羹 국 갱 賡 이을 갱 輎 차채쭉 갱 秔 메벼 갱

阬 터 갱 叓 다시 갱 瞪 아릿아릿할 갱 硜 똑똑한체할 갱 滰 물돌아나갈 갱 罄 멀리할 갱 揯 당겨펼 갱 妔 예쁜계집 갱 坑 빠질 갱 鏗 금옥소리 갱 **갹** 蹻

신끌 갹 屩 짚신 갹 䐘 소혀 갹 臄 인중 갹 𧗿 느릴 갹 醵 돈걷을 갹 御 질 갹 噱 웃을 갹 **거** 巨 클 거 拒 막을 거 歫 그칠 거 渠 도랑 거 炬

횃불 거 璩 귀고리 거 秬 검은기장 거 磲 옥돌 거 姖 단정할 거 岠 산이크고험할 거 柜 참나무 거 距 지낼 거 駏 트기 거 鮔 발긴문어 거 苣 상치 거 鉅 클 거

耟 따비술 거 𥄫 밝을 거 趄 걸음 거 蚷 노래기 거 怇 업신여길 거 𪌆 과자 거 𪗋 잇몸무를 거 粔 약과 거 𩊠 안갑 거 車 수레 거 璩 귀고리 거 𡩧 저축할 거

居 거처할 거 䛯 말법도있을 거 去 갈 거 呿 입버릴 거 㯫 울타리 거 據 웅거할 거 懅 겁낼 거 勮 두려울 거 倨 거만할 거 俥 인력거 거 璩 옥고리 거 澽 마를 거

祛 물리칠 거 崌 깊은산 거 弆 감출 거 抾 가져갈 거 据 길거할 거 𣏢 길마 거 椐 궤 거 㰦 하품할 거 欅 참귀목 거 簴 소먹이그릇 거 䕮 북틀 거 筥 광주리 거

紶 실끈 거 胠 열 거 䝻 팔 거 豦 원숭이 거 𧳜 사나울 거 詓 어찌 거 蘧 거름풀 거 阹 외양간 거 𨺓 섬돌 거 鐻 북받침 거 醵 돈걷을 거 莒 감자 거 𨏖

바퀴둘레 거 鋸 톱 거 艍 거룻배 거 躆 짚을 거 踞 걸터앉을 거 𧾏 범할 거 擧 들 거 腒 포 거 籧 대지리 거 簴 북틀 거 虡 짐승 거 遽 급할 거 𧝣 옷고름 거

鶋 할미새 거 詓 소리 거 鴶 가마귀 거 麮 보리밥 거 𪍍 잔보리 거 欅 멜빵 거 袪 소매 거 裾 옷뒷자락 거 蟝 하루살이 거 䖪 두꺼비 거 蕖 연꽃 거 䕮

사라부루 거 蘧 석죽화 거 𪐴 기장 거 鼁 두꺼비 거 𪐱 검은기장 거 **건** 巾 수건 건 𤘶 불친소 건 件 조건 건 㹇 불깐소 건 健 굳셀 건 建 세울 건 犍

(불깐소건) 睷 눈으로세볼건 腱 힘줄건 [illegible] 외병들건 鞬 동개건 鰎 뱀장어건 騝 말건 鰎 열간한생선건 [illegible] 빗장건 鍵 열쇠건 踺 걸음속할건 毽 제기건

揵 들건 楗 문지방건 乾 하늘건 謇 말더듬을건 囝 아들건 [illegible] 한갓경쇠만울릴건 [illegible] 산꼬불꼬불할건 [illegible] 산굽을건 [illegible] 돌주춧건 [illegible] 제사건 虔 공경할건

搴 건초건 褰 바지건 [illegible] 바지건 [illegible] 바지건 騫 이지러질건 蹇 절건 謇 곧은말건 [illegible] 말떠듬거릴건 搴 빼건 攓 걷을건 [illegible] 걷을건 [illegible]

(가질건) [illegible] 모탕건 [illegible] 활장할건 [illegible] 말더듬더듬할건 [illegible] 도울건 愆 허물건 [illegible] 상륙건 [illegible] 맨몸건 [illegible] 구멍건 [illegible] 허물건 諐 허물건

걸

乞 빌걸 籺 고루게두량할걸 [illegible] 걸걸 傑 호걸걸 [illegible] 덮을걸 嵥 높을걸 搩 뺨잴걸 榤 홰걸 桀 사나울걸 滐 물이부딧고돌걸 [illegible] 메뚜기걸 朅 갈걸 藒 향풀걸

趌 달아날걸 偈 힘쓸걸 [illegible] 나무못걸 杰 호걸걸 [illegible] 삼지창걸 契 낫걸 担 들걸

검

劍 칼검 儉 검소할검 劒 칼검 撿 살필검 檢 간검할검 歛 탐할검

瞼 눈시울검 礆 돌험할검 羷 양의뿔비틀릴검 臉 뺨검 [illegible] 검을검 黔 검을검 鹼 소금물검 [illegible] 비단검 [illegible] 맘급할검 鈐 보습검 [illegible] 도요검 芡 마름검 鉆 (보습검)

겁

刼 겁박할겁 劫 겁탈할겁 [illegible] 소리겁 [illegible] 겁낼겁 [illegible] 마재겁 刦 겁빅할겁 砝 단단할겁 迲 자내겁 怯 겁낼겁 胠 허구리겁 跲 엎드러질겁 袷 (깃접)

拾 다시접 极 부담접 衱 옷깃접 [illegible] 굽지않은기와접

게

乩 점칠게 偈 쉴게 愒 쉴게 洎 윤택할게 憩 쉴게 屆 이를게 笄 비녀게 薊 대열매게

薊 잔풀게 垍 석비레게 [illegible] 따뜻할게 [illegible] 웃을게 [illegible] 그릇속빌게 [illegible] 옷헷칠게 憩 쉴게 膈 들게 [illegible] 깨질게

격

格 격식격 [illegible] 비낀가지격 挌 칠격

佫 이를격 茖 산파격 觡 사슴뿔격 骼 뼈격 骼 마른뼈격 檄 과격할격 激 급할격 獥 이리새끼격 譤 거짓격 薂 연밥격 鷊 새이름격 繳 주살격

湨 물결칠격 [illegible] 소격 狊 개노리고볼격 鶪 백로격 [illegible] 창격 [illegible] 땅험할격 [illegible] 대창살격 嗝 꿩울격 [illegible] 옷안격 [illegible] 말서로듣지못할격 搹 줌격 隔 멀격

膈 염치격 鬲 오지병격 翮 날개격 簎 대신격 綌 갈포격 帢 갈포격 墼 벽독격 𢐀 활집격 愅 꾸밀격 𢦏 다툴격 擊 칠격 挌 고칠격

棫 앞깃격 覡 박수격 虩 두려워할격 諽 꾸밀격 鞷 걸릴격 迟 갈격 郹 골이름격 闃 고요할격 斫 쌈할격 𩋁 안장격 𪇛 북소리격 鴃 자귀새격

毃 창격 鼳 작은쥐격 駃 새격

견

見 볼견 涀 작은도락견 䫣 먹갈견 䀹 멀리볼견 垷 진흙견 梘 홈통견 俔 비유할견 犬 개견 汱 물샐견 㵦 물가리할견

畎 밭도랑견 㷿 담글견 鰹 가물치견 鋻 강철견 堅 굳을견 掔 끌견 樫 떡갈나무견 攑 이끌견 狷 편협할견 窨 구멍견 甗 독밑구멍견

猏 세살된돝견 罥 걸릴견 羂 걸릴견 梋 좁을견 菺 촉규화견 肩 어깨견 鵑 뻐꾹새견 䴴 보리짚견 睊 흘겨볼견 悁 조급할견 䌸 그물견 鵳 새매견

䅌 보리대견 鋗 구리그릇견 絹 깁견 牽 이끌견 𤚗 소글리지않을견 縴 솜견 繾 다정스러울견 韆 허리띠견 𩝐 마른과자견 𩛙 마른떡견 鳽 새견

譴 성낼견 遣 보낼견 鑓 창견 緊 긴급할견 蚈 반딧불견 蠲 밝을견 繯 얽을견 麉 사슴견 豜 큰돝견 豣 큰돝견 趼 발부르틀견 鈃 목긴병견

鳽 새이름견 岍 산이름견 柬 작은묶음견 幵 평할견 秆 작은단견 汧 못견 豤 씹을견 蹮 빨리뛸견 兼 작은못견 𢄔 베견 𢟆 베이름견 𥳑 호적견 覍 대홈통견

繭 고치견 絚 줄맬견 訓 소리견 詃 꾀일견 甽 이랑견 甄 질그릇견 𤿸 부르틀견 絸 고친견 蠒 고치견

결

決 결단할결 𣅿 일식하는빛결

抉 갈가낼결 㢸 깍지손멜결 缺 이즈러질결 䀗 눈앓을결 駃 접동새결 鈌 깨질결 𦙶 똥구멍결 玦 노리개결 𧖳 파할결 觖 원망할결 訣 비결결 趹 말갈결

蚗 쓰르라미결 赽 찰결 䬅 바람불결 鴂 악결새결 潔 맑을결 稧 볏짚결 挈 두레박결 㮮 용드레결 㮏 두레박결 絜 헤아릴결 鍥 낫결 㓤 새길결 𦞧 목의맥결

契 생애결 禬 재앙결 紇 실한올결 䋕 실묶을결 結 맺을결 焆 불빛결 羯 수양결 僪 해무리결 𡙕 머리기울일결 𣦼 다할결 芵 초결명결 𨓑

멀결 㚇 담비결 鈌 찌를결 闋 쉴결 闃 문없을결 觖 뿔에반칠결 觼 미늘있는고리결 闋 마칠결 魝 고기썰결 杰 호걸결 朅 이러날결 紒 맺을결

拮 길거할결 桔 도랏이결 觼 고리결

겸

柑 재갈겸 拑 자갈겸 箝 재갈겸 黚 검을겸 鉗 목사실겸 舑 부리겸 拑 얽어맬겸 縑 갑견겸 鼸 코늘어질겸 鶼 새이름겸 䯡 몸마를겸 鶼 겸새겸 鰜 가자미겸 䭠 물리지않을겸 鎌 낫겸 豏 어려울겸 謙 겸손할겸 蒹 갈겸 䑎 배겸 膁 허구리겸 嵰 높고험할겸 傔 겸인할겸 兼 겸할겸 嗛 겸손겸 尠 적을겸 慊 앙심먹을겸 槏 창설주겸 歉 흉년들겸 蒹 대농겸 緊 입담을겸 扲 얼른잡을겸 趝 달아날겸 㝩 멀겸 鉼 끝겸 箝 집게겸

겹

唊 말많을겹 裌 겹옷겹 䛟 짓거릴겹 郟 땅이름겹 𩊭 구두겹 鵊 접동새겹 俠 아우를겹 掐 손톱적일겹 𥈞 눈자위꺼질겹 袷 겹옷겹

경

京 서울경 庚 별경 駉 말경 鯨 고래경 鯁 가시셀경 鯁 가시셀경 鱷 수고래경 勍 강할경 剠 자자경 𢈢 곳집경

景 별경 憬 깨달을경 驚 놀랠경 儆 경계할경 擎 들경 竟 마침경 境 지경경 幜 신부의면사포경 哽 목멜경 𢙾 원망할경 硬 굳셀경 㬲 해높을경

綆 드레박줄경 莄 풀줄기경 𨹹 위태할경 檾 어저귀경 頃 이랑경 頸 목경 鏡 거울경 餇 배부를경 䪫 풍류이름경 䰢 가릴경 剄 목찌를경 勁 굳셀경

𠯈 원숭이울경 𩨷 뼈경 俓 곧을경 巠 물줄기경 𥥆 빌경 逕 동안뜰경 鏧 쇠소리경 鵛 새이름경 牼 소정강이뼈경 𤞟 사냥할경 輕 가벼울경 踁 앙감질할경

痙 중풍뜰경 脛 종아리경 葝 산부추경 莖 줄기경 經 글경 踁 다리경 葝 대이름경 誙 말할경 䮝 말꿀샘낼경 傾 기우러질경 冏 빛날경 謦 소리길경

冂 멀경 囧 빛날경 冏 창밝을경 坰 들경 悜 맘껏하지못할경 惸 근심할경 慶 경사경 埂 구덩이경 嬛 외로울경 扃 빗장경 擏 몹시칠경 挭 대개경

敬 공경경 㪅 고칠경 瞏 눈광채경 磬 돌경쇠경 競 다툴경 絅 홑옷경 綮 힘줄얽힌곳경 坙 짤경 䡖 수레튼튼할경 𨏊 외바퀴차경 轚 수레튼튼할경

연고 고 枯 마를 고 沽 살 고 [疒+古] 어린아이입병 고 棝 쥐덫 고 痼 곤할 고 跍 걸터앉을 고 牯 암소 고 秙 벼여물지않을 고 [竹+古] 대 고 罟 그물 고 [食+固] 떡 고

菇 쥐참외 고 鯝 생선배리 고 固 굳을 고 [口+固] 소목도리질할 고 堌 오랜무덤 고 姑 시어머니 고 凅 얼울 고 [辛+古] 쓰고매울 고 酤 술살 고 鈷 다리미 고 錮 땜질할 고

辜 허물 고 酤 초김치 고 [鬼+古] 범이숨쉴 고 蛄 도로래 고 詁 주낼 고 婟 애낄 고 結 망개 고 崮 섬 고 [弓+古] 작은활 고 盬 소금 고 鴣 새 고 稒 고을이름 고 [扌+固]

고을이름 고 痼 고질 고 估 저자세금 고 告 고할 고 窖 움 고 悎 놀랄 고 靠 어길 고 窖 움 고 祰 빌 고 [告+羽] 빗개나를 고 誥 깨우쳐 고 [告+見] 오래볼 고 高

높을 고 敲 두드릴 고 暠 명백할 고 [疒+高] 문동병 고 稾 벼짚 고 殦 별바랠 고 篙 떼 고 膏 기름 고 [高+尻] 밝을 고 [高+頁] 큰머리 고 皜 휠 고 歊 털 고 槁 마를 고

[高+鳥] 골이름 고 [高+攴] 두드릴 고 鼓 북 고 蒿 쑥 고 孤 홀로 고 觚 술잔 고 柧 모질 고 箛 대쪽 고 [犭+瓜] 피리 고 苽 교미 고 胍 큰배 고 罛 큰그물 고 [酉+瓜] 술잔 고

菰 풀우거질 고 呱 아이울음소리 고 軱 큰뼈 고 拷 두드릴 고 撽 칠 고 [監+古] 모을 고 盬 소금밭 고 栲 복나무 고 梌 쥐엽나무 고 杲 높을 고 睾 불알 고

[illegible] 그릇 고 瞽 장님 고 桍 마른나무 고 槔 용드레 고 橰 무고나무 고 櫜 활집 고 滜 언덕 고 烤 불에말릴 고 燺 불에말릴 고 箍 대테멜 고 賈 살 고

[竹+考] 대고리 고 考 상고 고 羔 염소 고 羖 검은양 고 股 다리 고 [月+尻] 볼기 고 菒 마른풀 고 韟 활집 고 顧 돌아볼 고 [皐+頁] 큰얼굴 고 顆 머리 고 餻 흰떡 고

侤 다짐 고 兆 가릴 고 刳 쪼갤 고 臯 윤택할 고 郜 나라이름 고 [金+皐] 살이름 고 [門+皐] 외쪽문 고 藁 짚 고 [艹+高+毛] 저승 고 鼛 요화 고 袴 바지 고 [皐+見] 볼 고

嫴 계집죄인머물러둘 고 尻 꽁무니 고 庫 곳집 고 挎 잡을 고 雇 품팔 고 蠱 놀 고 [木+咎] 드레박 고 [骨+尻] 꽁무니뼈 고 皐 언덕 고 翺 노닐 고 [艹+皐] 풀성할 고

糕 시루떡 고 滜 못 고 窌 굴 고 絝 바지 고 頋 돌아볼 고 咎 이름 고 褲 바지 고 叩 두드릴 고

곡

告 청할 곡 鵠 따오기 곡 嚳 제곡 곡 捁 수갑 곡

艁 코끼리곡 梏 벼익을곡 閣 문소리곡 陪 큰언덕곡 頡 코우뚝할곡 齬 상아다를곡 曲 굽을곡 笛 누에발곡 唎 문초할곡 油 물이름곡 笛 누에발곡 瑴 옥곡

蛐 지렁이곡 谷 골곡 峪 평울곡 硲 산골자기곡 嚳 녀녀할곡 哭 울곡 嗀 입소리곡 嵩 굽을곡 弫 날랠곡 穀 곡식곡 瑴 쌍옥곡 縠 함곡 穀

저사곡 斛 휘곡 斛 석초곡 鬠 굽은뿔곡 觳 두려울곡 斛 큰상자곡 殼 겹넬곡 槲 떡갈나무곡 轂 바퀴통곡 螜 도로래곡 醫 술파리곡 穀 닥나무곡

觳 굽지않은질그릇곡 牿 외양간곡 阬 언덕곡 鬻 족제비곡 嗀 발등곡 珏 옥곡 韋 수레곡 槃 곡식곡 嬰 옥곡

㉾곤 困 곤할곤 細 짤곤 梱 정성곤

捆 두드릴곤 梱 옷동일곤 硱 돌떨어질곤 稛 곡식익을곤 梱 문지방곤 齫 이솟을곤 裍 단곤 緄 띠곤 惃 어지러울곤 崑 향풀곤 昆 형곤 崐 산이름곤 錕 붉은금곤

蜫 벌레곤 輥 빠르게구를곤 鯤 곤어곤 騉 말이름곤 猑 큰개곤 琨 아름다운옥곤 硯 종소리털할곤 鵾 곤이곤 崑 메곤 棍 곤장곤 鼻 후손곤

惲 잠방이곤 暉 큰눈툭불거질곤 褌 속것곤 鬣 삼그물곤 鵾 볼기곤 鯀 북돋을곤 蛙 벌레곤 衮 곤룡포곤 髡 머리깎을곤 諗 말분명하지못할곤 坤 땅곤

壼 궐내의복도곤 壞 진흙곤 踊 자취곤 閫 문지방곤 閪 궁문곤 朊 귀달이소곤 䫘 귀문곤 䫙 빰높을곤 鯀 곤어곤 鰥 어리석을곤 睔 큰눈곤 環 옥곤

橐 전대곤 滾 끓을물곤 丮 가지찌을곤

㉾골 骨 뼈골 勖 힘쓸골 鶻 매골 榾 삭정이골 搰 팔골 愲 심란할골 顝 추할골 菁 풀줄기골 縎 맺을골

滑 회해할골 瘠 무릎병골 汩 다스릴골 扣 끌어굴릴골 䫘 달호릴골 欲 마시는소리골 緪 실꾸리골 脇 볼기뼈골 頒 빰높을골

㉾곳 虛 곳곳 串 땅이름곳

㉾공 共 한가지공 供 이바지공 栱 말장공 拳 수갑공 桊 수갑공 烘 떨공 拱 꽂을공 笑 빌공 恭 공순할공 珙 큰옥공 工 장인공

倥 지각없을공 玔 낫질할공 功 공공 墳 땅이름공 崆 산이름공 攻 칠공 拏 잡을공 椌 기물질박할공 槓 막대공 栱 거루배공 涳 가는비공 幀 보자공

悾 정성스러울공 忹 맘급할공 恐 두려울공 愩 잘난체할공 笻 공대공 节 책력풀공 箜 소매공 䈵 수레덮는대뜸공 簀 삿갓공 䉍 쌀공 綋 실공 䂬

독공 𤝗 날아올공 耾 귀신소리들을공 灨 물이름공 羫 담늙을공 愩 댕구공 𤨖 옥띠공 玒 옥이름공 疘 밑빠질공 硿 공청공 䅝 늦벼공 碽 돌치는소리공 空

빌공 𧴪 결실될공 𥫂 속빌공 蛩 매미껍질공 貢 바칠공 灴 횃불공 䅝 짚공 邛 병될공 釭 굴대공 𡊄 토끼구멍공 鞏 가죽테공 鞚 말굴레공 頎 낯공

鞃 날가죽공 鵁 새모이사양할공 鴓 새이름공 跫 발자취소리공 輂 바퀴둘레공 控 끌공 公 귀공 玜 옥이름공 蚣 지네공 魟 새우공 唝 지껄일공 倥

작고못생길공 𪏉 작은잔공 孔 구멍공 𨚒 떡갈나무공 昇 도울공 廾 손맞잡을공 紡 길쌈공 贛 율무공 䖯 귀뚜라미공 贛 줄공 龔 줄공 䡗 관괴임공

줄공 颫 바람공 䃔 튼튼하지못할공 龏 삼갈공 鬃 머리엉킬공

과

果 과실과 菓 과실과 蜾 나나니벌과 褁 옷쌀과 顆 알과 餜 떡과 騍

암말과 猓 원숭이과 稞 보리과 窠 둥우리과 粿 정한쌀과 綶 얽어맬과 腂 부어서붉은발설과 棵 패협과 踝 복사뼈과 輠 차기름통과 錁 띠장과 倮 협애할과

剮 베일과 夥 많을과 堁 티끌일어날과 崍 산험할과 課 차례과 㞒 볼기뼈과 裹 쌀과 冎 벨과 薖 너그러울과 觸 뿔많을과 謌 말급할과 顆 짧은머리과

餜 먹을과 撾 칠과 檛 말채찍과 濄 물이름과 踻 발금과 過 지날과 鍋 누구과 鐹 낫과 剮 살발라낼과 媧 계집과 薖 매과 骫 손발굽으러지는병과

堝 도가니과 戈 창과 䣊 술빛과 萪 등나무과 蝌 올챙이과 科 과정과 蝌 뿔없는소과 餜 고물떡과 料 큰황소과 夸 사치할과 跨 걸터앉을과 姱 좋을과

䯞 띠치장할과 誇 자랑할과 胯 사태과 㚉 속적삼과 侉 잘란체할과 咵 빨리갈과 銙 띠돈과 舿 몸부드러울과 磆 반석과 瓜 외과 苽 꽃과 㾓 헌데과

䠸 발금과 訑 말더딜과 渠 잡을과 謖 서로그릇할과 餜 밥내릴과 骻 잔허리뼈과 寡 적을과 婐 아름다울과

곽

郭 성곽 廓 클곽 槨 덧관곽

槨 덧관 곽 漷 물이름 곽 𥗬 돌관 곽 𦗆 큰귀 곽 鞹 다룬가죽 곽 霍 빠를 곽 藿 콩잎 곽 𡾖 산이름 곽 檴 탱자나무 곽 癨 곽란 곽 韄 칼장식가죽 곽

籗 가리 곽 钁 괭이 곽 欔 보습 곽 戄 놀랄 곽

관

官 벼슬 관 𨀴 도망할 관 輨 줏대 관 𧙞 통바지 관 錧 보습 관 涫 끓을 관 琯 옥저 관 痯 근심병 관

倌 수레맡은사람 관 𠹉 새서로지저귈 관 綰 맬 관 𥞤 벼병들 관 管 대통 관 館 객사 관 𠩄 희롱할 관 悹 근심할 관 𢂾 머리싸는수건 관 棺 관 관 舘 집 관

菅 골 관 觀 볼 관 瓘 서옥 관 爟 봉화 관 灌 물댈 관 鑵 두레박 관 鱹 사람이름 관 矔 눈부릅뜰 관 鸛 황새 관 鑵 물뜨는그릇 관 貫 꿸 관 毌 꿸 관

遦 익힐 관 𣩣 다할 관 鏆 뚫을 관 䁆 볼 관 摜 떼뛸 관 慣 익숙할 관 冠 관 관 莞 왕굴 관 筦 피리 관 梡 우나라제기 관 窾 빌 관 窤 깊은구멍 관 髖 응치뼈 관

寬 너그러울 관 祼 강신할 관 關 빗장 관 悗 굴문 관 瑻 금옥마광할 관 𦀌 북에실꿸 관 寏 넓을 관 丱 북상투 관 𥁕 손씻는그릇 관 閞 쇠사슬 관 卝 쌍상투 관

串 꿰미 관 鏍 보습날 관 瘝 병들 관 盥 낯씻을 관 鏉 단근질할 관 脘 밥통 관 款 두드릴 관 𢸮 손맞잡을 관 徽 천이결을 관 弁 주나라 관

괄

秳 벼날 괄 筈 살오늬 괄 聒 요란할 괄 苦 하늘타리 괄 括 헤아릴 괄 懖 임의로할 괄 刮 긁을 괄 佸 회게할 괄 頢 짧은얼굴 괄 𩈹 낯작을 괄 闊 문열 괄

适 빠를 괄 萿 풀 괄 𦧜 혀널름거릴 괄 敌 다할 괄 栝 전나무 괄 髺 머리땋을 괄 𦧡 하늘타리 괄 䶎 씹는소리 괄 䀨 성내볼 괄 鴰 왜가리 괄 颳 모진바람 괄

䯏 뼈끝 괄 劀 긁은살도려낼 괄 𠯑 입막을 괄 恝 괄시할 괄 捖 긁을 괄 捌 나눌 괄

광

光 빛 광 硄 돌빛윤택할 광 𦊨 그물에가득할 광 胱 오줌통 광 咣 말잘할 광

垙 길거리 광 姯 환할 광 𨸝 밭사이길 광 侊 클 광 桄 베틀 광 洸 물솟을 광 珖 옥피리 광 矌 청맹관이 광 礦 쇠돌 광 穬 벼여물지않을 광 懬 빌 광

𦗩 귀넓을 광 纊 고운솜 광 𨵺 빗장 광 𩐶 소리 광 𩦢 말등도래질 광 𪎪 위엄스러울 광 𪍛 겹질두터운보리 광 𨇨 길넓고멀 광 𨎤 수레밑가로나무 광 𥼶 꾸민빛 광

鑛 쇠덩이광 儣 위엄스러울광 嚝 쇠북소리광 壙 광중광 廣 너를광 撗 챌광 曠 빌광 獷 추악할광 懭 모질광 儣 굳셀광 眶 눈두덩광 框 광판광

筐 모진대광주리광 頣 눈가광 閶 문도리나무광 距 급히갈광 恇 겁낼광 𤮱 어그러질광 敀 채마전언저리광 誑 속일광 迋 속일광 軭 물레광 狂 미칠광

鵟 부엉이광 㤮 속일광 眖 비칠광

괘

卦 점괘괘 掛 걸괘 挂 걸괘 罫 바둑판줄괘 絓 거리낄괘 褂 마고자괘 詿 그릇할괘 戈 창괘

䶑 코숨소리괘 柺 빌괘 喎 입비뚜러질괘 泾 물형세괘 𤸷 벼이삭병들괘 𤞴 개쫓을괘 𨆻 오줌괘 肐 허리앓을괘 蝸 벌레괘

괴

傀 엄전할괴 媿 부끄러울괴 塊 덩이괴 愧 부끄러울괴 瑰 옥돌괴 槐 느티나무괴 魁 으뜸괴 騩 재빛말괴 儈 거간군괴 擓 걷을괴 旝 기괴 癐 병터칠괴 穭 등겨괴

襘 옷깃괴 會 그림괴 廥 여물망괴 壞 무너질괴 𢿣 무너트릴괴 瓌 옥이름괴 𡄲 부를괴 蘹 회향괴 𥖁 조약돌괴 𥑥 돌옷같을괴 怪 괴이할괴 𠭧 숨쉴괴

欳 한숨쉴괴 乖 다를괴 𡨓 무너질괴 宔 전각괴 𥑢 돌부서질괴 拐 유인할괴 𡱗 홀로설괴 膭 뚱뚱할괴 蒯 기령풀괴 𦱀 잘룩할괴 甴 덩어리괴

恠 괴이할괴 蕢 풀괴 𦺅 풀괴

괵

嘓 귀치않을괵 膕 오금괵 𨊅 맨몸괵 幗 아낙네갓괵 聝 귀베일괵 䬎 바람괵 馘 목벨괵 𧢻 쇠뿔괵 瞁 눈감을괵

𣾿 물소리괵 虢 나라괵 敋 칠괵 𧽊 다리길괵

굉

厷 팔굉 宏 클굉 浤 바다물굉 汯 물흐를굉 硡 돌떨어지는소리굉 宖 큰집굉 紘 넓을굉

翃 벌레나를굉 肱 팔굉 𨋕 수레소리굉 閎 넓을굉 𨋫 수레소리굉 𥥧 아득할굉 鞃 수레앞에맨고삐굉 𪌭 보리굉 觵 뿔술잔굉 獷 개굉 訇 큰소리날굉

觥 클굉 轟 우르를굉 鍧 쇠북소리굉 鍠 북소리굉

교

敎 가르칠교 敫 노래할교 嬓 사람이름교 璬 차는옥교 皦 휠교 撽 칠교 噭 소울교 𨭲 그릇손잡이교

噭 싸울교 荍 금규화교 憿 행전교 繳 얽을교 𧭓 들쳐낼교 邀 따를교 校 학교교 郊 들교 較 비교할교 酵 술팔교 鉸 가위교 皎 흴교

烄 태울교 晈 할깃할깃볼교 袨 잠뱅이교 跤 종아리교 絞 급할교 挍 상고할교 蛟 교룡교 姣 아름다울교 鉸 풀무교 茭 마른꼴교 虠 범의소리교 咬 새지저귈교 珓 배교교 狡 교활할교 交 사귈교 佼 좋을교 骹 발목뼈교 鵁 교청새교 [illegible] 가죽주머니교 頝 아첨안할교 [illegible] 주머니교 餃 경단교 敲 맬교

橋 다리교 撟 손들교 [illegible] 길교 轎 가마교 [illegible] 나라이름교 蟜 개미교 矯 바로잡을교 穚 벼패어날교 譑 죄들어낼교 蹻 종아리교 僑 더니갈교 [illegible] 속교 繑 바지교 憍 방자할교 嬌 태도교 [illegible] 높은집교 嶠 산길교 嘺 어렴풋할교 [illegible] 나를교 蕎 모밀교 喬 큰나무교 [illegible] 뒤둥거릴교 鐈 솥교 蹻 날랠교 趫 전장할교 [illegible] 포교 僑 우거할교 鞽 나막신교 驕 교만할교 [illegible] 말교 鱎 우려기교 県 목메어달교 [illegible] 빌교 蟂 교달교 嘄 부르짖을교 齩 물교

攪 손놀릴교 橇 썰매교 漻 물벌창할교 蹺 발저겨디딜교 轇 세갈래질교 鄡 땅이름교 [illegible] 수레심대끝교 灚 물젖는소리교 [illegible] 그릇교 [illegible] 눈쌍꺼풀질교 磽 단단할교 窌 굴교 [illegible] 골자기클교 趬 사뿐사뿐걸을교 [illegible] 굴속집교 嵺 산모양교 [illegible] 엎드릴교 捁 흔들교 [illegible] 부르짖을교 [illegible] 높을교 [illegible] 인도할교 狢 건장할교 [illegible] 어아리나무교 艽 망초교 膠 아교교 [illegible] 진중할교 咪 움직일교 [illegible] 배속경길교 [illegible] 교활할교 巧 교할교 獟 날랠교 劭 권면교 [illegible] 올빼미교

鷮 꿩교 [illegible] 올빼미교 鴵 올빼미교 鷎 비둘기교 [illegible] 낮바르지못할교 酵 누룩교 [illegible] 피라미교

구

九 아홉구 厹 기쓸구 朹 아가위구 究 궁리할구 句 글귀절구 枸 구기자구 朐 멍에목거리구 翑 날개굽을구 耇 명길구 朐 포구 竘 다듬을구 敂 칠구 斪 호미구 昫 해돋아따뜻할구 狗 개구 鼩 생쥐구 欨 불구 [illegible] 마를구 [illegible] 보습구 臞 파리할구 瞿 노려볼구 [illegible] 숫돌구 懼 두려울구 戵 창구 灈 물이름구 欋 쇠시랑구 氍 담요구 [illegible] 부를구 搆 얽어모을구 [illegible] 봉화구 [illegible] 소구 構 지을구 區 감출구 嘔 토할구 [illegible] 따뜻할구 膒 오래된기름구 [illegible] 물마실구 漚 물거품구 瞘 눈움평구 毆 칠구 歐 성구

⿰忄弓 근심할 궁
躬 공순할 궁
⿰山穹 산모양 궁
⿰日穹 볕에말릴 궁
⿰氵穹 빨리흐를 궁
穹 높을 궁
藭 궁궁이 궁
⿰言穹 물을 궁
⿰身穹 부릴 궁
⿰身匀 공순할 궁
窮 궁진할 궁
⿰子宮 아기집 궁
宮 궁궐 궁
⿱艹宫 궁궁이 궁
⿱艹宮 궁궁이 궁
⿰虫宮 도마뱀 궁
⿰月宮 불알썩힐 궁
⿱穴躳 다할 궁
躳 몸 궁
⿰亻曲 추할 궁
⿰亻典 굽힐 궁
⿱穴躳 깊을 궁
⿰金卬 팔고리 궁
⿱髟兄 터럭엉킬 궁

귀

貴 귀할 귀
⿰衤貴 끈 귀
鐀 궤 귀
嘳 한숨쉴 귀
撌 당길 귀
瞶 죄다볼 귀
⿰危阝 마을 귀
⿸广危 무너질 귀
⿰金危 가래 귀
⿰革危 외뿔 귀
⿰口危 허락할 귀
槶 광주리 귀
鬼 귀신 귀
⿰糸鬼 비단 귀
⿰魚帚 말여뀌 귀
⿰山帰 돌아갈 귀
歸 돌아갈 귀
⿰貝爲 재물 귀
⿰酉癸 맑은술 귀
⿱山厥 산이불끈솟을 귀
⿱廾廾 활잡이 귀
⿰夬鳥 접동새 귀
劌 상할 귀
⿱隹夫 돌아볼 귀
龜 거북 귀
⿰木龜 느티나무 귀
⿰牛吉 소소리 귀

귁

摑 때릴 귁
幗 관 귁
蟈 개구리 귁
⿰谷攵 때릴 귁

귝

⿱奞鳥 성 귝

권

權 권세 권
⿰月雚 추할 권
蠸 노린재 권
⿰角雚 뿔두를 권
⿺走雚 달아날 권
⿰糸雚 풍뎅이 권
⿰足雚 걸을 권
顴 광대뼈 권
勸 권할 권
髖 광대뼈 권
拳 주먹 권
⿰氵卷 물흐를 권
⿰禾卷 벼포기 권
⿰米卷 죽되직할 권
⿰月卷 입시울 권
菤 도꼬마리 권
蜷 움추러질 권
綣 정다울 권
⿰衤卷 복건 권
捲 걷을 권
棬 동구리 권
⿸疒卷 병 권
⿰車卷 차끌 권
錈 쇠말릴 권
犈 다리거먼은소 권
婘 예쁠 권
卷 책 권
倦 게으를 권
踡 허리굽힐 권
惓 삼갈 권
⿰卷頁 굽은뿔 권
⿰韋卷 굽을 권
⿰彳卷 걸을 권
⿰黍卷 넓을 권
鬈 구레나룻 권
圈 짐승우리간 권
⿱龹衣 버선 권
絭 팔찌 권
眷 돌아볼 권
⿱龹皿 나무바리 권
⿱龹角 굽은뿔 권
桊 소코뚜레 권
⿱龹牛 소코뚜레 권
券 문서 권
⿱龹韋 가죽사분파할 권
帣 전대 권
⿱龹弓 소뇌활 권
齤 옥니 권
⿰忄眷 돌봐줄 권
⿱罒奠 실그물 권
⿱癶豕 밥뭉칠 권
⿱龹韋 가득이뜰 권
韏 다룬가죽 권
鬳 솥 권

궐

亅 갈구리 궐
厥 그 궐
蕨 고사리 궐
⿱厥虫 짐승 궐
蟩 벌레 궐
⿰角厥 뿔로받을 궐
⿰衤厥 옷걷고건늘 궐
⿺走厥 헤치고일어날 궐
⿱厥金 갈 궐
闕 대궐 궐
橛 말뚝 궐
欮 숨찰 궐
獗 도둑일어날 궐
瘚 기운질릴 궐
䂐 뜰 궐
⿰舟厥 배매는말뚝 궐
⿸厥月 꼬리밑둥 궐
鷢 조고리 궐
撅 칠 궐
劂 옵이칼 궐
⿰糸屈 열 궐
欪 열 궐
孓 짧을 궐

궤

樻 영수목 궤 櫃 궤 궤 饋 먹일 궤 潰 흩어질 궤 鞼 꺾을 궤 簣 삼태 궤 繢 짜든툿꼿 궤 蕢 둥구미 궤 憒 심란할 궤 匱 궤 궤 闠 저자문 궤 歈 고달플 궤

鱖 쏘가리 궤 蹶 움직일 궤 鐝 괭이 궤 撅 옷걷을 궤 几 궤 궤 机 책상 궤 氿 물가 궤 𣹉 물마를 궤 宄 도적 궤 軌 굴대 궤 佹 포갤 궤 觤 뿔길 궤 詭 속일 궤

鴭 접동새 궤 跪 꿇어앉을 궤 ⿰扌危 허러버릴 궤 祪 신주 궤 垝 무너진담 궤 姽 몸지어걸을 궤 恑 변할 궤 蔮 잠없는치포관 궤 簂 첩지 궤 簋 보 궤

麔 큰노루 궤 膭 허리아플 궤 厬 물잦을 궤 劌 벨 궤 凧 연 궤 臾 삼태기 궤 麂 큰고라니 궤

규

圭 홀 규 刲 찌를 규 奎 별이름 규 ⿰扌奎 찌를 규 ⿰⻊奎 발벌릴 규 跬 절음 규 邽 골이름 규 袿 부인옷 규 ⿸厂圭 화덕 규 罣 더러울 규 硅 유리만드는흙 규 ⿰耒圭 굽정이 규 茥 딸기 규 楏 호미자루 규 珪 서옥 규 ⿰圭乚 파 규

黊 곱게누를 규 摫 마름질할 규 規 법 규 ⿰魚規 복 규 槻 느티나무 규 ⿰忄癸 조급할 규 戣 양지창 규 揆 헤아릴 규 暌 해질 규 ⿰月癸 추할 규 ⿰耳癸 귀먹어리 규 睽 다를 규

鄈 땅이름 규 藈 쥐참외 규 ⿰衤癸 옷뒤틀릴 규 楑 방망이 규 湀 샘날 규 騤 말세찰 규 葵 아욱 규 叫 부르짖을 규 ⿰⻊丩 비틀거릴 규 虯 뿔없는용 규 叫 부를 규

赳 굳셀 규 朻 나무아래로굽을 규 ⿰⻊臾 비틀거릴 규 逵 큰길 규 躈 말굽 규 窺 엿볼 규 竅 구멍 규 頯 광대뼈 규 頄 광대뼈 규 頍 머리들 규 闚 엿볼 규 糺 걷을 규

閨 계집 규 蟉 용구비칠 규 [illegible] 음란하게볼 규 ⿰歸見 눈녀겨볼 규 犪 소이름 규 甗 시루구멍 규 馗 아홉거리 규 樛 가지늘어질 규 ⿰鳥雋 접동새 규 巂 접동새 규

균

呁 토할 균 均 고를 균 昀 날빛 균 畇 밭개간할 균 筠 대껍질 균 蚐 노래기 균 袀 군복 균 ⿰言勻 속일 균 鈞 설혼근 균 匀 고를 균 囷 서릴 균 蜠 자개 균

菌 버섯 균 ⿰自菌 땅버섯 균 箘 살대감 균 稛 묶을 균 硱 돌위태할 균 覠 크게볼 균 輑 굴통대 균 麕 고라니 균 甾 따비 균 龜 터질 균 麇 노루 균

귤

橘 귤 귤 獝 미칠 귤 ⿱艹矞 돌미나리 귤 ⿰貝矞 큰자개 귤 遹 미쳐뛰어나갈 귤 ⿰⻊矞 미쳐달아날 귤 ⿰鹵矞 장 귤 ⿺走矞 달아나랴고할 귤

극

克 이길 극 剋 제할 극 ⿰克虎

할미극 谻 게으를극 劇 연극극 𧆞 이길극 㞝 가질극 𡭴 틈극 𧮫 느른할극 𨟠 땅이름극 可 오랑캐극 革 급할극 屐 나무신극 襋 옷깃극 棘 가시성극

棘 풀극 䰹 수염극 撠 찔극 戟 창극 㦸 버들극 裓 옷뒷자락극 𩋿 급할극 極 가운데극 殛 죽일극 𧩼 말더듬거릴극 㥛 조급할극 亟 급할극 谻 곤할극 丮 잡을극 𪐴 검붉을극 郤 성극

근

斤 근근 妡 아름다울근 芹 미나리근 菦 쑥근 斳 싱금초근 赾 어려울근 近 가까울근 釿 대패근

靳 아낄근 堇 오두근 僅 겨우근 廑 작은집근 𢈢 오막살이근 慬 날랠근 漌 맑을근 㹕 소길들근 墐 진흙근 厪 적을근 𠻵 입시울근 勤 부지런할근

𥮐 대근 瑾 붉은옥근 瘽 병근 饉 주릴근 歏 모자랄근 螼 지렁이근 殣 묻을근 覲 뵈일근 謹 삼갈근 跟 발굼치근 根 뿌리근 跟 발뒤꿈치근 𢀳 받들근 巹 초례근 𢀶 펼근 鞎 묶을근 筋 힘줄근 㧢 덮을근

글

契 땅이름글

금

今 이제금 妗 외숙모금 𢻱 가질금

昑 밝을금 㸦 소혓병금 琴 거문고금 軡 수레금 黅 누른빛금 紟 옷고름금 耹 소리금 肣 걷을금 舲 새배금 芩 풀금 䔷 매자것줄기금 衿 옷깃금

靲 신들메금 金 쇠금 錦 비단금 㕋 돌땅금 惍 이할금 㾣 학질금 捦 사로잡을금 𪐝 누렬금 顩 주걱턱금 𥖱 험할금 禁 금할금 𦆜 실금

𢥞 잠잠할금 僸 우러를금 𨆢 앉을금 澿 추울금 㯲 책상금 噤 입담을금 𣝗 사리짝금 襟 옷깃금 齽 옥니금 衾 이불금 顉 머리움직일금 擒 사로잡을금 檎 능금 禽 새금 廞 모진마음금 黬 검고누른빛금

급

及 미칠급 岌 높을급 圾 높을급 彶 급히갈급 忣 급할급 㞝 문잠을쇠급

汲 물기를급 級 등급 芨 풀급 𨨏 호미급 𦯏 동아급 𨸝 사다리층계급 笈 상자급 鵖 새급 𦙄 고기국급 𠯗 배젖는소리급 𢓋 사람많이모일급 給 족할급

礏 산우뚝솟을급 㬤 마르려할급 嬆 맘청백할급 急 급할급

긍

肯 즐긍 𥛉 귀신이름긍 肎 즐길긍 冐 즐길긍 亙 뻗칠긍 魱 상어긍 緪

동아줄긍 絚 바줄긍 亘 뻗칠긍 揯 끌긍 縆 줄긍 堩 길긍 搄 켕길긍 暅 볕쪼일긍 殑 죽으려할긍 矜 교만할긍

기

基 터기 淇 물이름기 娸 미워할기

猉 강아지기 琪 옥기 璂 고깔꾸미개기 其 그기 僛 취하여춤추는모양기 綦 반베기 蜝 방게기 褀 맬기 萁 콩대기 祺 길할기 妓 기생기 岐 높을기

攱 기울기 攰 피곤할기 蚑 벌레길기 芰 마름기 敧 숨찰기 趌 원숭이나무에오를기 跂 육발이기 寄 부탁할기 崎 산길험할기 婍 고울기 螭 매미기

猗 법의어금니기 琦 옥기 綺 집기 騎 귀기우릴기 裿 적삼기 䭲 국기 畸 셈남어지기 䶗 외눈기 禥 좋을기 蟣 서캐기 𧗞 피날기 譏 맞비빌기

穖 갈기 璣 진주기 畿 왕터기 趩 멀리달아날기 禨 삼서기 僟 삼갈기 譏 나무랄기 璣 구슬기 觭 뿔기 膭 적병기 滊 김오를기 雉 모양기 玘 패옥기

堅 쉴기 惎 성낼기 畁 남색할기 屺 볼기 衢 새새끼한마리날기 鞿 가죽기 企 바랄기 丌 책상기 亟 창졸기 冀 하고자할기 䍜 말굴레기

亝 참지할기 刉 찌를기 剞 새김칼기 耆 늙을기 蚚 바구미기 蝍 전갈기 肵 공경할기 䅲 보리씨뿌릴기 肌 살기 羈 나그네기 芪 단너삼기 脊 장단지기

虮 밀기벌레기 蘄 약풀기 衹 가사기 跽 꿇어앉을기 起 일어날기 䠏 살기 豈 어찌기 旣 이를기 芑 기장기 祁 클기 祇 지신기 䄫 흰조기

皿 그릇기 疷 체증기 踦 종아리기 期 기약기 棋 뿌리기 棊 바둑기 欺 속일기 旗 기기 騏 천리마기 踑 근본기 𪘏 씹을기 諅 꺼릴기 惎 미워할기

帺 맬기 稘 콩줄기기 箕 키기 鯕 방어기 諆 꾀할기 錤 호미기 碁 비둑기 𣏾 곁가지기 䇨 실을기 技 재주기 𩚉 이를기 攲 기우러질기

歧 둥둥떠다닐기 忮 사나울기 㱦 활이팽팽할기 䝭 붉은자개기 庋 탁자기 庪 산제지낼기 鬾 귀신기 掎 통길기 㥓 검박할기 騎 말탈기 䯊 뼈기

踦 절뚝발이기 躸 몸기 奇 기이할기 羇 나그네기 觭 억박뿔기 䛴 말로농할기 徛 짐검다리기 錡 세발가마기 陭 언틀먼틀할기 埼 낭떠러지기 穖 벼기

機 베틀기 饑 주릴기 嘰 씹을기 幾 거의기 磯 자갈기 ⿰齒幾 이흔들릴기 鐖 큰낫기 己 몸기 屺 동산기 紀 벼리기 記 기록기 ⿱竹己 대자리기

㠱 해석할기 ⿰口忌 먹을기 ⿰忄忌 공순할기 暨 다못기 旣 이미기 鱀 상어기 ⿱旣言 차례없을기 穊 밸기 愭 공순할기 ⿰耆毛 털무늬기 嗜 즐길기 ⿰金耆 쇠굴대기

鮨 젓갈기 鬐 말갈기기 鰭 지느러미기 棄 버릴기 榿 기나무기 懻 한악할기 沂 물이름기 蹞 발들기 軝 수레굴통대기 ⿺走圭 반걸음기 頯 작은머리기

飢 주릴기 旂 용대기기 岓 돌기 圻 지경기 ⿰言尸 소리지를기 器 그릇기 ⿰言信 이름기 ⿰臣言 발악할기 ⿰氵咨 부끄러울기 呮 도사리고앉을기 覬 바랄기 鄿 땅이름기

⿺辶幵 가까이할기 ⿴行可 최자기 ⿰奊頁 큰입기 ⿰巾矣 바지기 ⿰忄只 산이름기 ⿰禾胃 벼상이삭기 祈 발기 ⿰米氏 쌀기 鵋 부엉이기 麒 기린기 ⿰革句 바퀴통치장기 ⿺辶亓 나아갈기 綦 고비기 杞 구기자기 气 구름기운기 汽 물끓는김기 弃 비릴기 俟 성기 氣 기운기 隑 사다리기

긱

喫 먹을긱 㲉 애쓸긱 𣪠 부지런할긱

긴

緊 긴할긴 ⿰木緊 나무결찹찹할긴 菣 쑥긴 ⿸疒菣 순종긴 ⿱竹堇 겹질흰대긴

길

吉 길할길 咭 웃을길 姞 성길 ⿰彳吉 나갈길 洁 물길

拮 깎지낄길 桔 도라지길 狤 짐승길 欯 가죽검을길 蛣 방게길 ⿰吉見 사람이름길 趌 달릴길 ⿰足吉 걸을길 鞊 가슴걸이길 佶 바를길 鮚 조개길 砎 돌길 ⿺走韱 비뚜루갈길

김

金 성김

나

曪 날흐릴나 攞 찢을나 欏 울타리나 ⿰氵羅 물이름나 儺 탈나 囉 노래소리나 ⿰石羅 돌산나 ⿰忄羅 부끄러워할나

⿰月羅 배아래살나 纙 돈꿰미나 羅 버릴나 蘿 나무나 ⿰衤羅 웃옷나 ⿰足羅 길잃을나 ⿰月骨 손금나 𣎆 짐승나 䏧 성길나 ⿰扌蠡 벗을나 ⿸疒蠡 옴나 ⿰歹贏 병들나

驘 노새나 鸁 되강오리나 蠃 소라나 ⿰扌双 그러하나 拿 잡을나 挪 잡아휠나 拏 잡을나 摞 다스릴나 ⿰扌磊 흔들나 ⿰方多 깃발날나 ⿰良斤 서로칠나 梛 나무이름나

橠 나무무성할나 ⿸疒㮈 옴나 ⿰多冄 많을나 ⿰土累 삼태나 ⿱田⿱一王 귀신쫓을나 哪 어조사나 稬 찰벼나 癩 문둥병나 ⿱䜌瓦 질그릇나 ⿰飠阝 물릴나 ⿰木逢 썰은나

낙 난 날 남

奈 어찌 나 挼 꺾을 나 那 어찌 나 㑚 헛간 나 娜 아리따울 나 拏 찰풀 나 糯 찰벼 나 拏 잡을 나 𥫱 새농 나 鬤 머리숫할 나 蓏 조죽 나 絮 꼭붙을 나

跲 가다설 나 設 말하지못할 나 諉 말바르지아니할 나 說 뜨개질할 나 覼 좋게볼 나 裸 벌거벗을 나

낙

咯 송사하는말 낙 貉 소젖 낙 嗠 부를 낙 㱣 죽을 낙

洛 서울 낙 烙 지질 낙 珞 구슬로목에치장할 낙 笿 묶을 낙 絡 연락할 낙 落 떨어질 낙 酪 타락 낙 雒 새 낙 鞈 가죽 낙 䨥 비떠러질 낙 駱 약대 낙

鮥 고기 낙 鉻 꺾을 낙 硌 큰바위 낙 恪 허락 낙 㷅 돌서로부닺치는소리 낙 諾 대답할 낙 轢 차소리 낙 犖 얼룩소 낙 嚛 얼룩소 낙 掎 가질 낙 謋 미친말 낙 㦡 크게즐길 낙

䚕 잡을 낙

난

闌 차면 난 㦨 철 난 𡅼 말알수없을 난 囒 거짓말할 난 孄 게으를 난 攔 막을 난 欗 목란 난 欄 난간 난 𦧲 말얼얼할 난

蘭 난초 난 襴 난삼 난 讕 미델 난 躝 넘을 난 鑭 금채색 난 灡 뜨물 난 瀾 물결 난 爛 찬란할 난 瓓 옥무늬 난 籣 동개 난 韊 전동 난 懶 게으를 난

嬾 게으를 난 𢅥 띠 난 鑾 방울 난 𦌾 산돌그물 난 欒 파리할 난 攣 순채 난 鸞 난새 난 闟 대궐에함부들어올난 난 灓 적실 난 耎 움추러질 난 愞 맘약할 난

㬉 따뜻할 난 餪 잔치 난 渜 목욕한물 난 㦓 얼굴붉을 난 赧 무안할 난 㬮 붉을 난 亂 어지러울 난 𢽟 게으를 난 戁 송구할 난 攤 누를 난 𩏻 가죽 낙

難 어려울 난 詘 시끄러울 낙 暖 따뜻할 난 煖 더울 난 𣨙 께뜨릴 난

날

埒 비등할 날 捋 딸 날 𩔂 낯추할 날 𪐸 검을 날 𠟟 잘 날 𢈯 암자 날

颲 바람불 날 䁯 눈알비뚤 날 糲 추한밥 날 齧 씹을 날 瘌 옴 날 𤁝 여울 날 辣 가혹할 날 攋 헤칠 날 苶 고달플 날 䙐 옷 날 捺 손으로누를 날 捏 누를 날

涅 앙금흙 날

남

男 사내 남 娚 말소리 남 南 남녘 남 湳 물이름 남 䊖 죽 남 罱 그물 남 蝻 곡식벌레 남 腩 간랍 남 遖 가륵할 남 䣸 고기지질 남

婻 몸통통할 남 䵖 점 남 灆 맑을 남 灠 물들일 남 爁 불번질 남 璼 흰옥 남 懢 즐길 남 擥 잡을 남 欖 감람 남 𣰰 털 남 𥨊 얇고클 남 𧸘 재물탐낼 남

艦 키클 남 纜 배닻 줄남 𪙖 적을 남 襤 해진 옷남 嚂 입우물 거릴남 覽 볼 남 臉 얼굴 길남 鬛 머리치렁 치렁할남 醶 술따 를남 檻 단없는 옷남 𥐟 그릇 할남

灆 외김 치남 藍 쪽 남 嵐 아지랑 이남 葻 풀 남 顲 머리숙 일남 啉 떠들 남 罧 흙그러 모을남 惏 탐할 남 醂 건시 남 婪 탐할 남 綝 고울 남 楠 남나 무남

柟 나무 남 漤 물방 울남 䨬 진흙 남 鍁 말자 갈남 醰 물릴 남 爁 누를 남 畘 밭이 랑남 皵 가죽 남 揇 고기물먹 는모양남 擶 쌀두번 찧을남 攬 꺾을 남 韊 수레머뭇 거릴남

납

內 들일 납 妠 장가 들납 軜 소고 삐납 訥 연할 납 飲 먹을 납 魶 메기 납 納 들일 납 蒳 향풀 납 衲 고깔 납 拉 꺾을 납 菈 무 납

柆 나무꺾 을납 狗 나를 납 庈 집소 리납 衲 옷해 질납 雴 비소 리납 啦 존칭 할납 蠟 밀 납 鑞 백철 납 臘 말가지 않을납 獵 첨으로 나를납 邋 천천히 걸을납 鸐 파뜩파 뜩할납

齰 씹는소 리납 㯿 백납나 무납 磖 깨지는 소리납 㬉 소반 을납 搯 꺾을 납 㧎 칠 납 䌌 옷해 질납 遝 뒤섞 일납 䌿 엷은비 단납 囲 손움직 일납 㕼 앉은뱅 이납 嘈 입우물 거릴납

낭

娘 아씨 낭 瑯 법랑 낭 狼 짧은 창낭 硠 난단 할낭 宧 빌 낭 廊 월랑 낭 誏 말할 낭 蒗 도랑 낭 䯖 가라 지낭 筤 어린 대낭

朖 밝을 낭 榔 느릅나 무낭 螂 빈랑 낭 飲 탐낼 낭 浪 물결 낭 㵋 개천 낭 烺 불이글 글할낭 輡 수레 낭 閬 산이 름낭 餦 국 낭 䡾 무릎 뼈낭

䱶 수게 낭 郎 사내 낭 琅 낭간 낭 稂 오독도 기낭 桹 광낭나 무낭 鵖 비들기 새끼낭 囔 산모롱 이낭 孃 가는모 양낭 壤 토굴 낭 囊 주머 니낭 灢 물흐 릴낭

穰 너그러 울낭 灢 물철철 흐를낭 欀 너그러 울낭 欜 함지 낭 攮 밀 낭 曩 아레 낭 㹳 삽살 개낭 鄬 골이 름낭

내

乃 이에 내 來 올 내

唻 소리 내 婡 예쁠 내 崍 산이 름내 萊 쑥 내 䋱 뿔심 내 猍 삵 내 徠 산이 름내 棶 박달나 무내 頼 덮을 내 𨸏 섭돌 내 逨 이를 내 郲 땅이 름내 睞 돌아 볼내

睞 묵은 밭내 猍 삵 내 鯠 고기이 름내 騋 키큰 말내 鶆 매 내 逨 이를 내 秾 보리 내 黙 검붉 을내 麳 밀 내 內 안 내 㘨 기느러 질내 肭 해구 내

奈 벗내 柰 어찌내 騡 넘새날내 能 자라내 褦 삿갓내 褦 패랑이내 䏧 날호릴내 㮈 죽은나무내 郍 골내 苿 과실주렁주렁달릴내 洡 물들내 䁠 악한눈내

㚷 향내 妳 낮잠잘내 嬭 유모내 迺 어조사내 貣 쌓을내 𨄟 절뚝발이내 萳 나물내 髶 머리엉킬내 鼐 큰솥내 耐 견딜내 㲡 열룩털내

(년) 年 해년 姩 이쁜계집년 㞋 다룬가죽년 䚓 푸른다람쥐년 (념) 念 생각념 惗 사랑할념 隂 언덕위에서만날념 錜 비녀념 (노) 老 늙을노 𤸫 옴노

咾 약한소리노 笔 버들고리노 恅 심란할노 盧 검을노 驢 나귀노 鱸 농어노 黸 새까말노 鸕 더펄새노 矑 볼노 嘮 돌부르는소리노 攎 걷을노

擄 노략질할노 樐 큰방패노 櫨 주두노 瀘 물이름노 爐 화로노 獹 개노 籚 창자루노 纑 베올노 罏 술잔노 艫 배머리노 艪 노노 鐪 칼자루노

鑪 화로노 顱 머리노 虜 사로잡을노 蘆 갈노 壚 검은흙노 𢊅 챙노 轤 갈이노 嚧 웃을노 𤬪 호로박노 路 길노 輅 수레노 鏴 금길노 賂

露 이슬노 餎 국수노 蕗 감초노 虂 머루덩쿨노 簬 화살만드는대노 璐 예쁜옥노 潞 물이름노 鷺 백로노 癆 병노 嘮 지꺼릴노 憦 뉘우칠노 撈 건저낼노

澇 큰물결노 簩 대이름노 耮 먼지노 橯 돌콩노 𨃇 길노 蟧 쓰르라미노 𧬒 소리많을노 𨉓 몸길노 𧯃 골빌노 卤 염전노 滷 쓸노 䥨 가마노

𧧴 말할노 蓾 풀노 塷 짠땅노 磠 마노노 瑙 마노노 𩌧 가죽노 嫍 번뇌할노 𧳐 담비노 譊 말로욕할노 蹽 새콩노 藔 마른매실노 潦 장마노

努 힘쓸노 呶 들렐노 砮 돌살촉노 䁚 눈부릅뜰노 笯 새농노 𣳰 젖을노 奴 남종노 孥 자식노 帑 새꼬리노 弩 소뇌노 怒 성낼노 怓 심란할노

駑 노둔할노 嫪 애달플노 嘐 고요할노 獳 삽삽개노 臑 팔마디노 嚕 말할노 櫓 노노 魯 노둔할노 哰 말알지못할노 㑛 투박할노 窂 충실할노

䃕 돌그릇노 窂 굳을노 銠 늦그노 硇 노사노 㖠 바른말할노 詉 수수꺼끼노 憹 뉘우칠노 獶 더펄개노 氌 융노 𤝞 산이름노 猱 원숭이노 𤢖 암달비노

녹

碌 푸른돌 녹
祿 복 녹
逯 귀신빌 녹
簶 전통 녹
箓 높은대상 녹
籙 호적 녹
粶 불에말린쌀 녹
綠 초록빛 녹
騄 도마뱀 녹
菉 녹두 녹
趢 국축할 녹
錄 기록할 녹
盝 걸을 녹
琭 옥 녹
睩 흰짐승 녹
盝 살결여셀 녹
盝 걸를 녹
猭 물새나를 녹
醁 술 녹
頿 목 녹
騄 준마 녹
纑 순전할 녹
罷 잔그물 녹
麓 원추리 녹
螰 쓰르라미 녹
簏 대상자 녹
趢 소리 녹
蹗 빨리달아날 녹
轆 멍에채에가죽테할 녹
騼 말 녹
皻 가죽무늬 녹
麤 짐승이름 녹
麓 산기슭 녹
黷 때묻을 녹
鹿 사슴 녹
膔 배끓을 녹
睩 눈맑을 녹
皻 가죽무늬 녹
僇 성 녹
甪 신선이름 녹
濼 물이름 녹

논

論 의논 논
論 향풀 논
磿 향내 논
侖 돌멸어질 논
惀 생각할 논
惌 염치없을 논
淪 배끌 논

농

農 농사 농
儂 나 농
噥 달게먹을 농
穠 번화할 농
繷 많을 농
曨 캄캄할 농
蕽 갈꽃 농
饢 먹을 농
䨺 이슬 농
齈 코물흘릴 농
擃 찌를 농
濃 걸찍할 농
癑 설곰길 농
襛 옷두터울 농
穠 많을 농
醲 술 농
嚨 목구멍 농
壟 무덤 농
巃 산높을 농
竉 깊은구멍 농
穠 벼병들 농
籠 상자 농
籠 농
聾 고름 농
龐 충실할 농
鑨 쇠그릇 농
隴 둔덕 농
霳 우뢰소리 농
韊 언치 농
饞 떡 농
䮾 들말 농
儱 어그칠 농
攏 가질 농
曨 해돋을 농
朧 달밝을 농
瀧 적실 농
瓏 환할 농
礱 갈 농
礲 끌 농
襱 용그린홀 농
朧 붉은빛 농
鸗 새 농
蠪 개미 농
軄 몸단정하지못할 농
蘢 요화 농
穠 차질 농
襱 바지가랑이 농
礱 크고긴골 농
躘 절음새 농
弄 희롱할 농
峬 산구멍 농
埲 구멍뚫을 농
哢 새지저귈 농
庬 큰집 농
悀 고지식할 농
裲 옷한벌 농
盥 고름 농
躵 몸 농
哢 조롱할 농

뇌

耒 따비 뇌
啉 말막할 뇌
瓠 외속 뇌
䎛 고을이름 뇌
頪 머리기울 뇌
雷 우뢰 뇌
癗 두두러기 뇌
擂 연마할 뇌
㲰 꺾을 뇌
䍣 지붕마루 뇌
檑 돌굴릴 뇌
䨻 집대마루 뇌
甌 집용마루 뇌
鐳 병 뇌
畾 밭사이 뇌
礨 구멍 뇌
礧 돌굴러내릴 뇌
壘 술단지 뇌
畾 산이총총할 뇌
罍 술잔 뇌
纍 급히북칠 뇌
瓃 옥그릇 뇌
畾 그물 뇌
獵 박쥐 뇌
櫑 술잔에무늬새길 뇌
蠝 박쥐 뇌
讄 시호 뇌
轠

많을 다 爹 아비 다 奓 마를 다 茶 차 다 宩 아첨할 다 𣘻 차나무 다 蹅 가다가 설다 踷 비스듬이 갈다 觰 뿔뿌리 다 觓 뿔짧을 다 㟧 오목한 산 다

단

旦 아침 단 但 다만 단 𠪚 작은 집 단 袒 옷솔터질 단 觛 술잔 단 䞡 갈 단 𨳲 문빗장 단 𩑒 얼굴 단 怛 슬퍼할 단 担 멜칠 단 疸 황달 단 鴠 알단 胆 침버케 단

單 홀로 단 匰 감실 단 𡾵 산 단 襌 홑옷 단 鄲 땅이름 단 𨢿 술 단 癉 가쁠 단 𪇆 꿩새끼 단 丹 붉을 단 砃 붉은돌 단 壇 단 단 勯 힘다할 단

儃 달아날 단 驙 말 단 癚 병들 단 亶 덩쿨땅에퍼질 단 彖 결단할 단 貒 오소리 단 䝭 벌레 단 猯 오소리 단 鶨 새이름 단 褖 옷 단 湍 여울 단 煓 빛날 단

踹 발구를 단 剬 단정할 단 𧤗 각단 𧶠 재물있을 단 篅 대 단 端 끝 단 猯 삵 단 褍 옷바른폭 단 𪏽 빛 단 鍴 송곳 단 團 둥글 단 鏄 쇠덩이 단 漙

이슬맺을 단 慱 근심할 단 𩢈 더디게 걷는 말 단 毈 알곯아까지못할 단 腶 약포 단 鍛 단련할 단 葮 무궁화 단 椴 피나무 단 𢿀 구를 단 斷 끊을 단 𧬑 말에혹날 단

躖 발자국 단 蛋 새알 단 𪏯 누른빛 단 段 던질 단 短 짧을 단 鷻 수리 단 鶉 새 단

달

達 사무칠 달 橽 물통 달 撻 매질 달 韃 오랑캐나라이름 달

燵 화로 달 㺚 물개 달 𦪒 부름틀 달 𦪌 싸움배 달 薘 근대 달 闥 문차면 달 躂 미끄러질 달 韃 나라이름 달 饄 수제비 달 怛 슬퍼할 달 妲 계집이름 달

詚 조용하지아니할 달 笪 뜸 달 狚 이리 달 靼 다룬가죽 달 䵣 회색빛 달 炟 불일어날 달 嗒 새울 달 𢘇 놀날 달 𥦹 빽불룩거릴 달 獺 물개 달

담

覃 미칠 담 壜 술병 담 蟫 좀 담 𡢃 계집몸가늘고길 담 瞫 시끄러울 담 藫 물이끼 담 禫 담제 담 𥨍 안으로굽을 담 𧷕 선셈받을 담 𧽈 몰아달릴 담 醰 단술 담

憛 근심적을 담 𩆢 장마 담 醰 향내 담 驔 말 담 潭 연못 담 燂 불당길 담 埮 평평할 담 惔 근심할 담 倓 편안할 담 啖 싱거울 담 炎 갈싹 담 菼 외김치 담

痰 담 담 𧝞 옷입은채잘 담 窞 깊을 담 𥧃 엷고클 담 談 말씀 담 郯 나라이름 담 𨠂 술맛새금할 담 𩒺 낯길 담 餤 씹을 담 𪐇 구름 담 𪉖 싱거울 담 毯

담자리담 淡 물맑을담 緂 비단담 ⿱𥫗炎 큰대담 聸 귀늘어질담 膽 담담 ⿰石詹 석담 贍 좋아할담 擔 짐담 薝 치자꽃담 澹 성담 憺 고요할담 甔 큰독담

媅 할미담 啿 많을담 ⿰甚見 천천히볼담 ⿱雨湛 구름피어오를담 ⿱雨甚 구름필담 湛 즐길담 舑 혀빼물담 耼 귀바퀴없을담 坍 물이언덕칠담 ⿰氵冉 물결담

⿱艹冉 파담 ⿰氵冉 험한파도담 酖 둔할담 妉 즐거울담 ⿸广冘 그늘담 ⿰多冘 많을담 枕 이불담 ⿰月監 육젓담 黕 때낄담 紞 면류관앞드림담 ⿰口冘 새울담 髧 머리늘어질담

埢 굽은담 窞 구덩이담 萏 연꽃봉오리담 啗 씹을담 壜 술병담 唫 입담 呾 서로꾸짖을담 ⿰米多 차질담 醓 고기젓담 忐 맘허할담 噉 씹을담

嘾 탐할담 ⿰足覃 노래할담 ⿱敢食 맛없을담 曇 날흐릴담 蕁 마름담

답

荅 좀콩답 剳 갈구리답 劄 포갤답 搭 칠답 褡 천의답 答 대답답

⿰目荅 눈내리깔답 瘩 두두러기날답 ⿱亼叐 가죽늘어질답 ⿸疒沓 살찔답 ⿰阝荅 낮을답 ⿱荅鼓 북소리답 沓 거듭답 ⿰亻沓 일감당못할답 ⿰口沓 잔말할답 ⿰山沓 산답 ⿰巾沓 앙장답

⿰土沓 떠러지는소리답 ⿰扌沓 골무답 ⿰木沓 기둥머리답 涾 끓어넘을답 ⿰舌沓 먹을답 誻 잔말할답 ⿰重沓 두툼할답 畓 논답 ⿰石沓 쌀씷을답 踏 밟을답 ⿰韋沓 골무답

⿰車沓 바퀴통속쇠답 ⿰黑沓 왈패답 ⿱沓鼓 북소리답 ⿰豸沓 물개답 ⿱竹昜 창짝답 ⿰言闒 수다할답 ⿰韋翕 갖옷답 ⿰食翕 먹을답 ⿰韋羽 떼지어나를답 ⿰羽罘 나를답 ⿰貝臿 노름답 ⿺辶言罘 말다툼할답

譶 재재거릴답 耷 큰귀답 ⿰足奢 걸터앉을답 ⿰罘鳥 푸르륵날답

당

堂 집당 鞺 북소리당 膛 뚱뚱할당 螳 범아재비당 蹚 미끄러질당 鏜 북소리당

闛 북소리당 漟 골당 ⿰阝堂 주춧돌당 當 마땅할당 ⿵門當 엿볼당 ⿰食當 밥당 艡 싸움배당 襠 잠방이당 ⿰車當 수레바탕당 鐺 쇠사슬당 璫 귀고리당 擋 처리할당

礑 밑당 簹 왕대당 ⿰耳當 귀처저붙을당 檔 책상당 ⿰月當 귀밑오목한곳당 儻 억매지않을당 讜 곧은말당 爣 밝을당 灙 물모양단 ⿰月黨 어스름할당

攩 막을당 ⿰日黨 밝을당 曭 햇빛희미할당 欓 나무통당 矘 눈멀거니뜨고볼당 ⿰禾黨 누른곡식당 戃 깜짝놀랄당 黨 무리당 唐 당나라당 溏 얼당 ⿰口唐

큰말할당 塘 못당 嵣 산구비당 隚 방축당 䲊 자가사리당 鶶 새이름당 膅 다리살찔당 𨎮 군사수레당 赯 얼굴검붉당 鎕 붉은구슬당 蓎 들벗나무당

螗 매미당 蓎 소나무겨우사리당 煻 더운재당 瑭 옥이름당 榶 주발당 磄 괴상할당 禟 도울당 穅 기장당 篖 대자리당 糖 사탕당 𣯶 담당 溏

연못당 𦃂 큰줄당 撞 칠당 覴 바로볼당 𩩲 꽁무니뼈당 幢 기당 𩙕 바람당 䬒 바람당 餳 엿당 糃 정미당 戇 고지식할당 鄌 머무는곳당

党 오랑캐당 𠑼 큰소래기당 棠 땅이름당 牚 버팀목당 𢭏 끄을당 𨌷 쇠심대당 䫜 머리당 囼 돌깨치는소리당 鼞 북소리당

대

大 큰대 䲦 새대

𪐏 흔적대 軑 바퀴통감기쇠대 汏 씻겨갈대 𢪇 팔목뼈대 笶 얕고긴바구미대 旲 햇빛대 代 대신할대 垈 집터대 岱 태산대 帒 전대대 瀻 술흐릴대

玳 대모대 袋 주머니대 襶 우둔할대 柋 누에시렁대 臺 대대 儓 하인대 𡃤 말끊이지않을대 嬯 미련스러울대 薹 삿갓대 檯 등대대 黱 검을대

帶 띠대 廗 집비뚤어질대 𤺥 대하증대 蹛 땅이름대 薹 장다리대 檯 나무결거슬려깎을대 擡 들대 對 대답할대 襨 의대대 𣝞 빌릴대 懟 원망할대

轛 수레난간기동대 䨴 검은구름낄대 𣋝 성할대 薱 초목무성할대 濧 담글대 隊 떼대 𪒠 구름뜰대 瀨 물에모래밀릴대 靆 구름일대 䃍 맷돌대 鐓

차의난간기둥대 憝 원망할대 錞 창고달대 䭔 포갤대 譈 미울대 跢 어린아이걸음대 祋 창대 碓 방아대 待 기다릴대 歺 거스를대 瑇 대모대 駾

넙뛸대 蘈 설은풋김치대

덕

德 큰덕 㥁 덕덕 悳 큰덕 惪 큰덕

도

刀 칼도 叨 참람할도 魛 갈치도 朷 나무고갱이도 忉 근심할도 𤆍 태울도

舠 거루도 到 이를도 倒 엎드러질도 菿 초목거꾸러질도 匋 질그릇도 啕 수다할도 謟 왕래하는말도 綯 새끼꼴도 騊 좋은말도 𪍿 보리떡도 𨑥 길도

錭 쇠뎅이도 陶 질그릇도 𩋷 북통도 萄 포도도 蜪 메뚜기새끼도 衜 기릴도 掏 가릴도 祹 상서도 淘 쌀일도 醄 몹시취할도 㝶 집도 逘

엎드러질도
途 길도
跿 맨발도
駼 말이름도
郲 골도
荼 쓸도
蒤 감젓도
⿰革余 짚신도
⿰言余 말분명치못할도
塗 진흙도
稌 찰벼도
⿰禾荼 벼이삭도

筡 속빌도
捈 당길도
⿰牛余 췌소도
酴 술밑도
⿱余鳥 새도
⿰骨度 머리뼈도
鍍 도금할도
渡 건늘도
燾 비칠도
濤 큰물결도
鞀 소고도
⿰革度 소로배끌도

⿰長兆 길도
逃 달아날도
咷 아이울름끈질길도
⿱髟兆 터럭길도
桃 복숭아도
⿰牛壽 돌암소도
⿰壽頁 큰낯도
禱 빌도
卣 고기도
匋 기여댕길도
導 이를도
⿰身壽

지킬도
道 길도
篼 소먹이는그릇도
⿱竹徒 시렁도
圖 그림도
堵 담도
⿰賭阝 내기하여이길도
賭 내기도
⿰米壽 범벅도
⿰糸翟 초록빛도
條 엮은줄도
⿰舟乇 큰배도

⿰耂攵 늙은이도
⿰月它 큰창자도
翿 둑도
⿰舟卓 키도
韜 감출도
⿰風壽 큰바람도
饕 탐할도
⿰香孚 향기날도
鷵 새이름도
鍺 바퀴통도
闍 성문층대도
都 도읍도

⿺虎兆 범도
裯 소매도
⿰言殳 말두미없을도
謟 의심할도
擣 찧을도
⿰日支 햇빛도
⿰日除 해그림자도
⿰木免 나무가지퍼질도
棹 노도
槄 가나무도
⿰舟兆 큰배도
⿰土度

묻을도
屠 백장도
島 섬도
導 인도할도
⿸广豆 부엌도
⿸广者 초가도
幍 모자도
⿸广屠 암지도
弢 활집도
悼 슬퍼할도
慆 두드릴도
搗 찧을도
睹 볼도

掉 흔들도
瘏 병들도
⿱叔目 많을도
禂 마조단제도
⿰禾兆 피도
稻 벼도
⿱艹⿱道木 가렵도
篼 소먹이그릇도
滔 물넓을도
⿰氵屠 부를도
瑫 아름다운옥도
櫂 노도

敨 벗할도
醏 된장도
⿰金舀 쇠함도
檮 토막나무도
⿰歹度 패할도
涂 도랑도
⿰牛攴 소더디갈도
盜 도둑도
⿰黍舀 옥수수도
⿰余鳥 비둘기도
度 법도도

독

督 거느릴독
竺 두터울독
秃 털빠질독
篤 도타울독
纛 둑독
獨 양독
⿺辶賣 가독
⿰氵⿱艹毒 땅버들독
⿰犭⿱艹蜀 땅두릅독
蝳 거미독
⿱毒衣 소매독
⿰衤督 옷등솔독
⿰言秃

속일독
⿰卵賣 곯을독
⿰足毒 비뚜루갈독
碡 밭고르는돌곰배독
⿺走賣 갈독
⿺辶賣 익을독
⿰金賣 인궤독
韥 동개독
瀆 도랑독
牘 서관독
犢 송아지독
瓄 옥그릇독

櫝 함독
殰 사태할독
讀 읽을독
讟 원망할독
嬻 설만할독
黷 더러울독
韇 전동독
毒 독할독
獨 홀로독
韣 활전대독
⿰蜀頁 머리뼈독
⿰乇頁 머리뼈독
⿰扌秃

지팡이로 찌를독 ⿵門豖 작은문독 鵚 두루미독 ⿰馬蜀 들말독 㞘 볼기독 (돈) 敦 도타울돈 憞 맘어둘돈 墩 돈대돈 ⿰虫敦 청부돈 ⿰月享 달빛돈 燉 불성할돈 ⿰牛敦

돈피돈 獤 돈피돈 ⿱敦石 돌돈 ⿱敦食 탐할돈 驐 짐승불알칠돈 ⿰享黃 누른빛돈 ⿰黑享 일간섭아니할돈 旽 날돋을돈 忳 민망할돈 庉 거할돈 囤 작은곳집돈 噸 근수돈

軘 싸움수레돈 ⿵門屯 문에찰돈 霕 큰비돈 頓 졸돈 飩 줄돈 ⿺風屯 바람돈 沌 어둘돈 炖 붉을돈 ⿰犭屯 돌의새끼돈 瓲 돈돈 魨 복돈 黗 흐릴돈 豚 돼지돈

刄 돈돈 ⿰貝鳥 기이한물건보낼돈 躉 종선돈 遁 달아날돈 ⿰盾犬 사냥개돈 ⿰弓氏 붉은돈 ⿰豕頁 모지러질돈 (돌) 宊 나타날돌 突 빠를돌 葖 무돌 ⿸疒突 하초병돌 堗

굴뚝돌 揬 부딪칠돌 鼵 쥐돌 怢 이즐돌 柮 우둠질돌 迌 교활할돌 咄 꾸짖을돌 ⿰金盾 창돌 乭 이름돌 鈯 무딜돌 鶟 새돌 𠫓 해산할때아이나올돌 (동)

同 한가지동 哃 큰말할동 侗 지각없을동 洞 골동 桐 오동동 胴 형상동 茼 쑥갓동 挏 짖찔동 秱 벼마디길동 ⿱穴同 통할동 絧 동베동 粡 굳은쌀동 ⿰衤同

바지동 詷 말더덜거릴동 ⿰豕同 멧돌동 ⿰豸同 큰돌동 ⿰革同 전동치장동 ⿰同頁 곧은목동 駧 말달릴동 餇 음식동 眮 눈굴릴동 硐 갈동 赨 붉을동 ⿰足同 달아날동 ⿸戶同

집울릴동 ⿰身同 몸단정하지못할동 迵 지날동 酮 말젖동 銅 구리동 烔 더운기운동 ⿱谷同 양아비동 垌 동막이동 峒 산굴동 ⿰巾同 오랑캐옷동 戙 배말뚝동 ⿰弓同 활꾸밀동

鮦 가물치동 ⿰羊同 뿔없는양동 童 아이동 僮 아이동 ⿰童刂 찌를동 朣 달돋을동 曈 먼동틀동 橦 동나무동 氃 털응승거릴동 ⿰羊童 뿔없는양동 穜 씨뿌릴동 膧

볼기뼈동 艟 싸움배동 獞 개동 蕫 자오락동 罿 대그물동 ⿱竹童 대그릇동 ⿰童頁 쇠북소리동 瞳 눈동자동 ⿰革童 전동장식동 ⿺走童 사뿐사뿐걸을동 犝 뿔없는소동 ⿰山童

초목없는산동 潼 물결높을동 動 움직일동 ⿰口動 노래할동 ⿰彳動 굼닐동 憧 심란할동 董 동독할동 ⿰壴童 북소리동 湩 젖동 ⿰氵董 풍덩하는소리동 東 동녘동 凍 얼동

⿰口東 말많을동 涷 소낙비동 棟 들보동 腖 고기붉을동 菄 흰산국화동 ⿰羊東 외뿔난양동 蝀 무지개동 ⿰金東 보습날동 ⿰言東 잔말할동 ⿰壴東 북소리동 鯟 고기이름동

趚 미쳐뛰어나갈동 鶇 새이름동 崠 산등성이동 冬 겨울동 苳 겨우살이동 佟 성동 終 뿔난짐승동 㣚 근심할동 零 비뚝뚝떨어질동 酵 술썩을동 鉖 낚시바늘동

庝 깊은집동 疼 앓을동 鮗 전어동 炵 불꽃동 鼕 북소리동 𪔳 울리는소리동 𪔵 쿵쿵울릴동 浵 물깊을동 彤 붉은칠할동 赨 붉은벌레동 赨 벌걸동

鉵 쇠덩이동 痋 경충증동 𧓎 올챙이동 鼕 북소리동 㼿 수기와동 熥 불로더웁게할동 幢 펄동 𩓡 종소리동 㴔 물소리동 𡗗 파리할동

두

豆 콩두 梪 나무식기두 毭 멀리칠두 浢 결개두 𤝞 개짖는소리두 痘 역질두 𥄉 눈꼽두 侸 마를두 𡟭 말잘못할두 𢬵 팔목뼈두 斣 말두 𥦒 함정두 鋀 놋쇠두

脰 목두 𨀦 미끄러질두 䜭 짖을두 逗 머무를두 郖 나루이름두 𩋨 차에까는자리두 頭 머리두 餖 괴임새두 斗 말두 紏 고할두 抖 떠주저릴두 蚪 올챙이두

𧘜 적삼두 𩬅 올챙이두 𨑫 마두리두 阧 높을두 杜 막을두 瓨 기와그릇두 荰 풀두 肚 밥통두 皻 뽕나무껍질두 頭 낯비뚤두 𩔄 핀잔줄두 酘 술두

𨠐 느름나무장두 殬 패할두 斁 패할두 𣘍 곧은뿌리두 蠹 좀두 䀇 술잔두 兜 투구두 竇 구멍두 篼 대남여두 𦃇 실로짠주머니두 𡃮 읽을두

𢹿 헤칠두 𢿤 막을두 陡 절벽두 吺 말많을두 咅 경솔이말할두

둔

屯 모일둔 吨 어리석을둔 坉 농막둔 窀 묻을둔 𥬠 둥구미둔 頓 굳을둔 芚 둔나물둔 䟐 쪼구리고앉을둔 鈍 둔할둔 遯 도망할둔 腯 살찔둔 臀 볼기둔

득

得 얻을득 㨭 주먹으로칠득 𩬿 털작을득 淂 물모양득

등

等 무리등 登 오를등 簦 우산등 膯 물릴등 䔲 잠깰등 𧓨 하루살이등 𧞈 모직띠등 覴 오래볼등 豋 제기등 燈 등등 鐙 등차등

蹬 어정거릴등 𨏈 수레치장등 鄧 나라이름등 隥 된비알등 霯 큰비등 𩏜 가죽버릴등 䬅 제사밥등 璒 옥돌등 𨏁 펴서느릴등 𤮍 질제기등 𤺥 병심할등

𨆏 우뚝설등 鼟 북소리등 𪄻 뜸부기등 澄 물모여늘등 𩮫 머리엉킬등 嶝 비탈등 橙 등상등 㲪 털로짠베등 僜 곤할등 凳 걸상등 櫈

蟆 개구리 마
袜 입다물 마
示 잘 마

막

幕 장막 막
瞙 눈어둘 막
瘼 병 막
漠 아득할 막
𢉹 빌 막
嶀 몰래 막
寞 적막할 막
磗 모래바닥 막
膜 홀떼기 막
鄚 성 막
䴲 밀기울 막
䨉 비올 막
嗼 고요할 막
塻 티끌 막
貘 업수이여길 막
貌 아름다울 막
邈 멀 막
藐 지초 막
覓 구할 막

만

万 만 만
曼 길멀 만
幔 장막 만
僈 헐개늦을 만
嫚 거만할 만
䊡 밥웃물 만
墁 흙손 만
縵 줄고를 만
䅼 묵은밭 만
蔓 순무 만
蟃 뽕나무벌레 만
摱 끌 만
襔 오랑캐옷 만
慢 게으를 만
槾 평교대 만
鬘 다리꼭지 만
𧳔 이리 만
𨏢 차장막 만
漫 흩어질 만
鄤 땅이름 만
獌 스라손이 만
𤿭 가죽벗을 만
曼 멀 만
饅 만두 만
鰻 뱀장어 만
謾 속일 만
㙢 흙덮을 만
懣 번민할 만
瞞 눈어둘 만
𧳮 돌 만
蹣 넘을 만
𣰰 털요 만
瞞 눈 만
鏋 금 만
滿 찰 만
鬗 털길 만
蠻 새소리 만
𢥠 두려울 만
彎 시위에살낄 만
𣡸 굽은나무 만
灣 물구비 만
鸞 새이름 만
萬 일만 만
萬 일만 만
娩 순할 만
𥨃 당길 만
挽 수레끌 만
脕 예쁠 만
鞔 신울 만
䩖 낯칠할 만
晩 저물 만
輓 수레끌 만
睌 겁없이볼 만
𡝂 교만할 만
㘣 물구비 만
潫 물충충할 만
𩄲 사람의이름 만
𩭝 젊은계집머리치장할 만
𢿋 벼가락바술 만
鋄 말머리치장 만

말

末 끝 말
枺 표말 말
沫 침 말
眜 눈어둘 말
䴴 밀가루 말
味 꺼먼빛날 말
砞 돌 말
粖 죽 말
秣 말먹이 말
絉 옷맬 말
羐 말갈 말
昩 싸래기 말
茉 말리꽃 말
袜 허리띠 말
靺 끈 말
妺 계집 말
帓 수건 말
怽 잊을 말
抹 바를 말
昧 작은별 말
濊 절레 말
礣 자갈 말
韈 버선 말
韤 버선 말
𨴬 흘겨볼 말
眓 볼 말
騔 말막설 말
袹 상복 말

맘

黢 캄캄할 맘
鋄 굴레 맘

망

亡 망할 망
亾 망할 망
吂 모른체할 망
妄 망녕될 망
㝱 잠꼬대할 망
𡵁 산 망
忘 잊을 망
忙 바쁠 망
恾 걱정할 망
芒 가지 망
茫 망망할 망
莣 도롱이 망
𪋿 보리꺼럭 망
𥐫 돌 망
杗 들보 망
望 바랄 망
汒 빠를 망
盳 볼 망
𥝘 등겨 망
𧫥 책망할 망
邙 북망산 망
鋩 날 망
蝱 등애 망
㝑 빌 망
惘 실심할 망
網 그물 망
罔 없을 망

䎚 귀밝을 망　䑶 힘줄 망　莔 봄보리 망　誷 속일 망　輞 바퀴테 망　魍 도깨비 망　蛧 벌레 망　𣹟 큰물 망　朢 보름 망　謈 책망할 망　𨾋 솔개 망　𩑶 머리 망　[illegible] 아첨치 않을 망

漭 큰물 망　[illegible] 황소 망　蟒 구렁이 망　[illegible] 대 망　[illegible] 희미할 망　汒 총망할 망　硭 망초 망　[illegible] 망둥이 망　吂 묻고 대답 않을 망　[illegible] 사람의 이름 망　孟 맹랑할 망

[illegible] 힘쓸 망　䋄 바람 망　网 그물 망

매

買 살 매　賣 팔 매　蕒 상치 매　[illegible] 볼 매　嘪 양울음소리 매　[illegible] 약을 매　[illegible] 신 매　[illegible] 때낄 매　每 매양 매

梅 매화나무 매　挴 탐할 매　酶 누룩 매　坶 티끌 매　霉 곰팡이 매　脢 등심 매　[illegible] 술밑 매　痗 병 매　莓 이끼 매　黣 검을 매　鋂 사칠고리 매　昧 어둘 매

沬 희미할 매　妹 아래누이 매　[illegible] 얼굴 매　韎 가죽 매　眛 눈어둘 매　[illegible] 검을 매　玫 구슬 매　枚 줄기 매　[illegible] 자랑할 매　勱 힘쓸 매　邁 멀리갈 매　昒 볼 매

鷶 접동새 매　[illegible] 참새 매　[illegible] 새잡을 매　埋 묻을 매　[illegible] 영리할 매　[illegible] 적을 매　腜 애밸 매　[illegible] 초 매　煤 거림 매　媒 중매 매　禖 비는제 매　魅 도깨비 매

鬽 허깨비 매　呆 어리석을 매　沕 잠길 매　浼 더러울 매　瑁 대모 매　呅 웃을 매　[illegible] 어두울 매　[illegible] 완악할 매　[illegible] 콩깍지 매　脄 등심 매　罵 꾸짖을 매　[illegible] 곰팡이 매

塺 티끌 매　[illegible] 맘불평할 매　[illegible] 곁눈질할 매

맥

陌 언덕 맥　洦 물 맥　貊 오랑캐 맥　銆 병기 맥　[illegible] 트기 맥　[illegible] 넘을 맥　眽 볼 맥　脈 맥 맥　衇 맥 맥

貘 짐승 맥　莫 고요할 맥　麥 보리 맥　霢 이슬비 맥　[illegible] 흰벼 맥　獏 불가사리 맥　驀 말탈 맥　[illegible] 새놀랄 맥　脉 맥 맥

맹

孟 맏 맹　猛 날랠 맹

[illegible] 사람의 이름 맹　[illegible] 볼 맹　艋 낚시배 맹　盳 맹랑할 맹　盲 어둘 맹　[illegible] 나무 고갱이 맹　盟 맹세할 맹　萌 싹 맹　儚 밝지못할 맹　[illegible] 눈희미할 맹　[illegible] 지붕대마루 맹

[illegible] 시루테 맹　氓 백성 맹　黽 맹꽁이 맹　嫇 키작을 맹　[illegible] 풀우거질 맹　[illegible] 볼 맹　[illegible] 있을 맹　[illegible] 패모 맹

멱

冖 덮을 멱　塓 흙바를 멱　幎 앙장 멱

冪 덮을 멱　[illegible] 초목멸기 멱　[illegible] 말린젓 멱　鼏 솥뚜껑 멱　冪 덮을 멱　幭 수레뚜껑 멱　[illegible] 흰개가죽 멱　幭 수레뚜껑 멱　[illegible] 노 멱　覓 찾을 멱　[illegible] 말사나울 멱

[illegible] 미쳐서달아날 면　羃 덮을 멱　默 형벌할 멱　汨 물 멱

면

免 면할 면　俛 굽힐 면　冕 면류관 면　勉 힘쓸 면　㝃 아이날 면　葂 성할 면　鮸 조기 면

莬 이름 면　面 낯 면　[illegible] 피묻을 면　[illegible] 못난얼굴 면　糆 국수 면　偭 향할 면　勔 힘쓸 면　媔 투기할 면　湎 취할 면　緬 홀러갈 면　[illegible] 면모 면　[illegible] 술에젖을 면

棉 솜 면　檰 두충 면　矊 눈동자 면　綿 솜 면　緜 햇솜 면　[illegible] 총명할 면　[illegible] 새울 면　宀 움 면　[illegible] 맞을 면　[illegible] 솜 면　沔 가득할 면　[illegible] 큰물 면　麪 국수 면

[illegible] 영리할 면　櫋 지붕연접할 면　臱 뵈지않을 면　矏 빽빽할 면　[illegible] 꾸밀 면　辡 송사할 면　眠 졸 면　澠 고올이름 면　[illegible] 불상이여길 면　蝒 말매미 면　节 내기할 면

[illegible] 말 면　[illegible] 들을 면

멸

搣 만질 멸　滅 멸할 멸　[illegible] 업신여길 멸　[illegible] 칠 멸　櫗 나무틀 멸　䲛 갈치 멸　[illegible] 얼굴작을 멸　衊 약할 멸　[illegible] 새 멸　蔑 없을 멸

[illegible] 죽 멸　篾 대껍질 멸　[illegible] 누초리다쳐붉을 멸　㒝 간사할 멸　[illegible] 싸래기 멸　[illegible] 더러울 멸　[illegible] 불끄물거릴 멸

명

名 이름 명　眳 눈어둘 명　茗 싹 명　姳 좋을 명

[illegible] 날어둘 명　詺 기록할 명　酩 술취할 명　銘 새길 명　洺 물 명　明 밝을 명　[illegible] 밝을 명　眀 볼 명　皿 그릇 명　冥 어둘 명　[illegible] 산세저물 명　[illegible] 돝 명

鄍 골이름 명　覭 엿볼 명　螟 띠루 명　蓂 풀 명　熐 훙노의부락 명　慏 맘너그러울 명　[illegible] 눈섭넓을 명　瞑 눈감을 명　[illegible] 복 명　暝 저녁 명　榠 무과 명　鳴 울 명

命 목숨 명　[illegible] 아이밸 명　覀 같을 명　[illegible] 굴 명　椧 홈통 명　溟 바다 명　[illegible] 검푸를 명　[illegible] 쌀 명　[illegible] 새 명　鎆 쇠녹일 명　䫤 이마 명

모

母 어미 모　毛 터럭 모

[illegible] 풀 모　氁 비단 모　牦 소 모　瓱 미리그람 모　眊 눈흐릴 모　[illegible] 소식 모　軞 수레 모　酕 취할 모　枆 복숭아 모　[illegible] 털 모　粍 밀리미터 모　旄 기 모

耄 구십세 모　髦 준수할 모　耗 덜릴 모　[illegible] 털 모　竓 미리리터 모　秏 털 모　芼 나물 모　[illegible] 털 모　冒 무릅쓸 모　[illegible] 물부를 모　[illegible] 볼 모　暮 저물 모　[illegible] 설주 모

媢 성낼 모　帽 모자 모　[illegible] 모자 모　瑁 대모 모　某 아무 모　謀 꾀 모　[illegible] 사모할 모　牟 클 모　[illegible] 언덕 모　侔 비등할 모　[illegible] 보리 모　麰

音訓索引

廟 사당 묘
嫹 아름다울 묘
墓 산소 묘
穮 벼꺼럭 묘
譕 말할 묘
杳 아득할 묘
淼 큰물 묘
飆 바람 묘

무

務 힘쓸 무
堥 질그릇 무
帤 차우비 무
愗 어릿어릿할 무
瞀 무식할 무
蟱 그리마 무
𦍩 양 무
鞪 투구 무
鍪 투구 무
霧 안개 무
𩀟 병아리 무
無 없을 무
璑 옥빛 무
憮 실심할 무
瞴 볼 무
甒 질술준 무
撫 어루만질 무
䋄 실켜고남저지 무
𦋺 그물 무
膴 클 무
譕 언행있을 무
蕪 거칠 무
鷡 종달새 무
𨕉 자취 무
廡 월랑 무
𤼍 별 무
潕 물마를 무
幠 덮을 무
毋 말 무
姆 여스승 무
砪 돌비눌 무
拇 엄지손가락 무
胟 엄지손가락 무
鮇 황서이 무
𧲾 암톨 무
踇 걸음 무
蟊 잠자리 무
鉧 다리미 무
巫 무당 무
㡌 털옷 무
莁 흰비름 무
誣 속일 무
戊 천간 무
毪 털많이날 무
茂 무성할 무
武 호반 무
娬 예쁠 무
珷 무부 무
鵡 앵무새 무
舞 춤 무
橆 번성할 무
𨵻 열 무
㤇 아낄 무
𦀿 화하지않을 무
懋 힘쓸 무
楙 성할 무
袤 뻗힐 무
髳 오랑캐 무
敄 힘쓸 무
罞 그물칠 무
拊 칠 무
亡 없을 무
无 없을 무
畒 이랑 무
莽 추솔할 무
牡 수컷 무
貿 무역할 무
𦉼 해진그물 무
𢃳 보자기 무
媢 투기할 무
繆 실천오리 무
畝 발두둑 무

묵

万 성 묵
墨 먹 묵
默 잠잠할 묵
嘿 잠잠 묵
纆 끈 묵
𦫋 낚시배 묵
蟔 박쥐 묵

문

文 글월 문
汶 물 문
炆 연기날 문
紋 무늬 문
坟 무덤 문
妏 낳을 문
彣 채색 문
抆 씻을 문
魰 가물치 문
雯 구름 문
鳼 메추리새끼 문
鼤 쥐 문
蚊 모기 문
門 문 문
問 물을 문
聞 들을 문
捫 더듬을 문
閿 볼 문
們 무리 문
閺 시골이름 문
捪 씻을 문
㖧 입아귀 문
吻 입시울 문
𨠀 술잔 문
刎 목찌를 문
免 순산할 문
悗 잊어버릴 문
脗 합할 문
璊 옥 문
蟁 모기 문
璺 옥깨여질 문
夂 몸메 문
虋 맥문동 문
䞤 더디걸을 문
畚 떡기주할 문
䎽 들을 문

물

勿 말 물
物 물건 물
岉 산높을 물
㧉 동리기 물
昒 새벽 물
粅 가루 물
芴 순무 물
曶 새벽 물
沕 잠길 물

몽

甍 질그릇 몽
夣 상 몽

미

未 아니 미
眛 흴 미
菋 오미자 미
祙 산귀신 미
味 맛 미
鮇

뱅어 미
米 쌀 미
洣 물겨 미
謎 수수께끼 미
瞇 애꾸눈이 미
眯 눈에티들 미
蘪 싹 미
蔝 풀 미
䊳 겨 미
糜 죽 미
䋛 수놓은무늬 미
宷 깊을 미
罙 두루 미
咪 양의소리 미
娓 어미 미
鮇 고기알 미
侎 의혹할 미
迷 미혹할 미
醿 막걸리 미
醚 취할 미
敉 편안할 미
麊 골이늠 미
麋 물가 미
𣧛 절미 미
櫗
마름 미
糜 기장 미
灖 흐를 미
䭧 먹일 미
蘼 맥문동 미
靡 얽을 미
䊳 먹을 미
攠 쇠북방망이받이 미
䕷 깊을 미
䉰 피 미
縻 맬 미
攗
세모진 마름 미
爢 익을 미
𡾟 산모양 미
溦 이슬비 미
瀓 물가 미
𥂕 털구멍 미
䁇 엿볼 미
微 작을 미
霺 가는비 미
癓 병 미
薇 고비 미
𩚬 대궁 미
蘼 풀늘어질 미
䊳 꼬리 미
𥳁 비 미
尾 꼬리 미
浘 바다물날 미
梶 나무끝 미
娓 아름다울 미
美 아름다울 미
渼 물결무늬 미
媄 빛고울 미
嵄 산 미
躾 예절가르칠 미
眉 눈섭 미
楣 인중방 미
堳 담 미
媚 아첨할 미
煝 빛날 미
篃 겨울에나는죽순 미
瑂 옥돌 미
郿 땅이름 미
嵋 산이름 미
蝞 새우 미
鶥
왜가리 미
湄 물가 미
瀰 많을 미
獼 원숭이 미
𥎖 창 미
𦅾 봉할 미
𨷿 편협할 미
嬭 어미 미
醾 골마지 미
𨣿 누룩 미
擟 밀 미
彌 찰 미
蝆 쌀눈 미
覭 볼 미
渳 물질편할 미
芈 양울 미
黴 곰팡이 미
麛 새끼 미
弭 활꼬이 미
亹 힘쓸 미
着 눈섭 미

민

民 백성 민
泯 빠질 민
珉 옥돌 민
瑉 옥돌 민
𤿚 피부에주름살질 민
痻 병 민
岷 산이름 민
怋 민망할 민
愍 슬플 민
敃 강할 민
䋋 낚시줄 민
緍 돈꿰미 민
罠 그물 민
苠 대껍질 민
𨀨
굽 민
𨊻 바퀴두리 민
䡇 차바탕밑가죽 민
鍲 쾌지을 민
鈱 철판 민
𩑈 강할 민
暋 강할 민
睧 굽어볼 민
𥯤 대속할 민
玟 옥돌 민
潣 물흐를 민
閔 성 민
憫 불상할 민
忞 강잉할 민
簢 대속빌 민
旻 하늘 민
旼 화할 민
敏 민첩할 민
𢿌 산소 민
慜 총명할 민
鰵 대구 민
𪅀 증경새 민
悶 민망할 민
僶 강잉할 민
脗 합할 민
閺 성문 민
䝔 부세 민

밀

密 몰래 밀
蜜 꿀 밀
𢶏 가만히때릴 밀
樒 침향나무 밀
滵 물졸졸흐를 밀
𥦗 엿볼 밀
𥉫 측량못할 밀
蔤

연근밀 賯 물흐를밀 謐 고요할밀 宓 잠잠밀 蠠 강잉할밀 昳 해떠러질밀

박

朴 클박 圤 흙덩이박 玌 옥박 迫 핍박할박 敀 박할박 粕 재강박

鉑 금박 泊 쉴박 拍 칠박 胉 허리뼈박 狛 개박 珀 호박박 箔 발박 蒪 굵은양하박 簿 장기박 搏 손얽을박 博 넓을박 ⿰口尃 먹을박 餺 떡박

縛 얽을박 ⿰羊尃 불깐양박 礴 섞일박 簙 바둑돌박 ⿰車尃 수레맨줄박 ⿰月溥 점인고기박 ⿱雨溥 큰비박 鑮 호미박 鎛 쇠북박 ⿰車薄 수레치장박 膊 어깨박

薄 엷을박 ⿰虫尃 범아재비박 ⿰韋薄 짚신박 ⿰韋尃 멍에싸개박 髆 어깨죽지박 ⿰魚薄 잉어박 ⿰革尃 가죽주머니박 ⿰革薄 차안에까는자리박 ⿰日尃 볕쪼일박 ⿰衤尃 홑옷박

襆 꽃떨어질박 鏷 날쇠박 ⿰言菐 말로방패막이할박 璞 옥덩이리박 ⿰骨菐 화살박 樸 질박할박 懪 답답할박 ⿰暴攴 칠박 懪 답답할박 嚗 역정낼박 ⿰犭暴 지팡이창박

犦 소이름박 襮 거죽박 趵 차는소리박 彴 별박 ⿰爪包 손톱박 亳 땅박 ⿱雨革 비에가죽젖실박 ⿱雨澤 못박 剝 벗길박 筋 손발마디울박 ⿰羽皃 짓치며나를박 ⿰金雹 공이머리박

⿰礻皃 오래볼박 雹 우박박 ⿱般衣 옷거죽박 骲 뼈다귀살촉박 瓟 종구락박 ⿰壴攴 손발마디울박 駁 얼룩말박 颮 날개치는소리박

반

半 절반반 伴 짝반 冸 얼음녹을반 泮 물반 ⿰言半 말잘할반 姅 월경할반 柈 쟁반반 ⿰氵⿰無半 문가반 靽 소밀치반 秚 섞일반 絆 말맬반 胖 살찔반 畔 밭도랑반 ⿰石半 돌반

拌 버릴반 怑 거스릴반 ⿰食半 떡반 ⿰馬半 말절을반 反 돌아올반 ⿺廴反 더욱반 叛 배반할반 ⿰言反 자랑할반 ⿰車反 수레휘장반 返 돌아올반 扳 끌반 ⿸疒反 토할반 飯 밥반

魬 넙치반 ⿰骨反 팔다리반 般 일반반 ⿱般足 꼽장발반 槃 쟁반반 瀊 물돌반 ⿱竹般 통발반 縏 작은주머니반 搫 덜반 ⿰犭般 동갱이반 盤 소반반 盤 반석반

幋 휘건반 瘢 험질반 搬 운반할반 ⿱般目 눈굴려볼반 ⿱髟般 북상투반 班 반열반 斑 어룽질반 磻 시내반 ⿰米番 쌀뜨물반 蟠 서릴반 ⿰忄番 맘변동할반

⿸疒番 자궁병반 ⿰番去 무리반 潘 성반 媥 빛섞일반 媥 알룩할반 肦 부세반 ⿰片分 조각반 盼 돌아볼반 扮 장식할반 頒 나눌반 攽 나눌반 ⿱夶車 수레뜸반 ⿰衤八

떠 반 畚 얼굴클 반 娩 토끼새끼 반 泮 물가언덕 반 汎 뜰 반 闆 문속에서볼 반 䫶 털긴양 반 繁 말배때끈 반 蟠 수레뜸 반 攀 휘여잡을 반 拚 버릴 반 瘢

발반될 반 料 돼서반분할 반 虨 표범 반 弁 즐길 반 竝 동거할 반 飰 밥 반

발

孛 혜성 발 荸 나물 발 㟑 산길평탄할 발 渤 안개자욱할 발 焞 찌는듯할 발 燉

연기일어날 발 敎 별안간 발 勃 변색할 발 哱 주라 발 埻 티끌 발 脖 배꼽 발 綍 동아줄 발 誖 물건누르는소리 발 郣 땅봉긋할 발 馞 향내날 발 頱 목 발 毶 털 발

浡 일어날 발 桲 돌배 발 鵓 집비둘기 발 誖 말어지러울 발 癶 걸을 발 發 필 발 蹳 찰 발 墢 흙필 발 撥 다스릴 발 𢤱 성미날 발 襏 도롱이 발 潑 활발할 발

개닫는모양 발 茇 풀뿌리 발 馛 향기날 발 酦 술기운 발 鈸 방울 발 魃 가물 발 髮 머리 발 鼥 쥐 발 冹 찰 발 跋 걸을 발 沷 물댈 발 詙 신농씨부인 발 妭 고운처 발

癹 발로풀뭉그질을 발 𦪙 배 발 鱍 물고기꼬리칠 발 鏺 벨 발 醱 술괼 발 蹳 풀밟을 발 𢇍 초가집 발 拔 뺄 발 袚 옷 발 坺 흙필 발 秡 상할 발 胈 다리털 발 犮

越 밧삐갈 발 颰 바람 발 𨉖 달아날 발 䥽 구름필 발 軷 노제 발 𨑢 달아날 발 䣦 술빛 발 抪 칠 발 帥 옆게휠 발 跡 걸을 발 㶿 엷을 발 𠭜 수레깨지는소리 발

鉢 바리대 발 盋 주발 발 艴 노할 발

방

方 모질 방 倣 본받을 방 妨 해로울 방 塝 두둑 방 坊 막을 방 坊 클 방 嗙 웃을 방 傍 의지할 방 𠯈 들을 방

汸 큰비 방 滂 비퍼불 방 牓 방 방 牥 좋은소 방 𤛎 등흰소 방 旊 진흙뭉칠 방 房 방 방 磅 돌떨어지는소리 방 禢 봄제사지낼 방 笐 죽롱 방 紡 길쌈 방

糡 옥수수 방 肪 비계 방 膀 오줌통 방 踫 달음박질할 방 𨑕 달아날 방 𨡔 술올릴 방 錺 장식 방 鎊 깍을 방 隔 가까울 방 防 막을 방 霶 비쏟아질 방

幫 서첩 방 𢐫 활시위탱할 방 彷 방황할 방 𢗰 꺼릴 방 徬 붙어갈 방 抙 같을 방 膀 넓은배 방 芳 꽃다울 방 舫 사공 방 蒡 우방자 방 雱 함박눈 방

覫 결눈질할 방 髣 비슷할 방 魴 방어 방 𪕺 쥐 방 旊 옹기 방 昉 밝을 방 㝑 사귈 방 枋 단목 방 榜 계시판 방 皷 신도리 방 搒 볼기칠 방 謗

비방 방
放 놓을 방
鞤 가죽신 방
幫 곁들 방
幇 도울 방
⿱封手 막을 방
⿱宀牻 잘 방
尨 삽살개 방
哤 잡된말할 방
狵 삽살개 방
牻 얼룩소 방
庬 잡될

駹 찬간자 방
蛖 도르래 방
玤 옥돌 방
⿰面丰 면종 방
⿰耒咅 보습 방
炐 불빛환할 방
蚌 조개 방
舽 배 방
韸 북소리 방
⿸疒夅 공기 방
膖 부을 방
⿰黑夅

逄 성 방
⿰月奉 배불룩할 방
棒 몽둥이 방
綁 결박할 방
邦 나라 방
梆 목탁 방
⿰木鄉 지팽이 방
⿰金毛 베 방
⿺毛曾 융 방
⿰豕丰 넘게될 방
匚 모진그릇 방
肨 꺼꺼할 방

蠭 성 방
⿱逢鳥 새 방
霶 큰비 방
龐 성 방

배

倍 갑절 배
培 북돋을 배
賠 배상할 배
醅 술괴일 배
陪 모실 배
⿱艹陪 꽃봉우리 배
蓓 꽃방울 배
毰

날개펼 배
焙 말릴 배
俳 광대 배
徘 어정거릴 배
裴 옷길 배
輫 난간 배
⿰舟非 키 배
猅 개 배
琲 진주열꿰미 배
輩 물 배
⿱大非 클 배
⿰革非 풀무 배
排 밀 배
⿱非手

빌 배
啡 볼 배
裴 성 배
裵 옷 배
背 등 배
褙 배자 배
⿰糸背 적삼 배
北 패할 배
拜 절 배
⿰犭拜 명아주 배
湃 물소리 배
⿰口拜 간병 배
阫 담 배
⿰不頁 굽은 배
桮

잔 배
肧 애밸 배
衃 멍들 배
杯 잔 배
坏 담 배
环 옥 배
⿰女丕 태 배
⿰米丕 보리죽 배
錇 장군 배
帗 베 배
⿱山辟 골속자이 배
⿱山⿸鹿比 산무너지는소리 배
扒 뺄 배
⿵門弗 자물쇠 배

配 짝 배
負 물귀신 배
鄁 나라이름 배
⿱艹⿰毛巴 구장 배
⿰扌⿱艹拜 절 배
⿰丕頁 주걱턱 배
⿺風卑 바람불 배
瓸 헥드그람 배
妃 짝 배
鞴 풀무 배
⿰白卑 가죽 배

백

白 흰 백

伯 맏 백
柏 잣 백
帛 비단 백
苩 성 백
⿰氵柏 얕은물 백
舶 큰배 백
⿱艹帛 목화 백
萡 쪽 백
鮊 우려기 백
拍 칠 백
迫 가까울 백
珀 호박 백
⿰白瓦 우물돌 백
魄 혼 백

百 백 백
竡 헥트미터 백
佰 어른 백
⿰片𠂢 나눌 백
霸 초생달 백

번

番 차례 번
璠 옥 번
鐇 번육 번
藩 울타리 번
繙 번역할 번
翻 날 번
勫 전장할 번
膰

제지낸고기 번
嶓 산돌 번
墦 무덤 번
幡 기 번
旛 기 번
⿰番弓 기를 번
⿸广番 쌓을 번
橎 단단한나무 번
藩 리 번
⿱艹燔 지모 번
蕃 부를 번
蹯 짐승의발바당 번
轓

수레난간 번
鐇 몽치 번
⿰韋番 가죽반듯할 번
⿰番非 달래 번
⿰番飛 뒤칠 번
⿰馬番 짐승번성할 번
鷭 새 번
⿰鼠番 쥐며누리 번
燔 구울 번
煩 번민할 번
⿰扌煩 비빌 번
薠 떼 번

犿 서로좇을 번 礬 백반 번 樊 새장 번 [illegible] 번풀 번 蠜 메뚜기 번 [illegible] 잠깐볼 번 [illegible] 추할 번 [illegible] 제집영오할 번 笲 그릇 번 拚 날을 번 袢 속옷 번 緐

말갈기치장 번 蘩 쑥 번

벌

伐 칠 벌 垡 밭갈 벌 瞂 방패 벌 栰 떼 벌 筏 떼 벌 閥 가문 벌 㕹 방패 벌 [illegible] 방패 벌 橃 배 벌 [illegible] 줄 벌 罰 벌줄 벌

昁 쌀찔 벌 墢 밭갈 벌

범

凡 무릇 범 杋 나무 범 梵 불경 범 汎 띠울 범 䀀 큰눈 범 凢 무릇 범 䭵 말 범 訉 잔소리 범 釩 떨칠 범 [illegible] 범벌 범

[illegible] 경홀이여길 범 氾 뜰 범 犯 범할 범 [illegible] 잔 범 範 법 범 [illegible] 벌 범 軓 수레 범 泛 뜰 범 柉 나무껍질 범 [illegible] 말급할 범 颿 달릴 범 訊 수다할 범

법

法 법 법 琺 법랑 법

벽

釽 깨질 벽 辟 임금 벽 [illegible] 새그물 벽 襞 치마주름 벽 [illegible] 달아날 벽 繴 새그물 벽 躄 앉은뱅이 벽 鐴 보습귀 벽 闢 열 벽

僻 편벽할 벽 劈 쪼갤 벽 [illegible] 더러울 벽 壁 벽 벽 廦 담 벽 糪 선밥 벽 擘 나눌 벽 擗 열 벽 檗 피나무 벽 [illegible] 죽으려할 벽 [illegible] 물나뉘어흐를 벽 甓

벽돌 벽 璧 옥 벽 癖 적병 벽 [illegible] 솜 벽 鷿 오리 벽 霹 벼락 벽 湢 물소리 벽 [illegible] 막을 벽 堛 흙덩이 벽 稫 보일 벽 [illegible] 종기쨀 벽 疈 쪼갤 벽 偪

가까울 벽 愊 정성 벽 䭦 물릴 벽 綼 치마폭에수치장할 벽 欂 중깃 벽 [illegible] 땅벌어질 벽 [illegible] 닫을 벽 碧 푸를 벽

변

弁 고깔 변 栟 주두 변 [illegible]

개싸움할 변 洴 물끌터서흐르게할 변 卞 법 변 汴 물이름 변 玣 고깔꾸미개 변 抃 손벽칠 변 忭 기쁠 변 駢 버릴 변 軿 수레 변 賆 더할 변 [illegible] 머리고울 변

辯 말잘할 변 辨 분별할 변 辧 허벅지 변 [illegible] 근심할 변 匾 납작할 변 褊 좁을 변 萹 옥매답 변 藊 백변두 변 [illegible] 작은수레 변 徧 두루 변 甂 자배기 변 [illegible]

말할 변 [illegible] 오줌 변 [illegible] 멀리갈 변 變 변할 변 變 변할 변 邊 가 변 [illegible] 달아날 변 [illegible] 쌍동이 변 匥 상자 변 [illegible] 침뱉을 변 昪 날빛 변 閞 주두 변

釆 분변할 변 [illegible] 먹줄튀길 변 [illegible] 골절풍 변 稨 울콩 변 糄 쌀 변 [illegible] 신바닥 변 扁 표 변 邉 변두 변 [illegible] 삐뚜리 변 [illegible] 결음바르지않을 변 骿 통갈비 변 胼

못백일 변 辧 얽을 변 鑌 방어 변 鴘 묵이매 변 頨 고깔 변

별

别 이별 별 莂 모종 낼 별 䇷 벼 포기 고루 서지 않을 별 𠟻 산 별 𡿺 활 뒤집힐 별 詶 말로 판단할 별

𦗐 들을 별 𥿼 솜 별 𥟍 벼 향기 별 瞥 얼핏 볼 별 癟 골마터질 별 嫳 방정스러울 별 徶 옷자락 펄러거릴 별 憋 모질 별 撇 칠 별 暼 해 떠러지려고 무러거릴 별 襒

떨칠 별 蹩 밟을 별 鐅 보습 날 별 𩔩 짧을 별 鞂 칼집 치장 별 潎 물바닥 칠 별 鼈 자라 별 鱉 자라 별 蟞 개미 별 彆 활 별 丿 삣칠 별 批 밀칠 별

䬌 바람 별 𤸱 날지 못할 별 炦 불기운 별 蛂 풍뎅이 별 馪 향기 날 별

병

丙 남녘 병 㟀 사람의 이름 병 窉 삼월 병 怲 근심할 병 柄 자루 병 炳 밝을 병

昞 밝을 병 病 병들 병 蛃 좀 병 鮩 백어 병 鞆 팔찌 병 邴 땅 이름 병 苪 나타날 병 眪 눈 밝을 병 兵 군사 병 垪 구멍 병 屏 병풍 병 帲 휘장 병

나란할 병 偋 내칠 병 駢 탈 병 𢕀 곁 병 鞞 가죽 띠 병 頩 천연할 병 頩 옥생 병 餅 떡 병 䨽 우뢰 소리 병 閛 문짝 닫는 소리 병 蛢 풍뎅이 병 誁 말할 병 洴

栟 종려나무 병 摒 제할 병 跰 급히 갈 병 郱 땅 이름 병 瓶 병 병 迸 흩어질 병 鉼 금덩이 병 竮 비틀거릴 병 箳 대사립문 병 輧 수레가림 병 絣 먹줄 튀길 병

艵 옥색 병 𩈩 낯 누를 병 䴵 보리떡 병 𪘀 통니 병 𪕧 생쥐 병 併 다 병 𧋍 조개 병 𤷊 열병 棅 자루 병 秉 잡을 병 錋 병기 병 竝 아우를 병 𢈔

으슥한 곳 병 甹 고을 병 𩂣 비올 병

보

保 보전 보 堡 막을 보 𢹍 칠 보 堡 작은 성 보 𣙙 들보 보 葆 풀성할 보 褓 포대기 보 賲 거만 보 步 걸을 보

痡 병더칠 보 𤣿 옥 보 𩢈 말 걸음 익힐 보 𦭊 풀 보 甫 클 보 𥑮 돌매 보 莆 풀 보 簠 제기 보 俌 도울 보 烳 횃불 보 黼 보불 보 𩳐 별 보 輔 도울 보

鞴 가죽신 보 補 기울 보 報 고할 보 菩 보살 보 篰 발 보 𩸞 복 보 譜 족보 보 𠂢 벌릴 보 寶 보배 보 普 넓을 보 𤣩 옥그릇 보 麭 경단 보 鴇 말 보

鮬 쏘가리 보 狍 깃 보 𩊟 가죽 다루는 사람 보 𤵡 병 보 鴇 새 보 䔕 김치 보 𦵺 도울 보 𡘿 노른재 보 蚥 연가시 보

복

伏 엎드릴 복 垘 보막을 복 栿 들보 복

洑 스며흐를 복
𨋋 수레앞턱나무 복
鮲 가리맛 복
䟔 끓어엎드릴 복
袱 풍낭이 복
𤝔 여우 복
福 복 복
楅 쇠뿔에가루댄막대 복
踾 모을 복
蝠 박쥐 복
韛 가죽띠 복
諨 갖출 복
葍 예무 복
鶝 오디새 복
僕 종 복
墣 흙덩이 복
幞 복두 복
撲 날 복
撲 씨름할 복
䪁 소목거리 복
毴 털엉킬 복
䴆 사슴 복
蹼 오리발 복
轐 수레바퀴받침 복
醭 술에골마지낄 복
濮 물 복
纀 수건 복
䑑 나라이름 복
𪐴 검을 복
復 다시 복
匐 길 복
蔔 치자꽃 복
𡊅 토굴에서살 복
䨱 물흐릴 복
腹 배 복
椱 신 복
輹 바퀴통 복
𧼐 어린아이길 복
鰒 전복 복
𩜾 먹을 복
馥 향내 복
鍑 가마이 복
複 하국 복
蝮 독사 복
複 겹옷 복
蠈 벼메뚜기 복
覆 도리킬 복
澓 은혈로흐를 복
癁 병돌칠 복
𥨍 움 복
𥳇 대열매 복
復 돌아올 복
鶝 오디새 복
𠬝 일할 복
𦋸 고공이 복
菔 무 복
箙 전통 복
鵩 올빼미 복
服 입을 복
卜 점 복
扑 종아리칠 복
𥃩 눈통이뼈 복
鳪 꿩 복
宓 성 복
𡰪 갈 복
䪫 머리털휠 복
攴 칠 복
㩧 칠 복
攥 회차리 복
𧾷 넘어질 복
𨍭 수레상자 복
鸔 물새 복
虙 범웅성거릴 복

본

本 밑 본
𩚵 밥 본
𪎍 암삼 본
𪎊 삼대 본
䵗 검을 본

봉

丰 예쁠 봉
夆 끌 봉
妦 아름다울 봉
峰 산 봉
蠭 벌 봉
捀 받들 봉
犎 소 봉
䒠 외맷힐 봉
𥐯 옥돌 봉
𧲨 창 봉
熢 연기서릴 봉
䄠 산귀신 봉
篷 대뜸 봉
縫 꿰맬 봉
𢅉 수건 봉
𢡗 사랑할 봉
桻 나무가지끝 봉
𢶍 받들 봉
樬 초목무성할 봉
漨 물 봉
逢 만날 봉
𨏕 수레뜸 봉
韸 수레소리 봉
鋒 칼날 봉
鑝 투구 봉
鏠 병장기끝 봉
䨏 비소리 봉
韄 북소리 봉
䩬 귀뿌리 봉
韸 화할 봉
烽 봉화 봉
𩩲 가슴뼈 봉
𤏲 봉화 봉
髼 엉킨머리 봉
蓬 쑥 봉
封 봉할 봉
崶 봉산 봉
𧞜 미투리 봉
𦄝 미투리 봉
𦔲 메투리 봉
𦓔 소 봉
奉 받들 봉
埲 먼지 봉
琫 옥 봉
唪 웃을 봉
俸 녹 봉
棒 칠 봉
菶 풀우거질 봉
𩡌 향기성할 봉
𤏩 연기와티끌이자욱할 봉
鞛 안장치장 봉
芃 풀성할 봉
塳 먼지날 봉
覂 덮을 봉
鳳 새 봉
甏 집울리는소리 봉
鞥 칼장식 봉
賵 부의 봉

부

付 붙일 부
𡚺 기뻐할 부
俯 구부릴 부
咐 불 부
符

병부 부
祔 제사 부
坿 떼 부
⿰巾付 비단 부
府 마을 부
弣 활줌통 부
⿰扌府 위로할 부
柎 꽃비침 부
泭 적은떼 부
腑 장부 부
腐 썩을 부
苻 껍질 부
⿰犭付 양 부

紨 명주 부
⿰石付 수정 부
詂 말 부
蚹 달팽이 부
駙 부마 부
⿱付鼓 떠들석할 부
拊 칠 부
⿰金付 못 부
附 붙일 부
⿰食付 먹을 부
⿱髟付 머리땋을 부
鮒 붕어 부
⿰衤付 옷 부

跗 발등 부
⿰身付 옷입을 부
孚 믿을 부
⿺走孚 속할 부
⿰魚孚 물아지 부
艀 종선 부
蜉 왕개미 부
郛 성바퀴 부
烰 찔 부
⿱雨孚 눈올 부
垺 성각휘 부
娐 이쁠 부

俘 불모잡을 부
筟 북 부
⿰多孚 많을 부
哹 물새 부
⿱竹浮 대 부
稃 왕겨 부
⿰卵孚 새끼깔 부
浮 뜰 부
桴 떼 부
⿰羊孚 북채 부
捊 당길 부
罦 새잡는덮치기 부

粰 겨 부
綒 거물 부
⿰缶孚 기와 부
⿰石孚 돌깨뜨리는소리 부
琈 문채 부
⿰牛孚 소 부
夫 지아비 부
⿱竹夫 공부 부
⿰巾夫 깃 부
枎 퍼질 부
扶 붙들 부
芙 연꽃 부

⿰言夫 어조사 부
玞 무부 부
⿰衤夫 깃 부
趺 앉을 부
⿰車夫 바퀴비너장 부
颫 바람 부
蚨 청부 부
荴 연입이울 부
鈇 작도 부
麩 밀기울 부
婄 살찔 부
⿰牛咅 절 부
剖 쪼갤 부

箁 대입 부
⿰忄咅 성낸듯할 부
殕 곰팡날 부
涪 물거품 부
⿰咅欠 말하며받지않을 부
⿰月咅 돋의고기 부
⿰糸咅 솜펄 부
⿰牛咅 수컷 부
瓿 항아리 부
踣 쓰러질 부
⿰風咅 바람잔잔할 부

餢 밀전병 부
⿵門咅 문열 부
錇 장구 부
篰 떼적 부
⿰麥咅 떡 부
⿱髟咅 터럭짧을 부
棓 때릴 부
部 나눌 부
副 버금 부
尃 펼 부
簿 문서 부
榑 뽕나무 부

敷 베풀 부
傅 스승 부
⿰米尃 수제비 부
⿰豸尃 짓 부
賻 부의 부
溥 클 부
⿰面甫 빰무 부
鵏 거위 부
⿰韋甫 잠방이 부
⿰甫頁 광대뼈 부
⿰骨甫 무릎뼈 부
⿰禾甫 벼쌓을 부

⿰犭甫 솜털 부
痡 병들 부
抔 줌 부
吥 빨 부
⿰扌否 움큼 부
紑 옷정결할 부
芣 길장구 부
⿺走否 엎드러질 부
鳺 비둘기 부
㕮 씹을 부
尃 펼 부
⿰馬父 수말 부
阜 언덕 부

⿰阝阜 성할 부
邞 골이름 부
伏 품을 부
蛗 벼메뚜기 부
陚 언덕 부
⿰足武 발자국 부
⿱髟畐 상투 부
釜 가마 부
鳧 오리 부
鴀 새 부
郶 땅이름 부
萯 땅외 부

⿰舟夫 배 부
⿺辶夫 편안할 부
⿰虫阜 메뚜기 부
⿱艹⿸广畐 댑싸리 부
鄜 땅이름 부
⿱髟糸 수염많을 부
⿰韋复 갓옷 부
⿰馬阜 성할 부
⿱覀不 안개 부
枹 북채 부
赴 달을 부
趴

(달아날부)
埠 선창부
婦 며느리부
㚢 계집행실부
仆 엎더질부
嘸 말우물거릴부
㕮 씹을부
偩 의지할부
秿 벼움날부
筟 대겹질부
𥨍 새알부
怤 성낼부
斧 도끼부
膚 피부부
罘 병풍부
缶 장군부
瓿 동이부
父 아비부
滏 물끓을부
褔 옷한벌부
裦 모일부
灋 물소리부
癁 가쁠부
訃 부음부
負 질부
賦 부세부
𧴨 재물부
跗 발목뼈부
蝜 쥐며느리부
蝮 버레부
裒 덜부
螽 메뚜기부

북

北 북녘북
僰 오랑캐북

분

分 나눌분
紛 분잡할분
兺 뿐분
竕 데시리터분
瓰 데시그람분
玢 옥무늬분
秎 벼단분
㸮 수소분
坌 물날분
噴 꾸짖을분
橨 평상널분
鞼 북분
瀵 흩어질분
焚 살을분
犇 소놀라뛸분
坌 쓸어버릴분
𡄰 성난소리분
笨 대속분
糞 똥분
翂 일떠날분
倴 사람이름분
体 거칠분
羵 괴물분
𧗊 심실분
轒 수레분
鐼 대패분
憤 분할분
馩 향내분
鱝 가오리분
黂 삼씨분
幩 말자갈끝할분
𢵀 씻을분
歕 뿜을분
蕡 삼씨분
豶 양분
濆 물가분
魵 고기분
衯 옷치렁거릴분
訜 말정하지못할분
躮 자식분
扮 잡을분
棼 어지러울분
棻 향나무분
梤 향나무분
妢 나라이름분
𣸣 나를분
湓 물넘칠분
閅 싸울분
雰 안개분
𩸚 가오리분
𪎊 흩을분
鳻 새분
芬 풀향기날분
岎 산가를분
帉 수건분
奔 언덕분
忿 분할분
汾 물분
豶 나를분
昐 날빛분
毴 털빠질분
氛 기운분
肦 머리분
芬 향기분
蒶 풀쌓을분
葐 향기분
𦮼 풀로지경정할분
蚡 두더지분
粉 가루분
坋 티끌분
盆 모을분
羒 앙불
𦍙 흰수양분
体 어리석을분
苯 풀날분
㮥 배뜸분
泍 샘분
畚 삼태분
瓫 동의분
轓 수레뜸분
糞 떨어버릴분
錛 자귀분
餴 선밥분
鼖 큰북분
奮 떨칠분
𢡟 자루터질분
𢸷 쓰러버릴분
𣄃 배뜸분
墳 무덤분

불

不 아닐불
乀 파임불
弗 말불
𩎟 줄불
佛 부처불
刜 찍을불
𢻱 다스릴불
拂 떨칠불
怫 답답할불
彿 흡사할불
帗 수건불
岪 산구비불
坲 티끌일어날불
𢐁 도울불
咈 어길불
柫

향나무불 柫 도리채불 霈 구름불 鞴 수레뒷가죽불 颰 바람불 笰 살불 紼 실불 艴 성낼불 茀 다스릴불 韍 풍류소리잠시그칠불 鮄 방어불 髴 비슷할불 茀 산길불 帗 비단불 韍 슬갑불 雵 비올불 沷 찰불 祓 제액할불 紱 인끈불 翇 춤추는깃불 炥 불이글이글할불 烕 불이글이글할불

해돋을불 餑 떡불 颰 바람불불 誖 소리불 㛘 계집몸통할불 霈 구름일불 亞 보불불 髴 이마불 䞳 달아날불 霈 구름일불 甶 귀신머리불 黻 보불불

붕

朋 벗붕 棚 시렁붕 崩 산무너질붕 弸 활강할붕 㥊 짜증낼붕 窮 평토칠붕 繃 감을붕 傰 성붕 倗 부탁할붕 堋 광중붕 鵬 봉새붕 堋 방축불 霳 큰비붕 䨍 가슴걸이붕 颰 불땔붕 鬅 머리더부룩할붕 漰 물결치는소리붕 痭 대하증붕 塳 티끌일어날불

비

丕 받들비 岯 산비 伾 힘있을비 狉 소부리는소리비 豾 삵의새끼비 秠 기장비 呸 다투는소리비 俾 하여금비 剕 깎을비 畀 줄비 睥 논에물댈비 婢 여종비 淠 성할비 濞 물소리비 痺 손시릴비 痺 새비 痹 각기비 睥 곁눈질할비 諀 설비 箄 가리비 椑 떫은감비 庳 낮을비 啤 입맛쓸비 嚊 헐떡거릴비

備 갖출비 犕 말안장지을비 𢐗 활에심감을비 糒 말린밥비 憊 고단할비 非 아닐비 匪 아닐비 婓 오락가락할비 靟 쌍겨리비 剕 발베일비 屝 짚신비 䆏 벼이삭숙을비 痱 풍병비 斐 문채날비 榧 비자나무비 棐 도울비 啡 가피차비 奜 클비 扉 더러울비 匕 비수비 仳 이별할비 疕 머리헐비

媲 짝비 屁 방귀비 帔 헌겁조각비 朼 주걱비 怶 못생길비 庀 갖을비 比 비교할비 毖 삼갈비 毗 도울비 毞 담비 沘 물비 潷 물소리비 毕 길마비 帔 비단조각비 琵 비파비 祕 제사지낼비 秕 쭉정이비 㟢 쪼그러질비 笓 참빗비 䉀 대쟁반비 篦 참빗비 庇 가릴비 幃 차휘장비 枇 비파비 捭 손뒤집어칠비 𡾰 집무너질비 𠯧 향비 粊 은쌀비 𥻗 쌀비 紕 꾸밀비 狒 원숭이비 疿 땀띠비 俷 배척할비 淝 강이름비 屄 보지비

빅

빈

儐 손빈 인도할빈 嬪 계집빈 穦 향기빈 璸 옥무늬빈 獱 수달빈 擯 물리칠빈 繽 성할빈 䎙 나를빈 臏 종주뼈빈 [賓見] 볼빈 驞 떠들석할빈 馪 향내날빈

[賓隹] 참새빈 鑌 쇠빈 殯 염할빈 濱 물가빈 瀕 물가빈 [頻言] 수다할빈 贇 예쁠빈 [糸頻] 옷다듬을빈 嚬 찡그릴빈 蘋 개구리밥빈 櫇 사과빈

鬢 살적빈 顰 흉내낼빈 頻 자주빈 牝 암컷빈 玭 진주빈 姘 첩빈 豳 나라이름빈 霦 옥광채빈 瑸 옥무늬빈 斌 빛날빈 豩 돌빈 貧 구차할빈

鋲 징빈 彬 빈할빈 虨 문채빈

빙

氷 얼음빙 冰 얼음빙 冫 얼음빙 [目甹] 볼빙 [立甹] 부릴빙 娉 장가들빙 俜 비틀거릴빙 騁 달릴빙 聘 부를빙

靐 우뢰소리빙 [氵馮心] 초목무성할빙 凭 의지할빙 [月憑] 부어서통통할빙 [車冰] 수레소리빙 淜 물소리빙

사

司 주장할사 [月司] 백회사 柌 낫자루사 笥 상자사

祠 사당사 伺 살필사 嗣 이을사 飼 칠사 詞 말씀사 覗 엿볼사 四 넉사 泗 콧물사 柶 윷사 牭 소사 [角四] 뿔그릇사 駟 사마사 思 생각할사 崽 저사

禠 귀신갈사 葸 겁낼사 [扌葸] 잃어버릴사 士 선비사 社 두레사 仕 벼슬사 射 쏠사 謝 끊을사 榭 정자사 [氵射] 물사 厶 사사사 私 사정사

[禾厶] 싹사 沙 모래사 [氵沙] 말시작할사 [沙毛] 털길사 [沙毛] 털너풀거릴사 娑 옷너풀거릴사 紗 깁사 粆 사탕사 [沙木] 사탕나무사 桫 나무사 莎 싹사 裟 가사사

[沙羊] 암소사 痧 괴질사 [沙目] 볼사 挱 만질사 [金沙] 구리동이사 [革沙] 구두사 [髟沙] 터럭사 鯊 상어사 [革沙] 말끄리사 師 스승사 [女師] 무녀사

篩 체사 獅 사자사 蒒 풀사 螄 소라사 鰤 새우사 寫 글씨쓸사 [竹寫] 채쭉사 瀉 쏟을사 [言寫] 말사 藛 쇠귀나물사 [金寫] 쇠부을사 死 죽을사

蓑 누역사 畬 화전사 [貝鳥] 가마귀사 皻 비누가시사 蹝 천천히걸을사 [大乍] 자랑할사 詐 거짓사 奢 사치할사 魳 새우사 [革徙] 가죽신사 麝 사향노루사

[雨斯] 이슬비사 鷥 해오라기사 賜 줄사 賖 사귀지않을사 危 섬돌사 鉈 창사 [金史] 고리사 鼶 족제비사 [黑千] 때사 蟖 쐐기사 [豕聿] 짐승털많을사 徙 옮길사

鍦 창 사
謏 빈말할 사
譇 말다툼할 사
鎈 꺽쇠 사
厏 집이 일정치 않을 사
麈 사슴 사
騇 암말 사
邪 간사 사
詞 말 사
衺 비뚤어질 사
虒 범 사
辭 말씀 사
赦 죄사할 사
絲 새삼 사
訯 지껄릴 사
駛 말빨리걸을 사
鞢 돌장아리 사
蹅 밟을 사
砟 비석 사
斯 이 사
貄 삵의새끼 사
賖 세낼 사
榭 옷 사
葈 도꼬마리 사
盍 제기 사
瘥 딱지 사
剚 칼꽂을 사
瀉 다할 사
捨 놓을 사
事 일 사
糸 가는실 사
絲 실 사
寺 절 사
史 사기 사
洍 강물 사
巳 뱀 사
厙 성 사
卸 벗을 사
唆 대답할 사
咋 잠간 사
汜 늪 사
渣 찌끼 사
[illegible] 물가 사
涘 물가 사
漇 물흐릴 사
瀉 물문터놓을 사
[illegible] 산멀 사
蛇 뱀 사
璽 옥새 사
姒 며누리 사
蝑 게젓 사
蜡 쉬 사
[illegible] 찌끼 사
[illegible] 북 사
[illegible] 집머리 사
[illegible] 가는실 사
磧 자갈 사
砂 모래 사
榹 소반갈 사
樝 돌배 사
祀 제사 사
柤 우리 사
梭 북 사
槎 떼 사
楂 아가위 사
燍 단내 사
灺 초똥 사
簁 체 사
[illegible] 벼 사
褫 북 사
禩 해 사
舍 집 사
耜 따비 사
[illegible] 들을 사
肆 방자할 사
肂 하관할 사
似 같을 사
蜤 메뚜기 사
[illegible] 가을 사
[illegible] 소 사
[illegible] 암컷 사
乍 잠간 사
些 적을 사
使 하여금 사
俟 기다릴 사
傞 춤 사
傻 똑쓸 사
偖 버릴 사
[illegible] 깨진독소리 사
徙 오곱 사
僿 부술 사
[illegible] 가려울 사

삭

削 깎을 삭
[illegible] 팔이길고가늘 삭
[illegible] 쇠고리 삭
[illegible] 쇠녹일 삭
[illegible] 그물에걸릴 삭
搠 찌를 삭
蒴 말오줌나무 삭
槊 창 삭
朔 북방 삭
索 노 삭
[illegible] 집을 삭
[illegible] 범의모양 삭
[illegible] 옷버석버석할 삭
[illegible] 바람소리 삭
[illegible] 동아줄 삭
櫟 고을이름 삭
欶 붙을 삭
爍 빛날 삭
獡 개가사람따를 삭
[illegible] 산험할 삭
[illegible] 병다스릴 삭
數 자주 삭
矟 창 삭

산

山 뫼 산
汕 통발 산
舢 종선 산
訕 비방할 산
閊 걸릴 산
杣 나무군 산
疝 산증 산
産 낳을 산
嵼 산구비 산
摌 가릴 산
剷 깎을 산
簅 피리 산
[illegible] 짐승 산
滻 물 산
[illegible] 콩경단 산
[illegible] 곡식갈 산
[illegible] 이 산
[illegible] 산나무 산
散 헤어질 산
潵 물뿌릴 산
[illegible] 산자가지 산
饊 산자 산
刪 깎을 산
珊 산호 산
狦 개 산
[illegible] 돼지떼 산
[illegible] 쇠그릇 산
跚 절뚝거릴 산

[illegible] 사나울 산 [illegible] 기름 산 [illegible] 기름 산 [illegible] 밥통 산 酢 늙을 산 [illegible] 얼굴 산 酸 실 산 [illegible] 이슬비 산 孿 쌍동아들 낳을 산 [illegible] 대갓집 산 [illegible] 땅이름 산 傘 일산 산

閂 빗장 산 赸 뛸 산 [illegible] 바퀴둘레 산 祘 마늘 산 [illegible] 말씻길 산 潸 눈물흐릴 산 [illegible] 빗장 산 筭 숫가지 산 [illegible] 대바지 산 [illegible] 비올 산 [illegible] 주살 산

[illegible] 이곱을 산 [illegible] 저릴 산 [illegible] 산놀 산

살

殺 죽일 살 摋 칠 살 蔱 수유 살 榝 흩을 살 [illegible] 새빨리날 살 辢 매울 살 [illegible] 비뚜루갈 살 撒 흩어질 살 [illegible] 바람불 살 攃 헬으릴 살 [illegible] 소리 살 煞 죽일 살 髾 솜털 살 [illegible] 흘은말 살 薩 보살 살 躠 돌쳐갈 살 [illegible] 화살 살

삼

參 석 삼 嘇 먹음을 삼 [illegible] 음탕할 삼 摻 미워할 삼 [illegible] 내기할 삼 襂 허리띠 삼 磣 모래 삼 穇 피 삼 糝 쌀가루 삼 縿 기폭 삼 蔘 인삼 삼 [illegible] 죕을 삼 槮 나무밋밋할 삼 毿 털길 삼 滲 스밀 삼 犙 소 삼 鏒 쇠그릇 삼 [illegible] 난알 삼 [illegible] 짓빨 삼 彡 털자랄 삼 [illegible] 해진적삼 삼 [illegible] 이할 삼 [illegible] 볼치다 삼 衫 적삼 삼 杉 스기목 삼 [illegible] 손으로달어볼 삼 釤 자귀 삼 [illegible] 이슬비 삼 森 심을 삼 罧 고기깃줄 삼 [illegible] 털 삼 [illegible] 산험할 삼 [illegible] 집기울 삼 摲 던질 삼 [illegible] 머리움직일 삼 [illegible] 홀로갈 삼 [illegible] 수레소리 삼 [illegible] 빠질 삼 [illegible] 머리길 삼 [illegible] 글자지울 삼 [illegible] 걸을 삼 [illegible] 이높을 삼 [illegible] 정과 삼 三 석 삼 [illegible] 새먹을 삼 潐 젖을 삼 檆 스기목 삼 芟 풀벨 삼 [illegible] 채양 삼

삽

偛 경솔할 삽 [illegible] 소리 삽 [illegible] 일어날 삽 [illegible] 섞을 삽 [illegible] 마를 삽 萐 부채 삽 [illegible] 갈 삽 [illegible] 나무결 삽 [illegible] 갈 삽 [illegible] 입어줍을 삽 澀 깔깔할 삽 喢 말많을 삽 插 꽂을 삽 [illegible] 감출 삽 [illegible] 떡 삽 鍤 가래 삽 牐 문빗장 삽 [illegible] 젖을 삽 歃 마실 삽 [illegible] 빨리갈 삽 [illegible] 빨리갈 삽 [illegible] 말납신거릴 삽 [illegible] 불탄끝머리 삽 [illegible] 이흔들릴 삽 [illegible] 소리 삽 翣 부채 삽 翜 빠를 삽 [illegible] 대아 삽 [illegible] 떫을 삽 [illegible] 껍두기 삽 鈒 새길 삽 雭 비소리 삽 [illegible] 머리흔들 삽 [illegible] 속눈섭길 삽 趿 긁어다릴 삽 [illegible] 예쁠 삽 靸 신 삽 唼 먹는소리 삽 [illegible] 입소리 삽 颯 쇠할 삽 [illegible] 바람 삽 濇 깔깔할 삽 挿 꽂을 삽 卅

艴 비틀색 ⿱穴生 구멍막을색

생

生 날생 笙 저생 苼 꽃술생 鼪 족제비생 甥 생질생 珄 금빛생 鉎 등록생 栍 사슬생 牲 희생생 殅 죽엇다살아날생 ⿰毛生 털끝일어설생 湦 사람생 狌 잣나비생 眚 재앙생 觀 종아리생 ⿸疒省 파리할생 ⿵門省 마을생

서

西 서쪽서 栖 쉴서 粞 싸래기서 閪 잃을서 恓 애쓸서 胥 서로서 ⿰車胥 수레아래서 諝 슬기서 醑 술서 壻 사위서 偦 재주있을서 湑 걸를서 蝑 메뚜기서 ⿰忄胥 지혜서 糈 양식서 揟 고기잡을서 稰 타작할서 ⿰礻胥 제기서 ⿰齒胥 이곱을서 芧 나무서 ⿸尸予 나막신서 序 차례서 墅 농막서 ⿱野又 풀탈서 舒 펄서 抒 끄집어낼서 紓 더딜서 ⿰黑予 검을서 書 글서 鋤 호미서 ⿱斯言 슬픈소리서 暑 더울서 曙 새벽서 ⿱竹署 체서 署 쓸서 薯 마서 癙 더위먹을서 敘 줄서 悆 의심낼서 ⿰車余 방울서 叙 펼서 瑹 홀서 徐 천천이서 漵 개서 筮 시초점서 噬 씹을서 澨 물가서 ⿰庶斤 칠서 庶 뭇서 棲 쉴서 捿 깃들일서 犀 물소서 蚕 벌레서 鄃 고을이름서 瑞 상서서 ⿰金鳥 백로서 鼠 쥐서 ⿺延爻 인도할서 ⿰氵與 개서 誓 맹세서 ⿰酉與 술서 ⿱⺈耳 기다릴서 ⿰舒鳥 거위서 恕 용서서 緒 실끝서 鱮 연어서 鉏 호미서 ⿰飠叙 싫을서 ⿱羽留 뿔설서 ⿸广乍 양실서 ⿰虫黍 쥐며느리서 逝 갈서

석

夕 저녁석 ⿰忄夕 많을석 矽 유리석 穸 굿석 汐 썰물석 石 돌석 䄷 섬석 磶 주추돌석 ⿰虫石 범아자비석 鉐 놋석 鼫 쥐석 昔 옛석 惜 아낄석 ⿱宀昔 밤석 ⿰氵昔 방축석 ⿰革昔 신석 ⿱髟昔 터럭석 ⿰昔阝 고을이름석 腊 포석 席 자리석 蓆 클석 析 나눌석 晳 분석할석 惁 삼갈석 淅 쌀일석 蜥 도마뱀석 菥 냉이석 ⿱雨析 가는비석 ⿺風析 바람소리석 唽 새소리석 ⿰米析 쌀씻을석 舄 신석 ⿰革舄 신석 潟 염밭석 ⿰木舄 나무신석 焬 말를석 裼 어깨드러낼석 緆 가는베석 睗 볼석 奭 클석 襫 뉘역석 ⿰耒睪 깊이갈석 釋 놓을석 檡 고염석 ⿰米睪 쌀씻을석 ⿸鹿速 사슴발자국석 ⿰口叔 고요할석 鉃 뻔뻔이석 樍 클석 錫 주석석

선

善 착할선 墡 백토선 膳 반찬선 蟮

音訓索引

灄 물가득할설 揲 뽑을설 褻 속옷설 䜭 거만할설 𢫬 꼬집을설 躲 부릴설 砓 돌산설 禼 높을설 卨 이름설 揳 단수할설 忕 익힐설 尐

적을설 焫 살을설 爇 사를설 躠 절설 ⓢ섭 涉 물결솟을섭 韱 가늘섭 稴 벼쪽점섭 跇 달아날섭 䜞 웃을섭 殲 다할섭 孅 약할섭 臘 국섭

纖 긴띠섭 韯 산부추섭 嚵 탐낼섭 纎 가늘섭 霰 비부실부실올섭 攕 손고울섭 蟾 두껍이섭 譫 중얼거릴섭 儋 빨리갈섭 贍 도울섭 敊 손들섭

遝 속히갈섭 睒 번개빛섭 㒦 번쩍거릴섭 掞 펼섭 睒 빛날섭 燅 튀할섭 燮 돌풀섭 㥷 건들거릴섭 陝 땅이름섭 爓 불당길섭 慘 기복판섭 娹

민첩할섭 銛 가래섭 閃 언듯볼섭 閻 삿갓섭 摻 예쁜손섭 讘 헛소리할섭 詍 거짓말섭 覢 볼섭 笘 분판섭 樏 팔배섭 暹 날빛오를섭 惗 슬플섭

剡 땅섭 憸 간사할섭 鬖 터럭섭 ⓢ섭 聶 낄섭 攝 기록할섭 懾 두려울섭 灄 흠치를할섭 鑷 쪽집게섭 躡 밟을섭 讘 속살거릴섭 顳

귀밑뼈섭 䫹 바람불섭 驄 말달릴섭 蘽 벼훈들릴섭 爗 따뜻할섭 鍱 편철섭 諜 실언할섭 䁋 한눈멀섭 屧 신섭 葉 성섭 鞢 말언치섭 韘 깍지멜섭

欇 삿자리섭 甑 기와깨지는소리섭 燮 화할섭 躞 족자마구리섭 㦓 경망스러울섭 䜿 눈감을섭 涉 걸을섭 鉥 무쇠섭 䃸 번개빛섭 疌 베틀디딜판섭 鈒

쪽집게섭 讋 두려울섭 摺 패할섭 澀 창일할섭 籥 집게섭 拾 건늘섭 跚 발붙을섭 ⓢ성 星 별성 惺 깰성 瑆 깨달을성 睲 눈에광채날성 醒 술깰성

鍟 녹성 猩 성성이성 筸 수레덮는뜸성 瑆 귀밝을성 腥 날고기성 蛏 잠자리성 省 살필성 惺 깰성 鮏 긴성 渻 물줄성 楮 도마성 箵 종다래기성

㥠 입담을성 猩 깔성 宬 마을성 性 성품성 財 재물성 胜 날고기성 姓 성성 鮏 비릴성 城 성성 䫆 목성 檣 서캐성 晟 사고성 珹 옥성 宬

사기두는곳성 盛 성할성 郕 땅이름성 娍 헌걸찰성 誠 정성성 成 이룰성 晟 밝을성 筬 바디성 觪 활바로잡을성 騂 소성 騂 수레성 垶 붉은흙성

餳 엿 성 祘 살필 성 聖 성인 성 聲 소리 성 [illegible] 붉은흙 성

세

世 인간 세 歲 햇 세 繐 마전한 베 세 彗 휼비 세 [illegible] 가는 베 세 篲 비 세 [illegible] 수건 세 帨 수건 세 蛻 허물벗을 세 祱 수의 세 稅 부세 세 [illegible] 먹을 세 涗 잿물 세 [illegible] 부스러뜨릴 세 笹 가는 대 세 齛 양새김질할 세 貰 세낼 세 觢 소뿔끗끗할 세 洗 씻을 세 㡜 자투리 세 [illegible] 빛 세 [illegible] 조용할 세 [illegible] 뿔뾰죽할 세 [illegible] 병 세 勢 권세 세 挑 구기 세 洒 정할 세 忕 이길 세 細 가늘 세 [illegible] 파할 세 [illegible] 오색구리 세 軎 굴대끝 세 跇 넘을 세

소

小 작을 소 少 젊을 소 [illegible] 바람일어날 소 觘 뿔숟가락 소 [illegible] 모여들 소 宵 작을 소 焇 녹일 소 弰 활고지 소 [illegible] 천천이 갈 소 俏 거문고 소리 소 霄 하늘 소 稍 연뿌리 소 蛸 거미알 소 逍 노닐 소 輎 수레 소 [illegible] 골 소 銷 녹일 소 箾 상소 소 [illegible] 끝빨 소 削 마들가리 소 艄 배꼬리 소 莦 풀 소 [illegible] 하늘 소 筲 주걱 소 痟 조갈증 소 [illegible] 새꽁지 소 捎 덜 소 [illegible] 처버릴 소 魈 산도깨비 소 梢 나무끝 소 旓 깃발 소 [illegible] 소금 소 髾 털끝 소 鮹 문어 소 消 꺼질 소 踃 움직일 소 嘯 수파람 소 彇 활꼬지머리 소 [illegible] 북풍 소 蠨 낙거미 소 蟰 거미 소 瀟 비소리 소 [illegible] 갈 소 橚 나무밋밋할 소 簫 통소 소 蕭 쑥 소 傃 향할 소 嗉 멀떠구니 소 [illegible] 정결할 소 [illegible] 소식 소 素 흴 소 縤 비단 소 [illegible] 알 소 膆 살찔 소 搸 홈칠 소 愫 정성 소 螦 배좀 소 巢 새집 소 [illegible] 묶을 소 漅 호수 소 [illegible] 불살을 소 鄛 땅이름 소 轈 고기결 소 [illegible] 생황 소 繅 누에 소 樔 풀막 소 [illegible] 걸음빠를 소 [illegible] 높을 소 [illegible] 암자 소 蘇 차즈기 소 [illegible] 단술 소 櫯 나무 소 穌 쉴 소 [illegible] 병 소 [illegible] 바람소리 소 颾 바람소리 소 塑 인형 소 溯 거스릴 소 遡 거스릴 소 愬 하소할 소 鞘 칼집 소 [illegible] 미치광이 소 慅 소동할 소 [illegible] 갈 소 溞 쌀이는 소리 소 [illegible] 대소리 소 [illegible] 뛸 소 騷 소동할 소 [illegible] 놋그릇 소 瘙 옴 소 搔 긁을 소 召 부를 소 卲 높을 소 佋 소목 소 韶 이을 소 袑 바지 소 紹 이을 소 [illegible] 목욕상 소 牊 목욕상 소 邵

땅이름 소 磬 풍류 소 柖 관혁 소 昭 밝을 소 卲 무꾸리할 소 沼 굽은못 소 嘯 새소리 소 鏥 쇠가루 소 掃 쓸 소 埽 쓸 소 筱 가는대 소 椶 배 소 蓃 풀 소

謏 작을 소 嫂 형수 소 繰 고치켤 소 懆 맘소화할 소 梳 빗 소 蔬 나물 소 疏 성길 소 䟽 글 소 㮴 배 소 慅 근심 소 䩑 낯굽을 소 靤 영창 소 疋

발 소 甦 쉴 소 氉 답답할 소 䍤 용수 소 笑 웃음 소 訴 소송할 소 泝 거스를 소 所 바 소 燒 불살을 소 綀 화문포 소 貾 복채 소 𦬁 원자 소 鞉 덮을 소

속 束 묶을 속 梀 나무 속 殐 썩지않을 속 嗽 빨 속 涑 세탁할 속 簌 체 속 遬 곱띠 속 𧝒 공손할 속 觫 곱숭거릴 속 誎 독촉할 속 趚 닫는소리 속

遬 공손할 속 速 빠를 속 鋉 창 속 餗 곰 속 樕 나무 속 粟 조 속 憟 웃사람의기색맞칠 속 𠞂 끊을 속 穄 이삭 속 鏉 금 속 續 이을 속 藚 나물 속

儥 걸음머물지않을 속 贖 살 속 俗 풍속 속 屬 부치 속 斀 칠 속 趗 빠를 속 謖 일어날 속 虪 법 속 洬 비올 속 **손** 巽 손방 손 潠 물뿜을 손 䐣

섞을 손 噀 물뿜을 손 孫 손자 손 愻 겸손 손 猻 원숭이 손 𧐐 귀뚜라미 손 蓀 난초 손 𡃩 물뿜을 손 遜 겸손할 손 飡 밥 손 飧 물만밥 손 飱 손무 손 飧

밥 손 損 덜 손 𥇦 눈병 손 **솔** 率 거느릴 솔 䘹 짧은옷 솔 蟀 귀뚜라미 솔 衛 거느릴 솔 颵 바람소리 솔 𪖐 코소 솔 捽 버릴 솔 𢕟 갈 솔 𩪳 뼈 솔

窣 천천히 솔 卹 먼지채 솔 咰 마실 솔 帥 거느릴 솔 **송** 忪 두려울 송 凇 산유화 송 倯 못생길 송 淞 물 송 松 솔 송 蜙 베짱이 송 鬆 거칠 송 炂 녹일 송

䯳 길 송 訟 송사할 송 衳 바지 송 頌 칭송할 송 送 보낼 송 鎹 꺽쇠 송 樬 나무 송 檧 수저통 송 宋 송나라 송 𨳝 문구멍 송 悚 송구할 송 竦 공손할 송 誦

월 송 誴 즐거울 송 鍶 그릇 송 㩳 빼낼 송 **쇠** 挼 어루만질 쇠 衰 쇠할 쇠 韢 선후걸이 쇠 **솨** 鏁 잠을쇠 솨 璅 저울 솨 鎖 잠을쇠 솨 鎻 잠을쇠 솨

耍 희롱 솨 **솰** 刷 문지 솰 **쇄** 洒 뿌릴 쇄 晒 쪼밀 쇄 曬 쪼일 쇄 灑 뿌릴 쇄 殺 나릴 쇄 碎 부서질 쇄 煞 나릴 쇄 縰 당기 쇄 **수** 洙

艏 배머리 수　褕 옷입을 수　圳 도랑 수　酬 술권할 수　殳 창 수　杸 칠 수　毂 수레끝 수　䡻 상여수레 수　鑐 드릴 수　⿰立需 기다릴 수　繻 집 수　需 음식 수　羞 음식 수

⿰木脩 나무밋밋할 수　滫 뜨물 수　脩 공경할 수　收 걷을 수　⿰目收 볼 수　⿰月秋 오금 수　卣 지초 수　泅 헤칠 수　囚 가둘 수　⿰角囚 뿔 수　⿰麗毛 털거스릴 수　采 벼익을 수

樹 나무 수　祟 비밀 수　⿰糸祟 씨실 수　⿰糸酉 맬 수　酥 타락죽 수　⿱須立 기다릴 수　⿱攸食 찐밥 수　獸 짐승 수　汓 헤칠 수　穗 벼이삭 수　糔 국물 수　髓 골 수

⿸广卒 집 수　纗 맬 수　⿰扌叜 소조할 수　峀 산구멍 수　嫢 허리 수　⿱耂勿 따라갈 수　帥 주장할 수　捒 장속할 수　⿰木杲 수레바퀴통 수　修 식물독집 수　蒐 모수풀 수　⿰衤遺 수의 수

廋 삼단 수　⿰忄叟 아뜩할 수　手 손 수　戍 막을 수　訹 꾀일 수　蠵 큰거북 수　袖 소매 수

숙

宿 잘 숙　摍 뺄 숙　⿰虫宿 벌레 숙　蓿 게여묵 숙　⿰風宿 바람소리 숙

叔 아제비 숙　俶 지을 숙　婌 궁녀벼슬이름 숙　淑 맑을 숙　琡 옥이름 숙　諔 속일 숙　菽 콩 숙　⿱艹虎 범이숲에들 숙　⿰叔攴 때리는소리 숙　鮛 삼치 숙　尗 콩 숙

孰 누구 숙　塾 사랑 숙　熟 익을 숙　肅 나아갈 숙　璛 옥장공 숙　鷫 신조 숙　⿰肅羽 나를 숙　⿰石肅 숫돌 숙　⿰日肅 말릴 숙　橚 길고꼿꼿할 숙　驌 좋은말 숙

潚 성 숙　⿰扌肅 칠 숙　⿺風肅 바람소리 숙　⿰氵尗 착할 숙　⿰氵敊 조촐할 숙　⿰氵熟 물결 숙　茜 모사에강신할 숙　搒 이끌 숙　⿺走叜 꼽사등이 숙　夙 이를 숙　倏 빠를 숙

璹 옥그릇 숙　稤 숙궁 숙　⿰禾守 숙궁 숙

순

旬 열흘 순　徇 두루 순　恂 믿을 순　荀 죽순 순　簨 경쇠걸이 순　侚 빠를 순　⿰巾旬 옷깃끝 순　栒 순나무 순

⿰旬欠 믿을 순　皴 발터질 순　珣 옥그릇 순　殉 구할 순　毥 솜털 순　筍 대순 순　⿰衤旬 짓끝 순　詢 물을 순　郇 나라이름 순　洵 믿을 순　淳 맑을 순　犉 소 순

稕 짚단 순　醇 술 순　諄 도울 순　鶉 메추라기 순　盾 방패 순　循 돌 순　揗 만질 순　輴 상여차 순　⿰阝盾 섬돌 순　瞬 눈끔적일 순　蕣 무궁화 순　舜 잉금 순

⿱大屯 큰 순　純 순전할 순　盹 졸 순　⿰氵脩 땀날 순　⿰歹发 살오니 순　⿰貝发 더할 순　瞤 눈끔적거릴 순　瞚 눈깜작일 순　唇 입술 순　⿰目夫 눈짓할 순　濬 깊을 순　巡

돌 순 忳 심할 순 笋 죽순 순 紃 순전할 순 䳜 날개칠 순 筍 죽순 순 蓴 나물 순 杒 소절올더딜 순 譐 거듭이를 순 衠 바를 순 箕 북틀 순 漘 물가 순

䦾 중문 순 順 순할 순

술

朮 약 술 述 지을 술 術 재주 술 鉥 돗바늘 술 颫 바람 술 𤵸 미쳐달아날 술 蒁 때 술 𡊄 높을 술 訹 꾀일 술 戌 개 술 㖅 중얼거릴 술 䒃 쑥 술 珬 조개 술 䖅 벌레울 술 䘤 옷에구멍날 술 䛳 고요할 술 卹 근심할 술 潏 물가 술

숭

崧 높을 숭 崇 높을 숭 鬆 터럭 숭 嵩 높을 숭 菘 나무 순 崈 높을 숭 䭡 게금스러울 숭 駥 새매 숭 鷘 새매 숭 憽 영민할 숭

쉬

倅 원 쉬 晬 돐 쉬 淬 범할 쉬 䘹 홋옷 쉬 焠 지질 쉬 粹 무거리 쉬 䞐 부의 쉬 韢 주머니끈 쉬

슬

瑟 거문고 슬 璱 진주 슬 𦆡 문채 슬 飋 바람 슬 䞽 푸르고붉을 슬 藤 쇠무릎 슬 膝 무릎 슬 蝨 이 슬

습

習 익힐 습 熠 환할 습 霫 비쏟아질 습 𧏮 반디불 습 褶 습갑 습 漝 그림자 습 槢 틀 습 謵 익달할 습 飁 큰바람 습 鰼 미꾸리 습 濕 젖을 습 溼 젖을 습 拾 주을 습 慴 약은체할 습 儑 용열할 습 隰 진펄 습 什 열사람 습 襲 인할 습

승

乘 오를 승 嵊 산 승 騬 불친말 승 溗 물흐르지않을 승 䛨 말할 승 丞 도울 승 𢓁 바로가지못할 승 㴅 잠길 승 䇸 대쾌 승 𦚏 어리석을 승 𩤐 불친말 승 𥥛 탈 승 承 이을 승 勝 이길 승 枡 되 승 抍 들어올릴 승 昇 오를 승 𨺯 해돋을 승 陞 오를 승 升 되 승 僧 중 승 憴 경계할 승 繩 노 승 蠅 파리 승 譝 칭찬할 승 鱦 고기새끼 승 爯 들 승 𡖶 오를 승 鬙 더벙머리 승 䋲 삼베 승 塍 밭두둑 승 䕕 흑임자 승 殑 까무러칠 승 榺 바디 승

시

示 보일 시 祡 체제지낼 시 視 볼 시 䝰 재물보일 시 沶 고을이름 시 䏡 새살날 시 是 이 시 𠹭 새울 시 匙 숟가락 시 𢄙 행주 시 鍉 열쇠 시 㮛 나무숟가락 시 提 수달 시 翨 굳센깃 시 諟 이 시 氏 각시 시 𧿹 주저할 시 馶 평 시 𠰓 살필 시 阺 산 시 杫 방아채 시 侍 모실 시 時 때 시 榯 나무곧게셀 시 邿 나라이름 시 𨳙 내시 시 溡 비물 시 恃

믿을 시 鰣 준치 시 蒔 심을 시 詩 글 시 溡 모래섬 시 [鼠時] 쥐 시 凘 성애 시 撕 끌 시 廝 부릴 시 [忄斯] 심접할 시 [金斯] 까뀌 시 [車斯] 수레바퀴 시 [竹斯] 체 시

澌 물자즐 시 [𢇍斯] 짧을 시 [黽] 두꺼비 시 鸍 짐새 시 施 놓을 시 [口施] 작할 시 葹 도꼬마리 시 豕 돝 시 [豕隶] 불친돝 시 [魚豕] 물돝 시 媤 시집 시 颸 바람 시

諰 말 시 緦 시마 시 揌 움직일 시 愢 겸손할 시 毸 날개벌릴 시 罳 병풍 시 偲 재주 시 [豸使] 담비 시 豺 승냥이 시 顋 뺨 시 [宓見] 볼 시 [巿見] 엿볼 시 [司見] 유인할 시

[攴支] 양념할 시 翅 날개 시 兕 외뿔난 들소 시 咶 핥을 시 狧 개핥을 시 [氵彖] 침거품 시 纚 깃옷 시 [食事] 즐길 시 [言事] 말들일 시 絁 비단 시 [蟲] 바구미 시

柴 나무 시 [艹柴] 시호 시 [歹欠] 깨날 시 屍 죽엄 시 尸 죽엄 시 屎 똥 시 [尸弟] 엿볼 시 [尸矢] 기다릴 시 蓍 시초 시 [禾耆] 보리밑에 씨뿌릴 시 [米屎] 똥오줌 시 矢 살 시

[禾矢] 기다릴 시 [石矢] 소리 시 [言矢] 뜻할 시 鳲 뻐꾹새 시 謚 시호 시 枲 수삼 시 柹 감 시 姼 외조모 시 [言耆] 성낼 시 猜 의심낼 시 始 비로소 시 啻 뿐 시 笫 큰대 시

試 시험 시 [金吕] 쇠뎡이 시 [齒史] 이 시 [穴鮮] 물가 시 [金娑] 대패 시 徥 걸을 시 翨 나를 시 [面比] 얼굴 시 [镸聿] 벌릴 시 [犭也] 이리 시 [豸] 담비 시 弒 죽일 시

市 살 시 [髟女] 작을 시 [毛西] 날개벌릴 시 [韋辛] 따비끝 시 豉 콩자반 시

씨

氏 성씨 씨

식

埴 진흙 식 [忄直] 오로지 식 植 심을 식 禃 오로지할 식 殖 날 식

息 숨쉴 식 瘜 군살 식 [食息] 숨 식 熄 불끌 식 鄎 땅이름 식 [艹息] 나 식 [竹息] 귀우버개 식 [月息] 콧속군살 식 食 밥 식 喰 먹을 식 蝕 일식 식 式 법 식

飾 꾸밀 식 湜 물맑을 식 寔 이 식 拭 씻을 식 栻 점판 식 軾 난간 식 識 알 식 [艹識] 너삼 식 [戠土] 며느리 식 [目式] 눈여겨볼 식 [塞目] 뵈지않을 식 [畜欠] 겁낼 식

신

申 납 신 狆 미칠 신 伸 펼 신 眒 빠를 신 [革申] 큰띠 신 [忄申] 근심할 신 神 귀신 신 柛 나무쓰러질 신 [林申] 나무 신 [申欠] 읊을 신 紳 큰띠 신

抻 잡을 신 胂 몸펼 신 呻 읊을 신 [魚神] 은어 신 新 새 신 薪 섭 신 噺 이야기할 신 陙 언덕 신 [金辰] 아이밸 신 蜄 움직일 신 蜃 조개 신 辰 별 신 賑

(전당 신)
鷐 새매 신
㖘 놀랄 신
娠 아이밸 신
宸 대궐 신
[illegible] 나라 신
[illegible] 죽엄길 신
侁 왔다갔다할 신
兟 나갈 신
[illegible] 갈 신
駪 걸을 신
[illegible] 끈끈할 신
身 몸 신

裑 옷등결 신
[illegible] 기다릴 신
汛 물뿌릴 신
[illegible] 족제비 신
[illegible] 밥 신
籸 범벅 신
迅 빠를 신
訊 물을 신
姺 나라이름 신
甡 많을 신
顖 구멍 신
頣 볼 신
[illegible]

(아이밴 몸 신)
辛 매울 신
[illegible] 많을 신
莘 세신 신
[illegible] 귀신 신
峷 아귀 신
[illegible] 막대 신
[illegible] 꼬리긴 생선 신
[illegible] 짓많을 신
矧 하물며 신
吲 웃을 신
訠

(하물며 신)
丨 위아래로 통할 신
弞 웃을 신
愼 삼갈 신
信 믿을 신
訦 믿을 신
[illegible] 삼갈 신
[illegible] 신인 신
囟 정수리 신
[illegible] 바디 신
[illegible] 암내 신
臣 신하 신

[illegible] 씻을 신
腎 콩팥 신
[illegible] 나라이름 신
屾 산 신
藎 나갈 신
[illegible] 스무개 신
麎 고라니 신
晨 새벽 신
扟 섬길 신
哂 빙그레 웃을 신
賮 보배 신
[illegible]

(깊은 골 신)

실

失 잃을 실
室 집 실
榁 두송 실
[illegible] 칼집 실
悉 알 실
[illegible] 요동할 실
窸 바람소리 실
蟋 귀뚜라미 실
[illegible] 꾸짖는 소리 실
實 열매 실

심

甚 심할 심
葚 뽕 심
諶 믿을 심
[illegible] 누룩 심
煁 화덕 심
黮 검을 심
愖 믿을 심
心 맘 심
伈 두려울 심
[illegible] 이삭죽을 심
吢 개가 토할 심
沁 물적실 심

淰 흐릴 심
[illegible] 초목죽을 심
諗 고할 심
鈊 날카로울 심
燖 데쳐낼 심
[illegible] 언덕 심
鱘 고기 심
潯 물가 심
蟳 게 심
尋 찾을 심
樳 나무 심
[illegible] 길 심

鄩 땅이름 심
[illegible] 이을 심
[illegible] 빠질 심
[illegible] 비소리 심
鬵 가마 심
[illegible] 장마 심
[illegible] 부들 심
[illegible] 부들 심
深 깊을 심
[illegible] 집 심
[illegible] 굴뚝 심
[illegible] 물 심

魫 고기새끼 심
枔 잎사귀 심
[illegible] 새그물 심
[illegible] 높을 심
[illegible] 물 심
瀋 즙 심
[illegible] 심쓸 심
嬸 숙모 심
審 알 심
鱏 고기 심
鐔 칼 심
蕈 버섯 심
瞫

(볼 심)
[illegible] 쌀찌기 심
森 두려워할 심
[illegible] 오한날 심

십

卅 설흔 십
卌 마흔 십
十 열 십
什 열사람 십
[illegible] 골이름 십
辻 사거리 십
竍 데카리터 십
籵 데카리터

(십)
[illegible] 풀소리 십
[illegible] 배차일 십
謵 어눌할 십
褶 옷겹선 십
[illegible] 달아날 십

아

牙 엄니 아
庌 월랑 아
迓 맞을 아
笌 죽순 아
[illegible] 싹 아
砑 연 아
[illegible]

비뚤어질 아
厊 어긋날 아
鴉 검을 아
玡 뼈 아
芽 싹 아
訝 맞을 아
枒 바퀴 아
犽 어린이 아
齖 뼈드러니 아
蚜 벌레 아
雃 쭉정이 아
雅 맑을 아
亞 버금 아
俹 의지할 아
啞 벙어리 아
[illegible] 답답할 아
婭 동서 아
孲 아이 아
[illegible] 비뚤어질 아
跁 길 아
[illegible] 버금 아
錏 투구 아
稏 벼 아
[illegible] 나귀 아
[illegible] 눈치 아
掗 흔들 아
瘂 벙어리 아
[illegible] 험할 아
堊 백토 아
我 나 아
俄 아까 아
哦 읊을 아
娥 예쁠 아
峨 산 아
[illegible] 고를 아
[illegible] 성할 아
硪 바위 아
誐 간사할 아
蛾 나비 아
鵝 거위 아
[illegible] 웃치장할 아
[illegible] 부서트릴 아
睋 볼 아
騀 짐승 아
莪 쑥 아
餓 굶을 아
妸 고을 아
娿 예쁠 아
[illegible] 나무무성할 아
袲 웃치렁거릴 아
旑 깃발날릴 아
疴 병 아
[illegible] 마전할 아
屙 뒤볼 아
阿 언덕 아
錒 가마솥 아
鈳 가마 아
啊 사랑할 아
兒 아이 아
唲 선웃음칠 아
[illegible] 이쁠 아
娿 여선생 아
[illegible] 술잔 아
襾 덮을 아
衙 마을 아
[illegible] 울 아
丫 두갈래질 아

악

咢 놀랄 악
[illegible] 잇몸 악
[illegible] 함정 악
[illegible] 볼 악
萼 꽃받침 악
[illegible] 험할 악
諤 곧은말 악
遻 만날 악
鄂 땅이름 악
鶚 독수리 악
鰐 악어 악
顎 턱 악
愕 놀랄 악
崿 언덕 악
堮 언덕비탈 악
鍔 칼날 악
[illegible] 언덕 악
齶 잇몸 악
惡 모질 악
堊 흰흙 악
蝁 독사 악
喔 닭울 악
握 쥘 악
齷 속좁을 악
腛 비게두터울 악
偓 거리낄 악
渥 젖을 악
媉 모양 악
幄 장막 악
[illegible] 급할 악
樂 풍류 악
觻 뿔끝 악
[illegible] 조 악
嶽 뫼 악
鸑 봉새 악
[illegible] 메 악
[illegible] 소 악
[illegible] 소 악
噩 엄숙할 악
[illegible] 꽃활짝필 악
[illegible] 갈구리 악
[illegible] 통길 악
[illegible] 죽을 악
[illegible] 자랑할 악
呃 새소리 악
[illegible] 말배끓을 악

안

安 편안 안
姲 조용할 안
鮟 꺽저기 안
[illegible] 벼갈 안
案 책상 안
洝 물끓는 안
桉 중발 안
鞍 안장 안
[illegible] 땅이름 안
騴 말 안
按 누를 안
[illegible] 마을 안
晏 늦을 안
頇 대머리 안
顏 얼굴 안
[illegible] 쌈 안
喭 추솔할 안
偐 위조물 안
[illegible] 자취 안
錌 쇠 안
[illegible] 클 안
[illegible] 고울 안
[illegible] 이마 안
岸 언덕 안
[illegible] 불빛 안
贋 위조할 안
矸 산돌 안
豻 들개 안
[illegible] 바람 안
[illegible] 양짓을 안
眼 눈 안
[illegible] 다리앞을 안
鴈 기러기 안

알

斡

말로담을 알 斡 도리킬 알 濣 물 알 遏 막을 알 㷔 더위먹을 악 𪑌 투색할 알 𥟍 고강이 알 𠥿 풀뽑을 알 謁 뵈일 알 胺 고기썩을 알 揠 풀뽑을 알 歹 뼈 알

咹 말더듬거릴 알 頞 콧마루 알 𠮙 새소리 알 圠 산구비 알 𡸯 산 알 軋 아슬 알 𪐗 어두울 알 吽 비방할 알 枿 나무등걸 알 堨 보막을 알 嶭 높을 알 鴶 빽국새 알

戛 창 알 𤁗 물 알 嘎 두루미소리 알 𣭬 털 알 䁈 눈깊고 검을 알 訐 발각할 알 穵 구멍우빌 알 捾 취할 알 𦍩 양 알 挖 우벼낼 알

암

唵 먹을 암

埯 구덩이 암 𩈻 사마귀 암 菴 쑥 암 馣 향내 암 裺 옷 암 䨄 구름 암 庵 암자 감 晻 어둘 암 黤 검푸를 암 暗 어둘 암 腤 삶을 암 婄 맘 암 揞 감출 암

𩐏 탐낼 암 噾 싱거울 암 韽 소리 암 堷 흙에묻을 암 黯 아득할 암 隌 어두울 암 罯 덮을 암 闇 여막 암 㹻 개짖을 암 𨡟 슬플 암 諳 알 암 𧆾 범 암

羬 큰양 암 麙 염소 암 匼 아첨할 암 揜 가르킬 암 黭 왈칵 암 𧭈 희롱할 암 癌 괴병 암 嵒 바위 암 㟁 험할 암 鵪 메추리 암 巖 바위 암 黶 검은점 암

壧 굴 암 盦 덮을 암 醃 맘둘 암 𪓊 구름 암 㖂 말아니할 암 䶫 잇몸 암 顉 빡길 암

압

𤇮 불묻을 압 𧻒 달아날 압 𨁈 절뚝발이 압 稐 그림 압

鞥 신 압 𨋩 수레연장 압 𧬭 웃고말할 압 𡅅 시끄러울 압 㿉 기단할 압 匌 족두리 압 狎 친압할 압 𣲖 축축할 압 押 눌러놀 압 𥦃 맥씨를 압 翈 깃 압

鴨 집오리 압 嚈 나라이름 압 壓 누를 압 覀 덮을 압 鞥 가죽 압 𩒆 머리움직일 압

앙

央 가운데 앙 姎 나 앙 岟 산골짜기 앙 鴦 원앙새 앙 胦 배꼽 앙

𦫼 기운뜰 앙 坱 티끌 앙 鉠 방울소리 앙 醠 막걸리 앙 軮 편할 앙 眏 한량없을 앙 𧳣 담비 앙 詇 미리알 앙 佒 몸펴지못할 앙 咉 슬플 앙 䨑 흰구름 앙

䀚 날흐릴 앙 殃 앙화 앙 泱 물 앙 𤞣 담비 앙 𤭬 큰혹 앙 𧉞 푸를 앙 盎 동이 앙 鞅 가뿔 앙 𩚰 배부를 앙 駚 들말 앙 𩵢 자가사리 앙 怏 맘에차지않을 앙

秧 모 앙 卬 나 앙 茚 창포 앙 𣕬 추녀 앙 枊 말뚝 앙 𩣃 말성낼 앙 𩓠 머리들 앙 昂 밝을 앙 仰 우러를 앙 𩊱 신발 앙 鼀 거북 앙

傟 어그러질 앙 岇 산높고 험할 앙 [illegible] 말할 앙

애

厓 언덕 애 睚 눈가 애 [illegible] 웃고 볼 애 嘊 비틀거릴 애 啀 개가 물 애 [illegible] 넉넉할 애 崖 낭떠러지 애 娾 즐거울 애

[illegible] 한할 애 捱 막을 애 涯 물가 애 愛 사랑 애 曖 날흐릴 애 僾 방불할 애 靉 구름낄 애 鱫 연어 애 瞹 눈흐릴 애 噯 기운 애 薆 초목성할 애

馤 향내 애 餲 밥쉴 애 譪 힘다할 애 [illegible] 쥐 애 [illegible] 수두룩할 애 靄 아지랑이 애 [illegible] 어금니 애 [illegible] 하얄 애 敳 있을 애 [illegible] 병 애 [illegible] 풀쑥나물 애 磑 맷돌 애

[illegible] 배 애 獃 미련할 애 [illegible] 향내날 애 濭 그늘질 애 [illegible] 날빛 애 [illegible] 티끌 애 懝 놀랄 애 礙 맷돌 애 娭 희롱할 애 挨 밀 애 埃 티끌 애 [illegible] 빛날 애

騃 어리석을 애 欸 탄식할 애 唉 탄식할 애 哎 애통할 애 鴱 압뱁새 애 阨 좁을 애 阸 좁을 애 [illegible] 험할 애 艾 쑥 애 [illegible] 돋 애 [illegible] 어금니 애 [illegible] 뫼봉우리끝 애

隘 막을 애 賹 보낼 애 毐 음난할 애 呃 재채기할 애 閡 닫힐 애 欬 탄식할 애 [illegible] 짧을 애 嗄 목쉴 애 唲 아이말 애 胺 쌓을 애 [illegible] 귀머거리 애 [illegible] 이고르지않을 애

[illegible] 탁자 애 [illegible] 징계할 애 [illegible] 돋 애 哀 슬플 애

액

厄 재앙 액 戹 좁을 액 砨 옥 액 [illegible] 놀라기잘할 액 [illegible] 말할 액 扼 잡을 액 [illegible] 굶을 액

[illegible] 높은소리 액 豟 돋 액 蚅 콩망아지 액 軛 멍에 액 棭 솔기 액 腋 겨드랑이 액 液 진액 액 棭 나무 액 峉 산높을 액 詻 송사논란할 액 頟 이마 액

額 이마 액 搤 쥘 액 [illegible] 신기울 액

앵

櫻 앵도 앵 蘡 머루넌출 앵 鸚 앵무새 앵 嚶 새소리 앵 [illegible] 눈에광채없을 앵 [illegible] 목긴병 앵 [illegible] 눈맑을 앵

甇 앵도병 앵 鶯 꾀꼬리 앵 嫈 어린지어미 앵

야

夜 밤 야 [illegible] 새울 야 [illegible] 거울 야 [illegible] 밀기울 야 鵺 새 야 揶 농할 야 椰 야자나무 야 琊 고을이름 야

喏 대답할 야 [illegible] 걸을 야 鎁 칼 야 冶 쇠불릴 야 [illegible] 대답할 야 野 들 야 崵 먼산 야 惹 이끌 야 偌 성 야 爺 아비 야 耶 어조사 야 也 이끼 야

약

若 같을 약 [illegible] 끌 약 鄀 나라이름 약 [illegible] 나아갈 약 楉 석류 약 鰙 피라미 약 藥 약 약 濼 물끓을 약 擽 칠 약 [illegible] 색실 약 [illegible] 멀 약 鑰 자물쇠 약 禴

魚 생선 어 䮇 고리눈말 어 魰 고기잡을 어 漁 고기잡을 어 [illegible] 고리눈말 어 [illegible] 좀 어 [illegible] 미꾸리 어 [illegible] 들깨 어 [illegible] 고리눈말 어 於 늘 어 棜 술잔바침 어

淤 진흙 어 瘀 어혈질 어 箊 대 어 飫 싫을 어 菸 시들 어 御 모실 어 禦 그칠 어 籞 동산 어 [illegible] 백철 어 [illegible] 가릴 어 蓹 땅이름 어 [illegible] 전별할 어

馭 말부릴 어 齬 이어긋날 어 語 말씀 어 鋙 어긋날 어 峿 험할 어 圄 옥 어 圉 곤할 어 㒁 어릿어릿할 어 饇 배부를 어 醧 잔치할 어 敔 풍류 어 [illegible] 거짓잠잘 어

衙 모실 어 飫 배부를 어 [illegible] 노식 어 閼 작은문 어

억

億 억 억 憶 생각할 억 檍 참주나무 억 癔 심화병 억 繶 땋은노 억 [illegible] 신머리치장 억 臆 가슴 억

疑 바로설 억 嶷 어린아이지각있을 억 肐 가슴뼈 억 [illegible] 가슴뼈 억 [illegible] 쾌할 억 抑 누를 억 [illegible] 쾌할 억

언

言 말씀 언 唁 조상할 언 諺 상말 언 [illegible] 통소 언

彥 클 언 嵃 산높을 언 [illegible] 연기오를 언 堰 방죽 언 匽 숨길 언 偃 자빠질 언 褗 옷깃 언 郾 땅이름 언 躽 몸굽힐 언 鰋 메기 언 歐 성나배벌떡거릴 언 鼴

두더지 언 㥯 맘졸을 언 鶠 봉새 언 [illegible] 희롱할 언 椻 나무로방천할 언 蝘 도롱뇽 언 焉 어디 언 嘕 빙그레할 언 漹 물 언 嫣 예쁠 언 [illegible] 절을 언 篶 풀 언 鄢

땅이름 언 讞 죄의논할 언 [illegible] 시루 언 甗 시루 언 齗 이들어날 언 齞 이들어날 언 [illegible] 바로것지못 언 [illegible] 고개 언 㫃 깃발 언 牪 물건 언

열

槷 관혁 열

櫱 그루터기 열 糱 누룩 열 [illegible] 보리움 열 孽 서자 열 蘖 싹 열 [illegible] 산끊어질 열 [illegible] 집좁을 열 蜺 불매미 열 臬 문찌방 열 嵲 산높을 열 [illegible] 위태할 열 闑

문찌방 열 妜 양미간 열 䀏 멍청이 열 餲 밥체할 열 [illegible] 우뚝할 열 [illegible] 긴 열

엄

噞 고기입어물거릴 엄 [illegible] 언덕비탈 엄 [illegible] 고기입쭝긋거릴 엄 [illegible] 작을 엄 顩

빠를 엄 奄 문득 엄 俺 나 엄 媕 모할 엄 崦 해지는산 엄 罨 덮을 엄 [illegible] 쪽지길 엄 [illegible] 귀 엄 掩 걷을 엄 [illegible] 숨길 엄 閹 고자 엄 醃 저릴 엄 [illegible]

나라이름 엄 [illegible] 줄 엄 淹 담글 엄 [illegible] 평고대 엄 䅖 벼쪽정이 엄 [illegible] 더럽힐 엄 嚴 엄할 엄 孍 전엄할 엄 儼 공경할 엄 [illegible] 막을 엄 曮 해다니는길 엄 欕

엄나무엄 甗 시루봉엄 㫃 덮을엄 庈 천할엄 隒 충언덕엄 龑 높고밝을엄 厂 굴바위엄 广 돌집엄

업

業 업업 𣿫 물막는나무업 㦗 두려울업 牃 담틀업 皣 흰꽃업 嶪 산높을업 㖼 입움직일업 𦆴 얽을업 驜 장할업 䲜 고기성할업 䪞 풍류업 鄴 땅이름업 𧭂 웃을업 𢅏 두건업

殗 병심하지않을업 𢿡 마칠업 𨧫 마치업 𩚩 떡업 腌 저린고기업 岋 위태할업 砐 산높을업 鵖 오디새업

에

殪 죽을에 𡔀 흙비올에 曀 음산할에 蜹 구더기에 獩 오랑캐에 椏 배에 恚 성낼에 𦂳 급히돌아올에 寱 고요할에

여

女 계집여 汝 너여 洳 축축할여 侞 온순할여 姻 섞을여 𡛟 추잡할여 如 같을여 筎 대껍질여 籹 약과여 肗 생선섞을여 帤 활싸개여 鴽 비들기여 袽 해진옷여 䋈 붙을여 絮 솜여 茹 먹을여 雓 메추라기여 廬 풀집여

𧭣 거짓여 鑢 줄여 慮 생각여 藘 풀여 臚 배앞여 曥 해비칠여 㜘 싫을여 𥗋 돌단단할여 𢡠 생각깊을여 𥜽 산천제사여 爈 산불여

櫖 굵은칡여 廲 집창여 攦 꺾을여 𤼈 파리할여 欐 들보여 濿 물건늘여 厲 엄할여 癘 염병여 礪 숫돌여 禲 여귀여 曞 햇살퍼질여 蠣 굴여

糲 궂은쌀여 覼 볼여 巁 산높을여 麗 고울여 𧇹 고기여 穭 돌벼여 與 더불여 𧞅 옷날릴여 𧾭 걸을여 藇 마여 歟 어조사여 𡁠 노래할여 璵 보배옥여

礜 여돌여 𢡟 공경할여 旟 기여 鸒 갈가마귀여 𨭖 비녀여 籅 대남여여 輿 비로소여 閭 이문여 櫚 종여 𦾢 쑥여 𨭉 줄여 呂 성여

麿 자네여 𢘪 업신여길여 侶 짝여 梠 문도리여 絽 옷꿰맬여 予 나여 𢐀 활여 妤 벼슬여 蕷 마여 戾 도라올여 悷 슬퍼할여 𧧽 이름여 唳 학울여

𠊙 성낼여 棙 비파고동여 𩗴 바람소리여 綟 초록빛여 蜧 두꺼비여 𣐍 나무여 旅 나그네여 膂 힘여 祣 산천제사여 𥶒 소쿠리여 瓈 유리여 藜 명아주여

鵹 꾀꼬리여 黎 무리여 䖂 풀성할여 𣌍 볼여 悆 기쁠여 𦍭 들양여 蜍 두꺼비여 艅 배여 狳 짐승여 餘 남을여 𪔂 헤아릴여 舁 마주들여 𤬝

말린채소 여
餇 싫을 여
蠡 좀먹을 여
櫲 여장나무 여
澦 물이름 여
珕 장식할 여
䬔 바람 여
罛 그물 여
轝 양 여
秄 밭갈 여
砅 물넌늘 여
督 찾아볼 여
沴 해로울 여

역

易 바꿀 역
暘 날흐릴 역
鶍 뱀장어 역
場 지경 역
𢉝 변할 역
瘍 병전염할 역
蜴 도마뱀 역
埸 지경 역
𩋁 흰신 역
歷 지날 역
𢢹 경영할 역
𩪁 뼈병 역
𣩵 거의죽으려할 역
𪘂 너리먹을 역
鱳 자가사리 역
𪑾 검은빛 역
瀝 스밀 역
嚦 소리 역
𥊬 눈밝을 역
癧 연주창 역
𨣧 술거를 역
𦇧 줄칠 역
攊 염소 역
𦗯 자세히들을 역
艞 배 역
靋 비안그칠 역
躒 지날 역
𨈇 맨몸 역
䍽 바람소리 역
𧬍 교묘한말 역
𧓉 들누에 역
轣 바퀴길 역
䢰 가까울 역
靂 벼락 역
鬲 솥 역
𪔨 북소리 역
睪 엿볼 역
醳 쓴술 역
𩞁 밥쉴 역
繹 다스릴 역
闍 문열 역
譯 번역할 역
圛 맴돌 역
嶧 산이름 역
𤺌 병전염할 역
𩴷 사자 역
燡 불심할 역
驛 역말 역
𣌭 날빛 역
𥛚 제사이틀날 역
懌 기뻐할 역
𥌑 눈밝을 역
曆 책력 역
厤 가릴 역
磿 조약돌 역
𧼯 속히갈 역
𠩵 못생길 역
奭 강할 역
閾 문지방 역
琙 이름 역
緎 옷솔기 역
罭 그물 역
惐 맘아플 역
棫 나무날 역
役 부릴 역
鈠 작은창 역
鍛 작은창 역
坄 굴뚝 역
疫 염병 역
炈 굴뚝 역
豛 돼지 역
霰 큰비 역
伇 맘쓸 역
亦 또 역
絉 실얽을 역
㑊 감질 역
虒 범의소리 역
湙 흐를 역
縌 인끈 역
逆 거스릴 역
帟 장막 역
鳨 오리 역
屴 산높을 역
赲 걸을 역
𧲣 개 역
朸
瓅 진주빛환할 력
驝 말빛 역
轢 바퀴에치일 역
皪 희끗 역
礫 자갈 역
疒 병 역
蒚 산마늘 역
鬲 김오를 역
䰜 거를 역
鷊 새이름 역
熠 빛날 역
𨞛 땅이름 역
惄 맘주릴 역
砳 돌소리 역
礭 돌보습 역
域 지경 역
衣 얽을 역
鶂 새이름 역

연

兖 믿을 연
抁 움직일 연
沇 물 연
䩩 가죽 연
年 해 연
埬 언덕 연
練 마전할 연
鍊 쇠불릴 연
萰 가위톱 연
楝 나무 연
湅 실 연
緸 연지 연
堧 빈터 연
㨎 비빌 연
瑌 옥돌 연
畂 밭 연
瑌 옥돌 연
碝 옥돌 연
緛 쭉으러질 연
鍈 연한은 연
䓕 버섯 연
䙇 옷구길 연
渜 잇 연
䝪 작은재물 연
壖 밭 연
煙 연기 권

⿰需皮 가죽 연 然 그럴 연 ⿰犭然 원숭이 연 ⿰女然 아리잠직할 연 ⿰忄然 맘약할 연 嘫 대답할 연 燃 불탈 연 ⿰亻然 황겁할 연 橪 산대추 연 繎 실엉킬 연 蹨 좇을 연 ⿱艹然 들콩 연 ⿰面然

넓은얼굴빛 연 撚 잡을 연 戀 생각할 연 孌 사모할 연 ⿸疒䜌 병들 연 ⿱䜌韋 이을 연 ⿸厂䜌 다스릴 연 臠 고기점 연 攣 맬 연 嚥 삼킬 연 嬿 고을 연 曣 없을 연 燕

연나라 연 臙 연지 연 ⿰角燕 전연 연 讌 잔치 연 ⿱⺮燕 병든대 연 囦 못 연 咽 목구멍 연 莚 만연할 연 埏 광중 연 鋋 작은창 연 ⿱雨延 구름일 연 筵 자리 연 涎

침 연 郔 땅이름 연 綖 싸개 연 蜒 지차리 연 ⿱延虫 벌레모양 연 娫 빛날 연 延 민칠 연 挻 휠 연 唌 참소할 연 演 흐를 연 ⿰口寅 웃을 연 嗹 말할 연 璉 호련 연

輦 연 연 ⿱⺮軟 낚시바늘 연 連 연할 연 ⿰虫連 벌레 연 ⿰車反 수레에깔릴 연 軟 부드러울 연 槤 문빗장 련 鄻 땅이름 연 鏈 사슬 연 蓮 연밥 연 謰 말전주할 연

⿰麥連 보리떡 연 漣 물문채 연 摙 멜 연 胭 목구멍 연 ⿰牛因 소끄리 연 椽 서까래 연 ⿰豕彖 활전 연 緣 인할 연 蝝 메뚜기새끼 연 掾 아전 연 棩 나무굽을 연 鼘 북소리 연

⿰衤𣶒 소매뚜리 연 蜵 깊을 연 淵 못 연 ⿰弓𣶒 활구비 연 妍 고을 연 ⿰犭开 개 연 ⿰犭幷 개 연 ⿰开頁 예쁠 연 ⿰扌㕣 움직일 연 沇 물흐를 연 ⿱穴㕣 가죽 연 ⿰山肙 산구비 연 娟 예쁠 연

⿸疒肙 답답할 연 涓 물방울 연 蜎 벌레꿈틀거릴 연 捐 버릴 연 鳶 연 연 鷰 제비 연 ⿰金鳥 따오기 연 蔫 풀 연 ⿰車攵 가릴 연 煉 쇠불릴 연 ⿰耳匽 귀흔들 연 ⿰貝匽 물건 연

宴 잔치 연 肙 요동할 연 聯 연할 연 ⿰犭聯 토끼달아날 연 浰 급히흐를 연 ⿰日公 해다닐 연 肰 개고기 연 衍 넓을 연 被 저불 연 ⿰言㕣 웃을 연 沿 좇을 연 鉛 납 연

硯 벼루 연 ⿰口睘 먹을 연 ⿰扌衍 펼 연 憐 사랑할 연 硯 사람의이름 연 碾 맷돌 연 涊 때낄 연 ⿰足爾 밟을 연 ⿱雔鳥 새떼 연 ⿺辶而 절음더딜 연 ⿺辶肯 서로보고갈 연 ⿰石孛

깨칠 연 撋 비빌 연 ⿰月見 달돋을 연 膦 힘없을 연

열

冽 추울 열 咧 새소리 열 挒 비틀 열 栵 돌밤 열 趔 자저할 열 蛚 귀뚜라미 열 茢 부정풀이빌 열 裂

찢을 열 ⿱列田 빠질 열 迾 막을 열 ⿱列馬 달아날 열 洌 맑을 열 烈 뜨거울 열 ⿰片列 깨질 열 鮤 갈치 열 ⿰牜寽 얼룩소 열 ⿰木寽 돛대 열 蛶 벌레 열 鋝 엿냥중 열 脟

갈비살열
[illegible] 넘을열
[illegible] 가시밟을열
說 기쁠열
閱 읽을열
[illegible] 밤잠열
[illegible] 성낼열
埕 내릴열
脭 부을열
浧 피리열
熱 더울열
爇 불살을열
慹 정태열
哨 성낼열
噎 목쉴열
[illegible] 송편열
[illegible] 냄새날열
[illegible] 눈비빌열
[illegible] 불살을열
[illegible] 급히갈열
[illegible] 볼열
[illegible] 백반열
[illegible] 막을열

염

[illegible] 찌를염
嬚 고을염
濂 경박할염
[illegible] 휘장염
簾 발염
稴 벼염
[illegible] 풀에열매맺지않을염
磏 숫돌염
[illegible] 외씨염
熑 불염
燫 불염
溓 붙을염
臁 정강이염
[illegible] 귀늘어질염
搛 장구칠염
[illegible] 북점칠염
[illegible] 북칠염
[illegible] 바퀴둘레염
蠊 풍뎅이염
[illegible] 비올염
[illegible] 간식염
[illegible] 기장성길염
薕 갈염
[illegible] 맛없을염
殮 염할염
獫 개염
澰 물번창할염
籢 경대함염
[illegible] 경대염
斂 걷을염
瀲 물염
[illegible] 누에발다는줄염
蘞 진동찰염
匳 경대염
炎 불꽃염
[illegible] 달염
琰 옥염
扊 문빗장염
[illegible] 흘을염
燄 불꽃염
[illegible] 날카로운따비술염
棪 염나무염
錟 서슬염
[illegible] 걸을염
剡 깎을염
焰 불꽃염
爓 붓빛염
覝 살펴볼염
[illegible] 줄염
[illegible] 배끄을염
[illegible] 소리그칠염
踗 걸을염
[illegible] 쓸염
鯰 매기염
[illegible] 분명할염
[illegible] 젖을염
[illegible] 무쇠염
[illegible] 말못다할염
苒 덧없을염
[illegible] 잔털염
衻 갈염
[illegible] 구레나루염
姌 비틀거릴염
[illegible] 말수다할염
袡 활옷염
髥 수염염
壛 섬돌염
[illegible] 더러울염
閻 이문염
[illegible] 싫을염
櫩 섬돌염
[illegible] 이을염
酓 쓸술염
[illegible] 술염
[illegible] 고요할염
厭 미워할염
[illegible] 웃을염
魘 잠고대할염
饜 싫을염
[illegible] 의기많은체할염
[illegible] 고치의실뽑아낼염
[illegible] 먹을염
蛅 쐐기염
鹽 소금염
帘 술판다는표기염
染 물들염
奩 향합염
[illegible] 입움직일염
檿 산뽕나무염
[illegible] 달아날염
豔 탐스러울염
閻 사당집문염

엽

[illegible] 씹는소리엽
犣 소엽
[illegible] 흙엽
[illegible] 풀흔들글엽
[illegible] 병난눈엽
[illegible] 말굴레엽
躐 밟을엽
[illegible] 북소리엽
[illegible] 돝의긴털엽
[illegible] 짓거릴엽
鱲 고기엽
[illegible] 해멀어지려할엽
鬣 비끝엽
[illegible] 갈엽
擫 질엽
[illegible] 취할엽
[illegible] 살멜릴엽
[illegible] 서로미치엽
葉 입엽
[illegible] 바람엽
鍱 쇠조각엽
[illegible]

영

대쪽엽
瞸 눈시울엽
殜 병들엽
𤭥 풀성글엽
䉨 대엽
𩂯 북칠엽
襵 옷서로닿을엽
曄 빛날엽
皣 흰꽃엽
燁 빛날엽
鬣 머리털성길엽
饁 들점심엽
捻 손비빌엽
敜 막을엽
熀 불빛엽
擪 잡을엽
𣝣 입이너풀거릴엽
𣯕 깃부채엽
偞 낮을엽
嵒 땅이름엽
𥢚 싸고를엽
𤞤 나를엽

영

寍 편안영
𩟗 먹을영
𧮂 속살거릴영
鬡 머리더부룩할영
𨉖 때영
嬣 투비할영
𩯊 머리흩어질영
獰 영악할영
嚀 정녕영
濘 수렁영
矃 볼영
𢕧 달아날영
𦡔 귀속때영
聹 귀에지영
𣰰 개영
𥢿 벼꺼럭영
鹷 소금영
𪕃 쥐영
齡 나이영
衑 길영
𩜂 밥물릴영
竛 비쭉거릴영
𥥽 우물영
𥬆 대이름영
笭 작은농영
𣮁 털엉킬영
蛉 잠자리영
羚 양영
翎 깃영
𦃄 솜영
聆 들을영
𥠖 풀줄기영
苓 냉이영
蕶 풀어지러울영
𥳍 광주리영
姈 영리할영
怜 영리할영
𢓁 홀로갈영
秢 나이영
砱 돌구멍영
𩨏 가는뼈영
澪 물떨어질영
泠 서늘영
柃 나무혹영
朎 달빛영
囹 옥영
坽 언덕영
拎 달아올릴영
昤 날빛영
令 명령할영
伶 영리할영
狑 개영
岭 산깊을영
玲 옥소리영
閝 창영
鈴 종영
軨 수레영
𧲚 약이름영
詅 팔영
袊 활옷영
𩚘 가루떡영
𩊚 양의새끼영
零 떠러질영
領 거느릴영
𩖍 바람영
醽 술영
酃 땅이름영
𤢳 개영
獵 개영
闝 들창영
𧯑 바위구멍영
𩐤 소리영
𨻳 틈영
𩕄 얼굴파리할영
靈 신령영
𧾣 개달아날영
𤛆 소영
𡾊 산깊다랄영
𢿢 찍어낼영
矎 눈광채날영
𤾞 흴영
𦪽 배영
㦭 맘약한체할영
蘦 감초영
𨬍 병영
櫺 난간영
𩴆 귀신영
𧞤 옷광채날영
䰱 터럭성길영
爧 불빛영
𤫊 신을위하는옥영
英 꽃부리영
朠 달빛영
暎 비칠영
映 비칠영
柍 살구영
煐 빛날영
碤 채색돌영
渶 물맑을영
𢇵 월랑영
𢠳 찬란할영
𥻌 정한쌀영
𤟹 창영
霙 눈꽃영
𧬺 풍류영
𨵿 문가운데영
醟 주정할영
瑩 밝을영
𡃨 울영
謍 속살거릴영
嶸 산높을영
巆 산골으슥할영
𤛱 소울영
𩐨 소리영
塋 무덤영
縈 얽힐영
禜

기우제영 瀯 물소리영 濴 물돌아나갈영 榮 빛날영 縈 풀얽일영 蠑 도롱용영 褮 덮을영 營 지을영 嚶 짐승소리영 嶺 재영 鴒 할미새영 [艹+嬴]

국화영 籯 농영 籝 상자영 瀛 바다영 攍 멜영 [月+嬴] 똥영 贏 펼영 嬴 진나라성영 [犭+嬰] 짐승이름영 嬰 어릴영 [嬰+頁] 목에혹날영 巊 산어둠침침할영

[衤+嬰] 주름잡을영 瓔 옥돌영 廮 골이름영 攖 부딪칠영 瀴 멀영 孾 어린아이영 纓 갓끈영 癭 혹영 [嬰+攵] 성낸기운영 永 길영 泳 헤칠영 怺 견딜영

咏 노래할영 詠 읊을영 嫈 계집영 霙 못영 甯 차라리영 薴 들깨영 檸 영몽영 逞 통할영 郢 땅이름영 浧 잠길영 啨 잔말영 [食+景] 배부를영

影 그림자영 潁 물이름영 穎 송곳자루영 穎 이삭영 櫺 난간영 毜 개털영 盈 찰영 楹 기둥영 寊 하늘영 寊 하늘영 [山+厷] 산높을영 侫 재주영

楧 고염나무영 迎 맞을영 另 다를영 [酉+巠] 술괼영 鞕 딱딱할영

예

曳 끄을예 栧 상앗대예 [禾+曳] 벼걷을예 [广+曳] 쌀곳간예 [犭+曳] 삵의새끼예 拽 끄을예

[虫+鳥] 다람쥐예 [車+曳] 상예 [竹+曳] 틈예 [犭+曳] 나를예 医 활집예 [殹+石] 검은돌예 嫕 유순할예 㥣 고요할예 殹 소리마주칠예 繄 오목예 瑿 옥돌예 嫛 아이예

黳 죽은깨예 [殹+衣] 어린애침받기예 [殹+見] 흘깃거릴예 繄 비단예 瞖 안질예 鷖 갈매기예 蘙 풀성할예 繠 드릴예 橤 드릴예 蘂 꽃술예

惢 죽순예 乂 어질예 刈 풀베일예 [爻+火] 밝을예 [竹+刈] 숫가예 例 견줄예 [列+巾] 자투리예 堄 성가휘예 倪 끝예 晲 해기울어질예 淣 물가예 猊 사자예

睨 흘겨볼예 [馬+兒] 말예 鯢 고래예 齯 노인예 觬 뿔굽을예 霓 무지개예 郳 나라이름예 [衤+兒] 옷해질예 [月+兒] 젖짝지예 掜 잡을예 [兒+支] 헐예 棿 불안할예 爄

불끌예 犡 소예 [豊+攴] 원수예 禮 예도예 澧 물예 鱧 감을치예 醴 단술예 [竹+豊] 연한대예 [羊+兒] 오랑캐양예 婗 간난아이예 麑 사슴새끼예 埶 심을예

囈 잠고대할예 [埶+手] 끌어당길예 槸 나무서로개갤예 襼 소매예 藝 재주예 蓺 심을예 枻 상앗대예 [广+世] 탁자예 [氵+葉] 찐파예 玴 옥돌예 詍

잔말할 예 跇 뛰어넘을 예 枘 자루 예 ⿰木芮 열매달릴 예 芮 나라 예 ⿰犭芮 돈피 예 汭 물이름 예 蜹 모기 예 帠 법 예 ⿰扌帠 찢을 예 穢 더러울 예 薉 김묵일 예

饖 밥상한냄새날 예 荔 여지 예 ⿰禾劦 긴벼 예 隸 종 예 ⿰目隶 볼 예 ⿰木隶 자세자루 예 嫛 아름다울 예 ⿰言睿 한탄할 예 ⿰矛隹 병아리 예 ⿱羽隹 꾀꼬리 예 艤 큰배 예 艤

종선 예 ⿰氵裔 물노리칠 예 裔 옷뒷자락 예 裔 옷깃 예 ⿱艹倪 풀날 예 銳 날샐 예 ⿰忄女 헤아릴 예 ⿰月矣 절뚝발이 예 ⿰氵旨 송진낼 예 詣 이를 예 ⿰羊垔 검은양 예 預

미리 예 轊 굴대끝 예 譽 기릴 예 黳 얼룩질 예 ⿰犭虎 범의소리 예 瘞 묻을 예 ⿺走垔 앙감질할 예 羿 평탄할 예 豫 먼저 예 ⿸广巴 추녀 예 寱 잠고대할 예 叡

밝을 예 ⿰口兮 좋을 예 ⿰口予 말할 예

ⓞ

五 다섯 오 伍 다섯사람 오 俉 맞을 오 吾 나 오 唔 글읽는소리 오 鋙 거슬을 오 娪 예쁜계집 오 窹 아궁이 오 捂 어긋칠 오

⿰耳吾 들을 오 晤 밝을 오 梧 오동 오 啎 맞을 오 浯 물 오 ⿰犭吾 원숭이 오 鼯 박쥐 오 悟 깨달을 오 寤 잠깰 오 郚 땅이름 오 逜 깨우칠 오 䫓 큰머리 오 吳

나라 오 鋘 칼이름 오 誤 그릇할 오 ⿰礻吳 복 오 筽 버들고리 오 悞 그릇할 오 ⿰王吳 옥돌 오 蜈 지네 오 娛 기쁠 오 烏 까마귀 오 ⿰虎烏 범 오 ⿺走烏 달아날 오 ⿰木烏 푸른감 오

鰞 오징어 오 ⿰車烏 수레심대 오 歍 아니꼬대 오 ⿰巾烏 손수건 오 ⿱艹烏 갈 오 螐 벌레 오 塢 마을 오 鎢 옹솥 오 隖 흙성 오 ⿵門烏 높은문 오 鄔 땅이름 오 嗚 탄식할 오

⿰石烏 언덕 오 敖 희롱할 오 蔜 달기씨깨비풀 오 熬 볶을 오 ⿱敖鬲 볶을 오 ⿱敖胥 게엄지발 오 獒 큰개 오 驁 준마 오 璈 아기이름 오 ⿱敖風 바람소리 오 仵 짝 오

⿰山敖 혼들릴 오 嶅 산에돌많을 오 摮 칠 오 鼇 자라 오 廒 고집 오 嫯 업신여겨볼 오 隞 땅이름 오 聱 말아니들을 오 鏊 번철 오 嗷 새지저귈 오 ⿰镸敖 길고클 오

謷 중얼거릴 오 螯 가제 오 奧 속 오 襖 도포 오 隩 감출 오 澳 깊을 오 懊 한할 오 㜵 투기할 오 ⿰言奥 고할 오 墺 물가 오 ⿰飠奥 거염내먹을 오 ⿰金麀 통노구 오

鏖 무찌를 오 ⿰扌麃 무찌를 오 爊 구을 오 麌 고라니새끼 오 ⿰山午 산뚝바를 오 旿 낮밝을 오 午 말 오 汻 물가 오 ⿱汻心 탐낼 오 忤 거스릴 오 ⿰月午 달을 오 迕 만날 오

滖 웅덩이 와 窊 빛벗을 와 搲 긁을 와 踩 디딜 와 鈋 모젤 와 吪 움직일 와 跐 절뚝발이 와 訛 거짓말 와 訏 꿇을 와 炣 따뜻할 와 汙 땅팔 와 喽 아이울 와

涹 더러울 와 卮 쌀 와 梔 마디 와 姽 약할 와 囮 새후릴 와 檖 늘어질 와 肥 병 와 臥 쉴 와 趙 주저할 와 闆 문기울어질 와 瓦 기와 와

완

岏 높을 완

完 완전할 완 朊 좋을 완 紈 여우 완 浣 옷빨 완 脘 중완 완 翫 구경 완 羱 늘양 완 玩 구경 완 杬 주무를 완 抏 꺾을 완 忨 탐할 완 妧 좋을 완

垸 바를 완 峘 산많을 완 訮 말시작할 완 輐 둥글 완 頑 완고 완 宛 정할 완 睕 재물 완 豌 콩 완 涴 진흙 완 剜 깎을 완 腕 팔 완 椀 주발 완 捥 팔뚝 완

惋 한할 완 碗 그릇 완 睕 눈굴릴 완 琬 옥 완 婉 형접 완 碗 모양 완 埦 술잔 완 噅 소리 완 亂 갈 완 皖 오목한얼굴 완 緩 더딜 완 䝹 들양 완

刓 긁을 완

왈

曰 말할 왈 刖 벨 왈 婠 예쁠 왈 顝 어긋날 왈 嗗 마실 왈

왕

王 임금 왕 往 갈 왕 蚟 귀뚜라미 왕 魟 큰고기 왕 汪 못 왕 暀 눈물그렁그렁할 왕 枉 굽을 왕 旺 왕성할 왕 怔 모진 왕 恇 간사할 왕 往 옛 왕 瀇 아득할 왕 尢 절뚝발이 왕

왜

咼 토할 왜 鄅 평탄치않을 왜 騧 말 왜 䯣 취할 왜 緺 인끈 왜 矮 난장이 왜 娃 계집 왜

외

畏 끄릴 외 偎 사랑할 외 愄 맘착할 외 嵔 아리따울 외 磈 돌자갈 외 碨 험할 외 椳 문지두리 외

㨪 끌 외 猥 정신모를 외 渨 빠질 외 煨 구울 외 猥 망녕될 외 鍡 바람 외 隈 모퉁이 외 瘣 병들 외 廆 괴벽할 외 鍡 쇠명이 외 愧 비단 외 嵬 높은

嵬 높을 외 磈 돌많을 외 魂 돌서덜 외 隗 열병 외 尉 다리미 외 熨 깔 외 巍 평평치아니할 외 桅 돛대 외 磑 집높을 외 飆 바람 외 能 땅이 외 𢅤 외까지 외 諉 부를 외 聵 귀머거리 외 外 바깥 외

요

了 마칠 요 尞 뜰에세운횃불 요 燎 비칠 요 璙 쌓은담 요 嫽 아리따울 요 瞭 밝을 요 寮 창 요

蟟 쓰르라미 요 瞭 밝을 요 橑 평고대 요 撩 움킬 요 憭 쾌할 요 鷯 놀랄 요 鷯 뱁새 요 幓 우산 요 璙 옥 요 燎 밝힐 요 襣 제지낼 요 嘹 새울 요

療 병고칠요 遼 멀요 饒 요기할요 膫 구을요 艣 배요 罺 물고기그물요 寮 집요 鐐 은요 蹽 길요 醪 술요 轑 구을요 飉 바람소리요 譑 말잘할요

趬 걸을요 𩈉 낯흴요 𧳜 오랑캐요 獠 구을요 嶚 높을요 繚 얽을요 夭 예쁠요 妖 요열요 宎 굴요 祅 재앙요 祅 재앙요 帎 수건요

𠯋 희롱할요 枖 나무성할요 芺 엉겅퀴요 訞 재앙요 殀 단명할요 𣧑 해할요 妖 고울요 要 구할요 𧛧 옷고름요 腰 허리요 葽 아기풀요 婹 연약할요

喓 벌레소리요 䁏 멀리볼요 偠 가늘요 騕 천리마요 楆 대추요 柪 굽은나무요 𢂋 버선요 怮 근심요 拗 꺾을요 坳 오목할요 𡜉 아름다울요

𨲖 약할요 詏 거스릴요 袎 버선목요 軪 수레소리요 駒 말요 𩶸 꺽정이요 靿 신요 𩈃 낯굽요 窈 고요요 䍃 질그릇요 暚 밝을요 繇 순종할요 𧾤 멀리갈요

𨂐 뛸요 鎐 쇠줄잔요 邎 갈요 遙 멀요 謠 노래요 蘨 풀요 嗂 기뻐할요 䁘 볼요 媱 굽을요 𣢷 기운날요 瑤 옥요 傜 부릴요 鰩 날치요

愮 속끓일요 𡺸 산요 搖 흔들요 榣 나무흔들릴요 鷂 장끼요 鴢 오리요 鷕 꿩소리요 翏 나를요 寥 빌요 廖 성요 憀 힘입을요 廫 빌요

熮 살을요 髎 응치요 漻 맑을요 漻 아득할요 蓼 여뀌요 𦖺 귓속찡할요 寥 고요요 鄝 나라이름요 醪 술요 顟 머리길요 曜 빛날요

耀 빛날요 燿 비칠요 堯 임금요 澆 물댈요 嬈 예쁜체할요 𤛮 말뛸요 僥 요행요 撓 요란할요 橈 짧은노요 嶢 산높을요 蟯 촌충요 蕘 나무할요

趬 높아위태할요 鐃 징요 翹 들요 襓 전대요 譊 볼멘소리요 饒 배부를요 繞 얽을요 珧 강요주요 銚 쟁가비요 𥮋 대가기요 筄 산자요 銚 너삼대요

烑 빛날요 姚 예쁠요 䂪 밭요 榚 나무길요 𦎫 클요 溔 물요 窯 가마요 𡸤 산요 𥖯 산요 𨽰 낮을요 𢸫 딸요 㯅 나무휘청거릴요 幺 작을요

纱 작으마할요 𥁔 그릇요 𦕒 귀울요 嬓 샘낼요 嬲 가택질할요 犪 소순할요 獶 개놀랄요 擾 요란할요 𨇛 발움직일요 裊 끌릴요 褭

偶 기쁠 우　禹 펼 우　偊 몸굽힐 우　楀 나무 우　萭 성 우　𤘘 벌레먹은이 우　寓 집 우　𩂣 비소리 우　鄅 나라이름 우　瑀 옥돌 우　踽 갈 우　于 어조사 우　宇 집 우

穻 창 우　扜 지휘할 우　釪 요령 우　邘 나라 우　酑 마실 우　玗 옥 우　旴 해돋을 우　𧿳 걸터앉을 우　虶 그리마 우　忬 경계할 우　靬 큰띠 우　訏 속일 우

紆 얽힐 우　竽 큰생황 우　圩 방축 우　杅 목욕통 우　吁 탄식할 우　秆 벼패시않을 우　盱 눈부릅뜰 우　盂 밥그릇 우　盓 흐를 우　䣁 잔치 우　吘 화할 우　芌 우슬 우

牛 소 우　又 또 우　友 벗 우　𠰷 바람 우　憂 근심 우　𣤻 개탄할 우　鄾 땅 우　耰 곰팡메 우　嚘 탄식 우　𥜿 복 우　優 넉넉 우　𥢆 마흔즘 우　瀀 윤기많을 우

纋 게건 우　櫌 자루 우　俁 형용 우　𠹆 웃으려할 우　虞 염려할 우　麌 사슴 우　澞 물 우　噳 입우물거릴 우　鸆 새 우　𩶠 고기 우　尤 더욱 우

忧 망동할 우　𠯴 개짖을 우　疣 혹 우　𧱂 큰돝 우　雩 기우제 우　𩃅 소나기 우　謣 말할 우　釫 드레박 우　陓 숲 우　塸 모래 우　䆽 메구멍 우　𥳂 구자구 우　𩋆 창 우

𦃇 삼불릴 우　鏂 깎을 우　櫙 나무 우　頄 떨 우　訧 허물 우　珝 옥 우　祤 고을이름 우　䨞 물소리 우　羽 깃 우　䧢 새소리 우　𩗗 바람소리 우　醧 술권할 우　麀 사슴 우

迂 굽을 우　妖 미워할 우　曉 눈깊을 우　𦂷 묶을 우　郵 우편 우　郚 골이름 우　亮 나를 우

욱

昱 날빛 욱　旭 밝을 욱　煜 빛날 욱　勖 권할 욱

奧 조리 욱　燠 따스할 욱　𦢊 새멀떠구니 욱　郁 문채날 욱　勗 힘쓸 욱　頊 구슬 욱　稶 서속 욱　栯 산앵도 욱

운

云 이를 운　囩 돌릴 운　妘 성 운　抎 잃을 운

沄 끓을 운　紜 어지러울 운　䚋 달정하지못할 운　芸 향풀 운　耘 김맬 운　耺 귀 운　澐 물결 운　橒 나무무늬 운　蕓 평지 운　雲 구름 운　繧 채색 운

𠹕 토할 운　殞 죽을 운　溳 물결 운　磒 떨어질 운　篔 왕대 운　愪 근심 운　縜 그물고 운　𪏰 누른빛 운　韻 운 운　隕 떨어질 운　𧢦 성 운　員 더할 운　𩓬 둥글 운

鄖 땅이름 운　運 운수 운　惲 혼후할 운　揮 기 운　鄆 땅 운　齳 볼 운　賱 넉넉할 운　韗 가죽장인 운　腪 홀떼기 운　緷 간색들일 운　暈 해와달무리 운

(…양위) 潿 흐르지못할위 葦 갈위 [illegible] 가죽다를위 颹 바람위 幃 휘장위 偉 결어갈위 媁 추잡할위 䘙 굽위 煒 밝을위 鍏 보습위 闈 중문위

韡 환할위 喡 목소리위 褘 장막위 湋 물갈위 暐 빛날위 衛 가는대위 緯 씨위 愇 한할위 [illegible] 잠고대할위 [illegible] 배반할위 瑋 기이할위 違 어길위

衞 호위할위 讏 거짓위 尉 벼슬위 蔚 익모초위 [illegible] 익모초위 [illegible] 소위 霨 구름위 [illegible] 개미위 [illegible] 펼위 慰 위로할위 螱 개미위

委 버릴위 餧 먹일위 [illegible] 따비위 魏 나라위 萎 이울위 覣 좋게볼위 痿 각기위 [illegible] 누에위 蜲 쥐며느리위 逶 비슬거릴위 踒 발접질위 [illegible] 시들위

崣 산높을위 [illegible] 문높을위 [illegible] 촉나라소위 威 위엄위 葳 초목위 媙 얌전할위 縅 갑옷위 楲 요강위 危 위태할위 硊 바위위 峗 산위

[illegible] 문위 [illegible] 약풀위 溾 더러울위 骪 더부룩할위 [illegible] 자라위 [illegible] 고기위 [illegible] 누른빛위 孬 좋지않을위 [illegible] 다리미위 [illegible] 짐승위 熭 말릴위

[illegible] 고기든술위 [illegible] 오리부르는소리위 位 자리위

유

逾 갈유 鍮 놋쇠유 [illegible] 바람유 [illegible] 엿볼유 隃 넘을유 踰 넘을유 [illegible] 남을유 兪 대답할유

騟 말유 匬 휘유 喩 효유할유 楡 느릅나무유 [illegible] 뒷간유 [illegible] 자투리유 [illegible] 갈유 愉 기쁠유 愈 나을유 堬 무덤유 渝 변할유 歈 노래유 牏 담틀유

[illegible] 소유 [illegible] 항아리유 羭 검은양유 蕍 버섯유 [illegible] 나물유 [illegible] 초석유 艅 홈배유 瘉 병나을유 窬 관장문유 蝓 달팽이유 貐 멧돝유 [illegible] 콩유

貐 짐승유 諭 비유유 褕 쾌자유 覦 볼유 毹 털방석유 揄 이끌유 臾 잠간유 萸 수유유 [illegible] 검은대유 諛 아첨할유 腴 기름질유 [illegible] 개부르는소리유

[illegible] 근심할유 庾 노적유 斞 열엿발들이유 酉 닭유 酳 술로양치할유 醹 술유 [illegible] 술유 輶 가벼울유 庮 썩은나무유 楢 홰유 猶 같을유 猷 꾀할유 蕕 썩은풀유

[illegible] 냄새유 [illegible] 좋은개유 [illegible] 천제지낼유 [illegible] 더러울유 嬬 안해유 孺 어린이유 濡 젖을유 濡 젖을유 襦 저고리유 擩 물들유 懦 약할유 嚅

끼칠 유
狖 원숭이 유
貁 원숭이 유
宂 머뭇거릴 유
犹 고요할 유
琊 보석 유
硬 돌 유
駛 빠를 유
嫘 성 유
樏 썰매 유
浟 물흐를 유
攸 바 유
抗 절구학 유
㼌 약할 유
窳 약할 유
卣 통술 유
逌 빙그레할 유
龥 화할 유
籲 부를 유
裕 느러질 유
窪 험할 유
覦 찾을 유
褎 길 유
訹 꾀일 유
訔 좇을 유
窳 게으를 유
舀 절구 유
禷 천제지낼 유
津 진액 유
牖 창 유
綹 실 유
塗 짓발 유
欥 강아지 유
羑 인도할 유
螢 벌 유
䌛 갈 유
櫾 유자 유
眐 누어볼 유
𢆶 적을 유
類 종류 유
桵 모습 유
錥 옹솥 유
颵 바람소리 유
頄 떨 유
櫌 쌓을 유
奶 쇠젖 유
鮪 상어 유
鎏 순금 유
渪 젖을 유
禸 짐승발자국 유

육

肉 살 육
朒 떠지못할 육
育 기를 육
歆 놀랄 육
逳 구를 육
情 마음동할 육
焴 빛날 육
蓹 꽃필 육
蜟 매미 육
堉 살찐땅 육
唷 뱉을 육
唷 소리지를 육
恧 게면할 육
聏 부끄러울 육
聰 부끄러울 육
𦓡 눈살찌푸릴 육
𥙫 나타날 육
鵱 들거위 육
蔍 명아주 육
稑 올벼 육
𨌧 바퀴심대 육
陸 길 육
踛 뛸 육
儥 팔 육
忸 부끄러울 육
蚰 지차리 육
衄 코피 육
磟 돌곡배 육
戮 죽일 육
𡵆 버섯 육
奔 받들 육
萑 산부추 육
喅 못소리 육
𧯷 콩 육
𩈓 얼굴 육
䩄 부끄러울 육
毒 기를 육
醎 낯빛누를 육
毓 기를 육
譓 냄새맡을 육

윤

侖 뭉치 윤
圇 덩어리 윤
䈁 배닐대 윤
淪 빠질 윤
錀 금 윤
崙 산 윤
掄 가릴 윤
棆 느릅나무 윤
蜦 찰거머리 윤
𦨖 배밑창나무 윤
稐 벼묶음 윤
瘉 손병 윤
輪 바퀴 윤
踚 걸을 윤
允 믿을 윤
玧 옥 윤
狁 오랑캐 윤
馻 말털 윤
鈗 창 윤
匀 적을 윤
玽 연뿌리 윤
鋆 금 윤
閏 윤달 윤
潤 부를 윤
蝡 꿈실거릴 윤
霣 비 윤
蠕 꿈틀거릴 윤
奫 깊을 윤
尹 맏 윤
頵 낯비뚤 윤
胤 씨 윤
蜳 편치못할 윤

율

栗 밤 율
䅓 벼 율
篥 대 율
溧 물가 율
繂 비단 율
塛 막을 율
㗚 말분명치못할 율
䔉 마름 율
慄 떨 율
搮 쓰다듬을 율
鷅 꾀꼬리 율
麜 노루 율
聿 붓 율
律 법 율
葎 한삼 율
𨀴 뒷거름칠 율
𢮥 짤 율
峍 돌비알질 율
嵂 산높을 율
硉 돌 율

綷 배버리줄 율 葎 풀아귀틀 율 膟 발기름 율 [風+日] 바람 율 [風+胃] 바람 율 驈 말 율 鱊 실뱅어 율 矞 궤휼할 율 潏 물흐를 율 汩 물흐를 율 燏 빛날 율 [革+胃] 가죽그릇 율 [王+乞] 높을 율 [illegible] 깔깔할 율 [illegible] 취할 율 [鬼+占] 죽일 율 [illegible] 새쏘는대총 율 趉 달아날 율 惐 미칠 율

융

隆 성할 융 霳 귀신 융 [illegible] 북소리 융 [阝+夂+石] 돌떨어지는소리 융 窿 형체 융 嶐 산형체 융 癃 들피병 융 戎 군사 융 [扌+戎] 도울 융 毧 솜털 융 茙 규화 융 [衤+戎] 군복 융 狨 원숭이 융 絨 실 융 [亻+戎] 사람 융 駥 말 융 肜 화할 융 融 화할 융 瀜 물깊을 융 [火+彡] 불기운 융 [亻+龍] 곧게갈 융

은

恩 은혜 은 [王+恩] 옥 은 [氵+恩] 물 은 斦 모탕 은 听 벙긋거릴 은 [竹+斤] 큰저 은 齗 잇몸 은 [今+斤] 큰저 은 垽 해감 은 折 개싸울 은 殷 많을 은 溵 물소리 은 [艹+殷] 풀빛푸를 은 慇 은근할 은 [巾+㥯] 속옷 은 [口+㥯] 작은입 은 [亻+㥯] 기댈 은 [糸+㥯] 옷 은 隱 숨을 은 [食+㥯] 배부를 은 癮 두드러기 은 檼 대공 은 檃 휠 은 嶾 산높을 은 [扌+㥯] 평균하게할 은 [忄+㥯] 슬플 은 [忄+㥯] 의뢰할 은 銀 은 은 圁 물 은 檭 은행나무 은 齦 잇몸 은 夽 높을 은 廕 덮을 은 [illegible] 찌끼 은 衮 고기쪼일 은 [疒+希] 몸더울 은 脪 부을 은 狺 개짖는소리 은 [言+頁] 완악할 은 訔 시비할 은 誾 화평할 은 [illegible] 피기할 은 犾 개서로물 은 嚚 미련할 은 黫 검을 은 垠 언덕 은 [虍+晉] 범소리 은 慭 물을 은

을

乙 새 을 乚 제비 을 [口+乙] 소리 을 圪 흙 을 [舟+乙] 배갈 을 鳦 제비 을 [虎+乙] 범이볼 을

음

音 소리 음 愔 고요할 음 窨 움 음 瘖 벙어리 음 [酉+音] 취할 음 [豆+音] 메주 음 喑 소리지를 음 陰 음기 음 [月+侌] 가슴병 음 癊 덮을 음 蔭 덮을 음 吟 읊을 음 莟 물마늘 음 [口+顉] 머리흔들 음 飮 마실 음 [言+欠] 울 음 嶔 산봉우리 음 [犭+㥯] 나귀 음 霪 장마 음 趛 갈 음 淫 음란할 음 [气+侌] 달기운 음 [木+奄] 능금 음 崟 산높을 음 婬 간통할 음 吽 소울 음

읍

邑 골 읍 浥 젖을 읍 [食+邑] 밥쉴 읍 [魚+邑] 고기 읍 俋 밭갈 읍 唈 울 읍 [竹+邑] 통발 읍 [月+邑] 저린고기 읍 挹 잔질할 읍 悒 근심할 읍 泣 울 읍 湆 축축할 읍 裛 얽을 읍 [illegible] 어리석을 읍 揖 읍할 읍 [氵+香] 끓는소리 읍 晻 눈감을 읍

응

譍 대답할 응 應 응할 응 ⿰目應 정하고 볼 응 膺 가슴 응 軈 기다릴 응 鷹 매 응 凝 엉길 응 ⿱上口 코대답할 응

의

衣 옷 의 依 의지할 의 ⿰女衣 빛날 의

⿰阝衣 언덕 의 ⿸广衣 배화할 의 扆 병풍 의 宜 마땅 의 ⿰面宜 낯 의 誼 옳을 의 義 의리 의 艤 배댈 의 儀 거동 의 ⿸厂義 산이마 의 檥 배등대할 의 嶬 산 의

⿰女義 정조 의 ⿰魚義 고기새끼 의 礒 바위 의 ⿰王義 옥 의 議 의논 의 ⿰馬義 관이름 의 ⿰齒義 씹을 의 ⿰義阝 땅이름 의 意 뜻 의 譩 분할 의 ⿰音意 앓는소리 의 醷 초 의

鷾 제비 의 薏 율무 의 薿 무성할 의 擬 비길 의 觺 뿔예리할 의 嶷 산 의 儗 참람할 의 ⿱衣日 성할 의 孖 자식번성할 의 ⿰歹奇 버릴 의 椅 노나무 의 猗 개 의

輢 수레틀 의 旑 기날릴 의 欹 거룩할 의 檹 나무마디 의 倚 의지할 의 ⿰禾奇 벼무성할 의 犄 길 의 漪 물결 의 ⿰言壹 살필 의 ⿰壹咨 탄식할 의 饐 밥쉴 의 撎

읍할 의 ⿱医酉 술 의 醫 의원 의 螘 개미 의 顗 즐길 의 溰 눈쌓일 의 懿 클 의 ⿱山衣 산높을 의 ⿸广畏 으슥한곳 의 ⿰衤畏 옷 의 ⿺走衣 달아날 의 ⿸虍又 범숨쉴 의 ⿰鬲支 가마 의

⿰豙頁 멍텅구리 의 禕 아름다울 의 ⿱艹弟 땅이름 의 ⿱或灬 흐를 의 忍 성낼 의 戾 탄식할 의 ⿰女戈 계집벼슬 의 劓 코베일 의 ⿰骨兒 뼈가늘 의 ⿰虫監 벌레 의 ⿰犭示 개웅승거릴 의

崕 바위 의 矣 어조사 의 偯 울음소리 의 藙 오수유 의 ⿸尸欠 수파람불 의 ⿰氵檿 준마 의 岐 베풀 의 ⿰阝肎 꼭지 의 ⿰女䍃 서로친근할 외

이

而 너 이 需 이을 이

耏 구렛나루 이 ⿰女而 아첨할 이 鮞 곤이알 이 胹 골 이 腝 젖 이 鴯 제비 이 輀 상여차 이 髵 갈기 이 耳 귀 이 ⿰耳音 말못할 이 誀 꾀할 이 ⿰鼠耳 쥐새끼 이 ⿰虫耳

커피 이 刵 귀벨 이 栮 버섯 이 ⿰女耳 처녀 이 珥 귀고리 이 洱 물 이 ⿰月耳 힘줄강할 이 ⿰糸耳 고삐 이 毦 머리틀 이 鉺 갈구리 이 駬 준마 이 ⿰耳酉 술 이 餌

먹이 이 佴 버금 이 里 마을 이 鯉 잉어 이 鯉 날치 이 梩 가래 이 理 다스릴 이 狸 삵 이 浬 물이수 이 艃 작은배 이 瓼 센치그람 이 ⿸疒里 병 이 哩 마일 이

喱 약이름 이 貍 삵 이 俚 속될 이 娌 동서 이 魐 귀신 이 糎 센치미터 이 蠡 향부자 이 夷 평평할 이 姨 이모 이 眱 말없을 이 荑 흰비름 이 ⿰革夷 가죽 이

胰 등살이　洟 코물이　痍 다칠이　恞 기뻐할이　桋 가나무이　峓 산이　陝 험할이　異 다를이　廙 공경할이　魑 도깨비이　縭 수건이　籬 울타리이

篱 대조리이　黐 끈끈이　螭 교룡이　鼶 쥐이　欐 울타리이　䍦 모자이　貍 짐승이　摛 펼이　嚟 말그치지않을이　蘺 궁궁이이　漓 질펀이흐를이　璃 유리이

氂 흰담모자이　謧 말수다할이　䮥 나귀새끼이　攡 베풀이　牖 못쓸나무이　熾 장막속불이　醨 모주이　灕 흐를이　爾 너이　邇 가까울이　離 떠날이

檷 실패이　禰 사당이　鱺 뱀장어이　蠡 그리마이　鸝 꾀꼬리이　彲 교룡이　孋 나라이름이　驪 검을이　邐 잇닿을이　犛 소이　釐 다스릴이

嫠 과부이　剺 깎을이　𢅥 비단마름질이　氂 쇠꼬리이　棃 죽이　鵹 새이　蟍 질리이　犁 소이　黧 검을이　鯬 고기이　鯬 뱀장어이　悧 영리할이

孷 쌍동이이　筣 울타리이　蟍 지네이　蜊 참조개이　俐 영리할이　唎 가는소리이　莉 꽃이　梨 배이　鯏 조개이　迆 든든할이　迤 잇달이　牠 국이　杝 피나무이

暆 해다닐이　酏 미음이　胣 창자끊을이　衪 옷선이　匜 잔이　崺 산이낮고길이　弛 놓을이　貤 벋을이　㐌 이름이　袘 옷속이　肔 창자이　坭 진흙이

埿 흙바를이　妮 계집하인이　𧥢 사람부를이　狔 바람에너풀거릴이　秜 돌벼이　跜 꿈틀거릴이　怩 부끄러워할이　泥 이슬이　泥 막힐이　苨 겨로기이

𥐝 웅덩이이　𩋃 고삐늘어질이　尼 여승이　柅 무성할이　抳 그칠이　𩛥 미끼이　馜 향기이　迡 가까울이　𩗓 바람이　屔 산이　佁 미련할이　貽 끼칠이

詒 줄이　瓵 중두리이　怡 화할이　台 나이　飴 엿이　枱 따비자루이　珆 화반석이　宧 집모퉁이　㠯 써이　易 쉬울이　偒 업신여길이　咿 선웃음칠이

蛜 쥐며느리이　伊 저이　洢 물이　騃 업신여길이　鶍 대까치이　袲 옷치렁거릴이　移 옮길이　貖 들개이　黟 검을이　誃 딴문이　螔 달팽이이　歋 웃을이

㡼 근심않을이　罹 걸릴이　羨 넓을이　肄 익힐이　詈 욕할이　裏 옷속이　囇 바른소리이　椸 횃대이　耗 털이　嫛 기쁠이　异 말이

二 두이 以 써이 苡 율무이 圯 흙다리이 伱 너이 彝 떳떳할이 嗁 성낸소리이 吏 관리이 羸 파리할이 羸 약할이 嬉 맵시이 貽 보내줄이 貳

두이 膩 살찔이 涖 물소리이 蠡 표주박이 廙 급할이 劙 저밀이 臇 험집이 胝 돌고기이 㐌 빗장이 莅 임할이 咲 널름거릴이 洏 끓는물이

肄 묻을이 隶 밑이 酏 젖썩을이 峛 산이 履 신이 鬢 관자노리이 頤 기를이 饐 음식이 鮧 모래무지이 李 성이 己 이미이

익

弋 줄살익 杙 갈익 忕 맘동할익 杙 말뚝익 㢞 좋을익 肊 뼈익 隿 주살익 釴 솥귀익 𨠚 술빛익 黓 검을익 秇 집익 䄩 적삼익 𪌉 보리겨익 芅

양도익 榏 새그린배익 益 더할익 齸 사슴새김질할익 謚 웃을익 艗 새그린배익 嗌 목구멍익 鷁 새익 𨞬 땅이름익 愵 걱정할익 翌 명일익 翊 도울익

翼 스며호를익 翼 날개익 廙 복도익 𧉰 벌레길익 𨗴 달아날익 穓 갈익 匿 숨길익 䘝 벌레먹는병익 𪘲 이앓을익 䀘 멸시할익 轙 고리익 𩋩

바느질할익

인

因 인할인 咽 목구멍인 鞇 요인 秵 벼꽃인 茵 방석인 絪 수삼인 氤 합할인 裀 속옷인 𦍑 양인 茵 자리풀인 姻 혼인인

𩂣 기운퍼질인 䴛 사슴인 駰 준마인 禋 성취할인 刃 칼날인 仞 길인 籾 벼인 紉 바늘에실꿰인 𩨨 목구멍뼈인 汈 젖을인 牣 가득할인 認 알인

訒 둔할인 荵 인동초인 𦙶 지렁이인 軔 기리인 𧵅 굳을인 帉 베개인 忍 참을인 肕 고기인 仁 어질인 芢 씨인 䔃 대속찰인 驎 말인 撛

구원할인 璘 옥무늬인 𣬈 근심인 𤖻 불날인 獜 강전할인 潾 물맑을인 橉 문지방인 瞵 눈정기인 䚏 친할인 甐 움직일인 𠔰 맑을인 鄰 이웃인

繗 이을인 𧍯 반딧불인 磷 돌비늘인 蹸 밟힐인 鱗 비늘인 引 이끌인 紖 수레끄는줄인 蚓 지렁이인 靷 가슴걸이인 肕 등살인 寅 동방인 殥

멀인 縯 길인 蔩 외인 螾 지렁이인 䏨 등심인 歅 사람의이름인 𨇶 엎어질인 禋 제지낼인 諲 공순할인 闉 굽은성인 陻 막을인 湮 빠질인 堙 흙산인

일 입 임 잉 자

버들개지 자 鎡 호미 자 嵫 산 자 者 어조사 자 煮 삶을 자 赭 붉은흙 자 羘 양 자 杍 목수 자 [illegible] 정할 자 茈 지치 자 [illegible] 쌓을 자 玼 옥티 자 髭

수염 자 [illegible] 용이할 자 疵 험집 자 骴 삭은뼈 자 紫 검붉을 자 庛 장기술 자 訾 헤방할 자 雌 암컷 자 [illegible] 느릅나무 자 [illegible] 음식 자 [illegible] 염치없을 자 姕

물건 자 呰 구차할 자 泚 물맑을 자 [illegible] 작을 자 [illegible] 가죽 자 觜 자별 자 眥 눈초리 자 貲 재물 자 蔗 사탕풀 자 [illegible] 건강할 자 䗪 쥐며느리 자 姉 맏누이 자

笫 평상 자 胏 뼈섞은포 자 資 재물 자 [illegible] 벼쌓을 자 䄍 납향제 자 [illegible] 깔 자 [illegible] 발자국소리 자 齇 이어긋날 자 [illegible] 코 자 溠 물 자 鮺 젓담글 자 [illegible] 밭 자

櫅 대추 자 齋 제밥 자 鷓 자고새 자 孜 부지런할 자 趑 머뭇거릴 자 粢 제밥 자 [illegible] 실다듬을 자 餈 떡 자 咨 탄식할 자 姿 맵시 자 [illegible] 죽엇다 개날 자

恣 방자할 자 諮 물을 자 [illegible] 인절미 자 [illegible] 깨날 자 鮓 젓갈 자 詐 부끄러울 자 榨 기름틀 자 [illegible] 맞없을 자 [illegible] 미나리 자 鼒 옹솥 자 茦 가시 자 苲

두엄 자 睉 눈 자 刺 찌를 자 [illegible] 꾀 자 [illegible] 돌띠 자 褯 옷 자 [illegible] 살통통할 자 胾 큰고기 자 [illegible] 쐐기 자 [illegible] 날빛 자 柘 산뽕 자 梓 나무 자 這

이것 자 鄑 땅이름 자 自 스스로 자

작

作 지을 작 妰 계집 작 [illegible] 재물 작 𧺆 달아날 작 怍 산소 작 鈼 가마 작 秨 벼흔들릴 작 柞 가락나무 작 昨

어제 작 勺 잔 작 仢 와나무다리 작 妁 중매 작 酌 술 작 彴 외나무다리 작 [illegible] 불성할 작 灼 살을 작 [illegible] 누를 작 醋 술권할 작 皵 가죽 작 [illegible] 접낼 작 [illegible]

상어 작 [illegible] 쥐소리 작 碏 공경할 작 嚼 씹을 작 [illegible] 눈어둘 작 爵 벼슬 작 穱 심을 작 雀 참새 작 [illegible] 땅이름 작 謶 속일 작 婥 예쁠 작 [illegible] 빼앗을 작 斫

쪼갤 작 [illegible] 개씨 작 [illegible] 아름다울 작 焯 밝을 작 [illegible] 사람의 이름 작 鐯 팽이 작

잔

潺 잔잔이 흐를 잔 [illegible] 작은끌 잔 孱 잔약할 잔 [illegible] 몹시 꾸짖을 잔 僝

갖출 잔 [illegible] 멜치 잔 驏 말탈 잔 戔 쇠잔 잔 剗 깎을 잔 嶘 산이우뚝할 잔 [illegible] 산자 잔 [illegible] 해할 잔 殘 쇠잔할 잔 琖 옥술잔 잔 棧 사다리 잔 盞 잔 잔

羴 양우리 잔 　䐪 찌끼 잔 　蝬 노래기 잔 　醆 술잔 잔 　跧 찰 잔 　拃 모뜰 잔 　殘 짐승먹던 찌끼 잔

잠

噆 씹을 잠 　嬜 탐할 잠 　撍 모을 잠 　簪 비녀 잠

礸 돌문 잠 　曆 생각할 잠 　熸 불꺼질 잠 　鐕 못 잠 　潛 잠길 잠 　劗 찌를 잠 　膳 언청이 잠 　岑 산높고 작을 잠 　涔 적실 잠 　寁 속할 잠 　嵁 산깊을 잠 　昝 성 잠

暫 잠간 잠 　鏨 빨리오를 잠 　顅 얼굴길 잠 　饞 맞없을 잠 　箴 바늘 잠 　襳 깃발 잠 　䖔 집웅 잠 　鍖 따뜻할 잠 　𠠚 말금을 잠 　賺 되팔기 잠 　詀 속을 잠 　蚕 누에 잠

醮 담글 잠 　蠶 누에 잠 　參 바늘 잠

잡

匝 두루 잡 　咂 빨 잡 　鉔 구르는 향로 잡 　帀 두루 잡 　沞 젖을 잡 　呏 씹을 잡 　師 끊는소리 잡 　赿 달음박질할 잡

臿 보리닦일 잡 　揷 무성할 잡 　届 밟을 잡 　緢 꿰맬 잡 　臿 보리닦일 잡 　鍤 부삽 잡 　箑 초서 잡 　唼 삼킬 잡 　襍 물새 잡 　囃 광대 잡 　簶 발 잡

磼 잡석 잡 　礏 산우뚝솟을 잡 　雜 섞일 잡 　雥 떼새 잡 　譅 소리 잡 　踏 머물 잡 　霅 물결 잡 　眨 눈깜적거릴 잡 　扱 새먹을 잡 　卡 지킬 잡

장

長 긴 장

帳 장막 장 　賬 치부책 장 　跟 끓어앉을 장 　萇 보리수 장 　張 베풀 장 　粻 엿 장 　章 문채 장 　暲 백태낄 장 　瘴 장기 장 　獐 노루 장 　墇 막을 장 　慞 두려울 장

璋 반쪽서옥 장 　傽 길잃고헤맬 장 　鱆 물뚜기 장 　遧 드러낼 장 　障 막힐 장 　韓 말다래 장 　嫜 시부모 장 　嶂 산봉우리 장 　鄣 땅이름 장 　蔣 걸을 장 　漳 물이름 장

樟 예장나무 장 　暲 햇발 장 　爿 조각널 장 　壯 장할 장 　奬 포장할 장 　奘 클 장 　牄 먹는소리 장 　牂 배말뚝 장 　蔣 대 장 　粧 분단장할 장 　臟 오장 장

妝 단장할 장 　湖 쌀찔 장 　㽵 방울소리 장 　醬 간장 장 　牂 성할 장 　牆 담 장 　斨 도끼 장 　蔣 과장풀 장 　庄 웅장할 장 　嶈 산이높고클 장 　狀 형상 장 　莊 씩씩할 장

戕 험할 장 　焋 찔 장 　漿 초 장 　鏘 옥소리 장 　蹡 보리썩을 장 　戕 죽일 장 　槳 상앗대 장 　鏘 방울소리 장 　欌 의장 　贓 장물잡힐 장 　藏 감출 장

臧 착할 장 　檣 돛대 장 　薔 장미화 장 　墻 담 장 　艢 돛대 장 　嬙 계집 장 　場 마당 장 　腸 창자 장 　塲 마당 장 　椿 말뚝 장 　湷 표세울 장 　掌 손바닥 장

髮 상투 장　庄 전장 장　駔 말 장　牂 암양 장　仉 성 장　葬 묻을 장　瑲 옥소리 장　亢 신에 창 받을 장　匠 장인 장　丈 어른 장　仗 의지할 장　(재) 再

두번 재　才 재주 재　財 재물 재　材 재목 재　在 있을 재　⿰𧾷在 걸음더딜 재　宰 재상 재　⿱宰灬 데칠 재　⿰歹宰 멸망할 재　滓 앙금 재　哉 비로소 재　載 실을 재　裁

판결할 재　⿹𢦏黑 검은물 재　栽 심을 재　災 재앙 재　⿰巾宰 비단 재　齋 집 재　齎 가질 재　菑 재앙 재　責 집어줄 재　喍 개싸할 재　寨 목책 재　⿰扌里 받을 재

齊 고를 재　灾 재앙 재　(쟁) 丁 벌목소리 쟁　玎 옥소리 쟁　爭 다툴 쟁　踭 발자국 쟁　諍 간할 쟁　⿰月爭 힘줄 쟁　⿰羊爭 양의새끼 쟁　⿰糸爭 붉은끈 쟁　錚 징 쟁

箏 쟁풍류 쟁　琤 옥소리쟁쟁할 쟁　崢 산높을 쟁　⿰弓爭 활당길 쟁　掙 찌를 쟁　狰 짐승이름 쟁　振 칠 쟁　趟 뛸 쟁　⿺辶堂 바를 쟁　⿰弓曾 활소리 쟁　傖 천할 쟁　綪

고낼 쟁　鎗 금석소리 쟁　瞠 곧게볼 쟁　(저) 且 파초 저　菹 김치 저　蛆 구데기 저　罝 짐승그물 저　沮 축축할 저　粗 흙 저　胆 구데기 저　疽 종기 저　苴 암삼 저

⿰石苴 맷돌 저　咀 씹을 저　怚 교만할 저　担 건져낼 저　岨 흙덮일 저　姐 교만할 저　趄 머뭇거릴 저　狙 원숭이 저　⿰魚且 뱀장어 저　⿰且頁 턱 저　氐 근본 저　羝 양 저　袛

속적삼 저　眡 볼 저　低 굽힐 저　紙 실 저　柢 뿌리 저　詆 꾸짖을 저　骶 꽁무니끝 저　牴 받을 저　邸 집 저　⿰女氐 가늘 저　宁 조회받는곳 저　⿰犭宁 나갈 저　⿰巾宁 베 저

⿰土宁 티끌 저　詝 슬기스러울 저　貯 쌓을 저　紵 모시 저　⿰忄宁 지혜 저　⿰舍宁 쌀주머니 저　佇 오래설 저　苧 모시 저　⿰衤宁 해진옷 저　眝 정신차려볼 저　泞 맑을 저

羜 어린양 저　儲 저축할 저　翥 날아오를 저　箸 젓가락 저　楮 닥나무 저　渚 모래톱 저　⿱⿰羊者虫 벌레 저　褚 주머니 저　豬 오미자 저　櫡 젓가락 저　緒 솜틀 저　豬 돝 저

躇 머뭇거릴 저　杵 절구공이 저　她 큰딸 저　滁 물 저　篨 대자리 저　⿰月虫 구데기 저　⿰齒罝 덧니박이 저　縿 서로붙을 저　杼 북 저　呰 담을 저　褚 옷치장할 저

椓 나무 저　⿰氵犀 방아공이 저　⿸虍盅 그릇 저　趡 갈 저　(적) 宋 고요 적　寂 고요할 적　淑 물정결할 적　⿱艹淑 가무는 기운 적　啇 뿌리 적　⿰亻啇 모질 적　墒 층계 적

謭 말번거할전 譾 얕을전 翦 갈길전 煎 조릴전 揃 자를전 葥 질경이전 𦃃 베짤전 帴 기전 鬋 살적전 湔 씻을전 殿 대궐전 澱

찌끼전 壂 집터전 癜 어루러기전 嗴 앓는소리할전 戔 쌓을전 籛 성전 箋 쪽지전 帴 안갑전 諓 아첨할전 淺 물들일전 棧 향나무전 錢 돈전

𨸔 언덕전 殘 모질전 餞 향나무전 餞 보낼전 帴 표지전 窴 막을전、塡 막을전 鷏 바람가비전 齻 사랑니전 滇 성할전 殄 멸어질전 顚

풀머리전 搷 칠전 磌 주추돌전 槇 나무끝전 𪔢 북소리전 瘨 병들전 𧽍 달아날전 傎 엎드러질전 𩅦 비올전 顚 이마전 𨆶 옮길전 邅 굴릴전

趈 다다를전 𦑣 멀리나를전 羶 양냄새날전 皽 피부결허물전 饘 범벅전 旜 기전 䁴 보고말전 氈 전전 鸇 새매전 𥻹 죽전 襢 여막전 澶

물결고요할전 䆄 벼단전 繵 옷전 鱣 전어전 鐉 문돌저귀전 蟤 서릴전 鐫 새길전 蠵 벌레병전 雋 새살찔전 隽 새길전 𩈁 낯누를전 𤡞 이리전

蕇 산겨자전 戰 싸움전 譂 망녕된말전 電 번개전 樿 전나무전 廛 전방전 瀍 물전 𨮁 팔고리전 臇 곰국전 諯 사양할전 㟨 작은잔전 顓

오로지전 譱 좋은말전 嫸 남의말어길전 𨢴 쓴술전 𣞢 나무혹전 跈 밟을전 䛤 말정하지못할전 𥇙 사슴발자취전 吮 숨쉴전 闐 문저자전 津 뜻전 瑑 새길전

鄟 땅이름전 脠 날고기장전 腞 새길전 戩 복전 栴 향나무전 眴 눈알굴려볼전 靛 청대전 靦 무안할전 奠 드릴전 蜓 도마뱀전 鯅 젓갈전 婝

미욱할전 䰉 추할전 孨 삼갈전 㳄 거듭올전 䶍 코늘어질전 旃 말그칠전 𥰣 꼬창이전 笘 솜발전 町 구역전 篆 전자전 欄 말뚝전 𡳐 기다릴전

鱄 전어전 摶 볼전 𤨙 옥이름전 淀 얕은샘전 仝 온전전

절

折 꺾을절 浙 쌀씻을절 菥 죽접절 肵 기름꺼질절 晣 밝을절 切 끊을절 䟢 헛디딜절 沏 물흐를절 節 마디절 𢅥 걸레절 癤 부스럼절 櫛 초끝절 𩼄 납자기절 絶 끊을절 姪 족하절 咥 씹을절 嵲 산구멍절 闑 닫을절 𩓐

물 제 梯 나무 제 俤 얼굴그립자 제 ⿰弟頁 머리비뚤 제 踶 밟을 제 悌 공경 제 銻 날카로울 제 罤 토끼그물 제 ⿱罒綈 그물 제 綈 비단 제 第 차례 제 珶

패옥 제 睇 할깃볼 제 ⿰食弟 떡 제 娣 제수 제 ⿰牛支 쏠 제 祭 제사 제 憏 요량없을 제 傺 실심할 제 際 지음 제 穄 피 제 漈 물가 제 睼 멀리볼 제 媞 안존할 제

惿 맘약할 제 偍 문짓거릴 제 蝭 쓰르라미 제 ⿺是見 들어날 제 褆 옷두터울 제 ⿺是瓦 자백기 제 趧 춤 제 ⿰角是 비녀 제 瑅 옥이름 제 鍉 장군 제 緹 비단 제 鶗

접동새 제 醍 술 제 提 들 제 堤 막을 제 踶 찰 제 鞮 가죽신 제 題 글제 제 ⿱齊月 다스릴 제 懠 길쌈할 제 ⿱罒齊 술짤 제 躋 오를 제 懠 불안할 제 濟 건늘 제

癠 병 제 穧 벼 제 ⿰酉齊 짤 제 擠 밀 제 劑 약지을 제 霽 갤 제 儕 무리 제 ⿰舟齊 노거리 제 嚌 맛볼 제 ⿰言齊 수다할 제 蠐 굼벵이 제 制 금할 제 淛 강이름 제

⿱制酉 생선조림 제 ⿰日制 별빛찬란할 제 ⿱竹折 자리 제 ⿱折食 맞변할 제 ⿰耳斤 가까이들을 제 狾 미친개 제 ⿰子折 황충의새끼 제 ⿱折衣 옷끊을 제 製 지을 제 晢 눈광채 제 ⿺辶氏

놀랄 제 ⿰舟氏 싸움배 제 ⿰氏頁 머리숙일 제 ⿰食氏 먹일 제 怟 민망할 제 除 제할 제 蒢 외나물 제 ⿰豸尼 차질 제 ⿰女屖 아첨할 제 漽 뜨물 제 樨 절구공이 제 諦 살필 제

懘 성낼 제 徲 오래섰을 제 磾 검은돌 제 嗁 부르짖을 제 ⿷匚虒 엷을 제 ⿰言虒 말할 제 韲 양념 제 韲 양념 제 ⿱雨眞 비그칠 제 諸 묻은 제 ⿺辶玄 물러갈 제

鍗 칼 제 ⿰鼻卑 코병 제 屜 신속창 제 齌 빠를 제 齍 양념할 제

조

兆 억조 조 恌 박할 조 旐 기 조 ⿸广支 휘귀 조 絩 실수효 조 窕 요조할 조 ⿰羊兆 양 조

聎 귀앓을 조 駣 말 조 朓 고기 조 艞 배발판 조 朓 달뵐 조 洮 손씻을 조 庣 차지않을 조 覜 뵈일 조 狣 개힘셀 조 宨 방자할 조 ⿰口窕 찌일 조 晀 밝을 조 佻

도적할 조 挑 돋을 조 趒 뛸 조 ⿰身兆 몸길 조 眺 볼 조 ⿰兆隹 들을 조 ⿱雨兆 어두울 조 ⿰車兆 엷을 조 鮡 고기이름 조 弔 조상 조 曹 무리 조 槽 말구통 조 ⿰衤曹

옷깃 조 螬 굼벵이 조 ⿰日曹 햇빛 조 糟 재강 조 ⿰巾曹 기저귀 조 艚 종선 조 漕 배질할 조 ⿰火曹 살을 조 嶆 산골 조 嘈 지꺼릴 조 ⿰曹殳 거칠 조 ⿰女曹 아름다울 조

傮 마칠 조 撡 휘두를 조 遭 만날 조 凋 여윌 조 彫 새길 조 奝 클 조 調 고를 조 蜩 매미 조 嵈 산 조 ⿰扌周 찌를 조 啁 소리 조 ⿰面周 익힐 조 ⿱髟周

鯛 도미 조 鵰 보라매 조 雕 수리 조 早 이를 조 阻 막힐 조 靻 가죽신 조 ⿺辶且 갈 조 组 제기 조 詛 저주할 조 殂 죽을 조 助 도울 조 組 인끈 조 粗 약간 조

祖 할아비 조 租 부세 조 ⿰禾直 띠자리 조 耡 부세 조 徂 갈 조 朝 아침 조 潮 조수 조 嘲 조롱 조 鳥 새 조 ⿰糸鳥 매달 조 窵 깊을 조 蔦 겨우사리 조 ⿰衤鳥 옷 조

⿰巾鳥 비단 조 ⿰目鳥 볼 조 喿 새떼울 조 噪 뭇새울 조 幧 과두 조 澡 씻을 조 燥 말릴 조 操 잡을 조 ⿰高喿 높을 조 鄵 땅이름 조 躁 조급할 조 懆 근심 조

璪 옥 조 ⿰米喿 쌀 조 ⿰黑喿 장마에 삼주 저앉을 조 藻 글 조 譟 지꺼릴 조 臊 누린내 조 昭 밝힐 조 蛁 쓰르라미 조 炤 비칠 조 照 비칠 조 詔 조서 조 ⿰矢召 짧을 조

⿰亻翟 홀로설 조 嬥 아름다울 조 ⿰彳翟 빠를 조 ⿰米翟 곡식팔 조 爪 손톱 조 笊 조리 조 抓 긁을 조 ⿰巾勺 수건 조 ⿰忄勺 근심할 조 訋 소리 조 釣 낚시 조 刁 조두 조

芀 갈대꽃 조 ⿱艹豹 미칠 조 條 가지 조 ⿰虫條 촌백충 조 蓧 싹 조 ⿱宀條 아득할 조 ⿱竹釣 낚시대 조 弔 조상 조 ⿸广聿 말성스러울 조 肁 꾀할 조 ⿱艹胙 갈 조 衮 관보 조

⿰糸了 거꾸로달 조 弴 활 조 ⿰立卓 휘뚝휘뚝할 조 罩 가리 조 ⿰車卓 수레우장대 조 ⿰豸卓 버레 조 ⿰石卓 높을 조 鋽 쇠 조 造 지을 조 慥 독실할 조 糙 쌀 胙

복 조 酢 실 조 祚 복 조 飵 보라미음 조 瑵 일산 조 蚤 일찍 조 嚼 휠 조 劉 클 조 ⿱罒隹 그물 조 ⿰骨隹 징경이 조 艁 배다리 조 蓨 싹 조 梍 쥐엽 조 罺

반도 조 棗 대추 조 爝 횃불 조 唣 지저귈 조 措 둘 조 錯 먹을 조 趙 조나라 조 ⿰阝刀 산구멍 조 鼂 고운옥 조 竈 부뚜막 조 ⿰黽毛 털 조 ⿸鹿旦 노루새끼 조 鋚

쇠 조 找 채울 조 ⿰亻夆 고삐 조 ⿰𧾷疌 말저름날 조 鯈 피라미 조 釕 걸쇠 조 鈟 걸쇠 조 ⿱䀠王 눈고울 조 皁 검은빛 조

족

足 발 족 哫 아첨할 족 ⿱族巾 비단 족

族 일가 족 ⿰𧰨攵 돌갈 족 ⿰𧾷族 발굽으러질 족 瘯 진버짐 족 ⿰石族 돌살촉 족 簇 모일 족 蔟 모을 족 鏃 살촉 족

존

存 있을 존 ⿰口存 입넓을 존 拵 지을 존 ⿰金存

끊을 존 尊 높을 존 噂 붉은눈 존 [髟+尊] 모자라질 존

졸

卒 군사 졸 拙 옹졸할 졸 捽 꺼두를 졸 椊 자루 졸 [卒+欠] 빨 졸 [卒+毛] 털날 졸 [歹+卒] 죽을 졸 猝 창졸 졸 窣 천천이걸을 졸 [角+卒] 뿔날 졸 踤 찰 졸

종

宗 마루 종 猔 자손 종 倧 신인 종 琮 옥 종 綜 모을 종 淙 물소리 종 騌 머리털 종 徖 편안할 종

喠 벙어리 종 堹 연못둑 종 種 종류 종 [竹+鍾] 대 종 鍾 말이름 종 腫 종기 종 種 거듭 종 [重+隹] 참새 종 [走+重] 걸을 종 踵 발뒷금치 종 [身+重] 아이밸 종 [巾+重] 차일 종

[骨+重] 다리부을 종 [豸+重] 젖 종 徸 뒤따라갈 종 [足+童] 아이밸 종 鐘 쇠북 종 煄 탈 종 蝩 황충 종 従 어린이걸을 종 [車+從] 바퀴자국 종 磫 돌길 종 [土+從] 버섯 종 豵 돝 종

慫 놀랄 종 [竹+從] 삭은대 종 縱 길이 종 嵸 산높을 종 蹤 자취 종 [月+從] 살찔 종 [隹+從] 닭 종 [彳+從] 종종걸음 종 瑽 옥소리 종 [從+火] 불번질 종 樅 칠 종 [從+毛] 모직 종 妐 시아비 종

彸 눈휘둥그럴 종 忪 황겁할 종 㚇 쪽지 종 堫 밭갈 종 糉 송편 종 艐 배 종 葼 풀 종 騣 말갈기 종 猣 개새끼날 종 嵏 산이름 종 翪 나를 종

稯 벼단 종 [目+㚇] 엿볼 종 椶 나무 종 緵 베올 종 [車+㚇] 수레바퀴 종 [㚇+鳥] 새발 종 [金+㚇] 말굴레 종 [彳+㚇] 가르킬 종 伀 두려워할 종 [辶+从] 따를 종 [走+从] 갈 종 慒 생각할 종

終 마침 종 柊 방망이 종 蔠 머루덩굴 종 螽 메뚜기 종 鼨 다람쥐 종 賨 부세 종 鬃 말갈기 종 [大+曾] 집클 종 [山+日] 낮을 종

죄

罪 죄 죄 辠 죄 죄

좌

左 왼 좌 佐 도울 좌 [衤+左] 호주머니 좌 [豸+左] 짐승 좌 坐 앉을 좌 侳 편안할 좌 剉 썰 좌 [⺌+友] 거짓절할 좌 [女+坐] 경계할 좌 [山+坐] 산무너질 좌 座 자리 좌 脞 잘

[坐+彡] 베일 좌 趖 달아날 좌 銼 가마 좌 [髟+坐] 여상제쪽질 좌 [足+坐] 거짓절할 좌 [言+坐] 핀잔줄 좌 莝 여물 좌 矬 난장이 좌 痤 멍울 좌 [艹+叉] 꾸뻑할 좌 [宀+作] 너그러울 좌 [王+差] 사람 좌

주

主 임금 주 [口+主] 입비뚤어질 주 宔 신주독 주 妵 예쁠 주 拄 버릴 주 柱 기둥 주 駐 말머무를 주 [食+主] 미끼 주 [貝+主] 몸곧을 주 黈 누를 주

跓 발머물 주 䡹 수레머무를 주 注 물댈 주 炷 심지 주 砫 돌궤 주 紸 이을 주 [韋+主] 슬갑 주 鉒 쇠돌 주 [身+主] 몸꼿꼿할 주 [立+主] 기다릴 주 [貝+主] 재물 주 註

주낼 주 蛀 나무좀 주 黈 점찍을 주 朱 붉을 주 絑 차질 주 袾 옷 주 蛛 거미 주 誅 벨 주 絑 붉은비단 주 袾 방자할 주 硃 주사 주 珠 구슬 주 侏 난장

이 주 姝 분바를 주 咮 입부리 주 跦 강장강장뛸 주 ⿰壽鳥 꿩 주 薵 파 주 鑄 부을 주 嚋 누구 주 躊 머뭇거릴 주 譸 속일 주 籌 숫가지 주 燽 밝을 주

疇 밭 주 ⿰月壽 엉덩이 주 ⿰魚壽 큰고기 주 儔 짝 주 周 두루 주 ⿰周殳 막을 주 賙 먹일 주 輖 낮을 주 ⿰米周 떡 주 碉 돌집 주 淍 물돌릴 주 ⿰角周 용뿔 주 霌

장마 주 ⿰阝周 언덕 주 稠 많을 주 綢 얽을 주 週 주일 주 舟 배 주 ⿰言舟 수다할 주 鵃 메비들기 주 ⿰火舟 불반짝거릴 주 輈 수레채 주 ⿺走舟 볼 주 ⿰弓舟 활고두리 주

侜 가리울 주 婤 암전할 주 ⿰糸舟 머무를 주 洀 물노리칠 주 宙 집 주 ⿰言由 빌 주 粙 벼알 주 冑 투구 주 紬 명주 주 ⿱艹紬 외나물 주 酒 술 주 莤 술진액 주

遒 굿셀 주 酎 소주 주 邾 나라 주 躕 머뭇거릴 주 尌 세울 주 澍 물쏟을 주 幮 장막 주 紂 말뒷거리 주 疛 하복통 주 廚 부엌 주 州 고을 주

⿰金州 칼 주 喌 닭부르는소리 주 ⿰火州 탄흙 주 洲 섬 주 犨 성 주 犫 사람이름 주 斢 노랑질할 주 枓 구기 주 楱 작은귤 주 ⿰言奏 아뢸 주 輳 몰려들 주

腠 피부 주 奏 아뢸 주 湊 물모일 주 ⿰魚走 모쟁이 주 蔟 새집 주 逡 걸을 주 ⿰足彖 취할 주 籀 큰전자 주 ⿱⺮惠 젓가락 주 馵 말 주 盩 산구비 주 走 달아날 주

呪 저주할 주 做 지을 주 齟 이어긋날 주 麈 사슴 주 丢 잃어버릴 주 噣 쪼을 주 屨 신 주 晝 낮 주 丶 귀절찍을 주 ● 죽 竹 대 죽 粥 죽 죽 踿

가까울 죽 蹙 급할 죽 鬻 죽 죽 ⿱粥豆 죽 죽 ● 준 夋 갈 준 皴 살터질 준 俊 준걸 준 逡 클 준 ⿰彳夋 물러갈 준 餕 대궁 준 駿 큰 준 ⿰夋殳 위태할 준 ⿺兔夋 토끼 준

悛 고칠 준 ⿺走夋 빨리걸을 준 踆 그칠 준 ⿰衤夋 바지통 준 逡 추창할 준 捘 밀 준 埈 높을 준 竣 그칠 준 浚 취할 준 葰 큰 준 焌 불붙을 준 畯 농부 준

睃 볼 준 鵔 장끼 준 晙 밝을 준 鐏 창고달 준 譐 수군거릴 준 噂 수군거릴 준 壿 춤출 준 嶟 산솟을 준 鱒 고기 준 鷷 꿩 준 罇 술통 준 繜

옷 준 樽 술통 준 蓴 풀날 준 䑏 배밑구멍 준 撙 존절할 준 剸 감할 준 遵 좇을 준 埻 관혁 준 稕 짚단 준 綧 필육 준 濬 깊을 준 踳 잡될 준

㖺 불 준 惷 산란할 준 䮞 얼룩말 준 準 법 준 隼 새매 준 雋 모일 준 嶲 높을 준 㑺 민첩할 준 訰 어지러울 준 蠢 어리석을 준 𢥞 약할 준 僎

사람 준 迿 먼저 준

줄

卒 죽을 줄 啐 빨 줄 崒 높을 줄 䘹 나를 줄 茁 풀싹 줄 㤕 근심 줄 窋 내밀 줄 笜 대순나올 줄

중

重 무거울 중 𤛓 소 중 緟 더할 중 䨏 기운 중 蝩 누에 중 中 가운데 중 仲 버금 중 妕 영리할 중 狆 삽살개 중 翀 나를 중 茽 풀날 중 蚛 벌레먹을 중 衶 바지 중 衆 뭇 중 䨝 비 중

즉

卽 곧 즉 堲 미워할 즉 揤 꺼두를 즉 蝍 지네 즉 鯽 붕어 즉 喞 벌레소리 즉 𤃂 물결이 비늘같을 즉 㹔 개새끼날 즉 萴 부자 즉 崱 장산 즉 則 곧 즉 鰂 오징어 즉 鱡 오징어 즉 𧘹 꾸밀 즉

즐

喞 두런거릴 즐 櫛 빗 즐 瀄 물흐를 즐 堲 미울 즐 𥢶 벼 즐 叱 꾸짖을 즐 㚰 계집 삼가지않을 즐

즘

怎 어찌 즘

즙

咠 참소할 즙 㖖 참소할 즙 戢 그칠 즙 湒 비올 즙 濈 화할 즙 𧣾 뿔많을 즙 蕺 나물 즙 緝 길쌈 즙 輯 모올 즙 諿 화할 즙 楫 돛대 즙 㦸 창 즙 𥉁 눈물 즙 霵 비올 즙 𩅛 비올 즙 磼 높을 즙 葺 고칠 즙 𣲗 물자즐자즐할 즙 秳 심을 즙 㗊 입 즙 汁 집낼 즙

증

曾 일찍 증 矰 줄살 증 增 높을 증 𤳅 논 증 甑 시루 증 繒 비단 증 譄 더할 증 𢒉 터럭 증 𢧐 줄살 증 嶒 산험할 증 驓 휠 증 憎 미워할 증 贈 줄 증 熷 고기구을 증 䵴 검을 증 噌 떠들 증 橧 옷 증 增 더할 증 𠟪 베일 증 𦫧 얼굴빛흉할 증 鱛 공미리 증 橧 너스레 증 罾 활지 증 䎖 나를 증 鄫 나라이름 증 證 증거 증 橙 귤 증 烝 찔 증 𧬈 말번거할 증 㷥 더울 증 蒸 찔 증 𤸜 뼈골쑤실 증 脀 고기 증 𨀞 긴발 증 拯 건질 증 症 병증세 증 𨏈 수레 증 塍 밭두둑 증 𨋢 수레 증 𡘍 어리석을 증

지

止 그칠 지 沚 물가 지 趾 발 지 𥐥 방치돌 지 址 터 지 祉 복 지 訨 들쳐낼 지 芷

鬒 머리숱할 진 謓 성낼 진 珍 보배 진 抮 잡을 진 殄 끊을 진 眕 볼 진 疹 역질 진 胗 고할 진 駗 말짐무거워걷지못할 진 診 볼 진 迧 달아날 진 砛 방천돌 진

紾 비틀 진 軫 수레뒤턱나무 진 袗 고운옷 진 趁 좇을 진 畛 밭지경 진 侲 아이 진 䟴 일할 진 帪 말먹이자루 진 唇 놀랄 진 𣪠 기뻐할 진 桭 평고대 진

㰢 손가락질하며웃을 진 振 떨칠 진 辴 빙그레할 진 賑 풍부할 진 震 진동할 진 秦 나라 진 𤛓 소이름 진 榛 덤거칠 진 䐜 음란할 진 臻 이를 진 螓 왕파리 진

𧣈 뿔나란할 진 蓁 풀성할 진 溱 성할 진 轃 이를 진 盡 다할 진 燼 초끝으리 진 濜 김서릴 진 嚍 분낼 진 儘 다할 진 津 침 진 珒 옥이름 진 鷐 백로 진

屒 입술 진 晉 나갈 진 縉 분홍빛 진 溍 물이름 진 搢 꽂을 진 甄 질그릇 진 䈙 풍류 진 薽 개비름 진 進 나아갈 진 璡 옥돌 진 㐱 새끼날 진 𠘱 날을 진

陳 버릴 진 蔯 약쑥 진 螴 기운정치못할 진 䨯 구름 진 陣 진 진 枃 마디 진 眹 눈동자 진 閔 문모양 진 弫 활강할 진 卧 명랑할 진 疢 열병 진

질

𤇂 불똥 진 獉 사자 진 臸 이를 진 趂 다다를 진 塵 티끌 진

질

晊 클 질 秷 벼이삭 질 咥 씹을 질 郅 이를 질 峌 산높을 질 恎 성품 질 𩛿 벼베는사람 질

𨳲 닫힐 질 挃 벼베는소리 질 搸 찧을 질 銍 갈강낫 질 庢 거리낄 질 螲 도로래 질 姪 조카 질 垤 개미둑 질 𧩼 말종작없을 질 㗧 말순서없을 질

厔 산구비 질 侄 어리석을 질 𨧃 막을 질 膣 새살날 질 耋 노인 질 絰 삼띠 질 窒 막힐 질 質 질박할 질 讚 상말 질 嚌 쌍된말 질 𦢓 금창약 질 鑕 머루 질

瓆 사람의이름 질 礩 주춧돌 질 櫍 모탕 질 桎 막힐 질 蛭 거머리 질 紩 꿰맬 질 翐 나를 질 蒺 질레 질 瓞 외 질 𧽘 빨리달아날 질 疾 병 질

槉 기둥 질 袟 칼집 질 𧩐 말급할 질 詄 잊을 질 抶 볼기때릴 질 㤭 미워할 질 嫉 투기할 질 𨫼 쇠뭉치 질 䟡 뽑을 질 帙 책갑 질 跌 어긋날 질 眣 눈비뚤 질

𩨷 뼈퉁길 질 柣 문지방 질 昳 해기울어질 질 秩 차례 질 螏 질이 질 迭 침노할 질 喞 통소 질 楖 나무 질 臷 여든살 질 嵽 산우뚝할 질 赽 부술 질

迌 가까울 짐 ㊀짐 酖 술 짐 鴆 짐새 짐 朕 나 짐 㴨 물흐를 짐 諶 말아름다울 짐 醰 술마실 짐 眹 눈정기 짐 斟 짐작할 짐 鍖 공미리 짐 ㊀집 集 모을 집

⿰口集 일우물거릴 집 ⿱集土 샘솟을 집 鏶 쇠조각 집 潗 샘날 집 ⿰忄咠 맘끊치못할 집 檝 노 집 斟 모을 집 ⿰口戢 효유할 집 ⿰金咠 판철 집 慹 두려울 집 縶 말맬 집

執 잡을 집 讋 말수다할 집 ⿸尸乏 맞이을 집 汁 국물 집 ㊀징 憕 맘가라앉을 징 澄 맑을 징 撜 건질 징 ⿰黑登 쌀썩을 징 瞪 직시할 징 懲 징계할 징 徵 부를 징

⿱穴見 바로볼 징 癥 적병 징 ㊀차 叉 깍지낄 차 扠 잡을 차 衩 옷자락 차 ⿰忄叉 어지러울 차 杈 작살 차 訍 딴말할 차 ⿰石叉 산돌 차 紁 속바지 차 ⿰足叉 갈린길 차

釵 비녀 차 汊 물흐를 차 車 수레 차 ⿰車乍 차벌어질 차 ⿰車次 칠할 차 硨 옥돌 차 莗 차전자 차 ⿰王車 자개 차 嵯 산높을 차 ⿰月差 배끊을 차 齹 이뿌리 차

醝 술 차 蹉 미끄러질 차 瑳 옥빛깨끗할 차 磋 갈 차 縒 옷길 차 ⿰言差 다른말 차 ⿱竹差 통소 차 ⿱艹差 냉이 차 艖 작은배 차 ⿰臼差 절구질할 차 搓 밀고칠 차 ⿰日差

저물 차 鹺 몹시짤 차 ⿰虫差 개미칠 차 鎈 돈 차 ⿱髟差 터럭아름다울 차 ⿱雨差 비소리 차 ⿰女差 허리가늘 차 嗟 슬플 차 虘 집무너지려할 차 ⿰虘阝 땅이름 차 ⿰虘攴 누를 차

⿱艹虘 풀 차 奓 벌릴 차 ⿱尚多 입처질 차 哆 입술 차 ⿰石多 돌수그러질 차 ⿰月多 성길 차 次 버금 차 絘 길쌈 차 佽 이할 차 ⿱髟次 빗질할 차 此 이 차 佌 작을 차

⿰且虎 모질 차 ⿰且虍 모질 차 搋 쥐여지를 차 侘 실심할 차 姹 아름다울 차 ⿰月奢 부스럼자국 차 撦 뜯을 차 爹 아비 차 縩 옷칠할 차 涂 바를 차 ⿰差瓦 그릇닭을 차

齇 코주부 차 箚 차차 차 遮 가릴 차 痄 합창안될 차 岔 산길 차 ⿰虘鬼 추악할 차 嚓 말많을 차 嗄 험담할 차 髢 터럭 차 搽 바를 차 趄 머무를 차 唶

탄식할 차 扯 찢어버릴 차 借 빌어올 차 奲 너그럽고클 차 且 또 차 ㊀착 昔 비틀릴 착 斮 베일 착 逪 섞일 착 厝 숫돌 착 剒 베일 착 簎 작살 착 錯

섞일 착 棤 나무껍질 착 浞 젖을 착 珿 비등할 착 娖 삼갈 착 捉 잡을 착 齪 악착할 착 鋜 호미 착 ⿺𧾷足 걸음빠를 착 篧 가리 착 ⿰米焦 풋바심 착 搾 짤 착

무늬처 萋 풀무성할처 覷 엿볼처 𡟱 투기할처 處 곳처 䝻 돌처 凪 바를처 攄 헤칠처 処 곳처 (척) 惕 공경할척 剔 뼈발라낼척 踢 찰척

脊 등마루척 膌 파리할척 蹐 걸을척 瘠 파리할척 尺 자척 蚇 자벌레척 呎 자척 拓 열척 坧 기지척 跖 도척 鶺 할미새척 磩 돌척 晳 딸척

趚 천천히걸을척 嵴 산등성이척 鶺 할미새척 塉 흙척 靳 가죽척 隻 외짝척 斥 내칠척 跅 놓아먹을척 捗 나갈척 陟 올릴척 戚 겨레척

墄 섬돌층척 鏚 도끼척 慼 슬플척 摭 주을척 墌 터다질척 蹠 밟을척 擿 던질척 蹢 뛸척 踖 옆으로걸을척 㓺 건장할척 䥑 순경북척 𤖉 널척

踝 걷는소리척 鈰 꾸밀척 規 다수굿할척 滌 씻을척 蹢 철죽척 擲 던질척 惄 근심할척 赴 넘을척 厈 쫓을척 倜 높이들척 頣 바를척 𥊍 실심하고볼척

寴 친할척 𩿧 근심할척 彳 자축거릴척 (천) 天 하늘천 𤛆 소풀먹을천 䀡 우러러볼천 祆 귀신천 蚕 지렁이천 千 천천 杆 괴염나무천

忏 성낼천 䜮 퍼렬천 芊 풀더부룩천 竏 킬로리터천 盰 멀어희미할천 阡 무덤천 仟 천사람천 川 내천 玔 옥고리천 釧 팔찌천 𥄮 늘볼천 喘 숨쉴천

腨 어북천 蝡 벌레천 遄 자주천 篅 둥구미천 淺 얕을천 踐 밟을천 𤺌 근지러울천 俴 얕을천 賤 천할천 𦁂 여인배띠천 舛 어그러질천

荈 늦꺾기차천 擅 천단할천 儃 머뭇거릴천 攓 꽂을천 蘧 초목흔들릴천 遷 옮길천 韆 그네천 𥶺 벼훑이천 扴 깃대천 刋 끊을천

喫 빨천 輤 상여뚜경천 倩 엄전할천 睛 희멀거늘천 蒨 풀더부룩할천 蹮 길을천 𦍑 양의긴꼬리천 泉 샘천 𧑰 자개천 㯫 홈통천 腺 멍울천

㾦 거듭천 栫 에울천 荐 자리천 燀 불땔천 襢 옷을질천 繟 띠느러질천 灛 생강천 𧈢 벌레꿈틀거릴천 𨗨 한가히걸을천 㯠 소금뜰천 辿 걸을천

茜 잇천 𠆩 막을천 蕆 갖출천 薦 천거할천 虃 꼴천 梴 방아를천 櫏 고염천 穿 통할천 㶣 불씨천 䙴 옮길천 黇 흰빛천 韉 언치천

殄 나머지 천

철

凸 뾰족할 철 剟 새길 철 啜 수다할 철 涰 눈물흘릴 철 歠 훅들이마실 철 掇 주을 철 [叕+臽] 병아리소리 철 錣 채쭉고달 철 [矢+叕] 키작을 철 輟 그칠 철

철 [叕+頁] 머리짧을 철 [骨+叕] 뼈이을 철 [馬+叕] 별박이 철 諁 시끄러울 철 惙 근심할 철 罬 새그물 철 㬚 밝을 철 [木+敵] 대추 철 [口+敵] 더디먹을 철 撤 걷을 철 徹 관철할 철

瞮 눈밝을 철 澈 물맑을 철 轍 바퀴자국 철 喆 밝을 철 嚞 조롱할 철 摕 빼앗을 철 [足+祭] 빨리갈 철 [言+祭] 속살거릴 철 [耳+失] 살로귀쩨 철 蛈 땅거미 철 蜇 쏠 철 哲 밝을 철

[角+枼] 뿔 철 [酉+全] 젓갈 철 驖 말 철 鐵 쇠 철 餮 탐할 철 [月+弟] 어긋칠 철 [火+蓳] 연기날 철 戜 빠를 철 [厂+古] 막을 철 屮 움날 철

첨

忝 욕될 첨

[忄+忝] 맘약할 첨 [木+忝] 부짓대 첨 [女+忝] 부끄러울 첨 添 더할 첨 舔 핥을 첨 [忝+灬] 상취 첨 [糸+忝] 모직 첨 詹 이를 첨 [片+詹] 평고대 첨 噡 잔말 첨 [土+詹] 막을 첨

[山+詹] 산비탈 첨 檐 처마 첨 幨 차휘장 첨 瞻 볼 첨 襜 앞치마 첨 [韋+詹] 슬갑 첨 韂 다래 첨 [阝+詹] 빠질 첨 [舌+詹] 말낼 첨 沾 젖실 첨 酟 섞을 첨 惉 불화할 첨

[⺮+刮] 깎어얇게할 첨 僉 다 첨 簽 수결 첨 [辶+僉] 가끼이할 첨 鐱 가래 첨 鑯 뾰쪽할 첨 瀸 첨풀 첨 櫼 문설주 첨 [巾+欠] 수건 첨 餂 핥을 첨 諂 아첨할 첨

[天+心] 부끄러울 첨 灊 고을이름 첨 [疒+冉] 피풍 첨 閚 엿볼 첨 [門+古] 서서기다릴 첨

첩

妾 첩 첩 踥 오라가락할 첩 [氵+妾] 물솟을 첩 貼 붙일 첩 呫 맛볼 첩 怗 고요할 첩

帖 문서 첩 [辶+占] 갈 첩 [帖+心] 편안할 첩 倢 빠를 첩 [言+疌] 이죽거릴 첩 婕 예쁠 첩 崨 이을 첩 踕 발잴 첩 [犭+疌] 나를 첩 緁 옷쩨맬 첩 [辶+疌] 달아날 첩

徢 달아날 첩 捷 이길 첩 [雨+疌] 눈올 첩 [月+疌] 어깨뼈 첩 [扌+萐] 떼적 첩 [舟+疌] 배빨리갈 첩 喋 말잘할 첩 堞 치첩 첩 諜 이간할 첩 牒 평상널판 첩 楪 널판 첩

[女+耴] 계집독할 첩 [几+耴] 나릴 첩 [辶+耴] 달아날 첩 [巾+耴] 옷깃끝 첩 耴 귀뿔 첩 輒 문득 첩 [艹+耴] 작은잎 첩 [⺮+耴] 잎사귀 첩 疊 거듭 첩 [車+疊] 수레소리 첩 [木+疊] 나무이름 첩

[足+疊] 달아날 첩 [扌+疊] 걸 첩 [言+柬] 이간 첩 [糸+習] 옷 첩 褺 겹옷 첩 [巾+冐] 옷깃 첩 [木+燮] 수겨 첩 [風+疌] 바람불 첩 [執+足] 걸을 첩 [隹+木] 산높고첩첩할 첩

청

青 푸를 청

鶄 교청새 청 凊 서늘할 청 晴 날갤 청 蜻 잠자리 청 濪 찰 청 碃 푸른돌 청 倩 대신 청 清 맑을 청 掅 꺼두를 청 婧 약할 청 圊 뒷간 청 鯖 비웃 청

請 청할 청 ⿰貝青 받을 청 郬 땅이름 청 錆 정할 청 ⿰青頁 큰머리 청 腈 혈질 청 聽 들을 청 廳 대청 청 鏿 종소리 청 鏳 옥소리 청 暒 날갤 청

체

楴 족집게 체 崹 평할 체 締 맺을 체 揥 버릴 체 諦 살필 체 褅 처네 체 滯 막힐 체 摕 미친개 체 遰 갈 체 懘 목쉴 체 切 일체 체 砌 섬돌 체

摖 잡아다릴 체 ⿰目祭 살펴볼 체 體 몸 체 綴 연결할 체 蝃 무지개 체 ⿰目叕 발사이길 체 餟 모사술 체 ⿰扌疐 거리낄 체 嚏 재채기할 체 ⿱艹疐 꼭지 체 涕 눈물 체 剃 털깎을 체

⿰算斤 끊을 체 ⿰算毛 끊을 체 ⿰𧾷斤 넘을 체 替 대신 체 杕 나무무성할 체 鈦 착고 체 ⿺走世 넘을 체 屉 언치 체 棣 산매자 체 靆 구름낄 체 逮 미칠 체

栘 당체나무 체 磃 괴석 체 ⿱⺮遞 거문고 체 ⿰巾虒 종이 체 ⿰忄笑 마음편할 체 髢 머리 체 ⿰糹⿱彡色 표할 체 遞 갈릴 체 ⿱竹因 대로기울 체 ⿱剃金 풀베는낫 체 軆 몸 체

掣 막힐 체 暜 한쪽낯을 체 ⿰巾兔 새행주 체 璏 꾸밀 체 屜 신창 체 ⿰衤替 꿰맬 체

초

焦 델 초 瞧 엿볼 초 ⿰面焦 파리할 초 癄 근심할 초 蟭 범아자비알 초

燋 불당길 초 礁 암초 초 ⿰巾焦 닦을 초 鷦 뱁새 초 憔 파리할 초 撨 밀칠 초 樵 땔나무 초 僬 난장이 초 膲 삼초 초 ⿰糸焦 생삼 초 蕉 파초 초 噍 씹을 초

嫶 파리할 초 嶕 산높을 초 ⿵門焦 오목 초 ⿰糸焦 날삼 초 鐎 쟁가비 초 潐 술걸를 초 ⿰焦毛 상모 초 ⿺辶焦 달아날 초 醮 초례제 초 譙 꾸짖을 초 趭 달을질할 초 肖 같을 초

⿰黑肖 죽은깨 초 誚 꾸짖을 초 潲 물결 초 峭 산높을 초 觘 쇠뿔벌어질 초 哨 말많을 초 ⿰衤肖 옷깃 초 娋 누이 초 ⿱稍女 누님 초 帩 묶을 초 ⿱竹銷 대가지길 초

⿰米肖 가루 초 悄 근심 초 稍 점점 초 ⿰礻肖 복 초 ⿰立肖 선모양 초 鞘 칼집 초 睄 잠간볼 초 ⿰牜肖 뿔날카로울 초 [illegible] 위뽀족하게깎을 초 岧 산높을 초 迢 멀 초

齠 이갈 초 貂 돈피 초 鉊 큰낫 초 ⿰召毛 새꽁지 초 ⿰召欠 기운오를 초 超 뛸 초 軺 유람차 초 ⿰巾召 가는실 초 妱 계집 초 ⿰舟召 초배 초 苕 능초풀 초 怊 실심할 초

창 총 叢 풀떨기로날 총 篸 대그릇 총 䕺 떨기 총 寵 사랑할 총 顃 찰 총 憧 이를 총 躿 몸곧을 총 叢 떨기 총 纖 실합쳐짤 총 鏞 먹을 총 銃 총 총

최

崔 성 최 墔 언덕 최 嗺 슬플 최 凗 쌓일 최 催 재촉할 최 ⿰米崔 쌀 최 磪 험할 최 萑 꽃늘어질 최 ⿰目崔 휠 최 摧 꺾을 최 ⿰彳崔 급히갈 최 慛 맘상할 최 ⿸广崔 드릴 최 膗 허술할 최 ⿰火崔 그림 최 ⿰牛崔 소 최 漼 깊을 최 ⿰歹崔 깨질 최 ⿰木崔 나무쌓을 최 ⿰金崔 섞일 최 ⿰阝崔 무너질 최 ⿰革崔 안장가죽 최 ⿰山夋 자지 최

最 가장 최 ⿰石最 자갈 최 嘬 씹을 최 蕞 조그마할 최 ⿰足最 바삐갈 최 ⿸尸夋 자지 최 羧 양의병 최 ⿰氵皐 새로난물 최 㝡 지경 최 挫 줄어질 최 遳 바쁠 최 綷 집바삭거릴 최 稡 모을 최 縗 상복 최 歠 씹을 최 榱 서가래 최

촬

繓 맺을 촬 撮 당길 촬 ⿰黑最 검을 촬 樓 정동 촬 ⿱穴叕 볼 촬 攥 잡을 촬

채

啐 부를 채 祽 삭제 채 綷 비단 채 ⿱竹最 대비 채

추

秋 가을 추 鰍 미꾸리 추 ⿰亻愁 꾸짖을 추 緧 가슴거리 추 ⿰口愁 아이울 추 篍 통소 추 ⿰車秋 바퀴살 추 甃 벽돌 추 萩 다북쑥 추 蝵 거미 추 楸 노나무 추 鞦 그네 추 ⿰巾秋 옷구김살 추 鶖 두루미 추 揪 묶을 추 椎 철장대 추 ⿰鼠隹 쥐 추 ⿸鹿隹 한살된사슴 추

雛 병아리 추 錐 송곳 추 隹 새 추 ⿱穴焦 쥐소리 추 魋 상투 추 騅 오추마 추 顀 이마 추 丑 소 추 吜 소리 추 娶 장가들 추 郰 땅이름 추 娵 별이름 추 ⿸麻取 삼줄기 추 ⿸鹿取 사슴 추 陬 모퉁이 추 ⿰革取 묶을 추 諏 물을 추 ⿰木戢 열매 추 聚 성 추 ⿰革聚 언치 추 ⿰豸聚 암돌 추 ⿰言聚 욕할 추 ⿰氵聚 물흐를 추 ⿱竹取 대누를 추 ⿰禾聚 삼단 추

鯫 송사리 추 掫 조두칠 추 芻 짐승먹이 추 鄒 나라이름 추 搊 손으로퉁길 추 ⿰木芻 쇠코뚜리 추 趨 달아날 추 ⿰足芻 짐승 추 ⿰衤芻 옷구길 추 犓 기를 추 ⿰舟芻 대동선 추 皺 주름질 추 騶 마부 추 㑳 고용살 추 ⿰王芻 애벨 추 ⿰女芻 과부 추 縐 구길 추 遒 나를 추 ⿰口追 입속 추 縋 매달릴 추 ⿺走追 북칠 추 鎚 쇠마치 추

⿸广追 무너질 추 追 쫓을 추 ⿺辶⿸尸𠂤 발부을 추 膇 숨을 추 臭 냄새 추 殠 썩은내 추 棰 말채찍 추 錘 저울눈 추 箠 말채쭉 추 諈 들쳐낼 추 捶 칠 추 硾 누를 추

僦 세낼 추 [山+就] 고개이름 추 [火+酋] 귀울 추 [角+酋] 실패 추 湭 술집 추 崷 산높을 추 [酋+攵] 추할 추 [尸+酋] 보지 추 揂 모을 추 酋 괴수 추 樞 지두리 추 貙 이리 추

檇 찔 추 [木+雋] 땅이름 추 [食+垂] 헛헛할 추 甀 부리작은항아리 추 [艹+麤] 신 추 麤 클 추 皺 소름돋을 추 [肉+皺] 가죽오그러질 추 [月+皮] 가죽터질 추 [畫+虫] 거미 추 趎 사람이름 추

[門+隹] 곧열 추 怞 밝을 추 墜 떨어질 추 揍 꽂을 추 惆 섭섭할 추 [扌+州] 손으로통길 추 [鼀] 두꺼비 추 䣝 된장 추 醜 미울 추 [辶+造] 풀서로잇달 추 [髟+青] 털빠질 추

[酉+黽] 두꺼비 추 鰌 미꾸리 추 鯞 쏘가리 추 [壴+殳] 버릴 추 [言+甹] 결단하지못할 추 [月+壴] 반찬 추 渞 물근원 추 稩 벼알염을 추 瘳 병나을 추 [女+殳] 아쁠 추 [口+㚇] 험담할 추

[尸+糸] 보지 추 祝 축원할 추

축

亍 앙금질 축 畜 기를 축 蓄 쌓을 축 [辶+畜] 갈 축 稸 감출 축 [女+畜] 아첨할 축 搐 땅길 축 滀 물모일 축 噈 입맞출 축

[虫+就] 자벌레 축 蹴 찰 축 憱 피박할 축 慼 부끄러울 축 蹙 찡그릴 축 [米+戚] 떡 축 [糸+戚] 구김살 축 [木+蹙] 수레멍에목 축 槭 단풍나무 축 豖 돋의걸음 축 蓫 풀 축

鱁 창명젓 축 [虫+逐] 노래기 축 逐 쫓을 축 蹜 발끌어디딜 축 縮 쭈그러질 축 樎 구유통 축 [木+攴] 아플 축 [疒+叔] 배앓을 축 敊 근심할 축 [艹+巩] 능수버들 축 築 쌓을 축 筑 주을 축

[筑+手] 손으로다질 축 [龜] 두꺼비 축 歜 입맞출 축 舳 배꼬리 축 妯 동서 축 軸 굴대 축 柚 북 축 [蜀+斗] 평미리 축 閦 무리 축 [酉+足] 고를 축 訹 향내맡을 축 [衤+戚] 좋은옷 축

[走+肅] 곧을 축 丑 소 축 [言+丑] 부끄러워할 축 柷 축풍류 축 竺 땅 축 祝 빌 축

춘

春 봄 춘 椿 대추나무 춘 瑃 옥이름 춘 睶 큰눈 춘 [月+春] 살찔 춘

賰 넉넉할 춘 鰆 상어 춘 櫄 참죽나무 춘 橁 참죽나무 춘 杶 죽나무 춘 [走+春] 도망할 춘

출

出 날 출 泏 물솟을 출 欪 웃을 출 絀 꿰맬 출 黜 내칠 출

朮 삽주 출 怷 다부룩이첫싸날 출 怵 두려울 출 趉 달아날 출 跊 짐승발자국 출 [犭+朮] 짐승 출 秫 차조 출 [木+朮] 칼집 출 [酉+坴] 술맛변할 출 [面+...] 낯짧을 출

충

虫 벌레 충 虫 벌레 충 蟲 벌레 충 [鼓+虫] 북소리 충 烛 가물 충 冲 화할 충 沖 물충할 충 忠 충성 충 种 어릴 충 盅 그릇빌 충 沖 물멀 충 冲

어릴치 紩 바느질치 豸 풀치 觟 뿔뒤틀어질치 郗 땅이름치 絺 갈포치 瓻 술병치 𧼤 경박할치 褫 요잇치 耛 김맬치 遳 가까울치 齒 이치 𪘏 되씹을치

齝 새김질치 䝐 나를치 齝 씹을치 馳 전할치 彵 걸을치 置 둘치 値 당할치 寘 둘치 懥 성낼치 疐 굽힐치 䟄 질그릇치 䶵 나눌치

㩼 나눌치 幟 기치 熾 불땔치 齍 그릇치 崪 기다릴치 懫 분낼치 誺 모를치 茌 풀모양치 鴟 솔개치 黹 바느질치 胝 새창자치 祡 갈치

梔 치자치 恥 욕될치 徵 토란치 䛊 쾌할치 訵 살필치 𧧤 이름지을치 𡉭 담치 𣦷 귀신치 朿 까스랑이치 廌 해태치 輊 수레치 㡆 익힐치

庲 집치 拤 술밥치 癡 어리석을치 觶 술잔치 廁 뒷간치 卮 술잔치 治 다스릴치 夂 올치

칙

敕 경계할칙 恜 겁낼칙 汄 물구비칙 淔 풀이름칙 𨘦 걷는소리칙 飭 신칙할칙 鶒 물닭칙

친

親 친할친 𥗎 물속돌친 櫬 무궁화친 𧬊 훈계할친 䞋 돈친 𦨣 모양친 䑰 몸단장친

칠

七 일곱칠 桼 옻나무칠 𡃶 꾸짖는소리칠 㯃 옻나무칠 漆 옻칠 𦘒 미끄러울칠 鳦 새소리칠

침

侵 침노할침 唚 입마칠침 寖 잠길침 寢 잘침 梫 계수침 諃 소근거릴침 㾛 추악할침 濅 점점침 𣻼 윤택할침 浸 적실침 䜝 들콩침 鋟 새길침 綅 붉은실침 㣈 먹자침 駸 말달릴침 𥟑 송곳침 祲 상서침 𥧈 점점침 揕 칠침 椹 모탕침 鍖 쇠모탕침 踸 우두커니침 諃 착한말침 郴 땅이름침 𩂈 구름갈침 霃 음산할침 嶜 산뾰족할침 𪖿 높은코침 䳱 큰닭침 䫬 머리숙일침 葴 파리침 𦶏 파리침 鍼 침침 䓕 지모침 𦯉 가쁠침 䫈 숙일침 枕 벼개침 抌 살박아칠침 忱 정성침 鈂 쇠공이침 沈 잠길침 炈 침더칠침 賝 보배침 梣 무푸래침 謲 흉볼침 𦨴 배갈침 闖 엿볼침 砧 방치돌침 針 바늘침 琛 보배침 𡵂 산깊이들어갈침 枮 모탕침

칩

𪔂 북소리아니날칩 霵 비올칩 鼜 북칠칩 馽 잡아맬칩 縶 맬칩 漐 땀날칩 蟄 엎딜칩 𦗏 마소귀움직거릴칩 釞

날카로울칩 **칭** ⿰禾冓 혹임자칭 稱 일컬을칭 秤 저울칭 **쾌** 噲 목구멍쾌 儈 거간쾌 夬 쾌이름쾌 快 쾌할쾌 駃 빠를쾌 **타** 它 뱀타 沱

큰비타 ⿰東它 주머니타 牠 소타 ⿸疒它 병타 砣 돌팔매칠타 岮 산비탈질타 紽 실마리타 ⿰羊它 들양타 酡 붉을타 陀 비알타 柁 키타 袉 옷뒷자락타 鼧

쥐타 ⿱佗齒 말길타 ⿰韋它 가죽신타 ⿰革它 밀치타 ⿰車它 차달아날타 跎 시기잃을타 詑 민첩할타 駝 약대타 咜 꾸짖을타 鴕 타조타 迱 든든할타 奼 아기씨타

吒 뿜을타 秅 곡식타 ⿱穴乇 뾰족이내밀타 ⿰耒乇 쥐타 他 다를타 ⿺㐌氵 물흐를타 沲 모래흘레내릴타 拖 끌타 扡 끌타 陁 섬타 嫷 예쁠타 ⿱隋女 새타 ⿱隋山

산작을타 鬌 다할타 ⿰金隋 보습타 ⿰衤隋 옷타 ⿰金隋 보습타 惰 게으를타 ⿱雨隋 비올타 撱 갸름할타 ⿺走隋 버릴타 ⿰扌隋 만질타 鰖 고기새끼타 橢 길게둥글타

墮 떨어질타 堶 연자매타 ⿰山垂 바위타 ⿰耳垂 늘어질타 綞 공능타 ⿰镸垂 머리고울타 唾 침타 ⿱雨垂 구름버서질타 埵 흙타 ⿰禾垂 작게쌓을타 緌 면류관타 諉

자랑할타 ⿰田朶 도두룩타 ⿰金朶 이지러질타 ⿰阝朶 화살받이타 ⿰糸朶 헤아릴타 ⿰扌朶 헤아릴타 躲 피할타 剁 찍을타 鱓 자리타 驒 들말타 軃 드릴타 ⿰⻊單

걸을타 ⿰亯單 넓을타 嚲 늘어질타 垜 글방타 妥 편안할타 ⿰彳妥 걸을타 ⿰革殳 신끈타 椯 회초리타 ⿰禾耑 벼고개숙일타 ⿰土耑 늘어질타 痑 말병타 ⿵門隋 잔드릴타

⿰衤過 옷타 鼉 악어타 馱 탈타 ⿰言隋 물리칠타 朶 꽃송이타 打 칠타 **탁** 卓 뛰어날탁 倬 클탁 晫 환할탁 琸 이름탁 ⿰犭卓 개물탁 桌 탁상탁

⿱髟卓 길탁 託 맡길탁 托 밀탁 ⿰豸乇 튀기탁 矺 돌로칠탁 馲 약대탁 ⿰虫宅 물엄탁 ⿰衤乇 속옷탁 ⿰忄宅 요량할탁 ⿰火乇 타는소리탁 仛 붙일탁 杔 나무탁 汑

미끄러질탁 魠 자가사리탁 ⿺麥乇 떡탁 飥 수제비탁 澤 고드름탁 ⿰扌蘀 낙엽질탁 ⿰月睪 살통통할탁 ⿰⻊睪 맨발탁 鐸 요령탁 籜 대껍질탁 濁 흐릴탁 斀

불알베일탁 ⿰言蜀 귀머거리탁 啄 쪼을탁 ⿰豖殳 칠탁 ⿰扌豖 칠탁 涿 칠탁 琢 옥다듬을탁 剫 쪼갤탁 劅 불알발을탁 坼 찢을탁 柝 쪼갤탁 度 헤아릴탁 踱

먹을 탕

태

台 별 태
[illegible] 거짓말 태
孡 아이밸 태
怠 게으를 태
箈 죽순 태
笞 매칠 태
迨 미칠 태
駘 말 태
邰 나라이름 태
炱 거림 태
軩 수레기울 태

跆 밟을 태
苔 이끼 태
抬 칠 태
胎 삼 태
紿 실엉킬 태
殆 위태할 태
兌 곧을 태
娧 더딜 태
[illegible] 담무너질 태
[illegible] 가루 태
[illegible] 기울 태
綐 가는명주 태

太 클 태
呔 근수 태
汰 씻을 태
忲 방자할 태
粏 국 태
[illegible] 검을 태
忕 사치할 태
泰 클 태
㥭 맘반지빠를 태
埭 방축 태
[illegible] 눈흐릿할 태
[illegible] 방자할 태
[illegible] 어둘 태

譢 자세할 태
[illegible] 미칠 태
態 태도 태
[illegible] 열병 태
[illegible] 땅이름 태

택

宅 집 택
垞 언덕 택
[illegible] 약풀 택
虴 메뚜기 택
[illegible] 황정 택
擇 가릴 택

澤 늪 택
[illegible] 가릴 택
[illegible] 칡덩굴 택
[illegible] 나물 택

탱

樘 버팀목 탱
橕 버팀목 탱
[illegible] 배부를 탱
[illegible] 버틸 탱

토

土 흙 토
芏 왕굴 토
靯 전동 토

吐 토할 토
[illegible] 접동새 토
兎 토끼 토
鵵 부엉이 토
菟 새삼 토
討 칠 토
套 어리 토

톤

啍 입기운 톤
[illegible] 걸을 톤
[illegible] 고기 톤
[illegible] 무렴할 톤
褪 옷벗을 톤

통

洞 다 통
恫 아플 통
侗 클 통
痌 아플 통
筒 대롱 통
通 통할 통
[illegible] 구멍 통
筩 대롱 통
痛 아플 통
樋 나무 통
捅 이끌 통

桶 통 통
[illegible] 두드릴 통
湩 젖 통
慟 애통할 통
統 거느릴 통

퇴

堆 언덕 퇴
[illegible] 집웅물매질 퇴
[illegible] 높을 퇴
僓 순할 퇴
[illegible] 병 퇴
[illegible] 말병 퇴
[illegible] 집허술할 퇴

穨 소루장이 퇴
[illegible] 궁할 퇴
[illegible] 가죽신 퇴
崣 산울 퇴
塠 떨어질 퇴
蓷 익모초 퇴
魋 이름 퇴
[illegible] 성할 퇴
陮 높을 퇴
[illegible] 튀할 퇴
推 밀 퇴

退 물러갈 퇴
腿 다리 퇴
追 조을 퇴
槌 방망이 퇴
[illegible] 옥광채낼 퇴
䭼 증편 퇴
[illegible] 뼈 퇴
[illegible] 더러울 퇴
頧 관이름 퇴
焞 성할 퇴
[illegible] 그릇 퇴
[illegible] 바람 퇴

蹪 엎더질 퇴
隤 무너질 퇴
[illegible] 바람불 퇴
㿗 산증 퇴
頹 쇠할 퇴
[illegible] 구름 퇴
腇 살찔 퇴

투

投 던질 투
[illegible] 만두 투
[illegible] 떨어질 투
骰 주사위 투

偷 구차할 투
[illegible] 밀전병 투
媮 간교할 투
[illegible] 매화늘 투
[illegible] 젖멍울 투
秺 땅이름 투
黈 벼팰 투
[illegible] 말머뭇거릴 투
[illegible] 별 투
妒 투기할 투
透 통할 투
鬪 싸움 투

鬪 싸움 투

특

特 특별 특 · 忒 틀릴 특 · 忑 맘허할 특 · [代+心] 어그러질 특 · 慝 간특할 특 · [木+貣] 말뚝 특 · 蟘 메뚜기 특 · 貣 빌 특 · 犆 특별 특 · 螣 황충이 특

파

巴 땅이름 파 · 弝 활줌통 파 · 把 잡을 파 · [⺕+巴] 손뒤집어칠 파 · 妑 머리땋느릴 파 · 吧 다툴 파 · [巴+皮] 주독오른코 파 · 杷 비파 파 · [角+巴] 뿔뻗을 파 · 豝 암톹 파 · 跁 난장이 파

[豸+巴] 짐승더러울 파 · [車+巴] 수레 파 · 鈀 쇠시랑 파 · [竹+肥] 대산자 파 · [金+芭] 갈퀴 파 · 笆 대울타리 파 · [面+巴] 얼굴 파 · 靶 고삐 파 · 爸 아비 파 · 爬 긁을 파 · [牛+巴] 뿔 파 · 羓 포 파

琶 비파 파 · [羽+巴] 나를 파 · 耙 쇠시랑 파 · 芭 파초 파 · 舥 배다리 파 · [髟+巴] 상투 파 · [齒+巴] 뻐드렁니 파 · 帊 수건 파 · 葩 꽃송이 파 · 色 마비 파 · [木+色] 단풍들 파 · 蚆 자개 파

皅 빛참되지않을 파 · 番 용맹 파 · 嶓 산이름 파 · 鄱 땅이름 파 · [艹+譒] 쑥 파 · 播 심을 파 · 繙 긴소매 파 · 波 물결 파 · 駊 말머리내두를 파 · 玻 유리 파 · 破 깨질 파 · 頗 자못 파

婆 모조 파 · [氵+婆] 헤칠 파 · 簸 까부를 파 · 跛 절뚝발이 파 · 坡 언덕 파 · [波+口] 험담할 파 · [⺈+皮] 절 파 · 碆 살촉 파 · 蚾 두꺼비 파 · 蔢 박하 파 · 岥 산비탈 파 · 紴 무늬 파

菠 시금치 파 · 穲 벼이름 파 · 罷 마칠 파 · [糸+𠂢] 흩은실 파 · 壩 방축 파 · [石+霸] 방치돌 파 · 欛 칼자루 파 · 犾 허리굽으리고갈 파 · 叵 옳지않을 파 · 鉕 구리그릇 파 · [叵+頁] 기울 파

尀 못할 파 · 盼 어지러울 파 · 派 나눠나갈 파 · [角+皮] 뿔굽을 파 · 帕 수건 파

판

昄 클 판 · 坂 언덕 판 · [口+版] 예물 판 · 舨 배 판 · 蝂 벌레 판 · 販 팔 판 · 鈑 불린금 판

阪 산비탈 판 · 汳 물이름 판 · 板 널 판 · 粄 경단 판 · 眅 눈흰자위많을 판 · 畈 밭두둑 판 · 瓪 암기와 판 · 版 조각 판 · 判 쪼갤 판 · 瓣 외씨 판 · 辨 아이눈뽀얄 판 · 辦 힘쓸 판

跘 앉을 판 · 牉 나눌 판 · [判+鳥] 새매 판

팔

八 여덟 팔 · 叭 나팔 팔 · 朳 고무래 팔 · [齒+八] 이소리 팔 · [馬+八] 말 팔 · 釟 달련할 팔 · 玐 옥소리 팔 · 汃 물결서로치는소리 팔

捌 깨칠 팔

패

貝 자개 패 · 䟺 밟을 패 · 狽 낭패 패 · 唄 염불소리 패 · 垻 방축 패 · 浿 물가 패 · 梖 나무 패 · 敗 패할 패 · 鋇 쇠뭉치 패 · [辶+貝] 무녀질 패 · 孛 별 패

[日+孛] 어둘 패 · 悖 거스릴 패 · 誖 거스릴 패 · [忄+巿] 성낼 패 · 犻 개성낼 패 · [目+巿] 눈어둘 패 · [牛+巿] 송아지 패 · 旆 기 패 · 沛 넉넉할 패 · 霈 비쏟아질 패 · 肺 성할 패 · 牌 패 패

𧣾 뿔비뚜름할패
蠯 조개패
猈 개패
簰 큰떼패
粺 정한쌀패
稗 피패
捭 칠패
𥓫 찢을패
𣙩 떼목패
顊 목기울패
𥹸 쌀갈아국에탈패
珮 패옥패
伯 으뜸패
背 어그러질패
頟 머리패
派 물갈래패
𥳯 대쪽패
邶 땅이름패
拔 뺄패
柭 나무지엽돋을패
𩬏 마을패
𢸇 잡을패
霸 으뜸패
擺 버릴패
矲 앙징할패
筏 까부를패
棑 방패패
𩏣 허풍손이패
𣎵 삼쩰패
茷 풀잎무성할패

팽

亨 삶을팽
烹 삶을팽
砰 물소리팽
伻 사람부릴팽
𤖹 나무짜개는소리팽
軯 수레소리팽
嘭 소리날팽
彭 성팽
憉 굳센체할팽
澎 물소리팽
𢷬 개팽
蟚 방게팽
膨 배부를팽
䡫 차소리팽
𥻂 쌀팽
弸 활소리팽
綳 묶을팽
繃 묶을팽
輣 수레팽
旁 달릴팽
騯 말갈팽
祊 제사팽
閍 대궐문팽
𢘓 배아플팽
掽 부딪칠팽
皏 열은빛팽
閛 문바람팽
䟕 땅밟는소리팽
䥇 쇠불릴팽
砅 물소리팽

편

便 편할편
鞭 채쭉편
箯 대남여편
偏 치우칠편
媥 걸을편
扁 특별편
𢐅 활뒤쳐질편
蹁 갈편
惼 성미급할편
扁 작을편
𣮒 긴털편
㾫 병들편
諞 교묘한말편
騗 말뛸편
翩 나를편
鯿 병어편
䭏 떡편
騙 속일편
蝙 박쥐편
徧 두루편
編 책편
猵 수달편
篇 책편
碥 돌편
艑 배편
遍 두루편
楩 나무이름편
緶 꿰맬편
砭 돌침편
覑 스쳐볼편
鮩 메기편
𢍁 작을편
𥲅 갈잎피리편
辨 가죽끊어질편
𨉅 몸클편
睘 간난아이눈에예맥있을편
貧 천량늘편
平 편할편
片 조각편

폄

砭 침폄
貶 떨어질폄
窆 하관폄
砭 침폄

평

坪 들평
玶 옥이름평
𤙫 얼룩소평
𦍩 양평
苹 쑥평
匉 소리질을평
𡚶 급할편
泙 물소리평
呯 애교있는음성평
枰 바둑판평
怦 말급할평
抨 다닥칠평
評 평론할평
萍 마름평
伻 하인평
庰 감출평
姘 제집종통간할평
𣐼 나무패는소리평
㡆 측간평
𤱘 평할평
硼 평돌평

폐

狴 옥폐
𤚛 마소다닐폐
𦙺 밥통폐
㑩 절음걸을폐
陛 천자폐
鞞 장화폐
梐 우리간폐
蜌 홍합폐
敝 옷해질폐
弊 해질폐
𨛰 물이름폐

幣 돈폐 癈 고질폐 櫠 유자폐 廢 폐할폐 肺 부와폐 昁 흐릴폐 柿 대패밥폐 ⿰酉畢 느릅나무장폐 嬖 사랑할폐 薜 돌삼폐 [illegible] 머리기울어질폐 [illegible] 절뚝발이폐

箄 시루밑폐 陛 옥폐 砩 물막을폐 疪 다리습냉병폐 鼣 쥐이름폐 恄 믿을폐 吠 개짖을폐 [illegible] 어음조각폐

포

包 쌀포 炮 거스릴포 匏 박포

咆 범의소리포 泡 거품포 跑 허빌포 ⿰言包 말수선할포 庖 관포 怉 회포 飽 배부를포 ⿰面包 면종포 鞄 가방포 鉋 철판포 ⿰酉包 얼굴붉으레할포

胞 태포 苞 딸기포 髱 수염많을포 萢 덮을포 袍 도포 [illegible] 지질포 麭 발갈포 ⿰鼻包 얼굴얽을포 齙 엄니포 鮑 저린생선포 [illegible] 사십근포 [illegible] 채전포

抪 펼포 誧 간할포 佈 펼포 怖 두려워할포 ⿸广布 벌릴포 布 베포 ⿰氵布 땅이름포 哺 먹일포 圃 채전포 浦 개포 逋 끌포 捕 잡을포 餔 먹을포

⿰甫攴 집무너질려할포 逋 포옴질포 蒱 저포포 脯 말린생선포 誧 클포 葡 포도포 蒲 부들포 鋪 펼포 酺 술잔치포 庯 지붕평평할포 ⿰足甫 말굽자국포

⿰貝甫 갚을포 峬 산모양포 ⿰口麃 짐승소리포 麃 노루포 虣 포악할포 抛 던질포 褒 포장할포 奅 클포 儤 겹푸번잘포 暴 사나울포 嚗 큰소리포

脬 오줌통포 [illegible] 앞깃포 ⿰風毛 가벼울포 [illegible] 앞깃포 宋 감출포 勹 쌀포

폭

暴 드러날폭 曝 쬐일폭 瀑 폭포폭 幅 폭폭

표

表 겉표 俵 나눌표

裱 수건표 ⿰扌表 나눌표 ⿰目表 볼표 諘 칭찬할표 票 불날표 褾 소매끝표 ⿰票見 둘러볼표 墂 표할표 嘌 차혼들릴표 勡 겁탈할표 剽 찌를표 僄 진중치못할표

翲 나를표 謤 말경할표 鏢 칼날표 醥 술표 ⿰山票 산이마표 幖 짓발표 瓢 박표 驃 날쌜표 鰾 부레표 漂 뜰표 熛 불티표 摽 칠표

顠 털엉킬표 飄 날릴표 縹 옥색빛표 篻 가는대표 磦 산오뚝할표 瞟 살필표 瘭 병이름표 標 표할표 ⿰日票 별쪼여말릴표 慓 급할표 嫖 날랠표

⿰耳票 겨우들을표 膘 부레표 蔈 떠러질표 薸 개구리밥표 螵 뽕나무벌레표 ⿰木剽 표표 彯 띠늘어질표 ⿰足票 갈표 ⿺走票 절을표 儦 모양표 臕 살찔표

불타는 소리 필 趩 길치울 필 罼 그물 필 縪 그칠 필 蹕 돈부 필 襅 질빵 필 篳 사립문 필 [言+畢] 공경할 필 [礻+畢] 조왕제 필 [馬+复] 도총이 필 鴄 집오리 필 華 울 필

潷 샘솟을 필 筆 붓 필 匹 짝 필 弼 도울 필 [扌+筆] 찌를 필 滭 물철철넘칠 필 鵯 갈까마귀 필 [竹+刖] 엄쪽 필 [鬲+咸] 대평수 필 [口+疋] 침밸을 필 [口+匹] 침밸을 필 疋 짝 필

笔 붓 필

핍

乏 다할 핍 姂 예쁠 핍 偪 핍박할 핍 愊 답답할 핍 逼 가까울 핍 鴔 오디새 핍

하

下 아래 하 苄 지황 하 鞐 책갑꽂이 하 痄 이질 하

柞 물레가락 하 何 어찌 하 [口+何] 소리 하 嗬 대답할 하 訶 시끄러울 하 [言+賀] 대답할 하 諕 속일 하 謼 속일 하 呀 입벌릴 하 岈 산골 하 疨 인후병 하

蕸 연잎 하 蝦 두꺼비 하 睱 천천히볼 하 碬 숫돌 하 騢 얼룩말 하 鰕 고래 하 [革+叚] 신뒤축 하 [韋+叚] 신근피 하 遐 멀 하 瑕 옥티 하 霞 놀 하 煆 말릴 하 [口+叚] 목구멍 하

[足+叚] 발자국 하 赮 벌걸 하 [身+叚] 몸굽힐 하 [石+虖] 돌버러질 하 [土+虖] 틈 하 鏬 틈 하 罅 틈 하 [忄+虖] 뜻없을 하 厦 집 하 夏 여름 하 [口+閜] 웃을 하 [口+開] 입벌릴 하

閜 휑뎅그렁할 하 閕 문닫을 하 颬 입벌릴 하 縀 신뒤축 하 嚇 얼를 하 賀 하례 하 [衤+賀] 소매 하 谺 골속 하 [可+欠] 웃을 하 河 물 하 荷 연꽃 하

학

洛 열 학 狢 담비 학 矐 눈멀 학 曤 밝을 학 [食+蒦] 심거울 학 矐 휠 학 [霍+犬] 이를 학 嬳 모양낼 학 鶴 학 학 鷽 발의새 학 虐 모질 학 瘧 학질 학 謔 기롱 학

嶨 돌산 학 澩 마름샘 학 壆 흙굳을 학 觷 뿔 학 學 배울 학 壑 골 학 嗀 구역질할 학 [石+岸] 맷돌 학 貈 담비 학 郝 땅 학 轂 졸라맬 학 吒 성내서 부를 학

蠚 쏠 학 謞 간특할 학 嚛 먹을 학 矍 놀라볼 학 确 자갈땅 학 㱿 토할 학

한

旱 가물 한 焊 말릴 한 [言+旱] 수다할 한 [足+旱] 외발로설 한 垾 둑 한 駻 말 한

韓 한나라 한 雗 꿩 한 㪋 그칠 한 [火+𠦝] 나물 한 睅 휠 한 [旱+皮] 활쏘는 팔지 한 捍 호위할 한 悍 정성 한 桿 줄기 한 [月+旱] 약 한 [倝+金] 글가리 한 [倝+魚] 고기 한

瀚 질펀할 한 鶾 붉은닭 한 鷳 새 한 [氵+鷳] 마를 한 翰 깃 한 漢 은하수 한 [犭+𦰩] 나를 한 [耒+𦰩] 갈 한 暵 마를 한 [田+𦰩] 밭 한 熯 말릴 한 燗 술데울 한 閈 이문 한

齠 이갈 합
鼸 두더지 합

합

合 합할 합
哈 마실 합
峆 산 합
玪 문여닫을 합
盒 합 합
⿱穴合 합할 합
鴿 비들기 합
䶎 코풀 합
⿰氵欲 여울 합
頜 아랫볼 합
⿰毛合 눈섭길 합
詥 화할 합
閤 도장 합
郃 골 합
⿺辶合 갈 합
蛤 조개 합
谽 산잇닿 합
欱 합할 합
溘 문득 합
熆 불불 합
篕 대자리 합
⿰衤盍 더그레 합
⿰盍支 두드릴 합
⿸虍盍 감출 합
⿰忄盍 불부는통 합
嗑 합할 합
⿰盍欠 마실 합
⿰言盍 말수다할 합
榼 주합 합
⿰虫盍 벌레 합
盇 합할 합
闔 문짝 합
柙 우리 합
⿰忄甲 즐거울 합
⿰甲欠 숨쉴 합
呷 마실 합

항

亢 목 항
芁 부들 항
航 배 항
伉 강직할 항
迒 토끼길 항
閌 문높을 항
肮 목 항
杭 배 항
斻 배연할 항
炕 마를 항
抗 항거할 항
砊 돌소리 항
沆 큰물 항
⿰足亢 다리뻗을 항
貥 자개 항
骯 꼿꼿할 항
⿰齒亢 씹을 항
頏 목 항
蚢 누에 항
吭 목구멍 항
⿰黑亢 어두울 항
⿰馬亢 말머리높을 항
⿰亢羽 내릴 항
恒 항상 항
姮 제집이름 항
⿰月亘 달돋을 항
⿴行亘 악공 항
巷 거리 항
⿱巷心 당돌할 항
港 항구 항
缸 병 항
肛 항문 항
項 목 항
⿸疒巷 병 항
⿰車夅 칠 항
降 항복 항
⿰足更 짐승발자취 항
⿰忄行 기쁠 항
桁 착고 항
酐 쓴술 항
佷 돌아올 항
缿 항통 항
⿱竹行 통발 항
瓨 항아리 항
恆 항상 항
闀 바로볼 항
況 하물며 항
⿰犭夅 개길들지않을 항
衁 피 항
行 항렬 항

해

亥 돝 해
侅 이상할 해
劾 힘쓸 해
咳 기침 해
垓 지경 해
姟 백조 해
孩 어린 해
豥 돝 해
⿰忄亥 괴로울 해
該 그 해
荄 풀뿌리 해
頦 턱 해
⿰首亥 머리 해
晐 갖출 해
輆 급히갈 해
胲 갖출 해
絯 묶을 해
痎 학질 해
⿰目亥 서로볼 해
⿰足亥 갈 해
駭 놀날 해
骸 뼈 해
⿺辶亥 달아날 해
奚 어찌 해
騱 트기 해
膎 포 해
豯 돼지 해
⿰扌奚 끌 해
螇 메뚜기 해
蒵 풀 해
⿰忄奚 불평할 해
⿰奚頁 머리비뚤 해
欬 기침 해
解 풀 해
繲 옷빨 해
⿰亻解 호강스러울 해
⿰犭解 창날카로울 해
⿰口解 역정낼 해
⿰亻解 호강할 해
⿰阝解 골 해
邂 만날 해
廨 마을 해
嶰 골 해
澥 바다 해
薢 며릿 해
⿰骨害 뼈 해
獬 해태 해
懈 게으를 해
偕 함께 해
湝 찰 해
瑎 옥돌 해
楷 본뜰 해
諧 기롱 해
⿰亻韰 좁을 해
⿰忄韰 헤아릴 해
瀣 이슬 해
⿰口韰 상여소리 해
⿰酉盐 술잔 해

醢 간장 해
⿺走豈 달아날 해
⿰身豈 몸길 해
嘊 웃을 해
⿰魚豈 게 해
咍 웃음소리 해
⿰豈欠 마실 해
害 해할 해
敳 욕할 해
⿰言貝 말느릴 해
賌 이상할 해
榼 술통 해
陒 험할 해
⿰阝殳 웃는소리 해
⿵門介 문짝 해
⿰言介 말잘할 해
欬 웃을 해
海 바다 해
⿺走里 머물을 해
⿱大乇 벌릴 해
⿺走留 머물을 해
郋 마을 해
鮭 복 해

핵

核 씨 핵
⿰糸亥 실 핵
劾 핵실 핵
榾 씨 핵
礉 각발할 핵
格 다다를 핵
⿰車客 수레 핵
⿰衤敫 깃받침 핵
翮 쭉지 핵

행

幸 다행 행
⿰言幸 성낼 행
緈 곧을 행
涬 천연스러울 행
⿰扌幸 코풀 행
悻 성낼 행
婞 쌈할 행
⿰冫幸 쓸쓸 행
倖 요행 행
行 다닐 행
桁 소매기리 행
荇 마름풀 행
胻 종아리 행
絎 바누질 행
筕 대삿자리 행
⿰骨行 소등뼈 행
鴴 참새 행
⿰車向 수레소리 행
杏 은행 행

향

香 향기 향
⿰木香 게수나무 향
⿱艹香 나물국 향
⿱日鄉 지난번 향
⿱鄉高 향할 향
響 소리 향
鄉 시골 향
⿵門鄉 문머리 향
曏 잠간 향
饗 잔치 향
薌 향기 향
向 향할 향
响 울 향
晌 대낮 향
珦 구슬 향
⿰片向 북창 향
⿰身向 처다볼 향
餉 먹일 향
⿱日向 밝을 향
⿰音叕 칠 향
麘 사향사슴 향
⿱殸火 불에말려낼 향
饟 먹일 향
享 누릴 향

허

虛 빌 허
驉 트기 허
嘘 불 허
⿰山虛 산길험할 허
㦙 뜻허접할 허
歔 한숨쉴 허
⿰示虛 귀신 허
⿰石虛 돌 허
魖 도깨비 허
⿰口歔 울 허
墟 언덕 허
許 허락 허
⿰言芉 꿀 허
詡 자랑 허
鄦 나무이름 허
⿰魚去 가자미 허
⿰口煦 불 허
滸 물가 허
栩 참나무 허
⿱竹去 밥그릇 허

헌

仚 가벼울 헌
憲 법 헌
⿰忄憲 깨달을 헌
幰 수레앙장 헌
巘 시루봉 헌
嘕 즐거울 헌
⿺走憲 달아나라할 헌
⿰言憲 낭자할 헌
攇 칠 헌
掀 들 헌
搟 칠 헌
昍 밝을 헌
獻 드릴 헌
⿰角華 뿔고르지않을 헌
⿰角亘 뿔숫가락 헌
⿰角宣 뿔둘을 헌
⿰片見 판자 헌
靬 가죽 헌
軒 마루 헌

혈

蝎 전갈 혈
歇 쉴 혈
猲 개 혈

험

嶮 높을 험
憸 간사할 험
險 험할 험
譣 간사한말 험
驗 증험할 험
⿰韋僉 입을 험
⿰黃夾 주황빛 험
忺 하고처할 험
杴 가래 험
⿰木無 그늘 험
玁 오랑캐 험
⿰禾芡 벼죽을 험

혁

奕 클 혁
弈 바둑 혁
焃 붉을 혁
⿰忄赤 맘편치않을 혁
捇 흙팔 혁
爀 빛날 혁
⿰言赤 업신여길 혁
⿰目赫

音訓索引

音訓索引

魂 어리석을 회　褱 산골험할 회　蘬 감자 회　洃 반죽할 회　黣 회색빛 회　挾 서로칠 회　灰 재 회　詼 조롱 회　盔 투구 회　恢 클 회　殨 종기터질 회　嬇 계집의자 회

晦 그믐 회　悔 뉘우칠 회　烸 말릴 회　豗 맞부딪칠 회　蝝 두더지 회　隓 훼방할 회　詯 말소리우렁찰 회　匯 물모일 회　淮 물 회　賄 재물 회　濊 넓을 회

褢 품을 회　螝 누에번더기 회　蟢 낙거미 회　𡹕 벗어진산 회　蛎 소라 회　囘 돌아갈 회　栃 상수리나무 회　蛕 벌레 회

획

砉 칼소리 획　劃 새길 획

剨 까지는소리 획　騞 갈 획　愭 맘울렁거릴 획　湱 파도소리 획　畫 그을 획　嫿 안존할 획　㦎 어리석을 획　𧽊 매울 획　𦢊 오금 획　𨷈 깨칠 획　擭 찢을 획

嚍 말소리 획　𢤪 소리 획　𤑈 더울 획　獲 얻을 획　矆 번개빛 획　嚄 잔말 획　矐 눈멀 획　𧬘 장담할 획　嚿 자랑 획　淲 물소리 획　閡 문열 획　謋 빠를 획

窢 바람소리 획

횡

谹 골속울릴 횡　耾 귀큰소리 횡　鈜 쇠북소리 횡　峵 산험할 횡　竑 헤아릴 횡　宏 집소리 횡　吰 북소리 횡　䫺 바람 횡　㖓 쇠북소리 횡

弘 클 횡　㤯 실심할 횡　揈 치는소리 횡　𩗓 바람소리 횡　渹 소리 횡　輷 수레소리 횡　横 처네 횡　鐄 큰쇠북 횡　橫 비낄 횡　潢 작은나루 횡　獚 짓소리 횡

𦊁 그물벼리 행　彋 활소리 횡　䫴 어두울 횡　䎅 나르는소리 횡　諻 풍류소리 횡　卝 덩어리 횡

화

火 불 화　吙 부는기운 화　化 될 화　花 꽃 화　貨 재물 화

椛 목부용 화　錵 칼날번적거릴 화　𨉖 가르칠 화　靴 양화 화　婲 예쁠 화　糀 누룩 화　𤆵 밝을 화　䀀 눈끔적거릴 화　椛 단풍나무 화　華 빛날 화　𨣅 전국술 화

譁 시끄러울 화　樺 벗나무 화　㦊 사치스러울 화　嬅 계집엄전할 화　鏵 가래 화　驊 준마 화　𧒎 큰뱀 화　吴 대구 화　呆 어린아이울 화　和 화할 화　咊 순할 화

禾 곡식 화　姀 단정할 화　盉 양념그릇 화　秌 관머리 화　鉌 차방울 화　龢 새피리 화　𥝤 관머리 화　禍 재화 화　䕨 풀연접할 화　槬 쇠북가루퍼질 화　摦 퍼질 화

楇 기름통 화　樗 벗나무 화　誇 대답할 화　話 이야기 화　骪 재화 화　蘤 꽃 화　𥞊 재화 화　𦧲 혀짧을 화　𠙺 불일어날 화　鱯 메기 화　髁 비뚤 화

(누를 황) 穔 보리 황 璜 옥 황 𩞄 죽 황 䊗 곰팡이 황 䫛 바람 황 䤑 술 황 潢 은하수 황 蟥 풍뎅이 황 䌙 줄로동일 황 橫 그릇바침 황 癀 황달병 황 曂

밝을 황 趪 달아날 황 簧 생황 황 韹 빛날 황 黋 밝을 황 獚 큰개 황 荒 거칠 황 𧡊 볼 황 宺 집빌 황 𥞩 흉년들 황 慌 황홀할 황 䀮 눈어둘 황 𤡰

어리 황 𢄙 덮을 황 㬻 더위 황 朚 달밝 황 謊 잠고대 황 𪀔 참새 황 恍 황홀할 황 皝 청백할 황 滉 물깊을 황 鎤 방울 황 榥 책상 황 眖 줄 황 𣄻 기 황

晃 밝을 황 幌 방장 황 況 하물며 황 怳 당황할 황 况 비유할 황 貺 줄 황 𥆡 볼 황 𧉞 벌레 황 萌 이틀날 황 肓 홍격 황 巿 버선 황 翌 춤출 황 黌

학교 황 𪏰 알의노른자 황 崖 무성할 황

홰

噦 방울소리 홰 𤎼 밝을 홰 翽 소리 홰 鐬 소리 홰 譿 들렐 홰 𡏋 돌흙뒤질 홰 𦧡 완악할 홰 繣 어긋칠 홰 罫

거르낄 홰 𦏲 때길 홰 噧 말할 홰 𩂳 배 홰 䫲 털없을 홰 鞼 말고삐 홰 頮 큰머리 홰 𩗗 바람 홰 𩞉 먹을 홰 諙 그릇칠 홰 𨌮 굴레 홰 䢈 두를 홰 𨥤 쇠연강 홰

𪑢 엷게검을 홰 𪉖 소금 홰 𠦃 비뚜러질 홰

효

孝 효도 효 𡧎 기운찔 효 哮 성낼 효 庨 집높을 효 𧰸 돼지달아날 효 酵 술괴일 효 𩩓 우는살촉 효

𤝍 놀랄 효 痚 헐떡일 효 𥇍 애꾸 효 涍 물가 효 爻 형상 효 恔 쾌할 효 𣪍 가죽주머니 효 効 공효 효 洨 물합할 효 詨 부르짖을 효 筊 작은통소 효 恔

쾌할 효 效 본받을 효 嗃 성낸소리 효 嚆 부르짖을 효 熇 불꽃 효 鄗 물이름 효 歊 기운날 효 獢 개 효 囂 떠들 효 憢 두려울 효 曉 날휠 효 膮 법고함지를 효

穘 벼상할 효 嘵 두려워할 효 曉 새벽 효 髐 살 효 鐃 시우쇠문채 효 傚 본받을 효 殽 어지러울 효 𣪻 뿌리 효 𣗿 치자나무 효 淆 요란할 효 誵 말불공할 효

餚 반찬 효 㕭 웃음소리 효 𠍀 거만할 효 囂 시끄러울 효 𤡫 누른개 효 驍 날랠 효 鴞 솔개 효 枵 빌 효 呺 클체할 효 唬 웅얼거릴 효 猇 범울 효

婋 영리할 효 肴 안주 효 𧼈 달아날 효 梟 올빼미 효 㿥 곰을 효 𦟝 종기터질 효 𣹒 물멀 효 嘐 자랑할 효 撬 들 효 𡓊 알낳을 효 斅 가르칠 효 闄

문열 효
皛 밝을 효
歊 슬퍼할 효
顥 큰머리 효
㺒 개짖을 효
𢸄 혼돌 효
賌 번거할 효
烋 화할 효

후

后 황후 후
㖃 부끄러울 후
㤧 화할 후
𤘘 황소 후
銗 함통 후
𧺠 절며갈 후
逅 우연히만날 후
鮜 메기 후
骺 뼈끝 후
佝 추루할 후
姁 맵시예쁠 후
煦 찔 후
㸡 소울 후
齁 코골 후
𨸝 떠날 후
呴 말공순이할 후
侯 제후 후
候 기후 후
喉 목구멍 후
瘊 사마귀 후
𥜿 빌 후
篌 공후 후
糇 마른밥 후
睺 한눈멀 후
帿 포장관혀 후
餱 말린밥 후
堠 장승 후
𧪠 말할 후
猴 원숭이 후
葔 후사 후
鍭 살촉 후
𩅦 장마 후
矦 임금 후
鄇 땅이름 후
䬐 밥상할 후
齅 코풀 후
鯸 복 후
朽 냄새 후
𣦸 저밀 후
冔 덮을 후
㖃 토할 후
嗅 냄새날 후
𧻓 자저할 후
酗 주저할 후
厚 두터울 후
𪖐 들창코 후
珛 티박힌옥 후
𡾀 쉴 후
後 뒤 후
𪀰 깃날 후
珝 구슬 후
犼 산개 후
吼 소리 후
嘔 기쁠 후
鱟 바다게 후
虖 범울 후
螑 목들고끄떡거릴 후
葋 뱀도랏 후
盱 부릅뜰 후
芋 클 후
翭 깃밑둥 후
涸 마를 후

훈

薰 불사를 훈
曛 어둑어둑할 훈
壎 흙풍류 훈
勳 공 훈
醺 술취할 훈
鑂 금빛투색할 훈
纁 분홍빛 훈
獯 오랑캐 훈
矄 눈침침할 훈
爋 불에말릴 훈
燻 불기운 훈
𣞻 분홍빛 훈
薫 훈훈할 훈
䵋 누른빛 훈
臐 양고기국 훈
煇 지질 훈
渾 흐릴 훈
葷 고명풀 훈
暈 무리 훈
勛 공 훈
塤 질나팔 훈
焄 향내 훈
𦹯 훈증할 훈
訓 가르칠 훈

훌

倏 문득 훌
欻 문득 훌
歘 빠를 훌

훙

䎄 날 훙
薨 죽을 훙

휘

徽 아름다울 휘
揮 흐를 휘
𢺵 옮길 휘
暉 날빛 휘
瀈 물떨어버릴 휘
㹆 열룩소머리 휘
𤟤 짐승 휘
翬 날개칠 휘
輝 빛날 휘
𡡒 첩 휘
撝 찢을 휘
𣳫 물결무늬질 휘
彙 무리 휘
幑 기 휘
諱 꺼릴 휘
𨹈 고개 휘
麾 대장기 휘

훤

咺 설게울 훤
喧 지껄릴 훤
烜 빛날 훤
煊 따뜻할 훤
楦 신골 훤
晅 말릴 훤
箮 대꽂 훤
𩏸 북만드는장인 훤
萱 원추리 훤
諠 지껄릴 훤
𩌏 가죽신 훤
諼 잊을 훤
𥈈 큰눈 훤
嚾 들렐 훤
讙 지껄릴 훤

훼

毁 헐 훼
燬 불이글이글할 훼
譭 헐어말할 훼
檓 호초 훼
毇 쌀 훼
虫 벌레 훼
卉 풀 훼

닫을 흡
吸 마실 흡
幍 사모 흡
扱 걷을 흡
皀 향내날 흡

흥

興 일 홍
䕟 장다리 홍
舋 공겨쑤실 홍
嬹 기쁠 홍

희

喜 기쁠 희
禧 복 희
僖 즐거울 희
𦅻 웃을 희
歖 갑자기 기뻐할 희
嘻 탄식할 희
嬉 희롱 희
熹 밝을 희
暿 몹시 더울 희
⿰喜攴 희롱 희
憙 기쁠 희
蟢 낙거미 희
繥 웃을 희
瞦 눈동자 밝을 희
譆 소리지를 희
熙 빛날 희
熈 화할 희
⿰女熙 기쁠 희
希 바랄 희
悕 생각할 희
豨 큰돝 희
狶 돝 희
唏 탄식할 희
⿺走希 달아날 희
莃 나물 희
稀 드물 희
⿰希卩 뼈마디 사이 희
鯑 청어알 희
欷 한숨쉴 희
桸 나무썩을 희
⿰言希 말소리 희
俙 방불할 희
睎 바랄 희
莃 희나물 희
⿰禾希 약이름 희
⿰骨希 좋은뼈 희
晞 마를 희
羲 기운 희
爔 불 희
曦 햇빛 희
犧 희생할 희
⿰牛氣 소병들 희
熂 사를 희
⿰雲氣 구름 희
餼 먹일 희
愾 한숨쉴 희
⿰豕氣 돌숨쉴 희
⿰言氣 말기운 희
嚱 깜짝 놀라는 소리 희
⿰木戲 구기 희
戲 희롱 희
巇 산위험할 희
⿰阝戲 험할 희
戱 웃을 희
咥 웃음소리 희
跮 아금막기할 희
摡 취할 희
墍 벽칠 희
嫛 미울 희
⿰虫欠 희롱하며 웃을 희
吹 상기할 희
歔 서로웃을 희
屎 열레자루 희
⿰鼻隶 누워숨쉴 희
⿰糸屎 매듭질 희
⿵門奇 벽틈 희
⿱雨覞 갤 희
姬 주나라 성 희
燹 들불 희
豷 돌숨 쉴 희
忥 쉴 희
鵗 꿩 희
[illegible] 얼굴예쁠 희
誒 즐길 희
謮 그칠 희
噫 슬플 희
⿰犭壹 이름 희
釐 복 희

히

呬 숨쉴 히
隻 추할 히
屓 으리으리할 히
⿰希頁 머리움직일 히
屎 심음할 히
⿰口尸 신음할 히

힐

肹 클 힐
犵 오랑캐 힐
頡 날 힐
詰 물을 힐
擷 딸 힐
翓 날 힐
肸 클 힐
欯 기쁠 힐
纈 맺을 힐

終

*附録

• 書體字典
• 잘못 읽기 쉬운 漢字一覧
• 모양이 비슷한 漢字
• 正字·略字·俗字
• 同音異意語一覧
• 편지 봉투 서식
• 紙榜 쓰는 법
• 祝文 쓰는 법

• 각종 書式

• 법률·행정·취직·계약서 용어
• 偉人 揮毫

• 漢字의 형성 과정

書體字典

一畫

一部

- 一 한 일
- 丁 장정 정
- 七 일곱 칠
- 丈 길 장
- 三 셋 삼
- 上 위 상
- 下 아래 하
- 不 아닐 불
- 丑 소 축
- 且 또 차
- 世 인간 세
- 丙 남녘 병
- 丞 정승 승

丨部

- 个 낱 개
- 中 가운데 중
- 串 습관 관

丶部

- 丸 알 환
- 丹 붉을 단
- 主 주인 주

丿部

- 乃 이에 내
- 久 오랠 구
- 之 갈 지
- 乍 잠깐 사
- 乎 온 호
- 乏 다할 핍
- 乘 탈 승

乙部

- 乙 새 을
- 九 아홉 구
- 乞 빌 걸
- 也 이끼 야

乳 젖 유

乾 하늘 건

亂 어지러울 란

亅部

了 마칠 료

予 나 여

事 일 사

二畫

二部

二 두 이

云 이를 운

互 서로 호

五 다섯 오

井 우물 정

亘 뻐칠 긍

些 적을 사

亞 버금 아

亟 빠를 극

亠部

亡 도망 망

亢 높을 항

交 사귈 교

亥 돌 해

亦 또 역

享 누릴 향

京 서울 경

亭 정자 정

亮 밝을 량

亶 믿을 단

人部 亻同

人 사람 인

什 세간 집

仁 어질 인

仄 기울 측

仆 엎드릴 부

仇 원수 구

今 이제 금

介 끼일 개

仕 벼슬 사

他	다를 타
付	붙일 부
仙	신선 선
仞	길 인
代	대신 대
令	하야금 령
以	써 이
仰	우러를 앙
仲	버금 중
件	수효 건
任	맡길 임
企	바랄 기
伊	저 이

伎	재주 기
伏	엎드릴 복
伐	칠 벌
休	쉬일 휴
伯	맏 백
伴	동무 반
伶	영리할 령
伸	펼 신
伺	살필 사
佃	밭다를 전
伽	절 가
似	같을 사
但	다만 단

佇	오래설 저
位	벼슬 위
低	낮을 저
佐	도울 좌
佑	도울 우
何	어찌 하
余	나 여
佚	편안할 일
佛	부처 불
作	지을 작
佞	아첨할 녕
佩	찰 패
佳	아름다울 가

使	하여금 사
來	올 래
侈	사치할 치
例	법식 례
侍	모실 시
侔	가지런할 모
供	받들 공
依	의지할 의
侮	업신여길 모
侯	제후 후
侵	침노할 침
侶	짝 려
便	편할 편
係	이을 계
促	재촉할 촉
俄	갑자기 아
俊	준걸 준
俗	풍속 속
俚	속될 리
保	보전할 보
俟	기다릴 사
俠	협객 협
信	믿을 신
修	닦을 수
俱	함께 구
俳	광대 배
俶	비로소 숙
俸	녹 봉
倂	아오를 병
倅	버금 쉬
倉	곳집 창
倍	갑절 배
倒	엎어질 도
候	기다릴 후
倚	의지할 의
借	빌 차
倡	광대 창
値	값 치
倦	게으를 권

倫 인륜 륜
倬 클 탁
倭 나라 왜
倜 억매지 않을 척
偃 자빠질 언
假 거짓 가
偉 클 위
偏 치우칠 편
偕 함께 해
停 머무를 정
健 건강할 건
側 곁 측
偶 우연 우

傅 스승 부
傍 곁 방
傑 호걸 걸
備 갖출 비
催 재촉할 최
傭 고용사리할 용
傳 전할 전
傷 상할 상
傾 기울어질 경
僅 겨우 근
僉 다 첨
債 빚질 채
像 형상 상

僕 종 복
僚 동관 료
僞 거짓 위
僧 중 승
僮 아이종 동
價 값 가
儀 거동 의
億 억 억
儉 검소할 검
儒 선비 유
償 갚을 상
優 넉넉 우
儲 저축할 저

儿部

- 兀 우뚝할 올
- 允 진실할 윤
- 元 으뜸 원
- 兄 맏 형
- 充 채울 충
- 先 먼저 선
- 兆 억조 조
- 兇 흉악할 흉
- 光 빛 광
- 兌 바꿀 태
- 克 이길 극
- 免 면할 면
- 兒 아이 아
- 兎 토끼 토
- 兕 들소 시
- 兜 투구 두
- 兢 조심할 긍
- 入 들 입
- 内 안 내
- 全 온전할 전
- 兩 두 량
- 兪 대답할 유
- 八 여덟 팔
- 公 바를 공
- 六 여섯 륙
- 共 한가지 공
- 兵 군사 병
- 其 그 기
- 具 갖출 구
- 典 법 전
- 兼 겸할 겸
- 冀 하고자할 기

冂部

- 冉 약할 염
- 册 책 책
- 再 두 재

胄 투구 주
冒 무릅쓸 모
冖部
冠 갓 관
冢 무덤 총
冥 어두울 명
冫部
冬 겨울 동
冰 어름 빙
冶 쇠불릴 야
冷 찰 냉
凊 서늘할 청
凋 떨어질 조

凌 업신여길 릉
凍 얼 동
凜 찰 름
凝 엉길 응
几部
几 기댈 궤
凡 무릇 범
凭 기댈 빙
凵部
凶 흉할 흉
出 날 출
函 함 함
刀部 刂同

刀 칼 도
刃 칼날 인
分 나눌 분
刈 벨 예
切 끊을 절
刊 새길 간
刎 목자를 문
刑 형벌 형
列 벌 렬
初 처음 초
刪 깎을 산
判 판단할 판
別 이별 별

利	이익 리
到	이를 도
刺	찌를 자
制	제어할 제
刷	인쇄할 쇄
刹	절 찰
刻	새길 각
券	문서 권
則	법칙 칙
削	깎을 삭
剋	이길 극
前	앞 전
剖	쪼갤 부

剛	굳셀 강
剝	벗길 박
剪	가위 전
副	버금 부
割	벨 할
創	상할 창
剽	찌를 표
劇	심할 극
劍	칼 검
劑	약지을 제

力部

力	힘 력
功	공 공
加	더할 가
劣	용렬할 렬
助	도울 조
努	힘쓸 노
劫	겁탈할 겁
勁	굳셀 경
勃	변색할 발
勇	날랠 용
勉	힘쓸 면
動	움직일 동
勘	마감할 감
務	힘쓸 무
勝	이길 승

勞 수고로울 로
勢 형세 세
募 부를 모
勳 공 훈
勵 힘쓸 려
勸 권할 권

勹部

勺 잔 작
勿 말 물
包 쌀 포
匈 지껄일 흉
匍 길 포
匐 길 복

匕部

匕 비수 비
化 될 화
北 북녘 북
匙 숟가락 시

匚部

匠 장인 장
匡 바를 광
匪 아닐 비
匱 궤 궤

匸部

匹 짝 필
匿 숨길 닉
區 구별할 구

十部

十 열 십
千 일천 천
廿 스물 입
卅 서른 삽
午 낮 오
半 절반 반
升 되 승
卑 낮을 비
卓 높을 탁
卒 군사 졸
協 화할 협

卉	풀 훼
南	남녘 남
博	넓을 박
卜部	
卜	점 복
占	점칠 점
卦	점괘 괘
卩部	
卬	격동할 앙
卯	동방 묘
印	인칠 인
危	위태할 위
卵	알 란
卷	책 권
卸	벗을 사
卹	먼지채 솔
却	물리칠 각
卽	곧 즉
卿	벼슬 경
厂部	
厄	재앙 액
厓	언덕 애
厖	두터울 방
厚	두터울 후
原	근본 원
厥	그 궐
厭	싫을 염
厲	엄할 려
厶部	
去	갈 거
參	석 삼
又部	
又	또 우
叉	비녀 차
及	미칠 급
友	벗 우
反	돌이킬 반
叔	아자비 숙
取	취할 취

受 받을 수
叛 배반할 반
叟 늙으니 수
叡 밝을 예
叢 떨기 총

三畫

口部

口 입 구
古 예 고
句 글귀 구
叩 두드릴 구
只 다만 지
叫 부르짖을 규

召 부를 소
可 옳을 가
台 별 태
叱 꾸짖을 즐
史 사기 사
右 오를 우
司 맡을 사
各 각각 각
吃 어눌할 흘
合 합할 합
吉 길할 길
同 한가지 동
名 이름 명

吏 아전 리
向 향할 향
君 임금 군
吝 인색할 린
后 황후 후
吐 토할 토
呑 삼킬 탄
吟 읊을 음
吠 짖을 폐
否 아니 부
含 머금을 함
呈 드릴 정
吳 오나라 오

吸 마실흡
吹 불취
吾 나오
告 고할고
呂 법려
周 두루주
味 맛미
呼 부를호
命 목숨명
咀 씹을저
咄 꾸짖을돌
和 화할화
咎 허물구

咨 탄식할자
咫 지척지
咸 다함
呻 앓을신
哀 슬플애
咽 목구멍인
品 품수품
哉 어조사재
員 인원원
哭 울곡
哲 밝을철
唇 놀랄진
唐 당나라당

唯 오직유
唱 부를창
唾 침뱉을타
啄 쪼을탁
商 장사상
問 물을문
啓 열계
啜 마실철
啼 울제
啻 뿐시
善 착할선
喉 목구멍후
喘 숨찰천

喚 부를환
喜 기쁠희
喝 꾸짖을갈
喟 한숨쉴위
喩 비유할유
喫 먹을긱
喪 상사상
喬 높을교
單 홑단
嗚 슬플오
嗜 즐길기
嗣 이을사
嘆 탄식할탄

嘅 개탄할개
嘉 아름다울가
嘔 토할구
嘗 맛볼상
嘯 휘파람소
嘲 조롱할조
噓 풍칠허
噴 물뿜을분
器 그릇기
噫 슬플희
嚙 씹을요
嚴 엄할엄
囀 새울전

嚼 씹을작
囂 시끄러울효
囊 주머니낭
囑 부탁할촉

口部

四 넉사
囚 가둘수
回 돌아올회
因 인할인
困 곤할곤
固 굳을고
圃 채전포
囹 옥령

圄	國	圍	園	圓	圖	團		土	在	地	均	坊
옥 어	나라 국	에울 위	동산 원	둥글 원	그림 도	둥글 단	土部	흙 토	있을 재	땅 지	고를 균	거리 방

坐	坦	坪	垂	型	垢	垣	埃	城	埒	域	埴	執
앉을 좌	평할 탄	들 평	드리울 수	거푸집 형	때 구	담 원	티끌 애	재 성	비등할 날	지경 역	찰흙 식	잡을 집

培	基	堀	堂	堅	堆	堤	堪	堯	堰	報	堵	場
북돋을 배	터 기	굴 굴	집 당	굳을 견	흙덤이 퇴	방죽 제	견딜 감	요임금 요	방죽 언	갚을 보	담 도	마당 장

塊 흙덩이 괴
塔 탑 탑
塘 못 당
塗 바를 도
塚 무덤 총
塞 막을 색
塡 메울 진
塵 티끌 진
塾 글방 숙
境 지경 경
墓 무덤 묘
墜 떨어질 추
增 더할 증

墨 먹 묵
墮 떨어질 타
墳 무덤 분
墾 갈 간
壁 벽 벽
壇 단 단
壓 누를 압
壘 진 루
壚 검은흙 로
壞 무너질 괴
壤 흙덩이 양
士 선비 사

壬 북방 임
壯 장할 장
壺 항아리 호
壹 한 일
壻 사위 서
壽 목숨 수
夏 여름 하
夐 멀 경

夕部

夕 저녁 석
外 밖 외
夙 일찍 숙

多 많을다
夜 밤야
夢 꿈몽
夥 극히많을과

大部

大 큰대
天 하늘천
太 클태
夫 지아비부
夭 일찍죽을요
央 가운데앙
失 잃을실
夷 오랑캐이

夾 낄협
奄 문득엄
奉 받들봉
奇 기이할기
奏 아뢸주
契 언약할계
奔 달아날분
奚 어찌해
奠 드릴전
奢 사치할사
奧 속오
奬 권할장
奪 빼앗을탈

奮 떨칠분

女部

女 계집녀
奴 종노
奸 간사할간
好 좋을호
如 같을여
妃 왕비비
妄 망녕될망
妙 묘할묘
妓 기생기
妊 아이밸임
妨 방해할방

字	뜻
妹	아래누이 매
妻	아내 처
始	비로소 시
妾	첩 첩
姊	맏누이 자
姑	시어미 고
姓	성 성
委	맡길 위
姦	간사할 간
姨	이모 이
姪	조카 질
姬	계집 희
姻	혼인 인
姿	모양 자
威	위엄 위
娘	젊은계집 낭
娛	즐거울 오
娉	장가들 빙
娥	고을 아
娶	장가들 추
婆	늙은계집 파
婉	고울 완
娩	해산할 만
婦	며느리 부
婚	혼인 혼
婬	간통할 음
媒	중매 매
媛	아름다울 원
娼	창녀 창
媾	화할 구
嫁	시집갈 가
嫌	혐의 혐
嫡	본댁 적
嬌	아름다울 교
嬪	궁녀 빈
嬴	가득할 영
孃	계집아이 양
子	아들 자

子部

孔 구멍 공
孕 아이밸 잉
字 글자 자
存 있을 존
孜 부지런할 자
孝 효도 효
孟 맏 맹
季 끝 계
孤 외로울 고
孫 손자 손
孰 누구 숙
學 배울 학

宀部

宅 집 택
宇 집 우
守 지킬 수
安 편안 안
宋 송나라 송
完 완전할 완
宏 클 굉
宗 마루 종
官 벼슬 관
宙 집 주
宛 완연할 완
定 정할 정
宜 마땅 의

客 손 객
宣 베풀 선
室 집 실
宦 벼슬 환
宥 용서할 유
宮 집 궁
害 해할 해
宴 잔치 연
宰 재상 재
宵 밤 소
家 집 가
宸 대궐 신
容 얼굴 용

宿 잘 숙
寂 고요 적
寄 붙일 기
寅 동방 인
密 빽빽할 밀
富 부자 부
寔 이 식
寒 찰 한
寓 붙일 우
寞 고요할 막
察 살필 찰
寡 적을 과
實 열매 실

寧 편안 녕
審 살필 심
寫 쓸 사
寬 너그러울 관
寵 사랑할 총
寶 보배 보

寸部

寸 마디 촌
寺 절 사
封 봉할 봉
將 장수 장
專 오로지 전
尉 편안할 위

尊 높을 존
尋 찾을 심
對 대할 대
導 인도할 도

小部

小 작을 소
少 젊을 소
尙 오히려 상
尖 뾰족할 첨
尠 작을 선

尢部

尤 더욱 우
就 나갈 취

尸	尹	尺	尼	尾	尿	局	居	屈	屆	屋	屍
주검 시	맏 윤	자 척	계집중 니	꼬리 미	오줌 뇨	판 국	살 거	굽힐 굴	이를 계	집 옥	주검 시

屑	展	屛	屠	屢	層	屬	履	屮部	屮	屯		山
가루 설	펼 전	물리칠 병	무찌를 도	여러 누	층대 층	붙일 속	신 리		떡잎 철	둔취할 둔		뫼 산

岐	岡	岨	岫	岬	岱	岸	峙	峨	峯	島	峻	峽
기산 기	산등성이 강	돌산 저	산구멍 수	산결 갑	뫼 대	언덕 안	산우뚝할 치	높을 아	산봉오리 봉	섬 도	높을 준	골 협

- 崇 높을 숭
- 崎 산길험할 기
- 崔 높을 최
- 崖 비탈 애
- 崛 산우뚝할 굴
- 崩 산무너질 붕
- 嵇 산이름 혜
- 嵌 깊은골 감
- 嵎 산굽이 우
- 嵐 산기운 람
- 嵩 높을 숭
- 嵯 산높을 차
- 嶠 산길 교
- 嶺 고개 령
- 嶼 섬 서
- 嶽 산마루 악
- 巍 높고클 외
- 巒 봉오리 만
- 巓 산이마 전
- 巖 바위 암

巛部

- 川 내 천
- 州 고을 주
- 巡 순행할 순
- 巢 새집 소

工部

- 工 장인 공
- 左 왼 좌
- 巧 공교할 교
- 巨 클 거
- 巫 무당 무
- 差 다를 차

己部

- 己 몸 기
- 巳 뱀 사
- 巴 파촉 파
- 巷 거리 항
- 巽 부드러울 손

巾部

巾	수건 건
市	저자 시
布	베 포
帆	배돛 범
希	바랄 희
帑	자식 노
帖	문서 첩
帛	비단 백
帝	임군 제
帥	장수 수
師	스승 사
席	자리 석
帳	장막 장
帷	장막 유
帶	띠 대
常	떳떳 상
幅	폭 복
幕	장막 막
幟	기 치
幡	기 번
幣	폐백 폐

干部

干	방패 간
平	평할 평
年	해 년
幷	아우를 병
幸	다행 행
幹	줄기 간

幺部

幻	변화할 환
幼	어릴 유
幽	그윽할 유
幾	몇 기

广部

庄	천장 장
庇	덮을 비
序	차례 서
底	밑 저
店	가게 점

庚 별 경
府 마을 부
度 법도 도
座 자리 좌
庫 곳집 고
庭 뜰 정
庵 암자 암
庶 무리 서
康 편안 강
庸 떳떳 용
庾 노적 유
廁 뒷간 측
廂 행랑 상

廈 큰집 하
廉 청렴 렴
廊 행랑 랑
廐 마구 구
廛 집 전
廟 사당 묘
廢 폐할 폐
廣 넓을 광
廩 쌀고 름
廬 오두막 집
廳 대청 청

廴部

延 끌 연
廷 조정 정
建 세울 건

廾部

弁 관 변
弄 희롱 롱
弊 해질 폐

弋部

弋 주살 익
式 법 식
弑 웃사람 죽일 시

弓部

弓 활 궁
弔 조상할 조

引	弘	弗	弛	弟	弦	弧	弩	弱	張	強	彊	彈
이끌 인	클 홍	아닐 불	풀일 이	아우 제	활시위 현	나무활 호	쇠뇌 노	약할 약	베풀 장	강할 강	힘쓸 강	탄알 탄

彌	彐部 彑彐同	彖	彗	彙	彝	彡部	形	彥	彩	彪	彫	彭
찰 미		결단 단	별이름 혜	모을 휘	떳떳 이		형상 형	선비 언	채색 채	범의문채 표	아루새길 조	땅 팽

彰	影	彳部	彷	役	彼	往	征	徂	待	徊	律	後
밝을 창	그림자 영		방황할 방	역사 역	저 피	갈 왕	칠 정	갈 조	기다릴 대	머뭇거릴 회	법측 률	뒤 후

徐 천천서
徑 지름길경
徒 무리도
得 얻을득
徘 머뭇거릴배
從 쫓을종
御 거느릴어
徧 두루편
復 다시복
循 돌순
微 작을미
徵 부를징
德 큰덕

徹 통할철
徼 돌아다닐요
徽 아름다울휘

四畫

心部 忄同

心 마음심
必 반드시필
忌 꺼릴기
忍 참을인
志 뜻지
忘 잊을망
忙 바쁠망
忝 욕될첨

忠 충성충
快 쾌할쾌
念 생각념
忿 분낼분
怏 원망할앙
忽 문득홀
怕 두려워할파
怖 두려워할포
怒 성낼노
思 생각사
怠 게으를태
怡 화할이
急 급할급

性	성품 성
怨	원망할 원
怪	괴이할 괴
怯	겁낼 겁
恃	믿을 시
恒	항상 항
恐	두려울 공
恕	용서할 서
恙	병 양
恢	넓을 회
恣	방자할 자
恤	불상할 휼
恥	부끄러울 치
恩	은혜 은
恨	한할 한
恬	편안 념
恭	공손 공
息	쉬일 식
恰	흡사할 흡
悃	정성 곤
悁	성급할 견
悅	기쁠 열
悉	다할 실
悋	인색할 린
悍	날랠 한
悔	뉘우칠 회
悟	깨달을 오
悛	고칠 전
悠	멀 유
患	근심 환
悵	슬플 창
悶	번민할 민
悼	슬플 도
悲	슬플 비
悴	초췌할 췌
悽	슬퍼할 처
情	뜻 정
惆	슬플 주
惇	두터울 돈

惑	惚	惜	惟	惠	惡	惰	惱	想	惹	惻	愁	愉
미혹할 혹	황홀할 홀	아낄 석	오직 유	은혜 혜	악할 악	게으를 타	괴로울 뇌	생각할 상	이끌 약	불쌍히 여길 측	근심 수	기뻐할 유

愍	意	愚	愛	感	慍	愧	愴	愼	愿	慄	慇	慈
불상히 여길 민	뜻 의	어리석을 우	사랑 애	느낄 감	성낼 온	부끄러울 괴	슬플 창	삼갈 신	삼갈 원	겁날 률	은근할 은	사랑 자

態	慕	慘	慙	慢	慣	慧	慨	慮	慰	慶	憂	憎
태도 태	사모 모	참혹할 참	부끄러울 참	거만할 만	익숙할 관	지혜 혜	탄식할 개	생각 려	위로할 위	경사 경	근심 우	미울 증

憑 의지할 빙
憐 불쌍할 련
憚 꺼릴 탄
憤 분할 분
憬 깨우칠 경
憮 만질 무
憲 법 헌
憺 편안할 담
憶 생각할 억
憾 원망할 감
懇 간절할 간
憩 쉴 게
懈 게으를 해

應 응할 응
懕 편안할 염
懲 징계할 징
懷 품을 회
懿 클 의
懼 두려울 구
懽 기뻐할 환
懸 달 현
懺 뉘우칠 참
戀 생각할 련

戈部

戈 창 과
戊 별 무

戌 개 술
戍 수자리 수
戎 군사 융
成 이룰 성
我 나 아
戒 경계할 계
或 혹 혹
戚 겨레 척
戛 창 알
戟 창 극
截 끊을 절
戮 죽일 륙
戰 싸움 전

- 戲 희롱할 희
- 戴 일 대

戶部

- 戶 지게 호
- 戾 돌아올 려
- 房 방 방
- 所 바 소
- 扁 납작할 편
- 扇 부채 선
- 扈 따를 호
- 扉 문짝 비

手部 扌同

- 手 손 수
- 才 재주 재
- 打 칠 타
- 扣 두드릴 구
- 托 밀 탁
- 扱 미칠 급
- 扶 거두어붓들 부
- 批 비평 비
- 承 이을 승
- 技 재주 기
- 抄 베낄 초
- 抉 들추어낼 결
- 把 잡을 파
- 抑 누를 억
- 抒 꺼낼 서
- 投 던질 투
- 抗 막을 항
- 折 꺾을 절
- 披 헤칠 피
- 抵 막을 저
- 抱 안을 포
- 押 누를 압
- 抽 뺄 추
- 拂 떨칠 불
- 拇 엄지손가락 무
- 拋 던질 포
- 拍 칠 박

拉 꺾을 랍
拏 잡을 나
拐 유인할 괴
拒 막을 거
拓 열 탁
拔 뽑을 발
拗 비뚤 요
拘 꺼리길 구
拙 옹졸할 졸
招 부를 초
拜 절 배
括 쌀 괄
拭 씻을 식

拮 일할 길
拱 팔짱낄 공
拳 주먹 권
拾 주을 습
持 가질 지
指 손가락 지
按 누를 안
拶 다닥칠 찰
挑 도울 조
挨 밀 애
挫 꺾을 좌
振 떨칠 진
挺 곧을 정

挽 당길 만
挾 낄 협
捉 잡을 착
捌 칠 팔
捐 버릴 연
捕 잡을 포
捧 받들 봉
捷 이길 첩
捨 버릴 사
捻 비틀 념
捲 걷을 권
掃 쓸 소
授 줄 수

掌 손바닥 장
掏 가릴 도
掖 낄 액
排 물리칠 배
掛 걸 괘
掠 노략할 략
掘 팔 굴
採 캘 채
探 찾을 탐
接 대일 접
控 당길 공
推 밀 추
掩 가릴 엄

措 둘 조
掬 움킬 국
揃 고를 전
揆 헤아릴 규
提 끌 제
描 그릴 묘
插 꽂을 삽
揚 날릴 양
搜 두질 수
換 바꿀 환
握 쥘 악
揭 들 게
揮 떨칠 휘

援 구원할 원
損 덜 손
搔 긁을 소
搖 흔들 요
搦 가질 약
摘 딸 적
摛 펼 리
摧 꺾을 최
摩 만질 마
摯 잡을 지
摶 둥글 단
摸 본뜰 모
摹 본뜰 모

摺	摽	撒	撓	撚	撞	撥	撫	播	撮	撲	撰	撿
접을 접	칠 표	흐를 살	요란할 요	꼴 년	칠 당	덜 발	어루만질 무	씨뿌릴 파	취할 촬	칠 박	지을 찬	단속할 검

擁	擇	擊	操	擔	據	擢	擥	擧	擬	擾	攀	攜
막을 옹	가릴 택	칠 격	잡을 조	짐 담	웅거할 거	뺄 탁	잡을 람	들 거	헤아릴 의	요란할 요	이끌어 잡을 반	끌 휴

攝	攪	攫	支部	支	攲	攴部 攵同	收	改	攻	放	政	更
잡을 섭	휘절 교	움켜쥘 확		지탱할 지	삐뚤어질 기		거둘 수	고칠 개	칠 공	놓을 방	정사 정	다시 갱

- 故 연고 고
- 效 본받을 효
- 敍 펼 서
- 敎 가르칠 교
- 敏 민첩 민
- 救 구원할 구
- 敕 경계할 칙
- 敗 패할 패
- 敢 감히 감
- 散 흩어질 산
- 敦 도타울 돈
- 敬 공경 경
- 敲 칠 고
- 敵 원수 적
- 敷 펼 부
- 數 셀 수
- 整 정제할 정
- 斂 거둘 렴

文部

- 文 글월 문
- 斐 문채 비
- 斑 아롱질 반

斗部

- 斗 말 두
- 料 헤아릴 료
- 斜 비낄 사
- 斟 짐작할 짐
- 斡 주장할 간

斤部

- 斤 근 근
- 斥 물리칠 척
- 斧 도끼 부
- 斬 벨 참
- 斯 이 사
- 新 새 신
- 斷 끊을 단

方部

- 方 모 방
- 於 어조사 어

施	베풀 시
族	겨레 족
旅	나그네 려
旆	기 패
旋	돌이킬 선
旌	기 정
旗	기 기
旛	기 번
无部	
无	없을 무
既	이미 기
日部	
日	날 일

旦	아침 단
旨	맛있을 지
早	일찍 조
旬	열흘 순
旭	해돋을 욱
旱	가물 한
昂	높을 앙
昃	날기울 측
昆	맛 곤
昇	오를 승
昌	장성 창
明	밝을 명
昏	어둘 혼

易	바꿀 역
昔	옛 석
星	별 성
映	비칠 영
春	봄 춘
昧	어두울 매
昨	어제 작
昭	밝을 소
是	이 시
晃	밝을 황
時	때 시
晉	진나라 진
晩	늦을 만

- 晝 낮 주
- 晤 밝을 오
- 晨 새벽 신
- 晦 그믐 회
- 晧 밝을 호
- 普 넓을 보
- 景 빛 경
- 晴 개일 청
- 智 지혜 지
- 暇 틈 가
- 晶 수정 정
- 暈 해달무리 운
- 暉 날빛 휘
- 暑 더울 서
- 暗 어두울 암
- 暝 어두울 명
- 暖 따뜻할 난
- 暫 잠깐 잠
- 暮 저물 모
- 暴 모질 폭
- 暾 해돋을 돈
- 曆 책력 력
- 曇 날흐릴 담
- 曉 밝을 효
- 曙 새벽 서
- 曜 빛날 요
- 曠 멀 광

曰部

- 曰 가로 왈
- 曲 굽을 곡
- 曳 당길 예
- 書 글 서
- 曾 일찍 증
- 最 가장 최
- 替 바꿀 체
- 會 모을 회

月部

- 月 달 월
- 有 있을 유

朋	服	朔	朕	朗	望	朝	期	朦	朧		木	未
벗 붕	옷 복	초하루 삭	나 짐	밝을 랑	바랄 망	아침 조	기약 기	달희미할 몽	달희미할 롱	木部	나무 목	아닐 미

末	本	札	朱	朴	朶	机	朽	杉	李	杏	材	杓
끝 말	근본 본	편지 찰	붉을 주	클 박	꽃송이 타	책상 궤	썩을 후	삼나무 삼	오얏 이	살구 행	재목 재	자루 표

杖	杜	束	杯	東	杵	杷	松	板	枇	枕	林	枚
지팡이 장	막을 두	묶을 속	잔 배	동녘 동	절구공이 저	비파 파	송나무 송	널 판	나무 비	벼개 침	수풀 림	줄기 매

果	실과 과
枝	가지 지
枯	마를 고
架	시렁 가
柿	감 시
柏	잣나무 백
染	물들일 염
柔	부드러울 유
柙	짐승우리 합
查	자살할 사
柩	관 구
柬	분별할 간
柯	가지 가
柰	어찌 내
柱	기둥 주
柳	버들 류
柴	땔나무 시
柵	목책 책
栗	밤 률
校	학교 교
株	줄기 주
核	씨 핵
根	뿌리 근
格	격식 격
栽	심을 재
桂	계수나무 계
桃	복숭아 도
案	책상 안
桐	오동 동
桎	착고 질
桑	뽕나무 상
桓	굳셀 환
某	아무 모
桶	통 통
栞	나무쪼갤 간
梁	들보 량
梃	막대 정
梅	매화 매
梓	노나무 자

梗	산느름나무 경
條	가지 조
梟	올빼미 효
梢	가지 소
梧	오동 오
梯	사다리 제
械	틀 계
梳	빗 소
梭	북 사
梱	문지방 곤
梵	불경 범
梶	나무끝 미
棒	나뭇가지 봉
棄	버릴 기
梨	배 리
棊	바둑 기
棗	대추 조
棚	시렁 붕
棟	기둥 동
棠	아가위 당
棧	다리 잔
森	수풀 삼
棺	관 관
椅	의자 의
椀	주발 완
植	심을 식
椎	방망이 추
棹	노 도
椿	동백나무 춘
楊	버들 양
楓	단풍 풍
楚	초나라 초
楔	문설주 설
楠	매화나무 남
楢	가랑나무 남
楫	노 즙
業	업 업
楮	닥나무 저
楯	난간 순

極	다할 극
楷	법 해
楹	기둥 영
槌	방망이 퇴
榎	싸리 가
榛	가얌나무 진
榮	영화 영
榻	긴걸상 탑
槍	창 창
構	집세울 구
槐	괴화나무 괴
槎	떼 사
槧	분판 참

穀	닥나무 곡
槽	말구유 조
槿	무궁화 근
樂	즐거울 락
槪	대개 개
槻	느티나무 규
樅	전나무 종
樓	다락 루
標	표할 표
樞	지들이 추
樟	장뇌나무 장
模	법 모
樣	모양 양

樵	나무할 초
樸	질박할 박
樹	나무 수
樺	벗나무 화
樽	술통 준
橋	다리 교
橘	귤 귤
機	베틀 기
橙	큰유자 등
橫	빗길 횡
檀	향나무 단
橿	박달나무 강
檄	격서 격

檎	능금 금
檐	첨마 첨
檜	전나무 회
檢	봉할 검
檣	돛대 장
檻	난간 함
櫂	노 도
櫓	노 로
櫛	빗 즐
櫃	궤 궤
櫟	도토리 력
櫪	마판 력
櫬	관 친
欅	참귀목 거
欄	난간 란
櫻	앵두 앵
權	권세 권
欑	떨기 찬
欒	마를 란
欝	답답할 울

欠部

欠	하품 흠
次	버금 차
欣	기쁠 흔
欲	하고저할 욕
欷	울 희
欸	탄식할 애
欺	속일 기
欽	공경할 흠
款	조목 관
歇	쉬일 헐
歉	부족할 겸
歌	노래 가
歎	탄식할 탄
歐	토할 구
歔	한숨쉴 허
歛	탐할 검
歟	어조사 여
歡	기쁠 환

止部

止 그칠 지
正 바를 정
此 이 차
步 걸음 보
武 호반 무
歲 해 세
歷 지낼 력
歸 돌아갈 귀

歹部

死 죽을 사
歿 죽을 몰
殀 일찍죽을 요
殆 위태할 태
殉 다를 순
殊 다를 수
殖 부를 식
殘 나머지 잔
殞 떨어질 운
殪 죽을 에
殯 빈소 빈
殲 멸할 섬

殳部

殳 창 수
段 조각 단
殷 은나라 은
殺 죽일 살
殼 껍질 각
殿 전각 전
毁 헐 훼
毅 굳셀 의
毆 칠 구

毋部

毋 없을 무
母 어미 모
每 매양 매
毒 독할 독

比部

比 견줄 비

毖 삼갈 비

毗 도울 비

毛部

毛 터럭 모

毫 터럭 호

毬 제기 구

毵 털길 삼

氂 소꼬리 리

氈 담 전

氏部

氏 각씨 씨

民 백성 민

氓 백성 맹

气部

气 구름기운 기

氛 기운 분

氣 기운 기

氤 천지기운합할 인

氳 기운성할 온

水部 氵同

水 물 수

永 길 영

汀 물가 정

汁 국물 집

汎 띄일 범

求 구할 구

汗 땀 한

汚 더러울 오

汐 썰물 석

氾 넘칠 범

汝 너 여

江 물 강

池 못 지

汽 물기운 기

汩 물흐를 율

汰 미끄러질 태

汲 물길을 급

汾 물일흠 분

沁 젖을 심

沂	물 기
沃	지름길 옥
沈	잠길 침
沌	혼탁할 돈
沐	목욕할 목
沒	빠질 몰
沖	깊을 충
沙	모래 사
沓	거듭 담
決	결단할 결
沛	자빠질 패
沮	막을 저
沫	거품 말
河	물 하
沸	끓을 불
油	기름 유
治	다스릴 치
沼	굽은못 소
沾	젖을 첨
泄	셀 설
泊	쉴 박
沿	물따라내릴 연
況	하물며 황
泉	샘 천
泌	좁게흐를 필
泓	맑을 홍
法	법 법
泗	콧물 사
泠	찰 랭
泡	거품 포
波	물결 파
泣	울 읍
泥	진흙 니
注	물댈 주
泰	클 태
泳	헤엄칠 영
洋	넓을 양
洌	맑을 렬
洗	씻을 세

洒	洙	洛	洞	津	洪	洫	洲	洵	洶	活	洽	派
씻을 쇄	물가 수	락수 락	골 동	나루 진	넓을 홍	밭고랑 혁	섬 주	믿을 순	소동할 흉	살 활	화할 흡	물나눠흐를 파

流	浙	浚	浥	浦	浩	浪	浮	浴	海	浸	消	涌
흐를 류	쌀씻을 절	팔 준	젖을 읍	개 포	넓을 호	물결 랑	뜰 부	목욕할 욕	바다 해	적실 침	녹을 소	물솟을 용

涉	涎	涓	涔	涕	涯	液	涼	淀	淅	淇	淋	淑
건널 섭	침 연	물방울 연	눈물 잠	눈물 제	물가 애	진액 액	서늘 량	배댈 정	쌀일 석	물 기	물댈 림	맑을 숙

淚 눈물 루

凄 찰 처

淡 맑을 담

淤 진흙 어

淨 맑을 정

淪 빠질 륜

淫 음란할 음

淮 물 회

深 깊을 심

淳 순박 순

淵 못 연

混 흐릴 혼

淸 맑을 청

淹 머무를 엄

淺 얕을 천

添 더할 첨

渙 흘러흩어질 환

渚 모래벌 저

減 감할 감

渝 변할 유

渠 도랑 거

渡 건널 도

渥 젖을 악

渦 물돌아흐를 와

溫 따뜻할 온

渫 우물칠 설

測 측량할 측

渭 위수 위

港 항구 항

渴 목마를 갈

游 뜰 유

渾 흐릴 혼

湄 물가 미

湊 항구 주

湃 물결칠 배

湍 여울 단

湖 호수 호

湘 강이름 상

湛 맑을 담

湮	빠질 인
湯	더운물 탕
湲	흐를 원
源	근원 원
準	법 준
溜	물머물 류
溝	도랑 구
溢	넘칠 일
溟	바다 명
溪	시내 계
溶	녹을 용
溺	빠질 닉
溽	무더울 욕
滁	물이름 저
滂	흐를 방
滄	푸를 창
滅	멸할 멸
滇	못이름 전
滎	물이름 형
滋	부를 자
滑	다스릴 골
滓	찌끼 재
滔	물넓을 도
滕	물오를 등
滌	씻을 척
滲	스밀 삼
滴	물방울 적
滯	막힐 체
滿	찰 만
漁	고기잡을 어
漂	빨래할 표
漆	옷 칠
漉	스밀 록
漏	잊을 루
漑	물댈 개
演	펼 연
漕	배저을 조
漚	물거품 구
漠	아득할 막

漓	물샐 리
漢	한수 한
漣	물무늬 련
漩	물돌 선
漪	물결무늬 의
漫	아득할 만
漬	담글 지
漭	큰물 망
漰	물결치는소리 붕
漱	양치할 수
漳	물이름 장
漵	개 서
漸	점점 점
漿	간장 장
潁	맑을 영
漲	물찰 창
漾	물결일 양
潔	정할 결
澎	물소리 팽
潑	물뿌릴 발
潘	뜨물 번
潛	잠길 잠
潟	짠흙 석
潢	웅덩이 황
澗	시내 간
潤	불을 윤
潦	장마 료
潭	못 담
潮	조수 조
潯	물가 심
潺	흐를 잔
潰	무너질 궤
澀	깔깔할 삽
澄	맑을 징
澆	물댈 요
澌	물잦을 시
澍	때맞춘비 주
澣	옷빨 한
澤	윤택할 택

澥	澧	澮	澱	澳	澹	激	濁	濃	澟	濘	濛	濟
바다별명 해	물이름 례	도랑 회	앙금 전	물가 오	고요할 담	급할 격	흐릴 탁	무르녹을 농	차고맑을	진흙 녕	가는비 몽	건늘 제

濡	濤	濯	濠	濫	濕	濱	瀆	瀑	瀕	瀉	瀛	瀝
젖을 유	큰물결 도	씻을 탁	물 호	넘칠 람	젖을 습	물가 빈	더러울 독	폭포 폭	물가 빈	쏟을 사	큰바다 영	물방울 력

瀧	瀞	瀦	瀨	瀟	瀰	瀲	瀾	灌	灑	灘	灝	灣
폭포 롱	정결할 정	물괼 저	여울 뢰	빗소리 소	물가득할 미	물넘칠 렴	물결 란	물댈 관	물뿌릴 새	여울 탄	물줄기 호	물굽이 만

火部 灬同

火	불 화
灰	재 회
灸	지질 구
灼	사를 작
災	재앙 재
炊	불땔 취
炎	불꽃 염
炙	구울 자
炒	볶을 초
炫	밝을 현
炬	횃불 거
炭	숯 탄
炮	싸서구을 포
炯	밝을 형
炳	빛날 병
烈	매울 렬
烏	까마귀 오
烘	불쬐일 홍
烙	지질 락
烜	밝을 훤
烝	찔 증
烹	삶을 팽
烽	봉화 봉
焉	어찌 언
焚	태울 분
焞	밝을 순
無	없을 무
焦	탈 초
焰	불꽃 염
然	그러할 연
煇	빛날 휘
煌	빛날 황
煎	다릴 전
煮	삶을 자
煒	밝을 위
熙	빛날 희
煖	따뜻할 난
煙	연기 연

煢 외로울 경
煤 매연 매
煥 밝을 환
照 비칠 조
煩 번거할 번
煬 화할 양
煽 불붙일 선
熄 불꺼질 식
熅 따뜻할 온
熊 곰 웅
熏 불기운 훈
熒 빛날 형
熟 익을 숙

熠 선명할 습
熨 다리미 외
熬 볶을 오
熱 더울 열
熹 밝을 희
熾 불성할 치
燀 불땔 천
燃 탈 연
燈 등불 등
燎 불놓을 료
燐 황불 린
燒 태울 소
燕 제비 연

燔 구울 번
燉 불성할 돈
營 경영할 영
燠 더울 욱
燥 마를 조
燦 밝을 찬
燧 봉화 수
燬 불성할 훼
燭 촛불 촉
燹 들불 선
燼 불똥 신
燿 비칠 요
燾 덮을 도

- 爍 빛날삭
- 爆 불터질폭
- 爐 화로로
- 爓 불꽃염
- 爛 데어터질란
- 爝 횃불조
- 爟 봉화관
- 爨 불땔찬

爪部

爪同

- 爪 손톱조
- 爬 긁을파
- 爭 다툴쟁
- 爰 이에원
- 爲 하위
- 爵 벼슬작

父部

- 父 아비부
- 爺 아비야

爻部

- 爻 점괘효
- 爽 시원할상
- 爾 너이

爿部

- 牀 평상상
- 牂 암양장
- 牆 담장

片部

- 片 조각편
- 版 쪼갤판
- 牋 표할전
- 牌 패패
- 牒 편지첩
- 牓 방방
- 牖 인도할유
- 牘 편지독

牙部

- 牙 어금니아
- 牚 버팀목당

牛部

牛	소 우
牝	암짐승 빈
牟	클 모
牡	수컷 무
牢	견고할 로
牣	가득할 인
牧	기를 목
物	만물 물
牲	희생 생
牴	받을 저
牷	순색쇠 전
特	특별 특
牽	잡아당길 견
犀	들소 서
犂	쟁기 리
犇	소놀라뛸 분
犍	불깐소 건
犖	얼룩소 락
犒	호괴할 호
犢	송아지 독
犧	희생 희
犨	흰소 주
犬部	犭同
犬	개 견
犯	범할 범
狀	형상 상
狁	오랑캐 윤
狂	미칠 광
狄	오랑캐 적
狆	개이름 충
狎	친근할 압
狐	여우 호
狗	개 구
狙	손긴원숭이 저
狛	개이름 박
狡	간사할 교
狩	사냥할 수
狸	삵괭이 리
狹	좁을 협

狻 사자산

狼 이리랑

狽 낭패패

猊 사자예

猋 개다리 날표

猖 미칠창

猗 불간개 의

猛 날랠맹

猜 시기할 시

猝 창졸졸

猥 망령될 외

猨 원숭이 원

猩 성성이 성

猲 사냥개 혈

猫 고양이 묘

猴 원숭이 후

猷 꾀할유

猶 오히려 유

猪 돼지저

猿 원숭이 원

猾 교활할 활

獄 옥옥

獅 사자사

獎 권할장

獗 형세떨칠 궐

獠 밤에산양할 료

獨 홀로독

獪 교활할 회

獫 오랑캐 렴

獮 가을사냥 선

獰 영악할 녕

獲 얻을획

獸 짐승수

獵 사냥할 렵

獻 드릴헌

獺 수달달

五畫

玄部

玄 검을현

玆 이 자

率 거느릴 솔

玉部 王同

玉 구슬 옥

王 임금 왕

玕 옥같은 돌 간

玖 검은돌 구

玟 옥돌 민

玩 구경 완

玲 옥소리 령

玳 대모 대

珀 호박 박

玻 유리 파

珈 머리치장 가

珉 아름다운돌 민

珊 산호 산

珍 보배 진

珙 큰둥근옥 공

珠 구슬 주

珥 귀걸이 이

珪 서옥 규

班 반렬 반

珩 노리개 형

珮 패옥 패

珽 옥홀 정

現 나타날 현

球 둥근옥 구

琅 옥같은돌 랑

理 다스릴 리

琉 유리 류

珷 무부 무

琚 패옥 거

琛 보배 침

琢 옥다듬을 탁

琤 옥소리 쟁

琥 옥호부 호

琦 옥 기

琨 아름다운옥 곤

琫 칼치장 봉

琬	琮	琯	琰	琳	琴	琵	琶	琺	瑁	瑊	瑕	瑑
서옥 원	옥돌 종	옥저 관	서옥 염	아름다운옥 림	검은고 금	비파 비	비파 파	법랑 법	대모 매	아름다운돌 감	옥티 하	색일 전

瑋	瑗	瑚	瑙	瑛	瑜	瑞	瑟	瑣	瑤	瑩	瑰	瑪
보배로울 위	구멍큰옥 원	산호 호	옥돌 노	옥빛 영	아름다운옥 유	상서 서	검은고 슬	옥가루 쇄	아름다운옥 요	아름다운돌 영	아름다운돌 괴	마노 마

瑱	瑳	瑾	璀	璆	璋	璃	璜	璠	璣	璧	璨	璫
충이 진	옥빛 차	붉은옥 근	옥빛 최	옥경쇠 구	반쪽서옥 장	유리 리	구슬 황	보배옥 번	작은진주 기	둥근옥 벽	옥광채 찬	귀걸이 당

- 環 둘릴 환
- 璽 옥새 사
- 璵 보배옥 여
- 璿 아름다운옥 선
- 瓊 붉은옥 경
- 瓏 환할 롱
- 瓘 서옥 관
- 瓚 옥그릇 찬

瓜 部

- 瓜 외 과
- 瓞 북치 질
- 瓠 표주박 호
- 瓢 박 표
- 瓣 외씨 판

瓦 部

- 瓦 기와 와
- 瓴 귀달린병 령
- 甁 병 병
- 甃 우물벽돌 추
- 甄 질그릇 진
- 甌 중발 구
- 甍 마루대 맹
- 甑 시루 증
- 甓 벽돌 벽
- 甕 독 옹

甘 部

- 甘 달 감
- 甚 심할 심
- 甜 달 첨

生 部

- 生 날 생
- 産 해산 산
- 甥 생질 생
- 甦 다시살 소
- 用 쓸 용
- 甫 클 보
- 甬 길 용

田	由	甲	申	男	甸	町	甿	畀	界	畏	留	畔
밭 전	말미암을 유	갑옷 갑	펼 신	사내 남	경기 전	지경 정	백성 맹	줄 비	지경 계	두려울 외	머무를 류	밭골 반

畚	畛	畝	畜	畢	畤	略	畦	番	畫	畯	異	當
삼태 분	밭골 진	밭넓이 무	기를 축	마칠 필	제터 치	간략할 략	밭두둑 휴	번 번	그림 화	권농관 준	다를 이	마땅 당

畷	畸	畹	畿	疇	疊	疋部	疋	疏	疑	疐	疒部	疚
밭사이길 철	좌익군사 기	밭삼십이랑 원	지경 기	삼밭 주	거듭 첩		짝 필	상소 소	의심 의	굽힐 치		오랜병 구

疝 산증 산
疢 열병 진
疣 사마귀 우
疥 옴 개
疫 돌림병 역
疱 부풀 포
疲 가쁠 피
疵 흠집 자
疹 역질 진
疼 아플 동
疸 황달 단
疾 병 질
症 병증세 증

病 병들 병
痊 병나을 전
痍 다칠 이
痔 치질 치
痕 흉터 흔
痛 아플 통
痡 병들 보
痢 이질 리
痴 어리석을 치
痰 담 담
痺 각기 비
痼 고질 고
痾 병깊을 아

痿 모저릴 위
瘁 병들 취
瘉 병나을 유
瘍 머리헐 양
瘖 벙어리 음
瘦 파리할 수
瘞 묻을 예
瘠 파리할 척
瘡 종기 창
瘥 병나을 채
瘤 혹 류
瘧 학질 학
瘳 병나을 료

瘻 목부을 루
瘵 노점 채
療 병고칠 료
癃 들피병 륭
癈 고질 폐
癘 염병 려
癖 적병 벽
癡 어리석을 치
癢 가려울 양
癬 버짐 선
癭 목의혹 영
癰 종기 옹
癲 간질병 전

癸 북방 계
登 오를 등
發 필 발

白部

白 흰 백
百 일백 백
皂 검을 조
的 적실할 적
皆 다 개
皇 임금 황
皐 언덕 고
皎 달빛흴 교

皙 흴 석
皚 흴 애
皦 옥빛흴 교
皓 밝을 호
皮 가죽 피
皴 가죽주름질 준
皸 얼어터질 군
皺 주름질 추

皿部

皿 그릇 명
盂 밥사발 우
盆 소래 분

盈	盃	益	盎	盇	盒	盛	盜	盟	盞	盡	監	盤
찰 영	잔 배	더할 익	동이 앙	화할 합	합 합	성할 성	도적 도	맹서할 맹	술잔 잔	다할 진	볼 감	소반 반

盥	盧	盬	盭	盪	目部 四同	目	盲	直	相	盼	盻	眄
손씻을 관	성 로	먹을 고	어그러질 려	씻을 탕		눈 목	판수 맹	곧을 직	서로 상	눈매예쁠 반	눈흘겨볼 혜	곁눈질 면

盾	省	眇	眈	眉	看	眴	眆	眊	䀏	眛	眩	眞
방패 순	살필 성	애꾸 묘	노려볼 탐	눈섭 미	볼 간	눈굴려볼 전	본받을 방	눈흐릴 모	깜짝놀라볼 혈	눈어두울 매	눈현혹할 현	참 진

眥	흘겨볼 자
眚	재앙 생
眙	눈뜰 이
眕	보는한정 진
眠	졸 면
眢	눈어두울 원
眼	눈 안
眷	돌아볼 권
眴	눈짓할 순
眵	눈꼽 치
眹	눈동자 진
眺	볼 조
眽	서로볼 맥

眯	눈에티들 미
眸	눈동자 모
睎	사모할 희
睆	고은모양 환
䀹	눈섭 첩
睇	적게볼 제
睪	엿볼 역
睚	눈가 애
睢	성내어볼 휴
睨	흘겨볼 예
睧	눈어두울 혼
睡	졸 수
睛	눈망울 정

睫	속눈섭 첩
睒	빛날 섬
督	거느릴 독
睤	곁눈질할 비
睦	화목할 목
睞	곁눈질할 래
睠	돌아볼 권
睿	성인 예
睾	불알 고
睽	눈돌이킬 규
睹	볼 도
瞀	어리석을 무
瞋	눈부릅뜰 전

瞍	판수 수
瞑	눈감을 명
瞠	바로볼 당
瞞	속일 만
瞟	눈적은모양 표
瞢	눈어두울 몽
瞰	구부려볼 감
瞬	눈꿈쩍일 순
瞳	눈동자 동
瞥	잠깐볼 별
瞭	눈밝을 료
瞏	애눈예 맥 편
瞼	눈시울 검
瞽	판수 고
瞻	쳐다볼 첨
矆	번개불 획
矇	청맹관 몽
矍	놀라볼 확
矎	눈부실 현
䁾	눈초리붉을 멸
矐	눈멀 획
矖	찾아볼 리
矗	우뚝할 촉
矕	눈예쁠 만
矚	볼 촉

矛部

矛	세모창 모
矜	불쌍할 긍
矞	송곳으로뚫을 율
矠	작살 착
矟	긴창 삭

矢部

矢	살 시
矣	어조사 의
知	알 지
矧	하물며 신
矩	곡척 구
矬	난장이 좌
短	짧을 단

矮	작을 왜
矯	바로잡을 교
矰	주살 증
矱	법도 확

石部

石	돌 석
矴	배닻돌 정
矻	수고로울 굴
砂	모래 사
砌	섬돌 체
砒	비상 비
砦	목책 채
砥	숫돌 지
砠	돌산흙덮일 저
砧	방칫돌 침
砮	돌살촉 노
破	깨트릴 파
砲	대포 포
砰	물파도소리 팽
砭	돌침 폄
砢	돌모양 가
研	갈 연
硬	굳을 경
硯	벼루 연
硝	망초 초
硠	돌소리 랑
硫	유황 류
碕	굽은낭떠러지 기
碁	바둑돌 기
碎	부스러질 쇄
碏	공경할 작
碓	방아 대
硾	누를 추
碇	배닻 정
碆	돌살촉 파
硼	붕사 붕
碑	비석 비
碌	푸른돌 록
碪	방칫돌 침

碞	험할 암
碣	비석 갈
碩	클 석
碧	푸를 벽
磑	맷돌 애
確	확실 확
磈	돌모양 외
磋	갈 차
磁	지남철 자
磔	동지할 책
碼	마노 마
磅	돌소리 방
磐	반석 반

磊	돌많을 뢰
磏	숫돌 렴
磤	우뢰소리 은
磬	돌경쇠 경
磛	산험할 참
磧	물가자갈 적
磨	갈 마
磽	단단할 교
磺	쇳돌 광
磯	자갈 기
礁	암초 초
磴	돌고개 등
磻	시내 반

磷	돌비늘 린
礉	돌험할 교
礐	돌소리 각
礒	바위 의
礎	주춧돌 초
礑	밑 당
礌	돌굴릴 뢰
礙	그칠 애
礦	쇳돌 광
礧	돌굴릴 뢰
礨	적은구멍 뢰
礪	숫돌 려
礫	자갈 력

礬	礱		示	社	礿	祀	祅	祇	祈	祉	祐	祓
백반 번	갈 롱	示部 礻同	보일 시	사직 사	여름제사 이름 약	제사 사	재앙 요	지신 기	빌 기	복 지	도울 우	푸닥거리 불

祔	祕	祖	祗	祚	祛	祜	祝	神	祟	祠	祡	祥
부제사 부	비밀할 비	할아비 조	공경할 지	복조 조	물리칠 거	복 호	빌 축	귀신 신	빌미 수	사당 사	천제지낼 시	상서 상

祧	票	祫	祭	祲	祺	祼	禄	禀	禁	禊	禍	禎
체전할 조	표할 표	합제사 협	제사 제	무리 침	기할 기	강신할 관	녹 록	여쭐 품	금할 금	푸닥거리 계	재화 화	상서 정

福	복 복
禖	제사 매
禘	나라큰 제향 제
禡	진터제 마
禦	막을 어
禧	복 희
禨	상서 기
禪	고요할 선
禬	제사 회
禮	예도 례
禰	아비사당 니
禱	빌 도
禳	기도할 양

内部

禸	짐승발자국 유
禹	우임금 우
禺	사시 우
禽	새 금

禾部

禾	벼 화
秃	모지라질 독
秀	빼낼 수
私	사사 사
秈	메벼 선
秉	잡을 병
秊	햇 년
秋	가을 추
秏	해질 모
科	조목 과
秒	벼까락 묘
秕	쭉정이 비
租	부세 조
秣	말먹일 말
秤	저울 평
秦	진나라 진
秧	모 앙
秩	차례 질
秬	검은기장 거
秭	천억 자

移	옮길 이
稀	드물 희
稂	강아지풀 랑
稃	등겨 부
稅	부세 세
稈	볏줄기 간
程	법식 정
稍	점점 초
稑	올벼 륙
稔	여물 임
𥟇	밀 래
稗	피 패
稚	어릴 치
稛	묶을 곤
稜	모서리 릉
稟	품할 품
稠	빽빽할 주
稬	찰벼 나
種	씨 종
稱	일컬을 칭
稷	기장 직
稹	빽빽할 진
稻	벼 도
稼	심을 가
稽	상고할 계
稾	볏짚 고
稿	원고 고
穀	곡식 곡
穅	겨 강
穆	아름다울 목
積	쌓을 적
穎	이삭끝 영
穗	이삭 수
穜	늦벼 동
穠	번성할 농
穡	곡식거둘 색
穢	더러울 예
穩	편안할 온
穰	볏줄기 양

穴部

穴 구멍 혈
究 궁구할 구
穹 높을 궁
空 빌 공
穽 함정 정
穿 뚫을 천
突 마주칠 돌
窄 좁을 책
窅 눈깊을 요
窆 하관할 폄
窈 고울 요
窊 웅덩이 와
窋 뾰족내밀 줄
窌 굴 교
窒 막힐 질
窕 고요할 조
窖 굴 고
窗 창 창
窘 궁색할 군
窟 구멍 굴
窠 새집 과
窩 감출 와
窪 웅덩이 와
窮 다할 궁
窯 기와가마 요
窶 예절없을 구
窿 하늘 륭
窺 엿볼 규
竄 도망할 찬
竅 구멍 규
竇 구멍 두
竈 부뚜막 조
竊 도적할 절

立部

立 설 립
竑 헤아릴 횡
站 홀로설 참
竚 오래설 저

六畫

竝	아우를 병
竟	마칠 경
章	글장 장
竢	기다릴 사
竣	마칠 준
童	아이 동
竦	두려울 송
竪	세울 수
竫	머물러편안할 정
竭	다할 갈
端	끝 단
競	다툴 경

竹部

竹	대 죽
竺	두터울 독
竽	피리 우
竿	대줄기 간
笄	비녀 계
笈	상자 급
笊	조리 조
笏	홀 홀
笑	웃음 소
笘	대롱 점
笙	피리 생
笛	피리 적
笞	태장 태
筊	대레메일 교
笠	삿갓 립
笥	대상자 사
符	병부 부
第	차례 제
笮	전동 책
笯	새장 노
笱	통발 구
笳	피리 가
笴	살대 간
筅	대 선
筆	붓 필

筈 살오늬 괄
等 무리 등
筋 힘줄 근
筌 가리 전
筍 죽순 순
筎 대껍질 여
筏 떼 벌
筐 광주리 광
筑 물이름 축
筒 대통 통
答 대답 답
策 꾀 책
筠 대겁질 균

筥 둥근미 거
筧 홈통 견
筬 바디 성
筮 점칠 서
筯 젓가락 저
筴 젓가락 협
筵 대자리 연
箇 낱 개
箋 글 전
箍 대레매일 고
箏 거문고 쟁
箒 빗 체
箔 발 박

箕 키 기
算 수놓을 산
箘 대순 균
箙 전동 복
箚 차자 차
箝 잠길 겸
箠 채찍 추
管 주관할 관
箬 대껍질 약
箭 화살 전
箱 상자 상
箴 바늘 잠
箶 전실 호

落	갈귀 락
箸	젓가락 저
節	마디 절
篁	대밭 황
範	법 범
篆	전자 전
篇	책 편
篋	상자 협
築	쌓을 축
篙	상앗대 고
篚	대광주리 비
篝	배롱 구
篠	가는대 조
篡	취할 찬
篤	도타울 독
篦	비녀 비
篩	체 사
篲	비 세
篳	사립문 필
篷	대뜸 봉
篸	바늘 잠
篾	쪼갠대 멸
簀	갈대발 책
簇	작은대 족
簎	작살 착
簏	대상자 록
簞	소쿠리 단
簟	대자리 점
簡	가릴 간
簣	삼태 궤
簦	우산 등
簧	생황 황
簪	비녀 잠
簫	등소 소
簷	처마 첨
簸	까부를 파
簽	편지 첨
簾	발 렴
簿	문서 부

藍 큰바구니 람
籌 셈대 주
籍 호적 적
籐 등 등
籀 대전 주
籔 조리 수
籜 대껍질 탁
籟 피리 뢰
籠 채롱 롱
籤 표 첨
籩 대제기 변
籬 울타리 리

米部

米 쌀 미
籹 약과 여
粊 나쁜쌀 비
粃 쭉정이 비
粉 가루 분
粋 정밀할 쇠
粒 쌀알 립
粔 약과 거
粕 지게미 박
粗 성길 조
粘 끈끈할 점
粟 조 속
粤 생각 월

粥 죽 죽
粧 단장할 장
粮 양식 량
粰 겨 부
粱 기장 량
粲 정한쌀 찬
粳 메벼 갱
粹 순전할 수
精 정할 정
糅 섞일 유
糉 송편 종
糊 풀 호
糏 싸래기 설

糒	糖	糗	糜	糞	糟	糠	糧	糯	糲	糴	糶
군량 비	엿 당	미숫가루 구	죽 미	똥 분	재강 조	겨 강	양식 량	찰벼 나	거칠 려	곡식살 적	곡식팔 조

糸 部

糸	糺	系	糾	紀	約	紅	紆	紈	紉	紊	紋	納
실 사	걷을 규	이을 계	살필 규	법 기	언약할 약	붉을 홍	얽힐 우	흰깁 환	바느질 궬 인	어지러울 문	문채 문	드릴 납

紐	紓	純	紕	紗	紙	級	紛	紜	紟	素	紡	索
끈 뉴	느릴 서	순전할 순	꾸밀 비	비단 사	종이 지	차례 급	어지러울 분	분운할 운	옷고름 금	힐 소	길쌈 방	찾을 색

紩	꿰여맬 질
紫	붉을 자
紬	명주 주
累	포갤 루
細	가늘 세
紳	큰띠 신
紵	모시 저
紹	이을 소
紺	보랏빛 감
紼	흐트러진실 불
紾	비틀 진
紿	속일 태
絀	꿰여맬 출

終	마칠 종
絃	줄 현
組	인끈 조
絅	급히당길 경
絆	얽을 반
絇	신코꾸밀 구
絎	바느질할 행
絏	맬 설
結	맺을 결
絓	꺼리낄 괘
絶	끊을 절
絖	고은솜 광
絛	역실 도

絜	맑을 결
絝	바지 고
絞	목매죽일 교
絡	연락할 낙
絢	문채 현
絣	먹줄티길 병
給	줄 급
絨	세포 융
絪	원기 인
絮	헌솜 서
絰	요질 질
統	거느릴 통
絲	실 사

- 絳 깊게붉을 강
- 絹 비단 견
- 絺 가는갈포 치
- 絽 꿰맬 려
- 綃 생초 초
- 綆 두레박줄 경
- 綈 두터운비단 제
- 綉 비단조각수 수
- 綏 편안할 수
- 經 지낼 경
- 綜 잉아 종
- 綠 초록빛 록
- 綢 읽을 주

- 綦 반베 기
- 綬 인끈 수
- 維 오직 유
- 綮 비단 계
- 綯 새끼꼴 도
- 綰 맬 관
- 綱 벼리 강
- 網 그물 망
- 綴 맺을 철
- 綵 채색 채
- 綸 인끈 륜
- 綺 비단 기
- 綻 옷솔기터질 탄

- 綾 비단 능
- 綿 솜 면
- 緇 검은빛 치
- 緉 신한켤레 량
- 緊 긴할 긴
- 緋 붉은빛 비
- 緌 갓끈 유
- 緒 실끝 서
- 緗 엷게누를 상
- 緘 봉할 함
- 線 줄 선
- 緝 베짤 즙
- 緞 신뒤 하

締	緣	編	緩	緯	緲	練	緻	縈	縊	縋	縑	縒
맺을 체	인연 연	엮을 편	더딜 완	씨 위	아득할 묘	겪을 련	빽빽할 치	얽힐 영	목맬 의	줄에매달 추	갑견 겸	어지러울 착

縛	縞	縟	縠	縡	縢	縣	縫	縮	縱	縲	縵	縶
얽을 박	흰깁 오	꾸밀 욕	저사 곡	일 재	봉할 등	고을 현	꿰맬 봉	쭈그러질 축	놓을 종	검은줄 루	늘어질 만	얽을 집

縷	縹	縻	總	績	縿	繁	繃	繆	繇	繈	繒	繙
옷해어질 루	옥색빛 표	맬 미	다 총	길쌈 적	기폭 삼	번성할 번	묶을 붕	그르칠 류	역사 요	돈이 강	비단 증	번역할 번

繞 얽힐요

繡 수놓을수

繢 수놓을회

織 짤직

繕 고칠선

繖 일산산

繚 둘릴료

繩 노승

繪 그림회

繫 맬계

繭 고치견

繰 고칠결조

繳 얽을교

繹 실끝뽑을역

辮 땋을변

繻 비단수

繼 이을계

繽 번성할빈

繾 이별않을견

纁 분홍빛훈

纂 모을찬

纇 실매듭뢰

纈 맺을힐

續 이을속

纏 얽을전

纑 베올로

纓 갓끈영

纔 겨우재

纖 가늘섬

纘 이을찬

纚 치포건사

纛 둑독

纜 닻줄람

缶部

缶 장군부

缸 병항

缺 일그러질결

缾 병병

缿 항통항

罃	罄	罅	罇	罌	罍	罎	罐		网	罔	罕	罘
목긴병 잉	그릇빌 경	터질 하	술잔 준	병 앵	술잔 뢰	항아리 담	물깃는 그릇 관		그물 망	없을 망	드물 한	토끼그물 부
								网部 网同				

罝	罟	罠	罣	罨	罩	罪	罫	罭	置	罰	署	罵
짐승그물 저	그물 고	낚시 민	꺼리낄 괘	덮을 엄	가리 조	허물 죄	정간 홰	물고기그물 역	둘 치	벌줄 벌	마을 서	욕설할 마

罷	罹	罽	羅	羆	羇	羈		羊	羌	美	羔	羚
파할 파	걸릴 리	고기그물 계	버릴 라	곰 비	나그네 기	말굴네 기		양 양	오랑캐 강	아름다울 미	양새끼 고	큰양 령
							羊部					

羝 수양 저

羞 부끄러울 수

羣 무리 군

羨 부러워할 선

義 옳을 의

羭 검은숫양 유

羯 불친양 갈

羲 복희씨 희

羶 양냄새 전

羸 파리할 리

羹 국 갱

羽部

羽 깃 우

翁 늙은이 옹

翅 날개 시

翊 도울 익

翌 내일 익

翎 새깃 령

習 익힐 습

翔 날개 상

翕 합할 흡

翛 깃소리 쇼

翟 꿩 적

翠 푸른색 취

翡 총새 비

翥 날아솟을 저

翦 갈길 전

翩 나는모양 편

翫 즐길 완

翮 쭉지 핵

翰 날개 한

翳 어조사 예

翺 노닐 고

翹 들 교

翻 날 번

翼 날개 익

翽 나는소리 해

翿 깃일산 도

耀 빛날 요

老部

- 老 늙을 로
- 考 상고할 고
- 耄 노혼할 모
- 者 놈 자
- 耆 늙은이 기
- 耇 늙을 구
- 耋 늙은이 질

而部

- 而 말이을 이
- 耍 연약할 연
- 耐 견딜 내
- 耑 끝 단

耒部

- 耒 따비 뢰
- 耔 김맬 자
- 耕 밭갈 경
- 耗 감할 모
- 耘 김맬 운
- 耜 보습 사
- 耡 호미 서
- 耦 쟁기 우
- 耨 김맬 누
- 耰 공방메 우

耳部

- 耳 귀 이
- 耶 어조사 야
- 耽 즐겨할 탐
- 耿 빛날 경
- 聆 드를 령
- 聊 힘입을 료
- 聒 요란할 괄
- 聖 성인 성
- 聘 청할 빙
- 聚 모을 취
- 聞 들을 문
- 聯 합할 련
- 聰 귀밝을 총
- 聱 알아듣지 못할 오

聲	소리 성
聳	귀먹어리 용
聵	천생귀머거리 외
聶	귀에말 섭
職	직분 직
聽	들을 청
聾	귀머거리 롱

聿部

聿	마침내 률
肄	익힐 이
肅	엄숙할 숙
肆	베풀 사
肇	처음 조

肉部 月同

肉	고기 육
肋	갈비대 륵
肌	살 기
肓	가슴끝 황
肖	적을 초
肘	팔금치 주
肚	발통 두
肛	밑구멍 항
肝	간 간
股	다리 고
肢	팔다리 지
肥	살찔 비
肩	어깨 견
肪	기름 방
肬	혹 우
肭	물개 눌
肯	즐길 긍
肱	팔 굉
育	기를 육
肴	안주 효
肹	큰모양 힐
肺	허파 폐
胃	위 위
胄	맏아들 주
背	등 배

胎	胖	胙	胚	胛	胝	胞	胠	胡	胤	胥	胭	胯
태 태	클 반	갚을 조	한달된태 배	어깨사이 갑	못박일 지	태껍질 포	열 거	어찌 호	이을 윤	서로 서	목구멍 연	사타구니 과

胱	胴	胸	胹	能	脂	脅	脆	脈	脊	脚	脛	脞
오줌통 광	큰창자 동	가슴 흉	익힐 이	능할 능	기름 지	위협할 협	연할 취	핏줄 맥	등마루 척	다리 각	종아리 경	좀스러 좌

脣	脩	脫	脬	脯	脰	脹	脾	腁	腆	腊	腋	腎
입술 순	닦을 수	벗을 탈	오줌통 포	포 포	목 두	배부를 창	비위 비	구덩살 변	두터울 전	포 석	겨드랑 액	콩팥 신

腐	썩을 부
腑	육부 부
腓	장단지 비
腔	속빌 강
腕	팔 완
膣	새살날 질
腥	비린내날 성
腦	머릿골 뇌
腫	종기 종
腯	회생살질 둔
腰	허리 요
腱	힘줄밑둥 건
腴	살찔 유
腷	뜻막힐 픽
腸	창자 장
腹	배 복
腿	정강이 퇴
膀	오줌통 방
膂	힘 려
膃	물개 올
膄	파리할 수
膇	발부을 추
膈	흉격 격
膊	어깨 박
膏	기름 고
膚	살 부
膜	홀떼기 막
膝	무릎 슬
膠	아교 교
膨	배부를 팽
膩	살찔 니
膰	제지낸고기 번
膳	반찬 선
膴	클 무
膺	가슴 응
膽	쓸개 담
膾	회 회
膿	고름 농
臀	볼기 둔

- 臂 팔 비
- 臃 종기 옹
- 臆 가슴 억
- 臉 뺨 검
- 臊 기름내 조
- 臍 배꼽 제
- 臘 납향제 랍
- 臙 목구멍 연
- 臚 배앞 려
- 臝 벗을 라
- 臟 오장 장
- 臠 고기점 련

臣部

- 臣 신하 신
- 臥 누울 와
- 臧 착할 장
- 臨 임할 림

自部

- 自 스스로 자
- 臬 관혁 얼
- 臭 냄새 취
- 臲 위태할 얼

至部

- 至 이를 지
- 致 이를 치
- 臺 대 대

- 臻 이를 진

臼部

- 臼 절구 구
- 臾 잠깐 유
- 臿 가래 잡
- 舁 마주들 여
- 舂 절구질 용
- 舅 시아비 구
- 舃 신 석
- 與 더불 여
- 興 일어날 흥
- 舊 예 구

舌部

舌 혀 설
舍 집 사
舐 핥을 지
舒 펼 서
舛 어그러질 천
舜 순임금 순
舞 춤출 무

舟部

舟 배 주
舡 배모양 항
航 배 항
舫 뱃사공 방
般 돌아올 반
舴 적은배 책
舶 큰배 백
舷 뱃전 현
舸 큰배 가
船 배 선
艀 종선 부
艇 작은배 정
艘 배 소
艙 선창 창
艟 전선 동
艤 배등대할 의
艦 전선 함
艨 전선 몽
艫 뱃머리 로

艮部

艮 그칠 간
良 어질 량
艱 어려울 간

色部

色 빛 색
艴 성낸빛 불
艷 아름다울 염

艸部 艹同

艽 망초 교
艾 쑥 애

艽 풍성할 봉
芊 풀성할 천
芋 토란 우
芍 함박꽃 작
芒 가시랭이 망
芘 가리울 비
芙 연꽃 부
芚 나물 둔
芝 지초 지
芟 풀벨 삼
芡 마름 검
芥 겨자 개
芦 지황 호

芧 가락나무 서
芩 황금 금
芬 향기 분
芭 파초 파
芯 등심풀 심
芰 쇠뿔마름 기
花 꽃 화
芳 향기 방
芴 뻑뻑할 물
芷 구리때 지
芸 향풀 운
芹 미나리 근
芻 꼴 추

芽 싹 아
芼 나물 모
苑 나라동산 원
苒 풀성할 염
苓 복령 령
苔 이끼 태
苕 풀이름 초
苗 싹 묘
苛 작은풀 가
苜 거여목 목
苞 딸기 포
苟 진실로 구
若 같을 약

苦 쓸 고

苧 모시 저

苫 거적자리 점

英 꽃부리 영

苴 포저 저

苹 다북쑥 평

苺 뱀딸기 매

苻 풀이름 부

苽 교미 고

苾 향기러울 필

茀 풀성할 불

茁 풀싹 줄

茂 풀성할 무

范 벌 범

茄 가지 가

茅 띠 모

茇 풀뿌리 발

茈 재앙 자

茉 사과꽃 말

茗 차싹 명

荔 여지 례

茛 바곳이싹 간

茜 꼭두서니 천

茢 부정쓰는비 렬

茨 집이을 자

茭 마른꼴 교

茫 아득할 망

茱 수유 수

茲 돗자리 자

茳 향풀 강

茵 돗자리풀 인

茶 차 다

茷 풀잎무성할 패

茸 풀날 용

茹 띠뿌리 여

茼 쑥갓 동

荃 향풀 전

荅 좀콩 답

荆 가시 형

荇	마름풀 행
草	풀 초
荏	들깨 임
荐	자리 천
荑	베일 이
荒	거칠 황
荳	콩 두
荷	짐 하
荻	갈대 적
荼	씀바귀 도
莅	다다를 리
莉	사과꽃 리
莊	씩씩할 장

莎	향부자 사
莒	풀이름 거
莓	이끼 매
莖	줄기 경
莘	긴 신
莚	만연할 연
莛	풀줄기 정
莝	여물 좌
莞	왕골 관
莟	꽃필 함
莠	가라지 유
莢	콩껍질 협
莧	패모 한

莨	담배 랑
莪	다북쑥 아
莫	말 막
莽	추솔할 무
菀	무성한 나무 원
菁	무우 정
菅	왕골 관
菊	국화 국
菌	버섯 균
菑	한해된 밭 치
菓	실과 과
菔	무 복
菖	창포 창

菘 배추숭

菜 나물채

菟 새삼토

菠 시금치 파

菩 보살보

菫 쓴나물 근

華 빛날화

菱 마름릉

菲 풀성할 비

菹 김치저

菽 콩 숙

萁 콩대기

萃 모을취

萄 포도도

萆 며래비

萇 보리수 장

萊 쑥 래

萋 풀성할 처

萌 싹 맹

萍 개구리밥 평

萎 시들위

萩 다북쑥 추

萬 일만만

萱 원추리 훤

萼 꽃받침 악

落 떨어질 락

葆 감출보

葉 잎사귀 엽

葎 한삼률

著 지을저

葛 칡 갈

葡 포도포

董 바를동

葦 갈대위

葩 꽃송이 파

葫 큰마늘 호

葬 장사지낼 장

葭 갈 가

葱 파 총

葵	해바라기 규
葷	부초 훈
葸	겁낼모양 사
葺	집이을 즙
蒐	모을 수
蒔	씨뿌릴 시
蒙	입을 몽
蒜	마늘 산
蒟	구장무 구
蒡	우엉 방
蒨	풀성할 천
蒩	띠자리 조
蒲	부들 포
蒸	찔 증
蒹	갈 겸
蒻	부들풀 약
蒼	푸를 창
蒿	다북쑥 호
蓁	약이름 진
蓂	책력풀 명
蓄	쌓을 축
蓆	클 석
蓉	연꽃 용
蓊	초목성할 옹
蓋	덮을 개
蓍	시초 시
蓏	열매 라
蓐	자리 욕
蓑	도롱이 사
蓧	대삼태 조
蓫	소루장이 축
蓬	다북쑥 봉
蓮	연꽃 련
蓴	수채 순
蓼	여귀 료
蓽	약이름 필
蔀	부 수
蔑	업신여길 멸
蔓	덩굴 만

蔕	꼭지 체
蔗	사탕수수 자
蔚	익모초 위
蔟	모을 족
蔡	법 채
蔣	수초이름 장
蔦	겨우살이 조
蔧	풀이름 혜
蔪	보리팰 점
蔬	풋나물 소
蔭	그늘 음
蔽	가리울 폐
蕃	번성할 번
蕉	파초 초
蕊	꽃술 예
蕎	모밀 교
蕑	난초 간
蕓	평지 운
蕖	연꽃 거
蕗	감초 로
蕘	풀벨 요
蕙	혜초 혜
蕝	띠묶어표할 체
蕞	적은모양 최
蕠	붙을 녀
蕡	삼씨 분
蕢	동구미 궤
蕣	무궁화 순
蕤	성한모양 유
蕨	고사리 궐
蕩	방탕할 탕
蕪	거칠 무
蕭	쑥 소
蕷	마 여
蕾	꽃맺힐 뢰
蕰	쌓을 온
薁	머루 욱
薄	엷을 박
薇	고비 미

薈	薊	薑	薔	薙	薛	薜	薤	薨	薦	薪	薩	薯
염교 회	삽주 계	생강 강	물여뀌 색	풀깎을 치	설나라 설	다장이 폐	부추 해	상사날 훙	천거할 천	섶나무 신	보살 살	감자 서

薰	薹	薺	藉	藍	藎	藏	藐	藜	藝	藤	藥	藦
향풀 훈	장다리 대	냉이 제	빙자할 자	쪽 람	누른풀 신	감출 장	멀 묘	명아주 려	재주 예	등나무 등	약 약	새박마 마

藩	藪	藷	藹	藺	藻	藾	藿	蘀	蘅	蘆	蘇	蘊
울타리 번	수풀 수	감자 저	초목무성할 애	왕굴 린	마름 조	다북쑥 뢰	미역 곽	쇠기나풀 택	향풀 형	갈 로	차조기 소	쌓을 온

蘋	개구리밥 빈
蘢	요화 롱
蘖	구루터기 얼
蘙	풀성할 예
蘚	이끼 선
蘞	가회톱 렴
蘧	석죽화 거
蘩	애탕쑥 번
蘭	난초 란
蘺	향풀 리
蘿	솔겨우살이 라
虆	덩굴 류

虍部

虎	범 호
虐	모질 학
虓	범성낸소리 효
虔	공손할 건
處	곳 처
虖	탄식할 호
虛	빌 허
虜	사로잡을 로
虞	근심할 우
虧	이즈러질 휴

虫部

虫	벌레 충
虯	뿔있는룡 규
虷	범할 간
虹	무지개 홍
虺	구렁이 훼
蚊	모기 문
蚌	방합조개 방
蚍	왕개미 비
蚑	발긴거미 기
蚓	지렁이 인
蚕	누에 잠
蚜	작은벌레 아
蚣	지네 공
蚤	벼룩 조

蚩	어리석을 치
蚪	올챙이 두
蚫	벌레 포
蚯	지렁이 구
蚰	지차리 유
蚵	도마뱀 가
蚶	강요주 감
蚷	노래기 거
蛄	도르래 고
蛅	쐐기 염
蛆	지네 저
蛇	뱀 사
蛉	잠자리 령
蛋	새알 단
蛑	큰게 모
蛔	회충 회
蛙	개구리 와
蛛	거미 주
蛟	교룡 교
蛣	말똥구리 길
蛤	조개 합
蛞	암달팽이 활
蛩	메뚜기 공
蛬	귀뚜라미 공
蛭	거머리 질
蛸	납거미 소
蛹	번데기 용
蛺	나비 협
蛻	허물벗을 세
蛾	누에나비 아
蜀	배추벌레 촉
蜂	벌 봉
蜃	대합 신
蜆	가막조개 현
蜈	지네 오
蜉	하루살이 부
蜊	참조개 리
蜋	말똥구리 랑
蜎	벌레움직일 연

- 蜑 오랑캐 단
- 蜒 그리마 연
- 蜓 잠자리 정
- 蜘 거미 지
- 蜚 바퀴 비
- 蜜 꿀 밀
- 蜥 도마뱀 석
- 蜩 매미 조
- 蜮 단호 역
- 蜴 도마뱀 역
- 蜷 움츠러질 권
- 蜺 암무지개 예
- 蜻 잠자리 청

- 蜽 도깨비 량
- 蜾 나나니벌 과
- 蜿 꿈틀거릴 완
- 蝌 올창이 과
- ⿰虫耑 벌레움직일 천
- 蝍 지네 즉
- 蝓 집없는달팽이 유
- 蝕 좀먹을 식
- 蝘 도마뱀 언
- 蝗 황충 황
- 蝙 박쥐 편
- 蝠 박쥐 복
- 蝟 고슴도치 위

- 蝡 꿈틀거릴 윤
- 蝣 하루살이 유
- 蝤 나무벌레 추
- 蝥 가리 모
- 蝦 두꺼비 하
- 蝨 이 슬
- 蝮 독사 복
- 蝱 등애 망
- 蝴 나비 호
- 蝶 나비 접
- 蝸 달팽이 와
- 螂 버마재비 랑
- 融 화할 융

螓	螢	螫	螭	螳	螺	螻	螽	螿	蟀	蟄	蟆	蟋
매미 진	반디불 형	쏠 석	뿔없는 룡 리	범아자비 당	소라 라	도르래 루	메뚜기 종	쓰르라미 장	귀뚜라미 솔	벌레움추릴 칩	찰머구리 마	귀뚜라미 실

蟒	蟠	蟬	蟲	蟹	蟻	蠅	蠋	蠍	蠑	蠕	蠖	蠟
큰뱀 망	서릴 반	매미 선	벌레 충	계 해	개미 의	파리 승	뽕나무벌레 촉	전갈 헐	도마뱀 영	꿈틀거릴 유	자벌레 확	밀 랍

蠡	蠢	蠣	蠱	蠲	蠶	蠹	蠻		血	衄	衆	衉
나무먹는벌레 려	꿈틀거릴 준	굴 려	벌레독 고	밝을 견	누에 잠	좀 두	남녘오랑캐 만	血 部	피 혈	코피 뉵	무리 중	토하는소리 객

衊	피칠할 멸
行部	
行	갈 행
衍	넘칠 연
衒	자랑할 현
術	꾀 술
街	거리 가
衙	마을 아
衝	충돌 충
衡	저울대 형
衛	모실 위
衢	네거리 구
衣部	

衣	옷 의
表	밭 표
衫	적삼 삼
衮	곤룡포 곤
衰	쇠할 쇠
衱	옷뒷깃 겁
衷	속 충
衽	요 임
衾	이불 금
衿	옷깃 금
袁	옷길 원
袂	소매 메
袈	가사 가

袋	자루 대
袍	도포 포
袒	옷솔기터질 단
袖	소매 수
袟	칼집 질
袢	속옷 번
袤	길이 무
袪	소매 거
被	입을 피
袱	보자기 복
袴	바지 고
袷	겹옷 겹
袿	웃옷 규

裀	속옷 인
裁	마름질 재
裂	찢을 렬
裊	꾸밀 뇨
裎	벌거벗을 정
裏	속 리
裔	옷깃 예
裕	넉넉할 유
裘	갖옷 구
裙	치마 군
補	기울 보
裝	꾸밀 장
裟	가사 사

裨	기울 비
裳	치마 상
裴	성 배
裸	벌거벗을 라
裹	쌀 과
製	지을 제
裾	옷뒷깃 거
複	겹옷 복
褊	좁을 변
褌	속바지 곤
褎	나아갈 유
褐	굵은베 갈
褓	포대기 보

褕	쾌자 유
褚	솜둘 저
褞	베옷 온
褥	요 욕
褫	요잇 치
褸	옷해질 루
褻	속옷 설
襁	포대기 강
褒	포장할 포
襄	도울 양
襒	떨칠 별
襖	두루막 오
襞	치마주름 벽

襟 옷섶금

襠 고의당

襤 해진옷 람

襦 저고리 유

襯 속옷친

襲 엄습할 습

襴 나삼란

西部

西 서녘서

要 중요요

覃 뻗을담

覆 덮을부

覈 사실할 핵

覊 그네기

七畫

見部

見 볼 견

規 법 규

覓 찾을멱

視 볼 시

覗 엿볼사

覘 엿볼점

覦 얻고자할 유

覩 볼 도

親 어버이 친

覬 원할기

覯 만나볼 구

覲 보일근

覺 깨달을 각

覽 볼 람

覿 볼 적

觀 볼 관

角部

角 뿔 각

觖 원망할 결

觚 술잔고

觜 부리취

觝

解 풀 해

觱 바람찰 필
觴 잔 상
觸 받을 촉
觿 뿔송곳 휴

言部

言 말씀 언
訃 부음 부
訂 평론할 정
計 계교 계
訇 큰소리 굉
訊 물을 신
討 칠 토
訐 발각할 알

訓 가르칠 훈
訕 비방할 산
訖 이를 흘
託 부탁할 탁
記 기록할 기
訛 사투리 와
訝 의심할 아
訟 송사할 송
訣 이별할 결
訥 어눌할 눌
訪 찾아볼 방
設 베풀 설
許 허락할 허

訴 송사할 소
訶 꾸짖을 가
診 볼 진
註 주낼 주
訾 욕할 자
証 간할 정
詆 발각할 저
詈 꾸짖을 리
詎 어찌 거
詐 속일 사
詒 속일 이
詔 조서 조
評 논할 평

詛 저주할 저
詞 말씀 사
詠 읊을 영
詢 꾀할 순
詣 나아갈 예
試 시험할 시
詩 귀글 시
詫 자랑할 타
詬 욕할 구
詭 간사할 궤
詮 평론할 전
詰 물을 힐
話 말씀 화

該 마땅할 해
詳 자세 상
詹 살필 첨
詼 조롱할 회
誂 서로꾀일 조
誄 시호 뢰
誅 죽일 주
誇 자랑 과
誌 기록 지
認 알 인
誑 속일 광
誓 맹세 서
誕 날 탄

誘 이끌 유
語 말씀 어
誠 정성 성
誡 경계 계
誣 속일 무
誤 그르칠 오
誥 문언 고
誦 외울 송
誨 가르칠 회
說 말씀 설
誰 누구 수
課 차례 과
誹 비방할 비

誼	調	諂	諄	談	請	諍	諏	諒	論	諗	諛	諜
정의 의	고를 조	아첨할 첨	깨우칠 순	말씀 담	청할 청	간할 정	문의할 추	믿을 량	의논 론	고할 심	아첨할 유	이간할 첩

諠	諡	諢	諤	諦	諧	諫	諭	諮	諱	諳	諵	諷
지꺼릴 훤	시호 시	희롱할 원	바른말할 악	살필 체	화할 해	간할 간	비유할 유	물을 자	꺼릴 휘	외일 암	말많이할 남	나무랄 풍

諸	諺	諾	謀	謁	謂	謄	謇	謎	謐	謔	謗	謙
모든 제	속어 언	허락할 낙	꾀 모	보일 알	이를 위	등사할 등	말더듬 건	수수께끼 미	고요할 밀	농담 학	비방할 방	겸손할 겸

講 익힐 강

謝 사례 사

謠 노래 요

謦 기침소리 경

謨 꾀 모

謫 죄줄 적

謬 그릇칠 류

謳 노래할 구

謷 거만할 오

謹 삼갈 근

證 증거 증

譍 대답할 응

譎 속일 휼

譏 꾸짖을 기

識 알 식

譜 계보 보

譟 지껄일 조

警 깨우칠 경

譫 잠꼬대할 섬

譬 비유할 비

譯 뜻풀 역

議 의논 의

譴 꾸짖을 견

護 도울 호

譽 기릴 예

讀 읽을 독

變 변할 변

讋 두려워할 섭

讎 원수 수

讒 참소할 참

讓 사양 양

讖 참서 참

讙 지껄일 훤

讚 밝을 찬

讜 곧은말 당

谷部

谷 골 곡

谺 골빈모양 하

谿 시내 계

豁 통할 활

豆部

豆 콩 두

豈 어찌 기

豉 콩자반 시

豌 완두 완

豎 세울 수

豐 풍년 풍

豕部

豕 돼지 시

豗 맞부딪칠 회

豚 돼지 돈

象 코끼리 상

豨 큰돝 희

豪 호걸 호

豫 미리 예

豬 산돼지 저

豸部

豸 풀 치

豹 표범 표

豺 승냥이 시

豻 들개 안

貂 담비 초

貅 강한짐승 휴

貉 담비 각

貌 모양 모

貍 삵 리

貎 사자새끼 예

貔 날랜짐승 비

貘 큰곰 맥

貝部

貝 조개 패

貞 곧을 정

負 질 부

財 재물 재

貢 바칠 공

貧 가난할 빈

貨 재물 화

販 장사할 판

貪 탐할 탐
貫 꿰일 관
責 꾸짖을 책
貯 쌓을 저
貰 세낼 세
貳 버금 이
貴 귀할 귀
貶 깍아내릴 폄
買 살 매
貸 빌릴 대
費 허비할 비
貼 붙을 첩
貽 끼칠 이

貿 무역할 무
賀 하례 하
賁 용맹할 분
賂 뇌물 뢰
賃 고용할 임
賄 뇌물 회
資 재물 자
賈 장사 고
賊 도둑 적
賑 넉넉할 진
賓 손 빈
賚 줄 뢰
賜 줄 사

賞 상줄 상
賠 배상 배
賢 어질 현
賣 팔 매
賤 천할 천
賦 부세 부
質 바탕 질
賭 내기 도
賴 힘입을 뢰
賺 거듭팔 잠
賻 부조할 부
購 살 구
賽 고사지낼 새

贅	군물건 취
贈	보내줄 증
賛	도울 찬
贍	족할 섬
贏	남을 영
贐	노자 신
贓	뇌물받을 장
贔	힘쓸 비
贖	속바칠 속
贗	위조할 안

赤部

赤	붉을 적
赦	죄사할 사
赧	낯붉을 난
赫	빛날 혁
赭	붉은흙 자

走部

走	달아날 주
赴	달아날 부
起	일어날 기
赸	뛸 산
趁	쫓을 진
超	뛸 초
越	넘을 월
趙	나라 조
趣	추장할 추
趨	달릴 추
趫	건장할 교
趯	뛸 적

足部

足	발 족
趺	책상다리할 부
趾	발 지
跂	걸터앉을 기
跋	밟을 발
跌	넘어질 질
跕	신끌 접
跗	발등 부
跚	절뚝거릴 산

跛 절뚝발이 파
距 떨어질 거
跡 자취 적
跣 맨발 선
跨 걸터앉을 과
跪 꿇어앉을 궤
跫 발자취소리 공
路 길 로
跳 뛸 조
跼 몸꾸부러질 국
踆 그칠 준
踉 급히걸을 량
踊 뛸 용

踏 밟을 답
踐 밟을 천
踔 넘을 초
踖 살짝걸을 적
踝 복사뼈 과
踞 걸어앉을 거
踟 머뭇거릴 지
踠 굽힐 원
踡 허리굽힐 권
踣 엎어질 복
踦 절뚝거릴 기
踪 자취 종
踰 넘을 유

踵 발뒤축 종
蹀 밟을 접
蹁 절름거릴 편
蹂 밟을 유
蹄 굽 제
蹇 절뚝발 건
蹈 밟을 도
蹉 미끄러질 차
蹊 지름길 혜
蹌 주장할 창
蹐 종종걸음 척
蹙 찡그릴 축
蹟 자취 적

蹠 발바닥 척
蹡 걷는모양 장
蹣 넘을 만
蹤 자취 종
蹲 걸어앉을 준
蹴 찰 축
蹶 넘어질 궐
蹻 발랄 교
蹼 오리발 복
躁 조급할 조
躅 머뭇거릴 촉
躇 발머물 저
躊 주저할 주

躍 뛸 약
躑 철쭉 척
躓 미끄러질 집
躩 발구부릴 각

身部

身 몸 신
躬 몸 궁
躱 피할 타
軀 몸 구

車部

車 수레 거
軋 수레구를 알
軌 궤도 궤

軍 군사 군
軒 추녀 헌
軟 연할 연
軨 수레난간 령
軫 구를 진
軸 축 축
軹 굴대끝 지
軺 적은차 초
軻 때못만날 가
軼 지날 일
軾 차앞턱나무 식
較 비교할 교
輅 천자타는차 로

載 실을재
輊 낮을지
輒 문득첩
輓 수레끌만
輔 도울보
輕 가벼울경
輛 수레바퀴량
輜 짐실은수레치
輝 빛날휘
輟 그칠철
輦 연련
輩 무리배
輪 바퀴륜

輯 모을즙
輳 타투어모일주
輸 보낼수
輻 바퀴복
輿 수레여
轂 바퀴통곡
轄 다스릴
轅 멍에채원
轆 두레박틀록
轉 구를전
轍 바퀴철
轎 가마교
轗 때못만날감

轜 수레유
轟 수레소리굉
轡 고삐비
轢 수레에밟힐력
轣 바퀴길력

辛部

辛 매울신
辜 허물고
辟 편벽할벽
辣 매울랄
辨 분변할변
辭 말씀사
辯 말잘할변

辰部

辰	별 진
辱	욕할 욕
農	농사 농

辵部

辶同

迂	굽을 우
迄	이를 흘
迅	빠를 신
迎	맞을 영
返	돌아올 반
近	가까울 근
迠	갈 첨
迢	멀 초
迥	멀 형
迦	부처이름 가
迪	나아갈 적
迫	핍박할 박
迭	가마들 질
述	지을 술
迷	미혹할 미
迹	자취 적
追	쫓을 추
退	물러갈 퇴
送	보낼 송
逃	도망할 도
逅	우연히 만날 후
逆	거스릴 역
逋	도망할 포
逍	거닐 소
透	통할 투
逐	쫓을 축
途	길 도
逕	길 경
逗	머무를 두
這	이 자
通	통할 통
逝	갈 서
造	지을 조
速	빠를 속

逡 물러갈 준
逢 만날 봉
連 연할 련
逮 잡을 체
週 두루 주
進 나갈 진
迸 흩어달아날 병
逸 편안할 일
逼 핍박할 핍
遁 도망할 둔
遂 이를 수
遇 만날 우
遊 놀 유

運 옮길 운
遍 두루 편
過 지낼 과
遐 멀 하
遑 겨를 황
道 길 도
達 통달할 달
違 어길 위
遘 서로만날 구
遙 멀 요
遜 겸손할 손
遞 바꿀 체
遠 멀 원

遡 거스를 소
遣 보낼 견
適 맞을 적
遭 만날 조
遮 가리울 차
遲 더딜 지
遷 옮길 천
遵 좇을 준
選 뽑을 선
遺 끼칠 유
遼 멀 료
遽 급할 거
避 피할 피

邀 맞을 요
邁 멀리갈 매
邂 우연히 만날 해
還 돌아올 환
邃 그윽할 수
邇 가까울 이
邈 멀 막
邊 가 변
邏 돌 라

邑部 阝同

邑 고을 읍
邕 막을 옹
邙 산이름 망

邠 나라이름 빈
那 어찌 나
邦 나라 방
邪 간사할 사
邯 지명 한
邱 언덕 구
邴 성 병
邵 땅이름 소
邸 집 저
郁 문채성할 욱
郊 들 교
郎 사내 랑
郡 고을 군

郢 서울 영
郤 성 극
部 마을 부
郭 외성 곽
郵 지날 우
都 도읍 도
鄂 땅이름 악
鄒 추나라 추
鄉 시골 향
鄙 더러울 비
鄭 정나라 정
鄰 이웃 린
鄧 고을이름 등

鄲 땅이름 단
鄴 고을이름 업

酉部

酉 닭 유
酊 취할 정
酋 괴수 추
酌 짐작할 작
配 짝 배
酎 세번빚은술 주
酒 술 주
酖 술즐길 탐
酢 초 조
酣 취할 감

酤 술팔 고
酩 심히취할 명
酪 타락 락
酬 갚을 수
酲 술병 정
酵 술고일 교
酷 혹독할 혹
酸 실 산
醆 술잔 잔
醇 전술 순
醉 취할 취
醋 술잔돌릴 작
醍 타락웟물 제

醐 술우물 호
醒 깰 성
醜 더러울 추
醞 술빚을 온
醪 막걸리 료
醫 의원 의
醬 장 장
醱 술괼 발
醲 전국술 농
醴 단술 례
醵 추렴할 각
釀 술빚을 양
醺 취할 훈

釁 틈 흔

釆部

釆 분변할 변

采 채색 채

釋 풀 석

里部

里 마을 리

重 무거울 중

野 들 야

量 헤아릴 량

釐 다스릴 리

八畫

金部

金 쇠 금

釘 못 정

釜 가마 부

針 바늘 침

釣 낚시 조

釦 떠들석할 구

釧 팔쇠 천

釭 등잔 강

釵 가랑비녀 채

鈇 작도 부

鈍 무딜 둔

鈞 삼십근 균

鈴 방울 령

鈷 다리미 고

鈿 금비녀 전

鉅 갈구리 거

鉈 짧은창 사

鉉 솥귀 현

鉋 대패 포

鉗 목자물쇠 겸

鉛 납 연

鉞 큰도끼 월

鉢 바릿대 발

鉤 갈구리 구

鉦 징 정

鉸 가위 교

鉾	銀	銃	銅	銑	銓	銘	銚	銛	銜	銳	銷	鋏
창끝모	은 은	총 총	구리동	무쇠선	저울전	새길명	가래조	가래섬	재갈함	날카로울예	녹일소	칼 협

鋒	鋤	鋩	鋪	錣	鋸	鋼	錄	錆	錐	錘	錙	錚
칼날봉	호미서	창끝망	펼 포	칼날철	톱 거	강철강	기록할록	정할청	송곳추	저울추추	저울눈치	쇳소리쟁

錠	錡	錢	錦	錫	錮	錯	錨	鍊	鍋	鍍	鍔	鍛
등 정	신선로정	돈 전	비단금	줄 석	틈막을고	섞일착	닻 묘	쇠불릴련	남비과	도금할도	칼끝악	쇠불릴단

鍠 쇠북소리 굉
鍤 가래 삽
鍥 새길 게
鍪 투구 무
鍬 가래 초
鍮 놋쇠 유
鍱 쇳조각 섭
鍵 자물쇠 건
鍼 침 침
鍾 술잔 종
鎌 낫 겸
鎔 녹일 용
鎖 자물쇠 쇄

鎗 종소리 쟁
鎚 쇠망치 추
鎧 갑옷 개
鎬 호경 호
鎭 진정할 진
鏃 살촉 족
鏇 바퀴 선
鏑 살촉 적
鏖 무찌를 오
鏗 쇠소리 갱
鏘 옥소리 장
鏝 흙손 만
鏡 거울 경

鏢 칼날 표
鏤 새길 루
鐃 작은징 요
鐘 쇠북 종
鐙 등자 등
鐚 목투구 아
鐵 쇠 철
鐫 새길 전
鐶 쇠고리 환
鐸 목탁 탁
鐺 쇠사슬 당
鑄 쇠부을 주
鑑 거울 감

鑕 머루 질

鑛 쇳돌 광

鑠 쇠녹일 삭

鑢 줄 려

鑪 화로 로

鑵 두레박 관

鑽 송곳 찬

鑾 방울 란

鑿 끌 착

钁 큰호미 곽

長部

長 긴 장

門部

門 문 문

閂 빗장 산

閃 번쩍거릴 섬

閉 닫을 폐

開 열 개

閎 클 굉

閏 윤달 윤

閑 문지방 한

間 한가 한

閔 민망할 민

閘 빗장 갑

閤 안방 합

閥 문벌 벌

閨 안방 규

閣 집 각

閭 마을 려

閱 볼 열

閻 마을 염

閼 막힐 알

閾 문지방 역

闇 어두울 암

闊 넓을 활

闌 난간 란

闍 성문층대 도

闔 문짝 합

闕 대궐 궐

闖	關	闡	闢	闥		阜	阡	阤	阪	阬	防	阻
엿볼 침	지경문 관	밝힐 천	열 벽	대궐작은문 달	阜部	언덕 부	밭둑길 천	헐 치	고개 판	구덩이 항	막을 방	막힐 조

阿	陀	陂	附	陋	陌	降	限	陘	陛	陜	陞	陟
큰언덕 아	험할 타	언덕 파	붙일 부	더러울 루	밭둑길 백	내릴 강	한정 한	산중턱끊어질 형	섬돌 폐	좁을 협	오를 승	오를 척

院	陣	除	陪	陬	陰	陲	陳	陵	陶	陷	陸	陽
집 원	진칠 진	덜 제	모실 배	모퉁이 추	그늘 음	변방 수	묵을 진	언덕 릉	질그릇 도	빠질 함	뭍 륙	볕 양

隄	언덕 제
隅	모퉁이 우
隆	높을 륭
隈	물굽이 외
隊	무리 대
隋	수나라 수
階	섬돌 계
隔	막힐 격
隕	떨어질 운
隘	좁을 애
隙	틈 극
際	즈음 제
障	막힐 장
隤	무너질 퇴
隧	굴 수
隨	따를 수
隩	물가언덕 오
險	험할 험
隱	숨을 은
隴	밭두둑 롱

隶部

隶	미칠 이
隷	종 례

隹部

隹	새 추
隻	외짝 척
隼	새매 준
雀	참새 작
雁	기러기 안
雄	수컷 웅
雅	맑을 아
集	모을 집
雇	삯줄 고
雉	꿩 치
雋	살찐고기 전
雌	암컷 자
雍	화할 옹
雕	독수리 조
雖	비록 수

雙	쌍 쌍
雛	새새끼 추
雜	섞일 잡
雞	닭 계
離	떠날 리
難	어려울 난

雨部

雨	비 우
雪	눈 설
雫	물방울 놔
雰	눈오는 모양 분
雲	구름 운
零	떨어질 령
雷	우뢰 뢰
雹	우박 박
電	번개 전
需	찾을 수
霄	하늘 소
霆	빠른우뢰 정
震	우뢰 진
霈	장마 패
霍	급할 곽
霏	안개 비
霑	젖을 점
霓	암무지개 예
霖	장마 림
霙	싸리눈 영
霜	서리 상
霞	놀 하
霧	안개 무
霪	장마 음
霰	싸락눈 선
露	이슬 로
霸	으뜸 패
霹	벼락 벽
霽	비개일 제
靂	벼락 력
靄	구름모여들 애
靆	구름성할 체

靈 신령령

靉 구름모일애

青部

青 푸를청

靖 편안할정

靚 단장할정

靜 고요정

非部

非 아닐비

靡 없을미

九畫

面部

面 낯면

靦 얼굴뵈일전

靨 보조개엽

革部

革 가죽혁

靭 질길인

靳 아낄근

靴 가죽신화

靼 종족이름달

鞅 쇠굴레앙

鞋 가죽신혜

鞍 안장안

鞏 굳을공

鞘 칼집초

鞠 기를국

鞦 그네추

鞭 채찍편

鞳 종고소리탑

鞺 북소리당

鞴 풀무비

鞿 말재갈기

韆 그네천

韋部

韋 가죽위

韓 한나라한

韜 칼집도

韙 밝을위

非部

韭 부추 구

音部

音 소리 음

韶 아름다울 소

韻 운 운

響 울릴 향

頁部

頁 머리 혈

頂 이마 정

頃 잠깐 경

項 목덜미 항

順 순할 순

須 모름지기 수

頌 칭송할 송

預 미리 예

頑 완고 완

頒 나눌 반

頓 무딜 돈

頗 자못 파

領 받을 령

頡 긁을 갈

頤 턱 이

頭 머리 두

頰 뺨 협

頷 턱 함

頸 목 경

頹 무너질 퇴

頻 자주 빈

顆 덩어리 과

顋 볼다구니 시

題 제목 제

額 이마 액

顏 얼굴 안

願 원할 원

顛 엎드러질 전

類 무리 류

顥 클 호

顧 돌아볼 고

顯 나타날 현
顰 찡그릴 빈
顱 해골 로

風部

風 바람 풍
颯 바람소리 삽
颱 폭풍 태
颶 사방풍 구
颺 드날릴 양
飄 회오리바람 표
飆 불통튈 표

飛部

飛 날 비

飜 뒤집힐 번

食部

食 밥 식
飢 주길 기
飧 물만밥 손
飩 찐떡 돈
飫 배부를 어
飭 신칙할 칙
飮 마실 음
飯 밥 반
飴 엿 이
飼 먹일 사
飽 배부를 포

飾 꾸밀 식
餉 도시락 향
養 기를 양
餌 미끼 이
餐 반찬 찬
餓 주릴 아
餘 남을 여
餞 전송 전
餠 밀가루떡 병
餡 떡소 함
館 객사 관
餬 죽 호
餾 찐밥 류

饅 만두 만
饉 주릴 근
饋 먹일 궤
饌 반찬 찬
饑 주릴 기
饒 풍족할 요
饔 아침밥 옹
饗 누릴 향
饜 물릴 염

首部

首 머리 수
馗 광대뼈 규
馘 머리벨 괵

香部

香 향기 향
馥 향기 복
馨 멀리향기날 형

十畫

馬部

馬 말 마
馭 말부릴 어
馮 탈 빙
馱 짐실을 태
馳 달릴 치
馴 말순할 순
駁 얼룩말 박
駐 머물 주
駑 둔할 노
駒 망아지 구
駓 말달릴 비
駔 준마 장
駕 멍에 가
駘 재갈벗을 태
駙 곁말 부
駛 빠를 사
駟 사마 사
駪 빨리걸을 신
駭 놀랄 해
駮 논박할 박

駱 흰말 락

駸 말빨리 갈 침

駻 사나운 말 한

駿 준마 준

駢 말두필멍에멜 병

騎 말탈 기

騏 바둑말 기

騑 멍에한 말 비

騖 달아날 무

騙 속일 편

騫 이즈러 질 건

騰 오를 등

騷 떠들 소

驀 말탈 맥

騾 노새 라

驁 준마 오

驅 몰 구

驄 옥색말 총

驕 거만할 교

驗 증험할 험

驚 놀랄 경

驛 역마 역

驟 달릴 추

驢 나귀 려

驥 천리마 기

驩 즐길 환

驪 검은말 려

骨部

骨 뼈 골

骭 정강이뼈 한

骰 주사위 투

骸 뼈 해

骼 뼈 각

骾 목에걸릴 경

髀 다리 비

髏 해골 루

髑 해골 촉

髓 뼈골 수

體 몸 체

高部

- 高 높을 고

髟部

- 髡 머리깎을 곤 곤
- 髢 땋은머리 체
- 髣 비슷할 방
- 髥 수염 염
- 髦 나팔머리 모
- 髫 더벅머리 초
- 髭 웃수염 자
- 髮 터럭 발
- 髴 비슷할 불
- 髻 상투 계
- 髷 곱슬머리 곡
- 鬆 터럭엉킬 송
- 鬈 수염보기좋을 권
- 鬘 다리꼭지 만
- 鬚 수염 수
- 鬟 쪽질 환
- 鬢 살쩍 빈
- 鬣 갈기 렵

鬥部

- 鬧 시끄러울 뇨
- 鬨 다투는소리 홍
- 鬩 송사할 혁
- 鬫 범우는소리 함
- 鬪 싸울 투

鬯部

- 鬯 활집 창

鬲部

- 鬲 오지병 격
- 鬵 큰가마 심
- 鬷 뭇 종
- 鬻 죽 죽

鬼部

- 鬼 귀신 귀
- 魁 으뜸 귀
- 魂 혼 혼
- 魃 가뭄귀신 발

- 魄 넋 백
- 魅 도깨비 미
- 魍 산도깨비 망
- 魎 산도깨비 량
- 魏 위나라 위
- 魑 산도깨비 리
- 魔 마귀 마
- 魘 꿈에놀랄 염

十一畫

魚部

- 魚 고기 어
- 魯 나라 로
- 魴 병어 방

- 鮃 가자미 병
- 鮄 방어 불
- 鮎 은어 점
- 鮏 비릴 성
- 鮐 복 태
- 鮑 절인생선 포
- 鮒 붕어 부
- 鮨 젓갈 지
- 鮪 상어 유
- 鮫 상어 교
- 鮭 복생선 해
- 鮮 맑을 선
- 鮹 문어 소

- 鯁 고기뼈 경
- 鯉 잉어 리
- 鯊 상어 사
- 鯔 숭어 치
- 鯖 고등어 청
- 鯛 도미 조
- 鯡 청어 비
- 鯢 도롱뇽 예
- 鯣 뱀장어 역
- 鯥 능육어 륙
- 鯨 고래 경
- 鰆 상어 준
- 鰈 넙치 접

鰹	鰶	鰮	鰭	鰥	鰤	鰕	鰓	鰒	鰍	鰌	鰊	鰉
큰가물치 견	전어 제	멸치 온	지느러미 기	홀아비 환	새우 사	새우 하	아가미 새	전복 복	미꾸리 추	미꾸리 추	고기이름 전	전어 전

鳧	鳥	鳥部	鱸	鱶	鱮	鱧	鱗	鱒	鱏	鱈	鰻	鰺
오리 부	새 조		농어 로	어포 양	연어 서	가물치 례	비늘 린	송어 준	코긴고기 심	대구 설	뱀장어 만	비릴 소

鴦	鴣	鴛	鴕	鴒	鴉	鴇	鴆	鴃	鳶	鳴	鳳	鳩
암원앙새 앙	월나라새 고	원앙새 원	타조 타	할미새 령	갈가마귀 아	너새 보	짐새 짐	때까치 격	솔개 연	울 명	새 봉	비둘기 구

鴨	집오리 압
鴴	백구 행
鴻	기러기 홍
鵄	솔개 치
鵜	사다새 제
鵑	두견새 견
鵝	거위 아
鵠	고니 혹
鵡	앵무새 무
鵯	까마귀 비
鵲	까치 작
鶉	메추라기 순
鶤	고니 곤
鶩	집오리 목
鶯	꾀꼬리 앵
鶴	학 학
鶺	할미새 척
鷓	월나라 꿩 자
鷗	갈매기 구
鷙	모진새 지
鷭	새이름 번
鷲	독수리 취
鷸	총새 휼
鷹	매 응
鷺	백로 로
鸚	앵무 앵
鸞	푸른봉새 란

鹵部

鹵	소금 로
鹹	짤 함
鹼	잿물 검
鹽	소금 염

鹿部

鹿	사슴 록
塵	티끌 신
麋	고라니 미
麑	사슴새끼 예
麒	암기린 기
麓	산기슭 록

麗 빛날 려

麝 사향사슴 사

麟 기린 린

麤 거칠 추

麥部

麥 보리 맥

麩 밀기울 부

麪 밀가루 면

麭 밀가루떡 포

麴 누룩 국

麻部

麻 삼 마

麼 작을 마

麾 대장기 휘

十二畫

黃部

黃 누르 황

黌 학교 횡

黍部

黍 기장 서

黎 검을 려

黏 차질 점

黐 새잡는풀 리

黑部

黑 검을 흑

黔 검을 검

默 잠잠 묵

黛 그린눈썹 대

點 점 점

黥 자자 경

黨 무리 당

黯 깊게검을 암

黴 곰팡이 미

黶 사마귀 염

黷 흐릴 독

黹部

黹 바느질할 치

黻 보불 불

黼 보불 보

十三畫

黽部

- 黽 맹꽁이 맹
- 鼇 큰자라 오
- 鼈 자라 별

鼎部

- 鼎 솥 정

鼓部

- 鼓 북 고
- 鼕 북소리 동
- 鼙 말타고치는북 비

鼠部

- 鼠 쥐 서
- 鼬 족제비 유
- 鼯 날다람쥐 오
- 鼷 새앙쥐 혜

十四畫

鼻部

- 鼻 코 비
- 鼾 코골 한
- 齁 코골 후
- 齅 냄새맡을 후

齊部

- 齊 가지런할 제
- 齋 재계할 재
- 齎 가질 재

十五畫

齒部

- 齒 이 치
- 齔 이갈 츤
- 齟 이아니맞을 저
- 齡 나이 령
- 齣 구절 구
- 齪 악착할 착
- 齧 씹을 설
- 齬 이아니맞을 어
- 齲 잇병 우
- 齷 악착할 악

十六畫

龍部

龍	용 룡
龐	높은집 방
龔	줄 공
龕	감실 감

龜部

龜	거북 귀

十七畫

龠部

龠	피리 약

잘못 읽기 쉬운 漢字一覧

•用語에 따라 발음이 변하는 漢字語

【ㄱ】

○ ×

감쇄 減殺(감살)
강장 腔腸(공장)
갹출 醵出(거출)
경칩 驚蟄(경첩)
과시 誇示(오시)
교쾌 狡獪(교회)
궤변 詭辯(위변)
규구 規矩(규거)
끽연 喫煙(계연)
감안 勘案(심안)
개괄 概括(개활)
겁나 怯懦(겁유)
겸제 箝制(감제)
교사 教唆(교준)
교환 交驩(교관)
괴수 魁首(두수)
글안 契丹(계단)
구폐 狗吠(구견)
귀감 龜鑑(구감)
구휼 救恤(구혈)
기치 旗幟(지직)
괄목 刮目(활목)

【ㄴ】

나례 儺禮(난례)
낙인 烙印(각인)
낭자 狼藉(낭적)
녹용 鹿茸(녹이)
눌변 訥辯(내변)
나약 懦弱(난약)
날인 捺印(나인)

【ㄷ】

다과 茶果(차과)
단예 端倪(단아)
도서 島嶼(도여)

【ㅁ】

만강 滿腔(만공)
만타 萬朽(만내)
매진 邁進(만진)
모란 牡丹(목단)
미만 彌滿(이만)

【ㅂ】

박탈 剝奪(약탈)
발랄 潑剌(발자)
방조 幇助(봉조)
범주 範疇(범수)
비등 沸騰(불등)
비상 飛翔(비우)
박멸 撲滅(복멸)
반포 頒布(분포)
발호 跋扈(발읍)
배태 胚胎(부태)

【ㅅ】

사기 詐欺(작기)
사치 奢侈(사다)
살포 撒布(산포)
상쇄 相殺(상살)
세척 洗滌(세조)
소상 塑像(삭상)
쇄도 殺到(살도)
소요 騷擾(소유)
사소 些少(차소)
삭막 索寞(색막)
삼매 三昧(삼미)
생략 省略(성략)
섬광 閃光(민광)
소쇄 掃灑(소려)

【ㅇ】

애도 哀悼(애탁)
야금 冶金(치금)
역할 役割(역활)
와전 訛傳(화전)
애로 隘路(익로)
야기 惹起(약기)
염연 恬然(활연)
와중 渦中(과중)
여과 濾過(노과)
야료 惹鬧(약시)
염오 厭惡(염악)
와해 瓦解(호해)
애애 皚皚(기기)
약탈 掠奪(경탈)
영수 領袖(영유)
외람 猥濫(외감)
외외 巍巍(위위)
유세 遊說(유설)
은닉 隱匿(은약)
인멸 湮滅(연멸)
인지 人質(인질)
요철 凹凸(요돌)
응결 凝結(의결)
의곡 歪曲(왜곡)
잉태 孕胎(내태)
요업 窯業(질업)
용동 聳動(종동)
음미 吟味(금미)

【ㅈ】

자자 孜孜(목목)
저상 沮喪(조상)
접문 接吻(접물)
정곡 正鵠(정고)
주저 躊躇(수저)
진지 眞摯(진집)
즐비 櫛比(절비)
자자 藉藉(적적)
저주 詛呪(조주)
전파 傳播(전번)
주차 駐箚(주탑)
준동 蠢動(춘동)
질곡 桎梏(지고)
준설 浚渫(준첩)
조밀 稠密(주밀)
조치 措置(처치)

【ㅊ】

참신 斬新(점신)
천단 擅斷(단단)
천식 喘息(서식)
촌탁 忖度(촌도)
추태 醜態(취태)
치열 熾烈(직열)
창연 悵然(장연)
철퇴 鐵槌(철취)
초췌 憔悴(초졸)
추도 追悼(추탁)
췌언 贅言(취언)

【ㅌ】

탄핵 彈劾(탄효)
통찰 洞察(동찰)
파탄 破綻(파정)
판득 辦得(변득)
포상 褒賞(보상)
포악 暴惡(폭악)

【ㅍ】

파견 派遣(파유)
패연 沛然(시연)
폐색 閉塞(폐쇄)
포착 捕捉(포촉)
패관 稗官(비관)
팽창 膨脹(팽장)
표지 標識(표식)
폭주 輻輳(복주)

【ㅎ】

학정 虐政(허정)
항열 行列(행렬)
현란 絢爛(순란)
혼연 渾然(군연)
회자 膾炙(회화)
휼병 恤兵(혈병)
흔쾌 欣快(흠쾌)
홍거 薨去(붕거)
한삼 汗衫(간삼)
해이 解弛(해야)
혈혈 孑孑(자자)
황홀 恍惚(항홀)
후각 嗅覺(취각)
효시 嚆矢(고시)
흘연 屹然(걸연)
회신 灰燼(회진)
횡포 橫暴(횡폭)
훼손 毁損(은손)
흡사 恰似(합사)

모양이 비슷한漢字

干(간) 干城(간성)
于(우) 于今(우금)
千(천) 千里(천리)

犬(견) 忠犬(충견)
大(대) 大小(대소)
太(태) 太初(태초)

刀(도) 短刀(단도)
刃(인) 刃創(인창)

曰(왈) 或曰(혹왈)
日(일) 日課(일과)

午(오) 午前(오전)
牛(우) 牛馬(우마)

己(기) 自己(자기)
巳(사) 乙巳(을사)
已(이) 已往(이왕)

戊(무) 戊種(무종)
戌(술) 戌時(술시)
戍(수) 衛戍(위수)

具(구) 具備(구비)
貝(패) 貝物(패물)

九(구) 九拾(구십)
丸(환) 丸藥(환약)

矛(모) 矛戟(모극)
予(여) 予奪(여탈)

拘(구) 拘束(구속)

狗(구) 走狗(주구)

分(분) 分數(분수)
兮(혜) 耶兮(야혜)

末(말) 末日(말일)
未(미) 未着(미착)

旦(단) 元旦(원단)
且(차) 苟且(구차)

各(각) 各種(각종)
名(명) 姓名(성명)

瓦(와) 瓦解(와해)

問(문) 質問(질문)

開(개) 開拓(개척)
聞(문) 見聞(견문)

陣(진) 陣營(진영)
陳(진) 陳列(진열)

幕(막) 天幕(천막)
慕(모) 追慕(추모)
募(모) 募集(모집)
暮(모) 暮雪(모설)

析(석) 分析(분석)
折(절) 屈折(굴절)

師(사) 師弟(사제)
帥(수) 將帥(장수)

決(결) 決心(결심)
快(쾌) 快樂(쾌락)

苦(고) 苦惱(고뇌)
若(약) 若干(약간)

思(사) 思考(사고)
恩(은) 恩功(은공)

飯(반) 白飯(백반)
飮(음) 飮食(음식)

象(상) 象牙(상아)
衆(중) 群衆(군중)

捨(사) 取捨(취사)
拾(습) 拾得(습득)

眠(면) 冬眠(동면)
眼(안) 眼目(안목)

考(고) 參考(참고)
老(로) 老人(노인)

栗(률) 生栗(생률)
粟(속) 粟米(속미)

免(면) 任免(임면)
兎(토) 兎皮(토피)

歎(탄) 歎息(탄식)
歡(환) 歡呼(환호)

旅(려) 旅客(여객)
族(족) 民族(민족)

刑(형) 刑罰(형벌)
形(형) 形象(형상)

毫(호) 秋毫(추호)
豪(호) 豪傑(호걸)

壇(단) 祭壇(제단)
檀(단) 檀君(단군)

堂(당) 堂號(당호)
當(당) 當否(당부)

密(밀) 密度(밀도)
蜜(밀) 蜜語(밀어)

漫(만) 漫評(만평)
慢(만) 慢心(만심)

側(측) 側近(측근)
測(측) 測量(측량)

官(관) 官民(관민)
宮(궁) 宮女(궁녀)

早(조) 早朝(조조)
旱(한) 旱害(한해)

起(기) 起床(기상)
赴(부) 赴任(부임)

雪(설) 白雪(백설)
雲(운) 雲集(운집)

技(기) 技術(기술)
枝(지) 枝葉(지엽)

客(객) 主客(주객)
容(용) 容貌(용모)

設(설) 建設(건설)
說(설) 說敎(설교)

暑(서) 避暑(피서)
署(서) 官署(관서)

享(향) 享樂(향락)
亨(형) 亨通(형통)

辛(신) 辛苦(신고)
幸(행) 幸福(행복)

閉(폐) 閉門(폐문)
閑(한) 閑暇(한가)

間(간) 間接(간접)

墳(분) 墳墓(분묘)
憤(분) 憤怒(분노)

粉(분) 粉末(분말)
紛(분) 紛爭(분쟁)

弦(현) 弦月(현월)
絃(현) 絃樂(현악)

與(여) 授與(수여)
興(흥) 興亡(흥망)

漸(점) 漸次(점차)
慚(참) 無慚(무참)

衰(쇠) 盛衰(성쇠)
哀(애) 哀歡(애환)

浩(호) 浩茫(호망)
活(활) 生活(생활)

遣(견) 派遣(파견)
遺(유) 遺產(유산)

幣(폐) 幣物(폐물)
弊(폐) 弊端(폐단)

頃(경) 頃刻(경각)
項(항) 項鎖(항쇄)

揚(양) 揚名(양명)
楊(양) 楊柳(양류)

堤(제) 堤防(제방)
提(제) 提携(제휴)

侯(후) 諸侯(제후)
候(후) 氣候(기후)

佛(불) 佛敎(불교)
拂(불) 拂子(불자)

綠(록) 綠色(녹색)
緣(연) 緣分(연분)

墨(묵) 墨畵(묵화)
黑(흑) 黑幕(흑막)

栽(재) 栽培(재배)
裁(재) 裁斷(재단)

恨(한) 恨歎(한탄)
限(한) 限定(한정)

互(호) 相互(상호)

士(사) 士林(사림)
土(토) 土木(토목)

券(권) 福券(복권)
卷(권) 卷數(권수)

北(북) 北方(북방)
比(비) 比例(비례)
此(차) 此後(차후)

人(인) 人口(인구)
入(입) 入口(입구)
八(팔) 八道(팔도)

兩(량) 兩立(양립)
雨(우) 風雨(풍우)

氷(빙) 氷雪(빙설)
水(수) 食水(식수)
永(영) 永久(영구)

困(곤) 疲困(피곤)
囚(수) 囚人(수인)
因(인) 因習(인습)

代(대) 代身(대신)
伐(벌) 征伐(정벌)

亦(역) 亦時(역시)
赤(적) 赤色(적색)

烏(오) 烏口(오구)
鳥(조) 鳥獸(조수)

甲(갑) 甲兵(갑병)
申(신) 申告(신고)

今(금) 今年(금년)
令(령) 命令(명령)

由(유) 理由(이유)
田(전) 田畓(전답)

明(명) 光明(광명)
朋(붕) 朋友(붕우)

宣(선) 宣布(선포)
宜(의) 便宜(편의)

壞(괴) 破壞(파괴)
壤(양) 土壤(토양)

待(대) 待機(대기)	斤(근) 斤量(근량)	薄(박) 薄氷(박빙)	須(수) 必須(필수)
侍(시) 侍女(시녀)	斥(척) 排斥(배척)	簿(부) 名簿(명부)	順(순) 順從(순종)
徒(도) 學徒(학도)	營(영) 營業(영업)	情(정) 感情(감정)	挑(도) 挑發(도발)
從(종) 服從(복종)	螢(형) 螢光(형광)	淸(청) 淸潔(청결)	桃(도) 桃李(도리)

正字·略字·俗字

晝——昼 낮 주
增——増 더할 증
證——証 증거 증
彈——弾 탄알 탄
澤——沢 못 택
擇——択 가릴 택
單——単 홑 단
團——団 둥글 단
斷——断 끊을 단
擔——担 멜 담
當——当 당할 당
黨——党 무리 당
對——対 대할 대
德——徳 큰 덕
圖——図 그림 도
讀——読 읽을 독
獨——独 홀로 독
輕——軽 가벼울 경
經——経 경서 경
徑——径 지름길 경
鷄——鶏 닭 계
繼——継 이을 계
館——舘 집 관
學——学 배울 학
解——觧 풀 해
虛——虚 빌 허
獻——献 드릴 헌
驗——験 증험할 험

顯——顕 나타날 현
螢——蛍 반딧불 형
關——関 빗장 관
廣——広 넓을 광
敎——教 가르칠 교
區——区 구역 구
舊——旧 예 구
驅——駆 몰 구
國——国 나라 국
權——权 권세 권
勸——勧 권할 권
龜——亀 거북 귀
氣——気 기운 기
旣——既 이미 기
假——仮 거짓 가
拜——拝 절 배
變——変 변할 변
辯——弁 말잘할 변
邊——辺 가 변
贊——賛 찬성할 찬
參——参 참여할 참
處——処 곳 처
淺——浅 얕을 천
鐵——鉄 쇠 철
廳——庁 관청 청
廢——廃 폐할 폐
豐——豊 풍성할 풍
眞——真 참 진

盡——尽 다할 진
賴——頼 의지할 뢰
龍——竜 용 룡
樓——楼 다락 루
屬——属 붙을 속
收——収 거둘 수
數——数 수 수
壽——寿 목숨 수
肅——粛 삼갈 숙
濕——湿 젖을 습
乘——乗 탈 승
實——実 열매 실
竝——並 아우를 병
寶——宝 보배 보
拂——払 떨칠 불
佛——仏 부처 불
冰——氷 어름 빙
號——号 부르짖을 호
畫——画 그림 화
擴——拡 늘릴 확
歡——歓 기쁠 환
黃——黄 누를 황
會——会 모을 회
效——効 본받을 효
黑——黒 검을 흑
絲——糸 실 사
寫——写 베낄 사
辭——辞 말씀 사
雙——双 짝 쌍
敍——叙 펼 서
總——総 다 총

蟲——虫 벌레 충
醉——酔 술취할 취
齒——歯 이 치
恥——耻 부끄러울 치
稱——称 일컬을 칭
豫——予 미리 예
藝——芸 재주 예
溫——温 따뜻할 온
圓——円 둥글 원
圍——囲 둘레 위
爲——為 하 위
應——応 응할 응
醫——医 의원 의
貳——弐 두 이
壹——壱 하나 일
姊——姉 누이 자
殘——残 남을 잔
蠶——蚕 누에 잠
雜——雑 섞일 잡
壯——壮 씩씩할 장
莊——庄 별장 장
爭——争 다툴 쟁
戰——戦 싸움 전
錢——銭 돈 전
傳——伝 전할 전
轉——転 구를 전
點——点 점 점
壓——圧 누를 압
藥——薬 약 약
讓——譲 사양할 양
嚴——厳 엄할 엄

同音異意語一覽

• 발음은 같으나 뜻이 다른 漢字

【ㄱ】

가법(家法) 집안 법식
(苛法) 가혹한 법
가보(家譜) 집안 보첩
(家寶) 집안 보물

가사(家事) 집안 일
(家舍) 집
(歌詞) 노래 구문
(袈裟) 중들의 예복
가산(加算) 수 보탬
(家産) 집안 재산
(假算) 어림 셈
가상(嘉尙) 칭찬
(街上) 길거리

(嘉祥) 상서로움
(假想) 가정한 생각
가설(加設) 더 설치
(架設) 건너 지름
(假設) 임시로 베풀음
가성(苛性) 썩히는 성질

【ㄴ】

난국(難局) 어려운 고비

【ㅇ】

안정(安定) 틀이 잡힘
(安靜) 마음을 편하게
애정(愛情) 사랑하는 마음
애호(愛護) 사랑하고 보호
(愛好) 사랑하여 즐김
(哀號) 슬프게 울부 짖음
야경(夜警) 밤을 경계
(夜景) 밤의 경치
(野景) 들의 경치
양견(兩肩) 두 어깨
(洋犬) 서양개
(養犬) 개를 기름
양계(養鷄) 닭을 기름
(陽界) 이 세상

【ㅈ】

자색(姿色) 예쁜 얼굴
(紫色) 자주 빛
자수(刺繡) 수를 놓음
(自修) 혼자 배움
(姿意) 방자한 마음씨
(字義) 글씨의 뜻
자작(自作) 스스로 만듬
자제(自制) 스스로 억누름
(自製) 손수 만들음
잡기(雜技) 놀음
(雜記) 여러가지를 적음
장관(將官) 장수 원수(元師)
(壯觀) 볼만한 광경
재가(在家) 집에 있음
(裁可) 대통령의 허가
(再嫁) 두번째 시집 감
전가(轉嫁) 넘겨 씌움
(全家) 온 집안
(傳家) 살림을 물려 줌
전공(專攻) 전문으로 연구
(前功) 이전의 공로
(戰功) 싸움의 공로
전국(全國) 한 나라 전체
(戰局) 싸움의 형편

【ㅊ】

차견(差遣) 사람을 보냄
(借見) 빌려 봄

무력(武力) 군대의 힘, 병력
(無力) 힘이 없음
(無私) 사사로움이 없음
무상(無上) 이 위에 더 없음
(無狀) 형상이 없음
(無常) 덧 없음
무시(無時) 일정한 때가 없음
(無視) 업신 여김
무용(武勇) 무예와 용맹
(無用) 쓸데 없음
(舞踊) 춤
밀봉(密封) 단단히 봉함
(密蜂) 꿀벌, 참벌

【ㅂ】

반기(半期) 반년, 한해의 반 켜
(叛起) 배반하고 일어남
발포(發布) 세상에 널리폄
(發包) 총포를 쏨
방공(防共) 공산주의를 막음
(防空) 공중을 방비
방수(防水) 수해를 막음
(防守) 막고 지킴
범인(犯人) 죄 지은 사람
(凡人) 평범한 사람

【ㅅ】

사감(私感) 사사의 감정
(舍監) 기숙사의 감독
사고(思考) 생각, 궁리
(事故) 뜻밖의 탈
(社告) 회사의 알림
사교(社交) 여러 사람의 사귐
(邪教) 정당하지 못한 종교
(詐巧) 재주있게 속임
사기(史記) 역사 책
(沙器) 사기 그릇
(死期) 죽으려 할 때
(士氣) 병사들의 기운
사념(思念) 근심, 걱정
(邪念) 못된 생각
사료(史料) 역사의 재료
(思料) 생각, 짐작, 사량
(飼料) 짐승의 먹이
사상(思想) 생각, 정돈된 지식

(亂國) 요란한 나라
(亂國) 요란한 시대
내정(內定) 속으로 작정
(內情) 형편 속
(內政) 국내 정치
노장(老壯) 늙은이와 젊은이
(老將) 나이 많은 장수
(蘆場) 갈대를 심는 땅
(老長) 노승, 노장중
농담(弄談) 실 없는 말
(濃淡) 짙음과 묽음
농상(農商) 농업과 상업

【ㄷ】

단간(單間) 단 한간
(短簡) 짧은 편지
단절(短折) 일찍 부러짐
(斷折) 꺾음, 부러뜨림
(斷絶) 끊어짐, 잘라버림
단정(斷定) 판단하여 작정
(端正) 바르고 얌전
(端艇) 경기용의 작은 배
답사(答辭) 축사에의 대답
(踏査) 실지로 조사
당시(當時) 그 때
(瞠視) 놀라운 눈으로 봄
(當市) 우리시
대담(大膽) 담력이 큼
(大談) 큰 소리
(對談) 만나서 이야기
대동(大同) 거진 같음
(帶同) 데리고 함께

【ㅁ】

만세(萬歲) 영원히 삶
(萬世) 오랜 세상
망신(妄信) 망령 되어 믿음
(亡身) 욕을 당함
망실(亡室) 죽은 아내
(忘失) 잊어 버림
(亡失) 없어짐, 잃어버림
무기(無期) 기한 없음
(武器) 싸움 기구
(舞妓) 춤을 추는 기생
무도(無道) 인도에 어그러짐
(舞蹈) 뛰며 춤을 춤

(表迹) 나타난 행적
표지(標紙) 증서 종이
(表紙) 책 겉장
(標識) 알림 표
풍설(風雪) 바람과 눈
(風說) 떠 도는 소문
필연(必然) 꼭 반드시
(筆硯) 붓과 벼루

【ㅎ】

하류(下流) 내려감
(河流) 흐르는 강물
하복(夏服) 여름 옷
(下服) 아래 옷
(下腹) 아랫 배
하수(下水) 더러운 물
(夏瘦) 여름에 몸이 쇠약
학력(學力) 배움의 힘
(學歷) 배움을 닦은 이력
학자(學者) 배움 있는 사람
(學資) 배움에 드는 돈
해금(奚琴) 깡깡이, 북, 소구
(解禁) 풀어줌

(投刺) 명함을 통함
특사(特使) 특별히 보냄
(特赦) 특별히 놓아줌
특수(特殊) 보통과 다름
(特秀) 뛰어 남

【ㅍ】

파의(罷意) 뜻을 버림
(罷議) 의논을 그만 둠
파종(破腫) 종기를 쨈
(播種) 씨를 뿌림
편성(偏性) 쏠리기 쉬운 성질
(編成) 엮어 만듬
편집(偏執) 편견을 고집
(編輯) 신문 책을 엮음
평정(平定) 평온하게 진정
(評定) 평의 하여 작정
(平靜) 평안하고 고요함
포장(包裝) 싸서 꾸밈
(布帳) 휘장
표기(表記) 거죽에 적음
(標記) 표로(위의) 적음
(標旗) 목표로 세운 기
표적(標的) 목표로 삼음

체재(體裁) 모양, 형식
(滯在) 머물러 있음
최소(最少) 제일 적음
(最小) 제일 작음
추구(追求) 쫓아 구함
(追究) 쫓아 생각
(推究) 미루어 생각
추천(秋天) 가을 하늘
(推薦) 내 세움
(鞦韆) 그네

【ㅌ】

타살(他殺) 남이 죽임
(打殺) 때려서 죽임
탐문(探問) 더듬어 물음
(探聞) 수소문하여 들음
통상(通常) 보통
(通商) 다른 나라와 거래
통화(通話) 말을 통함
(通貨) 돈, 지폐
투기(投棄) 내 던짐
(妬忌) 강짜, 샘질
(投機) 기회를 따름
투자(投資) 밑천을 냄

편지봉투서식

결혼식

祝華婚(축화혼) 祝聖婚(축성혼) 祝盛典(축성전)

회갑연

壽儀(수의) 祝禧筵(축희연) 祝儀(축의)

축하

祝合格(축합격) 祝發展(축발전) 祝卒業(축졸업)

초상

弔儀(조의) 賻儀(부의) 謹弔(근조)

座下 〈마땅히 공경해야할 어른에게 (조父母·父母·선배·先生)〉
先生 〈은사나 사회적으로 이름난 분에게〉
女史 〈一반부人에게〉
大兄 仁兄 〈친하고 정다운 사이에〉
氏 〈나이나 지위가 비슷한 사람에게〉
貴中 〈단체에〉
님께 〈순한글식으로 쓸때〉
貴下 〈일반적으로 널리 쓰임〉
君、兄 〈친한 친구에게〉

지방 쓰는 법

신위는 고인의 사진으로 하되 사진이 없으면 지방으로 대신한다。지방은 깨끗한 백지에 먹으로 쓰며 길이는 22㎝、넓이 6㎝ 정도로 한다。

*시중에 지방함을 판매하고 있으니 구입하여 사용하면 품위있고 편리하다。

알아두어야 할 점

지방을 쓸때에는 몸을 청결하게하고 깨끗한 백지에 먹으로 쓰며 가로 6㎝、세로 22㎝정도로 합니다。남자의 지방을 쓸때 벼슬이 없으면 學生(학생)을 쓰고 벼슬이 정일품 崇祿大夫(숭록대부)라면 그 관직을 그대로 쓰고 그 부인의 경우는 貞敬夫人(정경부인)을 孺人(유인)대신으로 씁니다。남자 지방의 考(고)는 父(부)와 동일한 뜻으로 생전에는 父라하고 사후에는 考라하며 妣(비)는 모(母)와 동일한 뜻으로 생전에는 母라하며 사후에는 妣(비)라고 합니다。여자의 경우에는 유인(孺人)다음에는 본관성씨를 쓰며 아내의 경우 자식이 있어도 남편이 주제가 되며 자식의 경우에는 손자가 있어도 아버지가 주제가 됩니다。

만약 재취로 인하여 삼위지방일 경우에는 왼쪽에 남자지방 중간에 본비의 지방 오른쪽에 재취비의 지방을 씁니다。

●지방을 부치면 필히 축문을 읽을것

顯高祖考學生府君神位 (현고조고학생부군신위)

고조부

顯高祖妣孺人清州韓氏神位 (현고조비유인청주한씨신위)

고조모

顯曾祖考學生府君神位
현증조고학생부군신위
증조부
顯曾祖妣孺人安東金氏神位
현증조비유인안동김씨신위
증조모
*左의 한글 지방은 현대 가정의례준칙에 의한 지방 쓰는 법입니다.
顯祖考學生府君神位
현조고학생부군신위
할아버님 신위
조부
顯祖妣孺人金海金氏神位
현조비유인김해김씨신위
할머님 김해김씨 신위
조모
顯考學生府君神位
현고학생부군신위
아버님 신위
부
顯妣孺人全州李氏神位
현비유인전주이씨신위
어머님 전주이씨 신위
모

남편

현 벽 학 생 부 군 신 위
顯辟學生府君神位
부군 신위

처

고 실 유 인 경 주 김 씨 신 위
故室孺人慶州金氏神位
망실경주김씨 신위

축문 쓰는 법

*축문은 신명 앞에 고하는 글이며 그 내용은 제위분께 간소한 제수나마 흠향하시라는 뜻을 고하는 글이다。 고로 한문의 뜻을 풀이하면 잘 이해할 수 있다。 그러나 지금은 한글로 알기 쉽게 쓰기도 하며 크기는 폭 25㎝ 정도、길이는 36㎝ 정도 크기로 한다。

알아두어야 할 점

유(維)：이어 내려온다는 뜻

세차(歲次)：해의 차례라는 뜻

간지(干支)：간지는 천간지지 육십갑자의 그 해의 태세를 쓴 것이며 그 예로 금년이 기미년이면 기미라고 씁니다。

모월(某月)：제사날을 따라 쓰며 제사달이 정월이면 正月 八月이면 八月이라 씁니다。

모일(某日)：그 제사날을 쓴 것이며 예를들어 제사날이 十五日이면 그대로 十五日로 씁니다。

간지삭(干支朔)：그 제사달의 초하루라는 뜻으로 제사달 초하루의 일진을 씁니다。 예를 들면 초하루 일진이 정해(丁亥)이면 丁亥라 씁니다。

간지(干支)：그 제사날의 일진을 씁니다。 예를 들어보면 十五日이 제사날이고 十五日의 일진이 甲子이면 甲

子라고 씁니다.

(敢昭告于)：삼가 밝게고한다는 뜻으로 처상(妻喪)에는 감(敢) 자를 버리고 소고우라고만 쓰며 아우이하는 다만 고우(告于)라고만 씁니다.

* 여자위의 경우 본관성씨를 쓰며 남자위에는 학생(學生)을 쓰나 만약의 경우 남자가 벼슬을 했을 때 학생대신에 그 벼슬의 관직을 쓰며 그의 부인은 남편의 관직명을 따라서 유인대신 관명을 씁니다.

축문치수 24㎝×36㎝

고조부모

*축문은 고조부의 축문이며 고조모의 경우에는 현고조고를 현고조비로 고쳐준다.

維(유)

歲次干支某月干支朔某日干支高孫○○敢昭告于(세차간지모월간지삭모일간지고손○○감소고우)

顯高祖考學生府君(현고조고학생부군)

顯高祖妣孺人淸州韓氏歲序遷易顯高祖考諱日(현고조비유인청주한씨세서천역현고조고휘일)

復臨追遠感時不勝永慕謹以淸酌庶羞恭伸奠獻 尙(부임추원감시불승영모근이청작서수공신전헌 상)

饗(향)

증조부모

*축문은 증조부 제사 축문이며 증조모의 경우에는 첫머리 현증조고를 현증조비로 고쳐쓴다.

維
유

歲次干支某月干支朔某日干支玄孫○○敢昭告于
세차간지모월간지삭모일간지현손 감소고우

顯曾祖考學生府君
현증조고학생부군

顯曾祖妣孺人金海金氏歲序遷易顯曾祖考諱日復臨
현증조비유인김해김씨세서천역현증조고휘일부임

追遠感時不勝永慕謹以清酌庶羞恭伸奠獻尚
추원감시불승영모근이청작서수공신전헌상

饗
향

조부모

(○년 ○일 효손 아무개는 감히 고하나이다。 할아버지 할머니 해가 바뀌어서 할아버지 돌아가신 날이 다시 돌아오니 영원토록 사모하는 마음을 이기지 못하여 삼가 맑은 술과 여러가지 음식으로 공손히 전을 드리오니 흠향하시옵소서。)

維
유

歲次干支某月干支朔某日干支孝孫○○敢昭告于
세차간지모월간지삭모일간지효손 감소고우

顯祖考學生府君
현조고학생부군

顯祖妣孺人全州李氏歲序遷易顯祖考諱日復臨
(현조비유인전주이씨세서천역현조고휘일부임)

追遠感時不勝永慕謹以清酌庶羞恭伸奠獻 尚
(추원감시불승영모근이청작서수공신전헌 상)

饗 (향)

부 모

*축문은 부·모 양위분께서 다 돌아가셨을 경우의 아버지 제사 축문이며 어머니의 경우에는 4번째줄 끝 부분 현고휘일 부임을 현비휘일 부임으로 고쳐 쓴다.

維 (유)

歲次干支某月干支朔某日干支孝子○○敢昭告于
(세차간지모월간지삭모일간지효자 감소고우)

顯考學生府君
(현고학생부군)

顯妣孺人南陽洪氏歲序遷易顯考諱日復臨追遠
(현비유인남양홍씨세서천역현고휘일부임추원)

感時昊天罔極謹以清酌庶羞恭伸奠獻 尚
(감시호천망극근이청작서수공신전헌 상)

饗 (향)

남 편

*昊天罔極—은혜가 하늘과 같이 크고 넓어서 다함이 없읍니다。(○년 ○월 ○일 주부 某는 삼가 고하나이다。 해가 바뀌어서 남편이 돌아가신 날이 다시 돌아오니 슬픈 마음을 이기지 못하여 삼가 맑은 술과 여러가지 음식으로 공손히 전을 드리오니 흠향하시옵소서)

維
유

歲次干支某月干支朔某日干支妻○○○敢昭告于
세차간지모월간지삭모일간지처 감소고우

顯辟學生府君歲序遷易諱日復臨追遠感時
현벽학생부군세서천역휘일부임추원감시

昊天罔極謹以清酌庶羞恭伸奠獻尚
호천망극근이청작서수공신전헌상

饗
향

위 임 장

本人이 서울特別市 ○ ○区 ○ ○洞 ○ ○ 番地 ○○○을 代理人으로 定하여 다음의 權限을 委任함.

全南 ○ ○市 ○ ○洞 ○ 街 ○ ○
서울特別市 ○ ○区 ○ ○洞 4 - 3

代表 ○ ○ ○에게 신발 代金으로 一金 五百萬원을 受領하는 것.

19○ 年 月 ○日

서울特別市 鍾路区 101 - 3
○ ○ 社 許 天天伯 白 ㊞

○ ○ ○ 貴下

추 천 서

本籍 : 全南 ○○市 ○○洞 1 街27
住所 : 서울○○市 ○○区○○洞3-2

위의 사람은 아래와 같은 事項에 充分한 資質이 있어 ○○○에 適合한 人材이기에 推薦하나이다.

西紀 19○○年 ○月 ○日

서울特別市 ○○区○○洞2-1

代表 ○○○ ㊞

영 수 증

一金 弐拾参万원整 (230,000)

위 金額은 책 대금으로 받았음.

19○○年 ○月 ○日

○ ○ 出 版 社

○ ○ 中 學 校

○ ○ ○ 선생님

청 구 서

一金 二拾五万원整

上記 代金은 便紙 発送料金으로 請求함.

19○○年 ○月 ○日

○ ○ ○ ㊞

○ ○ ○ 貴下

주 문 서

날로 사업이 잘 되시기를 바랍니다. 다음에 적은 책을 주문하오니 꼭 보내주시기 바랍니다.

책이름 : ○○○

수 량 : ○○

정 가 : ○○○

금 액 : ○○○

19○○年 ○月 ○日

○○文化社

○○出版社 貴下

신 원 보 증 서

본 적 : ○ ○ ○

현주소 : ○ ○

성 명 : ○ ○ ○

생년월일 : 서기 19○○년 ○월 ○일생

위의 사람은 사상이 건전하고 품행이 단정한 자인 바 귀사의 재직중 만약 고의 또는 과실로 인하여 발생된 민사 또는 형사상의 책임문제 일체는 본인 등이 책임지겠기에 이에 신원을 보증함.

서기 19○○년 ○월 일

주소

보증인 ○ ○ ○ ㊞

주소

보증인 ○ ○ ○ ㊞

○ ○ ○ 귀하

사 직 서

今般 本人은 一身上의 事情으로 不得已 小職을 辭職코자 하오니 聽許하여 주시기 바랍니다.

19○○年 ○月 ○日

總 務 部

○○課

○○○ ㊞

결석신고서

6학년 5반 27번

○ ○ ○

사유 : 독감

기간 : 1월 3일부터 20일까지 위와같이 결석하였압기

이에 결석신고서를 제출하나이다.

19○○년 ○월 ○일

○ ○ ○ ㊞

보호자 ○ ○ ○ ㊞

○ ○ ○ 귀하

차 용 증 서

一金 五百萬원 整 ₩ 5,000,000

上記 金額을 正히 借用하였으며 利息은 月四分으로 하고 返濟期間은 19○○年 ○月 ○日로 함.

西紀 19○○年 ○月 ○日

서울特別市 ○○ 区○○洞31-2

洪 吉 童 ㊞

○ ○ ○ 貴下

양 도 증

一、○○國債 額面 金 ○○○원 ○校

但, ○年 ○月 이후 利券附

위 國債番號 第○號부터 第○號까지

本人이 所有하고 있던 前記國債를 今般 金 ○○○원으로 貴下에게 讓渡하고 위 國債와 相換으로 代金을 正히 領収하였으므로 讓渡證을 드립니다.

○年 ○月 ○日

住所

讓渡人 ○ ○ ○ 印

住所 紙

讓受人 ○○○ 貴下

동 의 서

住所

未成年者 ○ ○ ○

右 未成年者가 다음 法律行為를 하는 것에 同意한다.

一, ○○○地 ○○○로부터 ○○地 住所 垈地 ○坪을 擔保로 하고 金 ○○○원을 借用하는 일.

○年 ○月 ○日

傍位住所

위 ○○○法庭代理人

親權者 父 ○ ○ ○ 印

母 ○ ○ ○印

계 약 서

住所

債權者 ○○○ (甲) 印

住所

保証人 ○○○ (乙) 印

右 当事者間에 保証債務에 관하여 다음의 契約을 締結한다.

第一條 保証人 ○○○(丙)은 ○年 ○月 ○日의 위 債權者 ○○○(甲)과 債務者 ○○地 ○○○(乙)間의 ○○契約書에 記載한 債務에 관하여 債務者가 履行할 責任을 진다.

第二條 保証人은 検索의 利益을 포기한다.

합 의 서

주소

고소인 ○ ○ ○

주소

피고소인 ○ ○ ○

위 당사자간에 ○년 ○월 ○일○○죄로 고소를 제기하였던 바, 양자간에 합의를 보고 피해 일체를 변재받았기에 합의서를 제출하나이다.

○ 년 ○월 ○일

고소인 주

고소인 ○ ○ ○ 印

○○지방 검찰청 검사

○ ○ ○ 귀하

고 소 장

주소

고소인 ○ ○ ○

주소

피고소인 ○ ○ ○

위 피고소인에 대하여 아래와 같은 사실로 고소를 제기하오니 처벌하여 주시기 바랍니다.

고 소 사 실

피고소인은 ○년 ○월 ○일 ○시○○에서 ○○하여 고소인에게 상해를 가한 것이다.

입증 방법

1. 고소인을 조사할 때에 자세히 진술코자 합니다.
2. 의사의 상해진단서 1통

○년 ○월 ○일

위 고소인 ○ ○ ○ 印

○○지방 검찰청
(○○경찰서) 귀중

고소취하장

고 소 인 ○ ○ ○

피고소인 ○ ○ ○

본 고소인은 ○년 ○월 ○일 피고소인을 ○○죄로 귀청에 고소하였는바, 피고소인이 자기의 잘못을 반성하고 사죄할뿐 아니라 피해도 변제하였으므로 고소를 취소하나이다.

○년 ○월 ○일

위 고소인 ○ ○ ○ 印

○○지방 검찰청
(○○경찰서) 귀중

시 말 서

本人은 19○○年 ○月 ○日 本意아닌 事務錯誤로 会社 財産上의 損失을 가져온데 対하여 깊이 反省하고 謝過하는 同時에 損失金은 辯償하겠아오며, 앞으로는 다시 如此한 不注意한 일을 하지 않을 것을 盟誓하고 玆히 始末書를 提出하옵니다.

19○○年 ○月 ○日

營業部 ○○○

각　　서

一金　参拾万원整　₩ 300,000

위 金額을 西紀 壱九八三年 三月拾日까지 支払하되 萬一 約束을 履行하지 못할 경우 어떤 法的 措置도 甘受하겠기에 覚書에 明示함.

19○○年　○月　○日

서울特別市　○○区 ○○洞211

○ ○ ○　㊞

○ ○ ○　貴下

보 관 증

一金　壱百万원整(物品은 物品名)

위의 金額을 正히 保管하고 이証書를 発行하며 貴下의 請求가 있을時는 즉시 위 金額(物品)을 返還하겠음.

西紀 ○○ 年　○月　○日

住所：

保管人　○○○　㊞

○○○　貴下

휴 가 원

小生

五日間 休暇코자 하오니 聽許하여 주심을 仰願하나이다.

一九○○年　○月　○日

営　業　部

○ ○ ○ ㊞

○ ○ ○ 社長　貴下

결 근 계

社員　○ ○ ○

今般 毒感으로 因하여　○月 ○日부터 ○月 ○日까지 4日間 欠勤 하였압기 診断書 添付하여 届出하나이다.

19○○ 年　○月　○日

上　○ ○ ○ ㊞

社長　貴下

고소·재판 서식 용어

正式裁判 請求書被告
정식재판 청구서피고

人 刑事地方法院 法廷
인 형사지방법원 법정

代理 法律行爲 親權
대리 법률행위 친권

者 處罰 事件 調査 檢
자 처벌 사건 조사 검

察廳警察 傷害 被害
찰청경찰 상해 피해

措置 無効 罰金 提出
조치 무효 벌금 제출

反省 取消 免除
반성 취소 면제

행정 서식 용어

一金 壹貳参四五六七
일금 일이삼사오육칠

八九拾百千萬億兆 整
팔구십백천만억조 정

貴下 本籍 住所 姓
귀하 본적 주소 성

名 道市郡區邑面洞里
명 도시군구읍면동리

番地 番號 年月日 住
번지 번호 년월일 주

民登録 申告書 日時
민등록 신고서 일시

場所 本人盜難申告
장소 본인도난신고

취직 서류 용어

身元 履歷書 經歷證
신원 이력서 경력증

明書 學歷 入學 卒業
명서 학력 입학 졸업

賞罰 職業 勤務 職位
상벌 직업 근무 직위

在職中 品行 缺勤 思
재직중 품행 결근 사

想 健全街 辭職 今般
상 건전가 사직 금반

一身上 不得 診斷 許
일신상 부득 진단 허

諾 財政 保證書
락 재정 보증서

거래·계약 서식 용어

金錢 借用證書 元金
금전 차용증서 원금

殘額 利子 返濟 債權
잔액 이자 반제 채권

者 債務者, 金額, 傳貰
자 채무자 금액 전세

契約書 所有者 損害 家
계약서 소유자 손해 가

屋支給明渡 違約 領
옥지급명도 위약 영

收 讓渡 買收 不動産
수 양도 매수 부동산

支給 期限 移轉 登記
지급 기한 이전 등기

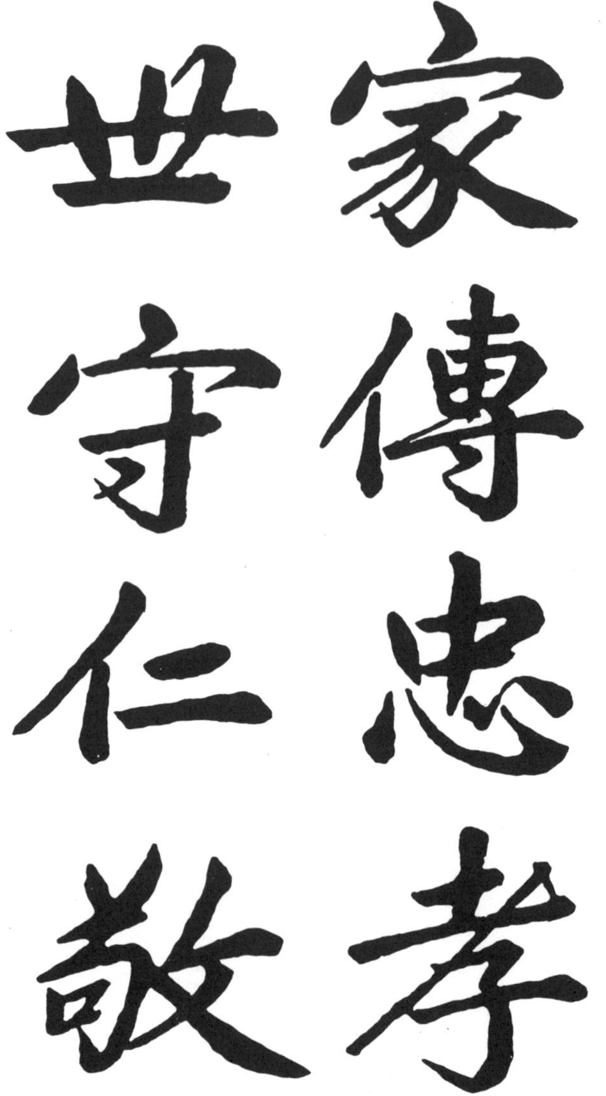

唯一한 世宗大王 親筆

一日不讀書口中生荊棘

庚戌三月 於旅順獄中 大韓國人 安重根 書

國家安危勞心焦思

庚戌三月 於旅順獄中 大韓國人 安重根

民族精氣

李承晩

部首名稱

乙	새을변
亠	돼지해밑
人 亻	사람인변
儿	어진사람인
八	여덟팔
冂	멀경변
冖	민갓머리
冫	이수변
刀 刂	칼도변
力	힘력변
勹	쌀포변
匚	터진입구변
匸	터진애운담변
卩 㔾	병부질변
厂	민음호변
口	입구변
囗	에운담변 큰입구변
土	흙토변
夊	천천히걸 올쇠변
女	계집녀변
子	아들자변
宀	갓머리변
尸	주검시밑
山	뫼산변
巾	수건건변
广	음호밑
廴	점없는책받침
廾	스물입
弓	활궁변
彐 ヨ 彑	터진가로왈
彡	터럭삼 삐친석삼
彳	두(중)인변
忄 心	심방변
扌 手	재방변
氵 水	삼수변
犭 犬	개사슴록변
阝 邑(右)	우부방
阝 阜(左)	좌부방
心 心	마음심
戶	지게호변
支	지탱할지변
攴 攵	등글월문
文	글월문
斗	말두
斤	날근변
方	모방변
日	날일변
曰	가로왈변
月	달월변
月 肉	육달월
木	나무목변
欠	하품흠변
止	그칠지변
歹	죽을사변
殳	갖은등글월문
气	기운기밑
水	물수
火	불화변
火 灬	불화변
爪 爫	손톱조변
爿	장수장변
片	조각편변
牙	어금니아변
牛 牛	소우변
王 王	임금왕변
礻 示	보일시변
罓	그물망
耂 老	늙을로밑
艹 艸	초두밑
辶	책받침
田	밭전변
疒	병부질안
癶	필발밑
皮	가죽피변
皿	그릇명
目	눈목변
罒	넉사밑
网	그물망
矛	창모변
矢	살시변
石	돌석변
示 礻	보일시변
禾	벼화변
穴	구멍혈밑
立	설립변
歹 歺	죽을사변
衤 衣	옷의변
竹	대죽변
米	쌀미변
糸	실사변
缶	장군부변
网 罓罒	그물망
羊	양양변
老 耂	늙을로변
耒	장기뢰변
耳	귀이변
聿	오직율
舌	혀설변
舟	배주변
艸	초두밑
虍	범호밑
虫	벌레충변
行	다닐행변
衣 衤	옷의변
角	뿔각변
言	말씀언변
豆	팥두변
豕	돼지시변
豸	갖은돼지시변
貝	자개패변
走	달아날주변
足	발족변
身	몸신변
車	수레거변
辵	갖은책받침변
邑 阝(右)	고을읍
酉	닭유변
釆	분별할변
里	마을리변
金	쇠금변
門	문문
阜 阝(左)	언덕부변
隹	새추변
雨	비우변
革	가죽혁변
韋	가죽위변
頁	머리혈
食	밥식변
馬	말마변
骨	뼈골변
髟	터럭발밑
鬥	싸움투
鬲	오지병격변
鬼	귀신귀변
魚	고기어변
鳥	새조변
麥	보리맥
麻	삼마
鼻	코비
齒	이치

部首索引

部首名稱

乙	새을변
亠	돼지해밑
人 亻	사람인변
儿	어진사람인
八	여덟팔
冂	멀경변
冖	민갓머리
冫	이수변
刀 刂	칼도변
力	힘력변
勹	쌀포변
匚	터진입구변
匸	터진에운담변
卩 㔾	병부질변
厂	민음호변
口	입구변
囗	큰입구변 에운담변
土	흙토변
夂	천천히걸 올쇠변
女	계집녀변
子	아들자변
宀	갓머리변
尸	주검시밑
山	뫼산변
巾	수건건변
广	음호밑
廴	점없는책받침
廾	스물입
弓	활궁변
彐 ヨ 彑	터진가로왈
彡	터럭삼 삐친석삼
彳	두(중)인변
忄 心	심방변
扌 手	재방변
氵 水	삼수변
犭 犬	개사슴록변
阝 邑(右)	우부방
阝 阜(左)	좌부방
心 心	마음심
戶	지게호변
支	지탱할지변
攴 攵	둥글월문
文	글월문
斗	말두
斤	날근변
方	모방변
日	날일변
曰	가로왈변
月	달월변
月 肉	육달월
木	나무목변
欠	하품흠변
止	그칠지변
歹	죽을사변
殳	갖은둥글월문
气	기운기밑
水	물수
火	불화변
火 灬	불화변
爪 爫	손톱조변
爿	장수장변
片	조각편변
牙	어금니아변
牛 牛	소우변
王 王	임금왕변
礻 示	보일시변
㓁	그물망
耂 老	늙을로밑
艹 艸	초두밑
辶	책받침
田	밭전변
疒	병부질안
癶	필발밑
皮	가죽피변
皿	그릇명
目	눈목변
罒	넉사밑
罓	그물망
矛	창모변
矢	살시변
石	돌석변
示 礻	보일시변
禾	벼화변
穴	구멍혈밑
立	설립변
歹 歺	죽을사변
衤 衣	옷의변
竹	대죽변
米	쌀미변
糸	실사변
缶	장군부변
网 㓁 罒	그물망
羊	양양변
老 耂	늙을로변
耒	장기뢰변
耳	귀이변
聿	오직율
舌	혀설변
舟	배주변
艸	초두밑
虍	범호밑
虫	벌레충변
行	다닐행변
衣 衤	옷의변
角	뿔각변
言	말씀언변
豆	팥두변
豕	돼지시변
豸	갖은돼지시변
貝	자개패변
走	달아날주변
足	발족변
身	몸신변
車	수레거변
辵	갖은책받침변
邑 阝(右)	고을읍
酉	닭유변
釆	분별할변
里	마을리변
金	쇠금변
門	문문
阜 阝(左)	언덕부변
隹	새추변
雨	비우변
革	가죽혁변
韋	가죽위변
頁	머리혈
食	밥식변
馬	말마변
骨	뼈골변
髟	터럭발밑
鬥	싸움투
鬲	오지병격변
鬼	귀신귀변
魚	고기어변
鳥	새조변
麥	보리맥
麻	삼마
鼻	코비
齒	이치